경영
지도사

한권으로 끝내기

2차 마케팅

끝까지 책임진다! 시대에듀!
QR코드를 통해 도서 출간 이후 발견된 오류나 개정법령, 변경된 시험 정보, 최신기출문제, 도서 업데이트 자료 등이 있는지 확인해 보세요!
시대에듀 합격 스마트 앱을 통해서도 알려 드리고 있으니 구글 플레이나 앱 스토어에서 다운받아 사용하세요.
또한, 파본 도서인 경우에는 구입하신 곳에서 교환해 드립니다.

편집진행 장민영 · 강한결 | **표지디자인** 조혜령 | **본문디자인** 장성복 · 최혜윤

2026 시대에듀 경영지도사 2차 마케팅 한권으로 끝내기

Always **with you**

사람의 인연은 길에서 우연하게 만나거나 함께 살아가는 것만을 의미하지는 않습니다.
책을 펴내는 출판사와 그 책을 읽는 독자의 만남도 소중한 인연입니다.
시대에듀는 항상 독자의 마음을 헤아리기 위해 노력하고 있습니다. 늘 독자와 함께하겠습니다.

PROFILE

송홍민 경영지도사
- 경영지도사(중소벤처기업부), 기술거래사(산업통상자원부)
- 숭실대학교 일반대학원 경영학 박사 수료(마케팅 전공)
- 중앙대학교 경영전문대학원 경영학 석사(마케팅 전공)
- 현) 중소벤처기업부 · 산업통상자원부 · 과학기술정보통신부 기술개발지원사업 평가위원
- 현) 창업진흥원 예비창업 · 초기창업 · 창업도약 패키지 전담 멘토
- 현) 기술보증기금 기술경영컨설팅 전문위원
- 현) 소상공인시장진흥공단 희망리턴패키지 전담PM
- 현) 중소기업유통센터 마케팅지원사업 전문선정위원
- 현) 서민금융진흥원 · 서울신용보증재단 자영업컨설턴트
- 전) 부천대학교 비서사무행정과, 동양미래대학교 겸임교수
- 전) 미래창조과학부 대한민국 기술사업화 전문위원
- 전) 특허청 2017~2019년 국제발명전시회 심사위원
- 전) (주)한독약품 신사업추진실 실장, (주)대웅제약 마케팅팀 팀장

전해운 경영지도사
- 경영지도사(마케팅), 기업기술가치평가사
- 한성대학교 지식서비스&컨설팅대학원
- 국민대학교 기계공학과 졸업
- 현) 경영지도사 스터디카페 '경스카' 운영진
- 현) 대중소기업 혁신 파트너십 전문위원
- 현) 동양미래대학교 겸임교수
- 현) 정보통신기획평가원 평가위원
- 전) (주)삼성에버랜드 사업기획팀, 인사팀 근무
- 전) (주)삼성테스코 부점장

박민우 경영지도사
- 경영지도사(마케팅)
- 한성대학교 지식서비스&컨설팅대학원 수료
- 경남대학교 전기공학과 졸업
- 현) 전남신용보증재단 컨설턴트
- 현) 한국노인인력개발원 컨설턴트
- 현) 소상공인시장진흥공단 컨설턴트

자격증 · 공무원 · 금융/보험 · 면허증 · 언어/외국어 · 검정고시/독학사 · 기업체/취업
이 시대의 모든 합격! 시대에듀에서 합격하세요!
www.youtube.com ➔ 시대에듀 ➔ 구독

편저자의 말 PREFACE

중소벤처기업부의 '중소기업 기본통계'에 따르면 2021년 말 기준 우리나라 중소기업 수는 771만 4천 개로 전체 기업의 99.9%를 차지한다고 합니다. '경영지도사'는 이러한 기업 환경에서 중소기업 경영문제에 대한 종합진단(경영컨설팅)과 기업경영상 진단, 자문 등의 법적 기능을 수행하는 유일한 국가 전문자격입니다.

그렇다면 경영지도사를 준비하는 여러분들의 마음을 잘 이해하고, 시험에 대해서도 잘 알고 있는 사람은 누구일까요? 그건 바로 직접 시험을 준비했던 현직 경영지도사들일 것입니다.

〈경영지도사 2차 마케팅 한권으로 끝내기〉는 저자진 전원이 현직 경영지도사이며, 매해 수험생들이 짧은 시간에 효과적으로 공부할 수 있도록 개정을 거듭하였습니다.

이 책의 특징

❶ 가장 최근의 5개년(2021~2025년) 기출문제와 모범답안을 수록하였습니다. 1차 시험과 달리 서술형·논술형으로 진행되어 공개되지 않는 2차 시험의 답을 현직 경영지도사의 모범답안을 통해 확인할 수 있습니다.

❷ 2025년 기출문제를 면밀히 분석하고, 최신 출제경향을 반영하여 단원별 핵심이론을 구성하였습니다. 방대한 이론 중 핵심이론을 선별하여 구성하고, 기출표시를 통해서 빈출도를 확인할 수 있도록 하였습니다.

❸ 전 과목의 주요 이론을 정리한 '빨리보는 간단한 키워드'와 '약술 및 논술대비를 위한 핵심용어'를 정리한 부록을 수록하여 체계적이고 효율적인 학습을 할 수 있도록 구성하였습니다.

'파별천리(跛鼈千里)'라는 말이 있습니다. 기우뚱거리며 가는 자라도 천 리를 간다는 뜻으로, 어리석은 사람이라도 꾸준히 하면 성공함을 비유하는 말입니다. 본서와 함께 꾸준히 학습하시면서 2026년에는 합격의 기쁨을 누리시길 기원합니다.

마지막으로 공동 집필에 힘써주신 전해운 지도사님, 박민우 지도사님과 시대에듀 관계직원 여러분께 감사의 말씀드립니다.

대표 저자 송홍민 올림

이 책의 구성과 특징 STRUCTURES

최신 기출문제를 포함한
5개년 기출문제
(2021~2025년)

- 2021~2025년 5개년 기출문제를 수록하였습니다.
- 이론 학습 전 기출문제 학습을 통해 출제경향을 파악하고, 효율적인 학습 계획을 세울 수 있습니다.

현직 경영지도사의
모범답안과 상세한 해설

- 현직 경영지도사 저자진이 제안하는 5개년 기출문제 모범답안을 수록하였습니다.
- 저자진의 실무지식은 물론, 수험생활의 노하우까지 총망라한 합격비법을 담은 친절하고 상세한 해설로 기출문제를 완벽하게 정복하세요.

CERTIFIED MANAGEMENT CONSULTANT

합격의 공식 Formula of pass | 시대에듀 www.sdedu.co.kr

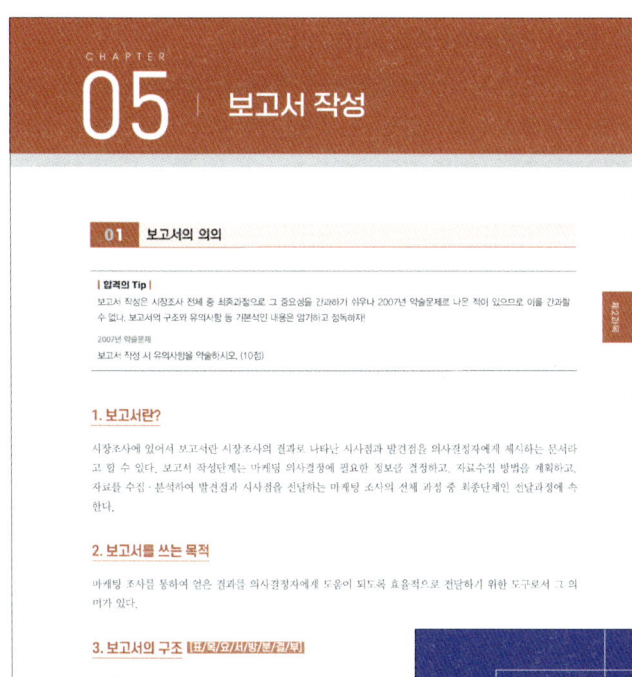

최근 출제경향을 반영한
과목별 핵심이론

▶ 시험과목의 세부 출제기준을 반영하여 체계적으로 핵심이론을 구성하였습니다.

▶ 암기가 필요한 이론들은 도표 등을 통해 한눈에 파악하기 쉽도록 깔끔하게 정리하였습니다.

▶ 현직 경영지도사의 '합격의 Tip'으로, 학습의 요령을 얻을 수 있습니다.

빨리보는 간단한 키워드
+ 부록 핵심용어 제공

▶ 전 과목의 주요 이론을 정리한 '빨리보는 간단한 키워드'를 수록하였습니다.

▶ 전 과목 내용을 한눈에 복습하고, 학습의 완성도를 높일 수 있습니다.

▶ 시험장에서 막힘없이 답안을 작성할 수 있도록 [부록]으로 '약술 및 논술 대비 핵심용어'를 정리하였습니다.

시험안내 INFORMATION

● 경영지도사(CMC ; Certified Management Consultant)

「중소기업진흥에 관한 법률」 제47조 및 동법 시행령 제43조와 다른 법령 등에 의거하여 중소기업 경영 문제에 대한 종합진단(경영컨설팅)과 기업 경영상의 인사·조직·노무 및 사무관리, 재무관리 및 회계, 생산, 유통관리·수출입업무 등 마케팅에 대한 진단·지도 자문, 상담, 조사, 분석, 평가, 확인, 대행 등 법적기능을 수행하는 국가 전문자격

● 시험정보

관련부처	중소벤처기업부
시행기관	한국산업인력공단
접수방법	Q-net 경영지도사 또는 기술지도사 자격시험 홈페이지(www.q-net.or.kr)를 통한 인터넷 접수
합격기준	매 과목 100점을 만점으로 하여 매 과목 40점 이상, 전 과목 평균 60점 이상 득점한 자

● 취득 시 우대사항

❶ 학점은행제 최대 30학점 인정
❷ 공공기관 채용 가산점 부여
❸ 농협 및 기업은행 등 채용 우대
❹ ROTC 경리장교 임관 시 우대

※ 자세한 내용은 시행처나 관련 기관에 문의하시길 바랍니다.

● 시험일정

구 분	접수기간	시험일정	합격자 발표
1차 시험	3월 10일~3월 14일	4월 12일	5월 14일
2차 시험	6월 9일~6월 13일	7월 5일	9월 30일

※ 2026년 시험일정은 아직 발표되지 않은 관계로 2025년 시험일정을 수록하였습니다.
※ 자세한 내용은 큐넷 홈페이지(www.q-net.or.kr)를 확인하십시오.

🔸 시험과목 및 방법

구 분	교 시	입실시간	시험시간	시험과목	시험방법
1차 시험	1교시	09:00	09:30~11:35 (125분)	• 중소기업관계법령 • 회계학개론 • 경영학 • 기업진단론 • 조사방법론 • 영어(공인어학성적 제출로 대체)	객관식 5지택일형 (과목당 25문항)
2차 시험	1교시	09:00	09:30~11:00 (90분)	지도 분야별로 1교시에 1과목씩 총 3과목	과목당 6문항 (논술형 2문항, 약술형 4문항)
	2교시	11:20	11:30~13:00 (90분)		
	3교시	13:50	14:00~15:30 (90분)		

※ 회계 관련 문제는 한국채택국제회계기준(K-IFRS)을 적용하여 출제됩니다.
※ 2025년 자격시험 시행내용을 바탕으로 작성되었습니다.

🔸 응시자 및 합격자 현황

구 분		2020년	2021년	2022년	2023년	2024년
1차 시험	대상(명)	1,063	1,179	453	579	589
	응시(명)	524	811	340	402	402
	합격(명)	216	288	105	172	212
	합격률(%)	41.22	35.50	30.88	42.79	52.73
2차 시험	대상(명)	1,527	1,544	1,267	1,152	1,231
	응시(명)	1,079	1,039	907	884	958
	합격(명)	323	220	220	236	158
	합격률(%)	29.94	21.10	24.25	26.69	16.49

마케팅관리론 출제경향분석 ANALYSIS

총평 (경영지도사 송홍민)

2025년은 산업재 시장과 구매행동에 있어서 일부 난해한 문제가 출제되었으나 대체적으로 평이하게 출제되었으며, '경영지도사 2차 마케팅 한권으로 끝내기' 교재로만 충실히 공부했다면 합격점인 60점을 획득하는데 충분했었으리라 생각합니다. 전통적으로 다빈도 출제되었던 촉진관리, 유통관리, 경영전략, 제품전략, 가격전략 등이 골고루 출제되었고, 한 개념을 다른 파트와 연결하여 융합적 사고를 통해 답안을 기술해야 하는 어려운 문항은 출제되지 않았습니다. 최근 10개년 기출문제 분석에서 중요한 부분으로 지적되었던 전략적 마케팅 계획은 이번에 아쉽게도 출제가 되지 않았습니다. 2026년도에는 여전히 다빈도 출제 경향을 보이고 있는 STP 부분에서 논술 한 문제가 출제될 것이라고 조심스럽게 예측해 봅니다.

출제경향 및 학습포인트

Point 01 특정 개념과 마케팅 사례를 연관 짓자

2016년 이후에는 출제되지 않았던 서비스 마케팅 서비스 품질 모델에서 소비자가 기대한 서비스와 지각한 서비스 간의 차이를 유발하는 4가지 요인 문제가 출제되었습니다. 그 외 마케팅 믹스 부분의 제품관리(브랜드), 유통관리, 촉진관리 부분에서도 꾸준하게 출제되고 있습니다. 특히, 특정 개념에 대해서 설명하고 그에 대한 마케터의 행동 또는 노력을 예를 들어서 설명하는 문제가 계속해서 출제되고 있으므로 공부할 때 반드시 마케팅 사례도 함께 공부해야 할 것입니다.

Point 02 최근 시사와 연관한 최신 마케팅용어에 관심을 갖자

2025년에는 출제되지 않았지만, '최신 마케팅' 분야에서도 문제가 출제되고 있기 때문에 시사적인 부분에도 관심을 가지고 준비해야 할 것입니다. 필자가 시험을 보았던 2012년에도 대형 프랜차이즈의 골목상권 침투와 관련하여 경로상의 갈등이 출제된 바 있으며 2014년에는 편의점에서 많이 사용하고 있는 POS시스템에 관련하여 출제되었고, 과거에도 로하스, PPL 등 시대조류에 유행하는 문제가 자주 출제되었습니다. 최근에는 수출이 화두로 떠오르고 있어 2020년에는 글로벌 마케팅전략이 출제되었고 2021년에는 고객경험관리(CEM)과 더불어 옴니채널(Omni-channel)이 출제되었습니다. 2026년에는 현재의 큰 화두인 ESG 경영에 대해서도 출제되지 않을까 예측해 봅니다.

Point 03 대비되는 두 가지 개념은 꼭 체크하자

약술형 난이도 문제로서 2가지 개념이 대비되는 것이 있다면 눈여겨 봐두길 바랍니다. 과거에 양면광고와 일면광고, 고맥락문화와 저맥락문화, 브랜드확장과 라인확장 전략, 스키밍과 페네트레이션 전략 등이 비교문제로서 출제되었으며 마찬가지로 2020년에는 ATL vs. BTL이 출제되었습니다. 2023년에도 신제품 가격전략인 초기고가전략과 초기저가전략(시장침투가격)이 출제되는 등, 대비되는 개념이 매년 1개씩은 지속적으로 출제되고 있습니다.

CERTIFIED MANAGEMENT CONSULTANT

합격의 공식 Formula of pass | 시대에듀 www.sdedu.co.kr

10개년 출제키워드 (2016~2025년)

구 분	논술키워드(각 30점)	약술키워드(각 10점)
마케팅 개관	-	-
마케팅철학 발전과정 ★	-	2016 약술2 내부마케팅 2023 약술1 마케팅철학 발전과정(마케팅의 개념 5가지)
전략적 마케팅 계획 ★★★★	2016 논술1 SBU, GE매트릭스 2017 논술1 통제가능, 불가능요인 2018 논술2 마이클 포터 5FORCE	2023 약술2 앤소프 제품/시장 매트릭스 2024 약술3 거시적 미시적 환경분석
소비자행동과 마케팅 조사 ★	2025 논술1 산업재시장 구매행동	2017 약술1 소비자 구매행동 5단계 2018 약술2 소비자 정보처리 5단계 2024 약술1 소비자 구매행동 5단계 2024 약술4 델파이기법
STP전략 ★★★★★	2018 논술1 시장세분화개념/요건 2019 논술1 표적시장 평가고려요인	2019 약술1 포지셔닝(POD, POP) 2020 약술1 시장세분화 기준변수 2022 약술1 시장세분화 기준변수(행동적변수) 2025 약술4 시장세분화의 요건(조건)
마케팅 믹스	-	-
제품관리 ★★★★★	2017 논술2 브랜드 자산 2019 논술2 제품수명주기별 마케팅전략 2020 논술1 신제품전략 2021 논술1 포지셔닝전략 2022 논술2 제품의 다차원적개념 2024 논술1 브랜드 조건, 인지도, 확장	2016 약술3 캐즘마케팅 2017 약술2 신제품 개발절차 2018 약술3 소비재 종류 2019 약술2 브랜드자산 2021 약술2 제품수명주기 2022 약술2 브랜드확장(Brand Extension) 2023 약술3 신제품 수용에 따른소비자의 5가지 유형 2025 약술3 제품믹스 및 포트폴리오 개념
가격관리 ★★★	2020 논술2 가격할인과 차별화 2022 논술1 가격결정전략 2024 논술2 가격영향요인, 손익분기점, 공헌이익	2021 약술3 경로구조 결정제품요인 2023 약술4 신제품가격전략(초기고가전략, 시장침투가격전략) 2025 약술2 제품믹스의 가격결정 방법
유통관리 ★★★★	2021 논술2 유통커버리지 소비재별 유통전략 2023 논술2 힘의 원천, 유통경로 갈등 2025 논술2 유통커버리지 통제강도별 유통전략	2018 약술1 수직적 마케팅 시스템 2020 약술2 프랜차이즈 시스템 2022 약술3 수평적 마케팅 시스템 2024 약술2 중간상의 기능
촉진관리 ★★★★★	2016 논술2 쿠폰의 정의와 장단점 2023 논술1 푸시&풀전략, 촉진믹스 장단점	2016 약술1 마일리지 2017 약술3 촉진예산결정방법 2018 약술4 판촉개념 장단점 2019 약술4 마케팅커뮤니케이션 구성요소 2020 약술3 ATL, BTL
서비스 마케팅 ★★	-	2016 약술4 서비스 마케팅 해결방법, SERVQUAL 모형 2017 약술4 SERVQUAL 모형 2019 약술3 서비스 무형성 2022 약술4 서비스의 개념 및 4가지 특성 2025 약술1 PZB서비스 품질 모델
최신 마케팅 ★★	-	2020 약술4 글로벌마케팅전략 2021 약술1·4 고객경험관리(CEM), 옴니채널(Omni-channel)

※ 문제 1~2번은 논술1~2로, 문제 3~6번은 약술1~4로 표기하였습니다.

시장조사론 출제경향분석 ANALYSIS

총평 (경영지도사 전해운)

2025년도 시험은 최신 트렌드를 적극적으로 반영하며, 이론적 깊이와 실무적 적용 능력을 동시에 평가하는 문제들로 구성되었습니다. 전반적인 난이도는 작년과 유사했으나 계산형 문제의 비중이 높아졌고, 통계적 개념을 논리적으로 설명하는 서술형 문제의 난이도가 상승하여 수험생들의 철저한 준비가 필요했습니다. 특히, 단순히 개념을 암기하는 것을 넘어 제시된 데이터를 직접 분석하고 결과를 해석하는 실무형 문제가 늘어난 점이 두드러집니다. 이는 경영지도사에게 요구되는 데이터 기반 의사결정 능력을 심층적으로 평가하려는 출제자의 의도로 풀이됩니다. 수험생들은 이론과 실무를 유기적으로 연결하여 학습해야 하며, 복잡한 통계 공식을 직접 계산하고, 그 결과를 실제 비즈니스 상황에 적용하여 설명하는 연습이 필수적입니다.

출제경향 및 학습포인트

Point 01 통계적 계산 능력과 실무적용 능력 배양

2025년 시험은 카이제곱 검정통계량 계산, 표본 크기 결정 등 계산형 문제의 비중이 높아졌습니다. 이는 단순히 공식을 암기하는 것을 넘어, 각 통계적 기법의 논리적 계산 과정을 이해하고 있는지 평가하려는 의도입니다. 따라서 수험생들은 계산의 속도와 정확성을 높여야 합니다. 또한, 계산 결과에 대한 실무적 해석을 요구하는 문제가 함께 출제되었습니다. 이론적 지식을 실제 상황에 적용하고, 논리적인 결론을 도출하는 연습을 병행해야 고득점을 얻을 수 있습니다.

Point 02 다양한 통계 분석 기법의 융합적 이해

이번 시험에서는 요인분석, 군집분석, 회귀분석 등 여러 통계 분석 기법들이 복합적으로 출제되었습니다. 요인분석을 통해 추출된 요인점수를 군집분석에 활용하거나, 요인분석 결과가 회귀분석의 다중공선성 문제를 어떻게 해결하는지 설명하는 등 분석 기법 간의 연계성에 대한 깊은 이해가 필요했습니다. 각 분석 기법의 개념, 목적, 장단점을 명확히 이해하는 것은 물론, 서로 다른 기법들이 어떻게 상호보완적으로 활용되는지를 파악하는 것이 중요합니다.

Point 03 추상적 개념의 타당성 이해와 설명

브랜드 충성도와 같은 추상적 개념을 측정할 때 필요한 개념타당성에 대한 문제가 출제되었습니다. 이는 측정 도구가 얼마나 정확하고 타당하게 개념을 측정하는지에 대한 이해를 요구합니다. 수험생들은 내용타당성, 수렴타당성, 판별타당성의 개념을 명확히 구분하고, 각 타당성이 어떤 방식으로 검증되는지 구체적으로 설명할 수 있어야 합니다.

Point 04 비확률 표본추출의 이해와 실무적 보완 방안

확률 표본추출이 불가능한 특정 상황에서 비확률 표본추출 방법을 선택하고, 그 이유를 설명하는 문제가 출제되었습니다. 특히, 비확률 표본추출의 대표적인 한계인 대표성 문제를 지적하고, 이를 보완할 수 있는 실무적인 대안을 제시하는 능력을 평가함으로써 이론적 지식뿐만 아니라 현실적인 문제 해결 능력을 갖추었는지 시험한 것으로 볼 수 있습니다. 결론적으로, 2025년 시장조사론 시험은 단순 암기식 학습을 지양하고, 이론을 바탕으로 한 실무적 문제 해결 능력과 논리적 사고를 요구하는 경향이 강화되었다고 볼 수 있습니다.

CERTIFIED MANAGEMENT CONSULTANT

합격의 공식 Formula of pass | 시대에듀 www.sdedu.co.kr

10개년 출제키워드(2016~2025년)

구 분	논술키워드(각 30점)	약술키워드(각 10점)
마케팅 개관	–	–
문제의 정의	–	2017 약술3 시장조사 계획서(안) 2023 약술1 개념적 정의, 조작적 정의
조사설계	–	2024 약술3 인과관계 및 성립조건
자료수집 ★★★	2017 논술2 측정, 척도, 변수	2016 약술2 실험설계, 타당성 2017 약술3 투사법 2018 약술3·4 타당성, 패널조사, 전수조사 2019 약술2·3·4 무응답오류, 외생변수 및 통제, 공개적/비공개적 관찰 2020 약술1·2·3·4가지 척도, 실험설계 유형/외생변수, 신뢰성 평가 2021 약술2·4 측정오류, 2차 자료 2022 약술2·3 실험설계, 타당성/신뢰성 2023 약술1·3 실험법, 관찰법 2024 약술2·4 척도, 자료수집 방법 2025 약술1·3 타당성, 외생변수
표본설계	–	2016 약술4 표본추출방법 2017 약술4 표본의 크기 2018 약술3·4 할당 표본추출 2019 약술3 군집 표본추출 2021 약술3 확률 표본추출법 2022 약술1 표본추출방법 2023 약술2 표본추출방법 2025 약술2·4 표본의 크기, 표본추출방법
시행, 분석 및 활용	–	–
통 계 ★★★★★	2016 논술1·2 상관관계분석, 공변량분석 2017 논술1·2 이원분산분석 2018 논술1·2 회귀분석(다중공선성), 단일모집단평균 검정 2019 논술1·2 회귀분석(조절회귀분석), 교차분석 2020 논술1·2 회귀분석(더미변수), 단일모집단평균 2021 논술1·2 교차분석, 분산분석 2022 논술1·2 다중회귀분석, 요인분석 2023 논술1·2 판별분석, 분산분석 2024 논술1 다중회귀분석 및 단순회귀분석 논술2 독립성 검정 2025 논술1·2 적합도 검정, 요인분석	2016 약술1·3 카이제곱 검정, 회귀분석 2017 약술4 회귀분석(더미변수) 2020 약술4 교차분석 2021 약술1 군집분석 2022 약술4 컨조인트분석 2023 약술4 다차원척도법 2024 약술1 군집분석

※ 문제 1~2번은 논술1~2로, 문제 3~6번은 약술1~4로 표기하였습니다.

소비자행동론 출제경향분석 ANALYSIS

총평 (경영지도사 박민우)

2020년 이후 2025년까지 기출문제는 전반적으로 난이도가 낮고, 복잡성이 낮은 키워드에 대한 답안을 요구하고 있습니다. 다만 출제경향이 지엽적이므로, 학습 방법 또한 깊이 있게 공부하기보다는 넓게 공부하는 것을 제안합니다. 논술문제는 직접적으로 키워드를 제시함에 따라 문제의 이해가 용이하다는 기회요인이 있어 고득점의 배경이 될 수 있습니다. 약술문제 또한 복잡성이 낮고, 간단한 키워드에 대한 답안을 요구하고 있으므로 비교적 수월하게 답안 제출이 가능할 것입니다.

이전의 경우, 출제 난이도가 높은 문제는 특정 키워드에 대해 각 단원을 넘나들며 설명할 수 있는 꼼꼼함이 필요했지만 최근에는 이러한 추세와 거리감이 있으므로 본서를 바탕으로 충실히 학습한다면 합격에 무리가 없을 것으로 보입니다.

출제경향 및 학습포인트

Point 01 출제키워드를 참고하여 집중학습하자

출제빈도가 높은 단원에서 매년 반복적으로 출제되기 때문에, 10개년 출제키워드 표를 참고하여 '구매의사결정과정', '소비자 정보처리과정', '태도변화', '소비자행동의 사회·문화적 영향요인' 단원 등을 집중적으로 암기한다면 소비자행동론은 확률적으로 괜찮은 성적을 거둘 것이라 판단됩니다. 다만, 시험 준비 막바지에 이르러서는 이러한 출제경향을 고려한 시간관리가 필요하겠습니다.

Point 02 융합형 문제에 대비하자

최근에는 소비자행동론의 난이도가 쉽게 출제되는 편이지만, 고난도 문제에도 대비하고자 한다면 특정 키워드에 대해 각 단원을 넘나들며 설명할 수 있는 폭넓은 이해가 필요합니다. 출제빈도가 높은 단원을 위주로 암기하되, 출제빈도가 낮은 단원에 대한 기본적인 이해까지 갖춘다면 고득점도 어렵지 않을 것입니다. 출제빈도가 낮은 단원은 암기량이 적고, 중요도 측면에서도 주로 약술의 수준이므로 부담이 적습니다. 이러한 범위도 그냥 넘기지 않고 전체적인 맥락을 이해한다면, 융합형 문제가 출제되더라도 당황하지 않고 쉽게 답안 작성이 가능할 것입니다.

Point 03 암기는 핵심만 추리되 분량을 최소화하자

암기방법으로는 간결한 표·그림·도형으로 분량을 최소화하고 서브노트를 만들어 휴대하는 것을 제안합니다. 이는 한정된 시간 안에 답안을 기술해야 하는 시험의 특성상, 지식을 머릿속에서 체계적으로 정리하는 학습법이 필요하기 때문입니다. 특히 답안 작성 시 표·그림·도형을 먼저 그려놓고 생각을 정리한 다음, 이를 보면서 설명을 써내려 간다면 시간관리 측면에서 큰 도움이 되니 참고하길 바랍니다. 비교적 내용이 긴 자료를 암기해야 할 경우에는 특정 키워드의 두문자를 정리한 수첩을 만들어 보는 것도 좋겠습니다.

10개년 출제키워드(2016~2025년)

구 분	논술키워드(각 30점)	약술키워드(각 10점)
소비자행동 ★	–	–
관여도 ★★★	2023 논술1 관여도, 관여도 결정요인 FCB모형 2025 논술1 관여도 결정요인 및 측정방법, FCB모형	2019 약술3 반복구매 2021 약술1 관여도 측정 2024 약술3 구매의사결정 2025 약술3 제한적 의사결정
구매의사 결정과정 ★★★★★	2019 논술1·2 대안평가 영향요인, 구매의사결정 5단계 2020 논술2 기대-불일치 이론(고객만족모형) 2022 논술1 최고수용가능 가격, 최저수용가능 가격	2015 약술1·2 동기, 욕구이론 2016 약술1·2 정보탐색, 프로스펙트 이론 2017 약술1 문제인식 2019 약술1·2 대안평가의 영향요인, 정보탐색 2020 약술1 동기 간 갈등 2022 약술1·4 구매의 효용, 외적 정보탐색 2023 약술4 구성효과, 점화효과 2024 약술6 구매 후 부조화
소비자 정보처리과정 ★★★★	2017 논술2 웨버의 법칙 2020 논술1 지각적 통합화 2022 논술2 주의와 환기 2024 논술1·2 단기기억, 초기효과·최근효과	2015 약술3 해석 2018 약술1·2 요크스-도드슨의 법칙, 지각적 범주화, 지각적 추론 2021 약술3 청크, 회상/재인 2025 약술1·2 장기기억, 지각적 통합화 원리
태 도 ★★★	2016 논술2 다속성 태도모델 2023 논술2 다속성 태도모델, 이성적 행동이론, 계획된 행동이론 2024 논술2 이성적 행동이론 2025 논술2 다속성 태도모델, 피시바인 확장모델	2018 약술3 태도의 기능 2021 약술4 태도 이론 2024 약술4 내적 귀인, 외적 귀인
태도변화 ★★★★★	2020 논술2 동화효과/대조효과, 공정성 이론 2021 논술2 관여도에 따른 태도 2023 논술1 정교화 가능성 모델 2024 논술1·2 정교화 가능성 모델, 인지욕구	2015 약술4 정교화 가능성 모델 2017 약술3 인지부조화 2018 약술4 반복노출을 통한 태도변화 2020 약술3 자기지각이론, FITD마케팅
학 습 ★	2018 논술1 고전적 조건화, 파블로프 실험	2016 약술3 대리학습 2017 약술4 작동적 조건화 2023 약술3 대리적 학습의 영향요인
소비자행동의 개인적 영향요인 ★★★	2015 논술1·2 VALS척도, 개성 이론 2016 논술1 수단-목적 사슬 2024 논술2 자아개념이론, 조절초점이론	2020 약술2 AIO분석
소비자행동의 사회·문화적 영향요인 ★★★★	2017 논술1 가 족 2018 논술2 준거집단, 사치품·필수품 2021 논술1 사회계층	2020 약술4 사회계층 2021 약술2 문화의 개념, 문화의 특성 2023 약술1·2 저맥락 문화, 고맥락 문화, 준거집단의 규범적 영향 2024 약술3·4 준거집단의 영향, 가족의 공동의사결정
소비자행동의 상황적 영향요인 ★	–	2016 약술4 점포환경 2019 약술4 물리적 상황변수 2022 약술3 구매 및 소비 상황의 특성
기 타 ★	–	2017 약술2 의견선도자 2022 약술4 혁신제품의 확산 2025 약술4 혁신제품의 수용자 유형

※ 문제 1~2번은 논술 1~2로, 문제 3~6번은 약술 1~4로 표기하였습니다.

답안지 작성요령 TIPS

시간 분배를 잘하자

1. 경영지도사 2차 마케팅 분야 과목은 마케팅관리론, 시장조사론, 소비자행동론의 3과목이며, 실제 시험장에서 1교시에 마케팅관리론, 2교시에 시장조사론, 3교시에 소비자행동론 순으로 시험을 치른다.

2. 시험 시간은 과목당 90분이 주어지며 논술형 2문제와 약술형 4문제 도합 6문제가 출제된다. 논술형은 말 그대로 서론, 본론, 결론 형태로 체계적으로 서술하는 것이며, 약술형은 자기가 아는 지식을 자연스럽게 서술하는 것이다.

3. 논술형 2문제는 배점이 30점이고, 3페이지를 20분 내에 작성하여야 한다. 반면, 약술형 4문제는 배점이 10점이며, 1페이지를 10분 내에 작성하여야 한다. 처음에 5분은 전체적으로 어떻게 쓸 것인지 콘티를 잡는 데 사용하고, 마지막 5분은 답안 작성을 마무리하는 데 사용한다면 딱 90분을 균형적으로 사용할 수 있다.

키워드를 공략하자

1. 답안 작성에 가장 중요한 것은 키워드를 공략하는 것이다. 그 이유는 답안 채점자들이 키워드를 작성했는지를 기준으로 채점하기 때문이다. 수백 장이 되는 답안을 채점하려면 하나하나 꼼꼼하게 읽고 분석할 수가 없다. 따라서 채점자들은 문제가 요구하는 키워드를 잘 작성했는가를 중요 포인트로 채점하므로, 문제를 풀 때 출제 의도에 맞는 키워드를 암기해서 적는 연습을 하도록 하자.

2. 예를 들어, 마케팅관리론 과목에서 '시장세분화의 기준에 대하여 약술하라'는 문제가 나왔다고 가정한다면 지리적 변수, 인구통계학적 변수, 심리적 변수, 행동적 변수라는 4가지 키워드를 꼭 작성하여야 한다. 이러한 키워드를 외우기 쉽게 '지-인-심-행'의 형태로 두문자를 따서 암기하고 답안을 작성한다면 합격에 한 발 다가가리라 확신한다. 이는 다른 과목도 공통적으로 해당되는 사항이다. 예를 들어, 마케팅 조사 과정은 '문-조-자-표-시-분'으로 외우면 된다.

그림으로 표현하자

그림으로 답안을 작성하면 답안 작성이 훨씬 보기 좋고 깔끔하며 체계적인 느낌을 준다. 또한 그림을 통해 도식화하여 암기하고, 그 그림을 보고 암기했던 것을 재인 및 회상하여 글을 서술하게 되면 훨씬 부담을 줄일 수 있다.

그림 표현의 예시

문제가 '시장세분화의 기준에 대해 서술하시오'일 경우, 아래와 같이 그림으로 표현하여 답안을 작성한다.

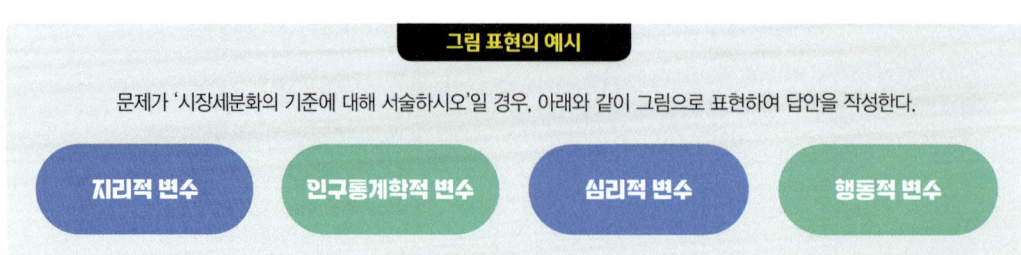

목차를 짜임새 있게 구성하자

2차 시험이 서술형식으로 진행되는 전문자격 시험들의 공통된 특징은 목차를 짜임새 있게 구성해야 한다는 것이다. 목차의 구성만 본다 하더라도 내용을 미리 파악할 수 있고 전체적인 맥락을 이해하고 있는지 확인할 수 있다. 기본적으로 목차는 다음의 형식으로 작성하면 큰 무리가 없을 것이다.

목차 작성 예시

1. 개 념
2. 특 징
3. 장단점
4. 사 례
5. 마케팅 시사점

예 시

표본추출방법 중 확률 표본추출법과 비확률 표본추출법의 특징과 장단점을 설명하고 각각의 기법에 대해서 3가지씩 논술하시오.

[2010년 시장조사론 – 문제 1]

목차는 문제에 나와 있는 것을 모두 기입하는 형태로 구성하는 것이 바람직하다. 아래처럼 빨간 펜을 가지고 문제가 묻는 부분에 밑줄을 긋고 이것을 바탕으로 목차를 잡는다면, 질문의 요지를 파악하여 묻고자 하는 바를 작성할 수 있을 뿐만 아니라 목차 구성도 깔끔하게 이루어지게 된다.

목차 설정 예시

❶ 표본추출방법 중 ❷ 확률 표본추출법과 ❸ 비확률 표본추출법의 ❹ 특징과 ❺ 장단점을 설명하고 각각의 ❻ 기법에 대해서 3가지씩 논술하시오.

참고로 논술형이든 약술형이든 문제가 묻고자 하는 질문이 주는 마케팅 시사점을 작성하고 본인의 견해도 넣어준다면 추가 점수를 획득할 수 있을 것이다.

구체적인 목차 작성 예시

1. 표본추출의 개념과 종류
2. 확률 표본추출법
    (1) 개 념
    (2) 특 징
    (3) 장단점
    (4) 기법 3가지
3. 비확률 표본추출법
    (1) 개 념
    (2) 특 징
    (3) 장단점
    (4) 기법 3가지
4. 마케팅 시사점

이 책의 차례 CONTENTS

빨리보는 간단한 키워드

제1과목 마케팅관리론	3
제2과목 시장조사론	30
제3과목 소비자행동론	55

제1과목 | 마케팅관리론

PART 01 기출문제 및 모범답안

5개년 기출문제	5
2025년 모범답안	10
2024년 모범답안	17
2023년 모범답안	25
2022년 모범답안	35
2021년 모범답안	47

PART 02 핵심이론

01 마케팅 개관	56
02 마케팅 관리 철학의 발전과정	58
03 전략적 마케팅계획(경영전략)	62
04 소비자행동과 마케팅 조사	80
05 마케팅전략수립	95
06 마케팅 믹스(Marketing Mix)	109
07 서비스 마케팅	176
08 최신마케팅	183

제2과목 | 시장조사론

PART 01 기출문제 및 모범답안

5개년 기출문제	213
2025년 모범답안	229
2024년 모범답안	238
2023년 모범답안	246
2022년 모범답안	253
2021년 모범답안	260

PART 02 핵심이론

01 마케팅 조사의 개관	268
02 문제의 정의와 조사설계	274
03 자료수집 방법	282
04 표본설계	308
05 보고서 작성	319
06 자료의 분석 – 통계	322

제3과목 | 소비자행동론

PART 01 기출문제 및 모범답안

5개년 기출문제	361
2025년 모범답안	368
2024년 모범답안	374
2023년 모범답안	381
2022년 모범답안	388
2021년 모범답안	392

PART 02 핵심이론

01 소비자행동	400
02 관여도	406
03 구매의사결정과정	424
04 소비자 정보처리과정	452
05 태 도	473
06 태도변화	487
07 학 습	504
08 소비자행동의 개인적 영향요인	517
09 소비자행동의 사회·문화적 영향요인	528
10 소비자행동의 상황적 영향요인	541

부록 | 약술 및 논술대비 핵심용어

약술 및 논술대비 핵심용어	549

빨리보는 간단한 키워드

제1과목	마케팅관리론
제2과목	시장조사론
제3과목	소비자행동론

합격의 공식 시대에듀

교육은 우리 자신의 무지를 점차 발견해 가는 과정이다.

– 윌 듀란트 –

  **끝까지 책임진다! 시대에듀!**

QR코드를 통해 도서 출간 이후 발견된 오류나 개정법령, 변경된 시험 정보, 최신기출문제, 도서 업데이트 자료 등이 있는지 확인해 보세요! **시대에듀 합격 스마트 앱**을 통해서도 알려 드리고 있으니 구글 플레이나 앱 스토어에서 다운받아 사용하세요. 또한, 파본 도서인 경우에는 구입하신 곳에서 교환해 드립니다.

제1과목 마케팅관리론

마케팅 ┬ 미시적 마케팅 ┬ 후행적 마케팅(고압적 마케팅/선형 마케팅/Push 마케팅) : 생산개념 - 제품개념 - 판매개념(기업중심철학)
      │   └ 선행적 마케팅(저압적 마케팅/순환형 마케팅/Pull 마케팅) : 마케팅개념 - 사회지향적 개념(고객중심철학)
      └ 거시적 마케팅

마케팅의 개념(의미) : 소비자의 필요와 욕구를 충족시키기 위해 시장에서 가치를 교환하는 활동

Needs	Wants	Demand
1차적 욕구/본원적 욕구	2차적 욕구/구체적 욕구	구매의사/구매능력/수요
문화차이 없음	문화차이 있음(사람, 국가)	문화차이 있음

수요특성별 마케팅유형

부정적수요	무관심수요	잠재적수요	하락수요	불규칙수요	충분수요	불건전수요	초과수요
전환마케팅	자극마케팅	개발마케팅	리마케팅(재성장마케팅)	동시화마케팅	유지마케팅	대항마케팅	디마케팅(억제마케팅)
☞ 수요전환	☞ 수요창출	☞ 수요개발	☞ 수요재생	☞ 수요동시화(균일화)	☞ 수요유지	☞ 수요제거	☞ 수요감소

마케팅 철학의 발전과정 ─────────────────────────────→ (발전 방향)

기업중심			고객중심	
생산콘셉트(생산중심)	제품콘셉트(제품중심)	판매콘셉트(판매중심)	마케팅콘셉트(마케팅중심)	사회적 마케팅콘셉트(사회지향적)
공급 < 수요	공급 ≤ 수요	공급 ≥ 수요	고객만족	CSR, CSV

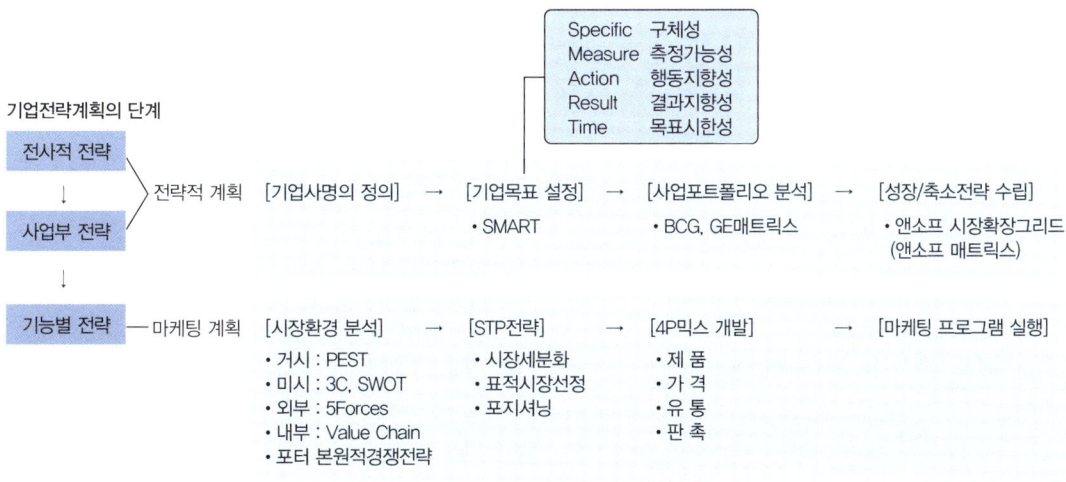

기업전략계획의 단계

전사적 전략 ↓ 사업부 전략 ─ 전략적 계획 ─ [기업사명의 정의] → [기업목표 설정] → [사업포트폴리오 분석] → [성장/축소전략 수립]
  • SMART • BCG, GE매트릭스 • 앤소프 시장확장그리드(앤소프 매트릭스)

Specific 구체성 / Measure 측정가능성 / Action 행동지향성 / Result 결과지향성 / Time 목표시한성

기능별 전략 ─ 마케팅 계획 ─ [시장환경 분석] → [STP전략] → [4P믹스 개발] → [마케팅 프로그램 실행]
- 거시 : PEST
- 미시 : 3C, SWOT
- 외부 : 5Forces
- 내부 : Value Chain
- 포터 본원적경쟁전략

[STP전략]
- 시장세분화
- 표적시장선정
- 포지셔닝

[4P믹스 개발]
- 제 품
- 가 격
- 유 통
- 판 촉

1. 시장환경분석(시장분석)

(1) 거시적 환경분석과 미시적 환경분석

거시적 환경분석(PEST)		미시적 환경분석(3C)	
Politics	정치법률적 환경	Consumer(Customer)	고객분석
Economics	경제적 환경	Company	자사분석
Society	사회적 환경	Competitor(Competition)	경쟁사분석
Technology	기술적 환경	+ Channel(4C)	유통경로분석

① P, T : 기업에 직접적 영향
② E, S : 수요에 영향

(2) 통제가능요인과 통제불가능요인

통제가능요인(내부환경)	통제불가능요인(외부환경)
기업연혁, 역량, 조직문화, 기업내부자원 등	• 과업환경(미시환경) – 고객, 경쟁자, 공급자, 노조, 종업원 등 • 일반환경(거시환경) – 경제/사회/정치/법률 • 기술적 환경

2. 외부환경분석

(1) 마이클포터의 산업구조분석 모델(5Forces/5요인모델/경쟁분석/경쟁의 5요소)

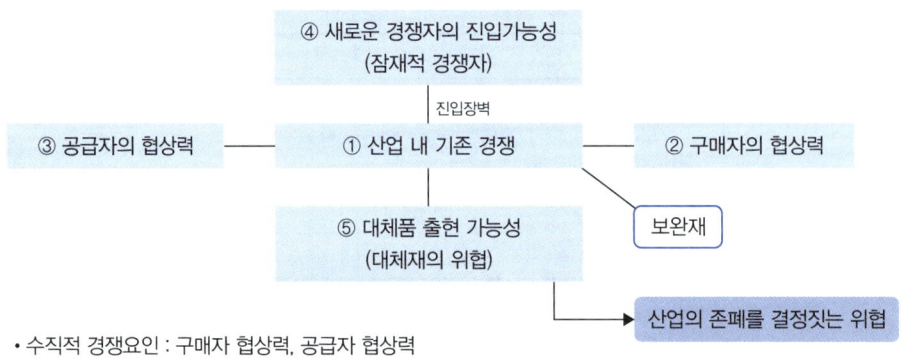

• 수직적 경쟁요인 : 구매자 협상력, 공급자 협상력
• 수평적 경쟁요인 : 잠재적 경쟁자(진입자), 기존 사업자 간 경쟁, 대체재

(2) 5Forces모델의 장단점

장 점	단 점

• 산업의 매력도를 한눈에 측정 가능
• 산업의 미래예측 가능
  – 신규진입자 : 산업매력 높음
  – 대체재 : 산업쇠퇴기
• 기업 간 전략적 제휴 등에 유용한 정보 제공
	• 동태적인 경쟁환경에 대한 분석 미흡
	• 잠재적 경쟁구조 파악 미흡
	• 구체적 해결안/전략 제시 불가
	  – 기존에 있거나, 직접적 경쟁관계의 경쟁구조만 분석하기 때문
	• 경쟁/대립만 가정하여 해석

3. 내부환경분석

(1) SWOT분석

외부 \ 내부	강점(Strength)	약점(Weakness)
기회(Opportunity)	SO전략 (인수합병, 내부개발)	WO전략 (조인트벤처)
위협(Threat)	ST전략 (다각화)	WT전략 (구조조정, 철수)

(2) 포터의 가치사슬(Value Chain)

부가가치 창출과 관련된 핵심활동이 무엇인지 확인하고 각 단계별, 핵심활동별 강점과 약점을 분석
→ 경쟁우위 구축 도구로 활용

주활동(본원적 활동)	구매, 생산, 마케팅, 물류 → 부가가치 창출
지원활동(보조적 활동)	기획, 재무, 인사, 기술개발

4. 사업포트폴리오 분석

(1) BCG 매트릭스(성장-점유율 분석)

	상대적 시장점유율 High	상대적 시장점유율 Low	시장성장률
	별(Star) • 수익↑, 투자↑ • 확대전략	물음표(Question Mark) • 수익↓, 투자↑ • 확대전략 • 수확전략(경쟁력 없는) • 철수전략(경쟁력 없는)	High
	자금젖소(Cash Cow) • 수익↑, 투자↓ • 유지전략 • 수확전략(장래 어두운)	개(Dog) • 수익↓, 투자↓ • 수확전략 • 철수전략	Low

① 장 점
 ㉠ 간단히 계산 가능, 이해/적용이 용이
 ㉡ 단순 명확한 전략적 대안 제시
② 단 점
 ㉠ 현금흐름에만 초점 맞춰 자원역량의 연계성 무시
 ㉡ 너무 단순해서 시장규모 등 다른 변수 고려 불가
 ㉢ 산업의 정의에 따라 측정오류 발생 가능

(2) GE-맥킨지매트릭스(산업매력도 - 사업강점 분석)

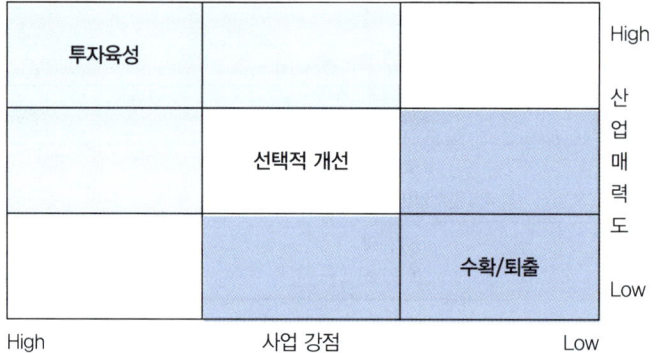

① 산업매력도 : 시장성장률, 시장의 규모, 산업의 수익률, 산업의 경기, 계절민감도 등
② 사업 강점 : 시장점유율, 매출성장률, 가격/원가우위, 제품품질, 자금력, 고객/시장에 대한 지식, 기술력 등

(3) BCG-GE 매트릭스 비교

구 분	BCG	GE-맥킨지
사업 강점	상대적 시장점유율(단일변수)	점유율, 사업부문규모 등(다양한 변수)
시장매력도	시장성장률(단일변수)	성장률, 시장규모, 시장잠재력, 경쟁구조 등 (다양한 변수)
셀 구성수	4개	9개
수익성 초점	현금흐름	투자수익률(ROI)
개념적 토대	경험곡선이론, 제품수명주기이론	경쟁우위론

(4) 사업포트폴리오 기법의 문제점
① 전략사업단위의 자율성을 지나치게 강조 → 핵심사업단위 간 역량 공유를 통한 기회상실
② 시장매력도와 사업 강점의 두 변수만으로 평가하고 단순한 전략대안만 제시, 창의적인 전략적 사고 방해
③ BCG매트릭스의 경우 경험곡선효과를 과신하여 시장점유율 증대만이 유일한 전략대안이라는 인상을 줌

5. 성장·축소전략 수립

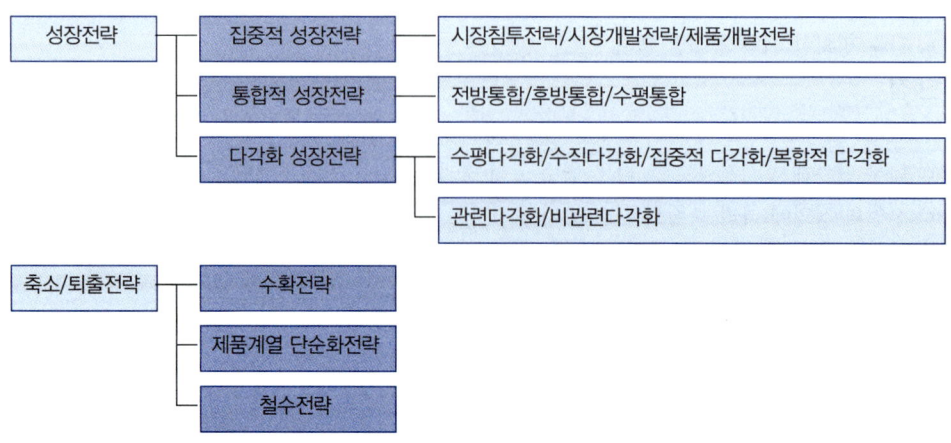

(1) 집중적 성장전략(제품-시장매트릭스/앤소프매트릭스/앤소프시장확장그리드/신사업전략)

시장 \ 제품	기존 제품	신제품
기존 시장	시장침투전략	제품개발전략
신시장	시장개발전략	다각화전략

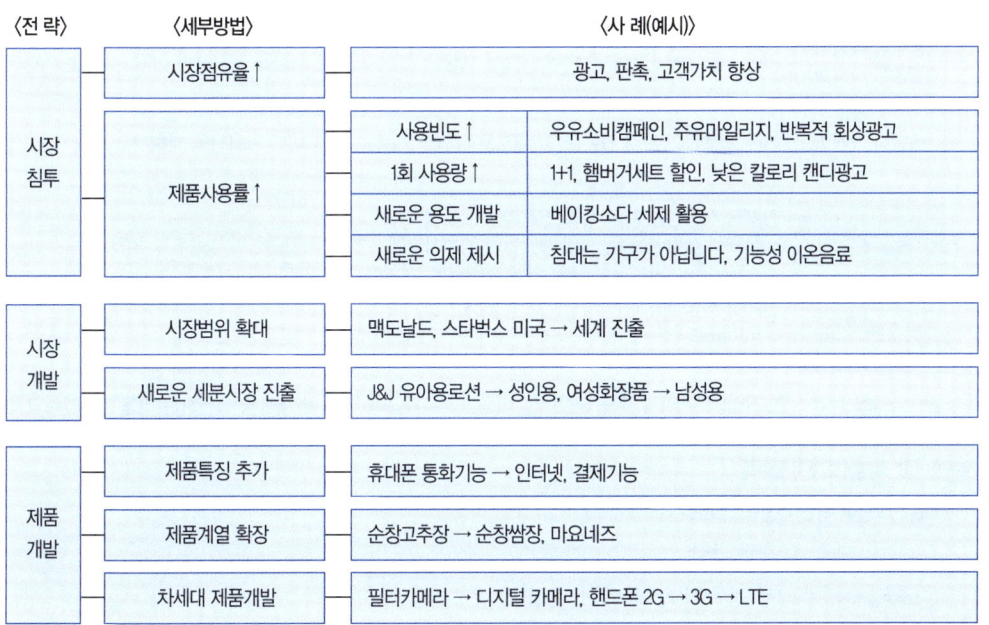

(2) 통합적 성장전략

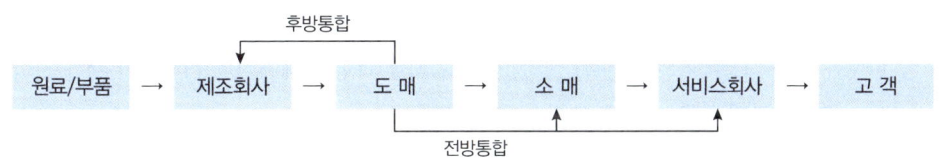

① 수직통합
  ㉠ 전방통합 : 제조회사가 도·소매업체를 소유하거나 도매상이 소매업체를 소유
  ㉡ 후방통합 : 소매상이나 도매상이 제조업체를 소유하거나, 제조업체가 부품공급업체를 소유
② 수평통합 : 동일 업종의 기업이 동등한 조건하에서 합병/제휴하는 일

(3) 수직통합의 장단점

장 점	단 점
• 가격의 불안정 해소 • 품질 통제력 상승 • 자체 생산 시 원가 절감 • 특허기술 보호, 품질 향상	• 갈등해결을 위한 관리비용 증가 • 유연성 떨어져 비효율성 상승

(4) 다각화 성장전략

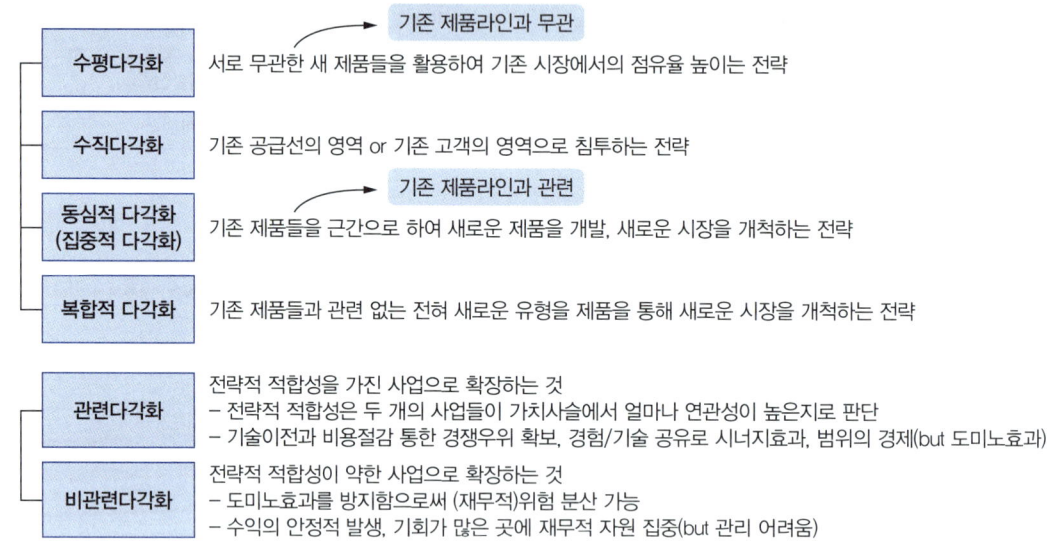

(5) 축소 및 퇴출(퇴진) 전략

① 축소/퇴출(퇴진) 전략 필요사유
  ㉠ 특정 제품 수익률 급락
  ㉡ 제품수명주기상 성숙기 or 쇠퇴기 진입 시
  ㉢ 기업 전체적 이미지와 어울리지 않을 시

② 축소/퇴출(퇴진) 전략 종류
  ㉠ 수확전략 : 기업은 자원을 더 이상 투입하지 않고 발생하는 이익을 회수하는 전략
  ㉡ 단순화 전략(제품계열의 단순화) : 기업이 제공하는 다양한 제품이나 서비스의 수를 관리하기 용이한 수준으로 감소시키는 전략
  ㉢ 철수전략 : 제품계열 전체를 제거하는 전략

6. 사업부 전략(사업단위별전략/본원적 경쟁전략)

(1) 마이클 포터의 본원적 경쟁전략

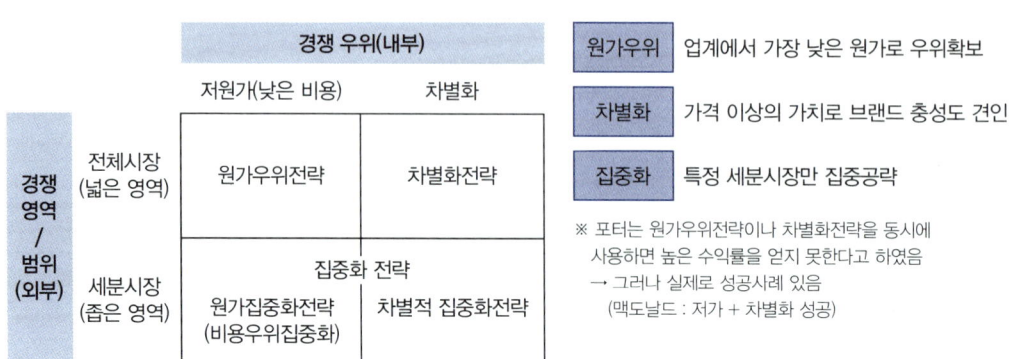

7. STP 전략

(1) 시장세분화

① 세분화의 단계

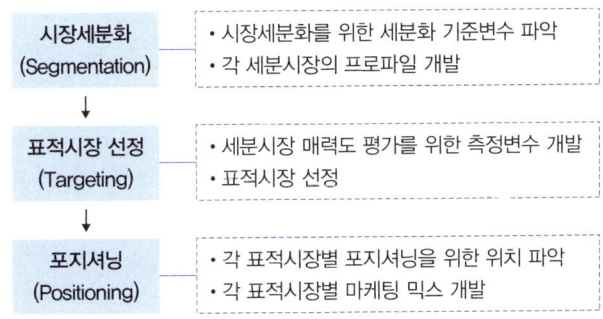

② 세분화의 개념, 배경
  ㉠ 개 념
    욕구가 유사한 소비자 집단별로 시장을 구분하고 적합한 소비자 집단을 선택하여, 표적시장에서 차별적인 경쟁우위를 유지하는 전략개발 과정
  ㉡ 배 경
    대량마케팅(MassM) → 세분시장M → 일대일M으로 변함에 따라 세분화전략 필요해짐

③ 시장세분화 기준변수 [지/인/심/행]

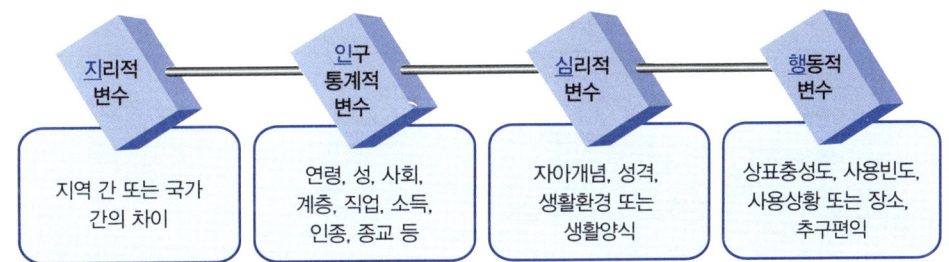

④ 시장세분화 이점(효과) [기/욕/충/경/프]
  ㉠ 마케팅 **기**회의 발견
  ㉡ 정확한 **욕**구 충족
  ㉢ 브랜드 **충**성도 상승
  ㉣ **경**쟁우위 확보
  ㉤ 적합한 마케팅 **프**로그램의 개발

⑤ 효과적인 세분화 요건 [측/접/규/실/차]
  ㉠ **측**정가능성 : 세분시장 크기, 구매력 등이 측정 가능해야 함
  ㉡ **접**근가능성 : 고객에게 효과적으로 접근할 수 있어야 함
  ㉢ 세분시장의 충분한 **규**모 : 수익성이 있을 만큼 커야 함
  ㉣ **실**행가능성 : 효과적인 마케팅 프로그램을 운영할 수 있는 능력 갖추어야 함
  ㉤ **차**별화가능성 : 세분시장은 개념적으로 구분되어야 하고, 다른 마케팅 믹스에 다른 반응 보여야 함

(2) 표적시장 선정

① 세분시장 평가요인 [규성경/목자경기]

시장요인	• 세분시장 규모와 성장률 • 경쟁구조(시장구조) – 5Forces
기업요인	• 기업 목표와 자원과의 부합성 • 경쟁우위 및 기존 제품과의 조화

② 표적시장 결정전략 [차/비/집]

차별적 마케팅 (세분화마케팅)	시장을 세분화하여 모든 세분시장에 각기 다른 마케팅 믹스 적용
비차별적마케팅 (무차별마케팅)	시장전체에 동일한 마케팅 구사(대량마케팅)
집중적 마케팅 (틈새마케팅)	소수의 세분시장만 목표로 하여 마케팅

③ 표적시장 공략전략 선택 시 고려사항 [자/동/수/동/마]

기업의 자원	제품의 동질성	제품의 수명주기상 위치	시장의 동질성	경쟁사 마케팅전략

(3) 포지셔닝

① 포지셔닝 절차 [소경/경자/확인 및 재포지셔닝]

1단계	소비자 분석
2단계	경쟁자 확인
3단계	경쟁제품 포지션 분석
4단계	자사제품 포지셔닝 및 실행
5단계	포지셔닝 확인 및 재포지셔닝

② 포지셔닝 유형(방법) [경제상/속리산(속니사)]

경쟁제품에 의한 포지셔닝	하이트 – 맥주의 90%는 물
제품군에 의한 포지셔닝	녹차 – 카페인 없는 차
사용상황에 의한 포지셔닝	클리니크 화장품 – 피부상태별 제품 게토레이 – 운동/스포츠음료
제품속성에 의한 포지셔닝	볼보 – 안정성, 죽염치약 – 잇몸질환예방
니치시장에 의한 포지셔닝	(소규모 기업이 사용)
제품사용자에 의한 포지셔닝	렉스턴 – 대한민국 1%, 프리미엄카드 – 상류층 K5 – 생애 첫 차 구입 30~40대

+ 실적에 의한 포지셔닝 예 휘센 에어컨 – 세계판매 1위

8. 마케팅 믹스(4P믹스) : 제품

(1) 제품의 세 가지 차원

핵 심	• 핵심제품(본원제품, 코어제품) : 핵심혜택, 기능적 욕구 충족 　예 자동차 : 수송 기능
유 형	• 유형제품(형식제품, 실제적제품, 포멀제품) : 품질, 디자인, 특성, 상표 　– 기능적, 감각적, 상징적 욕구 충족 　예 자동차 : 성능, 디자인
확 장	• 확장제품(증폭제품, 보강제품) : A/S, 배달, 결제방식, 설치서비스 　– 부가서비스적 만족 　예 자동차 : A/S, 마일리지

(2) 제품의 다섯 가지 차원 [핵/본/기/확/잠]

구 분	설 명	예(호텔)
핵심이점	고객이 실제로 구입하는 근본적 서비스나 이점	휴식, 휴면구입
기본적 제품	핵심이점을 제품으로 형상화	침대, 욕실, 타월, 책상, 화장대, 화장실
기대하는 제품	구매자들이 제품구입 시 정상적으로 기대하는 속성과 조건	깨끗한 침대, 타월, 책상
확장 제품	고객의 기대를 넘어 고객의 욕망을 충족하는 제품	침실, 거실, 응접실 등을 모두 갖춘 객실이 있는 호텔
잠재적 제품	미래에 경험할 수 있는 변환과 확장의 일체 (고객만족, 타제품과의 차별화)	원격조정TV, 신속한 입실, 깨끗한 식당, 룸서비스

(3) 제품의 분류

용도에 따른 분류	소비재, 산업재	• 소비재 : 최종소비자가 자신의 소비목적으로 구매 • 산업재 : 조직/기업이 생산/관리과정에서 구매 　※ 소비재의 분류 = 구매습관에 따른 분류 　　예 편의품, 선매품, 전문품, 비탐색품
구매습관에 따른 분류	편의품, 선매품, 전문품, 비탐색품	• 편의품 : 편의점에서 구입할 만한 저관여 제품 　예 필수품, 충동품, 긴급품 : 껌, 화장품 • 선매품 : 쇼핑 가서 선택 구매하는 제품 　예 동질적 선매품, 이질적 선매품 • 전문품 : 명품 등 매우 고관여의 제품 • 비탐색품 : 잘 알려지지 않은 혁신제품, 알고는 있지만 당장 구매 고려 안 하는 제품 　예 보험, 전집류, 헌혈, 스쿠터
품질평가시기에 따른 분류	탐색재, 경험재, 신뢰재	• 탐색재 : 소비자가 직접 사용해보기 전에 정보에 의해 품질을 쉽게 평가할 수 있는 제품 　예 PC, 디지털 카메라 • 경험재 : 소비자가 직접 사용해보고 나서야 품질을 평가할 수 있는 제품 　예 식당 음식, 자동차, 옷 • 신뢰재 : 실제로 사용해보더라도 품질을 정확히 확인할 수 없는 제품으로 브랜드신뢰도가 구매에 결정적 역할 　예 법률서비스, 의료서비스

(4) 제품수명주기(PLC)
① 장단점

장점(유용성)	단점(한계)

• 자사제품의 수명주기상 관계를 쉽게 파악
  → 마케팅전략에 적용 용이
• 수명주기 단계별 마케팅 믹스에 관한 효과적 전략 제공 가능
  → 적절히 활용하면 성공적 마케팅전략 수립 가능
• 수명주기상 위치 파악이 가능하면 제품 판매량, 이익 예측 가능
	• 모든 제품수명주기곡선이 S자가 아니며, 마케팅활동이나 제품군/형태/브랜드에 따라 달라질 수 있음
	• 수명주기 길이와 단계별 구분이 불명확해 제품의 정확한 단계 파악 곤란
	• 수명주기 각 단계별 마케팅전략은 유일한 최적전략이 아니며, 제품특성/시장상황/경쟁구조/기업능력 등을 고려하여야 함

② 제품수명주기와 마케팅

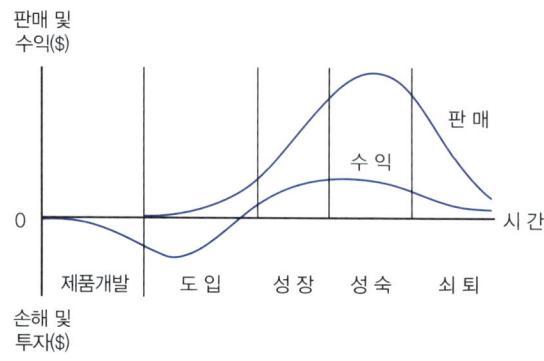

구 분	도입기	성장기	성숙기	쇠퇴기
판매량(매출)	저	고성장	저성장(최대매출)	쇠 퇴
원 가	고	평균(도입기보다 낮음)	저	저
이 익	손 해	점차 증가	최대(감소시작)	감 소
BCG	Question Mark	Star	Cash Cow	Dog
고 객	혁신층	조기수용자 조기다수자	후기다수자	최후수용자
경쟁자	소 수	증 가	다수(감소시작)	감 소
마케팅목표	제품인지, 구매확대	시장점유율 확대	기존 점유율 유지	지출감소, 수확
시장세분화	무차별	세분화 시작	세분화 극대화	역세분화
제 품	기본 형태 제공	품질, 서비스 개선	상표, 모델 다양화	단계적 철수
가 격	고(or 저)가격, 원가가산가격	시장침투가격 (저가격)	경쟁사 대응 방어적 가격	가격 인하
유통경로	선택적 유통 좁은 커버리지	집중적 유통 유통커버리지 확대	집중적 유통강화 유통커버리지 최대화	선택적 유통 수익 적은 경로 폐쇄
판매촉진	시용구매유도 위한 강력한 판촉	수요급성장에 따라 판촉비중 감소	자사상표로의 전환유도를 위한 판매진 증대	최고 수준으로 감소
광 고	조기구매자, 중간상의 인지도 구축	대중소비자층의 인지도, 관심 제고	상표 간 차이와 제품편익 강조	핵심고객 유지 위한 최소한 광고
중점 활동	품질관리	광 고	가 격	전략적 의사결정

③ 신제품 수용 범주화(혁신수용 시점/신제품의 확산/로저스의 신제품 수용)

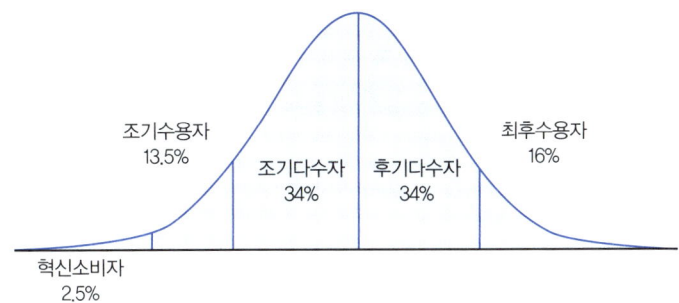

(5) 신제품 개발
  ① 참신성 정도에 따른 신제품 분류

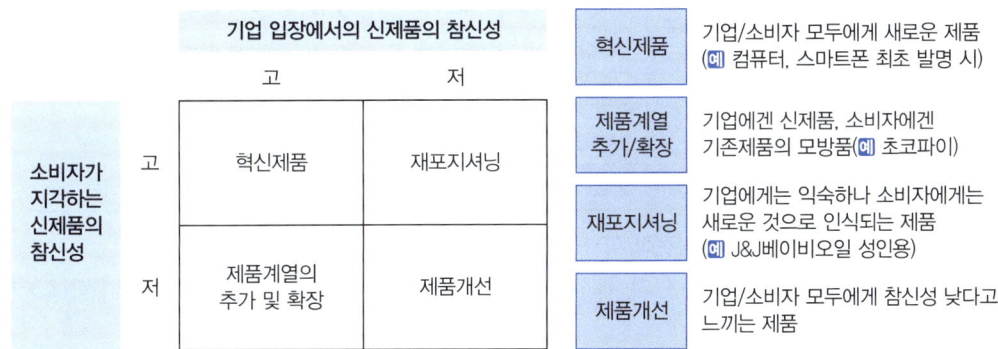

  ② 신제품 개발과정 [창/평/테/마/제/시/상]

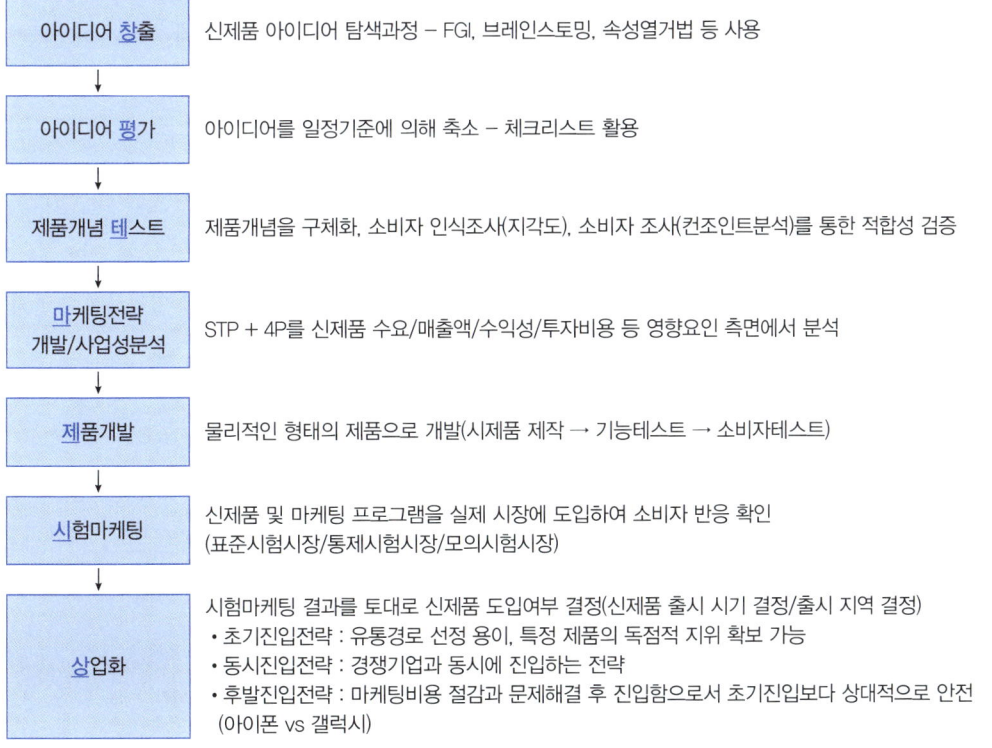

③ 신제품 개발의 실패요인 → 반대로 하면 성공요인
  ㉠ 소비자 욕구/기호의 파악과 충족 실패(차별화된 편익제공 실패)
  ㉡ 잘못된 마케팅전략 : 표적시장 선정 및 포지셔닝 실패
  ㉢ 불충분한 마케팅 커뮤니케이션 · 유통지원(광고, 판촉, 유통지원 부족)
  ㉣ 사내 조직과 관련된 요인의 부조화
  ㉤ 기타 기술개발 속도 · 출시시기 조절/수요예측 · 경쟁자 대응 실패, 경제적 · 법적 · 정치적 환경의 불리

(6) 신제품(혁신)의 확산 영향요인(확산 조건)
  ① 신제품 확산의 영향요인(확산 조건) : 제품특성, 사회적 시스템, 시간
    → 제품특성 [양/시/상/단/커] (양씨는 상당히 커)

양립성(부합성/적응성)	신제품이 소비자의 기존 가치관이나 신념, 욕구와 부합되는 정도
시용(시험)가능성	잠재소비자가 수용하기 전에 적은 양으로 시용할 수 있는 정도
상대적 이점	신제품이 기존 제품보다 소비자에게 더 큰 이점을 제공하는지 여부
단순성	신제품을 이해하고 사용할 때 상대적으로 용이한 정도
커뮤니케이션 가능성(가시성)	신제품의 편익이 잠재소비자에게 용이하게 전달되거나 쉽게 노출되는 정도

  ② 신제품(혁신) 확산의 마케팅전략(시사점)
    ㉠ 신제품 도입 초기 높은 단기이익 실현 목표 시 : 혁신소비자 대상으로 초기고가전략(스키밍 전략) 채택
    ㉡ 신제품 도입 초기 높은 수용률 확보 목표 시(시장선도자 쟁취 목표) : 저가격을 통한 시장침투가격 전략 채택(페네트레이션 전략)
    ㉢ 선도진입자 또는 후발진입자로서의 시장 진입 순서는 기업생존과 수익성에 중요한 요인

(7) 제품믹스 및 제품계열관리
  ① 제품믹스 : 기업이 제공하는 모든 개별제품들의 집합으로 제품계열들이 모여 구성됨
    ㉠ 제품믹스의 넓이 : 취급하는 제품계열의 수
    ㉡ 제품믹스의 길이 : 각 제품계열의 수
    ㉢ 제품믹스의 깊이 : 각 제품계열 내의 각 제품 품목 수
    ㉣ 일관성 : 서로 다른 제품 라인들이 최종 용도, 생산 방식, 유통경로 등에서 밀접하게 관련되어 있는 정도
      예 동일한 유통채널(슈퍼마켓)을 통해 판매되거나, 비슷한 기술을 사용하여 생산되는 제품 라인들 → 일관성 높음

  이러한 4가지 차원을 통해 기업은 현재의 제품 포트폴리오를 분석하고, 신제품 개발, 기존 제품 확장 또는 정리 등의 전략적 결정을 내릴 수 있다.

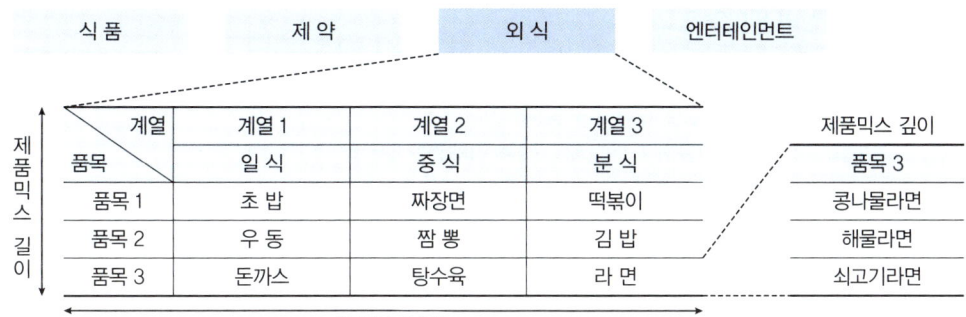

② 제품믹스 길이 의사 결정

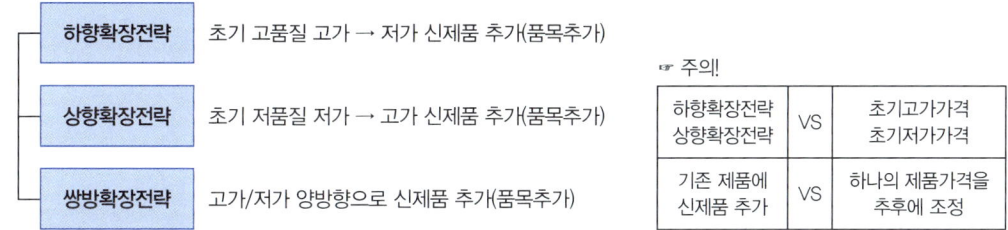

※ 쌍방확장 : 잉여설비활용, 매출증대, 세분시장침투에 긍정적, but 소비자 혼돈 야기, 비용 상승에 따른 수익성 악화

③ 제품믹스 깊이 의사결정

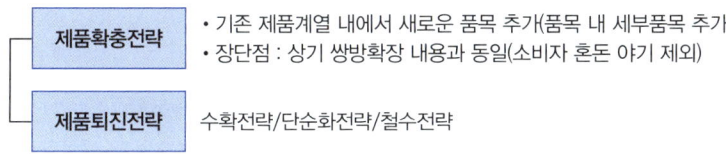

(8) 상표관리(브랜드관리)

① 브랜드의 기능과 장단점

브랜드의 개념		
브랜드명	브랜드마크	등록상표(트레이드마크)
말로써 표현할 수 있는 것	말로써 표현하지 못하는 것 중 시각적 요소 예 기호, 디자인	브랜드마크 중 특허청에 등록되어 법적 보증되는 것
물리적 기능		마케팅적 기능
자타상품 식별기능	소비자 탐색비용 절감, 기업의 제품취급 용이	광고선전기능	기업관련 연상 제공
출처표시기능	생산/판매자의 책임 부여	경쟁적 기능	독특/긍정/호감적 브랜드로 경쟁우위 확보
품질보증기능	지각된 위험 감소	자산적 가치	자산가치로서의 기능
장 점		단 점	
• 구매자와 공급자에 대한 교섭력 • 경쟁사대비 상대적 경쟁우위 확보 • 산업지배력, 유통지배력 확보 • 기업의 가치 증대 • 소비자의 자아표현, 개성표출 수단으로서의 가치 • 고객 충성도 확보로 가격에 대한 수요의 비탄력성 획득 → 불황에도 수요 유지		• 시간, 노력, 비용 증가 → 성숙기에 경쟁이 치열해지면 판촉비용 증가로 브랜드 구축 곤란 • 마케팅전략의 일관성 곤란 → 미디어매체와 시장의 과도한 세분화 때문(과거 TV광고로 소비자 커버가능 → 현재 TV와 인터넷 등으로 개별광고 필요) • 유통브랜드의 등장으로 제조브랜드의 브랜드가치 하락 추세	

② 브랜드자산의 의미와 중요성

브랜드의 개념
• 브랜드의 이름과 상징에 관련된 자산과 부채의 총체 • 기업의 전략이나 소비자에게 주는 가치의 변화에 따라 증가 또는 감소

브랜드자산의 중요성	
기업의 관점	소비자의 관점
• 치열한 가격경쟁을 회피하면서도 효과적 차별화 가능 • 강력한 브랜드자산 가진 경우, 소비자의 브랜드 충성도를 통해 안정적 매출 증가, 이익확대 실현 • 제품의 관리 용이 • 제품 기능 등의 법적인 보호(권리)를 의미 • 소비자가 만족하는 제품의 수준을 의미 • 제품이 가지는 고유한 기능을 의미 • 경쟁우위를 의미 • 재정적인 수입을 의미	• 소비자에게 제품의 특징과 생산자 정보를 제공하여 구매의사결정과정에서의 위험 감소 유도 • 소비자의 제품 탐색비용 절감 • 제품의 식별 기능 제공 • 제조/판매업체에게 책임 부과 • 구매위험 요소 경감 • 제조/판매업체와의 관계 형성 • 상징적 의미 부여 • 제품의 품질을 상징

③ 브랜드자산의 원천(구성요소)

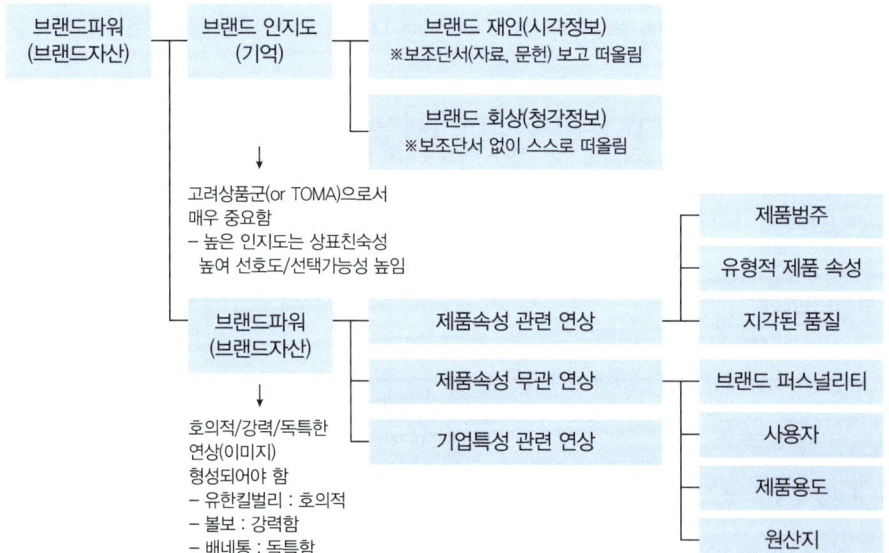

㉠ 브랜드 인지도 증대방법 : 브랜드 재인이나 회상 높이는 마케팅 노력
- 반복광고
- 시각적 정보 동반 제공(재인)
- 브랜드명&소리의 형태 기억 유도(회상)
- 슬로건이나 로고송 활용
- 구매시점(POP)광고 통한 브랜드 회상 단서 제공

ⓒ 브랜드 연상 유형

기업특성 관련 연상		・기업문화, 가치관, 구성원 특성 등 브랜드 아이덴티티 형성 ・혁신성, 신뢰성, 최고의 서비스 등 추상적 이미지 제공 　예 기업의 사회적 책임, 최고품질, 혁신성, 일류기업
제품속성 관련 연상	제품범주 연상	특정 브랜드와 제품범주 연관형성은 소비자에게 제품범주가 제시됐을 때 즉각적으로 그 브랜드가 회상됨을 의미 → 타 경쟁브랜드 기억 방해 예 곽티슈 – 크리넥스, 셀로판테이프 – 스카치
	제품속성 연상	・특정 브랜드를 제품속성(소비자가 바라는 구성요소)과 연관시키는 것 ・경쟁브랜드에서 무시/소홀했던 속성을 발견하는 것이 중요 　예 갤럭시S – 보기 편한 큰 액정화면, 구글 – 폭넓은 검색기능 ・문제점 : 경쟁브랜드에 의해 쉽게 모방/형성된 브랜드의 특정 범주 국한 가능성(확장곤란)
	품질/가격 연상	・지각된 품질은 제품 성능, 신뢰성 기대는 물론 브랜드에 대한 감정도 포함 ・품질이 우수한 제품을 선호, 경쟁브랜드의 설득적 마케팅에도 불구하고 반복구매 ・가격을 품질 지표로 여기며 '고가격 = 고품질'로 인식
제품속성 무관 연상	사용자관련 연상	소비자들은 제품 모델이 전문지식 있는 것으로 생각하거나 호감을 주며, 자신과 유사하여 친숙함 느낄 때 신뢰감 부여
	제품용도 관련 연상	게토레이(운동 후 갈증해소), 컨디션(음주 후 숙취해소)
	원산지관련 연상	제품생산지역, 국가를 연상 예 마몽드/라네즈 – 프랑스, 스와치 – 스위스
	브랜드개성 연상	・브랜드를 통해 표현되는 인간적 특성(성별/연령/계층/성격/라이프스타일)을 의미 　예 제네시스 – 기업임원, 노스페이스 – 등산취미 or 유행에 민감한 학생 ・중요성 : 브랜드개성은 소비자가 자신의 개성(자아개념) 표출하는 수단이 되므로 브랜드 자산 창출에 중요한 역할을 수행. 소비자는 자아개념과 일치하는 정보를 기억하고 선호

④ 브랜드 의사결정 과정(브랜드전략/상표관리)

상표전략	→	상표명전략	→	상표명결정
・제조업자상표 ・유통업자(중간상)상표(= NPB or PL) ・무상표		・개별상명 ・공동상표명 ・혼합상표명		

㉠ 상표전략
・유통업자상표(브랜드)

장 점	단 점
・중간상은 수익성이 더 좋은 중간상 브랜드 선호 ・잉여설비 가진 제조업자로부터 낮은 원가에 제품을 공급받아 마진 확보 ・소매상은 경쟁사로부터 자신을 차별화할 수 있는 강력한 브랜드 개발 가능(소비자는 전국 브랜드와 점포 브랜드 구분 불가)	・일관된 품질의 상품을 공급할 공급자 확보 곤란 ・중간상은 대량주문을 해야 하므로 재고 증가로 자본이 묶임 ・자체 브랜드를 촉진하는 데 자금이 소요됨

ⓒ 상표명전략
- 개별상표명(브랜드명)전략 : 생산 제품별로 각각 다른 상표명 **예** 에쿠스/산타페/그랜저

장 점	단 점
• 한 상표가 실패해도 다른 상표 영향 거의 없음 • 회사 평판이 소수 제품에 좌우되지 않음 • 신제품마다 알맞은 네이밍 가능	• 브랜드 개발 및 촉진비용 많이 소요 • 규모의 경제와 시너지 효과 기대하기 어려움

- 복수상표명전략 : 동일 제품에 두 개 이상의 상이한 상표 부착
  예 이랜드 - 헌트/언더우드, 현대기아차 - 소나타/K5

장 점	단 점
• 동일제품군 내에서 욕구가 다른 고객흡수로 시장점유율 높임 • 상표충성도 낮은 상표전환 잦은 고객 흡수 • 상표관리자 간의 매출증대 위한 경쟁유발	• 자기시장 잠식(카니발라이제이션) • 소비자의 혼동 야기

- 공동상표명전략 : 유사 제품군이나 전체품목에 동일한 기업명 or 상표 부착
  예 오뚜기 케첩/오뚜기 마요네즈

장 점	단 점
• 제품 간 시너지 효과 기대 가능 • 신제품이 소비자에게 빠르게 인식 • 촉진비용 절감 • 한 제품 성공이 다른 제품에 긍정적 효과	• 공동상표 이용하는 제품이나 기업 이미지에 의해 제품 인식 좌지우지됨 • 초기 제품의 강한 이미지가 있는 경우 후속 제품에 동일상표 사용이 부적합할 수 있음

- 혼합상표명전략 : 농심 신라면, 농심 안성탕면, 농심 짜파게티

⑤ 신제품 브랜드 전략

구 분		제품(제품군/계열)	
		기존 제품	신규제품
브랜드	기존 브랜드	라인확장전략 (기존 제품계열 신제품에 기존 브랜드)	브랜드확장전략 (신규 계열 신제품에 기존 브랜드)
	신규 브랜드	다상표전략 (기존 제품계열 신제품에 새 브랜드)	신규브랜드전략 (신규 계열 신제품에 새 브랜드)

⑥ 브랜드 충성도(상표애호도/브랜드로열티)

구 분		행동론적 관점(반복구매 정도)	
		고	저
인지적 관점 (상대적 태도)	고	진정한 충성도	잠재 충성도
	저	의사 충성도	비충성도

→ 시사점 : 궁극적으로 마케팅관리자는 소비자가 자사상표에 대해 친숙하고, 긍정적/강력/독특한 연상을 기억 속에 오래 간직할 수 있도록 지속적인 마케팅활동을 수행하여 반복구매행동과 상표 태도가 높아지도록 해야 한다.

9. 마케팅 믹스(4P믹스) : 가격

(1) 가격 : 제품이나 서비스를 사용하는 대가로 지불해야 하는 금전적 가치
   ① 소비자에게 가장 신속하고 민감한 반응 일으킴
   ② 경쟁자의 즉각적인 모방이 가능함
   ③ 원가 < 가격 < 가치의 형태가 되어야 구매되고 수익발생

(2) 가격결정영향요인 [정/유/경/소/원]

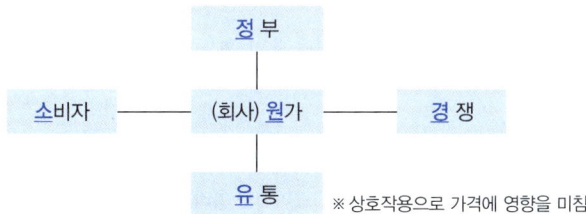

원 가	가격의 하한선(상한선 : 소비자가 지각하는 가치/최고수용가격)
경 쟁	경쟁회사의 가격전략이 자사의 가격전략에 영향을 줌
소비자	가격탄력성이 소비자의 구매행동과 가격결정의 중요한 메커니즘
정 부	정부의 규제(생필품 가격 인하/수요 억제 정책 등)
유 통	• 유통경로 구성원들의 매출확대, 적정이윤 확보노력이 제조업자의 가격결정에 영향을 줌 • 재고품의 반품, 저수익제품의 납품거절, 디스플레이상의 불이익을 통해 제조업자에게 가격압박 행사

※ 가격탄력성 = 판매량의 변화/가격의 변화(1보다 클 때 가격에 민감하고 탄력적임)
  → 탄력적 수요(가격탄력성 > 1), 비탄력적 수요(가격탄력성 < 1), 단위 탄력적 수요(가격탄력성 = 1)

(3) 가격결정의 목표 [이/시/고/기]

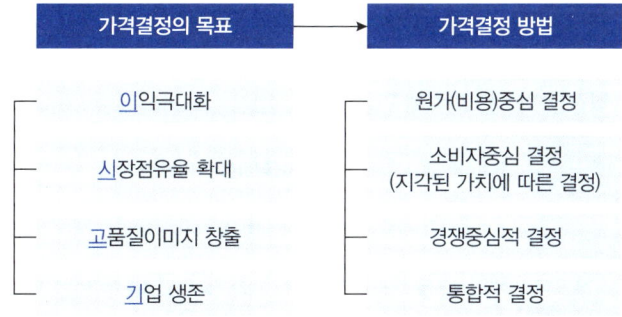

① 이익극대화(이윤중심적 가격목표)
   ㉠ 이윤극대화목표기업 : 최고의 이윤을 위한 가격전략(초기고가격전략 = 스키밍전략)
   ㉡ 적정이윤목표기업 : 단기간 이윤극대화보다는 장기적으로 안정적 이윤확보
   ㉢ 투자이익률목표기업 : 투자비용의 일정비율 이익확보
   ㉣ 자금부족/미래불확실기업 : 초기의 많은 이윤확보를 위해 유통성 높이는 가격
      → 특허권/상표충성도/원자재 등의 통제로 시장경쟁억제 가능 시, 가격에 덜 민감하고 초기가격 지불용의 있는 소비자 대상, 규모의 경제가 존재하지 않아 생산량대비 단위원가 감소하지 않는 경우 이윤 중심적 목표 사용

② 시장점유율 확대(매출중심적 가격목표)
  ㉠ 현재의 매출성장이 시장통제와 이윤을 보장할 것이라는 확신
  ㉡ 제품단위당 마진을 낮추고 판매량을 늘림으로써 총이윤을 증대(시장침투 가격전략 = 페네트레이션 전략)
③ 고품질이미지 창출 가격목표
  고품질, 고가격으로 차별적 이미지 형성
④ 기업생존 가격목표
  ㉠ 치열한 경쟁, 소비자의 기호변화, 급격한 시장축소 등 어려움 해소와 공익 목표로 가격결정
  ㉡ 비용의 일부만 보전하는 가격책정이나 이용자의 소득수준에 따른 가격 책정(비영리단체/공공기관)

(4) 가격결정 방법 [원/소/경/통]
  ① 원가중심적 가격결정(비용중심적 가격결정)

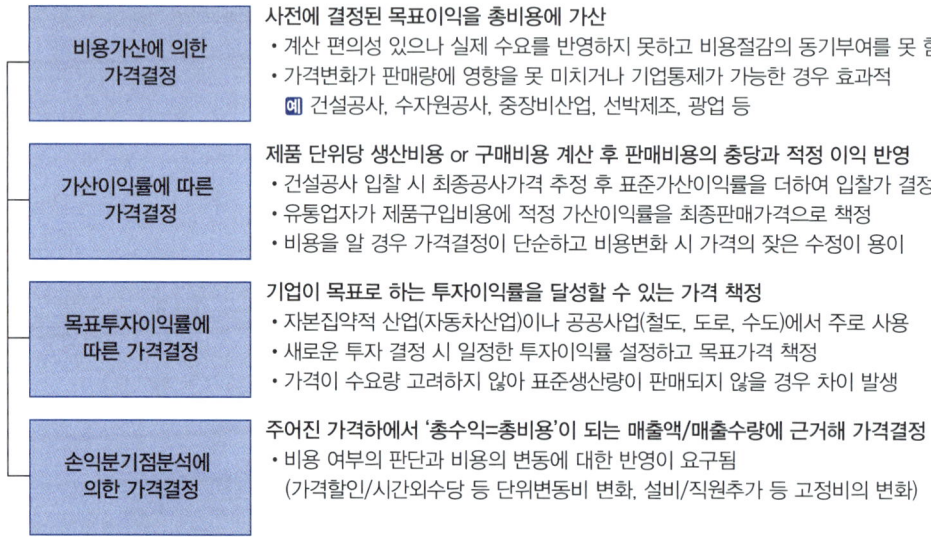

  ② 소비자중심적 가격결정(지각된 가치에 다른 가격결정)

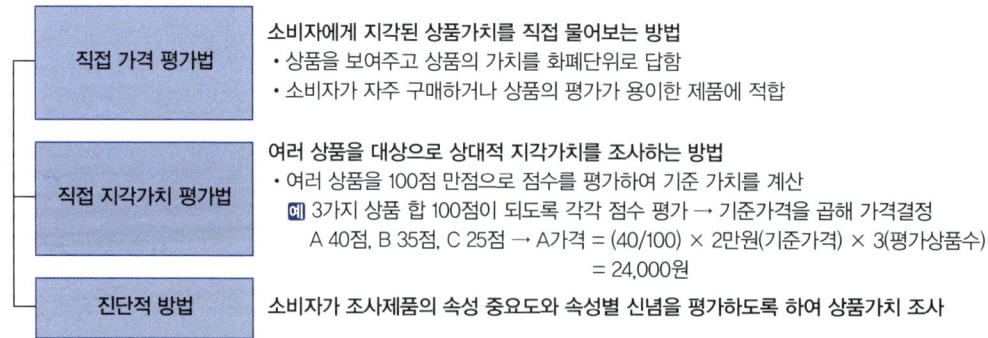

③ **경쟁**중심적 가격결정

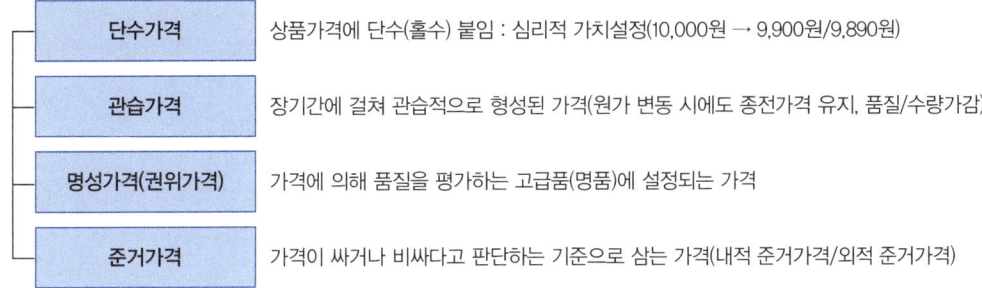

시장가격에 따른 가격결정 (모방가격)	경쟁자의 가격과 동일하거나 비슷한 수준에서 다소 높게 또는 낮게 가격 책정 • 선도기업이 가격 책정하면 추종기업들은 비용/수요 무관하게 가격 수용 • 비용이나 수요 추정이 어렵고 경쟁사 반응이 불확실한 경우 사용 • 가격이 시장경쟁에서 도출된 것으로, 균형 깨지 않고 적절한 이익 보장될 때 이용
경쟁입찰에 따른 가격결정	2개 이상의 기업들이 독자적으로 가격을 제시(조직이나 정부 등의 구매에서 이용) 경쟁입찰에 제시되는 가격의 결정에는 게임이론과 같은 수리적 모형이 적용되며, 대부분이 기대이익의 개념을 바탕으로 함

④ **통합적** 가격결정 : 원가(비용)중심적/소비자중심적/경쟁중심적 가격결정방법 모두 종합적으로 고려

⑤ 심리적 가격결정

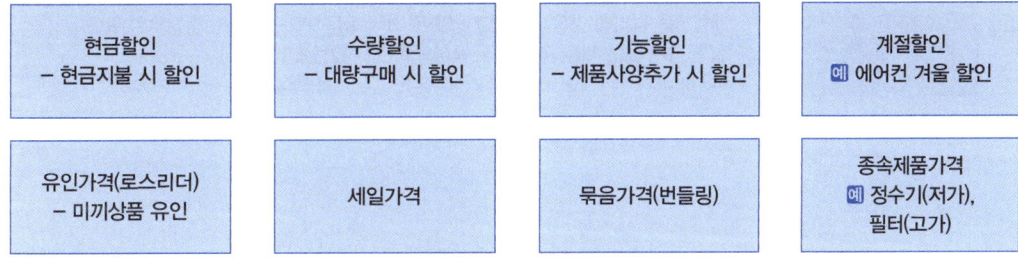

단수가격	상품가격에 단수(홀수) 붙임 : 심리적 가치설정(10,000원 → 9,900원/9,890원)
관습가격	장기간에 걸쳐 관습적으로 형성된 가격(원가 변동 시에도 종전가격 유지, 품질/수량가감)
명성가격(권위가격)	가격에 의해 품질을 평가하는 고급품(명품)에 설정되는 가격
준거가격	가격이 싸거나 비싸다고 판단하는 기준으로 삼는 가격(내적 준거가격/외적 준거가격)

(6) 판매촉진을 위한 가격 차별화

현금할인 – 현금지불 시 할인	수량할인 – 대량구매 시 할인	기능할인 – 제품사양추가 시 할인	계절할인 예 에어컨 겨울 할인
유인가격(로스리더) – 미끼상품 유인	세일가격	묶음가격(번들링)	종속제품가격 예 정수기(저가), 필터(고가)

※ 기타 : 고객 집단별(군인/일반인, 단체/개인) 가격, 시간대별(오전/오후/야간, 주중/주말) 가격, 협상력차이에 따른 가격 등
→ 가격차별화 유의점 : 세분시장 명확화 및 정교한 차별화전략 필요, 가격차별화에 대한 고객반응 계량적 검증 필요, 직관/관례적 가격결정은 매우 위험, 표준가격의 전면적 변동은 자제(가격 재조정은 어려우므로)

(7) 신제품의 가격전략(2가지)

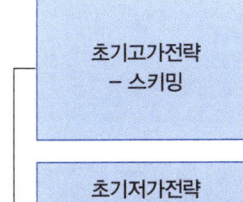

초기고가전략 – 스키밍	높은 가격으로 초기에 고수익을 올리는 전략(제품이 차별화될 때 시행) • 수요의 탄력성이 높지 않을 시 • 진입장벽이 높아 경쟁기업 진입이 어려울 시 • 규모의 경제를 통한 이득이 미미할 시 • 고품질로 새로운 소비자를 유인코자 할 시
초기저가전략 (시장침투전략) – 페네트레이션	초기에 저가로 시장점유율을 조속히 늘리는 전략(주로 수요가 탄력적일 때 시행) • 시장수요의 가격탄력성이 높을 시 • 시장에 경쟁자 수가 많은 것으로 예상될 시 • 원가우위를 확보하고 있어 경쟁기업이 자사 가격만큼 낮추기 어려울 시

(8) 제품결합을 통한 가격전략(제품믹스 프라이싱) [상/선/종/이/부/제]
→ 한 제품라인 내에서 가격에 차별화를 두는 전략

상품라인 가격전략 (가격 계열화)	복수의 제품라인들을 개발하며, 가격의 단계 설정 • 여러 세분시장 고객 흡수 가능, 동일가격대에 다양한 제품 제공으로 매출 제고 • 지나치게 가격이 세분화되어 가격에 따른 제품차이를 인지하지 못할 수 있음 • BMW 3, 5, 7시리즈
선택사양 가격전략 (옵션제품 가격전략)	주요 제품에 선택형 제품, 사양 및 서비스를 붙여 제시 • 맥락효과(구성효과) 전략의 적절한 사용이 필요함 • 자동차 기본 가격에 옵션에 따라 금액 추가
종속제품 가격전략 (부속제품 가격전략)	보조적 또는 종속적 제품을 반드시 사용하는 제품의 종속제품 가격을 높게 책정 프린터&토너, 정수기&필터, 면도기&면도날
2부제 가격전략	기본요금(고정요금)에 변동사용료(추가요금)를 부과하는 방식 택시비(기본료+거리당 요금), 휴대폰요금(기본료+사용량요금)
부산물 가격전략	제품 가공 시 발생하는 부산물에 가격 책정하여 판매 육류(삼겹살+족발+곱창), 커피(커피찌꺼기 방향제로 판매)
제품묶음 가격전략 (번들제품 가격전략)	두 개 이상의 제품을 묶어서 단일가격으로 판매(개별적 판매가 안 되는 끼워팔기와는 다름) • 개별제품 각각에 경쟁력 약한 기업들은 최적 묶음선택으로 가격 경쟁우위 확보 • 잘 팔리지 않는 제품 재고 소진 목적으로 주로 활용되고 있음 • MS office(워드-엑셀-ppt), DSLR카메라(바디-기본렌즈)

10. 마케팅 믹스(4P믹스) : 유통

(1) 유통
① 정의 : 제품이 생산자에서 소비자로 오기까지의 과정
② 유통관리의 중요성
　㉠ 기술의 평준화(제품기술은 평준화되고, 유통의 편의성에 따라 고객 구매가 달라짐)
　㉡ 고객세분화
　㉢ 유통비용 상승(기업 활동 광역화, 발주/수주비용 증가로 유통경로 관리 필요성↑)
　㉣ 추가적 제품가치(시간 – 장소 – 형태효용)
　　※ 유통경로는 비탄력적 외부자원임(구축도 힘들고, 변경은 더 힘듦)

(2) 유통업자(중간상)의 역할(필요성) [거/불/정/산/자]

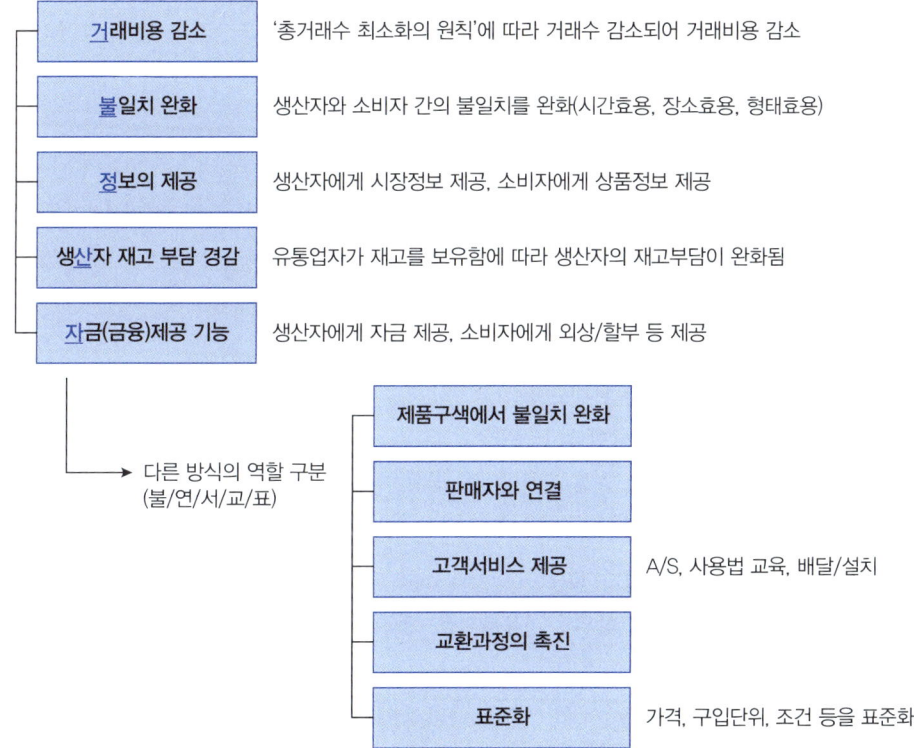

(3) 소매상

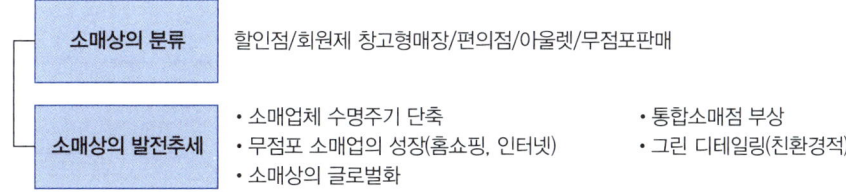

> **카테고리 킬러**
> - 제한된 종류의 상품을 풍부한 구색으로 판매하는 형태
>   예 전자제품 – 하이마트, 신발 – ABC마트, 완구 – 토이저러스
> - 기본적으로 할인전문점과 같으며, 취급제품은 전통적인 할인점과 다름
> - 제한된 종류의 제품을 저가에 판매함으로써 다른 경쟁업체를 죽게 만듦

(4) 유통경로의 갈등

① 경로파워(유통파워) : 한 경로 구성원이 유통경로 내의 다른 경로 구성원의 마케팅 의사결정에 영향력을 행사할 수 있는 능력 **[강/준법보전]**

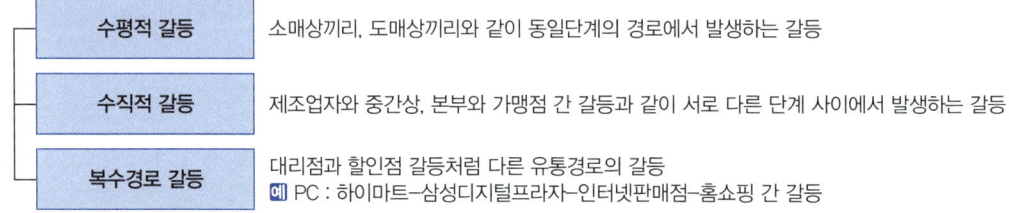

강도 : 강 ─────────────────────────────▶ 약

② 경로갈등의 유형

- **수평적 갈등**: 소매상끼리, 도매상끼리와 같이 동일단계의 경로에서 발생하는 갈등
- **수직적 갈등**: 제조업자와 중간상, 본부와 가맹점 간 갈등과 같이 서로 다른 단계 사이에서 발생하는 갈등
- **복수경로 갈등**: 대리점과 할인점 갈등처럼 다른 유통경로의 갈등
  예 PC : 하이마트–삼성디지털프라자–인터넷판매점–홈쇼핑 간 갈등

③ 경로갈등의 관리방안
　㉠ 강력한 브랜드 로열티를 가진 1등 브랜드 육성
　㉡ 특정 상품을 특정 유통경로에만 국한해서 공급
　㉢ 동종업계 경쟁사와 공동마케팅을 통해 대처방안을 공동으로 강구
　㉣ 채널별 특화된 제품이나 전용규격 운영

(5) 유통커버리지(유통경로전략, 시장커버리지전략)

어떤 유통경로를 택하느냐에 따라 중간상의 수, 유통비용, 관리 등이 달라지므로 목표에 맞는 효율적인 유통경로 정책을 세워야 함

구 분	집약적 유통(개방적 유통)	전속적 유통(배타적 유통)	선택적 유통
전 략	가능한 많은 점포에게 자사제품을 취급토록 함	한 지역당 하나의 점포만 판매권 부여	한 지역당 소수의 점포에 판매권 부여(집약–전속혼합)
점포수 통제	가능한 한 많은 점포 제조업자의 통제력↓	단일점포 제조업자의 통제력↑	소수점포 제한된 범위에서 통제 가능
제품유형	편의품	전문품	선매품
예 시	치약, 세제	고급차, 귀금속, 향수	가전제품, 가구

(6) 유통경로의 계열화

수직적 마케팅시스템	수평적 마케팅시스템	복수(혼합) 마케팅시스템
• 기업형VMS : 전방/후방통합을 통한 체계 • 계약형VMS : 구성원 간 계약에 의해 구성(프랜차이즈) • 관리형VMS : 계약 없이 기업이 지위/명성/자원 이용해 경로 관리하고, 타 구성원이 자율적으로 따름(음료업체가 냉장고 대여, 진열해줌)	• 하이브리드마케팅 : 참여업체가 서로 다른 업종인 경우 → 편의점 영화홍보, 제조업체는 영화표 제공, 영화사는 편의점쿠폰 제공 • 공생마케팅 : 참여업체가 경쟁관계인 경우 → 네슬레-코카콜라, 항공사 공동운항(좌석공유)	둘 이상의 마케팅 경로 활용 → 마트, 방문판매, 백화점, 로드샵
장점 : 공급안정화(후방통합 시), 거래비용 감소, 진입장벽 기능	장점 : 기업 간 시너지 발휘 효과, 유통 위험성 감소	장점 : 매출과 커버리지 증대, 다양한 고객 접점으로 고객접근성 강화
단점 : 통합비용 증가, 시장변화 대응에 둔해짐	단점 : 핵심역량 유출 위험, 공동 기업 이미지 전이 위험	단점 : 관리비용 상승, 브랜드 식상화 유발, 유통경로 간 갈등 발생 가능, 통제 어려움

11. 마케팅 믹스(4P믹스) : 촉진관리

(1) 촉진관리(마케팅커뮤니케이션, 촉진믹스)

① 촉진방법의 종류

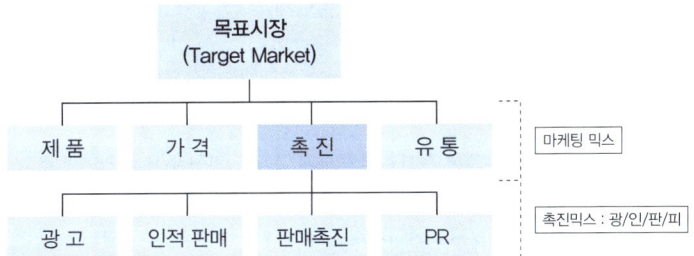

② 마케팅커뮤니케이션의 구성요소

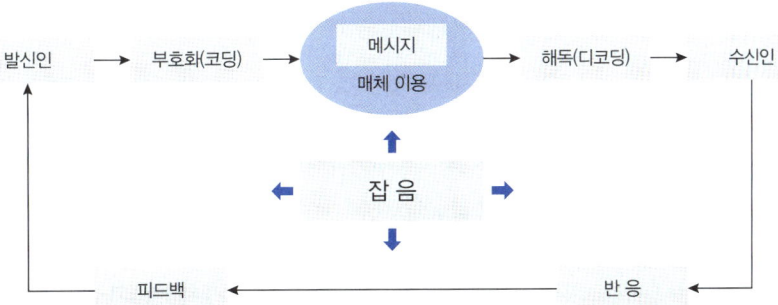

※ 부호화 : 문자, 말, 그림 등의 상징화 과정
   피드백 : 반응의 유형으로, 호의적/비호의적 피드백을 의미함(피드백채널 확보 중요)

③ 발신인의 의도대로 수신인이 메시지를 수용하지 못하는 이유
　　㉠ 소비자는 선택적으로 주의를 기울이기 때문에 모든 자극 감지 불가능
　　㉡ 소비자는 메시지를 자의적으로 해석함
　　㉢ 소비자는 장기기억 속에 메시지의 일부만 간직하며, 자료 검색 시에도 선택적으로 검색하므로 노출된 정보의 일부만 기억함

(2) 마케팅커뮤니케이션 전략수립과정

표적청중 파악 ▶ 목표설정 ▶ 메시지 선택 ▶ 매체 선택 ▶ 메시지 원천 ▶ 효과측정

① 표적청중파악 : 마케팅 조사 or 시장세분화를 통해 표적청중 결정
② 마케팅목표설정(표적청중으로부터 원하는 반응 설정)

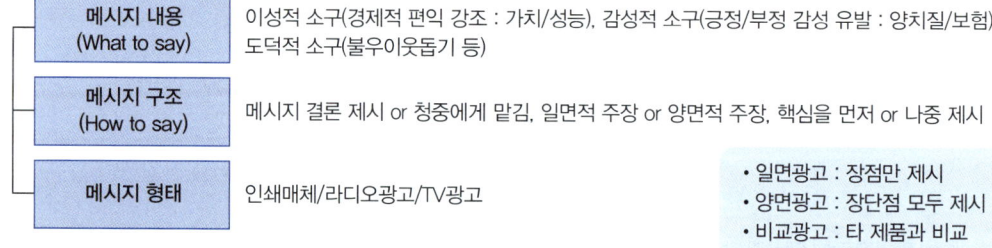

- 고관여 구매의사결정
  - 학습 하이어라키 : 학습-느낌-행동(Learn-Feel-Do) - 상표 간 차이 뚜렷할 경우
  - 인지부조화 하이어라키 : 행동-느낌-학습(Do-Feel-Learn) - 상표 간 차이 미미할 경우
- 저관여 구매의사결정
  - 저관여 하이어라키 : 학습-행동-느낌(Learn-Do-Feel)

③ 메시지의 선택 : 주의 끌고, 흥미 유발, 구매 유도해야 함

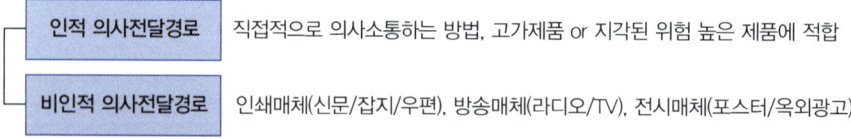

- 메시지 내용(What to say) : 이성적 소구(경제적 편익 강조 : 가치/성능), 감성적 소구(긍정/부정 감성 유발 : 양치질/보험), 도덕적 소구(불우이웃돕기 등)
- 메시지 구조(How to say) : 메시지 결론 제시 or 청중에게 맡김, 일면적 주장 or 양면적 주장, 핵심을 먼저 or 나중 제시
- 메시지 형태 : 인쇄매체/라디오광고/TV광고

- 일면광고 : 장점만 제시
- 양면광고 : 장단점 모두 제시
- 비교광고 : 타 제품과 비교

④ 매체 선택
- 인적 의사전달경로 : 직접적으로 의사소통하는 방법, 고가제품 or 지각된 위험 높은 제품에 적합
- 비인적 의사전달경로 : 인쇄매체(신문/잡지/우편), 방송매체(라디오/TV), 전시매체(포스터/옥외광고)

⑤ 메시지 원천의 선택(모델의 선택) [전/진/매]

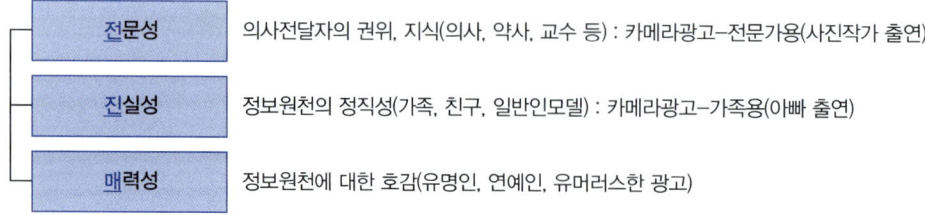

- 전문성 : 의사전달자의 권위, 지식(의사, 약사, 교수 등) : 카메라광고-전문가용(사진작가 출연)
- 진실성 : 정보원천의 정직성(가족, 친구, 일반인모델) : 카메라광고-가족용(아빠 출연)
- 매력성 : 정보원천에 대한 호감(유명인, 연예인, 유머러스한 광고)

⑥ 커뮤니케이션 효과측정 : 메시지 기억여부, 노출횟수, 느낌 등 직접 or 간접조사

(3) 광고의 원칙(AIDMA모델)
Attention 주의, Interest 흥미, Desire 욕구, Memory 기억, Action 행동(구매)

(4) 촉진예산의 결정방법 [매/가/경/목]

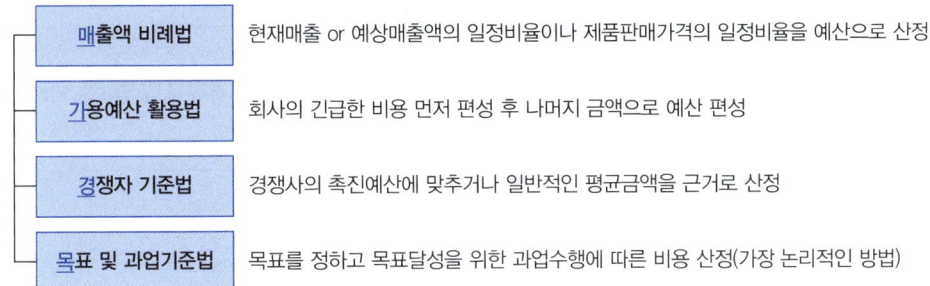

- **매**출액 비례법 : 현재매출 or 예상매출액의 일정비율이나 제품판매가격의 일정비율을 예산으로 산정
- **가**용예산 활용법 : 회사의 긴급한 비용 먼저 편성 후 나머지 금액으로 예산 편성
- **경**쟁자 기준법 : 경쟁사의 촉진예산에 맞추거나 일반적인 평균금액을 근거로 산정
- **목**표 및 과업기준법 : 목표를 정하고 목표달성을 위한 과업수행에 따른 비용 산정(가장 논리적인 방법)

(5) 촉진믹스 선정의 영향요인 [제/시/형/수/풀/푸/구]

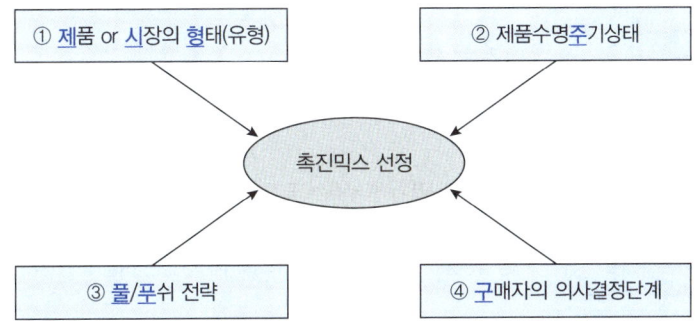

① **제**품 or **시**장의 **형**태(유형)
  ㉠ 소비재 판매기업 : 촉진비용 광고↑, 판매촉진 → 인적 판매 → PR순으로 지출
  ㉡ 산업재 판매기업 : 촉진비용 인적 판매↑, 나머지에는 지출↓

② 제품수명주기상태
  ㉠ 도입기 : 광고 & PR이 인지도 상승에 효과적
  ㉡ 초기시험구매단계 : 판매촉진 효과적
  ㉢ 성장기 : 광고 & PR지속, 판촉 감소
  ㉣ 성숙기 : 판촉이 광고에 비해 중요
  ㉤ 쇠퇴기 : 최소한의 광고만 유지, 모두 감소(판촉은 높은 수준 유지가 바람직)

③ 풀/푸쉬 전략
  ㉠ 푸쉬 전략(산업재) : 유통경로 구성원(중간상) 상대로 인적 판매 → 최종소비자에게 촉진 유도
  ㉡ 풀 전략(소비재) : 마케팅활동을 소비자에게 수행 → 소비자가 제품 구매토록 유도

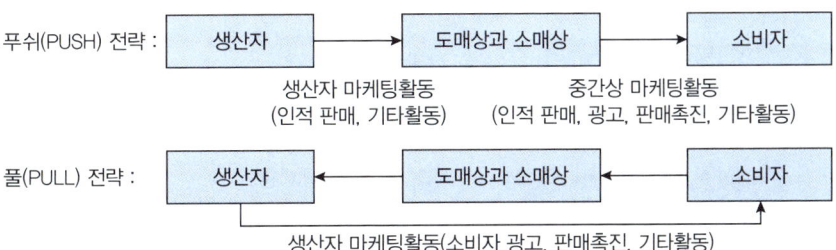

④ **구매자 의사결정단계** : 촉진목표 등에 효과적일 수 있도록 촉진방법의 적절한 믹스
  ㉠ 광고/PR : 인지 · 지식단계에서 효과적
  ㉡ 인적 판매 : 호감 · 선호, 확산단계에서 효과적
  ㉢ 촉진 : 의사결정 마지막단계(구매단계)에서 사용됨

(6) 촉진믹스(마케팅커뮤니케이션)의 결정 [광/인/판/피]
  ① **광고** : 다양한 매체를 이용하여 유료로 행하는 일방 또는 상호작용적 마케팅커뮤니케이션
    ㉠ 광고목표에 따른 광고유형 [전/설/상]

정보 전달적 광고	신제품 소개 시 주로 사용, 기본적 수요 구축에 목표 있음
설득적 광고	경쟁이 심화될수록 중요, 선택적 수요 구축에 목표
상기 광고	성숙기 제품의 기억 유지 목적

㉡ 광고예산의 결정 [광수/차시경]

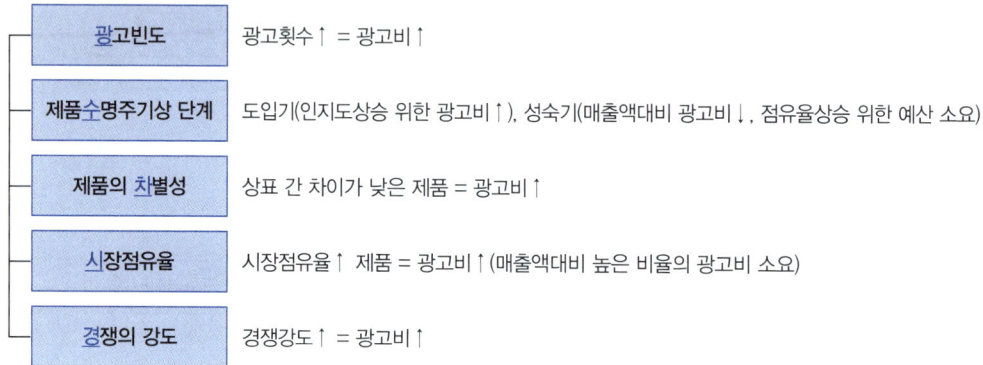

㉢ 매체선정 : 도달률, 빈도, 매체 영향도를 고려한 매체 결정
  • 도달률 : 광고에 노출되는 사람 수(접촉범위)
  • 빈도 : 1인당 광고 노출 횟수
  • 매체시간 선택(스케줄링)

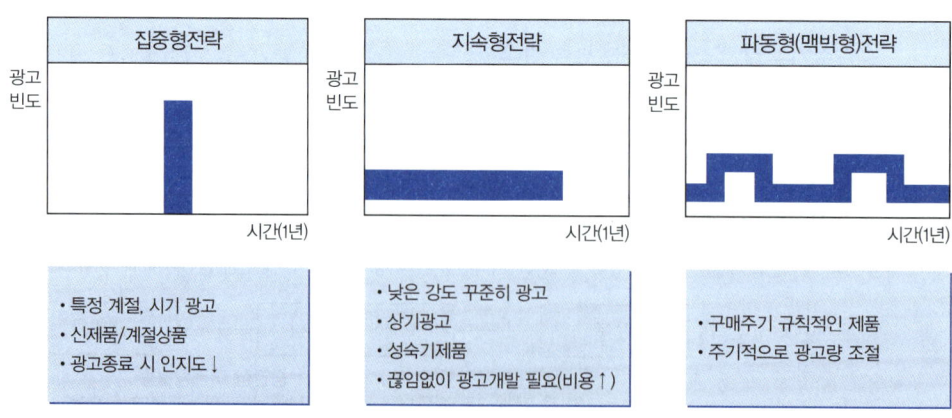

※ 매크로 스케줄링 : 1년 이상 기간의 스케줄링/마이크로 스케줄링 : 1년 이내 기간의 스케줄링
※ ATL : Above The Line – 4대 매체(TV, 라디오, 신문, 잡지)광고
  BTL : Below The Line – 전시, 이벤트, 간접광고(드라마, 연극), 경기장 광고(스폰서십)
  CTL : Crossover The Line – ATL + BTL 혼합

② <u>인</u>적 판매(주로 산업재)
　㉠ 장점(이점/효과)
　　• 고객에 따라 메시지 수정가능
　　• 쌍방향커뮤니케이션(피드백 신속)
　　• 높은 수준의 주의 가능
　　• 관계지향적 판매 가능(친밀해지면 구입해주기 쉬움)
　㉡ 인적 판매과정

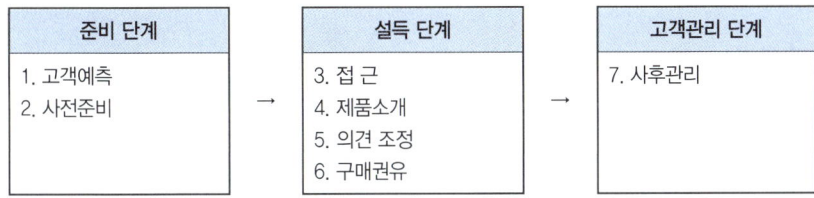

③ <u>판</u>매촉진 : 제품판매 증가시키기 위해 단기간에 직접적으로 하는 광고/홍보/인적 판매 이외의 활동
　• 판매촉진의 목표설정(대상에 따른 판촉 분류)

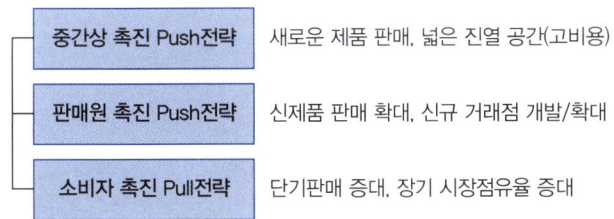

④ <u>PR</u> : 공중과의 관계를 좋게 하기 위한 행위 또는 기능(제품홍보 기사 개발, 기업이미지 구축, 이벤트 진행 등)
　㉠ PR의 주요수단

출판물	사보, 팜플렛, 보고서, 기고 등
뉴 스	보도자료 제공, 취재 유도 등
이벤트	기자회견, 세미나, 전시회 등
봉사활동	지역사회봉사, 기부 등

　㉡ 사 례
　　• 한독약품 : 인간문화재 무료검진 → 인간문화재지킴이 캠페인(봉사활동) → 기업이미지, PR효과↑
　　• 유한킴벌리 : 조림사업/여고생 숲캠프 → '우리 강산 푸르게 푸르게'(환경활동) → 기업이미지, PR효과↑

제 2 과목 시장조사론

1. 마케팅 조사의 역할과 절차

(1) 마케팅 조사의 역할
① 마케팅의 정의
  ㉠ 조직이나 개인이 자신의 목적을 달성시키는 교환을 창출하고 유지할 수 있도록 시장을 정의하고 관리하는 과정
  ㉡ 상호 간의 조건을 충족하기 위한 교환과정으로 교환을 이루기 위해서 여러 가지 의사결정이 필요함. 마케팅은 문제가 있을 때 발생(문제 인식에서 시작)하며, 문제를 해결(구매)하기 위한 하나의 수단
    ※ 정보 : 자료로부터 도출해낸 것으로 의사결정을 위해 필요함
    • 시장기회와 문제를 발견하고
    • 마케팅활동을 기획, 평가하고
    • 마케팅성과를 관찰하는 데 활용되는 것 예 시장점유율, 매출
② 마케팅 조사의 정의
  시장정보를 기업에 제공하는 기능으로 시장기회와 문제를 발견하고 정의할 수 있으며 마케팅 실행과 그 평가가 가능하며 나아가 마케팅 성과를 감시할 수 있다.
③ 마케팅 조사의 분류
  ㉠ 문제(시장기회와 문제)의 발견을 위한 조사 : 시장잠재력조사, 시장점유율조사, 이미지조사, 시장특성조사, 매출분석조사, 매출예측조사
  ㉡ 문제의 해결을 위한 조사 : 시장세분화 조사(STP), 제품관련 조사, 가격관련 조사, 유통관련 조사, 촉진관련 조사(4P)
④ 전략적 마케팅 과정
  ㉠ 마케팅 상황분석(시장분석, 경쟁분석)
  ㉡ 마케팅전략 수립(STP)
  ㉢ 마케팅 프로그램 개발 및 수행(4P Mix)
  ㉣ 전략수행 결과의 통제
    ※ 마케팅전략 : 표적시장을 결정하고 그 표적시장 내에서 자사와 자사의 제품을 어떻게 포지션할 것인가에 관한 계획
    ※ 마케팅 프로그램 : 마케팅 믹스 변수들에 대한 구체적인 계획

⑤ 마케팅 조사 실시 여부의 결정
  ㉠ 정보의 보유 : 의사결정에 필요한 정보를 이미 가지고 있는가?
  ㉡ 의사결정의 중요성 : 그 의사결정이 전략적 혹은 전술적으로 중요한가?
  ㉢ 시간의 제약성 : 의사결정을 하기에 앞서 조사를 실시할 충분한 시간이 있는가?
  ㉣ 자원의 제약성 : 조사를 하는 데 필요한 자금, 인력, 기술, 기타 필요한 자원을 충분히 가지고 있는가?
  ㉤ 정보의 가치 대 비용 : 조사 실시에 따라 획득할 수 있을 것으로 기대되는 정보의 가치가 소요될 것으로 예상되는 비용을 초과하는가?
⑥ 마케팅조사자와 마케팅관리자
  ㉠ 관리자가 조사기법을 잘 이해해야 함
  ㉡ 마케팅관리자는 마케팅 조사와 관련하여 다음의 세 가지를 해야 함
    • 현재 사용 가능한 정보를 관리하고 해석
    • 추가적인 정보의 필요성을 인식
    • 조사자(리서치회사)와 기타 기업 내 다른 구성원들과 의사소통

(2) 마케팅 조사
  ① 마케팅 의사결정과 정보
    ㉠ 마케팅 조사 목적 : 의사결정자가 문제를 해결하거나 사업기회를 활용하는 데 도움이 되는 정보를 제공하는 것
    ㉡ 의사결정 문제 : 기업의 목표를 달성하는 데 부정적인 영향을 미칠 수 있는 요인들로부터 발생
    ㉢ 의사결정 기회 : 새로운 조치나 변화를 시도함으로써 기업의 성과가 상당히 향상될 수 있는 경우에 발생
    ㉣ 문제의 징후 : 문제가 있을 때 겉으로 드러난 현상이며 관찰 가능한 것
  ② 자 료
    1차 자료 + 2차 자료를 분석하여 자료구조를 얻고 해석을 통해 정보를 생성
    ㉠ 자료 : Raw Data를 의미
    ㉡ 자료구조 : 통계기법 등을 통한 분석 결과
    ㉢ 정보 : 의사결정을 위해 추출된 것
  ③ 마케팅 조사의 절차
    문제의 정의 → 조사 설계 → 자료수집방법 결정 → 표본설계 → 시행 → 분석 및 활용

(3) 마케팅 조사의 절차
  ① 문제의 정의
    ㉠ 의사결정문제의 정의
      • 관리자와 조사자의 협의
      • 필요한 정보의 결정
    ㉡ 조사목적의 설정
      • 수집할 정보와 관련하여 설정
      • 수행할 과업에 대한 지침을 제공할 수 있어야 함
      • 획득하고자 하는 정보의 가치가 소요되는 비용보다 커야 함

② **조사 설계**

조사유형과 자료유형의 결정

　㉠ 탐험조사 : 조사문제가 불명확할 때 기본적인 통찰과 아이디어를 얻기 위해 실시. 주어진 문제 영역에 대해 잘 모를 때 실시. 주로 정성조사에 의함

　㉡ 기술조사 : 표적모집단이나 시장의 특성에 관한 자료를 수집, 분석하고 결과를 기술

　㉢ 인과관계 조사 : 두 개 이상의 변수들 간의 인과관계를 밝히기 위한 조사

　㉣ 자료유형 : 1차 자료, 2차 자료

③ **자료수집방법 결정**

　㉠ 표적집단면접법(FGI) : 8명 내외의 대상자들에게 한 주제를 제시하여 토론하게 함

　㉡ 서베이법 : 설문지를 사용하며 대면, 전화 혹은 우편을 이용하여 조사하는 방법(설문지법)

　㉢ 실험법 : 원인으로 추정되는 변수를 조작하여 그 결과를 조사하는 방법(인과관계법)

　㉣ 관찰법 : 관찰자나 도구에 의해 조사 대상을 관찰함으로써 자료를 수집하는 방법

　※ 정량조사와 정성조사

　　• 정량조사 : 설문지에 의해 자료를 수집하고 수치화한 자료를 통계적으로 분석

　　• 정성조사 : 토론, 대화, 기술 등에 의해 자료를 수집하고 주관적으로 분석

④ **표본설계**

　㉠ 모집단 : 관심의 대상이 되는 전체

　㉡ 전수조사 : 모집단의 구성원 전체를 대상으로 조사

　㉢ 표본 : 모집단으로부터 추출한 일부 구성원들의 집합

　㉣ 표본조사 : 확률 표본조사, 비확률 표본조사

⑤ **시행, 자료의 분석**

　㉠ 자료분석방법의 결정

　　• 비계량적 자료 : 조사자의 주관에 의한 분석

　　• 계량적 자료 : 통계적 분석

　㉡ 조사의 실시

　　• 자료의 수집 : 자료수집 계획에 따른 실시

　　• 자료의 분석 : 자료분석 계획에 따른 분석

　　• 자료구조로부터 정보의 추출

2. 조사목적의 설정

(1) 정보의 종류
  ① 사실 : 객관적인 형태의 정보
  ② 추정 : 어떤 대상에 대한 측정치를 대상에 적용시키는 것
  ③ 예측 : 과거나 현재의 값으로부터 미래의 값을 추정하는 것
  ④ 관계 : 두 개 이상의 변수(요인)들 간의 관계에 관한 것

(2) 의사결정문제의 정의
  ① 의사결정문제의 발생
    ㉠ 환경변화 : 신기술 출현, 경쟁자의 공격적 마케팅, 소비자 취향
    ㉡ 기업자체의 변화 시도 : 제품 개선, 신제품 개발, 유통망 확장, 가격변화, 새로운 광고
  ② 문제의 징후와 문제의 구분
    ㉠ 문제의 징후 : 현재 나타난 현상
    ㉡ 문제 : 징후를 유발한 요인
  ③ 문제 관련 상황의 이해 : 의사결정 문제 정의를 위해 상황분석이 필요함
  ④ 필요한 정보에 대한 명확한 판단

(3) 의사결정문제로부터 조사목적의 설정
  ① 조사의 목적 : 의사결정문제 해결에 필요한 정보와 관련하여 설정해야 함
  ② 가설 : 조사자가 자료나 판단에 근거하여 옳다고 믿는 변수들 간의 관계 혹은 변수의 특성

(4) 정보의 가치 판단을 위한 질문
  ① 그 정보는 시장상황을 이해하는 데 도움을 줄 수 있는가?
  ② 그 정보를 가짐으로써 보다 경쟁적 우위를 가질 수 있는가?
  ③ 그 정보는 마케팅활동에 기여할 수 있는가?
  ④ 그 정보는 미래의 시장상황을 예측하는 데 도움을 줄 수 있는가?
  ⑤ 그 정보의 가치는 조사에 소요되는 비용보다 큰가?

(5) 조사계획서의 작성
  ① 조사의 잠정적 제목
  ② 조사의 목적
  ③ 조사의 범위와 유형, 수집할 자료
  ④ 자료수집방법
  ⑤ 자료분석방법
  ⑥ 조사의 가치
  ⑦ 조사일정과 조사 참여자의 프로파일
  ⑧ 조사비용

3. 조사의 종류

(1) 탐색조사

   ① 의 의

      ㉠ 조사문제가 불명확할 때 기본적인 통찰과 아이디어를 얻기 위해

      ㉡ 조사자가 주어진 문제 영역에 대해 잘 모를 때

      ㉢ 예비조사로서 본조사 이전에 실시함

   ② 문헌조사 : 학술문헌, 업계문헌, 통계자료 등을 이용한 조사

      → 명확한 정의나 가설의 설정을 위하여 이용할 수 있는 신속하고 쉬운 방법

   ② 전문가 의견조사 : 조사의 주제에 대하여 상당한 식견을 가진 사람들을 대상

   ③ 심층면접법 : 전문 면접원이 1명의 피면접자를 대상으로 탐사방식에 의해 깊게 질문하는 방식으로 조사

   ④ 표적집단면접법(FGI) : 사회자의 진행 아래 6~12명의 참여자가 주어진 주제에 대하여 토론을 실시하여 자료 수집

      ㉠ 장 점
- 새로운 아이디어 창출
- 행동의 내면적 이유 도출
- 조사의뢰자 참여
- 다양한 주제에 자료수집
- 전문적 정보 획득

      ㉡ 단 점
- 일반화 가능성이 낮음
- 자료의 신뢰성 문제 : 설문조사 등에 의해 수집된 자료는 계량화가 가능하지만 FGI에 의해 수집된 자료는 신뢰성 검증이 어려움
- 주관적 해석
- 높은 비용

(2) 기술조사

   ① 의의 : 수집한 자료를 분석하고 그 결과를 기술한 것

   ② 패널 : 어느 기간 동안 일정하게 유지되는 고정된 표본

   ③ 기술조사를 위한 자료수집 및 분석방법 : 서베이, 실험(인과관계조사), 관찰에 의하여 자료를 수집, 통계적 방법에 의해 분석

(3) 인과관계조사(실험법)

   ① 의 의

      두 개 이상의 변수들 간의 인과관계를 밝히는 조사

        ㉠ 흔히 변수와 변수 간의 인과관계에 관한 가설 설정

        ㉡ 인과관계는 모두가 확률적

        ㉢ 실험, 서베이 혹은 관찰에 의하여 자료를 수집하고 통계적 분석

② 가 설

연구자가 사회나 자연현상의 한 부분에 대해 주장하는 것을 나타낸 진술. 연구가설이라고 함

- ㉠ 가설검증 : 가설은 아직 연구자의 생각이므로 검증을 거쳐 지지되어야만 비로소 그 결과를 주장할 수 있음

  → 가설검증 결과는 마케터의 의사결정을 위하여 매우 의미 있는 정보 제공

- ㉡ 가설의 방향성
  - 비방향적 가설 : 독립변수와 종속변수 간의 관계에 대한 방향을 제시하지 않은 가설
  - 방향적 가설 : 독립변수와 종속변수 간의 관계에 대한 방향을 제시하는 가설

③ 인과관계의 요건 : 동반 발생, 시간적 순서, 외생변수의 통제

- ㉠ 동반발생 : 인과관계로 설정한 변수들이 가설이 예측하는 방향으로 함께 변화하는 것
- ㉡ 시간적 순서 : 원인변수로 설정한 변수의 변화가 결과변수로 설정한 변수의 변화보다 선행하는 것
- ㉢ 외생변수의 통제 : 결과변수에 영향을 미칠 수는 있지만 연구자가 원인변수로 설정하지 않은 변수의 통제

④ 인과관계의 유형

- ㉠ 단순한 인과관계 : 한 변수가 다른 변수에 영향을 미치는 것

  A(독립변수) → B(종속변수)

- ㉡ 연속한 인과관계 : 한 변수가 다른 변수에, 그리고 그 변수가 다시 다른 변수에 영향을 미치는 것

  A(독립변수) → B(매개변수) → C(종속변수)

- ㉢ 구조적 인과관계 : 한 변수가 제3의 변수의 매개에 의해 다른 변수에 영향을 미칠 뿐만 아니라 직접적으로도 그 변수에 영향을 미치는 것

  A(독립변수) → B(매개변수) → C(종속변수), A(독립변수) → C(종속변수)

(4) 탐색조사, 기술조사, 인과조사의 관계

① 필요한 조사방법을 결정할 때 고려할 사항

② 문제의 상황에 대해 아는 것이 거의 없는 경우에는 탐험조사로 시작

③ 대개의 경우, 탐험조사 이후 기술조사 혹은 인과관계조사를 실시할 필요가 있음

(5) 횡단조사와 종단조사

① 횡단조사 : 한 대상에 대해 단 1회 실시하는 조사

② 종단조사 : 한 대상에 대해 시간 간격을 두고 2회 이상 실시하는 조사

→ 외생변수의 통제가 중요

4. 2차 자료와 정성조사

(1) 2차 자료

※ 1차 자료 : 당면한 조사 목적을 달성하기 위하여 조사자가 직접 수집한 자료
※ 2차 자료 : 당면한 조사 목적이 아닌 다른 목적을 위해 과거에 수집되어 이미 존재하는 자료
※ 내부 2차 자료 : 회계 목적이나 마케팅 목적으로 기업이 자체적으로 수집
※ 외부 2차 자료 : 행정기관, 협회 등의 기관, 혹은 인터넷으로부터 획득하는 자료
→ 마케팅 조사회사가 신디케이트조사에 의해 이미 수집해 놓은 자료도 외부 2차 자료임

① 2차 자료의 가치

2차 자료 사용에 따른 가장 큰 장점은 시간과 비용을 절약할 수 있다는 점이며, 경우에 따라 당면한 문제를 해결할 수도 있다.
㉠ 2차 자료를 이용하여 문제를 발견할 수 있음
㉡ 문제를 보다 정확히 정의할 수 있음
㉢ 문제에 대한 접근방법을 찾아낼 수 있음
㉣ 적절한 조사 디자인을 개발할 수 있음
㉤ 주요 변수들을 찾아낼 수 있음
㉥ 조사문제에 답하거나 가설을 검증할 수 있음
㉦ 1차 자료 분석결과를 보다 통찰력 있게 해석할 수 있음

② 2차 자료의 평가기준
㉠ 조사목적 부합성
㉡ 자료의 정확성
㉢ 자료의 일치성

③ 2차 자료의 원천
㉠ 기업내부자료
㉡ 발행물
㉢ 인터넷
㉣ 신디케이트 자료와 패널조사
- 신디케이트조사 : 기업 고객들에게 판매하기 위하여 주기적으로 실시하는 조사
- 소비자패널 : 어느 기간에 걸쳐 특정 자료를 제공하기로 동의한 큰 규모의 가구표본

(2) 정성조사

① 전통적인 정성조사 방법 : FGI, 심층면접법
② 투사법
  소비자의 동기, 생각, 감정 조사
  ㉠ 조사의 목적이나 연구 주제를 응답자가 모르도록 하면서 간접적으로 조사
  ㉡ 응답자에게 불명확한 상황이나 타인의 행동을 제시하고 응답하도록 함
  ㉢ 조사의 주제가 매우 사적, 민감하거나, 사회적 규범과 관련된 것

5. 서베이법과 관찰법

(1) 서베이법

① 의의 : 다수의 응답자들을 대상으로 설문조사에 의하여 자료를 수집하는 방법

장 점	단 점
• 큰 규모의 표본과 일반화 가능성 • 다양한 측면에서 차이분석 가능 • 자료수집의 용이성 • 객관적 해석의 가능성 • 직접 관찰할 수 없는 요인이나 개념의 추정 가능	• 설문지 개발의 어려움 • 탐사방식에 의한 깊이 있는 질문 불가능 • 오랜 시간, 낮은 응답률 • 응답의 정확성 문제 • 부적절한 통계기법을 사용하면 현실 오도

② 방문인터뷰

장 점	단 점
• 상대적으로 높은 응답률 • 정확한 응답자 • 탐사질문 가능 • 애매모호한 질문을 명확히 할 수 있음	• 접촉범위의 한계 • 면접원 통제가 어려움 • 높은 자료수집 비용 • 면접원 편견이 높음

③ Mall Intercept

장 점	단 점
• 방문인터뷰에 비해 짧은 조사기간 소요 • 방문인터뷰에 비해 저렴한 비용 • 방문인터뷰에 비해 면접원 통제 용이	• 대표성 있는 표본추출의 어려움 • 방문인터뷰보다 짧은 면접이어야 함

④ 전화인터뷰

장 점	단 점
• 신속함 • 비교적 저렴한 비용 • 넓은 접촉 범위 • 면접원 감시 용이 • 컴퓨터지원 가능 • 전화번호부를 표본추출프레임으로 사용	• 시각자료 사용 불가 • 긴 질문이 어려움 • 면접원 편견 가능 • 인터뷰 수락률이 낮음

⑤ 우편서베이

장 점	단 점
• 주소 목록이 있는 경우 표본추출프레임 결정 용이 • 면접원 편견의 염려 없음 • 응답자의 편리한 시간, 자기 속도에 의한 응답 • 익명 보장 가능 • 넓은 접촉 범위 • 사적 질문에 최적 • 가장 저렴한 비용	• 응답자의 정확성 통제 불가 • 회수기간이 오래 걸림 • 낮은 회수율 • 애매모호한 질문 설명 불가 • 탐사질문 불가

⑥ 컴퓨터를 이용한 서베이

장 점	단 점
• 신속한 자료수집 • 시스템 구축 후 비용 절감 • 면접원 관리 문제가 없음 • 익명보장으로 민감한 질문 가능	• 시스템 구축비용이 많음 • 표본 통제가 어려움 • 응답률이 낮음

(2) 관찰법

① 의의 : 조사대상의 행동패턴을 관찰하고 기록함으로써 자료를 수집

장 점	단 점
• 정확한 자료수집 • 세밀한 자료수집 • 조사대상자와 대화가 불가능한 경우 조사 가능	• 행동의 내면적 요인 측정 불가(동기, 개념 등) • 소수를 대상으로 하므로 일반화의 한계 • 관찰시점과 기록시점 차이에 따른 오차 발생

② 관찰법이 적절한 경우와 적절하지 못한 경우
　㉠ 정확한 행동측정이 매우 중요한 경우에 바람직
　㉡ 짧은 시간 내에 이루어지는 것은 불가능
　㉢ 개인의 내면을 측정하는 것은 불가능
　㉣ 매우 사적인 행동을 직접 관찰하는 것은 불가능

③ 관찰법의 종류
　㉠ 공개적 관찰과 비공개적 관찰
　㉡ 구조화된 관찰과 비구조화된 관찰
　㉢ 자연상태 관찰과 인위적 상황 관찰
　㉣ 인적 관찰과 기계적 관찰

6. 실험법

(1) 실험의 의미와 변수

① 의미 : 한 변수가 다른 변수에 어떤 영향으로 어느 정도 영향을 미치는지를 규명하는 것
② 변 수
　㉠ 독립변수(원인변수) : 원인이 되는 변수
　㉡ 종속변수(결과변수) : 결과가 되는 변수
　㉢ 외생변수(왜곡변수) : 의도하지 않았으나 영향을 주는 변수

(2) 실험실 실험과 현장실험

① 실험실 실험 : 조사목적에 맞는 실험 상황을 만든 후 실험
② 현장실험 : 실제 혹은 자연 상황에서 실험

(3) 실험디자인의 내적 타당성과 외적 타당성
    ※ 타당성 : 조사를 통해 밝히고자 하는 것이 얼마나 잘 나타나는가
    ① 내적 타당성 : 실험디자인이 변수들의 인과관계를 정확하게 규명하는 정도
    ② 외적 타당성 : 조사에서 밝혀진 인과관계가 실제상황에서 동일하게 나타나는 정도
        ㉠ 실험실 실험 : 현장실험보다 높은 내적 타당성 확보
        ㉡ 현장실험 : 실험실 실험보다 높은 외적 타당성 확보

(4) 외생변수
    ① 의미 : 실험의 타당성 저해요인
    ② 역사적 오염 : 조사기간 동안 종속변수에 영향을 미치는 특이한 사건 발생
    ③ 성숙효과 : 시간이 지날수록 실험상의 처지와 무관한 외생변수의 타당성이 저해되는 것으로서 독립변수의 처치가 아니라 피실험자의 특성 변화가 종속변수에 영향을 미침
    ④ 시험효과 : 처음 측정한 값의 영향으로 두 번째 측정값이 다르게 나타나는 효과. 학습효과라고도 함
        ㉠ 주시험효과 : 첫 측정이 독립변수의 처치 후 재측정에 영향을 미침
        ㉡ 상호작용시험효과 : 첫 측정이 독립변수의 처치에 영향을 미쳐 재측정이 달리 나타남
    ⑤ 측정의 편향 : 측정 도중 측정자, 측정도구, 측정방법 등이 변화하여 측정값이 변화하는 현상
    ⑥ 선택의 편향 : 표본선택의 잘못이 실험의 타당성을 저해하는 현상
    ⑦ 통계적 회귀 : 통계치(평균치)로 되돌아오는 것. 종속변수의 변화가 독립변수의 처치가 아니라 회귀현상에 의해 일어남
    ⑧ 실험대상의 소멸 : 실험에 참여한 피실험자의 일부가 실험에서 이탈

(5) 외생변수의 통제방법
    ① 제거 : 실험에 영향을 미칠 수 있는 외생변수를 완전히 제거함
    ② 균형화 : 외생변수를 사전에 아는 경우 외생변수가 실험대상이 되는 각 집단에 균등하게 영향을 미칠 수 있도록 실험집단과 통제집단을 선정하여 외생변수의 효과를 통제
    ③ 상쇄 : 하나의 실험집단에 2개 이상의 실험변수가 가해질 경우 실험변수를 번갈아 적용함으로써 순서에 의한 효과를 상쇄함
    ④ 무작위화 : 외생변수의 효과를 알 수 없는 경우, 실험대상이 되는 실험집단과 통제집단을 모집단에서 무작위로 추출하여 외생변수의 영향력을 제거하는 방법

(6) 실험디자인의 유형
    ① 사전 실험디자인
       실험처치 및 측정시기와 대상에 대해 거의 통제를 하지 않는 실험디자인으로서 실험디자인의 엄격성과 정교성이 낮음
        ㉠ 일회적 사례연구 : 단일실험집단을 실험변수에 노출시키고 그 반응을 1회 측정하는 것
            (EG) :   X O_1
        ㉡ 단일집단 사전사후측정 디자인 : 단일실험집단을 실험처치를 가하기 전후에 측정하고 그 차이를 보는 것
            (EG) : O_1 X O_2

ⓒ 집단비교 디자인 : 집단을 실험집단과 통제집단으로 나누고 실험집단에만 실험처치 후 같은 시점에 측정하여 그 차이를 비교하는 것

    (EG) :   X O_1
    (CG) : O_2

② 순수 실험디자인

집단을 무작위로 실험집단과 통제집단이 있어야 함. 실험처치 시기와 대상, 그리고 측정시기와 대상을 통제할 수 있음

㉠ 무작위 집단비교 디자인 : 집단비교 디자인과 유사하나 집단이 무작위로 나뉨

    EG : [R] X O_2
    CG : [R] O_3

㉡ 사전사후 무작위 집단비교 디자인 : 무작위 집단비교 디자인에 비해 처치 전후에 측정을 한다는 점이 다름

    EG : [R] O_1 X O_2
    CG : [R] O_3 O_4

 ※ 솔로몬 네 집단 비교 디자인 = 사전사후 무작위 집단비교 + 무작위 집단비교

③ 유사 실험디자인

측정시기와 측정대상의 통제만이 가능. 사전 실험디자인보다는 더 정교하나 순수 실험디자인보다는 덜 정교함

㉠ 비동질 집단비교 디자인 : 사전사후 무작위 집단비교 디자인에 비해 두 집단이 동질하지 않는 점이 다름

    (EG) : O_1 X O_2
    (CG) : O_3 O_4

㉡ 독립표본 사전사후 디자인 : 두 개의 독립표본을 대상으로 함. 한 표본은 실험처치 이전에, 다른 표본은 실험처치 이후에 측정하여 그 차이를 비교

    표본1 : O_1
    표본2 :   X O_2

㉢ 시계열 실험디자인 : 한 집단을 대상으로 실험처치 전후에 수차례 측정하여 변화추세를 보는 디자인

7. 타당성과 신뢰성

(1) 타당성과 신뢰성
  ① 타당성 : 올바른 측정도구와 측정방법을 사용하였는가에 대한 내용
  ② 신뢰성 : 측정대상을 정확하게 선정하여 올바른 측정도구와 방법으로 얼마나 신뢰할 수 있는 측정을 수행하였는가에 대한 내용

(2) 타당성
  ① 내적 타당성 : 실험이나 연구에서 다른 외적 요인에 의한 영향을 배제하여 실험자가 실험하고자 하는 내용을 얼마나 정확하게 측정하였는가를 의미하는 지표
    ㉠ 기준타당성
      • 예측타당성 : 미래의 결과를 예측하는 정확도
      • 동시타당성 : 현재의 결과를 나타내는 정확도
    ㉡ 내용타당성 : 측정을 위해 개발한 도구가 속성값을 포괄적으로 포함하는 정도
    ㉢ 구성타당성
      • 수렴타당성 : 동일한 개념을 서로 다른 측정도구로 측정한 결과 상관관계가 높음
      • 판별타당성 : 서로 다른 개념을 동일한 측정도구로 측정한 결과 상관관계가 낮음
      • 이해타당성 : 서로 유사한 여러 개념을 모두 측정 가능하다면 이해타당성이 높음
  ② 타당성 향상 방안
    ㉠ 구성개념의 정확한 이해
    ㉡ 수렴타당성의 검토
    ㉢ 정확한 용어의 정의
    ㉣ 타당성을 검증받은 측정법 사용

(3) 신뢰성
측정하고자 하는 현상이나 대상을 얼마나 일관성 있게 측정하였는가를 나타내는 것
  ① 신뢰성 측정방법
    ㉠ 반복측정법 : 여러 번 반복해서 측정한 조사결과나 실험결과를 비교
    ㉡ 동형검사법 : 대등한 두 개의 측정도구나 방법을 이용하여 동일한 측정대상을 비교
    ㉢ 반분법 : 두 그룹으로 나눠 항목별 측정치 사이의 상관관계 조사 비교
    ㉣ 내적일관성 분석법 : 신뢰도를 저해하는 항목을 찾아내 측정도구에서 제외시킴으로써 측정도구의 신뢰도를 높이기 위한 방법
  ② 신뢰성 향상 방안
    ㉠ 정확한 구성개념 이해
    ㉡ 신뢰성이 높은 측정법 사용
    ㉢ 반복측정법의 사용
    ㉣ 측정항목의 수, 척도점의 수를 늘리면 크론바흐의 알파값은 커짐
    ㉤ 다른 항목과 상관관계가 적은 항목을 제거하여 크론바흐의 알파값을 높임
    ㉥ 측정자의 면접방식과 태도에 일관성이 있어야 함

8. 측정과 척도

(1) 측정의 의미와 척도
  ① 측정의 의미
    ㉠ 변수 : 구체적 변수와 구성개념을 모두 지칭
    ㉡ 구성개념의 측정 : 구성개념의 측정을 위해서 측정 가능하도록 다시 정의할 필요가 있음
  ② 측정과 척도
    ㉠ 측정 : 미리 결정된 규칙에 따라 변수에 수치나 기호 할당 과정
    ㉡ 척도 : 수치나 기호의 연속적 체계, 측정하는 도구

(2) 척도의 종류
  ① 명목척도
    ㉠ 연구 대상을 분류할 목적으로 임의로 수치를 부여
    ㉡ 명목척도는 범주 혹은 부류의 역할, 상호 배반적
    ㉢ 특징 : 서열의 의미가 없음. 수치간 거리의 의미가 없음. 원점의 개념이 없음
      ※ 가능한 통계 분석방법 : 카이스퀘어 검정
  ② 서열척도
    ㉠ 특성에 대한 상대적 정도에 수치를 부여
    ㉡ 범주, 서열에 대한 정보 보유. 순서의 의미가 있으나 수치가 차이는 의미 없음
    ㉢ 특징 : 상호 배반적이지 않음. 순위 유지면 수치 변화 가능. 평균/표준편차 의미 없음. 빈도의 의미가 있음. 사용 가능한 통계량 – 최빈값, 중앙값, 백분위수, 스피어먼상관계수
  ③ 등간척도
    ㉠ 간격이 일정한 척도
    ㉡ 범주, 서열, 거리에 대한 정보 보유
    ㉢ 특징 : 거리에 대한 정보 보유로 측정값들의 차이 비교가 가능함. 절대 '0'의 개념이 없음
  ④ 비율척도
    ㉠ 절대 '0'이 존재하는 척도. 절대 '0'이 존재
    ㉡ 척도상의 위치를 모든 사람이 동일하게 인식하고 해석
    ㉢ 특징 : 범주, 서열, 거리, 비율에 대한 정보를 가지고 있음. 모든 통계분석 기법의 사용이 가능함

(4) 척도의 분류
  ① 비교척도(비메트릭 척도) – 단일항목 척도법
    여러 연구대상을 비교하여 우월한 것을 선택하게 하는 척도법
    ㉠ 쌍대비교척도법 : 특정 기준에 따라 두 연구대상 중 하나를 선택하게 하는 측정법
    ㉡ 순서서열척도법 : 연구대상을 동시에 고려하여 어떤 기준에 따라 순위를 매기게 하는 방법
    ㉢ 고정총합척도법 : 고정된 수치를 주고 연구대상을 기준에 따라 총합이 고정된 수치가 되도록 할당하는 방법

② 메트릭 척도법 – 다항목 척도법
다른 연구대상과의 비교가 이루어지지 않는 척도법
㉠ 연속형 평가척도 : 대가 되는 개념 사이에 응답자가 느끼는 위치를 표시하게 하여 측정하는 방법
㉡ 리커트 척도 : 주어진 문장을 읽고 동의하는 정도를 답하게 하는 척도. 측정값은 등간척도로 간주. 만들기 쉽고, 관리하기 쉽고, 응답자가 쉽게 이해할 수 있음
㉢ 의미차별화 척도 : 서로 상반되는 형용사적 표현을 양쪽 끝점에 표시하고 적절한 위치에 답하게 하는 방법. 서열척도의 성격이 강하나 간격이 동일하다고 가정하여 등간척도로 간주. 응답자가 이해하기 쉬움
㉣ 스타펠 척도 : 0점 없는 −5에서 +5 사이의 10점 척도로 측정되는 방법. 의미차별화 척도와 유사하나 대가 되는 형용사적 표현을 만들 필요가 없음. 응답자가 혼란을 일으키기 쉬움

9. 표본추출

(1) 표본추출의 의의
① 전수조사 : 모집단의 모든 구성원을 대상으로 조사 실시
② 표본조사
㉠ 모집단의 일부 구성원을 대상으로 조사 실시
㉡ 전수조사는 표본조사보다 정확하다고 단정할 수 없음
㉢ 반드시 정확하다고 보기 어려움
㉣ 전수조사가 불가능한 경우도 있음
㉤ 시간과 경비가 많이 듦
③ 표본추출과 관련된 오차의 종류
㉠ 표본오차 : 모집단을 모두 조사하지 않고 일부의 표본만 조사하기 때문에 발생
㉡ 비표본오차 : 자료수집 과정에서 발생하는 오차. 잘못된 질문, 조사자의 실수 혹은 태만, 자료 처리의 오류 등으로 발생

(2) 표본추출 과정
① 표본추출 과정
모집단의 확정 → 표본추출프레임 결정 → 표본추출방법 결정 → 표본크기의 결정 → 실행
② 모집단의 확정
㉠ 모집단 : 조사자가 관심을 가지는 조사대상의 전체 집합
㉡ 표본추출단위 : 표본추출의 대상이 되는 연구 대상의 집합
③ 표본추출 프레임 결정
㉠ 표본추출 프레임 : 모든 표본추출 단위의 목록
㉡ 전화번호부, 특정 제품 구매고객 명단, 신용카드 소지자
④ 표본추출방법의 결정
㉠ 확률 표본추출
㉡ 비확률 표본추출

⑤ 표본의 크기 결정
  ㉠ 표본의 크기가 크면 오차를 줄일 수 있음
  ㉡ 중요한 조사일수록 많은 정보가 필요하며 표본의 수가 커야 함
  ㉢ 변수의 수가 많을수록 측정에 수반되는 오차가 커지므로 표본의 크기가 커야 함
  ㉣ 연구대상을 소그룹으로 세분하는 조사인 경우 표본의 크기는 커야 함
  ㉤ 복잡한 통계분석을 이용할수록 표본의 크기는 커야 함

(3) 확률 표본추출방법
  ① 단순무작위 표본추출 : 모집단의 구성원들이 표본으로 선정된 확률이 사전에 알려져 있고 동일하도록 추출하는 방법
  ② 층화 표본추출 : 모집단을 구성하고 있는 집단에서 집단의 구성요소의 수에 비례하여 표본의 수를 할당하여 각 집단에서 단순무작위 추출방법으로 추출하는 방법(층화 내 동질적, 층화 간 이질적)
    ㉠ 비례 층화 표본추출 : 각 층의 크기에 비례하여 추출한 표본의 수를 할당
    ㉡ 불비례 층화 표본추출 : 중요도에 따라 표본의 수를 할당하는 방법
  ③ 군집 표본추출 : 모집단이 여러 개의 동질적인 소규모 집단(군집)으로 구성되어 있고 각 군집은 모집단을 대표할 수 있을 만큼 다양한 특성을 가진 요소들로 구성, 군집을 무작위로 몇 개 추출하여 선택된 군집 내에서 무작위로 표본을 추출하는 방법(군집 내 이질적, 군집 간 동질적)
  ④ 체계적 표본추출 : 모집단의 구성원에 어떤 순서가 있는 경우 일정 간격을 두고 표본을 추출하는 방법
    ㉠ 표본추출 프레임이 순서가 있거나 순서에 따라 표본추출이 가능한 경우 사용 가능, 주기성을 가지고 있는 경우 문제 발생
    ㉡ 표본추출 구간 : 표본을 추출하는 간격

(4) 비확률 표본추출방법
  ① 편의 표본추출 : 조사자가 편리한 장소와 시간에 접촉하기 쉬운 대상을 표본으로 선정하는 방법(적은 비용과 시간 소요, 대표성 부족)
  ② 판단 표본추출 : 조사자가 조사목적에 적합하다고 판단하여 표본추출(조사자의 전문적 식견에 따라 대표성이 확보될 가능성이 있으나 이를 평가할 근거가 부족)
  ③ 할당 표본추출 : 모집단을 어떤 특성에 따라 세분집단으로 구분하고 세분집단의 크기에 비례하여 추출한 표본의 수를 결정하여 각 집단에서 표본을 편의 혹은 판단에 의해 추출하는 방법(층화 표본추출과 유사하나 각 집단에서 무작위로 표본을 추출하지 않고 편의에 따라 추출한다는 점에서 차이)

10. 보고서 작성

(1) 보고서 작성
  ① 보고서 작성 시 유의 사항
    ㉠ 보고서 작성 시 전문용어는 가급적 줄이고 이해하기 쉬운 용어를 사용
    ㉡ 보고서의 양은 10~20페이지 내외로 작성
    ㉢ 의사결정자가 생각하는 조사문제에 대한 해결방안과 개선점, 발견점을 제시하도록 함
  ② 보고서 작성 원칙
    ㉠ 명료성 : 간단명료하게 작성
    ㉡ 정확성 : 정확하게 작성
    ㉢ 완전성 : 결론으로 도출되어 완전하게 작성
    ㉣ 간결성 : 가독성 증대를 위해 간결히 작성
    ㉤ 포괄성 : 포함되어야 할 내용이 빠지지 않고 모두 포함
    ㉥ 효율성 : 읽는 사람이 알기 쉽게 작성

11. 기초통계

(1) 조사목적에 따른 분류
  ① 기술적 분석
    ㉠ 자료의 특성기술이 목적
    ㉡ 도수분포분석/기술통계분석
  ② 관련성 분석
    ㉠ 변수 간 관계분석이 목적
    ㉡ 교차분석/상관관계분석
  ③ 구조추출분석
    ㉠ 자료 내에 잠재하고 있는 구조파악이 목적
    ㉡ 요인분석/군집분석/다차원척도법
  ④ 인과관계분석
    ㉠ 종속변수가 독립변수의 영향을 받는다고 가정하고 그 관계 확인이 목적
    ㉡ 분산분석/회귀분석/판별분석

(2) 변수 특성에 따른 분류
  ① 종속변수 : 개념이 없는 통계분석기법
    ㉠ 도수분포분석
    ㉡ 기술통계분석
    ㉢ 상관관계분석
    ㉣ 교차분석
    ㉤ 요인분석

② 종속변수 : 개념이 있는 통계분석기법
  ㉠ 분산분석
  ㉡ 회귀분석
  ㉢ 판별분석

(3) 통계학의 종류와 기본용어
  ① 통계학의 분류
    ㉠ 기술통계학 : 주어진 자료 특성 그대로 기술
    ㉡ 추계통계학 : 표본 특성으로 모집단 특성 추정

기술통계학	추계통계학
• 요인분석 • 군집분석 • 다차원척도법 • 컨조인트분석	• 평균차이검증 • 비율차이검증 • 분산분석 • 상관관계분석 • 회귀분석 • 판별분석

  ② 통계학 기본용어
    ㉠ 모수 : 모집단 특성값
    ㉡ 통계량 : 표본 특성값

(4) 가설검증 기초
  ① 귀무가설(영가설)/대립가설(연구가설)
    ㉠ 가설 : 특정 대상/현상에 대한 잠정적 결론
    ㉡ 대립가설(조사가설/연구가설) : 연구자가 지지하길 원하는 가설
    ㉢ 귀무가설(영가설) : 대립가설에 반대하는 진술 → 통계적 검증의 대상, 즉 귀무가설의 기각 여부에 따라 판단함
  ② 1종 오류와 2종 오류
    ㉠ 1종 오류 : 귀무가설 진실인데 기각, 대립가설 채택(실제로 거짓)
    ㉡ 2종 오류 : 귀무가설 허위인데 채택, 대립가설 기각(실제로는 참)
  ③ 유의수준
    ㉠ 유의수준(α) : 귀무가설이 잘못되었다고 판단하여 귀무가설을 기각할 최대한의 확률, 그래프의 면적
    ㉡ 임계치 : 검정의 종류(양측, 단측)와 유의수준(α)을 고려하여 산출한 값으로 가설의 채택 여부를 결정짓는 경계값
    ㉢ p값(p-value) : 표본으로부터 얻은 통계량 혹은 이를 치환한 검정통계량의 절댓값보다 더 큰 절댓값을 또다른 표본으로부터 얻을 수 있는 확률
    ㉣ 검정통계량 : 표본으로부터 추출한 통계량이나 검정에 사용할 분포에 따라 그에 맞는 값으로 치환한 통계량
  ④ 가설검증 절차
    ㉠ 검정통계량과 임계치 비교

  Ⓘ p-value와 α 비교
- 1 step : 가설설정
- 2 step : 유의수준 결정
- 3 step : 임계치 산출
- 4 step : 가설채택 여부 결정

12. 두 집단 평균비교

(1) 개념
① 두 집단의 평균이 같은지, 차이가 나는지를 검증하는 통계분석방법
② 집단의 평균 비교 기법 → 독립표본 t검정

(2) 활용
① 현대자동차를 선호하는 사람들의 선호도와 기아자동차를 선호하는 사람들의 선호도를 비교하여 어느 쪽이 높은지 조사하는 경우
② 영업사업 교육 2가지 방법인 A와 B 중 어느 교육방법이 더 효과가 있는지 조사하는 경우

(3) 독립변수/종속변수 유무
① 두 집단의 평균비교이므로 독립변수/종속변수의 가정이 없음
② 관련성 분석

(4) 분석과정 이해
독립표본 t검정 사용
① 두 모집단이 정규분포를 이루며 분산이 같다는 가정하에 t검정 사용
② 표본의 크기가 크면 중심극한정리에 따라 Z검정을 사용할 수 있으나, t검정을 사용하는 것이 보다 엄격함

13. 교차분석과 분산분석

(1) 교차분석
① 개념
 Ⓒ 두 범주형 변수 간 연관성이 존재하는지, 즉 두 변수가 독립적인지 분석하는 기법
 Ⓓ 교차표를 이용하여 두 범주형 변수 간 카이제곱 검정 통하여 독립성 검정
 Ⓔ 기대빈도와 관측빈도
- 기대빈도 : 어떠한 일이 반복해서 일어났으면 하는 정도
- 관측빈도 : 육안/기계로 자연현상 등을 관찰할 때 같은 현상이 반복되는 정도

 Ⓕ 교차표의 두 범주형 변수 : 열/행 → 열과 행 간의 독립성 검증
- 열과 행이 독립적 → 차이가 없음
- 열과 행이 비독립적 → 차이가 있음

② 활용
- ㉠ 지역별로 선호하는 전자제품 제조사의 차이가 있는가?
- ㉡ 남녀에 따라 좋아하는 의류 브랜드의 차이가 있는가?

③ 독립변수/종속변수 유무
- ㉠ 독립변수/종족변수의 가정이 없음
- ㉡ 관련성 분석

(2) 분산분석
① 개념
- ㉠ 집단이 2개 이상인 경우 사용되는 분석기법, 집단 간 평균 차이 있는지 판단
- ㉡ 종류
  - 일원분산분석 : 인자 1개/종속변수 1개
  - 이원분산분석 : 인자 2개/종속변수 1개
  - 다변량분산분석 : 종속변수 2개
- ㉢ 분산분석에서의 용어
  - 독립변수 : 처치변수/인자
  - 조작 : 처치수준/인자의 처리/인자의 수준
  - 실험의 반복 : 실험을 반복 시행하여 측정

② 활용
- ㉠ 각 광고시안(4개)마다 매출의 차이가 있는가?
- ㉡ 디자인별로(3개) 선호도의 차이가 있는가?

③ 원리
- ㉠ 집단 간의 평균 차이 판단
- ㉡ 집단 간 분산이 차지하는 비율 높음/집단 내 분산값이 작음
  - → 집단들이 서로 멀리 떨어져 있음을 의미
  - → 처치수준에 따라 측정값의 평균 차이가 있음
- ㉢ 집단 간 분산이 차지하는 비율 낮음/집단 내 분산값이 큼
  - → 집단들이 서로 가까이 붙어 있음을 의미
  - → 처치수준에 따라 측정값의 평균 차이가 없음
- ㉣ 집단 간 평균들의 분산과 집단 내 관측치들의 분산을 비교하여 집단 간 평균차이를 검정함

④ 가정
- ㉠ 각 집단 모집단 분포는 독립적
- ㉡ 각 모집단 → 정규분포
- ㉢ 각 모집단 → 표준편차 동일
- ㉣ 각 모집단 → 분산 동일

⑤ 요인 간 분산/요인 내 분산
- ㉠ 요인(집단) 간 분산
  - 클수록 → 요인(집단) 간 차이가능성 높음
  - 작을수록 → 요인(집단) 간 차이가능성 낮음

⓵ 요인(집단) 내 분산
- 클수록 → 요인(집단) 간 차이가능성 낮음
- 작을수록 → 요인(집단) 간 차이가능성 높음

⑥ 절 차
  ㉠ 실험대상을 무작위로 몇 개의 집단으로 나눔
  ㉡ 집단별 처치 가함 → 측정값
  ㉢ 전체 제곱합/집단 간 제곱합/집단 내 제곱합 구함
  ㉣ 가설설정(동일하다/동일하지 않다)
  ㉤ 검증절차(통계량과 임계치 비교)

⑦ 독립변수/종속변수 유무
  ㉠ 독립변수/종속변수의 가정이 있음
  ㉡ 인과관계 분석

14. 회귀분석

(1) 개 념
① 독립변수/종속변수 설정해 독립변수가 종속변수에 미치는 영향을 분석
② 회귀분석의 결과
  ㉠ 두 변수 간 절대적 인과관계가 있는 것은 아님
  ㉡ 두 변수 간 어느 정도 인과관계가 존재함
  ㉢ 해석 : 완전한 인과관계가 아닌 다른 변수들에 비해 독립변수로 설정한 변수가 종속변수의 원인변수일 가능성이 높다는 의미

(2) 종 류
① 독립변수 1개 → 단순회귀분석
② 독립변수 2개 이상 → 다중회귀분석
③ 독립변수 = 명목척도 → 더미회귀분석

(3) 활 용
① 광고비와 매출액 간의 관계
② 판매원 수와 매출액 사이의 관계

(4) 척도수준
① 대부분 : 간격척도/비율척도
② 특이한 경우 : 명목척도를 독립변수로 사용

(5) 독립변수/종속변수 유무
① 독립변수/종속변수의 가정이 있음
② 인과관계 분석

(6) 회귀선의 추정원리
　① 산포도 : 변수 간 관계를 도표 상점으로 나타낸 그림. 산포도를 통해 직관적인 회귀선 추정
　② 적합도 : 실제 관측값과 직선까지의 거리가 최소인 직선을 회귀선으로 선택하는 방법
　　㉠ 과학적인/합리적인 회귀선 추정
　　㉡ 최소자승법 이용
　③ 최소자승법 : 잔차의 제곱 합의 최소화
　　㉠ 잔차를 최소화하는 것이 회귀식에서 중요
　　㉡ 잔차를 최소화해야 가장 오류가 적은 회귀선을 선택할 수 있음
　　　※ 잔차 : 실제 관측값과 직선까지의 거리

(7) 독립변수의 설명력
　① 회귀분석에서의 독립변수 설명력
　　R^2 : 결정계수
　② 결정계수 : 독립변수가 종속변수의 분산을 설명하는 정도
　　독립변수가 종속변수에 얼마나 영향 주는가?
　② $0 \leq R^2 \leq 1$
　　㉠ 결정계수↑ → 독립변수의 설명력↑(독립변수가 종속변수를 잘 설명한다)
　　㉡ 결정계수↓ → 독립변수의 설명력↓(독립변수가 종속변수를 잘 설명하지 못한다)
　④ R^2 vs 조정된(수정된) R^2
　　㉠ R^2 : 측정 단위 등의 차이를 고려하여 수정한 값
　　㉡ 조정된(수정된) R^2 : R^2의 한계점을 극복하기 위해 만든 개념

15. 요인분석

(1) 개 념
　① 변수들 간 상호연관성을 분석하고 공통적으로 작용하고 있는 내재적 요인을 추출하여 전체 자료를 설명할 수 있도록 변수를 요인별로 묶어 분석하는 기법
　② 다수 변수의 정보손실을 최소화하면서 소수의 요인들로 축약

(2) 탐색적 요인분석
　사전에 특정 변수들끼리 묶여야 한다는 전제를 두지 않는 것으로 일반적인 방법

(3) 활 용
　학습능력을 설명하기 위해서 국어/영어/수학/물리/화학/사회/지구과학은 어떠한 요인을 추출할 수 있는가?

(4) 척도수준
　간격척도/비율척도

(5) 독립변수/종속변수 유무
　① 독립변수/종속변수의 가정이 없음
　② 구조추출분석

(6) 요인분석모형
   ① 공통요인 : 내재적으로 작용하는 공통적 요인
   ② 고유요인 : 공통요인으로 설명 못 하는 부분
   ③ 요인적재값 : 공통요인이 측정변수를 설명하는 정도

(7) 요인의 추출
   ① 요인추출방법 : 2가지 → 주성분분석/공통요인분석
      ㉠ 주성분분석 : n개의 입력변수들이 가지는 총분산을 토대로 요인 추출
      ㉡ 공통요인분석 : 공통분산만을 이용하여 요인 추출

   > 전체분산 = 공통분산 + 고유분산 + 오차분산

   ② 추출할 요인의 수 결정방법 → Eigenvalues/요인의 수를 사전에 결정
   전체 요인들의 설명력 기준/스크리도표
      ㉠ Eigenvalues
         • 한 요인의 설명력
         • 한 요인에 대한 요인 적재값의 제곱의 합
         • Eigenvalues 크다. → 요인이 변수들의 분산 잘 설명한다.
         • 보통 Eigenvalues 1 이상을 갖는 요인의 수만큼 추출
      ㉡ 요인의 수를 사전에 결정
         추출될 요인의 수를 미리 결정하여 지정
      ㉢ 전체 요인들의 설명력 기준
         요인들의 설명력 합이 어느 정도 되어야 한다는 것을 사전에 정하고 그 수준의 설명력을 가져오는 요인 추출
      ㉣ 스크리도표
         • 각 요인의 Eigenvalue를 그림으로 보여줌
         • 감소폭이 체감하기 직전까지의 요인의 수를 기준으로 요인 추출

(8) 요인의 회전
   ① 회전하는 이유
      ㉠ 통계패키지에 의해 요인분석을 하면 비회전 요인행렬이 구해짐
      ㉡ 회전에 의하여 요인구조 명확히 알 수 있음
   ② 요인회전 방법
      직각요인회전 : 직각 유지하면서(요인들 간 독립성 유지하면서) 요인구조가 가장 뚜렷할 때까지 요인을 회전
   ③ 직각요인회전의 종류
      ㉠ VARIMAX : 요인행렬의 열의 분산의 합계를 최대화함으로써 열을 단순화하는 방식
      ㉡ QUARTIMAX : 요인행렬의 행의 분산의 합계를 최대화함으로써 행을 단순화하는 방식
      ㉢ EQUIMAX : 두 가지를 절충한 방식

(9) 요인행렬의 해석
① 요인적재값
- ㉠ 각 변수와 요인 간의 상관관계
- ㉡ +1 ~ -1 값을 가짐
- ㉢ 실제적 유의성 > 통계적 유의성
- ㉣ 표본의 크기, 변수의 수 고려
- ㉤ 표본의 크기가 작을수록, 변수의 수가 적을수록 요인 적재값은 커야 함

② 가장 높은 요인 적재값에 밑줄

③ Communality
- ㉠ 각 변수의 Communality 검토
- ㉡ Communality : 변수의 분산이 추출된 요인들에 의해 설명되는 정도
- ㉢ 0~1 값을 가짐

④ 요인 명칭 부여
- ㉠ 주관적으로 요인 명칭 부여
- ㉡ 불확정 요인 : 요인에 적재된 변수들 간에 공통적 특성이 존재하지 않는 경우

16. 판별분석

(1) 개 념
① 연구대상이 두 집단 중 어느 집단에 속하는지, 그리고 두 집단을 분류하는 데 어떤 변수가 중요한 역할을 하는지 분석하는 기법
② 사전에 나뉘어 있는 집단의 특성 설명해주는 변수 찾아내는 것

(2) 척도수준
① 독립변수 : 간격척도/비율척도
② 종속변수 : 명목척도

(3) 독립변수/종속변수 유무
① 독립변수/종속변수의 가정이 있음
② 인과관계분석

(4) 가 정
① 다중정규성 → 미충족 시 판별함수의 추정에 문제 야기
② 분산-공분산행렬 → 미충족 시 보다 큰 분산-공분산행렬을 갖는 그룹에 많은 관측치가 분류되는 문제점 발생

(5) 판별식의 추정/적합도 평가
① 입력방식
- ㉠ 동시입력방식 : 모든 독립변수들에 대한 계수가 동시에 계산
- ㉡ 단계입력방식 : 판별력이 높은 순서로 입력되어 추정

② 판별함수 판별력 검증
　　㉠ 윌크스 람다 : 각 독립변수의 (집단 내 분산)/(집단 내 분산 + 집단 간 분산)
　　㉡ 0에 가까울수록 두 집단 확실하게 구분 O
　　㉢ 1에 가까울수록 두 집단 확인하게 구분 X
　　㉣ F값과는 반대 성향

17. 군집분석

(1) 개념
　① 다수 대상들을 각자 소유하는 특성을 토대로 유사한 대상들끼리 묶는 다변량 통계기법
　② 두 개 이상 그룹 형성 → 각 그룹 → 군집
　③ 핵심 : 군집 내 동질/군집 간 이질
　④ 시장세분화에 활용됨

(2) 비교
　① 군집분석 vs 요인분석
　　㉠ 군집분석 → 대상들을 묶음
　　㉡ 요인분석 → 변수들을 묶음
　② 군집분석 vs 판별분석
　　㉠ 군집분석 → 사전에 집단 나누어져 있지 않음
　　㉡ 판별분석 → 사전에 집단 이미 나누어져 있음

(3) 척도수준
　① 간격척도/비율척도(대부분)
　② 명목척도/서열척도(소수/거의 없음)

(4) 독립변수/종속변수 유무
　① 독립변수/종속변수의 가정이 없음
　② 구조추출분석

(5) 군집분석을 위한 자료
　① 간격척도/비율척도로 측정된 거리값
　② 거리값 → 유클리디안 거리(직각삼각형 원리), 제곱 유클리디안 거리
　③ 변수들 단위가 다르면 X

(6) 군집추출방법
　① 계층적 군집화
　　거리가 가장 가까운 어느 두 대상이 군집을 이루기 시작하여 가까운 군집들끼리 계속적인 군집화가 이루어지는 방법
　　㉠ 단일결합법 : 최단거리 기준
　　㉡ 완전결합법 : 최장거리 기준

ⓒ 평균결합법 : 모든 구성원들 거리의 평균 기준
　　　ⓓ Ward법 : 최단거리 기준
　② 비계층적 군집화
　　사전에 정해진 군집의 숫자에 따라 대상들이 군집에 할당 예 K-평균법

(7) 수직 고드름표/덴드로그램
　① 필요성 : 군집의 수를 결정하는 데 시각적인 도움을 줌
　② 수직 고드름표 → 군집의 수
　③ 덴드로그램 → 군집의 수/군집되어가는 순서

18. 컨조인트분석

(1) 개 념
　① 제안 대안들에 대한 소비자의 선호 정도로부터 소비자가 각 속성에 부여하는 상대적 중요도/각 속성수준의 효용을 추정하는 분석 방법
　　　㉠ 속성의 상대적 중요도
　　　㉡ 속성수준의 효용
　② 응답자들에게 여러 속성수준들의 결합으로 구성되는 제품 프로파일(대안)들을 제시하고 응답자들은 각 프로파일에 대한 그들의 선호도 정도를 답함

(2) 이 용
　① 각 속성에 부여하는 상대적 중요도 발견
　② 시장세분화 : 선호도 유사한 소비자 군집화
　③ 신제품 개발 : 최상의 속성결합 파악
　④ 시장점유율 예측 : 선호도에 따른 점유율 파악

(3) 척도수준
　① 서열척도
　② 간격척도

(4) 독립변수/종속변수 유무
　① 독립변수/종속변수의 가정이 없음
　② 중간 단계에서 부분가치를 추정하기 위해 독립변수(속성수준)와 종속변수(선호순위 역코딩)를 사용하여 회귀분석 수행

(5) 종 류
　① 메트릭 컨조인트분석 : 간격척도로 측정한 자료를 컨조인트분석
　② 비메트릭 컨조인트분석 : 서열척도로 측정한 자료를 컨조인트분석

제3과목 소비자행동론

1. 소비자행동

(1) 소비자행동론
    ① 소비자행동의 영향요인

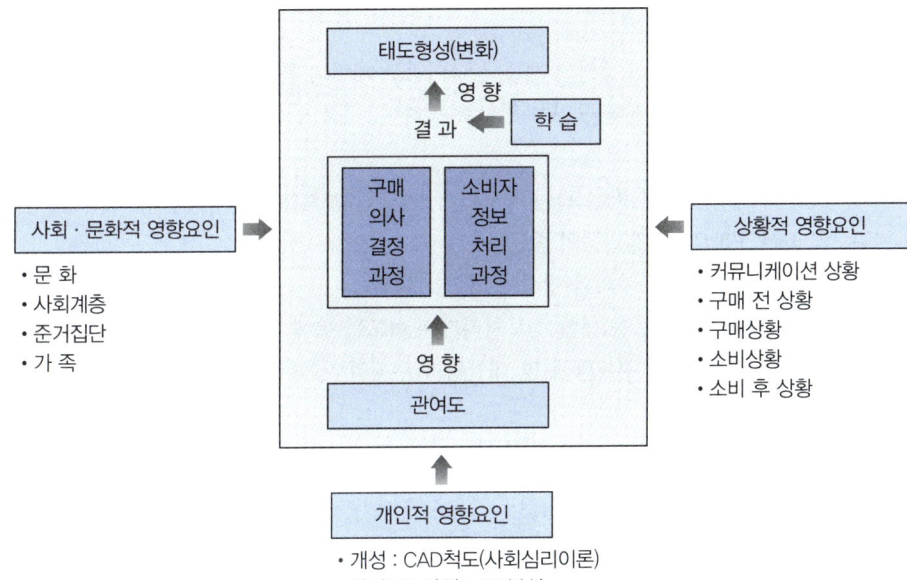

    ② 소비자를 이해할 수 있는 5가지 관점 : 가치추구자, 생산자로서의 소비자, 영향력 행사자, 역할자로서의 소비자, 욕구충족자

(2) 소비자행동 연구의 필요성
    ① 기업의 입장 : 기업의 장기적 성장
    ② 소비자의 입장 : 합리적 소비의 주체
    ③ 학자의 입장 : 소비자행동을 이해
    ④ 정부 및 공공단체의 입장 : 경제적·사회적 정책의 합리적 수행

2. 관여도

(1) 관여도
  ① 관여도의 의의 : 특정 상황에서 어떤 대상에 대한 소비자 개인의 중요성 지각정도나 관심도로 표현되며, 기업의 설득적 메시지와 신념을 비교하여 관여도에 따른 반박주장의 강도가 달라짐
  ② 지각된 위험 : 신체적 위험, 성능적 위험, 심리적 위험, 사회적 위험, 재무적 위험, 시간 손실 위험, 미래 기회 상실의 위험
  ③ 지각된 위험의 부담을 경감하기 위한 기업과 소비자의 전략
    ㉠ 기업 : 저렴한 대안 공급, 작은 규격의 제품 공급, 품질보증, 무료샘플 제공, 인증기관의 품질 표시
    ㉡ 소비자 : 저렴한 대안 선택, 소량 단위 구매, 기대수준 낮춤, 반복구매, 추천제품 구매, 비교 및 평가 수행
  ④ 관여도의 결정요인
    ㉠ 인적관여(소비자 관여) : 동일한 제품/상황이라도 개인의 특성에 따라 관여도가 달라짐
    ㉡ 제품관여 : 제품 특성에 따른 관여 정도를 말하며, 제품의 상징적 가치/복잡성/중요도 등이 높을수록 고관여
    ㉢ 상황관여 : 선택 상황에 따른 관여 정도로서, 기업의 판촉활동에 영향을 많이 받음
  ⑤ 관여도에 따른 구매의사결정과정의 중요성
    ㉠ 자극에 노출되었을 때, 주의와 집중에 영향을 미침
    ㉡ 중심경로 또는 주변경로를 통한 정보처리가 관여도를 통해 선택적으로 이루어지는 것을 볼 수 있음
    ㉢ 구매의사결정과정에서 정보탐색 및 대안평가 수행여부, 혹은 문제가 인식되면 바로 구매할 것인지를 결정
    ㉣ 구매 후 평가를 통해 신념 또는 호감적 태도 형성에 영향을 미침

(2) 고관여와 저관여에 따른 구매의사결정과정
  ① 구매의사결정단계의 구분
    ㉠ 고관여는 문제인식부터 구매 후 행동에 이르기까지 일련의 절차에 따라 구매의사를 결정

    고관여 : 문제인식 → 정보탐색 → 대안평가 → 구 매 → 구매 후 행동

    ㉡ 저관여는 문제인식이 되면 바로 구매를 하게 되며, 구매결과가 만족스럽지 못할 경우 대안평가를 수행
  ② 관여도와 구매의사결정 정도에 따른 소비자행동 유형

구 분	고관여	저관여
의사결정	• 복잡한 의사결정 • 신념 → 평가 → 행동	• 제한적 의사결정(다양성 추구) • 신념 → 행동 → 평가
습관/ 반복구매	• 브랜드 충성도 • 신념 → 평가 → 행동	• 관성적(습관적) 구매(가식적 충성도) • 신념 → 행동 → (평가)

③ 관여도와 브랜드 선택
   ㉠ 반복구매 정도 및 상대적 태도에 따른 충성도의 유형

구 분		반복구매 정도(행동주의자 관점)	
		높음	낮음
상대적 태도 (인지주의자 관점)	높음	진정한 충성도	잠재 충성도
	낮음	의사 충성도(가식적 충성도)	비충성도

   ㉡ 브랜드 간 차이와 관여도

구 분		관여도	
		고관여	저관여
브랜드 간 차이 정도	크다 (의사결정)	• 복잡한 의사결정 • 적극적 정보탐색 • 대안의 비교/평가	• 제한적 의사결정 • 다양성 추구(브랜드 전환 구매행동) • 한정된 대안에서 결정
	작다 (습관)	• 브랜드 충성도에 의한 구매 • 고민의 정도가 낮음 • 신념 형성, 대안평가 생략	• 관성적(습관적) 구매 • 구매 만족 → 반복구매 • 브랜드 충성도와 구분

④ FCB 모형을 이용한 마케팅전략
   ㉠ 합리적 소비자 : 성능/품질을 강조한 정보를 제공함으로써 의사결정을 도울 수 있는 근거의 제시가 중요
   ㉡ 습관적 소비자 : 브랜드 인지도 제고/유지를 위한 반복광고가 유효하며 한 가지 소구점을 강하게 제시하는 것이 중요
   ㉢ 정서적 충동구매 소비자 : 상상력/꿈/환상을 불러일으킬 수 있는 감성적 전략으로 접근하는 것이 중요
   ㉣ 문화/사회 순응 소비자 : 친밀성/상징성을 강조하는 반복광고를 통해 감성적 메시지를 전달하는 것이 중요

(3) 저관여 제품
  ① 저관여 제품군의 브랜드 전략
     ㉠ 후발 브랜드 : 미투제품 출시, 관여도 높임, 다양성 추구 욕구 유발, 틈새시장 공략
     ㉡ 선발 브랜드 : 높은 광고비, 유통지배력, 낮은 가격, 신제품 개발
  ② 저관여 제품의 광고전략 : 반복광고, 간단한 내용, 감각적 효과 중시, 이미지 차별화
  ③ 저관여 제품의 4P전략

제품(Product)	• 후발 브랜드는 소비자의 관성적 구매를 견제 • 소비자를 설득시킬 수 있는 포지셔닝 전략 수립 필요('마케팅관리론' STP 전략 참고)

가격(Price)	• 목표고객이 브랜드 간
	  – 차이가 꽤 날 것이라고 믿는 경우 : 적절한 고가격이 효과적 예 비싸면 이유가 있겠지
	  – 차이가 작다고 믿는 경우 : 저가격 또는 경쟁사와 동일 가격(소비자는 가격차이에 민감)
	• 선발 브랜드는 투자자금 회수 후 시장점유율 유지 및 진입장벽 구축을 위해 저가전략 활용 가능

유통(Place)	노출빈도 제고 → 폭넓은 유통망(기업 간 협력을 통한 유통강화) : 저관여 제품은 유통이 핵심
판매촉진(Promotion)	무료샘플, 할인이벤트, 구매시점광고(POP ; Point-Of-Purchase) 등

3. 구매의사결정과정

(1) 구매의사결정과정

① 소비자의 구매의사결정과정에 영향을 미치는 요인

㉠ 내적 요인

개인적 요인	나이와 생애주기, 직업과 경제적 상황, 라이프스타일, 성격과 자아
심리적 요인	동기, 지각, 학습, 신념과 태도

㉡ 외적 요인

사회적 요인	소집단, 가족
문화적 요인	문화와 하위문화, 사회계층

(2) 문제 인식

① 욕구의 활성화 요인

㉠ 환경의 변화 : 소비자의 환경의 변화하면서 새로운 욕구가 활성화

㉡ 마케팅활동 : 빼빼로데이와 같은 기업의 마케팅활동이나 POP/시식/체험단 등에 의한 욕구 활성화

㉢ 제품의 구매 : 신차를 구매하면서 세차용품에 대한 욕구가 활성화

㉣ 제품의 소비 : 프린터를 다 쓰면 리필잉크에 대한 욕구가 활성화

② 매슬로우의 욕구 5단계설(욕구이론)

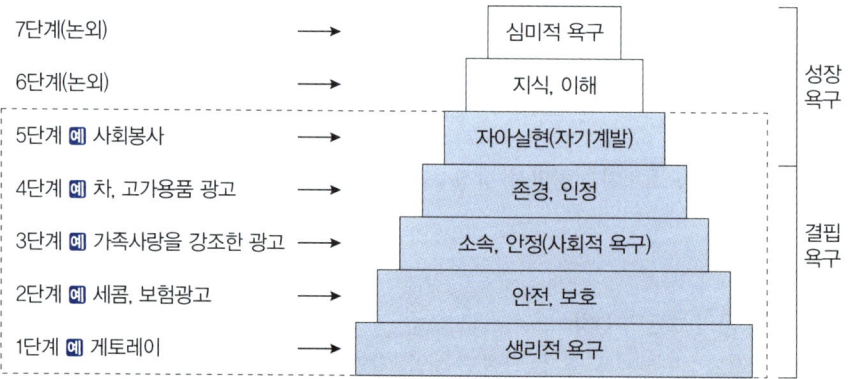

- 하위 욕구가 충족되어야 상위 욕구가 발생(욕구유발 순서 개념) → 하위 욕구에서는 동기 유발이 안 됨
- 상위 욕구가 하위 욕구보다 중요도가 높은 것이 아님

③ 동기의 유형 : 심미적 동기, 기능적 동기, 사회적 동기, 호기심 동기

④ 동기의 파악

㉠ 이상과 실제 간의 차이에서부터 문제인식을 통해 욕구가 유발되는데, 이때 동기가 형성됨으로써 소비자행동으로 나타남

㉡ 소비자행동은 가시적으로 관찰이 가능한 반면, 동기는 내면적 요소이므로 관찰이 불가해 투사법을 활용함으로써 피실험자의 내면적 특성들을 발견할 수 있음

⑤ 동기 간 갈등의 유형
  ㉠ 접근-접근 갈등 : 패키지 상품 개발
  ㉡ 접근-회피 갈등 : 회피요인을 제거
  ㉢ 회피-회피 갈등 : 인적 판매에 집중

(3) 정보 탐색
① 정보의 원천 : 상업적 정보, 경험적 정보, 개인적 정보, 공공적 정보
② 정보탐색의 영향요인
  ㉠ 내적 탐색 : 제품에 대한 소비자의 지식수준과 유용한 정보의 양, 제품의 중요성
  ㉡ 외적 탐색 : 제품 자체의 특성, 개인적 특성, 상황적 특성

(4) 대안평가
① 소비자 대안의 평가 순서

평가기준을 선택	제품 속성	• 제품의 기능적 속성과 연관된 내재적 정보 • 관여수준과 제품지식이 높을수록 중요 예 디자인, 성능, 연비, 실내공간 등
	비제품 속성	제품의 정서성, 상징성 및 2차적 연상과 관계된 외재적 정보 예 브랜드, 기업이미지, 제조국가, 가격수준 등
상표신념 구축		평가기준 중, 중요하게 부각되는 속성을 결정
대안의 평가		각 상표가 중요속성을 얼마나 충족하는지 비교
태도형성 및 구매의도 형성		가장 높은 평가를 받은 상표에 대해 구매의도 형성

② 대안의 평가기준 선택 시 영향요인

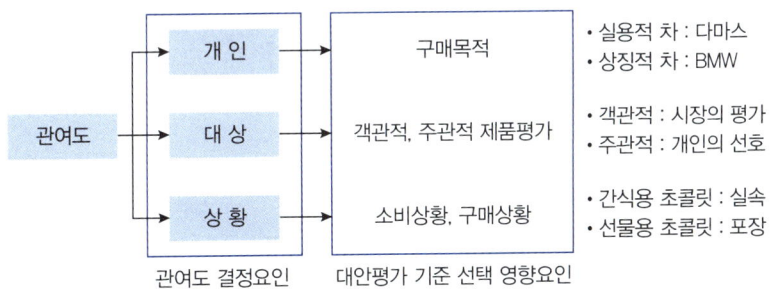

③ 소비자의 대안평가 평가방식(의사결정규칙)
  ㉠ 휴리스틱 방식 : 경험이나 직관에 의해 문제해결을 단순화하는 평가방식
  ㉡ 보완적 방식 : 한 속성의 약점이 다른 속성의 강점으로 보완이 되는 평가방식
    예 가격이 비싸지만, 메뉴 맛이 좋으니 다음번에 또 와야겠다. → 가격이라는 단점을 맛이라는 장점으로 보완해 의사결정

ⓒ 비보완적 방식 : 다른 속성의 강점으로 보완이 되지 않는 평가방식
  예 메뉴 맛은 좋은데 가격이 비싸니 다음에는 오지 말아야겠다. → 가격이라는 단점을 보완할 수 없어, 재구매를 하지 않는 것으로 의사결정
④ 비보완적 방식

구 분	내 용
결합방식 (접속형 방법)	• 한 가지 속성이라도, 최소치 미달이 없는 대안을 선택 • 선택 대안이 없거나, 많을 수도 있음 → 노력/시간소요 큼
분리방식 (비접속형 방법)	• 한 가지 속성이라도, 최소치를 넘는 대안을 선택 • 선택 대안이 많음(어느 정도 대안이 좁혀졌을 때 활용)
사전편찬방식 (사전형 방법)	• 가장 중요한 속성에서 점수가 가장 높은 대안을 선택하는 방식 • 2개 이상의 대안이 나오면, 다음 순서의 중요속성에서 대안 평가 • 유일한 대안이고, 최소치는 상관없으므로 대안이 항상 존재
연속제거방식 (무분별 탈락방법)	• 중요한 속성순서로 최소치를 넘지 못하는 대안을 순차적으로 제거 • 속성별 점수 + 최소치 • 대안이 있을 수도 있고, 없을 수도 있음

⑤ 휴리스틱 방식
  ㉠ 자신의 주관적 견해에 기반한 의사결정
  ㉡ 경험/직관에 의존하여 문제해결이 신속/단순
  ㉢ 일상 대부분은 휴리스틱 방식에 의존도가 높음
  ㉣ 대안 선택과정에서 수많은 요인을 동시에 고려하지 않음
  ㉤ 장단점

장 점	단 점

• 신속한 의사결정
• 정보탐색 비용 적음
• 단순화된 대안평가 → 정보 요구량 적음
• 상황에 상관없이 간편한 적용
• 인지부조화 우려 없음
  예 가격 vs 품질, 건강 vs 담배
	• 비이성적, 감정적, 비합리적 : 의사결정의 단순화 → 실수 우려
	  예 쇼핑중독, 물질주의 풍조
	• 대안에 대한 선입견으로 작용 → 더 나은 대안탐색이 생략됨

(5) 구 매
① 구매의 효용 : 기능적 효용, 상징적 효용, 쾌락적 효용
② 구매행동의 유형
  ㉠ 계획적 구매
    의도에 따른 구매로써 미리 구매할 품목을 정해놓고 구매행동이 나타나므로 상황의 영향을 적게 받으며 주로 고관여제품의 구매에서 볼 수 있음
    • 고관여 제품 : 포괄적 구매의사결정과정을 거치며 반복구매는 브랜드충성도의 영향이 큼
    • 저관여 제품 : 제한적 구매의사결정과정을 거치며 반복구매가 습관적·관성적 구매의 성격이 강함

ⓒ 비계획적 구매

상황에 따른 구매로 POP, 진열, 포장, 할인 등의 영향이 크며 주로 저관여 제품구매에서 적용
- 소비자가 기업의 설득적 메시지에 노출되었을 때, 일시적으로 감정불균형을 해소하고자 나타나는 충동구매는 구매의도보다 구매상황의 영향을 크게 받으며 충동적 구매를 유발하기 위한 요인은 효과적 진열, 편안한 매장분위기, 판매원의 태도 등 여러 가지가 있음
- 인지적 요인이 감소하여 구매행동으로 이어지므로 효용에 대한 고려가 부족해 합리적 구매와는 거리가 멂

| 충동구매
구매의도가 없는 상태에서
발생한 구매행동 | → | • 주로 저관여 제품 → POP 영향수준 높음(기업의 설득적 메시지)
• 일시적 감정불균형 해소기능 → 충동구매의 요인
• 구매의도보다, 구매상황이 의사결정에 영향수준 높음 |

③ 충동구매(비계획적 구매)의 특성
   ㉠ 욕구 발생과 더불어 구매가 이어지는 강박성이 있음
   ㉡ 구매 및 소비의 효용이 고려되지 않음. 즉, 인지적 요인이 감소하여 합리적 구매와는 상반
   ㉢ 호의적 감정에 의한 심리적 충동이 강해 즉시 구매행동이 나타남
   ㉣ 구매충동은 흥분, 즐거움, 긴장감 등의 정서를 수반
   ㉤ 구매에 따른 경제적 부담 등의 부정적 결과에 대해 무관심

(6) 구매 후 행동
   ① 고객만족모형

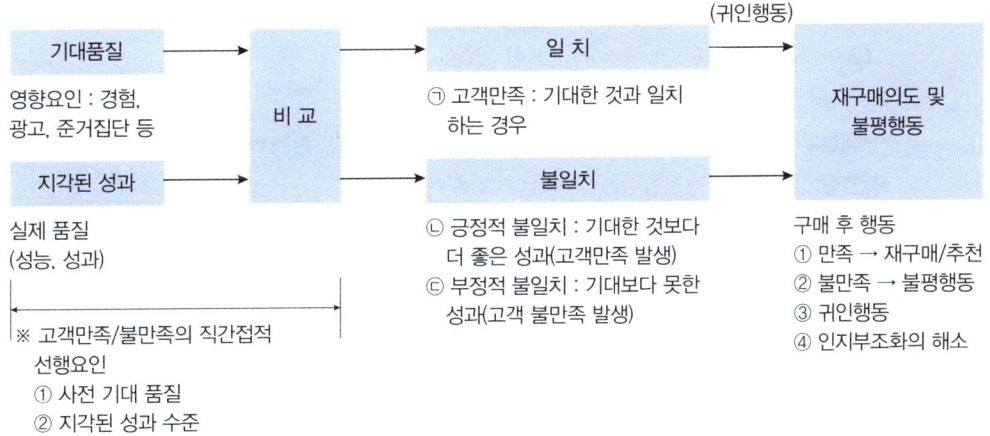

   ② 내적 귀인과 외적 귀인
      ㉠ 내적 귀인은 고유속성귀인이라고도 하며, 성격/능력/동기 등 소비자 자신에게 원인을 찾는 행동. 자책이 이러한 유형
         예 내가 제대로 사용하지 못한 탓이지.
      ㉡ 외적 귀인은 상황귀인이라고도 하며, 소비자 외부에서 원인을 찾는 행동. 가령 사안의 긴급성이나, 타인의 의견 또는 정보확보의 용이성 등에서 원인을 찾는 것이 이러한 유형
         예 나에게 이따위 제품을 팔다니!

③ 구매 후 불만족에 대한 소비자의 행동

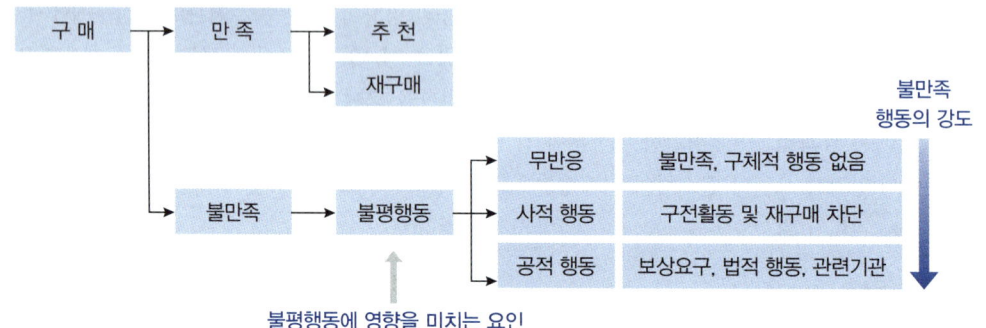

내적 요인	외적 요인	
개인의 특성	제품의 특성	상황의 특성
• 불만원인 • 개인적 성격 • 개인적 민감도 등	• 제품의 중요도 • 비용 및 이익 관계 등	• 구매/소비상황 • 긴급함 정도 등

④ 구매 후 부조화의 해소를 위한 기업과 소비자의 노력
  ㉠ 기업의 노력
    • 선택에 대한 확신을 갖게 함
      예 해피콜, 감사편지, 안내 책자
    • 강화광고 시행 : 자사제품의 장점을 광고해 구매자의 확신을 강화
      예 아이폰이 없다는 건 이런 아이폰이 없다는 것
  ㉡ 소비자의 노력
    • 대안의 장점을 강화, 단점을 약화 → 미선택 대안의 단점을 강화, 장점을 약화
    • 선택을 지지하는 정보를 탐색 → 반대 정보 회피
    • 의사결정의 중요성을 낮춤 → 의사결정에 무관심

4. 소비자 정보처리과정

(1) **소비자 정보처리과정 5단계**

노출 → 주의 → 지각 → 해석 → 기억

(2) **노 출**
  ① **노출의 유형** : 우연적 노출, 선택적 노출, 의도적 노출
  ② **웨버의 법칙** : 차이식역을 설명하는 법칙

$$K = \frac{\Delta I}{I}$$

delta(Δ) I = 기존 자극과 새로운 자극의 크기 차이
I = 기존 자극의 크기
K = 상수(자극 유형에 따라 변화함)

(3) 주의와 환기(주의집중)

① 주의의 의의

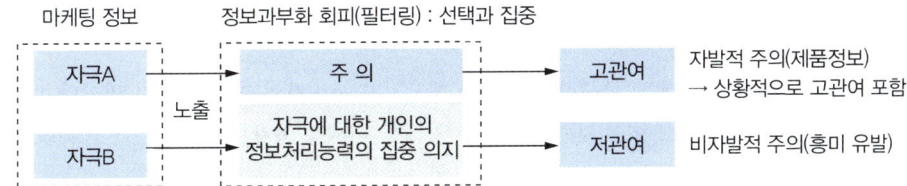

② 주의의 선택성과 집중성

㉠ 주의의 선택성
- 노출되는 자극을 걸러내는 것(선택적 주의)
- 정보처리 용량의 한계 때문
  예 칵테일 파티 효과 → 시끄러운 공간에서도 특정 정보에 집중 가능

㉡ 주의의 집중성
- 특정 정보에 주의 용량을 더 배치하는 것
- 주의의 용량 한계 때문(어디에 더 할당하나)
  예 운전하면서 전화통화는 어려움

(4) 이해(지각, 해석)

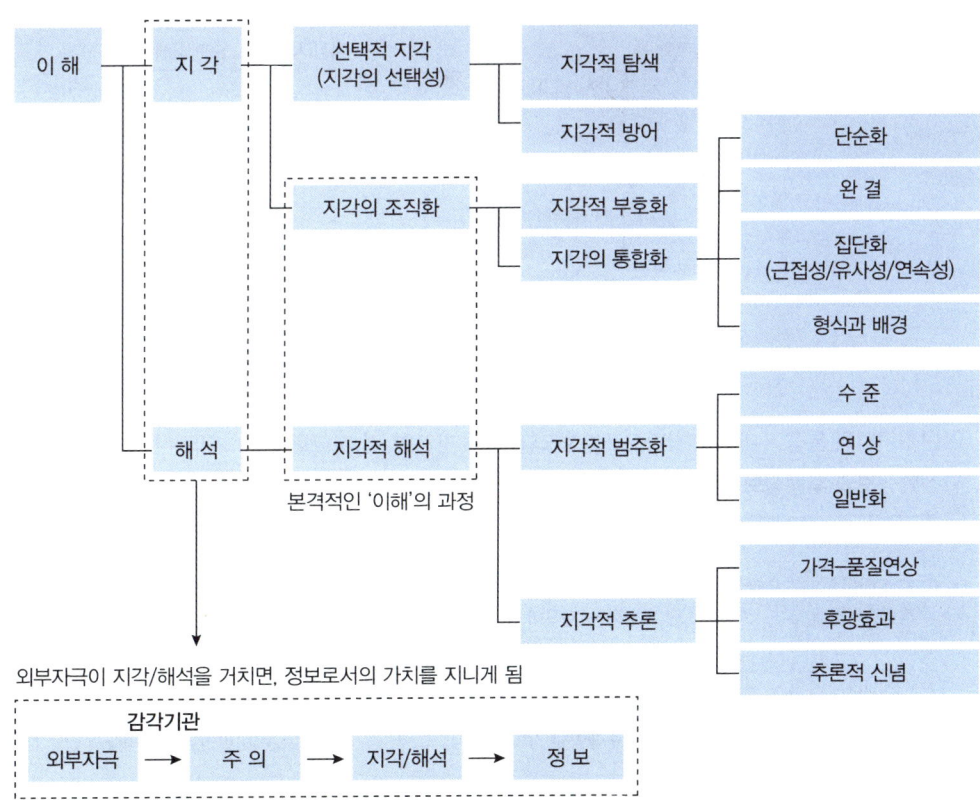

(5) 기 억
  ① 기억의 의의
    ㉠ 한번 저장된 기억은 노출부터 구매행동에 이르기까지 관여하며 정보처리과정에 있어서 중요한 역할을 함
    ㉡ 기업의 마케팅활동에도 불구하고 설득적 메시지가 소비자의 기억에 남지 않거나 브랜드와 연관되지 못할 수 있으므로, 소비자의 기억구조에 대한 이해를 바탕으로 브랜드나 제품정보 등을 효과적으로 소구할 필요가 있음
  ② 기억구조 이론

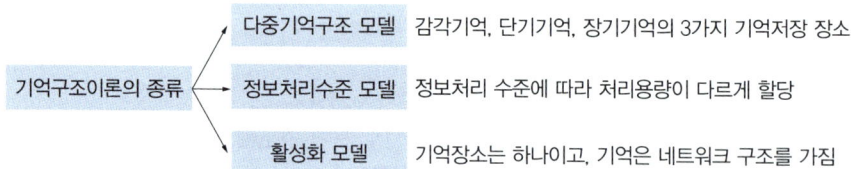

  ③ 다중기억구조 모델

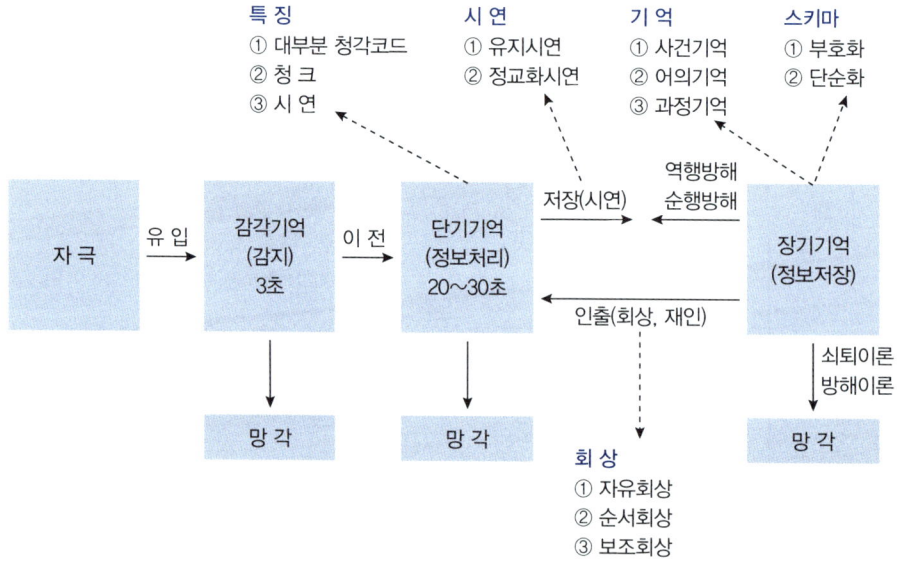

  ④ 단기기억의 특징 : 대부분 청각코드, 청크단위, 유지시연 및 정교화시연의 작용
  ⑤ 선행정보와 후행정보 간 정보처리의 혼란

구 분	내 용	예 시
역행방해 (후입정보방해, 역행간섭)	후속정보가 선행정보의 처리를 방해하는 것 → 선행정보(단기기억)가 저장되지 못하고 망각(20초 초과)	과일 이름을 연달아 불러주면, 뒤쪽에 불러준 과일 이름만 기억에 남음
순행방해 (선입정보방해, 순행간섭)	선행정보가 후속정보의 처리를 방해하는 것 → 정보가 유사하면 순행방해 강도가 커짐	현관 비밀번호를 바꾸었는데 이전 비밀번호가 생각나고 새로운 비밀번호가 기억나지 않을 때
동시방해 (동시간섭)	유사성이 높은 정보가 동시에 제시되었을 때, 정보처리가 방해받는 것	간장 공장 공장장은…. (동시에 유사성 높은 정보로 인해 기억에 어려움을 겪음)

⑥ 단기기억에서 장기기억으로 정보를 쉽게 저장하는 방법
　㉠ 정보가 제시되는 순서
　㉡ 정보처리를 방해하는 경쟁요인의 존재 여부
　㉢ 유입된 정보의 체계화 정도
　㉣ 정보 제공량
⑦ 장기기억 내 정보의 유형 : 서술적 지식(사건기억, 어의기억), 절차적 지식(과정기억)
⑧ 장기기억으로부터의 정보인출

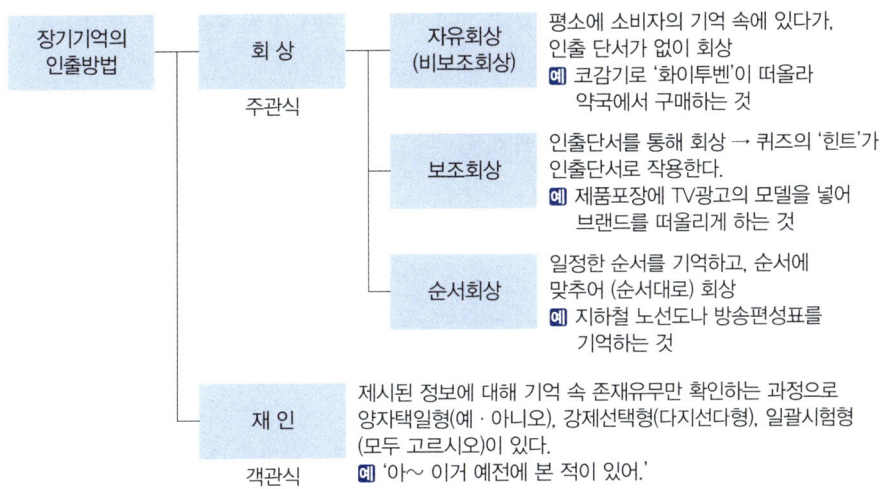

⑨ 정보의 망각
　㉠ 에빙하우스 망각곡선에 따르면, 학습에 따른 기억량은 10분 뒤 망각이 시작되어 시간 경과에 따라 급속도로 진행되다가 일정수준의 기억만이 남는다. 이때 복습을 통해 기억 수준을 회복시킬 경우 최종적으로 남아있게 되는 부분기억의 양이 점점 늘어나게 되는데 이는 복습의 중요성을 일깨워주고 있다.
　㉡ 쇠퇴이론은 기억 속의 정보가 사용되지 않으면 자극-반응 간 결속력이 약해서 기억에서 사라지는 것을 설명하며, 방해이론은 기억 속의 정보가 사라지지 않으나 새로운 정보가 기존 정보로 인해 인출이 방해받는 것을 설명한다. 두 이론은 기억이 사라진다/사라지지 않는다로 상호 대치되는 망각이론이다.

5. 태도

(1) 태도
① 태도의 7가지 특징 : 대상성, 가변성, 행동예측성, 방향성/강도, 후천성, 일관성, 관찰(간접성)
② 태도의 4가지 기능(유용성) : 자아방어 기능, 지식기능, 가치표현 기능, 욕구충족 기능

(2) 태도 이론
① 삼각구조 이론과 1차원 이론
　㉠ 삼각구조 이론 : 태도는 호의적 또는 비호의적으로 일관성을 갖는 것으로 간주하며, 감정/행동의 도/인지가 서로 간의 조화와 균형을 이룬 결과를 태도로 봄
　㉡ 1차원 이론 : 최근의 연구흐름에서 인정받는 견해로서 '인지 → 감정 → 행동의도' 순서의 인과관계를 통해 태도를 이해하는 효과계층 이론
② 태도연구의 유용성
　㉠ 소비자행동 예측이 가능
　㉡ 세분시장 특성 파악이 용이
　㉢ 마케팅활동의 효과 측정

(3) 태도형성
① 태도형성 유형
　㉠ 표준학습 위계모형 : 신념-감정-행동의 순서로 영향을 미치는 단계적 모형
　㉡ 저관여 효과계층모형 : 신념-행동-감정의 순서를 따르는데 즉, 신념에 따라 행동이 나타나고 그 후에 감정이 형성되는 것을 설명. 이때의 태도는 행동적 학습에 기반한 태도형성 모형
　㉢ 경험적 효과계층모형 : 어떤 대상에 대한 감정이 형성되면 행동으로 먼저 나타나고, 그 후에 인지과정을 통해 신념을 구축하는 모형. 이때의 태도는 쾌락적 소비에 기반한 태도형성 모형
② 태도측정의 마케팅적 활용 : 시장세분화, 경쟁관계 분석, 신제품 개발
③ 태도형성 모델
　㉠ 다속성 태도모델
　　태도형성에 대한 인지적 학습이론으로 피시바인의 다속성 태도모델이 대표적. 이는 제품이 가진 각각의 속성에 평가를 수행함으로써 태도가 형성되는 것을 설명
　㉡ 속성만족도-중요도 모델
　　피시바인의 다속성 태도모델에서 말하는 부각된 속성과 부각된 신념은 이해가 어렵고 다소 추상적이므로 중심내용을 크게 바꾸지 않은 범위에서 좀 더 이해를 쉽게 변형한 이론
　㉢ 피시바인 확장모델(이성적 행동이론)
　　소비자의 구매의도는 브랜드에 대한 태도가 아니라, 행동에 대한 태도 및 그 행동에 대한 사회적 규범의 순응정도 합으로 표현. 즉, 행동의 결과가 긍정적인 것으로 판단될 때 행동으로 나타날 가능성이 높다고 보는 것. 이러한 모델은 태도형성뿐만 아니라, 주관적 규범이 행동의도에 영향을 주고 그 결과로써 행동이 표출될 가능성이 높다고 설명하나 행동 자체를 설명하지는 못하는 단점이 있음

ⓔ 시도이론

시도가 나타나는 과정은 성공 가능성에 대한 기대 및 태도에 의해 시도 태도가 형성되고, 과거 시도했던 빈도와 주관적 규범에 의해 시도 의도가 형성되며, 이에 최신 정보를 고려하여 최종적인 시도가 나타나는 것을 설명

④ 브랜드에 대해 호의적 태도형성 방안(마케팅시사점)

㉠ 아래 수식에서 태도(A_0)는 i, b_i, e_i 값의 변화에서 비롯됨을 알 수 있음

$$A_0 = \sum_{n=1}^{n} b_i e_i$$

㉡ 부각속성(i)이 아니었던 것을 부각속성으로 만듦

  예 물만 나오는 정수기에 얼음까지 같이 나오도록 만든 제품. 즉, 얼음은 부각속성이 아니었는데 부각속성으로 제시하면 태도 점수가 높아진다.

㉢ 부각된 속성의 평가값(e_i)을 더욱 높임

  예 침대는 인테리어 측면에서 기존의 가구와 얼마나 잘 어울리는지가 중요했으나, 과학이라는 측면에서 재해석하여 편안함이라는 부각속성에 대한 평가를 높임으로써 태도를 개선할 수 있다.

㉣ 대상에 대해 부각된 속성이 어느 정도 만족(b_i)되고 있는지 그 값을 높임

  예 스마트폰 카메라의 화질을 더욱 높이고 이를 적극 홍보하는 등, 부각된 신념을 높임으로써 태도에 영향을 미칠 수 있다.

6. 태도변화

(1) 태도변화 이론의 정리

귀인행동을 통한 태도변화	• 귀인이론 : 내적 귀인, 외적 귀인 • 자기지각이론(벰)
인지적, 정서적 반응을 통한 태도변화	• 인지적 반응(이성적 소구) • 정서적 반응(감성적 소구)
반복노출(단순노출)을 통한 태도변화	• 저관여 학습을 통한 태도변화(크루그먼) • 진실성 효과(하셔) • 단순노출 효과(자종크)
사회적 판단을 통한 태도변화	• 사회적 판단이론 • 수용영역, 거부영역, 중립영역 → 동화효과, 긍정적/부정적 대조효과
심리적 균형회복을 위한 태도변화	• 인지적 균형이론(하이더) : 신념과 태도의 불균형 → 태도변화 • 일치성 이론 : 인지균형이론 + 태도의 강도 • 인지부조화 이론 : 인지 간의 충돌 → 태도변화(구매 후 부조화, 태도불일치 행동, 불일치 정보 노출)
정교화 가능성의 2경로를 통한 태도변화	• 중심단서, 중심경로, 중심경로 처리 • 주변단서, 주변경로, 주변경로 처리

(2) 귀인행동을 통한 태도변화
① 귀인행동 : 올리버의 '기대-불일치 이론'에서 설명된 바와 같이 어떤 결과에 대해 원인을 파악하여 책임을 물으려는 행동을 말함
② 귀인행동 유형
  ㉠ 만족에 따른 혹은 불만족에 따른 내적 귀인과 외적 귀인으로 구분
  ㉡ 내적 귀인 : 구매의 이유가 개인의 성향
  ㉢ 외적 귀인 : 외부의 상황에 따라 구매한 것
③ 벰의 자기지각이론에 의한 태도변화
  ㉠ 무의식적으로 자판기에서 콜라를 선택할 때, 누군가가 '너는 콜라를 좋아하는구나'라고 물어보면 소비자는 자신의 행동을 관찰. 그리고 이를 정당화하기 위해 평소에 콜라를 선호한다고 생각하며 이 과정에서 태도형성을 거쳐 재구매
  ㉡ 과다정당화 효과 : 자신의 행동을 설명해주는 외적 요인이 있을 때 태도변화가 저하되는 것을 설명

(3) 인지적/정서적 반응을 통한 태도변화
① 의의 : 기업의 마케팅활동으로 소비자가 설득적 메시지에 노출되면, 인지적 반응과 정서적 반응이 유발되고 그 결과 태도가 형성 또는 변화. 인지적 반응은 능동적 반응이며 제품정보의 전달과 같은 이성적 소구가 유효하며, 정서적 반응은 수동적 반응으로써 자연스러운 감정적 소구가 중요함
② 인지적 반응 : 소비자가 정보처리를 하면서 자연스레 갖는 생각을 말함
③ 정서적 반응 : 소비자가 설득적 메시지에 노출되면서 자연스레 가질 수 있는 느낌/감정을 말함

(4) 반복(단순) 노출에 의한 태도변화
① 의 의
  ㉠ 복잡한 인지와 상관없이 단순노출에 의해 호감이 생기고, 호의적 태도변화가 유발되는 것을 설명
  ㉡ 반복노출을 통한 태도변화는 저관여 학습이론, 진실성 효과, 단순노출 효과 3가지 이론이 있음
② 저관여 학습이론 : 제품속성에 대한 구체적 신념이 형성되지 않은 저관여 제품을 구매할 때, 과거 반복적 광고로 인해 형성된 얕은 인지가 브랜드 선택에 있어서 비교우위로 작용하고 이를 소비/사용함으로써 평가가 이루어져 태도가 형성되는 과정을 설명
③ 진실성 효과 : 동일한 진술에 반복적으로 노출되어 이루어진 태도변화
④ 단순노출 효과 : 반복적인 노출로 인해 호의적 태도가 형성되는 것을 설명

(5) 사회적 판단을 통한 태도변화
① 호블랜드와 쉐리프의 사회적 판단이론
  ㉠ 기존 태도가 준거기준으로 작용하여 기업의 설득적 메시지(새로운 정보)와 비교함으로써 태도변화가 유발되는 것을 설명
  ㉡ 고관여에서는 거부영역이 크고 수용영역이 작음. 따라서, 새로운 정보는 거부영역에 속할 가능성이 높고 이때는 기존 태도가 잘 변하지 않거나 부정적으로 변할 가능성이 높으므로 과장된 설득적 메시지를 지양해야 함
  ㉢ 저관여에서는 수용영역이 크므로 기존 태도가 쉽게 변하고 동화효과에 의해 긍정적 변화를 기대할 수 있음. 이때는 약간의 과장된 메시지도 쉽게 받아들이는 것을 볼 수 있음

② 대조효과와 동화효과

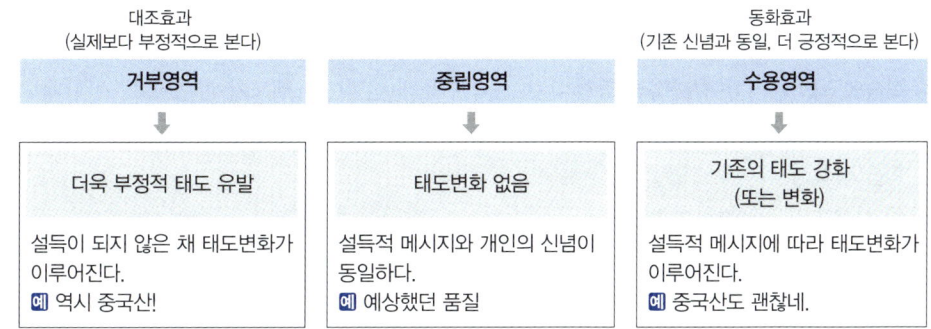

(6) 심리적 균형에 의한 태도변화

① 의의 : 소비자는 제품/브랜드에 대한 기존 신념으로 태도가 형성되어 있음. 그러나 기존 신념과 대치되는 새로운 신념을 받아들이게 되면 심리적 불균형이 발생하고 이때 균형회복을 통해 태도변화가 유발되는 것을 설명

② 인지적 균형이론 : 소비자는 신념과 태도 간 일관성을 유지해 심리적 균형을 지향. C모델에 대해 선호하는 태도와 D브랜드에 대한 비선호하는 태도를 가지고 있을 때, 만약 C모델이 D브랜드를 광고하는 상황이라면 불균형이 초래되고 이때 심리적 편안함을 유지하기 위해 태도변화가 유발

③ 일치성 이론 : 인지적 균형이론이 소비자/상표/모델 간의 관계를 나열하고 그에 따른 소극적 태도변화의 유형을 설명한다면, 오스굿과 탄넨바움에 의해 제시된 일치성 이론은 태도의 강도를 적용해 적극적 태도변화의 알고리즘을 설명

④ 인지부조화 이론

　㉠ 서로 상충되는 인지 간의 부조화상태에서 심리적 균형 즉, 조화상태로 옮겨가는 과정에서 태도변화가 일어나는 것을 설명. 두 인지 간의 관계는 조화적 관계/부조화적 관계/무관한 관계의 유형이 있음. 싼 것을 사고 싶다는 인지와 좋은 것을 사고 싶다는 인지 간의 불일치에서 소비자는 싸고 좋은 것은 없으니 경제적 혹은 품질 지향적 측면에서만 고민하게 되는 것

　㉡ 인지부조화가 발생하는 3가지 조건/상황 : 구매 후 부조화, 태도불일치 행동, 불일치 정보

　㉢ 인지부조화의 해소방법
　　• 선택 대안의 장점 강조, 단점 약화(미선택 대안의 장점 약화, 단점 강조)
　　• 선택 대안을 확신하는 추가 정보 탐색(미선택 대안의 추가 정보 탐색 외면)
　　• 자신의 의사결정 중요도를 낮게 판단함(의사결정에 무관심)

(7) 정교화 가능성 모델

① 정교화 가능성 모델의 의의

　㉠ 정교화는 정보처리 의지를 말하며, 설득적 커뮤니케이션 과정에서 소비자의 태도변화 유발을 설명하는 모델

　㉡ 고관여의 경우에는 제품사양과 같은 중심단서를 통한 정보처리와 태도형성이 이루어지고, 저관여의 경우에는 친절도/매장분위기/광고모델 등 주변단서를 통한 정보처리와 태도형성이 이루어짐

　㉢ 고관여에서 중심단서를 통한 태도변화를 중심적 태도변화라고 하며, 저관여에서 주변단서를 통한 태도변화를 주변적 태도변화라고 함

② 정교화 가능성의 영향요인(소비자의 정보처리 의지를 높이는 요인) : 관여도, 처리능력 확보, 양면광고

7. 학습

(1) 학습의 개념적 이해
① 학습의 의의 : 직접적/간접적 경험 혹은 생각을 통해 신념이나 태도가 형성되고, 기존 태도가 변화하는 일련의 과정을 학습이라고 함
② 학습의 특징
  ㉠ 선행요인으로 경험이 필요
  ㉡ 행동을 변화
  ㉢ 학습의 결과로서 행동은 지속성이 있음
③ 소비자의 학습
  ㉠ 인지적 학습 : 새로운 정보로 인해 기존의 신념이 변화하는 생각(사고과정)을 통한 학습
  ㉡ 행동적 학습 : 자극-반응 간의 경험을 통한 행동이 지속되는 경험을 통한 학습
  ㉢ 사회적 학습 : 타인의 행동을 관찰하고 모방하면서 이루어지는 학습

(2) 인지적 학습이론
① 사고과정을 통한 학습
  ㉠ 소비자가 문제인식을 하면 내적 탐색을 통해 경험적 정보를 찾게 되며, 이때 정보가 부족할 때 외적 탐색을 통해 상업적/공공적/개인적 정보를 찾음
  ㉡ 획득한 정보는 처리과정을 거치고 이러한 학습의 결과로 신념의 변화가 유발되어 태도변화에까지 이르게 되는데, 기존 신념을 새롭게 획득한 정보에 맞추는 정보처리 과정은 다음과 같음

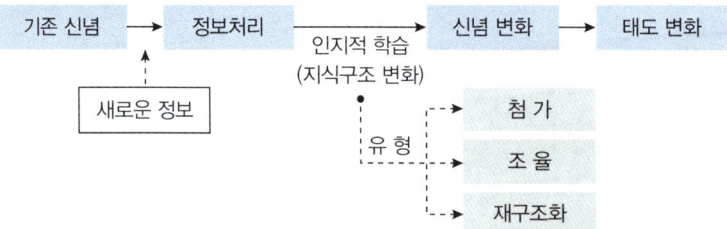

  • 새로운 정보가 획득되면 기존 신념이 적응해가는 정보처리가 이루어지는데, 이때는 첨가/조율/재구조화를 통해 지식구조의 변화, 즉 인지적 학습이 이루어짐
  • 인지적 학습의 결과로 신념의 변화가 유발되고 결과적으로 태도가 변화하게 되는 것
② **첨가** : 과거 정보처리를 통해 형성된 지식구조에 새로운 지식을 단순 추가하는 것으로 기존 지식에는 변화가 없음

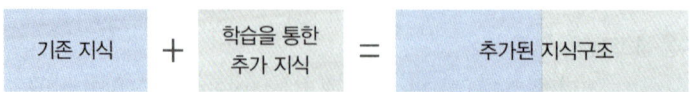

③ **조율** : 기존의 지식구조에 학습을 통한 추가지식을 수용함으로서 지식구조가 재개편되어 일반화되는 것

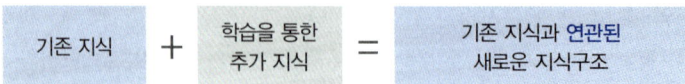

④ **재구조화** : 앞서 설명된 첨가 및 조율과 달리 더욱 광범위한 인지적 노력이 요구되는데, 기존 지식에 학습을 통한 추가지식을 수용하게 되면, 기존 지식과 전혀 다른 새로운 지식구조가 만들어지는 것

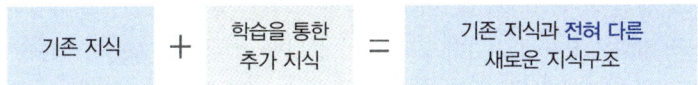

(3) 행동적 학습이론
① 행동적 학습이론의 의의

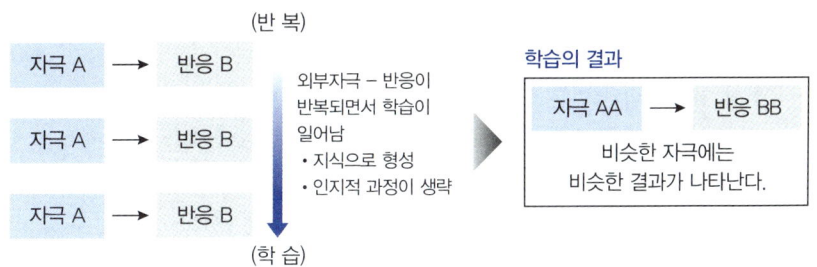

㉠ 학습의 과정보다 결과적으로 나타난 행동에 관심을 가지며, 인지적 과정이 생략된 학습을 말함
㉡ 소비자의 경험, 즉 자극-반응을 반복적으로 겪으면서 학습이 되고 그 결과 나타나는 행동의 영속적 변화
㉢ 학습이 이루어진 후에는 비슷한 자극에는 비슷한 반응 결과가 나타남
㉣ 행동적 학습의 유형은 고전적 조건화와 작동적 조건화가 있음

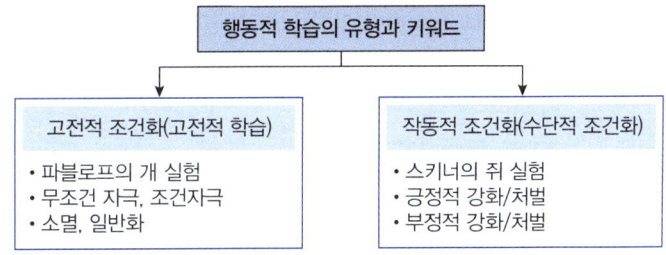

② 고전적 조건화
㉠ 무조건 자극에 따른 무조건 반응의 과정에 연관지어 조건자극을 제시하면, 학습의 결과로 조건자극만 제시해도 무조건 반응과 유사한 조건반응이 나타남
   예 TV광고의 경우, 타깃 고객의 호감이 높은 모델을 제시함으로써 모델에 대한 호감이 제품에 전이되어 결과적으로 제품에 대한 선호도가 높아지는 것
㉡ 파블로프의 개 실험이 대표적 모형
③ 작동적 조건화
㉠ 의 의
  • 작동적 조건화는 스키너의 쥐 실험을 기반으로 학습을 설명하고 있는데, 상자에 갇힌 쥐는 우연하게 버튼을 누름으로써 먹이를 얻게 되고 이러한 행동-보상이 반복적으로 누적되면 어떤 보상을 위해 학습이 이루어진 것으로 봄
  • 즉 어떤 보상을 목적으로 특정 행동을 하도록 학습되는 것을 작동적 조건화라고 함

ⓛ 강화와 처벌
- 긍정적 강화 : 쥐가 버튼을 누르면 먹이가 제공되는데, 학습의 결과로 쥐는 스스로 버튼을 반복적으로 눌러 먹이를 얻게 됨. 이는 긍정적 결과를 기대하는 행동을 유발하는 특징
- 부정적 강화 : 상자에 전기가 흘러 쥐가 불편한 상태에서 우연히 버튼을 누르면 전기가 차단. 학습의 결과로 쥐는 불편함을 벗어나기 위해 반복적으로 버튼을 누르게 되는데 이것은 불편함을 벗어나고 싶은 의도가 행동으로 나타나는 것
- 부정적 처벌 : 쥐가 버튼을 누르면 상자에는 전기가 흘러 불편한 상태가 되는데, 학습의 결과로 버튼을 누르지 않게 되며 부정적 결과를 회피. 이때는 버튼을 누르는 행동이 억제되는 것이며 의도적 행동이 나타나지 않음
- 긍정적 처벌 : 쥐가 버튼을 눌렀을 때, 아무런 변화가 없다면 학습의 결과로서 버튼을 누르지 않게 됨. 이는 어떤 기대에 대한 보상이 없어 학습효과가 소멸되는 것을 설명

④ 작동적 조건화의 강화유형
- 강화스케줄이라고도 하며 전체강화(연속강화)와 부분강화(간헐적 강화)로 구분

전체강화(연속강화)	부분강화(간헐적 강화)
• 행동(반응)에 따라 매번 보상되어 학습의 신속성이 있음 • 보상이 중단되면 행동도 중단됨 예 구매 시 매번 포인트 적립	• 행동에 따라 가끔씩 보상하는 강화 • 보상 없어도 다음 번 보상을 기대해 행동의 지속성이 있음 예 복권, 경품추첨, 도박

- 전체강화는 연속강화라고도 하며 어떤 행동이 나타날 때마다 보상이 주어지므로 학습의 신속성이 있는 반면, 보상이 중단되면 행동 역시 신속하게 중단되는 특징
- 부분강화는 행동에 따른 보상이 매번 있지 않고 가끔씩 주어지는 것을 말하는데, 이번에는 보상이 없어도 다음 번의 보상을 기대하도록 만들어 행동의 지속성이 나타나는 특징. 이는 도박의 중독성을 설명하는 이론적 배경
- 기간과 비율을 기준으로 한 부분강화 방식

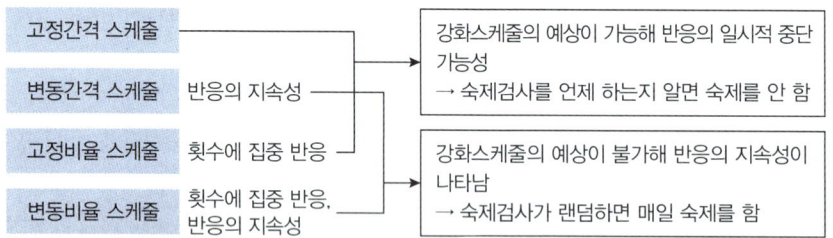

- 고정간격 스케줄과 고정비율 스케줄은 강화스케줄의 예상이 가능하므로 반응의 일시적 중단이 가능
  예 숙제검사를 언제 하는지 안다면 숙제를 안 할 수도 있는 것
- 변동간격 스케줄과 변동비율 스케줄처럼 강화스케줄의 예상이 불가능할 경우에는 반응의 지속성이 나타남
  예 숙제검사가 랜덤하게 이루어진다면 매일 숙제를 할 수밖에 없는 것

(4) 사회적 학습이론
① 대리적 학습
  ㉠ 반두라에 의해 제시된 사회학습이론

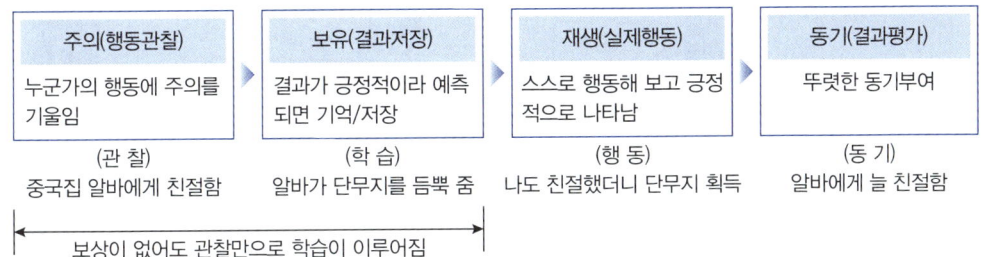

  ㉡ 대리적 학습의 영향요인 : 모델 및 관찰자의 특성, 모델화된 행동 및 행동결과의 특성, 제시방식
② 대리적 학습의 유형

외재적 모델링 (공개적 모델링)	모델의 행동 및 행동결과를 관찰하게 하여, 개인의 행동을 변화시키고자 하는 시도
내재적 모델링 (비공개적 모델링)	어떤 상황에서의 모델이 취할 행동과 결과를 상상하도록 요구함
언어적 모델링	소비자에게 자신과 유사한 모델이 특정 상황에서 어떻게 행동했는가를 직접 증언하는 방식

8. 소비자행동의 개인적 영향요인

(1) 개 성
① 환경적 자극에 대해 일관성, 규칙성, 지속성을 가진 반응(행동)을 보이게 하는 개인의 심리적 특성
② 개성과 관련된 이론 : 정신분석이론, 사회심리이론, 자아개념이론, 특성이론
③ 정신분석이론 : 프로이트에 의해 제시되어 의식화되지 않은 동기의 연구에 활용. 즉 무의식적인 세계에서 개성이 형성되는 것으로 보며, 상위개념이 하위개념을 억제하고 갈등하며 그 과정의 결과가 바로 서로 다른 개성이 나타나는 원인이라고 설명

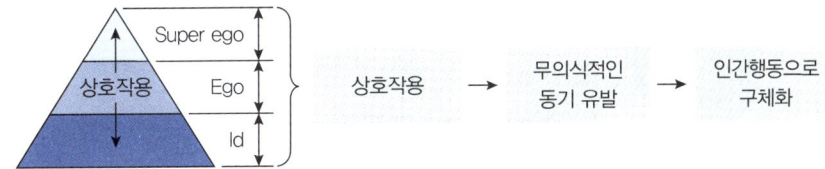

④ 호니의 사회심리이론
  ㉠ 호니는 부모-자식 간 적응 및 상호관계에서 아이가 갈등/불안을 겪게 되고 극복과정의 학습 결과로 개성이 형성된다고 보았음. 이때 불안에 대처하기 위한 전략은 순응/공격/고립 중 한 가지이며 이는 코헨의 CAD척도에 영향을 미침

ⓛ 코헨의 CAD척도 : 호니의 사회심리이론을 코헨이 마케팅적으로 활용하여 도입한 것이 CAD척도
→ 개성의 유형을 구분하고, 개성형성에 사회적 변수를 중요시

순응형(Compliance)	공격형(Aggressiveness)	고립형(Detachment)
C	A	D
• 사랑, 수용을 요구 • 잘 알려진 제품을 주로 소비 예 비누, 구취제거제	• 존경, 인정을 요구 • 남성다움, 정복을 표현 예 맥주, 면도거품 구매 선호	• 해방, 자유를 요구 • 맥주 소비 적고, 커피 소비 큼 예 커피(CF모델이 1명)

⑤ 자아개념이론 : 4가지 자아개념

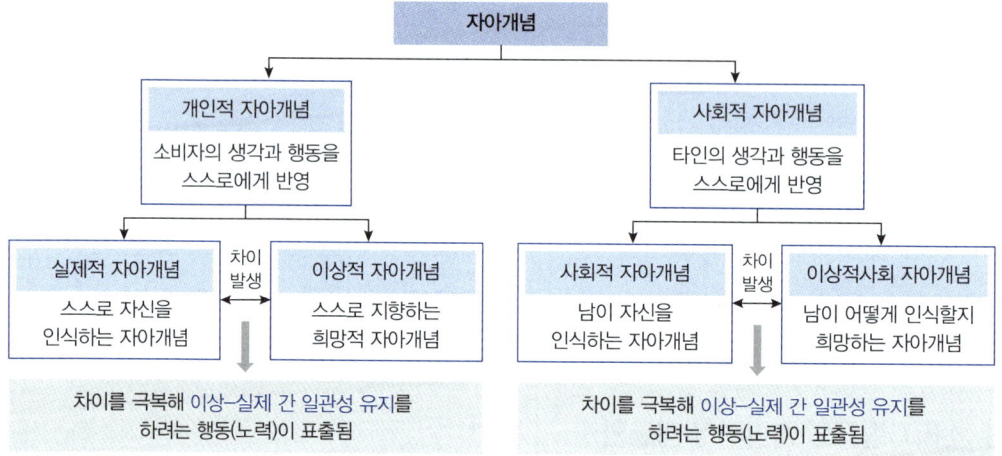

⑥ 특성이론

㉠ 특성은 외부 자극에 대한 일관성/규칙성/지속성 있는 반응을 말하며, 외부환경의 영향을 적게 받으므로 반응(행동)의 예측이 가능하고 혹은 반응(행동)을 분석하여 특성의 추론도 가능. 즉, 자극 A에 대해 반응 A가 나타난다면, 비슷한 자극 B, C, D에서도 반응 A가 나타날 가능성이 높은 것을 설명. 개성은 특성들의 집합이며, 개인별로 차이가 있어 서로 다른 개성으로 나타남

㉡ 특성에 대한 전제조건

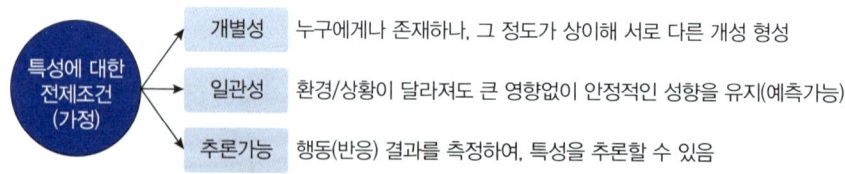

(2) 라이프스타일
  ① 라이프스타일의 의의
    ㉠ 개인의 활동(Activity), 관심(Interest), 의견(Opinion)을 반영한 생활의 표현방식
    ㉡ 외적 요인이 같아도 내적 요인에 따라 라이프스타일은 다르게 나타나므로 측정/분석/일반화가 어려움
    ㉢ 라이프스타일은 효과적 시장세분화를 위한 변수
  ② 라이프스타일 연구의 특징

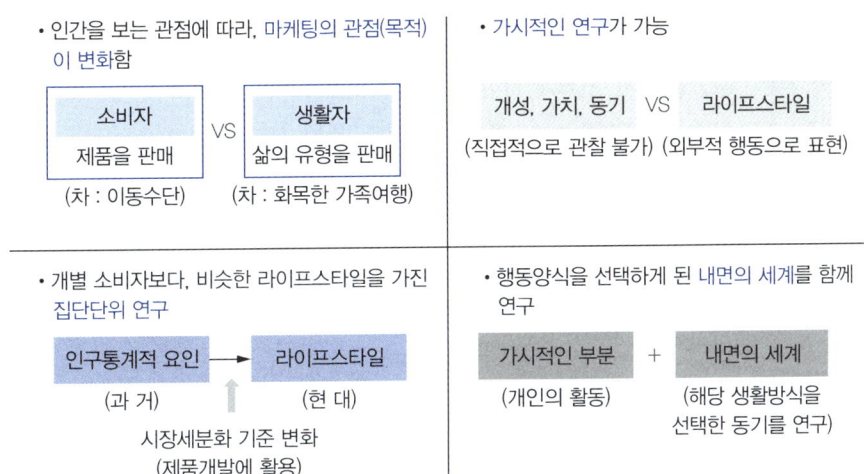

  ③ 사이코그래픽스 연구 방법 : AIO연구
    ㉠ 라이프스타일로 드러나는 소비자행동의 내면적 배경을 파악하기 위한 연구방법
    ㉡ 소비자의 활동/관심/의견에 집중해서 소비자 심리나 특성을 연구할 때 주로 사용

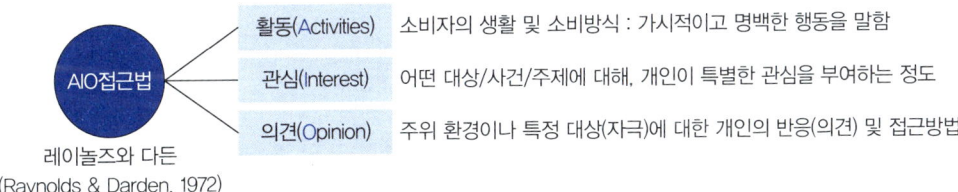

(3) 가치
  ① 인생을 통해 궁극적으로 도달하고자 하는 최종 상태 즉 삶의 목적을 말하며, 의사결정의 판단기준
  ② 측정방법 : 문화추론법, 로키치의 가치조사, VALS척도로 구분
    ㉠ 문화추론법은 개인이 속한 문화를 추론해 가치를 측정하는 방법으로 조직의 행동양식을 규명하여 그들에게 중요한 가치기준이 무엇인지 추론하는 것
    ㉡ 로키치의 가치조사는 가치를 수단적 가치와 궁극적 가치로 구분하고 상호간 어떻게 수단-목적으로 연관되는지 조사하는 방법
    ㉢ VALS 척도 : 스탠포드 연구소에서 개발한 것으로, 소비자의 가치관 변화를 연구하기 위한 VALS1과 이의 업그레이드된 VALS2가 있음

9. 소비자행동의 사회·문화적 영향요인

(1) 문 화

① 의 의
   ㉠ 과거부터 오늘날에 이르기까지 오랜 기간 축적된 사회적 유산으로서 생활방식/가치/규범/습관 등을 포함하며 여러 세대를 걸쳐 학습
   ㉡ 문화는 사회 구성원의 행동양식을 규정짓고 사회적 규범으로 작용
② 중요성 : 문화가 변화하면, 소비자 행동이 변화하고 이때 새로운 시장기회를 제공
③ 특징 : 공유, 동태적, 학습, 보편성/다양성, 규범을 제공
④ 구성요소 : 관습/의례, 물질적 요소, 언어, 사회기관, 가치/신념, 심미적 요소
⑤ 비교문화분석 방법
   ㉠ 호프스테드의 4차원 모델 [개불/권남]

개인주의 정도(개인주의 대 집단주의)	불확실성 회피 정도

• 가족/집단보다, 개인을 우선시하는 정도
  예 더치페이
• 한국(집단주의 성향) : 지표가 낮음
• 미국(개인주의 성향) : 지표가 높음
	• 과거의 전통/관습/규칙에 의지해 불투명한 미래에 예상되는 위험회피 및 안전지향적 정도(보수적 사회)
	• 과거지향적 사회 : 지표가 높음
	  예 청학동(경남 하동군)
	• 미래지향적 사회 : 지표가 낮음

권력의 격차	**남성화 정도**

• 사회 전반에 걸친 권력의 격차 정도와 권력 간 이동의 자유로운 정도(사회 권력 불평등의 관계)
• 신분에 따른 엄격한 사회적 계층관리 및 이동성이 낮은 사회 : 지표가 높음
  예 인도 카스트 제도
	• 남녀 간의 역할구분의 정도
	• 물질적 부유함, 권력, 스포츠 등 남성적 가치를 강조하는 정도
	  예 미국(미식축구) : 지표가 높음
	     프랑스(예술 추구) : 지표가 낮음

   ㉡ 애드워드 홀의 고맥락 문화와 저맥락 문화

구 분	고맥락 문화	저맥락 문화
필요한 정보	구성원 간 복잡한 이해관계로 인해 많은 정보를 요함	• 구성원 간 이해관계가 상대적으로 단순함 • 정보가 객관적 단서로 제한됨
커뮤니케이션	• 함축적, 우회적(청자의 입장에 주안점) • 관계지향적	• 직설적(메시지 전달에 주안점) • 개인의 의사표현이 명확
의사소통	몸짓, 행동, 말투 등 언어 외적인 의사소통이 포함	말 또는 문자에 의존적
법률(법률가)	덜 중요	매우 중요
약속(계약)	신뢰 우선	서면으로 보증
공간 개념	서로 어울림	개인적 공간을 중요시(침해금지)
대상국가	주로 동양권(한국)	주로 서양권(미국, 독일)

(2) 사회계층

① 사회계층의 의의

㉠ 한 사회 내, 영속적/동질적 특성을 가진 집단을 말하며, 고정불변이 아니라 계층 간 이동이 가능

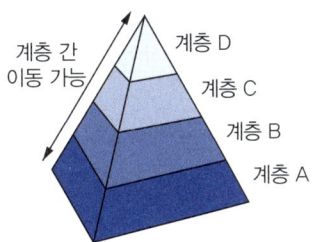

- 같은 계층 내 구성원은 동질적 특성을 가지며, 계층 간에는 이질적
- 사회계층을 구분 짓는 기준은 사회적 지위/소득/학력/재산/가치관/경제력 등 다양

㉡ 특정 사회계층을 구분 짓는 기준은 라이프스타일에도 영향을 미치며, 이는 시장세분화 및 제품개발과도 관련성이 높음

※ 시장세분화 : 하나의 마케팅 자극에 동일한 반응을 보이는 소비자끼리 군집화한 것이며, 이는 마케팅비용 절감 및 자원의 효율적 이용 측면에서 장점이 있음

② 사회계층의 특성 : 서열성, 규범성, 동태성, 다차원성

③ 사회계층의 분류 및 측정 : 주관적 방법, 평판 이용법, 객관적 방법

(3) 준거집단

① 준거집단 : 준거집단은 개인의 사고와 행동에 규범과 가치를 제공함으로써 직접적 혹은 간접적으로 영향을 미치며 자아이미지를 형성하는 데 기준이 되는 집단을 말함

② 준거집단의 특성 : 근접성/노출성(접촉성)/응집성

③ 준거집단의 영향력 : 강제적 힘, 보상적 힘, 합법적 힘, 전문적 힘, 준거적 힘

④ 준거집단의 유형 : 1차/2차 준거집단, 열망집단, 회피집단, 부인집단

⑤ 준거집단이 개인에게 미치는 영향 : 규범적 영향, 정보적 영향, 가치표현적 영향

(4) 가 족

① 가족의 의의

㉠ 가족은 사회의 가장 작은 단위이면서 1차 집단으로써 구매 및 소비행동에 영향력이 가장 큼

㉡ 가족 생활주기에 따라 소비의 패턴이 변화 예 유아용품 → 교육상품 → 실버용품

㉢ 관혼상제 등 가족단위의 제품과 서비스가 다양

㉣ 어릴 때부터 쇼핑에 따라다녀 학습이 되므로, 가족은 사회화에 영향을 미침

② 가족의사결정(공동의사결정)의 특징

㉠ 지각된 위험수준이 높거나 사안의 중요도가 높을 때, 가족 구성원 참여에 의한 공동의사결정이 많음

㉡ 구매결정의 결과가 가족에게 영향력이 클 때 공동의사결정을 함

㉢ 공동의사결정에는 가족 구성원 간 역할 분담이 이루어짐

③ 가족을 타겟으로 한 마케팅활동의 시사점
　㉠ 가족을 대상으로 통합된 광고메시지의 개발이 필요
　　예 온 가족이 즐기는 게임 닌텐도 Wii, 가족과의 화목한 시간을 강조하는 패밀리카 올란도
　㉡ 구매자뿐만 아니라, 의사결정자를 대상으로 마케팅활동을 수행해야 함
　　• 의사결정 주체에 따라 가격민감도는 상이
　　• 비자의 특성에 따라 유통 및 홍보채널을 구분해야 함
　㉢ 신제품을 개발할 때, 구매자와 사용자의 구분이 필요
　　예 셔츠의 사용자는 남편, 구매자는 아내라는 관점에서 살펴볼 필요가 있다.

10. 소비자행동의 상황적 영향요인

(1) 상 황

① 의 의

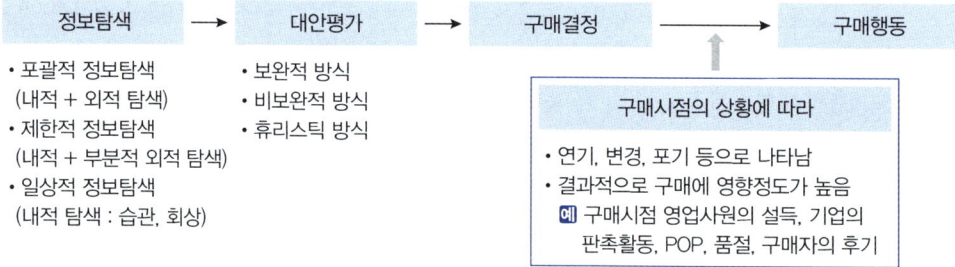

　㉠ 정보탐색 – 대안평가 – 구매결정을 거쳐도, 정작 구매시점의 상황에 따라 연기/변경/포기에 이를 수 있음
　㉡ 구매에 이르는 전 과정에 있어서 '상황'의 영향은 폭넓게 작용. 가령, 구매시점에 영업사원의 설득이나 기업의 판촉활동에 따라 소비자는 영향을 받을 수 있음

② 상황의 특성 **[선물/사시구]**

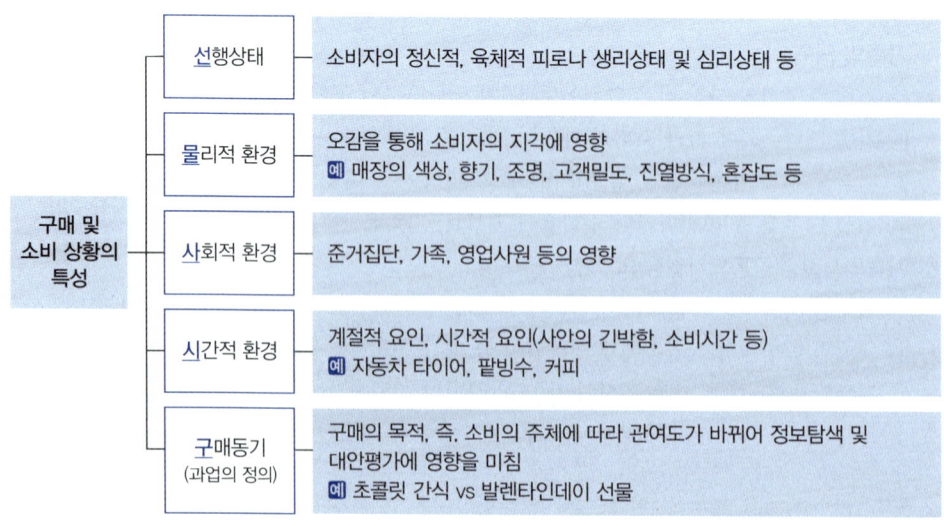

③ 상황의 유형 [구접광/기시구/정점]

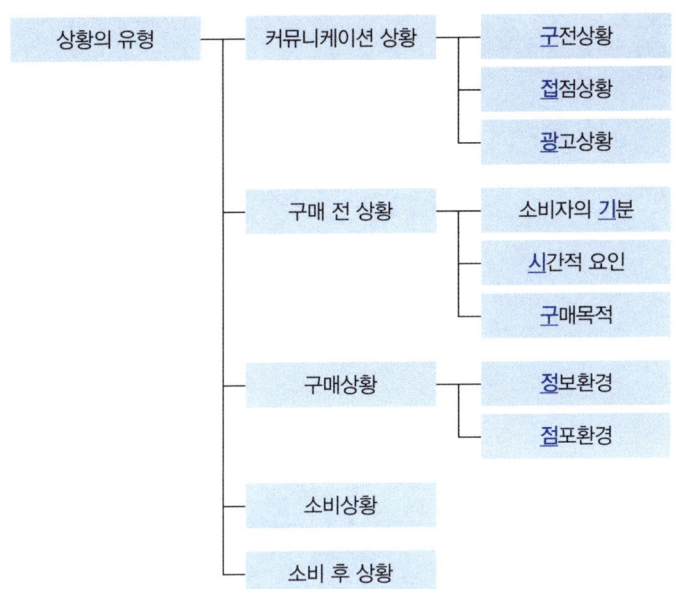

합격의 공식 시대에듀

모든 전사 중 가장 강한 전사는 이 두 가지, 시간과 인내다.

– 레프 톨스토이 –

제 1 과목

마케팅관리론

PART 01 기출문제 및 모범답안
PART 02 핵심이론

행운이란 100%의 노력 뒤에 남는 것이다.

– 랭스턴 콜만 –

PART 01

기출문제 및 모범답안

5개년	기출문제
2025년	모범답안
2024년	모범답안
2023년	모범답안
2022년	모범답안
2021년	모범답안

미래는 자신이 가진 꿈의 아름다움을 믿는 사람들의 것이다.

– 엘리노어 루즈벨트 –

  **끝까지 책임진다! 시대에듀!**

QR코드를 통해 도서 출간 이후 발견된 오류나 개정법령, 변경된 시험 정보, 최신기출문제, 도서 업데이트 자료 등이 있는지 확인해 보세요! **시대에듀 합격 스마트 앱**을 통해서도 알려 드리고 있으니 구글 플레이나 앱 스토어에서 다운받아 사용하세요. 또한, 파본 도서인 경우에는 구입하신 곳에서 교환해 드립니다.

2025년 제40회 경영지도사 제2차 국가자격시험 문제지

교시	지도분야	시험과목	시험시간	수험번호	성명
1교시	마케팅분야	마케팅관리론	90분		

【문제 1】 산업재 시장 및 조직 구매자(Organizational Buyers)에 관한 다음 물음에 답하시오. (30점)
  (1) 소비재 시장과 비교한 산업재 시장의 특성을 7가지만 설명하시오. (14점)
  (2) 산업재 시장에서 조직 구매자의 구매상황 유형 3가지를 제시하고 이에 관하여 설명하시오. (6점)
  (3) 구매센터(Buying Center)의 구성원들이 구매의사결정과정에서 수행하는 역할 5가지만 제시하고 이에 관하여 설명하시오. (10점)

【문제 2】 소비재 제조업체의 경로(시장)커버리지 전략에 관한 다음 물음에 답하시오. (30점)
  (1) 경로커버리지의 개념을 설명하시오. (3점)
  (2) 제조업체가 선택할 수 있는 경로커버리지 전략 3가지를 각각 설명하고, 경로상에서 수행되는 마케팅 기능의 통제강도가 큰 순서대로 각 전략을 나열하시오. (12점)
  (3) 소비자 구매과정에 따른 소비재 제품 유형 3가지를 각각 설명하고, 각 제품 유형별로 고려할 수 있는 경로커버리지 전략을 제품 특성과의 적합성 관점에서 설명하시오. (15점)

【문제 3】 PZB(Parasuraman, Zeithaml, Berry)가 제안한 서비스 품질 모델에서 소비자가 기대한 서비스와 지각한 서비스 간의 차이를 유발하는 4가지 요인을 제시하고, 이러한 차이를 극복하기 위한 마케터의 노력을 4가지로 설명하시오. (10점)

【문제 4】 제품믹스의 가격결정 방법에 관한 다음 물음에 답하시오. (10점)
  (1) 옵션제품 가격결정(Optional-product Pricing)과 종속제품 가격결정(Captive-product Pricing)의 개념을 예시와 함께 설명하시오. (8점)
  (2) 옵션제품과 종속제품의 차이점을 설명하시오. (2점)

【문제 5】 제품 믹스(Product Mix) 또는 제품 포트폴리오(Product Portfolio)의 개념을 설명하고, 이를 구성하는 4가지 차원을 설명하시오. (10점)

【문제 6】 시장세분화가 마케팅 전략에 유용하게 사용되기 위한 조건 4가지만 설명하시오. (10점)

2024년 제39회 경영지도사 제2차 국가자격시험 문제지

교시	지도분야	시험과목	시험시간	수험번호	성명
1교시	마케팅분야	마케팅관리론	90분		

【문제 1】 브랜드에 관한 다음 물음에 답하시오. (30점)
    (1) 바람직한 브랜드명의 조건을 5가지 설명하시오. (10점)
    (2) 브랜드인지도를 증가시키는 방법을 5가지 설명하시오. (10점)
    (3) 브랜드확장이 갖는 장점 3가지와 단점 2가지를 설명하시오. (10점)

【문제 2】 상품 가격결정에 관한 다음 물음에 답하시오. (30점)
    (1) 기업경영 관점에서 가격결정의 중요성을 설명하시오. (4점)
    (2) 가격결정 시 고려해야 할 영향요인을 5가지 제시하고, 각 요인별로 가격결정 시 분석·검토할 주요 내용을 설명하시오. (15점)
    (3) 손익분기점(Break-even Point)의 개념을 설명하고, 손익분기점 판매량을 구하는 공식을 도출하시오. (4점)
    (4) 공헌마진율(Contribution Margin Rate)의 개념을 서술하고, 공헌마진율의 높고 낮은 수준에 따른 상품 가격목표를 비교 설명하시오. (7점)

【문제 3】 소비자행동에 관한 다음 물음에 답하시오. (10점)
    (1) 고관여 상황에서 소비자 구매의사결정과정 5단계를 설명하시오. (5점)
    (2) 소비자행동에 영향을 미치는 개인적 요인 3가지와 사회문화적 요인 2가지를 제시하시오. (5점)

【문제 4】 중간상을 통한 유통경로가 수행하는 주요 기능 3가지를 설명하시오. (10점)

【문제 5】 기업의 마케팅활동에 영향을 주는 환경요인들 중 거시환경 구성요소 5가지와 미시환경 구성요소 5가지를 설명하시오. (10점)

【문제 6】 판매규모 예측을 위해 활용되는 델파이 기법의 개념, 실행과정, 장점 및 단점을 설명하시오. (10점)

2023년 제38회 경영지도사 제2차 국가자격시험 문제지

교시	지도분야	시험과목	시험시간	수험번호	성명
1교시	마케팅분야	마케팅관리론	90분		

【문제 1】 촉진믹스 전략에 관한 다음 물음에 답하시오. (30점)
    (1) 촉진믹스 전략은 크게 푸시(Push) 전략과 풀(Pull) 전략으로 구분할 수 있다. 두 전략을 비교하여 설명하시오. (12점)
    (2) 대표적인 촉진믹스인 광고, 인적 판매, 판매촉진이 각각 어떤 촉진믹스 전략(푸시 또는 풀 전략)에 적합한지 기술하시오. (6점)
    (3) 광고, 인적 판매, 판매촉진의 장점과 단점을 각각 기술하시오. (12점)

【문제 2】 유통경로관리에 관한 다음 물음에 답하시오. (30점)
    (1) 제조업자(생산자)가 유통경로 구성원들의 동기부여를 위해 혹은 자신에게 보다 협력하도록 하기 위해 행사할 수 있는 힘(Power)의 유형은 5가지가 있다. 이 5가지 유형의 개념을 기술하고, 각각 예를 들어 설명하시오. (10점)
    (2) 유통경로 갈등을 수직적 갈등과 수평적 갈등으로 구분하여 개념을 기술하고, 각각 예를 들어 설명하시오. (8점)
    (3) 유통경로 갈등의 발생 원인을 3가지로 구분하여 각각 예를 들어 설명하시오. (9점)
    (4) 유통경로 갈등의 해결방안을 3가지만 제시하시오. (3점)

【문제 3】 기업의 (마케팅)관리 철학에는 생산개념, 제품개념, 판매개념, 마케팅 개념, 사회적(Societal) 마케팅 개념이 있다. 5가지 개념별로 기업활동 관점에서 강조하는 바를 기술하시오. (10점)

【문제 4】 앤소프(Ansoff)가 제시한 제품/시장 매트릭스의 용도가 무엇인지 설명하고, 이 매트릭스를 통해 도출할 수 있는 4가지 전략 대안을 예를 들어 설명하시오. (10점)

【문제 5】 로저스(Rogers)의 연구에 따르면 신제품 수용자는 신제품을 수용하는 시점에 따라 5가지 유형으로 분류할 수 있다. 신제품 수용자 유형 5가지를 신제품을 수용하는 순서대로 제시하고, 각 수용자 유형별 특성을 기술하시오. (10점)

【문제 6】 신제품의 가격전략으로 초기 고가전략(Skimming Pricing)과 시장침투 가격전략(Penetration Pricing)이 있다. 이 2가지 가격전략에 관하여 개념, 목적, 표적시장의 특성을 각각 비교하여 설명하시오. (10점)

2022년 제37회 경영지도사 제2차 국가자격시험 문제지

교시	지도분야	시험과목	시험시간	수험번호	성명
1교시	마케팅분야	마케팅관리론	90분		

【문제 1】 제품의 가격결정 시에 고려하는 기본적인 요인으로서 원가요인, 고객요인, 경쟁요인이 있다. 다음 물음에 답하시오. (30점)

(1) 제품가격의 범위와 수준을 정할 때, 위의 3가지 요인이 어떤 역할을 하는지 설명하시오. (10점)

(2) 고객요인중심 가격결정을 할 때, 고려해야 하는 요소 2가지를 제시하고 2가지 요소를 반영한 가격결정 방법을 설명하시오. (10점)

(3) 경쟁요인중심 가격결정을 할 때, 고려해야 하는 요소 2가지를 제시하고 2가지 요소를 반영한 가격결정 방법을 설명하시오. (10점)

【문제 2】 제품에 관하여 다음 물음에 답하시오. (30점)

(1) 유형제품(Tangible Product)에 해당되는 구성요소 중 4가지를 제시하시오. (6점)

(2) 확장제품(Augmented Product)에 해당되는 구성요소 중 4가지를 제시하시오. (6점)

(3) 제품계열의 길이(라인)확장전략 3가지 유형을 제시하고 각각에 대하여 내용을 설명하시오(단, 기존 제품계열 내에서 제품품목을 추가시킴으로써 제품계열의 깊이를 확장하는 전략은 제외함). (18점)

【문제 3】 시장세분화의 기준이 되는 행동적 변수 5가지를 제시하고 각각에 대하여 설명하시오. (10점)

【문제 4】 브랜드 확장(Brand Extension)이 효과적인 상황 3가지를 설명하시오. (10점)

【문제 5】 수평적 마케팅시스템(HMS ; Horizontal Marketing System)의 개념과 효과를 설명하시오. (10점)

【문제 6】 서비스의 개념적 정의를 기술하고, 차별적(고유한) 특성 4가지를 설명하시오. (10점)

2021년 제36회 경영지도사 제2차 국가자격시험 문제지

교시	지도분야	시험과목	시험시간	수험번호	성명
1교시	마케팅분야	마케팅관리론	90분		

【문제 1】 포지셔닝에 관하여 다음 물음에 답하시오. (30점)
  (1) 포지셔닝의 개념을 설명하고, 포지셔닝 전략을 수립하는 과정에 관하여 논하시오. (14점)
  (2) 포지셔닝 전략에 사용되는 포지셔닝 맵의 개념을 설명하시오. (6점)
  (3) 포지셔닝 맵의 전략적 유용성 5가지를 설명하시오. (10점)

【문제 2】 유통경로관리에 관하여 다음 물음에 답하시오. (30점)
  (1) 유통집중도(Distribution Intensity) 또는 시장커버리지의 개념과 3가지 유형을 각각 설명하시오. (8점)
  (2) 소비자 구매습관에 따른 소비재의 3가지 유형을 예를 들어 설명하고, 각 소비재별로 적합한 유통집중도 유형을 소비재 특성과 유통경로 전략 간 적합성 관점에서 설명하시오. (12점)
  (3) 제조업자가 경로구조(경로길이)를 결정할 때 고려하는 제품요인 3가지만 제시하고, 각 요인이 경로구조 선택에 미치는 영향을 설명하시오. (10점)

【문제 3】 고객경험관리의 개념을 설명하고, 소비자 구매의사결정과정(CDJ ; Consumer Decision Journey)에서의 구매 전, 구매, 구매 후 단계별 고객경험 관련 행동을 2가지만 각각 설명하시오. (10점)

【문제 4】 제품수명주기 단계 중 도입기의 효과적인 마케팅전략을 수요, 유통, 광고 관점에서 각각 설명하시오. (10점)

【문제 5】 시장침투 가격전략의 개념을 설명하고, 이 가격전략 적용이 적합한 상황을 4가지만 기술하시오. (10점)

【문제 6】 옴니채널전략의 개념을 설명하고, 이 전략과 멀티채널전략의 장점과 단점을 각각 비교하여 설명하시오. (10점)

모범답안 2025 | 제1과목 마케팅관리론
경영지도사의 답안

※ 본 답안은 현직 경영지도사의 모범 예시 답안이며, 채점자의 견해에 따라 표준 정답은 달라질 수 있으니 참고하여 학습에 활용하시기 바랍니다.

| 논술문제 |

문제 1 산업재 시장 및 조직 구매자(Organizational Buyers)에 관한 다음 물음에 답하시오. (30점)

(1) 소비재 시장과 비교한 산업재 시장의 특성을 7가지만 설명하시오. (14점)

산업재의 특성을 중요도 순으로 7가지를 정리하면 다음과 같다. 중요도는 시장에 따라 다를 수 있지만, 일반적으로 B2B 마케팅과 구매의사결정에 미치는 영향을 기준으로 삼는다.

① 파생 수요(Derived Demand)

산업재 수요는 최종 소비재 수요에 종속된다는 점에서 가장 핵심적인 특성이다. 산업재 마케터는 자신의 제품에 대한 직접적인 수요뿐만 아니라, 최종 소비재 시장의 트렌드와 수요 변동을 예측해야 한다. 이는 모든 산업재 마케팅 전략의 출발점이다.

② 소수의 대규모 구매자

소비재 시장과 달리 산업재 시장은 소수의 대량 구매자가 시장을 지배한다. 이는 개별 고객과의 관계 관리가 매우 중요하며, 고객 하나를 잃는 것이 치명적인 결과를 초래할 수 있음을 의미한다. 따라서 소수 고객에 대한 맞춤형 서비스와 강력한 관계 구축이 필수적이다.

③ 복잡한 구매의사결정 및 구매센터

구매결정에 여러 부서와 직위의 전문가들이 참여하는 '구매센터'가 존재한다. 이는 판매자가 한두 명의 담당자에게만 집중해서는 안 되며, 각 참여자의 역할과 영향력을 파악하고 그에 맞는 설득 전략을 구사해야 함을 의미한다.

④ 장기적인 관계(Relationship)

산업재 거래는 일회성으로 끝나지 않고, 지속적인 기술 지원, 유지보수, 그리고 신뢰를 바탕으로 한 장기적인 파트너십으로 발전한다. 이러한 관계는 거래의 안정성을 높이며, 공급망의 핵심 요소가 된다.

⑤ 인적 판매의 중요성

제품이 복잡하고 기술적이기 때문에, TV광고 같은 대중매체 광고보다는 숙련된 영업사원에 의한 직접적인 설명과 협상이 훨씬 효과적이다. 영업사원의 전문성과 관계 구축 능력이 판매 성과에 결정적인 영향을 미친다.

⑥ 맞춤형 제품 및 서비스

많은 산업재는 고객의 특수한 요구사항에 맞춰 생산되거나 변형된다. 따라서 표준화된 대량 생산보다는 고객별 맞춤형 솔루션 제공 역량이 중요하다. 이는 생산, R&D, 영업 부서 간의 긴밀한 협력을 요구한다.

⑦ 비탄력적 수요

산업재의 가격이 오르내려도 전체적인 수요량은 크게 변하지 않는다. 이는 최종 제품의 생산량에 맞춰 재료를 구매해야 하기 때문이다. 따라서 가격 경쟁보다는 제품의 품질, 기술, 그리고 서비스의 차별화를 통해 경쟁 우위를 확보하는 것이 중요하다.

(2) 산업재 시장에서 조직 구매자의 구매상황 유형 3가지를 제시하고 이에 관하여 설명하시오. (6점)

산업재 시장에서 조직 구매자의 구매상황은 구매에 소요되는 시간, 참여하는 사람의 수, 그리고 필요한 정보의 양에 따라 세 가지 유형으로 분류할 수 있다.

① 단순 재구매(Straight Rebuy)

가장 단순한 구매상황으로, 기존에 구매하던 제품이나 서비스를 아무런 변경 없이 반복적으로 재주문하는 경우다. 구매 담당자 선에서 정해진 절차에 따라 간편하게 이루어지며, 저관여 의사결정에 해당한다. 사무용품, 작업복, 정기적인 소모품 구매 등이 이에 속한다.

② 수정 재구매(Modified Rebuy)

기존에 구매하던 제품의 사양, 가격, 공급업체 등을 변경하고자 하는 상황이다. 단순 재구매보다는 더 많은 정보탐색과 평가가 필요하고, 구매 담당자 외에 관련 부서의 의견이 반영될 수 있다. 기존 사무실의 인터넷 공급업체 변경, 생산 설비의 일부 부품 교체 등이 그 예다.

③ 새로운 과업 구매 (New Task Purchase)

조직이 전혀 새로운 제품이나 서비스를 처음으로 구매하는 상황이다. 구매 위험과 비용이 크기 때문에 가장 복잡하고 신중한 의사결정이 요구된다. 여러 공급업체를 비교하고, 제품 사양을 면밀히 검토하며, 장기적인 영향을 고려한다. 구매 부서뿐만 아니라 기술, 생산, 재무 등 다양한 부서의 전문가들이 참여하는 구매센터(Buying Center)가 구성된다. 신규 공장 건설을 위한 대형 기계 도입, 새로운 ERP 시스템 구축 등이 여기에 해당한다.

(3) 구매센터(Buying Center)의 구성원들이 구매의사결정과정에서 수행하는 역할 5가지만 제시하고 이에 관하여 설명하시오. (10점)

산업재 구매의사결정은 보통 한두 명의 담당자가 아닌, 여러 부서의 전문가들이 모인 구매센터(Buying Center)에 의해 이루어진다. 각 참여자는 구매 과정에서 고유한 역할을 수행하며, 이들의 역할은 다음과 같이 구분할 수 있다.

① 사용자(Users) : 구매하는 제품이나 서비스를 실제로 사용하는 사람들이다. 이들은 구매 필요성을 가장 먼저 인식하고, 필요한 제품의 사양이나 특징에 대한 제안을 한다. 현장 작업자, 엔지니어, 사무직원 등이 사용자에 해당한다.

② 영향력 행사자(Influencers) : 구매결정에 영향을 미치는 조언과 정보를 제공하는 사람들이다. 이들은 제품의 기술적 사양을 평가하고, 대안을 비교하는 데 중요한 역할을 한다. R&D(연구개발) 부서, 기술전문가, 재무 담당자 등이 영향력 행사자에 해당한다..

③ 구매자(Buyers) : 공식적인 구매 권한을 가지고 공급업체와 협상하며 계약 조건을 결정하는 사람이다. 구매 부서의 담당자들이 주로 이 역할을 맡는다. 이들은 공급업체 선정, 가격 협상, 주문 처리 등의 실무를 담당한다.

④ 의사결정자(Deciders): 최종적으로 구매 여부를 결정하고 승인하는 사람이다. 단순 재구매의 경우 구매자가 의사결정자 역할을 하기도 하지만, 고가의 중요 구매일수록 최고경영자(CEO)나 주요 부서 책임자가 이 역할을 맡는다.
⑤ 문지기(Gatekeepers) : 구매센터 내부로 정보가 들어오는 것을 통제하고 관리하는 사람이다. 영업사원이 의사결정자나 사용자에게 직접 접근하는 것을 막고, 관련 정보를 필터링하거나 제공하는 역할을 한다. 구매 부서의 비서나 담당자가 이 역할을 수행할 수 있다. 끝

문제 2 소비재 제조업체의 경로(시장)커버리지 전략에 관한 다음 물음에 답하시오. (30점)

(1) 경로커버리지의 개념을 설명하시오. (3점)

유통경로 전략은 제품이 생산자로부터 최종 소비자에게 이동하는 경로의 유형과 구조를 결정하는 것이다. 이는 어떤 중간상을 거칠지, 또는 직접 판매할지를 선택하는 것을 의미한다. 주요 유형으로는 다음과 같다.

① 직접 유통(Direct Distribution) : 생산자가 중간상을 거치지 않고 직접 소비자에게 판매한다. 온라인 쇼핑몰, 방문 판매, 자사 직영 매장 등이 이에 속한다.
② 간접 유통(Indirect Distribution) : 생산자가 도매상, 소매상과 같은 중간상을 통해 소비자에게 제품을 판매한다. 대부분의 소비재가 이 방식을 사용한다.

(2) 제조업체가 선택할 수 있는 경로커버리지 전략 3가지를 각각 설명하고, 경로상에서 수행되는 마케팅 기능의 통제강도가 큰 순서대로 각 전략을 나열하시오. (12점)

통제강도란 생산자가 유통 과정에 대해 얼마나 많은 영향력을 행사할 수 있는지를 의미한다. 통제강도가 높을수록 생산자는 제품의 진열, 가격, 마케팅 활동 등에 대해 더 많은 통제권을 갖게 된다.
유통커버리지 전략을 통제강도 순으로 정리하면 다음과 같다.
① 전속적 유통(Exclusive Distribution) : 가장 높은 통제 강도
  ㉠ 개념 : 특정 지역에서 단 하나의 유통점에만 독점적으로 제품을 판매하는 전략이다.
  ㉡ 통제 : 생산자는 유통점과의 계약을 통해 제품의 가격, 매장 내 진열 방식, 서비스 수준 등을 강력하게 통제할 수 있다. 이는 브랜드 이미지와 희소성을 유지하는 데 매우 효과적이다.
  ㉢ 적합한 제품 : 명품, 고급 자동차, 고가 시계 등
② 선택적 유통(Selective Distribution) : 중간 정도의 통제 강도
  ㉠ 개념 : 특정 지역에서 소수의 엄선된 유통점을 통해 제품을 판매하는 전략이다.
  ㉡ 통제 : 생산자는 유통점의 명성, 위치, 서비스 수준 등을 고려하여 파트너를 선택할 수 있다. 이는 브랜드 이미지를 일정 수준으로 관리하면서도 적절한 시장커버리지를 확보할 수 있게 한다. 전속적 유통보다는 통제력이 약하지만, 집중적 유통보다는 강하다.
  ㉢ 적합한 제품 : 가전제품, 의류, 화장품 등
③ 집중적 유통 (Intensive Distribution) : 가장 낮은 통제 강도
  ㉠ 개념 : 제품을 최대한 많은 유통점에 진열하여 소비자 접근성을 극대화하는 전략이다.
  ㉡ 통제 : 생산자는 수많은 유통점과 거래하므로, 개별 유통점에 대한 통제력이 매우 약하다. 제품의

가격이나 진열 방식에 대해 생산자가 직접적으로 영향력을 행사하기 어렵고, 유통점의 자율성이 크다.
ⓒ 적합한 제품 : 음료, 과자, 담배, 신문 등 편의품

(3) 소비자 구매과정에 따른 소비재 제품 유형 3가지를 각각 설명하고, 각 제품 유형별로 고려할 수 있는 경로 커버리지 전략을 제품 특성과의 적합성 관점에서 설명하시오. (15점)

소비자 구매과정에 따른 소비재 제품 유형은 크게 편의품, 선매품, 전문품으로 나뉜다. 각 제품 유형에 따라 적합한 유통커버리지 전략이 다르다.

① 편의품(Convenience Goods)
　㉠ 특징 : 소비자가 최소한의 노력으로 자주 구매하는 제품이다. 가격이 저렴하고, 소비자가 구매에 큰 노력을 들이지 않는다. 예를 들어, 음료, 과자, 담배, 신문 등이 있다.
　㉡ 유통 커버리지 전략 : 집중적 유통(Intensive Distribution)이 가장 적합하다.
　ⓒ 적합성 : 소비자는 특정 브랜드에 대한 충성도가 낮아 눈에 보이는 대로 구매하는 경향이 있으므로, 최대한 많은 유통점에 제품을 진열하여 시장 노출을 극대화하는 것이 중요하다. 소비자가 언제 어디서든 제품을 쉽게 찾고 구매할 수 있어야 하기 때문이다.

② 선매품(Shopping Goods)
　㉠ 특징 : 소비자가 여러 대안을 비교하고 구매하는 제품이다. 품질, 가격, 디자인, 스타일 등을 고려하여 신중하게 구매한다. 예를 들어 가전제품, 의류, 가구 등이 있다.
　㉡ 유통커버리지 전략 : 선택적 유통(Selective Distribution)이 가장 적합하다.
　ⓒ 적합성 : 소비자는 여러 매장을 방문하며 제품을 비교하기 때문에, 모든 곳에 제품을 진열할 필요가 없다. 대신, 제품의 품질이나 브랜드 이미지에 맞는 특정 소수의 유통점을 선택하여 진열하는 것이 효율적이다. 이를 통해 유통점과의 협력을 강화하고, 브랜드 이미지를 일관되게 유지할 수 있다.

③ 전문품(Specialty Goods)
　㉠ 특징 : 소비자가 특별한 노력을 기울여 구매하는 독특한 특성이나 브랜드 정체성을 가진 제품이다. 예를 들어 고가의 명품, 고급 자동차, 특정 브랜드의 시계 등이 있다.
　㉡ 유통커버리지 전략: 전속적 유통(Exclusive Distribution)이 가장 적합하다.
　ⓒ 적합성 : 이 제품들은 높은 브랜드 가치와 희소성을 강조해야 한다. 소수의 독점적인 유통점을 통해 판매함으로써 브랜드의 고급스러운 이미지를 유지하고, 유통 과정에 대한 통제력을 극대화할 수 있다. 소비자는 이러한 제품을 구매하기 위해 기꺼이 시간과 노력을 투자하므로 접근성이 높을 필요가 없다. 　끝

약술문제

문제 3 PZB(Parasuraman, Zeithaml, Berry)가 제안한 서비스 품질 모델에서 소비자가 기대한 서비스와 지각한 서비스 간의 차이를 유발하는 4가지 요인을 제시하고, 이러한 차이를 극복하기 위한 마케터의 노력을 4가지로 설명하시오. (10점)

PZB의 갭 모델(The Gap Model)을 통해 마케터는 서비스 품질의 격차를 유발하는 4가지 요인에 대응하여 다음과 같은 행동을 해야 한다.

① 시장조사 격차(Knowledge Gap) 극복
　㉠ 마케터는 고객의 기대와 요구를 정확히 이해하기 위해 적극적인 시장조사를 수행해야 한다.
　㉡ 행동 : 고객 만족도 조사, 불만사항 분석, 포커스 그룹 인터뷰 등을 통해 고객의 목소리를 경청하고, 이를 바탕으로 서비스에 대한 고객의 진짜 기대를 파악해야 한다.

② 서비스 디자인 및 표준화 격차(Design Gap) 극복
　㉠ 고객의 기대를 파악했다면, 이를 구체적인 서비스 품질 표준으로 체계화해야 한다.
　㉡ 행동 : '전화 응대는 3번의 벨이 울리기 전에 받는다'와 같이 측정 가능하고 명확한 서비스 규정을 수립한다. 이는 서비스의 일관성을 확보하는 데 필수적이다.

③ 서비스 전달 격차(Delivery Gap) 극복
　㉠ 수립된 서비스 표준이 고객에게 제대로 전달되도록 직원들의 역량을 강화해야 한다.
　㉡ 행동 : 직원 교육 및 훈련 프로그램을 제공하고, 서비스 품질 목표 달성에 대한 보상 시스템을 구축하여 직원들의 동기를 부여한다.

④ 내부-외부 커뮤니케이션 격차(Communication Gap) 극복
　㉠ 광고나 홍보를 통해 약속한 서비스가 실제 제공되는 서비스와 일치하도록 관리해야 한다.
　㉡ 행동 : 과장된 광고나 허위 약속을 피하고, 고객에게 현실적이고 정직한 정보를 제공한다. 이는 고객과의 신뢰를 구축하는 데 매우 중요하다. 끝

문제 4 제품 믹스의 가격결정 방법에 관한 다음 물음에 답하시오. (10점)

(1) 옵션제품 가격결정(Optional-product Pricing)과 종속제품 가격결정(Captive-product Pricing)의 개념을 예시와 함께 설명하시오. (8점)

① 옵션제품 가격결정(Optional-product Pricing)

옵션제품 가격결정은 주요 제품의 가격은 낮게 책정하고, 추가적인 선택(옵션) 품목에 높은 가격을 책정하여 전체 수익을 높이는 전략이다. 소비자는 주요 제품을 구매하면서 다양한 옵션을 추가할 수 있다.
　예 자동차 제조업체는 기본 모델의 가격을 경쟁력 있게 제시하지만, 내비게이션, 선루프, 고급 오디오 시스템 등 다양한 추가 기능(옵션)에 높은 가격을 부과한다. 소비자는 기본 차량만으로도 운전이 가능하지만, 편의를 위해 옵션을 선택하면서 최종 지불 금액이 크게 늘어난다.

② 종속제품 가격결정(Captive-product Pricing)

종속제품 가격결정은 주요 제품의 가격은 낮게 책정하고, 이 제품에 반드시 필요한 소모성 부속품(종속제품)의 가격을 높게 책정하여 수익을 창출하는 전략이다. 주요 제품을 구매한 소비자는 이후 종속

제품을 지속적으로 구매할 수밖에 없게 된다.

> 예 프린터 제조업체는 프린터 본체(주요 제품)를 저렴하게 판매하지만, 잉크 카트리지나 토너(종속제품)에는 높은 가격을 책정한다. 소비자는 프린터를 구매한 후 계속해서 잉크나 토너를 사야 하므로, 기업은 종속제품 판매로 장기적인 이익을 얻는다. 면도기 본체와 면도날, 커피머신과 캡슐 커피도 이 전략의 대표적인 예시다.

(2) 옵션제품과 종속제품의 차이점을 설명하시오. (2점)

옵션제품과 종속제품의 가장 큰 차이점은 주요 제품에 대한 필요성과 소모성에 있다.

① **옵션제품**

주요 제품을 사용하기 위해 반드시 필요하지는 않다. 옵션제품은 선택 사항이며, 소비자가 더 나은 경험이나 추가적인 편의를 위해 선택적으로 구매하는 품목이다.

> 예 자동차의 선루프, 내비게이션, 스포츠 패키지 등은 없어도 자동차를 운행하는 데 아무런 지장이 없다.

② **종속제품**

주요 제품의 기능 수행을 위해 필수적으로 필요하다. 종속제품은 주요 제품의 작동을 위한 소모품 성격이 강하며, 주요 제품을 구매한 소비자는 이 제품을 사용하기 위해 계속해서 종속제품을 구매해야 한다.

> 예 프린터의 잉크 카트리지, 면도기 본체의 면도날, 커피머신의 캡슐 등은 없으면 주요 제품을 사용할 수 없다. 〔끝〕

문제 5 제품 믹스(Product Mix) 또는 제품 포트폴리오(Product Portfolio)의 개념을 설명하고, 이를 구성하는 4가지 차원을 설명하시오. (10점)

제품 믹스(Product Mix) 또는 제품 포트폴리오(Product Portfolio)는 한 기업이 시장에 제공하는 모든 제품 라인과 품목들의 전체 집합을 의미한다. 이는 기업의 마케팅전략을 수립하고 관리하는 데 있어 핵심적인 개념이다. 제품 믹스는 다음의 4가지 차원으로 구성된다.

① **제품 믹스의 넓이(Width)**

기업이 보유한 서로 다른 제품 라인의 수를 의미한다. 넓이가 넓을수록 기업은 다양한 종류의 제품을 판매하고 있음을 나타낸다. 예를 들어, 한 기업이 샴푸, 비누, 치약 등 여러 종류의 개인 위생용품 제품 라인을 운영한다면, 이 기업의 제품 믹스 넓이는 3이 된다.

② **제품 믹스의 길이(Length)**

제품 믹스 내에 있는 모든 개별 제품 품목의 총수를 의미한다. 이는 각 제품 라인을 구성하는 제품의 총합이다. 예를 들어, 샴푸 라인에 5가지 품목(A, B, C, D, E)이 있고, 비누 라인에 3가지 품목(F, G, H)이 있다면, 제품 믹스의 길이는 총 8개가 된다.

③ **제품 믹스의 깊이(Depth)**

각 제품 라인 내에서 제공되는 특정 품목의 다양한 종류(버전) 수를 의미한다. 이는 제품의 사이즈, 색상, 형태, 성분 등의 다양성을 나타낸다. 예를 들어, 샴푸 라인의 한 품목(A)이 건성용, 지성용, 민감성용 샴푸로 구분되어 있다면, 이 품목의 깊이는 3이 된다.

④ 제품 믹스의 일관성(Consistency)
서로 다른 제품 라인들이 최종 용도, 생산 방식, 유통경로 등에서 얼마나 밀접하게 관련되어 있는가를 의미한다. 예를 들어, 동일한 유통채널(슈퍼마켓)을 통해 판매되거나, 비슷한 기술을 사용하여 생산되는 제품 라인들은 높은 일관성을 가진다고 할 수 있다.

이러한 4가지 차원을 통해 기업은 현재의 제품 포트폴리오를 분석하고, 신제품 개발, 기존 제품 확장 또는 정리 등의 전략적 결정을 내릴 수 있다. 끝

문제 6 시장세분화가 마케팅 전략에 유용하게 사용되기 위한 조건 4가지만 설명하시오. (10점)

① 측정 가능성(Measurability)
세분 시장의 규모, 구매력, 특성 등을 측정할 수 있어야 한다. 예를 들어, "진취적인 태도를 가진 20대 남성"과 같은 심리적 특성은 정의하기는 쉽지만, 그 집단의 정확한 규모와 구매력을 측정하기 어렵다. 반면, "서울에 거주하는 30대 여성"은 인구통계학적 자료를 통해 비교적 쉽게 측정할 수 있다.

② 접근 가능성(Accessibility)
세분 시장에 효과적으로 접근하여 마케팅 노력을 집중할 수 있어야 한다. 아무리 매력적인 시장이라도, 그들에게 도달할 수 있는 유통 채널이나 매체가 없다면 소용이 없다. 예를 들어, 특정 매체를 전혀 보지 않고 특정 지역에만 거주하는 소비자 집단이 있다면, 그들에게 광고나 판촉 활동을 전달하기 어렵다.

③ 충분한 규모(Substantiality)
세분시장이 기업의 마케팅 활동을 정당화할 만큼 충분히 크고 수익성이 있어야 한다. 시장이 너무 작거나 구매력이 낮아 수익성이 없다면, 해당 시장을 위한 별도의 마케팅 전략을 개발할 필요가 없다. 이는 단순히 인구수가 많다는 것을 넘어, 충분한 구매력을 갖춘 시장을 의미한다.

④ 차별화 가능성(Differentiability)
세분시장이 서로 다른 마케팅 믹스(제품, 가격, 유통, 촉진)에 대해 다르게 반응해야 한다. 만약 A 시장과 B 시장이 동일한 마케팅 전략에 대해 같은 반응을 보인다면, 굳이 두 시장을 구분하여 별도의 전략을 수립할 이유가 없다. 각 시장의 고유한 특성이 존재하고, 이에 맞춰 차별화된 전략을 적용할 수 있어야 한다.

이외에도 실행가능성이 있으며 실행가능성의 개념은 아무리 매력적인 시장을 발견하더라도, 기업의 역량이나 자원으로는 그 시장에 맞는 마케팅 활동을 펼치기 어렵다면 해당 세분화는 의미가 없다. 예를 들어, 한 기업이 고급 소비자를 위한 세분시장을 찾아냈지만, 그들을 위한 고품질 제품을 생산할 기술이나 자금이 없다면 그 세분화는 실행 가능하지 않다. 끝

모범답안 2024 | 제1과목 마케팅관리론
경영지도사의 답안

※ 본 답안은 현직 경영지도사의 모범 예시 답안이며, 채점자의 견해에 따라 표준 정답은 달라질 수 있으니 참고하여 학습에 활용하시기 바랍니다.

| 논술문제 |

문제 1 브랜드에 관한 다음 물음에 답하시오. (30점)

(1) 바람직한 브랜드명의 조건을 5가지 설명하시오. (10점)

① 짧고 기억하기 쉬워야 한다.
　예 naver.com, eBay.com
② 연상 고리가 많아서 기억되기 쉬워야 한다.
　예 애플, 세븐업, 크리넥스
③ 발음하기도 쉽고 듣기도 좋아야 한다.
　예 뮤지컬 맘마미아, google.com
④ 써 놓았을 때 보기도 좋아야 한다. 특히 좋은 브랜드는 청각적, 시각적 요소가 조화되어야 한다.
　예 VISA 카드
⑤ 경쟁사의 상표와 뚜렷이 구분되어야 한다.
　예 amazon.com, 무스탕, 꽃을 든 남자
⑥ 제품의 편익을 암시해야 한다.
　예 golf.com, 비타500, 초코파이, 자일리톨
⑦ 확장성이 좋아야 한다. 브랜드 확장성은 사업을 다양한 분야로 확장시키는 데 기존 브랜드를 지렛대로 사용할 수 있게 하는 매우 유용한 수단이다.
　예 브릿츠, 레고, 쿠팡
⑧ 참신하고 독창적이어야 한다. 브랜드가 참신하고 독창적일때 사람들이 더 주목한다.
　예 스타벅스, 데시앙, 노브랜드
⑨ 법적 보호를 받을 수 있어야 한다. 브랜드가 독점 배타적인 권리를 확보할 수 있으려면 법적 보호를 받아야 한다.
　예 명품 브랜드(구찌, 샤넬, 루이비통, 입생로랑, 크리스찬디올, 에르메스, 프라다, 롤렉스)
⑩ 다른 언어로도 뜻이 좋아야 한다(국제적).
　예 선경(Sunkyoung) : 가라앉는 젊은이(성크 영, Sunk Young)
　　한국화약 : 테러단체로 오인(Explosive)
　　영창(Young Chang) : 젊은 장씨가 만든 피아노(중국)

(2) 브랜드인지도를 증가시키는 방법을 5가지 설명하시오. (10점)

브랜드인지도를 높이기 위해서는 브랜드인지도에 영향을 주는 브랜드재인이나 회상을 높이는 마케팅 노력을 기울여야 한다.

① **반복광고** : 반복광고를 통해 브랜드인지도를 높인다. 반복광고는 제품에 대한 메시지를 소비자의 기억 속에 장기간 유지시킬 수 있는 효과적인 방법의 하나이다.

② **시각적 정보의 제공** : 시각적 정보를 제품정보와 함께 제공한다. 사람들은 언어적 정보(단어나 문장)보다 그림(시각적 정보)을 더 잘 기억하기 때문에 그림과 언어적 정보를 함께 제공하는 것이 기억증대에 효과적이다. 예를 들어 애플의 사과모양을 보면 더욱 쉽게 애플을 떠올릴 수 있다.

③ **브랜드명 또는 제품정보를 청각정보와 함께 제공** : 브랜드명 및 제품정보가 소리의 형태로 기억되도록 한다. 예를 들면 인텔인사이드 광고가 대표적이다. 또한 SK텔레콤의 경우, 띵띵띠딩띵 하는 소리에 '생각대로T'라는 언어적 정보를 입혔다.

④ **구매시점(POP ; Point of Purchase) 광고** : 구매시점광고를 실행하여 자사 브랜드에 대한 기억을 쉽게 떠올릴 수 있는 암시 또는 단서(Cue)를 제공한다. 예를 들어 TV광고 또는 잡지광고를 했던 문구를 크게 출력하여 이미지화하고 점포 또는 상품 매대에 설치하면 자사 브랜드에 대한 기억이 훨씬 쉽게 떠오르게 할 수 있을 것이다.

⑤ **가시성 높은 유명인을 모델을 활용** : 특별한 메시지를 사용하는 것인데, 가시성 높은 모델을 사용하여 상품의 이미지와 유명인의 이미지를 일치화시키는 것이다. 그러나 너무 유명한 모델의 경우 브랜드를 기억하지 못하는 상황도 발생할 수 있으니 주의해야 한다.

(3) 브랜드확장이 갖는 장점 3가지와 단점 2가지를 설명하시오. (10점)

① **장 점**

㉠ **브랜드 의미의 명료화** : 브랜드가 겨냥하고 있는 시장이 무엇인가를 명확하게 정의해 줄 수도 있고 모브랜드가 가지고 있는 의미의 폭을 넓혀줄 수도 있다.

㉡ **모브랜드 이미지의 강화** : 브랜드 확장이 성공하면, 소비자들에게 모브랜드에 대한 기존 연상을 강화 또는 보다 호의적으로 평가하게 하거나 새롭게 연상시킴으로써 모브랜드의 이미지를 강화시킬 수 있다.

㉢ **소비자들의 다양한 욕구 충족** : 다양성을 추구하는 소비자들에게 한 제품군 내에서 라인확장을 통하여 다양한 제품을 선보임으로써, 소비자의 다양한 욕구를 충족시킬 수 있다.

② **단 점**

㉠ **유통업체들의 저항에 직면** : 무분별한 브랜드확장은 소매상들의 저항에 직면할 수 있다. 라인확장한 제품들이 기존 제품들과 유사하다면, 소매상 입장에서는 이들 중 판매가 부진한 품목들은 제거할 가능성이 높아진다.

㉡ **소비자에게 혼동을 야기** : 지나친 라인확장은 소비자들로 하여금 어떤 제품이 자신에게 적합한지를 판단하기 힘들게 할 수 있다.

㉢ **브랜드확장의 실패로 모브랜드 이미지를 해칠 수 있음** : 이 경우는 브랜드확장의 가장 나쁜 결과로 확장 제품도 실패하고, 모브랜드의 이미지까지 타격을 입는 경우이다.

끝

문제 2 상품 가격결정에 관한 다음 물음에 답하시오. (30점)

(1) 기업경영 관점에서 가격결정의 중요성을 설명하시오. (4점)

① 기업이 제품에 대해 요구하는 가격은 소비자의 수요수준에 영향을 미친다.
② 가격은 마케팅 전략의 나머지 요인들과도 조화를 이루어야 한다.

(2) 가격결정 시 고려해야 할 영향요인을 5가지 제시하고, 각 요인별로 가격결정 시 분석·검토할 주요 내용을 설명하시오. (15점)

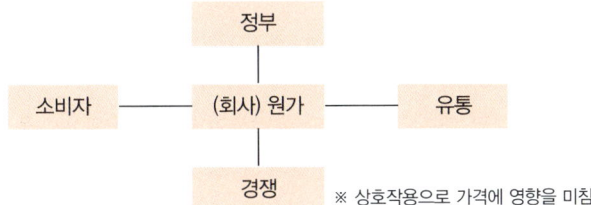

① 소비자의 반응 : 가격탄력성이 소비자의 구매행동과 가격결정의 중요한 메커니즘이 됨

$$가격탄력성 = \frac{판매량의\ 변화}{가격의\ 변화}$$

- 1보다 클 때 : 가격에 민감하고, 탄력적임
- 1보다 작을 때 : 가격에 둔감하고, 비탄력적임

② 원 가
  ㉠ 원가는 가격의 하한선이 됨(상한선 → 소비자가 지각하는 가치, 최고수용가격)
  ㉡ 기업의 생존과 성장을 위한 최소한의 가격은 제품의 원가에 의해서 결정됨

③ 정부의 규제
  공공생활 안정이라는 정부의 목표에 의한 생필품 가격인하, 수요억제운동 등의 법적규제가 제품가격에 영향

④ 유통경로
  ㉠ 유통경로 구성원들의 매출확대와 적정이윤 확보를 위한 노력이 제조업자의 제품가격 결정에 영향을 줌
  ㉡ 재고품의 반품, 저수익 제품의 납품거절, Display상의 불이익을 통해 제조업자에게 가격압박을 행사

⑤ 경 쟁
  ㉠ 경쟁회사들의 가격전략이 고가격 정책과 저가격 정책 등의 가격결정에 영향을 줌
  ㉡ 시장에서 치열한 경쟁을 벌이고 있는 상황에서의 개별 회사의 가격결정은 시장가격 결정에 별 영향을 못 미치며 경쟁기업에 의해 형성된 시장가격을 수용하게 됨

⑥ 기타 : 여론, 소비자 단체 등

(3) 손익분기점(Break-even Point)의 개념을 설명하고, 손익분기점 판매량을 구하는 공식을 도출하시오. (4점)

한 기간의 매출액이 같은 기간의 총비용과 일치하는 점. 매출액이 이보다 많으면 이익이 되고 이보다 적으면 손실이 생긴다. 단기적 분석에서 고정비와 같은 매몰비용은 분석에서 제외해야 하기 때문에, 순이익이 아닌 공헌이익을 사용하면 관련 정보를 해석하는 데 도움이 된다.

예를 들어 500원을 사용해 상품을 2달간 만들었고 일체의 홍보를 하지 않았다면 2달간의 손익분기점은 500원이 된다. 하지만 그 두 달 내에 홍보나 다른 미디어 사용으로 추가적인 비용이 소모되었다면 손익분기점은 늘어난다.

> S = 매출액(Sales Revenue), P = 판매단가(Price), X = 판매수량
> F = 총 고정비(Fixed Cost), V = 단위당 변동비(Variable Cost)

여기서 매출액과 총비용을 말할 때는 1년의 기간에 발생한 매출액과 총비용을 말하고, 통상적으로 손익분기점 매출액이란 1년 영업활동의 매출액을 의미한다.

"손익분기점 매출액 = 고정비+변동비"라고 가정한다.

$P \times X = F + V \times X$

X(판매수량)을 중심으로 식을 치환하면,

$X = F/(P-V)$

$P \times X = F/\{1-(V/P)\}$

$= 고정비/\{1-(변동비/매출액)\} = 고정비/\{1-(변동비 단가/판매단가)\}$

변동 비율 = 변동비/매출액

공헌이익률 = 1 – 변동 비율

(4) 공헌마진율(Contribution Margin Rate)의 개념을 서술하고, 공헌마진율의 높고 낮은 수준에 따른 상품 가격 목표를 비교 설명하시오. (7점)

① 공헌마진율(Contribution Margin Rate)는 기업이 판매하는 제품이나 서비스로 발생한 매출액에서 변동비를 제외한 금액이 매출액에서 차지하는 비율을 의미한다. 이 지표에는 변동비를 제외했기 때문에 고정비가 포함되어 있다. 따라서 기업이 고정비를 고려하여서 이익을 창출할 수 있는 정도를 알려주기 때문에 기업을 분석할 때 중요한 재무 지표로 여겨진다.

② 공헌마진율이 높은 상품의 가격목표는 판매량 증대가 되어야 하기 때문에 가격을 낮추어야 하고 공헌마진율이 낮은 상품의 가격목표는 단위당 마진증대가 되어야 하기 때문에 가격을 높여 책정해야 한다.

끝

약술문제

문제 3 소비자행동에 관한 다음 물음에 답하시오. (10점)

(1) 고관여 상황에서 소비자 구매의사결정과정 5단계를 설명하시오. (5점)

문제인식 → 정보탐색 → 대안평가 → 구매 → 구매 후 행동

① 문제인식

소비자의 기대상태와 실제상태가 일치하지 않는다는 것을 감각으로 인지하고 욕구를 확인하는 단계이다.

② 정보탐색

소비자가 욕구충족을 위하여 정보를 수집하는 단계를 말한다. 이 단계는 소비자의 생각 속에서 탐색하는 내적 탐색과 인터넷이나 지인의 도움을 받는 외적 탐색이 있다.

③ 대안평가

탐색한 고려상품군의 정보를 제품의 상표, 중요성, 특성 등을 고려하여 최종적으로 선택하는 단계로 저관여 제품은 대체로 생략된다.

④ 구매결정(Purchase Decision)

소비자는 각 대안들의 비교·평가 과정을 거쳐 가장 호의적인 태도를 갖는 대안, 즉 가장 마음에 드는 대안을 구매한다.

⑤ 구매 후 평가

소비자는 제품을 구매할 때 자신의 평가와 지불하는 금액에 따라 제품성과에 대한 기대를 하게 되는데 성과가 기대에 못 미칠 경우 불만을 갖게 되고 성과가 기대를 초과하는 경우 만족하게 된다.

(2) 소비자행동에 영향을 미치는 개인적 요인 3가지와 사회문화적 요인 2가지를 제시하시오. (5점)

① 소비자행동에 영향을 미치는 개인적 요인 : 가족생활주기, 직업, 라이프스타일

㉠ 가족생활주기는 서구의 핵가족에 해당하는 개념인데 가족의 성립시기인 결혼과 함께 자녀의 출생, 육아, 성장, 노후를 거쳐서 최후에는 부부의 사망으로 소멸하는 전 과정을 말한다.

㉡ 직업(職業)은 생계를 유지하기 위하여 자신의 적성과 능력에 따라 일정한 기간 동안 계속하여 종사하는 일을 말한다. 누군가의 도움 없이 먹고 살려면 누구든 직업을 가져야 한다.

㉢ 라이프스타일(Life Style)은 각 사람(개인)이 사는 방식을 말한다. 개인이나 가족의 가치관 때문에 나타나는 다양한 생활양식·행동양식·사고양식 등 생활의 모든 측면의 문화적·심리적 차이를 전체적인 형태로 나타낸 말이다.

② 소비자행동에 영향을 미치는 사회문화적 요인 : 상위문화, 하위문화, 사회계급(계층)

문화, 하위문화 및 사회계층은 소비자행동을 형성하는 데 중요한 역할을 한다. 문화는 개인의 욕구와 행동을 결정하는 가장 기초적인 요인으로 개인은 성장하면서 가족과 주변 집단들의 영향을 받으면서 사회의 공유된 신념, 가치, 규범, 관습 및 행동을 습득하고 문화를 익힌다. 각 문화에 소속된 구성원들은 타 그룹과 구분되는 특성을 보이게 되면서 하위문화 집단을 형성하게 된다. 이전에는 하위문화로 여겨지던 문화집단이 그 입지를 공고히 해 주류 문화로 진화하는 등 오늘날에는 다양한 문화집단이 빠른 속도로 생성되고 진화하면서 소비자행동과 구매행동에 급진적 변화를 일으키고 있다.

끝

문제 4 중간상을 통한 유통경로가 수행하는 주요 기능 3가지를 설명하시오. (10점)

① 거래의 경제성

총거래수 최소화의 원칙(Principle of Minimum Total Transaction)
중간상을 이용하는 경우에 전체 거래수가 감소한다.

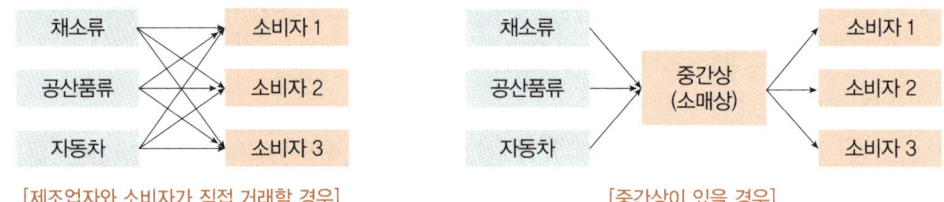

② 효용제공
   ㉠ 시간효용 : 소비자가 원하는 시간에 제품 구매가 가능하다.
   ㉡ 장소효용 : 소비자가 원하는 장소에서 손쉽게 구매가 가능하다.
   ㉢ 형태효용 : 생산형태와 소비형태가 다르다(쌀 1가마니 vs. 10kg, 20kg).

③ 수요와 공급의 일치
   ㉠ 생산자는 대량의 소수 제품 생산 vs. 소비자는 소량의 다양한 제품들 원한다.
      예 소비자에게 한 품목만을 판매할 수 없다(과자류, 잡화류 등).
   ㉡ 중간상은 많은 소비자들로부터 대량으로 구매하여 소비자가 원하는 소량의 넓은 구색으로 분할하여 판매한다. 끝

문제 5 기업의 마케팅활동에 영향을 주는 환경요인들 중 거시환경 구성요소 5가지와 미시환경 구성요소 5가지를 설명하시오. (10점)

① 거시환경 구성요소

산업분야에서 외부에서 발생하는 요인으로 마케팅활동에 영향을 미치며, 기업이 통제할 수는 없지만 오랜 시간에 걸쳐 기업에 영향을 미치는 환경요소를 말한다. 거시적 환경으로는 인구통계적 환경, 경제적 환경, 기술적 환경, 정치·법률적 환경, 사회문화적 환경, 경쟁환경 등이 있다.

㉠ 인구통계적 환경은 연령구조와 가정의 변화, 인구의 지역적 이동, 교육 증대, 사무직 인구 증가, 인종/종족 다양성 증가로 인해 마케팅활동에 직접적인 영향을 미치게 된다. 특히, 인구통계적 주요 특성은 저출산과 급격한 고령화 시대에 도래하게 되었다.

㉡ 경제적 환경은 소득의 변화, 소비자의 지출패턴의 변화, 경제순환주기의 변화로 인해 구매력이나 소비지출에 영향을 미침으로써 마케팅활동에 영향을 미치는 요인을 말한다.

㉢ 자연환경은 원료 부족 고갈, 에너지비용 상승, 환경오염과 관련시설, 환경에 대한 정부 개입이 필요하다.

㉣ 기술적 환경은 기술변화 가속화, R&D 예산의 증대, 제품의 기능적 개선, 규제의 증가로 인해 구매기준에 영향을 미치게 된다.

㉤ 정치·법률적 환경은 기업규제 법률, 윤리와 사회책임 증대가 요구되며, 사회·문화적 환경은 사회제도, 기타 사회적 영향력이 가치, 지각, 선호, 행동 등에 영향을 미치는 환경을 말한다.

㉥ 경쟁환경은 독점 경쟁, 과점 경쟁, 독점적/독과점 경쟁, 완전 경쟁에 미치는 영향을 말한다.

② 미시환경 구성요소

미시적 환경이란 산업분야에서 영향을 미치는 주요 구성요소들로서 경쟁자, 잠재고객, 금융기관, 언론기관, 원재료 공급업자 등과 같이 마케팅의 목표달성에 직접적인 영향을 미치는 요인들을 뜻한다. 공급자, 유통기관, 경쟁사, 잠재고객으로 구분된다.

㉠ 공급자는 제조 기업의 가동에 필요한 각종 원자재, 장비 및 제품을 공급하고, 유통업의 경우 제조업체나 타 유통업자를 말한다.
㉡ 유통기관은 생산된 제품을 최종 고객에게 전달하는 데 참여하는 기관이다.
㉢ 경쟁사는 회사의 경쟁 상대를 정확히 파악하고 경쟁사의 약점과 강점을 분석해야 한다. 경쟁회사의 분류에 따라 기대하는 경쟁의 강도, 기업의 대응능력 등을 감안하여 경쟁자의 범위를 정한다.
㉣ 잠재고객은 고객들이 원하는 것을 세심하게 조사하여 욕구를 충족시키기 위해 많은 노력을 해야 한다.
㉤ 마케팅 조직은 잠재고객이 회사 발전에 크게 기여할 수 있음을 인식해야 한다. 끝

문제 6 판매규모 예측을 위해 활용되는 델파이 기법의 개념, 실행과정, 장점 및 단점을 설명하시오. (10점)

① 개 념

델파이기법은 한 나라의 연구수준이나 미래의 특정 시점을 예측하는 경우, 특히 현재의 상태에 대한 일반화, 표준화된 자료가 부족한 경우, 전문가적인 직관을 객관화하는 예측의 방법으로 많이 사용되어지는 기법이다. 다시 말하면 본 연구의 예측조사의 방법으로 사용되는 델파이기법은 내용이 아직 알려지지 않거나 일정한 합의점에 달하지 못한 내용에 대해 다수의 전문가의 의견을 자기기입식 설문조사 방법이나 우편조사방법으로 표준화와 비표준화 도구를 활용하여 수 회에 걸쳐 피드백(Feedback)시켜 그들의 의견을 수렴하고 합의된 내용을 얻는, 소위 전문 집단적 사고를 통하여 체계적으로 접근하는 일종의 예측에 의한 정책분석 방법이라고 볼 수 있다. 델파이기법과 똑같지는 않지만 의도적인 면에서 비슷한 방법으로 이루어지는 브레인스토밍이 있다.

② 델파이기법의 실행과정

㉠ 관련 분야 전문가 집단 구성 : 알고자 하는 내용에 대해 가장 잘 알고 있으리라고 믿어지는 전문가를 30명에서 최고 100명까지 선정하여 패널을 구성한다.
㉡ 1차 질문 : 구성된 패널을 통해 개방형 질문을 하여 그들의 견해를 모두 나열함으로 가능한 많은 자료를 수집 및 분석하여 항목으로 구성, 폐쇄형 질문지를 만든다.
㉢ 2차 질문 : 이 폐쇄형 설문지를 동일 대상자에게 보내는 2차 질문을 실시한다. 이때는 문항에 점수를 주거나 중요도를 측정하여 일정 수의 중요 문항을 선택하게 한다.
㉣ 3차 질문 : 수집된 결과를 항목별로 종합하여 전문가 전체의 항목별 도수, 평균 또는 표준편차 등을 제시하여 다시 동일 집단에게 보내어 중요 문항을 선택하게 한다.
㉤ 4차 질문&피드백 : 셋째 단계의 결과를 가지고 면담을 실시한다. 이와 같은 방법으로 전문가들 사이에 어떤 합의점을 찾을 때까지 여러 차례의 설문을 통하여 최종 결과로 얻는다.

③ 장 점
　㉠ 편향된 토의에 쏟는 시간과 노력의 낭비를 줄일 수 있다.
　㉡ 연구자에 의해 통제되기 때문에 초점에서 크게 빗나가지 않는다.
　㉢ 시간적&경제적(회의비, 체제비, 여건비 등)으로 절약할 수 있다.
　㉣ 협의회보다 시간, 빈도 등이 덜 제약 받는다.
　㉤ 다수의 전문가 의견을 수렴, 피드백(Feedback)할 수 있다.
　㉥ 익명성이 있고 독립적이기 때문에 자유롭고 솔직한 전문가의 의견을 들을 수 있다.
　㉦ 몇몇 사람의 의견이나 분위기에 말려 휩쓸리지 않는다. 또한 체면이나 위신에 의해 다른 결정을 하지 않는다.

④ 단 점
　㉠ 질문지 조사방법 자체에 결함이 있을 수 있다. 또한 문제가 참여자들에게 맡겨지기 때문에 문제의 확실한 속뜻을 알기가 어렵다.
　㉡ 다른 질문지와 마찬가지로 회수율이 높지 않다. 조사가 1, 2, 3, 4 반복되어 감에 따라 회수율은 점점 낮아지게 된다.
　㉢ 반복적 조사이기 때문에 조사를 끝내려면 장기간이 필요하다. 단기간의 조사는 용이하지 않다.
　㉣ 문제와 처리 결과를 직접 주고받을 수 없다.
　㉤ 통계적 처리 결과에 무의식적으로 따라갈 수 있다.
　㉥ 현재성을 중시하는 현대인에게 미래에의 무관심을 나타내게 할 수 있다.
　㉦ 한두 가지의 확신만을 가지고 미래를 볼 경우, 미래를 단순화할 수 있다.
　㉧ 전문가들이 과도한 확신으로 환상적이거나 체제 전체를 판단하지 못할 수 있다.
　㉨ 조작 가능성도 가지고 있다.
　㉩ 참여 전문가들이 설문에 대하여 신중하지 못할 수 있다.
　㉪ 델파이조사에 의한 예측 연구는 불확실한 상황을 연구대상으로 삼고 있다는 기본적인 한계를 가지고 있다.

2023 경영지도사의 답안

제1과목 마케팅관리론

※ 본 답안은 현직 경영지도사의 모범 예시 답안이며, 채점자의 견해에 따라 표준 정답은 달라질 수 있으니 참고하여 학습에 활용하시기 바랍니다.

| 논술문제 |

문제 1 촉진믹스 전략에 관한 다음 물음에 답하시오. (30점)

(1) 촉진믹스 전략은 크게 푸시(Push) 전략과 풀(Pull) 전략으로 구분할 수 있다. 두 전략을 비교하여 설명하시오. (12점)

① 푸쉬(Push) 전략(산업재) : 유통경로 구성원들을 상대로 인적 판매, 중간상 촉진 등과 같은 마케팅 활동을 수행하여 제품을 최종 소비자에게 촉진하게끔 만드는 전략이다.

② 풀(Pull) 전략(소비재) : 마케팅 활동을 최종 소비자들에게 수행하여 소비자들이 제품을 구매하도록 유도하는 전략이다.

참고로 푸쉬(Push) 전략과 풀(Pull) 전략을 도식화하면 아래와 같다.

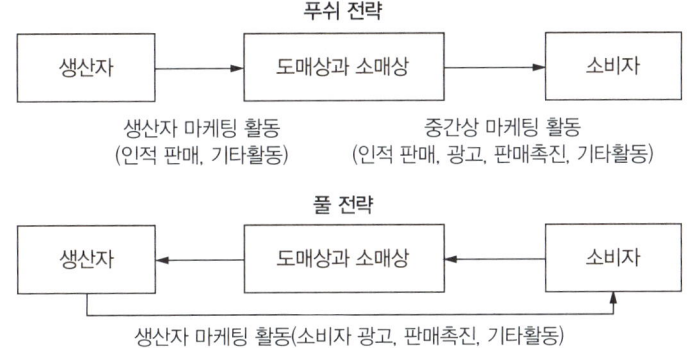

(2) 대표적인 촉진믹스인 광고, 인적 판매, 판매촉진이 각각 어떤 촉진믹스 전략(푸시 또는 풀 전략)에 적합한지 기술하시오. (6점)

대표적인 촉진믹스 전략으로는 광고, PR 그리고 소비자 위주 판매촉진으로 대표되는 풀(Pull) 전략과 인적 판매와 각종 중간상 위주의 판매촉진으로 구성되는 푸쉬(Push) 전략이 있다. 푸쉬 전략과 풀 전략을 적절하게 함께 구사하는 것은 촉진 관리에서 매우 중요하다.

풀 전략의 주 목표는 최종 구매자들이 자사 상품을 찾게 만듦으로써 결국 유통업자들이 그 상품을 취급하게 만드는 데 있다.

상점에 들어가서 소비자가 A브랜드를 달라고 하면 이것은 풀 전략의 효과일 확률이 높다. 그런데 이때, 상점 점원이 내가 찾는 A브랜드 대신에 B브랜드를 권한다면 이것은 푸쉬 전략의 영향일 가능성이 매우 크다. 이렇듯 실제 시장 상황에서는 풀 전략과 푸쉬 전략이 공존할 때가 많으며 기업은 두 전략을 적절하게 함께 활용하여야 한다.

풀 전략은 많은 소비자가 자사 상품을 찾음으로써 유통업자들이 그 상품을 취급하게 만드는 목표를 갖고 있으며, 구체적으로는 제조업자가 최종 구매자들을 대상으로 하여 주로 광고와 판매촉진 수단들을 동원하여 촉진활동을 하는 것이다. 푸쉬 전략은 최종 구매자들의 브랜드 애호도가 낮고 브랜드 선택이 점포 안에서 이루어지며, 충동구매 사례가 적은 상품에 적합하다면, 풀 전략은 최종 구매자들의 브랜드 애호도가 높고 브랜드 선택이 점포에 오기 전에 이미 이루어지며, 관여도가 높은 상품에 적합한 것으로 알려져 있다.

(3) 광고, 인적 판매, 판매촉진의 장점과 단점을 각각 기술하시오. (12점)

구 분	목 적	비 용	기 간	장 점	단 점	예 시
광고	이미지, 태도, 포지셔닝 개선	고 가	장 기	• 메시지 통제 가능 • 메시지를 신속히 전달 • 감각적 접근 가능 • 반복에 의한 침투성	• 일방적 커뮤니케이션 • 전달할 수 있는 정보의 양이 제한적 • 고객별 전달정보의 차별화가 어려움 • 광고효과를 측정하기 어려움 • 고비용	TV, 라디오 광고
인적 판매	판매 및 관계 형성	고 가	장/단	• 구매유도가 효과적 • 정보전달을 정확히 함 • 정보 양, 질 높음 • 즉각적 피드백을 받음	• 판매원 비용이 높음 • 촉진 속도가 느림	-
판 촉	단기간 매출 증대	보 통	단 기	• 직접적인 구매유도에 효과적 • 집중력이 있음 • 충동구매를 일으킴	• 경쟁사가 모방이 쉬움 • 제품의 질이 낮아 보일 수 있음 • 단기효과	캠페인, POP
PR	신뢰형성	저 가	장 기	• 신뢰도 높음 • 프로모션 효과 높음 • 저 가	• 통제가 어려움 • 간접효과에 그칠 수 있음	-
DM	소비자에게 직접 마케팅	인터넷 판매, TV 홈쇼핑, 카달로그 판매					

① 광고(Advertising) : 광고주에 의한 유료 형태의 비인적 촉진활동이다.
  ㉠ 장 점
    • 광고주는 비용을 지불하고 본인이 원하는 지면, 원하는 시간에 메시지를 전달할 수 있다.
    • 광고 비용이 비싸긴 하지만 동시에 수많은 사람에게 전달되므로 1,000명당 비용(CPM ; Cost Per Mille)은 저렴하다.
    • 실제로 만날 수 없는 고객에게도 제품이나 브랜드를 노출시킬 수 있다.
    • 광고를 반복적으로 노출시킴으로써 제품이나 브랜드를 소비자에게 기억시킬 수 있다.
    • 짧은 시간에 광범위한 지역에 모두 전달할 수 있다.

ⓒ 단 점
- 고객의 특성을 고려하지 않는 한 가지 메시지만을 전달하기 때문에 큰 효과를 거두기 어렵다.
- 광고의 경우 반복해야 소비자에게 기억시킬 수 있는데 반복광고의 경우 비용이 너무 많이 든다.
- 대부분의 소비자가 광고에 대해 부정적인 선입견을 가지고 있다.
- 특정 매체는 광고를 허용하지 않는다. 또한 이미 다른 광고주가 점유한 특정 지면이나 시간에는 광고할 수 없다.

② 인적 판매(Personal Selling) : 판매원이 소비자에게 직접 접촉과 쌍방향 의사소통을 통해 제품을 권유하고 구매 설득을 하는 촉진방법이다. 자동차를 판매하는 영업사원이 인적 판매의 예라고 볼 수 있다.

㉠ 장 점
- 쌍방향 의사소통이기 때문에 고객의 즉각적인 피드백을 얻을 수 있다.
- 해당 소비자와 대면하기 때문에 상황에 따라 융통성 있게 촉진활동을 할 수 있다.
- 구매행동을 직접적으로 유도하기 때문에 시간과 비용의 낭비가 적다.

ⓒ 단 점
- 일반적으로 한 명 또는 소수의 고객을 대상으로 하기 때문에 광범위한 소비자 인식을 발생시키지 못한다.
- 인적 판매는 판매원을 이용하여 촉진을 하기 때문에 비용이 비싸다.
- 대부분의 소비자가 인적 판매, 즉 영업사원에 대해 부정적인 선입견을 가지고 있다.

③ 판매촉진(Sales Promotion) : 제품 판매를 촉진하기 위한 비교적 단기적인 동기부여 수단을 총칭하는 개념이다. 즉 지금 시점에서 바로 구매를 할 수 있도록 유도하는 촉진방법을 뜻한다. 이마트에서 1+1 행사를 통해 구매를 유도하는 것이 판매촉진의 예이다.

㉠ 장 점
- 소비자의 즉각적인 반응을 일으키기 때문에 신속한 매출 증가를 가져온다.
- 판매촉진을 참여하는 고객들의 정보를 얻어 고객 DB를 구축할 수 있다.
- 신제품 사용을 효과적으로 유도할 수 있다.

ⓒ 단 점
- 판매촉진 전략은 경쟁기업들이 모방하기 매우 쉽기 때문에 무모한 판촉 경쟁을 야기할 수 있다.
- 판매촉진 시 브랜드 이미지에 부정적인 영향을 미칠 수 있다.
- 판매촉진 행사가 철회되었을 경우 소비자의 구매 확률이 현저히 감소한다. 끝

문제 2 유통경로관리에 관한 다음 물음에 답하시오. (30점)

(1) 제조업자(생산자)가 유통경로 구성원들의 동기부여를 위해 혹은 자신에게 보다 협력하도록 하기 위해 행사할 수 있는 힘(Power)의 유형은 5가지가 있다. 이 5가지 유형의 개념을 기술하고, 각각 예를 들어 설명하시오. (10점)

[유통구조상의 힘의 원천 – 유통파워(권한)의 원천]

유 형	개 념	예 시
강제력	처벌하거나 불이익을 줄 수 있는 힘	인기 제품, 지원 감소
보상력	경제적 보상	수익성, 운영보조금, 판촉지원 등
합법력	영향력을 행사할 수 있는 권한과 수용의무 관계	거래계약, 오랜 상습관에 의한 규범
전문력	상대방에게 가치 있는 지식	사장이나 사업운영에 대한 전문지식
준거력	존경 혹은 동일시로부터 나오는 힘	특정 제조업자와의 거래 선호
정보력	운영이나 의사결정에 필요한 정보	시장동향 등에 관한 객관적 정보

① **강압적 파워** : 경로구성원 중 상대적으로 힘이 강한 경로구성원이 요구에 불응하면 처벌할 수 있는 힘이다.
  예 지원철회, 거래중단 등
② **준거적 파워** : 상대의 인격에 매료되어 비전화 가치를 공유하는 것이다. 중간상이 제조사에게 일체감을 갖게 되기를 바랄 때 형성된다.
  예 나이키, 코카콜라 등
③ **합법적 파워** : 법적·관습적 권한에 의존하는 힘의 원천이며 경로구성원들 간에 계약을 통하여 발생하는 힘의 원천이다.
  예 국내 총판회사가 외국제조사와 계약 시 최소 주문량을 계약서에 명시
④ **보상적 파워** : 요구에 따르면 이익으로 경로구성원 중 다른 구성원에게 경제적으로 보상을 지원할 수 있을 때 생겨나며, 일정한 간격을 두고 사용해야 효과적이다. 자주 사용하면 효과가 떨어진다.
  예 운영비 보조금, 판촉물 지원 등
⑤ **전문적 파워** : 전문지식, 정보력에 의존하는 파워로써 제조업체가 유통업체보다 경험상의 지식 또는 노하우를 소유하고 있을 때 발생하는 파워이다. 배송시스템의 노하우를 갖고 있는 업체가 있다면 타 경로구성원에게 영향을 미칠 수 있다.

(2) 유통경로 갈등을 수직적 갈등과 수평적 갈등으로 구분하여 개념을 기술하고, 각각 예를 들어 설명하시오. (8점)

① **수평적 갈등(Horizontal Channel Conflict)** : 소매상끼리 또는 도매상끼리와 같이 유통경로의 동일한 단계에서 발생하는 갈등이며, 같은 상품을 취급하면서 생기는 영역침범, 한 가맹점이 전체 가맹점의 이미지를 손상시키는 사례 등이 있다.
② **수직적 갈등(Vertical Channel Conflict)** : 제조업자와 중간상, 또는 본부와 가맹점 간의 갈등 등과 같이 서로 다른 단계의 경로 주체들 사이에서 발생하는 갈등이다. 계약위반, 가격 서비스 수준의 미달 등이 있다.
③ **복수경로 갈등(Multi-channel Conflict)** : 대리점과 할인점 간의 갈등처럼 다른 유통경로에 속해 있는 주체들 간의 갈등을 말한다.

(3) 유통경로 갈등의 발생 원인을 3가지로 구분하여 각각 예를 들어 설명하시오. (9점)

① 목표 간의 양립불가능성

경로갈등은 경로구성원들의 목표가 양립할 수 없을 때 발생한다. 예를 들어 소비자가격을 책정할 때 대규모 제조업체는 신속한 시장침투를 위해 저가격을 원하나 소형 소매업자들은 수익성 증대를 위해 고가격을 원하는 경우 갈등이 발생할 수 있다. 또한 시장점유율을 증대하려거나 투자수익률을 제고하기 위해보다 혁신적인 마케팅 프로그램을 새로이 도입하려고 하는 대규모 제조업체와 과거의 영업방식을 고수하려는 중소 소매업자들 간에 갈등이 발생할 가능성이 높다.

② 의견불일치

경로갈등은 각 경로구성원들이 수행해야 할 마케팅 과업과 과업 수행방법에 있어서 구성원들 간의 의견이 일치하지 않을 때 발생하기도 한다. 예를 들어 한 경로구성원이 다른 경로구성원들에게 지나친 요구를 하거나 경로구성원들이 수행할 수 없는 과업을 할당할 경우에도 의견불일치에 의한 경로갈등이 발생할 수 있다.

③ 현실에 대한 지각의 차이

현실에 대한 경로구성원들 간의 지각의 차이로 같은 상황에 대해 서로 다른 반응을 보이게 되면서 갈등이 생길 수 있다. 예를 들어 소매업자들이 제조업체에 대해 제조업자 영업사원들은 소매상의 목표와 머천다이징 정책을 이해하지 못한다고 생각할 때 갈등이 발생할 수 있다.

(4) 유통경로 갈등의 해결방안을 3가지만 제시하시오. (3점)

① 강력한 브랜드 충성도(Brand Loyalty)를 가진 1등 브랜드 육성이다.

유통업체도 제조업체와 마찬가지로 고객이라는 공통분모를 가지고 있기 때문에 고객이 1등 브랜드를 원할 경우 매장에 진열할 의무를 지니는 동시에 대부분의 1등 브랜드는 매출액이 높고 회전율도 좋은 특징을 가지고 있다. 1등 브랜드는 모든 매장에 진열될 수 있는 특권을 가지고 있는 것이다.

② 특정상품을 특정한 유통경로에만 국한해서 공급할 때 갈등을 방지할 수 있다.

'유통경로를 다양하게 확대할수록 매출도 증가한다'는 일반적인 사고를 초월하여 상품특성과 채널특성이 부합되는 특정한 유통경로로 국한할 때 오히려 효율성은 배가 될 수 있다는 관점에서 접근해야 한다. 이렇게 국한된 유통에서는 가격통제는 물론 일관된 마케팅 정책을 운영할 수 있다. 단지, 이때 마케터가 명심할 점은 소비자에게 국한된 유통이 어디이고 그럼으로써 장점은 무엇인지, 유통 차별화를 반드시 강점으로 인식시켜야 한다는 점이다.

③ 동종업계 경쟁사와 공동마케팅을 통해 대처방안을 공동으로 강구하는 것이다.

이때 주의할 점은 경쟁사와 상호 신뢰를 바탕으로 형성해야 하고 1등 브랜드가 참여한 공동대처는 의외로 강력할 수 있다. 현재 사회 곳곳에서는 업계를 초월해 공동마케팅(Co-marketing)이 조성되어 있는데 필요하다면 '적과의 동침'도 불사해야 한다. 아울러 여기서 말하는 공동마케팅이란 경쟁사가 모여 담합하라는 부정적인 의미가 아니라 유통의 일방적인 행위에 대한 공동의 대처를 말한다.

④ 채널별 특화된 제품이나 전용규격을 운영하는 것이다.

이때 주의할 점은 전용제품을 다른 유통과 차별화하는 것도 중요하지만 전용제품 운영에 대한 생산 및 재고의 효율성도 동시에 고려해야 한다는 점이다. 끝

| 약술문제 |

문제 3 기업의 (마케팅)관리 철학에는 생산개념, 제품개념, 판매개념, 마케팅 개념, 사회적(Societal) 마케팅 개념이 있다. 5가지 개념별로 기업활동 관점에서 강조하는 바를 기술하시오. (10점)

① 생산개념(Production Concept)

"쉽게 구매할 수 있는 싼 가격 상품을 선호한다."는 태도로 대표된다. 제품의 수요에 비해서 공급이 부족하여 고객들이 제품구매에 어려움을 느끼기 때문에 고객들의 주된 관심이 지불할 수 있는 가격으로 그 제품을 구매하는 것일 때 나타나는 이념이다. 기업의 관심은 주로 생산성 향상을 통한 원가절감이다.

② 제품개념(Product Concept)

"좋은 제품은 팔리게 되어 있다."는 태도로 대표된다. 소비자들이 가장 우수한 품질이나 효용을 제공하는 제품을 선호한다는 개념이다. 이러한 제품지향적인 기업은 다른 어떤 것보다도 보다 나은 양질의 제품을 생산하고 이를 개선하는 데 노력을 기울인다. 즉, 시장이 원하는 것을 만들기보다는 R&D 담당자 또는 엔지니어가 만든 것을 판매한다.

③ 판매개념(Selling Concept)

기업은 경쟁회사 제품보다는 자사제품을, 그리고 더 많은 양으로 구매하도록 소비자를 설득하여야 하며, 이를 위하여 이용 가능한 모든 효과적인 판매활동과 촉진도구를 활용하여야 한다고 보는 개념이다. 이 시대의 판매개념의 마케팅은 판매기술의 동의어로 간주되며 잠재고객을 찾아내어 이들에게 밀어넣기식으로 판매하는 것이 주된 영업방식이다.

④ 마케팅 개념(Marketing Concept)

마케팅은 고객의 입장에 서서 기업과 관련된 여러 가지 활동을 전개해 나가고자 하는 고객 중심적 개념이다(생산-제품-판매 개념의 시대는 기업 중심적 개념). 마케팅 개념은 생산한 것을 처분하는 방법을 각각의 판매스킬로 해결하려는 것이 아니라, 기업경영상 추구하는 이념적 지향으로서 소비자의 욕구, 필요가치 등을 찾아내어 경쟁기업보다 효과적이며 효율적으로 소비자의 욕구를 충족시키고자 하는 것이다.

⑤ 사회 지향적 마케팅 개념(Social Marketing Concept)

마케팅 개념이 확장된 것으로서 마케팅 개념 + 사회전체의 이익을 고려하는 것이다. 즉, 사회적 마케팅은 단기적인 소비자의 욕구충족이 장기적으로는 소비자는 물론 사회의 복지와 상충됨에 따라서 기업이 마케팅활동의 결과가 소비자는 물론 사회전체에 어떤 영향을 미치게 될 것인가에 대한 관심을 가져야 하며 가급적 부정적 영향을 미치는 마케팅활동을 자제하여야 한다는 사고에서 등장한 개념이다. **끝**

문제 4 앤소프(Ansoff)가 제시한 제품/시장 매트릭스의 용도가 무엇인지 설명하고, 이 매트릭스를 통해 도출할 수 있는 4가지 전략 대안을 예를 들어 설명하시오. (10점)

제품-시장 매트릭스는 전략학자인 앤소프가 제창한 성장벡터로 일명, 앤소프 매트릭스(Ansoff's Matrix)로도 불리는데 이는 기존제품과 시장에 신규 제품과 시장을 연결시켜 4가지 형태의 성장기회를 제시하고 있다. 매트릭스의 횡축은 제품을 나타내는 축으로 기존제품과 신제품으로 구성되어 있으며 종축은 시장을 나타내는 축으로 기존시장과 신시장으로 이루어져 있다.

[제품-시장 매트릭스(앤소프 매트릭스)]

	기존제품	신제품
기존시장	시장침투	제품개발
신시장	시장개발	다각화*

*신제품으로 신시장을 공략하는 다각화는 집중적 성장전략이 아닌 다각화 성장전략에 속한다.

① 시장침투(Market Penetration) 전략

첫 번째로는 기존시장에서 기존제품으로 승부하는 시장침투 전략이다.

마케팅 전문가들이 집계한 시장침투 전략의 평균 성공률은 약 75% 정도인 것으로 알려져 있다. 일반적으로 시장침투의 목적은 기존의 시장에서 추가적인 매출을 올리는 데 있으며 가장 보수적인 성장전략이라고 할 수 있다(대부분의 대기업은 이 방법을 택하고 있음). 이 방법은 단기 또는 중기적으로 볼 때, 가장 안정적이고 수익률이 높은 대안이기는 하지만 끊임없이 변화하는 소비자의 욕구를 고려하여 반드시 지속적인 '혁신 노력'이 따라야 성공할 수 있다.

② 제품개발(Product Development) 전략

두 번째로는 기존시장에서 신제품을 출시하는 제품개발 전략이다.

제품개발 전략의 평균 성장률은 대개 약 45% 정도로 알려져 있지만 산업별로 편차가 심한 편이며, 정보통신 등의 하이테크 산업에서는 기업의 미래를 결정하는 핵심적인 생존 공식이다. 대부분의 신제품들은 제품개발의 초기 단계 즉 개념 테스팅, 프로토타입 개발, 테스트 마케팅 등에서 실패하여 사라진다.

③ 시장개발(Market Development) 전략

세 번째로는 기존제품으로 새로운 시장을 창출하는 시장개발 전략이다.

1990년대 이후 맥도날드의 성장은 대부분 기존의 햄버거 제품을 중국, 러시아, 한국 등 새로운 시장을 개척하면서 이루어졌다. 여기서 중요한 것은 새로운 시장 진출은 같은 회사라 하더라도 어떤 지역으로 진출하느냐에 따라 사업 성패의 확률이 달라지며, 같은 진출국에서도 진출 시기에 따라서 제품의 성공 확률이 다양하게 나타날 수 있다는 점이다. 시장개발 전략의 성공 확률은 약 35% 수준인 것으로 알려져 있다.

④ 다각화(Diversification) 성장전략

마지막 생존 공식은 새로운 시장에 새로운 제품을 출시하여 시장을 개척하는 다각화 전략이다. 다각화는 4가지의 대안 가운데서 가장 리스크가 높은 방법이지만 특정 기간에 특정 회사의 경우에는 가장 적합하고 가장 논리적인 성장전략이 될 수도 있다.

마케팅 학자들의 통계에 따르면 신제품으로 새로운 시장에 진출하는 다각화는 기존 조직이 새로운 시장에 진출하는 조직 다각화가 25% 정도의 성공률을, 현지 시장에 있는 기존 조직을 활용하는 다각화의 경우에는 35% 정도의 성공률을 가지고 있는 것으로 평가되고 있다. 　끝

문제 5 로저스(Rogers)의 연구에 따르면 신제품 수용자는 신제품을 수용하는 시점에 따라 5가지 유형으로 분류할 수 있다. 신제품 수용자 유형 5가지를 신제품을 수용하는 순서대로 제시하고, 각 수용자 유형별 특성을 기술하시오. (10점)

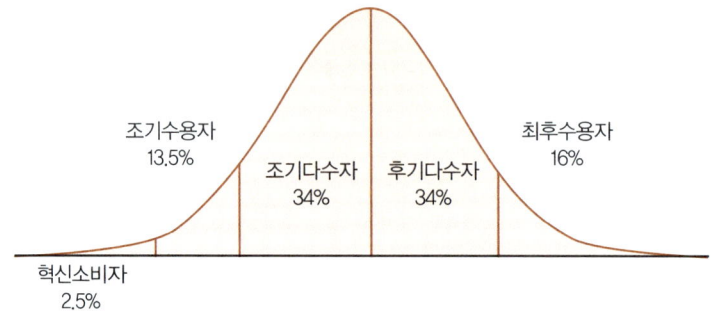

① 혁신소비자(Innovator)
　㉠ 신제품 도입초기에 제품을 수용하는 소비자로서 전체 잠재소비자의 2.5%를 점유한다.
　㉡ 일반적으로 교육, 소득수준이 높고 사회적 활동이 활발한 경우가 많다.
　㉢ 신제품이 출시되면 가장 많은 관심을 가지고 즉각 구매해서 사용하므로 전체에서 작은 비중이지만 마케터에게는 중요한 가치를 지닌다.
　㉣ 모험적이기 때문에 신제품 수용 시의 위험을 기꺼이 감수하려는 경향이 있다.

② 조기수용자(Early Adopter, 얼리어답터, 초기수용자) - 존경받는 자(사회지도층 인사)
　㉠ 혁신소비자 다음으로 수용하는 소비자 집단이며, 전체 잠재소비자의 약 13.5%를 점유한다.
　㉡ 이들은 소속집단의 존경을 받는 사람들로서 의견선도자(Opinion Leader) 역할을 한다. 즉, 신제품 구매를 앞두고 정보탐색이 많은 고객에게 유용한 정보를 제공하는 역할을 한다.
　㉢ 이들은 특히 유행에 민감하며 가치 표현적 성격이 강한 제품에 관여도가 높고 유행에 대한 가치를 부여하는 정도가 높다.
　㉣ 이들이 어떤 제품을 구매하는가 또는 그 제품의 사용 이후 만족 또는 불만족을 하는가의 여부는 신제품 성공 결정 요인으로 작용한다.

③ 조기다수자(Early Majority)
  ㉠ 조기수용자 다음으로 수용하는 일반 소비자 집단으로 전체 잠재소비자 중 약 34%를 점유한다.
  ㉡ 조기다수자는 신중한 소비자들이다. 즉, 신제품 구매에 신중한 성격을 띠며, 기술 자체에는 관심이 없고 실제적인 문제에 집중한다.
  ㉢ 실용주의자들인 이들은 혁명적 변화보다는 점진적인 변화에 따른 생산성 향상 그리고 유지 가능한 경쟁우위 등을 추구한다.
  ㉣ 이들은 조기수용자와 달리 혁신제품에 대한 검증된 성과를 요구한다.
④ 후기다수자(Late Majority)
  ㉠ 조기다수자 다음으로 수용하는 집단으로 전체 잠재소비자 중 34%를 점유한다.
  ㉡ 이들은 신제품 수용에 의심이 많은 자들로서 많은 사람이 신제품을 수용한 후에야 구입하는 경향이 있다.
  ㉢ 주로 위험 회피형 소비자가 많고 대부분 가격에 민감하다. 잠재고객 절반 이상이 수용한 후에 구매하는 보수적 집단이다.
⑤ 최후수용자(Laggard)
  ㉠ 지각사용자라고도 하며 변화를 싫어하고 전통을 중시한다. 전통에 얽매인 소비자들로서 변화를 거부하며 전통에 집착한다.
  ㉡ 가장 나중에 수용하는 소비자 집단이며 전체 잠재소비자의 약 16%를 차지한다.
  ㉢ 최후수용자는 전통에 얽매인 소비자들로서 변화를 거부하며 전통에 집착한다. 따라서 신제품이 완전히 소비자에 의해 수용되어야만 그 제품을 구매하게 된다. 끝

문제 6 신제품의 가격전략으로 초기 고가전략(Skimming Pricing)과 시장침투 가격전략(Penetration Pricing)이 있다. 이 2가지 가격전략에 관하여 개념, 목적, 표적시장의 특성을 각각 비교하여 설명하시오. (10점)

① 초기 고가전략(Skimming Pricing Strategy)
  ㉠ 개념 : 초기 고가전략은 높은 가격으로 수입을 올리는 전략이다.
  ㉡ 목적 : 특정 기업의 상품이나 서비스가 다른 기업의 상품이나 서비스와 크게 차별화될 때, 기업은 이 전략을 구사하기를 원한다. 단가당 수익이 높기 때문이다. 특히 상품이나 서비스의 고가는 고품질과 동의어처럼 인식된다. 그러나 고가전략에는 한계가 있다. 고가를 제시하면 수요 증가를 유도해서 판매증진을 기대하기는 힘들다. 게다가 만일 그 상품이나 서비스의 모방이 쉽다면, 경쟁기업은 너도나도 이 분야에 뛰어들게 된다. 고가 덕분에 고마진을 기대할 수 있기 때문이다.
  ㉢ 표적시장의 특성
    • 수요의 탄력성이 높지 않은 경우
    • 진입장벽이 높아 경쟁기업의 진입이 어려운 경우
    • 규모의 경제효과를 통한 이득이 미미할 경우
    • 높은 품질로 새로운 소비자층을 유인하고자 할 경우

② **시장침투 가격전략(Penetration Pricing Strategy)**
  ㉠ 개념 : 저가 침투전략은 말 그대로 초기에 저가로 승부하여 시장점유율을 조속히 늘리는 전략이다.
  ㉡ 목적 : 이 전략은 대개 수요가 탄력적일 때 시행되므로 가격을 조금만 인하해도 판매가 현격하게 증가하는 효과를 볼 수 있다. 매출이 증가하면 규모의 경제에 이르러 그 기업의 사업은 안정궤도에 이르는데, 그 경우 다른 경쟁기업들은 이 회사의 낮은 가격과 경쟁할 엄두를 내지 못해 쉽게 시장에 뛰어들지 못한다. 저가전략의 대표적인 사례는 바로 포드자동차의 '모델 T'이다. 헨리포드는 소비자들이 자동차를 구입할 수 있도록 최대한 자동차 가격을 낮추어 수백만 대를 생산, 판매할 수 있었다. 가격은 낮았지만 매출이 높았기 때문에 규모의 경제를 실현하여 수익을 낼 수 있었던 것이다.
  ㉢ 표적시장의 특성
    - 시장수요의 가격탄력성이 높을 때
    - 원가우위를 확보하고 있어 경쟁기업이 자사 가격만큼 낮추기 힘들 때
    - 시장에 경쟁자의 수가 많을 것으로 예상될 때

모범답안 2022

제1과목 마케팅관리론

경영지도사의 답안

※ 본 답안은 현직 경영지도사의 모범 예시 답안이며, 채점자의 견해에 따라 표준 정답은 달라질 수 있으니 참고하여 학습에 활용하시기 바랍니다.

| 논술문제 |

문제 1 제품의 가격결정 시에 고려하는 기본적인 요인으로서 원가요인, 고객요인, 경쟁요인이 있다. 다음 물음에 답하시오. (30점)

(1) 제품가격의 범위와 수준을 정할 때, 위의 3가지 요인이 어떤 역할을 하는지 설명하시오. (10점)

1. 원가요인

(1) 원가요인의 역할

원가는 가격의 하한선을 결정하는 매우 중요한 요소이다. 따라서 제품의 정확한 원가구조를 아는 것은 가격결정에 필수적이다. 제품의 원가는 크게 변동비용과 고정비용으로 구분된다. 변동비용(Variable Costs)은 제품의 재료비, 노무비, 로열티 등과 같이 판매량의 증대에 따라 비례적으로 증가되는 비용이며, 고정비용(Fixed Costs)은 건물의 임대료, 직원들의 월급, 광고비 등과 같이 판매량에 관계없이 소요되는 비용이다.

(2) 원가요인의 활용

기업은 제품생산과 관련하여 발생하는 변동비용과 고정비용을 신중하게 분석하여 제품가격을 고려해야 한다. 가격결정 시 비용절감에만 초점을 맞출 경우 싸구려 이미지를 심어줄 수 있고 경쟁사에서 더욱 낮은 비용으로 제품을 출시할 경우 경쟁에서 밀려날 우려가 있으므로 유의해야 한다.

2. 고객요인

(1) 고객요인의 역할

① 시장과 수요의 특성

제품의 가격결정에 영향을 주는 중요한 외부요인은 고객요인, 즉 시장과 수요의 특성이다. 이는 다시 말해 소비자들의 반응을 고려해야 한다는 것이다. 가격과 소비자 반응과의 관계를 이해하기 위해서는 수요의 가격탄력성을 이해해야 한다. 소비자들은 제품의 가격이 낮아질수록 더 많은 양의 제품을 구입하게 된다(수요의 법칙).

② 수요의 가격탄력성

수요의 가격탄력성은 제품의 가격이 변화함에 따라 판매량의 변화를 나타내는 것인데 수요의 가격탄력성은 탄력적 수요와 비탄력적 수요로 나눌 수 있다.

탄력적 수요 (Elastic Demand)	약간의 가격변화에 대해 수요량이 크게 변화는 경우로 가격탄력성의 절댓값이 1보다 크게 나타난다. 이 경우에는 가격을 인하하면 총수익이 늘어나고, 가격을 인상하면 총수익이 줄어들게 된다. 탄력적 수요를 가진 제품에는 인기 있는 제품 등이 있다.
비탄력적 수요 (Inelastic Demand)	가격탄력성의 절댓값이 1보다 작은 경우로 가격을 인하하면 총수익이 감소하게 된다. 비탄력적 수요를 가지고 있는 대표적인 아이템에는 명품이나 전문가용 제품들이 있는데, 예를 들어 고급 명품의 가격이 일부 상승한다고 해서 실제 소비가 대폭으로 줄지 않는다.

(2) 고객요인의 활용

일반적으로 수요곡선은 가격에 반비례한다. 즉, 높은 가격일 경우 수요는 줄어든다. 그러나 명품과 같은 과시용 제품의 경우에는 가격이 높을수록 더욱 수요가 많아진다. 마케터는 이러한 점을 염두에 두고 수요에 따른 가격정책을 세워야 한다.

3. 경쟁요인

(1) 경쟁요인(경쟁사의 가격과 제공조건)의 역할

제품의 가격결정에 영향을 주는 또 다른 중요한 외부요인은 경쟁사의 가격과 제공조건이다. 경쟁사와 비슷한 품질의 제품을 제공하면서 더 높은 가격을 제시한다면 고객을 잃게 된다. 경쟁사보다 유리한 원가구조를 가지고 있어 경쟁사의 원가보다 낮은 가격을 제시하면 경쟁에서 유리할 수 있다. 그러나 경쟁사보다 고비용의 구조를 가지고 있다면 가격경쟁보다는 품질향상 등 차별화 전략을 선택해야 한다.

(2) 경쟁요인의 활용

유사한 제품을 제공하면서 경쟁사보다 낮은 가격을 책정하면 경쟁사도 즉각적으로 가격을 인하할 가능성이 높기 때문에 기업은 이윤이 줄어들거나 손실을 보는 부작용을 초래할 수 있으므로 주의해야 한다. 그러나 상대적으로 차별화된 제품을 제공하는 경쟁기업인 경우에는 가격전쟁을 벌이지 않고도 고객을 확보할 수 있으므로 가격을 주도적으로 결정할 수 있다.

4. 기 타

이외의 고려해야 할 외부요인들로는 유통경로, 정부의 규제, 여론, 소비자단체 등이 있다. 특히 오늘날에는 정부의 규제 외에도 소비자운동의 확산으로 소비자들의 목소리가 점점 커지고 있으며, 많은 소비자단체들이 활동 중이다. 정보통신과 매스미디어의 발달, 인터넷을 통한 네티즌 간의 비평의 확대 재생산으로 여론의 힘이 점차 커지고 있다. 따라서 기업은 이러한 제반 여건도 고려하여 가격책정을 해야 할 것이다.

(2) 고객요인중심 가격결정을 할 때, 고려해야 하는 요소 2가지를 제시하고 2가지 요소를 반영한 가격결정 방법을 설명하시오. (10점)

1. 고객요인중심 가격결정의 정의와 고려 요소

(1) 정 의

고객(소비자)요인중심 가격결정은 제품을 생산하는 데 소요되는 비용보다는 표적시장에서 소비자들의 제품에 대한 평가와 그에 따른 수요를 바탕으로 가격을 결정하는 방법이다. 따라서 기업은 소비자가 평가한 제품의 지각가치에 입각해 가격을 결정한다. 즉, 표적시장 소비자들의 제품에 대한 평가와 그에 따른 수요를 바탕으로 가격을 결정하는 방법이며, 소비자조사를 통해 표적시장의 수용가능 가격을 인지한다.

(2) 고객요인중심 가격결정 시 고려해야 하는 요소

① 소비자조사

소비자의 구매의도(수요량), 가격 변화에 대한 민감도(가격탄력성), 표적시장에 대한 정보 등을 고려해야 하는데 이를 위해서는 먼저 표적고객의 수용가능한 가격을 알기 위한 소비자조사가 선행되어야 한다. 즉, 소비자들의 구매의도, 가격의 변화에 대한 민감도, 표적시장의 특성 등에 대한 정보를 소비자조사를 통해 획득해 이를 가격결정의 기초로 삼아야 한다.

② 지각가치

소비자중심의 가격결정방법으로 주로 활용되는 것은 지각된 가치에 따른 가격결정방법으로서, 이는 지각된 가치를 측정하는 방법에 따라서 직접적 가격평가법, 직접적 지각가치평가법, 진단적 가격결정방법으로 분류될 수 있다.

2. 고객요인중심 가격결정을 반영한 가격결정방법

(1) 직접적 가격평가법(직접적 가격결정방법)

① 정 의

소비자들에게 지각된 제품 가치를 직접 물어보는 방법으로, 소비자들에게 제품을 보여준 후 제품의 가치를 화폐단위로 답하게 하는 것이 이에 해당된다.

② 활 용

소비자들이 자주 구매하거나 제품의 평가가 용이한 제품에 적합하며 조사 자체가 간단하기 때문에 실제로 마케팅관리자들에 의해 자주 활용되고 있다. 비슷한 방법으로 직접 지각가치평가법은 제품의 상대적 지각가치를 직접 조사하는 것으로서, 예를 들어서 김치냉장고 A, B, C를 놓고 100점을 3개 제품에 할당하게 하는 방법이 이에 해당한다.

(2) 진단적 가격결정방법

① 정 의

소비자들로 하여금 조사제품에 대해 제품속성의 중요도와 속성별 신념을 평가하도록 하는 방법이다. 이 방법은 제품에 대한 소비자들의 지각가치를 보다 면밀하게 조사할 수 있는 장점이 있는데 진단적 방법을 이용한 제품의 지각가치는 속성의 상대적 중요도와 각 제품별 속성에 대한 평가치를 곱해 모든 속성에 대해 합해 구할 수 있다.

② 활용

지각된 가치에 따른 가격결정방법을 이용하고자 하는 기업은 먼저 자사 및 경쟁제품에 대한 소비자의 지각된 가치를 파악해야 하는데, 각 제품에 대한 소비자의 지각된 가치를 조사하는 데 많은 조사비용이 소요되며 이의 정확한 측정이 어려운 단점이 존재할 수 있다. 만약에 소비자의 가치를 과대평가했다면 가격은 지나치게 높게 책정될 것이며 반대로 가치를 과소평가한 경우엔 더 많은 이익을 획득할 수 있는 기회를 상실하게 된다. 따라서 지각된 가치에 대한 정확한 소비자조사가 이 방법을 통한 가격결정의 핵심 성공요인이라고 할 수 있다.

(3) 경쟁요인중심 가격결정을 할 때, 고려해야 하는 요소 2가지를 제시하고 2가지 요소를 반영한 가격결정 방법을 설명하시오. (10점)

1. 경쟁요인중심 가격결정의 정의와 고려해야 하는 요소

(1) 정의

경쟁중심적 가격결정은 경쟁사들의 가격을 자사제품의 가격결정에 가장 중요 기준으로 적용하는 것이다. 동일 시장에서 속한 경쟁제품들의 품질이 유사하며 비슷한 비용구조를 가지고 있다면 원가중심적 혹은 소비자 중심적 방법으로 결정된 제품가격 또한 서로 비슷하게 결정될 것이다. 경쟁중심적 가격결정을 채택하는 기업은 소비자들이 각 경쟁사들이 제공하는 제품들이 서로 유사하다고 생각하며 경쟁제품들의 가격을 비교하여 특정 제품을 선택할 것이라는 가정으로부터 출발한다.

(2) 경쟁요인중심 가격결정 시 고려해야 하는 요소

경쟁중심적 가격결정방법은 가격책정이 간단하며 소비자나 자사의 비용구조 등에 대한 분석이 필요 없는 장점이 있어서 기업들이 많이 사용하고 있다. 그러나 단점으로는 경쟁중심적 가격결정방법은 동일 비용구조를 지닌 경쟁사들이 동일한 소비자를 대상으로 마케팅을 한다는 전제를 가지고 있으나, 같은 산업에 속한 기업들이 서로 다른 소비자를 표적으로 마케팅활동을 전개할 수 있으며, 서로의 비용구조에 어느 정도 차이가 있을 수 있다는 점을 들 수 있다.

2. 경쟁요인중심 가격결정을 반영한 가격결정방법

(1) 시장가격에 따른 가격결정

시장가격에 따른 가격결정을 추구하는 기업은 자신들의 비용구조나 수요보다는 시장의 가격을 보다 중요하게 생각하면서 보통 주요 경쟁자의 제품가격과 동일하거나 혹은 비슷한 수준에서 보다 높게 혹은 낮게 가격을 책정한다. 과점형태의 시장구조에선 기업들은 경쟁사들과 동일한 가격을 책정하고 있는 경우를 많이 볼 수 있다. 시장선도 기업이 가격을 책정하면 시장추종기업들은 자신들의 비용이나 수요와는 관계없이 그 가격을 그대로 받아들여서 자사의 가격으로 책정하는 것이다.

(2) 경쟁입찰에 따른 가격결정

조직체 구매자들이나 정부 등이 구매하는 제품가격은 경쟁입찰에 의해 결정되는 경우가 많다. 즉, 2개 이상 기업들이 각각 독자적으로 특정 제품이나 서비스, 프로젝트 등에 대한 가격을 제시하는 것이다. 입찰에서 낙찰되기 위해선 기업은 경쟁사보다는 더 낮은 가격을 제시해야 하므로 수요나 비용 등의 추정을 통해 경쟁자의 가격을 예측하는 것이 매우 중요하다. 경쟁입찰에서 제시되는 가격의 결정에는 게임이론과 같은 수리적인 모형이 적용되며 대부분이 기대이익의 개념을 바탕으로 할 때가 많다. 끝

문제 2 제품에 관하여 다음 물음에 답하시오. (30점)

(1) 유형제품(Tangible Product)에 해당되는 구성요소 중 4가지를 제시하시오. (6점)

① 유형제품(Formal Product/Tangible Product, 형식제품, 실제적 제품)의 정의

구매자가 실물적 차원에서 인식하는 수준의 제품으로 핵심제품에 포장, 상표 등이 가미된 형태의 제품이다. 유형제품은 소비자가 제품으로 추구하는 편익이나 혜택을 물리적인 속성들의 집합으로 유형화시킨 것으로써, 예를 들어 소비자에게 자동차는 연비, 엔진성능, 브레이크, 정숙성, 디자인 등으로 말할 수 있다.

② 유형제품의 요소

유형제품의 요소에는 품질, 특성, 포장, 상표 등이 있는데 소비자는 이러한 요소들로 인해 제품 성능이나 제품 품질을 결정한다. 따라서 마케터는 유형제품의 요소들을 잘 관리할 필요가 있다.

품 질	의 의	품질은 마케터가 제품 포지셔닝에 이용하는 주요 도구이다. 소비자는 품질이 좋은 제품을 선호한다.
	성능 품질	기본적인 스펙이 얼마나 우수한지를 말한다. 예 가장 최신 버전인 갤럭시 S시리즈 모델과 보급형 버전인 A시리즈를 비교하면 S시리즈가 성능 품질이 더 높음
	적합성 품질	얼마나 제품이 일관된 품질을 갖는가 하는 문제이다. 예 스펙이 다른 S시리즈와 A시리즈가 불량률이 동일하다면 적합성 품질은 같음
특 성		• 제품 특성이란 제품이 수행하는 기본적, 부수적인 기능들을 말한다. • 기업은 차별화된 특성을 이용하여 경쟁우위를 달성하기도 한다. 예 삼성의 갤럭시 울트라 스마트폰 : 1억 800만 화소라는 카메라의 차별적 특성 이용
스타일과 디자인		• 스타일은 제품의 외양을 말한다. • 디자인은 스타일보다 더 넓은 개념으로 제품의 외관과 성능을 모두 포함한다. • 제품 디자이너는 고스펙의 기술적 사양보다는 고객이 원하거나 고객이 추구하는 혜택 위주로 제품 설계를 하여 소비자를 끌어들일 수 있어야 한다.
포 장		• 포장은 제품을 감싸는 물체를 총칭하는 단어이다. • 제품 보호와 사용자에게 편리함을 제공하는 기능이 있으며, 잘 꾸며진 포장은 제품 이미지를 향상시킬 수 있다.
상표명 (브랜드)		• 상표명(브랜드)은 소비자의 제품 선택에 큰 영향을 미친다. • 자사제품을 경쟁제품과 구별하게 해주며 소비자들에게 제품 개념을 전달할 수 있다.

(2) 확장제품(Augmented Product)에 해당되는 구성요소 중 4가지를 제시하시오. (6점)

① 확장제품의 요소

실제제품에 추가되는 혜택을 포함하는 제품으로 사후 서비스, 배당 등이 포함된 형태이다. 즉, 확장제품은 유형제품을 확장한 개념으로서 배달, 설치, 보증, 애프터서비스 등의 추가적인 서비스와 효용을 말한다. 따라서 제품은 단순한 유형적 특성의 결합이 아니고 소비자들의 욕구를 충족시켜 줄 수 있는 효익의 집합이라고 할 수 있다.

② 확장제품의 구성요소

확장제품은 제품들의 성숙화와 경쟁의 심화에 따라 새로운 차별화의 수단으로 활용된다. 컴퓨터의 경우 A/S, 교육, 소프트웨어 끼워 팔기, 무료 업그레이드 등이 이에 해당한다.

보장과 보증	개념	• 보장은 제품에 문제가 발생했을 경우 제조업자가 수리, 교환 등의 의무를 다해야 하는 것을 뜻한다. • 보증은 제품 성능이 소비자의 기대에 못 미치는 경우 환불이나 교환 등을 해주는 것을 뜻한다.
	의의	보장과 보증을 통해 소비자는 해당 제품을 구매 시 고장, 불만족 등의 상황에 대해 조치를 받을 수 있기 때문에 불안감을 떨치고 제품을 쉽게 구매할 수 있다.
대금 결제 방식		• 소비자가 제품 구매 시 대가를 치루는 수단을 의미한다. • 편리한 대금결제방식은 소비자들의 구매를 촉진할 수 있다. 예 간편 결제 서비스, 신용카드 할부 서비스 등
배 달		• 구매한 제품이 안전하고 신속하게 고객이 원하는 장소에 전달되는 행위를 말한다. • 편리한 배달 서비스는 소비자에게 자사제품을 선택할 수 있게 하는 방법이 될 수 있다. 예 맥도날드의 맥딜리버리, 마켓컬리의 새벽 배송 서비스
A/S		• 보증기간 내에 문제 발생 시 제조업자가 약관에 따라 제공하는 서비스를 의미한다. • A/S는 유상과 무상이 있는데 기업은 고객이 이득을 느낄 수 있도록 무상과 유상을 적절히 결합해야 한다. 예 LG전자의 10년 무상 보증 서비스
설 치		담당 기사를 파견하여 즉각적인 제품 사용이 가능하도록 준비하는 과정을 의미한다. 예 엘리베이터(유형제품) 구매 시 고객이 바로 사용할 수 있도록 설치를 해주는 확장제품까지 구매한다고 보는 것

(3) 제품계열의 길이(라인)확장전략 3가지 유형을 제시하고 각각에 대하여 내용을 설명하시오(단, 기존 제품계열 내에서 제품품목을 추가시킴으로써 제품계열의 깊이를 확장하는 전략은 제외함). (18점)

먼저 제품계열의 길이확장전략에는 아래의 3가지 유형이 있는데 그림으로 도식하면 다음과 같다.

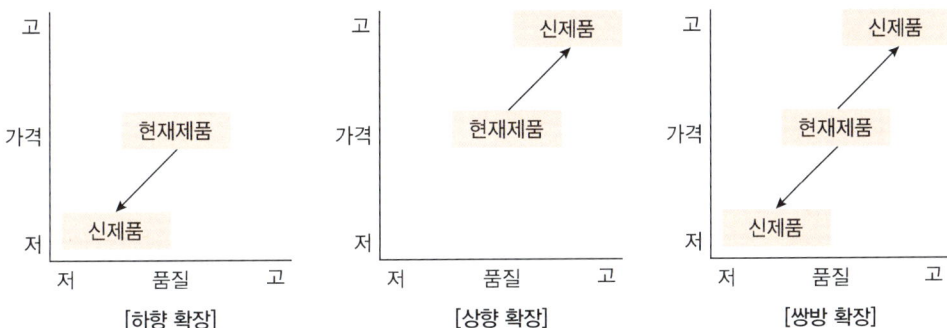

① 하향 확장전략(Downward Stretch)

초기에는 고품질 고가의 제품을 출시시켰다가 제품계열의 길이를 확장시키면서 저가의 신제품을 추가시키는 전략이다. 이 전략을 선택하는 이유는 초기에 고급 이미지를 소비자들에게 심어준 다음, 저가 제품으로 확장하면서 기존의 고품질 이미지가 저가 제품에도 확산될 수 있을 것으로 믿기 때문이다. 또는 저가 제품의 성장 가능성이 높거나 잠재시장의 선점을 통해 경쟁자의 진출을 막기 위해 사용하기도 한다. 그러나 기존 고품격 브랜드 이미지에 부정적 영향을 끼쳐 기존 고객이 이탈하기도 한다.

② 상향 확장전략(Upward Stretch)

초기에는 저가, 저품질의 상품을 출시시켰다가 제품계열의 길이를 확장시키면서 고가의 신제품을 추가 시키는 전략이다. 이 전략을 선택하는 이유는 고가의 제품들이 상대적으로 높은 이익률과 매출상승을 동반하기 때문이다.

③ 쌍방 확장전략(Two-way Stretch)

기존 제품계열 내에 품목의 추가를 통해 제품확장을 도모하는 전략으로 잉여설비의 활용, 매출의 증대, 세분시장의 침투 등에 긍정적이고 효과적이다. 또한 이 전략은 고소득 소비자들과 저소득 소비자들 모두에게 소구함으로써 매출증대와 시장점유율의 증가를 실현할 수 있다. 그러나 소비자 혼돈의 야기와 비용 상승으로 인한 수익성이 악화되는 문제점도 동시에 존재한다. 끝

| 약술문제 |

문제 ❸ 시장세분화의 기준이 되는 행동적 변수 5가지를 제시하고 각각에 대하여 설명하시오. (10점)

① 제품구매 단계
  ㉠ 구매 또는 사용상황(Purchase or Usage Occasions) : 소비자들의 구매 또는 사용상황에 따라 소비자들이 기대하는 편익은 달라질 수 있다. 그러므로 마케터는 개별 소비자들이 어떤 상황에서 해당 상품을 구매하고, 사용하느냐에 따라 시장을 세분화할 수 있다.
  ㉡ 구매 또는 사용상황의 예시

구매	초콜릿을 구매하는 경우 자신이 먹으려고 구매하는지 또는 밸런타인데이에 이성 친구나 지인에게 선물하려고 구매하는지에 따라, 상품에 대한 관여도, 추구하는 상품의 속성 즉 맛, 브랜드, 포장 등도 달라질 수 있다.
사용상황	어떤 사람은 우유를 음료수 대신 갈증해소용으로 사용하기도 하고, 아침에 빵 또는 시리얼과 함께 마시기도 하며, 출출할 때 배고픔을 달래려고 마시기도 하며, 밤에 잠을 자기 위해 마시기도 한다.

② 소비자가 추구하는 편익
  ㉠ 추구편익(Benefits Sought) : 소비자들이 특정 상품의 구매로부터 기대하는 편익은 서로 다르므로 추구편익에 따라 시장을 세분화할 수 있다. 상품은 속성들의 묶음(A Bundle of Attributes)이며, 편익들의 묶음(A Bundle of Benefits)으로 볼 수 있는데 그런 면에서 추구편익을 추구속성이라고 해도 되나, 고객이 추구하는 편익이 소비자 중심적이라 할 수 있다.
  ㉡ 편익세분화(Benefit Segmentation)의 활용 : 편익세분화로부터 유용한 마케팅전략이 나오기 위해서는 편익에 근거해서 나누어진 각 세분시장의 인구통계적 특성과 각 세분시장 내의 주요 경쟁사들도 함께 조사해야 한다.

③ 상품사용경험(User Status)
  ㉠ 소비자들의 상품사용경험
    • 사용경험이 전혀 없는 소비자
    • 과거에 사용 경험이 있지만 지금은 사용하지 않는 소비자
    • 향후 잠재적으로 사용할 가능성이 있는 잠재고객
    • 처음으로 구매하여 사용하고 있는 신규구매자
    • 정기적으로 자사 상품을 구매하고 있는 고객
  ㉡ 상품사용경험의 활용 : 신규구매자와 정기적 구매고객들은 충성도를 더욱 강화시켜 지속적으로 자사상품을 재구매할 수 있도록 독려해야 한다. 기존 고객이 왜 떠났는지를 분석하여 이들이 다시 재구매할 수 있게 하는 방법을 찾아야 하며, 또한 이를 통해 현재 고객들의 이탈을 방지해야 할 것이다.

④ 사용률(Usage Rate)
사용률은 자연스러우면서도 강력한 세분화 변수로 쓰일 수 있다. 누가 그 상품의 다량사용자인가? 많은 상품범주에서 다량사용자들(대체로 소비자 중 20~30% 차지)은 전체 매출량의 70~80%를 차지한다. 소비자들이 해당 상품을 사용하는 율(Usage Rate)에 따라 다량사용자(Heavy Users), 보통사용자(Medium Users), 소량사용자(Light Users)로 세분화할 수 있다.

⑤ 브랜드 충성도(Brand Loyalty)

브랜드 충성도는 특정 브랜드에 대해 호의적인 태도를 가지며, 반복하여 구매하는 정도라 정의될 수 있다. 그러므로 소비자의 자사 브랜드에 대한 충성도에 따라 시장을 세분화할 수 있는데, 데이비드 아커(Aaker) 교수는 고객들의 브랜드 충성도를 다음과 같이 다섯 단계의 피라미드로 구성하였다.

㉠ 가격 때문에 브랜드를 바꿀 고객(Customer will change brands, especially for price reasons. No brand loyalty) : 이들은 전혀 충성스럽지 않은 구매자로 완전히 브랜드에 무관심한 집단이며, 언제든지 브랜드를 전환(Brand Switching)할 수 있다.

㉡ 습관적으로 구매하는 만족한 고객(Customer is satisfied. No reason to change the brand) : 적어도 변화를 야기할 만큼의 불만족은 느끼지 않는 고객들이다.

㉢ 브랜드 전환비용을 느끼는 만족한 고객(Customer is satisfied and would incur costs by changing brand) : 다른 브랜드로 전환함에 있어 전환비용(Switching Cost)을 느끼는 고객들로 기업들의 이러한 전환비용을 높여 다른 브랜드로의 전환을 막을 수 있다. 이 층에서부터 브랜드 충성도가 있다고 보았다.

㉣ 브랜드를 좋아하고 친숙하게 느끼는 고객(Customer values the brand and sees it as a friend) : 감정적으로 브랜드를 친구처럼 친근하고 밀착되어 있어 매우 강한 충성도를 보이는 층이다.

㉤ 브랜드에 헌신적인 고객(Customer is devoted to the brand) : 이들은 특정 브랜드를 알고 사용하고 있다는 사실을 자랑스럽게 여기며, 심지어 헌신적인 태도를 취한다. 끝

문제 4 브랜드 확장(Brand Extension)이 효과적인 상황 3가지를 설명하시오. (10점)

① 브랜드 확장 전략의 정의

상표 확장 전략은 성공적인 상표명을 다른 제품범주의 신제품에 그대로 사용하는 전략이다. 브랜드명이 신상품과 기존 상품의 판매를 동시에 높이는 경우 최상의 결과를 가져올 수도 있지만 신상품이 구매자에게 외면당하면 다른 상품에도 영향을 미칠 수 있다. 기존에 성공한 브랜드가 신상품에 적합하지 않을 수도 있으며 브랜드명을 남용하게 되면 소비자 마음속에서 그 상품의 독특한 포지셔닝을 상실할 수 있다.

② 브랜드 확장이 효과적인 상황

㉠ 모브랜드가 상대적으로 경쟁력이 강한 상황 : 모브랜드에 대한 우호적이고 강력한 연상이 있다는 것은 경쟁 카테고리 내에서의 경쟁력이 우수하다는 것을 의미한다. 이런 경우에만 브랜드 확장의 효과가 있다. 주변을 살펴보면 우호적인 연상이 없거나 경쟁력이 상대적으로 낮은데 브랜드 확장을 하는 경우도 자주 보게 되는데, 이는 잘못된 방법이다.

㉡ 확장하고자 하는 제품과 모브랜드가 속성이 유사할 때 : 브랜드 확장 효과에 영향을 미치는 요인으로 가장 많이 다뤄지는 부분 중의 하나가 모브랜드와 확장제품 간의 유사성(Similarity)이다. 속성 유사성이 높으면 적합도가 높아진다. 브랜드 확장에 대한 기존의 연구 중 이 부분에 대해서는 많은 연구가 이뤄졌는데 기존의 연구 결과들에 따르면 일반적으로 모브랜드와 확장제품 간의 유사성이 높을 때 확장태도가 긍정적이라고 한다.

ⓒ 기술전이성이 높을 때 : 브랜드 확장 시 고려해야 할 상황은 기술전이성(Transferability)이다. 기술전이성이란, 해당 브랜드의 핵심 기술이 확장된 영역에 전이될 수 있는가의 문제다. 이것은 눈으로 보이는 유사성보다는 해당 제품을 만들 수 있는 능력이 다른 제품영역으로 전이될 수 있느냐의 문제다. 즉, 능력의 전이성이라고 보면 무난할 것이다.

예를 들어 존슨 앤 존슨은 피부 보습과 부드러움을 유지하게 하는 노하우를 갖고 있다. 이것이 존슨 앤 존슨의 인지된 핵심능력이며 핵심연상인 것이다. 이러한 핵심연상에 부합되는 제품영역으로 확장하게 되면 소비자들의 평가가 긍정적이게 될 수 있을 것이다.

ⓔ 이외(보완성이 높은 상황) : 보완성은 그 제품을 사용함에 있어 두 개 이상의 제품이 얼마나 보완적 관계에 있느냐의 문제다. 예를 들어 면도기와 면도크림, 카메라와 필름 등은 아주 보완성이 높은 예에 해당한다. 이러한 보완성은 보통 사용상황 측면에서의 상호보완성을 의미하는데 보완성이 높은 상황이라면 브랜드 확장이 용이하다.

문제 5 수평적 마케팅시스템(HMS ; Horizontal Marketing System)의 개념과 효과를 설명하시오. (10점)

① 수평적 마케팅시스템의 개념과 의의

ⓐ 개념 : 유통경로에서 두 개 또는 그 이상의 기업들이 연합하여 마케팅 기회를 공동으로 이용하려 하는 것을 수평적 마케팅시스템이라 한다. 어느 한 기업이 단독으로 자본을 축적하거나 기술, 생산, 마케팅 활동을 수행하려면 많은 위험이 따르므로, 이들 기업들은 단순히 협정만 맺거나 별개의 기업을 설립하기도 한다.

예컨대, 어느 생산자가 신제품을 개발하여 판매하려는 경우에 경험과 자본의 부족으로 대리점을 설치하지 못하여 타사의 대리점으로 하여금 판매권을 부여하여 판매하도록 한다. 따라서 이것을 공생적 마케팅(Symbiotic Marketing)이라고도 한다.

ⓑ 의의 : 수평적 마케팅은 일반적으로 어느 한 회사만으로는 자본, 노하우, 생산 혹은 마케팅 설비를 모두 감당하기가 곤란하거나, 이를 모두 감당하기에는 많은 위험이 수반되거나, 연맹관계를 유지함으로써 상당한 시너지 효과를 기대할 수 있을 때 형성된다. 그 외 급속한 기술의 변화, 소비자 기호의 변화, 기업의 다국적화, 경쟁의 격화, 물가상승, 소비자 구매력 감소 등이 있는데, 이것이 바로 기업의 공동노력이 필요한 이유이다.

② 수평적 마케팅시스템의 효과

수평적 마케팅시스템이란 자원이 부족한 기업들이 효과적인 마케팅 활동을 수행하기 위하여 같은 경로 단계에 있는 다른 기업과 결합하는 것을 말한다. 여기서 새로운 마케팅 기회를 개발하기 위해 동일한 경로단계에 있는 두 개 이상의 개별적인 기업이 자원과 프로그램을 결합하는 것을 수평적 통합이라고 한다. 이러한 수평적 통합이 발생하는 이유는 각각의 기업이 단독으로 효과적인 마케팅 활동을 수행하는 데는 필요한 자본, 노하우, 마케팅 자원 등을 보유하고 있지 않기 때문에 수평적 통합을 통해 시너지 효과를 얻으려고 하기 때문이다. 따라서 수평적 통합은 공생적 마케팅(Symbiotic Marketing)이라고도 한다.

하이브리드 마케팅(Hybrid Marketing)	공생마케팅(Symbiotic Marketing)
• 참여업체가 서로 다른 업종인 경우 • 편의점, 제조업체, 영화사의 공동 마케팅 : 편의점에서는 영화를 홍보하고, 제조업체는 신제품을 구매하는 사람에게 영화표를 제공, 영화사는 편의점에서 할인 티켓을 제공 • 이마트-풀무원 공동전략 : 상품개발, 판매, 마케팅, 운영 및 관리 • 엑소후레쉬 : 풀무원, 금강개발산업, 대림수산, 고려당, 매일유업과 함께 엑소후레쉬를 설립하여 공동 물류를 통해 물류비용 감축	• 참여업체가 경쟁관계인 경우 • 한국 네슬레 + 한국 코카콜라 + 남양유업 : 한국 네슬레는 네스카페, 네스티의 분말을 한국 코카콜라에서 생산·판매, 네슬레는 초콜릿 분말을 남양유업에 맡겨 생산·판매 • 코카콜라 + 네슬레 : 코카콜라는 음료에 대한 전 세계 유통망 제공, 네슬레는 커피, 홍차에 대한 강력한 브랜드 제공 • 대한항공과 델타의 좌석 공유

끝

문제 6 서비스의 개념적 정의를 기술하고, 차별적(고유한) 특성 4가지를 설명하시오. (10점)

① 서비스의 개념적 정의

서비스는 한 당사자가 다른 당사자에게 소유권의 변동 없이 제공해 줄 수 있는 무형의 행위 또는 활동을 말한다. 서비스는 대체로 저장하거나 운반할 수 없는데 '공통적인 어떤 효익이나 만족을 얻는 활동'으로 요약해 볼 수 있고 무형적 성격을 띠는 일련의 활동으로서 고객과 서비스 종업원의 상호 관계로부터 발생하며 고객의 문제를 해결해 주는 것으로 많은 경우 서비스는 서비스 제공자와의 상호작용을 포함하게 된다.

② 서비스의 특성

㉠ 무형성

의의 및 특징	• 소비자는 구매 전까지 서비스를 보거나 만질 수 없다. • 형태가 있는 유형의 상품은 그 자체가 욕구를 충족시켜 주는 것임에 비하여 서비스는 서비스의 주체인 인간의 활동이 욕구를 준다는 점에서 상품과 특성을 달리한다. • 서비스의 무형성으로 인한 고객의 불확실성을 제거하기 위해서 서비스의 구체성과 유형성 증대를 위해 노력해야 하고, 서비스를 제공받는 소비자는 구매 전까지 서비스를 보거나 만질 수 없다.
문제점	• 특허로 보호가 곤란하다. • 진열하거나 설명하기 어렵다. • 가격설정의 기준이 명확하지 않다.
극복방법	유형적 단서를 제공한다. 즉 의료서비스의 경우 언론에 노출된 사진을 게재한다던지 유명학회 정회원임을 명시한다.

㉡ 비분리성

의의 및 특징	• 생산과 소비가 동시에 일어난다. • 서비스를 제공하는 사람은 고객과 직접 접촉하게 되므로 생산과정에서 고객이 참여하게 된다. • 서비스는 사람이든 기계든 그 제공자로부터 분리되지 않으며, 제품처럼 포장되었다가 고객이 그것을 필요로 할 때 구매할 수 없다.
문제점	• 서비스 제공 시 고객이 개입된다. • 집중화된 대규모 생산이 곤란하다.
극복방법	• 고객 서비스 접점에서 서비스 제공의 질을 높인다. • 기계의 도입으로 대인접촉에 의한 서비스 제공을 감소시킨다.

ⓒ 이질성

의의 및 특징	• 품질이 고르지 않다. • 서비스는 제공주체인 인간의 개별적 특성 또는 제공 상황에 따라 이질적이다.
문제점	• 규격화, 표준화가 어렵다. • 서비스는 주로 사람에 의존하므로 일관되고 표준화된 서비스 제공이 어렵다(고객의 이질성과 연결).
극복방법	• 서비스 제공자(종업원) 교육에 투자한다. • 기계의 도입으로 대인접촉에 의한 서비스 제공을 감소시킨다. • 서비스 제공 표준화를 시킨다.

ⓔ 소멸성

의의 및 특징	서비스는 판매되지 않으면 사라진다.
문제점	• 서비스는 재고와 저장이 불가능하므로 재고조절이 곤란하다(서비스의 소멸성). • 과잉생산에 의한 손실과 과소생산으로 이익기회의 상실이 발생한다.
극복방법	• 서비스가격을 차별화한다. 　예 피크타임 → 비(非)피크타임 수요 스키장(아침, 야간), 극장(조조할인, 심야할인) • 비성수기 수요를 개발한다. 　예 스키장(인공잔디 슬라이드, 골프연습장, 전망대로 활용) • 예약시스템을 통해 수요를 사전에 확보한다. 　예 항공사, 관광, 의료의 예약시스템

끝

모범답안 2021
제1과목 마케팅관리론
경영지도사의 답안

※ 본 답안은 현직 경영지도사의 모범 예시 답안이며, 채점자의 견해에 따라 표준 정답은 달라질 수 있으니 참고하여 학습에 활용하시기 바랍니다.

| 논술문제 |

문제 1 포지셔닝에 관하여 다음 물음에 답하시오. (30점)

(1) 포지셔닝의 개념을 설명하고, 포지셔닝 전략을 수립하는 과정에 관하여 논하시오. (14점)

① 포지셔닝의 개념

마케팅관리자가 여러 세분시장 중에서 표적시장을 선정하고, 그 시장 내에서 효과적인 마케팅활동을 수행하고자 할 때에는 자사제품이 경쟁제품과는 다른 차별적 특징을 보유하여 소비자의 욕구를 보다 잘 충족시켜줄 수 있다는 인식을 소비자에게 심어주어야 하는데 이러한 과정을 제품 포지셔닝이라고 한다.

② 포지셔닝의 전략 절차

포지셔닝 절차는 소비자 분석 → 경쟁제품 파악 → 경쟁제품의 포지션 파악 → 자사제품의 포지셔닝 개발 → 포지셔닝 확인 및 재포지셔닝의 5단계로 이루어진다. 포지셔닝 절차를 표로 나타내면 다음과 같다.

소비자 분석	경쟁제품 분석
해당제품에 대한 표적소비자들의 니즈와 불만족 원인 파악	도입제품의 경쟁제품을 구체적으로 파악

↓

경쟁제품의 포지션 분석
- 경쟁제품들의 소비자 인지도 작성
- MDS 사용
- 제품의 속성 파악 및 각 경쟁제품에 대한 소비자 지각 정도 분석

↓

자사제품의 포지셔닝 개발
- 자사제품의 포지셔닝 개발
- 경쟁제품과 자사 도입제품에 대한 소비자들의 인식차이를 두기 위한 위치 선정

↓

포지셔닝의 확인 및 재포지셔닝
- 포지셔닝 전략 실행 후 당초 목표대로 포지셔닝 되었는지 확인
- 경쟁환경 변화에 따라 위치 재설정

(2) 포지셔닝 전략에 사용되는 포지셔닝 맵의 개념을 설명하시오. (6점)

포지셔닝 맵(Positioning Map)은 지각도(Perceptual Map)와 유사한 개념이다. 포지셔닝 맵(Positioning Map)이란 제품에 대한 고객의 지각을 2차원이나 3차원 그래프로 표시한 것으로, 소비자의 머릿속에 인식되어 있는 자사제품과 경쟁제품의 포지션을 나타낸다. 포지셔닝 맵은 소비자의 지각(인지)을 기준으로 만들어지기 때문에 지각도(Perceptual Map)라고 부르기도 한다. 이렇게 포지셔닝 맵을 그려보면 자사제품이 소비자에 어떻게 인식되고 있는지, 경쟁제품은 무엇이고 얼마나 있는지, 경쟁제품이 어떻게 인식되고 있고 또 자사제품과 어떤 위치관계가 있는지, 소비자가 생각하는 이상적인 제품속성은 무엇인지, 자사제품이나 경쟁제품이 놓치고 있는 시장은 어디인지 등을 알 수 있다.

(3) 포지셔닝 맵의 전략적 유용성 5가지를 설명하시오. (10점)

마케팅관리자는 포지셔닝 맵을 그려봄으로써 다음 5가지 측면에서 유용한 정보를 얻을 수 있다.
① **지각도상 시장의 공백 규명** : 충분한 시장성이 있음에도 경쟁제품이나 자사제품이 소구하지 않은 시장의 빈 곳을 알려줌으로써 신제품의 개념을 적절히 선정할 수 있다.
② **자사제품의 현 위치 파악** : 자사제품이 소비자에게 어떻게 인식되고 있는지 보여준다.
③ **경쟁자 및 경쟁 상황파악** : 자사제품의 위치와 가까운 경쟁자가 누구이며 자사 주변에 얼마나 많은 수의 경쟁자가 있는지를 알려준다. 포지셔닝 맵상에서 가장 가까운 거리에 있는 제품일수록 서로 경쟁 관계에 있고 대체가 가능한 제품이다.
④ **이상점 파악(Ideal Point)** : 소비자가 가장 이상적으로 생각하는 제품의 속성 상태를 파악함으로써 신제품개발이나 자사제품의 개선에 있어 이상점으로 삼을 수 있다.
⑤ **마케팅 효과 측정** : 정기적으로 자사제품의 위치를 추적·조사하며 포지셔닝 맵을 그려봄으로써 의도한 바대로 포지셔닝이 되었는지 확인할 수 있다. 이로써 자사의 마케팅 믹스 전략이 얼마나 효과가 있는지 알 수 있게 된다.

문제 2 유통경로관리에 관하여 다음 물음에 답하시오. (30점)

(1) 유통집중도(Distribution Intensity) 또는 시장커버리지의 개념과 3가지 유형을 각각 설명하시오. (8점)

시장커버리지 전략을 먼저 표로 나타내면 다음과 같다. 어떤 유통경로를 택하느냐에 따라 중간상의 수, 유통비용, 관리 등이 달라지므로 목표에 맞는 효율적인 유통경로 정책을 세워야 한다.

구 분	집약적 유통 (개방적 유통)	전속적 유통 (배타적 유통)	선택적 유통
전 략	가능한 많은 점포에게 자사제품을 취급토록 함	한 지역당 하나의 점포만 판매권 부여	한 지역당 소수의 점포에 판매권 부여(집약-전속혼합)
점포수 통제	가능한 한 많은 점포 (제조업자의 통제력↓)	단일점포 (제조업자의 통제력↑)	소수점포 (제한된 범위에서 통제가능)
제품유형	편의품	전문품	선매품
예 시	치약, 세제	고급차, 귀금속, 향수	가전제품, 가구

① **집약적 유통(Intensive Distribution)** : 가능한 한 많은 소매상들이 자사제품을 취급하도록 하는 전략(편의품)이다.
  ㉠ 장점 : 충동구매의 증가, 소비자 인지도 확대, 편의성 증가
  ㉡ 단점 : 낮은 마진, 소량주문, 재고 및 재주문 관리의 어려움, 중간상 통제 어려움
② **전속적 유통(Exclusive Distribution)** : 각 판매 지역별로 하나 혹은 극소수의 중간상에게 자사제품의 유통에 대한 독점권을 부여하는 전략(전문품과 선매품)이다.
  ㉠ 장점 : 중간상들에게 독점판매권과 높은 마진 제공, 중간상 통제 가능(판매 가격, 신용정책, 서비스 등)
  ㉡ 단점 : 제한된 유통으로 판매기회 상실
③ **선택적 유통(Selective Distribution)** : 집약적 유통과 전속적 유통의 중간에 해당되는 전략, 판매지역별로 자사제품을 취급하고자 하는 중간상들 중에서 자격을 갖춘 소수의 중간상들에게 판매를 허용하는 전략(선매품)이다.
  ㉠ 제조업자는 판매력 있는 중간상들로 매출과 이익 향상
  ㉡ 제조업자는 선택된 중간상들과 우호적인 관계로 적극적인 판매노력 기대
  ㉢ 제조업자는 집약적 유통에 비해서 더 강한 유통경로와 낮은 비용으로 충분한 시장 커버리지를 확보 가능

(2) 소비자 구매습관에 따른 소비재의 3가지 유형을 예를 들어 설명하고, 각 소비재별로 적합한 유통집중도 유형을 소비재 특성과 유통경로 전략 간 적합성 관점에서 설명하시오. (12점)

① 소비자의 구매습관에 따른 소비재의 분류
  ㉠ 편의품(Convenience Goods) : 우리가 일상적으로 쓰는, 말 그대로 편의점에서 구입할 만한 모든 물건들이다. 저관여도 제품들의 개념과도 비슷하다고 볼 수 있다. 예를 들면 껌, 화장지 등이 있다.
  ㉡ 선매품(Shopping Goods) : 어느 정도의 관여도를 가진다. 영어를 직역하자면, 직접 쇼핑 가서 사는 물건이 '선매품'이다. 옷을 구매할 때 편의점에서 대충 고르지 않고, 적어도 여러 매장을 둘러보고 입어 본 후에 결정하는 게 일반적이다. 즉, 소비자가 제품의 질, 디자인, 포장 등과 같은 제품 특성을 토대로 제품들을 비교, 평가한 다음 구매하는 제품으로 가전제품이나, 가구 등도 포함된다.
  ㉢ 전문품(Specialty Goods) : 매우 높은 관여도를 가지는데, 사실 어떻게 보면 관여도만으로 설명하긴 힘들다. '전문'이라는 용어로 생각하지 말고 쉽게 '명품'구입으로 생각하자. 구찌백이나 Fender Custom 기타 같이 상표명만 들어도 좋은 물건이겠구나 싶은 제품을 가리킨다. 이러한 제품을 판매하는 기업 조직은 많은 대리점을 낼 필요도 없다. 일단 물건 자체 값도 비싸고, 이러한 물건을 사기 위해 소비자들은 기꺼이 자기 발품을 팔아줄 것이기 때문이다.

② 소비재 유형에 따른 유통 전략 비교

구 분	집약적 유통	전속적 유통	선택적 유통
전 략	가능한 한 많은 점포들로 하여금 자사제품을 취급하도록 함	한 지역에 하나의 점포에게 판매권을 부여함	한 지역에 제한된 수의 점포들에게 판매권을 줌 (집약적, 전속적 유통이 혼합된 성격을 가짐)
점포수	가능한 많은 점포	하 나	소 수
통 제	제조업자의 통제력이 낮음	제조업자의 통제력이 매우 높음	제한된 범위에서 제조업자의 통제가 가능함
제품유형 (소비재)	편의품	전문품	선매품
소비재의 예	페리오치약, 비트세제	고급차, 귀금속, 크리스천디올 향수, 조르지아노아르마니 패션의류	삼성 가전제품 (고가, 저가품이 다 있음)

(3) 제조업자가 경로구조(경로길이)를 결정할 때 고려하는 제품요인 3가지만 제시하고, 각 요인이 경로구조 선택에 미치는 영향을 설명하시오. (10점)

기업이 취급하는 제품특성 역시 적절한 유통경로를 선정하는 데 있어 매우 중요한 고려요인이다. 일반적으로 부피가 큰 제품은 유통경로의 길이가 짧은 직접마케팅이 필요하며, 제품이 표준화되어 제품 간의 차이가 적은 경우 다수 중간상을 이용하는 것이 효과적이다. 또한 양질의 A/S가 요구되는 제품이나 비교적 고가 제품, 복잡한 제조 기술이 필요한 제품 등은 일반적으로 수직적 통합정도가 높은 유통경로를 선택하는 게 보편적이라고 할 수 있다.

영향 요인	긴 경로	짧은 경로
제품 특성	• 표준화된 경량품, 비부패성 상품 • 기술적 단순성, 편의품	• 비표준화된 중량품, 부패성 상품 • 기술적 복잡성, 전문품

끝

| 약술문제 |

문제 3 고객경험관리의 개념을 설명하고, 소비자 구매의사결정과정(CDJ ; Consumer Decision Journey)에서의 구매 전, 구매, 구매 후 단계별 고객경험 관련 행동을 2가지만 각각 설명하시오. (10점)

① 고객경험관리의 개념(CEM)

제품이나 회사에 대한 고객의 전반적인 경험을 전략적으로 관리하는 프로세스이며 전략인 동시에 과정과 실행에 중점을 두는 고객 만족 개념이다.

기업에게는 모든 접점에서 고객과 관계를 맺고, 각기 다른 고객 경험 요소를 서로 통합해준다. 그리고 고객에게는 감동적인 경험을 제공함으로써 기업 가치에 대한 고객의 충성을 유발시킨다.

② 고객경험관리(CEM)과 고객관계관리(CRM)

고객경험관리는 기업이나 제품과 관련된 고객의 경험을 전략적으로 관리하고 고객 경험 이해를 바탕으로 기업 내부를 고객 중심적으로 혁신해 나가는 경영 전략이다. 고객경험관리(CEM)는 고객관계관리(CRM)의 다음 단계로, 고객과의 관계를 중심으로 데이터베이스를 구축하는 CRM과 달리 고객이 어떻게 생각하고 느끼는지를 파악하기 위해 매장 방문, 구입, 이용 등 거래 단계별로 고객이 무엇을 보고 느끼는지를 파악해 이를 토대로 고객 경험 데이터베이스를 구축하는 것이 핵심이다.

③ 구매행동과 고객경험관리

구매단계	세부내용
구매 전	• 고객의 인지단계 여정에서 브랜드 가치의 정인지를 위해서, 인플루언서와 체험단을 활용한 실사용 고객의 좋은 체험후기를 다양하게 배치하여 고객의 간접경험을 만들어야 한다. • 고객 탐색 여정에서 랜딩 페이지를 통한 고객 경험이 중요하다는 통찰을 통해, 랜딩 페이지 내에 다양한 이용 방법을 동영상으로 제공하여 고객의 신뢰를 높여준다.
구 매	• 기업이 고객의 경험 세계를 정확히 분석하고 있다면 경쟁사 대비 차별화된 경험을 제공해야 한다. 고객접점별로 고객의 기대와 실제 경험과의 차이를 파악하여 만족, 불만족 요인을 간파한 후 우선순위를 매겨야 한다. • 우선순위를 바탕으로 독특한 판매경험의 조합을 구성해야 한다. 예를 들어 도너츠 판매업체 크리스피는 던킨과의 차별화를 위해 구매 시 고객들이 매장에서 제작과정을 직접 볼 수 있도록 디자인한다.
구매 후	• 고객의 피드백을 반영하는 것이 중요하다. 나이키는 운동선수들의 의견을 신발개발에 적극반영하고 있는데 이는 승리의 경험가치를 극대화하고 있다. • 일관되고 통합된 경험을 제공해야 한다. 이를 위해선 다양한 접점을 통해서 고객 경험이 일관성 있게 제공되도록 기업 내부에서 경험의 질을 종합적으로 관리해야 한다. 일관된 경험이 제공되지 않으면 다양한 접점에서의 경험이 오히려 잡음이 되어, 기업이 의도했던 브랜드 메시지 전달이 실패할 수 있기 때문이다.

끝

문제 4 제품수명주기 단계 중 도입기의 효과적인 마케팅전략을 수요, 유통, 광고 관점에서 각각 설명하시오. (10점)

먼저 제품수명주기 단계별 특징과 마케팅전략을 표로 나타내면 다음과 같다.

[제품수명주기 단계별 특징 및 마케팅전략]

구 분		도입기	성장기	성숙기	쇠퇴기
특 징	매 출	낮 음	급속성장	최고 판매고	감 소
	비 용	고객당 비용 높음	평 균	낮 음	낮 음
	이 익	적 자	점차 증가	높 음	감 소
	고 객	혁신층	조기수용층	중간 다수층	지체그룹
	경쟁업자	소 수	점차 증대	안정 후 감소	감 소
마케팅 전략	목 적	제품인지·비용창출	시장점유율 극대화	이익 극대화와 시장점유율 방어	비용절감과 상표가치 증진
	제 품	기초제품의 제공	제품확장, 서비스 및 보증의 제공	상표와 모델의 다양화	취약제품 폐기
	가 격	원가가산가격	시장침투가격	경쟁대등가격	가격 인하
	유 통	선택적 유통	개방적 유통	집약적 유통, 보다 개방적인 유통 강화	선택적 유통
	광 고	조기수용층과 유통상에 대한 제품인지 형성	대중시장에서의 제품인지와 관심의 형성	상표차이와 편익의 강조	보수적 핵심고객 유지에 필요한 수준으로 축소
	판매촉진	사용확보를 위한 판촉강화	수요확대에 따른 판촉의 감소	상표전환을 유도하기 위한 판촉증대	최저수준으로 축소

① 도입기

도입기에는 일반적으로 점진적인 시장확대정책이 이루어지고, 또한 제품유통에 시간이 필요한 데다가 소비자들의 제품인지가 낮은 상태이기 때문에 매출의 성장속도가 매우 느리다. 이 시기는 구매가능성이 가장 높은 고소득층을 대상으로 고가정책이 주로 사용되며 특히 선택적 유통과 조기수용층과 유통상에 대한 제품인지를 형성하기 위한 광고활동을 중심으로 마케팅을 수행한다.

② 성장기

성장기에는 대규모 생산과 이익기회에 매료되어 새로운 경쟁자가 시장에 진입하게 된다. 성장전기에는 독점적 경쟁을 유지하면서 제품의 수요도 확대되고 이익률도 증가하지만 성장후기가 되면 경쟁이 치열해짐에 따라 이익률도 점차 감소하게 된다. 이때는 빠른 시장성장을 유지하기 위해 시장확장전략을 사용할 수 있다. 따라서 유통을 개방적 유통을 실시하고 대중시장에서의 제품인지와 관심을 형성할 수 있는 마케팅 활동을 실시한다.

③ 성숙기

성숙기에서는 이전의 단계들에 비해 오랫동안 지속되는 것이 일반적이며 마케팅관리에서 여러 가지 어려움을 겪게 된다. 성숙기의 마케팅전략은 시장에서의 수요가 정점에 다다랐기 때문에 시장수정 및 마케팅 믹스 수정 등 2가지 차원으로 대별하여 고려할 수가 있는데, 유통적인 측면으로 집약적 유통보다는 개방적인 유통을 강화하며 광고도 상표차이와 편익을 강조하는 방향으로 전환한다.

④ 쇠퇴기

쇠퇴기는 제품이 수요가 급속히 줄어 시장성을 잃어감에 따라 매출이 급속히 감소하고 이익도 감소하기 때문에 철수를 고려해야 하는 시기이다. 따라서 철수와 유지를 선택적으로 활용하는 선택적 유통과 광고는 보수적으로 핵심고객의 유지에 필요한 수준으로 축소하여 운영한다. 끝

문제 5 시장침투 가격전략의 개념을 설명하고, 이 가격전략 적용이 적합한 상황을 4가지만 기술하시오. (10점)

저가침투전략은 말 그대로 초기에 저가로 승부하여 시장점유율을 조속히 늘리는 전략이다. 이 전략은 대개 수요가 탄력적일 때 시행되므로 가격을 조금만 인하해도 판매가 현격하게 증가하는 효과를 볼 수 있다. 매출이 증가하면 규모의 경제에 이르러 그 기업의 사업은 안정궤도에 이르는데, 그 경우 다른 경쟁기업들은 이 회사의 낮은 가격과 경쟁할 엄두를 내지 못해 쉽게 시장에 뛰어들지 못한다.

저가전략의 대표적인 사례는 바로 포드자동차의 '모델 T'이다. 헨리 포드는 소비자들이 자동차를 구입할 수 있도록 최대한 자동차 가격을 낮추어 수백만 대를 생산, 판매할 수 있었다. 가격은 낮았지만 매출이 높았기 때문에 규모의 경제를 실현하여 수익을 낼 수 있었던 것이다.

적용이 적합한 상황으로는 다음의 4가지 경우가 있다.

① 시장수요의 탄력성이 높아 가격인하 효과가 클 것으로 판단되는 경우
② 원가우위를 확보하고 있어 경쟁기업이 자사만큼 가격을 낮추기 힘든 경우
③ 시장에 경쟁자의 수가 많은 것으로 예상되어 가격적 차별성을 강조하고 싶은 경우
④ 반대로 경쟁기업이 출현하기 전에 시장점유율을 빨리 확보하기 위하여 사용하는 경우 끝

문제 6 옴니채널전략의 개념을 설명하고, 이 전략과 멀티채널전략의 장점과 단점을 각각 비교하여 설명하시오. (10점)

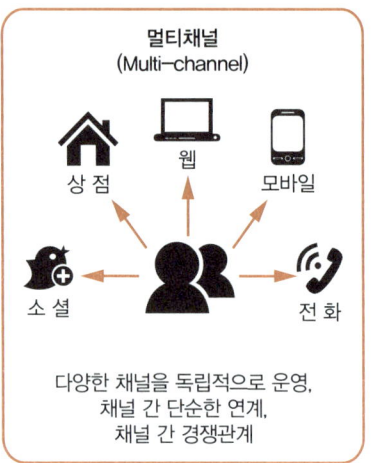

① **옴니채널(Omni-channel)**

소비자가 온라인, 오프라인, 모바일 등 다양한 경로를 넘나들며 상품을 검색하고 구매할 수 있도록 한 서비스이다. 각 유통채널의 특성을 결합해 어떤 채널에서든 같은 매장을 이용하는 것처럼 느낄 수 있도록 한 쇼핑 환경을 말한다.

② **옴니채널의 장점**

온·오프라인 매장의 차이를 없앤 것이 가장 큰 장점이다. 온라인에서 확인한 물건을 바로 오프라인 매장에서 구입할 수 있다. 또 방문한 오프라인 매장에 물건이 없을 때에는 가장 가까운 다른 오프라인 매장에서 구입할 수 있도록 소비자를 유도하는 것이 가능하다.

또한 온라인에서 구매 시 본사의 매장에서 물건을 배송하는 것이 아닌 구입하고자 하는 소비자의 지역에 가장 가까운 매장에서 물건을 배송함으로써 운송에 들어가는 시간을 절약하게 되었다. 이로써 원하는 물건을 구입하고자 할 때 직접 오프라인 매장에서 구입할 수도 있지만, 집에서 가장 가까운 매장에서 해당 제품을 직접 배송하게 되었다.

③ **멀티채널과 옴니채널**

소비자가 이용할 수 있는 다양한 채널 조합들을 고려하여 고객접점을 늘리기 위해 채널을 추가하는데, 멀티채널은 최대한 많은 채널을 확보하는 것이 목적이고 옴니채널은 모든 채널을 상호 연관시켜 고객을 참여시킴으로써 각 채널 전체에 대한 경험을 확대한다. 즉, 멀티채널은 채널 간 독립적으로 경쟁관계에 있다면 옴니채널은 통합적으로 각각의 채널의 시너지효과를 목표로 하고 있다. 끝

PART 02

핵심이론

CHAPTER 01	마케팅 개관
CHAPTER 02	마케팅 관리 철학의 발전과정
CHAPTER 03	전략적 마케팅계획(경영전략)
CHAPTER 04	소비자행동과 마케팅 조사
CHAPTER 05	마케팅전략수립
CHAPTER 06	마케팅 믹스(Marketing Mix)
CHAPTER 07	서비스 마케팅
CHAPTER 08	최신마케팅

CHAPTER 01 | 마케팅 개관

1. 마케팅이란?

두산백과에서는 '생산자가 상품 또는 서비스를 소비자에게 유통시키는 데 관련된 모든 체계적 경영활동'으로 정의하고 있으며, 매스컴대사전에서는 '소비자에게 최대의 만족을 주고 생산자의 생산목적을 가장 효율적으로 달성시키는 방법에 의하여 재화와 용역을 생산자로부터 중간생산자나 소비자에게 유통시키는 일체의 기업활동'이라고 정의하고 있다.

결국 마케팅은 내가 제공하고자 하는 상품 또는 서비스를 정의하는 활동, 정의한 상품 또는 서비스를 개발하는 활동, 내가 제공하고자 하는 상품 또는 서비스를 원하는 고객을 정의하는 활동 등으로 나타낼 수 있다.

> **더 알아보기**
>
> **필요, 욕구, 수요의 차이**
>
> | 구 분 | | 내 용 | 특 징 |
> |---|---|---|---|
> | 필요 | Want | 기본적인 만족이 결핍된 상태를 의미 | 문화적인 차이 없음 (보편적임) |
> | 욕구 | Need | • 만족시켜주는 수단에 대한 구체적인 바람
• 욕구가 구체적으로 표현된 것 | 문화의 차이 있음 (사람, 국가 등) |
> | 수요 | Demand | 특정 제품이나 서비스에 대한 욕구가 구매의사와 구매능력에 의해 뒷받침 될 때의 욕구 | 문화의 차이 있음 (사람, 국가 등) |
>
> - 마케팅은 조직이나 개인이 자신의 목적을 달성시키는 교환을 창출하고 유지할 수 있도록 시장을 정의하고 관리하는 과정이다.
>   – 한국마케팅학회
>
> - 마케팅이란 개인과 조직을 만족시키는 교환을 창조하기 위하여 아이디어, 재화, 용역의 개념설정, 가격결정, 촉진 및 유통을 계획하고 실행하는 과정이다.
>   – 미국마케팅협회
>
> - 기업이 고객을 위해 가치를 창출하고 강한 고객관계를 구축함으로써 그 대가로 고객들로부터 상응한 가치를 얻는 과정이다.
>   – 필립 코틀러(Philip Kotler)
>
> - 마케팅의 목적은 판매노력을 불필요하게 만드는 것이다.
>   – 피터 드러커(Peter Drucker)

2. 마케팅의 기능

(1) **미시적 마케팅(Micro Marketing)**

미시적 마케팅이란 개별기업의 목표를 달성하기 위한 수단으로 수행하는 마케팅 활동을 말한다.

① **후행적 마케팅(고압적 마케팅, 선형마케팅, Push 마케팅)**

전통적 마케팅 개념으로 판매자 중심의 시장에서 생산이 이루어진 후 또는 일정한 제품이 생산된다는 전제하에서 수행되는 마케팅 기능으로 경로, 가격, 촉진, 물류 등을 포함한다.

② **선행적 마케팅(저압적 마케팅, 순환형 마케팅, Pull 마케팅)**

현대적 마케팅 개념으로 구매자 중심의 시장에서 생산이 이루어지기 전에 수행되는 마케팅 기능으로 고객 욕구 파악을 위한 마케팅 조사 활동, 마케팅 계획 활동을 포함한다.

(2) **거시적 마케팅(Macro Marketing)**

생산자와 소비자 간의 경제적 분리 현상을 연결·조정하기 위하여 수행되는 유통 경제상의 마케팅 활동을 의미한다.

CHAPTER 02 | 마케팅 관리 철학의 발전과정

| 합격의 Tip |

2003년 논술문제, 2009년과 2023년 약술문제로 출제되었으며 향후 현재 마케팅의 개념과 향후 추세. 즉, 사회적 마케팅을 도식화하고 또 그 사례를 알고 있어야 한다.

일반적인 마케팅 관리 철학의 발전과정을 간단하게 표로 정리하면 아래와 같다.

생산 콘셉트 (Production Concept)	제품 콘셉트 (Product Concept)	판매 콘셉트 (Selling Concept)	마케팅 콘셉트 (Marketing Concept)	사회적 마케팅 콘셉트 (Social Marketing Concept)

• 생산 = 구매
• 초점 : 어떻게 생산하여 어떤 유통망을 통해 소비자에게 전달할 것인가
• 선행조건
  – 수요 과잉 시장
  – 생산성이 기업의 성과에 지대한 영향을 미쳐야 함
	• 소비자는 보다 나은 제품을 선호
	• 초점 : 제품의 개발 및 향상
	• 주의사항
	  – 소비자는 제품관련 속성 이외의 사항도 고려
	  – 마케팅 근시안에 빠지지 않도록 함
		• 판매지향적 촉진 노력이 없으면 소비자는 해당 제품을 구매 하지 않음(공급 > 수요)
		• 적극적으로 원하여 구매하고자 하는 제품이 아닌 경우에 효과적으로 적용 가능
		• 관계지향적인 오늘날 마케팅의 기본목적과는 거리감이 존재
			• 경쟁자들보다 효과적으로 목표 고객의 욕구와 니즈를 파악해야 함
			• 5가지 기준
			  – 기업의 초점
			  – 비즈니스 종류
			  – 목표 고객
			  – 기업의 목적
			  – 목적달성 수단
				• 마케팅 콘셉트와 동일
				• 사회전체의 복지를 증대시키는 방향으로 마케팅 활동을 수행해야 함
				• 환경 친화적인 제품과 기업들이 소비자로부터 나은 평가를 받게 됨

이를 다시 크게 2부분으로 나누어 기업 중심적 마케팅 철학적 사고와 고객 중심적 마케팅 철학 발전과정으로 분류하면 다음과 같다.

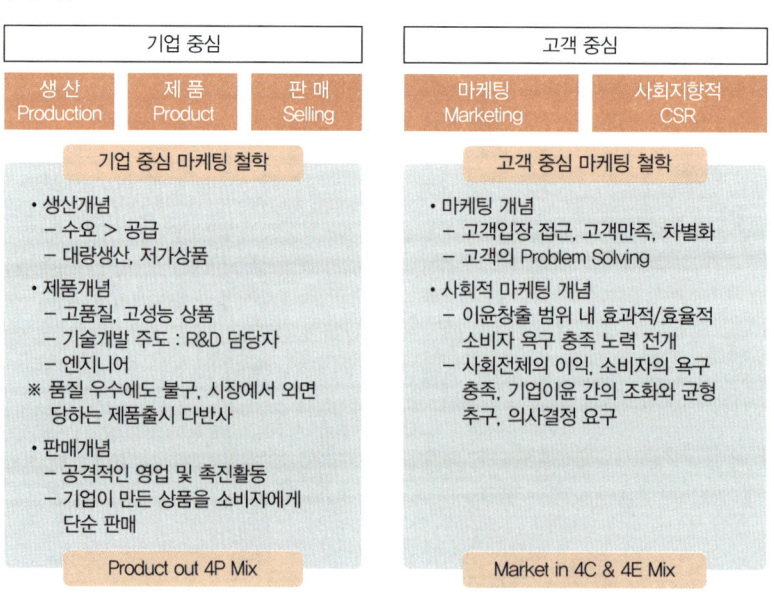

1. 생산개념(Production Concept)

"쉽게 구매할 수 있는 싼 가격 상품을 선호한다."는 태도

제품의 수요에 비해서 공급이 부족하여 고객들이 제품구매에 어려움을 느끼기 때문에 고객들의 주된 관심이 지불할 수 있는 가격으로 그 제품을 구매하는 것일 때 나타나는 이념이다. 기업의 관심은 주로 생산성 향상을 통한 원가절감이다.

2. 제품개념(Product Concept)

"좋은 제품은 팔리게 되어 있다."는 태도

소비자들이 가장 우수한 품질이나 효용을 제공하는 제품을 선호한다는 개념이다. 이러한 제품지향적인 기업은 다른 어떤 것보다도 보다 나은 양질의 제품을 생산하고 이를 개선하는 데 노력을 기울인다. 즉, 시장이 원하는 것을 만들기보다는 R&D 담당자 또는 엔지니어가 만든 것을 판매한다.

> **더 알아보기**
>
> **마케팅 근시안의 정의와 사례**
>
> 마케팅 근시안이란 소비자가 추구하는 편익이 아니라 기업의 좁은 시각으로만 마케팅을 바라보는 것을 말한다. 마케팅을 종합적인 관점에서 바라보는 것이 아니라 기업이 생각하는 자사제품이나 서비스에 관점에만 치우쳐 소비자들에게 일방적 커뮤니케이션을 하는 것이다. 이러한 마케팅 근시안이 문제가 되는 것은 소비자가 궁극적으로 원하는 것이 무엇인지 모르기 때문에 소비자의 니즈가 무시될 수 있다는 것에 있다.
>
> **사례 1 미국의 철도사업**
>
> 철도회사들은 자신들의 산업을 운송업으로 보지 않고 철도업으로만 제한시킴으로써 영역확대의 기회를 놓쳤고, 다른 교통·통신 수단이 발달함에 따라 자신들의 고객을 빼앗기고 있다. 또한 그들이 소비자 지향적이 아니라 제품지향적이었다는 데도 그 원인의 일부가 있다.
>
> **사례 2 영화산업**
>
> 할리우드는 텔레비전에 의해서 완전히 멸망되어 버릴 위기를 간신이 모면했다. 근본적인 원인을 살펴보면 텔레비전의 등장 자체보다 자신의 소속 산업을 영화로만 국한한 근시안적인 기업목적설정 때문이다. 만약 할리우드가 영화만을 만드는 제품지향적 사고 대신에 오락(즐거움)을 제공한다는 소비자 지향적인 사고를 가졌더라면 영화산업이 당했던 재정적인 어려움을 겪지는 않았을 것이다.
>
> **사례 3 나일론과 유리산업의 듀폰과 코닝**
>
> 듀폰사와 코닝사의 성공은 제품과 연구 지향적인 자세뿐만 아니라 이와 병행한 철저한 소비자 지향적인 자세에서 비롯된 것이다. 수많은 신제품이 쏟아지는 시장에서 성공할 수 있었던 것은 소비자가 만족하는 새로운 용도의 개발이 밑바탕에 있었기 때문이다. 소비자의 니즈를 충족하기 위한 기술력을 향상시키는 것은 성장기회를 포착하기 위한 회사들의 꾸준한 노력으로 볼 수 있다.

3. 판매개념(Selling Concept)

기업이 소비자로 하여금 경쟁회사 제품보다는 자사제품을 그리고 더 많은 양을 구매하도록 설득하여야 하며, 이를 위하여 이용 가능한 모든 효과적인 판매활동과 촉진도구를 활용하여야 한다고 보는 개념이다. 이 시대의 판매개념의 마케팅은 판매기술의 동의어로 간주되며 잠재고객을 찾아내어 이들에게 밀어넣기식으로 판매하는 것이 주된 영업방식이다.

4. 마케팅 개념(Marketing Concept)

마케팅은 고객의 입장에 서서 기업과 관련된 여러 가지 활동을 전개해 나가고자 하는 고객 중심적 개념이다(생산-제품-판매 개념의 시대는 기업중심적 개념). 마케팅 개념은 생산한 것을 처분하는 방법을 각각의 판매 스킬로 해결하려는 것이 아니라, 기업경영상 추구하는 이념적 지향으로서 소비자의 욕구, 필요 가치 등을 찾아내어 경쟁기업보다 효과적이며 효율적으로 소비자의 욕구를 충족시키고자 하는 것이다.

> **더 알아보기**
>
> 판매개념 vs 마케팅 개념
>
> | 구 분 | 출발점 | 초 점 | 수 단 | 목 적 |
> |---|---|---|---|---|
> | 판매개념 | 공 장 | 자사제품 | 판매와 촉진 | 대량판매를 통한 수익 |
> | 마케팅 개념 | 시 장 | 고객 욕구 | 통합적 마케팅 | 고객만족을 통한 이윤 창출 |

5. 사회지향적 마케팅 개념(Social Marketing Concept)

마케팅 개념이 확장된 것으로써 마케팅 개념 + 사회전체의 이익을 고려하는 것이다. 즉, 사회적 마케팅은 단기적인 소비자의 욕구충족이 장기적으로는 소비자는 물론 사회의 복지와 상충되어짐에 따라서 기업이 마케팅 활동의 결과가 소비자는 물론 사회전체에 어떤 영향을 미치게 될 것인가에 대한 관심을 가져야 하며 가급적 부정적 영향을 미치는 마케팅활동을 자제하여야 한다는 사고에서 등장한 개념이다.

- 예 존슨 & 존슨(타이레놀 사건) : 이윤추구 이전에 정직과 사람을 우선하는 경영철학
- 예 월마트 : 그린마케팅

이러한 마케팅 개념의 발전과정을 볼 때 현대적 의미의 마케팅은 기업의 이윤극대화만을 목표로 하는 것이 아니라 사회전체 효용의 극대화를 지향하는 것이라 하겠다.

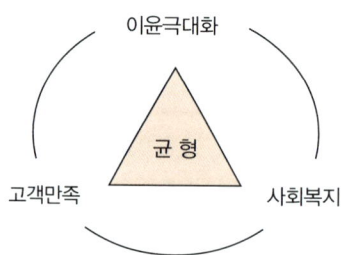

6. 기타의 마케팅 개념

(1) 대중 마케팅
비동일한 소비자에게 동일한 제품을 효율적으로 많이 판매해야 한다는 개념을 말한다.

(2) 세분화 마케팅
고객을 세분시장으로 나누어 적절한 마케팅 프로그램을 세워나가는 것이다.

(3) 공생 마케팅
제한된 마케팅 자원을 공동으로 이용해 위험회피·이윤극대화를 추구하는 마케팅이다.
　예 카드사 – 항공사 마일리지

(4) 사회적 마케팅
소비자 욕구·필요를 만족시키되, 이윤극대화 및 전반적인 사회복지와 균형을 이루는 마케팅이다.

(5) 외부 마케팅과 내부 마케팅
외부 마케팅은 소비자를, 내부 마케팅은 종업원을 고객으로 인정하고 이들의 만족을 제고하도록 업무여건을 개선하도록 하는 마케팅을 말한다.

구 분	내부 마케팅	외부 마케팅
목 표	종업원 만족	소비자 만족
대 상	직무 및 환경	상품
고 객	내부 고객(종업원)	외부 고객(소비자)
가 격	직무의 대가	상품의 대가

> **더 알아보기**
>
> **내부 마케팅(Internal Marketing)** 2016년 약술문제
> - 서비스업의 성공이 종사원의 고객지향적 서비스마인드에 따라 결정지어짐에 따라 등장한 개념이 내부고객지향의 내부 마케팅이다. 과거 경영자들은 종사원을 대상으로 한 내부 마케팅이란 용어를 거의 사용하지 않았지만 현재는 경영자 사이에 인간가치경영 및 고객만족경영과 더불어 필수적인 용어로 사용하고 있다. 내부 마케팅의 기본 개념은 사내의 모든 종사원이 고객을 대상으로 서비스해야 하며, 고객에게 서비스를 배달하기 전에 제1차 고객인 종사원들로 하여금 직무를 만족하게 하고 서비스의 기본목표와 개념이 명확히 이해될 때, 외부고객을 만족하게 한다는 것이다.
>
> - 내부 마케팅이 기업에 필요한 이유
>   - 종업원이 고객지향적인 서비스마인드를 갖추도록 동기부여하여 자신들의 직무를 성공적으로 수행할 수 있도록 한다.
>   - 유능한 종업원을 모집하고 확보한다.
>   - 내부 마케팅의 목적은 인적자원관리와 내부행동프로그램을 시행함으로써 종업원들이 마케팅 요원으로서 행동을 하도록 동기부여하는 것이다. 예 기업의 사명, 전략, 서비스제품, 광고캠페인 등을 종업원에게 이해·수용시켜 종업원의 참가를 촉진 및 효율적인 업무 수행
>   - 내부 마케팅이 효율적으로 수행될수록 종업원은 그 기업에 대해 큰 매력을 느끼게 될 것이다.

CHAPTER 03 | 전략적 마케팅계획(경영전략)

| 합격의 Tip |
영원한 출제 빈도 0순위 경영전략 파트는 몇 번이고 다시 봐서 반드시 자신의 것으로 만들도록 하자. 특히 논술문제 출제 비중이 높은 편이다.

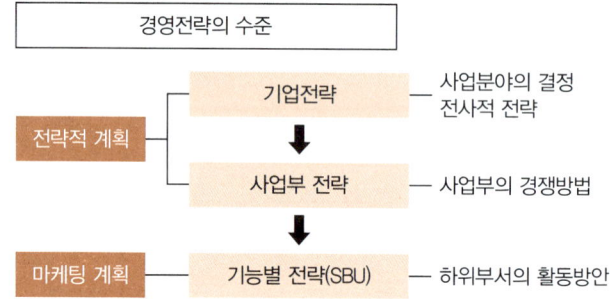

1. 경영전략의 개념

본래 군사적 용어로 사용되었던 전략(Strategy) 혹은 전략계획(Strategy Plan)의 용어가 경영계획의 문헌에 나타난 것은 찬들러(Chandler)의 "Strategy & Structure(1962)"라는 책을 효시로 본다. 또한 경영전략의 책정과정에 대한 본격적 연구자인 앤소프(Ansoff)의 "기업전략(Corporation Strategy)"도 대표적인데, 그는 이 저서 속에서 경영의 전략의 개념 및 기업 목표 설정, 전략의 책정, 선택, 평가의 과정을 설명하고 있다.

| 더 알아보기 |

찬들러와 앤소프의 경영전략
- 찬들러(Chandler) : 기업의 기본적인 장기목표 및 목적을 결정하고 이들의 목표를 달성하는 데 필요한 활동 방향과 여러 가지 자원을 배분하는 것
- 앤소프(Ansoff) : 경영목표를 달성하기 위한 의사결정 내지 지침이라 하고, 각종 의사결정은 기회주의적 요인에 의한 수단선택의 성격을 갖는 것

2. 환경분석(전략적 측면)

기업의 경영환경은 내부환경과 외부환경으로 나누며, 외부환경은 다시 과업환경과 일반환경으로 구분된다. 과업환경은 기업의 마케팅 활동에 직접적인 영향을 미치는 요인을 말하며 일반환경은 과업환경에 영향을 미치는 광범위한 사회적 요인을 말한다.

거시적 환경 분석요소 (STEEP 분석)	미시적 환경 분석 요소 (3C 분석)	전략적 요소
• 사회적(인구통계적) 환경(Society) • 기술적 환경(Technology) • 경제적 환경(Economics) • 자연적 환경(Ecology) • 정치적(법률적) 환경(Politics)	고객(Customer) 분석	시장세분화(Segmenting)
	자사(Company) 분석	표적 세분시장 선정(Targeting)
		포지셔닝(Positioning)
		차별화(Differentiating)
		비즈니스모델(Business Model)
	경쟁사(Competitor) 분석	가치영역
		경쟁요소 확인

(1) 마케팅 환경관리(Marketing Environment Management)

사회·문화적, 경제적, 정치·법률적, 기술적 환경과 경쟁적 환경을 예측하고 영향을 미침으로써 조직의 목적을 달성하려고 하는 마케팅관리자들의 노력이다.

① 거시적 환경(Macro Environment)
  ㉠ 기업이 통제 불가능한 요소(PEST) → 지속적인 감시체계가 필요하다.
  ㉡ 거시환경 분석이 중요한 이유
    • 기업을 둘러싼 제품이나 소비자/시장의 환경요인은 수시로 변화한다.
    • 거시환경 분석을 통해 기업의 전략과 방향 설정이 가능 → 기업의 장기적인 방향 설정에 유용하다.

> **더 알아보기**
>
> **PEST분석(정치, 경제, 사회, 기술의 알파벳 첫 글자)**
> (1) 정치·법률적 환경(Political Environment)
>   예) 법 관련 규제의 변화, 사업의 수요의 변화, 진출하는 국가의 정치적 위험성, 무역장벽, 반독점법, 정치적 아젠다, 사회적 책임, 환경보호, 소비자 보호, 정부규제 등
>
> (2) 경제적 환경(Economical Environment)
>   소비자의 구매력과 소비패턴에 영향을 미치는 요소로서 기업의 경영성과에 결정적인 영향을 미치나 예측하기가 매우 어려워 기업이 장기적으로 대응하기가 사실상 불가
>   예) 경기순환, 소득수준, 인플레이션, 이자율, 환율 등
>
> (3) 사회·문화적 환경(Social Environment)
>   시장의 규모와 거대수요의 흐름을 결정짓는 가장 기초적인 요인
>   예) 인구통계적 요인 : 베이비붐 세대, 실버세대
>   문화적 요인 : 신념, 풍속, 관습, 종교, 가치관, 라이프스타일 및 사회적 윤리/규범 등
>
> (4) 기술적 환경(Technological Environment)
>   예) 라이프사이클의 변화, 정보기술의 변화, 기술의 확산, 미디어의 발달로 1인 10색 시대
>   ※ 정치·법률적 환경, 기술적 환경 → 기업의 활동영역에 직간접적으로 영향
>   사회·문화적 환경, 경제적 환경 → 수요변화와 크기에 영향을 미치는 요인

② **미시적 환경(Micro Environment)** : 기업이 속한 산업 내, 존재하는 마케팅 환경 주체들을 의미하는데 기업이 고객에게 제품과 서비스를 제공할 때의 능력을 결정하는 기업환경에 속한 제반 요인이다.

예 기업환경과 근접한 기업내부환경, 고객시장, 공급업체, 마케팅 중개기관, 경쟁업체 등

※ 3C 분석과 4C 분석 : 3C 분석에 유통경로(Channel)를 추가하면 4C 분석이 된다.

3C 분석	4C 분석
• 소비자(Consumer) : 제품·서비스를 구매 또는 영향을 주는 이해관계자 • 경쟁사(Competitor) : 소비자의 같은 욕구를 충족시키려는 다른 조직 • 회사(Company) : 자신의 회사	유통경로 구성원 (Channel)

| 합격의 Tip |

3C 분석

일반적으로 마케팅전략 수립 과정 중 가장 먼저 시행되며, 각 시장의 고객(Customer), 경쟁자(Competitor), 회사(Company)를 대상으로 표적시장을 선정하는 환경 분석을 말한다. 통상적으로 기업에서는 회사의 목표, 제품의 종류 및 투입 자원의 방법에 따라서 3C 분석 항목을 설정하고 이를 계량화(점수화)하여 표적시장을 선정하게 된다. 3C 분석의 대표적인 평가기준은 아래와 같다.

구 분	고객(Customer)	경쟁자(Competitor)	회사(Company)
기 준	• 시장규모 : 시장 크기 및 잠재 수요 • 시장성장률 : 과거와 미래의 시장성장률 및 잠재 성장률의 추이	• 현재의 경쟁자 : 경쟁의 정도와 활발성 • 잠재적 경쟁자 : 신규 경쟁자의 시장 진입 가능성	• 회사 목표와 일치성, 투입하여야 할 자원의 정도 및 보유 여부 • 시너지 효과 : 기존의 마케팅전략과 일관성 여부

③ **통제 가능한 요인과 불가능한 요인** 2017년 논술문제

㉠ 통제 가능한 요인(내부환경) : 기업의 연혁, 역량, 조직문화, 기업 내부자원 등

㉡ 통제 불가능한 요인(외부환경)
- 과업환경(미시환경) : 고객, 경쟁자, 공급자, 노조, 종업원 등
- 일반환경(거시환경) : 경제적, 사회적, 정치적, 법률적, 기술적 환경 등

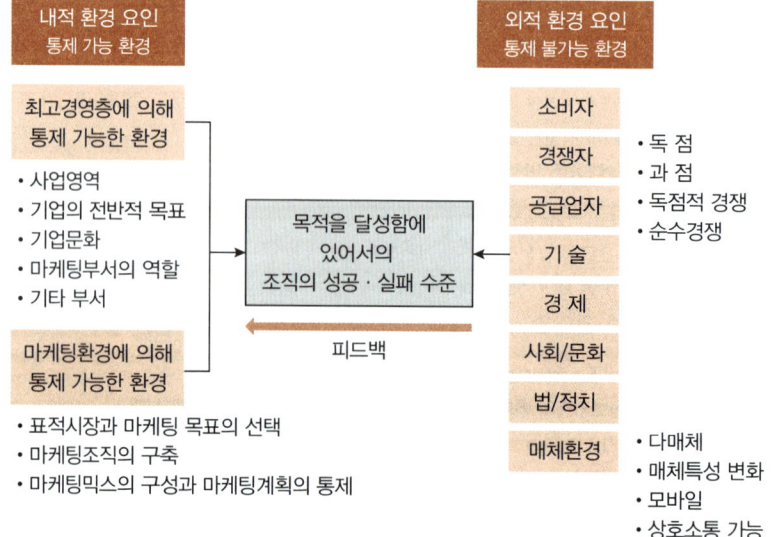

(2) 외부환경 분석 : 포터의 산업구조분석 모델(= 경쟁분석) 2018년 논술문제

마이클 포터(Michael Porter)

마이클 포터(Michael Porter)의 산업구조분석 모델(5-forces Model)은 특정 기업의 과업환경에서 중요한 요인들을 이해하고자 하는 기법이다. 이 모델에 의하며 다음의 다섯 가지 요인에 의해 경쟁정도나 산업의 수익률이 결정되며 5요소의 힘이 강하면 그 기업에 위협(Threat)이 되고 힘이 약하면 기회(Opportunity)가 된다.

| 합격의 Tip |

마이클 포터의 산업구조분석 5FORCE 모델은 2007년, 2012년, 2013년 약술문제로 등장한 빈출부분이다. 꼭 시험이 아니더라도 향후 경영지도사가 되면 컨설팅 수행 시 수진기업의 경영요소를 분석할 때 꼭 사용해야 할 하나의 분석도구이므로 반드시 숙지해야 한다.

산업구조분석(산업환경분석 = 경쟁분석 = 5Force Model)은 산업 내에 다양한 구성 집단들 간의 상호 관계를 분석하여 경쟁의 강도를 파악하여 이를 근거로 산업의 전반적인 매력도를 평가하는 과정이다. 이를 통해 기업의 경쟁상황을 정확하게 볼 수 있게 한다.

[산업의 매력도에 영향을 미치는 요인(세분시장의 매력도 평가요인)
(마이클 포터의 이론 '경쟁의 5가지 요소' 또는 '5-force Model')]

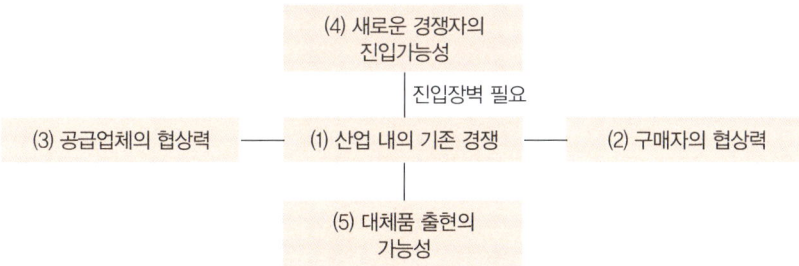

① 수평적 경쟁요인과 수직적 경쟁요인
  ㉠ 수평적 경쟁요인 : 잠재적 진입자, 기존 사업자 간 경쟁, 대체재(상한선 설정 ※ 보완재)
  ㉡ 수직적 경쟁요인 : 구매자 협상력, 공급자 협상력
② 구성요소
  ㉠ 진입위협 : 동종업계에서 새로 시작한 기업이나 산업에 진입하려 하는 기업들의 위협을 의미한다. 그리고 이러한 진입에는 장벽이 존재하는데, 포터가 제시한 다섯 가지 진입장벽은 규모의 경제, 제품차별화, 규모와는 무관한 절대적인 비용우위, 기존 기업의 의도적인 방해, 정부의 진입규제이다.

ⓒ 고객위협(구매자의 협상력) : 고객의 영향력이 클수록 기업은 더 많은 위협을 받는다. 즉, 고객의 수가 적을수록 제품이 표준화되어 있을수록 고객의 영향력은 강력해진다.
ⓒ 공급자 위협(공급자의 협상력) : 공급자들은 공급품의 가격을 올리거나 저하시킴으로써 기업에 위협을 가할 수 있다. 그리고 포터는 공급자의 위협수준이 높은 다음과 같은 다섯 가지 경우를 제시하였는데, 공급자 산업이 소수에 의해 지배되는 경우, 공급자들이 차별화된 제품을 공급하는 경우, 공급자들이 대체재에 의해 위협받고 있지 않는 경우, 공급자들이 수직통합에 위협을 가하는 경우, 공급자에게 중요하지 않은 고객인 경우이다.
ⓔ 대체품 위협 : 특정 회사에 대체할 수 있는 제품의 존재는 기업에게 위협이 된다.
　예 소고기 → 돼지고기/닭고기, 밀 → 쌀
ⓜ 경쟁사 간의 경쟁위협 : 해당 기업과 직접적으로 경쟁관계에 있는 기업들과의 경쟁정도를 의미한다.

더 알아보기

산업구조이론의 심층적 분석

- **마이클 포터의 산업구조**
  산업구조의 분석은 사업전략이라는 측면에서 환경을 분석할 때 사용하는 방법이다. 이러한 환경의 분석 방식으로는 SWOT분석과 포터의 산업구조분석이 대표적이다. 포터의 산업구조분석 방법은 사업전략을 산업환경의 다섯 가지 경쟁요인의 결과라고 설명하고 있다. 그리고 이 모델은 산업환경이 기업에 위협이나 기회로 전환될 가능성의 존재 여부를 분석하기 위하여 사용된다. 참고로 포터의 5-force 모델에 보완재를 포함시키면 6-force가 된다.

- **보완재**
  서로 보완 관계이며 한 재화의 수요가 증가하면 다른 재화의 수요도 덩달아 증가한다.
  예 빵 → 잼, 치즈

- **진입장벽의 개념 및 진입장벽의 종류**
  진입장벽이 높을수록 후발주자가 산업에 진출하기 힘들어진다. 이미 진출해 있는 기업의 경우에는 진입장벽이 높을수록 산업이 매력적이며 앞으로 진출할 기업에게는 산업이 매력적이지 않다.
  - 규모의 경제 장벽 : 기존 업체가 생산규모에 의한 원가 우위를 가지고 있는 경우, 후발업체의 진입이 어려워진다.
  - 제품차별화 장벽 : 기존에 진출한 제품이 높은 인지도 혹은 선호도를 가지고 있는 경우, 후발업체의 진입이 어려워진다.
  - 자본 장벽 : 산업을 진출하는 데 있어서 자본의 규모가 너무 큰 경우, 후발업체의 진입이 어렵다. 예 장치산업
  - 정부정책 장벽 : 정부 차원에서 국제 경쟁력 또는 규모의 경제 실현을 위해서 경쟁업체의 숫자를 제한하는 경우, 후발업체의 진입이 어려워진다.

[5가지 위협요인 제시]

산업 내 경쟁	경쟁의 변수 : 업체의 수, 제품차별화, 고정비용의 차이, 철수장벽	
구매자의 교섭력	생산자의 입장에서 얼마나 매력적인 시장인지 결정하는 변수 예 가격인하, 서비스 개선 → 구매량이 많거나 구매선 변경이 용이할 경우 주로 나타남	산업의 경쟁구도를 변화시키는 요인
공급자의 교섭력	공급자의 교섭력 상승요인 • 소수기업에 의한 독과점식 공급구조일 경우 • 공급선이 여러 산업에 다양하게 분산되어 있을 경우 • 공급선 변경에 따른 전환비용이 높을 경우 • 공급자의 전방통합이 가능할 경우	
신규 진입자의 위협	• 산업이 매력적이고, 산업의 미래 또한 긍정적이라는 의미(산업이 계속 성장할 것임을 암시) • 마케팅 비용 상승, 수익성 하락의 염려가 있음 • 진입장벽 구축이 필요	
대체재의 위협	• 산업과 기업의 존폐를 결정지음(조만간 산업이 사양의 길로 접어들 것을 암시) • 핸드폰 시장이 시계 시장의 몰락을 가져온 것처럼 기업은 폭넓게 산업을 분석·예측하는 노력 필요	산업자체의 존폐를 결정짓는 요인

[5-force Model의 장단점]

장점	• 산업의 매력도를 한눈에 측정 가능
	• 산업의 미래 예측이 가능
	  – 신규진입자 : 산업의 매력이 높다는 의미
	  – 대체재 : 산업이 쇠퇴기에 접어들었다는 의미
	• 기업 간 전략적 제휴 등에 유용한 정보를 제공

단점	• 동태적인 경쟁환경에 대한 분석 미흡 • 잠재적인 경쟁구조 파악 미흡(기존에 있거나, 직접적인 경쟁관계에 있는 경쟁구조만 분석하기 때문) • 구체적 해결안 및 전략을 제시하지 못함 • 경쟁/대립만으로 가정하여 해석하고 있음(충성도 등은 설명할 수 없음)

(3) 내부환경 분석 Ⅰ : SWOT 분석

SWOT 분석이란 어떤 기업의 내부환경을 분석하여 강점과 약점을 발견하고, 외부환경을 분석하여 기회와 위협을 찾아내어 이를 토대로 강점은 살리고 약점은 죽이고, 기회는 활용하고 위협은 억제하는 마케팅 전략을 수립하는 것을 말한다.

이때 사용되는 4요소를 강점·약점·기회·위협(SWOT)이라고 하는데, 강점은 경쟁기업과 비교하여 소비자로부터 강점으로 인식되는 것은 무엇인지, 약점은 경쟁기업과 비교하여 소비자로부터 약점으로 인식되는 것은 무엇인지, 기회는 외부환경에서 유리한 기회요인은 무엇인지, 위협은 외부환경에서 불리한 위협요인은 무엇인지를 찾아낸다. 기업 내부의 강점과 약점을, 기업 외부의 기회와 위협을 대응시켜 기업의 목표를 달성하려는 SWOT 분석에 의한 마케팅전략의 특성은 다음과 같다.

[SWOT 기법]

구분		내부환경 요인	
		강점 (Strenghts)	약점 (Weaknesses)
외부환경 요인	기회 (Opportunities)	SO 내부강점과 외부기회 요인을 극대화	WO 외부기회를 이용하여 내부약점을 강점으로 전환
	위협 (Threats)	ST 외부위협을 최소화하기 위해 내부강점을 극대화	WT 내부약점과 외부위협 요인을 최소화

① SO 전략(강점-기회 전략) : 시장의 기회를 활용하기 위해 강점을 사용하는 전략을 선택한다.
  예 인수합병, 내부개발
② ST 전략(강점-위협 전략) : 시장의 위협을 회피하기 위해 강점을 사용하는 전략을 선택한다.
  예 다각화
③ WO 전략(약점-기회 전략) : 약점을 극복함으로써 시장의 기회를 활용하는 전략을 선택한다.
  예 조인트벤처
④ WT 전략(약점-위협 전략) : 시장의 위협을 회피하고 약점을 최소화하는 전략을 선택한다.
  예 구조조정, 철수 전략

(4) 내부환경 분석 Ⅱ : 포터의 가치사슬

기업활동에서 부가가치가 생성되는 과정을 의미한다. 1985년 미국 하버드대학교의 마이클 포터(M. Porter)가 모델로 정립한 이후 광범위하게 활용되고 있는 이론으로, 부가가치 창출에 직접 또는 간접적으로 관련된 일련의 활동·기능·프로세스의 연계를 의미한다. 주활동(Primary Activities)과 지원활동(Support Activities)으로 나눠볼 수 있다.

여기서 주활동은 제품의 생산·운송·마케팅·판매·물류·서비스 등과 같은 현장업무 활동을 의미하며, 지원활동은 구매·기술개발·인사·재무·기획 등 현장 활동을 지원하는 제반업무를 의미한다. 주활동은 부가가치를 직접 창출하는 부문, 지원활동은 부가가치가 창출되도록 간접적인 역할을 하는 부문을 말한다. 이 두 활동부문은 비용과 가치창출 요인을 분석하는 데에 사용된다.

이를 통하여 가치 활동 각 단계에 있어서 부가가치 창출과 관련된 핵심활동이 무엇인가를 규명할 수 있으며, 각 단계 및 핵심활동들의 강점이나 약점 및 차별화 요인을 분석하고, 나아가 각 활동단계별 원가동인을 분석하여 경쟁우위 구축을 위한 도구로 활용할 수 있다. 보통은 기업의 내부역량 분석도구로 많이 사용된다. 그러나 인터넷과 정보통신의 발달로 해체가 가속화되면서 네트워크를 통한 아웃소싱이 활발하게 진행되고 있다.

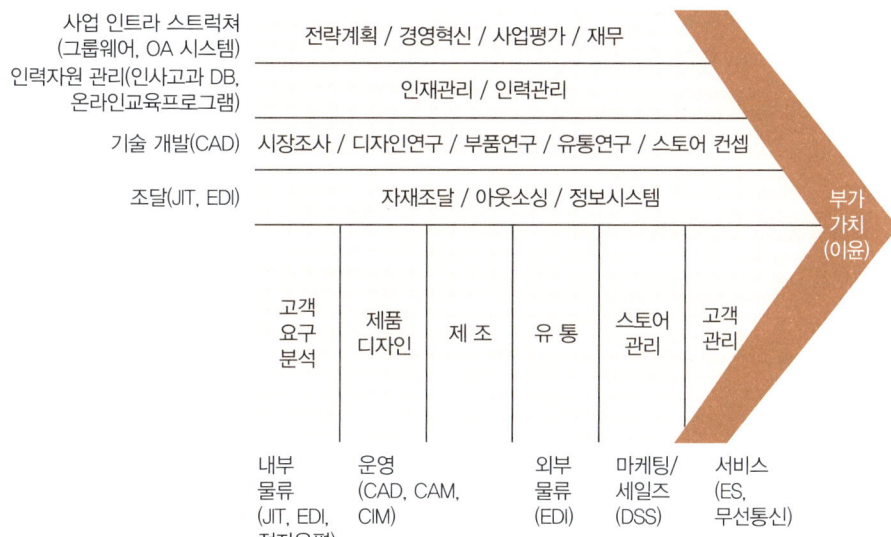

[포터의 가치사슬(Value Chain)]

① 주활동(본원적 활동) : 생산, 물류, 판매, 마케팅, 서비스 활동 등
② 지원활동(보조 활동) : 획득, 기술개발, 인적자원관리, 하부구조활동(기획, 재무, MIS, 법률 등)

3. 기업 전략계획 단계

경영전략은 어떠한 수준에서 설정할 것인가에 따라 기업전략, 사업부전략, 기능별 전략으로 크게 3가지로 나눌 수 있다.

더 알아보기

(1) 기업전략(Corporate Strategy) = 전략적 계획

기업전략은 전사적 전략 혹은 조직 전략으로 설명되는데 이는 사업진출 여부와 관련을 맺는다. 예컨대 기업 전체가 직면하는 기회와 위협을 파악하여 경영목표를 설정하고 사업활동의 범위를 결정하는 것이다. 이는 최고 경영층에 의해서 이루어진다.

① 기업사명(Mission)의 정의 : 사업영역을 규정
  ㉠ 사명은 흔히 제품, 기술, 고객집단, 고객욕구 등에 입각해서 정의된다.
  ㉡ 제품개념으로 정의하는 것이 아니라 소비자가 추구하는 편익 중심으로 규정한다.
  ㉢ 기업의 사명은 구체적 경영목표로 전환되어야 하고 모든 경영자는 목표에 의한 경영을 수행해야 한다.
  ㉣ 기업 장래에 대한 비전(Vision)이 제시되어야 한다.

> **| 합격의 Tip |**
> 사명을 정의하는 데 있어서 '우리는 화장품을 만드는 회사다'라는 식의 제품 개념에 입각한 사명 정의보다는 환경의 변화에 유연하게 대처할 수 있게 '우리 회사의 사명은 인간이 아름다워지고자 하는 욕구를 충족시켜 주는 것이다'라는 식의 고객욕구에 따른 사명 정의가 보다 바람직하다.

② 기업목표의 설정

SMART하게 작성해야 한다. SMART란 구체적(Specific)이고, 측정 가능하며(Measurable), 행동 지향적(Action-oriented), 결과 중심적(Result-focused), 시한이 정해진(Time-bound) 목표라는 뜻으로 영문의 머리글자를 딴 조어이다.

  ㉠ 구체성(Specificity) : 달성여부에 대한 의견차이가 생기지 않을 정도로 모든 변수를 구체화시켜야 한다. 예를 들면 '매출 15% 향상'이란 목표를 정했다면, 영업사원의 증원은 고려하였는지, 영업구역의 변경은 계획에 반영하였는지 등을 확실히 해야 나중에 변수의 차이 때문에 목표를 초과하거나 미달하였을 때에도 공정한 평가가 가능해진다.
  ㉡ 측정가능성(Measurability) : 객관적인 '수치'로 표시가 가능한 것이어야 한다. 수치로 환산할 수 없는 관리부서나 지원부서 근무자의 경우에는 정성적인 목표를 정량적인 목표로 바꾸는 것이 좋다. 가장 바람직한 방법은 정성적인 목표를 달성하는데 필수적인 핵심성공요인(Key Success Factor) 중에서 수치화할 수 있는 것을 찾아내고, 그것을 관리하는 방법이다. 예를 들어 영업부문의 경우 '고객만족도'를 관리한다면 반품의 비율이나 서비스 건수로 대신 관리할 수 있을 것이다.
  ㉢ 행동지향성(Action-Orientation) : 모든 목표의 핵심을 구체적인 동사(Verb)로 표현할 수 있게 하는 것을 말한다. 이는 달성 여부의 평가가 용이하다. 예를 들면, '고객중심의 업무 자세를 확립한다'는 목표를 세운다면 이러한 목표는 행동지향적인 것이 아니라 개념지향적인 것이어서 측정이 어렵다. 이를 행동지향적으로 바꾼다면 '고객만족도 조사결과에서 종합만족도를 5% 향상시킨다'와 같은 구체적 목표를 세워야 실제적인 행동지향성이 확보된다.
  ㉣ 결과중심성(Result-Focus) : '과정에서 최선을 다했다'는 이유로 자신의 낮은 결과를 합리화시키는 경향이 있다. 그러므로 결과를 목표로 정하는 것이 과정을 목표로 정하는 것보다는 바람직하다. 고객만족도조사를 예로 들면, 성실한 조사 자체를 목표로 정한다면 과정에 중심을 둔 것이고, 고객만족도조사 결과 '재구매의향'을 목표로 정해둔다면 훨씬 측정하기 쉬운 목표가 될 것이다.

ⓓ 목표시한성(Time-boundedness) : 시한을 정하지 않고 목표를 정하는 사람은 없다. 문제는 일반적으로 최종시한만 정해두지 중간 과정의 시한은 정해두지 않는다는 데 있다. 설령 중간중간의 시한은 정했다 하더라도 따지지도 않는 경우가 태반이다. 예를 들면, 신제품 출시 시한이 10월 30일이라면 광고는 9월 말에 이미 완성되어 있어야 한다.

③ 사업 포트폴리오 분석(사업부의 평가) : 각 SBU들의 매력도의 평가도구 다수의 전략적 사업단위를 운영하고 있는 기업은 BCG 매트릭스와 GE 매트릭스 등을 통하여 각 사업부를 분석하여 진입, 성장, 수확, 철수 전략 등을 구사함으로써 최적의 사업 포트폴리오를 구성해야만 한다.

| 합격의 Tip |

전략적 사업단위 SBU(Strategic Business Unit)
전략적 사업단위(SBU)는 종래의 사업부제 조직의 한계를 극복하기 위해서 1970년대 초반에 미국의 GE사에 의해 최초로 채용된 조직 체제를 말한다. 즉, 각 사업부 간에 부각된 요구나 사업부 차원을 넘어선 곳에서 생겨난 요구에 대응해 가는 전략을 책정하고 실시해가는 조직이 기업의 전략적 사업영역을 설정하여 이를 효율적으로 기업 수준에서 마케팅 관리를 하고자 하는 사업부 단위이다(대개 최고경영자로부터 생산과 판매에 관한 권한을 위임받고 경영 성과에 대한 책임을 지는 독립적 사업단위를 의미).

㉠ BCG 매트릭스(Boston Consulting Group) : 성장-점유율 분석
BCG 매트릭스는 회사 내 여러 사업들을 시장성장률과 시장점유율이라는 두 변수를 양축으로 하는 2차원 공간상에 표시하여 각 사업의 상대적 매력도를 비교하는 도표이다.

[BCG 매트릭스]

- 물음표(Question Mark) 또는 문제아(Problem Child) : 높은 시장성장률과 낮은 상대적 시장점유율의 사업단위이며 시장점유율을 유지 · 증가시키는 데 있어 많은 현금이 필요한 단계이다. 경쟁력이 있는 사업단위는 시장점유율 증대를 위해 현금을 지원하고 경쟁력이 낮은 사업단위는 처분해야 한다.
- 별(Star) : 높은 시장성장률과 높은 상대적 시장점유율의 사업단위이며 자체사업을 통해 많은 현금을 벌어들이지만, 급속히 성장하는 시장에서 시장점유율을 유지 · 증대시키기 위해 많은 자금이 필요한 단계이다.

- 자금젖소(Cash Cow) : 낮은 시장성장률과 높은 상대적 시장점유율의 사업단위이며 낮은 투자지출로 인해 많은 이익을 벌어들이는 단계이다. 자금젖소 단계에서 충분한 수익을 확보하여 기업의 다른 사업들에게 자금을 공급한다.
- 개(Dog) : 낮은 시장성장률과 낮은 상대적 시장점유율의 사업단위이며 대체로 수익성이 낮고 시장전망이 어두운 단계이다.

> **더 알아보기**
>
> **BCG 매트릭스에서 4가지 유형의 사업단위에 적용될 수 있는 전략 4가지**
> - 확대전략(Build) : 시장점유율을 증가시키는 전략으로, 사업을 확장하여 별로 이동시키기로 결정한 문제아에 적절하다.
> - 유지전략(Hold) : 현재의 시장점유율을 유지하는 것으로, 많은 현금흐름을 창출하는 강한 자금젖소에 적절하다.
> - 수확전략(Harvest) : 사업단위의 현금흐름을 증가시키는 것으로 장래가 어두운 약한 자금젖소나 문제아에 적절하다.
> - 철수전략(Divest) : 사업단위를 처분하는 것으로, 경쟁력이 없는 것으로 판단된 문제아나 전망이 어두워 기존의 시장점유율을 유지하는 것이 무의미한 개에 적용된다.

[BCG 매트릭스 장점과 단점]

장 점	단 점

• 간단히 계산
• 이해 및 적용이 용이
• 단순 명확한 전략적 제안
  - Cash Cow 사업은 유지
  - Dog 사업은 정리
  - Question Mark 사업은 Cash Cow에서 창출한 현금으로 지원해서 Star로 만들기 위해 노력
  - Star 사업의 시장점유율 제고
	• 현금 흐름에만 초점을 맞추어서 자원 및 역량의 연계성 무시
	• 너무 단순해서 시장규모 등 다른 중요한 변수가 고려되지 않음
	• 산업을 어떻게 정의하느냐 등의 측정 측면에서 오류 발생 가능

ⓛ GE-맥킨지 매트릭스

BCG 매트릭스가 단순히 시장성장률과 시장점유율에 의해 각 사업단위의 시장매력도와 사업강점을 측정한다는 단점을 보완하기 위해 GE는 맥킨지의 자문을 받아 시장의 성장률과 시장점유율 이외의 여러 변수들을 함께 고려한 GE 산업매력도-사업강점 매트릭스라는 전략도구를 개발하였다.

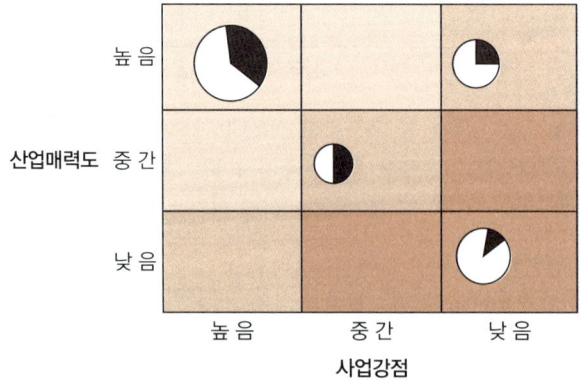

- 9개의 칸으로 구성이 되는데 각 사업단위의 위치는 원으로 표시
  - 전략의사결정을 위해 9개의 칸은 세 구역으로 나누어진다.

- 원의 크기는 각 사업단위가 진출한 산업의 크기이다.
- 원 안에 진하게 표시된 부분은 각 사업단위의 산업 내 시장점유율을 나타낸다.
- 산업매력도(Industry Attractiveness Index) : 시장성장률, 시장의 규모, 산업의 수익률, 산업의 경기 및 계절 민감도, 경쟁강도 등 기업외부요인들을 평가하여 결합한 것이다.
- 사업강점지표(Business Strength Index) : 시장점유율, 매출성장률, 가격·원가상의 우위, 제품품질, 자금력, 고객·시장에 대한 지식, 기술력 등과 같은 기업내부요인들을 평가하여 결합한 것이다.

더 알아보기

GE-맥킨지 매트릭스에 적용 가능한 전략 3가지 2016년 논술문제

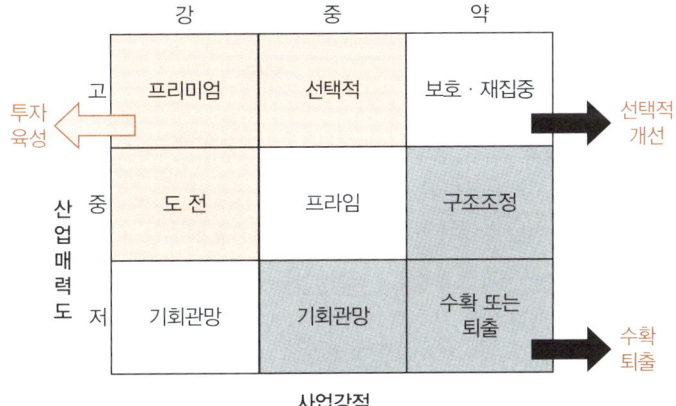

- **투자육성전략(Invest / Grow Strategy)** : 왼쪽 상단의 세 칸에 위치한 사업단위들은 경쟁력 있는 사업단위이므로 투자에 의해 지속적으로 성장시켜야 한다.
- **선택적 개선전략(Selective / Earnings Strategy)** : 대각선상에 위치한 세 칸들은 전반적인 매력도에서 중간인 사업단위로서 경쟁력 있을 것으로 판단되는 사업단위들에 대해서만 선별적인 투자를 하고 가능한 한 현금흐름을 증가시킬 필요가 있다.
- **수확, 퇴출전략(Harvest / Divest Strategy)** : 오른쪽 하단의 세 칸은 경쟁력이 약하거나 시장전망이 어두운 사업단위들을 나타내므로 사업단위로부터 철수하거나 최소한의 투자를 통해 현금흐름을 극대화하는 전략이 바람직하다.

ⓒ BCG와 GE - 맥킨지 매트릭스의 비교

구 분	BCG 매트릭스	GE - 맥킨지 매트릭스
사업 강점의 정의	시장점유율 (단일변수)	사업부문규모 / 시장점유율 / 위치 / 경쟁우위 등 다양한 변수
시장매력도	시장성장 (단일변수)	절대적 시장규모, 시장잠재력, 경쟁구조, 재무 / 경제 / 기술 / 사회 / 정치적 요인 등 다양한 변수
셀 구성 수	4개	9개 (더 많은 전략적 선택 제공)
수익성 초점	현금흐름	투자수익률(ROI)
개념적 토대	경험곡선이론 제품수명주기이론	경쟁우위론

ⓔ 사업 포트폴리오 기법의 문제점
- 전략사업단위의 자율성을 너무 강조한다.
  ☞ 사업단위들 간에 핵심역량(Core Competence)을 공유함으로써 얻게 될 경쟁우위와 사업기회를 상실할 수 있다.
- 사업단위들을 시장매력도와 사업 강점이라는 두 변수에 의해서만 평가하고 단순한 전략 대안(수확, 현상유지, 확대전략 등)을 제안한다.
  ☞ 창의적인 전략적 사고를 키우는 데 방해된다.
- 시장점유율 증대가 경쟁우위 확보에 있어 유일한 전략대안이라는 인상을 줄 수 있다.

④ 성장전략의 수립 **2020년 약술문제**

성장전략은 크게 3가지로 나누어 설명할 수 있는데 집중적 성장전략, 통합적 성장전략, 다각화 성장전략이 그것이다.

성장전략 3가지	집중적 성장전략	통합적 성장전략	다각화 성장전략
세부전략	• 시장침투전략 • 제품개발전략 • 시장개발전략	• 수평적 통합 • 수직적 통합 (전방통합, 후방통합)	• 수직적 다각화 • 수평적 다각화 • 복합적 다각화

㉠ 집중적 성장전략 : 제품-시장 매트릭스로 분석

제품-시장 매트릭스는 전략학자인 앤소프가 제창한 성장벡터로 일명, 앤소프 매트릭스(Ansoff's Matrix)로도 불리는데 이는 기존제품과 시장에 신규제품과 시장을 연결시켜 4가지 형태의 성장기회를 제시하고 있다. 매트릭스의 횡축은 제품을 나타내는 축으로 기존제품과 신제품으로 구성되어 있으며 종축은 시장을 나타내는 축으로 기존시장과 신시장으로 이루어져 있다.

[제품-시장 매트릭스(앤소프 매트릭스)]

	기존제품	신제품
기존시장	시장침투	제품개발
신시장	시장개발	다각화*

*신제품으로 신시장을 공략하는 다각화는 집중적 성장전략이 아닌 다각화 성장전략에 속한다.

- 시장침투(Market Penetration)

  첫 번째로는 기존시장에서 기존제품으로 승부하는 시장 침투 전략이다. 마케팅 전문가들이 집계한 시장 침투 전략의 평균 성공률은 약 75% 정도인 것으로 알려져 있다. 일반적으로 시장 침투의 목적은 기존의 시장에서 추가적인 매출을 올리는 데 있으며 가장 보수적인 성장전략이라고 할 수 있다(대부분의 대기업은 이 방법을 택하고 있음).

  이 방법은 단기 또는 중기적으로 볼 때, 가장 안정적이고 수익률이 높은 대안이기는 하지만 끊임없이 변화하는 소비자의 욕구를 고려하여 반드시 지속적인 '혁신 노력'이 따라야 성공할 수 있다.

- 제품개발(Product Development)

  두 번째로는 기존시장에서 신제품을 출시하는 신제품개발 전략이다. 정보통신 등의 하이테크 산업에서는 기업의 미래를 결정하는 핵심적인 생존 공식인데 신제품개발 전략의 평균 성장률은 대개 약 45% 정도로 알려져 있지만 산업별로 편차가 심한 편이다. 대부분의 신제품들은 제품개발의 초기 단계 즉 개념 테스팅, 프로토타입 개발, 테스트 마케팅 등에서 실패하여 사라진다.
- 시장 개발(Market Development)

  세 번째로는 기존제품으로 새로운 시장을 창출하는 시장 개발 전략이다. 1990년대 이후 맥도날드의 성장은 대부분 기존의 햄버거 제품을 중국, 러시아, 한국 등 새로운 시장을 개척하면서 이루어졌다. 여기서 중요한 것은 새로운 시장 진출은 같은 회사라 하더라도 어떤 지역으로 진출하느냐에 따라 사업의 성패의 확률이 달라지며, 같은 진출국에서도 진출 시기에 따라서 제품의 성공 확률이 다양하게 나타날 수 있다는 점이다. 시장 개발 전략의 성공 확률은 약 35% 수준인 것으로 알려져 있다.

ⓒ 통합적 성장전략

통합적 성장전략에는 수직적 통합(전방통합, 후방통합)과 수평적 통합이 있다.

전방통합 (Forward Integration)	제조회사가 도 · 소매업체를 소유하거나 혹은 도매상이 소매업체를 소유
후방통합 (Backward Integration)	소매상이나 도매상이 제조업체를 소유하거나 제조업체가 부품공급업자를 소유
수평통합 (Horizontal Integration)	동일 업종의 기업이 동등한 조건하에서 합병 · 제휴하는 일

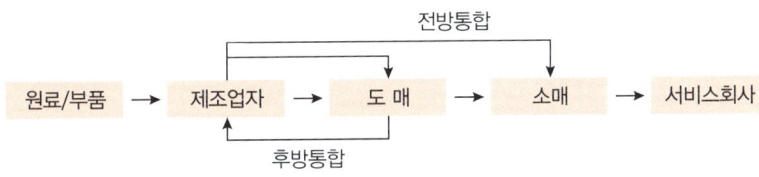

| 합격의 Tip |

마케팅에서 수평이나 수직이라는 단어가 자주 등장한다. 여기서 수평, 수직의 의미는 그림이나 도표상의 수직, 수평이 아니라 유통경로와 깊은 관계가 있음을 유의하자. 수직은 유통경로상 전방이나 후방을 말하며 수평은 유통경로상 같은 위치에 있는 타기업을 말한다. 마케팅 과목 전체에 수직, 수평이란 단어가 나오면 이와 같은 식으로 해석하면 된다.

더 알아보기

수직적 통합전략(전방통합, 후방통합)
수직적 통합이란 제품의 전체적인 공급과정에서 기업이 일정 부분을 통제하는 전략으로 다각화의 한 방법이며, 전방통합과 후방통합으로 구분된다. 수직적 통합은 원재료-생산-유통-고객의 연결고리에서 생산업자 입장에서 원재료업자를 통합하는 후방통합과 유통업자를 통합하는 전방통합으로 나눌 수 있다.

장 점	단 점
• 가격의 불안정을 피할 수 있다. • 품질 통제력을 높일 수 있다. • 자체 생산할 경우 생산원가를 절감할 수 있다. • 특허기술을 보호하거나 품질의 향상을 기대할 수 있다.	• 갈등해결을 위한 관리비용이 증대할 수 있다. • 유연성이 떨어져 비효율성이 높아질 수 있다.

ⓒ 다각화(Diversification) 성장전략

마지막 생존 공식은 새로운 시장에 새로운 제품을 출시하여 시장을 개척하는 다각화 전략이다. 다각화는 4가지의 대안 가운데서 가장 리스크가 높은 방법이지만 특정 기간에 특정 회사의 경우에는 가장 적합하고 가장 논리적인 성장전략이 될 수도 있다.

마케팅 학자들의 통계에 따르면, 다각화는 신제품으로 새로운 시장에 진출한다. 기존 조직이 새로운 시장에 진출하는 조직 다각화가 25% 정도의 성공률을, 현지 시장에 있는 기존 조직을 활용하는 다각화의 경우에는 35% 정도의 성공률을 가지고 있는 것으로 평가되고 있다.

- 수평다각화 : 서로 관련이 없는 새로운 제품들을 활용하여 기존시장에서의 점유율을 높이는 전략
- 수직다각화 : 기존 공급선의 영역, 혹은 고객의 영역으로 침투해 들어가는 전략. 원료나 반제품의 안정적인 공급, 혹은 최종제품의 안정적인 판매를 도모할 수 있음
- 동심적다각화 : 기존제품들을 근간으로 하여 새로운 제품들을 개발하여 새로운 시장을 개척하는 전략
- 복합적다각화 : 기존제품들과 관련이 없는 전혀 새로운 유형의 제품들을 통해 새로운 시장을 개척하는 전략

이외에도 또 다른 다각화의 종류로서 크게 관련다각화와 비관련다각화로 나눌 수 있다.

관련다각화	비관련다각화
전략적 적합성을 가진 사업으로 확장하는 것으로 전략적 적합성은 두 개의 사업들이 가치사슬에서 얼마나 연관성이 높은가로 판단한다.	전략적 적합성이 약한 사업으로 확장하는 것으로 도미노 효과를 방지함으로써 위험을 분산시킬 수 있다.

⑤ 축소 및 퇴출전략

| 합격의 Tip |

산업에 진입하는 것만큼 빠지는 것도 매우 중요하다. 제품의 퇴진전략의 세 가지는 BCG도표와 융합하여 약술에 출제되기 유력하다.

기업의 제품포트폴리오 중에서 특정제품의 수익률이 급격히 떨어지거나, 제품수명주기상 성숙기나 쇠퇴기에 진입하고 있다고 판단되거나, 기업의 전체적인 이미지와 어울리지 않을 경우 기업은 먼저 이를 개선하기 위해 적절한 조치를 취할 필요가 있다. 그러나 위와 같은 징후가 발생했다고 해서 즉각적으로 제품을 폐기한다면 잔여 상품력의 향상을 통해 얻을 수 있는 기업이익을 상실할 수 있다. 제품의 퇴진전략을 그림으로 나타내면 다음과 같다.

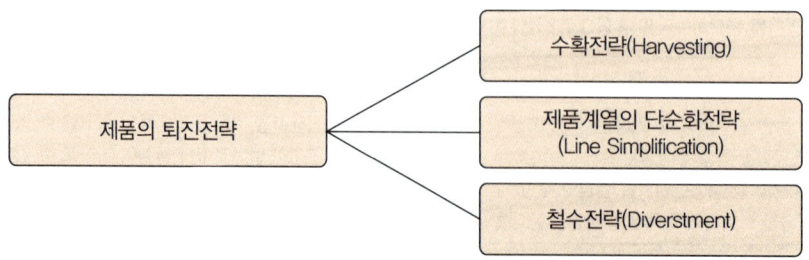

- ㉠ 수확전략 : 특정제품이 매출성장에서 안정된 단계나 쇠퇴기에 이르렀을 때, 기업이 유휴자원을 저렴하게 활용할 수 있을 때, 감소하는 매출액과 시장점유율의 회복을 위해서 지출해야 하는 비용이 점차로 증가하기 시작할 때, 기업은 자원을 더 이상 투입하지 않고 발생하는 이익을 회수하는 전략이다.
- ㉡ 단순화 전략 : 기업이 제공하는 다양한 제품이나 서비스의 수를 관리하기 용이한 수준으로 감소시키는 전략이다. 특히 투입원가가 상승하거나 가용자원이 부족해지기 시작하는 시기에 적절하다. 제품계열의 단순화 전략은 재고 감소와 생산원가의 감소를 위해 사용되지만 한 번 단순화된 제품계열을 부활시키는 것은 쉽지 않은 일이기 때문에 신중을 기해야 한다.
- ㉢ 철수전략 : 제품계열이 마이너스 성장을 하거나 제품이 전략적으로 부적절하다는 평가가 있을 경우 제품계열 전체를 제거하는 전략이다.

(2) 사업부 전략(Business Strategy) = 포터의 본원적 경쟁전략

사업부 전략은 특정 산업이나 제품 그리고 세분시장에서 어떻게 경쟁할 것인가에 대한 초점이 가해진다. 따라서 사업부 전략은 사업부의 경쟁전략이라는 관점에서 논의되며 전략적 측면이 중요시된다. 또 기능별 전략은 연구개발, 생산, 마케팅, 재무, 인사조직 등의 하위기능에 관한 부문별 운영전략이며 각 부분별로 자원의 생산성을 극대화하고 주어진 목표를 달성하는 데 초점이 가해진다. 기업이 진출한 시장에서 어떻게 경쟁하는가 하는 구체적인 방법을 결정하는 것으로 기업전략에 종속된 하위 전략이다.

경쟁우위의 원천이 되는 경쟁전략으로 미국 하버드대학교 경영대학원 교수 마이클 유진 포터(Michael E. Porter)의 본원적 경쟁전략이 있다. 전사적 전략으로 구분하기도 하지만 중소기업에서는 기업의 크기가 작아 사업별 전략으로도 본다.

어떤 기업이라도 모든 고객을 다 만족시키려 해서는 산업 평균치 이상의 수익을 올리기 어렵다. 따라서 자사에 경쟁우위를 가져다 줄 경쟁전략을 골라야 하는데 세 가지 전략이 있다. 비용우위(원가우위) 전략, 차별화 전략, 집중화 전략이 그것이다. 각 전략에 맞는 조직의 역량과 문화가 다르다는 것을 명확하게 인식해야 하며 큰 방향에서는 한 가지의 전략을 명확히 설정하되, 무조건 어느 하나의 전략만 신경 쓰는 것은 위험하다.

예를 들어 렉서스 자동차는 기본적으로 차별화 전략을 취하면서도 비용 절감에도 노력하여 비교적 저렴한 가격을 실현하고 있으며, 이마트는 비용우위 전략을 취하면서도 고급스러운 분위기로 차별화된 서비스를 제공하고 있다. 결국 큰 방향에 있어서는 어느 하나의 전략을 선택하되, 각 세부 영역 내에서는 차별화와 비용우위를 동시에 실현해야 성공가능성이 높다.

	경쟁 우위	
	저원가	차별화
넓은 영역	원가우위 전략 (Cost Leadership)	차별화 전략 (Differentiation)
좁은 영역	원가 집중화 (Cost Focus)	차별적 집중화 (Dfferentiation Focus)

(경쟁 영역)

① 원가우위 전략(Cost Leadership Strategy) : 업계에서 가장 낮은 원가로 우위를 확보하는 전략

시장이나 산업에서 가장 낮은 원가로 제품을 생산하는 사업 수준의 경쟁전략이다. 원가우위 전략은 원가절감을 통해 경쟁사보다 낮은 원가로 산업(사업)에서 우위를 확보하는 데 초점을 맞춘다.

원가우위 전략을 쓰려면 생산·판매에서 원가를 비교적 낮게 들이는 몇몇 기업 중 하나가 되는 정도로는 충분치 않고 반드시 시장 내 최저수준 원가로 생산할 수 있어야 한다. 원가는 가장 낮게, 그러나 생산제품이나 서비스의 품질은 경쟁자의 것과 유사하거나 적어도 소비자들이 받아들일 수 있는 수준이어야 한다.

② 차별화 전략(Differentiation Strategy) : 가격 이상의 가치로 브랜드 충성심을 이끌어내는 전략

소비자들이 널리 인정해주는 독특한 기업 특성을 내세워 경쟁하는 경쟁전략을 말한다. 차별화 전략을 펴려면 고품질, 탁월한 서비스, 혁신적 디자인, 기술력, 브랜드 이미지 등 무엇으로든 해당 산업에서 다른 경쟁기업들과 차별화하면 된다. 단, 차별화에 드는 비용을 감당하고도 남을 만큼 제품이나 서비스의 판매가격 면에서 프리미엄을 인정받을 수 있어야 한다. 이를테면 높은 가격이라도 고객이 즐겁게 살 수 있도록 제품과 서비스에 가치를 제공하면 되는 것이다.

그렇다고 해서 반드시 제품·서비스의 판매가격을 높여야만 하는 것은 아니다. 차별화를 추구하면서 판매가를 낮추는 원가우위 전략을 쓸 수도 있다. 버거킹, 맥도널드 같은 햄버거 체인은 값싼 규격품 햄버거를 판매하는 원가우위 전략을 쓰면서도 경쟁사들과의 확실한 차별화를 이루어낸 사례다.

③ 집중화 전략(Focus Strategy) : 특정 세분시장만 집중 공략하는 전략기업이 사업을 전개하는 과정에서 산업 전반에 걸쳐 경쟁하지 않고 고객이나 제품, 서비스 등의 측면에서 독자적 특성이 있는 특정 세분시장만을 상대로 원가우위나 차별화를 꾀하는 사업 수준의 경쟁전략이다. 비록 전체 시장에서 차별화나 원가우위를 누릴 능력을 갖지 못한 기업일지라도 세분시장을 집중공략 한다면 수익을 낼 수 있다고 보고 구사하는 경쟁전략의 하나다. 기업이 시장에서 사업의 우위를 차지하기 위해 경쟁에 적극 나서는 사업 수준의 경영전략을 경쟁전략이라고 하는데, 경쟁전략 중에는 원가우위 전략이나 차별화 전략처럼 산업이나 시장 전반을 상대로 전개하는 전략이 있는가 하면 집중전략처럼 특정 세분시장만 골라 원가우위나 차별화를 꾀하는 전략도 있다.

집중전략의 예로는, 기업이 사업을 전개하는 산업(시장) 부문에서 최종 소비자의 유형, 소비자의 지역 분포, 유통경로 등을 고려해 특정 소비자 계층만 상대로 원가우위 전략을 펴는 것을 들 수 있다. 생산 규모가 작아 '규모의 경제' 효과를 누리지 못하는 소기업에게는 집중전략이 유리할 때가 많다.

집중전략 중에서도 특정 세분시장을 상대로 원가우위 전략을 펴는 경우는 원가우위 집중전략, 특정 세분시장을 상대로 차별화 전략을 펴는 경우는 차별화 집중전략이라고 부른다.

집중전략이 성공하려면 우선 명확한 세분시장이 존재해야 하지만, 전체 시장을 상대하는 기업도 쉽사리 세분시장을 공략할 수 있다면 집중전략을 펴는 기업이 경쟁우위를 확보하기 어려워질 수 있다. 고전적 예로, 1960년대 미국 음료시장에서 쌍벽을 이루던 거대기업 코카콜라(The Coca-Cola Company)나 펩시(Pepsi)의 틈바구니를 비집고 도전장을 냈던 로열크라운(Royal Crown)은 콜라에 집중하는 집중전략을 구사했지만, 코카콜라와 펩시가 콜라를 포함한 음료 전반을 생산·판매하면서 '규모의 경제'를 활용한 원가우위 경쟁전략을 구사하는 바람에 콜라 시장에서 퇴출되고 말았다.

(3) 기능별 전략(Functional Strategy)

기능별 전략 이란 사업전략을 실행하기 쉽도록 각 기능조직단위로 실행할 전략을 규정하고 구체화하는 것이다. 개별 사업부내에 있는 인사, 연구개발, 재무관리, 생산 및 마케팅 등의 기능별 조직에서 제품기획, 영업활동, 자금조달 등 세부적인 수행방법을 결정한다.

> **더 알아보기**

치킨집 창업 시 사업수행단계 사례

작은 기업, 특히 중소기업이나 소상공인은 기업단위의 전략적 계획과 기능별 마케팅 계획이 구분되지 않고 아래의 치킨집처럼 통합적으로 구사된다.

1단계	사명문		최고의 정성과 맛을 제공하여 가정 평화에 이바지한다.
2단계	환경 분석	거시환경	• P(정치, 법률적 환경) : 베이비붐세대 은퇴, 창업컨설팅 활발, 가맹지원 • E(경제적 환경) : 소비심리상승, 외식문화발달 • S(사회문화적 환경) : 주위 인구 5만, 초등학생을 둔 30~40대 주분포 • T(기술적 환경) : 기술발달, 저가격 고품질 치킨개발
		산업환경	• 기존환경 : 기존 치킨집 4개, 기타 중국집 외 없음 • 구매자 : 초등학교 및 주택 밀집으로 소비층 분포 • 공급자 : 강력한 프랜차이즈 지원 • 진입자 : 없거나 극히 낮음 • 대체재 : 패밀리 레스토랑 진입여부 미확실
		자사환경	• 경영자원 : 소자본, 소매장, 부부노동력 활용 • 핵심역량 : 다양한 메뉴, 자녀알바, 동네 마당발
		3C	• Customer(소비자) : 시장규모, 소비심리회복, 외식문화 발달 • Competitor(경쟁사) : 낮은 경쟁, 높은 경쟁력과 가격탄력성 • Company(회사) : 치킨/피자 다양한 메뉴, 부부노동력, 동네마당발 ※ 최근 유통경로 구성원(Channel)을 더해서 4C로 설명
			• 사업기회 포착 : 환경분석 결과 저가 치킨집 성공 가능성 • 사업목표 수립 : 5만 주민, 치킨/피자 판매, 연매출 3.6억 달성
3단계	기업 전략	기업전략	다각화 성장 : 치킨, 피자, 생맥주, 서비스 안주
		경쟁전략	원가구위전략 : 기존 치킨집(1.5만원) vs 자사(1만원)
		BCG	자금젖소(치킨), 별(피자), 물음표(생맥주)
			• 경쟁우위 확보 : 저가치킨, 저가피자, 생맥주 배달 • 마케팅 목표 수립 : 저가 선호고객 50% 확보
4단계	마케팅 플랜	SWOT	• SO전략 : 시장규모, 소비심리 + 소자본, 부부노동력 • CSF : 저가선호고객 집중공략 • SCA : 저가우위 경쟁력 + 다양한 메뉴개발
		STP	• S : 연령, 자녀수, 소득 • T : 초등학생을 둔 30~40대 중산층 • P : 저가 및 다양한 안주 치킨집
		4P	• Product(제품) : 치킨, 피자, 생맥주, 안주 • Price(가격) : 저가 • Place(유통) : 배달전문, 지하매장 • Promotion(촉진) : 전단지, 마일리지, 프리미엄
			• 본사 : 미디어, 인쇄매체 광고, 판촉행사 지원 • 가맹점 : 단골고객 관계마케팅, 시식용 체험마케팅 병행

CHAPTER 04 | 소비자행동과 마케팅 조사

1. 소비자행동 분석

(1) 소비자행동 분석 의의
소비자가 필요로 하는 여러 물품의 가격과 자기의 소득을 여건으로 하여 효용을 극대화하기 위한 소비계획을 결정한다는 것이 기본가설로서, 경제학적으로는 충분할지라도 구체성이 부족하여 마케팅에 대한 응용 가능성이 거의 없다.

(2) 소비자 특성의 영향분석

- 문화적 요인 : 상위문화, 하위문화, 사회계급
- 사회적 요인 : 준거집단, 가족, 역할과 지위
- 개인적 요인 : 가족생활주기, 직업, 라이프스타일
- 심리적 요인 : 동기부여, 지각, 학습

① 사회계급(Social Class)

유사한 가치관, 행동 및 이해관계를 공유하고 있는 비교적 지속적인 사회집단으로 재산, 학력, 직업, 교육수준 등의 복합적인 변수에 의해 사회계급이 형성된다. 사회계급은 사회집단의 계급이다. 다양한 뜻을 가지고 있는 계급(階級)은 사회 구성원을 분류하는 개념 중 하나로, 계층과 유사하지만 이보다 좀 더 확장된 개념이다. 한편 신분(身分)은 숙명적 또는 세습적으로 타고나는 계층적 지위를 가리킨다.

② 준거집단(Reference Group)

매스컴 대사전에 따르면 개인 스스로가 그것의 구성원인지 아닌지를 확인하고 또 그것의 규범을 따르게 되는 집단을 지칭하는 사회학적 용어이다. 말하자면 우리가 어떤 사람들이나 집단의 가치와 기준을 준거의 틀로서 받아들이게 될 때, 그 사람들이나 집단은 우리에게 준거집단이 된다. 학교집단, 노동자집단, 또래집단, 사회집단 등이 대표적인 예이다. 이 개념은 지위의 심리학을 연구한 하이만(Hyman)과 베닝턴 칼리지 연구를 한 뉴컴(Newcomb)에 의해 처음 사용되었다. 즉, 한 개인이 자신의 신념·태도·가치 및 행동방향을 결정하는 데 준거기준으로 삼고 있는 사회집단을 말한다.

> **더 알아보기**
>
> **준거집단이 마케팅에 있어서 중요한 이유?**
>
> 사람들은 현재 자신이 처해있는 위치나 환경, 능력에 따라서 소비하는 합리적인 소비자도 있지만, 많은 사람들은 이런 합리적인 소비를 하기보다 준거집단에 의한 소비를 하는 형태를 보이고 있다.
>
> 마케팅 용어 사전에서는 이러한 소비자의 경향을 준거집단에 의한 소비라고 이야기한다. 40대 여성과 50대 여성이 20대의 패션을 입고, 10대의 여성도 20대의 패션을 입는다면, 우리 회사의 타깃층이 어떤 연령대이든 그들이 준거집단으로 삼고 있는 20대의 브랜드 콘셉트를 만들고 유지해야 한다.
>
> 한 집단이 다른 한 집단으로 옮기기에는 현실적인 장벽들이 많다. 나이를 초월할 수 없는 것이고, 부를 단기간 내에 축적하기도 힘들다. 이렇듯 준거집단은 개인의 노력으로 짧은 기간 내에 이루어질 수 없는 욕망의 대변이기도 하다.

③ 가족생활주기

일반적으로 가족생활주기는 서구의 핵가족에 해당하는 개념인데 가족의 성립시기인 결혼과 함께 자녀의 출생, 육아, 성장 노후를 거쳐서 최후에는 부부의 사망으로 소멸하는 전 과정을 말한다. 가족주기를 고찰하는 데에는 개인을 중심으로 고찰하는 것과 가정을 중심으로 고찰하는 것의 두 가지가 있다. 전자는 한 개인의 생애의 이행과정을 설명하는 '인생주기론'이고, 후자는 짧은 친자생활의 이행과정을 설명하는 '가정주기론'이다.

④ 라이프스타일(Life Style)

라이프스타일은 각 사람(개인)이 사는 방식을 말한다. 개인이나 가족의 가치관 때문에 나타나는 다양한 생활양식·행동양식·사고양식 등 생활의 모든 측면의 문화적·심리적 차이를 전체적인 형태로 나타낸 말이다.

> **더 알아보기**
>
> **라이프스타일 측정 방법 : AIO(Activities, Interest, Opinion) 분석**
>
> 소비자를 단순히 일차원적으로 파악하는 것을 넘어, 일상의 '활동', 주변 사물에 대한 '관심', 사회적#개인적 질문에 대한 '의견' 세 가지 차원에서 소비자의 라이프스타일을 이해하는 방식이다. 즉, 사람에 대한 분석을 통해 삶을 이해하는 것이다. 예를 들어 등산복의 경우, 등산복 소비자의 활동, 관심사, 의견을 함께 분석하여 그들의 라이프스타일을 파악할 수 있다.
>
> - 활동(Activity) : 일, 취미, 쇼핑, 스포츠, 사회적 사건, 휴가, 오락 등
>   - 어떤 일을 하는가? 어떤 일을 좋아하는가?
>   - 관찰이 가능하지만 행동의 이유에 대한 직접적인 측정은 어렵다.
> - 관심(Interest) : 음식, 패션, 가족, 가정, 일, 공동체, 지역사회 등
>   - 어떤 일에 흥미가 있는가?
>   - 어떤 대상, 사건, 혹은 주제에 대하여 지속이며 특별한 주의를 수반하는 관심의 정도를 말한다.
> - 의견(Opinion) : 자신, 사회적 쟁점, 사업, 제품, 정치, 경제, 교육 등
>   - 그 사람의 가치 및 사회문제에 대한 개인적 의견은 무엇인가?
>   - 자극적인 상황에 반응하는 개인의 구두적#문자적 대답을 의미하며, 사회나 대상에 대한 생각의 방향성을 지칭하기도 한다.
>
> AIO 분석에서는 소비자의 삶을 파악하기 위해 진술문에 대한 동의 정도를 측정하며, 진술문은 일반적 진술과 특별한 진술로 구분할 수 있다. 일반적 진술로는 그 사람에 대한 묘사가 가능하도록 삶을 측정하고자 하고, 생활에 대한 만족, 가족지향성, 가격의식, 자신감, 종교적 신념 등을 제시한다. 특별한 진술로는 특정 제품/상표와 관련한 혜택, 제품/서비스 사용빈도, 정보원이 된 매체 등을 제시할 수 있다.

2. 소비자의 구매의사결정과정 및 정보처리과정 2018년 약술문제

소비자는 자신의 욕구를 충족시켜 줄 수 있는 여러 대안들 중 지불 가능한 예산에 비추어 최상의 대안을 선택한다. 이와 같은 소비자 구매의사결정과정은 다섯 단계, 즉 문제의 인식, 정보탐색, 대안의 평가, 구매결정, 그리고 구매 후 행동을 통하여 이루어진다.

그러나 저관여 제품의 경우 몇 가지 단계가 생략되기도 하고 순서가 뒤바뀌기도 한다. 여기서 관여도란 여러 가지 의미를 내포하는 다소 복잡한 개념인데 대체로 소비자가 어떤 대상을 중요시 여기는 정도나 대상에 대해 관심을 갖는 정도를 말한다.

구매의사결정의 다섯 단계에 대하여 보다 구체적으로 살펴보면, 어느 특정 시점에서 소비자가 자신이 현재 처해있는 실제 상태와 바람직하다고 생각하는 이상적 상태 사이에 차이가 있다고 생각할 때 이를 해결하려는 욕구가 발생한다.

앞에서와 같이 문제를 인식하여 구매의사결정을 하고자 하는 소비자는 이에 도움이 될 만한 정보를 탐색한다. 정보탐색은 문제에 따라서 이를 해결해 줄 수 있는 수단(제품)에 대한 정보를 기억으로부터 회상해 내는 내적 탐색과, 내적 탐색에 의하여 의사결정을 할 만큼 충분한 정보를 수집할 수 없을 때 보다 많은 정보를 수집하기 위하여 외부에 있는 정보를 탐색하는 외적 탐색이 있다.

소비자들은 기억으로부터 회상하거나 외부로부터 수집한 정보를 이용하여 선택 대안을 평가하는데, 이때 소비자는 평가기준과 평가방식을 결정하여 고려상표들을 비교 평가한다. 평가기준이란 소비자가 대안을 비교하고 평가하는 데 사용하는 제품속성을 말한다. 앞의 대안평가 단계에서 소비자는 대체 가능한 여러 가지 제품이나 상표에 대한 선호순위를 매기게 될 것이다. 그런 다음에 가장 선호하는 제품이나 상표를 구매하고자 하는 구매의도를 형성하게 된다. 구매의도가 형성된 이후에는 구매가 일어난다. 소비자가 제품을 구매하고 난 후에는 제품을 사용하면서 만족 또는 불만족을 경험하고 그 결과에 따라서 재구매를 결정하기 때문에 소비자의 구매 후 평가 및 행동은 마케팅관리자에게 매우 중요하다. 따라서 마케팅관리자는 구매자가 심리적 불안감을 가지지 않도록 구매 후 인지적 부조화를 감소시키려는 소비자의 의도를 도와 주어야 한다.

관여도	• 특정 상황에서 자극에 의해 발생하는 개인적 중요성·관심도의 지각 정도 • 즉, 소비자 자신에게 어떤 제품(서비스)의 구매가 얼마나 중요하게 여겨지는가를 의미 • 소비자행동에 크게 영향을 미치며, 구매의사결정 및 정보처리과정에서도 중요한 역할을 함 • 관여도에 따른 소비자 구매의사결정과정은 아래와 같음

고관여

문제인식 →	정보탐색 →	대안평가 →	구 매 →	구매 후 행동

• 문제인식(식역)
• 욕 구
  - 욕구 5단계설
  - 2요인 이론
• 동 기
  - 동기의 유형
    기능적, 심미적,
    사회적, 호기심
  - 동기 간 갈등
    a. 접근-접근 갈등
    b. 접근-회피 갈등
    c. 회피-회피 갈등
	• 정보의 원천
	  - 상업적 정보
	  - 경험적 정보
	  - 개인적 정보
	  - 공공적 정보
	• 정보의 유형
	  - 기업이 통제 가능
	  - 기업이 통제 불가
	• 정보탐색 유형
	  - 내적탐색
	  - 외적탐색
		• 보완적 방식
		• 비보완적 방식
		  - 결합방식
		  - 분리방식
		  - 사전편찬 방식
		  - 연속제거방식
		• 휴리스틱 방식
		  - 가 격
		  - 장 소
		  - 광고, 판촉
			• 구매의 효용
			  - 기능적 효용
			  - 상징적 효용
			  - 쾌락적 효용
			• 구매의 유형
			  - 계획적 구매
			  - 비계획적 구매
			• 지각된 위험
				• 구매 후 부조화
				  - 부조화의 영향요인
				  - 해소방안
				• 귀인행동
				  - 내적 귀인
				  - 외적 귀인
				  - 켈리의 공변원리
				• 기대 불일치 모형
				  - 동화효과
				  - 대조효과

| 합격의 Tip |

소비자 구매행동 5단계(문/정/대/구/행으로 외우면 편리하다)
문제인식 → 정보탐색 → 대안평가 → 구매 → 구매 후 행동

(1) 문제인식

소비자의 기대상태와 실제상태가 일치하지 않는다는 것을 감각으로 인지하고 욕구를 확인하는 단계이다.

(2) 정보탐색

소비자가 욕구충족을 위하여 정보를 수집하는 단계를 말한다. 이 단계는 소비자의 욕구 속에서 탐색하는 내적 탐색과 인터넷이나 지인의 도움을 받는 외적 탐색이 있다.
① 내적 탐색 : 구매안들의 정보를 저장되어 있는 기억에서 찾는 것으로 주로 저관여 제품에 적용된다.
② 외적 탐색 : 구매안들의 정보를 외부에서 찾는 것으로 주로 고관여 제품에 적용된다.

(3) 대안평가

탐색한 고려상품군의 정보를 제품의 상표, 중요성, 특성 등을 고려하여 최종적으로 선택하는 단계로 저관여 제품은 대체로 생략된다.
① 보완적 평가방식(보상적 방식) : 특정 상표의 평가기준에 상표신념을 모두 사용하여 가장 높은 합산점수를 얻는 대안이 선택된다.
② 비보완적 평가방식(비보상적 방식) : 특정 기준을 선정한 후 가장 우수한 상표를 최우선으로 선택하므로 한 속성의 약점이 다른 속성의 강점에 의하여 보완되지 않는다.

(4) 구매결정(Purchase Decision)

소비자는 각 대안들의 비교·평가 과정을 거쳐 가장 호의적인 태도를 갖는 대안, 즉 가장 마음에 드는 대안을 구매한다.

(5) 구매 후 부조화

소비자는 구매 이후 자신이 선택한 대안이 과연 선택하지 않은 대안보다 더 나은 것인가에 대한 심리적 불안감을 느낄 수 있는데 이를 구매 후 부조화라 부른다. 구매 후 부조화는 특히 고관여 의사결정 이후, 그리고 대안들의 매력도가 비슷하게 느껴질 때 더욱 크다. 소비자는 구매 후 부조화를 해소하기 위하여 자신이 선택한 대안의 장점을 더욱 부각시키고 단점을 축소시킨다.

(6) 구매 후 평가

소비자는 제품을 구매할 때 자신의 평가와 지불하는 금액에 따라 제품성과에 대한 기대를 하게 되는데, 성과가 기대에 못 미칠 경우 불만을 갖게 되고 성과가 기대를 초과하는 경우 만족하게 된다. 만일 소비자가 불만족을 느끼는 경우 기업에 불평을 하거나 타인에게 부정적 구전을 하므로 기업은 불만족 관리에 주의를 기울여야 한다.

더 알아보기

소비자 정보처리과정

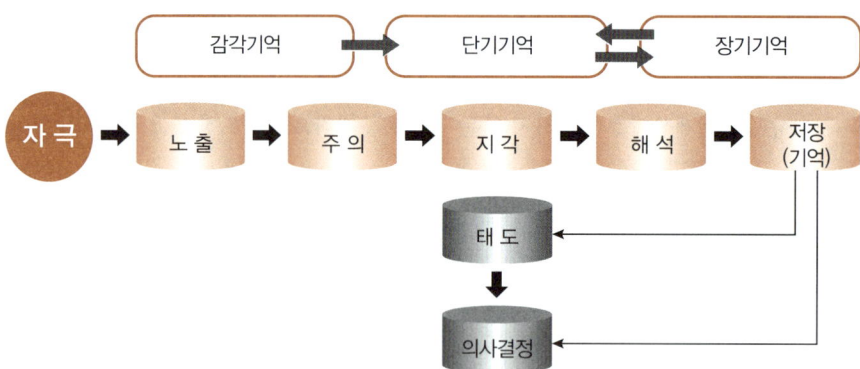

소비자의 정보처리과정(Consumer Information Processing)은 소비자가 자극을 받아들이고 자극에 담긴 정보를 이해하고 기억하는 과정으로 설명할 수 있으며, 그 순서는 아래와 같다.

① 노출 : 소비자는 메시지에 가까이 있어 소비자의 감각이 활성화되기 시작
② 주의 : 지각의 용량에는 한계가 있음. 지각이 노출된 자극에 할당되어야 자극이 처리됨. 노출되더라도 주의를 기울이지 않으면 더 이상 정보처리가 진행되지 않음
③ 지각 : 지각은 소비자가 자극 내의 요소에 의미를 부여하고 자극의 내용을 이해하는 과정이며 기억 속에 있는 정보를 인출하여 처리하기도 함
④ 해석 : 지각된 정보를 해석하는 과정
⑤ 저장 : 지각되고 이해된 정보는 기억 속으로 옮겨져서 저장됨. 기억 속의 정보가 인출되어 지각에 도움을 주기도 함 → 모든 단계를 거쳐야만 하나의 메시지가 소비자의 태도에 영향을 미칠 수 있음

※ 태도(Attitude) : 소비자가 어떤 제품에 대해 가지는 좋고 나쁜 감정

3. 관여도(Involvement)

관여도란 특정 상황에서 자극에 의해 발생하는 소비자 개인의 중요성 지각 정도나 소비자 개인의 관련성 지각 정도라고 정의할 수 있다. 관여도는 소비자가 제품이나 서비스를 구매하는 데 있어 자신에게 얼마나 중요하게 여겨지는 정도를 의미한다. 관여도는 자극을 대하는 대상에 따라 자극을 대하는 사람에 따라, 소비자가 처해 있는 상황에 따라 달라진다.

관여도는 제품과 서비스를 구매하는 데 많은 관심을 가지면 고관여(High Involvement), 적은 관심을 가지면 저관여(Low Involvement)라고 한다.

(1) 관여도에 따른 구매의사결정과정

구 분	고관여 구매의사결정	저관여 구매의사결정
의사결정(정보탐색, 대안적 상표 고려)	• 복잡한 의사결정(포괄적, 광범위한 문제해결) • 신념 → 평가 → 행동 • 인지적 학습 예 자동차, 전자제품 등	• 제한적 의사결정(다양성 추구) • 신념 → 행동 → 평가 • 수동적 학습 • POP가 중요한 요소 예 시리얼, 스낵제품 등
습 관	• 브랜드 충성도(상표애호도) • (신념) → (평가) → 행동 • 도구적 조건형성 예 운동화, 향수 등	• 관성적 구매(타성, Inertia) • 신념 → 행동 → (평가) • 고전적 조건형성 예 우유, 휴지 등

※ 일상적 문제해결(습관적 문제해결) : 상표애호도 + 타성구매
※ 충동구매(비계획적 구매), 중독구매 : 소비자의 의사결정 유형에는 구매 관여 수준에 따라 습관적 의사결정, 한정적(제한적) 의사결정, 광범위한 의사결정 3가지가 있다.

① 복잡한 의사결정(Extended Decision Making, 포괄적·광범위한 의사결정)
  ㉠ 광범위한 의사결정은 매우 높은 수준의 구매 관여에서 일어나는 것으로, 그러한 결정에는 광범위한 내부 및 외부 정보탐색 후 다수의 대안에 대한 복잡한 의사결정과정이 따르게 된다.
  ㉡ 또한, 구매 후에는 그 구매의 정황성에 의심을 갖고 그에 대한 철저한 재평가를 하는 것이 보통이다.
  ㉢ 그러나 이와 같은 광범위한 의사결정은 현실적으로 많이 볼 수 있는 것은 아니다. 예를 들어 주택, 컴퓨터, 자동차, 의류 등과 같은 고가품을 구매할 때 이러한 의사결정과정을 거치게 된다.

② 제한적 의사결정(Limited Decision Making, 한정적 의사결정)
  ㉠ 한정적 의사결정은 습관적 의사결정과 광범위한 의사결정의 중간단계에 속한다.
  ㉡ 그러나 이의 단순한 형태(최적수준의 구매 관여)는 습관적 의사결정과 매우 유사하다. 예컨대, 진열된 상품을 보고(한정적/제한적) 단순히 그 상품에 대한 기존 이미지 내지는 순간적인 호감 때문에 그것을 구매하는 경우가 있다.
  ㉢ 사실 소비자들이 슈퍼마켓 같은 장소에서 매일 구매하는 제품들에 대해서는 제한된 정보탐색이나 대안 평가를 거쳐 구매가 이루어지는데, 이러한 경우가 한정적인 의사결정의 일반적인 사례라 볼 수 있다.
  ㉣ 따라서, 이렇게 의사결정이 되는 경우에는 정보탐색이 활발하게 이루어지지 않으므로 소비자들의 눈에 쉽게 띄도록 소매점의 진열과 가격표시, 배치 등 판매시점광고(POP ; Point-Of-Purchase Advertising)가 중요한 역할을 하게 된다.

③ 습관적 의사결정(Habitual Decision Making, 일상적 의사결정) : 브랜드 충성도 + 관성적 구매
  ㉠ 습관적 의사결정에는 엄격한 의미의 의사결정이라 할 것이 없다. 왜냐하면, 문제가 인식되면 곧 내부탐색(장기기억)을 통해 단일의 해결안(상표)을 얻게 되고 당연히 그 상표를 구매하기 때문이다. 다만 사용한 결과가 기대에 미치지 못할 경우에 한해서 구매 후 평가를 할 뿐이다.
  ㉡ 습관적 의사결정은 흔히 그 구매에 대한 관여수준이 극히 낮고 반복적인 구매행동을 가져올 때 일어나게 된다.
  ㉢ 또한, 구매하고자 하는 제품의 상표들 간에 별 차이가 없어서 그 중 한 상표를 반복적으로 구매하는 경우에 많이 일어난다.
  ㉣ 어떤 상표에 대한 애호도(Brand Loyalty)가 높게 형성되면 그 다음 구매 시에는 예외 없이 그 상표를 구매하려 할 경우에 습관적 의사결정이 일어나게 된다.

(2) 관여도에 따른 소비자 반응순서
  ① 고관여

  인지(정보탐색, 능동적 학습) → 태도(상표대안평가) → 행동(태도에 근거해서 구매)

  ② 저관여

  인지(반복노출, 수동적 학습) → 태도(상표친숙도를 근거로 구매) → 행동(구매 후 평가의 결과로 형성)

(3) 관여도와 상표에 따른 구매행동 형태 2017년 약술문제

구 분	고관여 제품	저관여 제품
제품 간 특성이 클 때	복잡한 구매행동	다양성 추구 구매행동
제품 간 특성이 작을 때	부조화 감소 구매행동	습관적 구매행동

① 복잡한 의사결정 : 소비자가 능동적 학습자로서 구매 전 문제를 인식하고 구매상황에 대한 관여도가 높다.
② 인지부조화 감소 : 제품이 소비자 자신에게는 매우 중요하지만 시장에서 판매되는 상표들 간에 차별성이 적은 경우 부조화가 크지 않다.
③ 다양성 추구 : 기존의 제품이나 상표에 불만족하지 않더라도 여러 가지 이유로 인하여 상표를 바꾸어 구매하는 행동을 말한다. 상표의 지각 차이가 있으면서 관여도가 적은 경우 소비자는 다양한 제품 구매의 패턴을 보이게 된다.
④ 타성(습관적 구매행동) : 모든 상표에 대해 매우 유사한 인식을 하고 있어 전체 제품에 대해 형성된 태도만으로 행동한다.

(4) 정교화 가능성 모델(ELM ; Elaboration Likelihood Model)

설득의 이중 경로 모델로, 설득 메시지를 처리하는 경로를 중심 경로와 주변 경로로 구분하며, 두 가지 경로 중 어떤 경로를 사용해 설득 메시지를 처리하느냐에 따라서 적합한 설득 메시지가 달라질 수 있다고 가정한다. 정교화 가능성 모델에서는 제시된 메시지를 얼마나 '정교하게 처리할 수 있는가', 즉 설득 메시지를 인지적으로 심사숙고해 처리하는 정도가 설득을 결정하는 데 가장 핵심 요인이 된다.

① 정교화 가능성이 높을 때

메시지가 중심 경로로 처리될 경우 주변 경로에 비해서 더 광범위하고 노력이 필요한 인지적 처리가 발생하게 되는 것이다. 이로 인해 중심 경로로 설득 메시지를 처리한 후 태도가 변할 경우, 이 태도는 주변 경로로 설득 메시지를 처리한 경우에 비해 더 안정적이게 된다.

② 정교화 가능성이 낮을 때

제시된 메시지가 수용자에게 중요하지 않은 문제일 경우, 즉 메시지에 대한 관여도가 낮은 상황에서는 주변 경로를 통해 메시지가 처리된다. 주변 경로를 활용한 메시지 처리는 정보원에 대한 지각된 신뢰도나 메시지가 전달되는 방식, 정보원 매력도 등 설득 메시지 그 자체보다 주변의 환경이나 맥락과 관련되어 있는 정보에 더 많은 영향을 받게 된다.

> **더 알아보기**
>
> **대리적 학습(代理的 學習, Vicarious Learning, 모델링)**
> 누군가의 행동을 보고, 자신도 따라하면 긍정적인 결과를 얻을 수 있을 것이라고 믿게 되는 것이다. 다른 사람(모델)이 하는 행동과 그 결과를 관찰하거나, 상상력을 발휘해 어떤 행동의 결과를 예상 → 행동을 따라함 → 대리적 학습이라 한다.
>
> **3가지 대리적 학습(모델링)의 종류**
>
> | | |
> |---|---|
> | 외재적 모델링 | 소비자가 모델의 행동을 직접 관찰하게 하여 개인의 행동을 변화시키려는 시도
예 공익광고 마약, 흡연, 음주운전의 비참한 사례를 소개해 사고 감소 |
> | 내재적 모델링 | 소비자에게 실제 행동이나 결과가 제시되지 않는 대신 모델이 어떤 상황에서 행동과 결과를 상상하도록 요구함으로써 이루어지는 학습
예 라디오 음주운전 방지 공익광고에서 차량 충돌음과 구급차의 사이렌 소리로 비참한 결과를 상상하도록 유도 |
> | 언어적 모델링 | 모델의 행동을 직접 보여주거나 상상하도록 유도하지 않고, 소비자에게 유사한 사람들이 특정 상황에서 어떻게 행동했는지 그리고 그 행동의 결과가 어떠했는지를 들려주는 경우
예 기부금을 요청할 때 개인이나 단체가 얼마나 기부를 했는지 보여줌으로써 기부 유도 |

4. 산업재 시장과 구매행동 2025년 논술문제

(1) 산업재 시장의 정의와 주요 종류

① 산업재 시장은 기업, 정부, 비영리 단체 등과 같은 조직들이 다른 제품이나 서비스를 생산하거나, 조직의 운영을 위해 재화나 용역을 구매하고 판매하는 시장을 말한다. 이는 개인 소비자가 자신의 최종 소비를 위해 물건을 구매하는 소비재 시장(B2C)과 구분되며, B2B(Business-to-Business) 시장이라고도 불린다.

② 산업재의 주요 종류

산업재는 주로 사용 목적에 따라 분류할 수 있다.

- ㉠ 자본재(Capital Goods) : 다른 제품 생산에 사용되는 내구성 있는 장비나 기계류다. 공장 설비, 로봇, 중장비 등이 이에 속한다.
- ㉡ 원자재 및 부품(Materials & Parts) : 최종 제품을 만드는 데 사용되는 원료나 반제품을 말한다. 철강, 반도체, 화학 물질, 엔진 부품 등이 대표적이다.
- ㉢ 보조용품 및 서비스(Supplies & Services) : 제품 생산을 직접적으로 돕기보다는 조직의 운영을 지원하는 소모품이나 서비스를 의미한다. 사무용품, 청소 용역, 유지보수 서비스 등이 여기에 포함된다.

(2) 산업재 시장의 특성(소비재 시장과의 비교)

① 시장 구조 및 수요의 특성

- ㉠ 구매자 수와 규모 : 소비재 시장은 수많은 소규모 구매자로 구성되지만, 산업재 시장은 소수의 대규모 구매자로 이루어져 있다. 이들 소수의 구매자가 전체 시장의 대부분을 차지한다.
- ㉡ 파생 수요 : 산업재에 대한 수요는 그 산업재로 만들어지는 최종 소비재의 수요에 따라 파생적으로 발생한다. 예를 들어, 자동차 판매가 늘면 자동차 부품에 대한 수요도 증가한다. 또한, 소비재 수요의 작은 변동이 산업재 수요에서는 더 큰 변동을 가져오는 가속 효과(Acceleration Effect)가 나타난다.
- ㉢ 비탄력적 수요 : 산업재의 총수요는 가격 변화에 상대적으로 덜 민감하다(비탄력적). 특정 부품의 가격이 소폭 변동하더라도 최종 제품의 생산량을 크게 줄이거나 늘리기 어렵기 때문이다.
- ㉣ 지리적 집중 : 산업재 구매자들은 특정 산업 클러스터에 모이는 경향이 있다. 이는 공급망과 물류 효율성을 높이는 데 도움이 된다.

② 구매의사결정 과정의 특성

- ㉠ 전문성 및 참여자 : 소비재 구매는 주로 개인의 필요와 취향에 따라 이루어지지만, 산업재 구매는 기술적 전문성을 갖춘 다수의 관계자가 참여하는 집단 의사결정 과정이다. 재무, 생산, 기술 등 여러 부서의 담당자들이 구매센터(Buying Center)를 구성하여 신중하게 결정한다.
- ㉡ 공식적이고 복잡한 절차 : 산업재 구매는 공식적인 제안서 제출, 복잡한 협상, 계약 절차를 거친다. 반면, 소비재는 상대적으로 비공식적이고 단순한 구매가 많다.
- ㉢ 장기적 관계 : 산업재 거래는 일회성 구매로 끝나지 않고, 공급자와 구매자 간의 장기적인 상호 의존 관계로 이어진다. 납품 이후에도 기술 지원, 유지보수 등이 지속적으로 요구된다.

③ 마케팅 전략의 특성

- ㉠ 인적 판매의 중요성 : 복잡한 기술 설명과 맞춤형 솔루션이 필요한 산업재 시장에서는 TV 광고 같은 대중 매체 광고보다 숙련된 영업사원에 의한 인적 판매가 핵심적인 마케팅 수단이다.
- ㉡ 맞춤형 제품 및 서비스 : 산업재는 고객의 요구에 따라 맞춤형으로 제작되는 경우가 많다. 이는 표준화된 제품을 대량 생산하는 소비재와 대조된다.
- ㉢ 유통채널 : 소비재는 대개 복잡한 유통채널(도매상, 소매상 등)을 거치지만, 산업재는 공급자와 구매자 간에 직접적인 유통이 일반적이다.
- ㉣ 가격결정 : 소비재는 정찰제로 판매되는 경우가 많지만, 산업재는 경쟁 입찰이나 개별적인 협상을 통해 가격이 결정된다.

(3) 산업재 시장에서 조직구매자의 구매상황 유형

산업재 시장에서 조직구매자의 구매상황은 구매에 소요되는 시간, 참여하는 사람의 수, 그리고 필요한 정보의 양에 따라 세 가지 유형으로 분류할 수 있다. 이는 마케팅 전략을 수립하는 데 중요한 기준이 된다.

① 단순 재구매(Straight Rebuy)
- ㉠ 정 의
  가장 단순한 구매상황으로, 기존에 구매하던 제품이나 서비스를 아무런 변경 없이 반복적으로 재주문하는 경우이다.
- ㉡ 특 징
  - 저관여 의사결정 : 구매 결정에 많은 고민이나 새로운 정보 탐색이 필요하지 않다.
  - 자동화된 구매 : 구매 담당자 선에서 정해진 절차에 따라 간편하게 이루어진다.
  - 예시 : 사무용품, 작업복, 정기적인 소모품 구매 등

② 수정 재구매(Modified Rebuy)
- ㉠ 정 의
  기존에 구매하던 제품의 사양, 가격, 공급업체 등을 변경하고자 하는 상황이다.
- ㉡ 특 징
  - 중간 정도의 관여 : 단순 재구매보다는 더 많은 정보 탐색과 평가가 필요하지만, 새로운 구매만큼 복잡하지는 않다.
  - 참여자 확대 : 구매 담당자 외에 관련 부서의 의견이 반영될 수 있다.
  - 예시 : 기존 사무실의 인터넷 공급업체 변경, 생산 설비의 일부 부품 교체 등

③ 새로운 과업 구매 (New Task Purchase)
- ㉠ 정 의
  조직이 전혀 새로운 제품이나 서비스를 처음으로 구매하는 상황으로, 가장 많은 의사결정을 요한다.
- ㉡ 특 징
  - 고관여 의사결정 : 구매 위험과 비용이 크기 때문에 가장 복잡하고 신중한 의사결정 과정이 요구된다.
  - 포괄적 정보탐색 : 여러 공급업체를 비교하고, 제품 사양을 면밀히 검토하며, 장기적인 영향을 고려한다.
  - 구매센터 형성 : 구매 부서뿐만 아니라 기술, 생산, 재무 등 다양한 부서의 전문가들이 참여하는 구매센터(Buying Center)가 구성된다.
  - 예시 : 신규 공장 건설을 위한 대형 기계 도입, 새로운 ERP(전사적 자원관리) 시스템 구축 등

(4) 산업재 구매의사결정 과정

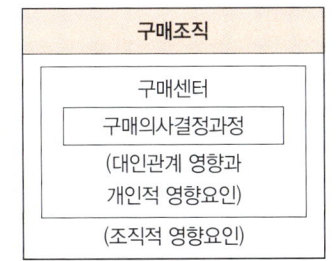

① 산업재 구매의사결정 과정
　㉠ 문제 인식 : 생산·운영상의 필요 발생
　㉡ 일반적 요구사항 결정 : 제품 사양 및 수량 결정
　㉢ 제품 사양 결정 : 세부 기술적 요구사항 정의
　㉣ 공급업체 탐색 및 선정 : 견적 요청, 평가, 협상
　㉤ 구매 주문 : 계약 체결
　㉥ 성과 평가 : 납품 품질, 서비스 평가

② 산업재 구매의사결정 참여자와 역할
　산업재 구매의사결정은 보통 한두 명의 담당자가 아닌, 여러 부서의 전문가들이 모인 구매센터(Buying Center)에 의해 이루어진다. 각 참여자는 구매 과정에서 고유한 역할을 수행하며, 이들의 역할은 다음과 같이 구분할 수 있다.
　㉠ 사용자(Users) : 구매하는 제품이나 서비스를 실제로 사용하는 사람들이다. 이들은 구매 필요성을 가장 먼저 인식하고, 필요한 제품의 사양이나 특징에 대한 제안을 한다. 현장 작업자, 엔지니어, 사무직원 등이 해당한다.
　㉡ 영향력 행사자(Influencers) : 구매 결정에 영향을 미치는 조언과 정보를 제공하는 사람들이다. 이들은 제품의 기술적 사양을 평가하고, 대안을 비교하는 데 중요한 역할을 한다. R&D(연구개발) 부서, 기술 전문가, 재무 담당자 등이 포함된다.
　㉢ 구매자(Buyers) : 공식적인 구매 권한을 가지고 공급업체와 협상하며 계약 조건을 결정하는 사람이다. 구매 부서의 담당자들이 주로 이 역할을 맡는다. 이들은 공급업체 선정, 가격 협상, 주문 처리 등의 실무를 담당한다.
　㉣ 의사결정자(Deciders) : 최종적으로 구매 여부를 결정하고 승인하는 사람이다. 단순 재구매의 경우 구매자가 의사결정자 역할을 하기도 하지만, 고가의 중요 구매일수록 최고경영자(CEO)나 주요 부서 책임자가 이 역할을 맡는다.
　㉤ 문지기(Gatekeepers) : 구매센터 내부로 정보가 들어오는 것을 통제하고 관리하는 사람이다. 영업사원이 의사결정자나 사용자에게 직접 접근하는 것을 막고, 관련 정보를 필터링하거나 제공하는 역할을 한다. 구매 부서의 비서나 담당자가 이 역할을 수행할 수 있다.
　이러한 참여자들은 각자의 역할과 목표에 따라 상이한 기준을 가지고 구매 결정에 참여하며, 이는 산업재 마케팅 담당자가 각 역할에 맞는 맞춤형 전략을 수립해야 하는 이유이다.

5. 마케팅 조사

(1) 마케팅 조사(Marketing Research) 의의
마케팅을 하는 데 관련된 문제에 대해 객관적이고 정확한 체계적 방법으로 자료를 수집하고 기록, 분석하는 일이다. 의사결정자의 정보욕구를 파악하고 그런 정보에 관련되는 변수들을 선정한 후, 신뢰성 있고 유효한 자료를 수집 및 기록, 분석하는 일이다. 고객과 환경요인의 변화를 고려한다는 점에서 시장조사보다 포괄적인 개념이다.

(2) 마케팅 조사 과정

> **| 합격의 Tip |**
>
> 마케팅 조사 과정 간단정리 및 암기방법 [문/조/자/표/시/분]
>
> ① 문제 정의
> - 문제를 명확히 정의하는 것
> - 마케팅 의사결정문제 위해 시행해야 하는 과제
> - 현상과 문제를 구분하여 정의
> - 현상 : 배고프다.
>   문제 : 대부분이 자장면을 먹는다.
>   조사 : 왜 자장면을 먹을까?
>
> ② 조사설계 – 연구목적에 따른 마케팅 조사 종류 [탐/기/인]
> - 탐색조사 [문/전/표/심/사]
>   - 가설수립, 문제파악 목적, 정성, 비구조화, 일반화 X
>   - 문헌조사, 전문가조사, 표적집단면접법(FGI), 심층면접, 사례조사
> - 기술조사
>   - 소비자가 느끼고 행동하는 것을 기술
>   - 계량, 구조화, 일반화 가능, 정량
>   - 횡단조사 : 서베이(인구센서스조사)
>   - 종단조사 : 패널, 추세, 코호트
> - 인과조사 : 실험조사
>   - 원인과 결과를 밝히는 목적
>   - 대학교 논문, 실험법
>
> ③ 자료수집 방법 결정
> - 2차 자료 : 이미 수집되어 있는 자료(문헌자료)
> - 1차 자료 : 직접 수집하는 자료
> - 1차 자료 수집방법
>   - 관찰법 : 사람, 동물 등 행동, 상황 직접 관찰
>   - 서베이법 : 설문지를 통해 정보 수집(편지, 전화, 면접)
>   - 실험법 : 변수 간 인과관계 조사 위해 시행
>
> ④ 표본설계 : 조사대상 선정방법에 따라
> - 전수조사 : 조사대상을 모두 조사하는 방법(인구센서스)
> - 표본조사 : 조사대상 중 일부만 대상으로 조사하는 방법
> - 확률 표본추출 : 단순무작위 표본추출, 층화 표본추출, 군집 표본추출, 체계적 표본추출 [단/층/집/체]
> - 비확률 표본추출 : 편의 표본추출, 판단 표본추출, 할당 표본추출 [편/판/할]
> - 표본추출 과정 : 모집단의 확정 → 표본프레임의 결정 → 표본추출방법의 결정 → 표본크기의 결정 → 표본추출의 실행 [모/표/방/크/실]
>
> ⑤ 시행 및 분석 활용
> - 코딩 : 일정한 번호를 붙이는 과정
> - 펀칭 : 컴퓨터에 입력하는 과정

① 1단계 : 조사문제의 정의 및 목적의 결정

조사과정에 있어서 조사문제를 정의하는 일은 향후 진행될 조사활동의 방향을 결정짓고 조사결과의 유용성에 막대한 영향을 미친다는 점에서 대단히 중요하다. 기업이 당면하고 있는 마케팅 문제를 명확하게 규명함으로서 정보욕구를 판단해야 하는데, 이러한 정보욕구를 충족시키는 일이 마케팅 조사의 목표가 된다.

㉠ 탐색조사 : 조사 초기 마케팅 문제가 불분명할 경우 이에 익숙해지고 정확한 정의를 내리기 위하여 탐색조사가 실시되는데, 문헌조사나 전문가의견조사, 사례조사, FGI, 심층면접 등을 통해 이루어지며 정성조사 방식으로 이루어진다.

㉡ 기술조사 : 조사문제와 관련하여 자료를 수집하고 그 결과를 기술하는 조사이다. 계량화, 구조화, 일반화가 가능하며 정량조사 방식으로 이루어진다. 횡단조사로 서베이 방법이 있고 종단조사로 패널조사, 추세조사, 코호트 조사가 있다.

㉢ 인과관계조사 : 특정 가설의 원인과 결과를 검증하기 위해 두 개 이상 변수들 간의 인과관계를 조사하는 것으로, 실험법의 방식으로 조사가 이루어진다.

② 2단계 : 조사계획 수립 및 설계

조사설계(Research Design)란 조사목표를 달성하기 위한 자료의 수집과 분석에 대한 계획으로 조사형태의 선택, 자료수집의 방법 및 표본설계, 자료처리 방법의 예비적 결정을 포함하기 때문에 마케팅 조사의 성과와 효율성에 많은 영향을 미친다.

③ 3단계 : 자료의 수집

자료는 조사목적에 따라 두 가지의 유형으로 구분할 수 있는데, 2차 자료란 현재의 목적이 아니라 다른 목적을 위하여 이미 수집되어 있는 자료를 말하며 1차 자료는 현재의 조사목적에 따라 조사자가 직접 조사하는 자료를 말한다.

㉠ 2차 자료(Secondary Data)의 수집 : 조사자는 통상 2차 자료를 수집함으로써 조사를 시작한다. 2차 자료는 1차 자료보다 저렴한 비용으로 신속하게 얻을 수 있다. 그러나 2차 자료에는 문제가 있을 수 있다. 필요로 하는 정보가 없을 수도 있고 조사목적에 부합하지 않을 수도 있으며 너무 오래돼서 정확성이 결여되어 있을 수도 있다.

㉡ 1차 자료(Primary Data) 수집 : 조사자는 획득한 2차 자료를 관련성, 정확성, 현실성이 있는지 면밀히 분석하고 부족한 부분은 1차 자료를 수집하여 보완한다.

• 관찰법(Observational Method) : 자연적 조건이나 상태에서 연구대상의 행동을 관찰하고 기록하는 절차를 통해 연구자료를 수집하는 방법을 말한다. 즉, 조사자가 조사대상자를 현장에서 일정한 기간 동안 관찰함으로써 필요한 정보를 획득하고자 하는 사회조사 방법을 말한다. 이러한 관찰법은 직접 관찰을 통해 정보를 수집하기 때문에 정확한 정보를 수집할 수 있다는 장점을 지니나, 정보 수집 과정에 많은 시간과 비용이 소요되며, 관찰 대상자가 관찰을 의식해 평소와 다른 반응을 보이거나 불안을 느끼게 되는 등의 단점을 지닌다.

• 서베이법(Survey Method), 설문조사 : 다수의 응답자들을 대상으로 설문조사에 의하여 자료를 수집하는 방법으로 서베이는 이론적, 학문적인 목적뿐만 아니라 실제적, 정책적인 목적을 갖고 수행될 수 있다. 우선 실제적, 정책적인 측면에서 인구, 산업, 주택 등에 관한 정책의 기초자료를 얻기 위해서는 센서스를 실시하는 것이 가장 기본적이며 바람직한 방법이지만, 방대한 비용과 인원이 필요하고 상당한 시간이 걸려 자주 시행할 수 없기 때문에 대표성 있는 표본을 추출하여 그

들을 대상으로 하는 서베이를 실시하게 된다. 정기적인 물가조사나 트렌드조사 등이 그 예시이다. 그런가 하면 국민여론의 향방을 청취하기 위해 정부나 전문조사기관에 실시하는 여론조사가 있다. 기업체에서도 대외적인 판매실적, 상품기호, TV시청률 조사 등의 시장조사를 실시할 때 전형적으로 서베이에 의존한다.

장 점	단 점
• 큰 규모의 표본/일반화 가능성↑ • 다양한 측면에서 차이분석 가능 • 자료수집 용이성 • 객관적 해석의 가능성 • 직접 관찰할 수 없는 요인/개념 추정 가능	• 설문지 개발의 어려움 • 탐사방식에 의한 깊이 있는 질문 불가능 • 오랜 시간/낮은 응답률 • 응답의 정확성 문제 • 부적절한 통계기법 사용 시 문제

- 실험법(Experimental Method) : 보편적으로 한 개 이상의 독립변수와 한 개 이상의 종속변수 간의 인과관계를 밝히는 고도의 연구방법으로서, 독립변수를 조작하여 종속변수에 대한 그 조작의 효과를 관찰하고 측정하는 방법이다. 부연 설명하면 실험대상자들을 둘 혹은 몇 개의 집단으로 나눈 후 인과관계의 원인이라고 추정되는 독립변수를 각 집단에 다르게 조작하여 그 종속변수가 집단들 간에 다르게 나타나는지를 봄으로써 변수들 간의 인과관계를 규명하고자 하는 방법으로, 인과관계 조사를 위하여 많이 사용되는 방법이다.

장 점	단 점
• 인과관계를 설정 • 통제 가능 • 주요변수를 분류 가능	• 인위적인 연구로 일반화에 문제 있음 • 연구자의 기대가 연구결과에 영향을 미침 • 자연적 상황에서는 통제 불가능 • 표본의 크기가 작음

④ 4단계 : 표본설계

표본추출의 과정을 포함한 조사과정의 전체 계획을 구성하는 여러 부분 가운데 한 가지 혹은 그 이상의 부분을 추출하는 기법을 말한다. 표본설계 방법은 두 가지로 나뉘는데, 조사대상 선정방법에 따라 전수조사와 표본조사가 있다. 전수조사는 조사대상을 전체를 조사하는 방법이며, 인구센서스 조사가 대표적이다. 표본조사는 조사 대상 중 일부만 대상으로 조사하는 방법으로 확률 표본추출방법과 비확률 표본추출방법이 있다.

⑤ 5, 6단계 : 시행, 분석 및 활용

조사목표에 부합하는 자료를 수집하고 나면 조사자는 일정한 번호를 붙이는 과정인 코딩과 컴퓨터에 입력하는 과정인 펀칭 과정을 거치게 된다. 자료의 분석은 조사문제의 정의 단계에서 인식된 정보 욕구에 부합되는 정보를 산출할 수 있어야 한다. 수집된 자료를 적합한 통계기법에 의하여 분석하고 나면 조사자는 분석결과로부터 마케팅전략에 활용할 수 있는 시사점을 도출해내야 한다.

조사과정은 보고서 작성으로 종결되는데 조사자는 보고서에서 경영자에게 조사를 통하여 도출된 문제를 정리하고 그에 따른 해결책을 제시해야 한다.

> **더 알아보기**

마케팅 조사방법 중 델파이기법

- **개념** : 델파이기법은 한 나라의 연구수준이나 미래의 특정 시점을 예측하는 경우, 특히 현재의 상태에 대한 일반화, 표준화된 자료가 부족한 경우, 전문가적인 직관을 객관화하는 예측의 방법으로 많이 사용되는 기법이다. 다시 말하면 본 연구의 예측조사의 방법으로 사용되는 델파이기법은 내용이 아직 알려지지 않거나 일정한 합의점에 달하지 못한 내용에 대해 다수의 전문가의 의견을 자기기입식 설문조사방법이나 우편조사방법으로 표준화와 비표준화 도구를 활용하여 수 회에 걸쳐 피드백(Feedback)시켜 그들의 의견을 수렴하고 합의된 내용을 얻는, 소위 전문 집단적 사고를 통하여 체계적으로 접근하는 일종의 예측에 의한 정책분석 방법이라고 볼 수 있다. 델파이기법과 똑같지는 않지만 의도적인 면에서 비슷한 방법으로 이루어지는 브레인스토밍이 있다.
- **델파이기법의 실행과정**
  - 관련 분야 전문가 집단 구성 : 알고자 하는 내용에 대해 가장 잘 알고 있으리라고 믿어지는 전문가를 30명에서 최고 100명까지 선정하여 패널을 구성한다.
  - 1차 질문 : 구성된 패널을 통해 개방형 질문을 하여 그들의 견해를 모두 나열함으로 가능한 많은 자료를 수집 및 분석하여 항목으로 구성, 폐쇄형 질문지를 만든다.
  - 2차 질문 : 이 폐쇄형 설문지를 동일 대상자에게 보내는 2차 질문을 실시한다. 이때는 문항에 점수를 주거나 중요도를 측정하여 일정 수의 중요 문항을 선택하게 한다.
  - 3차 질문 : 수집된 결과를 항목별로 종합하여 전문가 전체의 항목별 도수, 평균 또는 표준편차 등을 제시하여 다시 동일 집단에게 보내어 중요 문항을 선택하게 한다.
  - 4차 질문&피드백 : 셋째 단계의 결과를 가지고 면담을 실시한다. 이와 같은 방법으로 전문가들 사이에 어떤 합의점을 찾을 때까지 여러 차례의 설문을 통하여 최종 결과를 얻는다.
- **장점**
  - 편향된 토의에 쏟는 시간과 노력의 낭비를 줄일 수 있다.
  - 연구자에 의해 통제되기 때문에 초점에서 크게 빗나가지 않는다.
  - 시간적·경제적(회의비, 체제비, 여건비 등)으로 절약할 수 있다.
  - 협의회보다 시간, 빈도 등의 제약이 적다.
  - 다수의 전문가 의견을 수렴, 피드백(Feedback)할 수 있다.
  - 익명성이 있고 독립적이기 때문에 자유롭고 솔직한 전문가의 의견을 들을 수 있다.
  - 몇몇 사람의 의견이나 분위기에 말려 휩쓸리지 않는다. 또한 체면이나 위신에 의해 다른 결정을 하지 않는다.
- **단점**
  - 질문지 조사방법 자체에 결함이 있을 수 있다. 또한 문제가 참여자들에게 맡겨지기 때문에 문제의 확실한 속뜻을 알기가 어렵다.
  - 다른 질문지와 마찬가지로 회수율이 높지 않다. 조사가 1, 2, 3, 4 반복되어 감에 따라 회수율은 점점 낮아지게 된다.
  - 반복적 조사이기 때문에 조사를 끝내려면 장기간이 필요하다. 단기간의 조사는 용이하지 않다.
  - 문제와 처리 결과를 직접 주고받을 수 없다.
  - 통계적 처리 결과에 무의식적으로 따라갈 수 있다.
  - 현재성을 중시하는 현대인에게 미래에의 무관심을 나타내게 할 수 있다.
  - 한두 가지의 확신만을 가지고 미래를 볼 경우, 미래를 단순화할 수 있다.
  - 전문가들이 과도한 확신으로 환상적이거나 체제 전체를 판단하지 못할 수 있다.
  - 조작 가능성도 가지고 있다.
  - 참여 전문가들이 설문에 대하여 신중하지 못할 수 있다.
  - 델파이조사에 의한 예측 연구는 불확실한 상황을 연구대상으로 삼고 있다는 기본적인 한계를 가지고 있다.

CHAPTER 05 | 마케팅전략수립

> **| 합격의 Tip |**
> 이 장에서는 앞에서 배운 부분 다음인 STP 전략부터 설명해야 함이 맞으나 워낙 중요한 부분이라 기업전략의 몇몇 부분을 다시 복습하고 넘어가고자 한다.
> 마케팅전략수립이라는 논술이나 약술문제가 나왔을 때 아래의 부분을 요약하면 약술문제의 답이 될 수 있으며 도표 및 그림과 함께 살을 약간 붙이면 논술문제의 답이 될 수 있다.

1. 기업전략의 단계

기업전략의 단계에는 기업의 최상위 전략으로 여러 제품군들을 포괄하는 기업 전체의 전략인 기업수준 전략과 각 제품군에 대해 적용되며 재무, 생산, 마케팅, 인사관리 등과 같은 기능에 따라 나누어지는 사업단위 수준의 전략이 있다.

2. 기업전략의 수립과정

기업의 장기적인 생존과 성장을 보장하기 위해 전사차원의 전략을 수립하는 것이다. 다르게 표현하면 한 기업이 조직의 목표와 능력을 변화하는 시장에 적합하게 유지, 성장시키고자 하는 관리과정이라고 말할 수 있다. 기업이 전략적 계획을 수립하는 목적은 사업 및 제품들이 만족스러운 수익과 성장을 창출할 수 있도록 범위와 유형을 결정하는 것이다. 잘 짜인 전략적 기업계획은 항상 마케팅변수들을 고려하고 있기 때문에 전략적 기업계획과 전략적 마케팅계획을 구분하는 것은 힘들다. 그렇기 때문에 전략적 기업계획을 전략적 마케팅계획(Strategic Marketing Planning)이라고 부르기도 한다.

전략적 마케팅계획 수립에는 기업사명의 규정, 상황분석(Situation Analysis), 기업목표의 설정, 기업전략(Business Strategy)의 개발, 마케팅목표(Marketing Goal)의 설정, 마케팅전략의 수립, 마케팅 믹스의 설계, 계획의 실행과 평가 모두 8단계로 구분할 수 있다. 이 중 기업사명의 규정, 상황분석, 기업목표의 설정, 기업전략의 개발 4단계는 마케팅전략개발을 위해서뿐만 아니라 최고경영자가 기업 전체의 나아가야 할 방향을 설정하게 하고 생산, 인사, 재무 등 모든 부문업무에 대해 지침을 제공하도록 돕는다.

기업사명은 너무 광범위하거나 애매해서는 안 되며 너무 좁고 한정되어서도 안 된다. 상황분석은 기업이 환경에서 발생하는 기회와 위협을 파악하기 위해 정보를 수집하고 연구하는 것이다. 이 단계는 기업이 상대하고 있는 고객집단과 고객집단을 만족시키기 위해 사용하는 전략, 그리고 마케팅성과의 측정 등을 포함하게 된다. 이를 위해 많은 기업들은 SWOT(Strengths, Weaknesses, Opportunities, Threats) 분석을 실시한다. 자신의 가장 중요한 장점과 약점, 그리고 기회와 위협들을 확인하고 평가한다.

기업목표의 설정은 기업이 기업생존의 목표를 완수하는 데 안내자 역할을 하며 기업의 성과를 평가하는 기준을 제공해 준다. 기업전략의 개발은 기업이 어떻게 목표에 도달할 것인가의 문제이다. 기업전략은 기업이 목표와 사명을 달성하려고 할 때 사용할 수 있는 광범위한 행동계획을 의미한다.

마케팅목표는 기업 전체의 목표 및 전략과 밀접한 관련이 있어야 한다. 경기 상황에 따라 기업전략이 마케팅목표로 변형되기도 한다. 마케팅전략의 수립은 기업이 상품과 서비스를 제공하게 될 잠재소비자집단인 표적시장을 선정하는 일이다. 표적시장을 선정하기 위해서는 먼저 소비자의 욕구를 파악해야 하고 욕구를 충족시키기 위해 수정해야 할 업무가 확인되어야 한다. 또 시장의 규모와 시장의 특성이 파악되어야 한다. 표적시장이 선정되고 나면 경쟁자와 어떻게 구별되게 할 것인가와 시장에서 제품을 어떻게 포지셔닝(Positioning)시킬 것인가에 대해 의사결정을 내려야 한다.

마케팅 믹스의 설계는 제품, 가격, 유통, 촉진의 조합 모두 4가지 요소들은 표적시장의 욕구를 충족시킴과 동시에 기업의 마케팅목표를 달성하도록 설계되어야 한다. 이 요소들은 상호 관련되어 있어 어떤 영역의 의사결정이 다른 영역에 영향을 미친다. 또 각 요소들은 수많은 대안들을 갖고 있다. 때문에 마케터는 표적시장을 만족시키고 기업 및 마케팅 목표를 달성시켜 줄 대안을 선정해 이들을 적절히 운영할 필요가 있다.

마지막으로 계획의 실행 및 평가는 계획 목표가 소기의 성과를 달성할 수 있도록 구성원의 공통된 행동스타일, 기술, 스텝, 공유된 가치 등이 뒷받침되어야 한다. 또 계획이 실행 중에 환경변화를 고려해 그에 적절한 대응을 해 나가야 할 뿐만 아니라 계획이 실행된 후에도 그 결과를 추적하고 조사해야 한다.

3. 기업수준 전략의 도구(Tool)

(1) BCG 매트릭스(성장-점유율 분석 모형)

① 의 의

BCG 매트릭스(BCG Matrix)는 미국의 보스턴 컨설팅 그룹(BCG)이 개발한 전략평가 기법이다. BCG는 기업이 사업에 대한 전략을 결정할 때 '시장점유율(Market Share)'과 '사업의 성장률(Growth)'을 고려한다고 가정한다. BCG 매트릭스는 이 두 가지 요소를 기준으로 기업의 사업을 '스타(Star)사업', '현금젖소(Cash Cow)사업', '문제아(Problem Children)사업', '개(Dog)사업'으로 나누었다.

BCG 매트릭스는 자금의 투입, 산출 측면에서 사업(전략사업단위)이 현재 처해있는 상황을 파악하여 상황에 알맞은 처방을 내리기 위한 분석도구이다.

'성장-점유율 매트릭스(Growth-share Matrix)'라고도 불리며, 산업을 점유율과 성장률로 구분해 4가지로 분류했다.

[BCG 매트릭스]

	High 상대적 시장점유율	Low
High (시장성장률)	Star	Question Mark
Low	Cash Cow	Dog

② 내 용

X축을 상대적 시장점유율로 하고, Y축을 시장성장률로 하여, 미래가 불투명한 사업을 물음표(Question Mark), 점유율과 성장성이 모두 좋은 사업을 별(Star), 투자에 비해 수익이 월등한 사업을 자금젖소(Cash Cow), 점유율과 성장률이 둘 다 낮은 사업을 개(Dog)로 구분했다.

③ 전 략

  ㉠ 물음표(Question Mark) : 개발사업

  신규사업으로 상대적으로 낮은 시장점유율과 높은 시장성장률을 가진 사업으로 기업의 행동에 따라서는 차후 별(Star) 사업이 되거나, 개(Dog) 사업으로 전락할 수 있는 위치에 있다. 일단 투자하기로 결정한다면 상대적 시장점유율을 높이기 위해 많은 투자금액이 필요하다.

  ㉡ 별(Star) : 성장사업

  성공사업으로 수익성과 성장성이 크므로 계속적 투자가 필요하다. 많은 수익창출이 가능하지만 그에 따른 자체 재투자로 인해 자금유출 또한 크다. 언젠가는 시장성장률이 낮아져서 현금젖소가 된다. 마케팅전략으로는 유지전략이나 확대전략이 적합하다.

  ㉢ 자금젖소(Cash Cow) : 수익 창출원

  기존의 투자에 의해 수익이 계속적으로 실현되므로 자금의 원천사업이 된다. 시장성장률이 낮으므로 투자금액이 유지·보수 차원에서 머물게 되어 자금투입보다 자금산출이 많다. 이러한 잉여자금은 물음표 사업부나 별 사업부에 사용하게 된다. 마케팅전략은 유지전략, 수확전략이 적합하다.

  ㉣ 개(Dog) : 사양산업

  성장성과 수익성이 없는 사업으로 철수해야 한다. 기존의 투자에 매달리다가 기회를 잃으면 더 많은 대가를 치를지도 모른다. 이 사업을 계속 유지할 것인가 아니면 철수 또는 폐기할 것인가를 결정해야 한다. 마케팅전략은 수확전략이나 철수전략이 바람직하다.

④ 평 가

BCG 매트릭스의 장점은 사업의 성격을 단순화, 유형화하여 어떤 방향으로 의사결정을 해야 할지 명쾌하게 제시해준다는 점이 있으나, 사업의 평가요소가 상대적 시장점유율과 시장성장율뿐이어서 지나친 단순화의 오류에 빠지기 쉽다는 단점이 있다.

(2) GE-맥킨지 매트릭스

  ① 의 의

  다음으로 많이 활용되는 평가 기법은 지나치게 단순화되었던 BCG 매트릭스의 한계를 극복하고자 제안된 것으로 GE-맥킨지 매트릭스이다. GE-맥킨지 매트릭스는 시장에 대한 평가를 단순히 성장률로 하기보다는 시장의 크기, 시장의 수익성, 진입장벽, 기술 개발 등과 같이 다양한 요소를 고려한다. 상대적 시장점유율만을 고려했던 BCG 매트릭스와는 달리 시장점유율의 성장, 상대적 브랜드 파워, 내부적 혁신 능력, 품질과 같이 기업 역량의 다양한 측면을 고려함으로써 지나치게 단순화된 측면이 있는 BCG 매트릭스의 한계를 일부 극복하고 있다. 다시 말해 '시장이나 자사에 대해 좀 더 넓게 본 후 개별 사업을 평가하자'라는 게 GE-맥킨지 매트릭스의 핵심적 내용이라고 할 수 있다.

② 내 용
　㉠ BCG 매트릭스는 2 × 2 형태인 데 반해, GE 매트릭스는 3 × 3 형태의 매트릭스이므로 훨씬 정교하다.
　㉡ 산업매력도 지표 : 시장매력도에 영향을 미치는 일반적 요인으로 예를 들어 시장크기, 시장성장률, 시장 수익성, 가격, 경쟁강도, 산업평균 수익률, 리스크, 진입장벽, 유통구조, 기술개발 등이 있다.
　㉢ 사업강점 지표 : 전략적 사업단위의 경쟁적 강점에 영향을 미치는 일반적인 요인들로 자사의 역량, 브랜드 자산, 시장점유율, 고객충성도, 상대적 수익률, 유통 강점 및 생산 능력 등이 있다.
　㉣ 각 변수별로 평가치와 가중치를 산정하여 위치를 결정하며 원형의 크기는 시장의 크기를 나타내며 부채꼴의 크기는 전략적 사업단위의 시장점유율을 나타낸다.

③ 전 략
GE-맥킨지 매트릭스를 표로 나타내면 아래와 같다.

시장매력도 \ 사업강점	높음 (7~9)	중간 (4~6)	낮음 (1~3)
높음 (7~9)	시장지위 유지 및 집중 투자	시장지위 구축 위한 투자	선별적 투자
중간 (4~6)	선별적 투자	선별적 투자 / 독자적 수익창출	제한된 확장 / 단계별 철수
낮음 (1~3)	시장지위보호 및 신규진출 탐색	독자적 수익창출	철수

■ 집중투자 / 사업확장
□ 선택적 투자 / 수익창출
■ 즉시 또는 단계적 철수

　㉠ 집중투자/사업확장 지역 : 투자수익률을 가져다준다. 따라서 이러한 사업단위는 투자를 통해 유지되거나 성장되어야 한다.
　㉡ 선택투자/수익창출 지역 : 투자를 통해 대각선의 위로 옮겨 높은 수익률을 창출하거나 아니면 투자 감소를 통해 점차 사라지거나 매각해야 한다.
　㉢ 즉시 또는 단계적 철수 지역 : 낮은 투자수익률을 창출한다. 따라서 투자를 줄이면서 낮은 수익률을 얻거나 아니면 매각을 고려해야 한다.

④ 평 가
BCG 매트릭스에 비해 다양한 요인들을 종합하여 평가하여 타당성을 높였지만, 지표의 선정방법이 주관적이고, 신뢰성이 결여되어 있으며, 지표에 내부 데이터를 많이 이용하고 있기 때문에 다른 회사와의 비교가 곤란하다는 점을 지적할 수 있다. 또한 전략적 사업단위 간의 상호작용을 고려하지 않고 있다.

(3) 신사업 전략(앤소프의 시장확장 그리드)
시장이 기존의 시장이냐, 새로운 시장이냐 또는 제품이 기존의 제품이냐, 새로운 제품이냐에 따라 4가지의 전략을 세울 수 있다. 그 4가지의 전략은 각각 '시장 침투', '신제품 개발', '시장 개발', '다각화'이다.

구 분	기존 제품	신제품
기존 시장	시장 침투전략	제품개발 전략
신시장	시장 개발전략	다각화 전략

① 시장 침투(Market Penetration)

기존 시장에서 기존 제품으로 승부하는 시장 침투 전략이다. 마케팅 전문가들이 집계한 시장 침투 전략의 평균 성공률은 약 75% 정도인 것으로 알려져 있다. 일반적으로 시장 침투의 목적은 기존의 시장에서 추가적인 매출을 올리는 데 있으며 가장 보수적인 성장전략이라고 할 수 있다. 이 방법은 단기 또는 중기적으로 볼 때, 가장 안정적이고 수익률이 높은 대안이기는 하지만 끊임없이 변화하는 소비자의 욕구를 고려하여 반드시 지속적인 '혁신 노력'이 따라야 성공할 수 있다.

② 신제품 개발(Product Development)

이 전략 대안은 정보통신 등의 하이테크 산업에서는 기업의 미래를 결정하는 핵심적인 생존 공식이다. 신제품 개발 전략의 평균 성장률은 대개 약 45% 정도로 알려져 있지만 산업별로 편차가 심한 편이며, 대부분의 신제품들은 제품 개발의 초기 단계인 개념 테스팅, 프로토타입 개발, 테스트 마케팅 등에서 실패하여 사라져가는 추세이다.

③ 시장 개발(Market Development)

1990년대 이후 맥도날드의 성장은 대부분 기존의 햄버거 제품을 중국, 러시아, 한국 등 새로운 시장을 개척하면서 이루어졌다. 여기서 중요한 것은 새로운 시장 진출은 같은 회사라 하더라도 어떤 지역으로 진출하느냐에 따라 사업의 성패의 확률이 달라지며, 같은 진출국에서도 진출 시기에 따라서 제품의 성공 확률이 다양하게 나타날 수 있다는 점이다. 시장 개발 전략의 성공 확률은 약 35% 수준인 것으로 알려져 있다.

④ 다각화(Diversification)

다각화는 4가지의 대안 가운데서 가장 리스크가 높은 방법이지만 특정 기간에 특정 회사에는 가장 적합하고 가장 논리적인 성장전략이 될 수도 있다. 마케팅 학자들의 통계에 따르면, 다각화는 신제품으로 새로운 시장에 진출하여 기존 조직이 새로운 시장에 진출하는 조직 다각화의 25% 정도의 성공률을, 현지 시장에 있는 기존 조직을 활용하는 다각화의 경우에는 약 35% 정도의 성공률을 가지고 있는 것으로 평가되고 있다.

4. STP 전략 2019년 논술문제 2019년 약술문제

| 합격의 Tip |

STP 전략은 분량은 많지 않으나 거의 매년 출제되고 있는 중요한 영역이니 과거 기출문제를 중심으로 모든 내용을 완벽하게 암기해야 한다.
- 시장세분화(Market Segmentation) – 2002/2007/2020년 약술, 2011/2012/2018년 논술
- 표적시장 선택(Market Targeting) – 2008년 논술
- 포지셔닝(Positioning) – 2011/2019년 약술, 2000/2005/2013/2021년 논술
- 다차원척도법(MDS ; Multi-dimensional Scaling) – 2013년 논술

(1) 시장세분화	(2) 표적시장	(3) 포지셔닝
① 기준 4가지 ② 이점 5가지 ③ 요건 5가지	① 선정조건 ② 공략전략 3가지 ③ 표적시장 공략 시 고려요인	① 포지셔닝 유형 ② 포지셔닝 맵 ③ 수립절차

(1) 시장세분화(Segmentation) 2018년 논술문제

[시장세분화의 단계]

① 시장세분화의 개념과 배경

욕구가 유사한 소비자 집단별로 전체시장을 나누고, 기업목적 달성에 가장 적합한 소비자 집단을 선택하며, 선택된 표적시장에서 차별적인 경쟁우위를 유지하며 자사상품이나 소비자를 적절하게 위치시키는 전략을 개발하는 과정을 말한다.

수요층별로 시장을 분할 또는 단편화하여 각 층에 대해 집중적으로 마케팅전략을 펴는 것이다. 예를 들어 가전전기업계에서는 학생층을 대상으로 각 기종(녹음기나 휴대용 라디오 등)을 개발, 그것을 학생층에게 중점적으로 판매해 나가는 것도 시장세분화이다. 다시 말해서 제품의 생산에서부터 유통, 프로모션에 이르기까지 일관된 마케팅전략을 집행하기 위해 잠재소비자의 성격을 명확히 한다.

시장세분화는 모든 소비자들이 만족할 수 있는 제품이나 서비스를 제공한다는 것은 사실상 불가능하기 때문에 기업들은 전체시장을 공략하는 대신 자사가 가장 성공적으로 공략할 수 있는 세분시장을 선택하게 된 것이 배경이다. 대량마케팅(Mass Marketing, 규모의 경제와 경험곡선을 활용한 제품다양화 마케팅), 제품다양화 마케팅(Product-Variety Marketing, 제품의 형태, 질, 크기 등에서 차이를 보이는 2가지 이상의 제품을 생산·제공) 등이 여기에 속한다. 표적시장 마케팅(Target Marketing)은 하나 또는 복수의 세분시장을 선택하고, 각 세분시장에 적합한 제품과 마케팅 믹스를 개발, 제공하는 것이다.

② 시장세분화의 이점(효과) [기/욕/충/경/프]

시장세분화의 효과는 크게 5가지로 설명할 수 있는데 마케팅의 기회발견, 정확한 욕구충족, 브랜드 충성도 증대, 경쟁우위의 확보, 적합한 마케팅 프로그램 개발 등이 그것이다.

㉠ 마케팅 **기**회의 발견 : 고객의 욕구에 따라 세분화된 시장으로 고객이 원하는 것을 분명하게 파악하여 쉽게 마케팅 기회를 발견할 수 있으며 기업은 쉽게 시장기회를 파악하고 비교하여 유리한 마케팅전략을 전개할 수 있다.

㉡ 정확한 **욕**구 충족 : 판매업자는 제품 및 마케팅 활동을 목표시장의 요구에 적합하도록 조정할 수 있다. 즉, 세분시장의 구분을 통해 고객들의 욕구에 따른 그룹핑과 그에 맞는 맞춤형 공략방식으로 소비자들의 욕구를 좀 더 정확히 충족시킬 수 있다.

㉢ 브랜드 **충**성도(Brand loyalty) 증대 : 소비자의 다양한 욕구를 충족시켜 매출액의 증대 및 자사의 브랜드에 대한 충성도(브랜드 애호도)를 높일 수 있다.

② **경**쟁우위 확보 : 시장세분화의 반응도에 근거하여 마케팅 자원을 보다 효율적으로 배분할 수 있는데 이는 자사의 장점을 최대한 활용할 수 있는 세분시장에 자사의 마케팅 노력을 집중적으로 투입해 경쟁우위를 확보할 수 있는 것이다.
③ 적합한 마케팅 **프**로그램 개발 : 기업은 특히 시장부분의 반응적 특성이라는 뚜렷한 아이디어에 바탕을 둔 프로그램과 이에 소요되는 예산을 수립할 수 있다. 즉, 기업은 자사제품에 대한 시장전략을 수립해 적절히 조정하며, 특정 세분시장에 맞는 마케팅 프로그램과 소요예산을 수립할 수 있다.

③ 시장세분화의 기준변수 [지/인/심/행] 2020년 약술문제

시장세분화의 기준은 크게 고객범주에 의한 세분화와 구매목적에 의한 세분화로 구분할 수 있는데 고객범주의 세분화에는 지리적 변수, 인구통계학적 변수, 심리분석적 변수가 이에 해당하고 구매목적에 의한 세분화에는 행동적 변수가 포함된다.

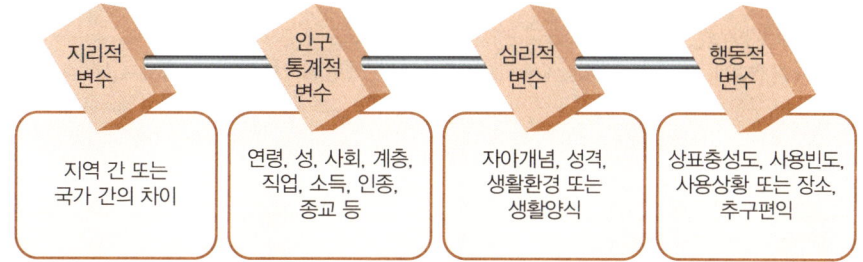

㉠ **지**리적 변수
  - 지방, 국가 크기, 도시 크기, 인구밀도, 기후 등 지역에 따라 소비자 세분화
  - 시장구분이 용이하고 지역차가 뚜렷한 경우 효과적
  - 단, 지리적 변수만으로 시장을 구분하는 데는 위험이 따름
㉡ **인**구통계학적 변수 → 가장 많이 사용
  - 나이와 생애주기 : 연령대에 맞는 제품 생산 등 차별적 마케팅 수행
  - 성별 : 사회적 변화로 인한 성별에 따른 욕구가 비슷해짐
  - 소득 : 곧 구매력
  - 사회계층 하나의 특정계층을 표적시장으로 해서 배타적 마케팅전략 구사가 일반적
  - 직업, 교육수준, 종교, 인종, 국적 등
㉢ **심**리도식적 변수(사이코 그래픽)
  - 라이프스타일 : 광고를 통해 특정 라이프스타일 집단에 속한 사람의 생활을 묘사하여 같은 라이프스타일에 속하거나 속하고 싶어 하는 소비자들로 하여금 동질성을 느끼게 하여 제품구매를 유도하는 방식을 사용
  - 개성 : 소비자들의 성격차이를 인식하고 그 차이에 따라 시장을 세분화
㉣ **행**동적 변수
  - 구매 또는 사용상황 : 구매욕구 시점, 구매욕구 상황에 따른 세분화
  - 제품사용경험, 사용률, 충성도, 제품에 대한 태도, 구매자의 상태, 소비자가 추구하는 편익

④ 효과적인 세분화 요건(조건) 2025년 약술문제
  ㉠ 측정 가능성 : 세분시장의 크기, 구매력 및 기타 특성들을 측정할 수 있어야 한다.
  ㉡ 접근 가능성 : 각 세분시장에 속해 있는 고객들에게 효과적으로 접근할 수 있어야 한다. 즉, 그 고객들이 어떤 대중매체를 주로 보는지 또는 주로 어느 지역에 사는지, 어떤 유통채널을 주로 이용하는지 등과 같은 정보를 알 수 있어야 한다.
  ㉢ 세분시장의 충분한 규모 : 수익성을 갖출 만큼 커야 한다.
  ㉣ 실행 가능성 : 세분시장을 유인하여 공략할 수 있도록 효과적인 마케팅 프로그램을 입안하여 활동할 수 있는 능력을 갖추어야 한다.
  ㉤ 차별화 가능성 : 세분시장은 개념적으로 구분되어야 하고 다른 마케팅 믹스에 다른 반응을 보여야 한다.

  | 합격의 Tip |
  필자는 이를 [측/접/세/실/차]로 외웠다. 만일 약술로 출제된다면 이 정도 분량이 적당하다.
  현대의 복잡하고 역동적인 환경하에서 기업은 모든 소비자들이 만족할 수 있는 제품이나 서비스를 제공하는 것은 불가능하며, 대부분의 기업은 자사가 가장 성공적으로 공략할 수 있는 세분시장을 선택하여 해당 시장 내의 소비자를 제품에 대한 욕구와 구매행동 등을 파악하여 몇 개의 소비자 집단으로 구분하고 각 시장에 차별적인 마케팅전략을 사용해야 할 것이다.
  효과적인 시장세분화의 요건은 크게 5가지로 나눌 수 있으며 측정 가능성, 접근 가능성, 세분시장의 충분한 규모, 실행 가능성, 차별화 가능성 등이 그것이다.

  (1) 측정 가능성(Measurability)
    세분시장의 규모, 세분시장에 속한 소비자들의 구매력과 같은 세분시장의 특성들이 측정 가능해야 한다. 표적시장은 구체적으로 측정 가능하고 추상적이어서는 안 된다.
  (2) 접근 가능성(Accessibility)
    세분시장은 기업입장에서 유통경로나 매체를 통해 접근이 용이해야 하며(4P의 접근) 특히, 기업의 마케팅 활동으로 접근이 가능해야 한다.
  (3) 세분시장의 충분한 규모(Substantiality)
    세분시장은 충분히 커서 이익이 보장되어야 하는데 수익성과 성장잠재력이 매력적이어야 한다.
  (4) 실행 가능성(Actionability)
    세분시장 공략을 위한 효과적인 마케팅 프로그램을 개발할 수 있고 또한 실행이 가능해야 한다.
  (5) 차별화 가능성(Differentiability)
    세분시장은 개념적으로 구분되어야 하고 다른 마케팅 믹스에 다른 반응을 보여야 한다. 세분시장 내에는 동일한 욕구를 보여야 하며, 마케팅 활동에 대한 반응도 동일해야 하는데 상이한 세분시장 간에는 차별화가 가능해야 한다는 의미이다.

(2) 시장세분화의 기준이 되는 행동적 변수 2022년 약술문제
  최근 실제 소비자의 행동이 더욱 세분화되고 있음에 따라 고객의 행동적 변수가 중요해지고 있다.
  ① 제품구매
    ㉠ 구매 또는 사용 상황(Purchase or Usage Occasions) : 소비자들의 구매 또는 사용상황에 따라 소비자들이 기대하는 편익은 달라질 수 있다. 그러므로 마케터는 개별 소비자들이 어떤 상황에서 해당 상품을 구매하고, 사용하느냐에 따라 시장을 세분화할 수 있다.

ⓒ 구매 또는 사용상황의 예시

구 매	초콜릿을 구매하는 경우 자신이 먹으려고 구매하는지 또는 밸런타인데이에 이성 친구나 지인에게 선물하려고 구매하는지에 따라, 상품에 대한 관여도, 추구하는 상품의 속성 즉 맛, 브랜드, 포장 등도 달라질 수 있다.
사용상황	어떤 사람은 우유를 음료수 대신 갈증해소용으로 사용하기도 하고, 아침에 빵 또는 시리얼과 함께 마시기도 하며, 출퇴할 때 배고픔을 달래려고 마시기도 하며, 밤에 잠을 자기 위해 마시기도 한다.

② 소비자가 추구하는 편익
  ㉠ 추구편익(Benefits Sought) : 소비자들이 특정 상품의 구매로부터 기대하는 편익은 서로 다르므로 추구편익에 따라 시장을 세분화할 수 있다. 상품은 속성들의 묶음(A Bundle Of Attributes)이며, 편익들의 묶음(A Bundle Of Benefits)으로 볼 수 있는데 그런 면에서 추구편익을 추구속성이라고 해도 되나, 고객이 추구하는 편익이 소비자 중심적이라 할 수 있다.
  ㉡ 편익세분화(Benefit Segmentation)의 활용 : 편익세분화로부터 유용한 마케팅전략이 나오기 위해서는 편익에 근거해서 나누어진 각 세분시장의 인구통계적 특성과 각 세분시장 내의 주요 경쟁사들도 함께 조사해야 한다.

③ 상품사용경험(User Status)
  ㉠ 소비자들의 상품사용경험
    소비자들을 상품사용경험에 따라 다음과 같이 나누어 볼 수 있다.
    • 사용경험이 전혀 없는 소비자
    • 과거에 사용 경험이 있지만 지금은 사용하지 않는 소비자
    • 향후 잠재적으로 사용할 가능성이 있는 잠재고객
    • 처음으로 구매하여 사용하고 있는 신규구매자
    • 정기적으로 자사 상품을 구매하고 있는 고객
  ㉡ 상품사용경험의 활용 : 신규구매자와 정기적 구매고객들은 충성도를 더욱 강화시켜 지속적으로 자사 상품을 재구매할 수 있도록 독려해야 한다. 기존 고객이 왜 떠났는지를 분석하여 이들이 다시 재구매할 수 있게 하는 방법을 찾아야 하며, 또한 이를 통해 현재 고객들의 이탈을 방지해야 할 것이다.

④ 사용률(Usage Rate)
  사용률은 자연스러우면서도 강력한 세분화 변수로 쓰일 수 있다. 누가 그 상품의 다량사용자인가? 많은 상품범주에서 다량사용자들(대체로 소비자 중 20~30% 차지)은 전체 매출량의 70~80%를 차지한다. 소비자들이 해당 상품을 사용하는 비율(Usage Rate)에 따라 다량사용자(Heavy Users), 보통사용자(Medium Users), 소량사용자(Light Users)로 세분화할 수 있다.

⑤ 브랜드 충성도(Brand Loyalty)
  브랜드 충성도는 특정 브랜드에 대해 호의적인 태도를 가지며, 반복하여 구매하는 정도라 정의될 수 있다. 그러므로 소비자의 자사 브랜드에 대한 충성도에 따라 시장을 세분화할 수 있는데 데이비드 아커(Aaker) 교수는 고객들의 브랜드 충성도를 다음과 같이 다섯 단계의 피라미드로 구성하였다.
  ㉠ 가격 때문에 브랜드를 바꿀 고객(Customer will change brands, especially for price reasons. No brand loyalty) : 이들은 전혀 충성스럽지 않은 구매자로 완전히 브랜드에 무관심한 집단이며, 언제든지 브랜드를 전환(Brand Switching)할 수 있다.
  ㉡ 습관적으로 구매하는 만족한 고객(Customer is satisfied. No reason to change the brand) : 적어도 변화를 야기할 만큼의 불만족은 느끼지 않는 고객들이다.

ⓒ 브랜드 전환비용을 느끼는 만족한 고객(Customer is satisfied and would incur costs by changing brand) : 다른 브랜드로 전환함에 있어 전환비용(Switching Cost)을 느끼는 고객들로 기업들의 이러한 전환 비용을 높여 다른 브랜드로의 전환을 막을 수 있다. 이 층에서부터 브랜드 충성도가 있다고 보았다.

ⓓ 브랜드를 좋아하고 친숙하게 느끼는 고객(Customer values the brand and sees it as a friend) : 감정적으로 브랜드를 친구처럼 친근하고 밀착되어 있어 매우 강한 충성도를 보이는 층이다.

ⓔ 브랜드에 헌신적인 고객(Customer is devoted to the brand) : 이들은 특정 브랜드를 알며 사용하고 있다는 사실을 자랑스럽게 여기며, 심지어 헌신적인 태도를 취한다.

(3) 표적시장 선정(Targeting)

세분시장 중 자사와의 적합도가 가장 높은 매력적인 시장을 선택하는 것으로써 '상품을 어떤 고객에게 팔면 더 잘 팔릴까?'라는 물음에 대해 결정짓는 단계이며, 시장세분화를 통해 포지셔닝을 하기 전 대상이 필요하다. 물건을 사는 것은 고객이며 그 고객을 정하는 단계가 타깃팅이기에 STP 마케팅전략에서 가장 중요하고 많이 연구해야 하며 신중해야 하는 단계라고 할 수 있다.

① 세분시장의 평가요인 [규성/경/목자/경기]
  ㉠ 시장 요인
   • 세분시장 규모와 성장률
     - 기업이 선택할 수 있는 세분시장은 충분한 규모와 높은 성장률을 보이는 시장이어야 한다.
     - 시장의 규모가 매력도와 별개인 경우도 있음 → 시장이 크면, 경쟁자가 많다.
   • 경쟁구조(시장구조) - 마이클 포터의 5Force : 장기적인 세분시장 매력도에 영향을 주는 요인인 경쟁상황, 대체상품의 위협, 구매자의 힘, 공급자의 힘 등을 고려해야 한다.
  ㉡ 기업 요인
   • 기업의 목표와 자원과의 부합성 : 기업의 목표와 자원을 고려하여 시장매력도를 평가한다. 즉, 기업의 목표에 부합되면 기술과 자원이 있는지를 평가해야 한다.
   • 장기적인 경쟁적 우위 및 기존 제품과의 조화

② 표적시장 결정전략
  ㉠ 비차별적 마케팅(무차별적 마케팅) : 대량마케팅
   시장전체를 하나의 표적시장으로 삼고 동일한 마케팅전략을 수립하여 구사하는 것을 말하며, 하나의 제품이나 서비스를 가지고 세분화되지 않은 전체시장을 대상으로 비즈니스를 하는 것을 말한다.

하나의 상품과 표준화된 마케팅으로 전체 시장을 공략(Mass Marketing)
예 생필품(소금, 설탕), 오리온 초코파이, 생수

이 방식은 소비자들의 욕구에서 공통적인 부분에 초점을 맞추는 것으로 우리가 인터넷에서 필요한 정보를 찾기 위해 사용하는 야후나 네이버와 같은 검색엔진이나 디렉토리 등이 대표적인 예이다. 비차별적 마케팅은 전체시장을 대상으로 마케팅전략을 수행하는 것으로 전체시장이 유사한 욕구를 지니고 있을 때 가능하다.

무차별(비차별)적 마케팅은 제품계열이 적으므로 연구개발, 생산, 재고, 수송비, 마케팅 조사, 광고 및 제품관리 비용을 절감할 수 있다.

ⓒ 차별적 마케팅(세분화 마케팅)

전체시장을 여러 개의 세분시장으로 나누고, 이들 모두를 목표시장으로 삼아 각기 다른 세분시장의 상이한 욕구에 부응할 수 있는 마케팅 믹스를 개발하여 적용함으로써 기업의 마케팅 목표를 달성하고자 하는 고객지향적 전략이다.

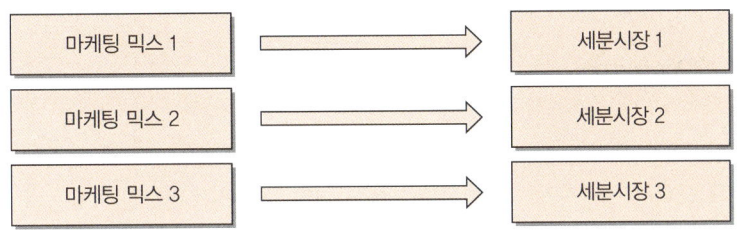

- 각기 다른 세분시장에 대해 상이한 마케팅 믹스를 개발

이러한 마케팅전략을 채택하는 기업은 주로 업계에서 선도적인 위치에 있는 기업이다. 그들은 제품 및 서비스 마케팅 활동상 다양성을 제시함으로써 각 세분시장에 있어서 지위를 강화하고 자사제품 및 서비스에 대한 고객의 식별 정도를 높이며 반복 구매를 유도해 내려는 것이다.

ⓒ 집중적 마케팅(틈새 마케팅)

전체시장을 대상으로 마케팅 활동이 힘든 경우 세분화된 소수의 세분시장만을 목표 시장으로 선정하여 기업의 마케팅 노력을 집중하는 전략으로 세분시장전략이라고도 한다. 즉, 큰 시장에서 낮은 시장점유를 얻기보다는 선택한 소수의 세분시장에서보다 높은 시장점유를 추구해 강력한 시장 지위를 확보하고자 하는 전략이다.

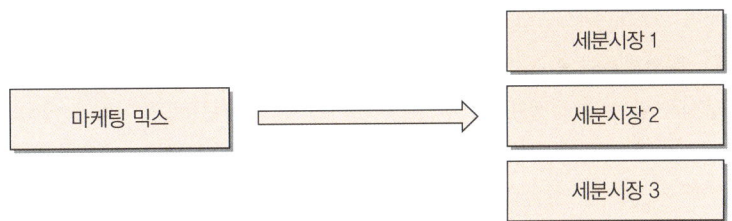

- 단 하나의 세분시장만을 표적으로 하여 마케팅 믹스를 개발하는 것

이 집중적 마케팅전략은 기업의 힘을 집중하여 세분시장에 집중함으로써 시장요구를 정확히 파악할 수 있고, 또 생산, 유통, 촉진에서도 전문화에 의해 운영비의 절약을 기할 수 있는 이점도 있다. 따라서 세분시장을 잘 선정하면 기업은 투자에 비해 높은 이익을 얻을 수가 있다.

반면 이 전략은 위험이 높을 수도 있는데 특히 선정된 목표시장이 부적절한 것으로 밝혀질 경우 많은 마케팅 자원의 손실이 초래된다. 또 고객의 구매 선호가 갑자기 변하거나 대기업 등 강력한 경쟁자가 동일한 세분시장에 참여할 경우 큰 타격을 받을 수 있다.

③ 세분시장 공략전략 선택 시 고려사항 [자/동/수/동/마]

ⓐ 기업의 **자**원을 고려해보았을 때 어떤 전략이 가장 적절한가를 검토한다.
☞ 기업의 자원이 제한적일 때는 집중 마케팅전략

ⓑ 제품의 **동**질성
☞ 생필품은 비차별 마케팅을, 다양한 제품은 차별적 마케팅이나 집중적 마케팅

ⓒ 제품의 **수**명주기상 위치(PLC)
☞ 하나의 제품구색으로 신상품 진입 시에는 비차별, 집중화 마케팅전략을 실시하며 성숙기에는 차별화 마케팅전략이 필요

ⓔ 시장의 **동**질성
- ☞ 소비자가 동일 취향, 광고에 동일 반응이면 비차별 마케팅전략을 실시하며 다양한 반응을 보이면 차별화 또는 집중화 마케팅전략을 구사

ⓜ 경쟁사의 **마**케팅전략 : 경쟁사의 전략을 보고 판단한다.
- ☞ 경쟁사가 비차별적 마케팅이면 자사는 차별적 또는 집중 마케팅전략을 실시

(4) 포지셔닝 전략(Positioning) 2021/2013년 논술문제 2019년 약술문제

① 개 념

소비자의 마음속에 자사제품이나 기업을 표적시장 · 경쟁 · 기업 능력과 관련하여 가장 유리한 포지션에 있도록 노력하는 과정으로 포지션(Position)이란 제품이 소비자의 마음속의 상대적인 자리 위치이며, 포지셔닝(Positioning)이란 소비자들의 마음속에 자사제품을 어떻게 차별적 우위로 인식시킬 것인가에 대한 전략으로서, 경쟁제품에 비하여 차별적 특징을 갖도록 제품개념을 명확히 설정하고 이에 따라 개발된 제품을 소비자들의 지각 속에 적절히 위치시키도록 제품 편익을 개발하는 커뮤니케이션하는 활동을 말한다. 1972년 광고회사 간부인 앨 리스(Al Ries)와 잭 트라우트(Jack Trout)가 도입한 용어로 '정위화(定位化)'라고도 한다.

② 포지셔닝 절차 [소/경/경/자/확인 및 재포지셔닝]

㉠ 1단계 : **소**비자 분석

소비자 욕구에 대한 명확한 이해를 통해 해당 제품군에서 소비자 요구, 기존제품에 대한 불만족 원인을 파악하는 과정

㉡ 2단계 : **경**쟁자 확인

직접적인 경쟁제품뿐만 아니라 대체재 또한 넓은 의미에서 경쟁자가 될 수 있음을 살펴봐야 함

㉢ 3단계 : **경**쟁제품의 포지션 분석

- 경쟁제품 확인 후 경쟁제품의 속성 및 이미지가 소비자들에게 어떻게 인식되고 있는지 파악
- 포지셔닝 맵을 통해 경쟁제품의 속성과 소비자의 지각상태를 파악하면 유용

> **더 알아보기**
>
> **포지셔닝 맵(Positioning Map) = 지각도(Perceptual Map)**
>
> 포지셔닝 맵(Positioning Map)이란 제품에 대한 고객의 지각을 2차원이나 3차원 그래프로 표시한 것으로, 소비자의 머릿속에 인식되어 있는 자사제품과 경쟁제품의 포지션을 나타낸다. 포지셔닝 맵은 소비자의 지각(인지)를 기준으로 만들어지기 때문에 지각도(Perceptual Map)라고 부르기도 한다. 이렇게 포지셔닝 맵을 그려보면 자사제품이 소비자에 어떻게 인식되고 있는지, 경쟁제품은 무엇이고 얼마나 있는지, 경쟁제품이 어떻게 인식되고 있고 또 자사제품과 어떤 위치관계가 있는지, 소비자가 생각하는 이상적인 제품속성은 무엇인지, 자사제품이나 경쟁제품이 놓치고 있는 시장은 어디인지 등을 알 수 있다.
>
>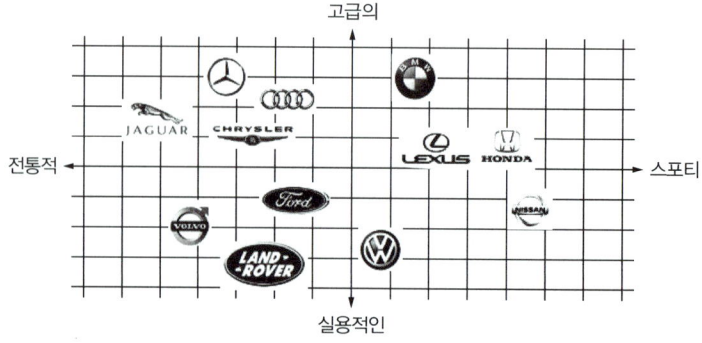

ⓔ 4단계 : **자**사제품의 포지셔닝 개발 및 실행
  소비자들이 경쟁 제품에 비하여 자사제품과 관련하여 어떤 지각이나 연상을 갖고 있는지를 결정하고 소비자의 욕구를 더 잘 충족시킬 수 있는 적합한 자사제품의 포지션을 결정
ⓜ 5단계 : 포지셔닝의 **확인 및 재포지셔닝**
  - 재포지셔닝 : 소비자 욕구가 변할 때 기업은 이에 맞추어 그 제품의 이미지도 변화시키는 작업
  - 재포지셔닝의 예 : 존슨 앤 존슨의 베이비 화장품은 처음에 유아층을 타깃 → 연약한 피부를 가진 성인 여성을 타깃으로 하는 순한 화장품으로 재포지셔닝
  - 이미 상당기간 동안 소비자들의 머릿속에 각인된 제품의 이미지를 바꾸는 것은 신제품을 출시하는 것보다 쉽지 않음
  - 기존제품의 이미지에 대한 소비자들의 인식과 소비자들의 특성변화에 대한 분석이 철저히 이루어져야 함

③ 포지셔닝의 유형(방법) **[경제틈 / 상사속실]**
  ㉠ **경**쟁 제품에 의한 포지셔닝(경쟁적 포지셔닝) : 소비자의 지각 속에 자리 잡고 있는 경쟁제품과 명시적 혹은 묵시적으로 비교함으로써 자사제품의 혜택을 강조하려는 방법
    예 7up → Uncola, 하이트 맥주 → 맥주의 90%는 물
  ㉡ **제**품군에 의한 포지셔닝
    - 소비자들이 특정제품군에 대해 좋게 평가할 시, 자사의 제품을 그 제품군과 동일한 것으로 포지셔닝
    - 반대로 소비자들이 특정 제품군에 대해 나쁜 평가를 할 경우에는 자사제품을 그 제품군과 다른 것으로 포지셔닝하는 방법
  ㉢ 니치시장에 의한 포지셔닝(Niche Market, **틈**새시장)
    - 경쟁적 포지셔닝의 한 방법으로 기존제품이 충족시키지 못하는 시장 기회를 이용하는 것
    - 일반적으로 니치시장의 규모가 작기 때문에 비교적 소규모 기업에 의해 사용
  ㉣ 사용**상**황에 의한 포지셔닝 : 소구 제품의 적절한 사용상황을 묘사 또는 제시함으로써 포지셔닝하는 것
  ㉤ 제품 **사**용자에 의한 포지셔닝
    - 소구하는 제품이 특정한 소비자들에게 적절하다고 포지셔닝하는 방법
      예 미국 필립모리스의 말보로 담배는 서부 카우보이를 광고모델로 제시하여 야성미나 남성적인 면에 소구를 하고 있다.
    - 제품 사용자에 의한 포지셔닝은 특정한 제품 사용자들이 가지는 가치관, 라이프스타일 등을 고려하여 그들에게 가장 어필할 수 있는 제품 속성이나 광고메시지를 통해 이루어지게 된다.
      예 렉스턴 → 대한민국 1%, 포카리스웨트 → 여성, 파워에이드 → 남성, 필립모리스 → 남성
  ㉥ 제품 **속**성 / 편익에 의한 포지셔닝 : 가장 흔히 사용되는 포지셔닝의 방법으로 자사의 제품이 경쟁제품과 비교하여 차별적 속성, 특징을 가져 소비자에게 다른 효익을 제공한다고 소비자에게 인식시키는 것
    예 볼보 → 안전성, BMW → 궁극의 드라이빙 머신 : 성능강조
  ㉦ **실**적중심의 포지셔닝 : 마켓쉐어 또는 시장의 위치 등을 통해 차별화
    예 세계판매 1위 → 휘센 에어콘

④ 다차원 척도법(MDS ; Multi-Dimensional Scaling)

원래 계량심리학 분야에서 발전되었으나, 마케팅 분야에서는 1970년을 전후로 마케팅 조사자들이 제품 포지셔닝(Positioning)을 목적으로 응답자들의 제품에 대한 심리적 거리를 측정하여 시장세분화를 위한 도구로 사용하면서 급속히 발전되어 온 개념이다. 다차원 척도법은 각 대상에 대한 종합적인 평가를 통하여 얻어진 자료를 이용하여 평가의 기준이 되는 차원을 찾아내고, 각 차원 위에서 평가 대상들의 위치를 규명함으로써 피조사자의 심리적 평가공간을 가시적으로 나타내는 기법이다.

마케팅전략을 수립하는 과정에서 포지셔닝 맵이 중요한 역할을 수행하기 때문에 현재까지 다양한 다차원척도법이 개발되어왔다. 이러한 기법들은 여러 기준에 따라 분류될 수 있으나 입력자료의 유형에 따라 주요한 다차원척도법을 구분하면 다음과 같다.

㉠ 상표 간의 유사성자료를 이용하여 상표들의 위치를 표시하는 기법 : KYST, ALSCAL
㉡ 상표별 선호도자료를 이용하여 상표들의 위치와 소비자들의 이상점을 표현하는 방법 : PREFMAP, MDPREEF
㉢ 상황표를 이용하여 상표들의 위치를 표시하는 방법 : 대응일치분석

⑤ 포지셔닝 맵의 전략적 유용성 2021년 논술문제

마케팅관리자는 포지셔닝 맵을 그려봄으로써 다음 5가지 측면에서 유용한 정보를 얻을 수 있다.

㉠ 지각도상 시장의 공백 규명 : 충분한 시장성이 있음에도 경쟁 제품이나 자사제품이 소구하지 않은 시장의 빈 곳을 알려줌으로써 신제품의 개념을 적절히 선정할 수 있다.
㉡ 자사제품의 현 위치 파악 : 자사제품이 소비자에게 어떻게 인식되고 있는지 보여준다.
㉢ 경쟁자 및 경쟁 상황파악 : 자사제품의 위치와 가까운 경쟁자가 누구이며 자사 주변에 얼마나 많은 수의 경쟁자가 있는지를 알려준다. 포지셔닝 맵상에서 가장 가까운 거리에 있는 제품일수록 서로 경쟁 관계에 있고 대체가 가능한 제품이다.
㉣ 이상점 파악(Ideal Point) : 소비자가 가장 이상적으로 생각하는 제품이 속성 상태를 파악함으로써 신제품개발이나 자사제품의 개선에 있어 이상점으로 삼을 수 있다.
㉤ 마케팅 효과 측정 : 정기적으로 자사제품의 위치를 추적·조사하며 포지셔닝 맵을 그려봄으로써 의도한 바대로 포지셔닝이 되었는지 확인할 수 있다. 이로써 자사의 마케팅 믹스 전략이 얼마나 효과가 있는지 알 수 있게 된다.

CHAPTER 06 | 마케팅 믹스(Marketing Mix)

1. 마케팅 믹스(Marketing Mix)

(1) 마케팅 믹스(4P Mix)의 개념

마케팅의 목표를 합리적으로 달성하기 위하여 마케팅 경영자가 일정한 환경적 조건을 전제로 하여 일정한 시점에서 전략적 의사결정으로 선정한 마케팅 수단들이 적절하게 결합 내지 조화되어 있는 상태를 가리킨다. 따라서 이는 일정한 시점을 전제로 하여 작성된 마케팅 계획과 같은 뜻이 되는 것이다. 마케팅 믹스의 구성요소는 마케팅관리자가 통제할 수 있는 수단이며, 특히 중요한 것은 제품계획·가격정책·판매경로정책·광고·인적 판매활동·판매촉진 등이라 하겠는데, 용어는 학자에 따라 다를 수 있다. 미국의 매커디 교수는 마케팅 믹스의 구성요인을 4P라고 하여 제품(Product)·유통(Place)·가격(Price)·촉진(Promotion)을 들고 있다.

(2) 메가 마케팅(Mega Marketing)

주로 대기업이나 다국적 기업들이 해외시장에서 벌이는 다각적이고 종합적인 마케팅을 뜻하는 말로 근래 새로 부각된 신조어이다. 메가 마케팅전략을 살펴보면 전통적 마케팅전략상의 4P – 제품(Product), 가격(Price), 유통(Place), 촉진(Promotion) – 외에 2P, 즉 영향력(Power) 및 홍보활동(Public-relations)이 추가되어 모두 6P로 구성된다.

(3) 4P / 4C / 4E로의 전환 : 고객지향의 관점

4P	4C	4E	사고방식
제품(Product)	소비자 혜택 (Customer Benefits)	고객전도사 (Evangelist)	산업사회 4P In-outside ↓ 정보사회 4C Out-inside ↓ 감성사회 4E In & Outside
가격(Price)	소비자 기회비용 (Cost to customer)	열성 (Enthusiasm)	
유통(Place)	편리성 (Convenience)	체험 (Experience)	
촉진(Promotion)	커뮤니케이션 (Communication)	교환 (Exchange)	

2. 제품관리 2019년 논술문제 2019년 약술문제

소비자의 필요나 욕구를 충족시킬 수 있는 것은 무엇이나 제품으로 정의할 수 있는데 물체, 제품, 서비스, 아이디어, 사람, 조직체 등으로 나타낸다. 이러한 제품은 3가지 차원으로 정리할 수 있는데 이를 제품의 다차원적인 개념이라고 한다.

(1) 제품의 세 가지 차원

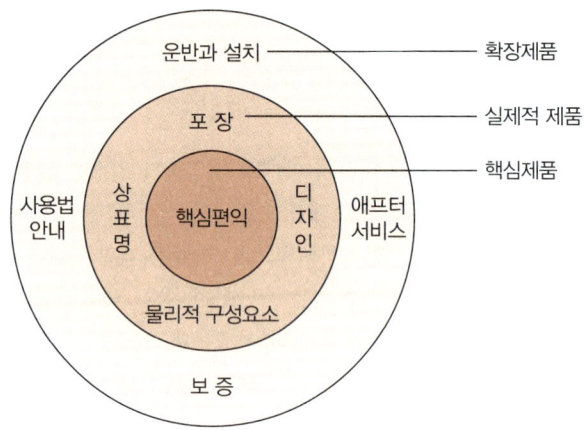

① 핵심제품(Core Product, 본원제품)

사용으로 인해 욕구 충족을 얻을 수 있는 제품이다. 즉, 핵심제품은 소비자가 그 제품으로부터 얻기를 희망하는 편익이나 혜택을 말하는데 소비자가 구매를 통해 충족하기를 원하는 것이다. 예를 들면 소비자가에 자동차의 핵심제품은 출퇴근에 있어서 편리하고 안전한 수송이라고 말할 수 있다.

② 유형제품(Formal Product/Tangible Product, 형식제품, 실제적 제품)

㉠ 유형제품의 개념 : 구매자가 실물적 차원에서 인식하는 수준의 제품으로 핵심제품에 포장, 상표 등이 가미된 형태의 제품이다. 유형제품은 소비자가 제품으로 추구하는 편익이나 혜택을 물리적인 속성들의 집합으로 유형화시킨 것으로써 예를 들어 소비자에게 자동차는 연비, 엔진성능, 브레이크, 정숙성, 디자인 등으로 말할 수 있다.

㉡ 유형제품의 요소 2022년 논술문제

품 질	의 의	품질은 마케터가 제품 포지셔닝에 이용하는 주요 도구이다. 소비자는 품질이 좋은 제품을 선호한다.
	성능 품질	기본적인 스펙이 얼마나 우수한지를 말한다. 예 가장 최신 버전인 갤럭시 S시리즈 모델과 보급형 버전인 A시리즈를 비교하면 S시리즈가 성능 품질이 더 높음
	적합성 품질	얼마나 제품이 일관된 품질을 갖는가 하는 문제이다. 예 스펙이 다른 S시리즈와 A시리즈가 불량률이 동일하다면 적합성 품질은 같음
특 성		• 제품 특성이란 제품이 수행하는 기본적, 부수적인 기능들을 말한다. • 기업은 차별화된 특성을 이용하여 경쟁우위를 달성하기도 한다. 예 삼성의 갤럭시 울트라 스마트폰 : 1억 800만 화소라는 카메라의 차별적 특성 이용

스타일과 디자인	• 스타일은 제품의 외양을 말한다. • 디자인은 스타일보다 더 넓은 개념으로 제품의 외관과 성능을 모두 포함한다. • 제품 디자이너는 고스펙의 기술적 사양보다는 고객이 원하거나 고객이 추구하는 혜택 위주로 제품 설계를 하여 소비자를 끌어들일 수 있어야 한다.
포 장	• 포장은 제품을 감싸는 물체를 총칭하는 단어이다. • 제품 보호와 사용자에게 편리함을 제공하는 기능이 있으며, 잘 꾸며진 포장은 제품 이미지를 향상시킬 수 있다.
상표명 (브랜드)	• 상표명(브랜드)은 소비자의 제품 선택에 큰 영향을 미친다. • 자사제품을 경쟁제품과 구별하게 해주며 소비자들에게 제품 개념을 전달할 수 있다.

③ 확장제품/증폭제품(Augmented Product, 보강 제품)

㉠ 확장제품의 개념 : 실체 제품에 추가되는 혜택을 포함하는 제품으로 사후 서비스, 배당 등이 포함된 형태의 제품이다. 즉, 확장제품은 유형제품을 확장한 개념으로서 배달, 설치, 보증, 애프터 서비스 등의 추가적인 서비스와 효용을 말한다. 따라서 제품은 단순한 유형적 특성의 결합이 아니고 소비자들의 욕구를 충족시켜 줄 수 있는 효익의 집합이라고 할 수 있다. 제품들의 성숙화와 경쟁의 심화에 따라 새로운 차별화의 수단으로 활용된다. 컴퓨터의 경우 A/S, 교육, 소프트웨어 끼워 팔기, 무료 업그레이드 등이 이에 해당하겠다.

㉡ 확장제품의 구성요소 **2022년 논술문제**

보장과 보증	개 념	• 보장은 제품에 문제가 발생했을 경우 제조업자가 수리, 교환 등의 의무를 다해야 하는 것을 뜻한다. • 보증은 제품 성능이 소비자의 기대에 못 미치는 경우 환불이나 교환 등을 해주는 것을 뜻한다.
	의 의	보장과 보증을 통해 소비자는 해당 제품을 구매 시 고장, 불만족 등의 상황에 대해 조치를 받을 수 있기 때문에 불안감을 떨치고 제품을 쉽게 구매할 수 있다.
대금 결제 방식		• 소비자가 제품 구매 시 대가를 치르는 수단을 의미한다. • 편리한 대금결제방식은 소비자들의 구매를 촉진할 수 있다. 예 간편 결제 서비스, 신용카드 할부 서비스 등
배 달		• 구매한 제품이 안전하고 신속하게 고객이 원하는 장소에 전달되는 행위를 말한다. • 편리한 배달 서비스는 소비자에게 자사제품을 선택할 수 있게 하는 방법이 될 수 있다. 예 맥도날드의 맥딜리버리, 마켓컬리의 새벽 배송 서비스
A/S		• 보증기간 내에 문제 발생 시 제조업자가 약관에 따라 제공하는 서비스를 의미한다. • A/S는 유상과 무상이 있는데 기업은 고객이 이득을 느낄 수 있도록 무상과 유상을 적절히 결합해야 한다. 예 LG전자의 10년 무상 보증 서비스
설 치		담당 기사를 파견하여 즉각적인 제품 사용이 가능하도록 준비하는 과정을 의미한다. 예 엘리베이터(유형제품) 구매 시 고객이 바로 사용할 수 있도록 설치를 해주는 확장제품까지 구매한다고 보는 것

> **더 알아보기**
>
> **5가지 제품차원** [핵심기확잠]
>
> | 구 분 | | 설 명 | 예시(호텔) |
> |---|---|---|---|
> | **핵**심 이점 | Core Benefit | 고객이 실제로 구입하는 근본적인 서비스나 이점 | 휴식, 휴면 구입 |
> | **기본**적 제품 | Basic Product | 핵심이점을 기본적으로 제품으로 형상화 | 침대, 욕실, 타월, 책상, 화장대, 화장실 |
> | **기**대하는 제품 | Expected Product | 구매자들이 이 제품을 구입할 때 정상적으로 기대하는 일체의 속성과 조건들 준비 | 깨끗한 침대, 타월, 책상 |
> | **확**장 제품 | Augmented Product | 고객들의 기대를 넘어 고객들의 욕망을 충족하는 제품을 준비 | 침실, 거실, 응접실 등을 모두 갖춘 객실이 있는 호텔 |
> | **잠**재적 제품 | Potential Product | 미래에 경험할 수 있는 변환과 확장의 일체 (고객만족, 타 제품과의 차별화) | 원격조정 TV, 신속한 입실, 깨끗한 식당, 룸서비스 |

(2) 제품의 분류
  ① 소비재와 산업재(제품의 용도에 따른 분류)
    ㉠ 소비재 : 최종소비자가 자신의 소비를 위해 구매하는 제품
    ㉡ 산업재 : 조직 또는 기업이 생산, 관리 과정에서 사용하기 위해 구매하는 제품
  ② 소비재의 분류(구매 습관에 따른 분류)
    ㉠ 편의품(Convenience Goods) **2018년 약술문제**
      우리가 일상적으로 쓰는, 말 그대로 편의점에서 구입할 만한 모든 물건들이다. 저관여도 제품들의 개념과도 비슷하다고 볼 수 있다. 예를 들면 껌, 화장지 등이 있다.

> **더 알아보기**
>
> **편의품의 종류**
> - 필수품 : 소비자들이 깊이 생각하지 않고서 자주, 그리고 정규적으로 구매하는 제품으로서 필수의약품 등과 같은 생필품이 이에 속한다. **예** 설탕, 커피
> - 충동품 : 소비자들이 제품을 구매하기 위해 계획적, 합리적으로 행동하는 것이 아니라 거리를 지나다가 상품을 보게 되면 즉시 구매충동을 느껴 무계획적, 감정적으로 구매하는 것이 충동품이다. **예** 잡지, 껌, 신문
> - 긴급품 : 이는 소비자의 욕구가 크면서 긴급할 때 즉시 구매하는 제품으로써 구매자에게는 상점을 돌아다닐 시간이 없으므로 가격, 품질 등은 구매자에게 그다지 중요하지 않다. **예** 우천 시-우산, 정전 시-플래시, 폭설 시-부츠

  ㉡ 선매품(Shopping Goods) : 어느 정도의 관여도를 가진다. 사실 '선매'라는 말 자체가 너무 생소하니, 차라리 영어 그대로 이해하자. 쇼핑 가서 사는 물건이 선매품이다. 누가 자기 옷을 사러 편의점에 가서 대충 고를까? 적어도, 여러 매장을 둘러보고 입어 본 후에 결정하는 게 일반적이다. 가전제품이나, 가구 등도 여기에 포함된다. 즉, 소비자가 제품의 질, 디자인, 포장 등과 같은 제품특성을 토대로 제품들을 비교·평가한 다음 구매하는 제품이다.

> **더 알아보기**
>
> **선매품의 종류**
> 구매자가 다른 경쟁제품의 품질, 가격, 디자인 등을 비교하기 위하여 여러 상점을 돌아다니는 시간과 노력을 소비할 가치가 있다고 생각하는 제품이다.
> - 동질적 선매품 : 상표는 각기 다르더라도 표준화가 잘 되어 제품들끼리 서로 유사하거나 동일하다고 생각하는 제품이다. 냉장고, TV, 세탁기 등이 있다.
> - 이질적 선매품 : 소비자들이 상품을 볼 때 각 상품들이 표준화되어 있지 않아서 품질과 적합성을 비교해 보고자 구매에 시간과 노력을 소비하는 제품이다. 가구, 의상, 식기류 등이 여기에 속한다.

  ⓒ 전문품(Specialty Goods) : 매우 높은 관여도를 가지는데, 사실 어떻게 보면 관여도만으로 설명하긴 힘들다. 이 역시 '전문'이라는 용어로 생각하지 말고 쉽게 '명품' 구입으로 생각하자. 구찌 가방이나 Fender Custom 기타 같이 상표명만 들어도 '아! 좋은 물건이겠구나' 싶은 제품을 가리킨다. 이러한 제품을 판매하는 기업 조직은 많은 대리점을 낼 필요도 없다. 일단 물건 자체 값도 비싸고, 이러한 물건을 사기 위해 소비자들은 기꺼이 자기 발품을 팔아줄 것이기 때문이다.

  ⓔ 비탐색품 : 소비자에게 잘 알려지지 않은 혁신제품 또는 이미 알고 있지만 구매를 고려하고 있지 않은 제품이 여기에 해당하는데, 당장은 필요하지 않은 제품이다. 예를 들면 생명보험, 전집류, 헌혈, 1인용 스쿠터 등이 있다.

 ③ 품질평가 시기에 따른 분류

구 분	내 용	예 시
탐색재 (Search Goods)	소비자가 제품을 직접 사용해보기 전에 정보에 의해서 제품의 품질을 쉽게 평가할 수 있는 제품	• PC • 카메라
경험재 (Experience Goods)	• 제품을 소비자가 직접 사용해보고 난 다음에야 품질을 평가할 수 있는 제품 • 소비자에게 제시된 정보를 통한 간접경험만으로는 확신할 수 없는 감각, 미적 속성 등과 같은 주관적 정서가 요구됨	• 식당의 음식 • 자동차 • 여성 정장
신뢰재 (Credence Goods)	• 제품을 실제로 사용해보더라도 그 품질을 정확하게 확인할 수 없는 제품 • 신뢰재의 경우에는 브랜드에 대한 신뢰도가 제품구매에 있어 결정적 역할을 한다.	• 법률서비스 • 의료서비스

(3) 신제품 개발과 제품수명주기(PLC ; Product Life Cycle) 2020년 논술문제

 ① 신제품 정의

  새로운 제품으로서, 기업 자체의 연구를 통해서 개발한 독창적인 상품, 개량된 제품, 개선된 제품, 개발된 신상표 등을 의미한다.

  ⊙ 신제품 개발의 의의
- 시의적절한 신제품의 개발은 지속적인 기업성장을 위한 중요한 마케팅전략 대안의 하나이다.
- 마케팅 조사의 많은 부분이 신제품 개발에 필요한 아이디어 창출이나 이를 위한 시장정보 수집에 할애되고 있다.

ⓒ 신제품의 분류

[신제품의 참신성 정도에 따른 신제품 분류]

		기업 입장에서의 신제품의 참신성	
		저	고
소비자가 지각하는 신제품의 참신성	저	제품개선	제품계열의 추가 및 확장
	고	재포지셔닝	혁신제품

- 혁신제품 : 기업이나 소비자 모두에게 새로운 제품(참신성↑)
- 제품계열의 추가 및 확장(모방신제품) : 기존시장에 이미 잘 알려져서 소비자에게는 새롭지 않지만 기업에게는 새로운 제품
  예) 폴라로이드 카메라, Me Too제품
- 재포지셔닝 : 기업에게는 잘 알려져(참신성↓) 있지만 소비자에게는 새로운 것으로 인식되는 제품
- 제품개선 : 신제품의 가장 단순한 유형으로 기업과 소비자 모두 참신성이 낮다고 생각하며 기업은 지속적으로 개선을 하지만 소비자들은 느끼지 못하는 경우

ⓒ 신제품 개발 과정 [창/평/트/마/제/시/상]
- 아이디어 **창**출 : 신제품 아이디어에 대한 탐색과정이며, FGI, 브레인스토밍 등의 방법으로 이뤄진다.
- 아이디어 **평**가 : 많은 아이디어를 일정기준에 의해 축소하며 일반적으로 체크리스트를 사용한다.
- 제품개념테스**트** : 아이디어 평가를 거친 후 제품개념 개발과 테스트를 통해 구체화된다.
- **마**케팅전략의 개발과 사업성 분석 : STP+4P를 신제품의 수요, 매출액, 수익성, 투자비용, 제품매출에 미치는 영향요인 등의 측면에서 고려하여 분석한다.
- **제**품개발 : 물리적인 형태의 제품으로 개발하는 단계이다.
- **시**험마케팅 : 신제품 및 마케팅 프로그램을 실제 시장에 도입하여 소비자의 반응을 확인하는 단계이다.
  - 표준시험시장 : 기업이 진출하려는 표적시장의 성격과 가장 유사한 특정 시장을 선정해서 시장을 조사한다.
  - 통제시험시장 : 신제품을 유통시키는 상점들을 패널로 구성하여 조사하는 방법이다.
  - 모의시험시장 : 기업이 모의 쇼핑환경을 만들어 놓고 신제품을 조사하는 방법이다.
- **상**업화 : 시험 마케팅의 결과를 토대로 신제품의 도입여부를 결정하는 단계이며 신제품의 출시시기와 출시지역을 상업화의 단계에서 결정한다.
  - 초기진입전략 : 유통경로선정이 용이하며, 특정 제품의 독점적 지위확보가 가능하다.
  - 동시진입전략 : 경쟁기업과 동시에 진입하는 전략이다.
  - 후발진입전략 : 마케팅 비용절감과 문제해결 후 진입함으로써 초기진입보다 상대적으로 안전하다.
    예) 아이폰 vs 갤럭시

> **더 알아보기**
>
> **개척기업과 후발기업의 마케팅전략 비교**
>
> | 구 분 | 주요 마케팅전략 |
> |---|---|
> | 개척기업
(시장선도자) | • 대중시장 침투전략(Mass-market Penetration Strategy) : 경쟁 상표들의 시장진입 전에 가능한 많은 잠재고객들의 제품구매를 창출하기 위해 단위당 제품원가를 낮추고 확보된 초기고객들의 상표애호도를 구축하는 전략이다.
• 틈새시장 침투전략(Niche Penetration Strategy) : 특정 세분시장에 마케팅노력을 집중시켜 그 세분시장 내에서 선도적인 점유율을 확보하는 전략이다.
• 초기 고가격 전략(Skimming Strategy) : 많은 후발경쟁기업의 시장진입을 예상하여 제품가격을 높게 책정하고 광고 · 촉진비 지출을 제한함으로써 단위이익의 극대화와 제품개발비의 조기회수를 실현하려는 전략이다. |
> | 후발기업
(후발진입자) | • 자사가 가진 자산과 역량을 동원하여 경쟁사의 마케팅전략과 경쟁하는 공격전략(Attack)과 경쟁사의 자원을 획득하거나 역량을 무력화시켜 경쟁사의 경쟁력을 약화시키는 게릴라전략(Guerilla)으로 나눌 수 있다. 게릴라전략을 부연하면 경쟁사와 직접 싸우기보다 경쟁사가 쉽게 전략을 실행에 옮길 수 없도록 경쟁사의 자원 사용을 방해하는 것으로 말할 수 있다.
• 대응전략(Reaction) : 경쟁자가 공격해 대해 어느 정도의 수준으로 대응할 것인지 결정하거나 어떤 마케팅믹스 요소가 대응수단으로 효과적인지 결정하는 것이다. 이때에는 마케팅 믹스의 각 요소들을 적절히 배합하는 능력이 매우 중요하다.
• 억제전략(Deterrence Strategy) : 자사의 자원 낭비 없이, 경쟁사의 공격 혹은 방어의도를 좌절시킴으로써 공격전략을 사전에 무력화하는 것이다. 억제전략의 수단으로 저가격의 침투가격전략, 신제품 사전발표, 유통구성원의 지배력 상승을 위한 유통망 전략, 다양한 상품으로 융단폭격하는 다중시장 선점 전략 등이 있다. |

ⓔ 신제품의 성공요인과 실패요인

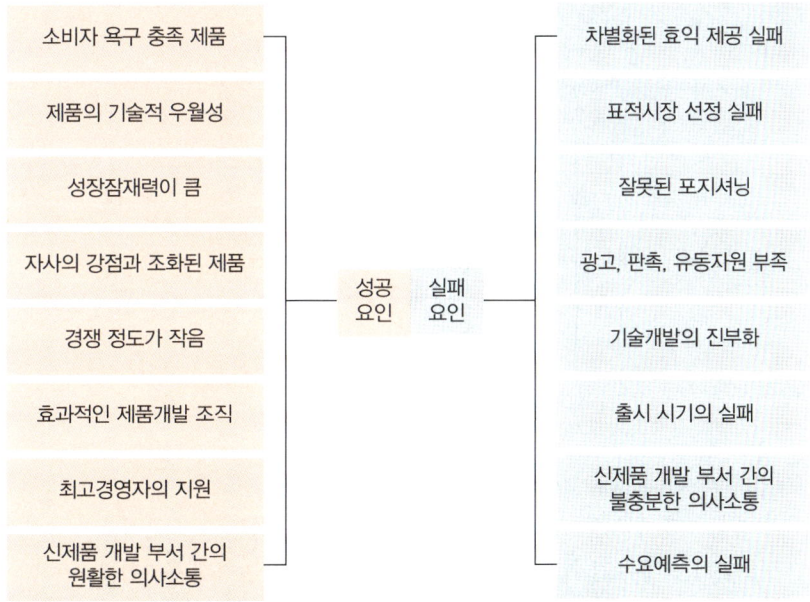

- 소비자와 관련된 원인 : 신제품이 실패하게 되는 원인들 가운데 가장 자주 언급되는 것이 기존 제품과 차별화된 독특한 편익을 소비자에게 제공하지 못하는 경우이다. 모방 신제품이 시장기반을 구축한 선도제품을 따라잡는 것은 사실상 어려울 때가 많다.

- 마케팅전략과 관련된 원인 : 신제품의 성공은 정확한 표적시장의 선정과 그에 적합한 포지셔닝을 필요로 한다. 그러나 물리적으로는 훌륭한 제품을 만들어 놓고서도 마케팅전략상의 실수로 인해 신제품이 실패하는 경우를 자주 볼 수 있다.
- 자사의 강점과 조화된 제품 VS 마케팅/유통 자원의 불충분한 원인 : 광고, 판촉, 유통상의 자원이 충분하지 못한 것도 신제품 실패의 한 원인이다. 특히 사내의 영업조직이나 유통경로 구성원들이 신제품의 취급을 꺼리는 경우 신제품이 시장에서 성공하기는 어려울 것이다. 그러므로 광고, 판촉 및 영업활동 그리고 적절한 After-sales Service는 신제품의 성패를 좌우하는 중요한 요소이다.
- 최고경영자의 지원 VS 사내의 조직과 관련된 원인 : 성공적인 제품의 개발을 위해서는 전사적인 품질관리와 고객지향적인 기업문화가 필수적이지만 그중에서도 연구개발부서, 마케팅부서, 생산부서, 그리고 영업부서 간의 협조는 성패의 관건이 된다. 따라서 부서 간의 불충분한 의사소통과 조정의 실패는 신제품의 실패확률을 높일 것이다.
- 그 밖에도 기술의 진부화 속도가 빠른 제품분야에서 기술개발의 속도가 느린 경우, 출시의 타이밍이 너무 늦거나 빠른 경우, 수요예측이 잘못되어 과다생산을 한 경우, 신제품 출시 후 경쟁자의 반응이 강력하고 효과적이어서 소비자들이 경쟁상품을 더 선호하는 경우, 기업을 둘러싼 경제적 · 법적 · 정치적 환경이 바뀌는 경우 등을 들 수 있을 것이다.

② 제품수명주기(PLC ; Product Life Cycle) 2021년 약술문제

제품에도 유기체처럼 일정한 수명이 있고 이러한 수명은 새로운 제품이 등장할 때마다 반복적인 형태로 나타나는 것을 의미하는데, '도입 – 성장 – 성숙 – 쇠퇴'의 단계를 거치게 되며 각 단계마다 다른 전략들을 적용해야 한다. 여기서 제품이라 함은 특정 브랜드의 제품이 아닌, 제품 카테고리를 말하는 것이라 이해하면 된다. 이러한 제품수명주기를 그림으로 나타내면 다음과 같다.

[제품의 수명주기]

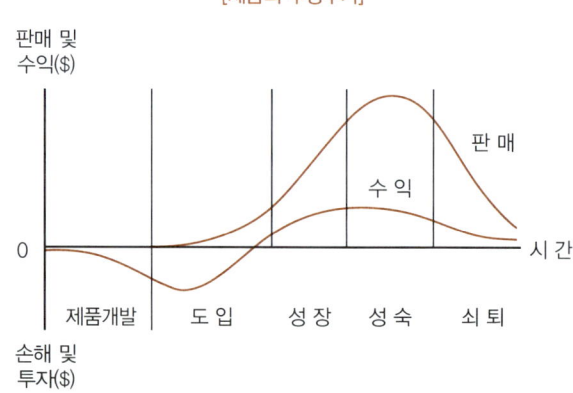

㉠ 도입기(= Question Mark)

신제품이 시장에 처음으로 등장하여 잠재고객들의 관심을 끌고 구매를 자극해야 하는 단계를 말한다. 도입기는 매우 긴 기간 동안 지속되며, 매출액도 완만하게 증가한다.

도입기의 특성은 다음과 같다.
- 제품의 인지도가 낮고 잠재고객들이 많은 위험을 지각하므로 수요가 매우 적다.
- 매출액이 적음에도 불구하고 초기의 집중적인 촉진활동과 유통망 확보에 많은 비용이 지출되기 때문에 대체로 적자가 나기 쉽다.

- 제품이 최초로 도입되는 단계이므로 제품실패의 가능성이 높으며, 시장반응에 따라 제품이 자주 수정되기도 한다.
- 신제품이라는 특성 때문에 경쟁은 비교적 약하다.
- 시장실패의 걱정으로 유통망 확보가 어려우며, 제한적으로 제품이 유통되고 유통마진율도 비교적 높게 책정된다.
- 생산과 유통에 있어서 규모의 경제를 누릴 수 없으므로 소매가격이 높은 편이다.
- 제품차별화는 아직 없으며 단지 기본형만으로써 수요를 자극하는데, 제품은 자신이 '원하는 바'와 거의 일치하는 잠재고객들(핵심시장, Core Market)에 의해서만 구매된다.

도입기의 마케팅전략 방향은 다음과 같다.
- 잠재고객들의 제품인지를 증대시키기 위한 촉진활동을 전개하며, 그러한 캠페인의 주제는 선택적 수요보다는 본원적 수요를 자극해야 한다.
- 유통망을 확보하기 위하여 마케팅 중간기관(도매상, 소매상 등)을 대상으로 인적 판매를 실시한다.
- 무료의 견본이나 쿠폰을 배포하여 잠재고객들의 사용을 유도하며(편의품의 경우), 강력한 인적 판매와 교육적 광고를 통하여 구매를 자극한다(전문품이나 선매품의 경우).

ⓛ 성장기(= Star)

신제품이 매출액의 완만한 증가단계(도입기)를 거쳐 체증적으로 증가하기 시작하는 단계인데, 이러한 현상은 새로운 고객의 구매와 만족한 기존 고객들의 반복구매에 의해서 나타난다.

성장기의 특성은 다음과 같다.
- 가속적인 구매확산과 대량생산을 통한 가격인하의 연쇄관계가 형성됨에 따라 전체시장의 규모가 급속하게 확대된다.
- 제품을 취급하려는 중간기관들의 수가 증가하며, 그들이 재고를 갖춤에 따라 매출액은 더욱 신장되며 이익도 흑자로 돌아 증가하기 시작한다.
- 경쟁자들이 시장에 참여하기 시작하여 제품차별화의 기회가 다양하게 모색되며, 가격인하경쟁이 나타나기도 한다.
- 성장기 후반에는 가격인하경쟁에 대응하고 선택적 수요를 자극하기 위한 촉진비용이 많이 소요되므로 이익은 다시 감소하기 시작한다.

성장기의 마케팅전략 방향은 다음과 같다.
- 광고의 초점을 본원적 수요로부터 선택적 수요로 전환시킨다.
- 장기적인 시장지위를 확보하기 위하여 유통망을 확충하고 견고히 한다.
- 경쟁에 대응하여 시장점유율과 현재의 수익 사이에서 목표를 조정한다.

ⓒ 성숙기(= Cash Cow)

매출액이 체감적으로 증가하거나 안정된 상태를 유지하는 상태인데, 마케팅전략의 초점은 대체로 리마케팅(Remakrting)과 관련된 과업들을 통하여 제품수명주기를 소생시키는 것이다.

성숙기의 특성은 다음과 같다.
- 많은 시장참여자들과 과잉생산능력에 의하여 경쟁이 심화된다.
- 과도한 가격인하 경쟁과 유통망 확보 및 판매촉진 비용의 증대로 이윤이 감소하며, 한계적인 경쟁자들이 시장에서 탈락하기 시작한다.
- 다양한 제품을 공급하는 경쟁자가 많기 때문에 오히려 제품차별화의 기회가 제한된다.

- 제품 간의 사소한 차이를 강조하거나 심리적 차별화를 강조하며, 상표경쟁이 일어난다.

성숙기의 마케팅전략 방향은 다음과 같다.
- 현재의 표적시장 범위에 속하는 비사용자(Nonuser)에게 가격인하나 할부판매제의 등을 통하여 구매를 촉구한다.
- 현재 경쟁자의 상표를 구매하고 있는 소비자로 하여금 상표대체를 구매하도록 유인한다.
- 현재의 고객으로 하여금 보다 많은 양의 제품을 소비하도록 설득한다.
- 제품에 대한 새로운 용도를 개발하고 소비자에게 구매하도록 설득한다.
- 새로운 지역시장, 인구통계적 시장, 기관시장 등으로 진출한다.
- 제품을 리포지셔닝 시킨다. 리포지셔닝은 제품속성의 조합을 실제로 변경시키는 제품수정(신제품개발은 아님)의 방법과 제품에 대한 소비자의 지각만을 변경시키려는 심리적 포지셔닝이 있다.

② 쇠퇴기(= Dog)

모든 제품은 여러 가지 환경요인들의 변화에 따라 결국 수요가 지속적으로 감소하는 쇠퇴기에 직면하게 된다. 이러한 현상의 원인은 소비자의 기호변화, 성능이 우수하고 저렴한 대체품의 등장, 경쟁자의 월등한 마케팅전략으로 인한 결정적 우위 차지, 정치적 요인이나 법적 요인 등 마케팅 환경요인의 변화 등이다.

쇠퇴기의 특성은 다음과 같다.
- 매출액이 지속적으로 감소한다.
- 경쟁자들이 시장에서 철수하거나 마케팅활동을 축소하기 시작한다.

쇠퇴기의 마케팅전략 방향은 다음과 같다.
- 제품의 생산을 중단하여 제품계열에서 폐기시킨다(폐기전략).
- 제품은 계속 생산하면서 현재의 마케팅활동을 그대로 유지한다(유지전략).
- 표적시장의 범위를 축소하여 현재 수준의 마케팅노력을 유리한 세분시장에만 집중시킨다(집중전략).
- 마케팅노력을 축소시켜 현재의 이익을 증대시킨다(회수전략).

구매도 서서히 줄어들게 된다. 대부분 새로운 기술의 제품이 등장하는 시점이다.

[제품수명주기 단계별 마케팅전략] 2010년 논술문제

구 분		도입기	성장기	성숙기	쇠퇴기
단계별 특징	매 출	낮 음	급속성장	최대매출	매출쇠퇴
	고객당 비용	높 음	평 균	낮 음	낮 음
	이 익	적 자	증 대	최 대	감 소
	고 객	혁신자	조기수용자 초기다수자	초기다수자 후기다수자	최후수용자
	경쟁자	소 수	점차 증대	안정적, 점차 감소	점차 감소
마케팅 목표		제품의 인지와 사용증대	• 시장점유율 • 극대화 전략	• 시장점유율의 방어 • 이익극대화	• 비용의 절감과 투자액의 회수 • 독점적 지위

마케팅 노력 초점	• 1차 수요 자극 • 성장기 빠른 진입	• 선택적 수용 자극 • 빠른 성장률 유지	• 브랜드 경쟁우위 확보 • 성숙기의 유지	• 1차 수요 유지 • 쇠퇴속도의 감출
시장세분화	무차별	시장세분화 시작	시장세분화 극대화	역세분화
제품전략	기본제품 제공	• 제품과 서비스의 확대 • 제품품질 보증	브랜드 및 모델의 다양화	경쟁력 없는 제품의 철수
가격전략	• 고가전략 • 원가가산전략	시장침투가격	경쟁대응가격	가격인하
경로전략	• 선택적 유통전략 • 좁은 유통 커버리지	• 집중적 유통 • 유통 커버리지 확대	• 집중적 유통 전략 강화 • 유통 커버리지 최대화	• 선택적 유통 전략 • 수익성 적은 유통경로 폐쇄
광고전략	조기수용자층과 유통업자들을 대상으로 제품인지 확대	• 대중시장에서의 관심과 인지 구축 • 브랜드 차이와 이점 강조	• 상표차이와 효익 강조 • 브랜드 이해도가 높은 고객유지에 필요한 수준으로 감소	• 필요한 최저수준 조정 • 핵심충성 고객들을 대상으로 함 • 자사제품을 다시 떠오르게 하는 상기 광고
촉진전략	시용유도용 강력한 판촉시행	수요확대에 따른 판촉의 감소	브랜드 전환을 위한 판촉증대	최저수준으로 감소
중점 활동	품질관리	광고	가격	전략적 의사결정

③ 신제품수용자 범주화(혁신수용의 시점, 기술수명주기, 신제품의 확산) **2023년 약술문제**

| 합격의 Tip |

마케팅이라는 과목에서 혁신은 신상품(새로운 서비스)을 의미한다.

㉠ 신제품 수용자의 유형

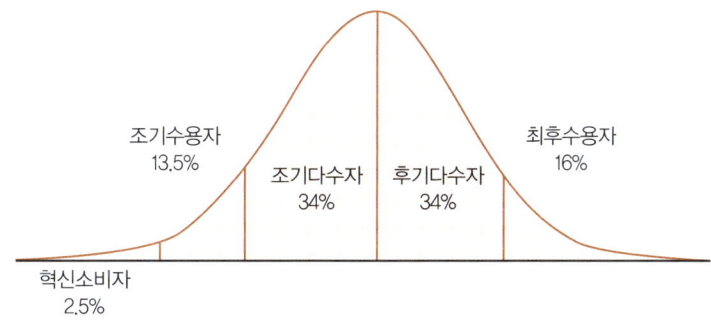

- 혁신소비자(Innovator)
  - 신제품 도입초기에 제품을 수용하는 소비자로서 전체 잠재소비자의 2.5%를 점유한다.
  - 일반적으로 교육, 소득수준이 높고 사회적 활동이 활발한 경우가 많다.
  - 신제품이 출시되면 가장 많은 관심을 가지고 즉각 구매해서 사용하므로 전체에서 작은 비중이지만 마케터에게는 중요한 가치를 지닌다.
  - 모험적이기 때문에 신제품 수용 시의 위험을 기꺼이 감수하려는 경향이 있다.
    - 예 우리나라 아이폰 도입 초기에 정식적으로 수입이 되지 않았을 때 혁신소비자들은 '전파인증'을 받아가면서 사용하였다.
- 조기수용자(Early Adopter, 얼리어답터, 초기수용자) - 존경받는 자(사회지도층인사)
  - 혁신소비자 다음으로 수용하는 소비자 집단이며, 전체 잠재소비자의 약 13.5%를 점유한다.
  - 이들은 소속집단의 존경을 받는 사람들로서 의견선도자(Opinion Leader) 역할을 한다. 즉, 신제품 구매를 앞두고 정보탐색이 많은 고객에게 유용한 정보를 제공하는 역할을 한다.
  - 이들은 특히 유행에 민감하며 가치 표현적 성격이 강한 제품에 관여도가 높고 유행에 대한 가치를 부여하는 정도가 높다.
  - 이들이 어떤 제품을 구매하는가 또는 그 제품의 사용 이후 만족 또는 불만족을 하는가의 여부는 신제품 성공 결정요인으로 작용한다.
- 조기다수자(Early Majority)
  - 조기수용자 다음으로 수용하는 일반 소비자 집단으로 전체 잠재소비자 중 약 34%를 점유한다.
  - 조기다수자는 신중한 소비자들이다. 즉, 신제품 구매에 신중한 성격을 띠며, 기술 자체에는 관심이 없고 실제적인 문제에 집중한다.
  - 실용주의자들인 이들은 혁명적 변화보다는 점진적인 변화에 따른 생산성 향상 그리고 유지 가능한 경쟁우위 등을 추구한다.
  - 이들은 조기수용자와 달리 혁신제품에 대한 검증된 성과를 요구한다.
- 후기다수자(Late Majority)
  - 조기다수자 다음으로 수용하는 집단으로 전체 잠재소비자 중 34%를 점유한다.
  - 이들은 신제품 수용에 의심이 많은 자들로서 많은 사람이 신제품을 수용한 후에야 구입하는 경향이 있다.
  - 주로 위험회피형 소비자가 많고 대부분 가격에 민감하다. 잠재고객 절반 이상이 수용한 후에 구매하는 보수적 집단이다.
- 최후수용자(Laggard)
  - 지각사용자라고도 하며 변화를 싫어하고 전통을 중시한다. 전통에 얽매인 소비자들로서 변화를 거부하며 전통에 집착한다.
  - 가장 나중에 수용하는 소비자 집단이며 전체 잠재소비자의 약 16%를 차지한다.
  - 최후수용자는 전통에 얽매인 소비자들로서 변화를 거부하며 전통에 집착한다. 따라서 신제품이 완전히 소비자에 의해 수용되어야만 그 제품을 구매하게 된다.

> **더 알아보기**
>
> **신제품 확산의 영향요인** 2014년 약술문제
> 신제품 확산의 영향 요인으로 제품특성, 사회적 시스템, 시간, 의사소통 경로 등이 있다.
> - 제품특성(필자는 '양씨는 상당히 커'로 외웠다. [양/시/상/단/커])
>
> | 양립성 (부합성) | 신제품이 잠재소비자의 기존 신념과 관습에 부합되는 정도이다. 즉, 부합성은 신제품이 소비자들의 욕구, 신념, 가치관, 경험과 일치되는 정도를 나타낸다. |
> |---|---|
> | 사용 가능성 | 잠재소비자가 수용하기 전에 적은 양으로 사용할 수 있는 정도이다. |
> | 상대적 이점 | 신제품이 기존제품보다 소비자에게 얼마나 더 큰 이점을 제공하는가이다. |
> | 단순성 | 신제품을 이해하고 사용할 때 상대적으로 사용하기 용이한 신제품이 빨리 확산된다. |
> | 커뮤니케이션 가능성 | 신제품의 편익이 잠재소비자에게 용이하게 전달될 수 있는 정도이다. |
>
> - 사회적 시스템 : 혁신의 확산은 사회 시스템 안에서 일어나기 때문에 사회구조, 사회적 규범, 사회에서 의견선도자의 역할이나 혁신수용의 의사결정형태 등 사회적 시스템이 어떠한 형태인가 하는 것이 혁신이 확산되는 패턴과 확산의 속도에 영향을 미친다.
>   예 가족계획 방법
> - 시간 : 혁신확산에 있어서 시간은 한 개인이 혁신을 알고 나서 수용하게 되는 혁신 수용과정, 혁신 수용 속도에 있어 개인차, 혁신의 확산속도 등에 포함된 변수이다. 예를 들어 한 개인의 혁신 수용과정은 지식 → 설득 → 의사결정 → 실행 → 재확인 등이 시간차를 가지고 일어난다.

④ 혁신의 확산에 대한 마케팅 시사점

마케터는 혁신이 소비자들에 의해 수용되는 과정을 이해함으로써 이러한 정보를 마케팅전략에 유용하게 활용할 수 있다.

㉠ 혁신소비자들은 대부분 고소득층이므로 가격에 그렇게 민감하지 않을 가능성이 높다. 따라서 신제품 도입 초기에 높은 단기이익을 실현하는 것이 목표라면 혁신소비자층을 표적으로 초기 고가전략(Skimming Strategy)을 채택하는 것이 효과적이다. → 스키밍 전략

㉡ 신제품 도입 초기에 높은 수용률을 확보하여 시장선도자가 되고자 할 경우, 이익이 적더라도 저가격을 채택하여 경쟁기업들의 시장진입을 사전에 봉쇄하는 전략인 시장침투 가격전략(Penetration Strategy)을 택하는 것이 효과적이다. → 페네트레이션 전략

㉢ 신제품이 빠른 시간 내에 소비자들에 의하여 수용되는 데 있어서 구전커뮤니케이션이 중요한 역할을 한다. 대부분 소비자들은 혁신소비자들의 경험을 통하여 신제품을 수용하므로 혁신소비자들의 특성을 조사하여 이들이 잘 노출될 수 있도록 매체를 선정해야 할 것이다.

㉣ 소비자들은 수용을 할 때 여러 단계의 의사결정과정을 거치므로 소비자들에게 신제품을 인지시키고 신제품의 특성과 편익을 충분히 알릴 수 있도록 도입 초기에 집중적인 촉진활동이 필요하다.

㉤ 혁신제품을 가지고 선도 진입자가 될 것인지, 후발 진입자가 될 것인지와 같은 시장진입 순서는 기업생존과 수익성에 중요한 요인이기 때문에 여러 가지 요인을 함께 고려하여 결정해야 한다.

> **더 알아보기**

캐즘(Chasm) 2016년 약술문제

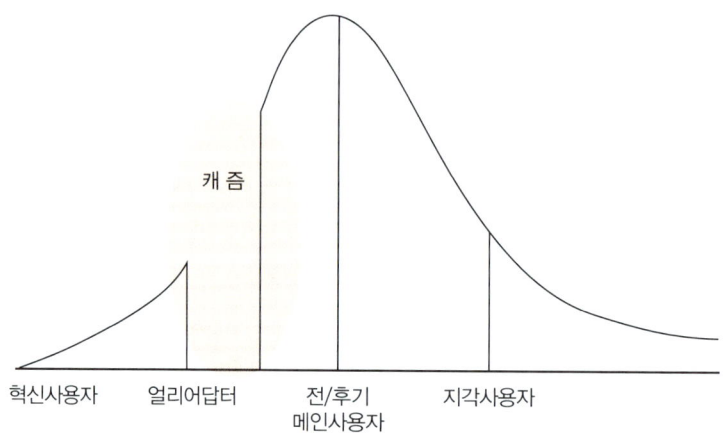

- 캐즘(Chasm)의 의미 : 새롭게 개발된 제품이 시장 진입 초기에서 대중화로 시장에 보급되기 전까지 일시적으로 수요가 정체되는 현상이며, 첨단 기술제품 또는 혁신제품의 상품개발 과정에서, 소수의 혁신적 성향의 소비자들이 지배하는 초기 시장(Initiation Market)에서 실용주의자들이 지배하는 주류 시장(Mainstream Market)으로 이행하는 단계 사이에 일시적으로 수요가 정체하거나 후퇴하는 단절(협곡) 현상
  - 예 IT는 기술적 캐즘, 햇반의 경우는 심리적 캐즘

- 기술수용주기 이론(제프리 무어의 이론)
  - 첨단제품은 불연속의 혁신에 의해 태어나므로 기술 열망자들의 환호가 지나고 대중에게 수용되기까지 단절의 기간을 거칠 수밖에 없다. 이런 혁신기술의 시장수용과정을 마케팅 모델로 정리한 것
  - 비록 불연속적으로 태어나는 첨단기술시장도 기술수용주기라는 일정한 패턴에 따라 성장하기 때문에 단계별로 적절한 대응을 한다면 시장에서 성공을 거둘 수 있다는 것

- 캐즘(Chasm) 마케팅(주로 첨단기술 제품 또는 혁신제품 관련)
  - 캐즘 마케팅은 신제품이 선보이는 초기 시장(Initiation Market)과 시장 내 대부분의 소비자가 위치하고 있는 주류 시장(Mainstream Market) 사이의 캐즘을 성공적으로 뛰어넘고자 하는 데 사용되는 마케팅을 의미
  - 한 마디로 캐즘을 뛰어넘어 초기 시장으로부터의 성공을 단절됨이 없이 곧바로 주류 시장을 만드는 일을 위한 마케팅을 말함
  - 캐즘 마케팅은 '캐즘을 넘다'라는 것으로 조기수용자에서 별 어려움 없이 '대중들로 시야를 넓혔다'는 뜻을 갖고 있음

(4) 제품믹스 및 제품계열관리

① 제품믹스 2025년 약술문제

기업이 제공하는 모든 개별 제품들의 집합으로, 제품계열들이 모여 구성된다. 이는 기업의 마케팅전략을 수립하고 관리하는 데 있어 핵심적인 개념이다. 제품믹스는 다음의 4가지 차원으로 구성된다.

㉠ 제품믹스의 넓이(Width) : 회사가 취급하는 제품계열의 수
㉡ 제품믹스의 길이(Length) : 각 제품계열의 제품 수 또는 각 제품계열의 평균제품 수
㉢ 제품믹스의 깊이(Depth) : 각 제품계열 내의 각 제품이 제공하는 품목 수
㉣ 일관성 : 서로 다른 제품 라인들이 최종 용도, 생산 방식, 유통경로 등에서 밀접하게 관련되어 있는 정도

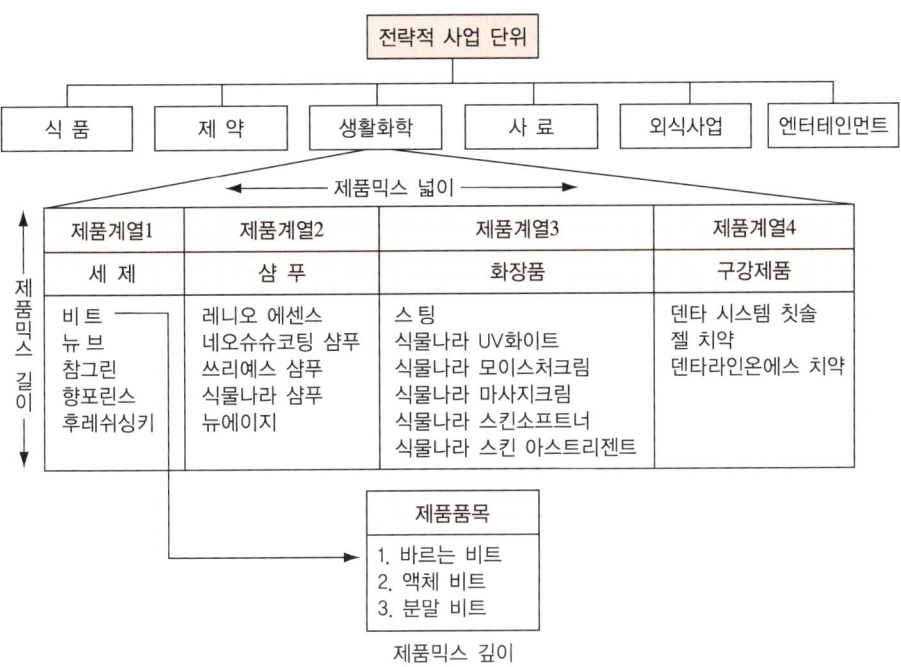

② 제품믹스 및 제품계열관리
   ㉠ 제품믹스의 길이에 관한 의사결정

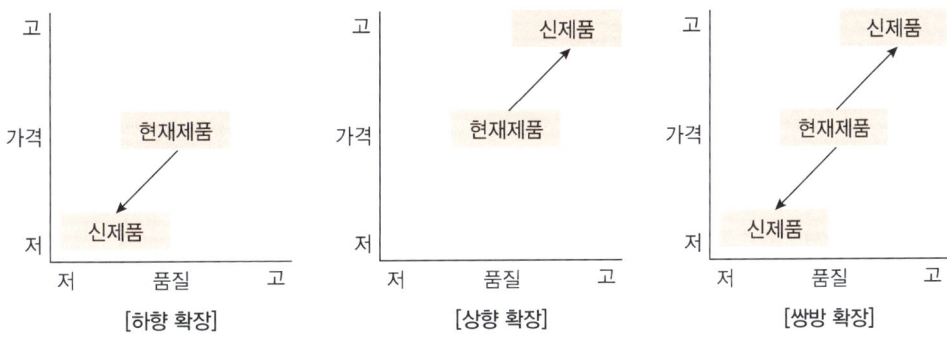

- 하향 확장전략(Downward Stretch) : 초기에는 고품질 고가의 제품을 출시시켰다가 제품계열의 길이를 확장시키면서 저가의 신제품을 추가시키는 전략이다.
- 상향 확장전략(Upward Stretch) : 초기에는 저가, 저품질의 상품을 출시시켰다가 제품계열의 길이를 확장시키면서 고가의 신제품을 추가시키는 전략이다.
- 쌍방 확장전략(Two-way Stretch) : 기존 제품계열 내에 품목의 추가를 통해 제품 확장을 도모하는 전략으로 잉여설비의 활용, 매출의 증대, 세분시장의 침투 등에 긍정적이고 효과적이다. 그러나 소비자 혼돈의 야기와 비용 상승으로 인해 수익성이 악화되는 문제점이 있다.

| 합격의 Tip |

상향 확장전략 vs 초기 저가전략, 하향 확장전략 vs 초기 고가전략

제품계열관리(= 라인관리, Product Line Management) 중 상향 확장전략이나 하향 확장전략과 신제품의 가격전략 중 초기 고가전략 및 초기 저가전략을 혼동해서는 안 된다. 제품계열관리는 기존 제품에 신제품을 추가하는 경우이며 가격전략은 같은 제품의 가격에 대하여 추후에 변동을 주는 경우이다.

ⓒ 제품믹스의 깊이에 관한 의사결정
• 제품 확충전략(Product Filling) : 기존의 제품계열 내에서 새로운 품목을 추가시킴으로써 제품계열의 깊이를 확대하는 것
 - 장점 : 잉여설비의 활용, 매출의 증대, 여러 세분시장에의 침투
 - 단점 : 과다한 확충은 비용 상승과 수익성 감소를 불러일으킬 수 있음
• 제품 퇴진전략

> **| 합격의 Tip |**
> 제품의 퇴진전략
> 빠지는 것도 매우 중요하니 세 가지 전략에 대해서 숙지가 필요하다. BCG도표와 융합하여 약술에 출제 가능성도 염두에 두고 공부해야 한다.

기업의 제품 포트폴리오 중에서 특정 제품의 수익률이 급격히 떨어지거나, 제품 수명주기상 성숙기나 쇠퇴기에 진입하고 있다고 판단되거나, 기업의 전체적인 이미지와 어울리지 않을 경우 기업은 먼저 이를 개선하기 위해 적절한 조치를 취할 필요가 있다. 그러나 위와 같은 징후가 발생했다고 해서 즉각적으로 제품을 폐기한다면 잔여 상품력의 향상을 통해 얻을 수 있는 기업이익을 상실할 수 있다. 제품의 퇴진전략을 그림으로 나타내면 아래와 같다.

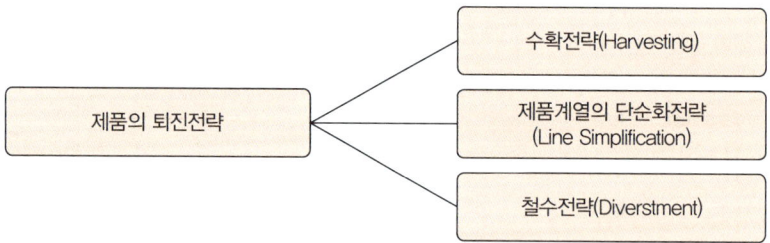

- 수확전략 : 특정 제품이 매출성장에서 안정된 단계나 쇠퇴기에 이르렀을 때, 기업이 유휴자원을 저렴하게 활용할 수 있을 때, 감소하는 매출액과 시장점유율의 회복을 위해서 지출해야 하는 비용이 점차로 증가하기 시작할 때, 기업은 자원을 더 이상 투입하지 않고 발생하는 이익을 회수하는 전략이다. 예 듀폰 - 나일론
- 단순화전략(제품계열의 단순화) : 기업이 제공하는 다양한 제품이나 서비스의 수를 관리하기 용이한 수준으로 감소시키는 전략이다. 특히 투입원가가 상승하거나 가용자원이 부족해지기 시작할 때 적절한 전략이다. 제품계열 단순화전략은 재고 감소와 생산원가의 감소를 위해 사용되지만 한번 단순화된 제품계열을 부활시키는 것은 쉽지 않은 일이기 때문에 신중을 기해야 한다.
- 철수전략 : 제품계열이 마이너스 성장을 하거나 제품이 전략적으로 부적절하다는 평가가 있을 경우에 제품계열 전체를 제거하는 전략이다.

(5) 상표관리
① 브랜드의 개념
말로써 표현할 수 있는 것을 브랜드명(名)이라고 하며, 말로써 표현할 수 없는 기호, 디자인, 레터링 등 브랜드 구성요소 중 시각적으로 표현된 것을 브랜드 마크라고 한다. 또, 브랜드명, 브랜드 마크 가운데에서 그 배타적 사용이 특허청에 등록이 되어 법적으로 보증되어 있는 것은 등록상표(商標, 트레이드 마크)라고 한다.

② 브랜드의 기능과 장단점
  ㉠ 브랜드의 물리적 기능
    - 자타상품 식별기능 : 소비자의 탐색비용 절감, 기업의 제품취급 용이
    - 출처표시기능 → 책임을 부여
    - 품질보증기능(지각된 위험을 감소) : 불경기 소비가 위축되면, 구매의사결정과정에서 소비자는 위험부담을 줄임
  ㉡ 브랜드의 마케팅적 기능
    - 광고 선전기능 → 기업관련 연상을 제공
    - 경쟁적 기능 : 독특하고 긍정적이며 호감적 브랜드로 경쟁우위를 확보함
    - 자산가치로서의 기능
  ㉢ 브랜드의 장점 및 단점

장 점	단 점
• 구매자와 공급자에 대한 교섭력 • 경쟁사 대비 상대적 경쟁우위 확보 • 산업지배력, 유통지배력 확보 • 기업의 가치 증대 • 고객 충성도 확보 • 소비자 : 자아표현, 개성표출 • 가격에 대한 수요의 비탄력성 발생 → 불황기도 수요 유지	• 시간, 노력, 비용 증가 : 성숙기에 경쟁이 치열해지면, 판촉비용 증가로 브랜드 구축 어려움 • 마케팅전략의 일관성이 어려움 : 미디어 매체와 시장의 과도한 세분화 때문 [예 이전에는 온가족 구분 없이 TV 광고로 통일했으나, 오늘날은 부모님(TV 광고)과 아이들(인터넷 광고)은 개별 광고] • 유통브랜드의 등장으로 제조브랜드의 브랜드 가치가 하락 추세

③ 브랜드 자산의 의미와 중요성 2017년 논술문제
  ㉠ 브랜드 자산 : 브랜드를 부착함으로써 추가적으로 발생하는 가치를 말하는데, 브랜드의 이름과 상징에 관련된 자산과 부채의 총체이다. 브랜드 자산은 해당 기업의 전략이나 소비자에게 주는 가치의 변화에 따라 증가하기도 하고 감소하기도 한다.
    → 브랜드 자산은 고객이 한 상표에 대해 이미 알고 있고(높은 브랜드 인지도를 가지며), 그 상표와 관련하여 긍정적이고 강력하면서 독특한 연상들을 기억 속에 갖고 있을 때 발생되는 것이다.
  ㉡ 브랜드 자산의 중요성(기업관점 VS 소비자관점) : 성숙기의 대부분의 소비용품시장에서 상표들 간의 평준화로 경쟁상표들 간에 제품품질 차이가 갈수록 줄어들고 있다. 이런 상황에서 브랜드 이미지의 차별화에 의한 브랜드파워 구축만이 상호 파괴적인 가격경쟁을 피하고 높은 점유율과 수익성을 유지할 수 있는 중요한 결정요인이 되었다.

기업의 관점	소비자의 관점
• 치열한 가격경쟁을 회피하면서도 효과적인 차별화가 가능하다. • 강력한 브랜드 자산을 가진 경우, 소비자들의 브랜드 충성도를 통해 안정적인 매출증가와 이익확대를 실현한다. • 제품의 관리를 쉽게 해준다. • 제품 기능 등의 법적인 보호(권리)를 의미한다. • 소비자가 만족하는 제품의 수준을 의미한다. • 제품이 가지는 고유한 기능을 의미한다. • 경쟁우위를 의미한다. • 재정적인 수입을 의미한다.	• 브랜드는 소비자에게 제품의 특징은 무엇이며, 생산자는 누구인지를 알려주어 구매의사결정과정에서의 위험을 감소시켜준다. • 브랜드는 소비자의 제품의 탐색비용을 줄여준다. • 제품을 식별하게 해준다. • 제조업체에게 책임을 부과한다. • 구매위험 요소를 경감한다. • 제조업체와의 관계를 형성해준다. • 상징적인 의미를 준다. • 품질을 상징해준다.

④ 브랜드 자산의 원천(구성요소)

브랜드 자산의 원천의 브랜드 인지도와 브랜드 연상으로 구분된다.

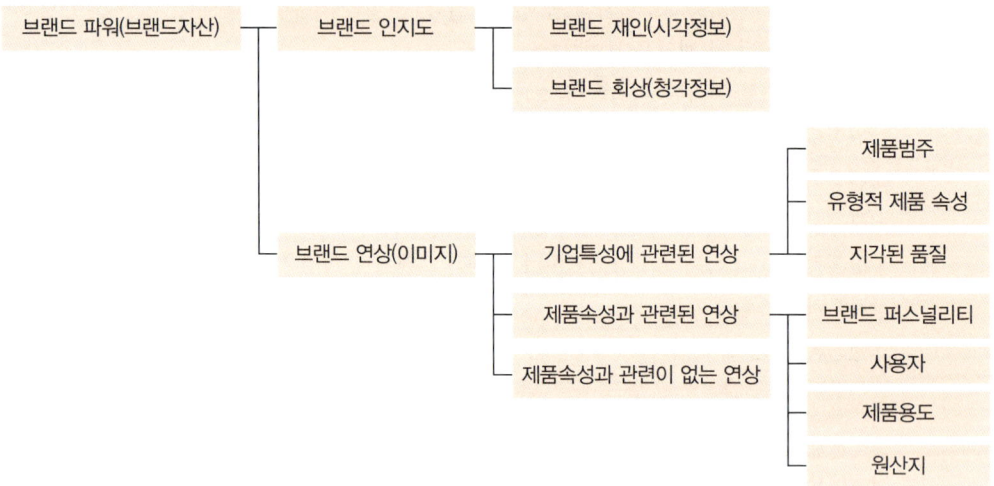

> **더 알아보기**
>
> **바람직한 브랜드 명의 조건**
> - 짧고 기억하기 쉬워야 함 예 naver.com, eBay.com
> - 연상 고리가 많아서 기억되기 쉬워야 함 예 애플, 세븐업, 크리넥스
> - 발음하기도 쉽고 듣기도 좋아야 함 예 뮤지컬 맘마미아, google.com
> - 써 놓았을 때 보기도 좋아야 함. 특히 좋은 브랜드는 청각적, 시각적 요소가 조화되어야 함 예 VISA 카드
> - 경쟁사의 상표와 뚜렷이 구분되어야 함 예 amazon.com, 무스탕, 꽃을 든 남자
> - 제품의 편익을 암시해야 함 예 golf.com, 비타500, 초코파이, 자일리톨
> - 확장성이 좋아야 함. 브랜드 확장성은 사업을 다양한 분야로 확장시키는데 기존 브랜드를 지렛대로 사용할 수 있게 하는 매우 유용한 수단임 예 브릿츠, 레고, 쿠팡
> - 참신하고 독창적이어야 함. 브랜드가 참신하고 독창적일 때 사람들이 더 주목 예 스타벅스, 데시앙, 노브랜드
> - 법적 보호를 받을 수 있어야 함. 브랜드가 독점 배타적인 권리를 확보할 수 있으려면 법적 보호를 받아야 함
>   예 명품 브랜드(구찌, 샤넬, 루이비통, 입생로랑, 크리스찬디올, 에르메스, 프라다, 롤렉스)
> - 다른 언어로도 뜻이 좋아야 함(국제적)
>   예 선경(Sunkyoung) : 가라앉는 젊은이(성크 영, Sunk Young)
>   　 한국화약 : 테러단체로 오인(Explosive)
>   　 영창(Young Chang) : 젊은 장씨가 만든 피아노(중국)

㉠ 브랜드 인지도

소비자가 한 제품범주에 속한 특정 브랜드를 알아보거나 그 브랜드명을 떠올릴 수 있게 하는 능력을 말한다. 즉 인지도가 높은 브랜드는 여러 제품들 사이에서 쉽게 이를 알아본다거나 어떠한 제품군을 놓고서 가장 먼저 떠올리는 브랜드를 말한다. 여기서 브랜드를 알아보는 능력이 바로 재인이고, 브랜드를 떠올리는 능력은 회상이라고 할 수 있다.

- 브랜드 재인 : 다음의 빈칸을 채워서 연상되는 브랜드명을 완성해 보자.

'아디_스(adi__s)'

예를 들어 '아디_스(adi__s)'라는 단어를 보고 떠오르는 브랜드는 아마도 '아디다스(adidas)'라는 브랜드일 것이다. 어떻게 소비자들은 아디다스를 연상해 '다'를 쉽게 채워 넣을 수 있었을까? 그것은 아마도 아디다스는 쉽게 접할 수 있고 인지도가 높은 브랜드 중 하나이기 때문일 것이다.

- 브랜드 회상 : 소비자가 한 범주, 혹은 특정의 구매상황의 단서가 제시되었을 때 특정의 브랜드를 기억으로부터 끄집어낼 수 있는 능력이다. 예를 들어 이런 질문을 받았다고 가정해보자.

> 당신은 외제차를 사려고 합니다.
> 머릿속에 떠오르는 브랜드는 무엇인가요?

위 질문을 보고 떠올린 브랜드는 무엇인가? 아마도 벤츠, BMW, 아우디 등이 떠올랐을 것이다. 가장 많이, 가장 빠르게 우리의 머릿속에 떠오른 브랜드가 바로 외제자동차 제품군에서 가장 인지도가 높은 브랜드라 할 수 있으며 이것이 바로 회상이다. 즉, 브랜드 회상이란 소비자가 한 범주 특정 구매상황의 단서가 제시되었을 때 특정 브랜드를 기억으로부터 끄집어낼 수 있는 능력이라고 말할 수 있다.

더 알아보기

브랜드 인지도의 중요성
- 높은 브랜드 인지도의 구축은 브랜드 자산 형성의 필수적인 조건이다. 브랜드 자산 형성에 있어서 높은 브랜드 인지도 구축의 중요성은 다음과 같다. → Considering Effect, Learning Effect, Choice Effect
- 높은 브랜드 인지도를 가진 상표는 고려상표군(Consideration Set)에 우선적으로 포함되는 이점이 있다. 고려상품군이란 소비자가 특정 제품을 구매하고자 할 때 우선적으로 고려하는 브랜드를 말한다.
- 높은 브랜드 인지도는 상표친숙성(Brand Familiarity)을 높여 그 브랜드에 대한 선호도와 선택 가능성을 증가시킨다.

브랜드 인지도 증대방법 5가지
앞에서도 언급되었듯이 브랜드 인지도를 높이기 위해서는 브랜드 인지도에 영향을 주는 브랜드 재인이나 회상을 높이는 마케팅 노력을 기울여야 한다.
- 반복광고 : 반복광고를 통해 브랜드 인지도를 높인다. 반복광고는 제품에 대한 메시지를 소비자의 기억 속에 장기간 유지시킬 수 있는 효과적인 방법이다. 반복광고는 광고효과의 감퇴를 유발하므로 적절한 변형이 필요하다. 예를 들어 우리는 코카콜라의 반복광고를 통해 코카콜라를 더 잘 기억한다.
- 시각적 정보의 제공 : 시각적 정보를 제품정보와 함께 제공한다. 사람들은 언어적 정보(단어나 문장)보다 그림(시각적 정보)을 더 잘 기억하기 때문에 그림과 언어적 정보를 함께 제공하는 것이 기억증대에 효과적이다. 예를 들어 애플의 사과모양을 보면 더욱 쉽게 애플社를 떠올릴 수 있다.
- 브랜드명 또는 제품정보를 청각정보와 함께 제공 : 브랜드명 및 제품정보가 소리의 형태로 기억되도록 한다. 예를 들면 인텔인사이드 광고가 대표적이다. 또한 SK텔레콤의 경우, 띵띵띠딩띵 하는 소리에 '생각대로T'라는 언어적 정보를 입혔다. 그리고 슬로건이나 로고송을 활용한 기억증대기법을 활용하기도 한다. 예를 들어 이가탄 광고의 '씹고 뜯고 맛보고 즐기고' 또는 대웅제약의 '간 때문이야~' 같은 CM 송을 예를 들 수 있다.
- 구매시점(POP ; Point Of Purchase)광고 : 구매시점광고를 실행하여 자사 브랜드에 대한 기억을 쉽게 떠올릴 수 있는 암시 또는 단서(Cue)를 제공한다. 예를 들어 TV광고 또는 잡지광고를 했던 문구를 크게 출력하여 이미지화하고 점포 또는 상품 매대에 설치하면 자사 브랜드에 대한 기억이 훨씬 쉽게 떠오르게 할 수 있을 것이다.
- 가시성 높은 유명인을 모델로 활용 : 특별한 메시지를 사용하는 것인데 가시성 높은 모델을 사용하여 상품의 이미지와 유명인의 이미지를 일치화시키는 것이다. 그러나 너무 유명한 모델의 경우 브랜드를 기억하지 못하는 상황도 발생할 수 있으니 주의해야 한다.

ⓒ 브랜드 연상

브랜드 이미지는 브랜드 연상과 밀접한 관련이 있는데 소비자가 그 브랜드에 대해 갖는 전체적인 인상을 말하는 것으로, 이것은 브랜드와 관련된 여러 연상들이 결합되어 형성된다. 브랜드 연상(Brand Association)은 브랜드와 관련하여 기억으로부터 떠오르는 모든 것을 말한다.

> **더 알아보기**
>
> **브랜드 연상이 가져야 할 바람직한 특성**
> 소비자의 마음 속에 브랜드와 관련하여 호의적(Favorable)이면서 강력하고(Strong) 독특한(Unique) 브랜드 연상(이미지)이 형성되어야 한다.
> **예** 호의적 – 유한킴벌리, 강력함 – 볼보의 안전성, 독특함 – 베네통 광고
>
> **브랜드 연상의 유형** 2011년 논술문제 2010년 약술문제
>
>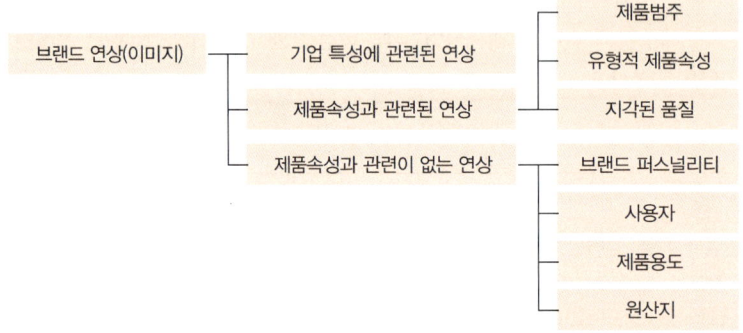
>
> **기업 특성과 관련된 브랜드 연상** 2006년 논술문제
> - 대부분의 기업이 브랜드 아이덴티티를 구축할 때 제품과 관련된 연상들에 토대를 두지만, 어떤 기업들은 기업문화, 기업 구성원들의 특성, 최고경영자의 가치관 등의 기업 관련 연상을 기반으로 하여 브랜드 아이덴티티를 형성한다.
> - 기업과 관련된 브랜드 연상은 기업명 상표전략을 채택한 기업들의 브랜드 자산 구축에 특히 중요한 역할을 한다.
> - 구체적이고 명확한 이미지보다는 혁신성, 신뢰성이나 최고의 고객 서비스와 같이 추상적인 기업이미지를 구축하여, 이를 여러 제품범주들에 공통적으로 적용한다.
> - 기업과 관련된 연상으로 많이 이용되는 것은 기업의 사회적 책임, 최고 품질, 혁신성, 고객 지향성, 일류기업 등이 있다.

- 제품속성과 직접 관련된 연상

제품범주에 대한 연상	• 특정 브랜드와 제품범주 간에 강한 연결 관계가 형성된다는 것은 소비자에게 제품범주가 주어질 때 그 브랜드가 즉각적으로 회상됨을 의미 → 다른 경쟁브랜드에 대한 기억을 방해
제품속성에 대한 연상	• 특정 브랜드를 제품속성(소비자가 바라는 제품기능을 수행하는 데 필요한 제품의 구성요소)과 연계시키는 것이다. • 제품속성에 대한 연상을 토대로 한 포지셔닝 전략이 성공하기 위해서는 중요한 속성이면서 경쟁 브랜드에 의해 무시 또는 소홀히 되었던 제품속성을 발견하는 것이 특히 중요하다.
품질/가격과 관련된 연상	• 소비자들이 자사 브랜드에 대해 지각하고 있는 품질은 브랜드 연상에 있어서 가장 중요한 차원의 하나이다. • 지각된 품질(Perceived Quality)은 고객들이 자사 브랜드의 전반적인 성능에 대해 갖고 있는 생각이다. • 지각된 품질은 제품의 성능, 신뢰성 등의 기대뿐만 아니라 브랜드에 대한 전반적인 감정까지도 포함한다. • 품질이 우수한 브랜드를 선호하며 경쟁브랜드의 설득적 마케팅에도 불구하고 반복구매를 한다. • 고품질의 제품 브랜드는 애호도로 인해 고가격을 부과할 수 있고, 상대적으로 적은 마케팅 비용과 생산원가로 수익률이 높아진다. • 가격을 품질의 지표로 생각해 비쌀수록 고품질로 인식한다. → 가격품질연상
제품속성 관련 브랜드 자산 구축의 문제점	• 경쟁브랜드에 의해 쉽게 모방될 수 있다. • 형성된 브랜드 자산(파워)은 특정 범주에만 국한되기 쉽다(브랜드 확장 곤란). • 제품속성과 관련된 연상은 주로 기능적 편익만을 제공하는 것으로 인식하기 쉽기 때문에 시장상황이 변했을 때 이에 적절히 대응하기가 어렵다. → 장점 : 제품속성과 관련된 연상으로 한 브랜드 자산 구축은 실행하기 쉽다.

- 제품속성과 관련이 없는 연상
    - 사용자에 관한 연상 : 일반적으로 소비자들은 자사 브랜드의 모델로 이용된 제품 사용자가 일반인이든 유명인이든 상관없이 전문적인 지식을 갖추고 있는 것으로 생각하거나, 호감을 주며, 자신들과 유사하여 친숙함을 느낄 때 신뢰성이 높은 것으로 받아들인다.
    - 제품용도에 관련된 연상 : 게토레이(운동 후 갈증해소음료), 컨디션(숙취해소음료)
    - 원산지와 관련된 연상 : 제품생산지역, 국가를 연상(마몽드, 라네즈 : 프랑스 연상)
    - 브랜드 개성(Brand Personality)에 대한 연상 : 브랜드 개성이란 한 브랜드를 의인화했을 때 그 브랜드와 관련된 인간적인 특성들로 정의될 수 있다. 브랜드 개성에는 성별, 연령, 사회계층, 개인의 성격 등 인간과 관련된 특성이 모두 포함된다. 또한 브랜드들은 독특한 개성과 라이프스타일을 가진 것으로 연상되기도 한다.

> **더 알아보기**
>
> **브랜드 개성의 중요성**
> - 브랜드 개성은 브랜드와 고객관계, 브랜드에 대한 느낌과 태도를 이해할 수 있게 하므로 광고, 패키징, 촉진 등의 마케팅 의사결정에 유용한 지침을 제공한다.
> - 브랜드 개성은 소비자들이 브랜드를 통하여 자신의 개성(자아개념)을 표현할 수 있는 유용한 수단이 되므로 브랜드 자산의 창출에 중요한 역할을 한다.
>
> **자아개념이 브랜드 개성 개발 및 브랜드 자산 구축에 중요한 이유**
> - 소비자는 수많은 제품정보 중에서 자신의 자아개념(이미지)과 일치하는 정보를 더 잘 기억하는 경향이 있다.
>   → 자아개념 : 자기 자신을 하나의 (관찰)대상으로 놓았을 때, 자신에 대한 생각과 감정의 총합
> - 소비자는 자신의 자아개념(이미지)과 일치하는 브랜드를 선호한다.

⑤ 브랜드 의사결정 과정(브랜드 전략, 상표관리)

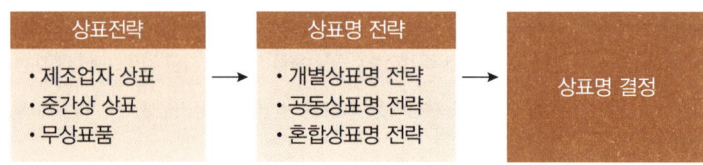

㉠ 상표전략(브랜드 주체 결정)

상표 부착 여부를 결정하며, 부착한다면 상표의 주인(소유주)을 누구로 할지를 의사결정하는 단계이다.

- 제조업자 브랜드(National Brand, 제조업자 상표) : 제품을 생산하는 제조업자가 부착하는 브랜드로서 판매되는 영역 또는 취급되는 특정 시장에 한정되지 않고 전국적으로 판매되는 브랜드이다. 어느 지역에 한해서 판매되는 로컬 브랜드에 대한 말이다. 미국 마케팅 협회에서는 '보통 넓은 지역에 걸쳐 적용되는 것으로 제조업자 또는 생산자의 브랜드'라고 정의하고 있다. 현실적으로는 유통업자의 브랜드로 전국적으로 광고, 유통되고 있는 것도 있으나 일반적으로는 제작업자나 생산자가 전국적으로 통일 브랜드로 판매하고 있는 것을 지칭하는 경우가 많다. 예 펩시콜라, 코카콜라, 농심라면, 애플
- 유통업자 브랜드(Private Brand) : 중간상 브랜드라고도 하며 유통업체에서 부착한 브랜드로서 특정 유통업체에서만 출시하는 상품에 부착하는 브랜드이다. 이는 NPB(National Private Brand) 또는 PL(Private Label)이라 불리기도 한다. 선진국에서는 일반화된 방식으로 영국의 막스앤스펜서의 경우 자체 브랜드 비중이 100퍼센트이다.

장 점	단 점
• 중간상들은 수익성이 더 좋기 때문에 중간상 브랜드를 원한다(진열이 자유롭기 때문에 매출상승 효과). • 중간상들은 잉여 설비를 가진 제조업자로부터 낮은 원가에 제품을 공급받을 수 있어 높은 마진을 확보할 수 있다. • 소매상들은 경쟁사로부터 자신을 차별화할 수 있는 강력하고 배타적인 브랜드를 개발할 수 있다. 상당수 소비자들은 전국 브랜드와 점포 브랜드 간 차이를 구별하지 못하기 때문이다.	• 일관된 품질의 상품을 공급할 수 있는 공급자를 찾기 어렵다. • 중간상들은 대량주문을 해야 하므로 재고 증가로 자본이 묶이게 된다. • 자체 브랜드를 촉진하는 데는 자금이 소요된다.

- 무브랜드(무상표품, Generic Brand) : 브랜드를 부착하지 않은 제품으로, 상품 자체의 일반명사 또는 내용물을 강조하는 브랜드이다.

㉡ 상표명 전략(브랜드 범위 결정)

- 개별브랜드 전략(개별 상표명전략, Individual Brand Name Strategy) : 기업에서 생산되는 제품별로 각각 다른 상표명(브랜드)을 부착하는 방법이다.
  예 LG 생활건강 : 한스푼, 테크, 샤프란 / 현대자동차 : 그랜저, 에쿠스, 산타페

장 점	단 점
• 한 상표가 시장에서 실패하더라도 다른 상표에 영향이 거의 없다. • 회사의 평판이 소수 제품에 좌우되지 않는다. • 신제품마다 알맞은 네이밍 가능하다.	• 브랜드 개발 및 촉진 비용이 많이 소요된다. • 규모의 경제와 시너지 효과를 기대하기 어렵다.

더 알아보기

복수상표전략

본질적으로 동일한 제품에 대하여 두 개 이상의 상이한 상표를 설정하여 별도의 품목으로 차별화하는 전략이며 흡수합병 시 해당기업에 동일 계통의 유사 제품이 있을 시에도 이에 해당한다.

장 점	단 점
• 동일제품군 내에서 욕구 다른 고객흡수로 시장점유율 높임 • 상표충성도 낮아 상표전환 잦은 고객흡수 • 상표관리자 간의 매출증대 위한 경쟁유발	• 자기시장 잠식 • 소비자의 혼동을 야기

예 이랜드 : 브랜따노, 헌트, 언더우드 / 현대 기아자동차 : K5, 소나타

- 공동상표명 전략(Blanket Family Name Strategy) **2004년 약술문제**
  한 기업에서 생산되는 유사제품군이나 전체 품목에 동일하게 기업명 또는 상표를 부착하는 브랜드로 통일브랜드라고도 한다. 제품과 기업의 이미지를 통일하여 제공하는 상표 정책의 하나로서, 기업의 신뢰도를 이용하여 소비자에게 한 가지 브랜드만을 부각시켜 그 기업에서 생산하는 모든 제품을 인식시키기 위한 방법이다.
  예 기업명 + 일반제품 / 삼성전자, 삼성물산, 삼성건설
      오뚜기 마요네즈, 오뚜기 케찹, 오뚜기 밥

장 점	단 점
• 제품 간 시너지 효과를 기대할 수 있음 • 신제품이 소비자에게 빨리 인식됨 • 촉진비용의 절감 • 한 제품의 성공이 동일 상표의 다른 제품에 대한 긍정적 파급효과	• 공동상표를 이용하는 제품이나 기업의 이미지가 부정적이게 되면 타 브랜드에 확산 • 초기 제품의 강한 이미지가 있다면 후속 상품에 동일상표 사용은 부적합할 수 있음

더 알아보기

공동브랜드(Co-brand)

최근에는 패밀리브랜드와 공동브랜드의 경계가 모호해졌다. 여러 기업들이 공동으로 개발하여 사용하는 단일 브랜드로 전략적 제휴를 통해 신제품에 두 개의 브랜드를 공동으로 표기하거나, 시장지위가 확고하지 못한 중소업체들이 공동으로 개발하여 사용하는 브랜드를 말한다. 대구광역시의 '쉬메릭(CHIMERIC)'이나 부산광역시의 '테즈락(TEZROC)'과 같이 지역기반이 같은 업체들이 지역경제의 활성화 및 해외시장의 판로개척을 위해 개발한 경우도 있다.

- 혼합상표명 전략 : 많은 기업들이 복수의 제품계열에서 여러 제품을 생산하고 있으므로 개별상표명과 공동상표명을 조합하여 사용하는 전략이다. 소비자의 인지도가 높은 기업명과 각 제품의 특색을 연계한 브랜드는 상승효과를 가져온다.
  예 기업명 + 개별브랜드
      농심 : 농심 신라면, 농심 안성탕면, 농심 짜파게티

ⓒ 상표결정(브랜드 작명) : 좋은 브랜드의 조건
- 제품과 어울려야 한다(제품의 특성이 반영되어야 한다).
- 발음이 쉽고 기억하기 용이해야 한다.
- 외국어로 표현 시 그 뜻이 외래어로도 긍정적이어야 한다.
- 흥미를 유발해야 하고 강한 인상을 주어야 한다.
- 법적 문제가 없고 등록할 수 있어야 한다.

⑥ 신제품 브랜드 전략

구분		제품	
		기존	신규
브랜드	기존	라인확장 전략	브랜드확장 전략
	신규	다상표 전략	신규 브랜드 전략

㉠ 라인확장 전략(Line Extension) : 계열확장 전략

기존의 브랜드 자산이 높다고 판단되는 경우 기존 제품계열의 신제품에 기존 브랜드명을 그대로 사용하는 전략을 말한다. 대부분의 기업은 신상품의 도입 시 라인확장으로 신상품을 도입하고 있다. 주로 새로운 맛, 형태, 색상, 추가적인 성분, 패키지 변화의 형태로 확장한다.

소비자가 빠르게 신제품을 인식한다는 점과 신생 브랜드의 신제품보다 생존의 기회를 더 많이 갖게 되는 장점이 있는 반면에 만일 신제품이 실패할 경우 기존 제품도 타격을 입을 수 있으며 브랜드명이 갖는 특별한 의미를 상실할 수도 있다.

예 새우깡 → 노래방 새우깡
조니워커 → 조니워커 레드, 블루, 블랙
우루사 → 우루사 F

㉡ 복수상표 전략(Multi-brand Strategy) : 다상표 전략

본질적으로 동일한 제품에 대하여 두 개 이상의 상이한 상표를 설정하여 별도의 품목으로 차별화하는 전략이다. 즉, 동일한 상품범주 내에 추가적인 브랜드를 도입하는 것으로, 개별브랜드 전략(생산제품에 모두 상이한 브랜드를 붙이는 전략) 중의 하나이다.

기존 제품계열의 신제품에 새로운 상표를 부착하는 전략으로 경쟁사의 진입을 막아 점유율을 유지할 수 있고 유통업자로부터 더 많은 진열면적을 확보할 수 있는 장점이 있는 반면, 브랜드 개발과 육성에 많은 비용 소요되며 자산의 브랜드끼리 경쟁을 하는 자기 잠식현상이 발생할 수 있다.

예 이랜드 : 브랜따노, 헌트, 언더우드
현대 기아자동차 : K5, 소나타

㉢ 브랜드확장 전략(Brand Extension) : 상표확장 전략

성공적인 상표명을 다른 제품범주의 신제품에 그대로 사용하는 전략이다. 브랜드명이 신상품과 기존 상품의 판매를 동시에 높이는 경우 최상의 결과를 가져올 수도 있지만, 신상품이 구매자에게 외면 당하면 다른 상품에도 영향을 미칠 수 있다. 기존에 성공한 브랜드가 신상품에 적합하지 않을 수도 있으며 브랜드명을 남용하게 되면 소비자 마음속에서 그 상품의 독특한 포지셔닝을 상실할 수 있다. → 브랜드 희석(Band Dilution)

장점은 소비자가 기존 상품명에 익숙하여 신제품을 즉시 인지할 수 있어 브랜딩 비용이 절감되고, 브랜드확장 성공 시 기존 브랜드 가치가 더욱 상승한다는 점이다. 반면 단점은 신상품의 구입 시 기존 상품의 영향을 받으며 신제품에는 어울리지 않는 상품명이 될 수 있다. 또한 신제품의 성공 여부가 기존 제품의 포지션에도 영향을 미칠 수 있어 신중해야 한다.

예 물 먹는 하마, 냄새 먹는 하마

ㄹ 신규 브랜드 전략

기업이 새로운 범주에서 상품을 출시하는 경우 새로운 브랜드를 도입하는 것이다.

⑦ 브랜드 충성도, 상표애호도(Brand Loyalty) 2003년 약술문제

브랜드의 품질을 인정하여 제품을 구매하게 되는 것으로, 특정 상표를 애용하고 선호하는 소비자의 심리를 말한다. 즉, 고객이 사용 목적에 따라 특정 상표를 선호하고 이를 반복하여 구매하게 되는 소비자 선호(Consumer Preference)를 말한다. 이러한 성향은 담배나 맥주와 같은 기호품에서 강하게 나타난다.

㉠ 인지적 관점에서 볼 때 → 어떤 특정 상표만을 반복구매하려는 소비자의 내적 헌신
㉡ 행동론적 관점에서 볼 때 → 단순한 반복구매 행위
㉢ 브랜드 충성도의 종류

구 분		반복구매 정도(행동주의자 관점)	
		높 음	낮 음
상대적 태도 (인지주의자 관점)	높 음	진정한 충성도	잠재 충성도
	낮 음	의사 충성도	비충성도

더 알아보기

상표애호도의 전략적 시사점

마케팅관리자는 사용자의 상표애호도를 창출하려는 마케팅 노력을 통해 지속적인 경쟁우위를 유지해야 하며, 마케팅 조사를 통해 상표애호도의 변화를 추적해야 할 것이다. 상표애호도에 대한 마케팅 조사는 반복구매행동은 물론 상표태도도 함께 측정해야 한다.
궁극적으로 마케팅관리자는 소비자가 자사상표에 대해 친숙하고, 그 상표와 관련하여 긍정적이고 강력하면서, 독특한 연상 등을 기억 속에 오래 간직할 수 있도록 지속적인 마케팅활동을 수행해야 한다.

(6) **브랜드 확장이 효과적인 상황** 2022년 약술문제

① 모브랜드가 상대적으로 경쟁력이 강한 상황

모브랜드에 대한 우호적이고 강력한 연상이 있다는 것은 경쟁 카테고리 내에서의 경쟁력이 우수하다는 것을 의미한다. 이런 경우에만 브랜드 확장의 효과가 있다. 주변을 살펴보면 우호적인 연상이 없거나 경쟁력이 상대적으로 낮은데 브랜드 확장을 하는 경우를 자주 보게 된다.

② 확장하고자 하는 제품과 모브랜드가 속성이 유사할 때

브랜드 확장 효과에 영향을 미치는 요인으로 가장 많이 다뤄지는 부분 중의 하나가 모브랜드와 확장제품 간의 유사성(Similarity)이다. 속성 유사성이 높으면 적합도가 높아진다. 브랜드 확장에 대한 기존의 연구 중 이 부분에 대해서는 많은 연구가 이뤄졌는데 기존의 연구 결과들에 따르면 일반적으로 모브랜드와 확장제품 간의 유사성이 높을 때 확장태도가 긍정적이라고 한다.

③ 기술전이성이 높을 때

브랜드 확장 시 고려해야 할 상황은 기술전이성(Transferability)이다. 기술전이성이란, 해당 브랜드의 핵심 기술이 확장된 영역에 전이될 수 있는가의 문제다. 이것은 눈으로 보이는 유사성보다는 해당 제품을 만들 수 있는 능력이 다른 제품영역으로 전이될 수 있느냐의 문제다. 즉, 능력의 전이성이라고 보면 무난할 것이다.

예를 들어 존슨 앤 존슨은 피부 보습과 부드러움을 유지하게 하는 노하우를 갖고 있다. 이것이 존슨 앤 존슨의 인지된 핵심능력이며 핵심연상인 것이다. 이러한 핵심연상에 부합되는 제품 영역으로 확장하게 되면 소비자들의 평가가 긍정적이게 될 수 있을 것이다.

④ 이외(보완성이 높은 상황)

보완성은 그 제품을 사용함에 있어 두 개 이상의 제품이 얼마나 보완적 관계에 있느냐의 문제다. 예를 들어 면도기와 면도크림, 카메라와 필름 등은 아주 보완성이 높은 예에 해당한다. 이러한 보완성은 보통 사용상황 측면에서의 상호보완성을 의미하는데, 보완성이 높은 상황이라면 브랜드 확장이 용이하다.

더 알아보기

브랜드 확장의 장단점 비교

장 점	단 점
• 브랜드 의미의 명료화 • 모브랜드 이미지의 강화 • 브랜드의 활성화 • 연속적 브랜드 확장의 기초 마련 • 소비자들의 지각된 위험을 감소 • 유통경로 개척 가능성 증대 • 촉진비용의 효율성 증대 • 신브랜드 개발 비용 절감 • 포장/라벨 효율성 증대 • 소비자들의 다양한 욕구 충족	• 소매상들의 저항에 직면할 수 있음 • 소비자에게 혼동을 야기시킬 수 있음 • 확장의 실패로 모브랜드 이미지를 해칠 수 있음 • 모브랜드의 시장을 잠식하는 현상이 일어날 수 있음 • 모브랜드의 이미지나 특정 제품군에서 대표성을 희석시킬 수 있음 • 새로운 브랜드를 개발할 기회를 놓칠 수 있음

3. 가격관리

(1) 가격의 의의

가격은 상품과 서비스의 효용 및 가치로서 소비자에게 상품의 가치를 금액으로 표시한 것이며 기업 이익을 증가시키는 데 있어서 가장 강력한 수단이 된다. 모든 제품이나 서비스를 사용하는 대가로 지불해야 하는 금전적 가치로서, 마케팅 믹스의 요소들 중 가격이 소비자에게 가장 신속하고 민감한 반응을 일으키고 경쟁자의 즉각적인 모방이 가능하며 한 번 인하된 가격은 다시 올리기 힘들다.

(2) 가격의 중요성(가치 > 가격 > 원가)

① 가격과 구매자적 측면

　㉠ 가격은 여러 가지 측면에서 구매행위에 영향을 미친다.
　㉡ 가격은 소비자에게 품질의 차이를 나타낸다.
　㉢ 가격은 사회적 가치를 나타내는 척도역할을 한다.

② 가격과 경제적인 측면
　㉠ 가격은 비용에 영향을 미친다.
　㉡ 제품이나 소비자 가격은 국민경제에 직접적인 영향을 미친다.
③ 가격과 개별 기업적인 측면
　㉠ 기업이 제품에 대해 요구하는 가격은 소비자의 수요수준에 영향을 미친다.
　㉡ 가격은 마케팅전략의 나머지 요인들과도 조화를 이루어야 한다.

(3) 가격결정의 영향요인 [정유경/소원]

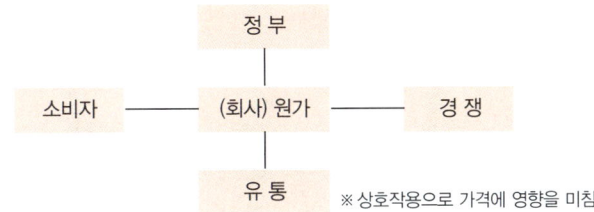

① **정**부의 규제
　공공생활 안정이라는 정부의 목표에 의한 생필품 가격인하, 수요억제운동 등의 법적규제가 제품가격에 영향을 준다.
② **유**통경로
　㉠ 유통경로 구성원들의 매출확대와 적정이윤 확보를 위한 노력이 제조업자의 제품가격 결정에 영향을 준다.
　㉡ 재고품의 반품, 저수익 제품의 납품거절, Display상의 불이익을 통해 제조업자에게 가격압박을 행사한다.
③ **경** 쟁
　㉠ 경쟁회사들의 가격전략이 고가격 정책과 저가격 정책 등의 가격결정에 영향을 준다.
　㉡ 시장에서 치열한 경쟁을 벌이고 있는 상황에서 개별 회사의 가격결정은 시장가격 결정에 별 영향을 못 미치며 경쟁기업에 의해 형성된 시장가격을 수용하게 된다.
④ **소**비자의 반응 : 가격탄력성이 소비자의 구매행동과 가격결정의 중요한 메커니즘이 된다.

가격탄력성 = $\dfrac{판매량의 변화}{가격의 변화}$	・1보다 클 때 : 가격에 민감하고, 탄력적임 ・1보다 작을 때 : 가격에 둔감하고, 비탄력적임

⑤ **원** 가
　㉠ 원가는 가격의 하한선이 된다(상한선 → 소비자가 지각하는 가치, 최고수용가격).
　㉡ 기업의 생존과 성장을 위한 최소한의 가격은 제품의 원가에 의해서 결정된다.
⑥ 기타 : 여론, 소비자 단체 등

(4) 가격결정의 목표

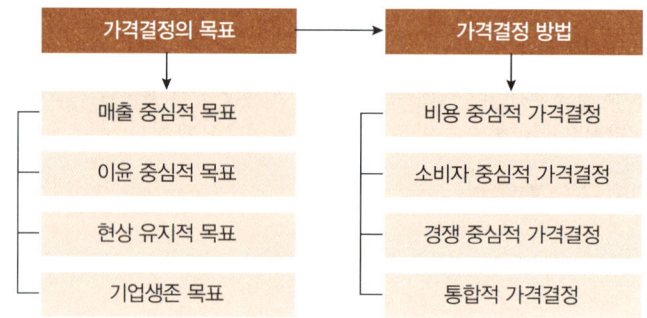

[가격결정 목표와 가격결정 방법]

① 매출 중심적 가격목표(Sales-based Objectives) - 박리다매(薄利多賣)

매출액 증대나 시장점유율 확대와 같은 매출 중심적 목표를 추구하는 기업에 해당한다.
㉠ 현재의 매출성장이 시장통제와 이윤을 보장 및 확신
㉡ 제품단위당 마진을 낮추고 판매량을 늘림으로써 총이윤을 증대시킴
→ 시장침투(Penetration) 가격전략에 해당되는 가격결정 목표

> **더 알아보기**
>
> **매출 중심적 가격목표 사용 시기**
> - 표적소비자들이 가격에 민감할 때
> - 대량생산을 통한 규모의 경제 확보
> - 저가격을 통한 경쟁자들의 진입 저지

② 이윤 중심적 목표(Profit-based Objectives)

여러 가지 형태의 이윤목표를 달성할 수 있도록 제품가격을 책정한다.
㉠ 이윤극대화 기업 : 최고의 이윤을 위한 가격전략
㉡ 적정이윤목표 기업 : 단기간의 이윤극대화보다는 장기적인 안정적인 이윤확보
㉢ 투자이익률 목표 기업 : 투자비용의 일정비율 이익확보
㉣ 자금 부족이나 미래 불확실한 기업 : 초기의 많은 이윤확보를 위해 유동성을 높이는 가격
- 이윤극대화를 기업목표로 설정한 기업은 제품의 품질이나 독특함, 사회적 지위 등을 중시하는 소비자들을 표적으로 고가격 전략을 추구할 때 적합하다.
    → 스키밍(Skimming) 가격전략에 해당하는 가격결정 목표

> **더 알아보기**
>
> **이윤 중심적 가격목표 사용 시기**
> - 특허권, 상표충성도, 주요원자재의 통제들을 통해 시장경쟁을 억제
> - 소비자가격에 덜 민감하고 초기가격을 지불할 용의가 있는 소비자
> - 규모의 경제가 존재하지 않아 단위비용이 생산량에 따라 감소하지 않은 경우

③ 현상 유지적 목표(Status-quo Objectives)

현재 시장에서 좋은 위치를 차지하고 있어서 더 이상의 변화를 원하지 않는 것을 목표로 둔 기업이 설정하는 가격수준이다. 즉, 현재의 시장점유율 유지, 경쟁제품의 가격균형유지를 목표를 하는 가격결정을 의미한다.

④ 기업생존 목표로 가격결정
  ㉠ 치열한 경쟁, 소비자들의 기호변화, 급격한 시장 축소 등의 어려움 해소와 공익을 목표로 가격을 결정한다.
  ㉡ 비영리 단체나 공공기관
  ㉢ 비용의 일부만 보전하는 가격책정이나 이용자의 소득 수준에 따른 가격책정

(5) 가격결정 방법 Ⅰ - 비용 중심적 가격결정(Cost Based Pricing)

제품의 생산과 판매에 들어가는 비용의 충당과 목표이익을 실현할 수 있는 수준에서 가격을 결정하는 방식으로 기본적인 비용에 목표이익을 합산하여 결정하며 비용과 합산의 방법에 따라 분류한다.

① 비용가산에 의한 가격결정(Cost-plus Pricing)

사전에 결정된 목표이익을 총비용에 가산함으로써 가격을 결정하는 방법이다.
  ㉠ 계산의 편의성은 있지만 가격결정에 실제 수요를 반영하지 못하고 효율화를 통한 비용 절감의 동기부여를 제공하지 못한다.
  ㉡ 가격변화가 판매량에 영향을 미치지 못하거나 기업통제가 가능한 경우 효과적이다.
    예 건설공사, 수자원 공사, 중장비 산업, 선박제조, 광업 등

② 가산이익률에 따른 가격결정(Markup Pricing)

제품 단위당 생산비용이나 구매비용을 계산한 후 판매비용의 충당과 적정이익을 남길 수 있는 수준의 가산이익률을 결정하여 가격을 책정하는 방법이다.
  ㉠ 건설회사가 공사입찰 시 최종공사가격을 추정한 다음 표준가산이익률을 더하여 입찰가를 결정한다.
  ㉡ 유통업자가 제품구입비용에 적정 가산이익률을 최종판매가격으로 책정한다.
  ㉢ 본 계산법은 비교적 단순하여 많이 사용되나 소비자의 수요, 지각된 상품 가치, 경쟁상황을 감안하지 않는다.

더 알아보기

가산이익률 가격결정법의 장점
- 비용에 대한 정보를 알 수 있다면 가격결정이 단순하고 수요량의 변화에 따른 가격의 변경은 단순하며 비용 변화의 경우 가격의 잦은 수정이 용이하다.
- 같은 산업 내 동일방법의 사용 시 가격이 비슷하게 형성되어 경쟁이 줄어든다.

③ 목표투자 이익률에 따른 가격결정(Target Return Pricing)

기업이 목표로 하는 투자이익률을 달성할 수 있도록 가격을 설정하는 방법이다.
  ㉠ 자본집약적인 산업(자동차 산업)이나 공공사업(철도, 도로, 수도)에서 주로 사용한다.
  ㉡ 새로운 투자 결정시 일정한 투자이익률을 설정하고 목표가격을 책정(공공사업의 규제방법으로 사용)한다.

> **더 알아보기**
>
> **목표투자이익률에 따른 가격결정의 단점**
> - 자본투자 비중이 낮은 기업의 경우 유용하지 못하다.
> - 가격이 수요량을 고려하지 않으므로 표준생산량이 판매되지 않을 수 있다.

④ 손익분기점 분석(Break-even Analysis)에 의한 가격결정

주어진 가격하에서 총수익(가격 매출수량)이 총비용(고정비+변동비)과 같아지는 매출액이나 매출수량을 산출해 이에 근거해 가격을 결정하는 방법이다.

> **더 알아보기**
>
> **손익분기점 분석에 의한 가격결정의 단점**
> - 모든 비용이 변동비와 고정비로 분류되는데, 광고비와 같은 투자성일 경우 분류에 따라 달라진다.
> - 단위 변동비당 일정한 매출량으로 가정하나 가격할인이나 수량할인, 시간외 근무수당 등의 단위 변동비가 변화한다.
> - 고정비의 변화를 반영하여야 한다(생산량이 증가함에 따른 설비 추가나 직원 추가).

(6) 가격결정방법 Ⅱ - 소비자 중심적 가격결정(Consumer Based Pricing)

표적시장 소비자들의 제품에 대한 평가와 그에 따른 수요를 바탕으로 가격을 결정하는 방법이며 소비자조사를 통해 표적시장의 수용가능 가격을 인지한다. 소비자의 구매의도(수요량) 가격변화에 대한 민감도(가격탄력성), 표적시장에 대한 정보 등을 고려하여야 한다.

① 직접 가격 평가법(Direct Price-rating Method)
  ㉠ 소비자들에게 지각된 상품가치를 직접 물어보는 방법으로 상품을 보여 준 후 상품의 가치를 화폐단위로 답하는 방법이다.
  ㉡ 소비자가 자주 구매하거나 상품의 평가가 용이한 제품에 적합하다.

② 직접 지각가치 평가법(Direct Perceived-value-rating Method)

상품의 상대적인 지각가치를 직접 조사하는 방법이다.

  예 3가지 상품에 대하여 가중치의 합을 100이 되도록 평가한 다음 기준가격을 기준으로 계산하는 방법(A : 40점, B : 35점, C : 25점인 경우 시장가를 20만원을 기준으로 상대적 지각가치를 기준으로 계산한다)
  - 공식 : 평균가격 × (평가점수/100) × 총평가 상품의 수
  - 결과 : 진공청소기 A의 가격 : 200,000 × (40/100) × 3 = 240,000원
  - 진공청소기 B의 가격 : 200,000 × (35/100) × 3 = 210,000원
  - 진공청소기 C의 가격 : 200,000 × (25/100) × 3 = 150,000원

③ 진단적 방법(Diagnostic Method)

소비자들로 하여금 조사제품에 대하여 제품속성의 중요도와 속성별 신념을 평가하도록 하여 소비자의 지각된 상품가치를 조사하는 방법이다(지각가치 판단 후 가격산정 : 가치 과대/과소평가 시).

(7) 가격결정 방법 Ⅲ - 경쟁 중심적 가격결정(Competition Based Pricing)

경쟁사들의 가격을 가격결정의 가장 중요한 기준으로 간주하는 방법이다.

① 시장가격에 따른 가격격정(Going-rate Pricing)

자신들의 비용구조나 수요보다는 경쟁자의 가격을 보다 중요하게 생각하며 주된 경쟁자의 제품가격과 동일하거나 비슷한 수준에서 다소 높게 또는 낮게 책정하는 방법이다.

㉠ 시장 선도 기업이 시장가격을 책정하면 시장 추종 기업들은 비용이나 수요에 상관없이 가격을 수용 (향후 할인 폭으로 조정)

㉡ 비용이나 수용의 추정이 어렵고 경쟁사의 반응이 불확실한 경우

㉢ 시장가격이 산업전체의 시장경쟁하에서 도출된 것으로 균형을 깨지 않고 어느 정도의 적정이익 보장

② 경쟁 입찰에 따른 가격결정(Sealed-bid Pricing)

㉠ 2개 이상의 기업들이 각각 독자적으로 특정 제품이나 서비스, 프로젝트 등에 대한 가격을 제시하는 방법으로 조직체 구매자나 정부 등의 구매에 이용

㉡ 경쟁 입찰에서 제시되는 가격의 결정에는 게임이론과 같은 수리적인 모형이 적용되며 대부분이 기대이익의 개념을 바탕으로 함

(8) 가격결정방법 Ⅳ : 통합적 가격결정(Combination Pricing)

비용 중심적, 소비자 중심적, 경쟁 중심적 가격방법을 모두 종합적으로 고려하는 방법이다.

> **더 알아보기**
>
> **손익분기점**
>
> 한 기간의 매출액이 같은 기간의 총비용과 일치하는 지점으로, 매출액이 이보다 많으면 이익이 되고 이보다 적으면 손실이 생긴다. 단기적 분석에서 고정비와 같은 매몰비용은 분석에서 제외해야 하기 때문에, 순이익이 아닌 공헌이익을 사용하면 관련 정보를 해석하는 데 도움이 된다.
>
> 예를 들어 500원을 사용해 상품을 2달간 만들었고 일체의 홍보를 하지 않았다면 2달간의 손익분기점은 500원이 된다. 하지만 그 두 달 내에 홍보나 다른 미디어 사용으로 추가적인 비용이 소모되었다면 손익분기점은 늘어난다.
>
> S = 매출액(Sales Revenue), P = 판매단가(Price), X = 판매수량
> F = 총 고정비(Fixed Cost), V = 단위당 변동비(Variable Cost)

여기서 매출액과 총비용을 말할 때는 1년의 기간에 발생한 매출액과 총비용을 말하고, 통상적으로 손익분기점 매출액이란 1년 영업활동의 매출액을 의미한다.

"손익분기점 매출액 = 고정비 + 변동비"라고 가정한다.

$P \times X = F + V \times X$

X(판매수량)을 중심으로 식을 치환하면,

$X = F/(P - V)$

$P \times X = F/\{1 - (V/P)\}$

= 고정비/{1 - (변동비/매출액)} = 고정비/{1 - (변동비 단가/판매단가)}

변동 비율 = 변동비/매출액

공헌이익률 = 1 - 변동 비율

> **공헌마진율과 가격책정**
>
> 공헌마진율(Contribution Margin Rate)는 기업이 판매하는 제품이나 서비스로 발생한 매출액에서 변동비를 제외한 금액이 매출액에서 차지하는 비율을 의미한다. 이 지표에는 변동비를 제외했기 때문에 고정비가 포함되어 있다. 따라서 기업이 고정비를 고려하여서 이익을 창출할 수 있는 정도를 알려주기 때문에 기업을 분석할 때 중요한 재무 지표로 여겨진다. 공헌마진율이 높은 상품의 가격목표는 판매량 증대가 되어야 하기 때문에 가격을 낮추어야 하고 공헌마진율이 낮은 상품의 가격목표는 단위당 마진증대가 되어야 하기 때문에 가격을 높여 책정해야 한다.

(9) 신제품에 대한 가격전략 2023년 약술문제

① **초기 고가전략(Skimming Pricing Strategy)**

초기 고가전략은 높은 가격으로 수입을 올리는 전략이다. 특정 기업의 상품이나 서비스가 다른 기업의 상품이나 서비스와 크게 차별화될 때, 기업은 이 전략을 구사하기를 원한다. 단가당 수익이 높기 때문이다. 특히 상품이나 서비스의 고가는 고품질과 동의어처럼 인식된다.

그러나 고가전략에는 한계가 있다. 고가를 제시하면 수요 증가를 유도해서 판매증진을 기대하기는 힘들다. 게다가 만일 그 상품이나 서비스의 모방이 쉽다면, 경쟁기업은 너도나도 이 분야에 뛰어들게 된다. 고가 덕분에 고마진을 기대할 수 있기 때문이다.

② **초기 저가전략(Penetration Pricing Strategy)**

저가 침투전략은 말 그대로 초기에 저가로 승부하여 시장점유율을 조속히 늘리는 전략이다. 이 전략은 대개 수요가 탄력적일 때 시행되므로 가격을 조금만 인하해도 판매가 현격하게 증가하는 효과를 볼 수 있다. 매출이 증가하면 규모의 경제에 이르러 그 기업의 사업은 안정궤도에 이르는데, 그 경우 다른 경쟁기업들은 이 회사의 낮은 가격과 경쟁할 엄두를 내지 못해 쉽게 시장에 뛰어들지 못한다.

저가전략의 대표적인 사례는 바로 포드자동차의 '모델 T'이다. 헨리포드는 소비자들이 자동차를 구입할 수 있도록 최대한 자동차 가격을 낮추어 수백만 대를 생산, 판매할 수 있었다. 가격은 낮았지만 매출이 높았기 때문에 규모의 경제를 실현하여 수익을 낼 수 있었던 것이다.

> **| 합격의 Tip |**
>
> 신제품에 대한 가격전략은 2008년, 2012년 약술문제로 출제된 바 있다. 이렇게 2가지 개념을 대비시켜 설명하는 유형이 약술문제의 단골이다. 아래의 초기 고가와 초기 저가가 적합한 경우를 함께 공부해 두자.
>
> - 초기 고가전략이 적합한 경우
>   - 수요의 탄력성이 높지 않은 경우
>   - 진입장벽이 높아 경쟁기업의 진입이 어려운 경우
>   - 규모의 경제효과를 통한 이득이 미미할 경우
>   - 높은 품질로 새로운 소비자층을 유인하고자 할 경우
> - 초기 저가전략이 적합한 경우
>   - 시장수요의 가격탄력성이 높을 때
>   - 원가우위를 확보하고 있어 경쟁기업이 자사 가격만큼 낮추기 힘들 때
>   - 시장에 경쟁자의 수가 많을 것으로 예상될 때

③ 대등가격 전략

기업이 경쟁사의 제품가격과 같거나 거의 비슷한 수준으로 가격을 정하는 것을 말한다. 신제품의 가격전략은 일반적으로 2가지를 보통 많이 얘기하나 만일 시험문제에서 신제품가격전략 3가지를 언급한다면 대등가격까지 기술해야 한다.

(10) 소비자의 심리를 이용한 가격결정

최종가격의 선정에 있어 가격에 대한 소비자 지각을 반영하는 방법으로써 단수가격결정(Odd Pricing), 준거가격(Reference Price), 명성가격, 관습가격 등이 이에 해당된다.

① 단수가격(Odd Pricing)

상품의 판매 가격에 단수를 붙이는 것으로 매가에 대한 고객의 수용도를 높이고자 하는 것이다. 예로 10,000원 대신에 9,989원으로 판매가를 설정한다면 그 차이는 겨우 11원이지만 절대가격보다 싸다는 느낌을 줄 수 있다. 단수가격은 일종의 심리적 가치설정(Psychological Pricing)이며 단수에는 짝수보다도 홀수를 쓰는 수가 많다.

더 알아보기

단수가격전략의 마케팅 효과
단수가격의 마케팅 효과는 게겐과 레고에렐의 실험결과로 설명할 수 있다.

- **case 01** 정상가격 13달러, 할인가격 11달러
- **case 02** 정상가격 13달러, 할인가격 10.99달러

학생들에게 위 두 경우를 보여 준 뒤, 관심을 돌리기 위해 일정 시간 동안 실험과 관계없는 일을 하도록 시켰다. 이후 학생들에게 가격표의 순서를 바꿔서 다시 보여줬고, 마찬가지로 가격에 대한 언급은 전혀 하지 않았다. 실험자는 학생들에게 그 전의 가격표에서 각 제품들의 할인가격을 떠올려 보고, 제품들의 할인율이 어땠는지 말해 달라고 요청했다. 사례를 분석한 결과, 제시된 2가지 상품 중 학생들은 새로운 가격이 숫자 9로 끝날 때가, 소수점 없이 끝나는 가격이 제시된 때보다 더 할인율이 높은 것 같다는 평가를 했다고 한다. 홈쇼핑에서 39,900원을 강조하는 이유가 있다.
가격이 상승할 때도 소비자의 평가왜곡이 동일하게 일어날 수 있다고 한다. '쉰들러'라는 학자는 가격을 30달러에서 31.99달러로 올리는 것이 30달러에서 32달러로 올리는 것보다 현명하다는 것을 증명해 보였다.
단수가격은 이렇듯 의도적으로 비합리적인 판단을 내리도록 만드는 가격전략이라고 할 수 있다. 가령 아침 신문에 끼워져 배달된 백화점 전단지를 보자. 여성용 구두가 89,000원. 아동화는 29,000원. 남성용 정장은 298,000원이다. 아마도 지금 우리 머릿속에는 구두는 8만원, 아동화는 2만원, 심지어 29만원짜리 남성복이 20만원 대라는 착각을 일으킨다.

---

② 관습가격(Customary Pricing)

일용품의 경우처럼 장기간에 걸친 소비자의 수요로 인해 관습적으로 형성되는 가격이다. 소매점에서 포장 과자류 등을 판매할 때 생산원가가 변동되었다고 하더라도 품질이나 수량을 가감하여 종전가격을 그대로 유지하는 것을 관습가격이라 한다.

③ 명성가격(Prestige Pricing) = 권위가격

소비자가 가격에 의해서 품질을 평가하는 경향이 강할 때, 비교적 고급품질이 선호되는 상품에 설정되는 가격을 말한다. 상품의 명성에 상응하는 정도로 가격을 설정해야 하기 때문에, 품질보다 다소 높은 가격을 설정하는 것이 보통이다. 가격을 너무 높게 혹은 너무 낮게 설정해도 판매량이 증가되지 않는다.

④ 준거가격(Reference Price)

우리가 상품을 사려고 할 때 우리는 흔히 그 물건이 싸다 또는 비싸다고 말을 하고, 그 판단에 따라 상품을 사거나 아니면 마음에 드는 가격대로서 제공하는 곳을 찾아다니게 된다. 이때, 상품을 싸다거나 비싸다거나 하는 마음의 기준을 바로 준거가격(Reference Price)이라고 한다.

준거가격은 소비자가 제품의 실제 가격을 평가하기 위하여 이용하는 표준가격(Standard Price)을 통칭하는 가격이다. 쉽게 말하면 소비자가 제품에 대한 가격이 비싼지 싼지를 판단하는 데 기준으로 삼는 가격을 말한다. 준거가격은 외적 준거가격(External Reference Price)과 내적 준거가격(Internal Reference Price)으로 나눌 수 있다.

외적 준거가격은 제조업체나 유통업체들이 판촉 전략의 일환으로 책정하는 다양한 수단의 비교가격을 말하는 반면, 내적 준거가격은 소비자들의 경험에 의하여 형성되어 소비자의 마음속에 지니고 있는 가격을 말한다. 이러한 내적 준거가격은 특정 가격일 수도 있지만, 특정 가격의 범위(Price Range)일 수도 있는데, 내적 준거가격은 외적 준거가격을 평가하는 기준이 되고 소비자들의 가격 예측이나 가격판단, 혹은 선택에 상당한 영향을 미치게 된다.

따라서 제조업체나 유통업체들이 외적 준거가격을 제시하는 목적은 소비자들의 마음속에 생각하고 있는 내적 준거가격을 높여 소비자들이 해당 제품에 대한 가격 판단, 선택을 촉진하는 것이라고 할 수 있다.

(11) 가격할인과 공제(Discount and Allowances) 2020년 논술문제

① 현금할인(Cash Discount)

제품대금을 현금으로 지불할 경우 가격을 할인해 주는 것으로 어음을 할인하기 위한 이자 지급분이나 외상매출 회수비용 등을 줄이고 유동성을 확보한다.

② 수량할인(Quantity Discount)

대량구매 소비자에게 가격을 할인해 주는 것으로 대량판매에 따른 판매비용, 수송비, 주문처리비용 등을 절감한 만큼 고객에게 환원한다.

③ 거래할인(Transactional Discount) – 기능적 할인

판매, 보관, 장부정리 등 판매업자가 해야 할 일을 대신 수행하는 중간상에 대한 보상으로 할인한다.

④ 계절적 할인(Seasonal Discount)

계절이 지난 제품이나 서비스를 구매하는 소비자에게 할인해 주는 것으로 겨울용품을 봄 및 여름철에 할인해 주는 것이다.

⑤ 공제(Allowances)

기존 제품을 신형제품과 교환할 때 기존의 제품가격을 적절하게 책정하여 신제품의 가격에서 공제해 주거나, 제조업자의 광고나 판매촉진 프로그램에 참여하는 유통업자들에게 보상책으로서 가격을 할인해 주거나 일정 금액을 지급하는 것이다.

(12) 가격 차별화와 가격 차별화를 시행하기 위한 조건 2013년 약술문제

① 가격 차별화의 의의

생산자가 공급하는 재화나 용역을 생산비가 같음에도 불구하고 소비자의 각 집단에 서로 다른 가격으로 결정하여 판매하는 것을 뜻한다. 이때 생산자는 소비 시장을 둘 이상으로 분리시켜 운영하게 된다.

㉠ 극장 입장료, 대인 & 소인

㉡ 수돗물 요금, 가정용 & 업소용

ⓒ 자동차 판매가, 국내 & 국외
　　ⓔ 잡지 판매가, 시중가 & 대학생 할인가
　　ⓜ 대학교 장학금, 장학생 & 일반학생
　　※ 대형마트 할인가, 물량에 따른 가격 차별화, 소매상에게 재판매의 수단 또는 영세업자를 몰락시키는 원인이 된다.

② 가격 차별화를 시행하기 위한 성공조건
　ⓐ 각 세분시장의 수요수준이 서로 달라야 한다.
　ⓑ 세분화된 시장별 합법적인 가격결정을 해야 한다.
　ⓒ 고객의 지각된 가치 속에서 이미 세분시장별로 그 차이를 느낄 수 있어야 동일제품에 가격 차별화 전략을 성공적으로 구사할 수 있다.
　ⓓ 가격 차별화를 통해 얻는 추가수익이 시장을 세분화하고 각 시장의 특징을 파악하는 데 드는 비용을 넘어야 한다.

③ 가격 차별화 사례 6가지 **2020년 논술문제**
　ⓐ 고객 집단별 가격 : 고객에 따라 동일제품에 대해 서로 다른 가격을 책정하는 것이다.
　　예 고궁에 입장할 때 차별적 가격, 군인 vs 일반인, 2세 vs 30세 vs 70세 등
　ⓑ 제품형태별 가격 : 원가상 차이만이 아님에도 제품형태에 따라 가격을 달리한다.
　　예 자동차 구매 시 약간의 모델 차이에도 가격차이가 남
　ⓒ 입지별 다른 가격전략
　　예 뮤지컬 공연 시 VIP석 S석, R석 위치에 따라 가격을 다르게 책정
　ⓓ 시간대별 가격전략
　　예 스키장에서 시즌권, 오전권, 오후권, 당일권, 새벽권 등 주중·주말에 따라, 하루의 시간대에 따라 가격을 다르게 책정하는 것
　ⓔ 피크타임 시간과 한가한 시간의 다른 가격
　　예 전기사용에 있어서 심야할인, 극장의 조조할인
　ⓕ 기업은 소비자의 능력이나 협상력의 차이에 따라 다른 가격
　　예 구매자의 협상능력에 따라 산업재의 가격이 차별적으로 적용됨

| 합격의 Tip |

가격 차별화를 할 때 유의할 점

첫째, 기업이 달성해야 할 마케팅 목표에 따라 정교하게 차별화 전략을 세워야 한다. 매출이나 이익 측면에서 획기적인 성과 개선이 필요한 고객 세분시장부터 명확히 정의하고, 각각의 세분시장을 공략하기 위해 정교한 가격 체계를 개발해야 한다. 이에 실패하면 가격 차별화가 경영의 복잡성과 손실만 증가시킬 수 있다. 실제 많은 기업들이 판촉의 일환으로 산발적인 가격 차별화를 실시하다 큰 낭패를 보고 있다.

둘째, 가격 차별화에 대한 고객 반응을 계량적으로 검증해야 한다. 직관이나 관례에 따라 가격을 결정하면 막대한 손실을 입을 수도 있기 때문이다. 표준 가격을 전면적으로 올리거나 내리는 것은 가급적 피하는 게 좋다. 한번 가격을 조정하면 다시 바꾸기가 매우 어렵고, 매출과 이익이 타격을 받을 수도 있기 때문이다.

기업은 매우 다양한 방식으로 가격 차별화 전략을 구사할 수 있다. 앞에서 언급한 4가지 방식을 적절히 조합하면 무궁무진한 가격 대안을 만들어낼 수 있다. 관리가 복잡해지는 문제만 극복한다면, 고객 지갑 속에 남아 있는 최후의 1원까지도 이익으로 가져올 수 있다는 뜻이다. 필요한 것은 발상의 전환이다. 상품이 아닌 고객에게 가격을 책정해보자.

(13) 제품-믹스 프라이싱(Product-mix Pricing) : 제품결합을 통한 가격전략 2025년 약술문제

> **합격의 Tip**
> 제품전략과 가격전략이 융합된 형태로 요즘은 이러한 융합된 부분을 묻는 형태의 문제가 많이 출제되는 편이다.
> 2007년 약술문제 2014년 약술문제

많은 판매자는 한 제품라인 내에서 가격에 차별을 둔다. 판매자는 이러한 차별을 정당화하기 위해 지각된 품질(Perceived Quality)의 차이를 만들어 내려고 노력한다. 삼성전자는 같은 3D TV라는 라인 내에서 여러 가지 제품 모델(품목)을 보유하고 있다. 상대적으로 저렴한 것도 있고, 고가인 것도 있다.

다음과 같은 6가지 제품-믹스 프라이싱 전략이 있다.

① 제품라인(상품라인) 가격전략(Product-line Pricing)
　회사는 한 가지 제품을 개발하기보다는 복수의 제품라인들을 개발하며, 가격의 단계(Steps)를 둔다.
　예 BMW의 3시리즈, 5시리즈, 7시리즈

② 선택사양(옵션제품) 가격전략(Optional-feature Pricing)
　보통 자동차의 판매 기업들은 자신의 주요 제품에다 선택형 제품, 사양 및 서비스를 붙여 제시한다. 기업들은 표준 가격에 어떤 선택사양을 포함할지, 어떤 것을 뺄지를 결정해야 한다.
　예 현대자동차의 아반떼의 경우, 오토매틱기어를 기본사양이 아닌 선택사양에 넣어서 가격을 상당히 낮게 보이는 전략을 쓰고 있다. 반대로 내비게이션이나 가죽시트 같은 것은 옵션으로 추가하는데, 이때 외부에서 별도로 설치하는 것보다 훨씬 비싼 금액을 매겨서 더 많은 이익을 얻기도 한다.

③ 종속제품 가격전략(Captive-product Pricing)
　어떤 제품들은 보조적인(Ancillary) 또는 종속(Captive)제품을 사용하는 것이 필요하다. 본 제품의 가격은 저렴하지만 해당 제품에 반드시 함께 사용하는 종속품의 가격을 높게 책정하여 이익을 도모하려는 가격전략이 이에 해당 한다.
　예 프린터-프린터 토너&잉크, 정수기-정수기 필터, 공기청정기-필터, 면도기-면도날 등

④ 2부제 가격전략(Two-part Pricing)
　많은 서비스 기업들이 기본요금(고정요금)에다 변동 사용료(추가요금)를 부과하는 것을 말한다.
　예 택시비(기본료 + 거리당 요금), 놀이동산(입장료 + 기구 탈 때마다), 휴대폰요금(기본료 + 시간당 사용)

⑤ 부산물 가격전략(By-product Pricing)
　어떤 제품들을 가공하다 보면 부산물들이 나오는데 그 부산물에 가격을 책정하여 판매하는 것을 말한다. 비록 부산물을 파는 것이 주된 사업 목적이 아니어도 적절한 가격에 팔아 이익을 얻을 수 있다.
　예 육류(삼겹살 + 족발 + 곱창), 원유(항공유, 등유, 경유, 나프타)

⑥ 번들제품 가격전략(Product-bundling Pricing)
　두 개 이상의 다른 제품을 하나로 묶어서 단일 가격으로 판매하는 것을 말한다. 이들 묶음이 오로지 하나의 묶음으로만 판매되지 않고 개별적으로 분리되어서 판매될 수 있기 때문에 끼워 팔기(Tying)와는 다르다. 최근 다수의 소프트웨어 상품이 번들링으로 판매되고 있는데, 이는 상호 보완 기능을 갖춘 제품들이 번들링 방식으로 판매될 경우 기능이 더욱 제고될 수 있기 때문이다. 그러나 일부 기업들은 단순히 소비를 늘리기 위한 목적으로 번들링 전략을 취하기도 한다.
　예 마이크로 오피스(MS Office) + MS-Word, MS-Excel, MS-Powerpoint 등 다양한 기능의 소프트웨어를 하나의 제품으로 묶어서 판매

> **더 알아보기**
>
> 옵션제품과 종속제품의 가장 큰 차이점은 주요 제품에 대한 필요성과 소모성에 있다.
> 1. 옵션제품
>   주요 제품을 사용하기 위해 반드시 필요하지는 않다. 옵션제품은 선택 사항이며, 소비자가 더 나은 경험이나 추가적인 편의를 위해 선택적으로 구매하는 품목이다.
>   예 자동차의 선루프, 내비게이션, 스포츠 패키지 등은 없어도 자동차를 운행하는 데 아무런 지장이 없다.
> 2. 종속제품
>   주요 제품의 기능 수행을 위해 필수적으로 필요하다. 종속제품은 주요 제품의 작동을 위한 소모품 성격이 강하며, 주요 제품을 구매한 소비자는 이 제품을 사용하기 위해 계속해서 종속제품을 구매해야 한다.
>   예 프린터의 잉크 카트리지, 면도기 본체의 면도날, 커피머신의 캡슐 등은 없으면 주요 제품을 사용할 수 없다.

4. 유통관리

(1) 유통의 의미와 중요성

① 유통관리의 의미

유통경로는 물건이 생산자에게서 소비자에게로 오기까지의 과정으로, 유통과정에 관련되는 일체의 상호 의존적인 조직을 말한다.

㉠ 광의 : 생산 및 소비에 이르는 재화 및 서비스의 사회적 이전과 연관된 일체의 행위

㉡ 협의 : 생산 후 거치게 되는 일체의 통로, 최종 사용자의 소비로 효용가치 극대

② 유통관리의 중요성

㉠ 기술의 평준화 → 유통 편의성으로 구매

㉡ 고객세분화 → 다양한 욕구에 따른 다양한 유통

㉢ 유통비용의 상승 → 기업 활동 범위의 광역화, 수수 및 발주 비용의 상승

㉣ 추가적 제품가치 → 시간효용, 장소효용, 소유효용, 형태효용 등

> **더 알아보기**
>
> **유통관리의 마케팅 시사점**
>
> 마케터가 새로운 제품을 개발하고 가격을 책정했다. 그 후 신경써야 할 것은 제품을 어디에 진열해야만 소비자에게 가까이 다가갈 수 있는가이다. 왜냐하면, 제품을 소비자에게 가까이 놓을수록 판매될 가능성이 높기 때문이다. 이는 마케팅 믹스의 세 번째 P인 장소(Place) 혹은 제품의 유통(Distribution Channel)에 대한 고민이다.
>
> 즉, 마케팅에서는 할인점인 이마트에 제품을 진열할지, 고급 백화점인 압구정 갤러리아 백화점에 제품을 진열할지에 따라 각각 다른 소비자에게 소구되기 때문에 소비자가 느끼는 제품의 가치 또한 달라질 수 있다. 그래서 유통 전략은 매우 중요하다. 간혹 마케팅 채널이라고도 불리는 이 세 번째 P는 "제품이나 서비스는 소비자가 이용할 수 있게 진열하는 상호 의존적인 조직이자 소비자에게 향하는 통로"라고 정의된다(Strand, Rothschild, & Nevin, 2004).
>
> 유통경로는 비탄력적인 외부자원이다. 제품, 가격, 촉진 믹스는 시장상황에 따라 수정하기가 상대적으로 수월하지만 유통경로는 구축하기도 힘들거니와 변경하려면 많은 시간과 자본이 소용되므로 초기 설계 시 신중을 기해야 한다.

(2) 중간상 역할(중간상이 필요한 이유)

> **| 합격의 Tip |**
> **[거불정산자]** 로 외우자. 필자가 횟집에서 개불을 먹고 계산하다가 생각해 낸 아이디어다. '개불정산자'를 거불정산자로 생각해 낸 순간 중간상의 역할이 명확해졌다.

① **거**래비용 감소

총 거래수 최소화의 원칙(Principle of Minimum Total Transaction)이란 중간상을 이용하는 경우에 전체 거래수가 감소하는 것이다. 그림에서와 같이 제조업자와 소비자가 직접 거래할 경우에는 9개였으나 중간상이 존재하는 경우에는 6개로 거래의 수가 감소하였고, 이는 거래비용을 감소시킬 수 있다.

[제조업자와 소비자가 직접 거래할 경우]   [중간상이 있을 경우]

채소류 → 소비자 1   채소류 →
공산품류 → 소비자 2   공산품류 → 중간상(소매상) → 소비자 1, 소비자 2, 소비자 3
자동차 → 소비자 3   자동차 →

② **불**일치 완화(효용제공)
  ㉠ 시간효용(Time Utility) : 소비자가 원하는 시간에 구매
    예를 들어 사과의 생산은 겨울로 한정되어 있는데 소비자는 다른 계절에도 사과를 원하며 이를 해결하기 위해 사과를 저온창고에 보관하여 일 년 내내 공급한다. 이 밖에도 24시간 편의점 등이 이에 해당된다.
  ㉡ 장소효용(Place Utility) : 소비자가 원하는 장소에서 손쉽게 구매
    '귤'의 경우 제주도 등 특정한 산지에서만 집중되어 생산되는데, 소비는 대한민국 전 지역에 존재한다. 중간상인은 이러한 장소의 불일치를 해결하는 효용이 있다.
  ㉢ 형태효용 : 생산형태와 소비형태 **예** 쌀 1가마니 vs 10kg, 20kg
    생산자는 한 종류를 전문화하여 대량생산하려는 경향이 있는데 소비자는 '귤' 이외에도 유사한 종류인 한라봉, 오렌지, 천혜향 등을 맛보려고 한다. 중간상은 여러 종류의 과일을 구매하여 진열하고 소비자가 원하는 단위로 판매함으로써 효용을 제공한다. 쌀의 경우에도 1가마니씩 원하는 소비자보다 10, 20, 40Kg 등 소비자가 원하는 단위로 소분하여 공급한다.

③ **정**보의 제공
  중간상은 시장의 상황에 대한 정보를 생산자에게 제공하고 상품에 대한 정보를 소비자에게 제공해 주기도 한다.

④ **생산**자 재고부담 경감
  중간상인은 상품의 재고를 보유하게 되는데 이는 생산자의 재고부담을 줄여주게 되고 급작스러운 재고변동의 위험도 분산시키는 역할도 한다.

⑤ **자**금(금융) 제공의 기능
  때때로 영세한 제조업자에게 자금을 제공하기도 하고, 소비자에게 외상이나 할부를 제공함으로써 금융기능을 담당하기도 한다.

> **더 알아보기**
>
> **유통경로의 기능** [불연서 / 교표]
>
> **(1) 제품구색에서 불일치를 완화**
> 제조업자는 규모의 경제를 실현하기 위해 소수의 제품라인으로 대량생산하려고 한다. 이에 비해 구매자는 제품 구매 시에 많은 대체안 중에서 제품을 선택하기 위해 다양한 제품라인을 요구하게 된다. 이 같은 양자의 욕구차이에서 발생하는 제품구색의 불일치를 유통경로가 완화시켜 주는 기능을 한다.
>
> **(2) 판매자와의 연결**
> 잠재고객의 위치를 정확하게 알 수 없는 제조업자들은 중간상들을 통해 보다 많은 잠재고객에게까지 접근 가능하게 되었으며, 고객 역시 이들에 의해 자신이 구매하고자 하는 제품을 생산하는 기업 및 제품정보 획득을 위한 탐색비용을 절감할 수 있게 된다.
>
> **(3) 고객 서비스의 제공**
> 유통경로는 A/S의 제공과 제품의 배달, 설치, 사용법의 교육 등에 관한 서비스를 제공한다.
>
> **(4) 교환과정의 촉진**
> 유통경로는 교환과정에서부터 발생되었으며, 시장경제가 복잡해질수록 교환과정 역시 복잡해지고 더 많은 생산자와 잠재적인 구매자가 생겨나게 된다.
>
> **(5) 표준화**
> 시장경제에서 각각의 거래가 개별적으로 이루어진다면 교환과정은 통제가 불가능해질 것이다. 따라서 유통경로는 제품, 가격, 구입단위, 지불조건 등을 표준화시켜 거래를 용이하게 해주는 기능을 한다.

(3) 유통의 기능 및 구조

① 기 능

유통의 기능	주요 내용
거래의 기능	• 판매기능 : 고객에 대한 판매기능 • 구매기능 : 재판매를 위해 여러 공급업자로부터 상품을 구입 • 위험부담기능 : 재고 유지 및 상품의 진부화를 포함한 여러 리스크를 부담
물적유통 기능	• 구색기능 : 잠재고객을 위해 여러 가지 상품으로 구색을 갖춤 • 보관기능 : 상품을 보관하고 적정한 재고수준을 확보, 유지 • 소량판매 기능 : 대량으로 구입한 품목이나 부피가 큰 상품을 고객 기호에 맞게 소량으로 나누어 판매
촉진 기능	• 신용기능 : 고객에게 외상판매 실시 및 제조사에게 자금 공여 • 등급분류 기능 : 상품을 품질 수준에 따라 분류 • 시장정보수집 기능 : 예상 판매량 등

② 소비재 유통경로의 유형과 산업재 유통경로의 유형

1	제조업자	→			소비자
2	제조업자	→		소매상	소비자
3	제조업자	도매상	→	소매상	소비자
4	제조업자	도매상	중 상	소매상	소비자
소비재의 유통경로 유형					
1	제조업자	→			산업재고객
2	제조업자	→		산업재 유통업자	산업재고객
3	제조업자	제조업자 도매상	→		산업재고객
4	제조업자	제조업자 판매지점	→	산업재 유통업자	산업재고객
산업재의 유통경로 유형					

(4) 소매상의 분류

소매상은 최종소비자에게 재화와 서비스 등의 판매와 관련된 활동을 하는 상인으로 정의한다.

구 분	개념 및 특징	예시
할인점 (Discount Store)	• 일용잡화, 가정용품 등 실용적이고 대중적인 제품 취급 • 임대료가 싼 곳에 위치하면서 셀프 서비스 등의 Low cost 경영으로 저가격 대량 판매	이마트, 홈플러스
회원제 창고형 매장	• 회원제 : 정기적이고 안정적인 고객확보 • 기존 할인점보다 식품비중 높임(가격은 더 저렴) • 상품구색 한정(고회전 품목 중심) 대량매입, 대량판매	코스트코, 프라이스클럽, 킴스클럽
편의점(CVS)	• 24시간 영업 및 가맹점 제도 • 편의품, 식료품 등 취급 및 인구밀집지역 위치 • 슈퍼마켓보다 다소 고가 판매	GS25, CU
홈센터	주택의 건축, 보수, 개수에 필요한 내구소비재, 철물, 인테리어 등 취급창고형 형태	시어즈, 아울렛
아웃렛	• 도심 외곽지역에 여러 점포가 모여 쇼핑센터를 형성 • 백화점과 제조업체 제조상품 등을 저가로 판매	첼시 아울렛
무점포 판매	• 통신판매 : 통신수단, 우편에 의한 판매방식 • 홈쇼핑 : 케이블 TV, 컴퓨터통신 등에 의한 주문판매 방식 • 자동판매기 : Self-service • 방문판매 : 소비자를 방문하여 제품 설명 및 판매	Yes24, 암웨이

더 알아보기

점포유무에 의한 소매상의 분류

점포유무에 의한 분류	소매점포, 믹스전략에 의한 분류
점포 소매상	편의점, 슈퍼마켓, 전문점, 백화점, 할인점, 양판점, 상설할인매장, 하이퍼마켓, 전문할인점, 회원제 도매클럽
무점포 소매상	자동판매기, 통신판매, 방문판매, 텔레비전 마케팅, 텔레마케팅, 전자마케팅

(5) 소매상의 발전추세(소매업의 최근경향) 2011년 약술문제

소매상은 그들에게 기회와 동시에 위협을 주는 무섭게 변화하는 환경 속에서 활동하고 있는데, 소비자의 주머니를 차지하기 위해서 치열한 경쟁을 하고 있다. 소비자의 인구통계학적 특성, 라이프스타일, 쇼핑패턴이 급격히 변함에 따라 소매업 역시 빠른 속도로 변화하고 있다. 그러므로 소매상이 성공하기 위해서는 표적시장을 신중하게 선정하고, 강력한 포지션을 구축해야 할 필요가 있다. 또한 경쟁적인 전략을 계획하고 실행하기 위해 다음과 같은 소매업의 발전추세를 고려해야 할 것이다.

① 새로운 소매업태와 소매 수명주기의 단축

변화된 소비자의 욕구와 소매환경에 대응하기 위해 새로운 소매업태가 계속해서 등장하고 있지만, 그 수명주기는 더욱 짧아지고 있다. 최근 등장한 창고형 점포는 성숙기까지 10년밖에 걸리지 않았다. 이제는 서로 다른 형태의 소매점들이 같은 제품을 같은 가격에 같은 소비자층에 판매하는 경향이 점점 많아진다. 소비자, 제품, 가격, 소매점의 이러한 통합은 소매 융합이라 불린다.

② 통합소매점의 부상

거대한 대형 판매자와 전문적인 슈퍼스토어의 부상, 수직마케팅 체계의 형태, 그리고 빈번한 소매의 인수와 합병은 초강력 초대형소매점의 핵심을 만들어냈다. 뛰어난 정보시스템과 구매력을 통해, 이러한 거대한 소매점들은 소비자에게 더 나은 상품 선택지, 좋은 서비스, 강력한 가격절감을 제공한다. 그 결과 그들은 더 작고 약한 경쟁자를 빨아들임으로써 더 크게 자라난다.

③ 무점포 소매업의 성장

우편주문, TV홈쇼핑, 전화주문, 인터넷 쇼핑과 같은 여러 가지 방법으로 제품을 구매하기도 하는데, 점점 더 많은 소비자들이 북적거리는 쇼핑몰을 피해서 전화 혹은 컴퓨터로 쇼핑을 하고 있다. 최근에 직접 마케팅과 온라인 마케팅은 가장 빠르게 성장하는 마케팅 형태이다.

[무점포 소매상의 유형]

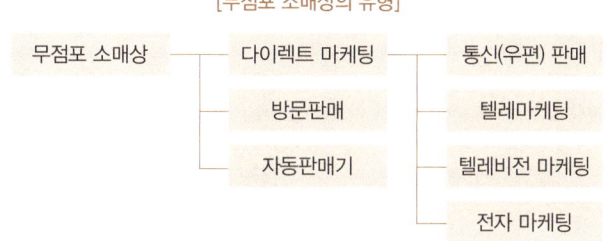

④ 소매기술의 중요성 증가

소매기술이 소매상에게 경쟁적인 도구로서 매우 중요해지고 있다. 진보적인 소매상은 보다 더 정확한 예측을 하고, 재고비용을 줄이고, 공급자에게 전자식으로 주문하고, 점포 간에 정보를 교환하고 심지어 점포 안에서 고객에게 판매를 하기 위해서도 정보기술과 소프트웨어 시스템을 활용하고 있다.

⑤ 그린 리테일링

소매점은 점점 더 환경 지속가능성의 실천을 채택하고 있다. 매장과 운영방식을 친환경적으로 만들고, 환경적으로 책임 있는 제품을 더욱 촉진하고, 더욱 책임 있는 소비자가 되도록 지원프로그램을 도입하고, 환경적 영향을 줄이기 위해 경로 파트너들과 협력한다.

⑥ 주요소매상의 세계적인 확장

독특한 운영방식과 강력한 브랜드 포지셔닝을 가진 소매상은 포화상태인 국내시장을 벗어나 국제적으로 그 시장을 확장하고 있다. 예를 들어 맥도날드와 월마트 등은 자사의 마케팅 능력으로 전 세계에 두각을 나타내고 있으며 또 빠른 속도로 전 세계에 퍼져왔다.

> **더 알아보기**

카테고리 킬러(Category Killer, 전문할인점 Special Discount Store)
할인형 전문점인 카테고리 킬러(전문할인점)는 제한된 종류의 상품을 풍부한 구색으로 판매하는 형태이다(전자제품 - 하이마트, 신발 - ABC마트, 완구 - 토이저러스 등).
- 이러한 소매업체는 기본적으로 할인전문점과 같으며 이들 점포는 전통적인 할인점과 규모는 비슷하나 독립건물에 위치하고 있다.
- 그들의 취급제품은 전통적인 할인점(다양한 제품을 한정된 구색에 대하여 판매하는 점포)과는 다르다.
- 카테고리 킬러는 제한된 종류의 제품을 저가에 판매함으로써 같은 종류의 제품을 판매하는 다른 모든 경쟁업체를 없애버린다는 의미를 가지고 있다.
- 주로 취급하는 품목은 완구, 스포츠용품, 사무용품, 주택용품 등이다.

판매시점 정보관리 POS(Point Of Sale) 시스템의 의미
컴퓨터를 사용해 판매시점에 판매 관련 데이터를 관리하는 시스템이다. 이러한 POS 시스템은 'Point-Of-Sale System'의 약칭으로서, 상품 판매점 매장에 설치된 POS 단말기와 호스트 컴퓨터를 연결해 판매와 동시에 각 상품별로 발생하는 판매 정보를 입력시킨 후 이 정보를 활용해 상품의 구입과 생산에 반영하거나 세세한 판매관리에 응용하는 시스템이다. POS 단말기에는 상품에 붙어 있는 바코드를 광학문자인식(OCR ; Optical Character Recognition) 펜으로 덧칠하며 읽는 것과 화면 위를 통과시켜 읽어내는 것이 있다. 생선이나 식료품 등 가격 변동이 심해 바코드화가 곤란한 상품까지 대형 슈퍼마켓이나 24시간 편의점 등을 중심으로 바코드화가 이루어져 POS 시스템이 빠르게 보급되고 있는 추세이다.

POS 시스템 사용의 필요성(활용방법)
- 상품정보의 레벨업(Level Up) : 고객 니즈의 조사, 분석, 파악은 결국 효과적인 머천다이징(Merchandising)을 하기 위한 것이며 이를 위해 판매상품정보의 즉각적 반영이 매입, 재고관리, 진열이라는 판매 사이클에 지대한 영향을 끼칠 수 있는데 내부 자료의 취득방법을 조직적, 자동적으로 추진하는 시스템을 어떻게 구축하느냐에 따라 도/소매업의 운명이 좌우될 수 있다.
- 신용카드 사회의 대응 : 신용사회 구현이라는 슬로건 아래 신용카드사용 생활화 캠페인이 국가적인 차원에서 진행되고 있다. 신용카드는 이미 우리들의 생활에서 큰 비중을 차지하고 있으며, 앞으로 더욱 활성화될 전망이다. 특히 판매시점에서 신용체크에 의한 불량고객의 배제, 판매 한도 금액 조회, 고객별 크레디트 매출분석에 의한 판촉효과를 측정, 마케팅에 활용 등 정보를 이용할 분야는 비약적으로 많아지게 된다.
- 사무 자동화와 인원감축 : POS 시스템은 현장에서 직접 자료를 입력하므로 시간이 절약되고 전표 등을 찾고 꺼내는 등 핸들링 타임을 없애고, 자동 컴퓨터 처리가 되므로 수작업에 의한 작업량을 대폭 줄인다. 매출 자료의 자동 수집 기능에 의해 신속하고 정확한 매출 형태별 관리를 손쉽게 할 수 있고, POS 단말기별, 담당자별 정산 업무를 자동화하므로 불필요한 사무관리 인력을 줄일 수 있다.
- 재고 삭감 및 재고회전율 향상 : 상품정보의 향상은 매출을 감소시키는 일 없이 재고를 삭감하는 데 있다. 재고삭감은 바로 자금의 효율을 좋게 한다. POS 도입 효과로서 재고 삭감률은 대략 20%라고 알려져 있다.
- 상품구성의 적정화와 개성화 : POS 도입의 적극적 목적은 잘 팔리는 상품을 갖추는 데 있다. 각 점포의 특성에 맞는 적합한 상품을 구성해야 타점과의 차별화 및 개성화를 꾀할 수 있는 것이다.

(6) 유통경로의 갈등 유형 2023년 논술문제
① 경로파워

한 경로구성원이 유통경로 내의 다른 경로구성원의 마케팅 의사결정에 영향력을 행사할 수 있는 능력이다.
⊙ 경로파워는 경로구성원이 가지고 있는 힘의 원천(Power Source)과 다른 경로구성원의 특정 경로구성원에 대한 의존성(Dependence)의 정도에 따라 결정된다.
ⓒ 특정 경로구성원이 다양하고도 강력한 힘의 원천을 보유할수록, 그리고 다른 경로구성원들의 의존도가 증가할수록, 특정 경로구성원의 경로파워(Channel Power)는 커지게 되며 다른 경로구성원의

의사결정 변수를 통제할 수 있다.
② 유통경로의 갈등 유형 **2012년 약술문제**
　㉠ 수평적 갈등(Horizontal Channel Conflict) : 소매상끼리 또는 도매상끼리와 같이 유통경로의 동일한 단계에서 발생하는 갈등이며, 같은 상품을 취급하면서 생기는 영역침범, 한 가맹점이 전체 가맹점의 이미지를 손상시키는 사례 등이 있다.
　㉡ 수직적 갈등(Vertical Channel Conflict) : 제조업자와 중간상, 또는 본부와 가맹점 간의 갈등 등과 같이 서로 다른 단계의 경로 주체들 사이에서 발생하는 것이다. 계약위반, 가격 서비스 수준의 미달 등이 있다.
　㉢ 복수경로 갈등(Multi-channel Conflict) : 대리점과 할인점 간의 갈등처럼 다른 유통경로에 속해 있는 주체들 간의 갈등을 말한다.
③ 유통경로의 갈등 관리방안
　㉠ 강력한 브랜드 충성도(Brand Loyalty)를 가진 1등 브랜드 육성이다.
　　유통업체도 제조업체와 마찬가지로 고객이라는 공통분모를 가지고 있기 때문에 고객이 1등 브랜드를 원할 경우 매장에 진열할 의무를 지니는 동시에 대부분의 1등 브랜드는 매출액이 높고 회전율도 좋은 특징을 가지고 있다. 1등 브랜드는 모든 매장에 진열될 수 있는 특권을 가지고 있는 것이다.
　㉡ 특정 상품을 특정한 유통경로에만 국한해서 공급할 때 갈등을 방지할 수 있다.
　　'유통경로를 다양하게 확대할수록 매출도 증가한다'는 일반적인 사고를 초월해, 상품특성과 채널특성이 부합되는 특정한 유통경로로 국한할 때 오히려 효율성은 배가 될 수 있다는 관점에서 접근해야 한다. 이렇게 국한된 유통에서는 가격통제는 물론 일관된 마케팅 정책을 운영할 수 있다. 단지, 이때 마케터가 명심할 점은 소비자에게 국한된 유통이 어디이고 그럼으로써 장점은 무엇인지, 유통 차별화를 반드시 강점으로 인식시켜야 한다는 점이다.
　㉢ 동종업계 경쟁사와 공동마케팅을 통해 대처방안을 공동으로 강구하는 것이다.
　　이때 주의할 점은 경쟁사와 상호 신뢰를 바탕으로 형성해야 하고 1등 브랜드가 참여한 공동대처는 의외로 강력할 수 있다. 현재 사회 곳곳에서는 업계를 초월해 공동마케팅(Co-marketing)이 조성되어 있는데 필요하다면 '적과의 동침'도 불사해야 한다. 아울러 여기서 말하는 공동마케팅이란 경쟁사가 모여 담합하라는 부정적인 의미가 아니라 유통의 일방적인 행위에 대한 공동의 대처를 말한다.
　㉣ 채널별 특화된 제품이나 전용규격을 운영하는 것이다.
　　이때 주의할 점은 전용제품을 다른 유통과 차별화하는 것도 중요하지만 전용제품 운영에 대한 생산 및 재고의 효율성도 동시에 고려해야 한다는 점이다.

> **더 알아보기**
>
> **유통구조상의 힘의 원천 – 유통파워(권한)의 원천 5가지** [강/준법보전]
>
> - **강**압적 파워 : 경로구성원 중 상대적으로 힘이 강한 경로구성원이 요구에 불응하면 처벌할 수 있는 파워이다.
>   예 지원철회, 거래중단 등
> - **준**거적 파워 : 상대의 인격에 매료, 비전화 가치를 공유하는 것이다. 중간상이 제조사에게 일체감을 갖게 되기를 바랄 때 형성한다.
>   예 나이키, 코카콜라 등
> - 합**법**적 파워 : 법적·관습적 권한에 의존하는 힘의 원천이며 경로구성원들 간에 계약을 통하여 발생하는 힘의 원천이다.
>   예 국내 총판회사가 외국제조사와 계약 시 최소 주문량을 계약서에 명시
> - **보**상적 파워 : 요구에 따르면 이익으로 경로구성원 중 다른 구성원에게 경제적으로 보상을 지원할 수 있을 때 생겨나며, 일정한 간격을 두고 사용해야 효과적이다. 자주 사용하면 효과가 떨어진다.
> - **전**문적 파워 : 전문지식, 정보력에 의존하는 파워로, 제조업체가 유통업체보다 경험상의 지식 또는 노하우를 소유하고 있을 때 발생하는 파워이다.
>   예 배송시스템의 노하우를 갖고 있는 업체가 있다면 타 경로구성원에게 영향을 미칠 수 있음

(7) 유통경로(구조) 설계과정

유통구조를 설계하기 위해서는 새로운 유통경로를 구축하거나 기존 유통경로를 변화시킬 때, 체계적인 유통경로의 설계가 필요하다.

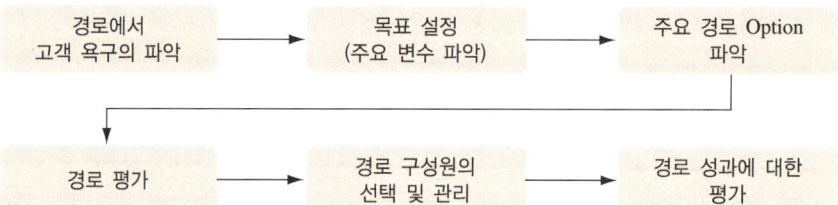

① 고객 욕구의 파악

고객이 관심을 갖는 유통상의 속성(매장위치, 상품구색, 양, 가격, 시간) 중 목표시장 고객들이 중시하는 것이 무엇인지를 발견하려는 단계이다.

② 경로목표 설정

목표시장의 욕구를 충족시킬 수 있도록 구체적인 목표수준을 설정하는 단계로 목표시장 내의 유통경로에 대한 욕구가 상이할수록 복수 유통경로를 이용한다.

③ 경로구성원의 선정

유통경로는 한번 선정되고 나면 변경이 어렵기 때문에 장기적인 관점에서 선정되어야 하고 다른 마케팅 믹스 요소들과의 일관성도 고려되어야 한다.

> **더 알아보기**

유통경로의 길이 결정 요인

영향 요인	긴 경로	짧은 경로
제품 특성	• 표준화된 경량품, 비부패성 상품 • 기술적 단순성, 편의품	• 비표준화된 중량품, 부패성 상품 • 기술적 복잡성, 전문품
수요 특성	• 구매단위가 작음 • 구매빈도가 높고 규칙적 편의품	• 구매단위가 큼 • 구매빈도가 낮고 비규칙적 전문품
공급 특성	• 생산자 수 많음 • 자유로운 진입과 탈퇴 • 지역적 분산 생산	• 생산자 수 적음 • 제한적 진입과 탈퇴 • 지역적 집중 생산
유통비용구조	장기적으로 안정적	• 장기적으로 불안정 • 최적화 추구

기업이 취급하는 제품특성 역시 적절한 유통경로를 선정하는 데 있어 매우 중요한 고려 요인이다. 일반적으로 부피가 큰 제품은 유통경로의 길이가 짧은 직접마케팅이 필요하며, 제품이 표준화되어 제품 간의 차이가 적은 경우는 다수 중간상을 이용하는 것이 효과적이다. 또한, 양질의 A/S가 요구되는 제품이나 비교적 고가 제품, 복잡한 제조 기술이 필요한 제품 등은 일반적으로 수직적 통합 정도가 높은 유통경로를 선택하는 것이 보편적이라고 할 수 있다.

(8) 유통 커버리지(Coverage) 전략 [집/전선] 2025년 논술문제

유통경로 전략 = 시장 커버리지 전략으로 어떤 유통경로를 선택하느냐에 따라 중간상의 개수, 유통비용, 관리 등이 달라지므로 목표에 맞는 효율적인 유통경로 정책을 세워야 한다. 2021년 논술문제

전략구분	의 미	특 징
개방적 유통경로	자사의 제품을 누구나 취급할 수 있도록 개방	• 소매상이 많음 • 소비자에게 제품 노출 극대화 • 유통비용의 증가 • 체인화 어려움 • 식품, 일용품 같은 편의점에 사용 • 브랜드에 대한 집착이 약하거나, 판매처에 따라서 제품이나 기업의 이미지가 영향을 받지 않는 제품의 경우에 효과적
배타적 유통경로	자사의 제품만을 취급하는 도매상 혹은 소매상	• 소매상 혹은 도매상에 대한 통제 가능 • 긴밀한 협조체제 형성 • 유통비용의 감소 • 제품 이미지 제고 및 유지 가능 • 귀금속, 자동차, 고급의류 등 고가품
선택적 유통경로	일정 지역에서 일정 수준 이상의 자격요건을 지닌 소매점에서만 자사제품을 취급하도록 함	• 개방적 유통경로에 비해 소매상 수가 적고 유통비용절감 효과 • 전속적 유통경로에 비해 제품 노출 확대 • 의류, 가구, 가전제품 등에 사용

① **집약적** 유통(Intensive Distribution) : 가능한 한 많은 소매상들이 자사제품을 취급하도록 하는 전략(편의품)

※ 편의품 → 일상적 문제해결, 제한적 문제해결

㉠ 장점 : 충동구매의 증가, 소비자 인지도 확대, 편의성 증가

㉡ 단점 : 낮은 마진, 소량주문, 재고 및 재주문 관리의 어려움, 중간상 통제 어려움

② **전**속적 유통(Exclusive Distribution) : 각 판매 지역별로 하나 혹은 극소수의 중간상에게 자사제품의 유통에 대한 독점권을 부여하는 전략(전문품과 선매품)
  ㉠ 장점 : 중간상들에게 독점판매권과 높은 마진 제공, 중간상 통제 가능(판매가격, 신용정책, 서비스 등)
  ㉡ 단점 : 제한된 유통으로 판매기회 상실
③ **선**택적 유통(Selective Distribution) : 집약적 유통과 전속적 유통의 중간에 해당되는 전략, 판매지역별로 자사제품을 취급하고자 하는 중간상들 중에서 자격을 갖춘 소수의 중간상들에게 판매를 허용하는 전략(선매품)
  ※ 선매품 → 노력을 기울여 대안 비교를 통해 구매하는 제품
  ㉠ 제조업자는 판매력 있는 중간상들로 매출과 이익 향상
  ㉡ 제조업자는 선택된 중간상들과 우호적인 관계로 적극적인 판매노력 기대
  ㉢ 제조업자는 집약적 유통에 비해서 더 강한 유통경로와 낮은 비용으로 충분한 시장 커버리지를 확보 가능

> **더 알아보기**
>
> **집약적 유통, 전속적 유통, 선택적 유통의 비교 심층비교**
> 구분란의 앞 글자를 따서 외운다. [전/점/통/제/소]
>
> | 구 분 | 집약적 유통(개방적 유통) | 전속적 유통(배타적 유통) | 선택적 유통 |
> | --- | --- | --- | --- |
> | **전**략 | 가능한 한 많은 점포들로 하여금 자사제품을 취급 하도록 함 | 한 지역에 하나의 점포에게 판매권을 부여함 | 한 지역에 제한된 수의 점포들에게 판매권을 줌 (집약적, 전속적 유통이 혼합된 성격을 가짐) |
> | **점**포수 | 가능한 많은 점포 | 단 일 | 소 수 |
> | **통**제 | 제조업자의 통제력이 낮음 | 제조업자의 통제력이 매우 높음 | 제한된 범위에서 제조업자의 통제가 가능함 |
> | **제**품유형 (소비재) | 편의품 | 전문품 | 선매품 |
> | **소**비재의 예 | 페리오치약, 비트세제 | 고급차, 귀금속, 크리스천디올 향수 | 삼성 가전제품 (고가, 저가품이 다 있음) |

(9) 유통경로의 계열화

① 수직적 마케팅 시스템(Vertical Marketing System) **2018년 약술문제**

VMS는 경로구성원들에 대한 소유권의 정도(강도)에 따라 관리형 VMS, 계약형 VMS, 기업형 VMS로 나눠진다. 수직적 통합의 정도가 약한 관리형 VMS에서 매우 강한 기업형 VMS로 갈수록 경로구성원에 대한 통제력은 증가하지만 더 많은 투자를 필요로 하며 유통환경변화에 대응하는 유연성이 약해진다.

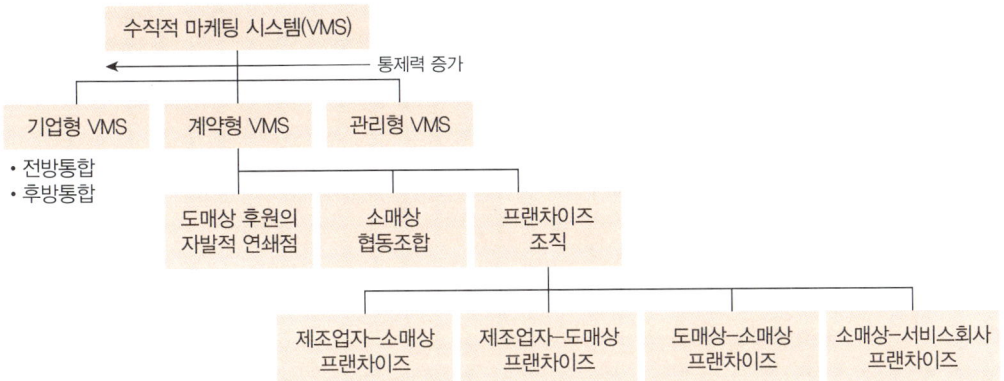

㉠ 기업형 VMS

한 유통경로 구성원이 다른 유통경로 구성원을 소유하여 통합적인 관리체계를 만드는 것이다. 하나의 소유권 아래에서 유통의 각 단계를 결합한 것이므로 생산부터 판매까지 통일적이고 일괄적으로 통제할 수 있다는 장점이 있지만 유연성이 떨어져 경직될 수도 있다.

- 국내의 자동차 유통구조
- 제조회사가 도·소매업체를 소유하거나 도매상이 소매업체를 소유
- 소매상이나 도매상이 제조업자를 소유하는 형태
- 기업형 VMS의 유형 2010년 약술문제

전방통합 (Forward Integration)	제조회사가 도·소매업체를 소유하거나 혹은 도매상이 소매업체를 소유
후방통합 (Backward Integration)	소매상이나 도매상이 제조업체를 소유하거나 제조업체가 부품 공급업자를 소유

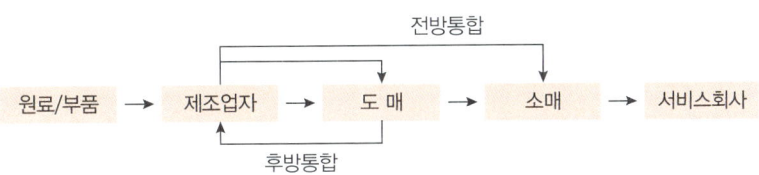

㉡ 계약형 VMS 2020년 약술문제

개별 구성원들끼리 계약에 의해서 전체 시스템을 구성하여 결합하는 것으로 계약에 따른 의사결정 기구에 의해 중요한 의사결정이 내려지지만 개별 구성원들도 자율적 지위를 보장받을 수 있게 된다. 프랜차이즈(Franchise) 조직이 여기 속한다.

- 도매상 후원 자발적 연쇄점 : 도매상을 중심으로 독립적인 소매상들이 수직통합된 경로조직(공동 구매, 공동촉진)
- 소매상 협동조합 : 중소 소매상들이 도매기능을 가진 공동소유의 조직체를 결성하여 이를 공동으로 운영하는 경로조직
- 프랜차이즈 시스템 : 프랜차이즈 본부(Franchisor)가 계약에 의해 가맹점(Franchisee)에게 일정 기간 동안 특정 지역 내에서 자신들의 상표, 상호, 사업 운영방식 등을 사용하여 제품이나 서비스를 판매할 수 있는 권한을 허가해 주고, 가맹점은 이에 대한 대가로 초기 가입비와 매출액의 일정 비율에 대해 로열티 등을 지급하는 경로조직이다.

| 합격의 Tip |

프랜차이즈 조직의 유형을 외우는 방법

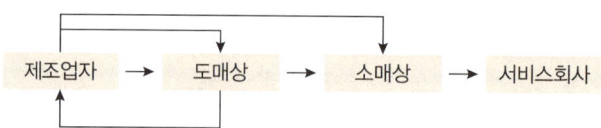

- 제조업자-도매상 프랜차이즈
  ☞ 제조업자가 도매상에게 제품을 공급하는 프랜차이즈
- 제조업자-소매상 프랜차이즈
  ☞ 제조사가 요구하는 판매 및 서비스의 조건에 동의한 독립된 사업주체 예 지역딜러
- 도매상-소매상 프랜차이즈
  ☞ 컴퓨터 유통에 흔히 활용되는 형태 예 잉크리필 소매점

  ⓒ 관리형 VMS : 관리형 VMS는 공동소유권이나 계약에 의해서가 아니라, 하나 또는 한정된 수익 기업이 자신의 지위, 명성, 자원 등을 이용하여 연속적인 전체 경로를 관리하고 다른 구성원들은 자율성을 가지고 이에 따르는 시스템이다.

   예 CJ는 소매상에 대한 소매상지원시스템을 통하여 제품진열, 판촉, 상권분석 등의 경영지원을 통한 소매상 협조를 유도한다.

② 수평적 마케팅 시스템(HMS ; Horizontal Marketing System)

  ㉠ 유통경로의 계열화에는 수직적 마케팅 시스템(VMS ; Vertical Marketing System)과 수평적 마케팅 시스템(HMS ; Horizontal Marketing System)으로 대별된다.

  ㉡ 여기서 새로운 마케팅 기회를 개발하기 위해 동일한 경로단계에 있는 두 개 이상의 개별적인 기업이 자원과 프로그램을 결합하는 것을 수평적 통합이라고 한다.

  ㉢ 수평적 마케팅 시스템이란 자원이 부족한 기업들이 효과적인 마케팅 활동을 수행하기 위하여 같은 경로 단계에 있는 다른 기업과 결합하는 것을 말한다.

   이러한 수평적 통합이 발생하는 이유는 각각의 기업이 단독으로 효과적인 마케팅 활동을 수행하는 데는 필요한 자본, 노하우, 마케팅 자원 등을 보유하고 있지 않기 때문에 수평적 통합을 통해 시너지 효과를 얻으려고 하기 때문이다. 따라서 수평적 통합은 공생적 마케팅(Symbiotic Marketing)이라고도 한다.

더 알아보기

수평적 마케팅 시스템(HMS ; Horizontal Marketing System)
경쟁자나 비경쟁자와 상호 협력하는 마케팅으로 공동마케팅이라고도 함
- 하이브리드 마케팅(Hybrid Marketing)
  - 참여업체가 서로 다른 업종인 경우
  - 편의점, 제조업체, 영화사의 공동마케팅 : 편의점에서는 영화를 홍보하고, 제조업체는 신제품을 구매하는 사람에게 영화표를 제공, 영화사는 편의점에서 할인 티켓을 제공
  - 이마트-풀무원 공동전략 : 상품개발, 판매, 마케팅, 운영 및 관리
  - 엑소후레쉬 : 풀무원, 금강개발산업, 대림수산, 고려당, 매일유업과 함께 엑소후레쉬를 설립하여 공동 물류를 통해 물류비용 감축

- 공생마케팅(Symbiotic Marketing)
  - 참여업체가 경쟁관계인 경우
  - 한국 네슬레 + 한국 코카콜라 + 남양유업 : 한국 네슬레는 네스카페, 네스티의 분말을 한국 코카콜라에서 생산 · 판매, 네슬레는 초콜릿 분말을 남양유업에 맡겨 생산 · 판매
  - 코카콜라 + 네슬레 : 코카콜라는 음료에 대한 전 세계 유통망 제공, 네슬레는 커피, 홍차에 대한 강력한 브랜드 제공
  - 대한항공과 델타의 좌석 공유

복수(혼합)유통경로(MMS ; Multi-channel Marketing System)

기업이 표적고객에게 다가가기 위해 둘 이상의 마케팅 경로를 활용해 고객접점이 다양화 되고 IT기술이 발달함으로서 발전되고 있다. 즉 시장세분화가 가속화되고 다양한 유통경로의 활용이 가능해져 기업들은 각 세분시장의 진출을 위해 둘 이상의 마케팅 경로를 함께 활용하는 복수유통경로(혼합유통경로)를 채택하고 있다는 것이다. 힘의 원천이 매우 크지 않으면, 복수유통경로가 어렵다(대기업에서만 가능하다는 의미).

장점	• 다양한 고객접점을 통해 표적고객의 접근성을 극대화 • 복수유통경로의 채택은 매출과 시장 커버리지를 증대시키고 각 세분시장의 욕구에 맞는 유통경로 확보
단점	• 관리비용 상승 • 브랜드 식상화 등 유발 가능 • 둘 이상의 유통경로가 경쟁하므로 이들의 통제가 어려움 • 동일한 고객을 상대하는 복수의 유통경로들 간의 경로 갈등을 유발

예 탈모샴푸(마트채널, 방판채널, 백화점채널, 로드샵 채널 등), 기타 온오프복합(컨버전스) 마케팅
예 백화점의 힘이 거대해지면, 단독으로 유통을 하려고 요구할 수 있음

5. 촉진관리(마케팅 커뮤니케이션) 2019년 약술문제

마케팅 믹스와 촉진믹스의 관계

4P가 최근 4C개념으로 전환됨에 따라 촉진(Promotion)개념이 최근 마케팅커뮤니케이션 개념으로 혼용되어 사용되고 있으니 같은 개념으로 간주해도 무방하다. 마케팅 믹스는 일반적으로 4P를 가리키고 촉진믹스는 일반적으로 광고, 인적 판매, 판매촉진, PR를 가리킨다(필자는 [광/인/판/피]로 암기했다).

(1) 마케팅 커뮤니케이션의 구성요소

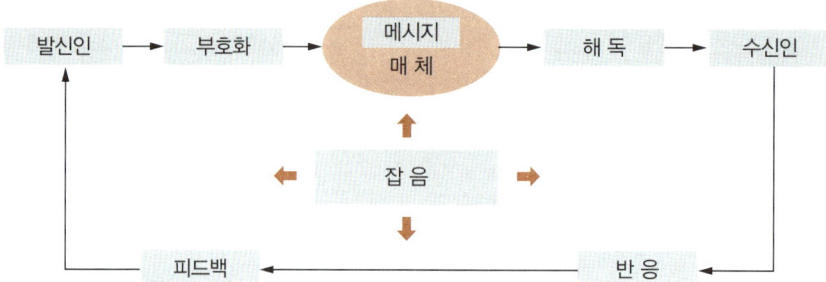

① 발신인 : 누구에게 자신의 메시지가 전달되기를 원하고 어떤 반응을 획득하기를 원하는지를 정해야 함
② 부호화 : 코딩이라고도 하며 그림, 문자, 말 등으로 상징화하는 과정이며 수신인이 어떤 방식으로 메시지를 해독하는가를 고려하여 메시지를 부호화해야 함
③ 메시지 : 발신인이 내보내고자 하는 내용의 합계
④ 해독 : 디코딩이라고도 하며 수신인이 해석하는 과정
⑤ 수신인 : 메시지를 전달받는 사람(대상)
⑥ 반응 : 메시지에 노출된 후 일어나는 수신인의 반응
⑦ 피드백 : 호의적 또는 비호의적 반응을 말하며 반응을 알아낼 수 있는 피드백 채널을 확보하는 것이 중요
⑧ 잡음 : 커뮤니케이션에서 예기치 않게 왜곡이 생겨나는 것

> **더 알아보기**
>
> **발신인의 의도대로 수신인이 메시지를 수용하지 못하는 이유**
> • 소비자들은 선택적으로 주의를 기울이기 때문에 모든 자극을 감지하는 것은 불가능
> • 소비자들은 그들이 듣고 싶어 하는 것을 듣는 경향이 있기 때문에 메시지를 자의적으로 변형하여 수용함
> • 소비자들이 그들의 장기기억 속에 메시지의 일부만을 간직할 뿐만 아니라 검색할 때에도 선택적으로 검색하기에 노출된 정보 중 일부만 기억함
>
>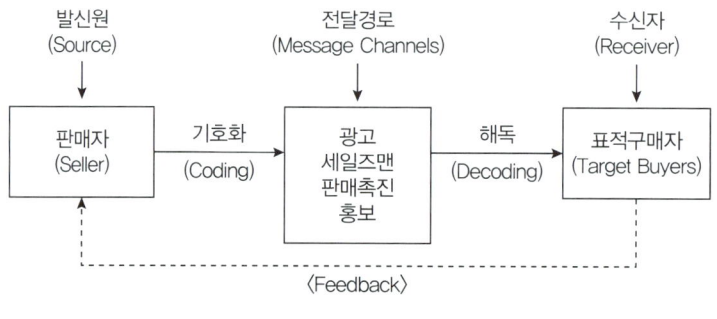
>
> [마케팅 커뮤니케이션 과정의 모델]

(2) 마케팅 커뮤니케이션 전략수립 과정

표적청중파악	목표설정	메시지 선택	매체 선택	메시지 원천	효과측정
표적청중에 따라 메시지 형태, 매체, 메시지 원천 등을 결정함	촉진효과와 하이어라키모형 인/지/호/선/확/구 • 고관여 구매의사 결정 • 저관여 구매의사 결정	메시지를 디자인하는 단계 • 메시지 내용 (What to Say) • 메시지 구조 (How to Say) • 메시지 형태 (인쇄 VS 방송)	인적 의사전달경로 (산업재) 비인적 의사전달 경로(소비재)	신뢰성이 높은↑ 원천 • 전문성 : 의사, 학자 등 • 진실성 : 일반인, 친구 • 매력성 : 호감도, 유머	간접적 조사 직접적 조사

① 표적청중 파악

표적시장의 청중들로서, 현재 혹은 잠재소비자나 중간상들을 의미하며 마케팅 조사나 시장세분화를 통해 결정한다. 표적청중에 따라 메시지의 형태, 매체, 메시지의 원천 등을 결정하게 된다.

② 마케팅 목표 결정(표적청중으로부터 원하는 반응결정)

- 인지 : 표적청중이 제품이나 기업을 인지하도록 하는 노력하며 상표나 회사명을 반복하는 단순메시지의 제공
- 지식 : 표적청중이 회사명이나 상표명이 아닌, 그 이상의 내용을 알게 됨
- 호감 : 제품에 대한 비호의적인 평가의 개선과 호의적 평가의 유지 또는 제고
- 선호 : 제품을 좋아하나 타제품에 비해 선호하지 않는 소비자의 선호도 제고
- 확신 : 제품구매가 좋은 결과를 가져다 줄 수 있다는 믿음을 줌
- 구매 : 제품구매행동

㉠ 고관여 구매의사결정
- 학습 하이어라키 : 학습 – 느낌 – 행동(Learn-Feel-Do)
  ☞ 구매에 대한 관여수준이 높고, 상표 간에 뚜렷한 차이가 있을 경우
- 인지부조화 하이어라키 : 행동 – 느낌 – 학습(Do-Feel-Learn)
  ☞ 고관여 제품이지만 상표 간 차이가 미미한 경우

㉡ 저관여 구매의사결정

저관여 하이어라키 : 학습 – 행동 – 느낌(Learn-Do-Feel)
  ☞ 상표 간 차이가 미미하며 저관여 제품인 경우

③ 메시지의 선택(효과적인 메시지의 개발)

효과적인 메시지란 주의를 끌 수 있어야 하며, 흥미를 유발하고, 욕구를 자극하며 행동을 이끌어낼 수 있어야 한다.

㉠ 메시지 내용(What to Say) : 메시지의 소구 방향이나 주제
- 이성적 소구(Rational Appeals) : 제품의 구매가 청중이 원하는 경제적 편익을 제공함을 강조
  예 제품의 질, 경제성, 가치, 성능 등
- 감성적 소구(Emotional Appeals) : 구매를 유도할 수 있는 부정적 또는 긍정적 감성을 유발하려는 노력
  예 양치질, 화재보험 가입 등

- 도덕적 소구(Moral Appeals) : 어떤 것이 옳은지를 생각하게 함
  - **예** 불우이웃 돕기, 자연환경 보호 캠페인
- ⓒ 메시지 구조(How to Say) : 어떻게 논리적으로 풀어낼 것인가의 문제
  - 메시지의 결론을 제시할 것인가 아니면 그냥 청중에게 맡길 것인가에 대한 선택
  - 제품의 장점만 말하는 일면적(One-side) 주장과 장·단점을 같이 말하는 양면적(Two-side) 주장 중 선택(일면광고 vs 양면광고)
  - 강한 주장이 담긴 광고내용을 처음에 제시하는가 아니면 마지막에 제시하는가에 대한 선택
- ⓒ 메시지 형태
  - 인쇄매체 : 표제, 광고문안, 삽화, 색상 등
  - 라디오 광고 : 의사전달자의 대사, 음향, 목소리 등
  - TV 광고 : 광고모델의 행동, 표정, 의상, 머리 모양 등

④ **매체 선택** : 메시지를 어떤 방법으로 소비자들에게 전달할 것인가를 결정해야 한다.
  - ㉠ 인적 의사전달경로(산업재의 경우)
    - 두 명 이상의 사람들이 직접적으로 서로 의사소통하는 방법
    - 의사전달자에 의한 직접 통제가 가능하고, 제품의 성격이 고가이며 많은 위험이 지각되는 제품의 경우에 효과적
  - ㉡ 비인적 의사전달경로(소비재의 경우)
    - 개인적 접촉이나 피드백이 없이 메시지를 전달할 수 있는 매체
    - 인쇄매체(Print Media) : 신문, 잡지, 직접우편 등
    - 방송매체(Broadcast Media) : 라디오, TV 등
    - 전시매체(Display Media) : 포스터, 옥외간판, 벽보 등
      → 대중매체를 이용한 의사전달은 소비자반응에 직접적 영향을 주기도 하지만, 경우에 따라서는 구전(Word-of-mouth)을 통해 보다 높은 수준으로 간접적 영향을 주기도 한다.

⑤ **메시지 원천의 선택 = 모델의 선택** : 신뢰성이 높은 모델(원천)
  - ㉠ 전문성(Expertise) : 의사전달자의 권위와 전문적 지식
    - **예** 의사, 약사, 변호사 등
  - ㉡ 진실성(Trustworthiness) : 정보원천이 얼마나 정직해 보이는가
    - **예** 가족, 친구 등
  - ㉢ 매력도(Attractiveness) : 정보원천에 대한 소비자의 호감
    - **예** 유명인, 스타, 유머 등

⑥ **커뮤니케이션 효과측정**
메시지 기억여부, 노출횟수, 회상내용, 메시지에 대한 느낌, 메시지를 보기 전과 후 제품 및 회사에 대한 평가 등의 내용을 조사하며 직접적 조사와 간접적 조사가 있다.

> **더 알아보기**
>
> **일면광고 VS 양면광고 VS 비교광고**
> - 일면광고 : 장점만을 부각
>
> - 양면광고 : 장점과 단점 모두 노출시켜 지식이 많은 소비자는 수용 영역(동화, 대조)이 적은 곳에서 수용 영역을 확장하여 들어간다.
>   예 2등이지만, 열심히 합니다. 비싸지만, 그만큼 좋은 품질을 갖고 있습니다.
>   "정치"(정책반대) : 알아요! 이해합니다! 나도 예전에는 그런 생각이었습니다. 그러나 이것이 다 나라 발전을 위한 것입니다.
>   "연예인" : 언젠가 들통날 것을 미리 이야기하는 것(성형수술)
>
> - 비교광고 : 1등 기업은 비교광고를 할 필요가 없다 → 경쟁자까지 노출하는 것이기 때문에 경쟁자 인지도를 높여주는 역효과가 나타날 수 있다.
>   - 2등 기업, 도전자 브랜드가 '1등을 한번 이겨 보자'에서 출발하며 명확한 근거, 1등보다 내가 강하다는 것이 명확할 때 사용 가능하다.
>   - 정보를 미리 확보하고서 알려야 할 때, 확실한 꼬투리가 있을 때 사용하지만 1등 브랜드도 함께 노출된다.
>   예 펩시와 코카콜라

(3) 광고의 원칙(AIDMA 모델)

인간이 행동을 일으키기까지 주의(Attention)하고, 흥미(Interest)를 갖고, 욕망(Desire)을 느끼고, 그리고 행동(Action)을 한다는 사고방식이다. 1898년 E.S 루이스가 제창하였다. 욕망과 행동 사이에 기억(Memory)하는 단계가 있는 것으로서, AIDMA는 확신(Conviction)을 넣어 AIDCA라고도 한다. 이는 커뮤니케이션 단계의 기초가 되었다.

> 소비자는 먼저 주의(Attention)를 기울이고,
> 흥미(Interest)를 가지게 되면,
> 욕구(Desire)를 일으키고,
> 그것을 기억(Memory)해 두었다가,
> 구매행동(Action)으로 옮긴다!

즉 광고는 인간의 관심을 가지고, 욕구를 자극한 후 원하는 결과를 얻는 과정이기 때문에 위의 5가지 과정을 충족할 수 있다면 성공한 광고가 될 수 있다. 거의 모든 사람들이 구매결정을 하여 행동에 옮기기 전까지 위의 단계를 따라가게 된다.

① **A**ttention(주목) : 매장에 들르는 소비자의 눈에 잘 띄고, 주의를 끌 수 있도록 대량으로 진열·연출하고, 디스플레이 등을 실시
   예 포스터, 현수막, 간판 등

② **I**nterest(흥미) : 고객을 유인하기 위해 POP와 동영상모니터, 상품 설명서, 쿠폰, 요리 방법과 같은 제안을 통해 관심을 유발

③ **D**esire(욕구) : 매장 내에서 상품을 비교, 선택하기 쉽도록 하기 위해 유사 상품끼리 그룹핑하여 눈에 띄기 쉽도록 진열하고, 향기와 맛 등 제품의 장점에 대하여 시식이나 견본품 제공 등을 통해 직접 소구, 또는 POP 등을 통해 충동구매를 불러일으킴

④ **M**emory(기억) : 상품의 정보를 보다 알기 쉽게 제공하고, 제품의 가격을 눈에 잘 띄게 하여 소비자가 구입에 대한 확신을 가질 수 있도록 함

⑤ Action(행동/구매) : 매장에 진열되어 있는 상품이 소비자의 최종적인 구입 결정으로 이어질 수 있도록 매장의 분위기, 진열, 상품설명 POP, 가격표 등이 소비자 관점에서 이루어졌는지 점검

(4) 촉진예산의 결정 방법 [매/가/경/목] 2017년 논술문제

촉진예산의 책정은 촉진활동의 효과를 직접 매출액의 증가나 이익의 증가로 측정하기가 어려운 경우가 많아서 촉진예산의 수준이 과도한지 또는 너무 적은지를 알아낼 방법이 별로 없다.

① **매**출액 비례법(Percentage-of-sales Rule) : 현재 또는 예상되는 매출액의 일정비율 또는 제품 판매가격의 일정비율을 촉진예산으로 산정한다.
② **가**용예산 활용법(All You Can Afford Rule) : 회사 자금 사정상 다른 긴급한 비용을 모두 예산에 책정한 다음 나머지를 촉진비용으로 책정하는 방법이다.
③ **경**쟁자 기준법(Competitive Parity Rule) : 자사의 촉진예산을 경쟁사의 촉진예산에 맞추는 방법으로 일반적으로 산업평균에 근거하여 촉진예산을 책정한다.
④ **목**표 및 과업 기준법(Objective and Task Rule) : 가장 논리적인 책정방법이다. 특정 목표를 정의하고 그 목표를 달성하기 위해 수행해야 할 과업이 무엇인지를 결정하고 그에 따른 비용을 산정하여 예산을 책정한다.

(5) 촉진믹스 선정의 영향 요인 [제시형/수/푸풀/구] 2023년 논술문제 2013년 약술문제

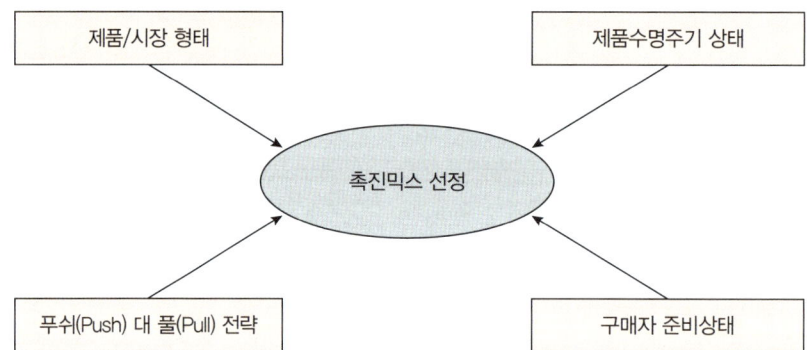

① **제**품 또는 **시**장의 유**형**
   ㉠ 소비재를 판매하는 기업 : 촉진비용을 광고에 많이 사용하고 판매촉진, 인적 판매, PR 순으로 촉진 비용을 지출
   ㉡ 산업재를 판매하는 기업 : 대부분의 촉진비용을 인적 판매에 주로 사용하고 판매촉진, PR에는 그다지 많은 비용을 지출하지 않음
② 제품**수**명주기 상태
   ㉠ 도입단계 : 광고와 PR이 인지도를 높이는 데 효과적
   ㉡ 초기시험구매단계 : 판매촉진이 유용함
   ㉢ 성장기 : 광고와 PR을 지속적으로 수행, 판촉의 활용은 감소시킴
   ㉣ 성숙기 : 판매촉진이 광고에 비해 중요한 역할을 수행
   ㉤ 쇠퇴기 : 광고는 소비자가 잊지 않을 만큼 유지, PR의 활용을 감소시키고 판매촉진을 최저수준으로 낮추는 것이 유리함

③ **푸**쉬 대 **풀**전략
  ㉠ 푸쉬(Push) 전략(산업재) : 유통경로 구성원들을 상대로 인적 판매, 중간상 촉진 등과 같은 마케팅 활동을 수행하여 제품을 최종 소비자에게 촉진하게끔 만듦
  ㉡ 풀(Pull) 전략(소비재) : 마케팅활동을 최종 소비자들에게 수행하여 소비자들이 제품을 구매하도록 유도함

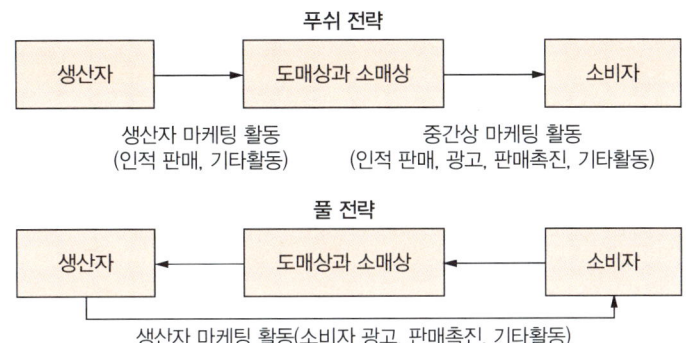

④ **구**매자의 의사결정단계
  ㉠ 광고와 PR : 인지와 지식의 단계에서 중요한 역할을 수행
  ㉡ 인적 판매 : 소비자의 호감, 선호 및 확산 단계에서 효과적
  ㉢ 촉진수단 : 의사결정의 마지막 단계인 구매단계에서 사용됨

(6) 촉진믹스의 결정 [광/인/판/피] 2023년 논술문제

촉진목표 및 마케팅 목표 달성에 효과적일 수 있도록 촉진방법들 간의 적절한 믹스를 구성해야 한다. 주요 촉진방법으로는 광고, 인적 판매, 판매촉진, PR 등이 있다.

① **광**고
  ㉠ 정의 : 명시된 광고주가 유료로 행하는 조직, 제품, 서비스, 또는 아이디어에 대한 비대인적 커뮤니케이션으로 "광고"라는 한자어는 "널리 알리다"라는 뜻을 가지고 있다. 광고는 20세기의 사회를 상징하는 대표적인 현상 가운데 하나로 꼽는데, 그 기원은 대단히 오래된 것이어서 거의 문자가 발생되었을 당시까지 거슬러 올라갈 수 있다. 또한 동서양을 막론하고 그때그때의 사회발전 모습에 따른 광고 활동을 찾아볼 수 있다. 그러나 광고가 오늘날처럼 왕성해지고 사회·경제·문화의 각 방면에 걸쳐 적지 않은 영향을 미치게 된 것은 금세기에 들어와서의 일이며, 특히 대한민국에서는 해방 후에 자본주의 경제체제의 도입에 따라서 눈부신 발전을 하게 되었다. 현대의 광고는 대중매체를 이용하는 일이 많기 때문에 매스 커뮤니케이션의 한 형태라고도 말할 수 있다.
  ㉡ 목적 : 첫째, 소비자에게 제품을 알리는 것이다. 둘째, 제품에 대한 충분한 정보를 제공하여 제품을 인지시킬 뿐만 아니라 그 제품의 특성, 목적 등을 충분히 이해시키는 것이다. 셋째, 제품의 가치를 믿게 하여 설득하는 것이다. 넷째, 제품에 대하여 욕구를 발생하게 하고 구입행동을 취하게 하는 것이다.
  광고의 가장 이상적인 목적은 시간과 광고효과를 구체적으로 서술하여 마케팅 조사와 테스트에 의하여 그 성공여부를 측정할 수 있게 하는 것이다. 세제광고를 예로 들어 보면 세탁기를 소유하고 있는 1천만 가정주부가 X상표의 세제가 거품이 덜 생긴다는 것을 "현재 10%에서 1년 이내 40%까지 인지하도록" 목표를 세울 수 있다.

ⓒ 광고목표에 따른 광고유형 [전/설/상]

정보 전달적 광고	신제품을 시장에 소개하는 경우 주로 사용되며, 기본적 수요를 구축하는 데 광고목표가 있다.
설득적 광고	경쟁이 심화될수록 중요해지며, 선택적 수요를 구축하는 데 광고목표가 있으며, 비교광고 형태를 띄기도 한다.
상기광고	성숙기에 있는 제품의 경우 사용되며, 설득보다는 소비자의 기억에서 제품이 사라지지 않게 하는 데 광고목표가 있다.

ⓔ 광고의 긍정적 기능
- 경제적 기능
  - 광고된 상품을 사고 싶은 욕망을 자극하고 소비를 촉진하여 생산을 증대시킨다.
  - 새로운 상품을 위한 시장을 확대하고 기업 간 건전한 경쟁을 유도한다.
  - 제조회사 간의 경쟁을 자극하여 더 좋은 품질의 상품을 만들도록 한다.
- 마케팅적 기능
  - 판매를 촉진한다.
  - 제품을 차별화시킨다(이미지 차별화).
  - 효율적인 경쟁을 돕고 마케팅 활동의 시너지를 창출한다.
  - 다른 마케팅 요소를 돕는다(마케팅 믹스의 한 도구로 기능).
  - 광고주 기업에 대하여 좋은 인상이나 호감을 갖게 한다.
  - 상품의 품질을 믿도록 한다(상품이나 기업의 신뢰도를 창출한다).
- 사회·문화적 기능
  - 다양한 정보를 제공하여 상품 선택의 폭을 넓혀준다.
  - 상품의 사용방법을 알려주고 소비에 대한 가치관과 건전한 소비습관을 형성한다.
  - 더욱 새로운 생활방식을 알려준다.
  - 어린이에게 소비자 교육을 시킨다.
  - 다양한 제작기술과 영상예술을 통해 심미안을 길러준다.
- 정보제공기능
  - 상품에 대한 정보를 제공한다.
  - 상품에 대한 기억을 증진시킨다.
  - 신제품의 출현을 알려준다.
  - 비교와 사용법, 가격 등을 통하여 현명한 상품 선택을 도와준다.

ⓜ 광고의 부정적 기능
- 물질주의 조장
  - 소비심리를 자극하고 향락풍조와 낭비를 조장한다.
  - 물질만능주의를 조장한다.
  - 잘못된 소비관을 갖게 한다.
- 문화수준의 획일화
  - 청소년들의 모방심리와 쾌락 지향적인 생활방식을 자극한다.
  - 이상적인 인간형에 대한 그릇된 가치관을 갖게 한다.

- 문화, 풍속의 악영향
  - 사회도의와 규범에 벗어나는 경우가 많다.
  - 프로그램이나 기사 등의 내용에 악영향을 미친다(인기 위주로).
  - 외설적인 내용 등은 사회의 품위와 취향을 저하시킨다.
  - 외래어의 남용 등은 문화적 정체성을 저하하고 사대사상을 조장한다.
- 경제적 역기능
  - 경쟁기업을 중상하거나 비방한다.
  - 상품의 가격을 상승시킨다.
  - 지나친 광고경쟁은 돈의 낭비이고 결국 사회경제적 자원의 낭비이다.
  - 광고할 수 있는 기업의 독점과 시장 지배를 강화한다.
  - 상품의 품질경쟁이 아닌 상표 이미지 경쟁을 유발하여 상품의 질 향상을 저해한다.
- 불필요한 상품 구매
  - 필요 없는 상품을 구매하게 한다(충동구매 기능).
  - 갈등을 조장한다.
  - 비현실적인 세계를 보여줌으로써 현실적인 불만을 조장한다.
- 불쾌감 유발
  - 불필요한 광고가 너무 많다.
  - 선정성, 혐오감 등은 품위와 취향을 저하시킨다.
  - 외래어, 전문용어 등은 소비자의 지성을 모욕한다.
  - 허위, 과장 광고는 상품의 불신감을 조장한다.

이상에서 살펴본 바와 같이 광고(Advertising)는 광고주가 아이디어나 제품 또는 서비스에 대한 정보를 표적고객에게 비인적(非人的) 매체를 이용하여 전달하는 것을 말하며 모든 마케팅 믹스의 요소들 가운데서 광고는 제품에 대한 소비자들의 이해를 돕고, 지각적·가치적 장애를 감소시키는 데 효과적 수단이다.

ⓑ 광고예산의 결정 **[광수/차시경]**

| **합격의 Tip** |

암기방법 : 광수와 차시경이 광고예산을 결정한다.

- **광**고 빈도 : 소비자에게 광고의 잦은 반복이 필요할 때 많은 광고예산 필요
- 제품**수**명주기상의 단계

도입기	소비자의 인지도를 높이고 시험구매 자극을 위해 상대적 많은 예산 소요
성숙기	• 매출액에 비해 낮은 비율의 광고예산 소요 • 시장점유율을 높이거나 경쟁자의 점유율을 뺏어오기 위해 많은 예산 소요

- 제품의 **차**별성 : 상표 간 제품차이가 크게 지각되지 않는 제품들의 경우 많은 광고예산 필요
- **시**장점유율 : 시장점유율이 높은 상표는 시장점유율이 낮은 상표에 비해, 매출액 대비 높은 비율의 광고예산 필요
- **경**쟁의 강도 : 경쟁의 강도가 높은 경우 많은 광고예산 필요

> **더 알아보기**

ATL광고 vs BTL 광고 비교설명

[존 월름셔스트에 의한 구분] 2020년 약술문제

ATL	TV, 라디오, 신문, 잡지, 영화, 포스터 등
BTL	사보, 쿠폰, 다이렉트 마케팅, 세일즈 프로모션, 이벤트, 전시, 패션쇼, PR 등

- ATL(Above The Line) : 4대 매체 광고(TV, 라디오, 신문, 잡지), CATV, 위성TV, 인터넷, 옥외 미디어 등을 중심으로 이루어지는 광고 업무. 전통적인 광고 활동은 그간 ATL을 중심으로 이루어져왔으며, 강력한 광고 효과를 입증해 왔다. 그러나 불특정 다수 타깃 마케팅으로 인한 커뮤니케이션의 한계, 비용 대비 효용에 대한 의구심, 매스미디어로부터의 타깃 이탈 등의 한계가 존재한다.
- BTL(Below The Line) : 마케팅에서 직접적인 SP(Sales Promotion)툴 또는 가치확대(Value-up) 활동인 전시, 이벤트, 스포츠 스폰서십, PR, DM(Direct Mail), TM(Telemarketing), PPL(Product Placement), CRM(Customer Relationship Management), PRM(Partner Relationship Management) 등의 직접적인 활동을 의미하며 미디어를 매개하지 않는 프로모션(Non-Mass Media Promotion)으로 판매지원, 유통지원, 샘플링 등과 같은 커뮤니케이션을 활용하는 것이다.

ⓢ 매체선정

도달률, 빈도, 영향도의 결정 → 주 매체유형 선택 → 특정 매체수단 선택 → 매체시간 선택

- 도달률, 빈도, 영향도를 결정·고려하여 매체 결정

도달률(Reach)	일정 기간 동안 특정 광고에 한 번 이상 노출된 사람의 수(= 접촉범위) → 광범위한 시장에서 경쟁하는 기업이라면 중요 TV, 라디오에서 주요한 기준
빈도(Frequency)	일정 기간 동안 한 사람에게 노출된 노출횟수 → 목표고객에게 집중적으로 마케팅 활동을 해야 한다면 중요 인쇄매체(신문, 잡지)에서 주요한 기준
매체영향도(Impact)	매체를 통한 메시지 노출의 질적인 가치를 측정하는 것

※ 도달률 × 빈도 = 총 노출점수(총 접촉비율, Gross Rating Points ; GRPs)
- 주 매체유형 선택 : 표적소비자의 매체습관, 메시지 형태, 제품의 특성, 비용 고려
- 특정 매체수단 선택 : 여러 매체수단 중 가장 적합한 매체수단(Media Vehicle) 선택
   예) 인쇄매체(이성적 접근, 많은 양의 정보전달 가능)
   시청각 매체(정보처리가 소극적 → 기억 잘 못함, 이미지 형성 → 구매행동에 영향)
- 매체시간 선택 : 연간 광고 집행에 대한 스케줄

집중형 전략	• 일정 기간 집중해서 광고 • 성수기/비수기가 뚜렷한 제품의 경우 • 신제품의 경우 → 집중적 인지도 필요 시 • 장점 : 단기간에 효과적 • 단점 : 광고 종료 시(비수기 등) 소비자 인지도 등 효과 사라짐
지속형 전략 (Even Strategy)	• 성숙기에 해당하고, 시장에서 어느 정도 지위를 확보한 경우에 적합 • 꾸준히 수요가 유지되는 제품에 적합 • 1년 내내 거의 같은 수준의 광고 수 유지 → 전달의 깊이 강화 • 장점 : 지속적인 브랜드 인지도와 이미지 유지 • 단점 : 끊임없이 새로운 형태의 광고제작 필요 → 고비용 광고효과가 감소할 우려 있음(단점)

맥박형 전략 (파동형 전략, Pulsing Strategy)	• 2주 혹은 한 달 정도를 단위로 광고의 양 증감 반복 → 비용의 효율성 강조 • 구매주기가 반복/규칙적인 경우 • 대규모 경쟁사가 지속형의 광고 전략을 시행할 경우, 소규모 경쟁사가 적용

※ 신제품 출시 시 : 집중형 전략에서 파동형 전략으로 변경하여 유지
※ 광고비용의 결정 : 1천 명에게 전달하는 데 드는 비용(CPM ; Cost Per Mille)을 기준으로 매체비용을 접촉범위로 나누어 계산

→ 광고비용 = 매체비용 ÷ 접촉범위

② 인적 판매 2008년 약술문제

잠재고객과 직접대면접촉을 통해서 기업이미지를 향상시키고 판매를 촉진하기 위하여 제품과 서비스를 제공하는 활동을 의미한다.

㉠ 의 의
- 판매원이 직접 고객을 만나서 제품을 알리고 주문을 유도하는 활동
- 인적 판매는 잠재고객의 구매를 실현하는 데 효과적인 방법
- 잠재고객과의 대면 의사소통을 통해 필요한 제품정보의 즉각적인 제공과 직접적인 고객설득이 가능함 예 보험상담사

㉡ 인적 판매의 장점 [개/피/주/관]
- 고객에 따라 메시지의 수정 가능(개인화) → 일반적 광고는 수정이 어려움
- 쌍방향 커뮤니케이션 → 피드백이 빠름
- 높은 수준의 주의가 가능
- 관계지향적 판매 가능

㉢ 인적 판매의 중요성 : 제품의 종류나 마케팅전략상의 차이에 따라 촉진도구들의 중요성이 다르게 나타난다.

구 분	내 용	비 고
산업재	인적 판매	제품 자체가 복잡하여 구매자가 충분한 제품정보를 원하기 때문에 인적 판매에 대한 의존도가 높다.
내구성 소비재	인적 판매와 광고	
비내구성 소비재	광고와 판매촉진	–

㉣ 인적 판매과정 : 준비단계, 설득단계, 고객관리단계로 구성 [예준접소/조권사]

준비단계	설득단계	고객관리단계
1. 고객예측 2. 사전준비	3. 접근 4. 제품소개 5. 의견 조정 6. 구매권요	7. 사후관리

- 준비단계 : 관련 자료의 분석을 통해 가능고객을 탐색하고 이들에 대한 접근방법을 찾아내는 단계로서 고객예측과 사전준비로 구성된다.

고객예측 (Prospecting)	마케팅정보시스템 내의 자료, 판매기록, 소개명부, 전화번호부 등을 통해서 잠재고객을 탐색하는 단계
사전준비 (Preparing)	잠재고객에게 효과적으로 제품을 소개하는 데 필요한 구체적 자료를 추가적으로 수집하고 정리하는 단계

- 설득단계 : 표적잠재고객에게 접근을 시도하고 제품을 소개하는 단계이다.

접근(Approaching)	자사제품을 소개하기 위해 고객을 만나는 과정
제품소개(Presenting)	제품이나 서비스의 특성과 장점을 포함한 각종 정보를 잠재고객에게 전달하는 단계
의견조정 (Handling Questions & Objectives)	제품소개와 구매설득과정에서 발생할 수 있는 부정적 영향을 해소시키기 위해 객관적인 정보를 제공하고 소비자의 불안요인을 해결하는 단계
구매권유(Closing)	잠재고객의 구매의도를 물어보는 단계

- 고객관리단계 : 반복구매가 이루어지도록 고객을 지속적으로 관리하는 과정으로 판매 후 상품배달과 설치가 적절히 이루어졌는지 파악하고 고객에게 제품에 대한 교육을 시키는 단계인 사후관리(Following UP)가 포함된다.

③ **판매촉진** 2018년 약술문제

기업이 제품이나 서비스의 판매를 증가시키기 위해 단기간에 직접적으로 중간상이나 최종소비자를 대상으로 벌이는 광고, 홍보, 인적 판매 외의 모든 촉진활동을 의미하며 쿠폰, 경품, 견본, 시연 등을 이용한다. 판촉이라는 말은 판매촉진의 줄임말이다.

㉠ 판촉의 특징
- 구매시점을 앞당기고 구매량을 증대
- 행동 중심적 마케팅 활동(물건을 구매하는 소비자만 혜택 적용)
- 장단점

장 점	• 단기재무성과 향상 • 상표전환 유도(관성구매자, 의사충성자) • 고객정보 확보(백화점, 할인점에서 주로 응용) • 성과분석 용이(광고 및 홍보는 성과분석 어려움)
단 점	• 브랜드가치 하락 : 가치하락으로 인지될 경우 → 제품은 쇠퇴기에 가치가 하락하나, 브랜드는 성숙기 중반부터 가치가 하락(치열한 가격경쟁, 판촉 전쟁이 원인) • 유통지배력 악화(※ 강력한 브랜드와 가치가 아닌, 가격 및 물량공세이므로) • 소비자 학습 : 가령, 세일할 때까지 구매를 보류하는 경우 • 경쟁사의 보복 : 경쟁사의 직접적인 판촉경쟁을 일으킴

㉡ 판매촉진 프로세스 **[목수/프테효]**

목표 설정 → 수단 결정 → 프로그램 개발 → 사전 테스팅 → 효과 측정

- 판매촉진의 목표 설정(판매촉진의 대상에 따른 분류)

중간상 촉진	새로운 품목의 판매, 재고량의 유지, 넓은 진열 공간 → 푸쉬 전략, 가장 고비용
판매원 촉진	신제품 판매 확대, 신규 거래 대리점 찾아 판매 확대 → 푸쉬 전략
소비자 촉진	단기판매 증대, 장기 시장점유율 증대 → 풀 전략

※ 판매촉진의 주체에 따른 구분 : 소매상 판촉, 제조회사 판촉
→ 이전에는 소매상 판촉이 많았으나, 점차 제조회사 판촉이 늘어나는 추세임

- 판매촉진 수단
  - 소비자 판매촉진 수단

보너스 팩	더 많은 양을 포장하여 정상가격으로 판매하는 것(묶음을 조절하여 가격 조절)
쿠 폰	• 특정 제품 구매 시 일정금액을 할인해 주는 방식 • 소매상의 협조 없이 추진 가능(단, 사용은 소매상 일부 협조 필요) • 우편, 포장지, 신문 간지, 성숙기 제품 판매촉진, 신 상표에 대한 시험구매 촉진
무료샘플링	• 주로 신제품, 소비자가 사용할 정도의 양을 따로 포장해서 무료제공 • 고비용 소요, 제품에 자신이 있을 경우에만 가능한 방법
리베이트	• 가격할인이 구매 후, 일정기간 뒤에 일어나는 것 • 제조회사가 소비자에게 일정 할인율만큼의 금액을 보내 줌
프리미엄	제품을 구매할 때, 무료 또는 낮은 가격으로 구매한 것과 동일한 제품이나 다른 제품을 제공하는 것
광고용 판촉물	기업이나 상표명이 들어간 선물
사은품	일정금액을 돌려주거나 다른 혜택을 제공하는 것(마일리지 등)
콘테스트	기업주관의 개최, 캠페인에서 추첨 등으로 상금, 상품 제공
POP 촉진	• POP(Point Of Purchase, 구매시점) • 특정 제품 구매시점 광고, 제품 특별전시

  - 중간상 촉진 방법

컨테스트와 가격할인	도매상의 관리자와 소매상의 판매원이 자사제품의 판매에 노력을 더 기울이라는 의미로 시행 예 미스테리 쇼퍼, 판매원 판촉 등
점포 내 디스플레이	점포 내의 제품을 효과적으로 전시하여 고객의 구매 욕구를 유발
트레이드 쇼	업종별 전시회를 말하며 부스(Booth) 참여

> **더 알아보기**

마일리지제도(Mileage) 2016년 약술문제

(1) 마일리지제도란

기업이 자사의 고객에게 제품이나 각종 서비스 등을 판매하여 올리는 수익의 일부를 포인트, 적립금, 쿠폰, 현금 등의 형태로 되돌려줌으로써 기업은 소비자의 미래가치를 높이고 기업에 대한 소비자의 충성도를 지속적으로 유지, 강화하려는 마케팅전략을 말한다. 즉 고객을 회원제로 관리하며 이용실적에 따라 마일리지를 부여하고 누적된 마일리지가 일정한 기준에 도달하면 정해진 기준에 따라 다양한 보상을 제공하는 제도로 정의된다.

전통적인 마일리지제도는 항공 산업에서 시작되었다. 일반적으로 고객이 특정 회사 항공기를 이용하여 주행거리를 합산하면 그 고객이 해당 항공사에 얼마나 충성스러운 고객인지를 판단하는 척도로 사용할 수 있어, 마일리지를 많이 가지고 있는 우수 고객에게는 항공사에서 특별한 서비스를 제공한다는 것이 마일리지제도의 원래 취지이다. 이것을 적극적으로 마케팅과 연결시켜 마일리지의 효용을 부각시키고 이를 통해 영업력을 더욱 확보하자는 전략이 마일리지 마케팅이다.

(2) 마일리지제도의 목적(역할)

마일리지제도는 크게 두 가지 목적을 가지고 있다.

첫째는 고객의 지속적인 거래 또는 거래량 증대에 따라 그에 상응하는 보상을 제공하여 고객으로 하여금 지속적으로 거래를 유지함으로써 기업에 대해 충성도를 갖게 하는 것이다.

둘째는 보상혜택을 통해 고객에 관한 정보를 얻는 것이다.

마일리지제도에 가입하기 위해 작성하는 가입신청서를 통해 고객의 신상정보를 획득하고, 이를 거래정보와 결합하여 고객 개개인에 대한 특성을 파악할 수 있게 된다. 이렇게 파악된 정보는 고객 개개인에게 서비스를 제공하기 위한 바탕이 되며 고객과의 지속적인 관계를 유지할 수 있다. 또한 고객의 이탈을 사전에 방지할 수 있고 더 나아가 이미 이탈된 고객을 재확보 또는 재활성화하기 위한 목적을 수행할 수 있어 기업에게는 매출 또는 수익의 증대를 가져온다. 뿐만 아니라 고객에게는 고객자신에 대해 배려한다는 느낌을 갖도록 함으로써 기업의 가치제안에 대해 더욱 더 만족하게 하는 효과를 낼 수 있다.

오프라인상에서의 마일리지와 같은 개념을 온라인에서는 사이버 포인트, 온라인 인센티브라는 개념으로 사용한다. 이는 온라인상으로 제공되는 동기부여 수단으로서 온라인 쇼핑몰에서 고객이 물건을 구매하거나 회원등록 등을 했을 때 그에 대한 보상을 제공해 주는 것을 의미한다. 즉, 온라인 쇼핑몰이 소비자에게 물건을 판 대가로 일정 형태의 답례나 이익을 제공하여 반복해서 쇼핑몰을 찾을 수 있는 동기부여를 해 줌으로써 고객 로열티를 확보하고자 하는 마케팅 방법이다.

쿠폰(Coupon) 2016년 논술문제

(1) 쿠폰이란

소비자에게 어떤 가치를 제공한다는 사실을 증명하는 것이다. '어떤 가치를 제공한다'는 것 때문에 소비자의 관심도 끌고 즉각적인 반응도 얻을 수 있다. 그래서 쿠폰은 판촉의 대명사처럼 자주 쓰이고 있다.

(2) 쿠폰이 기업에 미치는 장단점

① 장 점
  ㉠ 가격할인을 받고자 하는 소비자들을 대상으로 가격할인의 기회를 제공함으로써 해당 제품의 구매를 유도한다.
  ㉡ 쿠폰을 사용하거나 찾게 함으로써 소비자들은 그들의 구매행동을 정당화할 수 있는 동기를 갖게 된다.
  ㉢ 신제품, 신브랜드의 시험구매를 촉진할 수 있다.
  ㉣ 소매상의 협조 없이 추진 가능하다(단, 사용은 소매상 일부 협조 필요).

② 단 점
  ㉠ 쿠폰을 너무 자주 사용하면 쿠폰만으로 구입하려는 사람들이 발생하여 프로모션 기간에 쿠폰의 회수율이 떨어지는 경우가 생긴다.
  ㉡ 쿠폰의 추적이 불가능하다.
  ㉢ 어떤 소비자가 해당 쿠폰을 사용하였으며 쿠폰을 언제 활용할지를 정확히 예측한다는 것이 쉽지 않다.
  ㉣ 상표충성도가 어느 정도 있는 소비자들만이 구매하게 되고 신규소비자는 추가되지 않는 문제점이 있다.

④ PR(Public Relation)

대중매체에서 무료로 기업 활동, 제품, 서비스에 대해 기사나 뉴스를 전달하여 기업의 이미지를 높이고 판매를 촉진하려는 여러 활동을 의미하며 신뢰성이 높다는 특징이 있다.

PR은 오늘날 기업의 중요한 경영문제이지만, 경영 이론적으로는 새로운 경영철학이라고도 할 수 있다. 한국에는 제2차 세계대전 후 미국을 통해 도입되었으며 현재는 단순한 광고·선전이라는 뜻으로 쓰이고 있다. 객체(대상)는 공중(퍼블릭)이지만, 그것은 일반대중인 경우도 있고, PR의 주체와 깊은 관계가 있는 특정 집단(소비자·종업원·판매업자·주주·보도기관 등)인 경우도 있다.

㉠ PR의 정의

두산백과에 의하면 공중(公衆)과의 관계를 좋게 하기 위한 행위 또는 기능을 말하는데 긍정적인 제품홍보기사(Publicity)를 개발하고, 좋은 기업이미지를 구축하고, 비호의적인 소문, 이야기 또는 이벤트를 처리함으로써, 다양한 공중들과 우호적인 관계를 구축하는 것이다.

㉡ PR의 주요수단 **2012년 약술문제**

4가지 PR에 사용할 수 있는 수단들은 매우 다양하지만 4가지만 예를 들면 아래의 표와 같다.

[기업의 주요 PR수단]

수 단	내 용
출판물	사보, 팜플렛, 연례보고서, 기고 등
뉴 스	보도자료 제공, 취재유도 등
이벤트	기자회견, 세미나, 전시회 등
봉사활동	지역사회 봉사, 기부 등

뉴스를 통해 PR전문가는 자기기업과 제품 또는 기업 내의 사람들에 대해 호의적인 뉴스를 찾아내거나 개발할 수 있다. 또한 최고경영자의 연설이나 간담회 등을 통해 할 수도 있으며, 기자회견 등도 널리 이용한다. 각종 행사나 캠페인에서 레이져 쇼, 불꽃놀이 등 특별행사를 활용하기도 하며 학교나 지역사회에 대한 기부금출연 봉사활동을 통하여도 할 수 있다.

이러한 PR의 목적은 정보제공 및 여론도출, 매출 상승 등에 있으며 광고에 비해 비용이 매우 저렴하고 고객으로부터의 신뢰도가 높고 쌍방향 커뮤니케이션이 가능하다는 장점이 존재하여 대부분의 기업이 넓게 활용하며 선호한다.

㉢ 활용사례 2가지
- 한독(구 한독약품)은 전국 각지의 인간문화재분들에게 무료건강검진 등과 그들을 알리기 위한 '인간문화재 지킴이 캠페인'을 전개함은 물론 일부 생계가 곤란한 인간문화재를 돕기 위해 생활비를 후원함으로써 봉사활동을 통한 좋은 공중관계를 이루었다.
- 유한킴벌리는 '우리강산 푸르게 푸르게'라는 캠페인을 대대적으로 전개하며 나무를 많이 심었는데 이를 TV광고로 채택하여 PR효과를 크게 얻었다.

6. 촉진믹스 비교

구분	목적	비용	기간	장점	단점	예시
광고	이미지, 태도, 포지셔닝 개선	고가	장기	• 메시지 통제 가능 • 메시지를 신속히 전달 • 감각적 접근 가능 • 반복에 의한 침투성	• 일방적 커뮤니케이션 • 전달할 수 있는 정보의 양이 제한적 • 고객별 전달정보의 차별화가 어려움 • 광고효과를 측정하기 어려움 • 고비용	TV, 라디오 광고
인적판매	판매 및 관계형성	고가	장/단	• 구매유도가 효과적 • 정보전달을 정확히 함 • 정보 양, 질 높음 • 즉각적 피드백	• 판매원 비용이 높음 • 촉진 속도가 느림	-
판촉	단기간 매출 증대	보통	단기	• 직접적인 구매유도에 효과적 • 집중력 • 충동구매를 일으킴	• 경쟁사가 모방이 쉬움 • 제품의 질이 낮아 보일 수 있음 • 단기효과	캠페인, POP
PR	신뢰형성	저가	장기	• 신뢰도 높음 • 프로모션 효과 높음 • 저가	• 통제가 어려움 • 간접효과에 그칠 수 있음	-
DM	소비자에게 직접 마케팅	인터넷 판매, TV 홈쇼핑, 카달로그 판매				

| 합격의 Tip |

촉진믹스와 마케팅 커뮤니케이션은 같은 의미로 사용가능
4P가 4C로 전이되는 것에 따라 촉진믹스의 다른 말은 마케팅 커뮤니케이션이라고 불릴 수 있다는 점에 유의해야 한다.

통합 마케팅 커뮤니케이션(IMC ; Intergrated Marketing Communication)
IMC는 광고, 인적 판매, 판매촉진, PR, 다이렉트 마케팅 등 다양한 커뮤니케이션의 전략적 역할을 비교, 검토하여 이들의 효과를 결합한 설득적 커뮤니케이션을 개발, 실행하는 과정으로 정의된다.

7. 통합적 마케팅 커뮤니케이션(IMC ; Integrated Marketing Communication)

IMC를 그림으로 나타내면 아래의 요소들 즉, 다양한 커뮤니케이션 수단을 고려해 통합하고 전반적인 기획을 토대로 각 커뮤니케이션 수단의 전략적인 역할을 할당하는 것이다.

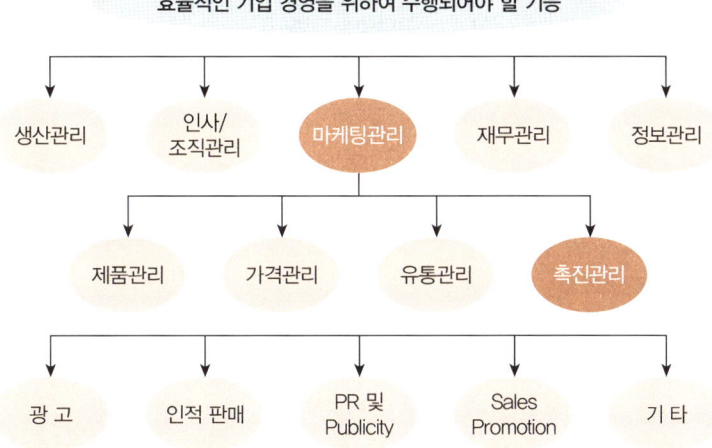

(1) IMC(통합적 마케팅 커뮤니케이션)의 정의와 목적 2014년 논술문제 2009/2002년 약술문제

① IMC는 극대화된 커뮤니케이션 효과를 이끌어 낼 수 있도록 광고, PR, 판매촉진, DM(Direct Marketing) 등을 명확성과 일관성을 유지하면서 결합시키는 프로그램을 실행함으로써 부가가치의 창출을 실행시키는 마케팅 커뮤니케이션의 개념이다. 즉, 커뮤니케이션 요소들의 다양한 전략적 역할들을 종합적으로 평가하여 부가된 가치를 창출할 수 있는 종합적 마케팅 계획이다.

② 기업은 마케팅 커뮤니케이션의 효과적인 수행을 위한 촉진수단들을 적절히 결합, 조정, 통제함으로써 '하나의 목소리를 낼 수 있도록 해야 한다'는 것을 의미하며 장기간에 걸쳐 가망고객을 겨냥한 여러 가지 형태의 설득 커뮤니케이션 프로그램을 개발하고 집행하는 일련의 과정이라고 할 수 있다.

③ 목적은 특정 커뮤니케이션 수용자의 '행동'에 직접적인 영향을 주는 데 있다.

※ 마케팅 커뮤니케이션 : 고객의 소리를 듣고 제품에 반영해서 제품에 대한 정보를 알리고 설득하고 구매를 촉진하는 등 서로 주고받는 행위

(2) IMC의 등장배경(필요성)

① 최근의 정보통신기술의 발달로 인해 다양한 커뮤니케이션 매체가 등장하고 있으며, 대상이 되는 시장을 세분화하고 그에 맞는 적절한 미디어를 선택하여 일방향이 아닌 쌍방향 커뮤니케이션을 추구하는 경향이 있다.

② 광고 이외의 촉진활동의 중요성이 증가되고 있으며 유통의 발달로 소매업자들의 커뮤니케이션의 역할이 중요성이 증가하고 있다. 이에 따라 나타난 중요한 마케팅의 흐름 중 하나가 통합적 마케팅 커뮤니케이션이라고 할 수 있다.

(3) IMC의 5가지 주요 특징 [행욕/접시관]
① 고객의 행동에 영향을 미침
통합적 마케팅 커뮤니케이션 목표는 소비자의 행동에 영향을 주는 것인데 이것은 단순히 브랜드 인지도에 영향을 주고 브랜드에 대한 소비자의 태도를 강화하는 것을 넘어서, IMC는 제품구매와 같은 특정한 행동반응을 이끌어 낼 수 있어야 할 것이다.

② 고객 혹은 유망고객으로부터 출발(고객 욕구파악으로부터)
IMC는 '기업의 욕구를 파악하는 것'부터가 아니라 '고객의 욕구를 파악하는 것'부터 시작하기 때문에 그에 가장 적절한 커뮤니케이션 방법을 선택한다.

③ 모든 접촉수단의 활용
단순히 대중매체 광고와 같은 단일 커뮤니케이션 수단에만 의존하지 않고, IMC는 표적청중(Target Audience)에게 도달할 수 있는 가장 효과적인 매체나 접촉수단을 적극적으로 활용한다.

④ 시너지 효과의 달성
IMC의 주요 구성요소는 광고, 인적 판매, 판매촉진, PR 등이 있는데 이는 때때로 각각의 중요성이 강조되어 따로 진행되기 쉽다. 따라서 강력하고 통일된 브랜드 이미지를 구축하고 소비자를 구매행동으로 이끌기 위해서는 각 커뮤니케이션 도구의 역할에 대한 조정이 절대적으로 필요하며 이를 통해 각 구성요소들이 시너지(Synergy)를 내어야 한다.

⑤ 고객과의 관계구축
성공적인 마케팅 커뮤니케이션이 되기 위해서는 고객과의 관계구축이 필요하다. 관계구축이란 브랜드와 소비자 간의 지속적인 연관관계 형성을 통해 반복구매, 브랜드 충성도를 실현하는 것이다.

(4) IMC 전략의 수립과정 [목전목전/도] 2014년 논술문제 2007년 약술문제
마케팅전략의 수립과정은 S-T-P — 4P MIX 순으로 수립하는데, 이를 토대로 통합적인 마케팅 커뮤니케이션 전략을 수립한 다음, 각 마케팅 커뮤니케이션 도구들에 대한 세부적인 전략을 수립하게 된다. 이를 도표로 도식화하면 다음과 같다.

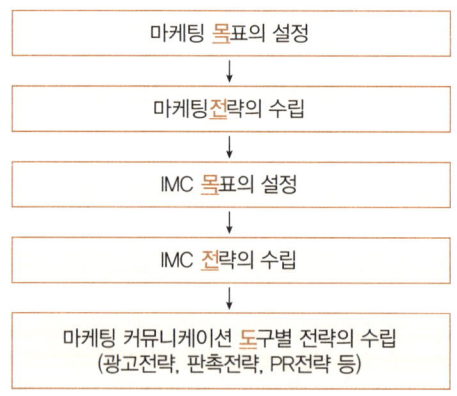

① 마케팅전략은 크게 시장세분화, 표적시장 선정, 제품 포지셔닝의 결정으로 구성된 STP 전략과 이를 토대로 한 마케팅 믹스 프로그램의 개발로 구성된다.
  ㉠ 시장세분화 : 제품시장을 다양한 변수를 사용하여 여러 개의 동질적인 집단 구분
  ㉡ 표적시장 선정 : 각 세분시장의 매력도를 평가하여 표적시장을 선정
  ㉢ 제품 포지셔닝 : 표적세분시장 내에 가장 바람직한 경쟁적 위치를 정립하는 것
② 브랜드에 대한 IMC 전략은 표적세분시장의 고객특성과 경쟁적 포지션을 토대로 하고 마케팅 믹스 프로그램을 고려하여 수립해야 한다.
  이 단계에서 마케팅관리자는 브랜드의 핵심개념 및 표적시장을 IMC 전략에 맞게 재정립하여야 하고, 마케팅 커뮤니케이션 전략의 실행 시, 다루어야 할 핵심적인 사실을 파악하고, 각 커뮤니케이션 도구들의 전략적 역할을 할당하며, 각 도구들이 해결해야 할 과제를 구체적으로 정립해야 한다.
③ 광고, 판매촉진, PR, 이벤트, DB 마케팅, 인터넷 마케팅 등 개별적인 마케팅 커뮤니케이션 도구의 목표와 전략을 수립하여야 한다.

CHAPTER 07 | 서비스 마케팅

1. 서비스의 정의

한 당사자가 다른 당사자에게 소유권의 변동 없이 제공해 줄 수 있는 무형의 행위 또는 활동을 말한다. 서비스는 대체로 저장하거나 운반할 수 없다.

2. 서비스의 특징 [무/비/이/소] 2019년 약술문제

(1) 무형성
소비자는 구매 전까지 서비스를 보거나 만질 수 없다.

① 특 징
형태가 있는 유형의 상품은 그 자체가 욕구를 충족시켜 주는 것임에 비하여 서비스는 서비스의 주체인 인간의 활동이 욕구를 준다는 점에서 상품과 특성을 달리한다. 서비스의 무형성으로 인한 고객의 불확실성을 제거하기 위해서 서비스의 구체성과 유형성 증대를 위해 노력해야 하고, 서비스를 제공받는 소비자는 구매 전까지 서비스를 보거나 만질 수 없다.

② 문제점
㉠ 특허로 보호가 곤란하다.
㉡ 진열하거나 설명하기 어렵다.
㉢ 가격설정의 기준이 명확하지 않다.

③ 무형성 극복방법
유형적 단서를 제공한다. 즉 의료서비스의 경우 언론에 노출된 사진을 게재한다든지 유명학회 정회원임을 명시한다.

(2) 비분리성(동시성)
서비스의 생산과 소비가 동시에 일어난다.

- 의사 : 환자 이야기를 듣고 증상, 원인을 파악한 후 처방(생산)
- 환자 : 증상을 설명하고 의사로부터 치료를 받음(소비)

① 특 징

서비스를 제공하는 사람은 고객과 직접 접촉하게 되므로 생산과정에서 고객이 참여하게 된다. 즉 서비스는 사람이든 기계든 그 제공자로부터 분리되지 않으며 포장되었다가 고객이 그것을 필요로 할 때 구매할 수 없다.

② 문제점

㉠ 서비스 제공 시, 고객이 개입된다.

㉡ 집중화된 대규모 생산이 곤란하다.

③ 비분리성 극복방법

㉠ 고객 서비스 접점에서 서비스 제공의 질을 높인다.

㉡ 기계의 도입으로 대인접촉에 의한 서비스 제공을 감소시킨다.

(3) 이질성(비표준화)

품질이 고르지 않다.

① 특징 및 문제점

서비스는 제공주체인 인간의 개별적 특성 또는 제공 상황에 따라 이질적이므로 규격화, 표준화가 어렵다. 서비스의 이질성은 또한 고객의 이질성으로도 야기된다. 즉, 서비스는 주로 사람에 의존하므로 일관되고 표준화된 서비스 제공이 어렵다.

② 이질성 극복방법

㉠ 서비스 제공자(종업원) 교육에 투자한다.

㉡ 기계의 도입으로 대인접촉에 의한 서비스 제공을 감소시킨다.

㉢ 서비스 제공 표준화를 시킨다.

(4) 소멸성

① 특 징

서비스가 제공되는 시점에 소비하지 않으면 사라진다. 서비스는 재고로 보관하였다가 다시 제공할 수 없으므로 소멸성의 특징은 수요가 안정적이지 못할 때 문제가 된다. 예약제도에 의해 보완이 가능하다.

② 문제점

㉠ 판매되지 않은 서비스는 사라진다.

㉡ 재고로서 보관하지 못한다.

③ 소멸성 극복방법

㉠ 서비스가격 차별화 : 피크타임 → 비(非)피크타임 수요

예 스키장(아침, 야간), 극장(조조할인, 심야할인)

㉡ 비성수기 수요의 개발

예 스키장 - 인공잔디 슬라이드, 골프연습장, 전망대로 활용

㉢ 예약시스템 : 예약시스템을 통한 수요의 사전확보(항공사, 관광, 의료)

3. 서비스 품질 모형

고객들이 주관적으로 체감하여 평가하는데 이때 사전에 고객이 가지고 있던 기대가 그 고객의 서비스 품질 인식에 중요한 기준으로 작용한다. 서비스 기업들의 최고 관심사는 어떻게 하면 서비스 품질을 만족시켜서 고객들을 만족시킬 수 있는가이다.

(1) 서비스 2차원 모형

소비자들이 크게 2가지의 서비스 측면을 보고 평가한다고 주장하는 모형인데, 전반적인 서비스의 품질은 결과품질과 과정품질 2가지로 이루어져 있다.

① 결과품질 : 무엇을 받았는가?
② 과정품질 : 어떻게 받았는가?

즉, 서비스 제공자로부터 결과품질(기술적 품질)과 과정품질(기능적 품질)의 두 가지 측면에서 전반적인 서비스를 평가한다는 것이다. 예를 들면 병원에서 결과품질은 수술의 성공과 같은 것이고 과정품질은 얼마나 자상하게 진찰하고 수술했는가의 여부이다.

(2) 서브퀄(SERVQUAL) 모형

① 의 의

고객서비스 품질에 대한 만족도는 고객의 서비스 품질에 대한 기대와 인식된 서비스 품질의 차이에 의해 결정된다. 가장 대표적인 모형이 서브퀄(SERVICE + QUALITY) 모형이다.

② 구 성 [유신응/확공]

㉠ **유**형성 : 물리적 시설, 장비, 요원 및 커뮤니케이션들의 외관 또는 모양 장치 등의 물적 요소의 외형을 의미하는 것이다.

㉡ **신**뢰성 : 믿을 수 있고 정확한 임무수행을 고려함으로써 고객이 받는 서비스에 대해 신뢰감을 가질 수 있게 할 때 고객들은 서비스 품질을 높게 인식한다.

㉢ 반**응**성 : 고객의 필요나 요구가 있을 시 즉각적으로 도움을 주는 측면을 보고 고객들은 서비스 품질을 높게 평가한다.

㉣ **확**신성 : 능력, 공손함, 안전성이 있다, 즉 직원들이 예의 바르고 친절하게 고객을 대하는 것을 확신성이 높다고 인식해 전반적인 서비스 품질을 높게 인식한다.

㉤ **공**감성 : 접근 용이성, 의사소통, 고객에 대한 이해 등이 포함된다.

(3) PZB(Parasuraman, Zeithaml, Berry)의 갭 모델(The Gap Model) 2025/2017년 약술문제

서비스 품질은 고객이 인지하는 것이기 때문에 품질개선을 위해서는 고객의 요구사항, 즉 기대와 기업의 능력 간의 갭(GAP)을 해소해야 한다. 이를 토대로 파라슈라만, 자이스멀, 베리는 서비스 품질을 설명하는 인지와 기대 사이에 발생하는 5가지 갭을 밝혀내고 서비스 품질 갭 모델을 개발하였다. 이 모델은 서비스 품질의 격차(Gap)가 발생하는 원인을 5가지로 설명하며, 최종적으로 소비자가 느끼는 서비스 품질은 소비자의 기대와 실제 지각한 서비스 간의 차이(Gap 5)에 의해 결정된다. 나머지 4가지 격차는 모두 Gap 5의 원인이 된다.

① Gap 1 : 고객의 기대와 경영진의 인식 간의 차이(Knowledge Gap)

경영진이 고객의 기대를 정확히 이해하지 못하는 데서 발생한다. 고객 조사 부족, 피드백 시스템 부재, 혹은 경영진의 잘못된 인식이 원인이다.

② Gap 2 : 경영진의 인식과 서비스 품질 규격 간의 차이(Design Gap)

경영진이 고객의 기대를 이해했지만, 이를 서비스 표준이나 디자인으로 명확하게 전환하지 못할 때 발생한다. 예를 들어, '빠른 서비스'를 원하지만 구체적인 응대 시간 기준이 없는 경우이다.

③ Gap 3 : 서비스 품질 규격과 실제 서비스 전달 간의 차이(Delivery Gap)

서비스 표준은 존재하지만, 종업원들이 이를 제대로 수행하지 못할 때 발생한다. 교육 부족, 동기 부족, 또는 시스템의 문제 등이 원인이다.

④ Gap 4 : 실제 서비스 전달과 외부 커뮤니케이션 간의 차이(Communication Gap)

기업이 광고나 홍보를 통해 약속한 내용이 실제 제공되는 서비스보다 과장될 때 발생한다. '최고의 서비스'를 약속했지만 현실은 그렇지 않은 경우이다.

⑤ Gap 5 : 기대한 서비스와 지각한 서비스 간의 차이(Service Quality Gap)

위의 4가지 격차가 누적되어 최종적으로 소비자가 느끼는 서비스 품질의 격차를 만든다. 이 차이가 클수록 고객 만족도는 낮아지고, 작을수록 높아진다.

더 알아보기

PZB의 갭 모델(The Gap Model)을 통해 마케터는 서비스 품질의 격차를 유발하는 4가지 요인에 대응하여 다음과 같은 행동을 해야 한다.

1. 시장조사 격차(Knowledge Gap) 극복
   - 마케터는 고객의 기대와 요구를 정확히 이해하기 위해 적극적인 시장조사를 수행해야 한다.
   - 행동 : 고객 만족도 조사, 불만 사항 분석, 포커스 그룹 인터뷰 등을 통해 고객의 목소리를 경청하고, 이를 바탕으로 서비스에 대한 고객의 진짜 기대를 파악해야 한다.
2. 서비스 디자인 및 표준화 격차(Design Gap) 극복
   - 고객의 기대를 파악했다면, 이를 구체적인 서비스 품질 표준으로 체계화해야 한다.
   - 행동 : '전화 응대는 3번의 벨이 울리기 전에 받는다'와 같이 측정 가능하고 명확한 서비스 규정을 수립한다. 이는 서비스의 일관성을 확보하는 데 필수적이다.
3. 서비스 전달 격차(Delivery Gap) 극복
   - 수립된 서비스 표준이 고객에게 제대로 전달되도록 직원들의 역량을 강화해야 한다.
   - 행동 : 직원 교육 및 훈련 프로그램을 제공하고, 서비스 품질 목표 달성에 대한 보상 시스템을 구축하여 직원들의 동기를 부여한다.
4. 내부-외부 커뮤니케이션 격차(Communication Gap) 극복
   - 광고나 홍보를 통해 약속한 서비스가 실제 제공되는 서비스와 일치하도록 관리해야 한다.
   - 행동 : 과장된 광고나 허위 약속을 피하고, 고객에게 현실적이고 정직한 정보를 제공한다. 이는 고객과의 신뢰를 구축하는 데 매우 중요하다.

4. 서비스 마케팅 믹스(7P 모형)

> 기존의 4P + People(사람) + Physical Evidence(물리적 증거) + Process(절차)

(1) People : 사람

직접 수행하는 직원과 해당 고객으로 구성된 사람요인을 말한다.

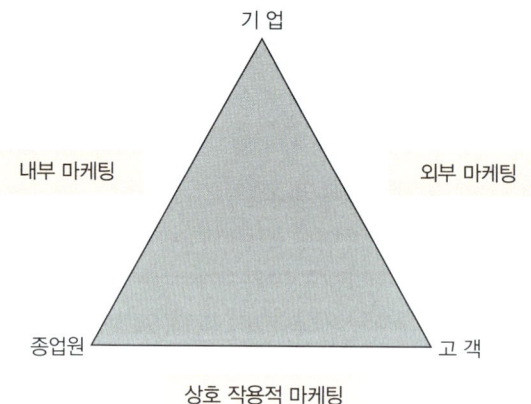

종업원이 고객과 이루어진 약속을 제공할 의지나 능력이 없다면 기업은 고객과의 약속을 지킬 수가 없으며 서비스 마케팅 삼각형은 무너지고 만다. 내부 마케팅은 종업원만족과 고객만족이 밀접하게 연결되어 있다는 가정에 기초한다. 칼 알브레히트는 "조직 외부에 양질의 서비스를 제공하려면 먼저 조직 내부에 양질의 서비스를 제공할 수 있는 체제를 구축해야 한다."고 말하며 서비스업에서 공통적으로 발견되는 종업원의 응대태도 불량을 7거지악(七去之惡)으로 명명하였다.

[종업원의 7가지악]

1	무관심 (Apathy)	나와는 관계없다는 식의 태도 (고객이 창구에 다가와도 쳐다보지도 않는 행위)
2	무시 (Brush-off)	마치 먼지를 털어내듯 고객의 요구나 문제를 못 본 척하고 고객을 피하는 일
3	냉담 (Coldness)	고객에게 '귀찮으니 저리 좀 가세요'라는 식으로 적대감, 퉁명스러움, 친근하지 못함, 고객사정을 고려하지 않음, 조급함을 표시하는 것
4	건방떨기, 생색 (Condescension)	의사가 환자 다루듯 생색을 내거나 어딘지 모르게 건방진 태도
5	로봇화 (Robotism)	종업원이 완전히 기계적으로 응대하므로 고객 개인 사정에 맞는 따뜻함이나 인간미를 전혀 느낄 수 없는 태도
6	규정핑계 (Rule Book)	고객만족보다는 조직의 내부 규정을 앞세우기 때문에 종업원의 재량권을 행사하거나 예외를 인정할 수 없어 상식이 통하지 않는 경우
7	'뺑뺑이' 돌리기 (Runaround)	'죄송합니다만 ○○로 가주십시오. 여기는 담당이 아닙니다' 식으로 고객을 뺑뺑이 돌리는 행동

(2) Physical evidence : 물리적 증거

비가시성의 특성을 가진 서비스의 품질을 소비자에게 확인시켜주는 물리적 증거이다. 예를 들면 시설, 디자인, 간판, 유니폼 등 다양한 외형적 요소들을 말한다.

제품의 패키지처럼 물리적 환경은 본질적으로 서비스를 싸서 내부의 것을 외부적 이미지로 전달하는 역할을 한다. 패키지의 역할은 특정한 기대와 문제해결 욕구를 갖고 있는 신규고객에게 더욱 중요하며 고유한 이미지를 형성하려는 서비스 기업에도 의미가 있다. 물리적 환경은 환경 내에서 활동하는 사람의 성과를 돕는 역할을 한다.

[물리적 증거가 행동에 미치는 효과]

> "자극 – 유기체 – 반응" 모델
> "Stimulus – Organism – Response": (SOR)

물리적 증거가 행동에 미치는 효과를 이해하기 위한 틀은 기본적으로 자극-유기체-반응 이론을 따르고 있으며 물리적 증거의 여러 차원이 고객과 종업원에게 영향을 미칠 것이며, 영향을 받은 고객과 종업원은 물리적 증거에 대한 내적인 반응에 따라 어느 특정한 방식으로 움직일 것이라는 것이 이 모델의 가정이다.

(3) Process : 절차(프로세스)

제공하는 서비스를 표준화할 것인지 맞춤화할 것인지, 고객의 참여를 어느 정도 유지할 것인지에 대한 의사결정 변수인 서비스 제공 과정 즉, 서비스가 수행되는 과정과 흐름이다.

대기와 관련된 8가지 원칙을 제시할 수 있는데, 기업들은 이를 이용하여 고객들의 대기시간을 효율적으로 관리해주고, 서비스 지연과 관련되어 발생할 수 있는 부정적인 효과를 최소화할 수 있다.

[대기와 관련된 고객의 심리 : 8가지 원칙]

> ① 아무 일도 하지 않고 있는 시간이 뭔가를 하고 있을 때보다 더 길게 느껴진다.
> ② 구매 전 대기가 구매 중 대기보다 더 길게 느껴진다.
> ③ 근심은 대기시간을 더 길게 느껴지게 한다.
> ④ 언제 서비스를 받을지 모른 채 무턱대고 기다리는 것이 얼마나 기다려야 하는지를 알고 기다리는 것보다 그 대기시간이 더 길게 느껴진다.
> ⑤ 원인이 설명되지 않은 대기시간이 더 길게 느껴진다.
> ⑥ 불공정한 대기시간이 더 길게 느껴진다.
> ⑦ 서비스가 더 가치 있을수록 사람들은 더 오랫동안 기다릴 것이다.
> ⑧ 혼자 기다리는 것이 더 길게 느껴진다.

5. MOT(Moment Of Truth)

MOT는 고객과 서비스 종업원 간의 접점을 말하며, '진실의 순간' 또는 '결정의 순간'이라고 불린다. 이 말은 스칸디나비아항공사 사장인 '얀 칼슨'이 서비스에 처음 사용하여 유명해진 말이다. 원래 MOT는 투우 경기에서 투우사와 소가 최후로 대면하는 순간을 말하는 것으로, 이 순간에 이미 승패가 갈린다는 의미에서 결정적 순간이라고 한다.

> **더 알아보기**
>
> **MOT를 마케팅 이론으로 사용하게 된 배경**
> 얀 칼슨 사장은 이렇게 말했다.
> "지난 한 해 동안 천만 명의 우리 고객이 서비스를 받기 위해 다섯 번 정도 우리 직원들과 만났는데 이 만남은 평균 15초 정도 지속하였다. 따라서 우리 스칸디나비아항공사는 한 번에 15초 정도, 일 년에 5천만 번 만남을 창조한다고 할 수 있다. 이 5천만 번이나 되는 진실의 순간(Moment of Truth)이 우리 회사의 성패를 결정하는 순간이다."
> 고객과의 짧은 만남의 결과 속에서 회사가 새롭게 창조된다고 생각했던 스칸디나비아항공사 사장의 경영철학을 엿볼 수 있다. '결정적 순간' 개념을 도입한 칼슨은 불과 1년 만에 스칸디나비아항공사를 연 800만 달러 적자로부터 연 7,100만 달러의 이익을 내는 흑자경영으로 전환했다.
> MOT는 고객이 기업의 종업원 또는 특정자원과 접촉하는 순간의 상황을 말한다. 결정적 순간은 서비스 제공자가 고객에게 서비스의 품질을 보여줄 기회로서 지극히 짧은 순간이지만 고객의 서비스에 대한 인상을 좌우한다. 이를 바탕으로 MOT 마케팅이라는 말이 탄생하였으며 소비자들이 제품 또는 서비스에 접촉하게 되는 극히 짧은 시간 동안이라도 제품과 기업에 대한 좋은 인상을 줄 수 있도록 만드는 마케팅기법을 뜻한다.
>
> **MOT의 사례**
> 고객이 광고를 볼 때, 고객이 그 기업의 건물을 볼 때, 주차장에 차를 세울 때, 로비에 들어섰을 때, 우편으로 받은 청구서나 문서를 접할 때 등이다.
> 경영에서 중요한 한 축인 서비스 관점에서 볼 때 어떤 고객과 회사가 어떤 이유로든 만나서 첫 대화를 하는 순간이 바로 MOT다. 스칸디나비아항공사는 15초라고 했던 그 짧은 첫 만남과 짧은 대화가 당장은 별로 큰 영향을 주지 않는 것 같지만, 결과는 상상을 초월할 정도로 무섭다.
> 스칸디나비아항공사는 고객이 예약 문의전화를 하고, 공항카운터를 방문하고, 티켓을 받은 후 탑승을 하고, 기내서비스를 받고, 공항을 빠져나오는 등의 모든 순간에 고객이 항공사와 함께 있다는 기분을 느낄 수 있도록 다양한 광고와 질 높은 서비스를 제공하는 MOT 마케팅을 도입함으로써 수년간의 적자경영을 흑자경영으로 돌려놓는 결과를 낳았다.

CHAPTER 08 | 최신마케팅

1. CRM(CRM ; Customer Relationship Marketing)

(1) 고객관계관리(CRM)의 개념
협의적으로는 고객충성도를 극대화하기 위하여 개별고객에 대한 구체적 정보를 관리하고, 고객과의 접촉점을 세심하게 관리하는 과정이다. 광의적으로는 탁월한 고객가치와 고객만족을 제공함으로써 수익성 있는 고객관계를 구축, 유지하는 전반적 과정으로 정의할 수 있다.

(2) CRM의 등장배경
시장 개발, 경쟁의 심화, 소비자 욕구의 변화에 따라 기업의 불특정 다수의 대중을 향한 광고가 더 이상 기대치 만큼의 효과가 없다는 것을 알게 되었으며 다양한 상품 못지않게 서비스의 질도 향상되어 고객들은 조금만 불만족스러운 대접을 받아도 언제든지 경쟁자의 상품으로 눈을 돌리는 현상이 두드러지게 되었다. "회사 수익의 65%는 만족을 얻는 고객을 통해서 이루어진다.", "신규고객 획득 소요비용은 기존고객에게 베푸는 서비스 비용의 약 5배가 든다." 등으로 수치화된 연구 결과 발표로도 알 수 있다. 불특정 다수를 대상으로 하는 획일화된 광고보다는 찾아진 고객의 특성과 필요에 맞는 메시지를 전달하여 고객과 보다 더 친밀한 관계를 유지하고, 결국은 평생 고객으로 유도해야 되겠다는 전략도 세우게 되었다.

(3) 대중마케팅과의 차이점
기존의 마케팅은 단순히 '판매'에 그 목적을 두었으며 제품 특성에 초점을 맞췄다. 따라서 단기간 비지속적으로 고객과 접촉하였으며 제품의 품질은 단지 생산팀에 의해 관리되었다.

반면 관계 마케팅은 판매가 아닌 '고객 유지'를 목표로 한다. 따라서 할인 쿠폰 등으로 고객과의 접촉을 지속하려고 노력하며 장기 전략을 펼치며 제품의 품질은 생산팀뿐만이 아니라 전 부서에 걸쳐 관리된다고 할 수 있다.

대중(대량)마케팅과 CRM마케팅에 적용될 수 있는 일대일 마케팅의 차이를 요약해보면,
① 대중마케팅은 모든 고객들과의 관계를 형성하는 순수한 의미의 표준화된 대량마케팅을 실시했으나 CRM은 고객데이터베이스를 구축·유지하여 자사의 예상 잠재고객과 고객을 확인규명하여 올바른 고객과 올바른 관계를 구축한다.
② 대량마케팅은 모든 고객을 동등하게 생각하나 CRM에서는 고객별로 평생가치를 계산해 고객의 욕구 및 자사의 고객가치조건에서 고객을 차별화한다.
③ 대중마케팅은 고객과의 커뮤니케이션이 일방적이나 CRM은 고객들의 개별욕구에 대한 자사의 지식을 구축하고, 개선하고, 강력한 관계를 향상시키기 위해 개별고객과 상호작용한다. 즉, 대중마케팅은 유치된 모든 고객을 동일하게 취급하고 고객유지에 별다른 노력을 하지 않는 반면 CRM은 보다 신중하게 선택된 고객과의 관계형성을 하며 더 깊고 상호작용적인 고객관계를 구축하여 고객 유치보다는 기존고객의 유지에 힘쓴다. 즉, 고객의 생애가치를 최대화하기 위한 전략을 구사한다.

(4) CRM의 기대효과

CRM의 기대효과는 시장성과 향상과 마케팅 역량 향상으로 나뉘는데 그림으로 나타내면 다음과 같다.

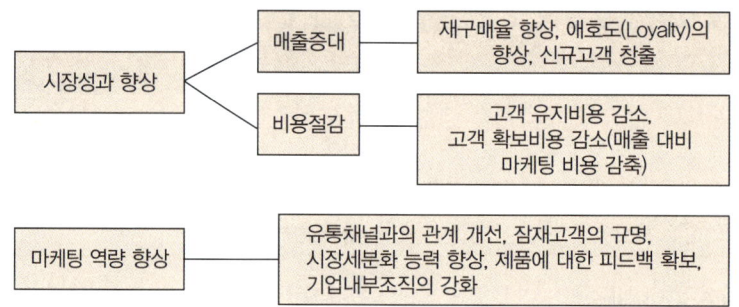

① **시장성과 향상** : 매출증대와 비용절감 2가지로 다시 구분되는데, 매출증대의 효과는 소비자의 재구매율을 향상시키고, 제품에 대한 소비자의 충성도를 증가 및 신규고객을 창출하는 것이다. 비용절감의 효과는 고객의 유지비용과 확보비용을 감소시키는 것을 의미하며 이는 매출대비 마케팅 비용의 감소를 말한다.

② **마케팅 역량 향상** : 유통채널과의 관계개선, 잠재고객의 규명, 시장세분화 능력 향상, 제품에 대한 피드백 확보 및 기업내부조직의 강화 등을 말한다.

(5) CRM의 마케팅 시사점

CRM의 적용가능성 및 수익성에 대한 정확한 분석이 있어야 한다. 즉, 상품, 시장, 고객, 기술 등을 통합적으로 고려해야 한다. 정보기술과 마케팅전략의 결합은 효과적인 CRM 개발 및 활용에 필수적이다. CRM도 다른 용도로 쓸 수 있는 것을 발견할 수 있도록 해야 한다. 어렵게 얻은 Database를 많이 활용할 수 있어야 할 것이다. 경매 사이트를 보면 경매하고 나서 내가 이 물건을 얼마까지 사겠다는 한계가격이 노출이 된다. 그러면 제조업자의 입장에서는 이 정도 가격을 맞출 수 있으면 역으로 마케팅을 할 수 있을 것이다. 결국, CRM은 DB마케팅과 유연생산시스템이 가능해짐에 따라 발달된 마케팅 기법으로 예전의 대량마케팅과 달리 생애가치가 높은 고객들을 대상으로 개별 마케팅을 통해 고객만족을 극대화함으로써 수익을 창출하고자 하는 것이다.

1-1. 고객경험관리(CEM ; Customer Experience Management)

(1) 고객경험관리(CEM)의 개념

제품이나 회사에 대한 고객의 전반적인 경험을 전략적으로 관리하는 프로세스이며 전략인 동시에 과정과 실행에 중점을 두는 고객 만족 개념이다. 기업에게는 모든 접점에서 고객과 관계를 맺고, 각기 다른 고객 경험 요소를 서로 통합해준다. 그리고 고객에게는 감동적인 경험을 제공함으로써 기업 가치에 대한 고객의 충성을 유발시킨다.

(2) 고객경험관리(CEM)과 고객관계관리(CRM ; Customer Relationship Management)

고객경험관리는 기업이나 제품과 관련된 고객의 경험을 전략적으로 관리하고 고객 경험 이해를 바탕으로 기업 내부를 고객 중심적으로 혁신해 나가는 경영전략이다. 고객경험관리(CEM)는 고객관계관리(CRM)의 다음 단계로, 고객과의 관계를 중심으로 데이터베이스를 구축하는 CRM과 달리 고객이 어떻게 생각하고 느끼는지를 파악하기 위해 매장 방문, 구입, 이용 등 거래 단계별로 고객이 무엇을 보고 느끼는지를 파악해 이를 토대로 고객 경험 데이터베이스를 구축하는 것이 핵심이다. 이전의 CRM은 고객의 거래 관계에만 중점을 두고 고객의 소비 패턴을 기계적으로만 분석한 나머지 고객의 경험에 대한 관리는 소홀함으로써 총체적으로 고객을 이해하지 못하는 문제점이 있었지만, CEM은 거래 관계 및 신속·정확·편리한 주문시스템 등 이성적 경험뿐만 아니라 브랜드 이미지, 매장 직원의 친절도 등을 통한 심리적 변화, 욕구 등을 반영한 감성적 경험까지 분석할 수 있다는 장점이 존재한다.

[고객경험관리(CEM)과 고객관계관리(CRM)의 비교]

구 분	CEM	CRM
정보 대상	고객이 기업에 대해 생각하는 바를 파악·활용	기업이 고객에 대해 아는 것을 파악·활용
시 기	고객접점에서 정보 수집	고객과의 거래 이후 수집
방 법	관측, 타깃그룹 조사 등의 '고객의견' 청취 및 연구	판매시점에 수집된 데이터와 시장분석, 판매 자료분석
정보 활용자	고객의 경험증진을 통해 사업의 성과를 높이기 위한 경영진 및 각 기능 리더	효과적인 업무 수행을 위한 고객접점 부서(영업, 마케팅, 서비스 부서)
미래실적과 연관성	고객기대와 실제 경험의 차이를 좁혀 미래실적을 이끌어내는 선도적 역할(Leading)	소비자 정보 파악을 통한 교차판매 증대로서 현재에 기반한 미래실적 확대를 유도하는 후발적 역할(Lagging)

(3) 고객경험관리(CEM)의 범위

① 고객세분화와 타깃 고객 선정
② 혁 신
③ 포지셔닝
④ 브랜딩 전략
⑤ 서비스 등 다양한 영역에서 적용 가능

(4) 고객경험관리(CEM) 전략 5단계

① 1단계 : 소비자의 경험 세계(환경) 분석
② 2단계 : 고객의 경험적 기반 확립
③ 3단계 : 제품 로고나 광고와 같은 다양한 매체에서 통일된 메시지가 전달될 수 있도록 디자인
④ 4단계 : 일관성 있는 고객 경험 제공을 위해 다양한 상황에서의 고객 인터페이스를 설계
⑤ 5단계 : 끊임없는 혁신

(5) 고객경험관리(CEM)의 도입 배경 및 발달과정

1990년대 고객관계관리(CRM) 개념이 등장하면서 고객 데이터 세분화로 고객 관리 및 유도를 통한 고객 가치의 극대화를 추구하고, 거래 내역 및 소비 패턴을 기계적으로 수치화하는 방식이 주류를 이루었다. 그러나 CRM은 다양한 고객접점과 경험에 따르는 심리적 변화와 욕구 무시하고, 결과에만 중점을 두는 단점을 지녔다.

이에 경쟁사보다 차별화된 제품과 서비스를 제공하기 위해 CRM을 활용하던 기업들이 CEM에 주목하기 시작했다. 고객만족경영의 극대화를 위해 고객의 감성 및 주관적인 경험을 반영한 CEM의 전략이 호응을 얻어 특히, 금융과 유통업종을 중심으로 고객 친화적인 경영의 기반으로 CEM을 도입하는 기업이 하나 둘 나타나게 되었다. 이는 소비자가 자사 브랜드를 경험하는 모든 상황과 그 심리적 과정을 분석 및 통합하여 총체적으로 고객을 이해할 필요성이 대두되었기 때문이다. 또한 고객이 제품을 '충동적으로 구매'하

며, '이성이 아닌 감성'으로, '수치가 아닌 감동'으로 고객에게 접근해야 한다는 것에 집중한 개념이라고 할 수 있다.

(6) 고객 여정 지도(Customer Journey Map)와 구매행동모델

고객 여정 지도를 만들기 위해서는 우선 페르소나(Persona)라는 가상의 고객 프로파일을 작성해, 페르소나가 제품을 구매하기 전(Before)과 구매하는 순간(On), 구매한 이후(After) 등의 전 과정을 도식화한다. 그 과정에서 발생한 편리함, 만족함, 불편함 등 고객 경험을 수집해 고객의 고충점(Pain Point)을 발견하거나 인사이트(Insight)를 포착하게 되는데 고객 여정 지도는 각 여정의 단계마다 포스트잇으로 의미 있는 경험을 정리해 보드에 부착한 후, 논의와 관찰 등을 통해 이를 정리하고, 파워포인트나 인포그래픽(Infographics) 등 다양한 방식으로 도식화해 작성한다. 고객 여정 지도는 여정 전반에서 다양한 트렌드의 영향을 받기 때문에, 한 번에 완성되는 것이 아니라 주기적으로 지속적인 업데이트가 필요하다. 이렇게 작성된 고객 여정 지도에서 고객접점(Touch Points)을 파악하고, 이를 전략과 연계한다.

고객은 접점에서 기업의 대응에 어떤 반응을 보였는지 데이터를 수집하고 분석하며, 고객 경험 프로세스에 ERRC를 활용해 개선하거나, 고객 충성도를 측정하기 위해 NPS를 사용하기도 한다.

[고객 여정 지도(Customer Journey Map)]

인지 (Awareness)	→	관심, 탐색 (Interest, Exploration)	→	전환 (Conversion)	→	인지 (Awareness)
Evoked Set		Consideration		Purchase		Retention
브랜드 인지 및 제품 특성 인식		광고 반응 및 정보 탐색		구매, 계약		재구매, 반복구매

(7) 구매의사결정과정과 고객경험관리 2021년 약술문제

구매단계	세부내용
구매 전	• 고객의 인지단계 여정에서 브랜드 가치의 정인지를 위해서, 인플루언서와 체험단을 활용한 실사용 고객의 좋은 체험 후기를 다양하게 배치하여 고객의 간접경험을 만들어야 한다. • 고객 탐색 여정에서 랜딩 페이지를 통한 고객 경험이 중요하다는 통찰을 통해 랜딩 페이지 내에 다양한 이용방법을 동영상으로 제공하여 고객의 신뢰를 높여준다.
구 매	• 기업이 고객의 경험 세계를 정확히 분석하고 있다면 경쟁사 대비 차별화된 경험을 제공해야 한다. 고객접점별로 고객의 기대와 실제 경험과의 차이를 파악하여 만족, 불만족 요인을 간파한 후 우선순위를 매겨야 한다. • 우선순위를 바탕으로 독특한 판매경험의 조합을 구성해야 한다. 예를 들어 도너츠 판매업체 크리스피는 던킨과의 차별화를 위해 구매 시 고객들이 매장에서 제작과정을 직접 볼 수 있도록 디자인한다.
구매 후	• 고객의 피드백을 반영하는 것이 중요하다. 나이키는 운동선수들의 의견을 신발 개발에 적극 반영하고 있는데 이는 승리의 경험가치를 극대화하고 있다. • 일관되고 통합된 경험을 제공해야 한다. 이를 위해선 다양한 접점을 통해서 고객 경험이 일관성 있게 제공되도록 기업 내부에서 경험의 질을 종합적으로 관리해야 한다. 일관된 경험이 제공되지 않으면 다양한 접점에서의 경험이 오히려 잡음이 되어, 기업이 의도했던 브랜드 메시지 전달에 실패할 수 있기 때문이다.

2. PPL(Product Placement)

PPL(Product Placement)은 직역하면 제품 배치다. 즉 필요한 위치에 제품을 갖다 놓는 것을 의미하는데, 원래 영화를 제작할 때 각 장면에 사용될 소품을 적절한 장소에 배치하는 것을 일컫던 말이다. 초기에는 영화 제작부서에서 시나리오를 보고 기업이나 점포를 방문해 각 신(Scene)에 필요한 소품을 요청해 배치했다. 이 시기만 해도 영화사보다는 기업이 주도권을 갖고 있었다.

하지만 영화에 등장했던 제품이나 브랜드에 소비자들이 반응을 보이고, 심지어는 매출도 증가하자 기업들이 먼저 자신의 제품을 사용해 달라고 요청하거나 때로는 제품 사용의 대가로 제작비를 지원해 주기도 했다. PPL이 본격적인 마케팅 수단으로 사용된 영화 〈ET〉에서는 주인공이 ET를 유인하기 위해 사용되었던 허쉬(Hershey)의 초콜릿이 1개월 만에 영화 개봉 전 대비 65%의 매출 상승을 보였다. 2012년 방송된 드라마 〈신사의 품격〉에서 배우들이 사용했던 선글라스, 옷핀 등은 실제로 매장에서 매진되었으며, 여주인공이 자주 찾던 빵집 '뚜레쥬르'는 방송 2주간 매출이 전달 대비 166% 상승했다.

이처럼 영화나 TV 프로그램 속에 등장한 제품이나 브랜드의 인지도와 매출이 상승하자 기업들은 과거와 달리 적극적으로 PPL을 마케팅 수단으로 사용하기 시작했다. 즉, 이제 PPL은 단순히 콘텐츠 내에서 소품을 배치하는 것을 넘어섰다. 마케팅 및 광고, PR 수단으로서 PPL이란 '주로 영화 제작사나 방송사에 제품이나 제작비를 협찬해 주고 그 대가로 기업이나 제품, 브랜드 로고를 노출시키는 것'이라 할 수 있다. 여기서 중요한 점은 협찬(Sponsorship)의 대가로 제품이나 로고를 노출시키는 것이다. 따라서 PPL을 이용한 기업들은 영화나 프로그램 말미에 엔딩 크레딧에서 자막으로 확인할 수 있다.

이러한 PPL의 장점은 특정 회사의 제품을 소품으로 제작함으로써 회사 측에는 브랜드 이미지를 제고하며 영화사 측에는 영화제작의 협찬금 확보와 영화의 현실감과 브랜드의 실제효과를 함께 얻을 수 있다.

단점은 특정 상품을 의도적으로 부각시켜 지나치게 간접광고를 할 경우 영화 관객이나 드라마 시청자에게 거부감 등 부작용이 있다는 것이 지적될 수 있으니 PPL전략을 추구하는 기업은 이를 주의해야 할 것이다.

3. 고객생애가치(Customer Lifetime Value)

(1) 고객생애가치

고객생애가치란 '한 고객이 특정 기업의 고객으로 존재하는 전체 기간 동안 창출하는 총이익의 순현재가치(NPV ; Net Present Value)'를 의미한다. 고객생애가치가 중요한 이유는 장기고객일수록 유지하는 데 비용이 적게 들기 때문이다. 신규고객을 유치하기 위해 소요되는 비용에 비하여 1/5 수준이라는 연구결과도 있다. 또한 장기고객일수록 수익성이 높다. 파레토 법칙에 따르면 20%의 고객이 80%의 매출을 올려준다고 한다. 20%의 고객은 VIP 고객임과 동시에 장기간 거래하는 단골고객이다. 고객생애가치를 유용하게 활용하기 위해서는 다음과 같이 노력한다.

첫째, 우량 고객은 제대로 대우한다.
둘째, 자원의 제약상 수익성이 낮은 고객은 과감히 버린다.
셋째, 고객을 세분화하는 새로운 방법을 제공한다.
넷째, 고객들의 생애가치를 키우려는 노력을 한다.

(2) 고객생애가치를 높이는 방법 및 그 사례

교차판매 (Cross Selling)	고객가치 극대화를 위해 기업의 주력제품이 아니더라도 고객에게 적합한 다양한 제품 포트폴리오를 구성하여 제공하는 것이다. 즉, 한 제품을 구입한 고객이 다른 제품을 추가로 구입할 수 있도록 유도하는 것이 목적이다. 고객과의 거래의 폭을 넓혀서 이탈이 어렵도록 하여 충성도 효과로도 연결이 된다. 다양한 종류의 상품을 많이 보유한 경우 교차판매가 수월해진다. 예 PC구입 시에 프린터, 스피커 등 다른 제품까지 구매하게 되는 경우
상향판매 (Up Selling)	기존 제품보다 더 높은 가격의 제품을 제공하여 고객가치와 기업이윤을 극대화하는 것인데 쉽게 말하면 어떤 상품을 구입한 고객에게 보다 고급의 상품을 판매하는 전략이다. 소비자 입장에서는 이전에 알지 못했던 서비스와 제품 옵션 등을 알게 되어 선택권이 넓어진다. 판매자 입장에서는 더 높은 수익이 창출될 수 있다. 예 A군은 PC를 골랐으나 직원의 설득력 있는 추천으로 더 좋은 사양의 PC를 고르게 되는 경우, 성형외과에서 점 빼러 갔다가 사각턱 시술을 소개받는 경우 등

4. 바이럴 마케팅(Viral Marketing)

바이럴 마케팅(Viral Marketing)은 누리꾼이 이메일이나 다른 전파 가능한 매체를 통해 자발적으로 어떤 기업이나 기업의 제품을 홍보하기 위해 널리 퍼뜨리는 마케팅 기법으로, 컴퓨터 바이러스처럼 확산된다고 해서 이러한 이름이 붙었다. 바이럴 마케팅은 2000년 말부터 확산되면서 새로운 인터넷 광고 기법으로 주목받기 시작하였다. 기업이 직접 홍보를 하지 않고 소비자의 이메일을 통해 입에서 입으로 전해지는 광고라는 점에서 기존 광고와 다르다. 입소문 마케팅과 일맥상통하지만 전파하는 방식이 다르다.

입소문 마케팅은 정보 제공자를 중심으로 메시지가 퍼져나가지만 바이럴 마케팅은 정보 수용자를 중심으로 퍼져나간다. 기업은 유행이나 풍조 등 현실의 흐름을 따라가면서 누리꾼 입맛에 맞는 엽기적인 내용이나 재미있고 신선한 내용의 웹 애니메이션을 제작, 인터넷 사이트에 무료로 게재하면서 그 사이에 기업의 이름이나 제품을 슬쩍 끼워 넣는 방식으로 간접광고를 하게 된다. 누리꾼은 애니메이션 내용이 재미있으면, 이메일을 통해 다른 누리꾼에게 전달하고, 이러한 과정이 반복되다 보면 어느새 누리꾼 사이에 화제가 됨으로써 자연스레 마케팅이 이루어지는 것이다. 일부 바이럴 마케팅 광고는 제품 정보를 알려 준 사람에게 보상을 주는 조성책(인센티브) 접근법을 쓰기도 한다.

바이럴 마케팅은 웹 애니메이션 기술을 바탕으로 이루어지며, 파일 크기가 작아 거의 실시간으로 재생이 가능함은 물론, 관련 프로그램만 이용하면 누구나 쉽게 제작할 수 있고, 기존 텔레비전이나 영화 등 필름을 이용한 광고보다 훨씬 저렴한 비용이 들기 때문에 빠른 속도로 확산되고 있다.

5. 소셜미디어(Social Media), SNS마케팅(Social Net-work Service)

소셜미디어(Social Media)란 사람들이 자신의 생각과 의견, 경험, 관점 등을 서로 공유하고 참여하기 위해 사용하는 개방화된 온라인 툴과 미디어 플랫폼으로, 가이드와이어 그룹의 창업자인 크리스 쉬플리가 처음 이 용어를 사용하였다.

(1) 소셜미디어는 그 자체가 일종의 유기체처럼 성장하기 때문에 소비와 생산의 일반적인 메커니즘이 동작하지 않으며, 양방향성을 활용하여 사람들이 참여하고 정보를 공유하며 사용자들이 만들어나가는 미디어를 소셜미디어라 부른다.

(2) 위와 같은 온라인 툴과 미디어 플랫폼을 활용하여 마케팅 활동을 하는 것이 소셜미디어 마케팅 또는 소셜네트워크서비스(SNS)마케팅이라 할 수 있다. SNS 범주 안에 드는 블로그, 미니홈피, 트위터의 성장은 유행이라기보단 변화라고 할 수 있다. 트위터(Twitter, X)는 대표적인 소셜네트워크 서비스로 인터넷, 모바일 기기로 무선인터넷을 즐기는 일반 소비자는 물론, 유명인들의 사례가 소개되면서 이슈가 되고 있다.

(3) 개인부터 기업까지 사용자를 늘리고 있는 트위터가 인기 있는 이유가 무엇일까? 먼저 트위터를 사용하는 사람들, 현대 소비자들의 특성에서 찾을 수 있다.
   ① 공개 자료, 오픈 소스에 익숙
   ② 노트북, 스마트폰 등 온라인에 대한 접근성 강화
   ③ 정보나 미디어에 대한 신뢰를 중요시
   ④ 가치 중심이 브랜드에서 관계로 이동

(4) 인기의 이유로 트위터의 아이디어와 서비스가 좋은 점도 있을 수 있겠지만 무엇보다 소비자의 변화에 적절히 대응했기 때문이다. 기존 홈페이지나 미니홈피가 자신을 드러내고자 하는, 다른 사람을 지켜보고 싶은 욕구를 충족시켜 주었다면 최근의 소셜미디어는 보는 데 그치는 것이 아닌 서로 대화하고 의견을 교환하는 소통의 욕구를 충족시켜 주고 있다는 것이 큰 차이점이다.

(5) 유명인의 입장에선 자신의 업과 관련해 인맥과 지식의 장을 넓히고 팬을 만들 수 있는 채널이며 이는 기업의 입장에서도 마찬가지다. 소셜미디어를 통한 신제품 소개, 위기관리, 이슈/트렌드 포착, 고객유치, 이벤트 프로모션 등 SNS마케팅은 이제 필수로 자리잡아 가고 있다.

(6) 이처럼 소비자의 성향이 변함에 따라 기업들의 마케팅 또한 변화를 거듭하고 있다. 이제는 선택이 아닌 필수가 된 소셜미디어 마케팅. 그렇다면 기업의 입장에서 어떻게 준비하고 시작해야 할까? 먼저 기술을 이해하는 것만이 아닌 가치를 이해해야 한다.

(7) 소셜미디어는 단순히 인터넷 광고의 또 다른 형태가 아니라 소비자와 대화하는 공간이자 채널이다. 값싸게 광고할 수 있는 채널이 아니라 소비자의 목소리를 공짜로 들을 수 있는 소중한 기회인 것이다. 이제는 소셜미디어 마케팅을 하느냐 마느냐의 문제가 아니라 어떻게 할 것이냐를 고민할 때다.

(8) 소셜미디어를 담당할 전문 인력과 자원이 있는 기업이라면 큰 문제가 없지만, 전문 인력이나 자원이 부족한 경우, 광고대행사를 통해 소셜미디어 마케팅을 진행하고 기업은 본업에 집중하는 것이 효과적일 수 있다.

6. 소셜(Social) 마케팅

같은 품질과 맛의 커피 두 잔이 있다. 한 잔은 2,500원, 다른 한 잔은 3,000원에 판매한다. 경제적인 관점에서만 바라본다면 조금이라도 값이 싼 재화, 즉 2,500원짜리 커피를 사는 게 현명한 선택이다. 그런데 현실에서는 이와 정반대의 현상이 벌어지기도 한다. 자진해서 500원을 더 지불하며 비싼 커피를 선택하는 경우다. '500원의 추가 수익은 남미의 가난한 커피농가 몫으로 돌아간다'는 안내 때문이다. 경제학, 특히 자유시장 경제학의 논리로는 설명되지 않는 현상, '공정무역'의 일면이다.

기업도 이런 현상에 주목한다. 사회적 기업으로 대표되는 '착한 기업'의 이미지를 빌려 이를 마케팅에 활용하는 식이다. 사실 소셜 마케팅의 학문적 정의는 상업적 이익을 배제하는 개념에 가깝다. 사회적 이익을 위해 마케팅의 원리를 적용하는 게 학문적 의미의 소셜 마케팅이다. 기업의 이윤이 아닌 사회적 변화, 대중행동양식의 변화가 소셜 마케팅의 목적이란 뜻이다.

기업 입장에서 말하는 소셜 마케팅을 정확히 표현하자면 '공익 마케팅'에 가깝다. 하지만 대개의 경우 소셜과 공익을 구분하기보다는 통상 소셜 마케팅으로 부른다. 기업의 사회적 책임이나 공헌을 강조하는 분위기도 소셜 마케팅에 뛰어들게 하는 배경이다. 특히 대기업일수록 소셜 마케팅을 적극적으로 진행하는데, 삼성전자나 현대자동차 같은 그룹이 대표적이다. 삼성전자의 경우 헌혈 캠페인, 자원봉사 대축제, 연말 이웃사랑 캠페인 등 자사 직원들이 주축이 된 공익 활동을 펼치고 있다.

삼성전자는 지난 1995년 '작은 나눔 큰 사랑' 캠페인을 통해 국내 소셜 마케팅의 시작을 알렸다고 평가받는다. 소비자가 제품을 구매할 때마다 구매가의 1%를 고객이 지정한 사회복지기관에 후원하는 방식으로, 총 300여 억 원을 기부했다.

현대자동차는 기업의 특성을 살려 장애인 이동 편의를 위한 활동을 활발히 펼치고 있다. 장애인과 노인들을 위한 보조·재활기구를 생산·판매하는 사회적 기업을 세운다거나, 장애인 보조기구 이동수리 지원 등이 대표적이다.

기업의 사회적 책임(CSR ; Corporate Social Responsibility) 차원에서 매출과 직접 연결되지 않는 활동이 앞서 소개한 내용이라면, 지난 2012년 홈플러스가 펼친 '생명의 쇼핑카트' 캠페인은 직접적인 수익과 공익 활동을 연계한 사례다. 203개에 이르는 제휴사와 함께 해당 기업 제품을 구매하면 가격의 1%를 아동 소아암·백혈병 환자들에게 기부하는 방식이었다.

이런 방식은 대기업뿐 아니라 소규모 자영업에서도 쉽게 찾아볼 수 있다. 서울시 성북구 삼선동에 자리 잡은 '투 아프리카(To. Africa)' 카페에서는 차 한 잔을 주문할 때마다 하트 모양의 클립을 받는다. 한쪽 벽에는 아프리카 아이들 10명의 사진과 이름이 있고, 여기에 늘어놓은 줄에 클립을 끼우면 된다. 클립 한 개당 쌓이는 기부금은 300원이다. 이 돈으로 말라위와 우간다 10명의 아이를 후원한다.

매출과 직접 연결되든 단순한 사회공헌 프로그램이든 기업이 소셜 마케팅에 나서는 이유는 이미지 개선으로 얻을 수 있는 효과가 크기 때문이다. 최근의 소비 트렌드는 공정무역 커피에서 알 수 있듯이 '착한 소비'로 정의할 수 있다. 공익과 연관된 일에 참여할 수 있다면 기꺼이 지갑을 연다는 뜻이다. 기업 입장에선 이미지 개선과 매출 증대라는 두 마리 토끼를 잡을 수 있는 전략이 바로 소셜 마케팅이다.

7. 공생 마케팅(Symbiotic Marketing)

(1) 공생 마케팅의 정의

고객의 취향이 다양화되고 수요가 불안정하며 기업 간 경쟁이 치열해짐에 따라 한 기업이 자원뿐 아니라 여러 기업의 마케팅자원을 공동으로 이용함으로써 상표이익을 극대화하고 위험을 회피할 수 있는 방안을 모색하게 되었다.

이러한 마케팅 부분에서의 기업 간 협력, 즉 전략적 제휴를 공생 마케팅이라 한다.

(2) 공생 마케팅 구분 및 활용전략

경제 상황이 어려워지면서 서로 도움이 될 만한 파트너끼리 힘을 합치려는 활동이 벌어지고 있다. 이러한 활동에서 업종 간의 결합 형태에 따라 공생 마케팅과 하이브리드 마케팅으로 다시 구분해 볼 수 있다.

① 공생 마케팅(Symbiotic Marketing)

같은 유통경로 수준에 있는 기업들이 자본, 생산, 마케팅 기능 등을 결합하여 각 기업의 경쟁우위를 공유하려는 마케팅 활동으로, 참여하는 업체가 경쟁 관계에 있는 경우가 보통이며 자신의 브랜드는 그대로 유지한다. 흔히, 경쟁관계에 있는 업체끼리의 제휴라는 면에서 수평적 마케팅시스템(Horizontal Marketing System)이라고도 할 수 있다.

② 하이브리드 마케팅(Hybrid Marketing)

참여 업체가 다른 업종인 경우로, 역시 자신의 브랜드는 그대로 유지한다. 공동 마케팅이 제조업체와 유통업체 간의 제휴에서 비롯되었다는 것을 이해해 볼 때, 하이브리드 마케팅은 공동 마케팅의 가장 일반적인 형태라고 하겠다.

③ 콜라보레이션 마케팅(Collaboration Marketing)

공생 마케팅이나 하이브리드 마케팅과 비슷한 개념으로 볼 수 있다. 콜라보레이션 마케팅은 업종보다는 무형적인 가치를 발굴해 내기 위한 협력 활동에 무게 중심을 두고 있다는 점에서 다르다. 패션영역에서 시작됐으나, 디지털 제품영역까지 확대됐고 최근에는 음료수, 식품 등 생필품 부문까지 확산됐다. 생활에서 쉽게 접하는 생필품까지 콜라보레이션 마케팅이 도입되고 있다는 사실은 콜라보레이션 마케팅이 가장 효과적이고 생산적인 마케팅 활동이라는 증거이다.

(3) 공생 마케팅 사례

최근 커피시장의 커피브랜드에서 활발히 진행되고 있다. 서울우유는 일본의 도토루커피와 협력하여 '서울우유 도토루 더 클래식'을 출시했고, 코카콜라는 이탈리아의 일에서 원액을 받아 RTD(Ready To Drink) 커피를 출시했다. 동서식품은 스타벅스, 웅진식품은 할리스커피, 광동제약은 탐 앤 탐스와 제품을 출시하고 있다.

이를 통해 테이크 아웃 커피브랜드는 유통망을 이용할 수 있고, 음료 유통사는 커피브랜드 마니아를 흡수할 수 있다.

(4) 공생 마케팅 활용 전략

① 고관여와 저관여로 구분하여 활용

고관여는 두 가지 다른 브랜드가 화학작용을 통해 새로운 형태로 합쳐진 상태를 말한다. '1+1'이 2 이상의 시너지를 창출하는 상태이다. 고관여는 '의외성'을 일으킬 수 있을지 여부가 성공을 결정한다. 저관여는 두 기업이 서로 깊게 관여하지 않고 제휴수준의 연대를 구성하는 마케팅 활동이다. 대표적으로는 주유소, 음식점, 백화점 등과 제휴를 통해 활발히 마케팅을 펼치는 신용카드사가 있다.

② 명확한 목표와 방향 설정

두 기업 간 유형적인 제품을 넘어, 무형의 자산인 혁신과 확산, 그리고 서로의 비전을 공유하는 목표와 방향을 뚜렷하게 공유해야 한다. 두 기업의 사람들이 벽을 허물고 인적 교류와 공동활동을 통해 친밀감과 시너지를 쌓아가는 것이 필요하다. 또한 공동이윤을 함께 나누어 상생하는 노력이 필요하다. 자신의 기업의 이윤만 추구하려 하지 말고, 상대기업과 함께 '공생', '공존'한다는 의식화가 필요하다.

③ 배너/광고 끼우기 형태의 광고 활용

맥도널드 광고에서 디즈니 영화를 이용하여 판촉 행사를 하는 경우에서와 같은 전략이 있다. 디즈니의 개봉애니메이션의 예고편을 광고에 삽입하여 놓고 이를 이용하여 판촉행사를 실시하는 경우에서와 같이 영화 제작 회사는 곧 개봉될 영화를 홍보할 수 있어서 좋고, 패스트푸드는 광고에 대한 거부감을 줄인 광고를 내보낼 수 있어 좋을 것이다.

④ 여러 마케팅 믹스 활용

㉠ 광고 배너 교환
㉡ 공동 브랜드
㉢ 파트너쉽 또는 스폰서쉽 후원
㉣ 공동 이벤트
㉤ 고객(회원) 공유

(5) 공생 마케팅 시사점

공생 마케팅은 기업이 독자적으로 살아남아야겠다는 생각을 뛰어넘어, 고객에게 다양하고 색다른 세상을 전달하겠다고 하는 의지를 기본으로 한다. 무한경쟁체제 속에서 기업 간 경쟁의 양상이 다각도로 변하고 있다. 시장을 바라보는 생각의 각도에 따라서 나의 경쟁자의 위치가 바뀐다.

시장이 유기체처럼 복잡하게 얽혀 있기 때문에 경쟁자가 다수일 수도 있다. 게다가 단일 제품이나 서비스로는 차별화하기 어렵다. 소비자의 욕구를 만족시키는 다양한 제품이 시장에 존재하는 상황에서 기업 간 함께 진행하는 마케팅은 소비자를 보다 쉽게 자사의 고객으로 유입할 수 있는 커뮤니케이션 방법이 되기 때문에 공생(단짝, 협업) 마케팅에 주목해야 한다.

8. 넛지 마케팅(Nudge Marketing)

(1) 넛지 마케팅의 의의

'넛지(Nudge)'라는 단어가 '팔꿈치로 슬쩍 찌르다'란 뜻으로, 넛지 마케팅은 사람들을 원하는 방향으로 유도하되 선택의 자유는 여전히 개인에게 주는 방식이다.

종래의 마케팅은 상품의 특성을 강조하여 소비자가 그 상품을 구매하도록 하는 데 집중하였지만 넛지 마케팅은 좀 더 유연하고 부드러운 방식으로 소비자가 상품을 선택하도록 접근한다. 즉, 넛지는 특정 행동을 유도하지만 직접적으로 명령을 하거나 지시를 내리지는 않는다.

(2) 넛지 마케팅의 사례

① 피셔프라이스

영유아 장난감 전문 브랜드 피셔프라이스에서는 3세에서 7세의 아기를 선발하여 고객의 니즈를 파악하였다. 아이들의 눈높이에 맞춰 장난감을 제작하기 위함이다. 이로 인해 피셔프라이스는 고객감동을 이끌었다는 평가를 높이 받고 있다.

② 파리스티커

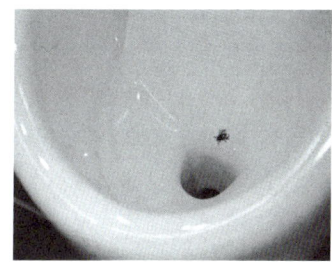

소변기에 프린트되어 있는 파리 그림인데 이것은 유럽의 한 국가에서 시작된 '넛지 마케팅'의 한 종류로서 저렇게 소변기에 파리 그림을 그려놓으니 남성들이 무의식중에 저 파리를 조준하게 되어 소변기 주위에 튀어 위생상으로 매우 좋지 않던 것의 피해를 80% 이상 줄였다고 한다.

이 밖에도 입체적인 마케팅의 필요가 다소 크지 않은 출판업계에도 영향을 끼치며 독서와 함께 감상할 수 있는 음악 CD를 책에 부착해 판매하는 등 소비자를 위한 다각적인 노력으로 이어지고 있다.

창업 시장도 예외는 아니다. 넛지 마케팅의 필요성이 대두되면서 프랜차이즈 기업들은 고객 중심의 매장 운영을 통해 소비를 이끌고 있다. 커피전문점 '테이크어반'은 추운 겨울, 무릎담요를 고객들에게 상시 제공하면서 고객들의 호응을 높였다. 특히 여성 고객들의 지지를 얻으면서 매출 효과를 본 경우다. 오리엔탈 볶음밥 전문점 '라이스스토리'는 매장에서 원두커피를 함께 판매하고 있다. 단순한 중저가 분식점의 이미지를 벗고 이색 볶음밥과 달콤한 아메리카노의 조합을 통해 인기를 높였다.

일반 커피전문점의 높은 가격이 부담스러웠던 고객들에게 식사와 후식을 함께 즐길 수 있는 공간으로 각광받으며 넛지 마케팅의 톡톡한 효과를 보고 있다. 온라인 고객 참여나 체험이벤트, 사회봉사활동 등을 통해 간접적으로 소비자들에게 좋은 기업·친절한 기업의 이미지를 심어주기도 한다.

강한 압박과 지시명령이 아닌 부드럽고 소비자심리를 파악하여 다가가는 방법! 이것이 바로 넛지 마케팅의 정수이다.

9. 체험 마케팅(Experiential Marketing)

(1) 체험(경험) 마케팅의 의의

오늘날 많은 소비자들은 제품이 제공하는 특징이나 편익만으로 제품을 선택하는 것이 아니라 구매하려는 제품이 자신의 라이프사이클이나 가치체계를 잘 반영하는지를 토대로 구매의사결정을 하고 있다. 이에 따라 제품 특징과 편익에 초점을 맞추는 전통적 마케팅의 대안으로 체험 마케팅이 새로운 대안으로 새롭게 제시되고 있다.

체험 마케팅은 소비자들이 직접 체험을 함으로써 제품의 홍보 효과를 기대하는 마케팅 방법이다. 기존의 다양한 마케팅 방법과는 다르게 제품이나 서비스의 분위기와 이미지 또는 브랜드를 통해서 소비자들의 감각을 자극하는 체험에 집중하는 것이 바로 체험 마케팅이다.

소비자들은 단순히 제품이나 서비스를 구매하고 편익을 얻는 것에서 더 나아가 제품이나 서비스의 실제 현장에 가서 직접 보고 느끼고 만져보며 자신과 제품 사이의 하나의 연관된 경험을 가지게 되기 때문에 기업으로서는 더 많은 부가가치를 기대할 수 있다는 장점이 있다.

(2) 체험 마케팅의 5가지 유형(종류)

① **감각 마케팅** : 감각을 자극할 때 미적인 즐거움에 초점을 맞춤
② **감성 마케팅** : 기분과 감정에 영향을 미치는 감성적인 자극을 통해 브랜드와 유대관계를 강화
③ **지성 마케팅** : 지적 욕구를 자극하여 고객으로 하여금 창의적으로 생각하게 만듦
④ **행동 마케팅** : 체험 행동을 하는 데 다양한 선택권을 알려주어 육체와 감각에 자극되는 느낌들을 극대화하고 고객으로 하여금 능동적 행동을 취하도록 함
⑤ **관계 마케팅** : 브랜드와 고객 간의 사회적 관계가 형성되도록 브랜드 커뮤니티를 형성하는 데 중점

체험 마케팅이 감각, 감성, 지성 등 여러 가지의 방향에서 실행되고 있지만, 모두 고객과 기업 간의 긍정적인 관계를 지향한다는 측면에서 고객의 참여를 유도하기 때문에 Engagement Marketing이라는 개념으로 확장되어 사용되기도 한다. 체험 마케팅은 다양한 업종에서 이용되고 있는데 주로 가전이나 IT업계에서 많이 활용되고 있다.

(3) 체험 마케팅의 선호 이유

① **소비자 입장**

인터넷 같은 매체들을 통해서 많은 정보들을 획득한 소비자들은 제품 구매 전 직접 제품을 사용함으로써 제품에 대한 궁금증이나 의문을 해결하고 싶어하고 특히, 비교적 구매 후 사용기간이 긴 IT 제품의 경우 직접 경쟁 제품과 비교해보고 꼼꼼히 체크하는 고관여 제품이기 때문에 소비자들은 제품을 체험해보길 원한다.

② **기업 입장**

자사제품에 대한 오해를 해소하고 브랜드의 이미지를 긍정적으로 변화시킬 수 있는 방법으로 고객과 직접 소통하는 체험마케팅이 효과적이며 영향력이 큰 얼리어답터나 파워블로거들을 초대하여 제품의 긍정적인 측면을 확산시키는 입소문 효과를 거둘 수 있다.

(4) 체험 마케팅의 사례
　① 삼성전자 스마트 TV
　　소비자들과의 접근성이 높은 주요 할인마트 및 쇼핑몰에 어플리케이션과 생활 속에서 유용한 컨텐츠를 직접 체험할 수 있게 함으로써 스마트 TV의 활용성에 대한 이해를 돕고 있다. 이 외에도 주요 공연장 이벤트나 전시회에서도 소비자들과 만나기 위한 체험형 이벤트를 확대해나가고 있다.
　② 깜빡이 영어 학습기
　　어학기와 영어 학습기 시장은 다양한 제품들로 인해서 경쟁이 치열한데 깜빡이 학습기는 7일 무료체험이라는 체험 마케팅을 통해서 국내 영어학습기 시장점유율 1위를 달성했었다. 소비자들은 잔고장이 많은 영어 학습기 제품에 대한 불신을 가지고 있었지만 직접 사용해본 뒤 구매를 할 수 있다는 점이 큰 장점으로 다가갔다.

10. 감성 마케팅

소비자의 감성 또는 그들의 감성에 좋아하는 자극을 주는 마케팅 기법이다.
감성 마케팅은 소비자의 감성을 자극해 제품이나 서비스에 대한 긍정적인 인식을 불러일으키며 '소비'라는 것을 즐겁게 해 주고 소비자를 감동시키는 것인데, 인터넷의 발달로 본격적으로 감성 마케팅이 알려지기 시작해 최근 국내에서도 감성 마케팅이 본격적으로 일어나고 있다.

(1) 감성 마케팅의 국내 사례
　요즘 시대 소비자들이 제품을 구매하는 이유는 제품 그 자체가 좋아서만은 아니다. 소비자가 경험했던 것들, 꿈, 즐거움, 자부심 등 인간적인 정서가 포함되어 그 제품이 구매를 하는 것이다. 흔히 감성 마케팅의 대표주자로 오리온 '초코파이'를 많이 떠올린다. 초코파이는 '情(정)'이라는 콘셉트로 국민들의 마음을 움직였고 초코파이는 시대가 변하면서 그 시대에 맞는 소재를 이용해 감성 마케팅을 활발히 하고 있다. 현재까지도 감성 마케팅의 대표적인 사례가 되었다.

(2) 감성 마케팅의 국외 사례
　스타벅스의 마케팅은 전 세계적으로 이슈가 되었던 감성 마케팅 사례이다.
　첫째, 고객들에게 커피의 맛은 물론 감성을 맛보게 하라.
　미국 한 대학의 교수의 저서에서는 '아주 좋은 장소란 제3의 장소'를 말하는데, 집 또는 직장이 아닌 제3의 편안한 장소, 이런저런 걱정을 잊고 조용히 쉬면서 이야기할 수 있는 비공식적인 장소가 필요하다는 뜻이다.
　둘째, 사람이 중심이다.
　스타벅스는 무엇보다 '사람'에 집중적인 마케팅을 했다. 스타벅스의 회장이 어느 찻집에서 손님의 주문에 따라 그 자리에서 맞춤 커피를 빠르게 만들어 주는 바리스타를 만난 뒤, 그때 보았던 모습으로 설립한 것이 바로 스타벅스의 원형이라고 한다. 사람들이 편안하게 모여 공감대를 형성하는 로맨틱한 장소를 만드는 것이 스타벅스라고 생각하게 만들었다.

11. 마케팅 근시(Marketing Myopia)

기업의 좁은 시각으로만 마케팅을 바라보는 것을 말한다.

기업의 지속적인 성장은 근시적인 제품의 경쟁력에 대한 확신이 아니라 폭넓은 전망을 가지고 소비자의 욕구를 만족시키는 마케팅전략에 달려있다고 보고 있다.

마케팅 근시는 스스로의 제품이나 서비스를 지나치게 맹신한 나머지 제품 수요의 변화에 대한 커다란 전망이나 고객의 진정한 욕구를 간과하고 제품 및 서비스 자체의 생산에만 중점을 두는 것을 의미한다. 이러한 마케팅 근시는 기업이 생각하는 자사제품이나 서비스의 관점에만 치우쳐 소비자들에게 마케팅하고 있다.

그 밖에도 단 하나의 매체에 대해서만 너무 초점을 맞추고, 현재 시장의 추세에만 머물러 미래를 바라보지 못하는 마케터의 입장에서만 바라보며 실제로 실행이 불가능한 전략을 세우는 것, 고객의 의견을 무시하는 것 등 다양한 사례들이 있다. 이러한 마케팅 근시안이 문제가 되는 것은 바로 소비자의 니즈가 무시될 수 있다는 것에 있다.

기업의 관점으로만 마케팅전략을 세우고 이를 실행하는 경향이 강하기 때문에 정작 소비자들이 우리의 기업에 대해서 어떻게 생각하고 우리가 제공하는 제품과 서비스에 대해서 어떠한 생각을 가지고 있고 소비자가 궁극적으로 원하는 것이 무엇인지에 대해서 모르는 경향이 많다.

대량생산의 문제점을 뮤지컬로 예를 들어보면 현재 우리나라는 창작뮤지컬이 넘쳐나고 있다. 작품성에 완성도보다는 다작을 올림으로 작품성에 완성도가 떨어져 브로드웨이 뮤지컬이나 기존의 명성이 높은 뮤지컬과 비교하여 관객의 비평을 면할 수 없을 것이다. 현재 대학로에서 상연되고 있는 수십 편의 창작뮤지컬은 몇 편의 마니아층을 빼고는 관객을 확보하지 못하고 있다.

또한 순수예술이 관객에게 사랑받지 못하는 이유는 여기에 있다. 예를 들어 현대무용은 창작자들이 고통스럽게 만들어낸 작품이지만 작품설명이 없을 때에는 전공자조차 이해하지 못하는 공연들이 많다. 그렇다면 다른 비전공자가 관객이 되었을 때 문제가 커진다. 물론 창작물은 그들만의 고집과 창작의 세계로 만들어진 완성도 높은 작품이라고 할지라도 관객이 이해하지 못한다면 그것은 관객과의 소통에서 실패한 것이다.

반면 전공자 외에 관심도가 적었던 발레를 비보이와 결합하여 창작된 '비보이를 사랑한 발레리나'는 성공적인 작품의 예로 들 수 있다. 이 작품은 여러 관객을 타깃으로 관객들이 좋아하는 여러 장르의 춤을 한 작품에서 동시에 보여줌으로써 관객의 니즈를 잘 반영했기 때문이다.

또한 마케팅 근시안은 시장을 세분하여 우리가 어느 곳으로 포지셔닝할 것인지를 신경 쓰지 않는다. 그저 자신이 가진 강점을 내세워 그들의 강점을 소비자들도 알아주고 구입하길 원할 뿐이다. 그렇기에 마케팅 근시안을 가진 기업들은 대부분 시장세분화를 통해 새로운 매력적인 시장을 발견할 기회를 놓치는 일이 많다. 마케팅 근시안은 소비자의 니즈충족, 경쟁시장의 범위규명을 통한 전략도출 시장세분화를 통한 기회창출면에서 모두 해롭다고 할 수 있다.

12. 프로슈머(Prosumer)

생산자를 뜻하는 영어 'Producer'와 소비자를 뜻하는 영어 'Consumer'의 합성어로, 생산에 참여하는 소비자를 의미한다.

이 말은 1980년 미래학자 앨빈 토플러가 그의 저서 《제3의 물결》에서, 21세기에는 생산자와 소비자의 경계가 허물어질 것이라 예견하면서 처음 사용하였다. 프로슈머 소비자는, 소비는 물론 제품 생산과 판매에도 직접 관여하여 해당 제품의 생산 단계부터 유통에 이르기까지 소비자의 권리를 행사한다.

시장에 나온 물건을 선택하여 소비하는 수동적인 소비자가 아니라 자신의 취향에 맞는 물건을 스스로 창조해 나가는 능동적 소비자의 개념에 가깝다고 할 수 있다. 최근 기업에서는 프로슈머를 마케팅에 활용하여 전반적인 제품 생산에 소비자의 의견을 적극 반영하고 있다.

프로슈머 마케팅의 선두 주자는 휴대전화 업체들로, '되고송'의 유행을 일으킨 SK텔레콤도 소비자의 아이디어를 반영한 광고 캠페인을 전개하고 있다. 프로슈머의 의미를 상품 영역에 한정하지 않고 문화 전반에 나타나는 하나의 경향으로 이해할 수도 있다. 과거 스타들을 맹종하기만 했던 대중들이 그들을 평가하고 비판하는 적극적인 행동을 보여주는 상황은 스타와 대중들의 역전된 관계를 드러내고, 단순한 감상자에 머물기를 거부하며 TV 드라마의 결말을 좌지우지하는 드라마 팬들은 무시할 수 없는 프로슈머의 영향력을 보여주는 것이다.

문학계에서도 독자가 감상자에 머물지 않고 직접 작품을 생산하는 문예의 프로슈머 현상이 나타나고 있다. 한편 프로슈머를 '전문적인'을 의미하는 'Professional'과 '소비자'를 뜻하는 영어 'Consumer'의 합성어로 이해하자는 의견도 있다. 이 경우 프로슈머는 전문적 지식을 바탕으로 구매하는 소비자들이라는 의미로 쓰인다. 디지털 카메라를 구입한다고 할 때 프로슈머들은 디지털 카메라의 기종과 성능, 가격 등을 전문적으로 검토하여 최적의 조건과 가격에 맞는 물품을 구입한다.

13. 캐즘(Chasm)의 의미 2016년 약술문제

캐즘(Chasm)이란 원래 지질학에서 쓰이는 용어로 지각변동 등의 이유로 지층 사이에 큰 틈이나 협곡이 생겨 서로 단절되어 있다는 뜻이다. 제프리 A.무어 박사는 이러한 현상을 마케팅 분야에서 찾았는데 그것이 첨단기술 수용론이라고도 불리는 캐즘 마케팅 이론이다.

이 이론의 요지는 첨단 제품의 초기 수용자와 그 이후 주류 시장의 수요자들은 서로 다른 시점에 서로 다른 이유로 제품을 구매한다는 것이다. 또한 제품이 아무리 혁신적일지라도 실용적이지 못하면 시장에서 성공하기 힘들기 때문에 혁신성을 중시하는 소비자가 중심이 되는 초기 시장과 실용성을 중시하는 소비자가 중심이 되는 주류 시장 사이에서 첨단기업은 종종 급격한 매출감소나 정체(캐즘)을 겪을 수 있다.

(1) 캐즘의 발생 원인

캐즘은 서로 이웃하고 있는 기술수용 주기상의 2집단, 즉 선구자 집단(Ealry Adopters)과 실용주의자 집단(Ealry Majority)의 상이한 가치관에서 발생한다. 이러한 캐즘의 발생 원인을 이해하려면 불연속적 혁신과 연속적 혁신, 첨단기술에 대한 소비자들의 태도와 심리상태에 대한 이해가 먼저 필요하다.

먼저, 연속적 혁신(Continuous Innovation)은 행동 양식의 변화를 요구하지 않는 일상적인 기능향상을 일컫는 말이다. 예를 들어, 더 얇아진 컴퓨터, 양문형 냉장고 같은 것이 연속적 혁신이다. 즉, 소비자가 이런 개선점을 누리기 위해 기존의 인프라나 사용 방식을 바꿀 필요가 없다.

하지만 불연속적 혁신은 소비자뿐만 아니라, 기존 인프라에도 큰 변화를 요구한다. 여기에는 DMB 같은 사례가 해당될 수 있다. DMB는 초기 시장이 형성되고 있으나 이를 시청하기 위해 단말기나 관련 콘텐츠 등이 주류 시장에 진입할 수 있도록 더 저렴하고 다양한 서비스가 이루어져야 하기 때문이다.

(2) 기술수용 주기 모델(TALC)
① 혁신수용자(Innovators) : 새로운 기술이 나왔을 때 무조건 받아들이는 계층. 신기술에 문제가 있거나 불편하더라도 사용하는 데 아무런 불평도 제기하지 않음
② 선각수용자(Early Adopters) : 이들은 신기술의 진가를 알아차리고 그것이 가져다줄 경제적 이익과 전략적 가치를 높이 사는 계층
③ 전기다수 수용자 : 실용적 구매 계층으로서 기본적으로 첨단기술에 관심을 가지고 있지만 모험을 하고자 하지는 않으며 신기술이 성숙될 때까지 기다리는 계층
④ 후기다수 수용자 : 첨단기술에 대한 부정적인 시각을 가지고 있으며 신기술이 업계의 표준으로 인정받지 못한다면 이를 도입하려 하지 않음
⑤ 지각수용자 : 신기술을 활용하지만 기술의 존재나 이용 방법 등을 알지 못하는 계층

(3) 캐즘의 존재
캐즘은 기술수용 주기 모델상 초기의 대단절을 의미하는 것으로, 모든 사용자 그룹들이 서로를 이질적인 문화집단으로 인식하지만, 특히 캐즘이 존재하는 선각수용자와 전기다수 수용자 집단은 비록 기술수용 주기론상에서 서로 인접하고 있더라도 두 집단이 신기술을 수용하는 태도는 차이가 크다. 이러한 두 집단의 문화를 정확하게 이해하지 않고 선각수용자 집단에서 사용하던 마케팅 방식을 전기다수 수용자에게도 동일하게 적용시킨다면, 기업의 성장은 발목을 잡히고 캐즘의 골은 점점 깊어진다. 결국 캐즘을 극복하지 못하면 주류 시장에 진입하지 못하게 되고, 기업의 존립 자체를 무의미하게 만들 수도 있다.

(4) 캐즘극복전략 – 어떻게 극복할 것인가?
캐즘은 기존의 시장 탈환의 과정인 디데이 전략으로 극복할 수 있다. 실행방법은 다음과 같다.
첫째, 세분시장을 선택하라.
둘째, 완전완비제품을 만들어라.
셋째, 집중 공략하라.
넷째, 든든한 거점을 확보하라.
다섯째, 구전효과의 연쇄반응을 노려라.
즉, 초기에 확실하게 지배할 수 있는 틈새시장을 목표로 정함으로써 캐즘을 뛰어넘고, 그 틈새시장에서 경쟁자들을 몰아낸다. 그리고 그다음 이곳을 좀 더 광범위한 작전을 펴기 위한 전진기지로 이용하는 것이다. 요컨대 틈새 목표시장에 초점을 맞추고 집중 공략한 후, 이들을 커뮤니티 등을 활용해 충성도를 높여 긍정효과를 노리는 것이다.

(5) 완전제품 전략
처음부터 완벽한 제품을 개발하겠다는 계획 혹은 이미 출시한 제품이 고객의 요구를 모두 수용하고 있다는 생각보다는, 처음에 출시된 통상 제품에 고객들이 기대하는 바를 반영한 기대 제품과 보강 제품으로 보완하고 장차 시장이 이동해 갈 잠재 제품을 개발해 나가는 전략이다. 이러한 단계에 따른 제품개발과 보완으로 기술수용 주기 곡선상의 다양한 고객의 수요를 반영할 수 있다고 한다.

14. 빅데이터(Big Data)

(1) 빅데이터란?

최근 빅데이터를 체계적으로 경영에 활용하는 기업이 늘고 있으며, 개발 기업의 마케팅뿐 아니라 경기 예측 등에도 활용된다. 빅데이터란 디지털 환경에서 생성되는 데이터로 그 규모가 방대하고, 생성 주기도 짧고, 형태도 수치 데이터뿐 아니라 문자와 영상 데이터를 포함하는 대규모 데이터를 말한다. 빅데이터 환경은 과거에 비해 데이터의 양이 폭증했다는 점과 함께 그 종류도 다양해져 사람들의 행동은 물론 위치 정보와 SNS를 통해 생각과 의견까지 분석하고 예측할 수 있다.

빅데이터의 활용은 서비스기업에서도 활발히 이뤄지고 있다. 서비스기업의 특성상 제품의 생산과 소비가 동시에 발생하기 때문에 데이터에 기반한 빅데이터 마케팅이 더욱 중요한 것이다. 서비스기업들은 이를 통해 고객과 장기적 신뢰 관계를 구축할 수 있고, 나아가 새로운 트렌드와 고객의 필요 예측이 가능하다.

세계 경제 포럼은 2012년 떠오르는 10대 기술 중 그 첫 번째를 빅데이터 기술로 선정했으며 대한민국 지식경제부 R&D 전략기획단은 IT 10대 핵심기술 가운데 하나로 빅데이터를 선정하는 등 최근 세계는 빅데이터를 주목하고 있다.

(2) 빅데이터 최근경향

발 빠르게 움직이는 곳은 기업이다. '빅데이터 4대 천왕(구글·아마존·페이스북·애플)'은 핵심 서비스를 무료 또는 저가에 제공하면서 천문학적인 양의 데이터를 축적 중이다. 애플의 음성인식 서비스인 '시리(Siri)'의 탄생도 빅데이터 덕이다. 이미 구축된 데이터베이스를 토대로 이용자의 질문이나 행동을 미리 예측해 최적의 답을 제공한다. 구글 역시 하루 6억 2000만 명의 방문자와 10억 건의 검색, 72억 건의 페이지뷰 데이터를 축적하고 있다. 구글은 인터넷 검색통계를 분석해 미국 질병통제예방센터(CDC)보다 1주일 앞서 독감 유행을 예측하는 데 성공했다.

(3) 빅데이터 마케팅 활용사례

해외 사례로는 코카콜라(소셜 분석 통한 고객 불만 대응), 월마트(실시간 재고 분석 시스템 도입), VOLVO(운전 정보의 무선 데이터화), VISA(카드 부정사용 검지 시스템구축) 등이 있다. 국내 사례로서는 현대카드(소비트렌드를 알려주는 빅데이터 프로젝트), 신세계 백화점(명품구매 고객 4만 명 추적 후 마케팅), 삼성 SSD(50만 건 이상의 데이터를 분석하여 시장에 적합한 브랜드 전략 수립) 등 성공적인 빅데이터 활용사례 몇 가지가 공유되고 있다.

결국 엄청난 양의 데이터가 생성되는 빅데이터 시장을 분석하고 그것을 잘 활용하기만 한다면 이를 기반으로 미래를 예측할 수 있다는 점을 마케터는 반드시 기억해야 할 것이다.

15. 앰부쉬(Ambush) 마케팅

「2억 달러 낸 아디다스는 '꽝'」 중에서 (이코노미스트, 2008.8)

앰부쉬(Ambush)는 '매복'을 뜻하는 말로 교묘히 규제를 피해가는 마케팅 기법이다. 대개 행사 중계방송의 텔레비전 광고를 구입하거나 공식 스폰서인 것처럼 속이기 위해 개별 선수나 팀의 스폰서가 되는 방법을 사용한다.

규정상 올림픽 마크나 올림픽 단어, 국가대표선수단 등과 같은 용어는 IOC나 NOC 등과 공식 후원계약을 맺은 업체들만 사용할 수 있다. 앰부쉬 마케팅의 유형은 광고카피 안에 '올림픽', '국가대표선수단' 등을 의미하는 용어를 사용하거나 각종 매체에서 올림픽이나 대표선수단을 위한 이벤트를 진행하는 등 다양하다.

쉽게 말해 사람들이 모르게 그 안에 마케팅을 넣어 사람들이 느끼게 하는 것이라고 할 수 있으며, 예를 들어 월드컵에서 공식 후원업체가 아닌, 월드컵과 전혀 관계가 없는 다른 업체들도 월드컵과 함께하는 슬로건으로 홍보를 하는데 이와 같은 사례를 앰부쉬 마케팅이라고 한다.

"공식 스폰서십과 앰부쉬 마케팅 중에 과연 어떤 마케팅 방법이 더 효과적일까?" 스폰서십 활동과 앰부쉬 마케팅이 똑같이 성공적인 마케팅 효과를 본다면 과연 어떤 기업들이 비싼 비용을 들이면서 공식 스폰서 활동을 하겠는가? 차라리 효율적인 앰부쉬 마케팅을 활용하면 되는 것인데 말이다.

스폰서십과 앰부쉬의 차이는 어느 누가 공식적으로 활동 영역이 높은지에 있다. 앰부쉬의 경우는 비윤리적이지만 어떻게 하면 걸리지 않고 프로모션을 할 수 있는지가 관건이 된다. 스폰서십의 경우 활동 영역이 넓다 보니 앰부쉬 마케팅을 하는 업자를 상대로 보지 않고 무시하는 경향이 생긴다. 하지만 그러다 큰 코 다칠 수가 있다. 실제로 월드컵 때 공식 후원업체인 KTF나 앰부쉬 마케팅을 한 SK나 마케팅 효과는 별반 차이 없이 성공적으로 끝났다. 스폰서십을 가진 KTF는 'SPONSOR BENEFIT(스폰서 베네핏)'을 이용하여 활동 범위가 넓었지만, SK 또한 앰부쉬 마케팅으로 엄청난 마케팅 이득을 얻어 냈다. 그렇다면 KTF는 스폰서 비용만 더 많이 쓰게 된 것이 된다. KTF에 경우 월드컵을 통해 해외 진출을 하고자 노력하였다. 하지만 SK 또한 앰부쉬 마케팅을 통해 해외 진출 기회를 똑같이 확보하였다. 그럼 SK가 잘못된 것일까? 마케팅에는 잘잘못이 없다. 스폰서십을 사용하였든 앰부쉬 마케팅을 하였든 최선의 결과를 가져오면 되는 것이다. 물론 앞서 말한 것과 같이 윤리 문제에 거론이 되겠지만 회사는 이득을 우선시한다.

앰부쉬는 대개 행사 중계방송의 TV광고를 구입하거나, 공식 스폰서인 것처럼 속이기 위해 개별 선수나 팀의 스폰서가 되는 방법을 쓴다. 올림픽이나 월드컵에서 대회 공식로고나 마크, 휘장 등은 공식 후원사나 공식 파트너만 사용할 수 있기 때문에 공식 후원사나 파트너가 아닌 업체들은 갖가지 수단을 동원하여 올림픽이나 월드컵과 관련된 마케팅을 펼치게 된다.

올림픽에서 주로 벌이는 앰부쉬 마케팅의 유형으로는 광고카피 내에 '올림픽', '국가대표선수단' 등의 용어 및 '휘장' 사용을 비롯해 각종 매체상의 '올림픽 및 대표선수단' 이벤트를 진행하는 등 다양하다. 또 다수 업체가 함께 국가대표선수단의 선전을 기원하는 공동광고도 역시 앰부쉬 마케팅의 한 유형이다.

월드컵 앰부쉬 마케팅의 대표적인 성공사례는 1998년 프랑스 월드컵에서의 '나이키(NIKE)'를 들 수 있다. 프랑스 월드컵 기간 동안 나이키는 파리 시내 중심지에 대형 테마공원 'NIKE Park'를 설치하여 젊은이들에게 무료로 개방하는가 하면, 테마파크 안에 고객참여형 오락물을 설치해 내국인과 관광객들에게 깊은 인상을 심어주었다.

또 한편으로, 나이키 매장과 TV매체에서 나이키가 지원하는 브라질 국가대표팀을 최대한 광고함으로써 월드컵 브랜드의 이미지를 고취시켰다. 결국 나이키와 축구, 월드컵을 연계한 효과적인 월드컵 마케팅을 통해 나이키는 많은 사람들에게 아디다스가 아닌 나이키를 월드컵의 공식 스폰서로서 착각하게 만드는 성과를 거둘 수 있었다. 또 지난 2002년 한일월드컵 때 SK텔레콤은 공식 스폰서로 지정된 KT를 제치고 '붉은 악마' 캠페인으로 재미를 본 바 있다.

16. 광고의 매체 내 효과, 매체 간 효과

매체효과는 매체 내 효과와 매체 간 효과 2가지로 파악할 수 있다. 매체 내 효과는 같은 매체 내에서 매체의 내용, 명성, 구독자층 등의 차이에서 오는 효과이며, 매체 간 효과는 신문, 잡지, TV, 라디오 등의 매체별로 각기 독특한 매체로서의 성격 때문에 나타나는 효과이다.

매체 내 효과는 동일한 광고메시지라 하더라도 어떤 매체를 활용하느냐에 따라 광고 효과가 달라질 수 있다는 것을 의미한다. 예를 들어, 낚시용품 광고는 TV나 일반 잡지보다는 낚시 TV나 낚시 전문 잡지를 이용 했을 때 광고효과가 더 크다.

매체 간 효과는 매체에 따라 서로 다른 소비자의 반응을 유발한다. 예를 들어, TV의 경우에는 구체적인 정보의 전달보다는 이미지나 상징적인 메시지를 전달하는데 유리한 반면, 인쇄매체(잡지, 신문)의 경우 성능, 특장점 등 구체적인 정보 전달에 효과적이다.

17. 블랙 컨슈머(Black Consumer)

(1) 블랙 컨슈머의 개념과 그 사례

악성을 뜻하는 블랙(Black)과 소비자를 뜻하는 컨슈머(Consumer)를 합성한 용어이다. 상품의 결함을 빌미 삼아 기업에 과도한 보상을 요구하거나 제품·서비스로 피해를 본 것처럼 꾸며 보상 요구를 제기하는 소비자를 말한다.

이들은 변질되거나 이물질이 들어간 제품을 찾아내 관련 제조업체나 유통업체들에 과도한 보상을 요구하는 행위를 일삼는데, 이 과정에서 인터넷에 공개하겠다거나 언론 등에 제보하겠다고 협박하기도 한다. 영화 '애정결핍이 두 남자에게 미치는 영향'에서 주인공 백윤식은 두루마리 휴지를 풀어 "명시된 것보다 8mm나 모자란다"며 제지 회사에 시비를 걸거나, '홈런볼' 과자에 초콜릿 양이 부족하다는 핑계로 돈을 받아 낸다. 블랙 컨슈머의 전형인 셈이다.

(2) 블랙 컨슈머 대응방안 사례

현대백화점은 전국 매장의 판매사원에게 매장에서 폭언을 하거나 난동을 부리는 고객에 대한 대응 요령을 담은 행동 매뉴얼을 배포했다. 매뉴얼에는 이런 고객에게 '형법 제311조 모욕죄에 해당되며, 경찰에 신고하겠다.'고 고지하라는 내용이 포함됐다. 백화점에서 블랙 컨슈머에 대응하는 실제 행동 매뉴얼을 만든 첫 사례였다.

블랙 컨슈머에 대한 기업들의 대응이 달라지고 있다. 과거에는 기업이미지 보호를 위해 최대한 인내할 것을 요구했지만, 더 이상 블랙 컨슈머를 용인하지 않겠다는 분위기가 확산되고 있다. 전화로 욕설이나 성희롱을 하는 고객은 상담원이 먼저 전화를 끊게 하고, 증거 자료 확보를 위해 CCTV 등을 활용하는 기업도 늘고 있다.

18. 바이슈머(Buysumer)

바이어(Buyer)와 소비자(Consumer)의 합성어이며 인터넷 등 정보기술의 발전으로 과거에는 수입상, 도매상 등 바이어가 하던 해외 구매, 신제품 수입을 소비자가 직접 담당하면서 생겨난 신조어이다.

과거의 소비자들이 수입 제품을 사는 방법은 단순했다. 국내 수입업자가 사온 제품을 백화점에 납품하면 소비자는 정해진 가격에 구입했다. 터무니없이 비싼 값을 불러도 소비자가 할 수 있는 선택은 '사는 것' 또는 '안 사는 것' 뿐이었다. 지금은 아니다. 컴퓨터와 스마트폰을 통해 제품이 전 세계에서 얼마에 팔리는지 알 수 있게 됐다. 이제 소비자들은 국내 수입업자가 아닌 해외의 유통업체로부터 직접 물건을 사들인다. 소비자가 단순한 소비자에 머물지 않고 바이어의 역할까지 하는 것이다. 새롭게 등장한 바이슈머의 증가는 유통 시장에 급격한 변화를 가져오고 있다.

바이슈머의 대표적 형태는 해외 직구다. 해외 직구는 이미 낯설지 않다. 한국온라인쇼핑협회와 관세청 등에 따르면 2012년 5,410억 원이었던 해외직구 규모는 지난해 1조 950억 원으로 늘었다. 100% 넘게 성장하며 '1조 원 시대'를 열었다.

19. 초니치(Ultra-niches)

초니치는 틈새를 가리키는 단어 니치에서 세분화된 개념으로 초니치 시장은 소비자층이 잘게 쪼개져 생겨나는 차별적인 특징을 지닌 시장을 의미한다.

기존 니치가 틈새시장을 개척하는 것이라면 초니치는 시장형성보다 소수 소비자와의 관계형성에 초점을 맞춘다. 기업과 고객이 집단적 관계에서 벗어나 공급자와 소비자 간 개별적 관계로 발전한 것이다. 이는 기업이 꼭 필요한 것만 구매하는 불황형 소비자를 대상으로 시장을 공략하기 위해 미세한 시장까지 정밀하게 들여다보는 접근이 필요해 생겨났다.

초니치 트렌드에 대응하는 전략으로는 '원투원마케팅'과 '줌인마케팅', '관계마케팅'으로 분류할 수 있다. 원투원마케팅은 기존에 존재하는 소비자의 요구를 확대한 다음 잘게 세분화해 초니치마켓을 찾아내는 전략이며, 줌인마케팅은 소비자의 관심이 멀어진 사양산업에서 새로운 상품을 기획하는 것이다. 관계마케팅은 역발상과 재발견을 통해 새로운 시장을 창출한다. 정부의 자동차 튜닝 활성화 정책에 따라 튜닝시장이 자동차업계와 보험업계의 초니치마켓으로 부상하는 것을 예로 들 수 있다.

초니치 전략은 고객 점유율을 높이는 데 초점을 두고 있는 만큼 불황기에 적합한 관계 마케팅전략의 일환이며 한 명의 고객에게 여러 번 팔 수 있는 세밀한 경영전략이 요구된다.

20. 글로벌마케팅 2020년 약술문제

글로벌마케팅은 자국과 외국 시장을 구별하지 않고 전 세계 시장을 하나의 시장으로 간주하여 마케팅 활동을 하는 형태를 말한다. 기업은 각국의 독특한 환경에 적응하면서 전체적으로는 통일된 마케팅을 수행하는데 이러한 마케팅 내에서 과도하지 않은 표준화 전략, 철저한 현지화 전략 또는 두 전략이 적절하게 조화를 이루는 것이 중요하다.

(1) 표준화 전략
본인 브랜드를 표준화해서 전 세계를 하나의 시장으로 타깃팅하는 글로벌 전략을 말한다. 주요 표준화 대상은 마케팅 생산비이며, 마케팅비 절감 및 세계 시장에 동일한 브랜드 이미지를 홍보함으로써 색깔·이미지 유지에 도움이 된다.

(2) 현지화 전략
각 현지 시장에 맞는 전략, 즉 로컬전략이라고 쉽게 이해할 수 있다. 각 지역별로 현지 특성에 적합하게 차별화된 품질과 서비스를 제공할 수 있도록 차별화하는 것을 말한다.

(3) 해외시장진출전략
① **수출**: 제조업체가 해외시장에 진출하기 위하여 활용할 수 있는 가장 오래되고 기본적인 전략대안은 국내에서 생산된 제품을 해외에 판매하는 수출방법이다. 수출을 기본적 전략이라고 할 수 있는 이유는 기업이 처음으로 해외시장에 진출할 때 가장 많이 사용하는 방법일 뿐만 아니라, 다른 해외시장 진출전략을 택할 경우에도 수출전략을 동시에 활용하는 경우가 대부분이기 때문이다. 수출은 직접 수출과 수출업자 등을 통하여 수출하는 간접 수출이 있다.

② **직접투자**: 기업의 경영권을 획득하기 위하여 단독으로 기업을 경영한다든지 또는 외국과 합작투자하여 공동경영하는 경우인데, 외자기업의 증권소유비율에 따라 경영권을 행사할 수 있다는 점에서 간접투자와 구별된다.

③ **협력사업**: 협력사업은 합작투자와 유사하지만 사업의 기한이 정해져 있다는 점에서 합작투자와 다르다. 협력사업은 둘 이상의 기업들이 특정한 프로젝트를 위해서 협력하고 그 사업이 완료되면 협력이 종결되는 형태를 취한다.

④ **라이센싱**: 기업은 라이센싱 계약을 통하여 해외시장에 진출할 수 있다. 라이센싱 계약이란 특정기업이 소유하고 있는 특허권, 상표권, 저작권과 같은 산업소유권 또는 제품이나 공정에 대한 노하우 등을 타 기업이 특정지역 내에서 일정한 조건하에서 활용할 수 있도록 필요한 기술지원 및 정보를 제공하고 이에 부수되는 여러 가지 권리를 부여하는 것이며, 그 반대급부로 로열티 등 각종 대가를 지불받기로 약정하는 것을 의미한다.

⑤ **프랜차이징**: 프랜차이저(가맹본부)가 프랜차이지(가맹점)에게 사업을 할 수 있는 특권을 제공함과 동시에 조직, 훈련 등 경영 측면에서도 도움을 주고 그 반대급부로 대가를 받는 지속적인 관계를 구축하는 것이다.

⑥ **턴키계약**: 시공자가 공장이나 시설물에 공사를 일괄 수주받아 가동준비가 완료된 시점에서 발주자에게 공장이나 시설물을 인도하기로 약정하는 계약으로서, 산업기계, 건설, 엔지니어링 회사 등이 턴키계약의 시공자가 되는 경우가 많다.

⑦ **계약생산** : 기업은 해외기업과의 계약생산을 통하여 해외시장에 진출할 수 있다. 해외 진출대상국가에 있는 기존의 제조업체로 하여금 계약조건에 따라 제품생산을 대신하도록 하는 반면 현지에서 마케팅 활동은 직접 수행하는 방법을 뜻한다.

21. 옴니채널과 멀티채널 2021년 약술문제

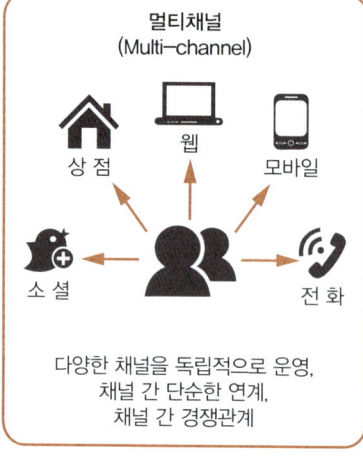

(1) **옴니채널(Omni-channel)**

소비자가 온라인, 오프라인, 모바일 등 다양한 경로를 넘나들며 상품을 검색하고 구매할 수 있도록 한 서비스이다. 각 유통채널의 특성을 결합해 어떤 채널에서든 같은 매장을 이용하는 것처럼 느낄 수 있도록 한 쇼핑 환경을 말한다.

(2) **옴니채널의 장점**

온·오프라인 매장의 차이를 없앤 것이 가장 큰 장점이다. 온라인에서 확인한 물건을 바로 오프라인 매장에서 구입할 수 있다. 또 방문한 오프라인 매장에 물건이 없을 때에는 가장 가까운 다른 오프라인 매장에서 구입할 수 있도록 소비자를 유도하는 것이 가능하다.

또한 온라인에서 구매 시 본사의 매장에서 물건을 배송하는 것이 아닌 구입하고자 하는 소비자의 지역에 가장 가까운 매장에서 물건을 배송함으로써 운송에 들어가는 시간을 절약하게 되었다. 이로써 원하는 물건을 구입하고자 할 때 직접 오프라인 매장에서 구입할 수도 있지만, 집에서 가장 가까운 매장에서 해당 제품을 직접 배송하게 되었다.

(3) **멀티채널과 옴니채널**

소비자가 이용할 수 있는 다양한 채널 조합들을 고려하여 고객접점을 늘리기 위해 채널을 추가하는데, 멀티채널은 최대한 많은 채널을 확보하는 것이 목적이고 옴니채널은 모든 채널을 상호 연관시켜 고객을 참여시킴으로써 각 채널 전체에서 대한 경험을 확대한다. 즉, 멀티채널은 채널 간 독립적으로 경쟁 관계에 있다면 옴니채널은 통합적으로 각각의 채널의 시너지효과를 목표로 하고 있다.

(4) 멀티채널과 옴니채널의 차이점

구 분	멀티채널	옴니채널
주 체	기업	고객
운 영	독립적	통합적
채 널	분리	유기적 연계
전 략	채널운영 효율성 및 수익성	고객경험강화

22. ESG 경영

'Environment', 'Social', 'Governance'의 머리글자를 딴 단어로 기업 활동에 친환경, 사회적 책임 경영, 지배구조 개선 등 투명 경영을 고려해야 지속 가능한 발전을 할 수 있다는 철학을 담고 있다. ESG는 개별 기업을 넘어 자본시장과 한 국가의 성패를 가를 키워드로 부상하고 있다.

(1) ESG 구성요소

구 분	환경(Environment)	사회(Social)	지배구조(Governance)
핵심키워드	기후변화 대응, 탄소배출 저감, 자원절약, 재활용 촉진, 청정기술 개발	노동환경 개선, 사회적 약자 보호, 인권존중, 고용 평등 및 다양성 지향	투명한 기업 운영, 고용평등, 법과 윤리 준수, 반부패 및 공정성 강화

(2) ESG 경영의 특징

구 분	특 징
CSR (Corporate Social Responsibility)	기업이 영리 활동을 하며 발생시키는 사회불평등, 환경오염 등에 대한 책임감을 갖고 사회적 의무를 수행하는 활동
CSV (Creating Shared Value)	사회적 가치를 창출하면서 동시에 경제적 수익을 추구하는 기업 활동
ESG (Environment, Social, Governance)	• 비재무적 성과를 판단하는 기준으로 투자자 관점에서 지속가능 • 경영 수준을 평가한 것

(3) ESG 전략

① 배 경

이윤 추구를 위한 비용 절감과 효율을 최우선으로 하는 전통적인 경영 방식으로는 더 이상 변화에 대응할 수 없게 되었다. 사회적 책임과 의무를 다하면서 이익을 추구하는 ESG 경영은 단순한 마케팅이나 기업 홍보를 위한 기부나 자선 활동이 아닌 명확한 비전 아래 기업 가치를 높일 것을 강조한다.

② 목 적

ESG 경영의 주된 목적은 착한 기업을 키우는 것이 아니라 불확실성 시대의 환경, 사회, 지배구조라는 복합적 리스크에 얼마나 잘 대응하고 지속적 경영으로 이어나갈 수 있느냐 하는 것이다. 지속적인 성장을 보장받을 수 있는 기업은 환경과 사회 문제의 해결을 위해 앞장서며 투자자들의 장기적 수익을 추구하고, 기업 활동이 사회적 이익에 긍정적인 영향을 줄 수 있는 기업이라고 할 수 있다. 그러므로 각 기업은 ESG에 대한 올바른 이해와 이를 어떤 방식으로 경영에 접목하고 투자에 활용해야 할 것인가를 고민해야 한다.

③ 제 언

투자자들은 환경과 재무적 요소를 동시에 고려하여 매출액이 증가하면서도 탄소 배출량은 감소하는 기업에 주목하고, 다양한 ESG 활동을 통해 사회적 문제해결에 적극적인 기업의 가치를 높이 평가한다. 또, 조직문화 개선과 이해관계자와의 협력을 통해 가치를 창출해낼 수 있는 선순환 구조를 갖춘 기업의 가능성을 중요하게 여기는데 이와 함께 예측할 수 없는 미래 환경에 대비해 적극적으로 디지털 기술을 도입하여 리스크를 효과적으로 관리해야 한다. 이를 위해서 보다 정확하고 체계적인 ESG 경영 활동을 통해 다양한 방식으로 ESG 성과를 수치로 나타낼 수 있는 ICT 기술 도입이 필수인데 특히, 인공지능과 클라우드로 친환경 에너지와 사회공헌 역량을 관리하거나, 이사회의 전자투표 시스템과 CMS 자산관리 서비스 등으로 지배구조 역량을 강화해 나가야 할 것이다.

23. 기타 트렌드 신조어

(1) 트윈슈머

다른 사람의 사용 후기를 참조해 상품을 구입하는 소비자를 뜻한다. 기존의 소비자와 동일한 기호, 성향을 갖고 있다고 해서 'Twin'과 'Consumer'를 결합한 신조어이다. 인터넷 쇼핑의 특성상, 제품을 직접 접할 수 없기 때문에 사용자의 평가와 가격비교 등이 매우 유용한 정보로 활용되는 것은 웹상에서는 특히 흔한 일이 되고 있다.

(2) 쿨헌터

기업이 고용한 일반 소비자로, 자신의 소비 내역과 최신 시장 정보를 기업에 정기적으로 제공하여 소비자와 기업과의 직접적인 커뮤니케이션을 통한 쌍방향 마케팅전략에 참여하는 사람들로 이른바 유행 사냥꾼이라는 말로 일컬어지기도 한다.

(3) 콘크리트 소비자

일명 범람하는 기업광고에 점차 무감각해지는 소비자를 의미한다. 외부 충격에도 반응이 없는 콘크리트처럼 새로운 브랜드가 나타나도 관심을 기울이지 않아 의욕적으로 마케팅 활동을 하려는 기업을 곤혹스럽게 만드는 사람들을 뜻한다. 한 연구에 따르면, 현대 사회의 소비자는 하루 2,500여 개의 메시지를 접하지만, 이 중 기억하는 것은 10%가 채 안 되며, TV의 경우 시청자의 9%만이 방금 전 소개된 새 브랜드를 기억한다고 한다.

(4) 판타스티시즘

이는 각박한 현실에서 벗어나기 위해 환상과 모험을 추구하는 소비성향을 뜻한다. 경쟁이 치열한 현대사회를 살아가는 사람들이 느끼는 스트레스와 무료함에서 벗어나기 위해, 코스프레, 판타지 소설, 판타지 영화, 애니메이션 등 현실 도피형 엔터테인먼트에 주목하는 것이다.

(5) C 세대

사진이나 음악, 동영상 등의 콘텐츠를 직접 디지털 기기로 생산해 인터넷상에 저장하고 이를 공유하는 콘텐츠 세대의 줄임말이다. 온라인상에서 자신의 일상을 디지털 매체를 통해 저장하고 기록해, 타인과 공유하려는 행위인 하이프 캐칭 욕구가 무엇보다 강하며 미니홈피나 블로그가 대표적인 예가 될 수 있다.

최근 인터넷을 비롯한 IT업체들은 이러한 소비자의 니즈를 충족시키기 위한 다양한 제품과 서비스를 기획해 제공하기 위한 노력을 하고 있다. 점점 더 빠르게 변화하는 고객의 마음을 읽기 위해서는 변화하는 사회현상에 능동적으로 대처해 접목하는 것이 중요하다.

많이 보고 많이 겪고 많이 공부하는 것은 배움의 세 기둥이다.

– 벤자민 디즈라엘리 –

제 2 과목

시장조사론

PART 01　기출문제 및 모범답안

PART 02　핵심이론

지식에 대한 투자가 가장 이윤이 많이 남는 법이다.

– 벤자민 프랭클린 –

PART 01

기출문제 및 모범답안

5개년	기출문제
2025년	모범답안
2024년	모범답안
2023년	모범답안
2022년	모범답안
2021년	모범답안

실패는 성공의 첫걸음이다.

- 월트 디즈니 -

2025년 제40회 경영지도사 제2차 국가자격시험 문제지

교시	지도분야	시험과목	시험시간	수험번호	성명
2교시	마케팅분야	시장조사론	90분		

【문제 1】 한 가전업체의 신제품개발 담당자는 현재의 신제품 청소기의 색상 대안으로 5가지(A, B, C, D, E)를 고려하고 있으며, 가장 많은 소비자들이 선호하는 색상을 알아보고자 한다. 200명의 소비자에게 가장 선호하는 색상을 물어본 결과는 다음 〈표 1〉과 같다. 다음 물음에 답하시오. (30점)

〈표 1〉 특정 색상을 선호하는 소비자의 수

청소기 색상					
A	B	C	D	E	합계
68	45	32	20	35	200

(1) 위 문제에 대한 귀무가설과 대립가설을 설정하시오. (10점)
(2) 주어진 자료로부터 검증통계량을 계산하시오(단, 계산과정을 포함시키고 소수점 셋째자리에서 반올림하여 소수점 둘째자리까지 표기하시오). (10점)
(3) 유의수준 α = 0.01에서 가설의 검증결과를 설명하고, 마케팅 관리자는 어떤 색상을 선택해야 하는지 설명하시오. (10점)

〈표 2〉 분포표

d.f.	$x^2_{0.05}$	$x^2_{0.05}$	$x^2_{0.05}$	$x^2_{0.05}$
1	3.84146	5.02389	6.63490	7.87944
2	5.99147	7.37776	9.21034	10.5966
3	7.81473	9.34840	11.3449	12.8381
4	9.48773	11.1433	13.2767	14.8602
5	11.0705	12.8325	15.0863	16.7496

【문제 2】A투어는 '가상 체험형 스마트 여행 서비스'에 대한 마케팅 전략 수립을 위해 시장조사를 실시하였다. 〈표 1〉은 소비자 설문조사 응답 자료를 바탕으로 요인분석을 실시한 결과의 일부를 나타낸 것이다. 요인 추출은 주성분분석, 요인 회전은 직각회전 방식을 사용하였고, 추출 요인의 수는 고유값(Eigenvalue) 1을 기준으로 지정하였다. 〈표 2〉는 각 응답자의 요인점수를 기준으로 군집의 수를 3개로 지정하여 k-평균(Means) 군집분석을 실시한 결과의 일부를 나타낸 것이다. 다음 물음에 답하시오. (30점)

〈표 1〉 회전된 요인행렬(Factor Matrix)

	요인(Factor)			
	1	2	3	4
앱 조작이 직관적이고 사용이 간편하다	.837	.123	.141	.081
예약, 결제 등 기능이 사용하기 쉽게 구성되어 있다	.822	.109	.102	.054
화면 구성과 정보 탐색이 편리하다	.768	.084	.095	.122
가상공간 여행 서비스는 낯설고 어색하다	.075	.819	.058	.103
처음 접하는 기술이 적용되어 불안감이 든다	.112	.785	.067	.059
디지털 기술은 인간관계를 단절시킨다	.129	.746	.042	.141
신기술이 적용된 서비스를 직접 체험해 보고 싶다	.103	.048	.862	.051
새로운 기술변화에 빠르게 적용할 수 있다	.095	.067	.826	.076
첨단 기술을 활용한 여행서비스에 흥미를 느낀다	.088	.104	.784	.063
주변 지인들이 많이 사용하는 서비스라 안심이 된다	.102	.071	.061	.853
최근에 유행하는 서비스라서 경험해보고 싶다	.074	.058	.067	.831
또래 집단이 호의적으로 평가하고 있으니까 이용하고 싶다	.119	.133	.091	.798

〈표 2〉 최종 군집중심

	군집		
	1	2	3
요인점수 1	.77594	-.62559	-.13103
요인점수 2	-.38176	-.14468	.86235
요인점수 3	.09244	.78578	-.44354
요인점수 4	.61183	-.20839	.07901

(1) 요인분석의 개념을 기술하고, 요인분석에 투입되는 변수는 어떤 척도로 측정되어야 하는지 설명하시오. (4점)
(2) 주성분분석과 공통요인분석을 분석의 목적과 분석에 이용하는 분산의 관점에서 비교 설명하시오. (6점)
(3) 〈표 1〉의 요인분석결과를 회귀분석에 활용할 수 있는 방법을 기술하고, 그 경우 회귀분석에서 발생할 수 있는 어떠한 문제점을 해결할 수 있는지와 그 이유를 각각 설명하시오. (6점)
(4) k-평균(means) 군집분석의 개념과 활용상의 장·단점을 각각 설명하시오. (6점)

(5) 〈표 2〉를 참조하여 군집 1, 군집 2, 군집 3의 특성을 각각 기술하고, 군집 3에 적합한 마케팅 전략을 제안하시오. (8점)

【문제 3】 브랜드 충성도와 같은 추상적 개념을 측정할 때 필요한 개념(Construct)타당성을 구성하는 3가지 타당성을 설명하시오. (10점)

【문제 4】 A백화점 마케팅 임원은 자사의 신용카드 소지 고객들의 월간 평균 카드 사용금액을 알기 위하여 컨설팅사에 용역을 의뢰하였다. 조사자는 A백화점 마케팅 담당자와의 협의 끝에 표준편차를 600,000원으로 추정하고 95%의 신뢰수준에서 허용오차를 ±50,000원으로 결정하였다. 다음 물음에 답하시오. (10점)
(1) 표본의 크기 결정요인 3가지를 제시하시오. (5점)
(2) 조사에 필요한 표본의 크기를 계산하시오(단, 신뢰수준 95% Z값은 1.96이며, 계산과정을 포함하고 소수점 셋째자리에서 반올림하여 소수점 둘째자리까지 표기하시오). (5점)

【문제 5】 B리서치는 AI를 활용한 영어 학습 서비스의 TV 광고모델을 결정하기 위해 전문 통역사, 일반인, 인기 연예인의 3가지 광고모델 대안별로 구매의도에 미치는 영향을 조사하기 위한 실험설계를 계획하고 있다. 관련 연구에 의하면 이용자의 성별과 연령이 AI 기반 서비스 구매의도에 영향을 미치는 외생변수로 알려져 있다. 다음 물음에 답하시오. (10점)
(1) 외생변수의 개념과 외생변수가 실험의 타당성에 미치는 영향을 설명하시오. (4점)
(2) 위의 실험설계 및 분석 과정에서 성별과 연령을 통제하기 위한 구체적 방안 2가지를 제시하고 각각 설명하시오. (6점)

【문제 6】 C식품은 1인 가구를 대상으로 간편 식품을 새롭게 출시하며, 시장 반응을 사전에 파악하기 위한 표본조사를 기획하고 있다. 조사 조건이 아래와 같은 경우, 다음 물음에 답하시오. (10점)

- 표본 프레임은 존재하지 않음
- 성별, 연령대, 직업 등 인구통계 정보는 통계청에서 확보 가능
- 조사 대상을 지리적 구획 혹은 조직 단위(예. 학교, 기관, 특정 지역 등)로 구분하여 접근하기 어려움
- 조사 예산과 시간이 매우 제한적인 상황에서 모집단에 대한 대표성을 가능한 높게 확보하려고 함

(1) 위와 같은 조건에서 가장 적합한 표본추출방법을 제시하고, 그 이유 3가지를 설명하시오. (5점)
(2) 제시한 표본추출방법을 사용할 경우 나타날 수 있는 대표성 한계를 설명하고, 이를 보완할 수 있는 실무적 대안을 2가지 제시하시오. (5점)

2024년 제39회 경영지도사 제2차 국가자격시험 문제지

교시	지도분야	시험과목	시험시간	수험번호	성명
2교시	마케팅분야	시장조사론	90분		

【문제 1】(주)한국플렉스는 해외여행인구 증가에 따른 '나는 여행자다'라는 프로그램을 개발하기로 하였다. 이를 위하여 4가지 변수(시청의도, 동거여부, 연령, 교육기간)에 관한 자료 25개를 수집하여 다중회귀분석을 실시하였다. 독립변수 간 상관관계는 〈표 1〉과 같으며, 다중회귀분석의 결과는 〈표 2〉, 〈표 3〉과 같다. 한편 프로그램의 특성상 연령이 가장 큰 영향을 미칠 것으로 판단하고 연령을 독립변수로 하는 단순회귀분석도 추가적으로 실시하였으며 그 결과는 〈표 4〉와 같다. 단, 동거여부는 더미변수를 활용하였으며 동거 중이면 1, 그렇지 않으면 0을 부여하였다. 다음 물음에 답하시오. (30점)

〈표 1〉 독립변수 간 상관계수

	동거여부	연 령	교육기간
동거여부	1		
연 령	.141(.503)	1	
교육기간	.079(.709)	−.501(.011)	1

( ) 안은 유의확률

〈표 2〉 분산분석

	모 형	제곱합	자유도	평균제곱	F	유의확률
1	선형회귀분석	(ㄱ)	(ㄷ)	6.648	11.663	.000
	잔 차	(ㄴ)	(ㄹ)	.570		
	총 계	31.860	(ㅁ)			

〈표 3〉 회귀계수

모 형		비표준화계수		표준화계수	t	유의확률	공선성통계량	
		B	표준오차	베 타			공 차	VIF
1	(상수)	1.495	2.637		.567	.577		
	동거여부	−1.176	.316	−.510	−3.726	.001	.951	1.052
	연 령	.039	.032	.196	1.214	.238	.717	1.395
	교육기간	−.152	.050	−.476	−3.039	.006	.727	1.376

종속변수 : 시청의도, R^2 = .626, 수정된 R^2 = .572

〈표 4〉 회귀계수

모형		비표준화계수		표준화계수	t	유의확률
		B	표준오차	베타		
1	(상수)	−3.014	2.919		−1.033	.313
	연령	.073	.039	.358	1.840	.079
종속변수 : 시청의도, R^2 = .128, 수정된 R^2 = .090						

(1) (ㄱ), (ㄴ), (ㄷ), (ㄹ), (ㅁ)에 들어갈 값을 구하시오(단, (ㄱ), (ㄴ)의 값은 계산과정을 포함하고, 소수점 넷째 자리에서 반올림하여 소수점 셋째 자리까지 구한다). (7점)

(2) R^2(결정계수) 값의 의미를 설명하고, 수정된(adjusted) R^2 값을 확인하는 이유를 설명하시오. (10점)

(3) 다중회귀분석에서 개별독립변수 계수의 통계적 유의성을 검증(단, α = .05, 사용되는 계수와 유의확률 명시)하고, 독립변수들의 상대적 영향력의 크기를 비교하여 영향력이 큰 순서대로 나열하시오(단, 사용되는 계수 값 포함). (5점)

(4) 〈표 3〉의 분석결과를 토대로 다중공선성 유무를 진단하시오. (2점)

(5) 다중회귀분석을 할 때, 다중공선성이 있더라도 문제되지 않는 경우를 설명하시오. (2점)

(6) 다중회귀분석과 단순회귀분석에서 독립변수의 검증결과가 다르게 나타날 수 있는 이유 2가지를 설명하고, 위의 사례에서 독립변수 '연령'의 검증결과가 다르게 나타난 이유를 제시하시오. (4점)

【문제 2】 맛나식품은 연령별로 라면브랜드의 선호에 차이가 있는지를 알아보기 위해 300명의 소비자를 대상으로 시장조사를 실시하여 자료를 수집하고, 조사결과를 바탕으로 〈표 1〉과 같이 교차분석표를 작성하였다. 다음 물음에 답하시오. (30점)

〈표 1〉 연령과 라면브랜드에 대한 교차분석표

연령	A라면	B라면	C라면	총계
10대	50	20	30	100
20대	40	40	20	100
30대	30	50	20	100
총계	120	110	70	300

※ 각 셀의 수치는 관측빈도

(1) 연령과 라면브랜드에 대해 x^2 독립성 검증을 위한 귀무가설(H_0)과 대립가설(H_1)을 설정하시오. (6점)

(2) (1)의 가설검증을 위한 x^2 통계량을 구하시오(단, 계산과정을 포함시키고 소수점 셋째 자리에서 반올림하여 소수점 둘째 자리까지 표기하시오). (12점)

(3) 〈표 2〉의 x^2 분포표를 참조하여 자유도($d.f$) 및 x^2 임계치를 제시하시오. (6점)

<표 2> x^2 분포표

$d.f$	1	2	3	4	5	6	7	8	9	10
$x^2_{0.05}$	3.84	5.99	7.81	9.49	11.07	12.59	14.07	15.51	16.92	18.31
$x^2_{0.25}$	5.02	7.38	9.35	11.14	12.83	14.45	16.01	17.53	19.02	20.48

(4) (2)에서 계산된 x^2 통계량과 〈표 2〉를 참조하여 유의수준 0.05수준에서 가설의 검증결과(기각여부 및 그 근거 명시)를 설명하고, 마케팅 관점에서 전략적 시사점을 제시하시오. (6점)

【문제 3】 (주)K유통은 20명의 소비자로부터 쇼핑에 대한 태도와 의견에 관한 자료를 수집하여 군집분석(Cluster Analysis)을 실시하고자 한다. 다음 물음에 답하시오. (10점)
(1) 계층적 군집화와 비계층적 군집화의 개념을 설명하시오. (4점)
(2) 계층적 군집화의 한계점 2가지를 제시하시오. (4점)
(3) 위 사례의 경우 계층적 군집화를 한다면 처음 만들어지는 군집의 수와 최종 몇 단계까지의 군집화가 이루어져야 하는지를 제시하시오. (2점)

【문제 4】 한국여행사에서는 코로나 이후 소비자들의 해외여행패턴이 변화했음을 느끼고 이를 파악하기 위해 소비자대상 설문조사를 하기로 하고 설문지를 개발하고자 한다. 다음 물음에 답하시오. (10점)
※ 다음은 설문항목의 일부이다.

| * 귀하의 해외여행 빈도는 어떻게 되십니까? |
| ① 1년에 1번 이하 ② 1년에 2~3회 ③ 1년에 4~5회 ④ 1년에 6회 이상 |

(1) 자료수집을 위한 척도(Scales)의 4가지 유형을 설명하시오. (4점)
(2) 위 설문항목에 사용된 척도는 무엇인지 설명하시오. (3점)
(3) 위 설문항목에 바람직한 중심경향치를 제시하시오. (3점)

【문제 5】 미국의 대기업 종업원들에 대한 연구에 의하면, 비화합적인(Less Agreeable) 성격의 직원들이 다른 직원들보다 더 높은 연봉을 받는다고 한다. 또한 그 이유는 비화합적 성격의 사람들이 연봉협상 때 자신의 몸값을 협상하는데 더 강하게 밀어 붙이기 때문이라 한다. 이와 같은 연구결과를 얻게 된 인과관계조사(Causal Research)에 대하여 다음 물음에 답하시오. (10점)
(1) 인과관계의 요건 3가지를 설명하시오. (4점)
(2) 인과관계의 종류 3가지를 설명하고, 위 사례와 가장 가까운 인과관계를 제시하시오. (6점)

【문제 6】 갱서베이(Gang Survey)와 CLT(Central Location Test) 조사방법의 개념을 각각 설명하고 장점과 단점을 제시하시오. (10점)

2023년 제38회 경영지도사 제2차 국가자격시험 문제지

교시	지도분야	시험과목	시험시간	수험번호	성명
2교시	마케팅분야	시장조사론	90분		

【문제 1】 ABC 커피점은 방문빈도가 높은 소비자와 방문빈도가 낮은 소비자 간 특성차이를 파악하여 각각의 유형에 맞는 차별적 마케팅을 실행할 목적으로 시장조사를 실시하였다. 아래 자료는 설문조사를 바탕으로 분석된 판별분석 결과의 일부를 나타낸 것이다. 다음 물음에 답하시오. (30점)

- 가격, 맛, 분위기, 주차시설은 리커트 7점 척도로 측정
- 방문빈도가 낮은 소비자는 집단 1, 방문빈도가 높은 소비자는 집단 2로 구분
- $\alpha = 0.05$

〈표 1〉 집단평균의 동질성에 대한 검정

구 분	Wilks의 람다	F	자유도1	자유도2	유의확률
가 격	.611	12.716	1	20	.002
맛	.814	4.579	1	20	.045
분위기	.798	5.057	1	20	.036
주차시설	.998	.046	1	20	.833

〈표 2〉 정준판별함수

고유값

함 수	고유값	분산의 %	누적 %	정준상관
1	1.200	100.0	100.0	.739

Wilks의 람다

함수의 검정	Wilks의 람다	카이제곱	자유도	유의확률
1	.455	14.195	4	.007

〈표 3〉 비표준화된 정준 판별함수 계수

구 분	함 수
	1
가 격	.693
맛	.536
분위기	.004
주차시설	.002
(상수)	−5.226

〈표 4〉 집단 중심점

구 분	함 수
집단 1	−1.044
집단 2	1.044

〈표 5〉 분류결과표

구 분		집 단	예측 소속집단		전 체
			1	2	
원래값	빈 도	1	10	1	11
		2	2	9	11
	%	1	90.9	9.1	100.0
		2	12.8	81.8	100.0

(1) 판별분석의 개념과 분석목적을 각각 설명하시오. (6점)

(2) 〈표 3〉을 이용하여 판별식을 구하고, 판별함수의 통계적 유의성을 평가하는 데 활용되는 근거를 〈표 2〉를 이용하여 모두 제시하시오. (6점)

(3) 응답자가 어느 집단에 속하는지 가르는 경계점(Cutting Score)을 구하고, 그 의미를 설명하시오 (단, 집단 1과 집단 2의 표본크기는 각각 11이고, 경계점 $= \dfrac{n_2 \times D_1 + n_1 \times D_2}{n_1 + n_2}$ 이다). (6점)

(4) 첫 번째 응답자의 가격, 맛, 분위기, 주차시설에 대한 응답이 각각 3, 4, 3, 4일 때, 판별점수를 구하고, 이 응답자가 어느 집단으로 분류될 수 있는지를 설명하시오(단, 판별식과 계산과정을 제시하고, 위 (3)의 결과와 연계하여 판단 근거를 명기한다). ($a = 0.05$) (6점)

(5) 〈표 5〉 분류결과표에서 적중률(Hit Ratio)을 구하시오(단, 계산과정을 쓰고, 백분율로 제시하되 값은 소수점 셋째 자리에서 반올림하여 소수점 둘째 자리까지 구한다). (6점)

【문제 2】 (주)A투어는 해외여행 상품 3가지를 기획하고, 소비자들의 반응을 조사하였다. 남녀 각각 9명의 참가자에게 3가지 상품을 보여주고 선호도를 5점 리커트척도로 응답하도록 하였다. 다음은 조사결과를 통계분석한 표와 F분포표이다. 다음 물음에 답하시오(단, 유의수준 $a = 0.05$). (30점)

〈표 1〉 통계분석표

원 천	제III유형 제곱합	자유도
상 품	2.181	(ㄱ)
성 별	5.014	(ㄴ)
상호작용	0.134	(ㄷ)
오 차	0.600	12

〈표 2〉 F분포표($a = 0.05$)

u_2 \ u_1	1	2	3	...	10	12
1	161.4	199.5	215.7		241.9	243.9
2	18.51	19.00	19.16		19.40	19.41
3	10.13	9.55	9.28		8.79	8.74
...						
10	4.96	4.10	3.71		2.98	2.91
11	4.84	3.98	3.59		2.85	2.79
12	4.75	3.89	3.49		2.75	2.69

(1) (ㄱ), (ㄴ), (ㄷ)에 들어갈 값을 각각 계산하시오. (6점)
(2) 상품별 선호도 차이를 검증하기 위한 귀무가설과 대립가설을 설정하고, 귀무가설의 기각 여부를 검증하시오. (7점)
(3) 성별 선호도 차이를 검증하기 위한 귀무가설과 대립가설을 설정하고, 귀무가설의 기각 여부를 검증하시오. (7점)
(4) 상품과 성별의 상호작용 효과를 검증하기 위한 귀무가설과 대립가설을 설정하고, 귀무가설의 기각 여부와 시사점을 각각 기술하시오. (10점)

【문제 3】 실험법에 관하여 다음 물음에 답하시오. (10점)
 (1) 인과관계가 성립하기 위한 전제조건 3가지를 설명하시오. (6점)
 (2) 감식초음료를 판매하고 있는 A사는 가격인하가 판매량에 미치는 영향을 알아보기 위해 실험조사를 실행하였다. 감식초 음료를 판매하고 있는 100개 편의점을 선정하여 통제집단과 실험집단으로 50개씩 무작위로 나누고 두 집단 모두에서 실험 전의 판매량(Q_1, Q_3)을 측정하였다. 이후 실험집단에만 가격을 20% 인하하고 나서 5주 후, 두 집단의 판매량(Q_2, Q_4)을 측정하였다. 아래 자료를 기초로 순수한 가격 인하효과로 나타난 판매량을 구하시오(단, 계산과정을 포함하여 쓰시오). (4점)

```
EG(R) : 50개 편의점  $Q_1$ = 3,500개       →   X(20% 가격인하)   →   $Q_2$ = 5,350개
(무작위 할당)
CG(R) : 50개 편의점  $Q_3$ = 3,250개       →                          $Q_4$ = 3,900개
(무작위 할당)
```

【문제 4】 K대형마트는 셀프서비스 계산대 확대여부를 조사하기 위해 지역별 점포에 따른 고객들의 의견이 차이가 없다고 판단하고, 전국 점포 중 무작위로 5개를 선정하여 해당 점포에 방문하는 모든 고객들을 표본으로 추출하려고 한다. 다음 물음에 답하시오. (10점)
 (1) 이 조사에 가장 적합한 표본추출방법을 제시하시오. (3점)
 (2) 이 표본추출방법의 개념을 설명하고, 장점과 단점을 각각 기술하시오. (7점)

【문제 5】 관찰법에 관하여 다음 물음에 답하시오. (10점)
 (1) 관찰법의 개념을 설명하시오. (2점)
 (2) 체계적(Structured) 관찰과 비체계적(Unstructured) 관찰의 개념을 각각 설명하시오. (4점)
 (3) 관찰법의 장점과 단점을 각각 설명하시오. (4점)

【문제 6】 다차원척도법을 이용하여 골프웨어 7개 브랜드의 포지셔닝맵(Positioning Map)을 작성하려고 한다. 다음 물음에 답하시오.
 (1) 브랜드 간 유사성 측정을 위해 필요한 자료의 수와 측정방법을 각각 기술하시오. (5점)
 (2) 포지셔닝맵의 적합도 평가방법을 설명하시오. (5점)

2022년 제37회 경영지도사 제2차 국가자격시험 문제지

교시	지도분야	시험과목	시험시간	수험번호	성명
2교시	마케팅분야	시장조사론	90분		

【문제 1】 A사는 자사의 광고비와 대리점 수가 매출액에 미치는 영향을 파악하기 위하여 통계분석 프로그램을 이용하여 회귀분석을 실시하였다. 다음은 회귀분석 결과의 일부를 나타낸 것이다. 물음에 답하시오 (단, 가설검증은 양측검증을 유의수준 0.05 기준으로 실시한다). (30점)

〈표 1〉 모형 요약

모형	R 제곱	조정된 R 제곱	추정값의 표준오차
1	(ㄱ)	.967	7.0450

〈표 2〉 분산분석

모형		제곱합	자유도	평균제곱	F	유의확률
1	회귀분석	13376.674	2	6688.337	134.758	.000
	잔 차	347.426	7	49.632		
	총 계	13724.100	9			

〈표 3〉 회귀계수

모형		비표준화 계수		표준화 계수	t	유의확률
		B	표준오차	베타		
1	(상수)	1.132	8.711		.130	.900
	광고비	1.142	.159	.564	7.171	.000
	대리점 수	14.938	2.242	.524	6.662	.000

(1) R 제곱값, 조정된(Adjusted) R 제곱값의 의미를 각각 설명하고, 〈표 1〉의 (ㄱ)에 들어갈 값을 구하시오[단, (ㄱ)의 값은 계산과정을 포함시키고, 값은 소수점 넷째자리에서 반올림하여 소수점 셋째 자리까지 구한다]. (12점)

(2) 전체 회귀식의 유의성 검증을 위한 귀무가설과 대립가설을 설정하고, 귀무가설의 기각 여부를 설명하시오(단, 판단 근거는 어떤 표의 어떤 값을 사용했는지 명시할 것). (8점)

(3) 광고비의 회귀계수에 대한 유의성 검증을 위한 귀무가설과 대립가설을 설정하고, 귀무가설의 기각 여부를 설명하시오(단, 판단 근거는 어떤 표의 어떤 값을 사용했는지 명시할 것). (5점)

(4) 광고비와 대리점 수 중 어느 변수가 매출액에 더 높은 영향력을 가지는지를 설명하시오(단, 판단 근거는 어떤 표의 어떤 값을 사용했는지 명시할 것). (5점)

【문제 2】 A컨설팅은 P전자의 신제품 사용에 대한 소비자 평가를 의뢰받아 설문조사를 실시하였다. 〈표 1〉은 평가항목에 대한 소비자 응답 자료를 바탕으로 요인분석을 실시한 결과의 일부를 나타낸 것이다. 요인 회전은 직각회전 방식을 사용하였고, 추출 요인의 수는 고유값(Eigenvalue) 1을 기준으로 지정하였다. 다음 물음에 답하시오. (30점)

〈표 1〉 회전된 요인행렬(Factor Matrix)

구 분	요인(Factor)			
	1	2	3	4
매우 유용할 것(X1)	.192	−.106	.823	−.070
생활을 여유롭게 해줄 것	.307	−.027	.858	.041
색다른 즐거움을 줄 것	.858	.074	.260	−.023
새로운 경험이 가능할 것	.897	.004	.190	.028
즐거울 것	.856	−.075	.263	.076
유지비용이 많이 들 것	−.058	.113	−.119	.706
비용지출이 커질 것	.030	−.052	.172	.862
경제적으로 부담될 것	.137	.174	−.002	.813
지인들 시선이 좋지 않을 것	.070	.777	.047	.064
사회규범에 맞지 않을 것	.103	.805	.001	.055
이미지가 좋지 않을 것	−.080	.856	−.104	.014
남들에게 부정적으로 보일 것	−.022	−797	−.221	.118
생활이 편리해질 것	.323	−.113	−.836	.074
진귀한 경험이 가능해질 것	.880	.093	.170	.047

(1) 요인분석의 개념과 목적을 설명하고, 투입되는 변수는 어떤 척도로 측정되어야 하는지 제시하시오. (12점)
(2) X1(매우 유용할 것)의 공통성(Communality)을 구하고, 구해진 값의 의미를 설명하시오(단, 계산과정을 포함시키고 소수점 넷째 자리에서 반올림하여 소수점 셋째 자리까지 구한다). (4점)
(3) 추출 요인의 수 기준으로 지정한 고유값(Eigenvalue)의 개념과 1 이상으로 지정한 의미를 설명하시오. (4점)
(4) 추출된 4개 요인의 명칭을 부여하시오. (4점)
(5) 요인분석결과를 회귀분석에 활용할 수 있는 방법을 설명하시오. (6점)

【문제 3】 B여행사는 기존의 여행상품과는 개념이 다른 비대면 형태의 가상공간 여행상품의 시장성을 조사하기 위해 표본설계를 실시하고자 한다. 표본프레임을 입수하기 어렵고, 모집단에 대한 사전지식이 전혀 없는 상황이다. 이와 같은 경우 채택할 수 있는 표본추출방법이 무엇인지 설명하고, 이 방법의 장점과 단점을 기술하시오. (10점)

【문제 4】 다음은 C음료에서 최근 새롭게 촬영한 TV광고가 자사의 신제품 태도에 미치는 영향을 조사하기 위해 피실험자 100명을 대상으로 2개 집단으로 구분하여 실시한 실험설계이다. 다음 물음에 답하시오. (10점)

$$
\begin{array}{lllll}
(EG) : [R] & O_1 & X & O_2 \\
(CG) : [R] & O_3 & & O_4
\end{array}
$$

(1) 시험효과의 2가지 유형을 기술하고, 문제에 제시된 실험상황을 적용하여 각각 설명하시오. (6점)
(2) 위 실험설계에서 통제가 어려운 외생변수 2가지를 제시하시오. (4점)

【문제 5】 측정에 관하여 다음 물음에 답하시오. (10점)
(1) 측정의 타당성과 신뢰성의 개념을 각각 설명하시오. (4점)
(2) 측정의 신뢰성을 평가하는 방법 3가지를 설명하시오. (6점)

【문제 6】 컨조인트(Conjoint) 분석의 의미를 설명하고, 컨조인트 분석 결과가 신제품개발에 어떻게 활용될 수 있는지 설명하시오. (10점)

2021년 제36회 경영지도사 제2차 국가자격시험 문제지

교시	지도분야	시험과목	시험시간	수험번호	성명
2교시	마케팅분야	시장조사론	90분		

【문제 1】 P식품회사는 지역별로 소비자들이 구매하는 선호상표에 차이가 있는지를 알아보기 위해 350명의 소비자를 대상으로 시장조사를 실시하였다. 〈표 1〉은 설문조사 결과를 바탕으로 작성된 교차분석표를 나타낸 것이다. 다음 물음에 답하시오. (30점)

〈표 1〉 거주 지역과 구매상표에 대한 교차분석표

구 분	A상표	B상표	C상표	계
Ⅰ 지역	50(E11)	60(E12)	30(E13)	140
Ⅱ 지역	40(E21)	55(E22)	20(E23)	115
Ⅲ 지역	40(E31)	35(E32)	20(E33)	95
계	130	150	70	350

※ 각 셀에서 앞의 수치는 관측빈도, ( )는 기대빈도임

(1) 위 문제에 대한 귀무가설(H_0)과 대립가설(H_1)을 설정하시오. (4점)
(2) 〈표 1〉에서 각 셀의 기대빈도를 모두(E11~E33) 구하시오(단, 소수점 둘째 자리에서 반올림하여 소수점 첫째 자리까지 구한다). (9점)
(3) 가설검증을 위해 카이자승(x^2) 통계량을 구하시오(단, 계산과정을 포함시키고, 소수점 셋째 자리에서 반올림하여 소수점 둘째 자리까지 구한다). (9점)
(4) 〈표 2〉를 참조하여 자유도(d.f)와 카이자승(x^2) 임계치를 제시하고, 가설채택 여부와 결과해석을 기술하시오. (8점)

〈표 2〉 카이자승(x^2) 분포표

d.f	1	2	3	4	5	6	7	8	9	10
$x^2_{0.050}$	3.84	5.99	7.81	9.49	11.07	12.59	14.07	15.51	16.92	18.31

【문제 2】㈜Market스마트는 새로운 광고시안을 개발하고 있다. 4개의 광고물 시안 A, B, C, D 중에서 효과적인 광고물을 선택하고자 한다. 실험설계를 통해 각 광고물에 노출된 소비자의 브랜드 태도를 9점 척도로 측정하였다(점수가 높을수록 호의적). 분석결과의 일부가 〈표 1〉 및 〈표 2〉와 같다. 다음 물음에 답하시오(단, $a=0.05$). (30점)

〈표 1〉 분석결과표

원천	제III유형 제곱합	자유도	평균제곱	F	유의확률
절편	950.625	1	(ㄱ)	(ㄷ)	.000
광고물 시안	71.875	3	(ㄴ)	(ㄹ)	.000
오차	32.500	36	.903		
총계	1055.000	40			

〈표 2〉 사후다중비교 결과표(터키의 검정)

(I)광고물 시안	(J)광고물 시안	평균차(I-J)	표준오차	유의확률	95% 신뢰구간 하한값	95% 신뢰구간 상한값
A	B	-1.0000	.42492	.105	-2.1444	.1444
A	C	-3.0000	.42492	.000	-4.1444	-1.8556
A	D	.5000	.42492	.645	-.6444	1.6444
B	A	1.0000	.42492	.105	-.1444	2.1444
B	C	-2.0000	.42492	.000	-3.1444	-.8556
B	D	1.1500	.42492	.096	.2556	2.5444
C	A	3.0000	.42492	.000	1.8556	4.1444
C	B	2.0000	.42492	.000	.8556	3.1444
C	D	3.5000	.42492	.000	2.3556	4.6444
D	A	-.5000	.42492	.645	-1.6444	.6444
D	B	-1.1500	.42492	.096	-2.5444	-.2556
D	C	-3.5000	.42492	.000	-4.6444	-2.3556

(1) 〈표 1〉에서 (ㄱ), (ㄴ), (ㄷ), (ㄹ)에 들어갈 값을 계산하시오(단, 계산과정을 포함시키고 소수점 넷째 자리에서 반올림하여 소수점 셋째 자리까지 구한다). (8점)
(2) (1)의 계산결과를 반영하여 〈표 1〉을 해석하고, 가설의 기각여부를 설명하시오. (6점)
(3) 〈표 1〉의 분산분석결과의 결론을 토대로 사후다중비교가 필요한 이유를 설명하시오. (4점)
(4) 〈표 2〉의 분석결과를 해석하고, 마케팅관리자는 네 개의 광고유형 중 어느 광고물 시안을 선택해야 하는지 그 근거를 설명하시오. (12점)

【문제 3】 군집분석의 개념 및 그 활용사례(이용상황) 두 가지를 설명하시오. (10점)

【문제 4】 마케팅현상에 대한 측정과정에는 많은 오류가 발생하며 이러한 오류를 발생시키는 다양한 원천이 존재한다. 오류와 관련하여 다음 물음에 답하시오. (10점)
(1) 오류 발생의 잠재적 원천 세 가지를 설명하시오. (6점)
(2) 체계적 오차와 비체계적 오차를 각각 설명하시오. (4점)

【문제 5】 확률표본추출법의 하나인 층화표본추출법에 관한 다음 각 질문에 답하시오. (10점)
(1) 층화표본추출법의 개념을 설명하시오. (2점)
(2) 층화표본추출방법 두 가지를 기술하시오. (4점)
(3) 할당표본추출법과 비교하여 유사점과 차이점에 관해 설명하시오. (4점)

【문제 6】 인터넷의 활용으로 2차 자료에 대한 활용가치가 증가하고 있다. 2차 자료에 관한 다음 질문에 답하시오. (10점)
(1) 2차 자료 사용에 따른 이점을 설명하시오. (2점)
(2) 2차 자료의 가치를 평가하는데, 고려해야 할 요소 중 적합성과 정확성의 의미를 각각 예를 들어 설명하시오. (8점)

모범답안 2025 | 제2과목 시장조사론
경영지도사의 답안

※ 본 답안은 현직 경영지도사의 모범 예시 답안이며, 채점자의 견해에 따라 표준 정답은 달라질 수 있으니 참고하여 학습에 활용하시기 바랍니다.

| 논술문제 |

문제 1 한 가전업체의 신제품개발 담당자는 현재의 신제품 청소기의 색상 대안으로 5가지(A, B, C, D, E)를 고려하고 있으며, 가장 많은 소비자들이 선호하는 색상을 알아보고자 한다. 200명의 소비자에게 가장 선호하는 색상을 물어본 결과는 다음 〈표 1〉과 같다. 다음 물음에 답하시오. (30점)

〈표 1〉 특정 색상을 선호하는 소비자의 수

청소기 색상					합계
A	B	C	D	E	
68	45	32	20	35	200

(1) 위 문제에 대한 귀무가설과 대립가설을 설정하시오. (10점)

위 문제에서 측정된 자료는 명목척도에 의해 산출되었으며, 기대빈도와 관측빈도의 적합도를 조사하기 위한 방법이다.
① 귀무가설(H_0) : 소비자들이 각 색상(A, B, C, D, E)을 선호하는 비율은 모두 동일하다.
② 대립가설(H_1) : 소비자들이 각 색상(A, B, C, D, E)을 선호하는 비율이 모두 동일하지는 않다.

(2) 주어진 자료로부터 검증통계량을 계산하시오(단, 계산과정을 포함시키고 소수점 셋째자리에서 반올림하여 소수점 둘째자리까지 표기하시오). (10점)

① 1단계 : 기대빈도 계산

총 응답자 수 = 200명, 색상 수 = 5개, 기대빈도(E_i) = $\frac{200}{5}$ = 40명, 기대빈도는 40명

② 2단계 : 검정통계량(x^2) 계산

카이제곱(x^2) 검정통계량은 다음 공식을 사용하여 계산한다.

$$x^2 = \sum \frac{(O_i - E_i)^2}{E_i}$$

여기서 O_i는 관측빈도, E_i는 기대빈도이다.

$$x^2 = \frac{(68-40)^2}{40} + \frac{(45-40)^2}{40} + \frac{(32-40)^2}{40} + \frac{(20-40)^2}{40} + \frac{(35-40)^2}{40}$$
$$= 19.600 + 0.625 + 1.600 + 10.000 + 0.625$$

$$= 32.450$$
자유도 d.f. $= 5 - 1 = 4$

(3) 유의수준 α = 0.01에서 가설의 검증결과를 설명하고, 마케팅 관리자는 어떤 색상을 선택해야 하는지 설명하시오. (10점)

〈표 2〉 x^2 분포표

d.f.	$x^2_{0.05}$	$x^2_{0.025}$	$x^2_{0.01}$	$x^2_{0.005}$
1	3.84146	5.02389	6.63490	7.87944
2	5.99147	7.37776	9.21034	10.5966
3	7.81473	9.34840	11.3449	12.8381
4	9.48773	11.1433	13.2767	14.8602
5	11.0705	12.8325	15.0863	16.7496

① 검증결과 설명
  ㉠ 유의수준 및 자유도 확인
  · 유의수준(α) : 0.01, 자유도 df $= 4$
  ㉡ 임계값 확인
  · 〈표 2〉의 x^2분포표에서 자유도 4이고, 유의수준 0.01에 해당하는 임계값은 13.2767
  ㉢ 검정결과 비교 및 결론
  · 계산된 검정통계량(x^2) : 32.45
  · 카이제곱(x^2) 임계값 : 13.2767
  · 검정통계량이 임계값보다 크므로 귀무가설을 기각한다. 이는 귀무가설(H_0) "소비자들이 각 색상 (A, B, C, D, E)을 선호하는 비율은 모두 동일하다."가 틀렸다는 것을 의미한다. 즉, 소비자들의 색상 선호도에는 유의미한 차이가 존재한다고 결론 내릴 수 있다.

② 마케팅 관리자의 의사결정
  위의 통계적 검정 결과, 소비자들의 색상 선호도에 차이가 있다는 사실이 입증되었다. 〈표 1〉의 관측빈도를 다시 살펴보면, 200명 중 68명이 A 색상을 가장 선호하는 것으로 나타났다. 이는 다른 색상들 (B : 45명, C : 32명, D : 20명, E : 35명)과 비교했을 때 가장 높은 수치이다. 통계적으로 유의미한 차이가 존재하며, 데이터상 가장 높은 선호도를 보인 색상은 A이다. 소비자들이 가장 선호하는 색상을 선택하여 신제품 청소기를 출시하는 것이 시장 성공 가능성을 높이는 합리적인 전략이므로, 마케팅 관리자는 A 색상을 선택해야 한다. 끝

문제 2 A투어는 '가상 체험형 스마트 여행 서비스'에 대한 마케팅 전략 수립을 위해 시장조사를 실시하였다. 〈표 1〉은 소비자 설문조사 응답 자료를 바탕으로 요인분석을 실시한 결과의 일부를 나타낸 것이다. 요인 추출은 주성분분석, 요인 회전은 직각회전 방식을 사용하였고, 추출 요인의 수는 고유값(Eigenvalue) 1을 기준으로 지정하였다. 〈표 2〉는 각 응답자의 요인점수를 기준으로 군집의 수를 3개로 지정하여 k-평균(Means) 군집분석을 실시한 결과의 일부를 나타낸 것이다. 다음 물음에 답하시오. (30점)

〈표 1〉 회전된 요인행렬(Factor Matrix)

	요인(Factor)			
	1	2	3	4
앱 조작이 직관적이고 사용이 간편하다	.837	.123	.141	.081
예약, 결제 등 기능이 사용하기 쉽게 구성되어 있다	.822	.109	.102	.054
화면 구성과 정보 탐색이 편리하다	.768	.084	.095	.122
가상공간 여행 서비스는 낯설고 어색하다	.075	.819	.058	.103
처음 접하는 기술이 적용되어 불안감이 든다	.112	.785	.067	.059
디지털 기술은 인간관계를 단절시킨다	.129	.746	.042	.141
신기술이 적용된 서비스를 직접 체험해 보고 싶다	.103	.048	.862	.051
새로운 기술변화에 빠르게 적용할 수 있다	.095	.067	.826	.076
첨단 기술을 활용한 여행서비스에 흥미를 느낀다	.088	.104	.784	.063
주변 지인들이 많이 사용하는 서비스라 안심이 된다	.102	.071	.061	.853
최근에 유행하는 서비스라서 경험해보고 싶다	.074	.058	.067	.831
또래 집단이 호의적으로 평가하고 있으니까 이용하고 싶다	.119	.133	.091	.798

〈표 2〉 최종 군집중심

	군집		
	1	2	3
요인점수 1	.77594	-.62559	-.13103
요인점수 2	-.38176	-.14468	.86235
요인점수 3	.09244	.78578	-.44354
요인점수 4	.61183	-.20839	.07901

(1) 요인분석의 개념을 기술하고, 요인분석에 투입되는 변수는 어떤 척도로 측정되어야 하는지 설명하시오. (4점)

① 요인분석의 개념 : 요인분석(Factor Analysis)은 수많은 변수들 사이의 복잡한 상관관계를 분석하여, 이 변수들을 설명하는 잠재적인 요인(Latent Factors) 또는 차원(Dimensions)을 추출하는 통계적 기법이다. 변수들을 더 적은 수의 요인으로 축소함으로써 데이터의 구조를 단순화하고 이해하기 쉽게 만든다.

② 요인분석에 사용되는 변수의 척도 : 요인분석에 투입되는 변수들은 일반적으로 등간척도(Interval Scale) 또는 비율척도(Ratio Scale)로 측정되어야 한다. 요인분석은 변수들 간의 공분산 또는 상관관계를 기반으로 분석을 수행하기 때문이다.

(2) 주성분분석과 공통요인분석을 분석의 목적과 분석에 이용하는 분산의 관점에서 비교 설명하시오. (6점)

구분	주성분분석(PCA)	공통요인분석(CFA)
분석 목적	데이터 축약(Data Reduction)	개념 개발(Concept Development)
이용하는 분산	총 분산(Total Variance)	공통 분산(Common Variance)

① 분석의 목적 관점
  ㉠ 주성분분석(PCA) : 분석의 주요 목적은 데이터 축약이다. PCA는 여러 변수들의 분산을 최대한 설명하는 새로운 변수인 주성분(Principal Components)을 생성한다. 이 주성분들은 원래 변수들의 선형 결합으로, 변수들의 정보를 대부분 손실 없이 요약하여 분석에 필요한 변수의 수를 줄이는 데 사용된다.
  ㉡ 공통요인분석(CFA) : 분석의 주요 목적은 개념 개발 또는 잠재 요인 식별이다. CFA는 여러 변수들의 상관관계를 유발하는 잠재적 요인을 찾아내고, 이 요인들이 변수들을 얼마나 잘 설명하는지 파악한다. 변수들 간의 관계를 설명하는 이론적 구조를 탐색하는 데 중점을 둔다.
② 이용하는 분산 관점
  ㉠ 주성분분석(PCA) : 총 분산(Total Variance)을 모두 이용한다. 변수들이 가지고 있는 모든 분산, 즉 공통성(Communality), 특수성(Uniqueness), 그리고 오차 분산(Error Variance)을 모두 고려하여 주성분을 추출한다. 따라서 PCA의 결과는 변수들의 총 분산 대부분을 설명하는 주성분들로 구성된다.
  ㉡ 공통요인분석(CFA) : 공통 분산(Common Variance)만을 이용한다. 각 변수가 다른 변수들과 공유하는 분산인 공통성(Communality)에 초점을 맞춘다. 변수들을 설명하는 공통요인에 의해 설명되는 분산만을 사용하며, 각 변수에만 존재하는 특수 분산(Specific Variance)과 오차 분산(Error Variance)은 분석에서 제외한다.

(3) 〈표 1〉의 요인분석결과를 회귀분석에 활용할 수 있는 방법을 기술하고, 그 경우 회귀분석에서 발생할 수 있는 어떠한 문제점을 해결할 수 있는지와 그 이유를 각각 설명하시오. (6점)

① 요인분석 결과를 회귀분석에 활용하는 방법
  〈표 1〉의 요인분석 결과를 회귀분석에 활용하는 방법은 요인점수(Factor Scores)를 계산하여 회귀분석의 독립변수로 사용하는 것이다. 요인분석은 12개의 원래 변수들을 4개의 잠재 요인으로 압축했다. 이 4개의 요인(요인 1 : 편리성, 요인 2 : 기술 수용 불안감, 요인 3 : 신기술 관심, 요인 4 : 사회적 영향)에 대해 각 응답자별로 요인점수를 계산할 수 있다.
② 해결되는 문제점과 그 이유
  요인분석 결과를 회귀분석에 활용함으로써 해결할 수 있는 가장 중요한 문제는 다중공선성(Multicollinearity)이다. 다중회귀분석에서 독립변수들 간에 높은 상관관계가 존재할 때 발생하는 문제이다. 다중공선성이 높으면 회귀계수의 표준오차가 커져서 회귀계수의 통계적 유의성(p-value)이

낮아질 수 있다. 이로 인해 어떤 변수가 종속변수에 실제로 영향을 미치는지 판단하기 어려워지고, 모형의 안정성과 예측력이 저하된다. 요인분석은 원래의 상관관계가 높은 변수들을 상관관계가 거의 없는(직각회전의 경우) 또는 상관관계가 낮은 요인으로 변환한다. 주성분석과 직각회전을 통해 추출된 요인들은 서로 직교(Orthogonal)하여 거의 독립적이다. 이처럼 독립적인 요인들을 회귀분석의 독립변수로 사용하면, 변수들 간의 상관관계가 제거되므로 다중공선성 문제가 근본적으로 해결된다.

(4) k-평균(Means) 군집분석의 개념과 활용상의 장·단점을 각각 설명하시오. (6점)

① k-평균(Means) 군집분석의 개념

k-평균 군집분석(k-Means Clustering)은 주어진 데이터를 k개의 군집(Cluster)으로 묶는 비계층적(Non-hierarchical) 군집분석 방법이다. 이 방법은 각 군집 내의 데이터 포인트들이 서로 유사하고, 다른 군집의 데이터 포인트들과는 이질적이도록 군집을 형성하는 것을 목표로 한다.

② 활용상의 장점과 단점

㉠ 장점
- 간단하고 효율적 : 알고리즘이 비교적 간단하고 직관적이며, 대규모 데이터셋에도 빠르게 적용할 수 있어 효율적이다.
- 해석이 용이 : 각 군집의 중심점은 해당 군집의 대표적인 특성을 나타내므로, 결과를 쉽게 해석할 수 있다.
- 다양한 분야에 적용 가능 : 시장세분화, 이미지 분할, 문서 분류 등 다양한 분야에서 널리 활용된다.

㉡ 단점
- 군집의 수(k)를 사전에 지정해야 함 : 분석가가 미리 군집의 수를 정해야 하므로, 최적의 k를 찾기 위한 추가적인 노력이 필요할 수 있다.
- 이상치(Outlier)에 민감함 : 이상치가 있으면 군집의 중심점이 왜곡되어 군집 결과에 부정적인 영향을 미칠 수 있다.
- 구형(Spherical) 군집에만 적합 : k-평균은 유클리드 거리를 기반으로 하므로, 데이터가 구형이나 원형의 형태로 분포되어 있을 때 가장 좋은 성능을 보인다. 복잡하거나 비선형적인 형태의 군집을 식별하는 데는 한계가 있다.
- 초기 중심점 설정에 따라 결과가 달라질 수 있음 : 처음 무작위로 선택된 중심점의 위치에 따라 최종 군집 결과가 달라질 수 있어, 여러 번 반복 실행하여 최적의 결과를 찾아야 할 수도 있다.

(5) 〈표 2〉를 참조하여 군집 1, 군집 2, 군집 3의 특성을 각각 기술하고, 군집 3에 적합한 마케팅 전략을 제안하시오. (8점)

① 군집 1의 특성

군집 1은 요인 1(편리성)에서 높은 점수(.77594)를, 요인 4(사회적 영향)에서도 비교적 높은 점수(.61183)를 보인다. 이는 이 군집의 소비자들이 '가상 체험형 스마트 여행 서비스'를 사용할 때 편리하고 사용하기 쉬운 기능을 중요하게 생각하며, 주변 사람들의 평가나 유행에도 영향을 받는 경향이 있음을 나타낸다.

② 군집 2의 특성
　군집 2는 요인 3(신기술 관심)에서 매우 높은 점수(.78578)를 보이고, 요인 1(편리성)에서는 낮은 점수(−.62559)를 보인다. 이들은 새로운 기술이 적용된 서비스에 흥미와 체험 욕구가 매우 높지만, 서비스의 편의성은 크게 고려하지 않는 것으로 보인다.
③ 군집 3의 특성
　군집 3은 요인 2(기술 수용 불안감)에서 가장 높은 점수(.86235)를 보인다. 반면, 요인 3(신기술 관심)에서는 매우 낮은 점수(−.44354)를 나타낸다. 이들은 새로운 기술에 대해 낯설고 어색하며 불안감을 느끼는 경향이 강하고, 신기술에 대한 관심도 매우 낮은 집단이다.
④ 군집 3에 적합한 마케팅 전략 제안
　군집 3은 새로운 기술에 대한 불안감이 크고, 흥미가 적은 기술 회피형 또는 기술 보수형 소비자 집단이다. 이들에게 직접적으로 '최첨단 기술'이나 '새로운 경험'을 강조하는 마케팅은 효과가 없을 수 있다. 따라서 이들의 불안감을 낮추고, 서비스를 쉽게 받아들일 수 있도록 하는 전략이 필요하다. 사례로는 기술적 안정성 및 신뢰성을 강조하여 '가상 체험형 스마트 여행 서비스'가 얼마나 안전하고 오류 없이 작동하는지, 개인정보 보호는 어떻게 이루어지는지 등을 구체적으로 홍보한다. 끝

약술문제

문제 3 브랜드 충성도와 같은 추상적 개념을 측정할 때 필요한 개념(Construct)타당성을 구성하는 3가지 타당성을 설명하시오. (10점)

① 내용타당성(Content Validity)
　내용타당성은 측정도구가 개념의 모든 중요한 측면을 얼마나 잘 포함하고 있는지에 대한 타당성으로, 주로 전문가의 판단에 의해 평가된다.
② 수렴타당성(Convergent Validity)
　수렴타당성은 동일한 개념을 측정하는 다른 측정도구들 간에 높은 상관관계를 보이는지에 대한 타당성으로, '하나의 개념을 측정하는 여러 다른 방법들이 서로 비슷한 결과를 내는가?'를 검증하는 것이다.
③ 판별타당성(Discriminant Validity)
　판별타당성은 측정도구가 측정하고자 하는 개념과 다른 개념을 잘 구별하는지에 대한 타당성으로, '측정도구가 의도한 개념과 다른 개념 간에는 낮은 상관관계가 있는가?'를 검증하는 것이다. 끝

문제 4 A백화점 마케팅 임원은 자사의 신용카드 소지 고객들의 월간 평균 카드 사용금액을 알기 위하여 컨설팅사에 용역을 의뢰하였다. 조사자는 A백화점 마케팅 담당자와의 협의 끝에 표준편차를 600,000원으로 추정하고 95%의 신뢰수준에서 허용오차를 ±50,000원으로 결정하였다. 다음 물음에 답하시오. (10점)

(1) 표본의 크기 결정요인 3가지를 제시하시오. (5점)

① 신뢰수준(Confidence Level)
신뢰수준은 모집단의 실제 모수가 표본통계량으로 추정된 신뢰구간 내에 포함될 확률을 의미한다.
② 허용오차(Acceptable Error)
허용오차(또는 정밀도)는 표본통계량과 실제 모집단 모수 간의 차이에 대해 허용할 수 있는 최대 한계이다.
③ 모집단의 표준편차(Population Standard Deviation)
모집단의 표준편차는 모집단 내 데이터의 분산 정도를 나타낸다.

(2) 조사에 필요한 표본의 크기를 계산하시오(단, 신뢰수준 95% Z값은 1.96이며, 계산과정을 포함하고 소수점 셋째자리에서 반올림하여 소수점 둘째자리까지 표기하시오). (5점)

$$n = \left(\frac{Z \times \sigma}{E}\right)^2$$

Z : 신뢰수준에 해당하는 Z값(95% 신뢰수준이므로 1.96)
σ : 모집단의 표준편차(600,000원)
E : 허용오차(50,000원)

$$n = \left(\frac{1.96 \times 600,000}{50,000}\right)^2$$
$$= \left(\frac{1,176,000}{50,000}\right)^2$$
$$= (23.52)^2$$
$$= 553.1904$$

소수점 셋째자리에서 반올림하여 n = 553.19

문제 5 B리서치는 AI를 활용한 영어 학습 서비스의 TV 광고모델을 결정하기 위해 전문 통역사, 일반인, 인기 연예인의 3가지 광고모델 대안별로 구매의도에 미치는 영향을 조사하기 위한 실험설계를 계획하고 있다. 관련 연구에 의하면 이용자의 성별과 연령이 AI 기반 서비스 구매의도에 영향을 미치는 외생변수로 알려져 있다. 다음 물음에 답하시오. (10점)

(1) 외생변수의 개념과 외생변수가 실험의 타당성에 미치는 영향을 설명하시오. (4점)

① 외생변수의 개념

외생변수(Extraneous Variables)는 독립변수 외에 종속변수에 영향을 미칠 수 있는 모든 변수들을 의미한다.

② 외생변수가 실험타당성에 미치는 영향

㉠ 내적 타당성(Internal Validity)

내적 타당성은 실험 결과가 오로지 독립변수의 조작에 의해서만 발생했는지를 나타내는 정도이며, 인과관계를 얼마나 확실하게 증명할 수 있는지를 의미한다.

㉡ 외적 타당성(External Validity)

외적 타당성은 실험 결과를 다른 상황(다른 모집단, 다른 시점, 다른 환경)에도 일반화할 수 있는 정도를 의미한다. 외생변수가 특정 실험 환경에서만 특별한 방식으로 작용했다면, 그 결과를 다른 환경에 적용하기 어렵게 된다.

(2) 위의 실험설계 및 분석 과정에서 성별과 연령을 통제하기 위한 구체적 방안 2가지를 제시하고 각각 설명하시오. (6점)

① 무작위 할당(Random Assignment)

무작위 할당은 실험에 참여하는 참가자들을 각 실험 집단(전문 통역사 모델, 일반인 모델, 인기 연예인 모델)에 무작위로 배정하는 방법이다. 이 방법은 실험자가 외생변수를 직접 조작하거나 통제하지 않고, 통계적인 확률에 의존하여 외생변수의 효과를 균등하게 분산시키는 데 목적이 있다.

② 블록화(Blocking)

블록화는 실험 참가자들을 사전에 정의된 외생변수의 특성(블록)에 따라 동질적인 소집단으로 분류한 후, 각 블록 내에서 실험 집단에 무작위로 할당하는 방법이다. 성별과 연령이 구매의도에 미치는 영향이 크다는 것을 이미 알고 있으므로, 참가자들을 '성별'과 '연령대'를 기준으로 블록을 형성한 후 각 블록 내에서 참가자들을 무작위로 3가지 광고모델 집단에 배정한다. 끝

문제 6 C식품은 1인 가구를 대상으로 간편 식품을 새롭게 출시하며, 시장 반응을 사전에 파악하기 위한 표본조사를 기획하고 있다. 조사 조건이 아래와 같은 경우, 다음 물음에 답하시오. (10점)

> - 표본 프레임은 존재하지 않음
> - 성별, 연령대, 직업 등 인구통계 정보는 통계청에서 확보 가능
> - 조사 대상을 지리적 구획 혹은 조직 단위(예 학교, 기관, 특정 지역 등)로 구분하여 접근하기 어려움
> - 조사 예산과 시간이 매우 제한적인 상황에서 모집단에 대한 대표성을 가능한 높게 확보하려고 함

(1) 위와 같은 조건에서 가장 적합한 표본추출방법을 제시하고, 그 이유 3가지를 설명하시오. (5점)

제시된 조건에 가장 적합한 표본추출방법은 할당(Quota) 표본추출이며, 위 조건에 할당 표본추출이 가장 적합한 이유는 다음과 같다.

① 표본프레임 부재 : 문제에서 표본프레임이 존재하지 않는다고 명시하고 있다. 할당 표본추출은 모집단의 목록(표본프레임)이 필요 없는 비확률 표본추출 방법이므로, 이러한 조건에 부합한다. 조사자는 조사자의 판단에 따라 표본을 선정하게 된다.

② 모집단 특성 정보 활용 : 통계청에서 확보한 성별, 연령대, 직업 등의 인구통계 정보를 활용하여 표본을 구성할 수 있다. 할당 표본추출은 모집단의 인구통계학적 특성 비율을 미리 파악하고, 그 비율에 맞게 표본을 할당함으로써 표본의 대표성을 확보하고자 하는 방법이다.

③ 조사 대상 접근의 어려움 : 지리적 구획이나 조직 단위로 접근하기 어려운 상황에서, 조사자가 의도적으로 1인 가구 밀집 지역이나 관련 커뮤니티 등에서 할당된 특성을 가진 표본을 찾아 조사하는 것이 가장 현실적이고 효율적인 방법입니다.

(2) 제시한 표본추출방법을 사용할 경우 나타날 수 있는 대표성 한계를 설명하고, 이를 보완할 수 있는 실무적 대안을 2가지 제시하시오. (5점)

① 대표성 한계

할당 표본추출은 비확률 표본추출 방법으로, 조사자의 주관적인 판단에 따라 표본이 선정되기 때문에 선택 편의(Selection Bias)가 발생할 가능성이 높다. 추출된 표본이 모집단의 특성을 정확하게 반영하지 못하는 대표성 한계가 나타난다.

② 대표성 한계를 보완할 수 있는 실무적 대안

㉠ 확률적 요소 도입 (체계적 할당 추출)

전통적인 할당 추출의 한계를 보완하기 위해 체계적인 절차를 도입한다. 예를 들어, 조사원이 정해진 할당량을 채울 때 무작위적인 요소(예 5번째로 만나는 사람에게 질문)를 적용하도록 지시한다. 또는, 특정 지역의 할당량을 채울 때 시작점을 무작위로 정하고, 정해진 규칙에 따라 표본을 선정하도록 한다.

㉡ 조사원 훈련 및 감독 강화

할당 표본추출의 성패는 조사원의 역량에 크게 좌우된다. 따라서 조사원을 대상으로 철저한 훈련을 실시하고, 현장 활동에 대한 강력한 감독 체제를 구축해야 한다. 조사원에게 할당된 목표를 정확히 이해시키고, 표본 선정 시 발생할 수 있는 편의를 줄이기 위한 구체적인 가이드라인을 제공해야 한다. 또한, 조사 과정의 무결성을 보장하기 위해 현장 점검, 전화 검증 등 품질 관리 절차를 강화하여 조사원이 임의로 응답자를 선택하거나 데이터를 조작하는 것을 방지해야 한다.

2024 경영지도사의 답안

제2과목 시장조사론

※ 본 답안은 현직 경영지도사의 모범 예시 답안이며, 채점자의 견해에 따라 표준 정답은 달라질 수 있으니 참고하여 학습에 활용하시기 바랍니다.

논술문제

문제 1 (주)한국플렉스는 해외여행인구 증가에 따른 '나는 여행자다'라는 프로그램을 개발하기로 하였다. 이를 위하여 4가지 변수(시청의도, 동거여부, 연령, 교육기간)에 관한 자료 25개를 수집하여 다중회귀분석을 실시하였다. 독립변수 간 상관관계는 〈표 1〉과 같으며, 다중회귀분석의 결과는 〈표 2〉, 〈표 3〉과 같다. 한편 프로그램의 특성상 연령이 가장 큰 영향을 미칠 것으로 판단하고 연령을 독립변수로 하는 단순회귀분석도 추가적으로 실시하였으며 그 결과는 〈표 4〉와 같다. 단, 동거여부는 더미변수를 활용하였으며 동거 중이면 1, 그렇지 않으면 0을 부여하였다. 다음 물음에 답하시오. (30점)

〈표 1〉 독립변수 간 상관계수

	동거여부	연령	교육기간
동거여부	1		
연령	.141(.503)	1	
교육기간	.079(.709)	−.501(.011)	1

( ) 안은 유의확률

〈표 2〉 분산분석

모형		제곱합	자유도	평균제곱	F	유의확률
1	선형회귀분석	(ㄱ)	(ㄷ)	6.648	11.663	.000
	잔차	(ㄴ)	(ㄹ)	.570		
	총계	31.860	(ㅁ)			

〈표 3〉 회귀계수

모형		비표준화계수		표준화계수	t	유의확률	공선성통계량	
		B	표준오차	베타			공차	VIF
1	(상수)	1.495	2.637		.567	.577		
	동거여부	−1.176	.316	−.510	−3.726	.001	.951	1.052
	연령	.039	.032	.196	1.214	.238	.717	1.395
	교육기간	−.152	.050	−.476	−3.039	.006	.727	1.376

종속변수 : 시청의도, R^2=.626, 수정된 R^2=.572

<표 4> 회귀계수

모형		비표준화계수		표준화계수	t	유의확률
		B	표준오차	베타		
1	(상수)	−3.014	2.919		−1.033	.313
	연령	.073	.039	.358	1.840	.079
종속변수 : 시청의도, R^2=.128, 수정된 R^2=.090						

(1) (ㄱ), (ㄴ), (ㄷ), (ㄹ), (ㅁ)에 들어갈 값을 구하시오(단, (ㄱ), (ㄴ)의 값은 계산과정을 포함하고, 소수점 넷째 자리에서 반올림하여 소수점 셋째 자리까지 구한다). (7점)

다중회귀분석의 분산분석표를 작성하면 다음과 같다.

모형		제곱합	자유도	평균제곱	F	유의확률
1	선형회귀분석	SSR	(k + 1)−1	6.648	11.663	.000
	잔차	SSE	n−(k + 1)	.570		
	총계	31.860	n−1			

k = 독립변수의 수, n = 관측치의 수

(ㄱ)은 19.944

결정계수 $R^2 = \dfrac{SSR}{SST} = \dfrac{\text{회귀선에 의해 설명되는 제곱합}}{\text{총제곱합}}$ 이므로 $R^2 = 0.626$, SST = 31.860를 대입하여 계산하면 SSR = 0.626 × 31.860 = 19.94436이고 소수점 넷째 자리에서 반올림하면 19.944이다.

(ㄴ)은 11.916

결정계수 관련식에서 SST = SSR + SSE이므로 SSE = 31.860 − 19.944 = 11.916이다.

(ㄷ)은 3

다중회귀분석의 독립변수는 <표1>에서 동거여부, 연령, 교육기간으로 확인할 수 있다.

(ㄹ)은 21

관측치의 수는 25, 독립변수의 수는 3이므로 25 − (3 + 1) = 21이다.

(ㅁ)은 24

관측치의 수는 25이므로 25 − 1 = 24이다.

(2) R^2(결정계수) 값의 의미를 설명하고, 수정된(adjusted) R^2 값을 확인하는 이유를 설명하시오. (10점)

① 회귀식의 설명력은 총제곱합(SST) 중에서 회귀선에 의해 설명되는 제곱합(SSR)이 차지하는 비율을 말한다. 이러한 회귀식의 설명력을 나타내는 비율을 결정계수라 하며 R^2으로 표기한다.

② 다변량 회귀분석의 결정계수 R^2은 독립변수 개수가 많아질수록 그 값이 커지게 된다. 따라서 종속변수의 변동을 별로 설명해 주지 못하는 변수가 모형에 추가된다고 하더라도 결정계수값이 증가하게 되는 단점을 보완하기 위해 수정된 결정계수를 사용한다.

(3) 다중회귀분석에서 개별독립변수 계수의 통계적 유의성을 검증(단, α = .05, 사용되는 계수와 유의확률 명시)하고, 독립변수들의 상대적 영향력의 크기를 비교하여 영향력이 큰 순서대로 나열하시오(단, 사용되는 계수값 포함). (5점)

  ① 동거여부의 회귀계수에 대한 평가를 실시하면 유의확률은 .001로 유의수준 α = .05보다 작아 회귀계수가 통계적으로 유의한 것으로 판단된다.
  ② 연령의 회귀계수에 대한 평가를 실시하면 유의확률은 .238로 유의수준인 α = .05보다 커 회귀계수가 통계적으로 유의하지 않은 것으로 판단된다.
  ③ 교육기간의 회귀계수에 대한 평가를 실시하면 유의확률 .006으로 유의수준 α = .05보다 작아 회귀계수가 통계적으로 유의한 것으로 판단된다.
  ④ 영향력의 순서는 표준화 계수의 절대값들의 크기를 서로 비교함으로써 여러 개의 독립변수 중에서 어느 변수가 종속변수에 더 많은 영향을 미치는지를 파악할 수 있다.
  동거여부($\beta = -.510$) > 교육기간($\beta = -.476$) > 연령($\beta = .196$)

(4) 〈표 3〉의 분석결과를 토대로 다중공선성 유무를 진단하시오. (2점)

  다중공선성을 진단하는 방법으로는 공차한계를 이용하는 방법과 분산확대지수(VIF)에 의한 방법이 있다. 공차한계가 1에 가까워 질수록 독립변수들 간에 다중공선성이 존재하지 않는다고 판단할 수 있다. 분산확대지수에 의한 방법은 공차한계와 역수관계에 있으며 또한 10보다 작아야 다중공선성의 가능성이 낮은 것으로 볼 수 있다. 〈표 3〉의 분석결과에 따르면 공차한계는 1에 가깝고 분산확대지수는 10보다 작아 다중공선성의 가능성이 낮다고 할 수 있다.

(5) 다중회귀분석을 할 때, 다중공선성이 있더라도 문제되지 않는 경우를 설명하시오. (2점)

  다중공선성은 회귀계수 추정치의 불확실성을 증가시키지만, 모델의 예측 성능에는 크게 영향을 미치지 않을 수 있다. 예측이 주된 목표라면 다중공선성은 중요한 문제가 아닐 수 있다.

(6) 다중회귀분석과 단순회귀분석에서 독립변수의 검증결과가 다르게 나타날 수 있는 이유 2가지를 설명하고, 위의 사례에서 독립변수 '연령'의 검증결과가 다르게 나타난 이유를 제시하시오. (4점)

  ① 다중회귀분석에서는 여러 독립변수를 동시에 고려하므로 각 독립변수의 효과가 다른 변수들을 통제한 상태에서 평가된다. 이로 인해 특정 독립변수가 단순회귀분석에서는 유의미하지 않게 나타났지만, 다중회귀분석에서는 다른 변수들의 영향을 제거한 후 유의미한 관계를 보일 수 있다.
  ② 다중회귀분석에서 독립변수들 간의 상관관계(다중공선성)가 존재하면, 이로 인해 특정 독립변수의 효과가 불안정하게 추정될 수 있다. 다중공선성은 회귀계수의 표준오차를 증가시키고 이를 통해 p값을 크게 만들어 유의성을 낮출 수 있다.
  ③ 다중회귀분석의 결과 연령의 회귀계수는 통계적으로 유의하지 않은 것으로 판단하였다. 〈표 4〉의 단순회귀분석에서 연령의 회귀계수에 대한 유의확률이 .079로 다중회귀분석 결과 대비 작아진 것을 볼 수 있다. 다중회귀분석에서 연령의 회귀계수가 유의하지 않은 것으로 보아 해당 독립변수 이외에 다른 독립변수가 종속변수에 미치는 영향이 발생하기 때문에 단순회귀분석과 다른 결과가 나타난 것으로 볼 수 있다.

문제 2 맛나식품은 연령별로 라면브랜드의 선호에 차이가 있는지를 알아보기 위해 300명의 소비자를 대상으로 시장조사를 실시하여 자료를 수집하고, 조사결과를 바탕으로 〈표 1〉과 같이 교차분석표를 작성하였다. 다음 물음에 답하시오. (30점)

〈표 1〉 연령과 라면브랜드에 대한 교차분석표

연 령	A라면	B라면	C라면	총 계
10대	50	20	30	100
20대	40	40	20	100
30대	30	50	20	100
총 계	120	110	70	300

※ 각 셀의 수치는 관측빈도

(1) 연령과 라면브랜드에 대해 x^2 독립성 검증을 위한 귀무가설(H_0)과 대립가설(H_1)을 설정하시오. (6점)

독립성 검증은 두 변수가 서로 독립적인지의 유무를 검증하는 방법이다.
① 귀무가설(H_0) : 연령과 라면브랜드 선호도는 서로 독립적이다. 혹은 연령과 라면브랜드의 선호도는 서로 연관되어 있지 않다.
② 대립가설(H_1) : 연령과 라면브랜드 선호도는 서로 독립적이지 않다. 혹은 연령과 라면브랜드의 선호도는 서로 연관되어 있다.

(2) (1)의 가설검증을 위한 x^2 통계량을 구하시오(단, 계산과정을 포함시키고 소수점 셋째 자리에서 반올림하여 소수점 둘째 자리까지 표기하시오). (12점)

① 기대빈도값의 계산

각 셀의 기대빈도수를 도출한다. 기대빈도 $= \dfrac{\text{행빈도합} \times \text{열빈도합}}{\text{총빈도합}}$

연령	A라면	B라면	C라면	총계
10대	40	36.67	23.33	100
20대	40	36.67	23.33	100
30대	40	36.67	23.33	100
총계	120	110	70	300

② x^2통계량의 도출

$$x^2 = \sum_{i=1}^{n} \frac{(\text{실제빈도} - \text{기대빈도})^2}{\text{기대빈도}}$$

$$x^2 = \frac{(50-40)^2}{40} + \frac{(20-36.67)^2}{36.67} + \frac{(30-23.33)^2}{23.33} + \frac{(40-40)^2}{40} + \frac{(40-36.67)^2}{36.67}$$

$$+ \frac{(20-23.33)^2}{23.33} + \frac{(30-40)^2}{40} + \frac{(50-36.67)^2}{36.67} + \frac{(20-23.33)^2}{23.33} = 20.581$$

소수점 셋째 자리에서 반올림하면 20.58이다.

③ 자유도는 (행의 수 − 1) × (열의 수 − 1) = (3−1) × (3−1) = 4

(3) 〈표 2〉의 x^2 분포표를 참조하여 자유도(d.f) 및 x^2 임계치를 제시하시오. (6점)

〈표 2〉 x^2 분포표

d.f	1	2	3	4	5	6	7	8	9	10
$x^2_{0.05}$	3.84	5.99	7.81	9.49	11.07	12.59	14.07	15.51	16.92	18.31
$x^2_{0.25}$	5.02	7.38	9.35	11.14	12.83	14.45	16.01	17.53	19.02	20.48

자유도(d.f)는 문제 (2)에서 4로 계산하였다. 〈표 2〉에서 자유도 4, 유의수준 $x^2_{0.05}$에서의 임계치는 9.49이다.

(4) (2)에서 계산된 x^2 통계량과 〈표 2〉를 참조하여 유의수준 0.05수준에서 가설의 검증결과(기각여부 및 그 근거 명시)를 설명하고, 마케팅 관점에서 전략적 시사점을 제시하시오. (6점)

① x^2 통계량은 20.58이고 유의수준 $x^2_{0.05}$의 임계치는 9.49이다. 통계량과 임계치를 비교하면 통계량이 크므로 귀무가설 기각역에 해당되어 대립가설을 채택할 수 있다. 그러므로 연령과 라면브랜드 선호도는 서로 독립적이지 않다. 혹은 연령과 라면브랜드의 선호도는 서로 연관되어 있다.

② 소비자의 연령에 따라 라면브랜드 선호도가 다르기 때문에 각 연령대에 맞춘 라면브랜드 광고를 진행해야 한다.

끝

약술문제

문제 3 (주)K유통은 20명의 소비자로부터 쇼핑에 대한 태도와 의견에 관한 자료를 수집하여 군집분석(cluster analysis)을 실시하고자 한다. 다음 물음에 답하시오. (10점)

(1) 계층적 군집화와 비계층적 군집화의 개념을 설명하시오. (4점)

계층적 군집화는 기준이 되는 대상들로부터 시작하여 개별 대상 간의 거리를 기준으로 나무모양의 계층구조를 상향식으로 형성해가는 방식이며 비계층적 군집화는 구하고자 하는 군집의 수를 정한 상태에서 설정된 군집의 중심에 가장 가까운 개체를 하나씩 포함해가는 방식이다.

(2) 계층적 군집화의 한계점 2가지를 제시하시오. (4점)

① 계층적 군집화는 단일, 완전, 평균, 중심결합기준, 와드방식이 있다.
② 한계점으로는 첫째, 큰 데이터셋에 대한 비효율성으로 모든 데이터를 한 번에 고려하면서 순차적으로 군집을 형성하는 방식으로 데이터의 크기가 커질수록 계산 복잡도가 급격히 증가한다. 두 번째, 데이터를 트리 구조로 군집화하지만 사용자가 사전에 군집의 수를 지정하기 어렵다. 한 번 합쳐진 군집은 이후 단계에서 분리되지 않으므로 잘못된 군집화가 발생했을 때 이를 수정할 수 없다.

(3) 위 사례의 경우 계층적 군집화를 한다면 처음 만들어지는 군집의 수와 최종 몇 단계까지의 군집화가 이루어져야 하는지를 제시하시오. (2점)

계층적 군집화를 실시하면 처음 만들어지는 군집의 수는 소비자의 수인 20개이고 최종 단계는 하나의 군집으로 수렴하게 되는 19단계가 된다. 끝

문제 4 한국여행사에서는 코로나 이후 소비자들의 해외여행패턴이 변화했음을 느끼고 이를 파악하기 위해 소비자대상 설문조사를 하기로 하고 설문지를 개발하고자 한다. 다음 물음에 답하시오. (10점)

※ 다음은 설문항목의 일부이다.

> * 귀하의 해외여행 빈도는 어떻게 되십니까?
> ① 1년에 1번 이하   ② 1년에 2~3회   ③ 1년에 4~5회   ④ 1년에 6회 이상

(1) 자료수집을 위한 척도(Scales)의 4가지 유형을 설명하시오. (4점)

① **명목척도** : 관찰대상이 갖는 속성에 따라 관찰대상을 상호 배타적인 범주로 구분하는 것으로 관찰대상을 단순히 범주로 분류하기 위한 목적으로 숫자를 사용하는 척도를 말한다.
② **서열척도** : 관찰대상이 가지고 있는 속성의 크기를 측정하여 크기 순서대로 대상의 순위를 나타내는 것으로 명목척도와 마찬가지로 대상을 서로 구분할 수 있을 뿐만 아니라 속성의 크기에 따라 대상의 순서를 정할 수 있다.
③ **등간척도** : 속성 크기에 따른 관찰대상의 서열뿐 아니라 대상들 간에 어느 정도 차이가 있는가에 관한 정보도 포함하고 있다. 관찰대상들이 가지고 있는 속성의 상대적 크기를 측정하여 대상 간에 서로 비교할 수 있도록 하는 척도를 말한다.
④ **비율척도** : 절대적인 기준을 가지고 속성의 상대적 크기는 물론 절대적 크기까지 측정할 수 있도록 비율의 개념이 추가된 척도를 말한다.

(2) 위 설문항목에 사용된 척도는 무엇인지 설명하시오. (3점)

위 설문항목에 사용된 척도는 명목척도로 볼 수 있다. 관찰대상이 갖는 속성을 상호 배타적인 범주로 구분하기 위하여 숫자를 사용하였다. 해외여행의 빈도를 4가지 범주로 구분하여 설문을 작성하였다.

(3) 위 설문항목에 바람직한 중심경향치를 제시하시오. (3점)

명목척도로 측정된 자료의 중심경향치는 최빈값으로 알 수 있다. 1년에 2~3회가 가장 많은 응답이라면 ②번이 중심경향치이다. 끝

문제 5 미국의 대기업 종업원들에 대한 연구에 의하면, 비화합적인(Less Agreeable) 성격의 직원들이 다른 직원들보다 더 높은 연봉을 받는다고 한다. 또한 그 이유는 비화합적 성격의 사람들이 연봉협상 때 자신의 몸값을 협상하는데 더 강하게 밀어 붙이기 때문이라 한다. 이와 같은 연구결과를 얻게 된 인과관계조사(Causal Research)에 대하여 다음 물음에 답하시오. (10점)

(1) 인과관계의 요건 3가지를 설명하시오. (4점)
① 시간적 선후 관계 : 원인(독립변수)이 결과(종속변수)보다 먼저 발생해야 한다.
② 공변성 : 원인과 결과 사이에 일정한 상관관계가 있어야 한다. 원인(독립변수)이 변화할 때 결과(종속변수)도 함께 변화해야 한다.
③ 외생변수 통제 : 원인과 결과의 관계에 영향을 미치는 다른 외부 요인(혼란 변수, 혹은 제3의 변수)을 통제해야 한다.

(2) 인과관계의 종류 3가지를 설명하고, 위 사례와 가장 가까운 인과관계를 제시하시오. (6점)
① 직접 인과관계 : 직접 인과관계는 하나의 원인(독립변수)이 직접적으로 결과(종속변수)에 영향을 미치는 경우를 말한다.
② 간접 인과관계 : 간접 인과관계는 원인이 결과에 직접적으로 영향을 미치지 않고 중간에 다른 변수(매개 변수)가 개입하여 그 변수가 결과에 영향을 미치는 경우이다.
③ 양방향 인과관계 : 양방향 인과관계는 두 변수가 서로에게 영향을 미치는 경우를 말한다. 즉 한 변수가 다른 변수에 영향을 주는 동시에 그 결과가 다시 원인 변수에 영향을 미치는 피드백 루프가 존재하는 관계이다.
④ 위 사례는 성격이 연봉 협상 시 연봉에 미치는 영향으로 볼 수 있으며 비화합적 성격이라는 중간 변수(매개변수)가 개입되고 있으므로 간접 인과관계 경우로 볼 수 있다.

문제 6 갱서베이(Gang Survey)와 CLT(Central Location Test) 조사방법의 개념을 각각 설명하고 장점과 단점을 제시하시오. (10점)

① 갱서베이
동일한 장소에 여러 응답자를 모아 동시에 설문조사를 진행하는 방법. 주로 조사 대상자들을 한 장소에 모아 일정 시간 동안 일괄적으로 설문지를 작성하거나 인터뷰를 통해 조사를 수행한다.
㉠ 장 점
- 한 장소에서 많은 응답자를 동시에 조사할 수 있기 때문에 개별적으로 접근하는 방법에 비해 시간과 비용을 크게 줄일 수 있다.
- 동일한 장소에서 조사를 진행하기 때문에 환경적 요인(소음, 분위기 등)을 일정하게 유지할 수 있어 데이터의 일관성을 확보할 수 있다.
㉡ 단 점
- 응답자들이 한 장소에 모여 있다 보니 서로의 영향을 받을 가능성이 있다. 특히, 다른 사람의 반응을 의식하거나 토론할 경우 응답이 왜곡될 수 있다.
- 많은 응답자를 한꺼번에 모으기 위한 장소 확보와 대상자 모집이 쉽지 않을 수 있다.

② CLT(Central Location Test)

특정 장소에 응답자들을 불러 설문조사를 진행하는 방법이다. 갱서베이와 유사하지만, 제품 테스트나 시청각 자료를 활용한 조사가 주로 이루어지는 것이 특징이다.

㉠ 장점 : 제품이나 시청각 자료를 직접 경험하게 하고 즉각적인 반응을 수집할 수 있어 보다 신뢰도 높은 결과를 얻을 수 있다. 실제 사용 상황과 유사한 환경에서 피드백을 받을 수 있어 제품 테스트에 유리하다.

㉡ 단점 : 응답자를 특정 장소로 불러야 하므로 모집과 참여 유도가 어렵고, 조사 진행 비용이 많이 들 수 있다.

모범답안 2023 | 제2과목 시장조사론
경영지도사의 답안

※ 본 답안은 현직 경영지도사의 모범 예시 답안이며, 채점자의 견해에 따라 표준 정답은 달라질 수 있으니 참고하여 학습에 활용하시기 바랍니다.

| 논술문제 |

문제 1 ABC 커피점은 방문빈도가 높은 소비자와 방문빈도가 낮은 소비자 간 특성차이를 파악하여 각각의 유형에 맞는 차별적 마케팅을 실행할 목적으로 시장조사를 실시하였다. 아래 자료는 설문조사를 바탕으로 분석된 판별분석 결과의 일부를 나타낸 것이다. 다음 물음에 답하시오. (30점)

- 가격, 맛, 분위기, 주차시설은 리커트 7점 척도로 측정
- 방문빈도가 낮은 소비자는 집단 1, 방문빈도가 높은 소비자는 집단 2로 구분
- $a = 0.05$

〈표 1〉 집단평균의 동질성에 대한 검정

구 분	Wilks의 람다	F	자유도1	자유도2	유의확률
가 격	.611	12.716	1	20	.002
맛	.814	4.579	1	20	.045
분위기	.798	5.057	1	20	.036
주차시설	.998	.046	1	20	.833

〈표 2〉 정준판별함수

고유값

함 수	고유값	분산의 %	누적 %	정준상관
1	1.200	100.0	100.0	.739

Wilks의 람다

함수의 검정	Wilks의 람다	카이제곱	자유도	유의확률
1	.455	14.195	4	.007

〈표 3〉 비표준화된 정준 판별함수 계수

구 분	함 수
	1
가 격	.693
맛	.536
분위기	.004
주차시설	.002
(상수)	−5.226

〈표 4〉 집단 중심점

구 분	함 수
집단 1	−1.044
집단 2	1.044

〈표 5〉 분류결과표

구 분		집 단	예측 소속집단		전 체
			1	2	
원래값	빈도	1	10	1	11
		2	2	9	11
	%	1	90.9	9.1	100.0
		2	12.8	81.8	100.0

(1) 판별분석의 개념과 분석목적을 각각 설명하시오. (6점)

① **개념** : 판별분석은 분류를 위한 분석법으로 회귀분석처럼 종속변수와 독립변수가 모두 사용된다. 판별분석에서 독립변수는 등간척도 혹은 비율척도로 측정된 것이어야 하나 종속변수는 명목척도로 측정된 자료가 필요하다.

② **분석목적** : 판별분석은 집단 1과 집단 2를 분류하여 연구대상이 두 집단 중 어느 집단에 속하는지 그리고 두 집단을 분류하는 데 어떤 변수가 중요한지를 분석하는 것이 목적이다.

(2) 〈표 3〉을 이용하여 판별식을 구하고, 판별함수의 통계적 유의성을 평가하는 데 활용되는 근거를 〈표 2〉를 이용하여 모두 제시하시오. (6점)

① 판별식

$Z = w_1 X_1 + w_2 X_2 + \cdots + w_n X_n$

w : 판별함수의 계수

X : 측정변수

$Z : 0.693 X_1 + 0.536 X_2 + 0.004 X_3 + 0.002 X_4 - 5.226$

② 통계적 유의성 평가

4개의 독립변수의 설명력은 정준상관 계수를 제곱한 값으로 확인할 수 있다. 〈표 2〉에서 정준상관계수의 제곱값은 $(0.0739)^2 = 0.5461$로 종속변수 분산의 54.61%를 설명하고 있다는 것을 알 수 있다

(3) 응답자가 어느 집단에 속하는지 가르는 경계점(Cutting Score)을 구하고, 그 의미를 설명하시오(단, 집단 1과 집단 2의 표본크기는 각각 11이고, 경계점 $= \dfrac{n_2 \times D_1 + n_1 \times D_2}{n_1 + n_2}$ 이다). (6점)

어느 집단에 속하는지 가르는 경계점 값은 집단을 분류하는 경계값을 의미한다.

경계점 $\dfrac{n_2 \times D_1 + n_1 \times D_2}{n_1 + n_2} = \dfrac{(11 \times -1.044) + (11 \times 1.044)}{11 + 11} = \dfrac{0}{22} = 0$

판별점수가 경계점 값인 0보다 작으면 집단 1, 0보다 크면 집단 2로 분류할 수 있다.

(4) 첫 번째 응답자의 가격, 맛, 분위기, 주차시설에 대한 응답이 각각 3, 4, 3, 4일 때, 판별점수를 구하고, 이 응답자가 어느 집단으로 분류될 수 있는지를 설명하시오(단, 판별식과 계산과정을 제시하고, 위 (3)의 결과와 연계하여 판단 근거를 명기한다). (α = 0.05) (6점)

가격, 맛, 분위기, 주차시설의 값을 각각 판별식에 대입하여 도출하면 다음과 같다.

$Z : 0.693X_1 + 0.536X_2 + 0.004X_3 + 0.002X_4 - 5.226$

가격$(X_1) = 3$

맛$(X_2) = 4$

분위기$(X_3) = 3$

주차시설$(X_4) = 4$

$0.693 \times 3 + 0.536 \times 4 + 0.004 \times 3 + 0.002 \times 4 - 5.226 = -0.983$

판별점수 경계점 0보다 작은 값이므로 집단 1로 분류할 수 있다.

(5) 〈표 5〉 분류결과표에서 적중률(Hit Ratio)을 구하시오(단, 계산과정을 쓰고, 백분율로 제시하되 값은 소수점 셋째 자리에서 반올림하여 소수점 둘째 자리까지 구한다). (6점)

다중회귀분석의 결과로 추정 회귀식을 작성하면 다음과 같다.

적중률은 전체 대상의 수 대비 정확하게 분류된 대상의 수 백분율로 나타낼 수 있다.

〈표 5〉에서 제시된 값을 바탕으로 적중률을 도출하면

적중률 $= \dfrac{10 + 9}{11 + 11} = 0.8636$

소수점 셋째 자리에서 반올림하여 백분율로 제시하면 86.36%이다.

문제 2 (주)A투어는 해외여행 상품 3가지를 기획하고, 소비자들의 반응을 조사하였다. 남녀 각각 9명의 참가자에게 3가지 상품을 보여주고 선호도를 5점 리커트척도로 응답하도록 하였다. 다음은 조사결과를 통계분석한 표와 F분포표이다. 다음 물음에 답하시오(단, 유의수준 α = 0.05). (30점)

〈표 1〉 통계분석표

원천	제Ⅲ유형 제곱합	자유도
상품	2.181	(ㄱ)
성별	5.014	(ㄴ)
상호작용	0.134	(ㄷ)
오차	0.600	12

〈표 2〉 F분포표(a = 0.05)

u_2 \ u_1	1	2	3	...	10	12
1	161.4	199.5	215.7		241.9	243.9
2	18.51	19.00	19.16		19.40	19.41
3	10.13	9.55	9.28		8.79	8.74
...						
10	4.96	4.10	3.71		2.98	2.91
11	4.84	3.98	3.59		2.85	2.79
12	4.75	3.89	3.49		2.75	2.69

(1) (ㄱ), (ㄴ), (ㄷ)에 들어갈 값을 각각 계산하시오. (6점)

상품의 자유도(ㄱ)는 상품의 종류가 3가지이므로 3 − 1 = 2
성별의 자유도(ㄴ)는 성별이 2가지이므로 2 − 1 = 1
상호작용 자유도(ㄷ)는 상품 자유도와 성별 자유도의 곱이므로 2 × 1 = 2
(ㄱ) = 2   (ㄴ) = 1   (ㄷ) = 2

(2) 상품별 선호도 차이를 검증하기 위한 귀무가설과 대립가설을 설정하고, 귀무가설의 기각 여부를 검증하시오. (7점)

귀무가설(H_1) = 상품별 선호도 차이가 없다.
대립가설(H_2) = 상품별 선호도 차이가 있다.
상품의 평균제곱 값

평균제곱 = $\dfrac{2.181}{2}$ = 1.0905   F = $\dfrac{1.0905}{0.05}$ = 21.81

F분포표에서 상품의 자유도(v_1) 2와 오차의 자유도(v_2) 12를 찾으면 3.89이고 통계치 21.81은 임계치 3.89 보다 크므로 유의수준 α = 0.05에서 귀무가설을 기각할 수 있다.

(3) 성별 선호도 차이를 검증하기 위한 귀무가설과 대립가설을 설정하고, 귀무가설의 기각 여부를 검증하시오. (7점)

귀무가설(H_1) = 성별 선호도 차이가 없다.

대립가설(H_2) = 성별 선호도 차이가 있다.

성별의 평균제곱 값

$$평균제곱 = \frac{5.014}{1} = 5.014$$

$$F = \frac{5.014}{0.05} = 100.28$$

F분포표에서 성별의 자유도(v_1) 1과 오차의 자유도(v_2) 12를 찾으면 4.75이고 통계치 100.28은 임계치 4.75보다 크므로 유의수준 α = 0.05에서 귀무가설을 기각할 수 있다.

(4) 상품과 성별의 상호작용 효과를 검증하기 위한 귀무가설과 대립가설을 설정하고, 귀무가설의 기각 여부와 시사점을 각각 기술하시오. (10점)

① 귀무가설의 기각 여부

귀무가설(H_1) = 상품과 성별 상호작용 효과가 없다.

대립가설(H_2) = 상품과 성별 상호작용 효과가 있다.

상호작용의 평균제곱 값

$$평균제곱 = \frac{0.134}{2} = 0.67$$

$$F = \frac{0.067}{0.05} = 1.34$$

F분포표에서 성별의 자유도(v_1) 2와 오차의 자유도(v_2) 12를 찾으면 3.89이고 통계치 1.34는 임계치 4.75보다 작으므로 유의수준 α = 0.05에서 귀무가설을 기각할 수 없다.

② 시사점

소비자들의 상품별 선호도와 성별 선호도 차이는 발생하나 상호작용 효과의 유의성 검정에서는 귀무가설을 기각할 수 없어 상품과 성별 상호작용 효과가 없다고 할 수 있다.

| 약술문제 |

문제 3 실험법에 관하여 다음 물음에 답하시오. (10점)

(1) 인과관계가 성립하기 위한 전제조건 3가지를 설명하시오. (6점)

① 원인과 결과가 모두 발생하여야 한다. 원인이 되는 것이 있으면 그에 따른 결과가 있어야 한다.
② 원인으로 추측되는 현상이 결과로 추측되는 현상보다 먼저 발생해야 한다. 기업의 서비스 수준과 매출액이 인과관계에 있다면 서비스 수준 변화 이후 매출액 변화가 있는 논리적인 시간적 우선순위가 성립해야 한다.
③ 외생변수는 엄격하게 통제되거나 제거되어야 한다. 인과관계와 관련된 원인과 결과변수 외에 이들 간의 관계에 영향을 미치는 외생변수의 영향이 없어야 한다.

(2) 감식초음료를 판매하고 있는 A사는 가격인하가 판매량에 미치는 영향을 알아보기 위해 실험조사를 실행하였다. 감식초 음료를 판매하고 있는 100개 편의점을 선정하여 통제집단과 실험집단으로 50개씩 무작위로 나누고 두 집단 모두에서 실험 전의 판매량(Q_1, Q_3)을 측정하였다. 이후 실험집단에만 가격을 20% 인하하고 나서 5주 후, 두 집단의 판매량(Q_2, Q_4)을 측정하였다. 아래 자료를 기초로 순수한 가격 인하효과로 나타난 판매량을 구하시오(단, 계산과정을 포함하여 쓰시오). (4점)

```
EG(R) : 50개 편의점  $Q_1$ = 3,500개      →   X(20% 가격인하)   →   $Q_2$ = 5,350개
(무작위 할당)
CG(R) : 50개 편의점  $Q_3$ = 3,250개      →                          $Q_4$ = 3,900개
(무작위 할당)
```

위 조사는 통제집단 사전사후 실험설계로 가격인하로 나타난 판매량 변화는
$(Q_2 - Q_1) - (Q_4 - Q_3) = (5,350 - 3,500) - (3,900 - 3,250) = 1,200$개로 나타난다. 끝

문제 4 K대형마트는 셀프서비스 계산대 확대여부를 조사하기 위해 지역별 점포에 따른 고객들의 의견이 차이가 없다고 판단하고, 전국 점포 중 무작위로 5개를 선정하여 해당 점포에 방문하는 모든 고객들을 표본으로 추출하려고 한다. 다음 물음에 답하시오. (10점)

(1) 이 조사에 가장 적합한 표본추출방법을 제시하시오. (3점)

이 조사는 군집표본추출 방법이다.

(2) 이 표본추출방법의 개념을 설명하고, 장점과 단점을 각각 기술하시오. (7점)

① 개념 : 모집단을 적절하게 대표할 수 있는 소집단 또는 군집으로 나누고 하나 혹은 일정수의 소집단을 무작위로 추출한 다음, 추출된 소집단 내의 모든 구성원들을 조사하는 방법이다.
② 장점 : 조사에 소요되는 시간이나 경비를 줄일 수 있다.
③ 단점 : 선출된 집단 내 표본들이 서로 동질적이면 선택된 소집단이 모집단을 충분히 대표한다고 할 수 없다. 끝

문제 5 관찰법에 관하여 다음 물음에 답하시오. (10점)

(1) 관찰법의 개념을 설명하시오. (2점)

관찰법이란 질문과 답변으로 정보를 수집하는 방법이 아니라 응답자의 행동과 태도를 조사자가 관찰하여 정보를 수집하는 방법이다.

(2) 체계적(Structured) 관찰과 비체계적(Unstructured) 관찰의 개념을 각각 설명하시오. (4점)

① 체계적 관찰 : 관찰내용을 서류로 작성하여 정해진 형식에 맞춰 관찰대상자의 행동을 관찰하는 방법
② 비체계적 관찰 : 관찰대상자의 행동을 전혀 예측하기 어려워 관찰 문항이나 관찰표 작성이 쉽지 않은 경우에 적절한 방법으로 내용을 기록하는 방법

(3) 관찰법의 장점과 단점을 각각 설명하시오. (4점)

① 장점 : 의사소통법 대비 비교적 정확한 정보를 취득할 수 있다.
② 단점 : 인지나 신념, 선호도와 같은 심리적 특성은 관찰할 수 없다. 　끝

문제 6 다차원척도법을 이용하여 골프웨어 7개 브랜드의 포지셔닝맵(Positioning Map)을 작성하려고 한다. 다음 물음에 답하시오.

(1) 브랜드 간 유사성 측정을 위해 필요한 자료의 수와 측정방법을 각각 기술하시오. (5점)

① 자료의 수

골프웨어 7개 브랜드의 유사성 정도를 측정하기 위한 서열척도 질문은

$_7C_2 = \dfrac{7 \times 6}{2 \times 1} = 21$로 21개의 질문 개수가 필요하다.

② 측정방법

㉠ 각 브랜드별 짝을 지어 순위를 정한다.
㉡ 등간척도를 사용해 브랜드 유사성 정도를 5점 척도로 표시한다.
㉢ 다차원척도법으로 분석해서 얻은 추정거리가 기존자료에 실제 거리와 거의 일치하도록 반복 작업을 진행한다.

(2) 포지셔닝맵의 적합도 평가방법을 설명하시오. (5점)

① 다차원척도법의 분석결과에 대한 신뢰성, 타당성 검정은 맵상에 나타난 표시점들이 응답자가 인식하고 있는 내용과 일치하는 정도를 나타내는 적합도 지수를 이용하여 평가할 수 있다.
② 크루스칼의 스트레스값을 이용하여 결과의 적합성을 검증할 수 있다.
③ 마음속 인식 거리 간의 오차가 작을수록 스트레스값은 감소하고 서로가 완벽하게 일치하게 되면 0에 가까운 값을 갖는다. 　끝

2022 경영지도사의 답안

제2과목 시장조사론

※ 본 답안은 현직 경영지도사의 모범 예시 답안이며, 채점자의 견해에 따라 표준 정답은 달라질 수 있으니 참고하여 학습에 활용하시기 바랍니다.

논술문제

문제 1 A사는 자사의 광고비와 대리점 수가 매출액에 미치는 영향을 파악하기 위하여 통계분석 프로그램을 이용하여 회귀분석을 실시하였다. 다음은 회귀분석 결과의 일부를 나타낸 것이다. 물음에 답하시오(단, 가설검증은 양측검증을 유의수준 0.05 기준으로 실시한다). (30점)

〈표 1〉 모형 요약

모형	R 제곱	조정된 R 제곱	추정값의 표준오차
1	(ㄱ)	.967	7.0450

〈표 2〉 분산분석

모형		제곱합	자유도	평균제곱	F	유의확률
1	회귀분석	13376.674	2	6688.337	134.758	.000
	잔 차	347.426	7	49.632		
	총 계	13724.100	9			

〈표 3〉 회귀계수

모형		비표준화 계수		표준화 계수	t	유의확률
		B	표준오차	베타		
1	(상수)	1.132	8.711		.130	.900
	광고비	1.142	.159	.564	7.171	.000
	대리점 수	14.938	2.242	.524	6.662	.000

(1) R 제곱값, 조정된(Adjusted) R 제곱값의 의미를 각각 설명하고, 〈표 1〉의 (ㄱ)에 들어갈 값을 구하시오[단, (ㄱ)의 값은 계산과정을 포함시키고, 값은 소수점 넷째 자리에서 반올림하여 소수점 셋째 자리까지 구한다]. (12점)

R제곱값은 위에서 제시한 다중회귀분석의 결정계수이며 종속변수의 분산 중 독립변수, 회귀식에 의해 설명 되어지는 비율을 의미한다. R^2은 아래와 같은 공식을 통해 구할 수 있다.

$$R^2 = \frac{SSR}{SSR+SSE} = \frac{13376.674}{13376.674 + 347.426} = \frac{13376.674}{13724.100} = 0.97468$$

소수점 넷째 자리에서 반올림하여 소수점 셋째 자리까지 구하면 $R^2 = 0.974$이다.

(2) 전체 회귀식의 유의성 검증을 위한 귀무가설과 대립가설을 설정하고, 귀무가설의 기각 여부를 설명하시오(단, 판단 근거는 어떤 표의 어떤 값을 사용했는지 명시할 것). (8점)

전체 회귀식의 유의성 검증을 위한 귀무가설과 대립가설은 다음과 같다.
- 귀무가설(H_0) : A사의 광고비와 대리점 수는 매출액을 설명하지 못한다.
  다중회귀식의 회귀계수 $\beta_1 = \beta_2 = 0$이다.
- 대립가설(H_1) : A사의 광고비와 대리점 수는 매출액을 설명한다.
  다중회귀식의 회귀계수 β_1, β_2 중 적어도 하나는 0이 아니다.

귀무가설의 통계적 유의성 검증은 F통계량을 통해 확인이 가능하다. F = 134.758이고 유의확률은 .000으로 양측검정의 유의수준 0.05보다 작으므로 기각역에 속하게 되며 귀무가설은 기각된다.

(3) 광고비의 회귀계수에 대한 유의성 검증을 위한 귀무가설과 대립가설을 설정하고, 귀무가설의 기각 여부를 설명하시오(단, 판단 근거는 어떤 표의 어떤 값을 사용했는지 명시할 것). (5점)

광고비의 회귀계수의 유의성 검증은 광고비의 회귀계수와 대리점 수의 회귀계수로 각각 나타낼 수 있다.
① 광고비의 회귀계수에 대한 가설
  ㉠ 귀무가설(H_0) : $\beta_1 = 0$
  ㉡ 대립가설(H_1) : $\beta_1 \neq 0$
② 대리점 수의 회귀계수에 대한 가설
  ㉠ 귀무가설(H_0) : $\beta_2 = 0$
  ㉡ 대립가설(H_1) : $\beta_2 \neq 0$

광고비 회귀계수 β_1과 β_2의 통계적 유의성 검정은 〈표 3〉 회귀계수의 t통계량을 사용한다.
광고비 t통계량은 7.171, 유의확률은 .000이므로 양측검정의 유의수준 0.05보다 작아 기각역에 속한다. 그러므로 광고비의 회귀계수에 대한 귀무가설은 기각된다.
대리점 수의 t통계량은 6.662이고 유의확률은 .000이므로 양측검정의 유의수준 0.05보다 작아 기각역에 속한다. 그러므로 대리점 수의 회귀계수에 대한 귀무가설은 기각된다.

(4) 광고비와 대리점 수 중 어느 변수가 매출액에 더 높은 영향력을 가지는지를 설명하시오(단, 판단 근거는 어떤 표의 어떤 값을 사용했는지 명시할 것). (5점)

다중회귀분석의 결과로 추정 회귀식을 작성하면 다음과 같다.

$\hat{Y} = 1.132 + 1.142X_1 + 14.938X_2$

$X_1 =$ 광고비, $X_2 =$ 대리점 수

상수 및 독립변수별 회귀계수는 〈표 3〉 회귀계수의 비표준화 계수 β값을 사용한다. 그리고 독립변수인 광고비와 대리점 수의 영향력비교는 표준화 계수 β를 사용한다. 광고비 표준화 계수 β값은 .564이고 대리점 수의 표준화 계수 β는 .524이므로 매출액에 미치는 영향은 대리점 수보다 광고비가 더 크다. 끝

문제 2 A컨설팅은 P전자의 신제품 사용에 대한 소비자 평가를 의뢰받아 설문조사를 실시하였다. 〈표 1〉은 평가항목에 대한 소비자 응답 자료를 바탕으로 요인분석을 실시한 결과의 일부를 나타낸 것이다. 요인 회전은 직각회전 방식을 사용하였고, 추출 요인의 수는 고유값(Eigenvalue) 1을 기준으로 지정하였다. 다음 물음에 답하시오. (30점)

〈표 1〉 회전된 요인행렬(Factor Matrix)

구 분	요인(Factor)			
	1	2	3	4
매우 유용할 것(X1)	.192	−.106	.823	−.070
생활을 여유롭게 해줄 것	.307	−.027	.858	.041
색다른 즐거움을 줄 것	.858	.074	.260	−.023
새로운 경험이 가능할 것	.897	.004	.190	.028
즐거울 것	.856	−.075	.263	.076
유지비용이 많이 들 것	−.058	.113	−.119	.706
비용지출이 커질 것	.030	−.052	.172	.862
경제적으로 부담될 것	.137	.174	−.002	.813
지인들 시선이 좋지 않을 것	.070	.777	.047	.064
사회규범에 맞지 않을 것	.103	.805	.001	.055
이미지가 좋지 않을 것	−.080	.856	−.104	.014
남들에게 부정적으로 보일 것	−.022	−.797	−.221	.118
생활이 편리해질 것	.323	−.113	−.836	.074
진귀한 경험이 가능해질 것	.880	.093	.170	.047

(1) 요인분석의 개념과 목적을 설명하고, 투입되는 변수는 어떤 척도로 측정되어야 하는지 제시하시오. (12점)

① 요인분석의 개념 : 변수들 간의 상호 연관성을 분석하고 이들 간에 공통적으로 작용하고 있는 내재된 요인을 추출하여 전체자료를 대변할 수 있는 변수의 수를 줄이는 기법이다.

② 요인분석의 목적 : 연구나 모형개발에 사용되는 변수의 수를 줄여 몇 개의 핵심적인 요인만으로 모형을 구성하고 설명하기 위해 사용한다.

③ 투입변수의 척도 : 요인분석에서 사용되는 입력변수들은 모두 등간척도나 비율척도로 측정된 양적변수이다.

(2) X1(매우 유용할 것)의 공통성(Communality)을 구하고, 구해진 값의 의미를 설명하시오. (단, 계산과정을 포함시키고 소수점 넷째 자리에서 반올림하여 소수점 셋째 자리까지 구한다) (4점)

매우 유용할 것(X1)의 공통성을 구하는 공식은 다음과 같다.
X1 = $(.192^2) + (-.106^2) + (.823^2) + (-.070^2) = .7303...$
매우 유용할 것(X1)의 공통성은 .730이다.
공통성은 각 변수들의 분산이 추출된 요인에 잘 설명되는지에 대한 정도를 파악할 수 있으며 그 값이 0.7 이상으로 나타나 요인분석에 포함되는 것이 타당하다.

(3) 추출 요인의 수 기준으로 지정한 고유값(Eigenvalue)의 개념과 1 이상으로 지정한 의미를 설명하시오. (4점)

① 고유값의 개념 : 한 요인이 몇 개의 변수들이 가지고 있는 양만큼의 분산을 설명하고 있는지를 나타내는 값이다.
② 1 이상으로 지정한 의미 : 요인이 적어도 입력변수 1개 이상의 변동을 설명할 수 있는 요인들만을 추출한다는 의미이다.

(4) 추출된 4개 요인의 명칭을 부여하시오. (4점)

요인값 중 0.5 이상의 값을 구하면 총 14개의 항목으로 나타나며 4개 요인으로 구분할 수 있다.

〈표 1〉 회전된 요인행렬(Factor Matrix)

구 분	요인(Factor)			
	1	2	3	4
매우 유용할 것(X1)	.192	-.106	.823	-.070
생활을 여유롭게 해줄 것	.307	-.027	.858	.041
색다른 즐거움을 줄 것	.858	.074	.260	-.023
새로운 경험이 가능할 것	.897	.004	.190	.028
즐거울 것	.856	-.075	.263	.076
유지비용이 많이 들 것	-.058	.113	-.119	.706
비용지출이 커질 것	.030	-.052	.172	.862
경제적으로 부담될 것	.137	.174	-.002	.813
지인들 시선이 좋지 않을 것	.070	.777	.047	.064
사회규범에 맞지 않을 것	.103	.805	.001	.055
이미지가 좋지 않을 것	-.080	.856	-.104	.014
남들에게 부정적으로 보일 것	-.022	-.797	-.221	.118
생활이 편리해질 것	.323	-.113	-.836	.074
진귀한 경험이 가능해질 것	.880	.093	.170	.047

① 첫 번째 요인
- ㉠ 색다른 즐거움을 줄 것, 새로운 경험이 가능할 것, 즐거울 것, 진귀한 경험이 가능해질 것으로 4개의 항목이며 이는 고객에게 새롭고 즐거운 경험을 제공하는 내용으로 명칭을 부여할 수 있다.
- ㉡ 명칭 : 고객에게 새롭고 즐거운 경험 제공

② 두 번째 요인
- ㉠ 지인들 시선이 좋지 않을 것, 사회규범에 맞지 않을 것, 이미지가 좋지 않을 것, 남들에게 부정적으로 보일 것으로 4가지 항목이며 부정적이며 좋지 않은 이미지 등 부정적인 내용을 포함하고 있다.
- ㉡ 명칭 : 신제품 사용에 따른 부정적 이미지

③ 세 번째 요인
- ㉠ 매우 유용할 것, 생활을 여유롭게 할 것, 생활이 편리해질 것으로 3가지 항목이며 유용성, 여유, 편리함 등의 내용이 포함되어 있다.
- ㉡ 명칭 : 신제품의 편리함과 유용성

④ 네 번째 요인
- ㉠ 유지비용이 많이 들 것, 비용지출이 커질 것, 경제적으로 부담될 것으로 3가지 항목이며 유지비용, 비용지출, 경제적 부담 등의 내용이 포함되어 있다.
- ㉡ 명칭 : 높은 비용으로 인한 경제적 부담

(5) 요인분석결과를 회귀분석에 활용할 수 있는 방법을 설명하시오. (6점)

요인분석결과를 회귀분석에 활용할 수 있는 방법은 위에 제시된 문제에서 신제품에 대한 소비자 평가의 요인분석에서 도출된 요인(축약된 4개의 요인)을 회귀분석을 위한 독립변수로 투입하여 활용할 수 있다.

끝

약술문제

문제 3 B여행사는 기존의 여행상품과는 개념이 다른 비대면 형태의 가상공간 여행상품의 시장성을 조사하기 위해 표본설계를 실시하고자 한다. 표본프레임을 입수하기 어렵고, 모집단에 대한 사전지식이 전혀 없는 상황이다. 이와 같은 경우 채택할 수 있는 표본추출방법이 무엇인지 설명하고, 이 방법의 장점과 단점을 기술하시오. (10점)

① 표본추출방법

위에서 제시한 내용을 반영한 표본추출방법으로는 비확률표본추출방법 중 편의표본추출방법을 사용한다. 가장 간단한 형태의 표본추출방법으로서 임의로 선정한 지역과 시간대에 조사자가 임의로 원하는 사람들을 표본으로 선택하는 방법이다.

② 장단점
  ㉠ 장점 : 표본추출비용이 거의 들지 않고 절차가 매우 간단하다.
  ㉡ 단점 : 추출된 표본이 모집단을 정확하게 대표한다고 보기 어렵다. 끝

문제 4 다음은 C음료에서 최근 새롭게 촬영한 TV광고가 자사의 신제품 태도에 미치는 영향을 조사하기 위해 피실험자 100명을 대상으로 2개 집단으로 구분하여 실시한 실험설계이다. 다음 물음에 답하시오. (10점)

$$
\begin{array}{lllll}
(EG) : & [R] & O_1 & X & O_2 \\
(CG) : & [R] & O_3 &   & O_4 \\
\end{array}
$$

(1) 시험효과의 2가지 유형을 기술하고, 문제에 제시된 실험상황을 적용하여 각각 설명하시오. (6점)

① 시험효과의 2가지 유형
  ㉠ 주시험효과 : 실험변수의 효과와는 관계없이 결과변수에 대하여 동일한 측정을 반복함으로써 결과변수값의 변화에 미치는 효과이다.
  ㉡ 상호작용시험효과 : 실험변수를 가하기 전에 먼저 결과변수를 측정함으로써 후에 다시 측정할 결과변수에 대하여 생각하게 됨으로써 실험변수 자체의 영향이 달라지는 효과이다.

② 실험상황 적용

위 실험에서는 주시험효과는 실험집단과 통제집단에 공통적으로 작용하기 때문에 통제가 가능하지만 첫 번째 측정이 결과변수에 대하여 생각하게 되어 실험변수 자체의 영향이 달라지는 상호작용효과는 통제할 수 없다.

(2) 위 실험설계에서 통제가 어려운 외생변수 2가지를 제시하시오. (4점)

① 외생변수 1 : 시험효과의 상호작용시험효과는 실험집단에만 작용하여 통제가 불가능하다.
② 외생변수 2 : 실험대상의 소멸이란 실험대상이 실험기간 동안 대상에서 이탈하는 경우로 통제집단과 실험집단에서 다르게 작용하여 통제가 어렵다. 끝

문제 5 측정에 관하여 다음 물음에 답하시오. (10점)

(1) 측정의 타당성과 신뢰성의 개념을 각각 설명하시오. (4점)

① 타당성 : 측정을 위해 개발한 도구를 사용하여 측정하고자 하는 개념이나 속성을 얼마나 정확하게 측정할 수 있는가를 나타내는 지표이다.

② 신뢰성 : 측정하는 현상이나 대상을 얼마나 일관성 있게 측정하였는가를 나타내는 것을 나타내는 지표이다.

(2) 측정의 신뢰성을 평가하는 방법 3가지를 설명하시오. (6점)

① 재검사법 : 동일한 측정대상에 대하여 동일한 측정도구나 방법을 사용하여 반복적으로 측정한 결과값을 비교 분석하는 방법이다.

② 반분법 : 측정할 때 사용할 수 있는 도구나 방법들을 2개의 임의의 집단으로 나누고 측정한 결과를 집단별로 얼마나 다른지를 측정하는 방법이다.

③ 내적 일관성법 : 동일한 개념을 측정하기 위해 여러 개의 항목을 이용하는 경우에 측정하는 방법이다.

문제 6 컨조인트(Conjoint) 분석의 의미를 설명하고, 컨조인트 분석 결과가 신제품개발에 어떻게 활용될 수 있는지 설명하시오. (10점)

① 컨조인트(Conjoint) 분석의 의미

소비자의 효용을 분석하는 대표적 방법으로 상품이 가지고 있는 속성과 소비자 효용을 추정하여 소비자가 선택할 상품을 예측할 수 있는 기법이다.

② 컨조인트 분석 결과의 신제품개발 활용방법

몇 개의 대표적인 속성을 이용하여 가상적인 상품 프로필을 만든 다음 각각의 가상적인 상품 프로필카드별로 선호도를 조사, 분석함으로써 소비자들이 가장 높은 효용을 부여하는 속성으로 신제품을 개발한다.

모범답안 2021 | 제2과목 시장조사론
경영지도사의 답안

※ 본 답안은 현직 경영지도사의 모범 예시 답안이며, 채점자의 견해에 따라 표준 정답은 달라질 수 있으니 참고하여 학습에 활용하시기 바랍니다.

논술문제

문제 1 P식품회사는 지역별로 소비자들이 구매하는 선호상표에 차이가 있는지를 알아보기 위해 350명의 소비자를 대상으로 시장조사를 실시하였다. 〈표 1〉은 설문조사 결과를 바탕으로 작성된 교차분석표를 나타낸 것이다. 다음 물음에 답하시오. (30점)

〈표 1〉 거주 지역과 구매상표에 대한 교차분석표

구 분	A상표	B상표	C상표	계
Ⅰ지역	50(E11)	60(E12)	30(E13)	140
Ⅱ지역	40(E21)	55(E22)	20(E23)	115
Ⅲ지역	40(E31)	35(E32)	20(E33)	95
계	130	150	70	350

※ 각 셀에서 앞의 수치는 관측빈도, ( )는 기대빈도임

(1) 위 문제에 대한 귀무가설(H_0)과 대립가설(H_1)을 설정하시오. (4점)

문제에서 제시한 내용은 두 변수(지역, 상표) 간 연관성이 있는지에 대해 조사하는 것으로 카이제곱 분석을 통해 독립성을 검증하는 것이다.
귀무가설(H_0) : 거주지역과 구매상표 종류는 서로 독립적이다(연관성이 없다).
대립가설(H_1) : 거주지역과 구매상표 종류는 서로 독립적이지 않다(연관성이 있다).

(2) 〈표 1〉에서 각 셀의 기대빈도를 모두(E11~E33) 구하시오(단, 소수점 둘째 자리에서 반올림하여 소수점 첫째 자리까지 구한다). (9점)

기대빈도는 열의 빈도합계와 행의 빈도합계를 곱한 값에 전체빈도를 나누어서 결과값을 구한다.
(E11) = (130 × 140)/350 = 52.0, (E12) = (150 × 140)/350 = 60.0, (E13) = (70 × 140)/350 = 28.0
(E21) = (130 × 115)/350 = 42.7, (E22) = (150 × 115)/350 = 49.3, (E23) = (70 × 115)/350 = 23.0
(E31) = (130 × 95)/350 = 35.3, (E32) = (150 × 95)/350 = 40.7, (E33) = (70 × 95)/350 = 19.0

(3) 가설검증을 위해 카이자승(x^2) 통계량을 구하시오(단, 계산과정을 포함시키고, 소수점 셋째 자리에서 반올림하여 소수점 둘째 자리까지 구한다). (9점)

카이제곱의 통계량은 빈도교차표의 관측 빈도와 기대빈도의 차이를 제곱하고 그 값을 기대빈도로 나누어 구한다.

계산과정은 다음과 같다.

$\therefore x^2 = (50-52)^2/52 + (60-60)^2/60 + (30-28)^2/28 + \cdots\cdots + (20-19)^2/19 = 2.92$

(4) 〈표 2〉를 참조하여 자유도($d.f$)와 카이자승(x^2) 임계치를 제시하고, 가설채택 여부와 결과해석을 기술하시오. (8점)

〈표 2〉 카이자승(x^2) 분포표

$d.f$	1	2	3	4	5	6	7	8	9	10
$x^2_{0.050}$	3.84	5.99	7.81	9.49	11.07	12.59	14.07	15.51	16.92	18.31

거주지역과 구매상표에 대한 교차분석표에 따르면 자유도는 $2 \times 2 = 4$이며 카이제곱 분포표에서 자유도 4에 해당하는 임계치는 9.49이다. 검정통계량 2.92와 비교할 경우 더 작은 값이므로 귀무가설 채택역, 대립가설 기각역에 해당하여 귀무가설을 채택한다. 거주지역과 구매상표는 연관성이 없다는 귀무가설을 기각하지 못하고 대립가설을 기각한다. 즉, 거주지역과 구매상표는 서로 독립적이라고 할 수 있다(연관성이 없다).

끝

문제 2 ㈜Market스마트는 새로운 광고시안을 개발하고 있다. 4개의 광고물 시안 A, B, C, D 중에서 효과적인 광고물을 선택하고자 한다. 실험설계를 통해 각 광고물에 노출된 소비자의 브랜드 태도를 9점 척도로 측정하였다(점수가 높을수록 호의적). 분석결과의 일부가 〈표 1〉 및 〈표 2〉와 같다. 다음 물음에 답하시오(단, α = 0.05). (30점)

〈표 1〉 분석결과표

원 천	제Ⅲ유형 제곱합	자유도	평균제곱	F	유의확률
절 편	950.625	1	(ㄱ)	(ㄷ)	.000
광고물 시안	71.875	3	(ㄴ)	(ㄹ)	.000
오 차	32.500	36	.903		
총 계	1055.000	40			

<표 2> 사후다중비교 결과표(터키의 검정)

(I)광고물 시안	(J)광고물 시안	평균차(I-J)	표준오차	유의확률	95% 신뢰구간 하한값	95% 신뢰구간 상한값
A	B	-1.0000	.42492	.105	-2.1444	.1444
A	C	-3.0000	.42492	.000	-4.1444	-1.8556
A	D	.5000	.42492	.645	-.6444	1.6444
B	A	1.0000	.42492	.105	-.1444	2.1444
B	C	-2.0000	.42492	.000	-3.1444	-.8556
B	D	1.1500	.42492	.096	.2556	2.5444
C	A	3.0000	.42492	.000	1.8556	4.1444
C	B	2.0000	.42492	.000	.8556	3.1444
C	D	3.5000	.42492	.000	2.3556	4.6444
D	A	-.5000	.42492	.645	-1.6444	.6444
D	B	-1.1500	.42492	.096	-2.5444	-.2556
D	C	-3.5000	.42492	.000	-4.6444	-2.3556

(1) <표 1>에서 (ㄱ), (ㄴ), (ㄷ), (ㄹ)에 들어갈 값을 계산하시오(단, 계산과정을 포함시키고 소수점 넷째 자리에서 반올림하여 소수점 셋째 자리까지 구한다). (8점)

① 평균제곱값은 제곱합값을 자유도로 나누어 구한다.
- (ㄱ) = 950.625/1 = 950.625
- (ㄴ) = 71.875/3 = 23.958

② F값은 평균제곱값을 오차의 평균제곱값으로 나누어 구한다.
- (ㄷ) = 950.625/0.903 = 1052.741
- (ㄹ) = 23.958/0.903 = 26.532

(2) (1)의 계산결과를 반영하여 <표 1>을 해석하고, 가설의 기각여부를 설명하시오. (6점)

연구가설(대립가설)은 4개의 광고물 시안의 종류에 따라 소비자의 브랜드 태도에 차이가 있는지를 검증하는 것이다.
- 귀무가설(H_0) : $\mu1 = \mu2 = \mu3 = \mu4$
- 대립가설(H_1) : 모든 μ가 동일하지는 않다.

<표 1> 분석결과표에 따르면 F 통계량은 26.532, 유의확률은 0.000이므로 유의확률(p-value)이 유의수준($\alpha = 0.05$)보다 작다. 그러므로 귀무가설을 기각하고 대립가설을 채택할 수 있다. 즉, 모든 μ가 동일하지는 않다고 할 수 있으며, 최소한 어느 두 광고시안의 값 사이에 차이가 있다고 할 수 있다.

(3) 〈표 1〉의 분산분석결과의 결론을 토대로 사후다중비교가 필요한 이유를 설명하시오. (4점)

분산분석의 결과 어느 두 집단 간에 평균값의 차이가 있다는 결론이 나올 경우 어느 두 집단에서 차이가 발생하는지를 밝히기 위해서 시행하는 방법이 사후다중비교이다. 본 문제에서 광고시안에 따른 소비자의 브랜드 태도에 차이가 있다는 결론이 도출되었으므로, 4개 광고 시안에 노출된 집단 중 어느 광고 시안 간 차이가 있는지 분석하여 마케팅 수행에 반영할 수 있다.

(4) 〈표 2〉의 분석결과를 해석하고, 마케팅관리자는 네 개의 광고유형 중 어느 광고물 시안을 선택해야 하는지 그 근거를 설명하시오. (12점)

사후다중비교 결과표에서 유의미한 차이를 보이는 집단은 유의확률로 판단할 수 있다. 유의수준 0.05보다 작은 값을 나타내는 집단은 다음과 같다.

- A와 C : 0.000
- B와 C : 0.000
- D와 C : 0.000

집단 C는 나머지 집단 A, B, D에 비해 유의미한 차이를 보였고 다른 집단들과의 평균차도 $C-A=3.0000$, $C-B=2.0000$, $C-D=3.5000$으로 가장 크다. C의 브랜드 선호 태도가 가장 높으므로 광고시안으로 C를 선택할 수 있다.

약술문제

문제 3 군집분석의 개념 및 그 활용사례(이용상황) 두 가지를 설명하시오. (10점)

① 군집분석의 개념

동일한 성격을 가진 여러 개의 그룹을 대상을 분류하는 것을 말한다. 여기서 나뉜 부분집단을 군집이라 명칭한다. 유사한 성격을 가지는 몇 개의 군집으로 집단화한 후, 형성된 군집들의 특성을 파악하여 군집들 사이의 관계를 분석하고 데이터 전체의 구조에 대한 이해를 돕고자 하는 탐색적 분석방법이다.

② 활용사례

㉠ 게임 유저들의 일주일 동안 획득한 경험치 양과 플레이 시간을 집계하고 군집분석을 이용하여 경험치 획득량과 플레이 시간이 모두 낮은 유형, 경험치 획득량은 높지만 플레이 시간은 낮은 유형, 경험치 획득량은 낮지만 플레이 시간은 높은 유형, 경험치 획득량과 플레이 시간이 모두 높은 유형을 묶어서 분석할 수 있다.

㉡ 중학생 인터넷중독 위험군을 대상으로 그들의 심리적 특성을 확인하고 유형을 분류해 보고자 할 경우 수도권 소재의 중학교 학생을 대상으로 인터넷중독의 정도(KS척도)와 이와 관련이 있는 것으로 알려진 자기통제력과 우울감 및 역기능적 신념을 측정하고 사회·환경적 요소인 또래관계와 부모 양육태도를 측정한다. KS척도를 근거로 인터넷중독 위험집단과 일반집단을 나누고 이를 비교하여 분석한다.

끝

문제 4 마케팅현상에 대한 측정과정에는 많은 오류가 발생하며 이러한 오류를 발생시키는 다양한 원천이 존재한다. 오류와 관련하여 다음 물음에 답하시오. (10점)

(1) 오류 발생의 잠재적 원천 세 가지를 설명하시오. (6점)

측정과정은 어느 정도의 오차를 갖게 마련이며, 단지 조사자는 이러한 측정오차의 다음과 같은 잠재적 원천을 인식함으로써 그것을 제거하거나 적절히 다루기 위하여 노력할 수 있다.

① **응답자** : 응답자는 측정에 대하여 오차를 야기할 수 있다. 즉 응답자는 간혹 지식이 부족하여 응답할 능력이 없거나 단순히 추측을 근거로 하여 응답한다.

② **자료수집 방법** : 질문의 성격이 민감한 내용을 다루고 있거나, 익명이 보장되지 않는 자료수집방법은 측정에 오차를 야기할 수 있다.

③ **상황적 요인** : 면접 중 주의집중을 방해하는 요인 등의 주위환경은 측정에 오차를 야기할 수 있다.

④ **측정도구** : 면접자의 특별한 행위나 용모, 몸짓 등은 측정상의 오차를 야기한다. 옮겨 적기의 오류, 반응에 대한 그릇된 해석, 설문지의 복잡성 등도 측정의 오차를 야기할 수 있다

(2) 체계적 오차와 비체계적 오차를 각각 설명하시오. (4점)

① **체계적 오차** : 측정 과정에서 일정한 패턴을 가지는 오차

② **비체계적 오차** : 일정한 패턴이 없는 오차

체계적 오차와 비체계적 오차는 보통 사격이나 양궁의 과녁으로 비유할 수 있다. 체계적 오차는 사격한 탄착점이 중앙에서 어느 한쪽으로 벗어난 곳에 매번 맞추는 것을 말한다. 비체계적 오차는 사격한 탄착점이 매번 다른 곳을 맞추고 있는 것을 말한다.

끝

문제 **5** 확률표본추출법의 하나인 층화표본추출법에 관한 다음 각 질문에 답하시오. (10점)

(1) 층화표본추출법의 개념을 설명하시오. (2점)

층화표본추출법이란 모집단을 특정한 기준에 따라 서로 상이한 소집단으로 나누고, 이들 각각의 소집단들로부터 빈도에 따라 적절한 일정수의 표본을 무작위로 추출하는 방법이다.

(2) 층화표본추출방법 두 가지를 기술하시오. (4점)

① 비례층화추출법 : 소집단의 크기에 비례하도록 표본의 수를 할당하여 추출하는 방법이다. 남학생의 수가 여학생의 2배이면 표본으로 추출된 남학생의 수가 여학생의 2배가 되도록 표본을 할당한다.
② 불비례층화추출법 : 소집단의 크기에 비례하지 않은 추출방법. 집단의 크기를 고려하지 않고 각 집단별로 비슷한 수의 표본을 추출하는 방법이다.

(3) 할당표본추출법과 비교하여 유사점과 차이점에 관해 설명하시오. (4점)

① 유사점 : 할당표본 추출법은 추출된 표본이 인구통계적 특성과 같은 모집단의 특성에 비추어 볼 때 어느 한 부분으로 편중되지 않도록 모집단의 특성에 비례하여 표본을 추출하는 방법이다.
② 차이점 : 특성에 따라 세분된 각 집단 내에서의 표본선정은 조사자의 주관적 판단 혹은 편의표본추출법에 의하여 이루어지게 되어 모집단 내의 각 구성요소가 표본으로 선택될 확률을 알 수 없기 때문에 이들로부터 수집된 자료가 모집단을 어느 정도 잘 대표하는지에 대한 정확한 추정이 어렵다. 끝

문제 **6** 인터넷의 활용으로 2차 자료에 대한 활용가치가 증가하고 있다. 2차 자료에 관한 다음 질문에 답하시오. (10점)

(1) 2차 자료 사용에 따른 이점을 설명하시오. (2점)

2차 자료는 1차 자료에 비하여 수집과정에서 필요로 하는 시간, 노력, 비용이 적게 든다.

(2) 2차 자료의 가치를 평가하는 데 고려해야 할 요소 중 적합성과 정확성의 의미를 각각 예를 들어 설명하시오. (8점)

① 적합성 : 단위 등이 정확한지, 변수의 개념이 조사하고자 하는 기준과 같은지, 수집 시점이 적용 가능한지 등에 대한 문제이다.
② 정확성 : 조사 진행 시 모든 단계에 걸쳐 발생할 수 있는 오류를 발견하기 어렵고 발견하더라도 수정이 쉽지 않은 문제가 있다.
③ 사 례
  ㉠ 적합성의 경우 : 기업의 브랜드 인지도에 대한 분석을 진행하고자 할 때 2차 자료의 내용이 판매제품 사용에 대한 편의성으로 구성되어 있을 경우 조사내용의 적합성에 문제가 발생한다.
  ㉡ 정확성의 경우 : 전 세계 자동차 판매에 대한 시장조사 내용을 2차 자료를 사용하여 작성할 경우 만일 판매량 조사에 누락한 자료가 발생할 경우 M/S의 정확성이 떨어지게 된다. 끝

먼저 행동으로 옮기고 말을 하라.

-스티븐 스필버그-

PART 02

핵심이론

CHAPTER 01	마케팅 조사의 개관
CHAPTER 02	문제의 정의와 조사설계
CHAPTER 03	자료수집 방법
CHAPTER 04	표본설계
CHAPTER 05	보고서 작성
CHAPTER 06	자료의 분석 – 통계

CHAPTER 01 | 마케팅 조사의 개관

01 마케팅 조사의 개념

소비자의 욕구, 경쟁사, 시장상황 등의 정보를 얻기 위한 일련의 행위들을 가리켜 마케팅 조사라 한다. 이러한 정보를 통한 마케팅전략을 정해 기업은 목표를 달성하게 되는 것이다. 마케팅 조사에 대한 정의를 좀 더 구체적으로 살펴본다면 다음과 같이 정의내릴 수 있다.

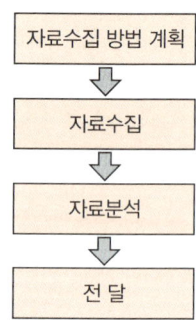

더 알아보기

마케팅 조사의 정의
- 제품과 서비스를 마케팅하는 데 관련된 문제에 대해서 정확하고 객관적이며 체계적인 방법으로 자료를 수집, 기록, 분석하는 일련의 활동(미국 마케팅 학회)
- 전략적 의사결정을 위해 이루어지는 목적(목표) 지향적인 활동
- 의사결정자의 정보욕구를 진단하고, 그에 따른 정보와 관련된 변수들을 선정하여, 유효하고 신뢰성 있는 자료를 수집, 기록, 분석하는 일련의 활동

02 마케팅 조사를 하는 목적과 문제점

1960년대 이후 소득이 증가하고 이에 따라 소비자의 욕구는 점차 다양화되었다. 이에 따라 자아를 실현하고 라이프스타일을 반영하는 제품을 소비자들은 선호하게 되었다. 이러한 고객의 욕구를 충족시키는 기업이 시장에서 살아남을 수 있게 되었고, 고객의 욕구를 더 잘 파악하기 위해 마케팅 조사를 실시하게 되었다. 조사자와 관리자 간에 발생하는 문제로는 관리자는 조사의 가치와 정보를 외면하고 더 나은 의사결정을 할 수 있다는 생각을 가진다는 것이 있다. 또한 관리자는 기업의 상황을 고려하여 결정하지만, 조사자는 조사결과에만 의존하거나 조사에 대한 목적과 용도의 이해 부족이 발생할 수 있다는 점이 있다. 그러므로 분명한 역할과 한계가 필요하다.

조사의 오용 가능성으로는 경영층의 의견 지원, 배정 예산의 사용 목적, 경영층의 의사결정의 합리화, 마케팅 실패에 대한 귀책 등이 있다.

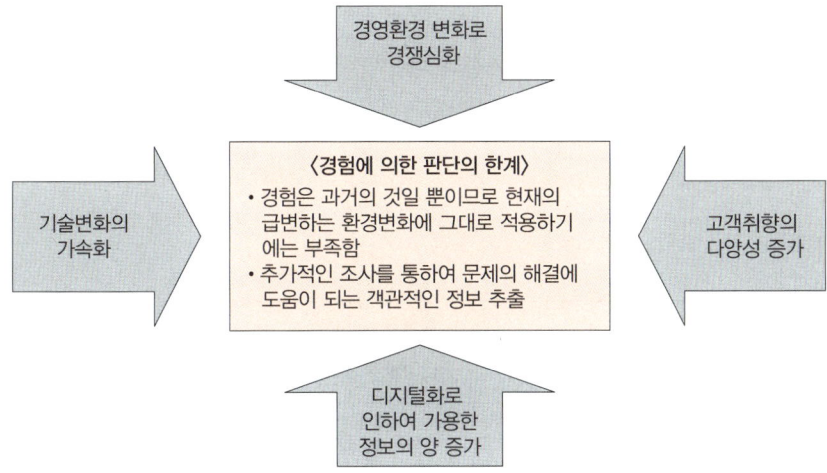

03 마케팅 조사의 절차 [문/조/자/표/시/분/활]

| 합격의 Tip |
마케팅 조사절차는 시장조사론의 전체적인 뼈대를 이해하는데 중요한 요소이므로 반드시 이해하고 넘어가자.

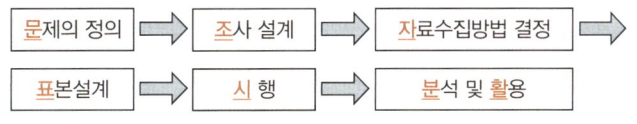

1. 문제의 정의

| 합격의 Tip |
문제의 정의 부분은 개념적 정의와 조작적 정의, 귀무가설과 영가설, 마케팅 조사계획서 등 용어를 이해하고 전체적인 흐름을 공부해 나가도록 하자.

마케팅 조사절차에서 가장 먼저 해야 할 일은 문제를 정의하는 것이다. 문제의 정의는 환경변화나 기업 전략의 변화로 마케팅 의사결정 문제가 발생하고 이를 위해 마케팅 조사가 필요해지며 이를 통해 마케팅 조사 문제가 정의된다.

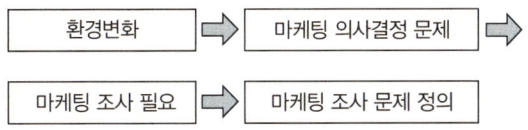

> 환경의 변화로 마케팅 의사결정문제가 발생하고 따라서 마케팅 조사가 필요하게 되었다.

문제를 정의한 후에는 가설을 설정하여야 한다. 가설이란 두 개 이상의 변수 간의 관계를 설명하는 경험적으로 검증 가능한 진술을 의미하는 것으로 귀무가설과 대립가설로 나눌 수 있다. 가설이 설정된 후에는 마케팅 조사를 위한 조사계획서가 작성되고 이를 통해 마케팅관리자가 경영자에게 마케팅 조사를 실시토록 건의하게 된다.

2. 조사설계

| 합격의 Tip |
조사설계 부분은 탐색조사, 기술조사, 인과조사의 정의, 특징, 장단점을 중심으로 살을 붙이면서 학습해나가도록 하자.

조사설계는 조사목적을 정의하고 조사문제를 구체화하며 가설을 검증하기 위한 포괄적 계획을 의미한다. 즉 어떤 조사방법을 사용할 것인가를 계획하는 단계라 할 수 있는데 조사설계 방법에는 탐색조사, 기술조사, 인과조사로 나눌 수 있다.

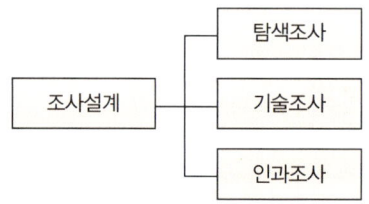

(1) 탐색조사(Exploratory Survey) [문/전/표/심/사]
① 기업의 문제점과 기회 파악
② 조사문제의 명확한 규명
③ 의사결정에 유용한 변수들을 찾아내고 이들 간의 관계에 대한 예비지식 획득
④ 기업의 다양한 문제와 기회들 간의 우선순위 파악
⑤ 종류 : **문**헌조사, **전**문가의견조사, **표**적집단면접법(FGI), **심**층면접, **사**례조사 등

| 합격의 Tip |
암기방법 : **문/전/표/심/사**(문 앞에서 표를 심사한다)

(2) 기술조사(Descriptive Survey)
　① 의사결정과 관련된 상황파악과 특정 사건의 발생빈도 조사
　② 의사결정에 영향을 미치는 변수 간의 상호관계 파악
　③ 특정 값을 예측
　④ 종류 : 패널조사, 시계열조사, 횡단조사 등

(3) 인과조사
　① 특정 현상 간의 인과관계는 어떠한가?
　② 특정 현상을 구체적으로 정확하게 이해, 설명, 예측할 수 있는가?
　③ 실무보다는 학문적인 목적으로 수행하는 경우가 많음
　④ 종류 : 원시 실험설계, 순수 실험설계, 유사 실험설계 등

3. 자료수집 방법의 결정

| 합격의 Tip |
자료수집 방법의 결정 부분에서는 1차 자료와 2차 자료의 개념과 장단점, 1차 자료수집 방법인 관찰법, 서베이법, 실험법을 중심으로 학습하자. 자료수집 방법 결정 부분에서는 이 외에도 신뢰성과 타당성, 측정과 척도 등 중요한 부분을 수록하였으니 그 부분도 빼놓지 말고 공부하도록 하자.

(1) 자료의 종류

| 합격의 Tip |
1차 자료라는 용어 때문에 제일 먼저 수집한다는 생각을 할 수 있으나 미리 수집된 자료인 2차 자료를 먼저 수집한 후 1차 자료를 수집한다는 것을 잊지 말자.

　① **1차 자료** : 조사목적을 달성하기 위해 직접 수집한 자료로 관찰, 서베이, 실험법에 의해 자료를 수집한다.
　② **2차 자료** : 이미 다른 목적에 의해 수집된 자료로 2차 자료는 기업 내·외부 자료로 나눌 수 있고, 주로 탐색 조사적 성격에 따라 문헌조사의 형태로 수집한다.

(2) 1차 자료의 수집방법 [관/서/실]
　① **관찰법**
　　조사대상의 행동이나 상황을 관찰, 기록하여 자료를 수집하는 방법으로 주로 인간의 감각기관에 의해 현상을 인식하게 된다. 이는 유아나 동물 등 의사소통이 힘든 대상에게 주로 이용되며 관찰대상자가 관찰당하고 있다는 사실을 모르게 하는 것이 중요하다.
　② **서베이법**
　　다수의 응답자들에게 직접 물어보거나 설문지, 컴퓨터를 통해서 자료를 조사하는 방법을 의미한다. 주로 인구센서스 조사와 같이 대규모 조사에 많이 쓰이며 여기에는 대인 인터뷰법, 전화 인터뷰법, 우편 조사법, 전자 인터뷰법 등이 있다.

③ **실험법**

독립변수와 종속변수 간 인과관계를 밝히는 방법으로 여기에는 외생변수 통제 유무에 따라 현장실험과 실험실 실험으로 나뉜다. 실험법에서는 실험디자인이 중요한데 실험집단과 통제집단을 구분하였는지, 무작위 추출을 하였는지, 전후 측정을 통해 비교가 가능한지에 따라 순수 실험디자인, 유사 실험디자인, 사전 실험디자인으로 나눌 수 있다.

| 합격의 Tip |
실험디자인은 자주 출제되는 개념이므로 정의, 종류, 장단점, 통제 가능한 외생변수 등을 중심으로 학습하자.

4. 표본설계

| 합격의 Tip |
표본설계 과정에서 짚고 넘어가야 할 부분은 표본설계의 정의, 전수조사와 표본조사, 표본추출 과정, 확률 표본추출법과 비확률 표본추출법의 정의, 특징, 종류, 장단점 등이 있다. 이를 중심으로 학습하자.

표본설계는 조사대상을 선정하는 방법에 관한 것으로 표본조사와 전수조사로 구분된다.

(1) 전수조사

조사자가 조사하려고 하는 모집단 전체를 상대로 하는 조사를 말하는 것으로 예를 들어 전 국민을 대상으로 한 인구센서스조사 등이 있다. 전수조사는 조사하는 과정에서 발생하는 비표본오차가 발생하여 정확성이 낮으며 시간과 비용이 많이 들어 실행이 어렵다는 단점을 가지고 있다.

(2) 표본조사

모집단을 대표할 수 있는 표본을 추출하여 이를 대상으로 조사하는 방법을 말한다. 표본조사는 전수조사의 단점이었던 시간과 비용을 절약할 수 있고, 신속하며 정확한 조사가 가능하다는 장점을 가지고 있다. 하지만 표본오차가 발생하고 모집단이 작을 경우 표본조사 자체가 무의미하다는 단점을 가지고 있다.

① **확률 표본추출** [단/층/군/체]

확률 표본추출은 모집단으로부터 표본이 추출될 확률이 알려져 있는 방법을 의미한다. 따라서 표본오차를 알 수 있고 일반화가 가능하며 표본의 대표성이 높다는 장점이 있으나 시간과 비용이 많이 든다는 단점을 가지고 있다. 여기에는 **단**순무작위 표본추출, **층**화 표본추출, **군**집 표본추출, **체**계적 표본추출법이 있다.

② **비확률 표본추출** [편/판/할]

비확률 표본추출은 모집단으로부터 표본이 추출될 확률이 알려져 있지 않은 것으로 표본추출 시 무작위 선택이 아닌 다른 방법으로 추출하게 된다. 이는 확률 표본추출에 비해 시간과 비용이 적게 든다는 장점을 가지고 있으나 표본오차의 추정이 어렵고 일반화가 어렵다는 단점을 내포하고 있다. 여기에는 **편**의 표본추출, **판**단 표본추출, **할**당 표본추출법이 있다.

(3) 표본추출 과정 [모/표/방/크/실]

표본추출 과정은 모집단의 설정, 표본프레임 작성, 표본추출 방법의 결정, 표본 크기의 결정, 실행의 5단계로 나누어 볼 수 있다. 조사자가 조사할 대상인 모집단을 설정하고 모집단의 속성을 대표하는 표본단위의 목록인 표본프레임을 결정한 후 표본추출 방법을 결정하게 되는데 여기서 확률 표본추출 방법, 비확률 표본추출방법을 결정하게 된다. 이에 따라 표본의 크기를 결정한 후 실행과정을 거치게 되는 것이다.

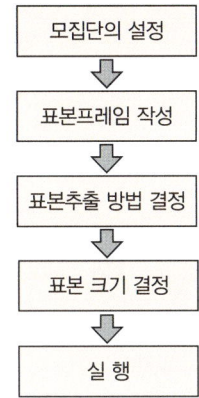

5. 시행, 자료분석 및 활용

| 합격의 Tip |

시행 단계는 마케팅 조사 계획에 따라 실행하는 단계이며 자료분석 단계과정에서 통계기법을 사용한다. 시장조사론 시험에서는 통계기법이 필수적으로 나오고 있으므로 이를 꼭 학습해야 할 것이다. 마지막으로 활용단계는 마케팅 조사의 마지막 단계로 의사결정자에게 전달할 보고서 작성단계이다. 보고서 작성 부분에서는 보고서에 들어갈 내용, 작성원칙을 중심으로 공부하도록 하자.

(1) 계획적인 절차에 따라 조사를 시행한다.

(2) 자료분석을 용이하게 하기 위해 일정한 번호를 붙이는 과정인 '코딩'을 실시한다.

(3) 코딩 실시 후 컴퓨터에 입력하는 과정인 '펀칭'을 실시하여 적절한 통계분석을 한다.

(4) 분석결과를 문장과 표로 정리한다.

(5) 정보이용자의 이해와 지식을 고려하여 보고서를 작성한다.

CHAPTER 02 | 문제의 정의와 조사설계

01 문제의 정의

| 합격의 Tip |
문제의 정의는 시장조사를 시작하는 첫 단추라 할 수 있다. 첫 단추를 잘 끼워야 하듯 기본적인 개념에 대해 숙지하도록 하자.

1. 문제의 정립

문제의 정의단계에서는 마케팅 조사 연구대상의 문제점을 파악하고 조사주체, 조사목적, 조사의 중요성 등 전체적인 맥락을 잡고 체계적으로 구성하는 것이 중요하다. 여러 변수의 관계를 알 수 있도록 의문형식으로 기술하는 것이 좋다.

(1) **현 상**
해석이 들어가지 않은 발생한 사건 그 자체
예 배가 고프다.

(2) **문 제**
현상에서 비롯되는 논쟁, 논의, 연구의 대상
예 배가 고픈데 돈이 없다.

(3) **조 사**
내용을 명확하게 알기 위하여 살펴보는 활동
예 무엇을 먹으면 싸고 배부르게 먹을 수 있을까?

2. 연구 문제의 원천

(1) **기존 지식체계**
연구자 자신이 알고 있는 기존 지식체계에서 연구문제를 찾는 것으로 일반적으로 가장 많이 사용되는 방법을 의미한다.

(2) **문헌의 고찰**
각종 연구 논문, 보고서 등의 연구결과를 비교하여 연구문제를 도출할 수 있다.

(3) 사회적 요청
연구기관의 연구 용역이나 사회가 당면한 과제에 대한 사회적 요청에 의해 연구문제가 도출되는 경우도 있다.

(4) 개인적 경험
연구자의 개인적 경험이나 취향 및 호기심 등에 의해 연구문제가 도출되기도 한다.

3. 개념적 정의와 조작적 정의

> **| 합격의 Tip |**
> 과학적 조사의 과정은 현상 → 개념 → 가설 → 검증 과정을 거친다. 정의란 개념의 뜻을 밝히는 것을 말하며 여기에는 개념적 정의와 조작적 정의가 있다. 개념적 정의와 조작적 정의에 관한 문제는 자주 출제되므로 꼭 알고 넘어가자!
>
> **2013년 약술문제**
> 개념적 정의(Conceptual Definition)와 조작적 정의(Operational Definition)에 관해서 설명하고 각각의 예를 제시하시오. (10점)
>
> **2008년 약술문제**
> 개념적 정의와 조작적 정의를 설명하고 예를 들어보시오. (10점)

(1) 개념적 정의(Conceptual Definition)
① 개념 : 하나의 개념을 정의하기 위해 다른 개념을 이용하여 묘사하여 내용을 한정 짓는 것을 말하며 사전적 정의라고도 한다.
② 예시 : 지능을 추상적 사고능력 혹은 문제 해결능력이라 정의할 수 있다. 또한 무게는 물체의 중량으로 정의할 수 있다.

(2) 조작적 정의(Operational Definition)
① 개념 : 개념적 정의에 의해 구체화된 추상적 개념을 실제 경험적 세계에서 측정 가능한 형태로 정의하는 것을 의미한다.
② 예시 : 개념적 정의는 지능의 경우 추상적 사고능력 혹은 문제 해결능력으로 정의할 수 있고 조작적 정의의 경우 지능은 아이큐로 측정할 수 있다.

(3) 개념적 정의와 조작적 정의와의 관계
개념적 정의를 통해 용어의 의미가 더 분명해지고 조작적 정의를 통하여 경험적 세계에서 보다 구체화되어 직접 측정을 가능하게 된다.

예 브랜드 충성

개념적 정의	조작적 정의
브랜드에 대해 애착을 느끼는 정도	10번 구매 중 특정 브랜드를 구매한 횟수

(4) 가설설정
① 정의 : 가설이란 '잠정적 해답'으로 2개 이상의 변수 간의 관계를 설명하는 경험적으로 검증 가능한 진술을 의미한다.
② 가설의 조건
  ㉠ 명료하여야 한다. 모든 사람이 명확히 이해할 수 있도록 설정되어야 한다.
  ㉡ 가치 중립적이어야 한다. 즉, 연구자의 편견이나 가치를 배제하여야 한다.
  ㉢ 검증 가능해야 한다. 변수 간의 관계를 경험적으로 측정 가능하여야 한다.
③ 통계적 검증단계에서 가설의 분류
  ㉠ 영가설(Null Hypothesis, 귀무가설) : 자신이 주장하는 가설과 반대되는 입장의 가설로 'A와 B는 차이가 없다'는 의미를 가지고 있다.
  ㉡ 연구가설(Research Hypothesis, 대립가설) : 연구자가 주장하고자 하는 가설로 'A와 B는 차이가 있다'라는 의미이며 연구자가 조사하려는 조사문제에 대한 잠정적 해답을 의미한다.

(5) 마케팅 조사계획서
마케팅 조사를 실시하는 목적, 조사절차와 방법, 조사기간, 조사 비용 등을 수록한 계획서라고 할 수 있다. 마케팅 조사계획서는 다음과 같은 내용을 담고있다. 이는 마케팅관리자가 경영자에게 마케팅 조사를 실시토록 건의하기 위해 제출하는 문서로서 마케팅 조사 실시과정에서 아주 중요한 역할을 하므로 모든 내용이 빠짐없이 간결하면서도 명료하게 작성하는 것이 중요하다.

> **더 알아보기**
>
> **마케팅 조사계획서 포함 내용**
> (1) 조사목적
> (2) 조사배경
> (3) 조사범위
> (4) 조사유형
> (5) 자료수집 방법
> (6) 자료분석 방법
> (7) 조사가치
> (8) 조사일정과 조사팀 구성
> (9) 조사비용

02 조사설계

> **| 합격의 Tip |**
>
> 조사설계 부분은 2011년, 2015년 약술로 출제되었을 만큼 중요한 비중을 차지하고 있는 부분이므로 개념을 꼭 알고 넘어가자. 특히 탐색조사, 기술조사, 인과조사에 대한 정의와 종류, 특징을 중심으로 이해하고 넘어가자!
>
> **2011년 약술문제**
> 조사설계법(Research Design)의 개념을 쓰고 탐색조사, 기술조사, 인과조사를 비교 설명하시오. (10점)

1. 개념

조사설계란 조사목적을 정의하고 조사문제를 구체화하며 가설을 검증하기 위한 포괄적 계획을 의미한다. 즉, 어떤 조사방법을 사용할 것인가를 계획하는 과정이라 할 수 있다.

2. 목적

조사설계의 목적은 가장 경제적이고 효율적인 방법으로 정확한 조사문제에 대한 답을 찾는 것을 목적으로 한다.

3. 종류

조사설계법에는 탐색조사, 기술조사, 인과조사 이렇게 세 가지가 있다. 탐색조사는 조사목적이 명확해야 할 때 사용되며 기술조사는 더 정교한 조사를 하기 위해 본 조사에서 이루어지며 인과조사는 원인과 결과의 관계를 파악하기 위해 시행된다.

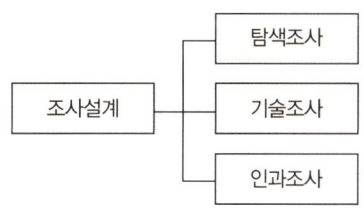

(1) 탐색조사 [문/전/심/사/표]
　① **정의** : 조사의 초기 단계에서 조사에 대한 아이디어와 통찰력을 얻기 위하여 수행되는 조사방법으로 일종의 예비적 조사라 할 수 있다.
　② **목적** : 탐색조사는 본조사에 들어가기 전에 조사문제에 대한 아이디어와 통찰력을 얻기 위한 목적으로 시행된다.
　③ **특징** : 본 조사를 위한 전 단계로 사전조사적 성격을 지니며 조사의 유연성이 높다는 특징을 가지고 있다.
　④ **유용성** : 조사의 방향을 파악할 수 있으며 이를 통하여 조사문제에 대한 직관이나 아이디어를 얻을 수 있는 장점이 있다.

⑤ **종류** : 탐색조사의 대표적인 방법으로 문헌조사, 전문가 의견조사, 심층면접법, 사례조사, 표적집단면접법 등이 있다.

㉠ <u>문</u>헌조사
- 정의 : 문헌조사란 학술문헌, 기업 매출 및 회계 자료, 정부기관 발행물, 연구기관의 연구 자료 등의 2차 자료를 통하여 조사하는 방법
- 목적 : 문헌조사는 연구의 초점을 명확히 하고 연구에 대한 최신 연구경향 등의 포괄적 지식을 얻기 위한 목적으로 시행
- 장단점

장 점	단 점
• 정보를 쉽게 얻을 수 있음 • 적은 시간과 비용 투자	• 현실 상황이나 조사기간, 배경 등이 다를 수 있음 • 조사목적과 다를 수 있음

㉡ <u>전</u>문가 의견조사
- 정의 : 조사문제에 대하여 전문지식이 있는 전문가의 의견을 수렴하여 조사하는 방법
- 목적 : 기본적으로 연구문제에 대한 전문가들의 의견을 조합하여 조사문제에 대한 견해를 듣고 참고하여 조사문제에 대한 조언을 얻기 위한 목적으로 시행
- 장단점

장 점	단 점
• 전문적 의견을 들을 수 있음 • 다양한 의견 참고 가능	• 대표성을 요구하기 어려움 • 문제에 대한 명확한 이해가 요구됨

㉢ <u>심</u>층면접법
- 정의 : 조사대상자 1명을 상대로 심도 있는 면접을 통해 자료를 조사하는 방법으로 깊고 다면적인 질문을 통해 깊이 있는 정보를 얻을 수 있음
- 장단점

장 점	단 점
한 명에게 심층적 정보 수집 가능	• 숙련된 면접자가 필요 • 자료 해석이 어려움 • 면접자가 면접결과에 영향을 줄 수 있음

㉣ <u>사</u>례조사(Case Study)
- 정의 : 조사자가 조사하려고 하는 것과 유사한 사례를 파악함으로써 이를 비교하여 심층 분석하기 위한 조사 방법을 의미함
- 특징 : 조사문제에 대하여 간접적인 경험과 지식을 얻을 수 있고, 유사한 상황과 사례에 대해 깊이 있는 분석이 가능함
- 장단점

장 점	단 점
• 생활사 연구에 유용 • 조사대상의 제한이 없음 • 포괄적 인과관계 조사가 가능	• 비용과 시간이 많이 소요 • 신뢰성 보장이 어려움 • 일반화가 어려움

ⓜ 표적집단면접법(Focus Group Interview)

> **| 합격의 Tip |**
> 표적집단면접법은 자주 출제되므로 그 의미를 자세히 알아두자.
>
> **2010년 약술문제**
> 표적집단면접법(FGI)의 의의 및 장단점에 대해서 기술하시오. (10점)
>
> **2009년 약술문제**
> 종단, 횡단조사의 정의와 차이점에 대해 설명하시오. (10점)

- 정의 : 표적집단면접법이란 FGI라고도 하며 6~12명의 응답 대상자를 선발한 후 자유 토론을 통하여 조사자가 미처 생각하지 못한 아이디어를 얻는 방법을 의미
- 목적 : FGI는 조사자가 미처 생각하지 못했던 사실을 발견하기 위해 시행되며 주로 제품 출시 전 소비자를 대상으로 진행. FGI를 통해 제품의 문제점이나 사용 후기, 개선점을 미리 발견하여 출시 전 제품을 개선할 수 있고 때로는 신제품 아이디어를 얻기도 함
- 방법 : 8명에서 12명의 표적 시장으로 예상되는 소비자를 일정 자격기준에 따라 선발하여 한 장소에 모이게 하여 면접자의 진행하에 조사목적에 맞는 자유 토론을 함으로써 원하는 자료수집
- 장단점

장 점	단 점
• 독창적인 아이디어와 정보 수집 • 짧은 시간에 정확한 자료를 수집	• 전문적인 표적집단 선정이 어려움 • 사회자의 편견으로 해석상의 오류가 발생

(2) 기술조사 2015년 약술문제

① 정의 : 소비자가 생각하고 느끼고 행동하는 것을 기술(Describe)하는 조사이며 조사하려는 가설을 위해 수행하는 엄격한 형태의 조사이다.
② 특징 : 누가, 언제, 어디서, 어떻게, 왜 조사하는지에 대해 명확히 규정하는 엄격한 조사로 탐색조사보다 더 정확한 추가정보를 얻기 위해 실시하는 본조사에 해당한다.
③ 유용성 : 사전에 미리 정해진 설문지에 의해 행해지는 정량조사에 해당하며 계량화, 구조화, 일반화가 가능하여 자료의 통계분석이 용이하다는 유용성을 가지고 있다.
④ 종 류
  ㉠ 종단조사(동적조사, 동태적 조사)
    - 정의 : 동일한 조사를 두고 일정 시간을 두고 반복적으로 측정함으로써 시간의 흐름에 따른 조사대상의 변화를 정기적으로 측정하기 위한 조사를 말하며 시간 간격을 두고 조사하기 때문에 '다시점 조사'라고도 함. 동적인 조사, 동태적 조사에 속함
    - 종류 : 패널조사, 추세조사, 코호트 조사 **[패/추/코]**
      - 패널조사(Panel Study) : 일정한 조사대상자인 패널을 구성하여 주기적으로 실시하는 조사로써 적은 규모로 상당히 긴 시간을 두고 주기적으로 정보 획득함. 대상의 태도나 행동의 변화에 대한 다양한 정보를 얻을 수 있으며 시간에 따른 변화 추세를 알 수 있다는 장점이 있으나 조사대상자를 이탈하지 않도록 관리하기 어렵고, 유지비용이 많이 들며 패널의 대표성을 확보하기 어려운 것이 단점

- **추**세조사(추이조사) : 추세조사는 시간의 흐름에 따른 집단의 변화를 관찰하기 위한 조사로 이를 통해 미래를 예측하기 위한 목적으로 사용
- **코**호트 조사(동년배 조사) : 특정시기에 출생하거나 같은 경험을 한 동류 집단을 대상으로 장기간에 걸쳐 관찰하여 비교, 연구하는 조사방법
    - 예 6.25 전쟁을 겪은 세대들의 전쟁에 대한 의식구조 변화 추이에 대한 조사

ⓒ 횡단조사(정적조사, 정태적 조사)
- 정의 : 특정 시점을 기준으로 한 번의 측정을 통해 집단 간의 차이를 연구하는 정적인 조사 방법으로 정태적 조사에 속한다. 이는 가장 널리 사용되는 것으로 주로 인구센서스 조사와 같은 서베이 조사의 형태로 이루어진다.
- 종류 : 현지조사, 서베이 조사

구 분	현지조사(Field Study)	서베이 조사(Survey Study)
정 의	실제 현지상황하에서 변수 간의 관계를 규명하기 위한 목적으로 사용되는 조사방법	모집단에서 표본을 추출하고 추출된 표본을 대상으로 설문지에 응답을 하는 형식으로 조사하는 방법
장 점	• 현장에 맞는 현실적 연구가 가능하다. • 일반화가 가능하다. • 서베이 조사의 예비조사로 활용가능하다.	• 자료의 정확성이 높은 편이다. • 자료의 범위가 넓다. • 자료를 풍부하게 수집할 수 있다. • 통계분석이 용이하다.
단 점	• 외생변수 통제가 어렵다. • 정밀성이 낮다.	• 표본오차가 발생한다. • 시간과 비용이 많이 든다. • 설문지 개발이 어렵다.

⑤ 종단조사와 횡단조사의 비교

종단조사	횡단조사
• 시간간격을 두고 반복 조사 • 동적인 조사 • 시간에 따른 변화를 조사	• 한 시점에 한 번 조사 • 정적인 조사 • 한 번에 포괄적인 조사

(3) 인과조사
① 개념 : 독립변수(원인변수)와 종속변수(결과변수) 사이의 인과관계를 밝히기 위한 조사를 말한다. 즉, 특정한 현상 간의 인과관계를 규명하기 위한 조사방법이다.
② 예시 : 매출액과 광고와의 관계를 살펴볼 때 '광고 비용을 많이 지출할수록 매출액이 올라갈 것이다'라는 가설을 세울 수 있고 여기서 광고비용이 독립변수, 즉 원인변수가 되는 것이고 매출액이 결과변수 즉, 종속변수가 되는 것이다. 이 둘 간의 인과관계를 밝히는 것이 바로 인과조사이다.

③ 인과관계를 밝히는 방법 : 실험법

인과관계를 밝히는 방법으로 실험법이 있는데 복잡하고 오랜 시간이 걸려 흔히 사용되지 않는 특징이 있다. 인과조사는 주로 실무보다는 대학에서 학문적 목적으로 행해지는 경우가 많다.

- ㉠ 현장실험 : 자연상태에서 두 변수 간 인과관계를 밝히는 실험을 말하며 현실성이 높으나 경쟁사에 알려질 가능성이 높고 외생변수를 통제하기 어렵다는 단점이 있음
- ㉡ 실험실 실험 : 실험실이라는 인위적 환경을 만들어 놓고 외생변수를 통제하여 변수의 인과관계를 밝히기 위한 실험을 의미. 실험실 실험은 시간과 경비가 절약되고, 외생변수의 통제가 용이하며 경쟁사로부터 보안이 철저하다는 장점이 있으나, 실제 환경에 적용이 어려움

④ J.S Mill의 인과조사의 3조건 **2023년 약술문제**
- ㉠ 동반발생 : 언제나 함께 발생하고 변화해야 함
- ㉡ 시간적 선행성 : 원인변수가 결과변수보다 시간상으로 먼저 일어나야 함
- ㉢ 대체 설명의 부재 : 다른 설명이 가능하지 않아야 함

⑤ 실험디자인
- ㉠ 순수 실험디자인(진 실험디자인)
  - 인과조사의 3가지 조건을 비교적 잘 따르는 설계방식
  - 무작위화(랜덤화) 과정 有
  - 종류 : 사전사후 무작위 집단비교 디자인, 무작위 집단비교 디자인, 솔로몬 4집단 순수 실험디자인
- ㉡ 유사 실험디자인(준 실험디자인)
  - 진 실험디자인과 사전 실험디자인의 중간 형태로 무작위화 대신 다른 방법으로 실험집단과 유사한 집단을 구성하려는 유형
  - 무작위화(랜덤화) 과정 無
  - 종류 : 비동질 집단비교 디자인, 독립표본 사전사후 디자인
- ㉢ 사전 실험디자인(원시 실험디자인)
  - 인과관계 3가지 조건 중 모두 갖추지 못한 실험디자인으로 가장 덜 엄격하여 신뢰성이 떨어지는 것이 단점
  - 무작위화(랜덤화) 과정 無
  - 종류 : 일회적 사례연구, 단일집단 사전사후 측정, 집단비교

CHAPTER 03 | 자료수집 방법

01 1차 자료와 2차 자료

> **| 합격의 Tip |**
> 1차 자료와 2차 자료는 제3장 자료수집 방법을 시작하는 기본적인 내용이므로 잘 기억해두고 어떤 자료를 먼저 수집하는지, 1차 자료와 2차 자료 수집 방법에는 어떤 것들이 있는지를 중심으로 알아두자!
>
> **2011년 약술문제**
> 2차 자료의 유용성 4가지를 제시하고, 2차 자료의 적정성을 판단하기 위한 평가기준을 설명하시오.
>
> **2009년 약술문제**
> 시장조사의 1차 자료와 2차 자료에 대해서 약술하시오.

1. 1차 자료(Primary Data)

(1) 개 념

조사목적을 달성하기 위해 직접 수집한 자료를 의미한다.

(2) 특 징

양적 조사의 대표적인 형태로 가장 널리 사용되며 공개적, 비공개적 방법 모두 사용 가능하다.

(3) 장단점

① 장 점
  ㉠ 자료수집 목적에 맞게 통제 가능
  ㉡ 현실에 맞는 생생한 자료를 얻을 수 있음
  ㉢ 직접 조사한 자료이므로 정확성, 신뢰성, 타당성이 높음
  ㉣ 의사결정에 필요한 시기에 적절히 이용 가능

② 단 점
  ㉠ 시간, 비용, 인력이 많이 소요
  ㉡ 응답률이 낮음
  ㉢ 모집단 표본의 대표성이 부족할 경우 신뢰성이 떨어질 수 있음
  ㉣ 설문지 개발이 어려움
  ㉤ 수집할 수 있는 정보의 양이 제한적

(4) 1차 자료 수집 방법
① **관찰법** : 조사대상의 구매행동을 직접 관찰하여 1차 자료를 얻는 방법을 말하며 탐색 조사에 해당한다. 관찰법에는 공개적 관찰과 비공개적 관찰, 자연상태 관찰과 인위적 관찰, 구조적 관찰과 비구조적 관찰로 나눌 수 있다.
② **서베이법** : 조사대상자에게 직접 물어보거나 설문지, 컴퓨터 등을 통하여 자료를 수집하는 방법이며 인구센서스 조사와 같이 대량의 조사에 적합하다. 서베이법의 종류에는 대인 인터뷰법, 전화 인터뷰법, 우편조사법, 전자인터뷰법 등이 있다.
③ **실험법** : 인과조사에 널리 쓰이며 인과관계를 밝히기 위하여 실험 조건을 설정하여 독립변수(원인변수)의 변화가 종속변수(결과변수)에 미치는 영향에 대해 분석하는 조사방법으로 주로 실무보다는 학문적 목적으로 사용된다. 실험법의 종류에는 현장실험과 실험실 실험이 있다.
④ **면접법** : 조사의 목적을 응답자에게 공개하면서 자료를 수집하는 방법이다. 응답자의 자유로운 의사표현에 의한 내용을 조사자가 기록하여 조사한다.

2. 2차 자료(Secondary Data) 2021년 약술문제

(1) 개 념
당면한 목적에 맞게 직접 수집한 자료가 아닌 이미 다른 목적에 의해 수집된 자료를 의미하며, 조사목적에 도움을 줄 수 있는 기존자료, 1차 자료를 제외한 모든 자료를 의미한다. 주로 문헌조사가 여기에 해당한다.

(2) 종 류
① **내부자료** : 조직 내부의 필요에 의해 미리 수집된 자료를 의미하며 여기에는 재무자료, 판매원 자료, 시장조사 자료 등이 있다.
② **외부자료** : 타 기관에서 생성된 모든 자료를 의미하며 공공기관, 국책 연구소 등에서 발행한 외부 발행물 및 인터넷 자료, 신디케이트 자료 등이 있다.

(3) 장단점
① 장 점
  ㉠ 시간과 인력, 비용 절감
  ㉡ 자료수집 과정에서 시간과 공간의 제약 없이 자료를 수집 가능
② 단 점
  ㉠ 시기적절한 자료를 얻지 못함
  ㉡ 조사목적과는 빗나간 자료를 사용할 수 있음
  ㉢ 현장의 생생한 정보를 얻을 수 없음
  ㉣ 직접 조사한 자료가 아니기 때문에 신뢰성과 타당성이 문제될 수 있음
  ㉤ 일반화하기 어려움

3. 자료수집 순서의 결정

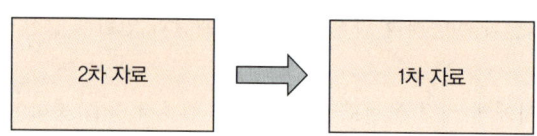

시장조사를 위한 자료수집 방법 결정 시 문헌조사 등을 통하여 이미 수집된 자료인 2차 자료를 먼저 검토하고 난 후, 직접 1차 자료를 수집하는 형태로 자료를 수집하는 것이 일반적이다.

02 1차 자료수집 방법

> **합격의 Tip**
> 1차 자료수집 방법에는 관찰법, 서베이법, 실험법, 면접법이 있다. 이는 자주 출제되는 개념으로 반드시 알아두자.
>
> **2008년 약술문제**
> 관찰조사의 장단점을 설명하시오. (10점)

1. 관찰법 2023년 약술문제

(1) 정 의

조사대상의 행동이나 상황을 관찰, 기록하여 자료를 수집하는 방법으로 주로 인간의 감각기관에 의해 현상을 인식하는 방법을 말한다. 유아나 동물 등 의사소통이 힘든 대상에게 주로 사용되며 관찰대상자가 관찰되고 있다는 사실을 모르게 하는 것이 가장 중요하다.

(2) 종 류 [공/구/인/자]

① **공**개적 관찰과 비공개적 관찰
  ㉠ 공개적 관찰 : 피관찰자가 관찰되고 있다는 사실을 알고 있는 관찰을 말한다.
  ㉡ 비공개적 관찰 : 피관찰자가 관찰되고 있다는 사실을 모르고 있는 관찰을 말한다.

② **구**조적 관찰과 비구조적 관찰
  ㉠ 구조적 관찰
    • 관찰내용, 시기, 방법 등을 사전에 미리 구조화하여 관찰하는 방법을 말하며 체계적 관찰이라고도 한다.
    • 장점 : 효율적으로 관찰할 수 있다.
    • 단점 : 예상치 못한 행동은 관찰할 수 없다.

ⓒ 비구조적 관찰
- 관찰내용, 시기, 방법 등을 사전에 미리 구조화하지 않고 관찰하는 방법을 말한다.
- 장점 : 가설 수립에 용이해 탐색조사에 적합하다.
- 단점 : 관찰자의 편견이 개입될 가능성이 있다.

③ **인**적 관찰과 기계적 관찰
  ㉠ 인적 관찰
  - 사람의 감각기관을 이용하여 직접 관찰하는 것이다.
  - 장 점
    - 상황에 맞춰 융통성 있게 관찰할 수 있다.
    - 기계가 감지하지 못하는 사람의 심리적 변화, 분위기를 감지할 수 있다.
  - 단 점
    - 사람의 주관이나 편견이 개입될 가능성이 있다.
    - 객관성이 떨어진다.
  ㉡ 기계적 관찰
  - 전문 기계 장비들을 이용하여 관찰하는 것이다.
  - 장점 : 피플미터, 동공검사기, 적외선 감지기 등을 통하여 관찰하기 때문에 정밀하고 객관적인 관찰이 가능
  - 단점 : 상황에 따른 융통성이 없으며, 관찰대상자의 심리적 변화와 분위기 등을 감지하지 못한다.

④ **자**연적 관찰과 인위적 관찰
  ㉠ 자연적 관찰
  - 인위적 조치가 없는 자연 상태 그대로 관찰하는 방법이다.
  - 장점 : 외적 타당성이 높아 일반화하기 용이하다.
  - 단점 : 시간과 노력이 많이 들어간다.
  ㉡ 인위적 관찰
  - 실험실 등 인위적 실험 환경을 만들어 관찰하는 방법이다.
  - 장점 : 외생변수를 통제 가능하다.
  - 단점 : 외적 타당성이 결여되어 일반화하기 어렵다.

(3) 관찰법의 장단점

장 점	단 점
• 피관찰자의 행동을 즉시 기록이 가능하다. • 유아나 동물 등 응답자가 언어적으로 표현하기 어려운 문제에 적합하다. • 주로 행동으로 나타나므로 질문이나 설문지에서 나타나는 오차를 줄일 수 있다. • 응답자가 조사에 비협조적이거나 거부할 경우 사용이 가능하다.	• 시간과 비용 등 노력이 많이 들어간다. • 즉시 정확한 관찰이 어렵다. • 관찰자에 따라 해석이 달라진다. • 관찰자의 편견에 따라 관찰결과가 달라진다. • 밖으로 드러나지 않는 문제들은 관찰이 불가능하다.

2. 서베이법

> **| 합격의 Tip |**
> 서베이법은 횡단조사의 일종으로 가장 널리 상용되는 대표적인 방법이다. 서베이법은 2009년 약술형 문제로 출제되었을 만큼 중요한 개념이므로 정의, 특징, 장단점 등을 중심으로 알아두자!
>
> **2009년 약술문제**
> 서베이 조사의 조사방법에 대한 장단점에 대해 약술하시오. (10점)

(1) 개념
다수의 응답자들에게 직접 물어보거나 설문지, 컴퓨터를 통해서 자료를 조사하는 방법을 의미한다.

(2) 특징
인구센서스 조사와 같이 대규모 조사에 적합하며, 질문의 내용이 사전에 정해져 있는 구조화된 자료수집 방법 중의 하나이다. 서베이는 기술조사 방법의 한 형태이며 대량의 자료를 한 번에 얻을 수 있는 횡단조사에 해당하며 양적자료 수집방법에 속한다.

(3) 종류 [대/전/우/전]
대인면접법, 전화조사법, 우편조사법, 인터넷 조사법이 있으며 각각의 장점과 단점은 아래와 같다.

① **대**인 인터뷰법(대인면접법) : 면접원이 응답자를 직접 만나 질문을 통해 자료를 수집하는 방법을 의미하며 방문인터뷰, Mall-intercept Interview, CAPI(Computer-assisted Personal Interview) 등이 있다.

장점	단점
• 응답률이 높다. • 질문을 이해하지 못할 경우 설명이 가능하다. • 다양하고 심도 있는 질문이 가능하다. • 시각자료를 활용할 수 있다.	• 익명성을 보장받기 어려워 민감한 질문이 불가능하다. • 조사범위에 한계가 있다. • 많은 시간과 비용이 들어간다.

② **전**화 인터뷰법 : 긴급하게 조사를 실시하여야 할 때 사전에 표준화된 질문지를 이용하여 전화로 자료를 수집하는 방법을 말한다. 종류에는 CATI(Computer-assisted Telephone Interviewing) 방법이 있는데 중앙컴퓨터를 통해 무작위로 전화를 걸어 자료를 조사하는 방법을 말한다.

장점	단점
• 신속하고 간단하다. • 조사 비용이 절감된다. • 면접자에 의한 오류를 제거할 수 있다(외모, 목소리, 태도 등). • 접촉범위가 넓다. • 질문을 이해하지 못할 경우 설명이 가능하다.	• 응답률이 낮다. • 길거나 심도 있는 질문이 불가능하다. • 도표 등 시각자료를 활용할 수 없다.

③ 우편조사법 : 우편을 이용하여 질문지를 동봉한 후 반송용 봉투를 통하여 질문지를 수거하는 형태로 자료를 조사하는 방법을 의미한다. 이때 응답자가 설문에 응답을 하도록 인사말을 작성하고 용어를 명확하고 쉽게 질문지를 작성하여야 한다.

장 점	단 점
• 면접자에 의한 오류를 배제 가능하다. • 익명성이 보장된다. • 충분히 생각하고 자신의 속도로 작성가능하다. • 넓은 접촉 범위를 가진다. • 비용이 저렴하다. • 시각자료와 표를 사용가능하다.	• 응답률이 낮다. • 응답자가 누구인지 분별하기 어렵다. • 응답에 성의가 없을 수 있다.

④ 전자 인터뷰법(인터넷 조사법) : 인터넷을 통하여 설문이 적혀있는 웹을 통하여 조사하거나 이메일을 통하여 설문지를 발송하여 조사하는 방법을 의미한다.

장 점	단 점
• 시간과 인력, 비용이 절감된다. • 간단하고 손쉽게 조사 가능하다. • 시간적 공간적 제약을 받지 않는다. • 구조화된 설문지 작성이 가능하다. • 영상자료, 음성자료, 그림 등의 뉴미디어를 활용할 수 있다. • 자료의 분석 및 코딩이 신속하다.	• 표본의 대표성을 확보하기 어렵다. • 응답률이 낮다. • 인터넷에 익숙한 집단만 응답할 가능성이 있다.

(4) 서베이 조사의 장단점

① 장점 : 가장 강력한 장점은 한 번에 대량의 자료를 신속하게 얻을 수 있다는 점이다. 따라서 조사결과의 일반화가 쉽다. 또한 양적 조사방법 중의 하나로 자료의 코딩 및 분석이 쉬워 객관화가 가능하다는 장점이 있다.

② 단점 : 설문지 개발이 어렵고 조사에 오랜 시간이 걸리며 심도 있는 질문을 하기가 어렵다. 또한 가장 큰 단점은 응답률이 낮다는 것이다. 설문에 대한 응답의 경우, 중간값으로 한 번에 다 찍는 중간화 경향을 보이거나 한쪽에 몰아 찍기도 하는 성의 없는 답변을 받기도 하고 실제로 조사자가 작성하였다는 근거를 찾기 어려워 조사의 정확성이 떨어지기도 한다.

(5) 설문지 작성 시 유의사항 [민감/유도/설문/응가/쉽매]

| 합격의 Tip |

서베이법을 실시함에 있어서 개별 설문지를 작성하는 것은 고도의 기술을 요하는 부분이다. 또한, 개별 설문지 작성 시 유의사항에 대하여 2010년 약술형 문제로 출제된 바 있으니 이를 반드시 이해하고 넘어가자!

2010년 약술문제
개별 설문지 작성 시, 유의사항에 대해 기술하시오. (10점)

① **민감**하게 반응할 가능성이 있는 질문은 직접적으로 하지 않는다.

민감하게 반응할 가능성이 있는 질문은 우회적으로 질문하여야 한다. "당신은 물건을 훔쳐본 적이 있습니까?"라는 질문을 직접적으로 하기보다는 "당신은 주위에 물건을 훔친 사람을 본 적이 있습니까?"처럼 우회적으로 질문하여 실제 값을 추측하는 방법을 선택하여야 한다.

② **유도**성 질문을 금지한다.

특정 응답을 하도록 강요하는 것을 유도성 질문이라고 하는데 이러한 표현은 가급적 삼가야 한다. 구체적인 상황에 대한 설명을 제시하지 않고 질문함으로써 결론을 의도적으로 일반화시키지 말아야 한다.

예 한국의 재정 상태를 볼 때, 무료 급식을 시행하는 것이 바람직하다고 생각하십니까?

③ **설문** 하나에 두 개 이상의 질문을 하지 않는다.

한 번에 한 가지 질문만 하여야 한다. '당신은 이 회사의 셔츠와 청바지가 어느 정도 마음에 드십니까?'라는 질문은 셔츠와 청바지 중 어느 하나만 좋아하는 응답자의 경우에는 응답에 곤란을 겪게 된다.

④ **응**답할 수 없는 질문을 하지 않는다.

상식적으로 답할 수 없는 질문은 하지 않는다. 예를 들어 "당신이 라면을 처음 먹어본 적이 언제입니까?", "지난 1년간 당신이 마신 소주의 양은 어느 정도입니까?" 등의 질문은 답하기 어려운 질문이므로 하지 않는 것이 좋다.

⑤ **가능**한 모든 응답을 표시하고 응답 항목에 중복이 있어서는 안 된다.

설문지에는 응답가능한 모든 범위의 응답 항목을 표시하여야 하고 응답 항목 간에는 중복이 없어야 한다.

> ※ 질문 1)
> 당신의 나이는 어떻게 되십니까?
> ① 0세 ~ 10세   ② 11세 ~ 20세   ③ 21세 ~ 30세   ④ 31세 ~ 40세   ⑤ 41세 ~ 50세

> ※ 질문 2)
> 당신의 소득 수준은 어떻게 되십니까?
> ① 0원 ~ 100만원   ② 100만원 ~ 200만원   ③ 200만원 ~ 300만원
> ④ 300만원 ~ 400만원   ⑤ 400만원 이상

질문 1)의 경우 60세인 사람은 답변을 할 수가 없으므로 설문지를 설계할 때는 응답가능한 모든 범위의 응답 항목을 제시해 주어야 하며, 질문 2)의 경우는 100만원, 200만원, 300만원, 400만원 단위로 중복이 일어나고 있어 응답하기 곤란하므로 설문지 응답 간에는 중복이 없어야 한다.

⑥ **쉽**게 표현하여야 한다.

가급적 응답자의 입장에서 누구나 쉽게 이해할 수 있는 용어를 사용하여 쉽게 표현하여야 하며 전문적인 용어나, 특수 용어는 사용하지 않는 것이 좋다.

⑦ **애매**모호한 표현은 삼간다.

설문지의 용어는 간결하면서도 명료하여야 한다. 가끔, 때때로, 자주, 종종 등의 표현은 응답자마다 주관적으로 다르게 받아들일 수 있기 때문에 정확하고 명료한 표현을 써야 정확한 설문의 답을 얻을 수 있는 것이다.

3. 실험법

> **합격의 Tip**
>
> 실험법은 최근 자주 출제되는 경향이 있다. 특히 실험디자인을 중심으로 꼭 이해하고 넘어가도록 하자.
>
> **2012년 약술문제**
>
> 내적, 외적 타당성을 저해하는 외생변수 중 시험효과(Testing Effects)와 통계적 회귀(Statistical Regression)에 대하여 설명하시오. (10점)
>
> **2011년 논술문제**
>
> (1) 위 사례에 적합한 실험디자인을 제시하고 그 이유에 대해 논하시오. (6점)
> (2) 위 실험디자인에서 통제 가능한 외생변수와 통제 불가능한 외생변수를 제시하고 그 이유에 대하여 논하시오. (24점)

(1) 정 의

독립변수와 종속변수의 인과관계를 밝히는 방법을 말하는데 복잡하고 오랜 시간이 걸려 흔히 사용되지 않는 특징이 있다. 주로 인과조사는 실무보다는 대학에서 학문적 목적으로 행해지는 경우가 많다.

> **더 알아보기**
>
> **실험설계의 정의**
> 관심요인(변수)들 간의 관계를 명확하게 규명하기 위하여 효과적인 조사와 분석을 구상하고 계획하는 것을 말한다.
> - 실험설계의 전제조건
>   - 실험변수의 조작 : 결과가 되는 변수값에 어떠한 변화가 있는지를 파악하기 위하여 실험결과에 영향을 주는 변수나 요인들을 인위적으로 변화시키거나 조작하는 것을 말한다.
>   예 소비자의 제품선택에 용기의 크기가 어떠한 영향을 미치는가를 분석하기 위하여 서로 다른 크기의 용기를 제시함으로써 용기의 크기를 조작한다.
>   - 외생변수의 통제 및 제거 : 실험변수와 결과변수 이외의 변수로서, 결과변수에 영향을 미칠 수 있는 변수들을 통제하거나 제거한다.
>   예 콜라의 맛이 소비자의 제품선택에 미치는 영향 분석을 위해서 맛 이외의 변수(브랜드 명 등)들을 제거한다.
>   - 실험대상의 무작위화 : 표본이 모집단을 대표할 수 있도록 함으로써 실험결과를 일반화하기 위함이다.
>   예 광고효과 측정에 관한 실험에 참가한 소비자들은 표적 집단 소비자들 전체를 대표할 수 있도록 무작위로 선정되어야 한다.
>
> - 실험설계의 기본요소
>   - 가설의 정의 : 두 개 변수들 간의 잠정적인 관계를 나타내는 문장을 말한다.
>   - 가설의 특징 : 실험자가 실험을 통하여 말하고자 하는 사항을 문장으로 요약한 것으로 선언문 형식이다.
>   예 광고는 매출액 증대에 긍정적인 영향을 미친다.
>   - 변수의 정의 : 관심대상인 개체의 속성이나 특성을 측정하여 기록한 것이다.
>   ⓐ 실험변수(독립변수) : 결과변수(종속변수)의 값에 영향을 미쳐 종속변수가 특정한 값을 갖게 되는 원인이 된다고 가정한 변수
>   ⓑ 결과변수(종속변수) : 실험변수(독립변수)의 영향을 받아 그 값이 변할 것이라고 가정한 변수
>   ⓒ 외생변수(통제변수) : 일종의 독립변수이나 실험변수가 아니므로 그 값이 종속변수에 미치는 영향이 제거되거나 통제되어야 하는 변수
>   ⓓ 매개변수 : 파라미터 또는 보조변수라고도 함. 두 변수는 서로 직접적인 관계가 없는데 제3의 변수가 중간에서 역할을 하여 간접적인 관계를 가지는 경우로 매개변수는 독립변수의 결과변수인 동시에 종속변수의 원인변수가 됨
>   ⓔ 조절변수 : 독립변수와 종속변수 사이에 강하면서도 불확정적인 효과를 미치는 변수. 이 변수가 있을 때만 독립 · 종속변수 간 이론적 관계가 성립

(2) 종 류
① **현장실험** : 자연 상태에서 두 변수 간 인과관계를 밝히는 실험을 말하며 현실성이 높으나 경쟁사에 알려질 가능성이 높고 외생변수를 통제하기 어렵다는 단점이 있다.
② **실험실 실험** : 실험실이라는 인위적 환경을 만들어 놓고 외생변수를 통제하여 변수의 인과관계를 밝히기 위한 실험을 의미한다. 실험실 실험은 시간과 경비가 절약되며 외생변수의 통제가 용이하며 경쟁사로부터 보안이 철저하다는 장점이 있으나, 실제 환경에 적용이 어렵다는 단점이 있다.

(3) 실험디자인
독립변수와 종속변수 간의 인과관계를 밝혀내기 위한 조사과정을 결정하는 절차를 의미하며 독립변수의 결정, 종속변수 측정, 외생변수들을 통제하는 방법에 따라 순수 실험설계와 유사 실험설계, 사전 실험설계로 나눌 수 있다.

> ※ **부호 의미**
> EG : 실험집단
> CG : 통제집단
> R : 랜덤화
> X : 실험변수 처치
> O : 종속변수 측정(첨자는 측정횟수를 의미)

① **순수 실험디자인(진 실험디자인)**
　㉠ 정의 : 진 실험디자인이라고도 하며 인과조사의 3가지 조건을 비교적 잘 따르는 설계방식이다. 여기에는 사전사후 무작위 집단비교 디자인, 무작위 집단비교 디자인, 솔로몬 4집단 순수 실험디자인이 있다.
　㉡ 특징 : 순수 실험디자인은 실험집단과 통제집단이 있어야 하며, 실험집단과 통제집단을 무작위로 배치해야 한다는 특징을 가지고 있다. 높은 내적 타당도를 가지고 있으나 현실적으로 통제된 상황을 연출하기 어려우므로 외적 타당도는 낮다고 할 수 있다.

> **더 알아보기**
>
> **외적 타당성과 내적 타당성** 2025년 약술문제
> - **실험설계의 타당성** : 실험설계를 통하여 얼마나 가설을 정확히 검증할 수 있는가?
> - **내적 타당성(Internal Validity)** : 실험이 다른 외생변수의 영향을 받지 않고 순수하게 독립변수가 종속변수에 미치는 영향의 정도를 의미한다. 외생변수들이 통제된 실험실 실험 등의 실험환경에서 특히 높은 내적 타당성을 가지게 된다.
> - **외적 타당성(External Validity)** : 같은 조사를 다른 환경에서 적용하였을 때도 같은 결과를 얻는 정도를 말하며 일반화 가능성이라고도 부른다. 특히 현장실험의 경우 외적 타당성이 높게 나타난다.
> - **내적 타당성과 외적 타당성의 관계** : 내적 타당성과 외적 타당성 간에 적절한 균형을 이루어야만 개발한 측정도구나 방법이 측정하고자 하는 개념이나 속성을 정확하게 측정했다고 할 수 있다. 대부분의 경우 하나의 실험이나 연구에서 내적 타당성과 외적 타당성은 서로 트레이드오프 관계에 있다. 즉, 내적 타당성을 높이고자 하면 외적 타당성이 낮아지고, 반대로 외적 타당성을 높이고자 하면 내적 타당성이 낮아진다. 따라서 어느 정도의 내적 타당성과 외적 타당성이 바람직한가를 판단하여 적합한 수준을 유지할 수 있도록 연구를 설계하고 진행하는 것이 필요하다.

ⓒ 종 류 **2023/2020년 약술문제**

- 사전사후 무작위 집단비교 디자인(통제집단 사전사후 디자인)

```
EG [R] : O₁        X        O₂
CG [R] : O₃                 O₄
```

사전사후 무작위 집단비교 디자인은 통제집단과 실험집단이 구분되어 있고, 무작위로 샘플링을 하며 실험 전후 측정을 통해 결과의 비교가 가능하며 역사적 오염, 성숙효과 등 거의 모든 외생변수를 통제할 수 있다는 장점이 있으나 상호작용 시험효과는 제거하지 못한다는 단점을 가지고 있다.

- 무작위 집단비교 디자인(통제집단 사후측정 디자인)

```
EG [R] :        X        O
CG [R] :                 O₂
```

실험집단과 통제집단으로 구분하며 이를 무작위로 추출하여 역사적 오염, 성숙효과, 시험효과, 소멸효과를 제거할 수 있으나 사후만 측정하여 전후 비교를 할 수 없다는 단점을 가지고 있다.

- 솔로몬 4집단 순수 실험디자인

```
EG [R] : O₁        X        O₂
CG [R] : O₃                 O₄
EG [R] :           X        O₅
CG [R] :                    O₆
```

사전사후 무작위 집단비교 디자인과 무작위 집단비교 디자인을 합친 형태로 가장 강력한 실험디자인 중 하나로 엄격하고 정밀하며 거의 모든 외생변수를 통제할 수 있다는 장점이 있으나 시간과 비용이 많이 들어가고 시행하기 어렵다는 단점이 있어 널리 이용되고 있지는 않다.

② 유사 실험디자인(준 실험디자인)

ⓐ 정의 : 진 실험디자인과 사전 실험디자인의 중간 형태로 무작위화 대신 다른 방법으로 실험집단과 유사한 집단을 구성하려는 유형을 말하며 비동질집단 비교디자인, 독립표본 사전사후 디자인 등이 있다.

ⓑ 특징 : 유사 실험디자인은 실험집단과 통제집단을 무작위로 추출하지 않는 특징을 가지고 있으며 내적 타당도는 낮으나 높은 외적 타당도를 가지고 있는 실험설계 방법을 말한다.

ⓒ 종 류

- 비동질 집단 비교디자인

```
EG : O₁        X        O₂
CG : O₃                 O₄
```

실험집단과 통제집단으로 구분하여 사전, 사후측정을 하나 무작위 추출을 하지 않는 형태의 디자인을 말하는 것으로 내적 타당도가 떨어진다는 단점을 가지고 있다.

- 독립표본 사전사후 디자인

  ```
  표본1 : $O_1$
  표본2 :           X           $O_2$
  ```

  동질적이라고 판단되는 두 표본을 상대로 한 표본은 사전측정, 한 표본은 사후측정을 하여 비교하는 방법을 의미한다. 이 역시 랜덤화 과정을 거치지 않아 내적 타당성이 떨어진다.

③ 사전 실험디자인(원시 실험디자인)
  ㉠ 정의 : 원시 실험설계라고도 불리며 실험설계 방법 중 무작위 배치를 하지 않거나 통제집단이 없는 실험디자인을 말한다.
  ㉡ 특징 : 탐색 조사적 성격이 강하며 시간적 선후성만 보장되는 방법으로 정밀성과 엄격성이 덜 요구되어 내적 타당성이 낮고 시행이 간편하다.
  ㉢ 종 류
   • 일회적 사례 연구디자인

   ```
   EG :           X           O
   ```

   단일집단 사후설계라고도 하며 통제집단을 사용하지 않고 단일집단을 통해 실험하여 반응을 측정한다. 이는 신제품에 관한 실험에서처럼 사전측정치를 추정할 수 없는 경우에 사용되는 방법이다.
   • 사전사후 측정디자인

   ```
   EG : $O_1$           X           $O_2$
   ```

   단일집단 사전사후 설계라고도 하며 통제집단이 없고 무작위 추출을 사용하지 않으며 단일 실험집단을 한 번 측정하고 시간경과 후 재측정하여 전후 효과를 비교하는 방법을 말한다.
   • 집단비교 디자인

   ```
   EG :           X           $O_1$
   CG :                       $O_2$
   ```

   정태적 집단비교 디자인이라고 하며 실험집단, 통제집단으로 구분하고 무작위 추출은 하지 않으며 사후만 측정하여 실험 전후의 변화를 측정할 수 없다는 단점이 있으나 실험이 간편하고 비용과 시간이 절약되어 널리 사용된다.

(4) 7가지 외생변수

> **| 합격의 Tip |**
> 외생변수의 종류와 제거방법은 2010년에 출제될 만큼 중요한 개념이므로 꼭 이해하고 넘어가자.
>
> **2010년 약술문제**
> 외생변수 종류 7가지와 통제방법 4가지를 약술하시오.

① **외생변수의 개념** : 외생변수가 종속변수에 미치는 현상을 우리는 혼란(Confounding)이라고 하며 조사자의 의도에 상관없이 종속변수에 영향을 주는 변수를 혼란변수, 혹은 외생변수라고 한다. 이러한 외생변수는 조사의 결과를 방해하므로 통제하고 제거하는 것이 바람직하다.

② **외생변수 종류** [우성시측/통표실] **2022년 약술문제**

㉠ **우**연적 사건(역사적 사건) : 실험 기간 도중 발생한 우연한 사건에 의해 발생하는 외생변수이다. 예를 들어 여행을 가려는 관광객들이 교통수단의 선호도를 조사하려 할 때 TV에서 우연히 기차 사고 뉴스를 보게 되면 교통수단의 선호도 조사결과에 영향을 미치게 된다.

㉡ **성**숙효과 : 시험 도중에 조사대상자가 변하는 것으로 초등학생의 영어능력을 검사하고 3년 뒤 다시 실시할 경우 중학생이 된 경우 결과가 바뀔 수 있는 것이다.

㉢ **시**험효과 : 학습효과(Learning Effects)라고도 불린다. 이는 처음에 측정한 값의 영향을 받아 두 번째 측정한 값이 변하는 현상을 말한다. 시험효과에는 주 시험효과와 상호작용 시험효과가 있는데 주 시험효과(Main Testing Effects)란 첫 측정이 독립변수 처치 후의 재측정에 영향을 주는 효과로 토익 시험을 치르고 나서 두 번째 시험을 칠 때에는 학습효과에 의해 익숙해져 시험 결과에 영향을 주게 되는 것이다.

$$O_1 \times O_2$$

반면, 상호작용 시험효과(Interaction Testing Effects)란 실험 전에 실시한 사전검사 경험이 실험 결과 측정을 위한 사후검사에 영향을 주는 현상으로 예를 들어 LG 브랜드 태도 측정 시 LG 브랜드에 더 많은 관심을 가지고 주의 깊게 광고를 보게 되며 독립변수(광고)에 영향을 주어 LG 브랜드 태도 측정에 영향을 미치는 결과를 주게 되는 경우를 말한다.

$$O_1 \times O_2$$

㉣ **측**정도구의 변화 : 검사도구가 달라지거나 조사자의 심리적, 상황적, 육체적 변화 등으로 인해 실험 결과가 달라지는 현상으로 면담자의 태도, 성별, 첫인상, 피로도 등에 따라 측정 결과가 달라지는 현상을 의미한다.

㉤ **통**계적 회귀 : 우생학자 칼튼이 명명한 것으로 극단적으로 높거나 극단적으로 낮은 피실험자를 선택하게 되면 실험 처치와 무관하게 결과가 평균으로 회귀되는 현상을 의미한다. 영어 점수가 아주 낮은 피실험자는 사전검사에서 조금이라도 더 높은 점수를 받게 되어 평균점수에 가까워지게 된다.

ⓑ 표본 선택의 편향 : 실험집단과 통제집단의 구성원이 동질적이지 않아 나타나는 현상으로 예를 들어 새로운 영어 교육 프로그램 효과 측정 시 실험집단에는 영어 공부에 대한 동기가 높은 집단을 선발하고 통제집단에는 영어에 관심 없는 집단을 선발하였다면 실험결과는 영어 교육 프로그램의 영향이라기보다 두 집단의 동기 차이에 의한 결과라고 보아야 할 것이다.
ⓢ 실험대상의 소멸 : 피실험자가 실험에서 중도 탈락하는 현상으로 사망, 거주이전 등의 이유로 실험에서 이탈하는 경우를 말한다. 예를 들어 사람의 생애 주기에 따른 심리변화를 측정하려 할 때 도중에 사망한다면 문제가 발생할 수 있다.

(5) **외생변수의 통제 방법** [제/균/상/무]
① **제**거 : 실험에 영향을 미칠 수 있는 외생변수를 개입하지 않도록 모두 제거하는 방법을 말한다.
   예 군대를 제대한 사람들을 대상으로 하는 실험의 경우 군대를 제대하지 않은 사람들은 참가군에서 제거
② **균**형화 : 외생변수의 영향을 동일하게 받을 수 있도록 실험집단과 통제집단을 선정하는 방법을 말한다.
   예 외생변수가 소득일 경우 조사 대상이 되는 집단이 동일한 소득분포를 갖도록 실험 집단과 통제집단을 선정
③ **상**쇄화 : 처음효과와 나중효과가 있는 경우 순서를 바꾸어 실험함으로써 순서에 의한 효과를 통제하는 방법을 말한다.
   예 두 개의 광고노출에 의한 소비자의 선호도를 알아보고자 할 경우 광고노출 순서를 바꾸어서도 측정
④ **무**작위화 : 가장 강력한 방법 중의 하나로 실험집단과 통제집단을 모집단에서 무작위로 추출함으로써 외생변수의 영향력을 없애는 방법이다.

4. 면접법

(1) **의 의**
조사자가 응답자를 직접 커뮤니케이션 과정을 통해 응답내용을 기록하는 방법을 의미한다. 이때 응답자는 설문지를 작성하거나 구두를 통하여 정보를 제공하게 된다.

(2) **면접법의 유형**
① 표준화 면접
   ㉠ 정의 : 사전에 표준화된 질문지에 의해 면접을 진행하는 방법을 의미한다. 따라서 사전에 질문항목, 질문 내용 등이 미리 정해져 있으므로 구조화된 면접이라고도 불린다.
   ㉡ 장단점

장 점	단 점
• 면접결과를 계량화 가능하다. • 면접결과 비교가 용이하다. • 조사자의 일관성이 유지된다. • 신뢰도가 높다.	• 융통성이 부족하다. • 새로운 사실에 대한 발견가능성이 낮다. • 자발적인 대화가 어렵다. • 면접자의 편의로 구조화될 가능성이 있다.

② 비표준화 면접
　㉠ 정의 : 면접이 사전에 구조화되어 있지 않고 상황에 따라 자유롭게 질문이 가능한 면접을 말한다. 비표준화 면접을 비구조화 면접이라고도 한다.
　㉡ 장단점

장점	단점
• 새로운 사실이나 아이디어를 발견한다. • 면접에 있어 융통성이 있다. • 자연스러운 대화와 자발적 면접이 가능하다. • 타당도가 높다.	• 질문에 대한 체계가 없어 신뢰도가 낮다. • 자료의 코딩과 분석이 어렵다. • 자료의 비교가 어렵다.

③ 반표준화 면접
　표준화 면접과 비표준화 면접의 중간 형태로 중요한 질문은 구조화하여 질문하고 그 외의 질문은 비구조화하여 질문하는 형태의 면접법을 말하며 이를 촛점면접법이라고도 부른다. 이는 표준화된 면접지침을 사용하면서도 그 안에서 융통성을 찾을 수 있는 장점을 가지고 있다.

(3) 면접조사의 장단점

장점	단점
• 정보를 신속하게 얻을 수 있다. • 자료수집에 있어 융통성이 있다. • 질문 이해 부족 시 추가 설명이 가능하다. • 응답률이 높다. • 응답자의 교육수준에 관계없이 조사가능하다. • 관찰조사와 병행하여 실시 가능하다.	• 시간과 비용이 많이 든다. • 응답자가 응답을 기피할 수 있다. • 응답자가 왜곡된 정보를 제공할 수 있다. • 면접원 통제가 어렵다. • 응답자의 익명이 보장되지 않는다.

(4) 면접진행 기술
　① 라포(Rapport)
　　면접대상자와 친근한 관계를 유지하는 것을 의미하며 이를 위해 관심사, 날씨, 유머 등을 통하여 긴장을 완화하고 친밀한 분위기를 조성하는 것이 중요하다.
　② 프로빙(Probing)
　　응답자의 응답이 불명확할 때 한 번 더 질문하는 것을 의미하며 캐묻기라고도 표현한다. 여기에는 아래와 같은 방법들이 사용되고 있다.
　　㉠ 응답 권장하기 : 고개를 끄덕이며 더 이야기하도록 응답을 권장한다.
　　㉡ 부가 설명 요구하기 : 조금 더 자세히 이야기하도록 요구한다.
　　㉢ 무언의 캐묻기 : 아무 말 없이 빤히 쳐다보며 좀 더 응답을 요구한다.
　　㉣ 분명한 답 요구하기 : 응답이 모호한 경우 분명한 응답을 요구한다.
　　㉤ 응답자 말 반복하기 : 응답자의 말을 반복함으로써 더 자세한 응답을 요구한다.

③ 투사법(Projective Method)

> **| 합격의 Tip |**
> 투사법의 종류는 출제될 가능성이 있는 문제로 정의, 종류 중심으로 알아두도록 하자.

㉠ 정의 : 투사법은 직접적으로 질문하기 어렵거나 타당한 응답을 기대하기 어려울 때 직접질문이 아니라 간접자극을 통해 응답자의 의견을 투사하여 조사하는 방법을 말한다.
㉡ 사용상황 : 투사법은 다음과 같은 상황에서 적합하여 널리 사용되고 있는 방법이다.
 - 응답자가 자신의 감정이나 의견을 나타내지 않을 경우
 - 응답자가 의사소통 능력이 부족한 경우 예 문맹
 - 특정집단에 접근이 불가능한 경우
㉢ 종 류 [단/문/만/역/사]
 - **단**어연상법 : 응답자가 단어를 보고 가장 먼저 떠오르는 단어를 말하거나 적도록 하는 방법이다.

   > 예 다음 단어를 보고 가장 먼저 떠오르는 단어를 쓰시오.
   > ① 밝 은   ② 긍 정   ③ 시끄러운   ④ 개그맨

 - **문**장완성법 : 응답자가 완성되지 않은 문장을 기입하게 하여 응답자의 내면의 동기, 심리, 성향 등을 알아보는 방법이다.

   > 1. 나는 _____ 사람이다.
   > 2. 나는 _____ 를 가장 좋아한다.
   > 3. 나는 _____ 를 가장 싫어한다.

 - **만**화완성법 : 만화에서의 상황을 보여주고 인물들의 행동이나 상황을 유추하거나 묘사하도록 하는 방법을 말한다. 혹은 만화 속 인물들의 대화에 들어갈 말을 유추하도록 하는 방법을 사용하기도 한다.
 - **역**할 행동법 : 응답자에게 상황을 제시하고 다른 사람이 그 상황에 처했을 때 느낌을 표현하도록 하는 방법을 말한다.
 - 그림묘**사**법 : 그림묘사법이란 정상적인 그림과 비정상적인 그림을 보여주고 응답자의 생각이나 느낌을 알아보는 방법을 말한다.
㉣ 장단점

장 점	단 점
• 응답자의 내면에 있는 생각, 느낌, 동기를 파악할 수 있다. • 응답자의 솔직한 반응을 유도할 수 있다.	• 고도의 기술을 가진 전문가가 필요하다. • 주관적이므로 신뢰성과 타당성이 낮다.

03 신뢰성과 타당성

| 합격의 Tip |

신뢰성과 타당성은 자주 출제되고, 그 중요성이 날로 높아지고 있으므로 반드시 이해하고 넘어가도록 하자!

2012년 약술문제

측정항목의 신뢰도 분석결과 다음과 같은 통계량을 얻었다. 신뢰도를 높이기 위한 방법과 그 이유를 설명하시오. (10점)

2010년 약술문제

신뢰성의 개념과 조사의 신뢰성을 높이는 방법 3가지를 약술하시오. (10점)

2009년 약술문제

신뢰성, 타당성의 정의와 측정방법들에 대해서 논술하시오. (10점)

1. 신뢰성(Reliability)

(1) 개 념

동일조건에서 동일개념에 대하여 반복 측정 시 같은 결과를 보이는 정도를 의미한다. 이는 측정의 일관성과 관련된 개념으로 비체계적 오차와 관련이 있다. 또는 측정하고자 하는 현상이나 대상을 얼마나 일관성 있게 측정하였는가를 나타내는 것으로서, 이를 안정성, 일관성, 예측가능성, 정확성이라고도 표현한다.

(2) 신뢰성 측정방법 [재/동/반/내] 2022년 약술문제

| 합격의 Tip |

암기방법
재동이는 항상 음식점에 가면 반을 낸다.

① **재검사법**
  ㉠ 정의 : 동일한 대상에 동일한 척도를 가지고 일정시간 이후 재측정하여 두 측정값의 상관관계의 값으로 신뢰성을 평가하는 방법을 의미한다. 이때 두 측정 사이의 기간은 2주에서 4주가 적당하다.
  ㉡ 장점 : 같은 검사를 두 번 반복 측정함으로써 측정이 매우 간단하다.
  ㉢ 단 점
  • 시간과 비용이 많이 든다.
  • 시간간격이 길 때는 실제 값이 변할 수 있고, 시간간격이 짧을 때는 학습효과 중 주 시험효과에 의해 측정의 결과가 달라질 수 있다.
    예 처음 토익시험을 친 이후 공부를 따로 하지 않더라도 단기간에 반복해서 치게 되면, 시험 유형에 익숙해져 영어능력에 상관없이 점수가 오르게 된다.
② **동형검사법** : 동일대상에 대하여 동등한 두 가지의 척도를 가지고 일정시간 간격을 두고 측정하는 방법을 의미한다. 측정 후 측정값의 상관관계가 높으면 신뢰성이 높다고 할 수 있다. 상관관계는 피어슨 상관계수를 사용하여 측정한다.

③ 반분법
　㉠ 정의 : 측정항목을 양분하여 서로 다른 집단에서 측정하고 양분된 집단 간의 상관관계를 측정하는 방법을 의미한다. 예를 들어 앞장에는 홀수 문항, 뒷장에는 짝수 문항의 응답을 작성하여 그 결과를 서로 비교하는 방식을 들 수 있다. 상관관계는 스피어만 브라운 공식을 사용하여 측정한다.
　㉡ 장점 : 한 번에 검사를 하므로 두 개의 척도를 개발하여 두 번 측정할 필요가 없어 간편하다.
　㉢ 단점 : 측정항목의 구분에 따라 신뢰도(상관관계)가 변한다.
④ 내적 일관성법
　동일 개념에 대해 측정 시 여러 항목을 이용하는데 이때 신뢰성을 저해하는 항목을 찾아내어 제거한 후 신뢰도를 높이는 방법을 말한다. 이때 크론바하 알파계수를 사용하여 신뢰도를 측정하게 된다.

> **더 알아보기**
>
> 크론바하 알파(Cronbach's α) 계수
> 두 항목 간의 상관관계를 변형한 값으로 0~1 사이의 값을 가지며 보통 0.8~0.9 사이면 이상적이고 0.6 이상일 경우 신뢰도가 있다고 받아들이게 된다. 크론바하 알파 계수가 작을 때는 신뢰도를 저해하는 개별 항목들을 파악하여 제거한 후 다시 측정하여 신뢰도를 높이게 된다.
>
> $$\text{크론바하 알파 계수} = \frac{\text{문항의 수} \times \text{상관계수들의 평균값}}{1 + (\text{문항의 수} - 1) \times \text{상관계수들의 평균값}}$$

(3) 신뢰성을 높이는 방법 [신/구/수/비/반/크]

> **| 합격의 Tip |**
>
> 암기방법
> 신구가 수비하면 반응이 크다.

① **신**뢰성이 높다고 인정되어 널리 사용되는 방법을 사용한다.
② **구**성개념을 명확히 이해한다.
③ 측정항목의 **수**, 척도점의 수를 높이면 크론바하 알파 값은 커지며 신뢰도는 높아진다.
④ **비**체계적 오차가 발생할 수 있는 가능성을 제거한다.
⑤ 시간과 비용이 허락한다면 **반**복측정법을 사용한다.
⑥ 신뢰도를 저해하는 항목을 제거하여 **크**론바하 알파 값을 높인다.

2. 타당성(Validity)

(1) 개 념

측정개념을 얼마나 정확하게 측정하였는가 하는 정도를 타당성이라고 한다. 타당성은 체계적 오차와 관련된 개념으로 체계적 오차가 작을수록 타당성이 높게 나타난다.

(2) 내적 타당성의 종류 2025년 약술문제

타당성의 종류는 기준타당성, 내용타당성, 구성타당성으로 나눌 수 있으며 이를 그림으로 표현하면 다음과 같다.

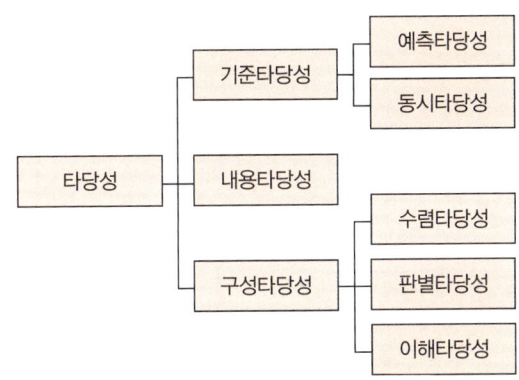

① 기준타당성

이미 과거에 경험적으로 입증된 기준과 비교한 측정도구의 타당성을 말한다. 측정도구를 통해 얻어진 특정치와 이미 입증된 기준과 상관관계가 그 정도를 말해주는 것이다. 기준타당성을 경험타당성, 예시타당성, 준거타당성, 실용타당성이라고도 부르며 여기에는 예측타당성과 동시타당성이 있다. 즉, 특정한 평가기준에 의한 측정의 효과성을 제시하는 방법이다.

㉠ 예측타당성(미래시점) : 측정기준이 되는 측정이 미래의 사건을 얼마나 잘 예측하는지를 알아보기 위한 방법이다. 예를 들어 입사시험이 인재를 선발하는 데 타당한지를 알아보기 위해 입사 전 시험 성적과 입사 후 성적을 비교하여 상관관계가 높다면 입사시험은 미래를 예측하는 예측타당성이 높은 것이다.

㉡ 동시타당성(현재시점) : 측정기준이 되는 측정이 현재 상황을 얼마나 잘 반영하는지를 알아보기 위해 기존의 입증된 기준과 비교하여 그 정도를 파악하는 방법이다. 예를 들어 현재 국외 영업권의 확대 차원에서 영어시험을 만들어 테스트를 실시할 경우 새로 만든 영어시험의 타당성을 측정하기 위해 토익시험과 비교하여 상관관계가 높게 나타나면 동시타당성이 높은 것이다.

② 내용타당성

액면타당성, 표면타당성, 논리타당성이라고도 불리며 측정도구가 얼마나 측정하고자 하는 개념의 내용을 충분히 대표하고 있는가를 나타내는 정도를 말한다.

예 한 과목의 학점은 포괄적인 평가를 바탕으로 산출해야 내용타당성이 높음

> **더 알아보기**
>
> **안면타당성 VS 내용타당성**
> 안면타당성은 일반인의 평가에 의해 평가되며 명료하게 판단될 수 있는 일반적 내용에 국한된다. 반면 내용타당성은 전문가의 철저한 평가에 의해 복잡한 내용에 관한 것도 고려된다. 안면타당성은 일반인이 평가하고, 내용타당성은 전문가가 평가한다.

③ 구성타당성

개념타당성, 구성체타당성이라고도 불리며 이는 측정도구가 실제 무엇을 측정하였는지, 과연 측정하고자 하는 개념을 실제 측정도구에 의해 측정되었는가 하는 정도를 말한다.

㉠ 수렴타당성 : 동일한 개념은 서로 다른 방법을 사용하더라도 높은 상관관계를 보여야 한다는 것으로 예를 들어 영어능력 측정 시 토익, 토플이라는 방법으로 측정하여도 영어능력이 우수한 사람은 모든 테스트에서 높은 점수가 나와야 한다는 것이다. 이 경우 토익, 토플은 수렴타당성이 높다고 할 수 있다. 즉, 동일한 개념을 서로 상이한 측정도구를 이용해서 측정한 결과값들 간의 상관관계가 높을수록 수렴타당성(집중타당성)이 높다고 할 수 있다.

㉡ 판별타당성 : 상이한 개념 측정 시 동일한 측정방법을 사용할 경우 차별성이 있어야 한다는 것으로 두 측정 간에는 높은 상관관계가 있어서는 안 된다는 것이다. 예를 들어 수학능력이 높은 사람과 영어능력이 높은 사람이 토익시험을 응시했을 때 영어 능력이 높은 사람만 점수가 높아야 한다는 것이다. 이 경우 토익은 영어능력 측정에 관해 판별타당성이 높다 할 수 있다. 즉, 서로 상이한 개념을 동일한 측정도구를 사용해서 측정한 결과값들 간에 상관관계가 낮으면 낮을수록 판별타당성이 높다고 평가할 수 있다.

㉢ 이해타당성 : 측정 간의 관계에서 이론적인 관계가 확인되면 이해 타당성이 높다는 것으로 예를 들어 달리기 능력인 경우 100m, 200m, 1,500m, 마라톤 등으로 정의한다면 이와 같은 여러 가지 개념들을 체계적으로 모두 측정할 수 있는 측정방법일수록 이해타당성이 높다고 할 수 있다. 즉, 서로 유사한 여러 개념들을 모두 측정할 수 있는 측정도구일수록 이해타당성이 높다고 할 수 있다(측정도구의 포괄성).

(3) 타당성 향상 방안 [용구/수다]

① **용**어를 모두가 다 이해할 수 있도록 정확히 정립한다.
② **구**성개념에 대하여 명확하게 인지하고 이해한다.
③ **수**렴 타당성을 검토하기 위해 다양한 방법들로 측정한다.
④ **다**른 연구에서 검증받은 방법을 사용하여 내용타당성을 높인다.

3. 타당성과 신뢰성과의 관계

(1) 타당성이 높으면 항상 신뢰성이 높게 나타난다.

(2) 신뢰성이 낮으면 항상 타당성이 낮게 나타난다.

(3) 신뢰성이 높으면 타당성이 높을 수도 낮을 수도 있다.

(4) 타당성이 낮으면 신뢰성은 높을 수도 낮을 수도 있다.

4. 체계적 오차와 비체계적 오차

측정오차란 실제값과 측정값의 차이를 말하며 체계적 오차와 비체계적 오차로 구성되어 있다.

구분	체계적 오차	비체계적 오차
정의	측정오차가 일정한 패턴을 가지고 체계적으로 일어나는 오차의 일종으로 타당성과 관련 있다.	측정오차가 일정한 패턴을 가지고 체계적으로 일어나는 것이 아니라 무작위적으로 발생하는 오차로 신뢰성과 관련 있다.
내용	가령 무게 단위가 크게 기재된 저울은 측정할 때마다 매번 무게가 크게 나타난다.	측정대상, 측정상황, 측정과정 등 우연적, 가변적으로 일어나는 오차이므로 사전에 통제하기가 매우 어렵다.
타당성과의 관계	측정하려던 개념을 제대로 측정하지 못하기 때문에 타당성이 떨어진다. 본 그림처럼 체계적 오차가 발생하면 신뢰성은 높으나 참값과 멀어져 타당성은 낮게 된다.	비체계적 오차가 발생하면 측정할 때마다 동일한 결과를 가져올 수 없기 때문에 신뢰성이 떨어진다. 본 그림처럼 비체계적 오차가 발생하면 동일한 상황에서 동일한 대상 측정 시 결과가 동일하게 나타나지 않아 신뢰성은 떨어지게 된다.

04 측정과 척도

> **| 합격의 Tip |**
> 측정과 척도 중 명목척도, 서열척도, 등간척도, 비율척도의 정의, 장단점, 특징 등을 중심으로 꼭 숙지하고 가자!
> **2010년 약술문제**
> 척도의 4가지(명목, 서열, 등간, 비율)에 대해서 논술하시오. (10점)

1. 측정과 척도의 개념

(1) **측정(Measurement)**
    측정하고자 하는 대상의 특징을 계량화, 숫자를 부여하는 과정을 의미한다. 예를 들어 길이를 cm, m로 나타내는 것이다.

(2) **척도(Scale)**
    측정하고자 하는 대상에 부여하는 숫자들의 체계를 의미한다. 예를 들어 길이의 경우 자와 같은 측정도구인 것이다. 척도는 상호배제성, 포괄성, 연속성이라는 특성을 모두 내포하여야 한다.

2. 척도의 유용성

(1) 자료의 복잡성을 감소시킬 수 있다.

(2) 복수 지표의 척도를 사용하여 복합적인 개념을 측정할 수 있다.

(3) 측정오류를 줄여 신뢰도를 높일 수 있다.

3. 척도의 수준에 의한 분류 [명서/등비] 2020년 약술문제

척도는 수준에 따라 명목척도, 서열척도, 등간척도, 비율척도 4가지로 나눌 수 있다.

(1) **명목척도(Nominal Scale)**
① 개념 : 측정 대상을 단지 분류할 목적으로 숫자를 부여하는 척도를 의미한다. 이는 대상을 단지 범주로 구분할 뿐이지 숫자에 다른 의미가 부여되어 있지 않다.
② 예시

> Q. 귀하의 성별은 무엇입니까?
> 1. 남자   2. 여자

위의 경우 성별이 무엇이냐는 질문에 1. 남자 또는 2. 여자로 응답할 수 있는데 이때 남자에게 붙여진 1과 여자에게 붙여진 2의 의미는 단지 남자와 여자라는 범주를 구분하기 위한 숫자에 불과하지 다른 의미가 없는 것이다. 그 밖에도 종교, 날씨, 지역, 계절, 전화번호, 국적, 고향, 인종, 야구선수의 등번호 등이 바로 명목척도의 예라 할 수 있다.

③ 특징 : 단지 구분을 위한 것에 불과하므로 가감승제가 되지 않고, 대소 구분도 되지 않는다. 따라서 가능한 통계분석도 빈도 분석이나 최빈값을 알아내기 위한 분석만 할 수 있을 뿐이다.

(2) **서열척도(Ordinal Scale)**
① 개념 : 측정 대상의 범주 구분은 물론이며 측정 대상 간 상대적인 서열, 순서를 측정하기 위한 척도를 의미한다. 단 범주 간 속성의 양의 많고 적음, 높고 낮음을 나타내는 것이 아니라 단순한 순서만을 나타낸다는 것에 주의하여야 한다.
② 예시

> Q. 귀하가 좋아하는 소주 브랜드를 순으로 나열하시오.
> 1. 시원   2. 예   3. 좋은 데이   4. 참이슬   5. 처음처럼
> 답 : 좋은 데이(1) > 참이슬(2) > 처음처럼(3) > 시원(4) > 예(5)

위의 경우 소주의 범주를 구분하는 정보를 포함하고 있을 뿐만 아니라 좋아하는 소주 브랜드의 순서와 서열을 알 수 있다. 하지만 선호도 1위인 좋은데이와 2위인 참이슬 사이의 좋아하는 정도의 차이까지는 알 수 없다. 단지 선호도상의 서열만 알 수 있는 것이다.

예 학력, 석차 순위, 사회계층, 선호순위, 학점

③ 특징 : 범주와 서열을 나타내는 척도이므로 가감승제가 되지 않고 최빈값, 중앙값, 백분위, 사분위편차, 스피어만 상관계수(서열척도를 이용한 상관계수) 등의 비모수통계 이외에는 통계기법이 적용되지 않는다.

(3) 등간척도(Interval Scale)
① 개념 : 구간척도라고도 하며 측정항목의 범주, 서열뿐만 아니라 측정항목 간의 차이와 간격까지 알 수 있는 척도를 말한다. 따라서 측정항목 값의 차이에 대한 비교 분석이 가능하다는 장점을 가지고 있다.
② 예 시

> Q. 귀하께서는 본 컨설팅 서비스에 대하여 만족하십니까?
> 1. 매우 불만족   2. 불만족   3. 보 통   4. 만 족   5. 매우 불만족

㉠ 위의 경우에서처럼 매우 불만족과 불만족 간의 간격차이는 동일하다고 할 수 있다. 따라서 범주, 서열뿐만 아니라 간격의 차이까지 알 수 있다 하여 등간척도인 것이다. 그러나 주의할 것이 등간척도는 간격의 정도가 같다는 것만 의미하고 매우 불만족이 보통보다 2배 불만족하다는 뜻은 아니다.
㉡ 또 다른 예로 IQ, 온도 등이 등간척도의 예로 들 수 있는데, 여기서 주의할 것이 절대영점(Absolute Zero Point)의 개념이다. 등간척도는 간격의 차이만을 규정할 뿐이지 절대영점의 개념이 없다. 즉, 온도의 경우 0도라는 것에 어떤 의미도 없다는 것을 주의하여야 한다.
③ 특징 : 명목척도, 서열척도가 구할 수 있는 모든 통계분석을 측정할 수 있다. 가감이 가능하며 최빈값, 중앙값, 범위 등을 비롯하여 표준편차, 산술평균, 분산, 회귀분석 등의 모수통계까지 분석 가능하다.

(4) 비율척도(Ratio Scale)
① 개념 : 가장 포괄적이고 많은 정보를 담고 있는 최상위 수준의 척도를 말한다.
② 예 시

> Q. 당신의 시험점수는 어떻게 됩니까?
> 1. 40점 이하   2. 50점   3. 60점   4. 70점   5. 80점 이상

위의 경우 범주, 서열, 등간 정보를 모두 포함하고 있다. 시험 점수가 80점인 사람은 40점인 사람의 두 배라는 의미를 가지며 특히 절대영점이 의미를 지니고 있다는 점에서 등간척도와의 그 차이가 있다.
③ 특징 : 범주, 서열, 간격의 차이뿐만 아니라 비율정보가 몇 배인지도 알 수 있다. 즉 모두를 포괄하는 가장 강력한 통계분석이 가능하다. 가감승제가 가능하며 산술평균, 기하평균, 변이계수 등의 거의 모든 모수통계를 사용할 수 있다는 장점을 가지고 있다.

> **더 알아보기**
>
> **척도의 정의와 종류**
> - 척도의 정의 : 관측대상의 속성을 측정하여 그 값을 숫자로 나타내는 일정한 규칙으로 질적자료를 양적자료로 변환시키는 데에 사용하는 도구
> - 질적변수(질적척도)
>   - 명목척도
>   ⓐ 관찰대상의 관심속성을 측정하여 그 값을 범주로 나타냄
>   ⓑ 모든 연산이 불가능함
>   예 남, 여
>   - 서열척도
>   ⓐ 관찰대상의 관심속성을 측정하여 그 값을 순위로 나타냄
>   ⓑ 모든 연산이 불가능함
>   예 1등, 2등, 3등
> - 양적변수(양적척도)
>   - 등간척도
>   ⓐ 관찰대상의 속성값을 상대적 크기로 나타냄
>   ⓑ 사칙연산 중에 가감(＋, －)만이 가능
>   예 온도
>   - 비율척도 : 절대적 기준인 영점이 존재하고 모든 사칙연산(＋, －, ×, ÷)이 가능함
>   예 키, 몸무게
> - 분석을 위한 측정 척도는 통계분석 방법을 결정하기 때문에 중요하다. 명목척도와 서열척도로 측정된 변인은 교차분석과 같은 비모수통계(Non Parametric Statistics)를 적용하고, 등간척도와 비율척도로 측정된 변인은 상관관계분석, t검정과 같은 모수통계(Parametric Statistics)를 적용한다. 측정척도는 측정하고자 하는 변수의 속성에 따라 결정되는 것이 아니라 측정하는 방식에 따라 결정되기 때문에 동일한 변수에 대해서도 어떻게 측정하는가에 따라 적용하는 통계분석 방법이 다르다. 즉 영어 실력을 점수로 측정하였다면 모수통계가 적용되지만, 등수로 측정하였다면 비모수통계가 적용된다.

4. 척도의 구성기법에 의한 분류

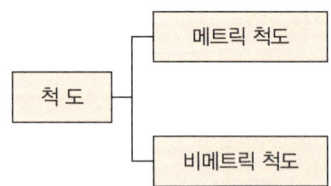

(1) 메트릭 척도

속성의 평가과정 중 다른 속성과 비교가 이루어지지 않는 측정법을 말하며 등간척도, 비율척도의 형태를 가진다.

① 의미차별화 척도(Semantic Differential Scale)
  ㉠ 정의 : 의미분화척도, 어의차이척도라고 하며 양극단에 서로 반대되는 형용사적 표현을 배열하여 응답자가 해당 속성에 대해 느끼는 정도를 기입하는 방식이다.

ⓒ 예시

```
Q. 아이폰에 대한 당신의 느낌은?
클래식한    +3    +2    +1    0    -1    -2    -3    세련된
```

　　ⓒ 장단점

장점	단점
• 응답자가 답하기 쉽다. • 응답자가 이해하기 쉽다.	형용사적 표현을 만들기 어렵다.

② 연속형 평가척도

　　㉠ 정의 : 양 개념 사이에 응답자가 느끼는 정도를 표시하는 방법을 의미한다.

　　ⓒ 예시

```
Q. 평소 스마트폰 사용이 학습에 미치는 영향에 대해 어떻게 생각하십니까?
              매우 유익하다.- - - - ✓ - - - - 매우 해롭다.
```

　　ⓒ 장단점

장점	단점
• 만들기 쉽다. • 응답이 쉽다.	표시한 위치를 정확히 파악하기 어렵다.

③ 스타펠 척도법(Stapel Scale)

　　㉠ 정의 : 0점 없이 -5에서 +5까지 10점 척도로 측정하는 방법을 의미한다. 부정으로 갈수록 (-)를 긍정으로 갈수록 (+)를 부여하는 방법이다.

　　ⓒ 예시

```
Q. 평소 스마트폰 사용이 학습에 미치는 영향에 대해 어떻게 생각하십니까?
   -5  -4  -3  -2  -1     엘지 스마트폰은 통화품질이 좋다.    +1  +2  +3  +4  +5
   -5  -4  -3  -2  -1     엘지 스마트폰은 속도가 빠르다.     +1  +2  +3  +4  +5
```

　　ⓒ 장단점

장점	단점
형용사적 표현이 필요 없다.	응답에 혼란이 발생하기 쉽다.

④ 리커드 척도(총화 평정척도)
   ㉠ 정의 : 리커드 척도는 총화 평정척도라고도 부르며 응답자가 문항에 대한 찬성과 반대의 의사표시의 정도를 나타내는 척도이다. 이를 통하여 개인의 태도를 엿볼 수 있다. 리커드 척도는 보통 5점 척도가 많으며 서열척도가 원칙이나 등간척도로도 많이 활용된다.
   ㉡ 예 시

   | Q. 소상공인에 대한 정책예산을 더욱 확충해야 한다. |
   | 1. 적극찬성   2. 찬 성   3. 보 통   4. 반 대   5. 적극반대 |

   ㉢ 장단점

장 점	단 점
• 객관적 이해가 가능하다. • 쉽고 널리 사용한다.	태도의 강도가 무시된다.

(2) 비메트릭 척도(비교척도)
조사대상을 비교하여 우월한 것을 선택하게 하는 척도법을 말하며 이해하기 쉽고 비교가 가능하며 간편하여 널리 사용되는 방법 중 하나이다. 이것은 단순 서열척도이므로 순서, 서열을 나타내는 것일 뿐 등간격을 나타내는 것은 아니다.
① 고정총합 척도법
   ㉠ 정의 : 고정된 수치를 부여하고 이에 따라 응답자가 각 비율만큼 배정하는 방법을 의미한다.
   ㉡ 예 시

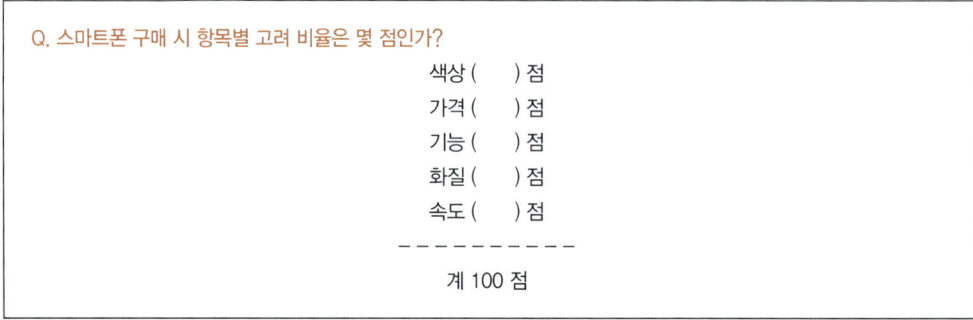

   ㉢ 장단점

장 점	단 점
• 속성들 간의 중요도 차이를 비교할 수 있다. • 손쉽게 이용가능하다.	• 속성의 수가 많으면 응답이 어렵다. • 속성의 수가 적으면 결과가 부정확하다.

② 순서서열 척도법
  ㉠ 정의 : 속성을 나열하여 일정 기준에 따라 순위를 매기는 방법을 말한다.
  ㉡ 예 시

> Q. 귀하가 좋아하는 소주 브랜드를 순으로 나열하시오.
> 1. 시원   2. 예   3. 좋은 데이   4. 참이슬   5. 처음처럼
>
> 답 : 좋은 데이(1) > 참이슬(2) > 처음처럼(3) > 시원(4) > 예(5)

  ㉢ 장단점

장 점	단 점
• 시간과 비용이 적게 든다. • 손쉽게 이용이 가능하다.	대안의 수가 많으면 응답이 어려워진다.

③ 쌍대비교법
  ㉠ 정의 : 일정 기준에 따라 2가지 속성을 짝지어 그중 하나를 선택하도록 하는 방법을 말한다.
  ㉡ 예 시

> 콜라, 사이다 ☞ 콜라
> 콜라, 환타 ☞ 콜라
> 콜라, 맥콜 ☞ 콜라
> 사이다, 환타 ☞ 환타
> 사이다, 맥콜 ☞ 사이다
> 환타, 맥콜 ☞ 환타
> 선호도 : 콜라 > 환타 > 사이다

  ㉢ 장단점

장 점	단 점
• 비교결과가 명확하다. • 대안의 수가 적으면 응답하기 쉽다.	대안의 수가 많으면 응답이 어려워진다.

CHAPTER 04 | 표본설계

01 전수조사와 표본조사

| 합격의 Tip |
전수조사와 표본조사의 개념은 본 장에서 가장 기초가 되는 개념이므로 이를 잘 짚고 넘어가자. 특히 전수조사와 표본조사의 장단점을 중심으로 알아두자

1. 전수조사

(1) 정 의

조사자가 조사하려고 하는 모집단 전체를 상대로 조사하는 조사를 의미한다. 예를 들어 전 국민을 대상으로 진행되는 인구센서스조사 및 국세조사를 비롯하여 학교의 전학생을 대상으로 실시되는 심리검사 및 신체검사 등이 있다.

(2) 장 점

① 표본오차가 없다.

전수조사의 경우는 모집단으로부터 표본을 추출하여 모집단의 특성을 역으로 추정하는 표본조사에서 주로 발생하는 표본오차가 발생하지 않는다는 장점을 가지고 있다.

② 표본의 대표성이 높다.

전수조사는 모집단 전체를 대상으로 조사하기 때문에 정확한 조사가 이루어진다면 표본의 대표성이 높다고 할 수 있다.

(3) 단 점

① 시간과 비용이 많이 든다.

전수조사는 대체로 광범위한 범위에 걸쳐 조사가 이루어지므로 시간, 비용 등의 노력이 많이 들어간다는 단점을 가지고 있다.

② 표본조사보다 정확성이 떨어진다.

표본이 없기 때문에 표본오차는 없으나, 자료수집과정에서 비표본오차가 발생하여 표본조사보다 더 정확성이 떨어진다.

③ 대규모조사에서는 실행이 어렵다.

전 국민을 대상으로 하는 인구조사와 같은 조사규모와 범위가 넓은 조사의 경우에는 그 실행이 매우 어렵다는 단점을 가지고 있으므로 표본조사가 널리 사용된다.

2. 표본조사

(1) 정 의
연구대상 전체 대상으로 조사하는 방법을 전수조사라 하고 모집단을 대표할 수 있는 표본을 대상으로 조사하는 방법을 표본조사라 한다. 여기서 모집단을 대표할 수 있는 표본을 선택하는 행위를 가리켜 표본추출이라고 한다.

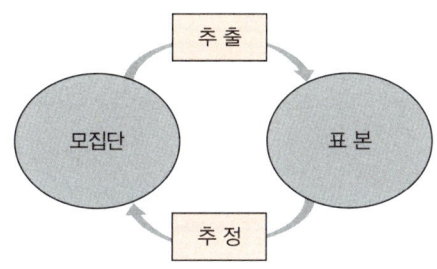

> **더 알아보기**
>
> **모수치와 통계치**
>
> | 집 단 | 모집단(Population) | 표본(Sample) |
> |---|---|---|
> | 정 보 | 모수치(Parameter) | 통계치(Statistics) |
>
> 모집단으로부터 추출한 정보를 모수치, 표본집단으로부터 얻은 정보를 통계치라 한다.

(2) 장 점
① 시간과 비용을 절감할 수 있다.
   전수조사에 비하여 모집단에서 표본을 추출하여 진행되므로 상대적으로 적은 노력과 시간, 비용이 들어간다는 장점이 있다.
② 전수조사보다 상대적으로 신속한 조사가 가능하다.
   표본조사는 전수조사에 비하여 상대적으로 자료 처리와 분석의 속도가 훨씬 신속하다는 장점을 가지고 있어 널리 사용된다.
③ 전수보다 더 정확한 자료수집이 가능하다.
   전수조사 시에는 조사과정에서 발생하는 비표본오류가 발생하고 표본조사 시에는 표본오류와 비표본오류가 둘 다 발생하나 표본조사의 경우에는 광범위한 조사과정에서 발생하는 비표본오류가 적기 때문에 오히려 전수조사보다 더 정확한 결과를 얻을 수 있다는 장점을 가지고 있다.
④ 전수조사에서 조사 불가능한 조사가 가능하다.
   표본조사는 전수조사에서는 시행 불가능한 특수한 상황의 조사들도 시행이 가능하다는 장점이 있다.
   예 제품 파괴조사, 혈액검사

(3) 단 점
① 표본의 대표성 확보가 잘못될 경우 잘못된 결과를 낳는다.
표본프레임을 잘못 결정하였거나 표본이 모집단의 특성을 제대로 반영하지 못하면 조사결과가 다른 방향으로 흐를 수 있는 단점을 가지고 있다.
② 연구자의 가치가 개입될 수 있다.
질문지 작성 시 연구자의 가치가 개입될 수 있어 일반화가 어렵다는 단점이 있다. 따라서 표본조사 시에는 정확한 질문지 개발이 중요하다.
③ 모집단 자체가 작을 경우 표본조사가 무의미하다.
표본조사를 할 모집단의 수가 너무 작으면 표본조사보다는 전수조사를 시행하는 편이 더 실용적이라 할 수 있다.
④ 표본오차가 발생한다.
표본추출로 인한 표본오차가 발생하므로 표본조사 시 얼마나 표본오차를 줄이느냐에 따라 조사의 유용성이 결정된다.

02 표본오류와 비표본오류

| 합격의 Tip |

표본오류와 비표본오류는 과거 2008년부터 2012년에 이르기까지 꾸준히 출제되고 있는 영역이므로 이를 놓치지 말고 반드시 이해하고 넘어가야 한다!

2012년 약술문제
마케팅 조사과정에서의 표본오류와 비표본오류에 대하여 설명하시오. (10점)

2011년 약술문제
비표본오류(Non-sampling Error)의 종류에 대해 설명하고, 비표본오류를 최소화하기위한 방법을 제시하시오. (10점)

2008년 약술문제
표본오류와 비표본오류에 대해 설명하시오. (10점)

1. 오류(Error)

오류란 실제값과 측정값의 차이를 말하며 오차라고도 부르기도 한다. 오류에는 두 가지가 있는데 신뢰성과 타당성에 관한 오류로 체계적 오차와 비체계적 오차가 있으며 표본추출에 관한 오류로 표본오류와 비표본오류가 있다.

2. 표본오류(Sampling Error)

※ 주로 표본조사에서 발생한다.

(1) 정의
모집단으로부터 표본추출을 통하여 조사를 할 때 표본집단이 모집단의 특성을 대표하지 못해서 발생하는 오류를 의미한다. 따라서 표본오류는 표본조사에서 주로 발생한다.

(2) 특징
표본오류는 모집단에서부터 표본을 추출과정에서 발생하는 오류를 말하므로 전수조사가 아닌 표본조사에서만 나타나는 오류를 말한다.

(3) 예시
모집단이 100개일 경우에 그중 50개의 표본을 추출하여 표본조사를 하게 된다면 50개만을 포함하므로 나머지 50개에 대한 표본 데이터는 손실될 수밖에 없다. 따라서 이러한 과정에서 발생하는 오차가 바로 표본오차이다.

3. 비표본오류(Non-sampling Error)

※ 주로 전수조사에서 발생한다.

(1) 정의
표본오류를 제외한 나머지 모든 오류를 말하며, 주로 자료의 측정과 수집과정에서 발생하는 오류를 의미한다. 비표본오류는 전수조사에서 주로 발생한다. 이러한 비표본오류는 다시 관찰오류와 비관찰오류로 분류될 수 있다.

(2) 종류
① 관찰오류

관찰하는 과정에서 발생하는 오류와 수집한 자료를 기록하고 처리하는 과정에서 발생하는 오류이다.
㉠ 조사현장의 오류 : 면접이나 관찰과정에서 응답자와 조사원 간에 발생하는 오류를 말한다.
㉡ 자료의 기록 및 처리오류 : 조사원이 응답자의 답변을 잘못 기록하거나, 기록된 설문지나 면접지를 처리하는 과정에서 숫자 등을 잘못 입력함으로써 발생하는 오류이다.

② 비관찰오류

모집단의 일부가 표본추출 대상에서 제외됨으로써 발생하는 불포함오류와 추출된 응답자가 응답을 회피함으로써 발생하는 무응답오류가 있다.
㉠ 불포함오류 : 표본추출을 위한 표본프레임이 불완전하기 때문에 발생하는 오류로 표본추출과정에서 사용되는 표본프레임이 모집단과 정확하게 일치하지 못함으로써 발생하는 오류이다.
㉡ 무응답오류 : 표본으로 선정된 사람이 응답을 회피하거나 조사자가 실수하여 답변을 제대로 받아내지 못하는 경우에 발생하는 오류이다.

4. 비표본오류를 최소화하기 위한 방법

비표본오류를 최소화하기 위한 방법을 단계상으로 나누어 보면 다음과 같다.

(1) 조사설계 과정상의 비표본오류를 줄이는 방법
표본이 모집단을 잘 반영할 수 있도록 정확한 표본프레임이나 조사명부를 조사하고, 조사원의 교육을 철저히 하며, 설문내용을 명확히 하고, 측정도구가 조사목적에 적합한지 체크를 하여야 할 것이다.

(2) 자료수집 단계상의 비표본오류를 줄이는 방법
응답자가 질문을 제대로 이해하도록 명확하게 설문을 명시하고 설명하여야 하며, 응답자가 성실히 응답할 수 있도록 유도하여 무응답률을 낮추어야 할 것이다.

(3) 자료처리 단계상의 오류를 줄이기 위한 방법
코딩이 잘못된 부분이 없는지 수시로 점검하고, 자료기입 시에도 잘못 기입한 부분이 없는지 점검하여야 할 것이다.

03 표본추출과정

| 합격의 Tip |

표본추출과정은 2013년 서술형 문제로 나왔을 만큼 표본설계에서 중요한 부분이므로 반드시 암기하고 넘어가자.

2013년 논술문제
표본추출을 위한 일반적인 표본설계과정을 단계별로 설명하시오. (10점)

연구대상 전체 대상으로 조사하는 방법을 전수조사라 하고 모집단을 대표할 수 있는 표본을 대상으로 조사하는 방법을 표본조사라 한다. 여기서 모집단을 대표할 수 있는 표본을 선택하는 행위를 가리켜 표본추출이라고 하였다. 이러한 표본추출과정은 모집단의 설정, 표본프레임의 결정, 표본추출 방법의 결정, 표본의 크기 설정, 실행 이렇게 5단계로 나눌 수 있다.

1. 표본추출과정

| 합격의 Tip |

암기방법 : 모/프/방/크/실

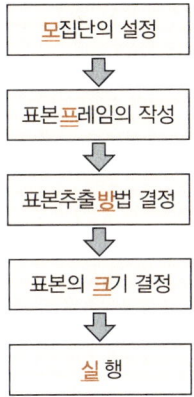

(1) **모**집단의 설정

표본추출과정상 제일 먼저 하여야 할 일은 모집단을 설정하는 것인데, 모집단이란 조사자가 관심을 가지고 있는 조사 집단의 전체 대상을 말하며 표본추출단위는 모집단에서 추출할 대표성을 가진 집단의 단위를 의미한다.

(2) 표본**프**레임의 작성

모집단이 확정되면 표본프레임을 작성하여야 한다. 표본프레임이란 조사대상자가 모집단으로부터 추출한 표본의 목록을 의미하는 것으로 전화번호부, 제품 구매자 목록, 신용카드 소지자 명단 등이 표본프레임이 될 수 있다.

> **더 알아보기**
>
> **표본프레임(Sample Frame)**
> - 정의 : 표본프레임이란 모집단의 속성을 대표하는 모든 표본단위들의 총체를 말하며 연구대상, 표본단위의 목록으로 표현될 수 있다.
>
> - 표본프레임의 조건
>   - 표본의 대표성 확보가 무엇보다 중요하다.
>   - 모집단의 모든 구성요소를 포함하여야 한다.
>   - 정확한 정보가 포함되어야 한다.
>
> - 표본프레임의 예시
>   - 보험회사가 보유한 보험가입자 명부
>   - 백화점 등 유통회사가 보유한 고객목록
>   - 전화번호부
>   - 공공기관이나 단체가 발행하는 주소록

(3) 표본추출방법의 결정
모집단을 랜덤으로 추출하였는가 여부에 따라 확률 표본추출법과 비확률 표본추출법으로 나뉜다.

① 확률 표본추출법

연구대상이 표본으로 선정될 확률이 미리 알려져 있는 표본추출 방법을 말하며 여기에는 단순 표본추출, 층화 표본추출, 집락 표본추출, 체계적 표본추출이 있다.

② 비확률 표본추출법

무작위 선택이 아닌 다른 선택방법으로 표본을 추출하는 방법으로 표본추출 과정에 조사자의 의도가 투입되는 방법을 말한다. 여기에는 편의 표본추출, 판단 표본추출, 할당 표본추출, 스노우볼 표본추출법이 있다.

(4) 표본의 크기 결정 2025년 약술문제

표본추출방법이 결정되면 표본의 크기를 결정하여야 한다. 표본의 크기가 크면 오차를 줄일 수 있으나 시간과 비용이 많이 든다는 단점이 있다. 중요한 조사일수록, 복잡한 통계분석이 필요할수록 내포하여야 할 정보가 많으므로 표본의 크기를 크게 하여야 한다. 탐색조사의 경우 대체로 표본의 크기가 작으며 기술조사나 인과조사의 경우 표본의 크기가 대체로 크다.

표본의 크기는 비확률 표본추출인 경우는 사용가능한 시간과 예산에 따라 조사자가 판단하나 확률 표본추출법의 경우에는 신뢰수준, 허용오차, 모집단의 분산의 정도에 따라 표본의 크기를 결정하여야 한다.

(5) 실 행
실행에서는 원래 조사자가 계획한 대로 실행되었는가를 점검하여야 한다.

2. 표본추출 과정의 예시

[신형 스마트폰 구매의사 전화조사 과정]

(1) 모집단의 설정	① 스마트폰 소지자 ② 20대 이상 40대 미만 ③ 서울 거주
(2) 표본프레임	서울 거주 스마트폰 가입자 명부를 컴퓨터로 무작위 추출
(3) 표본추출방법 결정	강남, 강북, 강서, 강동, 중앙으로 구분하여 층화 표본추출
(4) 표본의 크기 설정	3,000명
(5) 실 행	각 지역별 인구에 비례하여 표본수를 할당하여 전화조사

04 표본추출방법의 결정

> **| 합격의 Tip |**
> 표본추출방법의 결정은 단골로 출제되는 개념이므로, 익히지 않으면 떨어진다 생각하고 반드시 알고 넘어가자.
>
> **2010년 논술문제**
> 표본추출방법과 확률 표본추출법과 비확률 표본추출법의 특징과 장단점을 설명하고 각각의 기법에 대해서 3가지씩 논술하시오. (30점)
>
> **2007년 약술문제**
> 확률 표본추출법에서 층화 표본추출법과 군집 표본추출법의 차이점을 약술하시오. (10점)

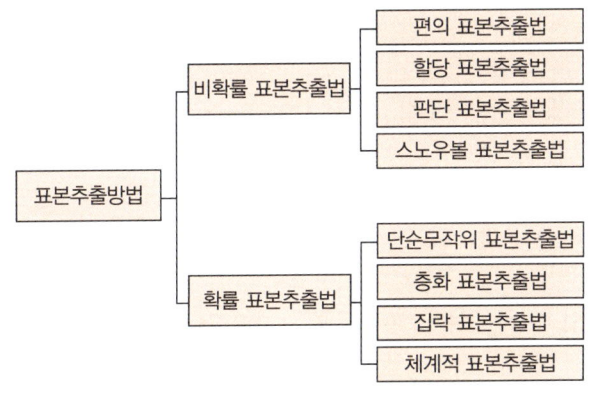

표본추출방법에는 확률 표본추출법과 비확률 표본추출법이 있다. 비확률 표본추출법에는 편의 표본추출법, 판단 표본추출법, 할당 표본추출법, 스노우볼 표본추출법으로 나뉘며 확률 표본추출법은 단순무작위 표본추출법, 층화 표본추출법, 집락 표본추출법, 체계적 표본추출법으로 나뉜다.

1. 확률 표본추출법 2016년 약술문제

(1) 정 의

연구대상이 표본으로 선정될 확률이 미리 알려져 있는 표본추출방법이다.

(2) 특 징

① 모집단의 표본프레임이 존재
② 표본추출확률이 알려져 있어 표본오차를 추정 가능
③ 분석결과를 일반화할 수 있음
④ 조사자의 의도가 개입되지 않고 무작위로 표본추출이 되어 표본의 대표성이 높음

(3) 확률 표본추출법의 장단점

표본추출방법은 표본이 선정될 확률을 미리 알고 있기 때문에 표본오차를 알 수 있고 일반화가 가능하며 표본의 대표성이 높다는 장점이 있으나 비용, 시간, 노력이 많이 든다는 단점이 있다.

(4) 종 류 2023년 약술문제
① 단순 표본추출법(Simple Random Sampling)
㉠ 정의 : 모집단의 구성원들이 표본으로 추출될 확률을 미리 알고 있을 뿐 아니라 동일하게 선택하는 방법으로 난수표, 제비뽑기 등으로 무작위 추출에 의해 선택된다. 주사위의 각 숫자가 추출된 확률이 바로 단순 표본추출법의 원리이다.
㉡ 장단점 : 모집단에 대한 사전지식이 필요 없고 사전에 표본추출 확률을 동일하게 놓고 무작위로 추출하므로 모집단의 대표성이 높은 장점을 가지고 있다. 하지만 표본의 크기가 커야 하고 표본프레임을 얻기 어렵다는 단점이 있다.

② 층화 표본추출법(Stratified Sampling)
㉠ 정의 : 모집단을 어떤 기준에 따라 하위의 소집단으로 나누고 이로부터 무작위로 표본을 추출하는 방법을 말한다.
㉡ 특징 : 각 소집단 내에서는 동질적, 소집단 간에서는 이질적 성격을 띤다.
㉢ 종 류
  • 비례 층화 표본추출법 : 각 층(소집단)의 크기에 비례하여 표본을 추출하는 방법
  • 불비례 층화 표본추출법 : 각 층(소집단)의 중요도에 따라 가중치를 두어 이에 비례하여 표본을 추출하는 방법
㉣ 장단점 : 동질적인 대상은 적은 표본 수로도 그 대표성이 확보된다는 장점을 가지고 있고 층간 차이를 분석할 수 있는 장점을 가지고 있으나 모집단에 대한 지식과 표본프레임이 필요하며 내부적으로 동질적, 외부적으로 이질적으로 구분하도록 기준변수를 잘 두어야 한다는 단점을 가지고 있다.

③ 집락 표본추출법(Cluster Sampling)
㉠ 정의 : 군집 표본추출법이라고도 부르며 모집단을 이질적인 성격을 지닌 구성원을 포함하는 여러 개의 소집단(집락)으로 나누고 일정 수의 소집단을 무작위로 추출한 후 소집단 내 구성원을 전수 조사하는 방법을 의미한다. 예를 들어 고등학생의 사교육 실태를 알아보기 위하여 전국에 몇 개 고등학교를 선정하고 여기서 몇 개의 학년을 선정하여 이에 해당하는 학생을 모두 조사하는 방법을 말한다.
㉡ 특징 : 층화 표본추출법과는 반대로 집락 내는 이질적, 집락 간에는 동질적 성격을 띤다.
㉢ 장단점 : 모집단의 목록이 없을 때도 가능하고 광범위한 모집단에 적용하여 시간과 비용을 절감하면서 표본의 대표성을 확보할 수 있다는 장점이 있다. 반면 내부적으로 이질적이고 외부적으로 동질적이라는 조건을 만족하기 어렵다는 단점이 있다.

[층화 표본추출법 VS 집락 표본추출법]

구 분	층화 표본추출법	집락 표본추출법
공통점	모집단을 몇 개의 소집단으로 나눈다.	
차이점	집단 내 동질적	집단 내 이질적
	집단 간 이질적	집단 간 동질적

④ 체계적 표본추출법(Systematic Sampling)
　㉠ 정의 : 계통 표본추출이라고도 하며 이는 모집단의 추출 단위에 일정한 순서를 정하여 일련번호를 부여하고 첫 번째만 랜덤으로 정한 후 등간격으로 떨어져 있는 번호들을 연속적으로 추출하는 방법을 의미한다. 예를 들어 1부터 30까지 중 3을 정한 후 6간격으로 추출하는 방법을 말한다.
　㉡ 장단점 : 체계적 표본추출법은 효율적으로 대표성을 가진 표본을 추출할 수 있다는 장점이 있으나 모집단이 일정 패턴을 가지고 있을 때 가능하며 이 경우 특정 특성을 가진 구성원만 뽑힐 가능성이 있다는 단점을 가지고 있다.

2. 비확률 표본추출법

(1) 정 의
무작위 선택이 아닌 다른 선택방법으로 표본을 추출하는 방법으로 표본추출과정에 조사자의 의도가 투입되는 방법을 말한다.

(2) 특 징
일반적으로 모집단의 정보가 부족하거나 없는 경우, 표본의 규모가 매우 작은 경우, 조사 초기에 문제에 대한 대략적 정보가 필요한 경우에 사용되는 방법이라 할 수 있다.

(3) 비확률 표본추출법의 장단점
① 장점 : 확률 표본추출법에 비하여 시간과 비용, 노력이 적게 들고, 모집단에 대한 사전지식이 있을 경우 유용한 정보를 제공할 수 있다.
② 단점 : 표본으로 추출될 확률을 모르는 경우로 표본오차의 추정이 어렵고 일반화가 불가능하며 표본추출에 있어 조사자의 편견이 개입될 가능성이 있어 표본의 정확성을 추정하기 어렵다.

(4) 종 류
① 편의 표본추출법(Convenience Sampling)
　㉠ 정의 : 임의 표본추출법이라고도 하며 조사자가 편의적으로 조사하기 쉬운 대상으로부터 추출하는 방법이다.
　㉡ 장단점 : 추출이 용이하고 간편하며 시간과 비용이 적게 든다는 장점이 있으나 표본의 대표성이 부족하다는 단점이 있다.
② 판단 표본추출법(Judgement Sampling)
　㉠ 정의 : 유의 표본추출법이라고도 하며 조사목적에 맞다고 생각하는 구성원을 선택하여 표본을 추출하는 방법을 말한다. 예를 들어 서울대 학생들을 대상으로 조사할 경우 서울대 도서관에 있는 학생을 대상으로 추출하는 방법이다. 하지만 그곳에는 외부 학생도 있을 수 있음을 염두에 두어야 한다.
　㉡ 특징 : 판단 표본추출법은 표본추출을 조사자의 전문적 지식이나 판단에 맡기는 방법이므로 대표성을 기대할 수 있다고는 하나 그 근거는 없다. 따라서 모집단 및 구성요소에 대한 충분한 지식이 있을 때 유용한 방법이다.
　㉢ 장단점 : 역시 시간과 비용 등의 노력이 적게 드는 방법이나 표본추출 과정상 조사자의 편견이 개입될 여지가 있어 표본의 대표성을 확보하기 어렵다.

③ 할당 표본추출법(Quota Sampling) 2025년 약술문제
  ㉠ 정의 : 모집단을 특정 기준에 따라 소집단으로 나누고 각 소집단을 비율에 맞추어 조사자의 판단에 따라 임의로 표본을 추출하는 방법을 말한다. 예를 들어 대학생 흡연 조사에서 성별이 흡연에 영향을 미친다고 가설을 한다면 캠퍼스 비율이 남자 60%, 여자 40%라고 할 경우 100명의 표본으로 남자 60명 여자 40명을 할당하게 된다.
  ㉡ 특징 : 소집단으로 구분한다는 점에서 층화 표본추출법과 유사하나 표본을 무작위로 추출하지 않고 조사자의 판단에 따라 임의로 추출한다는 점에서 차이가 있다. 주로 여론 조사와 상업적 마케팅 조사에 널리 쓰인다.
  ㉢ 장단점 : 표본의 대표성이 높고, 시간, 비용이 적게 들면서 가장 정교한 조사방법이라는 장점이 있어 가장 널리 사용된다. 반면에 조사과정상 조사자의 편견이 들어가기 때문에 일반화가 어렵고 접근 가능한 사람들만 조사할 가능성이 있으며 표본오차가 크다는 단점이 있다.

④ 스노우볼 추출법
  ㉠ 정의 : 눈덩이 표집 혹은 누적 표본추출법이라고도 하며 제한된 표본에 해당하는 사람들로부터 추천을 받아 마치 눈덩이를 굴리듯 표본추출을 하는 방법을 말한다.
  ㉡ 특징 : 주로 희귀사건이나 현상을 조사할 때 사용된다. 예를 들어 희귀병을 앓고 있는 사람들을 조사할 경우 사용되는 방법이다.

[확률 표본추출법 VS 비확률 표본추출법]

확률 표본추출법	비확률 표본추출법
• 표본추출 확률이 알려져 있음 • 모수추정에 bias가 없음 • 표본오차 추정 가능 • 일반화가 가능 • 시간과 비용이 많이 소요	• 표본추출 확률이 알려져 있지 않음 • 모수추정에 bias가 있음 • 표본오차 추정 불가능 • 일반화에 제약 • 시간과 비용이 적게 소요

CHAPTER 05 | 보고서 작성

01 보고서의 의의

> **합격의 Tip**
> 보고서 작성은 시장조사 전체 중 최종과정으로 그 중요성을 간과하기 쉬우나 2007년 약술문제로 나온 적이 있으므로 이를 간과할 수 없다. 보고서의 구조와 유의사항 등 기본적인 내용은 암기하고 정독하자!
>
> **2007년 약술문제**
> 보고서 작성 시 유의사항을 약술하시오. (10점)

1. 보고서란?

시장조사에 있어서 보고서란 시장조사의 결과로 나타난 시사점과 발견점을 의사결정자에게 제시하는 문서라고 할 수 있다. 보고서 작성단계는 마케팅 의사결정에 필요한 정보를 결정하고, 자료수집 방법을 계획하고, 자료를 수집·분석하여 발견점과 시사점을 전달하는 마케팅 조사의 전체 과정 중 최종단계인 전달과정에 속한다.

2. 보고서를 쓰는 목적

마케팅 조사를 통하여 얻은 결과를 의사결정자에게 도움이 되도록 효율적으로 전달하기 위한 도구로서 그 의미가 있다.

3. 보고서의 구조 [표/목/요/서/방/분/결/부]

| (1) 표지 | (2) 목차 | (3) 요약 | (4) 서론 | (5) 조사 방법 및 자료 수집 |
| (6) 자료 분석 | (7) 결론 | (8) 부록 | | |

최종 의사결정자에게 전달하기 위한 것이므로 보기 좋고 이해하기 쉽게 형식을 갖추어 작성하여야 한다. 아무리 좋은 자료도 보고서 작성을 잘못하게 되면 의사결정자가 조사의도와 다른 방향으로 이해하게 되기 때문이다. 따라서 일반적으로 보고서의 내용은 아래와 같은 형식을 갖추어 작성하게 된다.

(1) 표 지

보고서의 첫 장에 나오는 것은 표지로 조사 연구의 제목, 수행기관, 수행일자 및 수행기간 등을 작성하는 공간을 의미한다.

(2) 목 차

전체적 목차를 비롯하여 그림이 수록되어 있으면 그림목차, 표나 그래프가 수록되어 있다면 이에 따른 목차를 작성하여 한 눈에 전체적인 내용을 알 수 있도록 작성한다.

(3) 요 약

요약문은 'Summary'라고도 하는데 보고서 전체를 간단하면서도 보기 쉽게 요약 및 정리한 것을 말한다.

(4) 서 론

조사를 하게 된 배경, 조사의 목적, 조사 범위 및 기간 등을 수록한다.

(5) 조사 방법 및 자료수집

본론에 해당하는 내용으로 조사 방법, 자료수집 방법 및 대상 등을 수록한다.

(6) 자료 분석

조사를 통해 얻은 자료를 통계적으로 분석한 결과를 기술하고 발견점이 무엇인지 소개한다.

(7) 결 론

조사 결과 분석에 대한 요약과 발견점을 비롯하여 결론 및 제안 등을 수록한다.

(8) 부 록

보고서 집필에 사용된 참고문헌과 논문을 비롯하여 설문지 등을 수록한다.

02 보고서 작성

1. 보고서 작성 시 유의 사항

기본적으로 보고서의 분량, 목적, 용어 등을 고려하여 읽는 사람이 이해하기 쉽도록 작성하여야 한다. 다음은 보고서를 작성 시 유의하여야 할 사항이다.

(1) 보고서 작성 시 전문용어는 가급적 줄이고 이해하기 쉬운 용어를 사용한다.

보고서는 결국 의사결정자에게 전달하는 문서이다. 특정 전문가들만 알 수 있는 어려운 용어를 사용하기보다는 읽는 사람이 이해하기 쉽도록 가급적 쉬운 용어를 사용한다. 만일 전문용어를 사용하거나 읽는 사람이 이해하기 어려운 부분은 주석을 통해 그 이해를 보충하도록 한다.

(2) 보고서의 양은 10~20페이지로 한다.

보고서의 양이 너무 많으면 읽는 사람에게 피로감을 주고 내용에 대한 이해를 어렵게 만든다.

(3) 의사결정자가 생각하는 조사문제에 대한 해결방안과 개선점, 발견점을 제시하도록 한다.

보고서의 목적은 조사문제를 해결하기 위해 자료를 조사하고 이에 따른 조사결과를 분석하여 의사결정자에게 전달하는 데 있다. 따라서 반드시 해결책과 시사점, 발견점 등을 수록하여야 한다.

2. 보고서 작성 원칙 [명/정/완/간/포/효]

보고서는 다음과 같은 엄격한 작성원칙을 통해 작성하여야 한다.

(1) 명료성

보고서는 명료하게 작성하여야 한다. 애매모호한 표현보다는 명료하고 정확한 표현을 통하여야 하며, 읽는 사람에게 혼란을 주어서는 안 된다.

(2) 정확성

보고서는 정확하게 작성되어야 한다. 조사문제를 정확히 파악하여 조사설계, 조사방법의 선택 등이 목적에 맞게 정확히 시행되고 정확히 분석되어 작성되어야 그에 따른 정확한 데이터가 분석되어 보고서에 녹아들게 된다. 따라서 조사과정 전체에서 정확성은 아무리 강조해도 지나치지 않다.

(3) 완전성

보고서는 완전하게 작성되어야 한다. 완전성을 갖춰 조사문제를 제대로 파악하고 결론으로까지 도출되어 보고서에 작성되어야 할 것이다. 조사자에게 필요한 모든 정보가 포함이 되었을 때 비로소 완전성을 갖추었다고 말할 수 있다.

(4) 간결성

보고서는 무엇보다 읽는 사람이 가독성을 가질 수 있도록 간결하게 작성되어야 한다. 보고서가 너무 장황하면 전달하고자 하는 내용을 명확히 전달하기 어렵다. 따라서 필요 없는 부분은 삭제하고 정리하여 꼭 들어가야 할 중요한 내용을 중심으로 간결하게 작성하여야 한다.

(5) 포괄성

보고서는 포함되어야 할 내용이 빠지지 않고 모두 포괄적으로 작성되어야 한다. 내용의 중요한 일부분이 빠져있다면 완전한 보고서라 할 수 없을 것이다. 따라서 조사목적, 조사방법, 자료분석, 발견점 등 조사보고서에 들어가야 할 모든 부분을 빠짐없이 수록해야 한다.

(6) 효율성

보고서는 효율적으로 작성되어야 한다. 보고서는 전달하고자 하는 내용을 빠지지 않게 모두 포괄하면서도 읽는 사람이 알기 쉽게 간결하고 함축적으로 작성되어야 하는 것이다. 따라서 효율성 또한 보고서 작성 원칙의 중요한 기준이 된다.

CHAPTER 06 | 자료의 분석 – 통계

01 확률과 확률분포

1. 확률과 확률변수

(1) 확률의 기본개념

> **| 합격의 Tip |**
> 시장조사론의 확률 통계는 암기가 아니라 이해하는 과목이다. 확률의 개념을 충분히 이해해야 다음에 나오는 추정, 가설검정과 같은 통계개념을 이해할 수 있다.

대부분의 통계분석은 모집단이 아닌 모집단으로부터 추출된 표본을 분석하는 것이다. 모집단으로부터 추출된 표본의 통계량은 확정값이 아닌 선정된 표본에 따라 값이 달라지는 확률의 개념을 포함하고 있다.

① 확률의 정의
  ㉠ 확률 : 어떤 경험이나 실험의 결과로 도출된 사건 또는 결과가 발생할 가능성
  ㉡ 확률의 종류
    • 주관적 판단(주관적 확률) **예** 금요일 비가 올 확률은 80% 정도 될 거야.
    • 객관적 판단(객관적 확률)
      – 고전적 확률 : 이론에 근거한 개념
        예 동전 앞면이 나올 확률은 1/2이다.
      – 장기적 확률 : 실제 실험에 근거한 개념
        예 주사위를 무수히 던져서 6이 나올 확률은 1/6이다.

② 실험과 확률
  ㉠ 실험과 표본공간
    • 실험 : 어떤 행위의 결과를 관찰하고 측정하여 그 결과에 대해 구체적인 값을 부여하는 것
    • 표본점 : 한 번의 실험결과를 의미
    • 표본공간 : 실험결과로 발생할 수 있는 모든 가능한 결과(즉, 표본점의 집합)
  ㉡ 확률과 표본공간
    • 모집단에서 표본을 추출하는 과정은 일종의 실험이라 할 수 있음
    • 모집단으로부터 추출가능한 모든 표본의 집합으로 표본공간이 형성됨
    • 표본추출 과정을 통하여 추출된 하나의 특정한 표본은 표본공간상에 있는 하나의 표본점에 불과함
    • 모집단으로부터 일정한 수의 표본을 추출하는 경우에는 자연스럽게 확률 개념이 포함됨

(2) 확률변수

① 확률과 확률변수

　㉠ 확률 : 경험 혹은 실험 결과로 특정한 사건이나 결과가 발생할 가능성

　㉡ 변수 : 관찰대상의 속성을 척도로 측정하여 그 결과를 수치로 기록한 값들을 대표하는 말

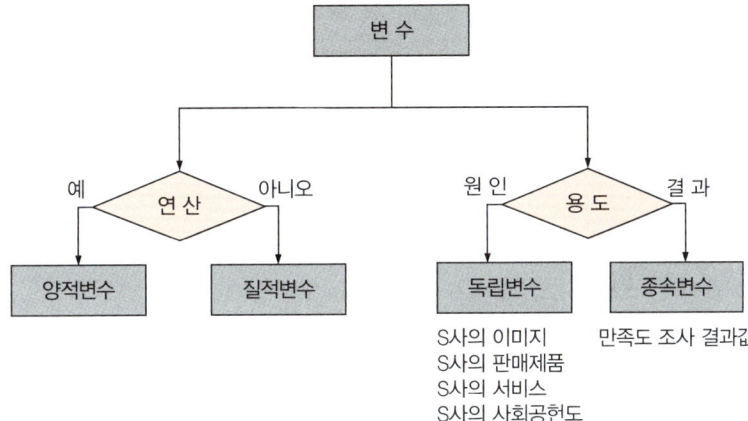

② 확률변수의 정의

　확률변수는 표본공간상에 나타나는 모든 표본점들에 수치를 부여하는 규칙

> **예** 2개의 동전을 던져 나올 수 있는 경우의 수는 총 4가지
> - 표본공간 : A = {(앞, 앞), (앞, 뒤), (뒤, 앞), (뒤, 뒤)}
> - 확률변수 X는 동전 앞은 1, 뒤는 0으로 하여 얻은 결과를 합한 값으로 정의함
> - 모집단에서 추출된 표본의 특성을 나타내는 통계량은 확률변수임
>
> **예** 1. 확률변수 X는 주사위를 던져 주사위 값이 4 이상이면 0, 주사위 눈이 3 이하이면 1로 하는 규칙
> 2. 확률변수 Y는 주사위를 던져 주사위 값이 홀수이면 1, 주사위 눈이 짝수이면 2로 하는 규칙
>
> 즉, 하나의 실험결과를 나타내는 표본공간으로부터 여러 개의 확률변수를 구할 수 있다.

③ 확률변수의 종류

　㉠ 이산확률 변수 : 정수와 같이 명확한 값을 변수값으로 함

　　예 2개의 동전을 던져 나온 값(막대그래프 형태)

　㉡ 연속확률변수 : 변수값이 정수처럼 명확하지 않음

　　예 서울시 거주자의 평균임금(분포곡선 형태)

2. 확률분포

(1) 확률분포의 기본개념

① 확률분포의 정의

　㉠ 확률변수가 가질 수 있는 값과 그 값을 가질 상대적 가능성, 즉 확률을 나타낸 것

　㉡ 확률변수가 가질 수 있는 값에 대해 그 값이 발생할 가능성을 도수분포표나 그래프로 표현한 것

② 확률분포의 종류
  ㉠ 이산확률분포 : 변수의 값이 명확하고 한정적임
    예 이항분포, 초기하분포, 포아송분포
  ㉡ 연속확률분포 : 변수의 값이 명확하지 않으며 개수도 무한대임
    예 분포, t분포, 정규(Z)분포, F분포

> **더 알아보기**
>
> **확률분포의 주요개념**
> - (산술)평균(m) : 자료 전체의 합을 자료의 개수로 나눈 값
> $$m = \frac{x_1 + x_2 + \dots + x_n}{n}$$
> - 중앙값 : 자료를 크기의 순서로 놓았을 때, 중앙에 위치하는 값
> - 최빈값 : 자료분포 중에서 가장 많이 보이는 값
> - 표준편차(σ) : 보이는 값의 산포(흩어짐)의 정도
> $$\sigma = \sqrt{\frac{\sum_{n-1}^{k}(x_k - m)^2}{n}} = \sqrt{\frac{\sum_{n-1}^{k} x_k^2}{n} - m^2}$$
> - 분산(σ^2) : 표준편차의 제곱 값, 산포(흩어짐)의 정도를 나타냄

(2) 확률분포

① 정규분포
  ㉠ 연속확률분포 중에 가장 대표적인 분포이다.
  ㉡ 종모양으로 좌우대칭인 분포(±)이다.
  ㉢ 평균(μ)과 분산(σ)에 따라 구체적인 분포의 위치와 모양이 결정된다.
  ㉣ 곡선과 X축 사이의 전체면적의 합은 1이다.
  ㉤ 확률변수 X의 구간은 이므로 정규분포곡선도 이 구간에 있는 것으로 가정한다.

[정규분포 모양]

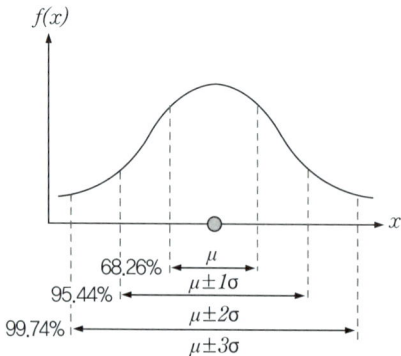

> 정규분포의 확률변수 값 중 68.26%는 평균을 중심으로 ±1σ 안에 있어야 하며 95.44%는 평균을 중심으로 ±2σ 안에 있어야 하고 99.74%는 평균을 중심으로 ±3σ 안에 있어야 한다.

> **더 알아보기**
>
> **정규분포**
> 종모양의 형태이고 확률변수 X의 구간이 $-\infty < x < +\infty$이지만 좌우 꼬리에는 자료가 거의 존재하지 않는 것이 뒤에 설명하는 다른 분포곡선과의 여러 가지 차이점 중의 하나이다. 자연현상에서 나타나는 표본의 수를 충분히 크게 한다면 정규분포에 가까워지지만 정확히 일치하는 경우는 매우 드물다. 또한 자료 분석을 위한 사용에도 많은 불편사항이 있어 자주 사용하지는 않는다.

② 표준정규분포
 ㉠ 일반적인 정규분포상에서 확률변수가 특정 구간 내의 값을 가질 확률을 직접 구하기는 매우 어렵다.
 ㉡ 일반 정규분포를 표준편차를 단위로 하는 표준정규분포로 변환시키면 구하고자 하는 확률값을 비교적 용이하게 구할 수 있다.
 ㉢ 관측치를 치환하여 평균이 0이고 표준편차가 1인 정규분포로 변환시킬 수 있다.
 ㉣ 이러한 정규분포를 표준정규분포 또는 z-분포라 한다.
 ㉤ 두 집단 평균비교 가설검정에서 두 집단이 정규분포일 경우 z-검정을 실시한다.
 ㉥ 표준확률 변수인 z가 특정 구간 내에 있을 확률은 도표를 이용하면 쉽게 구할 수 있다.

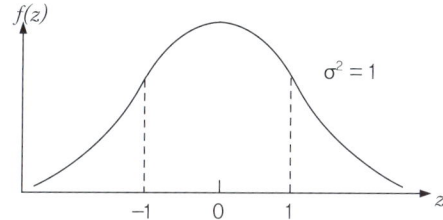

③ t분포
 ㉠ 평균이 0, 표준편차가 1인 구릉이나 종모양의 좌우대칭인 분포이다.
 ㉡ 자유도(df)에 따라 그 모양이 변하고, 자유도가 30개 이상이면($df \geq 30$) 표준정규분포(Z분포)와 거의 일치한다.

> **│합격의 Tip│**
> 우주공간에 떠 있는 인공위성의 자유도는 얼마일까? 전후좌우상하로 자유로이 움직일 수 있으니 자유도는 6이다. 그러나 시장조사론에서 분석의 대상이 되는 자료의 자유도는 평균이나 합이 정해져 있어 다르게 나온다. 예를 들어 평균값이 a인 20개의 자료 중에서 19개는 자유로이 선택할 수 있으나 나머지 한 개는 정해지게 된다. 그러므로 자유도는 n - 1 즉, 19가 된다. 그렇다면 3 × 3 도표의 자유도는 얼마인가? 세로축 값과 가로축 값의 합이나 평균이 정해져 있으므로 자유로이 선택할 수 있는 자료의 수 즉, 자유도는 4가 된다. (n - 1)(m - 1)로 표시할 수 있다. 이렇듯 자유도의 의미를 이해하고 문제를 보면 좀 더 편하게 접근이 가능하다. 아래의 표에서 a, b 값이 정해지면 c 값은 자동으로 정해지게 되고 같은 방식으로 계산하면 a, b, d, e 값은 자유로이 선택이 가능하지만 c, f, g, h, i 값은 자동으로 정해진다.
>
> | 구분 | 국어 | 영어 | 수학 | 평균 |
> |---|---|---|---|---|
> | 수현 | a | b | c | 90 |
> | 지현 | d | e | f | 85 |
> | 유리 | g | h | i | 80 |
> | 평균 | 88 | 83 | 79 | - |

ⓒ 자유도에 따른 t분포의 모양

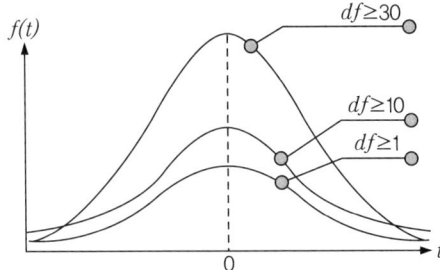

ⓓ t분포의 특징
- 표준정규분포(Z분포)와 같이 평균값이 0이다.
- 자유도(df)가 증가함에 따라 분산이 1인 표준정규분포의 형태에 근접한다.
- 자유도가 30 미만($df < 30$)인 경우 표준정규분포에 비해 양쪽 끝이 평평하고 두터운 꼬리모양을 가짐 즉, 좀 더 긴 꼬리를 가진 형태로 더 넓게 퍼져 있다.
- 표본의 크기(n)가 커질수록 자유도가 증가하여 표본크기가 30개 이상일 경우($df \geq 30$)에는 표준정규분포(Z분포)와 거의 동일하게 분포한다.
- 표본 크기가 30개 이상일 경우 z-검정을 실시하고 30개 미만일 경우 t-검정을 시행한다.
- 대부분의 경우 표본수가 부족한 경우가 많으므로 z-검정도 t-검정으로 통합하는 경우가 많다.

④ **카이제곱(x^2)분포** 2019년 논술문제
ⓐ 모집단 분산에 대한 가설검정이나 교차분석에서 유용하게 사용되는 분석이다.
ⓑ 평균이나 비율에 대한 검정은 t분포를 사용한다.
ⓒ 분산에 대한 검정은 카이제곱(x^2)분포나 F분포를 사용한다.
ⓓ 자유도에 따른 x^2분포의 모양

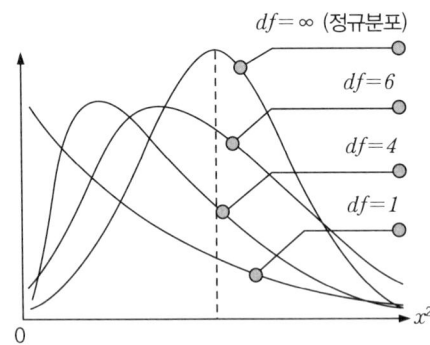

ⓔ 카이제곱(x^2)분포의 특징
- 확률변수는 연속확률변수로서 항상 양(+)의 값만을 가진다.
- 오른쪽꼬리를 가진 비대칭분포이다.
- 자유도(df)에 따라 모양이 달라진다(t분포와 비슷).
- 자유도(df)가 커질수록 좌우대칭인 정규분포에 가까워진다(t분포와 비슷).

> **| 합격의 Tip |**
>
> 카이제곱분포는 교차분석에서 주로 사용하는데 카이(x)가 교차하고 있으므로 교차분석과 연관지어 암기한다.
>
> F분포는 분산분석에 주로 사용하는데 분산분석의 'ㅂ'과 'F'를 연관지어 암기한다. 처음 통계를 접하는 경우 혼란이 일어나는 경우가 많은데 작은 것 하나부터 확실한 연결고리를 만들어 나간다면 목표로 하는 지식의 나무구조를 만들 수 있을 것이다.

⑤ F분포
  ㉠ 2개의 확률변수와 각각의 자유도가 서로 독립인 카이제곱 분포할 때 확률변수를 각각의 자유도로 나눈 비율을 변수로 하는 분포이다.
  ㉡ 정규분포를 이루며 서로 독립적인 두 모집단에서 각각 표본을 추출한 경우, 두 집단의 표본분산의 비를 모집단분산의 비로 나눈 값을 변수값으로 하는 확률변수는 F분포한다.
  ㉢ 2개의 표본분산이 사용되기 때문에 2개 표본의 자유도에 따라 F분포의 모양이 결정된다(즉, 2개의 자유도가 F분포의 모양을 결정하는 기준이 됨).
  ㉣ 일반적으로 F분포는 오른쪽꼬리를 갖는 비대칭 모양의 분포이나, 자유도(df)가 증가함에 따라 점차 정규분포 모양이 된다.
  ㉤ F분포하는 확률변수는 항상 양(+)의 값만을 가진다.
  ㉥ 자유도에 따른 F분포의 모양

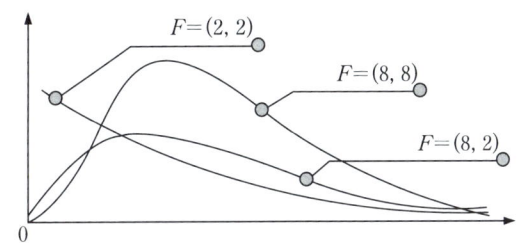

  ㉦ F분포의 특징
    • 확률변수 F는 항상 양의 값만을 갖는 연속확률변수이다.
    • x^2분포와 다르게 2개의 자유도를 가진다.
    • 2개의 자유도(df)에 따라 분포의 모양이 변한다.
    • 오른쪽 꼬리 모양을 갖는 비대칭 분포이다.
    • 자유도(df)가 커질수록 정규분포에 가까워진다.

(3) 중심극한정리
  ① 표본평균이나 그 합의 분포는 표본으로 추출되는 관찰값의 수인 표본의 크기가 증가함에 따라 완만한 구릉모양에서 점차 종모양의 정규분포에 접근하게 된다.
  ② 표본의 크기(n)가 증가함에 따라 표본평균이나 그 합의 분포가 정규분포에 접근해 가는 현상이다.
  ③ 표본평균을 이용한 모집단평균에 대한 추정과 가설검정이 가능하다.
  ④ 통계학과 조사방법론에서 가장 중요하고 기본적인 정리이다.
    예 모집단이 숫자(1, 2, 3, 4, 5)이고 이 중 하나를 선택하여 더하기를 반복한다면, 표본의 크기(n)를 증가시킬 시 표본평균(혹은 합)의 분포의 모양은 모집단의 평균을 평균으로 하는 정규분포에 접근한다.

⑤ 자료의 표준변환
  ㉠ 표본평균이 정규분포를 하여도 특정 구간에서 값을 가질 확률을 직접 구하는 것이 불가능하여 표본평균을 자유도가 n − 1인 t분포상의 값으로 표준변환하여 확률값을 산정한다.
  ㉡ t분포상의 확률값은 자유도의 값에 따라 미리 계산되어 부록으로 나와 있어 확률값을 쉽게 구할 수 있다.

> **| 합격의 Tip |**
> Apollo사의 다이어트 제품 베스타와 베누스의 월별 판매실적이 아래 그래프와 같다면 어느 제품의 판매실적이 더 높은지 쉽게 판단할 수 없다
>
>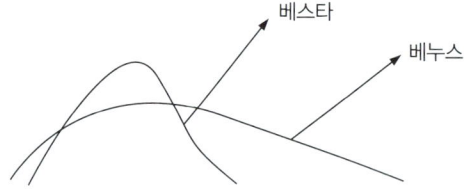
>
> 그러나 두 제품의 월별 실적이 아래와 같이 모두 정규분포 곡선으로 표현할 수 있다면 쉽게 두 제품의 월별 실적의 우열을 비교할 수 있게 된다.
>
>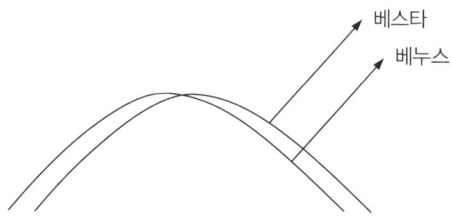
>
> 시장조사론에서 다루는 문제도 두 집단의 측정치가 정규분포를 보인다면 그 평균을 비교하여 두 집단 간 차이를 쉽게 분석할 수 있다. 또한 모집단의 분포를 정확히 알지 못하더라도 표본의 수가 충분히 크다면 중심극한정리에 의해 표본은 정규분포를 보이게 되고 실험자는 다양한 결과값을 통계 검정에 사용할 수 있게 된다.

02 추정과 가설검정

1. 추정

(1) 추정의 기본개념
  ① 정의 : 모집단을 대표할 수 있는 일부를 표본으로 추출하여 분석한 통계량을 이용해서 모집단의 모수를 예측하는 일련의 과정을 말한다.
  ② 종류
    ㉠ 점추정 : 추정하고자 하는 모수를 하나의 점(값)으로 추정하는 것이다.
      예 선거에서 특정 후보의 지지율을 예측하고자 할 경우, 표본조사를 통해 지지율이 45%가 나왔고 이 후보에 대한 전체 유권자의 지지율이 45%라고 추정하는 경우이다.

ⓒ 구간추정 : 추정하고자 하는 모수가 특정한 구간 내에 존재할 확률이 어느 정도라고 추정하는 것이다.
  예 선거 여론조사 결과 어떤 후보의 지지율은 45%이고, 오차범위는 95% 신뢰수준에서 ±3%이다. 즉, 모후보의 지지율이 42%에서 48% 사이에 있을 확률이 95% 정도이며 틀릴 확률이 5% 수준 이라는 의미이다.

(2) 구간추정
① 신뢰수준과 신뢰구간
  ㉠ 신뢰수준 : 신뢰구간에 모집단의 값이 위치할 것이라고 예측하는 확률을 말하는 것으로 조사자, 실험자 등의 믿음(신뢰)의 정도이다.
  ㉡ 허용오차(α) : 신뢰구간 밖에 있을 확률이며 신뢰수준은 ($1-\alpha$)로 표현할 수 있다.
  ㉢ 신뢰구간 : 실제 모집단의 값이 위치할 것이라고 예측하는 구간을 말한다. 하한값과 상한값으로 표시하며 신뢰수준에 비례한다.
② 모집단평균의 구간추정
  ㉠ 모집단의 평균은 표본의 평균을 이용하여 구간추정한다.
  ㉡ 신뢰구간의 크기는 신뢰수준($1-\alpha$)과 표본평균의 표준편차인 표준오차에 의해 결정된다.
  ㉢ 표본평균의 분산은 표본의 크기(n)가 커질수록 점차 작아진다.
  ㉣ 신뢰수준은 추정이 잘못될 가능성의 정도, 조사자, 실험자 등이 용인할 수 있는 허용오차수준(α)에 따라 결정된다.
  ㉤ 표본의 크기(n)에 관계없이 항상 사용할 수 있는 t분포를 활용하여 대부분의 추정이나 가설검정에서는 Z분포 대신 t분포를 활용한다.

(3) 표본의 크기
① 추정의 정확도를 높이려면 표본의 크기(n)를 늘려야 하고 표본이 늘어나면 조사비용이 많아지는 상충관계에 있다.
② 표본의 크기를 결정하는 요인으로는 최대 허용오차와 신뢰수준이 있다.

2. 가설검정

(1) 가 설
① 개념 : 과학적 조사에 의하여 검정이 가능한 사실로 두 개 이상의 변수 또는 현상 간의 관계를 검정 가능한 형태로 서술한 문장이다.
  ㉠ 연구가설(대립가설) H_1 : 연구자가 새로운 사실이나 주장을 검정하고자 하는 가설로써 기존에 인정받고 있는 귀무가설의 대안을 제시함
  ㉡ 귀무가설(영가설) H_0 : 기존에 존재하고 있는 일반적인 사실 또는 학설로 받아들여지고 있는 주장을 의미함

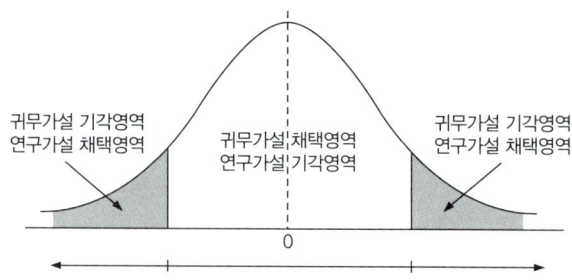

ⓒ 귀무가설을 기각하고 연구가설을 채택하기 위해서는 극단적인 통계치를 얻어야 하며 이런 최대 확률값을 유의수준(α)이라 한다. 통상 0.1 이하로 설정하며 시장조사론에서는 0.05(5%)로 설정하는 경우가 많다.

ⓓ 연구가설이 귀무가설을 기각시키고 승리할 확률은 귀무가설이 옳다는 전제하에서는 유의수준(α) 정도에 불과하므로 연구가설이 채택되기 위해서는 기존의 귀무가설 내용의 분명한 오류를 입증해야 한다.

ⓔ 항상 연구가설을 먼저 설정하고 연구가설에 대응하는 나머지 여집합의 내용이나 같음(등식, =)이 귀무가설이 된다.

예 과자를 생산하는 갑을회사에서는 500g짜리 스낵을 판매하고 있는데 최근 들어 많은 소비자의 불만이 이 스낵 용량이 500g이 안 된다는 불만이 제기되었다. 이에 소비자 단체에서는 아래와 같이 조사에 들어갔다.
- 연구가설(H_1) : 실제 스낵 용량이 500g이 안 된다. 500g보다 작다.
- 귀무가설(H_0) : 실제 스낵 용량이 500g보다 크거나 같다(여집합). 또는 500g이다(등식).

(2) 가설검정 2020년 논술문제

① 가설검정의 기본개념

가설검정은 표본을 추출하여 얻은 표본통계량으로 모집단의 모수에 대한 새로운 가설 등이 옳다고 할 수 있는지를 판단하는 것이다

> **더 알아보기**
>
> **가설검정에서 사용하는 용어의 정리**
> - 유의수준(α) : 귀무가설이 잘못되었다고 판단하여 귀무가설을 기각할 최대한의 확률. 그래프에서는 면적의 의미
> - 임계치 : 검정의 종류(양측, 단측)와 유의수준(α)을 고려해서 산출한 값으로 가설의 채택 여부를 결정짓는 경계값
> - 검정통계량 : 표본으로부터 추출한 통계량이나 검정에 사용할 분포에 따라 그에 맞는 값으로 치환한 통계량
> - p값(p-value) : 표본으로부터 얻은 통계량 혹은 이를 치환한 검정통계량의 절댓값보다 더 큰 절댓값을 또 다른 표본으로부터 얻을 수 있는 확률
>
>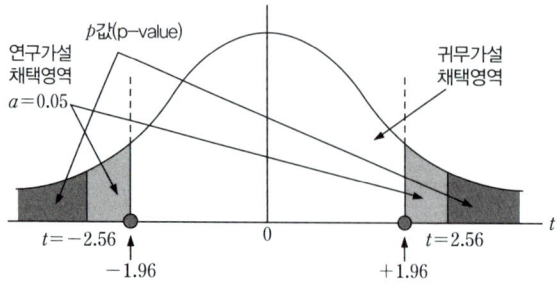

② 가설검정의 절차
  ㉠ 가설설정
    • 연구가설 설정 : 증명하고자 하는 내용
    • 귀무가설 설정 : 기존 사실 또는 이론
    • 양측검정 : 귀무가설을 기각하고 연구가설을 채택할 수 있는 영역이 양쪽에 위치한 경우
      예 H_1 : 어느 특정한 값인 A가 아니다.
         H_0 : 특정한 값이 A이다.
    • 단측 검정 : 귀무가설을 기각하고 연구가설을 채택할 수 있는 영역이 한쪽에만 위치한 경우
      예 H_1 : 어느 특정한 값이 A보다 작다.
         H_0 : 특정한 값이 A보다 크거나 같다. 또는 특정한 값이 A이다.
  ㉡ 유의수준 결정 : 통상 0.05(5%)로 하여 가설 검정한다. 표본으로부터 구한 통계량 값을 얻게 될 확률이 5% 미만인 경우 귀무가설의 기각으로 판단한다.
  ㉢ 임계치 산출 : 유의수준 α = 0.05, 양측검정의 경우 아래 그래프와 같다.

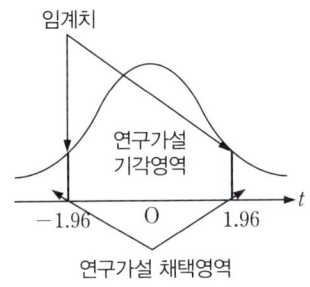

  ㉣ 가설채택 여부 결정 : 통계량 값 또는 통계량을 치환 계산한 검정통계량 값을 구하고 임계치와 비교하여 연구가설의 채택, 기각을 결정한다.

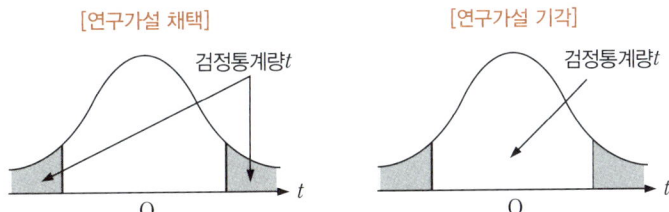

③ 가설검정의 오류
  ㉠ 1종 오류(α) : 실제로는 귀무가설에 문제가 없음에도 불구하고 추출된 표본의 통계량에 의해 귀무가설을 기각하고 연구가설을 채택하는 오류이다. 1종 오류를 허용오차수준이라고도 하며 이는 연구가설이 채택될 확률을 나타내는 유의수준(α)과 같다.
  ㉡ 2종 오류(β) : 연구가설이 옳고 귀무가설이 틀림에도 불구하고 연구가설이 기각되고 귀무가설이 채택되는 오류를 말한다.
    예 기존에 판매되고 있는 A사의 Apollo 심장약보다 더 좋은 효과가 있다는 B사의 Zeus 심장약이 출시되었다.

- 1종 오류 : 효과가 없음에도 불구하고 예외적인 표본추출로 연구가설(Zeus 심장약)이 채택됨. 실제 환자에게 투여될 경우 심각한 문제가 발생하므로 1종 오류(α)를 허용오차수준이라 하고 더 중요하게 고려함
- 2종 오류 : Zeus 심장약이 효과가 있었음에도 불구하고 기각됨. B사의 출시기회 손실

> **더 알아보기**
>
> **유의수준 5%라는 의미**
> 검정을 통해 나온 결과가 틀릴 확률을 5%까지는 용인하겠다는 것이다. 일반적인 사회과학에서 다루는 문제는 1종 오류로 인한 피해가 발생하더라도 그 영향이 제한적일 수 있지만 의약품처럼 생명에 직접적인 영향을 주는 문제에서 유의수준은 더 정밀한 확률에서 진행하는 것이 바람직할 것이나 비용 등의 문제가 남는다.

(3) 대표적인 가설검정의 종류

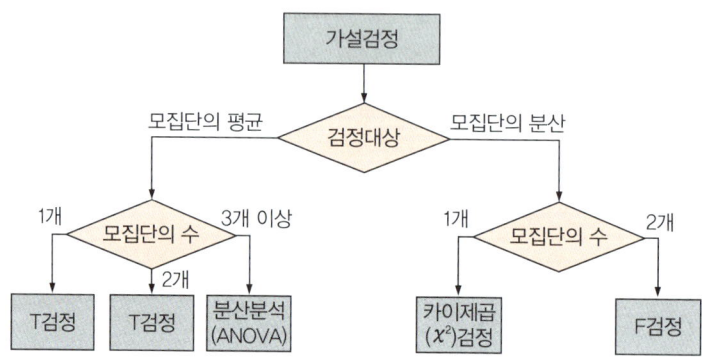

① 모집단의 수가 1~2개일 때 모집단의 평균에 대한 가설검정은 t검정을 사용하며 3개 이상의 모집단 간 평균에 대한 가설검정은 분산분석(ANOVA)을 사용한다.
② 모집단의 분산에 대한 가설검정은 단일 모집단은 카이제곱(x^2)분포를 이용한 카이제곱(x^2)검정으로 하고 2개 모집단의 분산에 대한 검정은 F통계량을 이용한 F검정으로 실행한다.

(4) 조사목적에 따른 통계기법의 분류
① 기술적 분석 : 자료의 특성기술이 목적, 도수분포분석/기술통계분석
② 관련성 분석 : 변수 간 관계분석이 목적, 교차분석/상관관계분석
③ 구조추출분석 : 자료 내에 잠재하고 있는 구조파악, 요인분석/군집분석/다차원척도법
④ 인과관계분석 : 종속변수가 독립변수의 영향을 받는다고 가정하여 관계 확인, 분산분석 · 회귀분석 · 판별분석

(5) 변수 특성에 따른 분류
① 종속변수 개념이 없는 통계분석 : 도수분포분석, 기술통계분석, 상관관계분석, 교차분석, 요인분석
② 종속변수 개념이 있는 통계분석 : 분산분석, 회귀분석, 판별분석

03 모집단에 대한 가설검정

1. 모집단의 평균에 대한 가설검정

(1) 단일 모집단평균에 대한 가설검정

모집단의 평균이 어떠하다는 가설이 맞는지를 검정하는 것이다. 검정의 종류는 가설에 따라 양측검정, 왼쪽꼬리검정, 오른쪽꼬리검정의 3가지로 나눌 수 있다.

① 가설과 검정의 종류

단일 모집단평균에 대한 가설검정은 모집단의 평균이 어떤 특정한 수치(값)라는 내용에 대해 연구자가 문제를 제기하면서 진행된다.

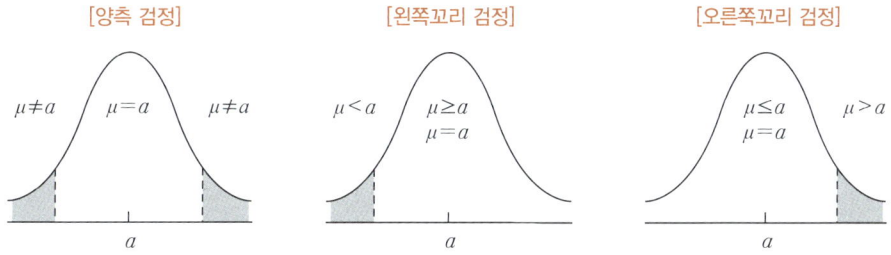

양측 검정	왼쪽꼬리 검정	오른쪽꼬리 검정
연구가설(H_1) : $\mu \neq \alpha$	연구가설(H_1) : $\mu < \alpha$	연구가설(H_1) : $\mu > \alpha$
귀무가설(H_0) : $\mu = \alpha$	귀무가설(H_0) : $\mu \geq \alpha$ or $\mu = \alpha$	귀무가설(H_0) : $\mu \leq \alpha$ or $\mu = \alpha$

예 Venus 제약의 다이어트 제품인 Luna의 중량은 1포당 300g으로 판매하고 있다.
㉠ 양측검정 : 1포당 300g이 아닌 것 같다는 소비자들의 불만이 있어서 소비자 단체에서 'Luna는 300g이 아니다.'라는 연구가설을 세워 검정할 경우 연구가설(H_1)은 'Luna는 300g이 아니다.' 귀무가설(H_0)은 'Luna는 300g이다.'가 된다.
㉡ 왼쪽꼬리검정 : 만약 Luna의 중량을 줄여 Venus 제약이 이득을 내고자 한다는 것을 증명할 경우 연구가설은 'Luna는 300g보다 작다.'이며 귀무가설은 'Luna는 300g보다 크거나 같다.'가 된다.
㉢ 오른쪽꼬리검정 : 만약 Luna의 중량이 300g보다 커서 건강에 유해하다는 것을 증명하고자 할 경우 연구가설은 'Luna는 300g보다 크다.'이며 귀무가설은 'Luna는 300g보다 작거나 같다.' 혹은 'Luna는 300g이다.'가 된다.

② 유의수준 결정
㉠ 귀무가설을 기각하고 연구가설을 채택할 확률인 가설검정의 통계적 유의수준(α)을 정한다.
㉡ 검정의 종류에 따른 임계치를 산출한 후 표본조사를 통해 얻은 통계량 값의 위치에 따라 가설의 채택 여부를 판단한다.

③ 임계치 산출
㉠ 유의수준과 표본의 크기(n)에 따른 자유도(n − 1)를 고려한 t분포상의 임계치를 구한다.
㉡ 연구가설의 채택영역과 기각영역을 설정한다.

④ 가설 채택여부 결정
  ㉠ 표본으로부터 검정통계량 t값을 구한다.
  ㉡ 임계치와 검정통계량을 비교하여 연구가설 채택여부를 결정한다.

(2) 두 모집단 평균에 대한 가설검정

구체적인 값을 제시하지 않고 두 모집단의 평균에 대한 비교를 통해 가설을 설정한다.

[양측 검정]   [왼쪽꼬리 검정]   [오른쪽꼬리 검정]

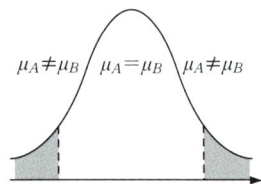 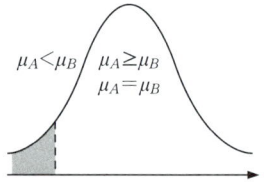 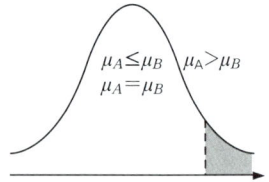

- 연구가설(H_1) : $\mu_A \neq \mu_B$
- 연구가설(H_0) : $\mu_A = \mu_B$

- 연구가설(H_1) : $\mu_A < \mu_B$
- 연구가설(H_0) : $\mu_A \geq \mu_B$
           $\mu_A = \mu_B$

- 연구가설(H_1) : $\mu_A > \mu_B$
- 연구가설(H_0) : $\mu_A \leq \mu_B$
           $\mu_A = \mu_B$

- μ_A : A모집단 평균
- μ_B : B모집단 평균

① 두 모집단 평균에 대한 가설검정 절차

> [예제] Zeus사의 형광등과 Hera사의 형광등의 평균수명에 차이가 있는지를 검정하기 위해 무작위로 30개씩 표본추출하여 측정하였다. 그 결과 Zeus사의 형광등 평균수명은 6,000시간이고 표준편차는 500시간이었다. Hera사의 형광등 평균수명은 7,200시간이고 표준편차는 600시간이었다. 이 두 회사의 분산이 다르다는 전제하에 유의수준(α)을 0.05로 하여 두 회사의 형광등 평균수명에 차이가 있는지를 검정하시오.
>
> ✓ 1step – 가설설정
>   - 연구가설(H_1) : Zeus사의 형광등의 평균수명은 Hera사의 형광등 평균수명과 다르다. ($\mu_A \neq \mu_B$)
>   - 귀무가설(H_0) : Zeus사의 형광등의 평균수명은 Hera사의 형광등 평균수명과 같다. ($\mu_A = \mu_B$)
>   - 양측검정
>
> ✓ 2step – 유의수준(α)과 검정의 종류에 따른 임계치 산출
>   - 연구가설과 귀무가설을 보고 검정의 종류를 결정
>   - 위의 경우는 양측 검정에 해당하며 수식에 의해서 자유도 계산
>
> ✓ 3step – 검정통계량(t값 산출)
>   표본통계량을 사용해 검정통계량 산출 공식에 의한 검정통계량(t값)을 구한다.
>
> ✓ 4step – 임계값과 검정통계량을 비교하여 가설 채택여부 결정
>   임계값과 검정통계량을 비교하여 검정통계량 t값이 임계치보다 작으면 귀무가설을 기각하고 연구가설을 채택하고 임계치보다 크면 연구가설을 기각하고 귀무가설을 채택한다. (양측검정의 왼쪽의 경우이며 오른쪽인 경우 검정통계량 t값이 임계치보다 크면 귀무가설을 기각하고 연구가설을 채택한다)

(3) 동체(쌍체)비교

두 집단 평균차이에 대한 검정은 서로 독립적인 두 집단의 평균 간에 차이가 있는지를 검정하는 것과 동일집단에 대해 마케팅 자극을 노출하기 전과 노출한 후의 효과를 검정하는 경우와 같이 한 모집단 내에서 표본의 값이 짝을 이루고 있고 이 값들 간에 차이가 있는지를 검정하는 것으로 나눌 수 있는데 이것을 동체(쌍체)비교분석이라 한다.

① 두 집단 평균 검정의 사례 : 남자와 여자 간의 음료구매 차이와 같이 서로 배타적이고 독립적인 두 집단 간의 평균에서 차이가 나는지에 대한 검정
② 동체(쌍체)비교 검정의 사례 : 한 집단에 대하여 새로운 광고의 방영 전과 후의 제품 선호도에서 차이가 있는지에 대한 검정

2. 모집단의 분산에 대한 가설검정

흩어짐의 정도인 분산에 대해 가설을 세우고 검정하는 것이 모집단분산에 대한 가설검정이다. 모집단을 다른 모집단과 구별하는 중요한 값은 평균(μ)과 분산(σ^2)이다. 모집단이 평균을 중심으로 퍼져 있는 모집단분산에 대한 가설검정이 중요하다.

예 개발된 마취제의 평균시간이 10시간으로 나와 있는데 어느 경우에는 2시간이 지속되고 어느 경우에는 15시간이 지속된다면 이 제품을 믿고 쓸 수 없게 된다.

(1) 단일 모집단분산에 대한 가설검정

① 단일 모집단분산에 대한 가설검정 절차
  ㉠ 단일 모집단분산에 대한 가설검정은 카이제곱(x^2)분포가 사용된다.
  ㉡ 카이제곱 분포상의 임계치는 유의수준(α)과 자유도($n-1$), 검정의 종류에 따라 결정된다.
  ㉢ 표본의 분산(S^2)과 모집단의 분산(σ^2), 자유도($n-1$)를 이용하여 검정에 사용되는 x^2값을 식을 이용하여 구한다.

② 단일 모집단분산에 대한 가설검정 사례

> [예제] Apollo사의 종합영양제에 포함된 비타민C는 분산이 1.2g이라고 한다. 그러나 각 제품마다 비타민C 함량이 다르다는 불만이 제기되어 30개 샘플을 조사한 결과 비타민C 분산은 1.7g으로 나타났다. 유의수준 5%로 하여 가설검정을 진행하시오.
>
> ✓ 1 step – 가설설정
>   • 연구가설(H_1) : 종합영양제 제품 속에 포함된 비타민C 함량의 분산은 1.2g이 아니다. ($\sigma^2 \neq 1.2g$)
>   • 귀무가설(H_0) : 종합영양제 제품 속에 포함된 비타민C 함량의 분산은 1.2g이다. ($\sigma^2 = 1.2g$)
>   • 양측 검정
>
> ✓ 2 step – 유의수준(α)과 검정의 종류에 따른 임계치 산출, 연구가설의 채택영역 설정
>   • 가설설정을 통해 양측 검정, 왼쪽꼬리 검정, 오른쪽꼬리 검정을 결정함
>   • 연구가설의 채택 및 기각영역 결정
>   • 자유도가 29($n-1$)인 x^2분포상에서 유의수준(α) 0.05에 해당하는 양측 검정 임계치 산출

✓ 3 step - 검정통계량 x^2값의 계산
- 표본통계량 자유도 29(= n - 1), 표본분산(S^2 = 1.7)
- 검정통계량(x^2) 산출식

$$x^2 = \frac{(n-1)S^2}{\sigma^2}$$

✓ 4 step - 임계치와 검정통계량을 비교하여 가설의 채택/기각 여부 판단

임계치와 검정통계량을 비교하여 검정통계량 x^2의 값이 좌·우측 임계치를 벗어나 있다면 연구가설(H_1)을 채택하고 사이에 있다면 연구가설(H_1)을 기각한다.

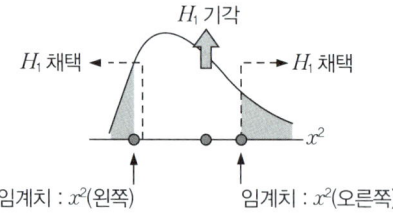

(2) 두 모집단분산에 대한 가설검정

두 모집단의 분산이 같은지 아니면 어느 한쪽이 더 큰지를 검정하는 것이다.

① 비대칭 F분포의 특성
  ㉠ 좌우 비대칭 모양의 분포이다.
  ㉡ 임계치는 두 표본분산의 자유도에 의해 계산된 F분포와 유의수준(α), 검정의 종류에 따라 확정된다.

② 두 모집단분산에 대한 가설검정 사례

[예제] Apollo그룹은 A사와 B사로 나누어져 있다. 회장은 A사 급여가 B사 급여보다 더 고르게 지급되고 있다고 믿고 있다. 이를 알아보기 위해서 A사에서 20명, B사에서 25명을 무작위로 뽑아 평균을 내어보니 A사는 평균 3,800만원에 분산 550이었고 B사는 평균 3,500만원에 분산 620이었다. A사가 B사에 비해 사원 간 급여차이가 없다고 볼 수 있는지 유의수준 5%로 검정하시오.

✓ 1 step - 가설설정
- 연구가설(H_1) : A사의 급여 분산은 B사 급여 분산보다 작다. ($\sigma^2_A < \sigma^2_B$)
- 귀무가설(H_0) : A사의 급여 분산은 B사 급여 분산보다 크거나 같다. ($\sigma^2_A \geq \sigma^2_B$) 또는 A사의 급여 분산과 B사의 급여 분산은 같다. ($\sigma^2_A = \sigma^2_B$)
- 왼쪽꼬리 검정

✓ 2 step - 유의수준(α)과 검정의 종류에 따른 임계치 산출 및 연구가설의 채택영역 설정
- 가설설정을 통해 양측 검정, 왼쪽꼬리 검정, 오른쪽꼬리 검정을 결정함
- 연구가설의 채택 및 기각영역 결정

✓ 3 step - 검정통계량 F값 산출

두 모집단의 표본통계량을 통해 검정통계량 F값을 산출

$$F = \frac{S^2_A}{S^2_B}$$

✓ 4 step – 임계치와 검정통계량을 비교하여 가설의 채택 여부 결정
검정통계량의 값이 임계치의 좌우 어디에 위치하는지에 따라 연구가설을 채택·기각하게 됨

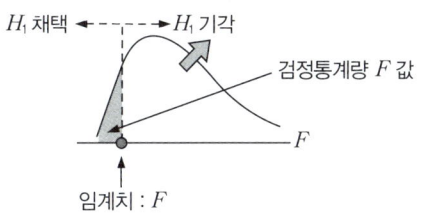

| 합격의 Tip |

시장조사론에서 다루는 분석방법은 다양한 종류가 존재하지만 주로 경영지도사 시험에서 다루는 7가지는 교차분석, 분산분석, 상관분석, 회귀분석, 요인분석, 판별분석, 군집분석으로 정리해 볼 수 있다. 두문글자만 따서 교/분/상/회/요/판/군(교분상회에서는 요만 판다는군요)으로 암기하고 독립변수와 종속변수의 관계 여부를 접목시켜 정리하면 전체를 파악하고 분석방법을 비교하는 데 도움이 된다.

종류	교차분석	분산분석	상관분석	회귀분석	요인분석	판별분석	군집분석
독립-종속 관계 여부	×	○	×	○	×	○	×

04 연관성 분석

1. 상관관계분석 2016년 논술문제

변수가 명목척도/서열척도일 경우에는 교차분석으로 변수 간의 독립성 여부를 파악하고, 변수가 등간척도/비율척도일 경우에는 상관분석으로 연관성 정도를 분석한다.

(1) 상관분석의 정의
① 변수 간의 선형 정도를 분석하는 통계기법으로 변수들 간의 연관성을 파악하기 위해 사용하는 분석 기법이다.
② 상관계수란 공분산이 척도 크기에 의해 영향을 받지 않도록 각 변수를 그 변수의 표준편차로 나누어 표준화시킨 변수값을 표준화된 공분산 또는 상관계수라 한다. 즉, 한 변수가 변화하였을 때 다른 변수가 변화하는 정도를 의미한다.

(2) 공분산을 이용한 상관관계분석

① 공분산의 의미

　㉠ 두 변수 간의 공통된 분포를 나타내는 분산을 일반분산과 구분하여 공분산이라 한다.

　㉡ 공분산은 두 변수 간의 선형적 연관성을 나타내는 지표이다.

② 공분산이 양수로 상당히 클 경우에 두 변수는 양(+)의 선형관계가 있다.

③ 공분산이 음수로 상당히 작을 경우에 두 변수는 음(−)의 선형관계가 있다.

(3) 상관계수를 통한 상관관계 파악

① 상관계수의 의미

　㉠ 두 변수 간의 선형적인 관계에 대해 정도와 방향을 수학적으로 정량화하여 나타낸 계수이다.

　㉡ 표준화된 공분산

② 분포와 상관계수

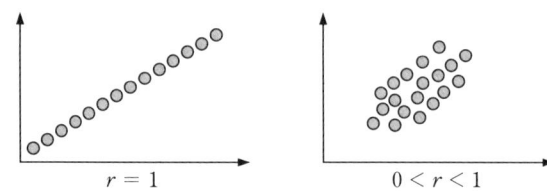
기울기가 양(+)이면 두 변수는 양(+)의 상관관계가 있다.

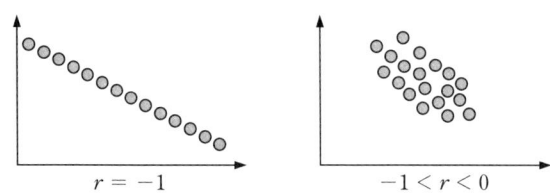
기울기가 음(−)이면 두 변수는 음(−)의 상관관계가 있다.

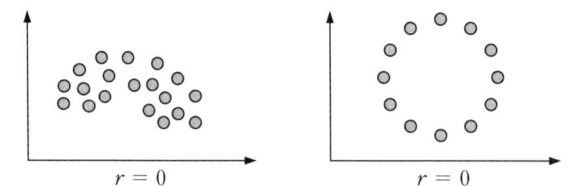
선형이 아닌 경우에는 상관관계가 없다고 할 수 있으며 관계가 없다고 할 수는 없다.

③ 스피어먼 상관계수 : 서열척도인 경우 순위를 이용하여 계산하는 상관계수

④ 피어슨 상관계수 : 등간척도 혹은 비율척도인 경우 사용

$$p = \frac{Cov(X, Y)}{\sigma_X \sigma_Y}$$

＊ 상관관계가 두 변수의 인과관계를 말해주는 것은 아니다.

(4) 상관계수의 유의성 검정

① 상관계수의 통계적 유의성은 일반적으로 t분포를 활용한다.

② 연구가설과 귀무가설을 설정하여 표본추출로 얻은 상관계수가 유의미한지에 대해 판단한다.

③ 가설 검정은 t통계량 값을 이용하여 판단하며 자유도는 (n − 2)인 t분포 값을 확인한다.

(5) 상관분석의 사례

> [예제] Apollo백화점은 경쟁사 대비 자사의 고객만족도를 높이는 것에 대해 치열한 노력을 하고 있었다. 이에 대한 대책으로 직원만족도를 높이면 고객만족도가 높아지는가에 검정을 실시하고자 10명의 직원을 상대로 조사를 실시하였다. 직원만족도와 고객만족도와의 상관계수 r을 도출하였다.
>
> ✓ 1 step - 가설설정
> - 연구가설 : 직원만족도와 고객만족도는 선형관계가 있다.
> - 귀무가설 : 직원만족도와 고객만족도는 선형관계가 없다.
>
> ✓ 2 step - 유의수준(α)과 검정의 종류에 따른 임계치 산출 및 연구가설의 채택영역 설정
> 유의수준 α = 0.05, t분포의 자유도는 10 - 2(n - 2) = 8, 유의수준 5%에 따른 임계치 산출
>
> ✓ 3 step - 검정통계량(t값) 산출
> 검정통계량 t값을 구하는 공식에서 산출
>
> ✓ 4 step - 임계치와 검정통계량을 비교하여 가설의 채택여부 결정
> 유의수준을 5%로 하여 검정한 결과 검정통계량 t값이 임계치보다 클 경우 귀무가설을 기각하고 연구가설을 채택하게 된다. 이 경우 직원만족도와 고객만족도와의 상관계수 r은 5% 유의수준에서 검정한 결과 통계적으로 유의하다.

2. 교차분석

(1) 교차분석의 정의
명목척도나 서열척도로 측정된 범주형 변수들 간의 상호 연관성을 분석하는 방법이다.

(2) 교차분석 절차
㉠ 빈도교차표 작성 : 두 변수를 기준으로 각 수준에 맞는 셀에 해당하는 값을 조사하여 빈도교차표를 작성한다.

㉡ 가설설정
- 연구가설(H_1)
  - 행과 열의 변수가 서로 연관성이 있다.
  - 두 변수는 서로 독립적이지 않다.
- 귀무가설(H_0)
  - 행과 열의 변수가 서로 연관성이 없다.
  - 두 변수는 서로 독립적이다.

㉢ 기대빈도 교차표 작성 : 각 셀의 기대빈도수를 계산한다.

구 분	1	2	행빈도합
1	(1, 1)	(2, 1)	A
2	(1, 2)	(2, 2)	B
열빈도합	a	b	총빈도합

- 각 셀의 기대빈도 = (행빈도합 × 열빈도합)/총빈도합
- 셀 (1, 1)의 기대빈도는 (A × a)/총빈도합

ⓔ 검정통계량 산출 : 각 셀의 (실제빈도 − 기대빈도)^2 ÷ 기대빈도를 구하여 전체 셀의 합을 구한다.
ⓜ 가설검정
- 검정통계량 : (행의 수 − 1)(열의 수 − 1)의 자유도를 갖는 카이제곱(x^2) 분포
- 검정통계량 : 값과 유의수준(α)에 따른 임계치를 비교하여 가설을 검정

ⓑ (3 − 1)교차분석 사례

[예제] S전자는 강남과 강북에서 사용하는 TV가 다른지를 알아보기 위해 30명의 고객을 대상으로 조사하였다. 거주지역과 TV제조회사 사이에 연관성이 있는지를 분석하시오.

✓ 1 step − 빈도교차표 작성

구 분	강 북	강 남	행빈도합
S사 TV	4	9	13
L사 TV	14	3	17
열빈도합	18	12	30

✓ 2 step − 기대빈도교차표 작성

구 분	강 북	강 남	행빈도합
S사 TV	(13 × 18)/30 = 7.8	(13 × 12)/30 = 5.2	13
L사 TV	(17 × 18)/30 = 10.2	(17 × 12)/30 = 6.8	17
열빈도합	18	12	30

✓ 3 step − x^2 교차표를 구하여 검정통계량 값을 계산함

구 분	강 북	강 남
S사 TV	1.85	2.78
L사 TV	1.42	2.12

$x^2 = \sum$(실제빈도 − 기대빈도)^2
$x^2 = 8.17$

✓ 4 step − 가설검정 및 결론
- 유의수준(α) = 0.05
- 자유도 df = (2 − 1)(2 − 1) = 1
- 임계치 x^2(0.05, 1) = 3.84
- 검정통계량 x^2 = 8.17이 임계치(3.84)보다 크기 때문에 귀무가설을 기각하고 연구가설을 채택
- 거주지역에 따라 사용하는 TV제품이 상이하다는 것이 유의수준 5%에서 검정됨

[예제] 에스콰이어 제화는 연령별로 선호상표에 차이가 있는지를 알아보기 위해 320명의 소비자를 대상으로 시장조사를 실시하여 자료를 수집하고, 마케팅 조사자는 다음과 같은 4단계의 절차를 거쳐 카이자승 검증을 실시하였다.

✓ 1 step – 교차분석표의 작성

구 분	에스콰이어 제화	금강제화	엔칸토제화	총 계
20대 초반	45	25	30	100
20대 후반	40	40	20	100
30대 이상	35	65	20	120
총 계	120	130	70	320

✓ 2 step – 가설의 설정
- H_0(귀무가설) : 연령별로 선호하는 상표에는 차이가 없다.
- H_1(대립가설) : 연령별로 선호하는 상표에는 차이가 있다.

✓ 3 step – 검정통계량의 결정
- 귀무가설이 맞다는 가정하에 각 칸의 기대빈도를 구한다.
- 검정통계량 카이자승 값을 얻는다. → 19.94
- 카이자승 분포를 통해 검정통계량을 얻는다.

✓ 4 step – 가설채택 기준의 마련
자유도 4, 유의수준 = 0.05에서 임계치 9.49이다.

✓ 5 step – 가설채택 여부의 결정
- 계산된 통계량 값이 임계치보다 크므로 두변수가 독립적이라면 귀무가설은 기각된다. 즉, 연령층에 따라 구두 상표 선호에서 차이가 난다는 결론을 내리게 된다.
- 20대의 젊은 층은 에스콰이어 제품을 선호하고, 연령이 많아짐에 따라 금강제화 제품을 선호함을 알 수 있다.
- 에스콰이어제화는 젊은 층을 겨냥한 기존 상표를 유지하면서, 50대 이상을 표적시장으로 한 새로운 콘셉트의 상표를 출시하기 위한 계획을 세워야 할 것이다.

05 회귀분석

1. 회귀분석 2016년 약술문제

(1) 회귀와 회귀분석
① 회귀 : 회귀분석의 회귀란 평균으로 돌아간다는 뜻이다.
    예 아버지의 키가 아무리 크거나 작아도 아들은 평균키에 접근한다.
② 회귀분석의 정의
    ㉠ 변수들 간의 함수관계를 분석하는 방법이다.
    ㉡ 독립변수가 종속변수에 미치는 영향력의 크기를 파악한다.
    ㉢ 독립변수의 값에 상응하여 종속변수의 값을 예측하는 모형을 산출한다.

(2) 회귀분석의 종류

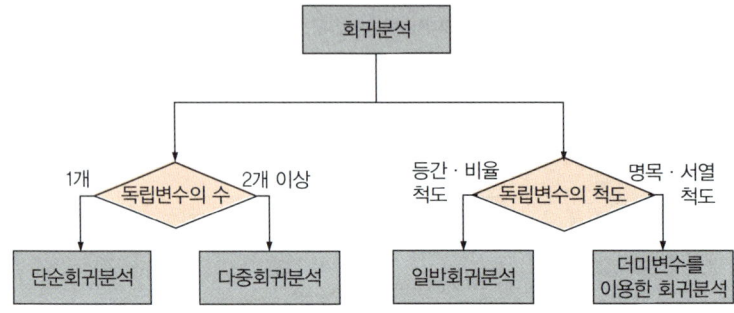

회귀분석은 독립변수의 수와 척도, 그리고 독립변수와 종속변수 간의 관계에 따라 사용되는 회귀분석의 종류가 구분된다.

(3) 회귀분석의 전제조건
① 특정한 독립변수값을 갖는 종속변수값들은 정규분포해야 하며, 이들의 분산은 모두 동일해야 한다.
② 종속변수 값들은 통계적으로 서로 독립적이어야 한다.
③ 독립변수들이 여러 개인 경우 이들 독립변수들 간에는 다중공선성이 존재하지 않아야 한다.
　㉠ 다중공선성이란 독립변수들 간의 상관관계를 말한다. 하나의 독립변수가 다른 독립변수에 미치는 영향이 클 경우에 다중공선성이 존재한다고 본다.
　㉡ 다중공선성을 진단하는 방법으로는 공차한계를 이용하는 방법과 분산확대지수에 의한 방법이 있다.

2. 단순회귀분석

단순회귀분석은 독립변수가 하나일 경우에 종속변수와의 관계를 분석하여 독립변수가 종속변수에 미치는 영향을 분석하는 방법이다. 산점도를 이용해 형태를 파악하고 회귀선을 도출한다.

> **더 알아보기**
>
> **산점도**
> 한 개의 독립변수와 종속변수 간의 관계를 XY 좌표에 점으로 나타내는 것이다. 만약 학생들의 몸무게와 키를 조사하여 XY좌표에 나타낸다면 그림처럼 나타낼 수 있고 회귀분석을 이용하여 산점도의 중앙을 통과하는 회귀선을 찾아낼 수 있다. 중요한 점은 회귀선은 두 변수의 평균이 만나는 점을 통과한다는 것이다.
>
>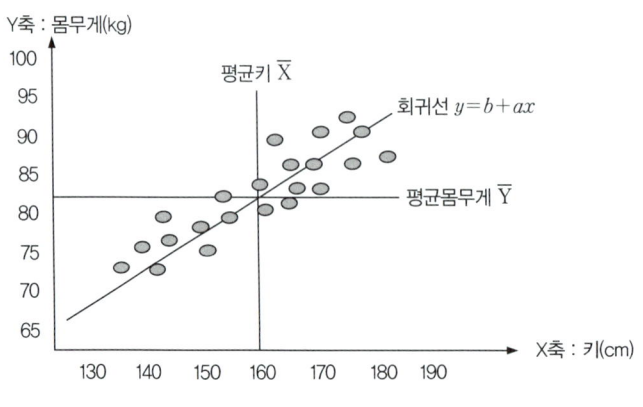

(1) 최소자승법을 이용한 회귀식 모형의 도출
  ① 최소자승법이란 회귀선과 관측치들 간의 차이를 제곱하여 모두 더한 값을 잔차의 제곱합이라 하고 최소가 되도록 하는 최적의 직선식을 구하는 방법이다.
  ② 잔차와 잔차제곱합
    ㉠ 잔차 : 관측값과 회귀선과의 거리

    | 합격의 Tip |
    회귀선과 관측값과의 차이는 음수가 나올 수도 있고 양수가 나올 수도 있어서 그대로 더해서 계산할 경우 상쇄되는 효과가 나타난다. 이를 해결하기 위해 절대값을 사용하면 문제를 해결하게 되지만 잔차의 절대값을 사용하는 것이 아니라 잔차제곱합을 사용하는 것은 보통의 경우 통계 패키지 프로그램을 사용하게 되는데 이럴 경우 계산이 불편하게 되어 잔차제곱합의 최솟값을 구하여 사용하게 되었다. 결국 회귀선과 관측값 사이의 면적합의 최소값을 구하는 것이다.

    ㉡ 최소자승법으로 직선식 도출 : 절편과 기울기 값 도출
      • $b = \overline{y} - a.\overline{x}$
      • $a = \dfrac{\sum_{e=1}^{n}(x_i - \overline{x})(y_i - \overline{y})}{\sum_{i=1}^{n}(x_i - \overline{x})^2}$

(2) 회귀선의 설명력, 결정계수 R^2
  ① 결정계수 : 평균값으로 관측치의 값을 추정하였을 경우에 발생하는 편차를 추정된 회귀선이 어느 정도 줄일 수 있는가 하는 것으로 전체 편차와 회귀선이 줄일 수 있는 부분의 비를 말한다.
  ② 일반적으로 R^2으로 표시한다.
    $R^2 = \dfrac{\text{회귀선에 의해 설명되는 제곱합}}{\text{총제곱합}}$
    ㉠ 결정계수(R^2)는 총제곱합 중에서 회귀선으로 설명되는 제곱합의 비율(분수)로 나타낸다.
    ㉡ 총제곱합은 회귀선에 의해 설명되는 편차의 제곱합과 회귀선에 의해 설명되지 못한 편차의 제곱합으로 되어있다.

    | 합격의 Tip |
    회귀분석에 나오는 용어에 대한 개념이해를 정확히 하면 조금 더 쉽게 이해할 수 있다.
      • 편차는 관측값과 평균과의 차이를 말한다.
      • 잔차는 평균이 아닌 추정된 회귀식과의 차이를 말한다(편차의 일부).
      • 오차는 편차와 다르게 예측을 위한 추정값과 실제값의 차이를 말한다.

(3) 회귀식 모형의 적합도분석
  회귀식의 통계적 유의성 검정을 회귀모형의 적합도분석이라 하며, 이때 사용하는 대표적인 방법으로 추정값의 표준오차를 이용하는 방법과 분산분석표를 이용하는 방법이 있다.
  ① 추정값의 표준오차를 이용한 방법
    ㉠ 추정값의 표준오차란 잔차제곱평균값의 제곱근값을 의미한다.
    ㉡ 일반적으로 추정값의 표준오차(잔차제곱평균값의 제곱근)가 작을수록 추정된 회귀식이 적합하다고 판단할 수 있다.

| 합격의 Tip |

표준오차는 종속변수의 측정단위에 따라 값이 달라진다. 즉, 몸무게를 g으로 하느냐 kg으로 하느냐에 따라 그 크기가 달라지므로 일정한 기준을 가지고 판단하기 어렵다. 그래서 분석하는 사람이 허용할 만한 수준인가 하는 주관적인 판단에 의존하므로 객관적이지 못하다.

② 분산분석표
   ㉠ 객관적으로 도출된 회귀식이 통계적으로 유의한가를 평가하는 방법이다.
   ㉡ 회귀선의 설명력이 아무리 높아도 통계적으로 유의하지 않으면 일반화하여 사용하기 어렵다.
   ㉢ 분산분석에서와 같은 방법으로 회귀식의 통계적 유의성을 검정한다.
   ㉣ 검정통계량 F값으로 회귀식의 통계적 유의성을 검정한다.

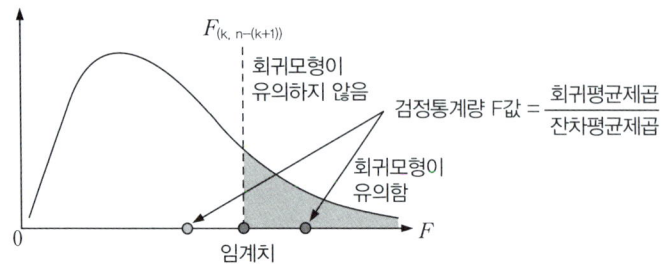

- 회귀선이 평균으로부터 떨어져 있는 거리제곱의 평균인 회귀평균제곱과 실제 관측값이 회귀선으로부터 떨어져 있는 잔차제곱의 평균인 잔차평균제곱의 비율로 표시되는 검정통계량 F값으로 회귀식의 통계적 유의성을 검정한다.
- 검정통계량 F값을 구하고 임계치의 F값과 비교하여 회귀모형이 유의한지에 대한 기각·채택을 통해 판단한다.

3. 다중회귀분석

(1) 다중회귀분석의 기본개념
① 2개 이상의 독립변수와 종속변수 간의 관계를 설명하고 종속변수값의 예측에 사용할 수 있는 회귀식을 도출하는 분석 방법이다.
② 기본식

$$Y = \beta_0 + \beta_1 X_1 + \beta_2 X_2 + \cdots + \beta_k X_k$$

③ 회귀식과 R^2을 구하고 회귀식이 통계적 유의성 검정은 단순회귀분석의 경우 같은 방법으로 한다.

(2) 독립변수의 유의성과 중요성 평가
① 표준화 계수 : 표준화한 자료를 입력자료로 하는 회귀분석에서 얻게 되는 계수
② 비표준화 계수 : 표준화하기 전의 원래 자료를 이용한 회귀분석 결과로 얻게 되는 계수
③ 표준화 계수값들의 크기를 서로 비교함으로써 여러 개의 독립변수 중에서 어느 변수가 종속변수에 더 많은 영향을 미치는지를 파악할 수 있다.

4. 더미변수를 이용한 회귀분석 2020년 논술문제

① 명목척도로 측정된 변수를 부득이 사용해야 하는 경우에는 명목척도로 나타낸 변수를 0과 1의 값만을 갖는 한 개 혹은 몇 개의 이항변수로 바꾸어 회귀분석에 활용할 수 있다.
② 이항변수는 실제로 측정한 변수가 아니라 명목척도로 측정된 변수값들을 서로 구분할 수 있도록 하기 위해 가상적으로 만든 변수라 하여 이들을 더미변수라 한다.
③ 신뢰할 수 있는 모형을 만들기 위해서는 가능한 한 적은 수의 독립변수를 사용하여 회귀모형을 개발하는 것이 분석자료의 자유도를 높일 수 있어 가능하다.

> **예** L전자는 광고비에 따른 매출액의 변화를 분석하면서 계절에 따른 변화도 추가로 분석하기 위해 일별 매출액 자료 등을 이용하여 다음의 회귀식을 추정하였다.
>
> $y_i = 50 + 20D_{1i} + 15D_{2i} - 10D_{3i} + 30x_{4i}$ (단위 : 백만 원)
>
> 봄은 계절을 나타내는 3개 더미변수들의 기준이 됨
> D_1 : 여름이면 1, 그 외에는 0, 여름은 봄에 비해 매출액이 2천만 원 많음
> D_2 : 가을이면 1, 그 외에는 0, 가을은 봄에 비해 매출액이 천오백만 원 많음
> D_3 : 겨울이면 1, 그 외에는 0, 겨울은 봄에 비해 매출액이 천만 원 적음
> x_{4i} : 일별 광고비, 매출액은 백만 원의 광고비 증가에 따라 3천만 원씩 증가함
> ※ 여름과 겨울을 비교하는 경우, 여름은 겨울보다 매출액이 3천만 원 [20−(−10)] 많음

06 분산분석

1. 분산분석의 개념 2023년 논술문제

(1) 정 의
① 집단 간 평균의 차이를 검정하는 분석방법
② 집단이 2개이면 t검정, 3개 이상의 집단이면 분산분석 사용
③ 독립변수가 종속변수에 미치는 영향을 분석하는 방법
④ 집단 간 종속변수의 값 중 평균의 차이가 유의한지를 분석하는 방법

(2) 왜 분산분석인가?
① 집단의 평균들이 서로 멀리 떨어져 있다면 집단 간 평균의 분산이 클수록 집단 평균들은 서로 다르다고 할 수 있다.
② 여러 집단 간 평균들이 서로 다름을 집단 간 분산과 집단 내 분산들을 이용하여 비교·판단하기 때문에 이를 분산분석이라 한다.
③ 집단 간 평균들의 분산과 집단 내 관측치들의 분산을 비교하여 집단 간 평균차이를 검정한다.

(3) 가 정

① 분산분석에서 독립변수인 요인은 명목척도나 서열척도로 측정된 값이며, 종속변수는 등간척도나 비율척도로 측정된 값이다.
② 모집단은 정규분포 해야 하며 서로 동일한 분산을 가져야 한다.
③ 표본추출은 무작위로 이뤄져야 하며 서로 독립적이어야 한다.

(4) 분산분석표

분 산	제곱합	자유도	제곱평균	F값
요인 간	SST	k − 1	MST = SST/(k − 1)	F = MST/MSE
요인 내	SSE	n − k	MSE = SSE/(n − k)	−
합 계	Total SS	n − 1	−	−

- F(k − 1, n−k)
- F값이 유의수준의 F값보다 크면 귀무가설 기각, 즉 인자수준 간 차이가 있다.

(5) 종 류

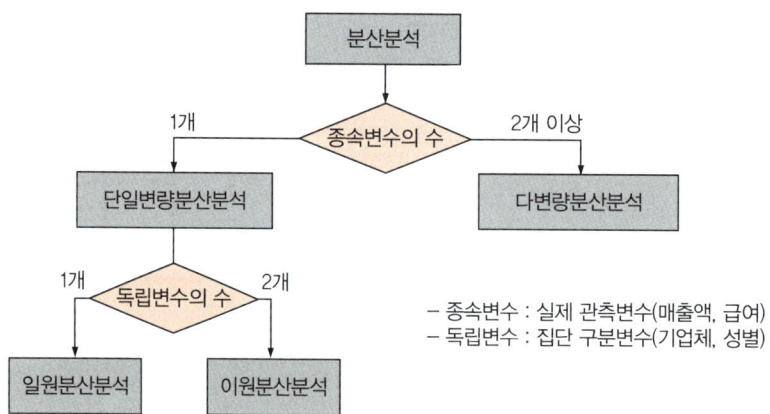

① **일원분산분석** : 독립변수(집단 구분변수)가 1개인 경우 종속변수(집단 관측변수)의 평균이 서로 다른지를 분석하는 방법
② **이원분산분석** : 독립변수(집단 구분변수)가 2개의 명목변수이고 종속변수에 미치는 영향을 분석하는 방법
③ **다변량분산분석** : 2개 이상의 종속변수들의 평균값의 집단 간 차이를 동시에 비교·분석하는 방법
④ **공변량분석** : 실험에서 얻어지는 다변량 자료들은 연속형 자료와 이산형 자료들이 혼합되어 있는 경우가 대다수이다. 이때 성격이 다른 자료들을 일반선형모델로 분석할 경우 공변량분석(ANCOVA)이라고 한다. 즉, 독립변수들이 이산형, 연속형 변수이고 종속변수가 연속형 자료인 경우에 해당된다. 공변량분석은 분산분석과 회귀분석이 결합된 분석방법이다.

(6) 사 례

[예제] 분말형태의 세탁세제를 판매하는 애경유지는 최근 두 달간의 매출감소를 만회하기 위해 다음 달부터 적극적인 판촉을 계획하고 있다. 이를 위해 현재 판촉을 실시하지 않거나 20% 가격인하와 판촉물을 제공하는 방법 중 보다 효과적인 수단을 선택하기 위해 서울 시내 15개의 슈퍼마켓을 표본으로 선정하여 판촉유형이 매출액에 미치는 효과에 관한 조사를 실시하기로 했다.

판촉유형		
판촉을 실시하지 않음 (점포집단1)	20% 가격인하 (점포집단2)	판촉물 제공 (점포집단3)
3	24	15
0	32	21
2	17	14
1	20	16
4	11	18
평균 2	평균 20.8	평균 16.8

✓ 1 step – 분산분석

변량의 종류	제곱합	자유도	제곱평균	F
집단 간 변동	980.8	2	490.4	20.46
집단 내 변동	287.6	12	23.97	–
총변동	1,268.4	14	–	–

✓ 2 step – 가설설정
- 귀무가설 : 집단 간의 평균차이가 없다.
- 연구가설 : 집단 간의 평균차이가 있다.

✓ 3 step – 검정통계량의 결정
 유의수준 α = 5%와 분자 및 분모의 자유도가 각각 2와 12인 F분포의 임계치는 3.89이다.

✓ 4 step – 가설채택 기준설정 및 채택
 F통계량의 값이 20.5가 임계치보다 훨씬 큰 것으로 나타나 집단 간의 평균차이가 없다는 귀무가설은 기각되고, 집단 간에 평균에서 유의한 차이가 있다는 대립가설이 채택된다. 즉 두 가지 판촉방법 모두가 의미 있게 매출을 증가시키는 것으로 나타나, 매출증대를 위해 판촉방법을 도입해야 한다.

| 합격의 Tip |

교차분석과 분산분석의 비교는 통계문제의 유형 중 어려운 부분이다. 두 개의 분석법의 핵심사항들을 비교해봄으로써 각각의 분석법을 좀 더 확실히 이해할 수 있다.

구 분	교차분석	분산분석
분포(검정)	카이자승 분포(검정)	F–분포(검정)
사용 척도	명목척도로 측정된 두 변수 간의 관계조사	• 독립변수 – 명목척도 • 종속변수 – 등간 또는 비율척도
문제 적용	두 범주형 변수 간 연관성이 존재하는지, 독립적인지 분석	독립변수에 의해 분류된 두 개 이상의 집단 간의 평균값 비교
사 례	3개의 제화 업체는 연령별로 선호상표에 차이가 있는지 조사	3개의 판촉유형이 판매액에 미치는 효과에 관한 조사
귀무가설 H_0	• 독립적이다. • 연관성이 없다.	• 두 집단 간 평균값이 같다. • 효과가 없다.
대립가설 H_1	연관성이 있다.	• 평균값이 차이가 있다. • 효과가 있다.

07 요인분석 2025년 논술문제

1. 요인분석 개요

(1) 요인분석의 정의 및 목적

① 변수들 간의 상호 연관성(공분산, 상관관계)을 분석해서 이들 간에 공통적으로 작용하고 있는 내재된 요인을 추출하여 전체자료를 대변할 수 있는 변수의 수를 줄이는 기법이다.

② 요인분석을 사용하는 목적
  ㉠ 연구나 모형개발에 사용되는 변수의 수를 줄여 몇 개의 핵심적인 요인만으로 모형을 구성하고 설명하기 위해 사용한다.
  ㉡ 정보와 지식을 보다 쉽고 효과적으로 전달하기 위해 사용한다.

| 합격의 Tip |

요인분석은 변수와 요인으로 구분할 수 있는데, 배우 전지현의 특성을 가정하여 나열해보자. '전지현은 좋은 성품을 가지고 있다. 전지현은 외향적인 성격이다. 전지현은 연기를 잘한다. 전지현은 체지방이 적다. 전지현은 자기 자신에 대해 만족한다' 등 여러 가지 속성 중 공통적으로 가지고 있는 특성을 종합하여 나타내면 자존감, 건강, 성격 등으로 묶을 수 있는데 이것을 요인이라 한다. 이렇듯 요인분석은 여러 가지 변수에서 요인을 추출해 내는 것이다. 이때 변수는 일정한 기준의 척도로 측정하여 수치로 나타낸 것이다.

(2) 요인분석을 위한 자료
① 요인분석에서 사용되는 변수들은 모두 등간척도나 비율척도로 측정된 양적변수이다. 명목척도, 서열척도의 질적변수는 입력자료로 사용해서는 안 된다.
② 입력변수들은 서로 독립적인 정규분포를 이루어야 하며 변수별로 분산은 모두 동일하다는 가정을 만족시켜야 한다.
③ 입력변수들 간에서는 어느 정도 이상의 상관관계가 있어야 한다.

(3) 요인분석 절차
① 요인추출방법
  ㉠ 하나의 변수가 가지고 있는 총분산은 공통분산, 고유분산, 오차분산으로 나눌 수 있다.
  ㉡ 요인 분산의 구성
    • 공통분산 : 하나의 변수가 다른 입력변수들과 연관되어서 움직이는 공통적인 분산
    • 고유분산 : 다른 입력변수들과 관계없이 그 변수만이 독자적으로 가지고 있는 독특한 변량을 나타내는 분산
    • 오차분산 : 공통분산이나 고유분산에 속하지 않고 다만 측정과정에서 무작위로 발생할 수 있는 측정오차에 따른 분산
  ㉢ 주성분분석 : n개의 입력변수들이 가지는 총분산을 n개의 주성분으로 다시 나타내는 방법이다.
  ㉣ 공통요인분석 : 입력변수들이 가지고 있는 공통분산만을 이용하여 공통요인을 추출하는 방법이다.

> **더 알아보기**
>
> **주성분분석**
> 주성분분석은 총분산을 이용해서 요인을 추출하고, 공통요인분석은 공통분산만을 이용하여 요인을 추출한다. 예를 들어 A, B, C사에 대한 소비자의 선호도 조사를 실시한 경우 A사 선호도 조사의 내용을 고유분산, 공통분산, 오차분산으로 나눌 수 있고 총분산을 이용하는가 공통분산을 사용하는가에 따라 분석방법이 달라진다.
>
>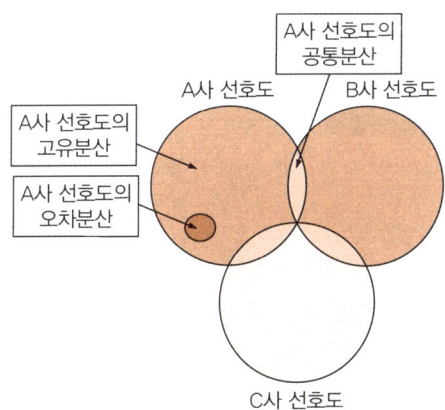

(4) 추출할 요인 수 결정방법
  ① 고유값에 의한 적정 요인 수 결정
    ㉠ 고유값 : 한 요인이 몇 개의 변수들이 가지고 있는 양만큼의 분산을 설명하고 있는가를 나타내는 값이다.
    ㉡ 요인의 설명력을 나타내는 값으로 모든 입력변수들과 요인점수와의 상관계수 값인 요인적재량을 제곱하여 모든 변수에 대하여 요인별로 더한 값이다.
  ② 연구목적 등 사전기준에 의한 적정 요인 수 결정
    기존의 문헌이나 특정한 연구목적의 필요에 따라 요인의 수를 미리 정하고 요인분석을 수행한다.
  ③ 전체 입력변수들이 가지고 있는 분산 전체의 일정비율을 기준으로 적정요인 수 결정
    추출할 요인들이 전체 입력변수들이 가지고 있는 총분산 중에 최소한으로 어느 정도까지는 설명하도록 해야 한다는 기준에 따라 적정한 요인의 수를 결정하는 방법을 말한다.
  ④ 스크리테스트에 의한 적정 요인 수 결정
    스크리테스트는 추출되는 순서에 따라 각각의 요인이 설명하는 고유값을 그래프로 표시하여 기울기가 급강하하다가 갑자기 완만해지는 곳 주변에서 요인의 수를 결정하는 방법을 말한다.

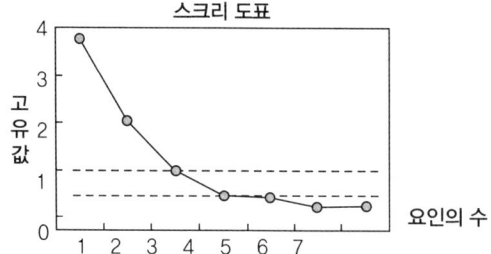

(5) 요인 축의 회전
  ① 요인분석의 결과 요인과 변수 간의 관계를 XY축의 그래프 형태로 도출해낼 수 있다.
  ② 처음 도출되는 자료만으로는 변수와 요인 간 관계를 명확하게 할 수 없다.
  ③ 요인의 축을 적당히 회전시켜 주면 요인과 변수 간의 관계를 명확하게 이해 할 수 있다.
  ④ 직각회전방법 : 베리멕스, 쿠아르티멕스, 이퀴멕스 등
  ⑤ 비직각회전방법 : 직접 오블리민, 오블리끄, 코베리민 등

(6) 요인분석 결과 해석
  ① 공통성 : 공통(요인)분산 값이 크면 측정변수를 잘 설명한다고 볼 수 있다. 즉, 추출된 요인이 변수의 분산을 어느 정도 설명할 수 있는가를 나타낸 값이다.
  ② 아이겐 값 : 공통성을 변형한 값으로 아이겐 값이 클수록 설명력이 큰 공통요인이다.

| 합격의 Tip |
요인분석은 공통요인분석만을 사용하는 것으로 오해하기 쉬우나 대개 주성분분석을 많이 사용하고 있다. 주성분분석은 주어진 분산 전체를 사용하므로 많은 분산을 설명할 수 있다. 반면 공통요인분석은 변수 간의 상관관계가 낮을 경우 추출된 요인이 변수의 분산을 잘 설명하고 있다고 보기 어렵다. 즉, 추출된 요인의 설명력이 낮게 된다. 그러므로 변수 간의 상관관계가 높을 경우에 사용하는 것이 무방하며 자료의 수가 많거나 입력 값에 오류가 다수 발생하는 등의 문제가 있을 때 사용한다.

08 판별분석

1. 판별분석의 개요

(1) 정 의
① 분석하고자 하는 대상이 두 집단 중 어디에 속하는지 판별하는 분석기법이다.
② 두 집단을 분류할 수 있는 역할을 하는 변수를 구별한다.
  예 다이어트 : 두 집단 중 어떤 집단의 사람이 다이어트에 성공할 것인가?
  금연 : 두 집단 중 어떤 집단의 사람이 금연에 성공할 것인가?

(2) 종속변수와 독립변수가 존재
① 독립변수는 등간척도 혹은 비율척도이다.
② 종속변수는 명목척도이다.

2. 판별분석의 기본원리

(1) 분석의 절차
① 독립변수 : Ω
② 종속변수 : 1, 2

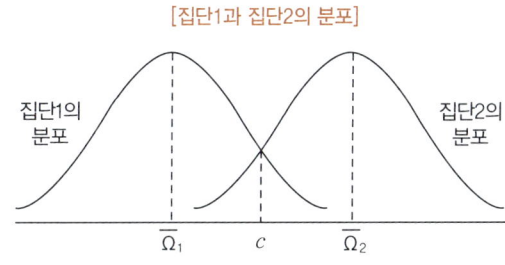
[집단1과 집단2의 분포]

③ 가정 : 집단1, 2는 정규분포를 하며 동일한 분산 값을 갖고 있다.
  분류점 $C = \dfrac{\overline{\Omega_2} - \overline{\Omega_1}}{2}$
④ 잘못 판단할 확률

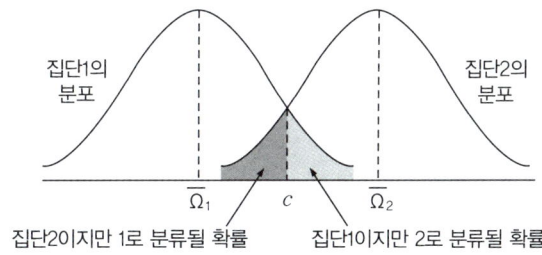

⑤ 판별함수

$$Z = w_1\overline{Q}_1 + w_2\overline{Q}_2 + \cdots + w_n\overline{Q}_n$$

$w_1, w_2, \cdots w_n$: 판별함수의 계수

$\overline{Q}_1, \overline{Q}_1, \cdots \overline{Q}_n$: 측정변수

⑥ 판별함수의 추정과 적합도 검정
   ㉠ 추정 계산방법 : 동시입력방법과 단계입력방법(일반적인 방법)
   ㉡ 판별력 : 월크스 람다를 계산하여 카이제곱검정을 실시
   ㉢ 적합도 : 바르게 판별한 비율

09 군집분석

1. 군집분석의 이론

(1) 정 의

개인이나 여러 개체의 유사한 속성을 파악하여 몇 개의 집단으로 그룹화한 이후 집단의 성격을 파악하고 전체의 구조를 이해하는 분석방법이다.

(2) 기본개념 2021년 약술문제

① 분석대상 간의 유사성을 유클리안 거리로 측정한다.
② 군집 내 구성원의 동질성은 최대로 이질성은 최소로 하고 군집 간 동질성은 최소로 이질성은 최대로 하는 방법이다.

> **| 합격의 Tip |**
> 군집분석의 활용은 마케팅관리론에서도 등장하는 고객 또는 시장의 세분화 과정에서 사용한다. 분석대상인 고객을 지리적 변수, 인구통계학적 변수, 심리도식적 변수, 행동적 변수 특성을 파악하고 각 집단의 특성을 구분한다.

(3) 종 류

① 계층적 군집분석, 비계층적 군집분석, 중복군집분석으로 나눌 수 있다.
② 계층적 군집분석
   ㉠ 기준이 되는 대상에서 개별 대상의 거리를 기준으로 계속해서 군집의 크기를 키워가는 방식이다.
   ㉡ 군집 수는 줄어들고 군집의 크기는 커진다.
   ㉢ 단일결합법, 완전결합법, 평균결합법, Ward법 등이 있다.
③ 비계층적 군집분석
   ㉠ 우선 군집의 수를 정하고 설정된 군집의 가까운 개체를 포함해 나가는 방법이다.
   ㉡ K평균법이 있으며 데이터 마이닝의 군집분석방법으로 사용된다.

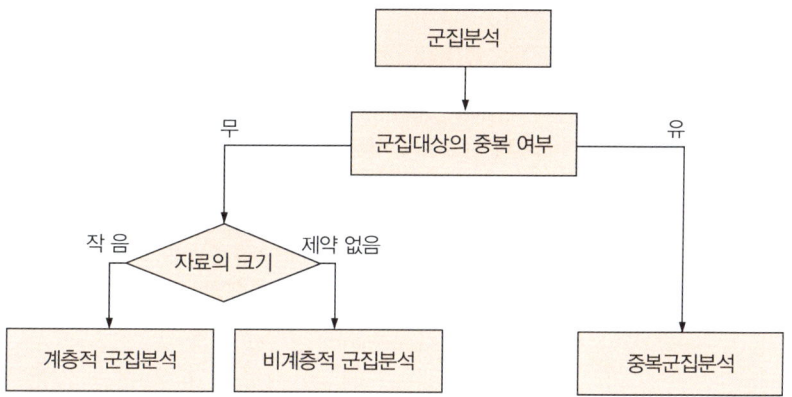

2. 군집분석의 활용

(1) 사 례

시장세분화 결과에 따라 고객군별 대처방안을 정하고 실행 계획을 수립할 수 있다. 실제 시장에서 구매가능성, 수익성, 성장성 등 마케팅전략과 유연하게 연결되는 변수들을 사용하여 군집분석을 실시한다.

(2) 군집분석과 요인분석의 비교

구 분	요인분석	군집분석
분석대상	변 수	응답자
정 보	변수 간 상관계수	거 리
도출방법	변수에서 요인도출	군집형성
분석방법	통계적 방법	수리적 방법

10 컨조인트분석

1. 컨조인트분석 개요

상품 혹은 서비스에 대한 소비자의 효용 즉, 개별 상품이나 서비스에 대해 소비자가 선택할 때 어느 정도 가치가 있다고 평가하는가를 알 수 있는 분석 방법이다.

(1) 정 의

① 소비자의 만족의 정도(선호도, 효용)를 분석하는 방법이다.
② 상품이나 서비스를 평가하여 각각의 속성에 소비자의 효용을 추정한다.
③ 소비자가 어떤 상품이나 서비스를 선택할 것인가를 예측할 수 있다.

(2) 대안평가 방법과 컨조인트분석

구 분	대안평가 방법	컨조인트분석
장 점	• 상품에 대한 중요도와 최소기준에 따라 쉽게 평가 • 상품의 개별 속성에 대해 선호하는 수준을 소비자가 직접 평가하여 선호도를 평가	• 보다 효과적으로 속성 간의 상대적 중요도를 정할 수 있음 • 조사된 내용으로 속성의 수준을 조합하여 소비자가 원하는 상품이 무엇인지 구할 수 있음
단 점	• 한계효용체감의 법칙에 따름 • 중요도는 가중치가 높은 속성에 편중	선호 정도를 정확하게 평가하기 어려움 예 가장 좋아하는 배우 순위를 10명 선정할 때 후순위일수록 정확하지 않은 경우 많음

2. 컨조인트분석 실행

(1) 단 계

① **모형의 선택** : 부분가치함수모형, 벡터모형, 이상점모형

② **자료수집방식** : 전체 프로필법, 트레이드 오프법

③ **평가법**
  ㉠ 전체 프로필법에서는 프로필을 평가
  ㉡ 서열순위법, 쌍체비교법이 있음

④ **계수추정 및 시장세분화**
  ㉠ 계수추정 : 회귀분석 사용
  ㉡ 시장세분화 : 군집분석 사용

(2) 사 례

> Ⅰ. 고객이 타이어를 구입할 때 중요하게 생각하는 속성들과 속성수준을 파악
>   • 마모성(4, 5, 7, 8만 km)
>   • 브랜드(파워, 블랙, 넥센, 미셸린)
>   • 벨트(유리섬유, 강철)
>   • 휠 색상(흰색, 검정색)
>   • 가격(4, 5, 7, 10만 원)
> Ⅱ. 가상 타이어 제품을 구성 – 256가지
> Ⅲ. 각 속성이 소비자의 선호도에 미치는 주효과만을 측정하기에 적합한 최소한의 카드로 구성된 세트를 구성
> Ⅳ. 구성된 가상제품 카드세트를 응답자에게 제시하여 가장 선호하는 순서대로 제품카드를 나열하도록 함
> Ⅴ. 선호등수를 종속변수로 하고 제품속성을 더미 코딩한 더미변수를 독립변수로 하여 회귀분석을 실시하면, 응답자가 속성수준에서 얻을 수 있는 효용, 즉 부분가치를 추정할 수 있음

(3) 활 용

① 컨조인트분석은 상품의 중요성을 파악, 시장세분화, 포지셔닝 그리고 시장점유율을 예측하는 데에 유용하게 사용된다.

② 컨조인트분석을 이용하면 개별소비자가 중요시하고 있는 상품의 속성에 대한 분석은 물론, 이러한 개별소비자의 효용자료를 활용하여 시장을 세분화하고 세분시장의 특성을 파악할 수 있으며, 특정한 속성수준 값을 갖는 신상품이 시장에 출시될 경우 이 상품의 시장점유율을 추정할 수 있다.

11 다차원척도법

1. 다차원척도법(MDS)의 개요

(1) 정 의
상표나 상품이 가지고 있는 속성이나 응답자의 조사값 간의 복잡한 다차원 관계를 저차원인 2차원이나 3차원에 단순 구도로 시각화하는 기법으로 포지셔닝 등의 소비자·시장 분석 내용을 시각적으로 나타내주는 방법이다.

(2) 목 적
① 소비자가 상표를 인지할 때 평가하는 차원의 수와 속성의 종류를 파악한다.
② 자사의 상표와 경쟁사 상표의 관계를 파악한다.
③ 포지셔닝 맵상에 상표와 속성 등을 함께 나타냄으로써 시각적으로 효과적인 전달이 가능하다.

2. 기본개념

(1) 다차원척도법의 알고리즘 2023년 약술문제
① 1단계 : 응답자가 마음속으로 인식하고 있는 자극점 간의 거리(H)를 측정한 행렬을 구한다.
② 2단계 : 구하고자 하는 맵상에서 자극점 간의 거리(D)를 나타내는 가상적인 행렬을 구한다.
③ 3단계 : 행렬 H와 행렬 D의 차이(오차)가 최소가 되도록 하는 자극점들의 맵상 좌표를 도출한다.

(2) 모형의 적합도와 차원 수 결정 2023년 약술문제
크루스칼의 스트레스값을 이용하여 결과의 신뢰성과 타당성 등 적합성을 검증할 수 있다.

(3) 종 류
① 입력자료의 대칭 여부
  ㉠ 대칭(Symmetric) MDS
  ㉡ 비대칭(Asymmetric) MDS
② 입력 자료의 척도
  ㉠ 등간척도, 비율척도 : 매트릭(Metric) MDS
  ㉡ 서열척도 : 비매트릭(Non-metric) MDS
③ 자극점의 비교방법
  ㉠ 직접비교자료를 이용한 MDS
  ㉡ 간접비교자료를 이용한 MDS

우리가 해야 할 일은 끊임없이 호기심을 갖고 새로운 생각을 시험해 보고 새로운 인상을 받는 것이다.

− 월터 페이터 −

제 3 과목

소비자행동론

PART 01 기출문제 및 모범답안
PART 02 핵심이론

합격의 공식 시대에듀

우리의 모든 꿈은 실현된다.
그 꿈을 밀고 나갈 용기만 있다면.

— 윌 듀란트 —

PART 01

기출문제 및 모범답안

5개년	기출문제
2025년	모범답안
2024년	모범답안
2023년	모범답안
2022년	모범답안
2021년	모범답안

얼마나 많은 사람들이 책 한 권을 읽음으로써
인생에 새로운 전기를 맞이했던가.

− 헨리 데이비드 소로 −

끝까지 책임진다! 시대에듀!

QR코드를 통해 도서 출간 이후 발견된 오류나 개정법령, 변경된 시험 정보, 최신기출문제, 도서 업데이트 자료 등이 있는지 확인해 보세요! **시대에듀 합격 스마트 앱**을 통해서도 알려 드리고 있으니 구글 플레이나 앱 스토어에서 다운받아 사용하세요. 또한, 파본 도서인 경우에는 구입하신 곳에서 교환해 드립니다.

2025년 제40회 경영지도사 제2차 국가자격시험 문제지

교시	지도분야	시험과목	시험시간	수험번호	성명
3교시	마케팅분야	소비자행동론	90분		

【문제 1】 다속성 태도모델에 관한 다음 물음에 답하시오. (30점)
   (1) 피시바인(Fishbein) 모델을 수식으로 표현하고, 태도형성과정을 설명하시오. (10점)
   (2) 피시바인(Fishbein) 모델을 활용한 태도 형성 및 변화 전략 3가지를 설명하시오. (10점)
   (3) 확장된 피시바인(Extended Fishbein) 모델을 구성하는 2가지 특징적 요인을 피시바인(Fishbein) 모델과 비교하여 설명하시오. (10점)

【문제 2】 관여도에 관한 다음 물음에 답하시오. (30점)
   (1) 관여도의 개념과 관여도를 결정하는 3가지 요인을 각각 설명하시오. (10점)
   (2) Laurent and Kapferer의 CIP(Consumer Involvement Profile) 관여도 측정도구의 4가지 측정차원에 관해 설명하시오. (8점)
   (3) FCB 그리드의 4가지 유형에 관해 설명하고, 각 유형별로 적합한 마케팅 전략을 서술하시오. (12점)

【문제 3】 게쉬탈트(Gestalt) 심리학에 기반한 지각적 통합화(조직화)의 원리를 3가지만 설명하시오. (10점)

【문제 4】 장기기억은 정보가 저장된 형태에 따라 3가지로 분류되는데, 이 3가지 장기기억의 유형을 제시하고 설명하시오. (10점)

【문제 5】 관여도에 따른 소비자의 구매의사결정 유형에 관한 다음 물음에 답하시오. (10점)
   (1) 제한적 의사결정의 특징을 정보탐색과 대안평가 차원에서 설명하시오. (4점)
   (2) 제한적 의사결정과정에서 다양성 추구 행동이 발생하는 경우 또는 사례를 3가지만 제시하시오. (6점)

【문제 6】 혁신적인 제품의 확산과 수용에 영향을 미치는 신제품의 5가지 특성과 혁신수용시점에 따른 5가지 수용자 유형을 각각 제시하시오. (10점)

2024년 제39회 경영지도사 제2차 국가자격시험 문제지

교시	지도분야	시험과목	시험시간	수험번호	성명
3교시	마케팅분야	소비자행동론	90분		

【문제 1】 다중기억구조모델(Multiple Store Model of Memory)에 관한 다음 물음에 답하시오. (30점)
  (1) 단기기억(Short-term Memory) 혹은 운용기억(Working Memory) 장치의 역할과 특성을 설명하시오. (5점)
  (2) 리허설의 개념과 유형을 설명하시오. (5점)
  (3) 단기기억의 리허설을 돕기 위한 기업의 마케팅전술을 제시하시오. (10점)
  (4) 기억에서 계열위치효과(Serial-position Effect) 즉, 초기효과(Primacy Effect)와 최근효과(Recency Effect)의 개념을 기억의 구조와 연결하여 설명하고, 두 효과를 활용한 판매원들의 판매전술을 제시하시오. (10점)

【문제 2】 소비자행동에 관한 다음 물음에 답하시오. (30점)
  (1) 자아개념(Self-concept)이 무엇인지 설명하고, 자아개념의 4가지 유형을 설명하시오. (10점)
  (2) 조절초점(Regulatory Focus)이론을 설명하고, 소비자의 조절초점에 따른 치약의 광고메시지전략을 제시하시오. (8점)
  (3) 인지욕구(Need for Cognition)의 개념을 설명하고, 인지욕구의 수준에 따른 태도형성경로를 정교화가능성모델 관점에서 설명하시오. (6점)
  (4) 자기감시성(Self-monitoring)의 개념을 설명하고, 자기감시성의 수준에 따른 행동의도 결정과정을 합리적행동이론 관점에서 설명하시오. (6점)

【문제 3】 준거집단이 소비자행동에 미치는 영향의 유형 3가지를 설명하고, 각 영향이 현저하게 작용하는 구매제품이나 상황을 사례로 제시하시오. (10점)

【문제 4】 가족이 공동의사결정을 수행할 때, 가족구성원들에 의해 이루어질 수 있는 역할 유형을 5가지 설명하시오. (10점)

【문제 5】 마케터는 구매의사결정 유형과 자사 브랜드의 고려상표군 포함여부에 따라 마케팅전략 대안 매트릭스를 다음과 같이 구성할 수 있다. ①~⑥에 해당하는 마케팅전략을 설명하시오. (10점)

의사결정 유형 자사브랜드 위치	본격적 의사결정	제한적 의사결정	일상적 의사결정
고려상표군 내	①	②	③
고려상표군 외	④	⑤	⑥

【문제 6】 구매 후 과정에 관한 다음 물음에 답하시오. (10점)

(1) 하이더(Heider)가 제시한 귀인의 유형을 설명하고, 불만족의 가능성이 높아지는 귀인의 유형을 기술하시오. (6점)

(2) 구매 후 부조화의 개념을 설명하고, 구매 후 부조화를 감소시키기 위한 기업의 노력 2가지를 제시하시오. (4점)

2023년 제38회 경영지도사 제2차 국가자격시험 문제지

교시	지도분야	시험과목	시험시간	수험번호	성명
3교시	마케팅분야	소비자행동론	90분		

【문제 1】 관여도는 소비자행동의 다양한 측면에 영향을 미치는 중요한 변수다. 다음 물음에 답하시오. (30점)
  (1) 관여도의 개념을 기술하고, 지속적 관여도(Enduring Involvement)와 상황적 관여도(Situational Involvement)의 차이점을 예를 들어 비교 설명하시오. (8점)
  (2) 관여도와 구매동기에 따른 FCB Grid의 4개 사분면에 속하는 각각의 제품군 특성을 예를 들어 설명하고, 해당 영역별로 적합한 마케팅 커뮤니케이션 전략을 기술하시오. (12점)
  (3) 정교화 가능성 모델(Elaboration Likelihood Model) 관점에서 관여도 수준(고/저)에 따른 소비자 태도 형성 과정과 마케팅 시사점을 각각 설명하시오. (10점)

【문제 2】 태도관련 모형 및 이론에 관한 다음 물음에 답하시오. (30점)
  (1) 피쉬바인(Fishbein)의 다속성 태도모형에서 태도가 형성되는 과정을 설명하시오. (8점)
  (2) 확장된 피쉬바인(Extended Fishbein) 모형에서 구매행동이 결정되는 전체 과정을 설명하시오. (12점)
  (3) 계획적 행동이론(Theory of Planned Behavior) 관점에서 구매행동이 결정되는 전체 과정을 설명하시오. (10점)

【문제 3】 홀(E. Hall)이 제안한 저맥락문화(Low-context Culture)와 고맥락문화(High-context Culture)의 차이점을 4가지만 설명하시오. (10점)

【문제 4】 준거집단의 영향 중 규범적 영향의 개념을 기술하고, 준거집단의 규범적 영향력이 제품 특성에 따라 어떻게 달라지는지 예를 들어 설명하시오. (10점)

【문제 5】 모델링(대리 학습) 효과에 영향을 미치는 요인에 관한 다음 물음에 답하시오. (10점)
  (1) 모델링 효과에 긍정적인 영향을 미치는 모델 특성을 3가지만 기술하시오. (6점)
  (2) 모델링 효과가 커지게 되는 관찰자 특성을 3가지만 기술하시오. (4점)

【문제 6】 점화효과(Priming Effect)와 구성효과(Framing Effect)를 각각 설명하시오. (10점)

2022년 제37회 경영지도사 제2차 국가자격시험 문제지

교시	지도분야	시험과목	시험시간	수험번호	성명
3교시	마케팅분야	소비자행동론	90분		

【문제 1】 소비자의 구매의사결정에 영향을 미치는 중요한 가격의 심리적 특성으로 최고수용가능 가격, 최저수용가능 가격, 가격탄력성, 준거가격이 있다. 이와 관련된 다음 물음에 답하시오. (30점)
  (1) 소비자가 특정 제품에 대해 지불하고자 하는 최대 금액인 최고수용가능 가격(Upper Price Threshold)에 영향을 미치는 요인을 3가지 설명하시오. (10점)
  (2) 소비자의 구매의사결정은 최저수용가능 가격(Lower Price Threshold)에도 영향을 받는다. 최저수용 가능 가격이 구매에 미치는 영향을 설명하고, 최저수용가능 가격과 최고수용가능 가격의 범위가 가격탄력성에 미치는 영향을 설명하시오. (10점)
  (3) 준거가격은 소비자의 가격지각에 영향을 미친다. 준거가격은 크게 내적 준거가격과 외적 준거가격으로 구분된다. 내적 준거가격과 외적 준거가격에 영향을 미치는 변수를 각각 3가지씩 기술하시오. (10점)

【문제 2】 개인의 인지시스템은 유입정보를 끊임없이 감시하고 계속적으로 정보처리를 위하여 이 중의 일부를 선택하게 되는데 이러한 메커니즘이 주의(Attention)이다. 주의는 특정 정보에 대한 정보처리 능력의 집중이라고 할 수 있다. 다음 물음에 답하시오. (30점)
  (1) 소비자의 관여 수준에 따른 주의 정도를 설명하시오. (10점)
  (2) 관여도를 제외하고 주의에 영향을 미치는 개인적 요인을 4가지만 설명하시오. (10점)
  (3) 주의에 영향을 미치는 자극적 요인을 4가지만 설명하시오. (10점)

【문제 3】 제품이 소비자에게 제공하는 편익(Benefit)은 크게 기능적(Functional), 상징적(Symbolic), 쾌락적(Hedonic) 편익의 세 가지 유형이 있다. SNS(소셜네트워크서비스)가 널리 사용되는 이유는 이것이 제공하는 편익으로 설명될 수 있다. 다음 물음에 답하시오. (10점)
  (1) 기능적 편익, 상징적 편익, 쾌락적 편익의 정의를 설명하시오. (3점)
  (2) SNS가 제공하는 3가지 유형의 편익에 대해 예를 들어 설명하시오. (7점)

【문제 4】 혁신(Innovation)이란 관련된 사람이나 집단이 새로운 것으로 지각하는 아이디어, 관행 혹은 제품이다. 혁신제품의 확산에 영향을 미치는 제품의 특성 5가지를 설명하시오. (10점)

【문제 5】 소비자의 구매는 상황과 제품의 영향을 받는다. 구매행동에 대한 상황변수의 영향력이 낮아지는 조건을 2가지만 설명하시오. (10점)

【문제 6】 소비자의 외적 정보탐색의 정도는 외적 정보탐색의 혜택(Benefit)과 정보탐색의 비용(Cost)으로 설명될 수 있다. 소득이 외적 정보탐색의 정도에 미치는 영향을 제시하고, 이를 정보탐색의 혜택과 정보탐색의 비용으로 설명하시오. (10점)

2021년 제36회 경영지도사 제2차 국가자격시험 문제지

교시	지도분야	시험과목	시험시간	수험번호	성명
3교시	마케팅분야	소비자행동론	90분		

【문제 1】 사회계층은 소비자행동의 범위와 성격을 설명하고 예측하는 데 주요한 개념이다. 다음 물음에 답하시오. (30점)
  (1) 일반적으로 사회계층을 결정하는 변수(속성) 다섯 가지만 제시하시오. (10점)
  (2) 사회계층을 측정하는 세 가지 방법을 제시하고, 각 방법별 문제점(단점)을 한 개씩 설명하시오. (20점)

【문제 2】 기업은 여러 가지 촉진수단 중에서도 광고를 통하여 상표에 대한 좋은 태도를 소비자의 마음속에 형성하고자 한다. 그러나 소비자의 관여도 수준에 따라 광고태도가 상표태도에 미치는 영향이 다르게 나타날 수 있다. 다음 물음에 답하시오. (30점)
  (1) 관여도(고/저) 수준에 따라 광고태도가 상표태도에 미치는 영향을 태도형성 측면에서 설명하시오. (10점)
  (2) 관여도(고/저) 수준에 따라 광고태도가 상표태도에 미치는 영향을 광고전략 측면에서 설명하시오. (20점)

【문제 3】 관여도 측정과 관련하여 다음 물음에 답하시오. (10점)
  (1) Laurent and Kapferer(1985)의 관여도 측정 시 사용되는 네 가지 차원을 설명하시오. (8점)
  (2) Zaichkowsky의 PII와 Laurent and Kapferer(1985)의 측정도구 장점을 각각 비교 설명하시오. (2점)

【문제 4】 문화의 개념을 설명하고 이러한 문화의 특성 네 가지만 기술하시오. (10점)

【문제 5】 정보처리에 필요한 청크(Chunk)와 신비의 숫자(Magic Number)를 설명하고 기억내용을 인출해 내는 방법 중 회상(Recall)과 재인(Recognition)의 측정 방법을 설명하시오. (10점)

【문제 6】 태도의 구성요소에 관한 이론 중 삼분(삼각)이론(Tripartite View)과 일차원 이론(Uni-dimensional View)을 설명하시오. (10점)

모범답안 2025 | 제3과목 소비자행동론
경영지도사의 답안

※ 본 답안은 현직 경영지도사의 모범 예시 답안이며, 채점자의 견해에 따라 표준 정답은 달라질 수 있으니 참고하여 학습에 활용하시기 바랍니다.

| 논술문제 |

문제 1 다속성 태도모델에 관한 다음 물음에 답하시오. (30점)

(1) 피시바인(Fishbein) 모델을 수식으로 표현하고, 태도형성과정을 설명하시오. (10점)

① 피시바인(Fishbein)의 다속성 태도모델

피시바인 태도형성에 대한 인지적 학습이론으로 피시바인의 다속성 태도모델이 대표적인데, 이는 제품이 가진 각각의 속성에 평가를 수행함으로써 태도가 형성되는 것을 설명한다(예 제품이 가진 속성 : 화질, 가격, A/S, 디자인 등).

② 부각된 속성

제품이 가진 각각의 속성 중에서 중요하게 고려하는 속성을 부각된 속성이라고 하며, 제품의 평가기준이 된다.

③ 부각된 신념

부각된 속성을 기준으로 어떤 대상(제품·브랜드)에 대한 평가결과를 부각된 신념이라고 하며, 이를 통해 태도가 형성된다.

④ 수 식

태도의 측정을 수식으로 나타나면 다음과 같으며, 아래 예시에 따라 각 제품에 대한 태도 값을 구하면 B제품에 대한 태도 값이 가장 높은 것을 알 수 있다.

	부각된 속성	부각된 신념		
속성(i)	평가(E_i)	A제품(b_i)	B제품(b_i)	C제품(b_i)
화 질	+3	+3	+2	+3
가 격	+2	-2	+1	-3
A/S	+1	+3	+2	+1
디자인	+1	+1	+3	+1
각 제품에 대한 태도		+9	+13	+5

$$A_o = \sum_{i=1}^{n} b_i e_i$$

- A_o : 대상에 대한 태도
- b_i : 대상에 대한 i의 신념강도
- e_i : 속성 i의 평가 값

예 B의 태도값 = 화질(2 × 3) + 가격(1 × 2) + A/S(2 × 1) + 디자인(3 × 1) = 13

(2) 피시바인(Fishbein) 모델을 활용한 태도 형성 및 변화 전략 3가지를 설명하시오. (10점)

① 부각된 속성(i)이 아니었던 것을 부각속성으로 만들어 n을 늘린다.
   > **예** 물만 나오는 정수기에 얼음까지 같이 나오도록 만든 제품. 즉, 얼음은 부각속성이 아니었는데 부각속성으로 제시하면 태도 점수가 높아진다.

② 부각된 속성 자체의 중요도(I_i)를 더욱 높인다. 즉 부각속성이어도 중요하게 생각하지 않았던 속성의 중요성을 높인다.
   > **예** 침대는 인테리어 측면에서 기존의 가구와 얼마나 잘 어울리는지가 상대적으로 중요했으나, 과학이라는 측면에서 재해석하여 편안함이라는 부각속성에 대한 평가를 높임으로써 태도를 개선하였다.

③ 대상에 대해 부각된 속성이 어느 정도 만족(B_i)되고 있는지 그 값을 높인다.
   > **예** 스마트폰 카메라의 화질을 더욱 높이고 이를 적극 홍보하는 등, 부각된 속성의 만족도를 높임으로써 태도에 영향을 미칠 수 있다.

(3) 확장된 피시바인(Extended Fishbein) 모델을 구성하는 2가지 특징적 요인을 피시바인(Fishbein) 모델과 비교하여 설명하시오. (10점)

기존 모델은 태도형성까지만 설명하고, 행동까지는 설명하지 않는다는 점에 근거하여 확장된 피시바인 모델을 내어 놓았다. 예를 들어 A브랜드의 직원은 경쟁관계에 있는 B브랜드를 선호하지만, 주변 직원의 시선을 의식해 자신이 속한 A브랜드 제품을 구매할 가능성이 높다. 이는 주관적 규범과 행동에 대한 태도를 포함하고 있다.

① **주관적 규범** : 타인의 의견을 지각하고 어느 정도 수용하는지에 대한 정도를 말한다. 만약 타인의 의견을 지각하지 못하거나, 혹은 타인의 의견에 대한 수용을 고려하고 있지 않다면 주관적 규범은 성립되지 않는다.

② **행동에 대한 태도** : 행동 이전에 행동에 따른 결과를 먼저 판단하여 행동결과가 긍정적인 것으로 판단될 때, 행동 자체에 대한 긍정적 태도가 유발되어 행동으로 나타날 가능성이 높다고 본다.

결과적으로 다속성 태도모델은 부각된 속성과 부각된 신념을 통한 태도형성까지만 설명하고 있으나, 개선된 모델은 태도형성뿐만 아니라 태도가 행동으로 나타나기까지를 추가적으로 설명하고자 하였다.

끝

문제 2 관여도에 관한 다음 물음에 답하시오. (30점)

(1) 관여도의 개념과 관여도를 결정하는 3가지 요인을 각각 설명하시오. (10점)

관여도는 특정 상황에서 어떤 대상에 대한 소비자 개인의 중요성 지각 정도나 관심도, 즉 어떤 대상에 대한 개인의 관련성 지각 정도로 설명할 수 있으며, 개인 · 대상 · 상황의 함수로 작동한다.

① **개인** : 관여도는 상대적인 척도이며, 절대적인 기준이 있지 않으므로 개인마다 관여도의 수준이 다르다.

② **대상** : 제품에 대한 중요성의 정도이며, 소비자의 주의력 결정요인이 된다. 따라서 관여도가 낮은 제품은 소비자의 주의를 환기시키는 데 어려움이 따른다.

③ **상황** : 소비자행동에 영향도가 높고 구매의사결정과 정보처리과정에서 중요한 역할을 하며, 소비자행동 연구의 출발점으로써 소비자행동 전반에 걸쳐 영향을 미친다.

(2) Laurent and Kapferer의 CIP(Consumer Involvement Profile) 관여도 측정도구의 4가지 측정차원에 관해 설명하시오. (8점)

① 로랑과 카프페레의 관여도 측정방법은 4가지 차원을 정의하고, 어떤 대상에 대해 각 차원별로 측정하여 합산하는 방식이다. CIP 관여도 측정도구의 4가지 차원은 다음과 같다.

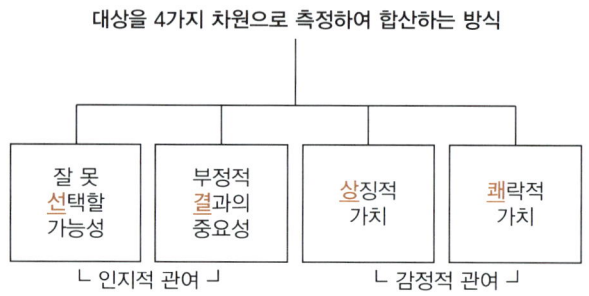

㉠ 제품을 잘못 선택할 가능성이 높으면, 관여도가 높아진다. ㉡ 부정적 결과의 위험도가 높아지면 관여도가 높아진다. ㉢ 자기표현 등 상징적 가치가 높으면, 관여도가 높아진다. ㉣ 구매~소비에 이르기까지 즐거움이 크면, 관여도가 높아진다.

② 실용적인 면을 중요시하는 '인지적 관여'와 감정적인 면을 중요시하는 '감정적 관여'로 구분하고 있다. 또한 특정 차원에 대한 소비자의 관여도를 살펴볼 수 있다는 특징이 있다.

(3) FCB 그리드의 4가지 유형에 관해 설명하고, 각 유형별로 적합한 마케팅 전략을 서술하시오. (12점)

① FCB모형은 미국의 광고회사 FCB(Foote, Cone & Belding)에서 개발한 것으로, 소비자행동을 분석하고 제품 특성을 분류한 다음 이를 조합/체계화 한 모델을 말한다.

② 이는 제품의 구매동기를 좌뇌가 관장하는 이성적 동기와 우뇌가 관장하는 감성적 동기로 구분하여, 관여도에 따른 4가지 구매유형과 마케팅 전략을 제시한다.

구 분			고관여 관점	저관여 관점
구매동기	이성적 동기(좌뇌)	성 향	합리적 소비자(이성적 소비)	습관적 소비자
		제 품	자동차, 집, 약, 신제품	식품, 가정용품, 면도기
		마케팅 전략	정보제공 전략	습관 형성, 인지도 제고
	감성적 동기(우뇌)	성 향	정서적 충동구매 소비자	문화/사회 순응소비자(자기만족 소비)
		제 품	패션의류, 보석, 화장품	담배, 술, 과자, 맥주 → 기호식품
		마케팅 전략	감성적 소구	자기만족감, 친밀감 형성

㉠ 합리적 소비자 : 정보를 얻고 제품을 좋아해서 구매에까지 이른 소비자를 말한다. 이들에게 취할 수 있는 전략은 성능/품질을 강조한 정보를 제공함으로써 의사결정을 도울 수 있는 근거의 제시가 중요하다.

㉡ 습관적 소비자 : 문제인식과 더불어 우선 구매한 후 제품정보를 얻고 최종적으로 제품에 대한 태도를 형성하는데, 이들에게는 브랜드 인지도 제고/유지를 위한 반복광고가 유효하며 한 가지 소구점을 강하게 제시하여 습관을 형성하는 것이 중요하다.

㉢ 정서적 충동구매 소비자 : 제품을 좋아해서 정보를 얻고 구매에까지 이르며, 이들에게는 상상력/

꿈/환상을 불러일으킬 수 있는 감성적 전략으로 접근하는 것이 중요하다.
ㄹ) 문화/사회 순응 소비자 : 구매 후 태도를 형성하고 정보를 얻으며, 친밀성/상징성을 강조하는 반복 광고를 통해 감성적 메시지를 전달하는 것이 중요하다. 끝

약술문제

문제 3 게쉬탈트(Gestalt) 심리학에 기반한 지각적 통합화(조직화)의 원리를 3가지만 설명하시오. (10점)

① 정 의
지각의 통합화는 여러 자극을 분리하지 않고, 비슷한 특징끼리 묶어서 하나의 덩어리 형태로 인식하는 것을 말한다. 예 눈·코·입 사진을 순서 없이 흩어 놓아도 이를 얼굴로 인식한다.

② 지각의 통합화 원리

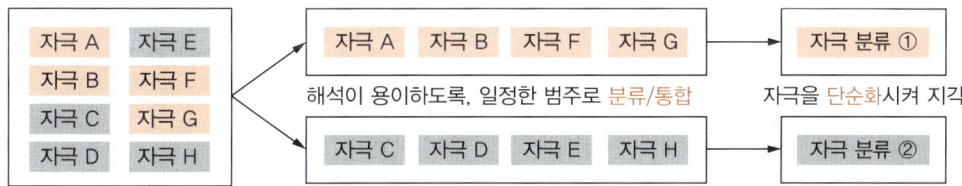

㉠ 단순화 : 통합과정에서 여러 자극의 용이한 해석을 위해 단순화시키려는 경향으로, 복잡한 광고메시지보다 간단명료한 광고메시지가 필요한 것을 알 수 있다.
  예 박스가 원형이면 내용물도 원형으로 받아들인다.
㉡ 완결화 : 완성되지 않은 자극을 만나게 되면 이를 채워서 완전한 형태로 지각하는 것을 말한다. 만약, 빈칸이 있어 완결되지 않은 광고문구를 보면 소비자는 정보처리 의지가 유발되고 빈칸을 채워 넣어 지각하게 된다.
  예 피로엔 ○○○, 11월 11일은 ○○○데이
㉢ 집단화 : 각각의 자극을 분리해 인지하지 않고 하나의 덩어리로 지각하는 것을 말하는데, 이는 근접성/유사성/연속성을 기반으로 한다. 끝

문제 4 장기기억은 정보가 저장된 형태에 따라 3가지로 분류되는데, 이 3가지 장기기억의 유형을 제시하고 설명하시오. (10점)

단기기억에서 처리된 정보는 장기기억에 영구적으로 보존되며, 필요에 따라 다시 단기기억으로 인출된다. 가령, 평소에는 의식에서 단절되어 있다가 문득 자신의 어린 시절 추억이 떠오르는 경우(인출)를 들 수 있다. 장기기억에 저장된 정보의 유형은 다음과 같다.

① 과정기억(절차적 지식)
  ㉠ 주로 행동이나 노하우 등 과정에 대한 기억이므로, 행동 재연은 쉽지만 말로 표현이 어렵다.
    예 자전거 타기, 축구경기
  ㉡ 스크립트는 과정기억들 간의 연상 네트워크를 말한다.

예 용인~서울 강남까지 가는 과정이 하나의 스크립트로 장기기억에 저장된다.
② 사건기억(사건적 지식)

정보의 의미보다 시간적 흐름에 따라 일상생활의 구체적 사건에 대해 저장된 기억을 말한다.

예 2026년에 뭐했고, 2025년에 뭐했고, 2024년에 뭐했고, …
③ 어의기억(의미적 지식)
㉠ 소비자가 경험하게 되는 사건이나 대상이 갖는 의미에 대한 것으로, 어떤 것에 주관적 의미를 부여해 저장된 기억이다.

예 말보로 + 남성적 강렬함(말 + 주관적 의미를 한꺼번에 기억)
㉡ 유사한 개념끼리 마디(Node)와 연결고리(Link)로 구성된 기억연상 네트워크인 스키마가 어의기억의 대표적 형태이다.

예 박카스라는 단어만 기억되는 것이 아니라, '피로회복, 부채표, 피곤, 휴식' 등이 서로 연결고리로 묶여서 함께 저장된다. 끝

문제 5 관여도에 따른 소비자의 구매의사결정 유형에 관한 다음 물음에 답하시오. (10점)

(1) 제한적 의사결정의 특징을 정보탐색과 대안평가 차원에서 설명하시오. (4점)

관여도와 구매의사결정 정도에 따른 소비자행동 유형은 다음 표와 같다.

구 분	고관여	저관여
의사결정	복잡한 의사결정으로 구매	제한적 의사결정으로 구매 (다양성 추구 욕구와 관련성 높음)
습관/반복구매	브랜드 충성도로 구매	관성적(습관적)으로 구매(가식적 충성도로 분류)

제한적 의사결정은 저관여에서 제한된 범위의 대안 내, 부분적인 비교·평가 후 구매의사결정이 이루어진다.
① 대안 간 차이가 클 때, POP·할인 등의 설득적 메시지로 다양성 추구 욕구가 유발되면 소비자 이탈이 발생할 우려가 높다.
② 대안 간 차이가 작을 때, 만족한 구매경험에 의한 관성적 구매 가능성이 높다.
③ 내부정보 외 제한적인 외부정보를 탐색한다.

(2) 제한적 의사결정과정에서 다양성 추구 행동이 발생하는 경우 또는 사례를 3가지만 제시하시오. (6점)

다양성을 추구하는 경우는 아래와 같이 설명될 수 있다.
① 기존 제품의 변화가 있을 때 ② 신제품이 출시되었을 때 ③ 기업의 판촉활동이 있을 때 끝

문제 6 혁신적인 제품의 확산과 수용에 영향을 미치는 신제품의 5가지 특성과 혁신수용시점에 따른 5가지 수용자 유형을 각각 제시하시오. (10점)

① 혁신적인 제품 확산의 영향요인
㉠ 상대적 이점 : 기존 제품보다 신제품이 보다 큰 이점을 제공하는 정도

- ⓒ 호환성 : 기존 제품, 고객가치 및 소비습관과 부합하는 정도
- ⓒ 단순성 : 신제품을 받아들이기 용이한 정도
- ⓔ 관찰 가능성 : 공공재처럼 주변에서 쉽게 눈에 띄는 정도
- ⓓ 시용 가능성 : 소량판매, 샘플 사용, 무료체험 등 쉽게 접할 수 있는 정도

② 혁신수용 시점에 따른 5가지 수용자 유형

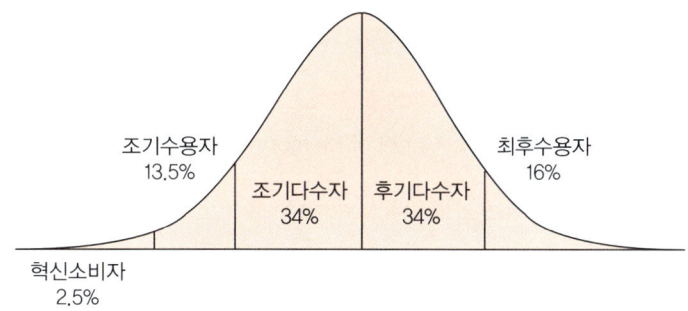

- ⓐ 혁신소비자(Innovator)
  - 신제품 도입 초기에 제품을 수용하는 소비자로서 전체 잠재소비자의 2.5%를 점유한다.
  - 모험적이기 때문에 신제품 수용 시의 위험을 기꺼이 감수하려는 경향이 있다.
- ⓑ 조기수용자(Early Adopter, 얼리어답터, 초기수용자) - 존경받는 자(사회지도층 인사)
  - 혁신소비자 다음으로 수용하는 소비자 집단이며, 전체 잠재소비자의 약 13.5%를 점유한다.
  - 이들은 소속집단의 존경을 받는 사람들로서 의견선도자(Opinion Leader) 역할을 한다. 즉, 신제품 구매를 앞두고 정보탐색이 많은 고객에게 유용한 정보를 제공하는 역할을 한다.
- ⓒ 조기다수자(Early Majority)
  - 조기수용자 다음으로 수용하는 일반 소비자 집단으로 전체 잠재소비자 중 약 34%를 점유한다.
  - 조기다수자는 신중한 소비자들이다. 즉, 신제품 구매에 신중한 성격을 띠며, 기술 자체에는 관심이 없고 실제적인 문제에 집중한다.
- ⓓ 후기다수자(Late Majority)
  - 조기다수자 다음으로 수용하는 집단으로 전체 잠재소비자 중 34%를 점유한다.
  - 주로 위험회피형 소비자가 많고 대부분 가격에 민감하다. 잠재고객 절반 이상이 수용한 후에 구매하는 보수적 집단이다.
- ⓔ 최후수용자(Laggard)
  - 가장 나중에 수용하는 소비자 집단이며 전체 잠재소비자의 약 16%를 차지한다.
  - 최후수용자는 전통에 얽매인 소비자들로서, 변화를 거부하며 전통에 집착한다. 따라서 신제품이 완전히 소비자에 의해 수용되어야만 그 제품을 구매하게 된다.

모범답안 2024 | 제3과목 소비자행동론
경영지도사의 답안

※ 본 답안은 현직 경영지도사의 모범 예시 답안이며, 채점자의 견해에 따라 표준 정답은 달라질 수 있으니 참고하여 학습에 활용하시기 바랍니다.

문제 1 다중기억구조모델(Multiple Store Model of Memory)에 관한 다음 물음에 답하시오. (30점)

(1) 단기기억(Short-term Memory) 혹은 운용기억(Working Memory) 장치의 역할과 특성을 설명하시오. (5점)

① 단기기억의 역할
  ㉠ 감각기억에서 이전된 가공되지 않은 정보와 장기기억에서 인출된 정보를 모아서 지각의 조직화와 지각적 해석을 거쳐 유의미한 정보로 전환한다.
  ㉡ 정보저장 외 정보처리가 이루어지므로 운용기억이라고도 한다.

  감각기억의 정보 + 장기기억의 인출 → 유의미한 정보
  (정보처리)

② 단기기억의 특성
  ㉠ 정보처리가 이루어지는 동안 정보가 일시적으로 저장되는 장소이며, 감각기억보다 상대적으로 긴 20~30초의 시간에 걸쳐 정보가 처리된다. 그러나 이 역시 제한된 시간 내 정보처리가 여의치 않을 경우 소실되어 망각에 이르게 된다.
  ㉡ 대부분 청각코드를 통해 입력되며, 반복시연이 중요하다.
  ㉢ 한 번에 처리가능한 정보의 양은 7±2개의 청크단위로 이루어진다.

(2) 리허설의 개념과 유형을 설명하시오. (5점)

① 개념
  단기기억에서 처리된 정보를 장기기억으로 저장하기 위해, 단순·반복적으로 되뇌이는 것이다.

② 유형
  ㉠ 유지시연(유지리허설, 재생산기억) : 지속적인 단순반복 시연으로 정보를 원형 그대로 장기기억에 저장하는 것이다. 이후 단기기억으로 인출될 때도 원형 그대로 인출된다.
    예 하늘천따지, 수금지화목토천해명, 구구단
  ㉡ 정교화시연(수식리허설, 재구성기억) : 정보의 원형 그대로가 아닌, 기존 정보와 조화를 이뤄 골격만 저장하는 것이다. 인출과정에서 살을 붙여 정보를 재구성한다.
    예 구전동화는 뼈대는 비슷하나, 개인별 재구성된 정보가 다르다.

(3) 단기기억의 리허설을 돕기 위한 기업의 마케팅전술을 제시하시오. (10점)

효과적 시연을 위한 방법으로 단어에 리듬을 부여해 읽어주거나, 특정 배경음악을 들려줄 수도 있다.

(4) 기억에서 계열위치효과(Serial-position Effect) 즉, 초기효과(Primacy Effect)와 최근효과(Recency Effect)의 개념을 기억의 구조와 연결하여 설명하고, 두 효과를 활용한 판매원들의 판매전술을 제시하시오. (10점)

순서효과에는 초기효과와 최근효과가 있으며, 주의의 선택성 및 해석에도 영향을 미친다.
① 초기효과
  자극의 앞부분을 잘 지각하는 것이다.
② 최근효과
  자극의 마지막을 잘 지각하는 것이다.
③ 적용 사례
  • 첫사랑과 마지막 사랑은 기억하는 반면, 중간에 만났던 여자친구는 이름조차 기억하지 못하는 것과 같다.
  • 잡지에서 광고는 앞쪽 또는 마지막에 배치하는 것이 효과적이다. 특히 판매상담에서도 중요한 구매 설득 요소를 대화의 서두 또는 말미에 배치하는 것이 오래 기억에 남는 방법이 된다.

문제 2 소비자행동에 관한 다음 물음에 답하시오. (30점)

(1) 자아개념(Self-concept)이 무엇인지 설명하고, 자아개념의 4가지 유형을 설명하시오. (10점)

① 자아개념
  성격/가치관/능력/동기/습관 등 자신에 대한 전반적인 느낌과 생각을 말하며, 이를 구체적으로 그려내어 자아이미지를 형성한다.
② 4가지 자아개념

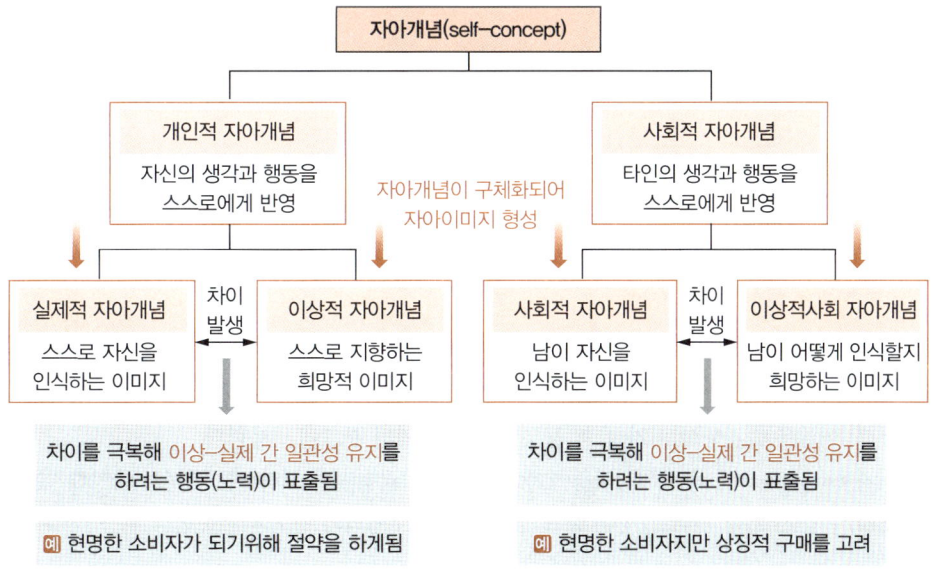

⊙ 개인적 자아개념이 구체화되어 실제적 자아이미지와 이상적 자아이미지를 형성한다. 이때 실제적 자아이미지는 스스로 자신을 인식하는 이미지이며, 이는 이상적 자아이미지와 차이가 발생하므로 이러한 차이를 극복하여 실제-이상 간 일관성을 유지하려는 행동이 나타난다.

  예 화장품 모델을 보고 자신도 미적 가치를 추구하면 화장품의 구매행동이 나타나는 것

 ⓒ 사회적 자아이미지는 타인이 자신을 인식하는 이미지이며, 타인에게 어떻게 인식될지 희망하는 이미지는 이상적·사회적 자아이미지이다. 이 또한 2가지 자아이미지 간 차이가 발생하며 이러한 차이를 줄이는 과정에서 행동이 표출된다.

  예 현명한 소비자라도 가끔씩은 상징적 구매를 고려하는 것

(2) 조절초점(Regulatory Focus)이론을 설명하고, 소비자의 조절초점에 따른 치약의 광고메시지전략을 제시하시오. (8점)

① 조절초점이론의 의의
 ⊙ 어떤 목적을 추구하거나 회피하려는 동기는 향상초점 및 예방초점 2가지로 조절하게 된다.
 ⓒ 향상초점은 예상되는 긍정적 결과에 초점을 두고 적극적으로 추구하는 것을 의미하며, 목표지향적 경향이 있다.
 ⓒ 예방초점은 예상되는 부정적 결과에 초점을 두고 적극적으로 회피하는 것을 의미하며, 목표성취보다 위험도를 낮추는데 더욱 민감한 경향이 있다.

② 향상초점 및 예방초점의 특징

향상초점	• 긍정적 결과에 민감하며, 적극적인 추구로 나타난다. • 성취, 열망을 추구하는 형태로 표현된다. • 새로운 시도에 적극성이 있다.
예방초점	• 부정적 결과에 민감하며, 적극적인 회피로 나타난다. • 안전, 방어를 추구하는 형태로 표현된다. • 기존의 검증된 방식을 보수하려는 적극성이 있다.

③ 사례 - 치약의 광고메시지
 ⊙ 치약의 광고메시지는 향상초점과 예방초점을 함께 반영해 2가지 유형에서 충분히 구매설득이 이루어질 필요가 있다.
 ⓒ 미백향상(향상초점)과 충치예방(예방초점)을 함께 강조한 광고를 제시하면 소비자는 자신이 보다 민감한 정보에 반응해 구매설득이 이루어진다.

(3) 인지욕구(Need for Cognition)의 개념을 설명하고, 인지욕구의 수준에 따른 태도형성경로를 정교화가능성모델 관점에서 설명하시오. (6점)

① 생각하기를 즐겨하며, 자극과 자극 간의 관계를 이해하는데 인지적 노력을 기울이는 정도를 말한다.
② 인지욕구가 낮으면, 적극적인 정보탐색·생각보다 주변단서나 간단한 정보에 의존하려는 경향이 나타난다. 이들은 즐거움/이미지/유머 등의 감성적 영역의 광고에 반응한다.
③ 인지욕구가 높으면, 구매의사결정에 정보탐색이 적극적이며 고려하는 속성도 다양해지는 경향이 나타난다. 이들은 기술/편리함/성분 등을 강조한 기능적 영역의 광고에 반응한다.

④ 정교화가능성모델 관점의 인지욕구
  ㉠ 인지욕구가 낮으면, 정교화 가능성이 낮고, 주변단서를 통한 주변적 태도변화가 유발된다. PC구매 시 브랜드·광고모델에 집중하는 것이 그 예시이다.
  ㉡ 인지욕구가 높으면, 정교화 가능성이 높고, 중심단서를 통한 중심적 태도변화가 유발된다. PC구매 시 구성품의 스펙에 집중하는 것이 그 예시이다.

(4) 자기감시성(Self-monitoring)의 개념을 설명하고, 자기감시성의 수준에 따른 행동의도 결정과정을 합리적행동이론 관점에서 설명하시오. (6점)

① 자기감시성이 높은 사람은 자신의 행동이 외부의 영향을 크게 받아 사회적 반응행동에도 유연한 특징이 있다. 반면 자기감시성이 낮은 사람은 외부의 영향을 적게 받아 일관된 태도·행동을 보이고, 환경변화에 민감하지 않은 특징이 있다.
② 이성적 행동이론 또는 합리적 행동이론은 인간이 사회적 동물임에 기반하여 태도와 달리 사회적 규범, 그리고 그에 순응하려는 정도에 따라 자신의 행동이 영향받게 된다는 것을 설명한다.
  ㉠ 이는 태도형성 뿐만 아니라 태도가 행동으로 나타나기까지를 추가적으로 설명한다.
  ㉡ 즉, 행동에 대한 태도와 주관적 규범이 행동의도에 영향을 주고 그 결과로서 행동이 표출될 가능성이 높다고 설명하고 있다.
  ㉢ 특히 행동 이전에 행동에 따른 결과를 먼저 판단하여 행동결과가 긍정적인 것으로 판단될 때, 행동 자체에 대한 긍정적 태도가 유발되어 행동으로 나타날 가능성이 높다고 본다. 끝

약술문제

문제 3 준거집단이 소비자행동에 미치는 영향의 유형 3가지를 설명하고, 각 영향이 현저하게 작용하는 구매제품이나 상황을 사례로 제시하시오. (10점)

① 규범적 영향(실용적 영향) – 보상·처벌을 제공
  ㉠ 사적 제품보다 공적 제품에서 주로 나타난다.
  ㉡ 보상(또는 처벌)을 암시함으로써 집단에 순응하도록 하는 영향력을 행사한다. 이때, 개인이 타인의 기대에 순응하고자 할 때 영향력이 커진다.
    예 외출 시에는 청바지, 결혼식장에는 정장
② 정보적 영향 – 조언·경험을 제공(정보의 원천 중 '개인적 정보'와 관련성 높음)
  ㉠ 상징성보다 기능성이 높은 제품을 구매할 때 나타난다.
  ㉡ 주로 신뢰성 있는 정보원천으로 받아들인다(기업이 통제불가한 정보로 작용).
  ㉢ 지각된 위험이 높은 경우 영향력이 높다(고관여).
  ㉣ 관찰만으로는 특성을 잘 알지 못할 때 영향력이 높다(준거집단의 전문성에 의지).
    예 자일리톨 껌 → 대한치과의사협회(정보전달자의 신뢰성)

③ 가치표현적 영향 – 자아이미지 영향, 일체화 경향을 자극
  ㉠ 자아이미지를 보호·강화하기 위해, 어떤 집단의 가치를 따르려고 한다.
  ㉡ 타인과 일체감을 갖기 위해 가치를 따른다(일체화 경향).
  예 세월호 침몰에 따른 노란리본, 환경보호를 위한 하이브리드 차량   끝

문제 4 가족이 공동의사결정을 수행할 때, 가족구성원들에 의해 이루어질 수 있는 역할 유형을 5가지 설명하시오. (10점)

① 영향력 행사자
  구매에 영향을 주며, 소비에 참여·평가하여 영향력 행사
② 정보 수집자
  제품에 대한 정보를 수집·통제하고 구매행동에 영향력 행사
③ 의사 결정자
  구매여부·제품·시기에 대한 최종 의사결정 수행
④ 구매자
  실제 구매의 주체로서 상표에 대한 결정권을 가짐
⑤ 사용자
  가족의 일부 또는 전체가 제품소비   끝

문제 5 마케터는 구매의사결정 유형과 자사 브랜드의 고려상표군 포함여부에 따라 마케팅전략 대안 매트릭스를 다음과 같이 구성할 수 있다. ①~⑥에 해당하는 마케팅전략을 설명하시오. (10점)

자사브랜드 위치 \ 의사결정 유형	본격적 의사결정	제한적 의사결정	일상적 의사결정
고려상표군 내	①	②	③
고려상표군 외	④	⑤	⑥

구매의사결정 유형에 따른 기업의 전략

자사브랜드 위치 \ 의사결정 유형	본격적 의사결정	제한적 의사결정	일상적 의사결정
고려상표군 내	① 선호전략	② 포획전략	③ 유지전략
고려상표군 외	④ 수용전략	⑤ 차단전략	⑥ 혼란전략

구분		관여수준에 따른 의사결정 정도		
		포괄적 문제해결	제한적 문제해결	일상적 문제해결
상표의 위치	고려 상표군 내 (주로 선발기업의 전략)	[선호전략] 자사 상표에 대한 선호도를 높이는 전략 (선호도 제고) 예 긍정적 구전활동, 강화광고 등	[포획전략] 구매시점에 제한된 대안에서 선택하려는 소비자를 포획하려는 전략 예 진열, POP 등(구매시점이 중요)	[유지전략] 기존 소비자가 기존 제품을 계속해서 구매하게끔 하는 전략 (관성구매 유도) 예 습관형성(피로회복엔 박카스)
	고려 상표군 외 (주로 후발기업의 전략)	[수용전략] 소비자의 머리속에 자리잡게 하는 전략 (포지셔닝전략) 예 샘플, 쿠폰, 사용촉진 등	[차단전략] 고려상표군으로 좁힐 때, 경쟁상표를 차단하고 자사 상표를 끼워 넣는 전략 예 광고를 통한 정보제공	[혼란전략] 기존 소비자 구매행동에 혼란을 주고 다양성을 추구하게 하는 전략 (다양성 추구 유도) 예 주의·흥미 유발

끝

문제 6 구매 후 과정에 관한 다음 물음에 답하시오. (10점)

(1) 하이더(Heider)가 제시한 귀인의 유형을 설명하고, 불만족의 가능성이 높아지는 귀인의 유형을 기술하시오. (6점)

① 귀인행동 유형

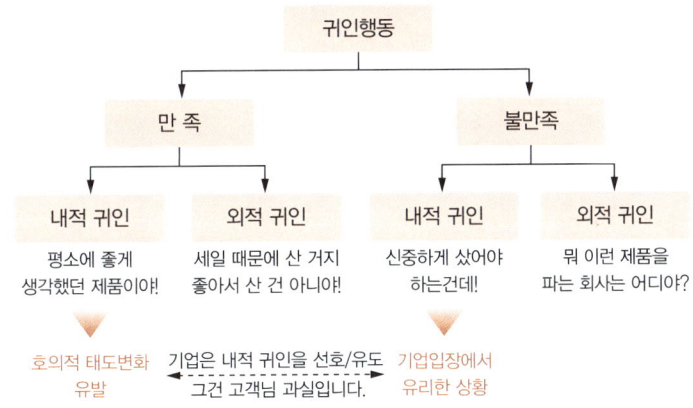

② 귀인행동은 만족에 따른 혹은 불만족에 따른 내적 귀인과 외적 귀인으로 구분된다. 예를 들어 구매의 이유가 개인의 성향이었다면 내적 귀인을 하게 되며, 외부의 상황에 따라 구매한 것이라면 외적 귀인을 하게 된다.

③ 만족 시 소비자가 내적 귀인을 하게되면 평소에 선호했던 브랜드라고 믿게 되며, 이때 호의적 태도변화가 유발된다.

④ 반대로 불만족 시에 내적 귀인을 하게되면 기업을 탓하기보다 자신의 부주의함을 탓하기 때문에 기업입장에서는 유리한 상황이 된다.

⑤ 결과적으로 기업입장에서는 고객의 만족·불만족과 상관없이 내적 귀인을 선호하게 된다.
  ㉠ 만족 상황에서 내적 귀인 : '고객님, 탁월한 선택이십니다.'
  ㉡ 불만족 상황에서 내적 귀인 : '일단 고객님 과실입니다.'

(2) 구매 후 부조화의 개념을 설명하고, 구매 후 부조화를 감소시키기 위한 기업의 노력 2가지를 제시하시오. (4점)

① 구매 후 부조화는 구매행동 후, 선택에 대한 불확신으로 느끼는 심리적 불안감을 말한다. 주로 고관여 제품에서 나타나는 특징이 있으며 그 영향요인은 다음과 같다.

  ㉠ 관여도
  ㉡ 선택하지 않은 대안의 상대적 장점
  ㉢ 매력적인 대안의 수
  ㉣ 구매결정의 취소 가능성

② 구매 후 부조화의 해소를 위해서 기업은 소비자의 선택을 지지하며 소비자는 자신의 행동을 정당화해줄 수 있는 요인에 집중하게 된다.

기업의 노력	• 선택에 대한 확신을 갖게 함
	  → 해피콜, 감사편지, 안내책자, 환불제도 등
	• 강화광고 시행
	  → 자사제품의 장점을 광고해, 구매자의 확신을 강화
	    예 지금 아이폰을 가지고 계시다면, 세상에서 가장 아름다운 스마트폰을 가지고 있는 겁니다.

소비자의 노력	• 선택 대안의 장점을 강화, 단점을 약화
	  → 미선택 대안의 단점을 강화, 장점을 약화
	• 소비자 자신의 선택이 옳았음을 지지하는 정보를 탐색
	  → 반대 정보 회피
	• 이미 구매가 끝난 시점이므로 스스로 의사결정의 중요성을 낮춤
	  → 의사결정에 무관심

끝

모범답안 2023 | 제3과목 소비자행동론
경영지도사의 답안

※ 본 답안은 현직 경영지도사의 모범 예시 답안이며, 채점자의 견해에 따라 표준 정답은 달라질 수 있으니 참고하여 학습에 활용하시기 바랍니다.

논술문제

문제 1 관여도는 소비자행동의 다양한 측면에 영향을 미치는 중요한 변수다. 다음 물음에 답하시오. (30점)

(1) 관여도의 개념을 기술하고, 지속적 관여도(Enduring Involvement)와 상황적 관여도(Situational Involvement)의 차이점을 예를 들어 비교 설명하시오. (8점)

① 관여도의 개념
- ㉠ 특정 상황에서 어떤 대상에 대한 소비자 개인의 중요성 지각 정도나 관심도, 즉 어떤 대상에 대한 개인의 관련성 지각 정도로 설명할 수 있으며, 개인·대상·상황의 함수이다.
- ㉡ 관여도는 상대적인 척도이며 절대적인 기준이 있지 않아, 개인마다 관여도의 수준이 다르다.
- ㉢ 제품(또는 서비스)의 구매에 대한 중요성의 정도이며, 소비자의 주의력 결정요인이 된다. 따라서, 관여도가 낮은 제품은 소비자의 주의를 환기하는 데 어려움이 따른다.
- ㉣ 소비자행동에 영향도가 높고 구매의사결정과 정보처리과정에서 중요한 역할을 하며, 소비자행동 연구의 출발점으로써 소비자행동 전반에 걸쳐 영향을 미친다.
- ㉤ 신념과 대치되는 광고를 접할 때, 관여도에 따라 반박주장의 강도가 달라진다.

② 지속적 관여도
- ㉠ 인적 관여(소비자 관여)는 개인적 요인에 따른 관여 정도로서 소득수준, 주거형태, 취미, 관심사 등을 포함한다. 동일한 상황/제품이라도 개인의 특성에 따라 관여도가 달라진다.
- ㉡ 제품관여는 제품 특성에 따른 관여 정도를 말하며, 제품의 상징적 가치/복잡성/중요도 등이 높을수록 고관여이다.
  - **예** 소득이 높을 경우 상징성 있는 제품에 민감하고, 소득이 낮을 경우에는 가격에 민감해진다.

③ 상황적 관여도
- ㉠ 선택 상황에 따른 관여 정도로서, 기업의 판촉활동에 영향을 많이 받는다.
- ㉡ 소비자에게 같은 제품이라도 상황에 따라 관여도가 달라진다.
  - **예** 내가 먹는 간식 초콜릿은 아무거나 구매할 수 있지만, 밸런타인데이(상황)의 초콜릿 선물은 기업의 판촉활동에 직접적 영향을 받는다.

(2) **관여도와 구매동기에 따른 FCB Grid의 4개 사분면에 속하는 각각의 제품군 특성을 예를 들어 설명하고, 해당 영역별로 적합한 마케팅 커뮤니케이션 전략을 기술하시오. (12점)**

① FCB모형은 미국의 광고회사 FCB(Foote, Cone & Belding)에서 개발한 것으로 소비자행동을 분석하고 제품특성을 분류한 다음 이를 조합/체계화 한 모델을 말한다.

② 이는 제품의 구매동기를 좌뇌가 관장하는 이성적 동기와 우뇌가 관장하는 감성적 동기로 구분하여, 관여도에 따른 4가지 구매유형과 마케팅전략을 제시한다.

구 분		고관여 관점	저관여 관점
구매동기	이성적 동기 (좌뇌)		
	성 향	합리적 소비자(이성적 소비자)	습관적 소비자
	제 품	자동차, 집, 약, 신제품	식품, 가정용품, 면도기
	마케팅전략	정보제공 전략	습관형성, 인지도 제고
	감성적 동기 (우뇌)		
	성 향	정서적 충동구매 소비자	문호/사회 순응 소비자(자기만족 소비)
	제 품	패션의류, 보석, 화장품	담배, 술, 과자, 맥주 → 기호식품
	마케팅전략	감성적 소구	자기만족 전략, 친밀감 형성

(3) **정교화 가능성 모델(Elaboration Likelihood Model) 관점에서 관여도 수준(고/저)에 따른 소비자 태도 형성 과정과 마케팅 시사점을 각각 설명하시오. (10점)**

① 정교화 가능성 모델의 '정교화'는 정보처리 의지를 말하며, 설득적 커뮤니케이션 과정에서 소비자의 태도변화 유발을 설명하는 모델이다.

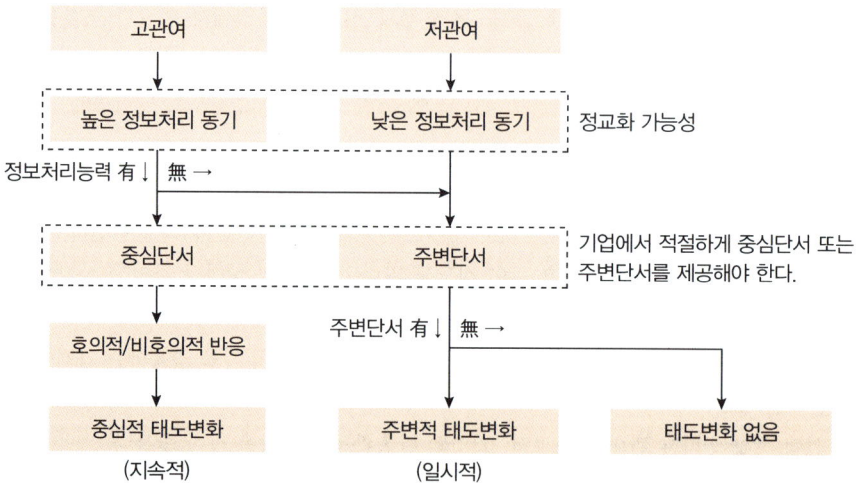

② 고관여에서는 중심단서에 대한 높은 정보처리 동기가 있어 지속적 특징을 갖는 중심적 태도변화가 이루어진다. 그러나 중심단서에 대한 정보처리 능력이 낮다면 주변단서를 통한 주변적 태도변화가 이루어지는데, 이때 기업이 적절한 중심단서 또는 주변단서를 제공하는 것이 중요하다.

③ 중심단서의 제공에는 인쇄매체가 유용하며, 제품사양 및 옵션 등 차별성 속성을 강조함으로써 소비자의 합리적 판단을 요구해야 하며 이때의 태도변화는 강하고 지속적이며 부정적 정보에 대해 저항적이다.

④ 저관여에서 주로 나타나는 주변단서를 통한 태도변화는 일시적인 특징을 가지며, 이때 기업으로부터 적절한 주변단서를 제공받지 못한다면 태도변화가 유발되지 않는다.
⑤ 마케팅 시사점

구 분	고관여	저관여
표적시장 접근방법	중심단서 제공 예 인쇄매체의 활용	주변단서 제공 예 방송매체를 활용
광 고	• 경쟁제품과의 차별적 특성 강조 • 제품이 주는 혜택 강조	• 실행적 요소를 강조 • 핵심정보 반복
광고의 주안점	소비자의 합리적 판단 요구	상표 친숙도 제고

끝

문제 2 태도관련 모형 및 이론에 관한 다음 물음에 답하시오. (30점)

(1) 피쉬바인(Fishbein)의 다속성 태도모형에서 태도가 형성되는 과정을 설명하시오. (8점)

① **피쉬바인의 다속성 태도모델** : 태도형성에 대한 인지적 학습이론으로 피쉬바인의 다속성 태도모델이 대표적인데, 이는 제품이 가진 각각의 속성에 평가를 수행함으로써 태도가 형성되는 것을 설명한다.
   예 제품이 가진 속성 : 화질, 가격, A/S, 디자인 등
② 제품이 가진 각각의 속성 중에서 중요하게 고려하는 속성을 부각된 속성이라고 하며 제품의 평가기준이 된다. 또한 부각된 속성을 기준으로 어떤 대상(제품·브랜드)에 대한 평가결과를 부각된 신념이라고 하며, 이를 통해 태도가 형성된다.

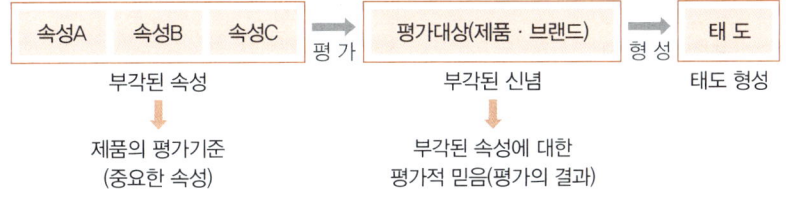

㉠ 부각된 속성 : 제품의 평가기준, 즉 '중요한 속성'을 말한다.
   예 경제성, 편의성, 안정성 등의 중요한 속성
㉡ 부각된 신념 : 대상의 부각된 속성에 대한 평가적 믿음, 즉 '평가의 결과'를 말한다.
   예 경제성은 60점, 편의성이 40점, 안정성이 70점 등

(2) 확장된 피쉬바인(Extended Fishbein) 모형에서 구매행동이 결정되는 전체 과정을 설명하시오. (12점)

① 피쉬바인과 아젠은 기존 모델이 태도형성까지만 설명하고, 행동까지는 설명하지 않는다는 점에 근거하여 개선된 모델을 내어놓았다.

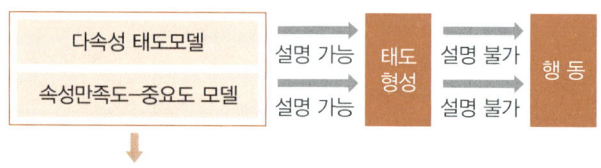

태도형성을 설명하는 이론

㉠ 예를 들어 A브랜드의 직원은 경쟁관계에 있는 B브랜드를 선호하지만, 주변 직원의 시선을 의식해 자신이 속한 A브랜드 제품을 구매할 가능성이 높다.

㉡ 이는 인간이 사회적 동물임에 기반하여 태도와 달리 사회적 규범, 그리고 그에 순응하려는 정도에 따라 자신의 행동이 영향받게 된다는 것을 설명한다. 이를 이성적 행동이론 또는 합리적 행동이론 이라 한다.

㉢ 결과적으로 다속성 태도모델은 부각된 속성과 부각된 신념을 통한 태도형성까지만 설명하고 있으나, 이성적 행동이론(피쉬바인 확장모델)은 태도형성뿐만 아니라 태도가 행동으로 나타나기까지를 추가적으로 설명하고자 하였다.

② 주관적 규범은 사회적 규범에 대한 순응 정도로 정의되며, 이는 규범적 신념과 순응동기의 곱으로 표현된다. 다시 말해, 타인의 의견을 지각하고 어느 정도 수용하는지에 대한 정도를 말한다. 만약 타인의 의견을 지각하지 못하거나, 혹은 타인의 의견에 대한 수용을 고려하고 있지 않다면 주관적 규범은 성립되지 않는다.

주관적 규범(SN) Subjective Norm	규범적 신념(NB) Normative Belief	순응동기(MC) Motivation to Comply
사회적 규범에 대한 순응정도	준거집단이 나에게 기대하는 행동에 대한 개인의 주관적 의견	준거집단의 의견을 내가 수용하려는 정도
예 현대자동차에 긍정적 행동의도를 가지고, 실제 구매가 이루어진다.	예 난 현대자동차 직원이니, 모두들 내가 현대자동차를 사야 한다고 생각하겠지.	예 주변 직원들의 시선도 있으니 현대자동차를 구매해야겠다.(사회적 동물임에 기반)

(3) 계획적 행동이론(Theory of Planned Behavior) 관점에서 구매행동이 결정되는 전체 과정을 설명하시오. (10점)

① 아젠은 행동의도와 상관없이 이루어지는 행동에 착안하여 이성적 행동이론의 확장개념으로 '계획된 행동이론'을 제안하였다.

  예 술자리는 즐기는 편이나, 업무과중으로 야근이 잦아 술자리가 불가한 경우

② 소비자의 행동을 이해하기 위해서는 행동에 대한 통제가능 여부가 중요한 고려사항이며, 이를 '지각된 행동 통제감'으로 설명하였다. 즉 자신의 행동을 스스로 통제할 수 있다고 여겨질 때, 행동의도가 행동으로 나타날 가능성이 높다고 보는 개념이다.

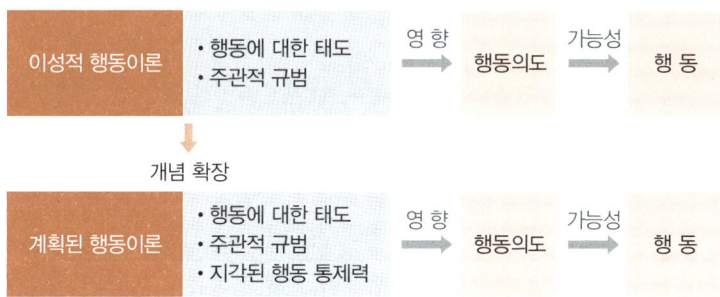

끝

| 약술문제 |

문제 3 홀(E. Hall)이 제안한 저맥락문화(Low-context Culture)와 고맥락문화(High-context Culture)의 차이점을 4가지만 설명하시오. (10점)

① 고맥락 문화는 사건이나 진술에 대한 해석에 많은 정보가 요구되며, 저맥락 문화에서는 구성원 간 이해관계가 단순하고 문서가 중요시되는 특징이 있다.

② 다음의 고맥락 문화와 저맥락 문화의 비교표를 통해서 차이점을 더욱 상세히 정리할 수 있다.

구 분	고맥락 문화	저맥락 문화
사건·주체 해석에 필요한 정보 양	구성원 간 복잡한 이해관계로 인해 정보가 많이 필요	구성원 간 이해관계가 상대적으로 단순하고, 정보 또한 객관적 단서로 제한
커뮤니케이션	• 함축적, 우회적(청자의 입장에 주안점) • 관계지향적	• 직설적(메시지 전달에 주안점) • 개인의 의사표현이 명확
의사소통	몸짓, 행동, 말투 등 언어 외적인 의사소통이 포함	말 또는 문자에 의존적
법률(법률가)	덜 중요	매우 중요
약속(계약)	신뢰 우선	서면으로 보증
공간 개념	서로 어울림	개인적 공간을 중요시(침해금지)
대상국가	주로 동양권(한국)	주로 서양권(미국, 독일)

끝

문제 4 준거집단의 영향 중 규범적 영향의 개념을 기술하고, 준거집단의 규범적 영향력이 제품 특성에 따라 어떻게 달라지는지 예를 들어 설명하시오. (10점)

① 규범적 영향력은 보상(또는 처벌)을 암시함으로서, 집단에 순응하도록 하는 영향력이다. 이때, 개인이 타인의 기대에 순응하고자 할 때, 영향력이 커진다.

② 제품과 브랜드 결정에 대한 준거집단의 영향

구 분		약한 영향 ← 상표선택 → 강한 영향	
		필수품	사치품
강한 영향 ↑ 상표선택 ↓ 약한 영향	공공제품 (공공적사용)	• 공공필수품 • 일체감 유발 광고가 유용 예 손목시계, 자동차, 옷, 핸드폰	공공사치품 예 골프클럽, 스키, 요트, 액세서리
	사적제품 (개인적사용)	• 개인필수품 • 신념 · 판단에 따라 구매하므로, 속성을 강조하는 광고가 유용 예 침대, 거실램프, 치약, 냉장고	개인사치품 예 비디오 게임기, 제빙기, 쓰레기압축기

㉠ 사적제품은 개인적 사용을 목적으로 하여 침대/치약/냉장고처럼 타인의 눈에 띄이지 않아 규범적 영향을 받지 않으나, 공적제품은 준거집단의 눈에 띄이기 때문에 준거집단의 영향력이 커진다.
㉡ 공공사치품은 준거집단의 영향력이 가장 크고, 개인 필수품은 준거집단의 영향력이 가장 작다.
㉢ 준거집단의 영향력 정도

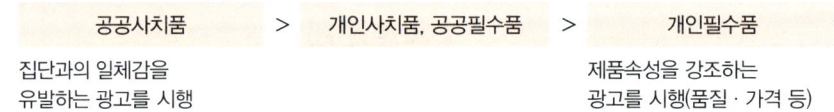

공공사치품 > 개인사치품, 공공필수품 > 개인필수품
집단과의 일체감을 유발하는 광고를 시행　　　　　제품속성을 강조하는 광고를 시행(품질 · 가격 등)

• 준거집단은 개인에게 보상이나 처벌을 암시하여 준거집단의 가치에 따르도록 한다.
• 규범적 영향력은 개인의 순응정도 및 공적제품 여부에 따라 도드라진다. 　끝

문제 5 모델링(대리 학습) 효과에 영향을 미치는 요인에 관한 다음 물음에 답하시오. (10점)

(1) 모델링 효과에 긍정적인 영향을 미치는 모델 특성을 3가지만 기술하시오. (6점)

① 모델링(대리 학습)
  ㉠ 모델의 행동을 관찰하고, 그 결과를 기억하고 실제로 행동에 옮겨 결과를 평가함으로써 긍정적 결과가 도출되었다면 이에 대한 동기부여가 되는 과정을 거친다.
  ㉡ 결과적으로 학습의 결과가 긍정적인 경우에는 행동을 모방하고, 그렇지 않을 경우에는 자제하게 되는 것을 설명한다.
② 모델의 특성 : 전문성, 신뢰성, 매력, 지위, 관찰자와의 유사성

(2) 모델링 효과가 커지게 되는 관찰자 특성을 3가지만 기술하시오. (4점)

의존적 성향, 자신감 결여, 나이, 선행학습에 따른 긍정적 경험 등
예 아이들은 부모의 성향을 닮게 된다.   **끝**

문제 6 점화효과(Priming Effect)와 구성효과(Framing Effect)를 각각 설명하시오. (10점)

① 맥락효과
  ㉠ 소비자가 우선적으로 얻은 정보가 그다음으로 얻은 정보의 평가에 영향을 미치게 되는 심리적 효과를 말한다.
  ㉡ 가령 외모에 따라 〈공부도 잘하네 vs 독한 사람이네〉 또는 인상에 따라 〈그렇게 안 봤는데 vs 그럴 거 같더라〉와 같이 반응이 나뉘는 등 우리 주변에서 흔하게 볼 수 있다. 맥락효과에는 구성효과와 점화효과가 대표적이다.
② **구성효과** : 같은 차량이라도 상담을 통해 옵션을 붙여가면 가격이 올라가므로 상담과정이 소비자에게 고통을 안겨줄 수 있는 반면, 풀옵션 가격을 제시하고 옵션을 빼가면서 가격을 낮추어 간다면 소비자는 상담을 즐겁게 받아들일 수 있다.
  예 '성공 가능성 30%'의 도전과 '실패 가능성 70%'의 도전
    → 같은 말이지만, 구성에 따라 다르게 받아들이는 것과 같다.
③ **점화효과** : 먼저 얻은 정보로 인해 생긴 선입견은 그다음 정보의 처리에 영향을 미치게 되는데, 가령 영화 속 남자주인공에 흠뻑 빠져있다가 영화가 끝나면 옆에 앉은 남자친구가 왠지 비교되어 보인다거나 항공기 추락사고 소식을 접하면 해외여행 일정이 대거 취소되는 것을 볼 수 있다.   **끝**

모범답안 2022 | 제3과목 소비자행동론
경영지도사의 답안

※ 본 답안은 현직 경영지도사의 모범 예시 답안이며, 채점자의 견해에 따라 표준 정답은 달라질 수 있으니 참고하여 학습에 활용하시기 바랍니다.

| 논술문제 |

문제 1 소비자의 구매의사결정에 영향을 미치는 중요한 가격의 심리적 특성으로 최고수용가능 가격, 최저수용가능 가격, 가격탄력성, 준거가격이 있다. 이와 관련된 다음 물음에 답하시오. (30점)

(1) 소비자가 특정 제품에 대해 지불하고자 하는 최대 금액인 최고수용가능 가격(Upper Price Threshold)에 영향을 미치는 요인을 3가지 설명하시오. (10점)

① 구매성향 : 선호도, 중요도, 지각된 위험, 관여도
② 내부환경 : 구매력(자산·소득), 소비 여건
③ 외부환경 : 대체재, 유입정보, 준거집단의 영향력, 할인·할부 등 판매정책

(2) 소비자의 구매의사결정은 최저수용가능 가격(Lower Price Threshold)에도 영향을 받는다. 최저수용가능 가격이 구매에 미치는 영향을 설명하고, 최저수용가능 가격과 최고수용가능 가격의 범위가 가격탄력성에 미치는 영향을 설명하시오. (10점)

① 최저수용가능 가격이 구매에 미치는 영향
　　가격-품질 연상효과로 인해 유입정보가 부족하면, 품질을 판단하는 데 가격이 크게 영향을 미치게 된다. 이때 최저수용가능 가격 이하이면, 의사결정을 미루는 경향이 나타난다. 구매자는 연구개발비/임차료/인건비/광고비/물류비 등을 고려하지 않고, 재료비로만 상품가치를 평가하는 경향이 있는데, 유입정보가 부족하면 최저수용가능 가격도 낮아진다.

② 최저수용가능 가격과 최고수용가능 가격의 범위가 가격탄력성에 미치는 영향
　　가격변화에 수요 변동이 큰 경우와 그렇지 않은 경우가 있는데, 이는 수요의 '가격탄력성'이 다르기 때문이다. 가격탄력성이 높은 상품은 약간의 가격변동에도 수요가 큰 폭으로 변화한다. 최저·최고수용가능 가격폭이 넓다면, 동화효과로 가격변화가 구매에 미치는 영향도 낮아 가격탄력성이 낮아진다. 반대의 경우에는 최저·최고수용가능 가격폭이 좁고, 그 외 대안들은 선택가능성이 감소해 가격탄력성이 높아진다.

(3) 준거가격은 소비자의 가격지각에 영향을 미친다. 준거가격은 크게 내적 준거가격과 외적 준거가격으로 구분된다. 내적 준거가격과 외적 준거가격에 영향을 미치는 변수를 각각 3가지씩 기술하시오. (10점)

① 내적 준거가격 영향변수 : 과거의 구매경험, 사전정보, 다양성 추구 욕구 등(내적 준거가격은 자신이 사전적으로 가지고 있는 가격정보)

② 외적 준거가격 영향변수 : 권장 소비자가격, 실제 판매가격, 할인가격 등(외적 준거가격은 외부에서 관찰할 수 있는 가격정보)

문제 2 개인의 인지시스템은 유입정보를 끊임없이 감시하고 계속적으로 정보처리를 위하여 이 중의 일부를 선택하게 되는데 이러한 메커니즘이 주의(Attention)이다. 주의는 특정 정보에 대한 정보처리 능력의 집중이라고 할 수 있다. 다음 물음에 답하시오. (30점)

(1) 소비자의 관여 수준에 따른 주의 정도를 설명하시오. (10점)

① 주의는 노출된 자극에 대한 개인의 정보처리 의지를 말한다.

② 고관여는 소비자 자신의 관심/흥미/동기 등에 따라 자발적으로 주의를 기울이게 되며, 상황적으로 고관여가 될 경우(강화된 주의)도 포함한다. 이때는 제품정보가 유의미하므로 정보전달에 집중할 필요가 있다(정보의 신뢰성이 중요).

③ 저관여는 강도높은 자극에 의해 무의식적으로 집중하게 되는 비자발적 주의를 기울이게 되나, 대부분 일시적인 특징이 있다. 이를 활용한 광고는 섹시함/유머/공포 등 소비자의 시선을 끄는 요소가 포함된다(정보의 매력도가 중요).

(2) 관여도를 제외하고 주의에 영향을 미치는 개인적 요인을 4가지만 설명하시오. (10점)

노출시간	장기화되면 주의력이 낮아진다. 예 초등학생은 집중할 수 있는 시간이 짧아 수업시간이 상대적으로 짧음
정보의 범위	넓으면 산만해지므로 소비자에게 짧고 간단한 메시지가 필요하다. 예 간 때문이야(우루사)
익숙함(적응)	소비자는 정보에 쉽게 익숙해지고 적응해 주의력이 낮아진다. 예 시리즈 광고로 적응 문제를 해소
신념	소비자 자신의 신념과 일치하는 정보에 더욱 주의를 기울인다. 예 담배광고, 금연광고
개인적 욕구	외부로부터 충족 가능한 결핍욕구와 내부로부터 충족 가능한 성장욕구를 자극할 때 주의를 기울이게 된다. 예 대한민국 1%(사회적 존경·인정의 욕구를 자극)

(3) 주의에 영향을 미치는 자극적 요인을 4가지만 설명하시오. (10점)

① 신기하고 특이한 요소를 활용한다.
   예 코카콜라 : 콜라와 북극곰의 조합
② 광고모델을 활용한다.
   예 이미지 전이를 방지하기 위해 전속계약
③ 특이한 문구·언어를 반복적으로 사용한다.
   예 '부자 되세요(BC카드)', '그래 이 맛이야(다시다)'
④ 브랜드를 소비자에게 각인시키기 위해 특정 색상을 강조한다.
   예 코카콜라 : 빨간색, 스타벅스 : 녹색
⑤ 배경과 대조되는 시각적 효과를 강조한다.
   예 흑백 사진에 특정 상품만 컬러로 표현
⑥ 정보의 위치(초기효과, 최근효과) 조절을 통하여 각인한다.
   예 책은 첫 부분과 마지막 부분이 오래 기억에 남음
⑦ 특정 음원을 반복적으로 들려주어 주의를 이끌어내고 학습효과를 유발한다.
   예 인텔 광고의 징글벨
⑧ 유머스러움으로 즐거운 감정을 제공한다.
   예 마동석과 귀여운 아이를 등장시켜 유머를 발휘한 핫초코 미떼 광고

끝

약술문제

문제 3 제품이 소비자에게 제공하는 편익(Benefit)은 크게 기능적(Functional), 상징적(Symbolic), 쾌락적(Hedonic) 편익의 세 가지 유형이 있다. SNS(소셜네트워크서비스)가 널리 사용되는 이유는 이것이 제공하는 편익으로 설명될 수 있다. 다음 물음에 답하시오. (10점)

(1) 기능적 편익, 상징적 편익, 쾌락적 편익의 정의를 설명하시오. (3점)

   ① **기능적 편익** : 실용적 측면이 강조되는 것
   ② **상징적 편익** : 정서적 측면이 강조되는 것
   ③ **쾌락적 편익** : 경험적 측면이 강조되는 것

(2) SNS가 제공하는 3가지 유형의 편익에 대해 예를 들어 설명하시오. (7점)

   ① **기능적 편익** : 문제해결의 수단, 정보접근성 개선 예 자동차를 타고 이동
   ② **상징적 편익** : 자기과시의 수단, 특정 집단의 소속감 예 고급 자동차로 부/명예 표현
   ③ **쾌락적 편익** : 자기표현의 수단, 사회관계의 다양화 예 멋진 자동차로 신나는 드라이브

끝

문제 4 혁신(Innovation)이란 관련된 사람이나 집단이 새로운 것으로 지각하는 아이디어, 관행 혹은 제품이다. 혁신제품의 확산에 영향을 미치는 제품의 특성 5가지를 설명하시오. (10점)

상대적 이점	기존 제품보다 신제품이 보다 큰 이점을 제공하는 정도
호환성	기존 제품, 고객가치 및 소비 습관과 부합하는 정도
단순성	신제품을 받아들이기 용이한 정도
관찰 가능성	공공재처럼 주변에서 쉽게 눈에 띄는 정도
사용 가능성	소량판매, 샘플사용, 무료체험처럼 쉽게 접할 수 있는 정도

끝

문제 5 소비자의 구매는 상황과 제품의 영향을 받는다. 구매행동에 대한 상황변수의 영향력이 낮아지는 조건을 2가지만 설명하시오. (10점)

① 선행상태 : 정신적·육체적 피로감, 심리상태, 사전지식, 사안의 중요도 등
② 시간적 환경 : 계절적 요인, 사안의 긴박함, 소비시간 등
③ 그 외 : 관여도, 구매동기 등

끝

문제 6 소비자의 외적 정보탐색의 정도는 외적 정보탐색의 혜택(Benefit)과 정보탐색의 비용(Cost)으로 설명될 수 있다. 소득이 외적 정보탐색의 정도에 미치는 영향을 제시하고, 이를 정보탐색의 혜택과 정보탐색의 비용으로 설명하시오. (10점)

소득이 높아 구매력이 뒷받침된다면 외적 정보탐색이 감소한다. 소득이 높으면 혜택보다 정보탐색 비용을 높게 판단하기 때문이다. 또한 소득이 높아지면 지각된 위험도가 낮아지면서 구매의사결정과정이 단순해지는 경향이 있다.

끝

모범답안 2021 | 제3과목 소비자행동론
경영지도사의 답안

※ 본 답안은 현직 경영지도사의 모범 예시 답안이며, 채점자의 견해에 따라 표준 정답은 달라질 수 있으니 참고하여 학습에 활용하시기 바랍니다.

논술문제

문제 1 사회계층은 소비자행동의 범위와 성격을 설명하고 예측하는 데 주요한 개념이다. 다음 물음에 답하시오. (30점)

(1) 일반적으로 사회계층을 결정하는 변수(속성) 다섯 가지만 제시하시오. (10점)

사회계층은 한 사회 내, 영속적/동질적 특성을 가진 집단을 말하며, 고정불변이 아니라 계층 간 이동이 가능하다. 같은 사회계층은 유사한 행동양식을 가지고 있으므로 기업의 마케팅활동에 유용한 정보가 되며, 이것이 사회계층을 구분하는 목적이 된다. 같은 계층 내 구성원은 동질적 특성을 가지며, 계층 간은 이질적이다. 특정 사회계층을 구분 짓는 기준은 라이프스타일에도 영향을 미치며, 이는 시장세분화 및 제품개발과도 관련성이 높다. 일반적으로 사회계층을 구분 짓는 기준은 '사회적 지위', '가치관', '직업', '학력(교육수준)', '재산', '소득', '경제력' 등 다양하며 이는 인구통계적 변수와도 상호 관계를 가진다.

즉, 소비자가 어느 사회계층에 속하느냐는 구매행동에 큰 영향을 끼치게 된다. 따라서 마케터는 사회계층을 통해 소비자행동의 범위와 성격을 이해하여, 이를 시장기회를 예측하는 데 활용할 수 있다.

(2) 사회계층을 측정하는 세 가지 방법을 제시하고, 각 방법별 문제점(단점)을 한 개씩 설명하시오. (20점)

사회계층을 분류하기 위한 측정방법은 다음과 같다.

① 주관적 방법(주관적 계층의식)

내용	설문을 이용해 직접 물어보는 방법 예 소득·학력·재산·직업 등을 고려 시, 본인의 위치는?
장점	손쉬운 방법
단점	솔직한 대답을 회피하는 중간화 경향(타협효과), 과대평가가 작용한다. 예 여성의 몸무게(중간화 경향 예시), 남성의 키(과대평가 예시)

② 평판 이용법

내 용	주변인에게 특정인에 대해 평가를 요구하는 방법
장 점	소수의 대상자 파악에 유용하다.
단 점	• 평가대상자 간 서로 잘 알고 있어야 한다. • 대상자 수가 많아지면 적용이 어렵다. • 객관성을 띠기 어렵다. 예 특정인과의 친분, 평가자의 성향, 분위기 등

③ 객관적 방법

내 용	측정 가능한 각 변수의 정보에 가중치를 적용해, 객관적 사실을 근거로 사회계층을 평가하는 방법 예 집, 차, 소득 등
장 점	비교적 정확한 기준 잣대를 적용하여 객관성을 띠고 있다.
단 점	변수선정과 가중치에 대한 판단이 어렵다. 예 같은 집을 소유하더라도 '강남 vs 강북', 시대변화의 반영 등

끝

문제 2 기업은 여러 가지 촉진수단 중에서도 광고를 통하여 상표에 대한 좋은 태도를 소비자의 마음속에 형성하고자 한다. 그러나 소비자의 관여도 수준에 따라 광고태도가 상표태도에 미치는 영향이 다르게 나타날 수 있다. 다음 물음에 답하시오.

(1) 관여도(고/저) 수준에 따라 광고태도가 상표태도에 미치는 영향을 태도형성 측면에서 설명하시오. (10점)

① 사회적 판단 모델

사회적 판단을 통한 태도변화 모델에 따르면, 관여도에 따른 광고태도의 형성은 다음과 같다.

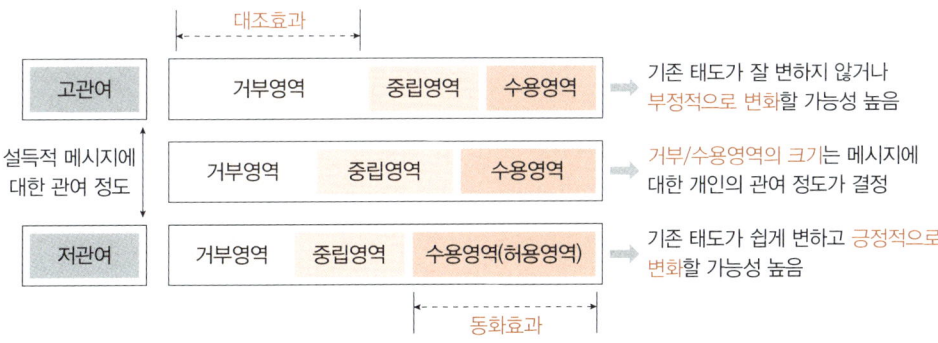

㉠ 고관여는 수용영역이 좁다. 따라서 설득적 메시지에 변화하지 않거나 부정적으로 변할 가능성이 높다.
㉡ 저관여는 수용영역이 넓다. 따라서 기존의 태도가 쉽게 변하고, 긍정적으로 변할 가능성이 높다.

② 정교화 가능성 모델

정교화 가능성 모델은 태도형성의 2가지 경로를 설명하는데, 이때 고관여는 높은 정보처리 동기가 있는 반면 저관여는 정보처리 동기가 낮다. 즉 저관여는 대상에 대한 태도가 일시적이거나 쉽게 일어나지 않는다.

```
중심단서를 통한 태도형성 경로        주변단서를 통한 태도형성 경로

        고관여                            저관여
          ↓                                ↓
    높은 정보처리 동기              낮은 정보처리 동기      정교화 가능성
  정보처리능력 有↓  無 →
          ↓                                ↓
       중심단서                         주변단서           기업에서 적절하게 중심단서 또는
                                                        주변단서를 제공해야 한다.
          ↓                    주변단서 有↓  無 →
    호의적/비호의적 반응
          ↓                                ↓                    ↓
    중심적 태도변화                   주변적 태도변화          태도변화 없음
      (지속적)                        (일시적)
```

(2) 관여도(고/저) 수준에 따라 광고태도가 상표태도에 미치는 영향을 광고전략 측면에서 설명하시오. (20점)

① 고관여의 경우에는 거부영역에 속하는 메시지를 전달하지 않도록 주의가 필요하다. 반면 저관여는 수용영역이 넓기 때문에 약간 과장된 설득적 메시지의 활용이 가능하다.

② 고관여에서는 중심단서에 대한 높은 정보처리 동기가 있어 지속적 특징을 갖는 중심적 태도변화가 이루어진다. 그러나 만약 중심단서에 대한 정보처리 능력이 낮다면 주변단서를 통한 주변적 태도변화가 이루어지는데 이때 기업이 적절한 중심단서 또는 주변단서를 제공하는 것이 중요하다.

③ 중심단서의 제공에는 인쇄매체가 유용하며, 제품사양 및 옵션 등 차별성 속성을 강조함으로써 소비자의 합리적 판단을 요구해야 한다. 이때의 태도변화는 강하고 지속적이며 부정적 정보에 대해 저항적이다.

④ 저관여에서 주로 나타나는 주변단서를 통한 태도변화는 일시적인 특징을 가지며, 이때 기업으로부터 적절한 주변단서를 제공받지 못한다면 태도변화가 유발되지 않는다. 끝

약술문제

문제 3 관여도 측정과 관련하여 다음 물음에 답하시오. (10점)

(1) Laurent and Kapferer(1985)의 관여도 측정 시 사용되는 네 가지 차원을 설명하시오. (8점)

로랑과 카프페레는 관여도 측정을 위한 아래 4가지 차원을 정의하고, 어떤 대상에 대해 각 차원별로 측정하여 합산하는 방식을 설명했다.
① 잘못 선택할 가능성
② 부정적 결과의 중요성
③ 상징적 가치
④ 쾌락적 가치

(2) Zaichkowsky의 PII와 Laurent and Kapferer(1985)의 측정도구 장점을 각각 비교 설명하시오. (2점)

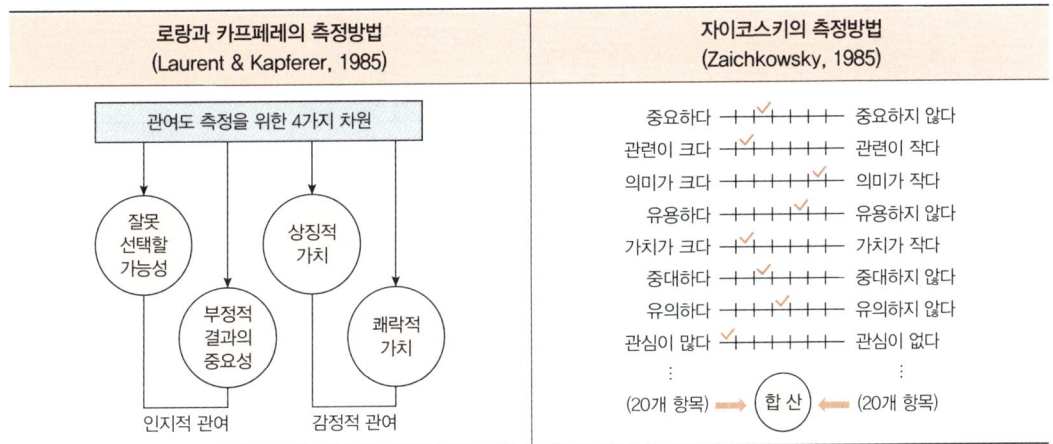

① 로랑과 카프페레의 측정방법
  ㉠ 관여도 측정을 위한 4가지 차원을 정의하고, 어떤 대상에 대해 각 차원별로 측정하여 합산하는 방식이다.
    • 제품을 잘못 선택할 가능성이 높으면, 관여도가 높아진다.
    • 부정적 결과의 위험도가 높아지면, 관여도가 높아진다.
    • 자기표현 등 상징적 가치가 높으면, 관여도가 높아진다.
    • 구매부터 소비에 이르기까지 즐거움이 크면, 관여도가 높아진다.
  ㉡ 실용적인 면을 중요시하는 인지적 관여와 감정적인 면을 중요시하는 감정적 관여로 구분하고 있다.
  ㉢ 4가지 차원 중, 특정 차원에 대한 소비자의 관여도를 살펴볼 수 있는 특징이 있다.
② 자이코스키의 측정방법
  ㉠ 제품의 중요성 차원으로 측정하며, 의미차별화 척도를 활용하여 20개 항목에 대한 합산으로 측정한다(PII ; Personal-involvement Index).
  ㉡ 20가지의 다양한 항목으로 측정하여, 타당성·신뢰성 측면에서 장점이 있다.
  ㉢ 로랑과 카프페레의 측정방법과 달리 단일차원으로 실용적인 면을 중요시하는 인지적 관여를 주로 측정한다.

끝

문제 4 문화의 개념을 설명하고 이러한 문화의 특성 네 가지만 기술하시오. (10점)

(1) 문화의 의의

① 문화는 과거부터 오늘날에 이르기까지 오랜 기간 축적된 사회적 유산으로서 생활방식, 가치, 규범, 습관 등을 포함하며 여러 세대를 걸쳐 학습된다.
② 문화는 사회 구성원의 행동양식을 규정짓고 사회적 규범으로 작용한다.
③ 사회 구성원이 공통된 행동양식을 보이도록 학습되는 것을 문화라고 하며, 1차적 주체는 가족이며 이외 학교, 동호회, 교회, 직장, 사회기관 등 직간접적 영향을 미치는 주체가 있다.
④ 기업은 문화에 대한 이해를 기반으로 소비자 구성원의 행동을 예측하여 마케팅전략을 수립할 수 있다.

(2) 문화의 특징

공유된다.	언어와 문자 등을 통해 사회 구성원들에게 공유된다.
동태적이다.	쉽게 변하지 않으나, 시대의 변화에 따라 지속적으로 변화한다.
학습된다.	학습을 통해 문화를 몸에 익히게 되고(문화화), 사회 구성원이 공통된 행동을 추구한다.
보편적이다.	문화는 보편적이고 다양하다.
규범을 제공한다.	행동의 기준을 제시함으로써 욕구충족의 규범이 된다.

끝

문제 5 정보처리에 필요한 청크(Chunk)와 신비의 숫자(Magic Number)를 설명하고 기억내용을 인출해 내는 방법 중 회상(Recall)과 재인(Recognition)의 측정 방법을 설명하시오. (10점)

(1) 청크

① 청크는 정보처리의 기본단위로 한 번에 처리가능한 정보의 양은 7±2개의 단위로 본다.
　예) 010-1234-5678 : 3개의 청크
　　　0-1-0-1-2-3-4-5-6-7-8 : 11개의 청크가 되어 처리용량 초과
② 신비의 숫자는 기억의 한계를 넘지 않는 7±2를 말하며, 이는 단순한 메시지의 반복이 중요함을 설명한다.

(2) 회상과 재인

① 정보인출 방법은 크게 회상과 재인으로 구분된다. 회상은 특정 정보를 떠올리는 것에 목적을 두는 반면, 재인은 단순하게 해당 정보가 기억에 있는지 없는지만 확인하는 것을 목적으로 한다는 점에서 구분된다.
② 회상은 주관식 시험과 같이 특정 정보를 떠올리는 것이 목적이다.
③ 재인은 객관식 시험과 같이 특정 정보가 기억에 존재하는지의 확인이 목적이다.

구 분		내 용
회 상	자유회상	평소 소비자의 기억 속에 잠재하다가, 인출단서 없이 회상하는 것 → '비보조 회상'이라고도 함 예 코감기로 '화이투벤'이 떠올라 약국에서 구매하는 것
	보조회상	인출단서를 통해 회상하는 것 예 퀴즈의 '힌트' 제품포장에 광고모델을 넣어 브랜드를 떠올리게 하는 것
	순서회상	일정한 순서를 기억하고, 순서에 맞추어(순서대로) 회상하는 것 예 지하철 노선도, 방송편성표
재 인		제시된 정보에 대해 기억 속 존재유무만 확인하는 과정으로 양자택일형(예·아니요), 강제선택형(다지선다형), 일괄시험형(모두 고르시오)이 있음 예 '아~ 이거 예전에 본 적이 있어.'

끝

문제 6 태도의 구성요소에 관한 이론 중 삼분(삼각)이론(Tripartite View)과 일차원 이론(Uni-dimensional View)을 설명하시오. (10점)

(1) 삼각구조 이론

태도는 호의적 또는 비호의적으로 일관성을 갖는 것으로 간주하며, 감정·행동의도·인지가 서로 간 조화와 균형을 이룬 결과를 태도로 본다.

감정적 요소	어떤 대상에 대해 개인이 갖는 긍정적·부정적 느낌을 말한다. 예 나는 레이를 좋아한다.
행동의도적 요소	어떤 대상에 대해 개인이 갖는 행동성향을 말하며, 구매행동 자체와는 구분된다. 예 나는 레이를 구매하려고 한다.

인지적 요소	개인이 갖는 주관적 신념·지식으로 어떤 대상에 대한 평가적 믿음을 말한다. 예 레이는 경제적이다.

(2) 1차원 이론
최근의 연구흐름에서 인정받는 견해로서 소비자행동은 '신념 → 감정 → 행동의도' 순서의 인과관계로 나타난다고 보고 태도를 이해하는 효과계층 이론이다.

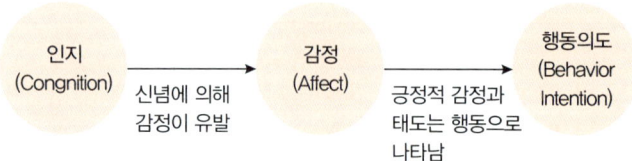

(3) 공통점 및 차이점
삼각구조 이론과 1차원 이론은 인지·행동의도·감정의 3요소라는 공통점이 있으나, 삼각구조 이론은 3요소 간 조화의 균형의 결과를 태도로 보는 반면, 1차원 이론은 감정을 곧 태도로 보며 '인지 → 감정 → 행동의도' 순서의 인과관계로 보는 차이점이 있다.

끝

PART 02

핵심이론

CHAPTER 01 소비자행동
CHAPTER 02 관여도
CHAPTER 03 구매의사결정과정
CHAPTER 04 소비자 정보처리과정
CHAPTER 05 태 도
CHAPTER 06 태도변화
CHAPTER 07 학 습
CHAPTER 08 소비자행동의 개인적 영향요인
CHAPTER 09 소비자행동의 사회·문화적 영향요인
CHAPTER 10 소비자행동의 상황적 영향요인

CHAPTER 01 | 소비자행동

01 소비자행동론

1. 소비자행동의 의의

(1) 소비자행동은 욕구충족을 위한 구매행동, 그리고 처분뿐만 아니라 기업의 마케팅 믹스에 대한 반응을 포괄하는 개념이다.

(2) 소비자행동은 개인적/사회·문화적/상황적 요인의 영향을 받으며, '과소비·과시소비·호기심구매'에서 볼 수 있듯이 때때로 비합리적이기도 하다. 이러한 요인의 복합적 작용으로 의사결정의 결과는 다양하게 나타나며 마케터는 소비자행동 연구를 통해 마케팅전략을 수립할 수 있게 된다.

(3) 소비자행동론은 개인소비자를 중심으로 관찰이 가능한 외적 행동과 관찰이 불가능한 내적 행동 및 소비자행동의 원인·동기를 다루고 있다.

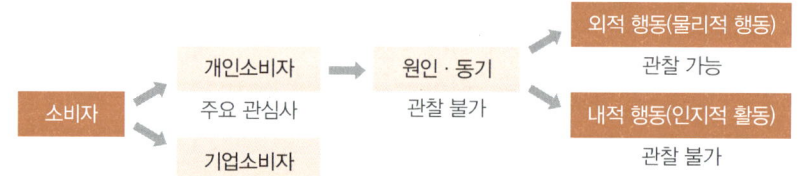

① 소비자행동은 다음과 같이 표현될 수 있다.

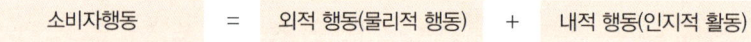

② 즉, 소비자행동은 구매(또는 사용)를 위한 소비자의 행동뿐만 아니라, 구매결정에 이르는 소비자의 내·외적 행동을 모두 포함한다.
   ㉠ 외적 행동(물리적 행동) : 외적 탐색, 구매, 사용, 추천, 구전활동 등
   ㉡ 내적 행동(인지적 활동) : 내적 탐색, 태도, 관심, 평가, 선호도 등(관찰이 불가한 특징이 있음)

(4) '1+2=3'의 간단한 규칙은 서로 간 약속으로써 변하지 않은 결과이나, '지금 사고 싶은 제품'은 개인마다 다르게 나타난다. 이는 관여도·상황·동기·태도 등 소비자행동의 출발점이 다르기 때문이다. 즉 소비자행동은 각각 개별적으로 나타난다.

2. 소비자행동의 범위

(1) 구매에 앞서 병행되는 인지적 활동(구매 전)

(2) 구매 후에는 소비와 관련된 일련의 의사결정 및 실행행동(구매 · 소비)

(3) 제품 사용 후, 만족도에 따른 재구매 의사결정 및 불평행동(평가 · 반응)

3. 소비자행동의 예

(1) 관심이 있는 제품의 TV광고를 유심히 보는 행동

(2) 친구가 가지고 있는 스마트폰에 대해 평가하는 행동

(3) 제품을 구매하기 위해 쇼핑몰을 둘러보는 행동

| 합격의 Tip |

결과적으로 소비자행동은 욕구충족을 위해 자신의 돈/시간/노력 등의 자원을 어떻게 효과적으로 배분할 것인지 결정하는 것을 말한다. 소비자행동의 형태는 브랜드 선호도나 태도의 형성(또는 변화), 제품의 사용/추천, 만족/불평 행동 등 다양하게 나타난다.

---

4. 소비자행동의 영향요인

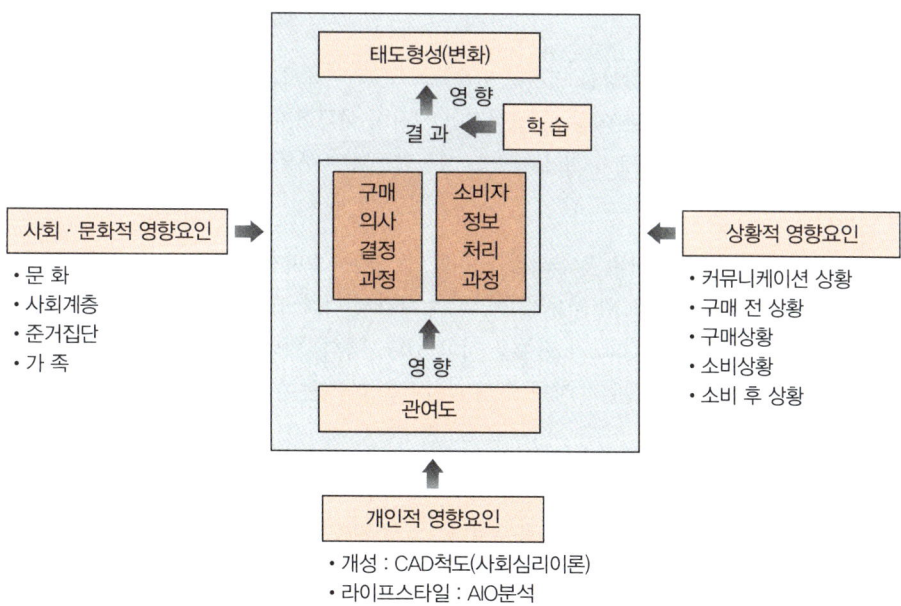

(1) 관여도는 소비자의 행동에 영향을 미치는 가장 기본적인 요소이다.

(2) 소비자의 행동을 결정짓는 중요한 2가지는 '구매의사결정과정'과 '소비자 정보처리과정'으로 설명될 수 있다.

(3) 이러한 소비자행동은 학습의 영향을 받게 되며, 그 결과로서 태도가 형성(또는 변화)된다.

(4) 사회·문화적 요인, 개인적 요인, 상황적 요인은 앞서 설명된 일련에 과정에 전반적으로 영향을 미치고 있다.

5. 소비자를 이해할 수 있는 5가지 관점 [가/생/영/역/욕]

가치 추구자	제품/서비스는 추구하는 가치를 달성하는 도구 예 발렌타인데이 초콜릿 → 사랑표현의 가치
생산자로서의 소비자	단순한 소비자가 아닌, 생산과 소비를 모두 구현 예 프로슈머로서 자신의 의견을 개진
영향력 행사자	기업활동에 영향력 행사 예 ○○항공 땅콩회항, ○○유업 영업직원 폭언
역할자로서의 소비자	사회적 역할을 위해 소비활동 예 학생-연필 소비
욕구 충족자	자신의 욕구충족을 위해 소비활동 예 멋진 셀카에 대한 욕구 → 셀카봉 출시

(1) **가**치 추구자

발렌타인데이에 구매하는 것은 단순하게 먹거리 이상의 가치를 가지고 있다. 즉, 소비자가 느끼는 초콜릿의 가치는 '사랑'으로 설명될 수 있는데 이는 제품이 가진 가치를 소비하는 것으로 볼 수 있다.

(2) **생**산자로서의 소비자

프로슈머는 기업의 생산활동에 영향을 미치고 있으므로 큰 의미에서는 생산자의 역할로 볼 수 있다. 그러나 소비자는 생산과정의 일부로 참여할 뿐 실제적인 생산이 이루어지지 않고, 자신의 의견을 제품에 관철시켜 개인의 이익 추구를 목적으로 하며 실제적인 생산활동과는 구분된다.

(3) **영**향력 행사자

뉴스에서 보도되었던 ○○항공사의 땅콩회항에서 볼 수 있듯, 소비자는 기업에게 사회적 책임을 엄격하게 요구한다. 이는 소비자 간 정보의 공유가 활발함에 따라 선택적 구매 등 집단행동이 쉽게 유발될 수 있기 때문이며 사회관계망서비스(SNS)가 한몫을 하고 있다. 특히, 인터넷 접속 매체의 다변화를 기반으로 일상생활이 항상 인터넷에 접속해있기 때문에 그 파급력은 더욱 높아질 전망이다.

(4) **역**할자로서의 소비자

소비자의 사회적 역할에 따라 소비활동이 일어나는데, 가령 학생은 노트·연필의 소비가 늘어나는 것이 그 예다. 즉 사회적 역할을 수행하는 데 제품·서비스의 소비활동이 요구되고, 사회화·문화화 등의 학습을 통해 소비활동을 하게 된다.

※ 참고 : '배우로서의 소비자'라고 표현된 교재도 있다. 즉 인생이라는 무대에서 자신의 역할을 배우로 보고, 역할수행을 위한 소비활동을 '배우로서의 소비자'라고 하는 것이다.

(5) 욕구 충족자

소비자는 자신의 욕구를 충족시키고자 소비활동을 수행한다. 가령 멋진 셀카에 대한 욕구가 모여 동기·구매력이 뒷받침될 때 수요로 작용하고, 기업은 제품·서비스로(셀카봉) 구체화(출시)시키는 것을 볼 수 있다.

※ 참고 : 욕구 충족자로서의 소비자는 매슬로우의 '욕구 5단계설'과 관련성이 높다. 이는 욕구가 계층적 구조를 가지고 있으며, 하위욕구가 충족되면 상위욕구가 유발되는 것을 설명한다.

6. 기업이 소비자행동을 이해해야 하는 이유

(1) 소비자는 자신의 욕구충족을 목적으로 특정 제품·서비스에 대해 '탐색 → 구매 → 사용 → 평가 → 처분'에 이른다. 이것은 소비자가 자신의 돈·시간·노력 등의 보유자원을 배분하고 기업의 마케팅활동에 대한 반응으로 교환이 성립되는 것을 포함한다.

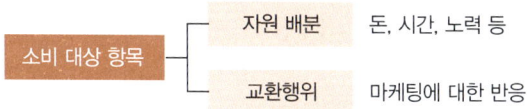

(2) 이때 나타나는 소비자행동의 형태는 다음과 같이 다양하며, 인지적 활동과 물리적 행동을 포괄하는 것으로 볼 수 있다.

소비자행동의 형태	
• 브랜드 선호도	• 태도 형성·변화
• 광고에 따른 반응	• 구매·사용·구전활동 등

인지적 활동	물리적 행동
• 제품에 대한 관심 • 제품을 평가 • 제품 선호도 변화	• 온라인 쇼핑몰 장바구니에 담기 • 제품을 추천, 이용후기 쓰기 • 불만신고, 불매운동

(3) 내적·외적 영향요인에 의한 소비자행동은 다양한 유형으로 나타나는데, 결과적으로 기업은 이러한 소비자행동을 이해함으로써 전략을 수립할 수 있고, 사업영속성을 확보할 수 있다.
① 내적 영향요인 : 개인·심리적 영향요인
② 외적 영향요인 : 상황적 영향요인, 사회·문화적 영향요인, 기업의 마케팅 활동(4P)

02 소비자행동 연구의 필요성 2009년 약술문제

1. 기업의 입장

(1) 기업의 마케팅활동 수행에는 소비자행동 연구가 선행되어야 한다.

(2) 소비자 구매행동의 과정을 이해할 수 있다면, 이를 통해 가장 효과적 마케팅전략 수립이 가능하고, 결과적으로 장기적 성장기반을 구축할 수 있다.

> - 시장기회의 분석 및 포착
> - 시장세분화 및 표적시장 선정
> - 마케팅 믹스의 효율적 결정
> - 포괄적인 마케팅전략 수립
>
> ⋯⋯영향⋯⋯▶ 기업의 장기적 성장기반을 조성하기 위한 마케팅전략 수립

(3) 기업윤리 차원에서 사회복지 지향적인 마케팅활동을 수행할 수 있다.

2. 소비자 입장

(1) 소비자는 한정된 자원으로 효용을 극대화하기 위한 소비계획을 세우게 된다.

(2) 현명한 소비자가 되기 위해 자신의 소비계획을 분석할 수 있다.

> - 소비자 자신의 욕구충족
> - 현명한 소비로 경제발전 및 사회적 기여(고용촉진, 국가경제 구조개선 등)
>
> ⋯⋯영향⋯⋯▶ 합리적 소비의 주체로서 현명한 소비계획 수립

3. 학자의 입장

(1) 소비자의 물리적 행동뿐만 아니라, 소비자 내면의 인지적 활동을 분석함으로써 인간의 행동에 대한 연구를 수행한다.

(2) 이러한 연구결과를 통해 소비자의 행동을 예측할 수 있게 된다.

> 내/외적인 인간행동의 연구 ⋯⋯영향⋯⋯▶ 소비자를 이해하고 행동을 예측

4. 정부 및 공공단체의 입장

(1) 정부나 관련 기관은 시장의 교환과정을 분석한 결과로써 효과적인 공공정책을 수립할 수 있게 된다.

(2) 특히, 거래실태의 분석을 통해 관련 법규의 제정과 개정을 시행할 수 있게 된다.

- 정부의 공공서비스 정책
- 환경 및 소비자 보호 정책
- 소비억제 마케팅 정책

→ (영향) → 경제적/사회적 정책의 합리적 수행

CHAPTER 02 | 관여도

01 관여도 2019년 약술문제

1. 관여도의 의의 [관/상/주/행] 2025/2023년 논술문제

(1) 특정 상황에서 어떤 대상에 대한 소비자 개인의 중요성 지각 정도나 관심도 즉, 어떤 대상에 대한 개인의 관련성 지각 정도로 설명할 수 있으며, 개인/대상/상황의 함수이다.

(2) 관여도는 상대적인 척도이며 절대적인 기준이 있지 않아 개인마다 관여도의 수준이 다르다.

(3) 제품(또는 서비스)의 구매에 대한 중요성의 정도이며, 소비자의 주의력 결정요인이 된다. 따라서, 관여도가 낮은 제품은 소비자의 주의를 환기시키는 데 어려움이 따른다.

(4) 소비자행동에 영향도가 높고, 구매의사결정과 정보처리과정에서 중요한 역할을 하며, 소비자행동 연구의 출발점으로 소비자행동의 전반에 걸쳐 영향을 미친다.

(5) 신념과 대치되는 광고를 접할 때, 관여도에 따라 반박주장의 강도가 달라진다.

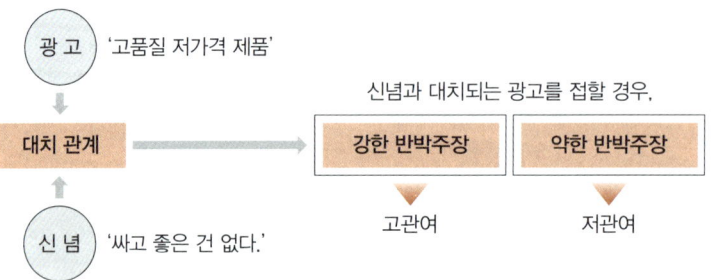

① '고품질 저가격'이라는 광고와 '싸고 좋은 것은 없다'는 신념 간 대립관계라면, 고관여에서는 강한 반박주장이 유발되며, 저관여에서는 약한 반박주장이 유발된다.
② 저관여에서는 반박주장의 강도가 낮으므로 다소 과장된 광고에 대해서도 수용 가능성이 높아지는 특징이 있다.

2. 관여도에 따른 결과 [반/정/대/기]

(1) 광고에 대한 반박주장의 강도
고관여이면 자신의 신념과 기업의 설득적 메시지에 차이가 있을 때, 반박주장의 강도가 크게 나타난다. 그러나 저관여이면 반박주장의 강도가 상대적으로 작게 나타나며 일부 차이가 있어도 수용 가능성이 높은 특징이 있다.

(2) 정보탐색의 활동 유무(또는 강도)
고관여에서는 문제해결을 위한 대안 선택에 있어서 다양한 측면으로 정밀하게 정보탐색이 이루어지는 반면, 저관여에서는 정보탐색의 강도가 상대적으로 낮거나 혹은 생략되기도 한다. 물론 고관여에서도 정보탐색이 생략되는 경우가 있으나 이는 과거 선행경험으로 인해 만족도가 높았을 경우로 제한된다.

(3) 대안에 대한 비교평가 정도(노력, 시간 등)
저관여에서는 각 대안의 비교를 위한 노력 및 시간 등의 소요가 적은 반면, 고관여에서는 의사결정의 오류를 줄이기 위해 더욱 엄격하게 비교평가가 이루어지는 특징이 나타난다.

(4) 대안을 평가하는 기준
대표적 고관여 제품인 자동차는 디자인/연비/프로모션/안전장치/편의장치 등 고려하는 속성(기준)의 폭이 매우 넓다. 그러나 저관여 제품은 대체적으로 지각된 위험 및 제품의 복잡성이 낮아 한두 가지의 속성만으로도 구매가 이루어진다.

※ 참고 : 관여도가 소비자에게는 구매행동에 영향을 미치며, 기업에게는 마케팅활동에 영향을 미친다. 이때 고·저관여의 구분이 어렵고 개인차이가 있으며, 관여도는 상황 등 변수에 따라 변화할 뿐만 아니라 상대적 개념이므로 측정행위가 어려워 이를 일반화·표준화하는 데 어려움이 따른다.

3. 관여도의 선행요인

관여수준을 결정하는 요소에는 대표적으로 사전지식, 지각된 위험, 시간적 압박을 들 수 있다.

(1) 사전지식
① 제품의 품질, 가격 등의 속성에 대해 미리 알고 있는 정도이다.
② 사전지식에 따른 관여수준은 다음 그림으로 표현될 수 있다.

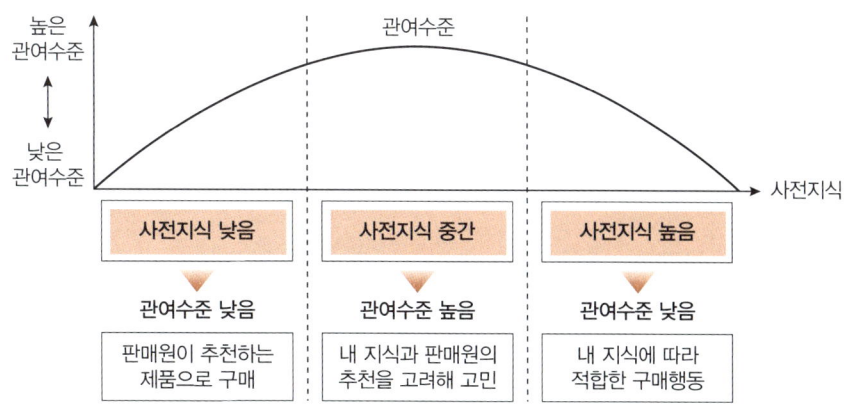

⊙ 사전지식이 아예 없을 때는 관여수준이 낮아 판매원이 추천하는 제품을 구매한다.
ⓒ 사전지식이 중간 정도 될 때는 자신의 지식과 판매원의 의견을 적절히 고려해서 의사결정을 하게 되어 관여수준이 높게 나타난다.
ⓒ 사전지식이 너무 높을 때에는 관여수준이 도리어 낮아지는데 이는 제품에 대한 자신의 지식에 따라 구매행동이 바로 나타나기 때문이다. 즉, 구매의사결정과정이 단순화되므로 관여수준이 낮아진다.
※ 참고 : 고급 승용차처럼 관여도가 높으나, 전문적 사전지식으로 인해 선택의 어려움이 없어 관여수준이 매우 낮을 수 있다. 즉 관여도와 관여수준은 유사하지만 구분된다.

(2) 지각된 위험

① 잘못된 구매 결과에 대한 선행적 불안감을 말한다.
② 가격이 비싸거나, 자신의 사회적 이미지에 영향을 미치거나, 신체적 위험이 클수록 지각된 위험 정도는 높아지며, 이러한 제품을 구매하고자 할 때 관여수준이 높아지게 된다.
③ 지각된 위험의 종류 [신성심사/재시미] 2013 / 2006년 약술문제

구 분	내 용	예 시
신체적 위험	자신에게 신체적 위험을 줄 수 있는 가능성에 대한 불안감	부작용이 높은 약을 구매할 때
성능적 위험	제품 성능이 기대 이하가 될 것에 대한 불안감	중고제품/중국산 제품 구매 시
심리적 위험	자신의 가치관과 자아이미지에 부정적인 불안감 → 내부에서 오는 불편함	보수적 성향의 여성이 미니스커트 구매
사회적 위험	타인/준거집단으로부터 부정적 평가를 받을 불안감 → 외부에서 오는 불편함	현대 차 직원이 쉐보레 차를 구매
재무적 위험	소득보다 제품 가격이 높은 데서 오는 불안감	집이나 고급차를 살 때
시간 손실 위험	잘못된 구매에 따른 시간 손실의 불안감	교환, A/S 등에 대한 우려
미래기회 상실의 위험	더 좋은 대안 선택이 있을 것이라는 불안감	A 선택 시, B는 구매 불가

> 기업의 마케팅활동은 지각된 위험을 경감시켜줄 전략을 포함해야 한다.
> 예 할부, 식약처허가, 견본, 배송정보, 후기 제공

→ 지각된 위험은 개인에 따라 편차가 발생한다. 가령 재무적 위험은 개인별 소득수준에 따라 차이가 있으며, 시간 손실 위험은 바쁜 사람일수록 크게 지각되는 것을 볼 수 있다.
※ 참고 : 지각된 위험은 구매행동 이전의 선행적 불안감을 말하며, 구매 후 부조화는 구매행동 이후에 자신의 선택에 대한 확신이 낮아 겪는 심리적 불안감을 말한다. 즉 구매행동 전·후로 구분된다.

④ 지각된 위험의 부담을 경감하기 위한 기업전략 및 소비자행동 [샘보/저소기/반추비] 2013년 약술문제

구분	전략의 주체	
	마케터(기업)의 전략	소비자의 행동
손해의 결과를 경감	• 저렴한 대안을 공급 • 작은 규격의 제품을 공급 • 품질보증을 제공	• 저렴한 브랜드를 구매 • 소량 단위로 구매 • 성능에 대한 기대수준을 낮춤
결과의 확실성을 증대	• 무료 샘플을 제공 • 전문가의 보증 또는 인증기관의 품질표시	• 이전에 구매했던 브랜드를 반복구매 • 주변인이 추천하는 브랜드를 구매 • 정보탐색 및 비교/평가를 수행

⑤ 지각된 위험을 경감하기 위한 기업의 추가적인 전략

㉠ 소비자 입장에서 제품정보를 제공한다.

　　예 전문용어 회피, 쉬운 설명, 그림 첨가 등

㉡ 앞선 구매자들의 이용후기를 제공한다.

㉢ 배송과정을 추적할 수 있도록 정보를 제공한다.

㉣ 판매 이후, 지속적인 업그레이드 또는 정보를 메일 등으로 제공한다.

(3) 시간적 압박

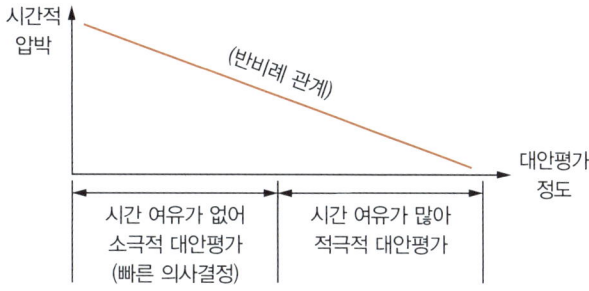

① 시간적 여유가 없을 때, 빠른 의사결정을 위해 대안평가 정도가 치밀하지 못하게 된다.
② 시간적 여유가 있을 때, 고려하는 대안의 수가 많고 각 대안의 속성을 다양하게 평가하게 된다.

　　예 디자인, 가격, 성능, 구매편의성, 매장 분위기, 친절도 등

4. 관여도의 결정요인 2025년 논술문제

(1) 인적관여(소비자 관여)

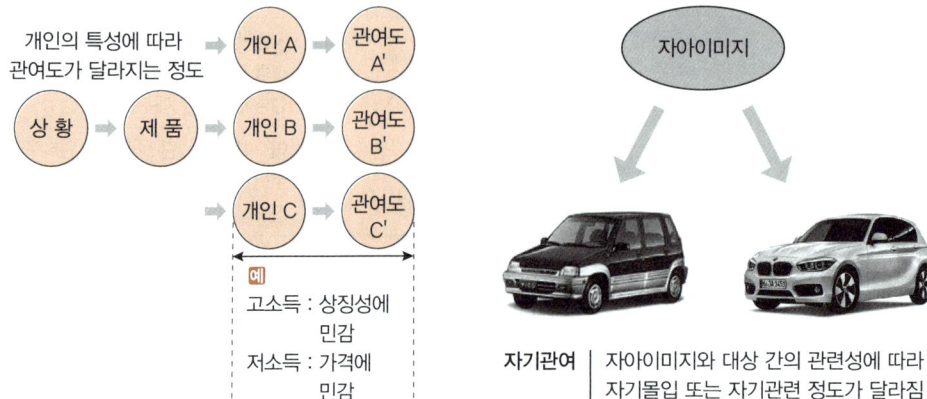

① 개인적 요인에 따른 관여 정도로서 소득수준, 주거형태, 취미, 관심사 등을 포함한다.
② 동일한 제품/상황이라도 개인의 특성에 따라 관여도가 달라진다.
③ 어떤 대상으로 자아이미지를 표출할 경우, 그 관련성 정도에 따라 자기관여는 다르게 나타난다.
　예 소득이 높을 경우 상징성 있는 제품에 민감하고, 소득이 낮을 경우에는 가격에 민감해진다.

(2) 제품관여

① 제품 특성에 따른 관여 정도를 말하며, 제품의 상징적 가치/복잡성/중요도 등이 높을수록 고관여이다.
② 제품 요인은 제품자체, 제품의 고유속성과 기업의 마케팅활동으로 도드라진 속성, 가격 등으로 구분할 수 있다.
③ 기업의 마케팅활동으로 도드라진 속성

구 분	내 용
제 품	제품이 다르면 관여도가 다르다. 예 집과 라면은 관여도가 다르다.
제품고유 속성	제품이 같아도 디자인·성능 등 제품 속성에 따라 관여도가 다르다. 예 같은 브랜드 노트북이라도 성능에 따라 관여도가 달라진다.
강조된 속성 (마케팅)	제품 자체, 제품 속성, 가격이 같더라도 기업의 마케팅활동으로 중요도가 달라진다면 관여도 또한 달라진다. 예 껌은 저관여이나 자일리톨을 강조하거나, 음료에 건강을 강조하여 비타민 음료를 제시하는 등 관여도를 높이는 사례가 있다.
가 격	제품이 같고 제품 속성이 같아도 가격에 따라 관여도가 다르다. 예 낮은 가격 제품은 저가형으로 분류되어 관여도가 낮아진다.

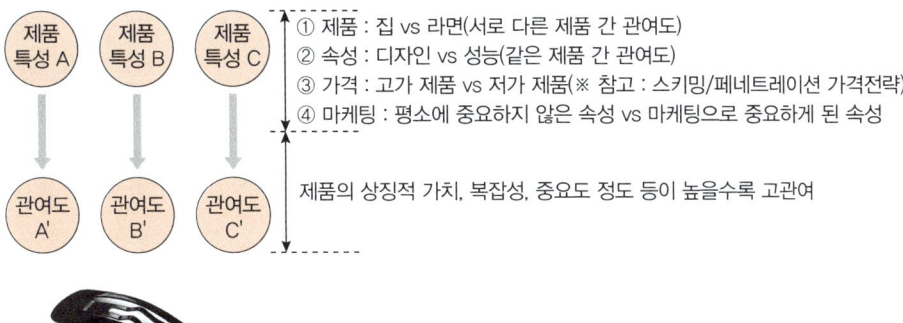

천원짜리 머리핀은 여성에게 고관여인가? 저관여인가?
(자신을 가꾸는 아이템)

(3) 상황관여

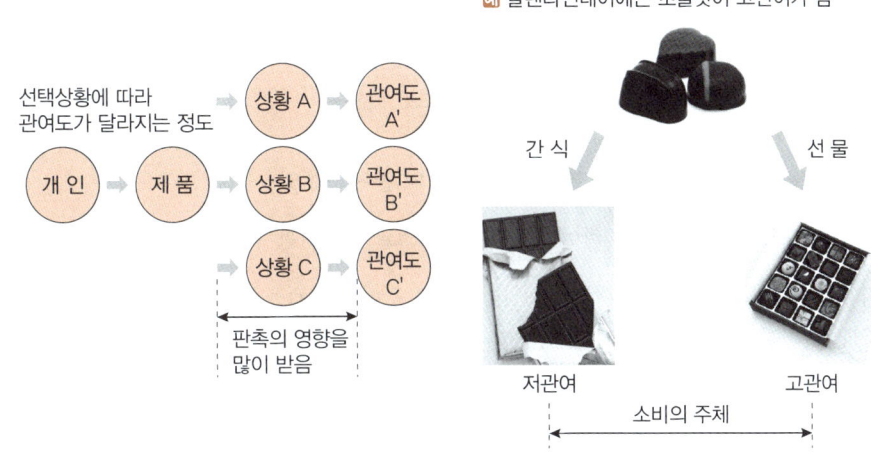

① 선택 상황에 따른 관여 정도로서, 기업의 판촉활동에 영향을 많이 받는다.
   예 내가 먹는 간식 초콜릿은 아무거나 구매할 수 있지만, 발렌타인데이(상황)의 초콜릿선물은 기업의 판촉활동에 직접적 영향을 받는다.
② 소비자에게 같은 제품이라도 상황에 따라 관여도가 달라진다.
   예 화장지를 예로 들면,
      화장실에 들어갈 때 : 고관여가 된다.
      화장실에서 나올 때 : 저관여가 된다.

5. 관여 결과

(1) 관여도의 선행요인과 결정요인

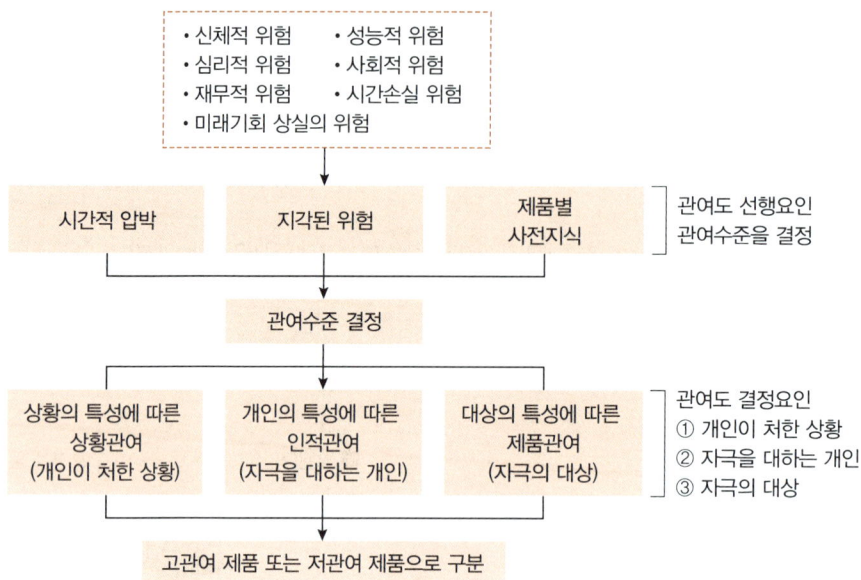

(2) 앞서 기술된 관여도의 선행요인과 결정요인은 개인의 관여도에 영향을 미친다.

(3) 특정 제품에 대해 소비자 자신의 관여 정도에 따라, 고관여와 저관여가 구분된다.

(4) 소비자 개개인 정도의 차이는 있겠으나, 일반적으로 관여도 결과를 비슷하게 가정하여 제품을 고관여 제품과 저관여 제품으로 구분하기도 한다.

(5) 관여도의 선행요인과 결정요인을 다시 정리하면 다음 표와 같다. [제 개/가 촉/상]

구 분			내 용
관여도 선행요인 (관여수준 결정)	사전지식		• 제품, 가격, 속성 등 미리 알고 있는 정도 • 사전지식의 정도에 따라 관여도가 달라짐
	지각된 위험		• 잘못된 결정의 피해에 따른 선행적 불안감 • 기업에서는 이를 경감할 수 있는 전략 필요
	시간적 압박		시간적 여유에 따른 평가기준이 변화(구매의 급박성을 의미)
관여도 결정요인	상황관여	구매상황	구매상황에 따른 관여도의 변화 예 맑은 날 우산을 미리 사두려면 저관여가 됨
		사용상황	사용상황에 따라 정보탐색(내적/외적) 활발, 고려상표군이 확대 예 초콜릿 → 간식 vs 선물
	제품관여	제품	예 집, 자동차, 볼펜, 스마트폰
		속성	예 디자인, 성능, 한정판, 생산국가
		가격	예 저가격, 고가격
		촉진	• 저관여 제품 : 재밌는 광고로 주의환기 예 유행어, 재미, 경품 • 고관여 제품 : 정보(상징성, 효용 등) 제공 예 팜플렛, 설명서
	인적관여(개인적 특성)		개인적 특성에 따른 관여 예 관심, 소득, 취미, 동호회

(6) 관여도의 측정방법 2025년 논술문제 2021년 약술문제

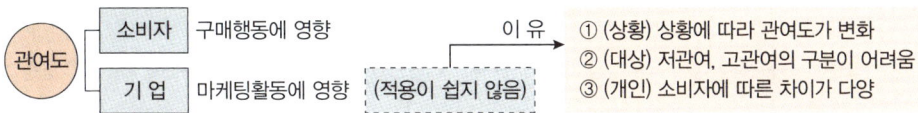

로랑과 카프페레의 측정방법 (Laurent & Kapferer, 1985)	자이코스키의 측정방법 (Zaichkowsky, 1985)
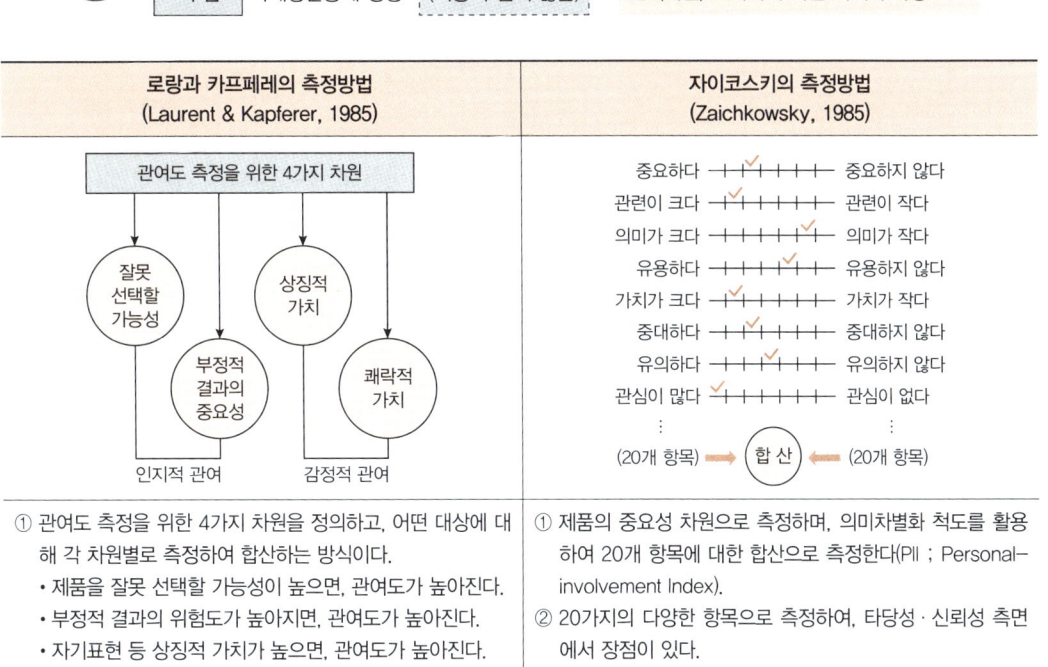	
① 관여도 측정을 위한 4가지 차원을 정의하고, 어떤 대상에 대해 각 차원별로 측정하여 합산하는 방식이다. • 제품을 잘못 선택할 가능성이 높으면, 관여도가 높아진다. • 부정적 결과의 위험도가 높아지면, 관여도가 높아진다. • 자기표현 등 상징적 가치가 높으면, 관여도가 높아진다. • 구매부터 소비에 이르기까지 즐거움이 크면, 관여도가 높아진다. ② 실용적인 면을 중요시하는 인지적 관여와 감정적인 면을 중요시하는 감정적 관여로 구분하고 있다. ③ 4가지 차원 중, 특정 차원에 대한 소비자의 관여도를 살펴볼 수 있는 특징이 있다.	① 제품의 중요성 차원으로 측정하며, 의미차별화 척도를 활용하여 20개 항목에 대한 합산으로 측정한다(PII ; Personal-involvement Index). ② 20가지의 다양한 항목으로 측정하여, 타당성·신뢰성 측면에서 장점이 있다. ③ 로랑과 카프페레의 측정방법과 달리 단일 차원으로 실용적인 면을 중요시하는 인지적 관여를 주로 측정한다.

6. 관여도의 중요성 [주정구평]

(1) 자극에 노출되었을 때, <u>주</u>의와 집중에 영향을 미친다.

(2) 중심경로 또는 주변경로를 통한 <u>정</u>보처리가 관여도를 통해 선택적으로 이루어지는 것을 볼 수 있다.

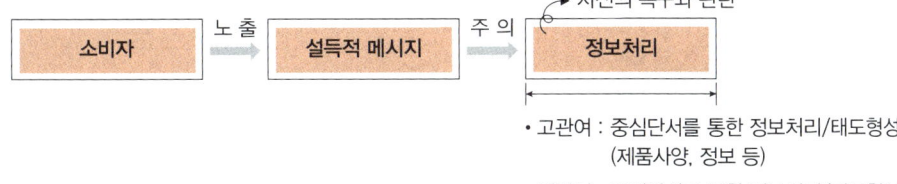

- 고관여 : 중심단서를 통한 정보처리/태도형성
  (제품사양, 정보 등)
- 저관여 : 주변단서를 통한 정보처리/태도형성
  (친절도, 판매원의 인상, 광고모델 등)

※ 참고 : '정교화'는 정보처리 의지를 말하는데, 태도변화 단원의 '정교화 가능성 모델'에 따르면 고관여는 높은 정보처리 동기로 인해 중심단서의 제공이 중요하며, 이를 통해 중심적 태도변화가 유발되는 것을 설명한다.

(3) 구매의사결정과정에서 정보탐색 및 대안평가 수행여부, 혹은 문제가 인식되면 바로 구매할 것인지를 결정한다.

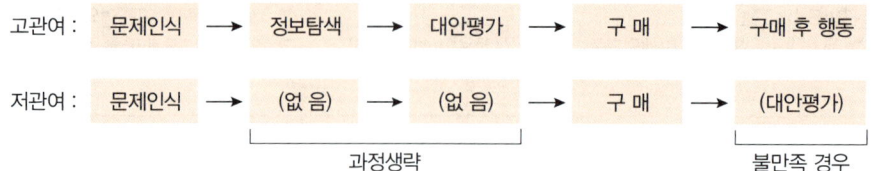

(4) 구매 후 평가를 통해 신념 또는 호감적 태도 형성에 영향을 미친다. 즉 고관여는 거부영역이 넓어 평가가 엄격하게 이루어지며, 저관여는 수용영역이 넓어 상대적으로 호의적인 평가가 이루어진다.

※ 참고 : 태도변화 단원 '사회적 판단을 통한 태도변화'

02 관여도에 따른 구매의사결정과정 2025/2019년 약술문제 2019년 논술문제

1. 구매의사결정단계의 구분

(1) 고관여는 문제인식부터 구매 후 행동에 이르기까지 일련의 절차를 거치는 복잡한 과정을 보이는 반면, 선행적으로 '구매-만족'의 반복 경험에 의한 학습이 이루어졌을 경우에는 구매의사결정과정이 단순화되기도 한다.

문제인식 → 정보탐색 → 대안평가 → 구 매 → 구매 후 행동

(2) 저관여는 문제인식이 되면 바로 구매를 하게 되며, 구매결과가 만족스럽지 못할 경우에는 대안평가를 수행하게 된다. 이는 저관여 제품의 특징으로 지각된 위험이나 제품의 복잡성이 높지 않고, 잘못된 구매결정에 따른 피해 정도가 상대적으로 작기 때문이다.

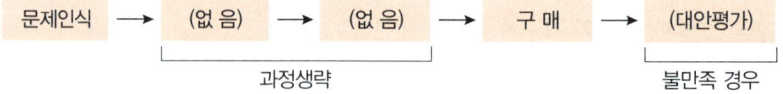

2. 관여도에 따른 구매의사결정의 변화

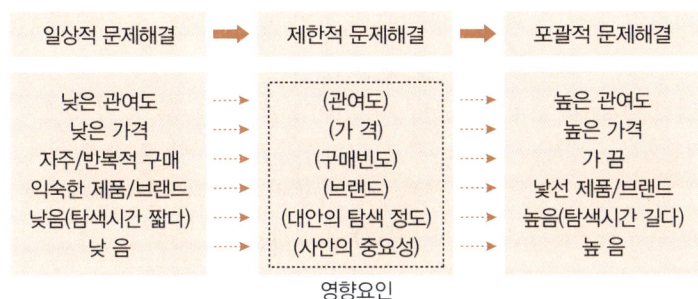

(1) 일상적 문제해결은 사안의 중요도 및 관여도가 낮은 경우가 대부분이며, 이때는 구매의사결정에 따른 탐색시간이 비교적 짧은 특징이 있다.
   ① 구매경험에 의해 이미 대안이 좁혀진 상태이므로 구매의사결정이 단순하다.
   ② 주로 내부정보에 의존해서 문제해결이 이루어지며, 의사결정이 소극적이다.

(2) 제한적 문제해결은 저관여에서 제한된 범위의 대안 내, 부분적인 비교·평가 후 구매의사결정이 이루어진다.
   ① 대안 간 차이가 클 때, POP·할인 등의 설득적 메시지로 다양성 추구 욕구가 유발되면 소비자 이탈이 발생할 우려가 높다.
   ② 대안 간 차이가 작을 때, 만족한 구매경험에 의한 관성적 구매 가능성이 높다.
   ③ 내부정보 외 제한적인 외부정보를 탐색한다.

(3) 포괄적 문제해결은 사안의 중요도 및 관여도가 높은 경우이며, 많은 탐색시간을 할애하고 엄격한 비교·평가를 통해 구매의사를 결정하게 된다.
   ① 대안 간 차이가 클 때, 매우 복잡한 구매의사결정과정을 거치게 된다.
   ② 대안 간 차이가 작을 때, 브랜드 충성도에 의한 반복구매 가능성이 높다.
   ③ 만족한 구매경험 시, 학습에 따른 구매의사결정과정 단축 및 브랜드 충성도 형성으로 반복구매가 나타난다.
   ④ 내부정보 외 외부정보도 적극적으로 탐색한다.

(4) **관여도와 구매의사결정 정도에 따른 소비자행동 유형** 2025/2003년 약술문제

구 분	고관여	저관여
의사결정	• 복잡한 의사결정으로 구매 • 신념 → 평가 → 행동 • 인지적 학습(사고) 결과로 의사결정 → 적극적 정보탐색으로 인지적 학습이 일어남	• 제한적 의사결정(다양성 추구)으로 구매 • 신념 → 행동 → 평가 • 수동적 학습 결과로 의사결정 → 학습 의지 없이 저절로 학습되는 POP가 중요
습관/ 반복구매	• 브랜드 충성도로 구매 • 신념 → 평가 → 행동 • 능동적 학습(행동) 결과로 반복구매 → 작동적 조건화(쥐 실험) 참고	• 관성적(습관적)으로 구매(가식적 충성도) • 신념 → 행동 → (평가) • 수동적 학습 결과로 반복구매 → 고전적 조건화(개 실험) 참고

① 고관여에서는 대안평가가 먼저 이루어지고 최종적으로 행동이 나타나는 반면, 저관여는 행동이 우선시되고 만족도가 높을 경우 대안평가가 생략되기도 한다.
   ※ 참고 : 관성적 구매에서는 평가가 생략되는 경우가 많다. 이것은 관성적 구매행동이 있기 전, 과거 구매경험에 의해 사전지식을 확보하기 있기 때문이다.
② 습관/반복구매는 학습과 관련성이 높은데 고관여는 능동적 학습(예 웹 검색)에 의한 구매행동이 나타나는 반면, 저관여는 수동적 학습(예 TV광고 노출)을 통한 구매행동을 볼 수 있다.
③ 저관여이면서 제한적으로 의사결정을 하는 것은 다양성 추구 욕구에 의한 것으로 저관여 제품의 후발기업이 다양성 추구 욕구를 유발하는 마케팅활동을 수행한다.
   예 매일 똑같은 거 먹으면 지겹지 않아요? → 메시지로 브랜드 전환을 유도
④ 겉으로 보기에 브랜드 충성도에 의한 구매와 관성적 구매는 쉽게 구분되지 않는다. 따라서 관성적 구매를 가식적 충성도라고도 한다.

(5) **구매의사결정 유형에 따른 기업의 전략** 2024년 약술문제 2010년 논술문제

구 분		관여수준에 따른 의사결정 정도		
		일상적 문제해결	제한적 문제해결	포괄적 문제해결
상표의 위치	고려 상표군 내 (주로 선발 기업의 전략)	[유지전략] 기존 소비자가 기존 제품을 계속해서 구매하게끔 하는 전략 (관성구매 유도)	[포획전략] 구매시점에 제한된 대안에서 선택하려는 소비자를 포획하려는 전략	[선호전략] 자사 상표에 대한 선호도를 높이는 전략 (선호도 제고)
		예 습관형성(피로회복엔 박카스)	예 진열, POP 등(구매시점이 중요)	예 긍정적 구전활동, 강화 광고 등
	고려 상표군 외 (주로 후발 기업의 전략)	[혼란전략] 기존 소비자 구매행동에 혼란을 주고 다양성을 추구하게 하는 전략 (다양성 추구 유도)	[차단전략] 고려상표군으로 좁힐 때, 경쟁상표를 차단하고 자사 상표를 끼워 넣는 전략	[수용전략] 소비자의 머리 속에 자리잡게 하는 전략 (포지셔닝전략)
		예 주의·흥미 유발	예 광고를 통한 정보제공	예 샘플, 쿠폰, 사용촉진 등

3. 관여도와 브랜드 선택

(1) **반복구매 정도 및 상대적 태도에 따른 충성도의 유형**

구 분		반복구매 정도(행동주의자 관점)	
		높 음	낮 음
상대적 태도 (인지주의자 관점)	높 음	진정한 충성도	잠재 충성도
	낮 음	의사 충성도(가시적 충성도)	비충성도

① 진정한 충성도는 상대적 태도가 높고 반복구매 빈도가 높을 때를 말한다.
② 잠재 충성도는 상대적으로 태도가 양호한 반면 구매력이 없거나 혹은 시간적/상황적 요인 등으로 반복구매 빈도가 낮은 특징이 있다.
   예 고급브랜드 차량에 대한 잠재 충성도는 PC 바탕화면에 고급 차량 사진을 넣거나 모형차를 구매하는 등으로 대체하여 표출된다.

③ 가식적 충성도는 진정한 충성도와 비교했을 때 겉으로는 구분이 어려우나, 상대적 태도를 살펴보아 구분이 가능하다.

(2) 브랜드 간의 차이와 관여도 [변신/문다]

구 분		관여도		
		고관여	저관여	
브랜드 간 차이 정도	크다 (의사결정)	〈복잡한 의사결정〉 • 적극적 정보탐색 • 대안의 비교/평가	〈제한적 의사결정〉 • 다양성 추구(브랜드 전환 구매행동) • 한정된 대안에서 결정	관성적 구매를 제한적 의사결정으로 전환하기 위한 방법 ① 기존 제품의 변화 ② 신제품 출시 ③ 문제 해결에 집중 ④ 다양성 추구의 욕구 발생 (판촉활동)
	작다 (습관)	〈브랜드 충성도에 의한 구매〉 • 고민의 정도가 낮음 • 신념 형성, 대안평가 생략	〈관성적(습관적) 구매〉 • 구매 만족 → 반복구매 • 브랜드 충성도와 구분	

① 브랜드 간 차이가 클 때는 의사결정을 수행하며, 차이가 크지 않을 때는 대안을 비교/평가하는 의사결정보다 습관적인 구매행동이 나타나게 된다.
② '복잡한 의사결정'에 의한 구매는 소비자가 적극적으로 정보를 탐색하고, 여러 대안을 비교평가 후 선호하는 브랜드로 구매하는 것을 말한다.
③ '브랜드 충성도에 의한 구매'는 관성적 구매와 겉으로는 비슷하나, 태도나 관여도에 따라 구분된다. 즉 충성도 있는 브랜드로 의사결정하며, 신념 형성 및 대안평가의 인지적 과정이 생략되는 특징이 있다.

[브랜드 충성도가 형성되는 과정]

고관여 소비자가 제품에 만족 → 호의적인 태도 형성 → 동일한 제품의 반복구매

※ 브랜드 충성도 사례 : 아이폰 신모델이 출시될 때 직접 실물을 본 적은 없으나 밤새 구매를 기다리는 모습

⑤ 제한적 의사결정을 통한 구매 : 여러 대안을 다양하게 고려하지 않으며, 몇몇 한정된 대안 중 구매를 결정하게 된다. 더 이상 반복구매를 하지 않고, 브랜드 전환을 통해 다양성을 추구하는 구매행동을 말한다.
   예 뚜렷하게 구매하려고 하는 음료수(저관여)가 없는 상태에서 편의점 냉장고 내의 몇몇 제한적인 대안(음료수)에서 구매의사결정을 할 때 볼 수 있다.

| 합격의 Tip |

관성에 의한 구매행동에서 다양성을 추구하는 경우는 4가지로 설명될 수 있다. [변신/문다]
첫째, 기존 제품의 변화가 있을 때
둘째, 신제품이 출시되었을 때
셋째, 문제해결에 집중할 때
   예 평소 비타500을 마셨지만, 지금은 목이 마르니 포카리스웨트를 사야지.
   예 A빵을 즐겨 먹었지만, 지금은 배가 고프니 양이 많은 B빵을 사 먹어야지.
넷째, 기업의 판촉활동에 의한 다양성 추구의 욕구 발생

⑥ **관성적 구매** : 과거 구매한 어떤 브랜드의 만족도가 높으면 이후에는 복잡한 의사결정이 생략되고 반복적으로 구매행동이 나타나는 것으로, 겉으로 보았을 때 브랜드 충성도와 비슷한 특징이 있다.

4. FCB 모형을 이용한 마케팅전략 2025/2023/2013년 논술문제

(1) FCB모형은 미국의 광고회사 FCB(Foote, Cone & Belding)에서 개발한 것으로 소비자행동을 분석하고 제품특성을 분류한 다음 이를 조합·체계화한 모델을 말한다.

(2) 제품의 구매동기를 좌뇌가 관장하는 이성적 동기와 우뇌가 관장하는 감성적 동기로 구분하여, 관여도에 따른 4가지 구매유형과 마케팅전략을 제시한다.

구 분		고관여 관점	저관여 관점
구매동기	이성적 동기 (좌뇌)		
	성 향	합리적 소비자(이성적 소비)	습관적 소비자
	제 품	자동차, 집, 약, 신제품	식품, 가정용품, 면도기
	마케팅전략	정보제공 전략	습관형성, 인지도 제고
	감성적 동기 (우뇌)		
	성 향	정서적 충동구매 소비자	문화/사회 순응 소비자(자기만족 소비)
	제 품	패션의류, 보석, 화장품	담배, 술, 과자, 맥주 → 기호식품
	마케팅전략	감성적 소구	자기만족 전략, 친밀감 형성

① **합리적 소비자**

정보를 얻고 제품을 좋아해서 구매에까지 이른 소비자를 말한다. 이들에게 취할 수 있는 전략은 성능/품질을 강조한 정보를 제공함으로써 의사결정을 도울 수 있는 근거의 제시가 중요하다.

인지 → 감성 → 구매

② **습관적 소비자**

문제인식과 더불어 우선 구매 후, 제품정보를 얻고 최종적으로 제품에 대한 태도를 형성하는데 이들에게는 브랜드 인지도 제고/유지를 위한 반복광고가 유효하며 한가지 소구점을 강하게 제시하는 것이 중요하다.

구매 → 인지 → 감성

③ **정서적 충동구매 소비자**

제품을 좋아해서 정보를 얻고 구매에까지 이르며, 이들에게는 상상력/꿈/환상을 불러일으킬 수 있는 감성적 전략으로 접근하는 것이 중요하다.

예 나도 저 옷을 입으면, 모델처럼 아름다워 보이겠지?

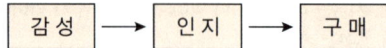

감성 → 인지 → 구매

④ 문화/사회 순응 소비자

구매 후, 태도를 형성하고 정보를 얻으며 친밀성/상징성을 강조하는 반복광고를 통해 감성적 메시지를 전달하는 것이 중요하다.

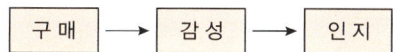

⑤ 암기하는 방법

구 분			고관여 관점	저관여 관점
구매동기	이성적 동기 (좌뇌)	커뮤니케이션 과정	정보를 얻고(Learn) 제품을 좋아해서(Feel) 구매함(Do) 인지(Learn) → 감성(Feel) → 구매(Do)	구매 후(Do) 제품정보를 얻고(Learn) 태도 형성함(Feel) 구매(Do) → 인지(Learn) → 감성(Feel)
	감성적 동기 (우뇌)	커뮤니케이션 과정	제품을 좋아해서(Feel) 정보를 얻고(Learn) 구매함(Do) 감성(Feel) → 인지(Learn) → 구매(Do)	구매 후(Do) 태도를 형성하고(Feel) 정보를 얻음(Learn) 구매(Do) → 감성(Feel) → 인지(Learn)

5. 고관여 저관여 소비자의 의사결정 비교

구 분	고관여 관점	저관여 관점
정보탐색	제품 및 브랜드 정보탐색 → 능동적	제품 및 브랜드 정보탐색 → 수동적(제한적)
신념과 배치되는 정보 → 인지적 반응	자신의 생각과 다른 정보 → 저항·반박	자신의 생각과 다른 정보 → 수동적 수용 저항·반박이 제한적(관대한 반응)
구매의사결정과정	모든 과정 철저히 준수	일부 과정 생략
태도변화	태도변화가 드물지만, 일단 변하면 지속	태도변화는 빈번하나 일시적
인지부조화	빈번하며, 이를 극복하기 위해 노력	미미한 수준의 인지부조화
브랜드 반복 노출	의미 없음	친밀감 형성으로 구매에 영향

03 저관여 제품

1. 저관여 제품이 중요한 이유

(1) 일상적인 소비가 대부분 저관여 제품에 집중되어 있고, 의사결정이 대부분 단순하기 때문이다. 결과적으로 저관여 제품은 차별적 브랜드 전략을 통해 고객의 선택을 이끌어 내어야 한다.

(2) 저관여 제품의 일반적인 특징

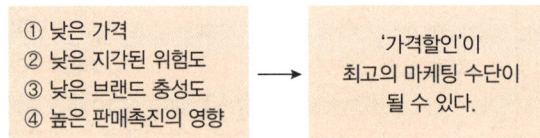

2. 저관여 제품군의 브랜드 전략 [미관다틈/광유가신]

구 분	저관여 제품군의 브랜드 전략	궁극적 목적
후발 브랜드	• 미투제품(모방제품) 출시 : 초코파이, 허니버터 • 관여도를 높임 : 충치예방 껌, 하이트 천연 암반수, 비타500 • 관성적 구매를 다양성 추구로 전환 : 판촉활동 • 틈새시장 공략 : 밥버거, 다마스(골목을 누비는 화물차)	다양성 추구 욕구 유발
선발 브랜드	• 브랜드 친밀감 제고 　→ 막대한 광고비 : 노출빈도↑, 광고매체 다변화 • 진입장벽 구축 　㉠ 유통 지배력 : 가맹점↑, 진열독점, 제품 호환성 　㉡ 낮은 가격 : 할인, 후발기업 선행투자 회수지연 • 차별화로 일반화 경계 　→ 적극적 신제품 개발 : 제품차별화로 일반화 지양	관성적 소비행동 유지

(1) 후발 브랜드의 경우
① 미투제품의 출시
후발 브랜드는 미투제품을 출시하면서 크게 2가지 이점을 기대할 수 있다.
㉠ 고객이 선발 브랜드로 인해 제품정보를 이미 학습했기 때문에 마케팅 비용의 절감이 가능하다.
　예 맛, 사용방법, 효용, 구매방법, 주의사항 등
㉡ 검증된 시장에 검증된 제품을 내놓는 전략이므로 의사결정이 신속하고 위험부담이 적다.
　예 초코파이, 허니버터 시리즈, 탈취제 등
② 관여도 제고 : 단순한 음료수에서 웰빙 콘셉트의 비타민 음료를 만들어 내는 것처럼 어떤 속성을 부가하여 관여도를 높일 수 있다.
　예 비타민음료, 충치예방 껌, 얼음이 나오는 정수기, 디자인이 강조된 제품 등

> **더 알아보기**
>
> 관여도를 높일 수 있는 방법
> - 소비자의 근원적 문제해결에 집중 → 웰빙 콘셉트의 먹거리
> - 인지도 및 상징성 제고 → 드라마 PPL광고
> - 특정 소비상황과 연관지어 제품을 제시 → 목마를 때, 2% 음료
> - 새로운 속성을 부가 → 충치예방 껌
> - 제품의 중요도를 강조 → 정품과 모조품 간 품질비교 결과의 제시

③ **다양성 추구 유발** : 선발 브랜드로 인해 인지도 및 시장점유율 면에서 열위에 놓여 있을 경우, 다양성 추구 욕구를 유발해 소비자의 선택을 이끌어 낼 수 있다.

  예 POP, 시식행사, 할인, 할부, 쿠폰 등

  ※ 참고 : 다양성 추구 욕구 유발을 위한 판촉활동(사은품, 가격할인, 쿠폰 등)의 부작용으로 이미지 실추, 과다경쟁 유발, 준거가격 하락을 들 수 있다.

④ **틈새시장 공략** : 선발 브랜드로 소비자의 니즈가 충족되지 않은 특화된 시장을 찾아내어 소비자의 문제해결에 집중한다.

  예 밥버거, 매운 라면 등

(2) 선발 브랜드의 경우

① **막대한 광고비** : 소요자금의 수용이 가능한 대기업에서 주로 활용하는 전략이다.

  예 광고의 노출빈도 제고, 광고매체 다변화(인터넷 광고, 전단지, 현수막, TV, 라디오 등)

② **유통지배력 강화** : 넓은 유통망과 진열대 선점, 독점 진열 등을 통해 고객과의 접점을 넓힐 수 있고 진입장벽을 구축할 수 있다. 저관여는 앞서 언급된 바와 같이 구매의사결정과정이 단순하기 때문이다.

  예 가맹점의 확대, 판매처 진열대의 독점력, 제품 간의 호환성 등

③ **낮은 가격 제시** : 일상제품의 경우 가격을 낮춤으로써 고객의 선택을 이끌어내고 후발기업이 선행투자한 비용(제품개발 비용)의 회수를 늦출 수 있다.

  예 상시할인 등으로 소비자의 준거가격을 낮추는 전략

④ **적극적 신제품 개발** : 제품의 차별화를 통해 일반화를 막을 수 있다.

  예 과일맛 소주, 휴대용팩 소주 등

⑤ **친밀감 제고** : 선발 브랜드는 소비자들이 관성적 소비행동을 지속할 수 있도록 친밀감을 형성·고양하고자 한다.

  예 소비자의 감성 및 충성심을 자극하는 광고, 익숙한 광고모델의 활용 등

3. 저관여 제품의 광고전략 [간/반/차/감]

간단한 내용	핵심적 메시지 2~3개 내외로 한정 예 피로엔 박카스, 2% 부족할 때, 간에는 우루사
반복광고	크루그먼(H.E.Krugman, 1965)이 수동적 학습에서 반복 노출을 강조 반복 노출 → 친밀감 형성 → 선호도 제고 → (구매결정)
(커뮤니케이션을 이용한) 이미지 차별화	기술 등 차별화(미미하거나, 모방 기술일 때) → 광고를 이용한 차별화, 브랜드 충성도에 집중
감각적 효과 중시	• 정보보다 시각적 효과광고가 효과적 　예 콜라-빨간색, 스타벅스-녹색 여자, 트라스트-노란색 • 시각 외에도, 공감각을 중시하는 경향 　예 음식냄새, 점포분위기, 음악, 사용가능한 샘플제품 등

(1) 저관여 제품의 광고전략은 FCB 모형과 연관지어 볼 때 습관을 형성시키고 자기만족을 제시하는 것이 효과적인데, 반복광고의 경우 자연스럽게 친밀감이 형성되고 선호도가 높아져 구매결정에 영향을 미치는 것을 볼 수 있다.

(2) 복잡한 제품정보를 제시하기보다 간단한 내용의 메시지를 반복적으로 제시하는 것이 효과적이다.

(3) 고관여는 제품정보가 중요하나 저관여는 제품정보보다 감각적 효과가 중시된다. 가령, 코카콜라는 광고에 빨간색을 강조하고 백곰이 지속적으로 출연하거나 혹은 스타벅스는 녹색의 여성이미지를 로고로 제시함으로써 고객의 기억 속에 효과적으로 자리 잡고 있다.

(4) 제품의 기술적 차별화 수준이 적거나, 미투제품일 경우 이미지 차별화를 시도해 브랜드 충성도에 집중하는 전략을 구사할 수 있다.

4. 저관여 제품의 4P전략

제 품 (Price)	• 후발 브랜드는 소비자의 관성적 구매를 견제하여 다양성 추구 욕구 유발 • 소비자를 설득시킬 수 있는 포지셔닝 전략 수립 필요 • 상품의 다양화로 고객선택의 폭을 넓혀, 다양성을 추구하는 고객까지 수용

가 격
(Price)
	• 목표고객이 브랜드 간
	  – 차이가 꽤 날 것이라고 믿는 경우 : 적절한 고가격이 효과적
	    예 비싸면 이유가 있겠지(※ 가격-품질 연상효과)
	  – 차이가 작다고 믿는 경우 : 저가격 또는 경쟁사와 동일 가격(소비자는 가격차이에 민감)
	• 선발 브랜드는 투자자금 회수 후, 시장점유율 유지 및 진입장벽 구축을 위해 저가전략 활용 가능

유 통 (Place)	폭넓은 유통망 확보로 노출빈도 제고 (저관여 제품은 유통이 핵심이므로 기업 간 협력을 통한 유통강화)
판매촉진 (Promotion)	무료샘플, 할인이벤트, 1+1 묶음판매, 구매시점광고(POP ; Point-Of-Purchase) 등

(1) 제품(상품의 다양화가 효과적)

선발 브랜드에 대한 소비자의 관성적 구매를 견제하며, 소비자를 설득시킬 수 있는 명확한 포지셔닝 전략을 펼쳐야 한다. → 상품의 다양화가 효과적

(2) 가격(낮은 가격이 효과적)

목표고객이 고려하고 있는 브랜드 간의 차이가 꽤 날 것이라고 믿는 경우 적절한 고가격을 제시해야 하며, 브랜드 간 차이가 작다고 믿는 경우에는 저가격 또는 기준가격을 제시하는 것이 필요하다. 선발 브랜드는 이미 선행투자에 소요된 자금을 시장에서 회수하였기 때문에 후발 브랜드를 견제(시장점유율 유지, 진입장벽 구축 등)하기 위해 저가전략을 활용할 수 있다. → 낮은 가격이 효과적

(3) 유통(유통지배력 확보가 효과적)

저관여 제품은 소비자에게 반복노출되는 것이 핵심이며, 기업이 유통채널에 대한 약점이 있다면 상당한 경쟁열위에 놓이게 된다. 이때, 기업 간 협업을 통해 유통지배력을 강화하고 많은 점포들이 자사 브랜드를 취급하도록 이끌어 내는 전략이 필요하다. → 유통지배력 및 구매편의성 확보가 효과적

(4) 판매촉진(샘플 이벤트를 통해 호기심 제고가 효과적)

구매시점광고는 진열대에서 눈에 잘 띄어야 하며 할인율을 소비자가 쉽게 인지할 수 있도록 정보를 노출할 필요가 있다. → 샘플, 이벤트를 통한 호기심 제고가 효과적

CHAPTER 03 | 구매의사결정과정

01 구매의사결정과정 2009년 약술문제

1. 고관여와 저관여의 구매의사결정과정

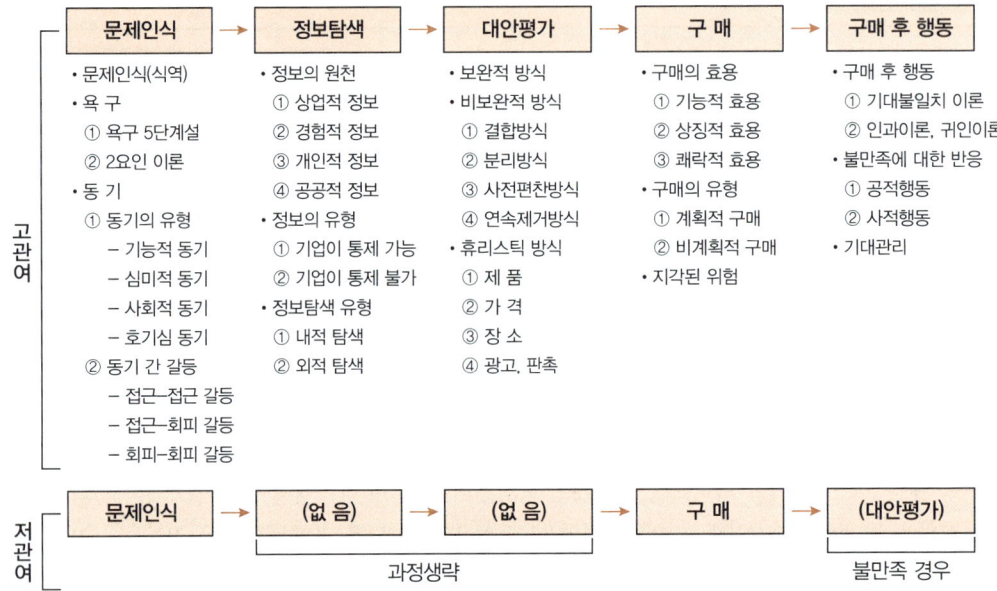

2. 소비자의 구매의사결정과정에 영향을 미치는 요인

(1) 내적 요인

개인·심리적 요인이며 학습, 개성, 라이프스타일, 동기, 태도 등을 포함한다.

개인적 요인	나이와 생애주기, 직업과 경제적 상황, 라이프스타일, 성격과 자아
심리적 요인	동기, 지각, 학습, 신념과 태도

(2) 외적 요인

환경적 요인이며 문화, 사회계층, 사회집단, 가족 등을 포함한다.

사회적 요인	소속된 집단, 가족
문화적 요인	문화와 하위문화, 사회계층

02 문제인식

1. 문제인식 2017년 약술문제

(1) 실제와 이상 상태 간의 차이가 발생하면 불균형 상태에서 문제인식이 시작된다.

(2) 문제인식과 더불어 욕구가 유발되어 긴장상태가 되는데, 이때 이러한 긴장감 해소 및 균형회복을 위해 구매동기가 형성된다.

(3) 소비자는 실제 상태와 이상적 상태의 차이 정도가 일정 수준 이상이 되어야 문제인식을 하게 되는데, 소비자가 인지할 수 있는 최소한의 차이 정도를 식역이라고 한다. 가령 깃털 1개와 2개의 무게 차이를 인지하지 못하는 것은 식역수준 이하이기 때문이며, 식역은 자극의 종류에 따라 다양하게 정도의 차이가 있다.
   예 밝기, 크기, 무게, 부피 등
   ① 절대식역은 존재를 알아챌 수 있는 최소한의 자극강도 수준을 말한다.
      예 빈손에 머리카락을 한 가닥 올려놓으면 절대식역 이하가 되어 인지할 수 없음
   ② 차이식역은 선행 자극과 구별되어 인지할 수 있는 후행 자극강도의 최소 수준을 말한다.
      예 A자극과 B자극 간의 무게차이, 밝기차이, 부피차이 등
   ③ 식역하 지각은 자극의 크기가 작아 절대식역 이하이지만, 무의식 중에 지각하는 것을 말하며 이를 활용한 광고를 서브리미널 광고(식역하 광고)라 한다.
      예 제임스 바카리의 실험 : 영화장면에 콜라+팝콘 글자를 관람객이 인지하지 못하는 프레임(장면) 단위로 넣었더니, 관람객들의 콜라+팝콘 소비가 늘었다고 보고되었으나 이후 재연이 되지 않아 이론적 정립은 되지 않았음. 국내에는 이러한 TV광고가 불법으로 분류되고 있음(서브리미널 광고 또는 식역하 광고라고 한다)

(4) 문제인식에 영향을 미치는 요인은 개인·대상·상황으로 구분된다.
   ① 개인에 따라서 문제인식의 민감도가 달라진다.
      예 개인의 성격, 섬세한 정도 등
   ② 동일한 개인이라도 대상에 따라 문제인식 민감도가 달라진다.
      예 핸드폰보다 자동차의 흠집에 더욱 민감해진다.
   ③ 동일한 개인·대상이라도 상황에 따라 문제인식 민감도가 달라진다.
      예 결혼 후 아이가 생겼을 때, 승용차에 대한 문제인식 민감도가 높아진다.

2. 욕구

(1) 욕구의 의의

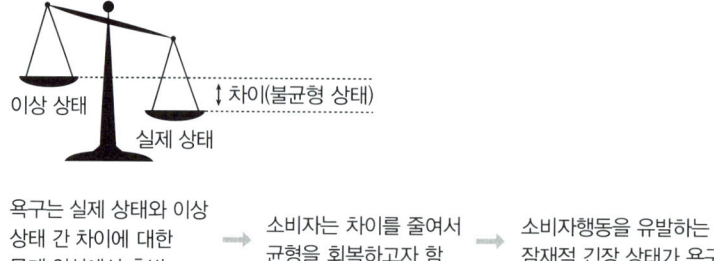

① 욕구는 생리적(또는 심리적) 상태가 어떤 의미에서 불균형이 된 상태, 즉 결핍 상태를 말하며, 실제 상태와 이상적 상태 간 차이에 대한 문제 인식에서 출발한다.
② 소비자는 이러한 차이를 줄여서 균형을 회복하고자 하며, 소비자행동을 유발하는 잠재적 긴장 상태가 바로 욕구이다.
③ 판매 개념은 기존 제품의 판매량에 집중하여 이윤을 창출하는 반면, 마케팅 개념은 고객의 욕구에 집중하여 고객 만족을 이끌어내고 이윤을 창출해내는 차이가 있다.

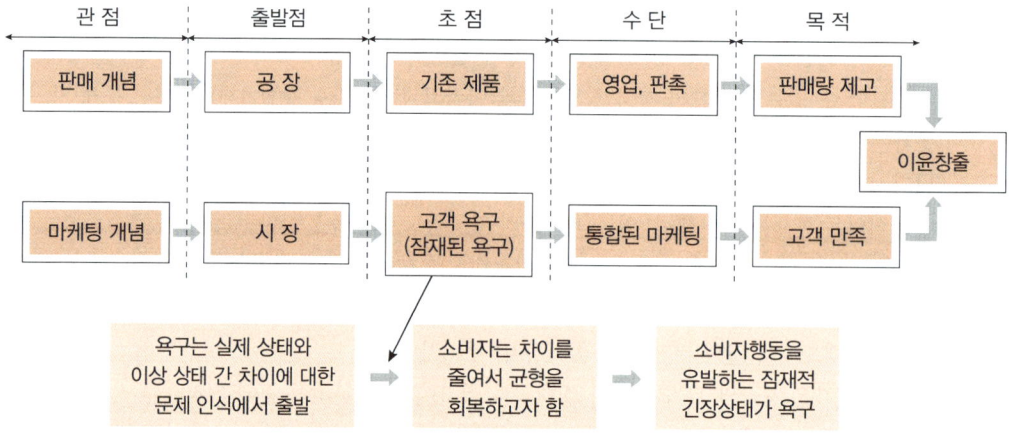

※ 판매 개념은 판매자 중심의 의사결정으로 이윤을 창출한다.
※ 마케팅 개념은 소비자 중심의 의사결정으로 고객 욕구·만족을 통해 이윤을 창출한다.

[욕구·필요·수요의 구분]

구 분	내 용
욕구 (Needs)	실제 상태와 이상 상태 간 차이에서 오는 결핍 상태이며, 생리적/심리적/실용적/쾌락적 욕구 등의 유형으로 나타난다. 예 좋은 차를 갖고 싶다.
필요 (Wants)	욕구해결을 위한 구체화된 제품(서비스)에 대한 바람 예 쏘나타를 살까? 그랜저를 살까?
수요 (Demands)	구매력이 뒷받침되는 필요의 집합 예 돈이 모자라니, 쏘나타로 사자.

(2) 기업의 설득적 메시지는 소비자의 욕구를 활성화시켜 소비자로 하여금 구매행동을 유발하는데, 욕구의 활성화 요인은 다음과 같이 정의할 수 있다.
  ① 환경의 변화 : 소비자의 환경이 변화하면서 새로운 욕구가 활성화
    예 졸업식, 취업, 이사, 결혼 등
  ② 마케팅 활동 : 기업의 마케팅활동에 의한 욕구 활성화
    예 빼빼로데이와 같은 마케팅활동, POP, 시식, 체험단 등
  ③ 제품의 구매 : 구매활동에 따른 추가구매의 욕구가 활성화
    예 신차를 구매하면서 세차용품이나 자동차 옵션을 구매, 핸드폰 케이스·보호필름
  ④ 제품의 소비 : 소비가 끝난 후, 추가적인 욕구 활성화
    예 프린터를 다 쓰면 리필잉크 구매, 식사 후 커피 구매

(3) 매슬로우의 욕구 5단계설(욕구이론) 2015년 약술문제

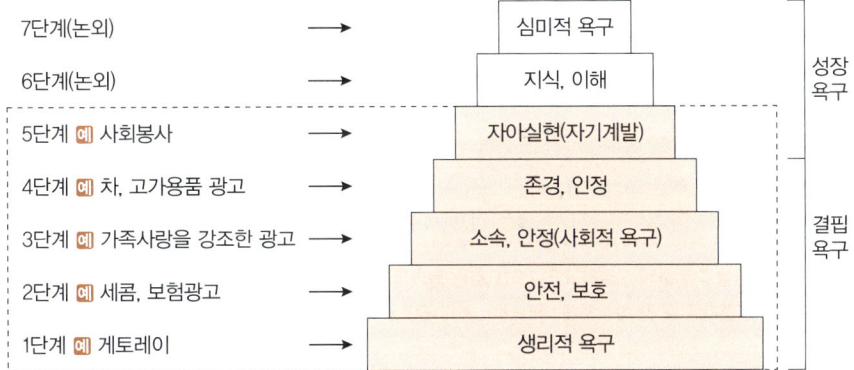

- 하위 욕구가 충족되어야 상위 욕구가 발생한다(욕구유발 순서 개념).
- 상위 욕구 충족 시 하위 욕구에서는 동기유발이 되지 않는다.
- 상위 욕구가 하위 욕구보다 중요도가 높은 것이 아니다.
- 성장 욕구는 내부로부터 충족될 수 있는 욕구를 말한다.
- 결핍 욕구는 외부로부터 충족될 수 있는 욕구를 말한다.

① 하위 단계의 욕구가 충족되어야 상위 단계의 욕구가 생겨난다는 것을 설명하고 있다.
  ㉠ 하위 단계에서 상위 단계로 계층적인 구조를 가지고 있다.

구 분	내 용
5단계	자아실현에 대한 욕구로서 사회봉사를 예로 들 수 있다.
4단계	존경, 인정에 대한 욕구이며 고급차와 같이 상징적 제품이 여기에 속한다.
3단계	소속, 사회적 욕구에 대한 것으로 가족사랑을 강조한 광고를 예로 들 수 있다.
2단계	안전, 보호에 대한 욕구이며 세콤이나 보험광고가 여기에 속한다.
1단계	가장 기본적인 것으로 생리적 욕구를 설명하고 있다.

  ㉡ 욕구는 행동을 일으키는 중요한 동기요인이 된다.

② 하위 욕구와 상위 욕구는 욕구의 중요도 순서가 아닌, 욕구의 발생 순서를 나타내는 것이다.
③ 하나의 이론으로 정립되지 못하고, 욕구 단계설로만 인정된다.

> **| 합격의 Tip |**
> 하위 단계가 충족되면 상위 단계의 욕구가 발생해야 하는데, 가령 종교적 신념(상위 단계)으로 자신의 생리적 욕구(배고픔)를 절제하고 단식을 할 경우 '욕구 5단계설'의 설명이 어렵다.

더 알아보기

허즈버그의 2요인 이론(동기-위생요인 이론, 동기이론)
- 매슬로우의 연구를 확대해 욕구가 행동으로 나타나기 위해서는 추진력, 즉 동기가 필요한데 이를 설명하는 이론이다.
- 위생요인은 환경이나 조건에 관한 것으로 일시적으로 동기유발 효과가 나타난다.
- 동기유발요인은 본질적인 문제해결에 관한 것으로 지속성 효과가 나타난다.

구 분	내 용
위생요인 (불만요인)	손씻기처럼 일시적 효과의 불만족 요인 제거가 가능하나, 만족시켜 주더라도 적극적으로 동기가 유발되지 않는다. 예 회사방침, 승진, 근로조건, 급여 → 일시적 만족감만 제공하며, 장기적인 생산성과는 별개
동기유발요인 (만족요인)	만족을 주고, 동기를 유발하는 요인이다. 예 성취감, 일 자체에 대한 열정, 인정, 책임감 등 → 지속성을 띄고, 생산성 향상의 성과 유도

- 결과적으로 위생요인을 적절하게 조절하고 장기적으로는 동기유발요인에 집중이 필요하다.
- 불만족 시 결과로 불평이 서로 간 상이하게 나타난다. → 환경조건에 대한 불평, 본질적 문제에 대한 불평

3. 동기

(1) 동기의 의의

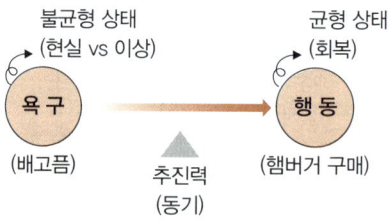

※ 동기는 성공가능성과 이득의 곱으로 표현된다. 가령 영업종료로 햄버거 구매 성공 가능성이 없거나, 햄버거를 먹어도 양이 적어서 배고픔이 해결되지 않는다면(이득 없음) 적극적 동기가 유발되지 않는다 (동기 = 성공 가능성 × 이득).
① 현실과 이상 간의 불균형으로 욕구가 유발되더라도 구매행동으로 나타나기 위해서는 추진력, 즉 동기가 필요하며 이는 구매력과 함께 충족되지 않은 욕구의 발생이 최종적으로 구매에 이르기 위한 핵심요인이라 볼 수 있다.

② 다시 정리하자면 미충족 욕구 때문에 소비자의 내적 긴장 상태가 유발되고 이를 해소하기 위한 일종의 추진력이 발생하게 되는데 이것이 바로 동기이며, 구매행동에 이르는 중요한 요인이 된다. 결과적으로 욕구 자체로는 구매에 이르지 못하는 것을 설명한다.

③ 개인적 동기는 선천적·본능적 문제해결 요소와 관련이 깊으나, 사회적 동기는 후천적 학습에 기인하거나 경험으로서의 동기를 말하며 소속감/사회적 인정이 여기에 속한다. 다양한 변수가 작용하는 복잡다단한 사회에서는 개인적 동기보다 후천적 학습된 사회적 동기가 더욱 중요한 역할을 한다.

(2) 동기의 유형 [심기사회] 2015년 약술문제

제품이나 브랜드에 의한 동기		상황에 의한 동기 예시
심미적 동기	예 디자인을 강조	• 결제조건(할부, 할인, 신용카드) • 판매원의 설득 • 한시적 추가혜택(이벤트)
기능적 동기(유용성)	예 성능(유용성)을 강조	
사회적 동기	예 개인의 신분(상징)을 강조)	
호기심 동기	예 특별한 체험(다양성 추구)을 강조	

① 심미적 동기 : 정서적 가치를 중요시하며 미적, 감정적 요인이 강조된다.
② 기능적 동기 : 기능적 가치를 중요시하며 이때는 내재적 정보(제품 본연의 속성)의 전달이 중요하다.
③ 사회적 동기 : 사회적 가치를 중요시하며 개인의 신분을 암시하는 상징적 구매가 여기에 속한다.
④ 호기심 동기 : 진귀적 가치를 중요시하며 신기함, 특별함을 강조한다.
⑤ 상황적 동기 : 상황적 가치를 중요시하며 할부, 할인, POP, 시식 등이 여기에 속한다.

(3) 동기의 파악

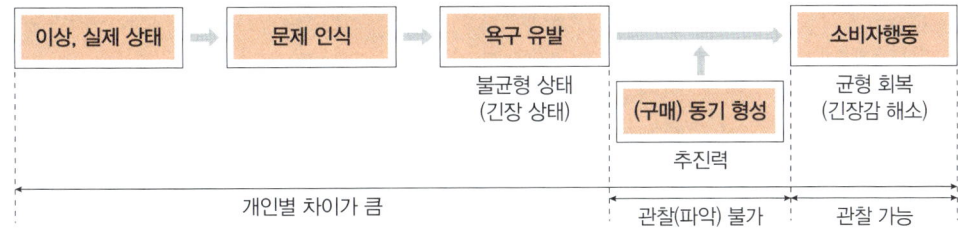

① 이상과 실제 간의 차이에서부터 문제인식을 통해 욕구가 유발되는데, 이때 동기가 형성됨으로서 소비자행동으로 나타나게 된다.
② 소비자행동은 가시적으로 관찰이 가능한 반면, 동기는 내면적 요소이므로 관찰이 불가해 투사법을 활용함으로써 피실험자의 내면적 특성들을 발견할 수 있다.
③ 투사법의 예시 : 결과적으로 왜 결혼을 못했냐고 물어보는 것은 피실험자의 솔직한 대답을 이끌어내기 어려우므로 '왜 사람들은 결혼 적령기를 놓치게 되는지' 물어봄으로써 내면의 솔직한 대답을 이끌어낼 수 있다.

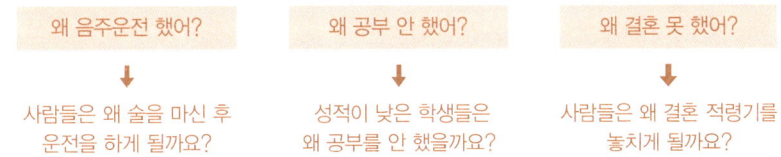

(4) 동기 간 갈등

① 동기는 하나씩 순차적이지 않고 동시에 나타나게 되어 갈등을 유발한다. 가령 중국집에 갔을 때 짬뽕도 먹고 싶고 짜장면도 먹고 싶은 경우가 있는데, 선택 대안이 많을 때 주로 나타나는 현상이다. 설렁탕 단일메뉴를 판매하는 식당에서는 동기 간의 갈등이 줄어들어 주문 소요시간이 줄어드는 것을 볼 수 있다.

② 동기 간 갈등은 3가지 유형이 있다. 2020/2013년 약술문제

구 분	사 례	마케팅적 해결방법(시사점)
접근–접근 갈등	• 행복한 고민 • 2가지 바람직한 대안들로 고민	패키지 상품 개발 예 짬짜 메뉴, 양념 반·후라이드 반
접근–회피 갈등	바람과 동시에 회피하고 싶을 때	회피요인을 제거 예 다이어트 콜라, 하이브리드 차, 전자담배
회피–회피 갈등	• 2가지 대안 모두 회피하고 싶을 때 • 치료비가 없고, 보험상품 탐색도 귀찮을 때 • 더러운 옷은 싫고, 세탁소 가기도 귀찮을 때	인적 판매에 집중하여 귀찮은 요소의 제거가 필요 예 보험설계사 방문영업, 세탁소 가정집 수거, 방문수리

㉠ 접근–접근 갈등 : 2가지 바람직한 대안들로 인한 행복한 고민을 말하며, 패키지 상품을 개발함으로써 동기 간의 갈등을 해소할 수 있다.

㉡ 접근–회피 갈등 : 바람과 동시에 회피하고자 할 때 발생하는 갈등으로 콜라는 마시고 싶은데, 비만이 걱정되는 사람에게 다이어트 콜라를 대안으로 제시하면 동기 간의 갈등이 해소된다.

㉢ 회피–회피 갈등 : 2가지 대안을 모두 회피하고 싶을 때 나타나는 갈등으로 고장 난 TV를 두고 보는 것도 싫고, A/S센터까지 가는 것이 귀찮아하는 사람에게 방문수리를 통해 귀찮음을 해결해주어 갈등을 해소할 수 있다.

03 정보탐색

1. 정보탐색의 의의

(1) 구매의사를 결정하기 위해 관련 정보를 탐색하는 단계를 말하는데, 정보탐색이 생략되는 경우는 다음 3가지와 같다.

① 선행적으로 '구매–만족'의 반복된 경험으로 학습이 되어있을 경우
② 소비자의 문제해결을 위한 대안이 저관여 제품일 경우
③ 특정 브랜드에 대한 충성도가 이미 형성되었을 경우

※ 참고 : 소득이 높아 구매력이 뒷받침된다면, 외적 정보탐색이 감소하는 경향이 있다. 이는 정보탐색으로 기대할 수 있는 혜택보다 정보탐색 비용을 높게 판단하기 때문이다. 또한 지각된 위험도가 낮아지면서 구매의사결정과정이 단순해지는 것도 영향을 미치게 된다. 2022년 약술문제

(2) 고관여 소비자와 달리 저관여 소비자는 문제인식과 더불어 바로 구매가 이어지기 때문에 정보탐색을 생략하는 경우가 많다. 가령, 옷걸이가 필요할 경우 매장에 들러 눈에 띄는 옷걸이를 바로 구매하는 경우로 표현될 수 있다. 즉, 인터넷으로 관련 제품/가격 정보를 검색하거나 준거집단의 의견을 구하지 않고 구매를 하게 되는 것이다. 따라서 저관여 제품의 경우는 매장에서 가장 눈에 잘 띄는 것이 핵심요인이 된다.

※ 참고 : 저관여 제품의 확산을 위한 기업의 선택 전략은 유통지배력, 즉 유통채널 및 진열공간 확보가 중요하게 작용한다.

(3) 소비자는 24시간 인터넷에 접속해 있으며, 스마트폰 등 정보탐색이 가능한 채널의 다양화로 오늘날의 소비자는 문제인식과 동시에 정보탐색을 수행하는 경향이 있다.

(4) 정보의 유형

구 분		탐색 목적		
		대안의 파악	선택기준의 파악	대안의 특성 파악
정보 유형	제품 정보	각 브랜드의 정보	브랜드 선택에 따른 고려 요인 및 각 요인의 중요도 파악	브랜드 간 상징성, 기능성, 경제성 등
	점포 정보	판매 점포의 정보	점포 선택에 따른 고려 요인 및 각 요인의 중요도 파악	점포 간 접근성, 상품 다양성, 서비스 등

(5) 문제해결을 위한 정보탐색과 관심·흥미로 인한 정보탐색의 구분 2016년 약술문제

구 분	문제해결을 위한 정보탐색	관심·흥미로 인한 정보탐색
정보탐색의 목적	당면과제의 해결	개인의 관심사에 따른 정보탐색
정보탐색의 적극성	내적 탐색으로 정보가 부족할 때, 외적 탐색을 통해 적극적으로 정보를 확보함	외적 탐색을 통해 새로운 정보를 확보함
상표 선택	당면과제 해결을 위한 고려상표군이 있음	정보탐색 자체가 목적이므로 고려상표군이 없음
정보탐색의 지속성	당면과제가 해결되면 정보탐색이 종료됨	정보탐색의 지속성이 나타남
대안평가	정보탐색 후, 대안평가 단계로 넘어감	정보탐색에서 머무르게 됨

2. 정보의 원천 2012년 약술문제

구 분	인적 정보		비인적 정보	
기업이 통제 가능	상업적 정보 예 판매원, 상담원		상업적 정보 예 포장, 진열, TV광고	→ 마케터 주도형
기업이 통제 불가능	• 경험적 정보(샘플사용, 시험구매) • 개인적 정보(주변인의 정보, SNS)	→ 소비자 주도형	공공적 정보 예 신문, 뉴스, 잡지	→ 중립형

(1) 정보의 유형은 제품에 관한 정보(브랜드, 브랜드 속성과 가격 등)와 점포에 관한 정보(취급점포, 교통, 서비스 등)로 구분된다.

(2) 정보의 원천은 인적/비인적 및 기업의 정보통제 가능유무에 따라 상업적 정보/경험적 정보/개인적 정보/공공적 정보로 구분된다.

(3) 상업적 정보에서 인적 정보는 고비용(인건비·교육비 등)과 더불어 강매 등의 부작용이 있을 수 있으며, 비인적 정보는 소비자가 정보획득이 용이하고 정보확산 속도가 빠른 장점이 있다. 그러나 이러한 정보는 마케터 주도형 정보이므로 소비자의 정보 신뢰도가 상대적으로 낮은 단점이 있다.

(4) 소비자 주도형 정보는 기업이 통제 불가능한 정보이므로 신뢰도가 상대적으로 높아 흔하게 볼 수 있는 SNS마케팅의 시발점이 되고 있다.

(5) 신문기사, 뉴스, 소비자 잡지 등은 중립형 정보를 소비자에게 전달한다.

3. 정보탐색의 유형

(1) 수동적 정보탐색과 능동적 정보탐색

구 분	수동적 정보탐색	능동적 정보탐색
관여 정도	저관여 정보탐색 유형	고관여 정보탐색 유형
구체화된 문제/목표 유무	정보획득의 구체적 목표 없음	정보획득의 구체적 목표 있음
마케팅전략	• 단순노출에 집중 　- 반복적 광고 　- TV광고(단기간 내, 인지도 제고) 　- 점포 내 마케팅활동에 집중 　　예 진열, 견본, POP • 부담 없는 가격을 강조	• 제품(내재적)정보 전달에 집중 　- 전단지, 인쇄물 등 활용 　- 제품의 특성을 강조하는 광고 • 점포 방문 전, 마케팅을 강조 • 메시지 내용의 변화 빈도 높임

① 수동적 정보탐색은 정보획득의 구체적 목표가 없이 우연적 학습이 이루어지므로 단순노출을 위한 TV광고의 반복적 노출이 효과적이다.

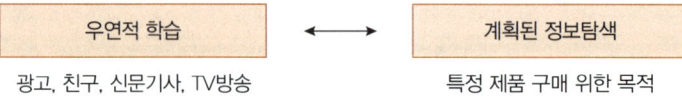

우연적 학습 ↔ 계획된 정보탐색
광고, 친구, 신문기사, TV방송　　　특정 제품 구매 위한 목적

② 능동적 정보탐색은 정보획득의 구체적 목표가 있는 계획된 정보탐색으로서, 소비자에게 제품정보를 전달하는 데 집중해야 한다.
  예 브로셔

(2) 관여도에 따른 정보탐색 유형

구 분	관여도에 따른 정보탐색	내 용
저관여 정보처리과정을 거침	회상적 정보탐색	기억으로 저장된 정보를 단순 회상
	일상적 정보탐색	주로 기억 속의 정보에 의존하여 탐색
	제한적 정보탐색	기억 속의 정보 + 부분적인 외부정보 탐색
고관여 정보처리과정을 거침	포괄적 정보탐색	기억 속 정보가 부족하므로, 외부정보를 적극 탐색

4. 정보탐색의 영향요인

(1) 정보탐색은 적극성의 정도에 따라 내적 탐색과 외적 탐색으로 구분된다. 2010년 약술문제

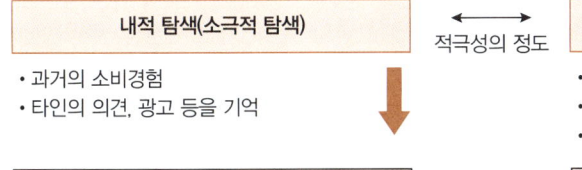

내적 탐색(소극적 탐색)	적극성의 정도	외적 탐색(적극적 탐색)
• 과거의 소비경험 • 타인의 의견, 광고 등을 기억		• 기억 + 여러 가지 정보 원천 이용 • 소비자가 제품지식이 부족할 때 • 인터넷, 잡지, 친구, 광고

영향요인	영향요인
① 제품에 대한 소비자의 지식수준(질적 수준) 　→ 제품에 대해 잘 아는 소비자 ② 기억 속의 유용한 정보량(양적 수준) ③ 제품의 중요성 　→ 고관여 제품은 내/외적 탐색 활발 　　(저관여 제품은 활발하지 않음)	① 제품의 특성 　→ 관여도, 선택기준의 수, 브랜드 간 차이 ② 개인적 특성 　→ 제품에 대한 지식 ③ 상황적 특성 　→ 구매 전 상황, 시간적 여유

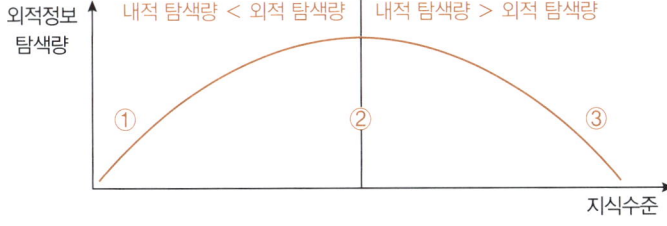

① 제품지식이 지나치게 적으면 외적 탐색을 힘들어하거나, 포기함 (준거집단의 도움이 필요)
② 지식수준이 적당히 있을 때, 외적 탐색이 활발
③ 제품을 잘 아는 소비자는 상대적으로 많은 정보를 수집할 필요가 없음

(2) 내적 탐색
① 내적 탐색은 과거 경험이나 지식 등 기억의 회상을 통해 정보를 탐색하게 되는 것을 말한다.
② 소비자에게 의사결정 문제가 발생하면 1차적으로 내적 탐색이 수행되고 내적 탐색으로 정보가 부족할 때 외적 탐색을 추가적으로 수행한다. 즉, 저관여/고관여 모두 선행적으로 내적 탐색이 이루어지는 것으로 볼 수 있다.

③ 내적 탐색의 영향요인으로는 제품에 대한 소비자의 지식수준과 유용한 정보의 양, 그리고 제품의 중요성을 들 수 있다.
④ 정보의 원천 중, '경험적 정보'가 내적 탐색과 관련성이 높다.
※ 경험적 정보 : 시험구매나 제품의 직접 사용 경험에 대한 기억

(3) 외적 탐색
① 회상된 정보가 부족할 때, 의사결정을 위한 정보를 외부에서 추가적으로 획득하는 탐색을 말한다.
② 외적 탐색에 의한 정보는 마케터 주도형, 소비자 주도형, 중립형이 있다.

구분		예시
마케터 주도형	상업적 정보	광고, 판촉사원, 중간상, 포장, 진열
소비자 주도형	개인적 정보	가족, 친구, 이웃, 친지를 통한 구전
중립형	공공적 정보	신문기사, 뉴스, 소비자 잡지

③ 외적 탐색의 영향요인으로는 제품 자체의 특성, 개인적 특성, 상황적 특성을 들 수 있다.
④ 소비자의 지식수준이 너무 낮을 때는 외적 탐색을 힘들어하거나 포기하게 되므로 준거집단의 도움이 필요하며, 반복구매와 같이 제품을 잘 아는 소비자는 상대적으로 지식수준이 높아 외적 정보 탐색량이 줄어드는 것을 볼 수 있다. 결과적으로 지식수준이 적당히 있을 때, 자신의 지식과 외적 탐색(종업원 상담, POP 활용 등)을 적절히 고려해 의사결정이 이루어진다.
⑤ 외적 탐색 유무ㆍ강도 결정요인
 ㉠ 제품요인 : 관여도/대안의 수/상표 간 차이/제품의 중요속성 등
 ㉡ 소비자 요인 : 제품지식/제품친숙도 및 사용경험/개성 등
 ㉢ 상황요인 : 구매시점/시간적 여유/점포 분위기 및 위치/소비자 기분/정보획득 용이성 등

5. 상기상표군과 고려상표군 2011년 논술문제

(1) 상기상표군(환기상표군)
① 소비자가 내적 탐색을 통해 회상한 상표군을 말한다.
② 회상과 외적 탐색을 통한 새로운 정보를 조합해 새로운 인지구조를 형성한 다음, 상기상표군을 지속적으로 갱신하게 된다.
③ 최초상기상표(TOMA ; Top Of Mind Awareness Brand)는 상기상표군 중 가장 먼저 떠오르는 상표를 말하며, 기업은 최초상기상표가 되고자 소비자의 기억 속에 자사의 제품을 각인시키기 위한 막대한 자원을 소비하고 있다.

(2) 고려상표군
대안평가를 위해 선택되는 상표들의 집합을 말하여, 소비자는 고려상표군 중에서 한 상표를 선택하게 된다.

(3) 제품군 내 모든 상표에서 고려상표군을 추려내는 과정

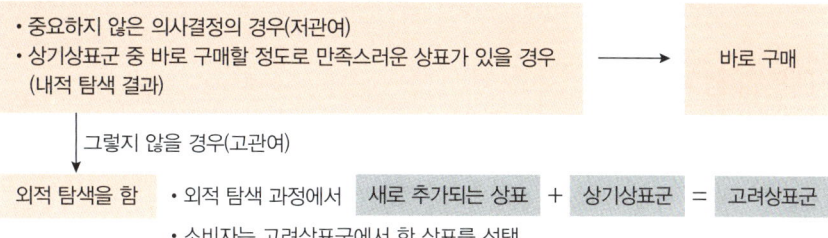

① 저관여의 경우, 의사결정의 중요도가 낮거나 혹은 만족스런 상기상표군이 있을 경우 바로 구매행동으로 이어지지만 구매할 만한 대안이 뚜렷하지 않을 경우 외적 탐색을 수행하게 된다.

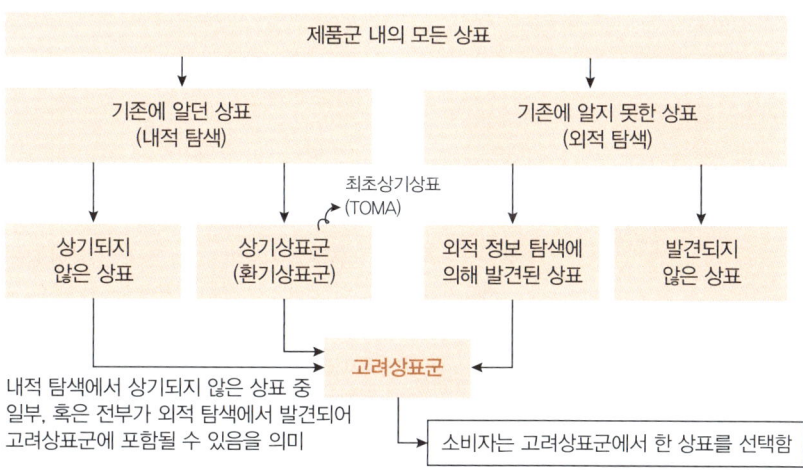

※ 정보의 원천으로 볼 때 '경험적 정보'는 내적 탐색에 의해 떠올려지는 정보이며, '상업적·공공적·개인적 정보'는 외적 탐색에 의해 발견되는 정보이다.

② 상기상표군과 외적 탐색에서 새로 발견되는 상표를 합해서 고려상표군이라 하며, 소비자는 이 중에서 하나의 상표를 선택하는 의사결정을 수행하게 된다.

04 대안평가

1. 소비자 대안의 평가

(1) 소비자는 인터넷 활용도가 높아 대안평가 과정이 축소되고 있으며, 또한 기업은 소비자의 평가기준에 적절한 상품을 출시하기 위해 소비자의 아이디어를 제품개발에 활용하고 있다.

> **| 합격의 Tip |**
>
> 프로슈머 마케팅
> 소비자가 제품의 기획부터 개발/유통까지 참여하는 형태를 말하며, 소비자를 이해할 수 있는 5가지 관점 중 '생산자로서의 소비자'와 관련성이 높다.

(2) 대안의 평가순서 [기신 평형]

소비자는 문제해결을 위한 몇 가지 대안을 어떤 기준에 따라 비교/평가하게 되는데, 환경적 요인 및 개인적 요인의 영향을 받는다. 다음은 대안의 평가순서이다.

평가기준을 선택	제품 속성	• 제품의 기능적 속성과 연관된 내재적 정보 • 관여수준과 제품지식이 높을수록 중요 예 디자인, 성능, 연비, 실내공간 등
	비제품 속성	제품의 정서성, 상징성 및 2차적 연상과 관계된 외재적 정보 예 브랜드, 기업이미지, 제조국가, 가격수준 등
▼		
상표신념 구축		평가기준 중 중요하게 부각되는 속성을 결정
▼		
대안의 평가		각 상표가 중요속성을 얼마나 충족하는지 비교
▼		
태도형성 및 구매의도 형성		가장 높은 평가를 받은 상표에 대해 구매의도 형성

(3) 대안의 평가기준을 선택하는 데 미치는 영향요인

① 관여도는 개인/대상/상황의 함수이며, 대안의 평가기준은 관여도 결정요인과 연관 지어 암기할 필요가 있다.

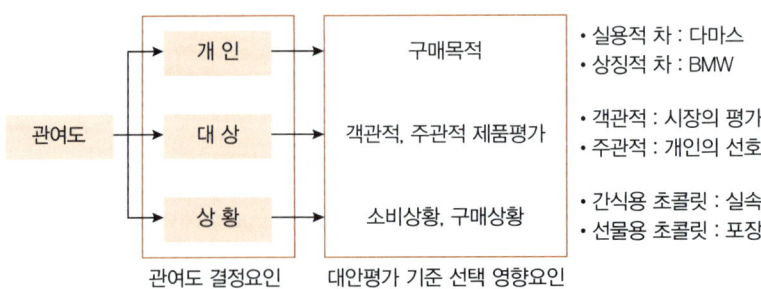

② 개인적 영향요인

소비자의 구매목적이나 욕구가 대안의 평가기준에 영향을 미치는데, 가령 실용적인 차량을 원하는 소비자라면 다마스를 구매하고 사회적 지위의 표현 등 상징적인 목적의 차량을 구매하고자 한다면 BMW를 구매할 수 있다. 구매목적의 측면에서 보았을 때 기능적 가치가 중요시된다면 기능/품질과 같은 내재적 정보가 개인의 추구기준이 될 수 있으며, 상징적 가치가 중요시된다면 브랜드/가격과 같은 외재적 정보가 고려될 수 있다.

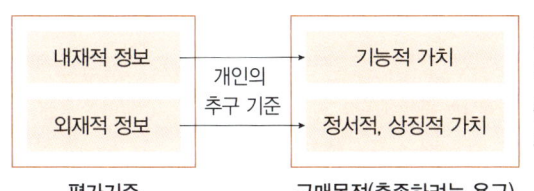

③ 대상(제품)적 영향요인

제품에 대한 객관적 혹은 주관적 평가가 대안의 평가기준 선택에 영향을 미친다. 가령 객관적 평가가 중요하다면 시장의 평가, 즉 구매 후기를 적극적으로 탐색할 것이며 반대로 주관적 평가가 중요하다면 브랜드, 기능, 디자인, 가격 등 개인의 선호도에 따라 대안평가 기준을 마련할 것이다. 주관적 평가가 이루어지는 경우는 다음과 같다.
㉠ 객관적 평가기준이 구체화되지 않았을 때
㉡ 브랜드별 차이가 적고 포지셔닝이 불명확할 때
㉢ 개인적 선호도에 따른 대안평가를 시행하고자 할 때

객관적 제품평가	대상에 대한 주변의 객관적 평가
주관적 제품평가	• 객관적 평가기준이 구체화되어 있지 않을 때 • 브랜드별 차이가 적고, 포지셔닝이 불명확할 때 • 개인의 주관에 따라 대안평가를 시행

④ 상황적 영향요인 **2019년 약술문제**

같은 초콜릿이라도 내가 먹으면 간식이 되고, 발렌타인데이에는 선물이 되므로 이때 소비 또는 구매상황에 따라 대안의 평가기준이 달리 적용될 수 있다. 만약 내가 먹는 간식이라면 초콜릿의 맛이 중요시되므로 내재적 정보가 중요하며, 선물용이라면 브랜드나 포장이 중요시되는 것을 볼 수 있다.
㉠ 개인적 소비상황 : 내재적 정보가 중요(초콜릿의 맛, 성분)
㉡ 선물용 소비상황 : 외재적 정보가 중요(브랜드, 포장, 제조국가)

2. 소비자의 대안평가 방식(의사결정규칙)

(1) 대안평가 방식은 크게 휴리스틱 방식과 보완적/비보완적 방식으로 구분할 수 있다. 휴리스틱 방식은 경험이나 직관에 의해 문제해결을 단순화하는 평가방식을 말하며, 보완적 방식은 한 속성의 약점이 다른 속성의 강점으로 보완이 되는 평가방식이다. 이때 다른 속성의 강점으로 보완이 되지 않는다면 비보완적 방식이라고 한다.

(2) 보완적 방식

대안의 여러 속성 중, 어떤 단점이 있더라도 다른 장점으로 보완이 되어 대안을 평가하는 방식을 말한다.
예 가격이 비싸지만, 메뉴 맛이 좋으니 다음에 또 와야겠다.
→ 가격이라는 단점을 맛이라는 장점으로 보완해 선호도에 따라 의사결정

(3) 비보완적 방식

대안의 여러 속성 중, 어떤 단점이 대안을 평가하는 데 직접적으로 영향을 미치는 방식을 말하며 다른 장점이 있다 하더라도 이를 상쇄해 주지 못하는 평가방식이다.
예 메뉴의 맛은 좋은데 가격이 비싸니 다음에는 오지 말아야겠다.
→ 가격이라는 단점을 보완할 수 없어, 재구매를 하지 않는 것으로 의사결정

3. 보완적 방식

(1) 각 대안이 가진 속성들의 중요도에 평가치를 곱하여, 각 속성의 값을 합산하고 그 값이 가장 큰 대안을 선택하는 방법이다.

(2) 대안평가에 있어서 한 가지 속성에서 값이 낮더라도 다른 속성에서 보완이 되는 평가모형이다.

(3) 보완적 방식에서는 평가기준에 대한 최소치는 의미가 없으므로, 마케팅전략으로 자사제품의 강점을 소비자에게 정확하게 전달하는 데 집중해야 한다.

(4) 보완적 방식의 예시

대안1 29점, 대안2 34점일 때, 대안2를 선택하는 의사결정을 수행한다.

대안1

	중요한 속성별 중요도		중요한 속성별 평가치		보완적 방식의 평가점수, 29점
성 능	중요도 0.3		점수 40		점수 12
디자인	중요도 0.2	×	점수 60	=	점수 12
가 격	중요도 0.5		점수 10		점수 5 ← 보완

대안2

	중요한 속성별 중요도		중요한 속성별 평가치		보완적 방식의 평가점수, 34점
성 능	중요도 0.3		점수 10		점수 3 ← 보완
디자인	중요도 0.2	×	점수 30	=	점수 6 ← 보완
가 격	중요도 0.5		점수 50		점수 25

4. 비보완적 방식

(1) 각 속성별로 최소 기준치가 있고, 하나의 속성이라도 최소 기준치보다 낮으면 바로 탈락되는 평가방식으로 신속 및 간편함이 특징이다.

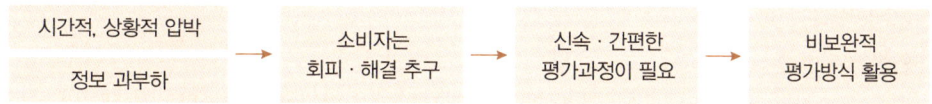

(2) 비보완적 방식은 다음 4가지로 요약되며 이에 따른 마케팅전략으로는 구매에 앞서 중요하게 고려하는 평가기준과 각 평가기준의 최소치를 설문조사 등으로 도출하고 이를 만족시킴으로써 소비자의 선택을 이끌어내는 것이다. [결/분/사/연]

구 분	내 용
결합방식 (접속형 방법)	• 모든 속성에서 최소치 미달이 없는 대안을 선택 • 선택 대안이 없거나, 많을 수도 있음 → 노력/시간소요 큼
분리방색 (비접속형 방법)	• 한 가지 속성이라도, 최소치를 넘는 대안을 선택 • 선택 대안이 많음(어느 정도 대안이 좁혀졌을 때, 활용)
사전편찬방식 (사전형 방법)	• 가장 중요한 속성에서 평가치가 가장 높은 대안을 선택하는 방식 • 2개 이상의 대안이 나오면, 다음 순서의 중요 속성에서 대안 평가 • 유일한 대안이고, 최소치는 상관없으므로 대안이 항상 존재
연속제거방식 (무분별 탈락방법)	• 중요도 순서로 최소치를 넘지 못하는 대안을 순차적으로 제거 • '속성별 평가치와 최소치'가 중요 • 대안이 있을 수도 있고, 없을 수도 있음

(3) 비보완적 방식의 예

중요 속성 (평가기준)	평가기준의 중요도	평가기준의 최고치	대안의 기준별 평가치		
			스마트폰A	스마트폰B	스마트폰C
성 능	0.3	30	20	10	50
디자인	0.2	40	60	30	60
가 격	0.5	15	10	50	50
합 계	1.0	–	90	90	160

① 결합방식

하나의 속성이라도 최소치(최소 수용기준)에 미달되면 탈락되는 방식이므로, 스마트폰A는 성능과 가격에서 미달되어 탈락된다. 스마트폰B는 성능과 디자인의 평가치가 미달되어 탈락된다. 스마트폰C의 경우 성능/디자인/가격 모두 평가치가 최소치를 넘으므로 결과적으로 스마트폰C가 선택된다.

② 분리방식

한 가지 속성이라도 최소치를 넘으면 채택되는 방식이므로, 스마트폰A는 디자인이 최소치를 넘고 스마트폰B는 가격이 최소치를 넘으며, 스마트폰C는 모든 속성에서 최소치를 넘으므로 스마트폰ABC 모두 대안으로 선택될 수 있다. 이 경우 선택되는 대안의 수가 많을 수 있으므로 보통 어느 정도 만족할 만한 수준으로 대안이 좁혀졌을 때 활용할 수 있는 방법이다.

③ 사전편찬방식

가장 중요한 속성에서 점수가 가장 높은 대안을 선택하는 방식이므로, 중요도가 가장 높은 가격 측면에서 봤을 때는 스마트폰B와 C가 같은 평가치이므로 그 다음으로 중요도가 높은 성능 측면에서 봤을 때는 스마트폰C가 최종적으로 선택될 수 있다. 이때 최소치는 상관없으므로 대안이 항상 존재한다고 볼 수 있다.

④ 연속제거 방식

중요한 속성의 순서대로 최소치를 넘지 못하는 대안이 순차적으로 제거되는 방식이며 선택되는 대안이 없을 수도 있다. 앞의 표에 따르면 중요도가 가장 높은 가격 측면에서 봤을 때 스마트폰 A는 평가치가 최소치보다 낮아 탈락이며, 그 다음 중요도가 높은 성능으로 보았을 때 스마트폰B가 탈락되어 최종적으로 스마트폰C가 선택된다.

5. 휴리스틱 방식 [주신/일/고려]

01 비이성적, 비합리적 판단 기준 → **주**관적 견해 기반

02 경험, 직관에 의존 → 문제해결을 **신**속/단순화

03 **일**상 대부분은 휴리스틱 방식에 의존도가 높음

04 대안 선택과정에서 수많은 요인을 동시에 **고려**하지 않음

> 예
> **가격–품질 연상효과**
> 점포의 크기에 따른 가격비교
> 과다광고 제품의 가격 연상
> 묶음 판매 등

(1) 대안의 선택에 있어서 여러 평가기준을 두지 않고, 경험이나 직관 등에 의해 문제해결을 단순화하는 방식을 말한다.

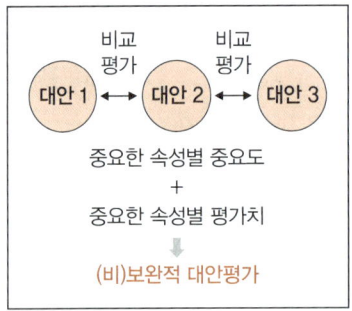 VS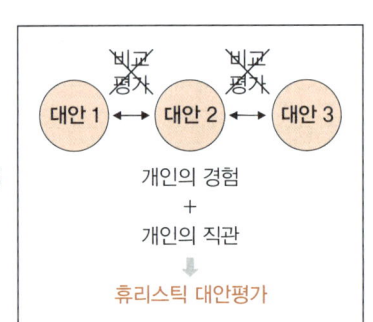

(2) 이성적 또는 합리적 의사결정과는 거리가 있으며 주관적 견해를 판단기준으로 대안을 평가한다.

(3) 우리의 의사결정은 대부분 휴리스틱 방식에 의존하는 경우가 많다.
① **가격–품질 연상효과** : 가격이 비싸면 품질이 좋을 것이라 믿는 것
② **점포 크기에 따른 가격비교** : 매장이 크면 가격이 더 낮을 거라 믿는 것
③ **과다광고 제품의 가격 연상** : 광고를 많이 하는 제품은 가격이 비쌀 것이라 믿는 것
④ **묶음 판매** : 묶어서 판매하면 가격이 쌀 것이라고 믿는 것

(4) 휴리스틱 방식의 유형

구 분		내 용
제 품	제품형태, 브랜드, 정보에 대한 단순 규칙	• 중국산 제품이니 품질이 떨어지겠지 • 포장박스가 더 크니까, 내용물이 많겠지
가 격	가격에 대한 단순 규칙	• 비싸니까 품질도 좋겠지(가격-품질 연상효과) • 세일을 자주 하니, 품질이 안 좋겠지
장 소	점포와 관련된 단순한 규칙	• 대형점포가 훨씬 더 싸겠지 • 큰 매장이니, 직원들은 제품에 대해 더 잘 알겠지
광고 및 판촉	광고 및 판촉활동에 관련된 단순한 규칙	• 경품행사를 자주 하니, 품질이 낮겠지 • 광고를 많이 하는 제품이니, 품질이 좋겠지

(5) 휴리스틱 방식의 장단점 [신비/정상인]

장 점	단 점
• 신속한 의사결정 • 정보탐색 비용 적음 • 정보 요구량 적음(단순화된 대안평가) • 상황에 상관없이 간편한 적용 • 인지부조화 우려 없음 　예 가격 vs 품질, 건강 vs 담배	• 비이성적, 감정적, 비합리적 : 의사결정의 단순화 　→ 실수 우려 예 쇼핑중독, 물질주의 풍조 • 대안에 대한 선입견으로 작용 → 더 나은 대안탐색이 생략됨

6. 대안평가의 영향요인

(1) 휴리스틱

경험이나 직관 등에 의해 문제해결을 단순화하는 방식으로 단순화된 어림짐작을 말한다.

(2) 프로스펙트 이론　2016년 약술문제

① 사람들은 불확실한 상황에서 의사결정을 할 때, 다음 3가지 특징이 나타난다.

구 분	내 용
준거점 의존성	준거점을 기준으로 이익·손실이 평가되는 것을 말한다. 예 대형마트에서는 '할인'의 기준을 제시하기 위해 권장 소비자가격을 표시 예 현재 연봉 4천만 원과 5천만 원인 두 사람 중, 누가 더 자존감이 높은지는 과거의 연봉(기준)이 어느 정도인지 알 수 없다면 현재의 연봉만으로는 자존감을 알 수가 없다. → 객관적인 수치로는 연봉 5천만 원이 높으나 과거 6천만 원에서 5천만 원으로 감액이 된 것이라면, 이러한 기준에 따라 자존감이 더 낮을 수 있기 때문이다.
민감도 체감성	이익이나 손실은 민감도의 차이가 있음을 설명한다. 예 이익을 크게 느끼게 하기위해, 1회의 큰 할인보다 자잘한 중복할인을 제시 예 주택 매매가가 3억 → 4억으로 오르는 경우와 9억 → 10억으로 오르는 경우를 보면, 같은 1억이지만 전자가 더 크게 느껴진다.
손실 회피성	이익보다 손실에 민감한 것을 말한다. 예 입장권·이용료를 구분해서 내기보다는 자유이용권으로 한번의 손실로 끝냄 예 1만 원을 주울 때와 잃을 때, 같은 1만 원이지만 즐거움과 고통의 크기가 다르게 느껴진다. 특히 1만 원 손실에 따른 고통의 크기가 더욱 크게 느껴진다.

② 대안평가에 있어서 기준을 어디에 두냐에 따라 의사결정이 바뀔 수 있는 방식으로, 개인의 성향에 따라 고가상품 당첨권을 선호할 수도 있고 저가상품 교환권을 선택할 수도 있다. 즉 불확실한 상황에서 가치의 근거에 따른 의사결정 수행을 말한다.

③ 프로스펙트 이론에 따른 선택규칙은 다음과 같이 정리할 수 있다.
  ㉠ 사람들은 불확실한 이익보다 확실한 이익을 선호한다.
    예 고가상품 당첨권보다는 저가상품 교환권을 선택할 가능성이 높다.
  ㉡ 사람들은 확실한 손실보다 불확실한 손실을 선호한다.
    예 스펙이 낮은 구직자가 대기업에 이력서를 넣지 않고 '확실한 백수'가 되는 것보다 일단 이력서를 넣는 불확실성을 채택할 가능성이 높다.

④ 효용이론은 지출대비 효용가치가 높으면 구매 선호도가 더욱 높아지는 것을 설명하는데 이때 효용가치는 객관적으로 측정 가능하며, 개인은 기대이익 중심으로 의사결정이 이루어진다고 보는 관점이다.

⑤ 반면 프로스펙트 이론은 기준에 따라 효용가치가 달리 체감되는 것을 설명하며, 기대이익보다는 손실회피성 의사결정을 제시하고 있어 서로 간 구분된다.

(3) **맥락효과** 2023년 약술문제

소비자가 우선적으로 얻은 정보로 인해 그 다음으로 얻은 정보의 평가에 영향을 미치게 되는 심리적 효과를 말한다. 가령 외모에 따라 "공부도 잘 하네 vs 독한 사람이네" 또는 인상에 따라 "그렇게 안 봤는데 vs 그럴 것 같더라"와 같이 반응이 나뉘는 등 우리 주변에서 흔하게 볼 수 있다. 맥락효과는 구성효과와 점화효과가 대표적이다.

① **구성효과** : 같은 차량이라도 상담을 통해 옵션을 추가하면 가격이 올라가므로 상담과정이 소비자에게 고통을 안겨줄 수 있는 반면, 풀옵션 가격을 제시하고 옵션을 빼가면서 가격을 낮추어 간다면 소비자는 상담을 즐겁게 받아들일 수 있다.
  예 '성공 가능성 30%'의 도전과 '실패 가능성 70%'의 도전
    → 같은 말이지만, 구성에 따라 다르게 받아들이는 것과 같다.

② **점화효과** : 먼저 얻은 정보로 인해 생긴 선입견은 그 다음 정보의 처리에 영향을 미치게 되는데, 가령 영화 속 남자주인공에 흠뻑 빠져있다가 영화가 끝나면 옆에 앉은 남자친구가 왠지 비교되어 보인다거나 항공기 추락사고 소식을 접하면 해외여행 일정이 대거 취소되는 것을 볼 수 있다.

점화단어(Prime)	표적단어(Target)
항공기 추락사고	해외여행
세계 유가상승	자동차 구매
고비용 임플란트	치아보험

(4) **후광효과**

어떤 대상에 대한 호감 등의 긍정적 반응이 다른 대상에게 전이되는 현상으로, TV광고를 통해 연예인에 대한 호감을 제품으로 전이시키는 것을 흔히 볼 수 있다.

(5) 선호도 조회

어떤 대상에 대해 선행적으로 이루어진 평가나 소비경험의 결과가 만족스러웠다면, 새로운 대안평가 과정에서 이전의 기억이 회상되어 이후의 평가에도 영향을 미칠 수 있다. 가령 매콤한 음식의 대안이 다양하게 있음에도 이전에 맛있게 먹었던 신당동 떡볶이가 생각나는 것처럼 다른 대안보다 비교우위로써 의사결정이 이루어지는 것을 볼 수 있다.

(6) 최고수용가능 가격, 최저수용가능 가격   2022년 논술문제
　① 최고수용가능 가격에 영향을 미치는 요인
　　㉠ 구매성향 : 선호도, 중요도, 지각된 위험, 관여도
　　㉡ 내부환경 : 구매력(자산·소득), 소비 여건
　　㉢ 외부환경 : 대체재, 유입정보, 준거집단의 영향력, 할인·할부 등 판매정책
　② 최저수용가능 가격이 구매에 미치는 영향
　　가격-품질 연상효과로 인해 유입정보가 부족하면, 품질을 판단하는 데 가격이 크게 영향을 미치게 된다. 이때 최저수용가능 가격 이하이면 의사결정을 미루는 경향이 나타난다. 구매자는 연구개발비, 임차료, 인건비, 광고비, 물류비 등을 고려하지 않고 재료비로만 상품가치를 평가하는 경향이 있는데, 유입정보가 부족하면 최저수용가능 가격도 낮아진다.
　③ 최저수용가능 가격과 최고수용가능 가격의 범위가 가격탄력성에 미치는 영향
　　㉠ 가격변화에 수요변동이 큰 경우와 그렇지 않은 경우가 있는데, 이는 수요의 '가격탄력성'이 다르기 때문이다. 가격탄력성이 높은 상품은 약간의 가격변동에도 수요가 큰 폭으로 변화한다.
　　㉡ 최저·최고수용가능 가격폭이 넓다면, 동화효과로 가격변화가 구매에 미치는 영향도 낮아 가격탄력성이 낮아진다.
　　㉢ 반대의 경우에는 최저·최고수용가능 가격폭이 좁고, 그외 대안들은 선택가능성이 감소해 가격탄력성이 높아진다.

(7) 준거가격   2022년 논술문제
　① 준거가격 : 구매의사결정에 기준이 되는 가격을 말한다.
　② 내적 준거가격 : 자신이 사전적으로 가지고 있는 가격정보를 말한다(영향변수 : 과거의 구매경험, 사전정보, 다양성 추구 욕구 등).
　③ 외적 준거가격 : 외부에서 관찰할 수 있는 가격정보를 말한다(영향변수 : 권장 소비자가격, 실제 판매가격, 할인가격 등).

05 구 매

1. 구매의 의의

(1) 문제해결을 위해, 소비자가 각 대안을 비교/평가한 후 특정 대안을 선택하고 구입(소비)하는 과정을 말한다.

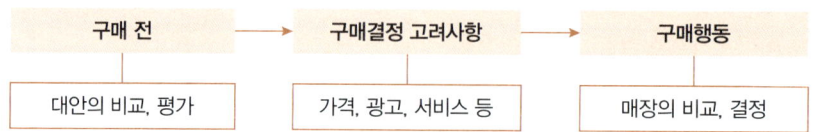

(2) 구매 전까지의 단계를 인지적 활동으로 본다면, 구매는 본격적인 물리적 행동으로 볼 수 있다. 단, 정보탐색에서 보유정보가 부족하여 외적 탐색이 이루어질 경우는 물리적 행동으로 볼 수 있다.

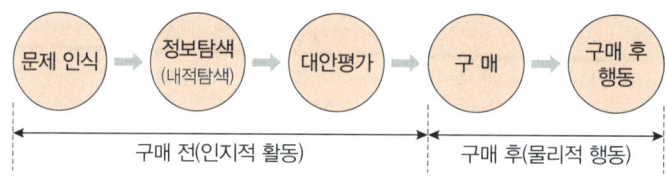

(3) 구매의 효용은 소비자가 느끼는 상품의 효용을 말하며, 아래의 효용 외에도 소비자는 단순하게 구매 자체에 매력을 느끼고 즐거움을 얻고자 대형쇼핑몰을 방문하기도 한다. [기상쾌] 2022년 약술문제

① SNS의 기능적 편익 : 문제해결의 수단, 정보접근성 개선
② SNS의 상징적 편익 : 자기과시의 수단, 특정 집단의 소속감
③ SNS의 쾌락적 편익 : 자기표현의 수단, 사회관계의 다양화

2. 구매행동의 유형

유형은 소비자의 구매의도가 있었는지, 혹은 상황에 따른 구매인지에 따라 계획적/비계획적 구매로 구분한다.

(1) 계획적 구매(의도에 따른 구매)

① 의도에 따른 구매는 미리 구매할 품목을 정해놓고 구매행동이 나타나므로 상황의 영향을 적게 받으며 주로 고관여 제품의 구매에서 볼 수 있다.
② 고관여 제품은 포괄적 구매의사결정과정을 거치며 반복구매는 브랜드 충성도의 영향이 큰 반면, 저관여 제품의 경우에는 제한적 구매의사결정과정을 거치며 반복구매는 습관·관성적 구매의 성격이 강하다.

고관여	• 포괄적 구매의사결정과정을 거친다. • 브랜드 충성도에 의해 반복구매가 이루어진다.
저관여	• 제한적 구매의사결정과정을 거친다. • 습관(관성)적 구매에 의해 반복구매가 이루어진다.

(2) 비계획적 구매(충동적 구매, 상황에 따른 구매)

내적 요인	순수한 충동구매	단순하게 충동적으로 구매
	계획적 충동구매	세일을 기다렸다가 품목지정 없이 방문하여 충동구매
외적 요인	제안형 구매	고객접점에서 시식·시음 등 제안형 마케팅에 의한 충동적 구매
	상기적 구매	계획이 없었으나, POP 등을 통해 필요성이 상기되어 충동구매(사전지식 있음)

※ 충동구매를 촉진하는 상황 : 판매사원의 권유, 시식, POP, 할인, 할부 등

① 구매상황에 따른 비계획적 구매는 구매의도가 없는 상태에서 발생하는 구매행동으로, 주로 저관여 제품에서 기업의 설득적 메시지에 즉흥적인 반응으로 나타난다.
  ㉠ 주로 저관여 제품으로 POP 등 기업의 설득적 메시지에 영향수준이 높다.
  ㉡ 일시적 감정불균형 해소기능이 있어 충동구매의 요인이 된다.
  ㉢ 구매의도보다 구매상황이 의사결정에 미치는 영향수준이 높다.
② 소비자가 기업의 설득적 메시지에 노출되었을 때 일시적으로 감정불균형을 해소하고자 나타나는 충동구매는 구매의도보다 구매상황의 영향을 크게 받으며, 충동적 구매를 유발하기 위한 요인은 효과적 진열, 편안한 매장분위기, 판매원의 태도 등 여러 가지가 있다.
③ 제안형 구매는 사전지식이 없었으나 마케팅활동에 의해 구매한 경우를 말하며, 상기적 구매는 사전에 제품지식이 있던 상태에서 필요성이 상기되어 구매하는 차이가 있다.
  예 제안형 구매 : 시음, 시식, 매장 내 샘플사용 등
  예 상기적 구매 : 감기약을 사러 약국에 들렀다가, 레모나를 보고 추가구매
④ 인지적 요인이 감소하여 구매행동으로 이어지므로, 효용에 대한 고려가 부족해 합리적 구매와는 거리가 멀다.

3. 충동구매(비계획적 구매)의 특성 [강인즉/흥부]

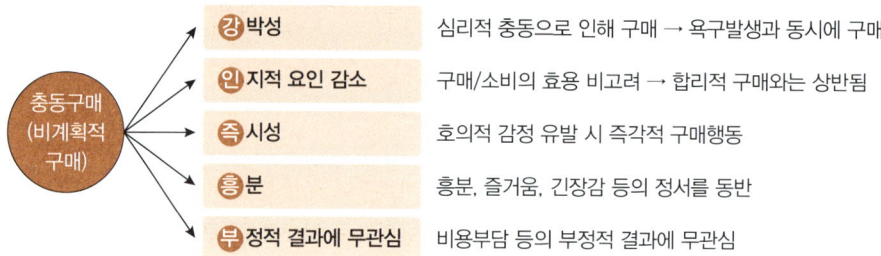

(1) 욕구 발생과 더불어 구매가 이어지는 강박성이 있다.
(2) 구매 및 소비의 효용이 고려되지 않는다. 즉, 인지적 요인이 감소하여 합리적 구매와는 상반된다.
(3) 호의적 감정에 의한 심리적 충동이 강해 즉시 구매행동이 나타난다.
(4) 구매충동은 흥분, 즐거움, 긴장감 등의 정서를 수반한다.
(5) 구매에 따른 경제적 부담 등의 부정적 결과에 대해 무관심하게 된다.

4. 상황변수를 고려한 소비자행동 모형

(1) 다음 그림은 상황변수, 제품변수, 소비자변수 간의 상호작용 결과로 구매활동이 이루어지는 모델을 설명하는데 상황변수에 따른 구매는 충동구매로 분류한다.

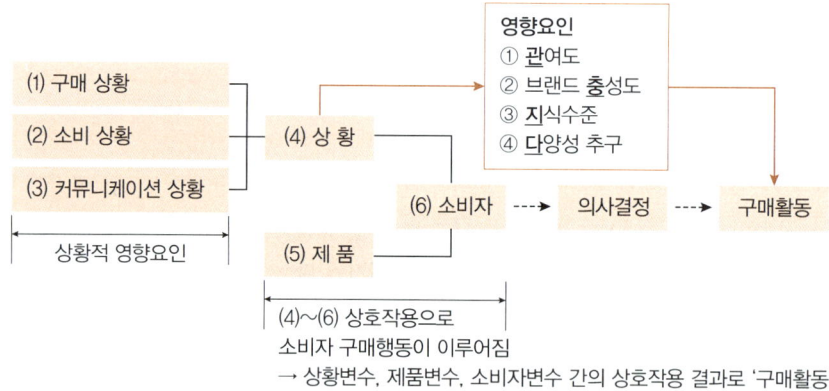

(2) 상황변수 또는 제품변수 중 어느 것이 구매행동에 더 영향을 미치느냐에 따라 소비자의 브랜드 태도가 달라질 수 있는데, 상황보다 제품특성에 집중하면 호의적 태도로 반복구매 가능성이 높아진다. 그러나, 이때 귀인행동을 통한 '과다정당화'가 유발되지 않도록 주의가 필요하다.
   ※ 참고 : 귀인행동을 통한 과다정당화 – 자신의 행동을 설명해 줄 수 있는 외적 요인이 있으면 태도변화의 강도가 작아지는 것을 말한다.
   ① 커뮤니케이션 상황 : 소비자가 인적/비인적 매체의 제품정보에 노출될 때 상황을 말하며 이는 소비자의 정보처리에도 영향을 미친다. 가령 커뮤니케이션 당시의 소비자 기분에 따라 반응이 달라지는 것을 볼 수 있다.
   ② 구매 상황 : 구매행동에 직접적 영향을 미치는 것으로 영향변수는 점포위치/판매원/진열상태/분위기/음악/혼잡도/품절여부 등 다양하다.
   ③ 소비 상황 : 언제/어디서/어떻게 사용하느냐에 따라 제품유형과 브랜드가 달라진다. 가령 같은 자동차라도 소비 상황은 과시용/여가용/출퇴근용 등으로 구분될 수 있다.
   ④ 상황 : 상황이 구매활동에 영향을 미치는 수준의 결정요인으로는 관여도/브랜드 충성도/지식수준/다양성 추구 욕구를 들 수 있으며, 상황변수가 구매행동에 미치는 영향력이 낮아지는 요건은 다음과 같다. [관/충/지/다]
      ㉠ **관**여도가 높을수록
      ㉡ 브랜드 **충**성도가 높을수록
      ㉢ **지**식수준이 높을수록
      ㉣ 저관여 제품의 **다**양성 추구 욕구가 낮을수록

06 구매 후 행동

1. 구매 후 행동의 의의

(1) **구매 후 행동이 중요한 이유** [반/구/이/유]
   ① 구매 후 행동은 소비를 통한 소비자의 만족 또는 불만족 상태를 말하며, **반**복구매 여부의 평가과정이 포함된다.
   ② 소비자의 만족 혹은 불만족 상태에 따른 **구**전의 확산속도가 빠르다.
   ③ 기업**이**미지가 저평가될 우려가 있으므로 구매 후 행동을 긍정적인 방향으로 이끌어낼 필요가 있다.
   ④ 새로운 고객의 유치보다 기존 고객의 **유**지가 더 경제적이기 때문이다.

(2) **고객만족모형** 2020년 논술문제
   ① 올리버의 '기대–불일치 이론'은 문제해결에 대한 소비자의 기대감과 성과(구매결과)를 비교해, 고객만족/긍정적 불일치/부정적 불일치로 나타나는 3가지 유형을 설명한다. 2017년 논술문제

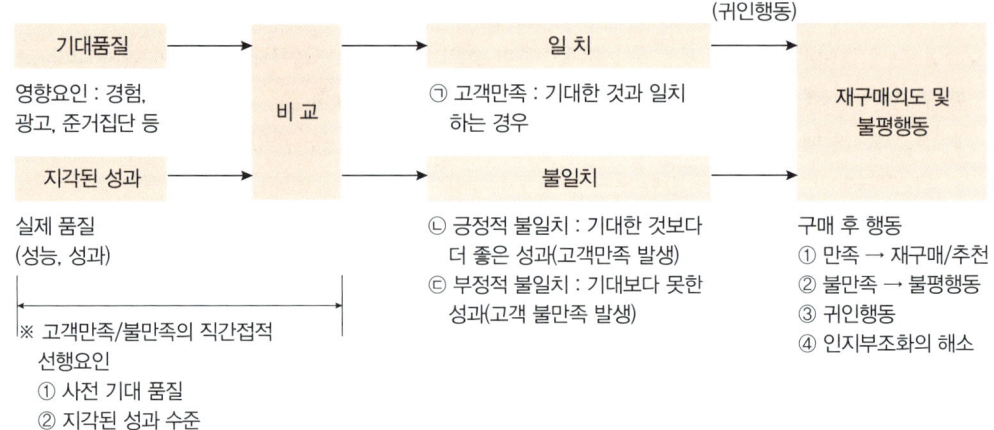

ⓐ 기대품질과 지각된 성과 간 일치 또는 긍정적 불일치일 때, 재구매·추천 또는 이에 합당한 귀인행동을 하게 된다.
ⓑ 반대로 부정적 불일치에는 이에 따른 귀인행동, 불평행동을 하게 된다.
ⓒ 인지부조화는 어떤 신념간 혹은 신념과 사실 간 조화가 되지 않는 상태, 즉 불일치 상태를 말한다.
　　예 '중국산은 품질이 낮다' 및 '사지 말아야지'라는 기존 신념이 있으나 품절·할인 등의 사유로 중국산을 구매했을 때, 이는 부조화 상태가 된다. 그러나 지각된 성과가 긍정적 불일치로 판단된다면, '써 보니까 괜찮네'라는 인지부조화의 해소와 태도변화가 이루어진다.
ⓓ 소비자는 경험/광고/준거집단의 구전 등에 의한 기대품질과 구매 후 지각된 성과의 비교를 수행한다. 이때 기대품질–지각된 성과 간에 일치할 경우 고객만족이 유발되고, 지각된 성과가 더 높았거나 기대품질이 더 높았다면 각각 긍정적 불일치와 부정적 불일치로 구분된다.

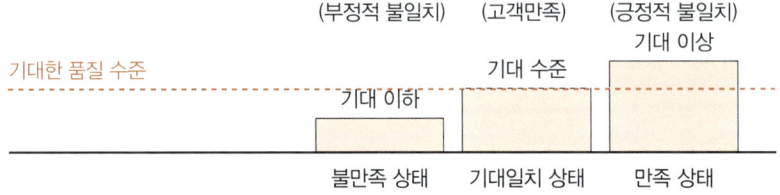

동화효과 (Assimilation Effect)	• 기존의 기대에 동화되어 약간의 부정적 불일치는 기대품질로 수용함으로써 인지부조화를 해소하는 경향 • 기대에는 살짝 미치지 못하지만 어느 정도 수용할 수 있는 수준의 성과일 때, 동화효과로 인해 기대 수준에 이르는 것처럼 여겨짐 • 반대로 기대품질을 살짝 넘어서는 성과에서도 동화효과가 적용되어, 기대수준으로 여겨지는 부작용이 있음
대조효과 (Contrast Effect)	• 동화효과에 대비되는 개념으로 기대품질–성과 간 차이가 더욱 크게 느껴지는 경향 • 기대품질보다 지각된 성과가 턱없이 낮을 경우, 부정적 불일치가 발생하고 대조효과로 인해 더욱 부정적으로 여겨지게 되어 불만이 커짐 • 긍정적 불일치는 반대로 성과에 비해 만족감이 더욱 커지는 경향
동화–대조효과 (Assimilation–contrast Effect)	• 동화효과와 대조효과를 고려한 개념으로 불일치의 허용범위가 설정됨 • 지각된 성과가 허용범위에 도달하면 기대에 동화시키려는 동화효과가 작용하고, 허용범위를 초과하면 대조효과로 차이를 더 크게 느낌

공정성 이론	• 자신이 투입하는 시간·비용·노력보다 더 많은 성과를 기대하기 때문에 상대(판매자)와의 교환과정이 적절한지에 따른 만족·불만족을 설명 • 자신의 투입·성과 비율과 상대의 투입·성과 비율을 비교해, 자신의 비율이 상대적으로 더 높으면 만족 • 소비자 대부분이 자신의 투입이 적고, 지각된 성과가 클수록 공정성을 높게 평가하여 만족감이 높아짐. 또 다른 구매자 대비 투입·성과 비율이 높아도 만족감이 높아짐 • 판매자는 투입을 높이기 위해 적극적인 고객응대를 하고, 할인·경품제공·포인트 적립 등으로 구매자가 자신의 지각된 성과가 크다고 느끼게끔 해야 함

③ 기대품질-지각된 성과 간 비교를 통해 재구매 의도가 형성되거나 불평행동을 하게 되는데 구매 후 행동은 다음 유형으로 나타난다.
  ㉠ 만족 시에는 재구매 또는 주변에 추천을 하게 되고, 불만족 시에는 불평행동을 하게 된다.
  ㉡ 결과의 원인을 찾고자 하는 귀인행동을 하게 된다.
  ㉢ 부조화를 감소시켜 인지의 조화상태를 추구하게 된다. 가령 독한 담배를 피울 때 흡연-건강 간에 부조화 상태는 인지부조화 해소를 위해 '나는 평소 건강하니까 괜찮아'라는 결론에 이르거나, 혹은 가격-품질의 경우 '품질이 안 좋지만, 싸니까 괜찮아'라는 결론에 이르는 것을 볼 수 있다.

2. 구매 후 행동 유형(귀인행동) 2010년 약술문제

(1) 귀인이론
  ① 구매 후 행동 유형을 설명하는 이론으로서 소비자의 귀인행동에 따라 만족/불만족의 수준이 변화하는 것을 설명한다.
  ② 기업입장에서는 내적 귀인이 유리하므로 불만족 상황에 대해 소비자 자신의 책임으로 돌리게끔 하는 것을 종종 볼 수 있다. 가령 차량사고 시 에어백이 터지지 않을 때, 차량결함이 아닌 고객의 차량 충돌각을 우선적으로 지적하거나 사용자 과실을 적극적으로 소구하는 것은 내적 귀인을 유도하는 것으로 볼 수 있으며, 과다하게 내적 귀인을 요구할 때 불필요한 소비자 집단행동을 유발하기도 한다.
    예 외적 귀인 : 이따위 제품을 팔다니! → 남을 탓하는 것
    예 내적 귀인 : 내가 좀 더 알아보고 샀어야 하는데! → 나 자신을 탓하는 것
  ③ 기업은 외적 귀인에 의한 불만사례 접수 시, 적극적 문제해결을 위한 방안 모색이 필요하다.

(2) 내적 귀인과 외적 귀인
  ① 내적 귀인은 고유속성귀인이라고도 하며, 소비자 자신에게 원인을 찾는 행동을 말한다. 가령 좀더 잘 알아보고 샀어야 한다는 자책이 이러한 유형에 속한다.
  ② 외적 귀인은 상황귀인이라고도 하며, 소비자 외부에서 원인을 찾는 행동을 말한다. 가령 사안의 긴급성이나, 타인의 의견 또는 정보확보의 용이성 등에서 원인을 찾는 것이 이러한 유형에 속한다.

(3) 켈리의 공변원리
  ① 결과의 원인에 대한 추론을 설명하는 이론으로, 소비자가 여러 차례의 관찰을 통한 정보로서 어떤 문제에 대한 원인을 어떻게 추론하는지 그 방식을 설명한다.
  ② 소비자는 독특성, 일관성(지속성), 의견 일치성(공통성)이라는 3가지 요인이 충족되면, 자신의 추론을 확신하게 된다.

③ 기업의 입장에서는 3가지 요인이 모두 충족되어 소비자가 외적 귀인을 통해 기업을 탓하지 않도록 주의가 필요하다. 즉, 3가지 요인이 동시에 충족되지 않도록 하여 외적 귀인을 막을 필요가 있다.

(4) 구매 후 불만족에 대한 소비자의 행동 2013년 약술문제

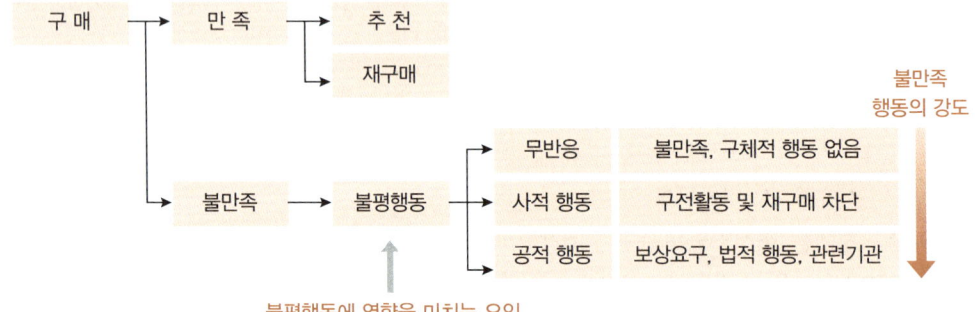

내적 요인	외적 요인	
개인의 특성	제품의 특성	상황의 특성
• 불만 원인 • 개인적 성격 • 개인적 민감도 등	• 제품의 중요도 • 비용 및 이익관계 등	• 구매/소비 상황 • 긴급함 정도 등

① 구매행동의 결과가 만족스러웠다면 소비자는 추천 또는 재구매를 하게 된다.
② 고객만족의 마케팅 시사점
  ㉠ 기업은 제품 품질뿐만 아니라 고객의 기대관리에도 집중해야 할 필요가 있는데, 이는 지속적으로 높아지는 고객의 눈높이와 관련성이 있다.
  ㉡ 고객의 눈높이가 높아지는 이유는 다양한 채널을 통해 사전지식 습득이 용이하고, 이미 다양한 체험을 통해 경험적 정보를 가지고 있기 때문이다.
  ㉢ 경우에 따라 고객만족보다 고객감동을 지향해 수준 높은 만족감을 제시하는 것이 필요하며, 이를 위해 기업은 다음과 같은 행동을 할 수 있다. [과속/불만]
    • 첫째, 과대광고를 지양한다.
    • 둘째, 신뢰도 제고를 위해 고객과의 약속을 지킨다.
    • 셋째, 고객만족센터를 운영해 고객 불만사항 신고채널을 구축한다.
    • 넷째, 고객 만족도를 지속적으로 모니터링한다.
③ 구매 결과에 따른 불평행동은 불만족 행동의 강도에 따라 무반응/사적 행동/공적 행동으로 구분된다. 불만족의 강도가 낮을 경우에는 구체적 행동이 없는 반면, 불만족 강도가 높을 때는 보상을 요구하거나 법적 행동에 나서기도 한다.
④ 불만족 행동에 영향을 주는 요인은 크게 내적 요인과 외적 요인으로 구분할 수 있다.
  ㉠ 개인의 특성 : 불만 원인, 개인적 성격, 개인적 민감도 등 — 내적 요인
  ㉡ 제품의 특성 : 제품의 중요도, 비용/이익 관계 등 ┐
  ㉢ 상황의 특성 : 사안의 긴급함 정도 등   ┘ 외적 요인

(5) 구매 후 부조화의 해소 2024년 약술문제

구매 후 부조화는 구매행동 후 선택에 대한 불확신으로 느끼는 심리적 불안감을 말한다. 주로 고관여 제품에서 나타나는 특징이 있다.

※ 지각된 위험은 잘못된 구매에 따른 결과의 선행적 불안감, 즉 구매 전에 나타나는 것이며, 구매 후 부조화는 구매행동 이후 자신의 선택에 대한 불확신으로 느끼는 불안감으로 구매 전·후 단계로 구분된다.

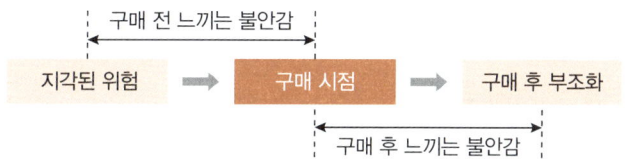

① 구매 후 부조화의 영향요인 [관장/수취]
   ㉠ 관여도
   ㉡ 선택하지 않은 대안의 상대적 장점
   ㉢ 매력적인 대안의 수
   ㉣ 구매결정의 취소 가능성

② 해소방안

구매 후 부조화의 해소를 위해서 기업은 소비자의 선택을 지지하며 소비자는 자신의 행동을 정당화해 줄 수 있는 요인에 집중하게 된다.

기업의 노력	• 선택에 대한 확신을 갖게 함
	  예 해피콜, 감사편지, 안내책자, 환불제도 등
	• 강화광고 시행
	• 자사제품의 장점을 광고해, 구매자의 확신을 강화
	  예 지금 아이폰을 가지고 계시다면, 세상에서 가장 아름다운 스마트폰을 가지고 있는 겁니다.

소비자의 노력	• 선택 대안의 장점을 강화, 단점을 약화 → 미선택 대안의 단점을 강화, 장점을 약화 • 소비자 자신의 선택이 옳았음을 지지하는 정보를 탐색 → 반대 정보 회피 • 이미 구매가 끝난 시점이므로 스스로 의사결정의 중요성을 낮춤 → 의사결정에 무관심

CHAPTER 04 | 소비자 정보처리과정

01 소비자 정보처리과정

1. 소비자 정보처리행동(William McGuire에 의해 제안된 모델)

(1) 소비자의 정보처리과정 5단계 : 노출 → 주의 → 지각 → 해석 → 기억

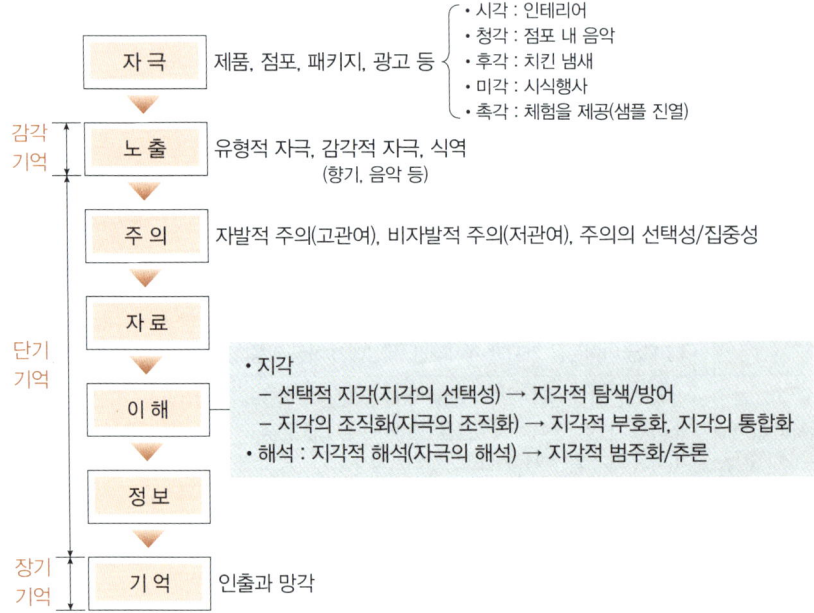

① 다양한 형태의 자극은 노출과 주의 단계를 거쳐 자료가 되며, 이해의 단계를 거쳐 의미 있는 정보가 되고 비로소 기억으로 저장되어 각 단계에 영향을 미친다.
② 노출은 감각기억에서 담당하는 영역이며, 자극 중 일부에 선택적 주의를 기울여 단기기억으로 이전되고 정보처리가 이루어져 자료는 유의미한 정보가 된다. 이후 장기기억에 저장된 정보는 필요 시 인출되어 단기기억에서 정보처리가 이루어진다.
③ 우리는 하루 동안 매우 많은 자극에 노출되는데, 이때 '정보 과부하'가 발생하게 되므로 자극의 일부분만 선택적으로 수용하여 정보 과부하를 회피하고 있다. 가령 아침 출근길에 수많은 광고간판을 보았지만 정작 기억에 남는 것은 없다. 이는 자극(광고간판)에 대한 선택적 주의를 기울이지 않았기 때문이다.
④ 결국 소비자가 노출된 자극 중에서 유의미한 자극에만 선택적으로 주의를 기울여 정보로서 이해하고 해석을 거쳐 기억에까지 이르는 것을 설명한다.

02 노출

1. 노출의 의의

(1) 자극에 물리적으로 접근하고 오감을 통해 받아들이게 되는 정보처리과정의 첫 단계로서 소비자가 기업의 설득적 메시지에 접촉하게 되는 과정을 말한다.

(2) 소비자는 오감으로 자극을 받아들이므로, 최근 기업들은 체험단 운영 등을 통해 오감을 모두 만족할 수 있는 마케팅전략을 활용하고 있다.

[소비자의 오감을 자극하는 사례]

구분	내용
시각	인테리어, POP, 특정 색상 예 스타벅스-녹색
청각	점포 내 음악, 맥주광고 예 잔에 맥주를 따르거나, 꼴딱꼴딱 마시는 소리
촉각	화장품 등 샘플상품의 진열
미각	시식·시음행사
후각	치킨 냄새

(3) 소비자 입장에서는 자극에 노출되지 않으면 정보처리과정이 이루어지지 않기 때문에 기업은 소비자에게 더 많은 정보가 노출될 수 있도록 노력을 기울여야 하며, 이것이 바로 기업의 마케팅활동이다.

2. 노출의 유형

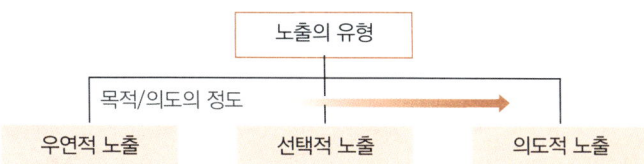

(1) 우연적 노출

자신의 의도와 상관없이 자극에 노출되는 것을 말한다.

예 출근길에 보이는 건물들의 각종 간판, TV방송의 협찬광고(PPL)

(2) 선택적 노출

① 소비자 자신의 신념/동기/흥미/가치관과 대비되는 불필요한 자극은 지각적 방어를 통해 차단하고, 필요한 자극에만 선택적으로 노출되는 것을 말한다.

예 잡지를 넘겨보다가 관심 있는 광고에서 유심히 들여다보는 행동이나, TV 리모컨을 통해 방송을 돌려보다 관심 있는 방송에서 채널을 고정하는 것

② 소비자들은 자신이 필요한 자극에 선택적으로 노출되므로 각종 광고들은 오감을 자극하는 요소로 만들어지고 있다.
　　예 20대가 소비하는 제품은 그들이 선호하는 연예인을 광고모델로 활용
③ 결과적으로 선택적 노출은 처음에는 의지와 목적이 불분명한 상태에서 특정 자극에 노출되는 것을 말한다. 만약 처음부터 의지·목적이 있었다면 이는 의도적 노출로 볼 수 있다.

(3) 의도적 노출
① 소비자 자신이 의지와 목적을 가지고 특정 자극에 노출되는 것을 말하며, 주로 외적 탐색에서 나타난다(우연적 노출이나 선택적 노출은 초기에 의지와 목적이 없으므로 의도적 노출과 구분된다).
② 소비자가 필요를 느껴 자극에 노출되므로 우연적 노출에 비해 빈도는 낮은 편이다.
　　예 특정 스마트폰을 구매하기 위해 통신사 대리점 방문 또는 G마켓 검색

3. 식역수준 2017년 논술문제

(1) 의 의
① 기업의 설득적 메시지를 소비자가 인지하지 못했다면 기대하는 효과를 얻기 어렵다. 따라서 기업의 설득적 메시지는 소비자가 인지할 수 있는 수준, 즉 식역수준 이상으로 제시될 필요가 있다.
　㉠ 절대식역 : 인지 가능한 최소 강도의 자극
　㉡ 차이식역 : 선행자극과 후행자극 간의 차이를 인지할 수 있는 자극의 최소 강도
　㉢ 식역하 지각 : 자극의 강도가 절대식역에 미치지 못하나 무의식 중에 지각하게 되는 자극
② 식역은 소비자가 오감을 통해 인지할 수 있는 최소자극의 크기를 말하는데 만약 햄버거에 들어가는 A소스와 B소스가 있을 때 원가 차이가 있지만 소비자가 맛의 차이를 구별해낼 수 없다면 더욱 가격이 저렴한 소스를 사용하거나 양이 적게 들어가는 소스를 사용해 원가를 절감할 수 있다. 또한 제품할인을 제시할 때, 판매가는 300만 원인데 1천 원 할인을 제공한다면 이는 식역수준 이하가 되어 소비자에게 소구점이 부족한 것을 볼 수 있다. 결과적으로 기업은 식역수준 이상을 혹은 이하를 구사하여 원하는 바에 접근하고 있다.
　㉠ 차이식역 이상을 구사 : 소비자가 충분히 인지할 수 있는 범위의 할인/혜택을 제공하는 사례
　㉡ 차이식역 이하를 구사 : 소비자가 알아채지 못하게 조금씩 원가를 절감하는 사례
③ 소비자의 식역에 대한 민감도는 개별적이므로 맛/양/품질 등 다양한 측면에서의 식역을 이해할 필요가 있다.

(2) 웨버의 법칙 : 차이식역을 설명하는 법칙 2005년 약술문제

$$K = \frac{\Delta I}{I}$$

delta(Δ) I = 기존 자극과 새로운 자극의 크기 차이
I = 기존 자극의 크기
K = 상수(자극 유형에 따라 변화함)

① 차이식역에 도달하기 위해, 즉 최소한의 차이를 인지하기 위해서는 기존 자극에 비해 새로운 자극의 크기가 상대적으로 크거나 작아야 한다.
② 상수 K는 자극유형에 따라 변화하므로 자극마다 차이식역은 다르게 작용한다.
　예 고가제품에서는 용량에 대해 민감하나, 저가제품에 대해서는 상대적으로 용량 변화에 둔감하다.
③ K가 고정되어 있을 때, I가 크다면 △I도 커져야 변화를 감지할 수 있다. 즉 선행자극이 크다면 후행자극도 이와 비례해서 커져야 한다.
　예 1만 원짜리 상품을 1천 원 할인하여 판매한다면 체감의 폭이 큰 반면, 100만 원짜리 상품을 1천 원 할인하면 동일한 1천 원 할인이나 체감의 폭이 동일하지 않다. 결과적으로 상수 K가 고정되어 있다면 기존 자극이 1만 원에서 100만 원으로 커질 때 선행·후행자극 간의 차이도 충분히 커져야 함을 설명한다.
④ 웨버의 법칙에서 주의할 점
　㉠ 제품개발 시, 원가절감은 차이식역 이하로 해야 한다.
　㉡ 가격할인은 차이식역 이상으로 제시할 필요가 있다. 만약 가격인상의 소요가 있을 때는 차이식역 이하로 조금씩 해야 한다.
　㉢ 상표 변경 및 디자인은 경쟁제품과 구분될 수 있도록 도드라진 속성을 차이식역 이상으로 제시해야 한다.
　㉣ 둔감하거나 예민한 사람 간 개인차가 있으므로 일반화가 어렵다.
　㉤ 식역수준의 최대치 및 최소치의 부근에서는 예측이 정확하지 않다.
　　예 극한의 고통 : 42.195km 달리기와 43km 달리기는 그 고통의 차이를 구분하기 어렵다.
　㉥ 색상, 크기, 무게 등 자극의 유형에 따라서 상수(K)는 달라진다.

03 주의와 환기(주의집중)

1. 주의의 의의 2022년 논술문제

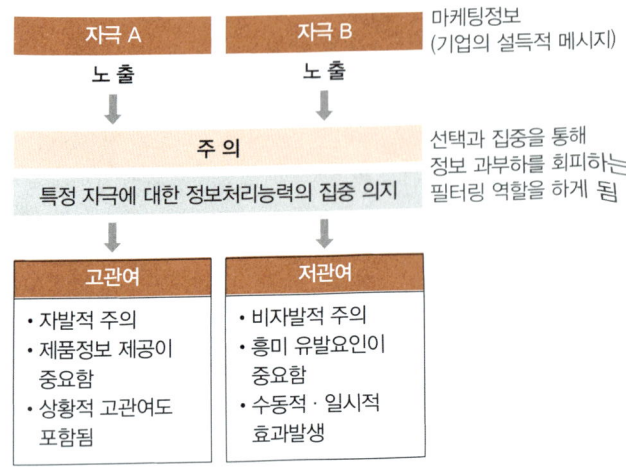

(1) 노출된 자극에 대한 개인의 정보처리 의지를 말한다. 이때 모든 자극에 주의를 기울이면 정보 과부하가 유발되므로 이를 회피하기 위한 선택과 집중, 즉 필터링 역할을 하는 것이다.

(2) 고관여는 소비자 자신의 관심/흥미/동기 등에 따라 자발적으로 주의를 기울이게 되며, 상황적으로 고관여가 될 경우(강화된 주의)도 포함한다. 이때는 제품정보가 유의미하므로 정보전달에 집중할 필요가 있다.
→ 정보의 신뢰성이 중요함

(3) 저관여는 강도 높은 자극에 의해 무의식적으로 집중하게 되는 비자발적 주의를 기울이게 되나, 대부분 일시적인 특징이 있다. 이를 활용한 광고는 섹시함/유머/공포 등 소비자의 시선을 끄는 요소가 포함된다.
→ 정보의 매력도가 중요함

2. 주의의 선택성과 집중성

(1) **주의의 선택성** 2011년 약술문제
   ① 일상생활에서 상당한 양의 정보에 노출되지만 정작 처리되는 정보는 매우 적다. 이것은 정보처리 용량의 한계로 인해 정보를 걸러내어 선택적으로 집중하고 처리하기 때문이다.
   ② 시끄러운 공간에서도 누군가가 나의 관심주제에 대해 이야기를 나누고 있다면 집중이 가능한 칵테일파티 효과가 대표적인 예가 되고 있는데 이것은 자신의 주의를 선택적으로 옮길 수 있음을 설명하고 있다.
   ③ 선택적 주의에 영향을 미치는 요인(마케팅 자극) [동/관/지/기 감/언/순배]
   동기, **관**여도, 제품**지**식, **기**대수준, **감**각적 요소(색/맛/향 등), **언**어적 표현에 의한 전달력, **순**서효과(초기효과/최근효과), **배**경/분위기 등

(2) 주의의 집중성

① 주의의 용량 한계 때문에 특정 정보에 주의 용량을 더 할당하는 것을 말하는데, 가령 주의 용량이 한정되어 있으므로 운전 중 전화통화 시, 사고의 우려가 높아지는 것을 볼 수 있다.
② 주의의 집중성 영향요인으로는 소비자 자신의 흥미/관심/동기 외에도 자극에 노출되는 상황, 시간적 압박감, 사안의 중요도 등이 있다.

(3) 주의와 환기의 구분

① 주의 : 노출된 자극을 걸러내고 특정 정보처리에 집중하는 것을 말한다. 정보 과부하 회피가 목적이다.
② 환기 : 주의를 기울인 정도에 따라 해당 정보를 처리하도록 일깨워지는 것을 말한다. 정보처리가 목적이다.

3. 환기

(1) 요크스-도드슨 법칙 2018년 약술문제

① 어떤 환기상태에서 소비자의 정보처리가 효과적인지 보여주며, 환기수준이 낮다면 불필요한 정보에도 신경 쓰고 반대로 환기수준이 너무 높다면 오히려 중요한 정보를 놓치게 되는 것을 설명한다.
　㉠ 환기수준 낮을 때 : 어려운 과목의 강의시간에는 자꾸만 시계를 들여다보게 된다.
　㉡ 환기수준 적당할 때 : 흥미있는 소설은 정보처리가 활발해 줄거리가 오랫동안 기억에 남는다.
　㉢ 환기수준 높을 때 : PC게임에 푹 빠져 정작 중요한 약속시간을 놓치게 된다.
② 준비를 잘한 입사면접에서 긴장하게 되면서 실수를 유발하는 것도 이러한 법칙으로 설명될 수 있으며, 드라마에 주의를 집중할 때 협찬광고를 슬쩍 보여주는 것도 예로 들 수 있다.

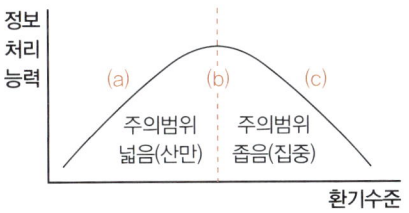

구 분	정보처리 수준	활용 예시
(a) 주의집중도 낮을 때	낮 음	소비자에게 제품을 추천하며 환기수준을 높임
(b) 주의집중도 중간 정도	가장 높음	기호에 맞는 1~2가지 제품을 집중적으로 제시함
(c) 주의집중도 높을 때	낮 음 (추가적 정보제공 어려움)	결제방법 또는 환불/교환에 대한 안내를 제공

4. 주의력의 결정요인 : 자발적 혹은 비자발적 주의 유발요인 2022년 논술문제

(1) 소비자의 개인적 요인 [시/범/적 관/신/욕]
    ① 노출시간이 장기화되면 주의력이 낮아진다.
        예 초등학생은 집중할 수 있는 시간이 짧아 수업시간이 상대적으로 짧음
    ② 정보의 범위가 넓으면 산만해지므로 소비자에게 짧고 간단한 메시지를 주어야 한다.
        예 간 때문이야!(우루사)
    ③ 소비자는 정보에 쉽게 익숙해지고 적응하므로, 광고를 시리즈로 제작해 주기적으로 교체한다.
    ④ 관여도를 높임으로서 주의를 이끌어 낼 수 있다.
        예 음료수 광고(이제는 몸을 생각해서 마셔요), 세스코, 자일리톨 껌
    ⑤ 소비자 자신의 신념과 일치하는 정보에 더욱 주의를 기울인다.
        예 담배광고, 금연광고
    ⑥ 외부로부터 충족 가능한 결핍욕구와 내부로부터 충족 가능한 성장욕구를 자극할 때 주의를 기울이게 된다. 이는 주의력 결정이 개인의 욕구와 관련성이 높기 때문이며, '매슬로우의 욕구 5단계설'과 연관지어 살펴볼 필요가 있다.
        예 대한민국 1% 렉스턴(사회적 존경·인정의 욕구를 자극)

(2) 기업의 마케팅적 요인(자극적 요인) [신/광/언/색 배/위/학]
    ① 신기하고 특이한 요소는 소비자의 주의를 이끌어 낼 수 있다.
    ② 광고모델을 활용하는 방법이 있으며 이미지 전이를 방지하기 위해 전속계약을 활용한다.
        예 A브랜드-모델 간 관련성을 높였으나, 경쟁사 B브랜드가 동일 모델을 활용할 때, A브랜드 이미지가 B브랜드로 옮겨감. A브랜드는 이를 견제하기 위해 모델과 전속계약을 체결할 수 있음
    ③ '부자 되세요'(BC카드), '그래 이 맛이야'(다시다)처럼 특이한 언어의 반복적 사용
    ④ 브랜드를 소비자에게 각인시키기 위해 특정 색상을 강조한다.
        예 코카콜라-빨간색, 스타벅스-녹색
    ⑤ 배경과의 시각적 대조는 가령 흑백 사진에 특정 상품만 컬러로 표현하는 방법을 말한다.
    ⑥ 책자의 경우, 첫 페이지와 마지막 페이지의 위치가 오래 기억에 남는다.
        예 잡지책은 첫 부분과 마지막 부분의 광고가 오래 기억에 남음
    ⑦ 특정 음원을 반복적으로 들려주어 주의를 이끌어내고 학습효과를 유발한다.
        예 인텔 광고의 징글(Jingle)
    ⑧ 유머스러움으로 즐거운 감정을 제공해 주의를 이끌어낼 수 있다.

04 이해(지각, 해석)

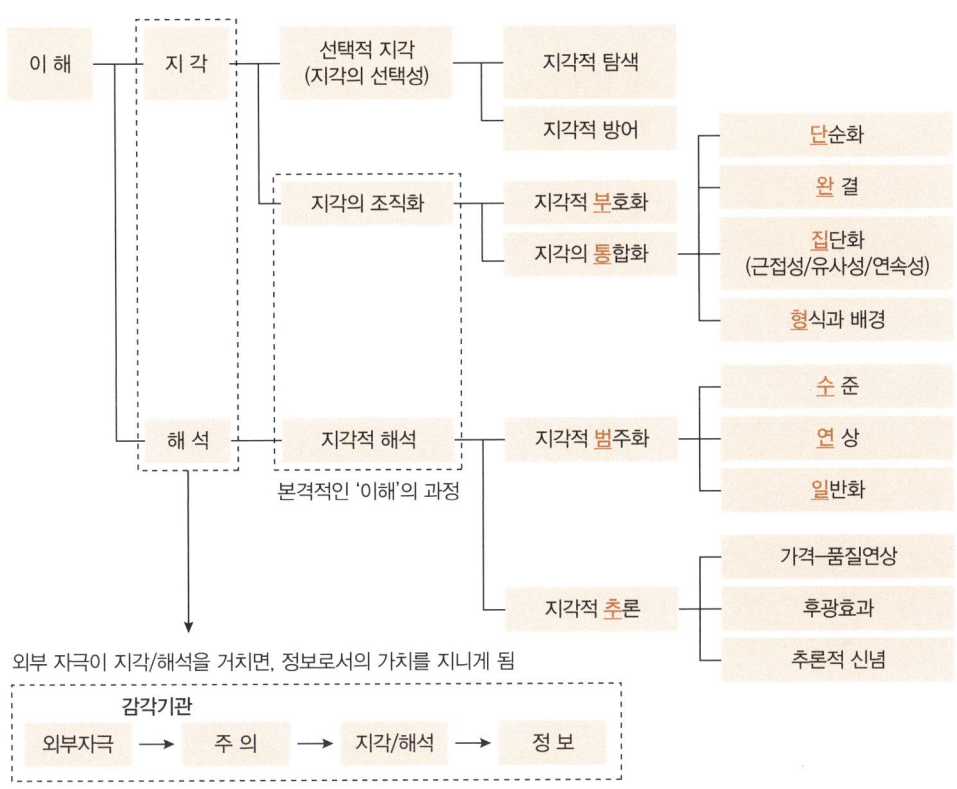

1. 이해의 정의

감각기관을 통해 받아들인 자극의 일부는 주의를 거쳐 자료가 되고 다시 유의미한 정보가 되는데, 이렇게 자극이 조직화와 해석을 거치는 것을 이해라고 한다. 여기서 '지각의 조직화'는 해석이 쉽도록 자극을 가공하는 과정으로 볼 수 있고 '지각적 해석'은 기억하기 좋도록 자극을 체계화하는 과정으로 볼 수 있다.

2. 선택적 지각 2014년 약술문제

(1) 자극 A, B, C, D가 있다면, 이러한 자극은 감각기관을 통해 인지되고 선택적 지각은 개인차에 따른 필터 역할을 하여 소비자가 필요한 자극 A와 C만 받아들이게 된다

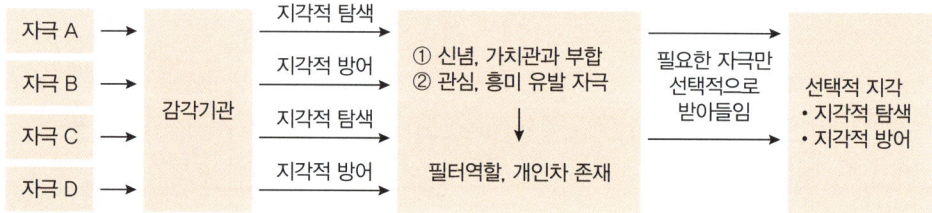

　예 담배광고에 애연가는 지각적 탐색이 일어나고, 비흡연자는 지각적 방어가 일어날 수 있다. 즉 설득적 메시지에 노출되었을 때, 자신의 신념·가치관·관심·흥미유발 요인 등에 의해 선택적으로 받아들이게 된다.

(2) 결과적으로 소비자는 개인적 차이에 따라 자신의 관심/흥미/동기 등과 관련된 자극을 선택적으로 지각하는데, 이를 지각의 선택성이라 하며 지각적 탐색과 지각적 방어로 구분한다.

구 분	지각적 탐색	지각적 방어
내 용	• 어떤 자극을 특히 더 잘 지각하는 현상 • 특정 자극에 대해 관련성이 높을 때 나타남 • 기업이 소비자의 자아관련성을 높이는 방법 　– 표적 소비자와 유사한 광고모델 사용 　　**예** 도브 • 브랜드 특징을 광고에서 행동/대화로 표현 　– '괜찮겠지'라고 생각하는 것 • 공포 유발광고 　**예** 세스코, 보험	• 강제로 노출된 정보에 의도성을 가지고 특정 자극을 왜곡 　**예** 특정 상황에서의 PPL광고 • 영향요인 **[정신일지]** 　– 기존 정보에 대한 확신 　– 기존의 신념과 태도의 정도 　– 경험의 결과에 다른 일관성 　– 지각된 위험의 정도
예 시	• 관심 있는 제품에 대한 쇼핑/세일 정보 • 배고플 때, 식당 간판이 잘 보이는 것	흡연자가 금연에 대한 긍정적 정보를 회피하는 것
장 점	• 정보탐색의 의지/능력이 향상 • 적극적인 탐색으로 정보처리/의사결정이 신속	자신의 신념/가치관/태도 등을 보호하고 방어

사회적 판단을 통한 태도변화	사회적 판단 이론	• 저관여는 수용영역이 넓으나, 고관여는 거부영역이 넓은 특징이 있다. • 설득적 메시지가 자신의 신념·가치관과 어긋나 거부영역에 속하면 이를 왜곡할 가능성이 높다.
심리적 균형을 위한 태도변화	인지적 균형 이론	비자/모델/상표 간 불균형 시, 신념을 바꾸거나 외부자극을 왜곡할 가능성이 높다.
	인지부조화 이론	신념·가치관과 불일치 정보는 심리적 안정을 위해 무시 또는 왜곡하게 된다.

3. 지각의 조직화 2020년 논술문제 2014년 약술문제

어떤 자극에 대해 해석이 용이하도록 일정한 범주로 분류하거나 통합하게 되는데, 이를 위해 여러 자극을 단순화시켜 덩어리 형태로 지각하게 되는 것을 말한다.

- 예 축구경기에서 선수 개개인의 움직임보다는 한국 축구팀 전체를 놓고 평가한다.
- 예 햄버거를 먹을 때 빵/치즈/패티/토마토/소스 등 개별적으로 맛을 느끼는 것이 아니라 전체적인 맛을 평가한다.
- 예 제품속성/광고/가격/점포 등의 정보를 하나로 묶어서 브랜드 이미지가 된다.

(1) 지각의 조직화

지각적 부호화와 지각적 통합화를 통해 수행된다.

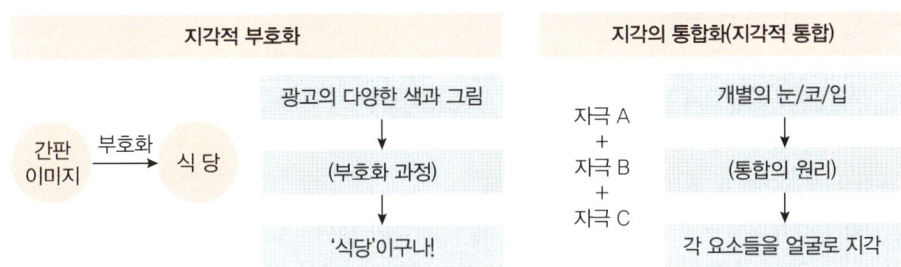

① 지각적 부호화
  ㉠ 감각기관을 통해 들어온 정보를 소비자가 이해할 수 있는 언어로 바꾸는 과정을 말한다. 즉 자극에 단어/숫자/그림 등의 심리적 부호를 부여하는 과정이다.
    - 예 간판의 '물고기 그림(시각적 자극)'을 보고, 이를 '횟집(단어)'으로 부호화
  ㉡ 지각과 동시에 무의식적으로 자극의 특징을 분석하고, 개인의 경험/지식/관심 등의 차이에 따라 주관적으로 이루어진다.
    - 예 간판의 '물고기 그림(시각적 자극)'을 보고, 이를 '열대어 상점'으로 부호화

② 지각의 통합화
  ㉠ 여러 자극을 분리하지 않고, 비슷한 특징끼리 묶어서 하나의 덩어리 형태로 인식하는 것을 말한다.
    - 예 눈·코·입 사진을 순서 없이 흩어놓아도, 이를 얼굴로 인식한다.
  ㉡ 축구장에 A팀과 B팀 선수들이 뒤섞여 있어도 각각의 팀을 그룹으로 단순화시켜 분류한 다음, 이들 팀 간의 경기실력을 평가하는 것도 지각의 통합화이다.
  ㉢ 지각의 부호화와 같이 무의식적/즉각적으로 바로 이루어지며 단순화/완결/집단화/형상과 배경의 원리로 통합된다.

(2) 지각의 통합화 원리 2025년 약술문제

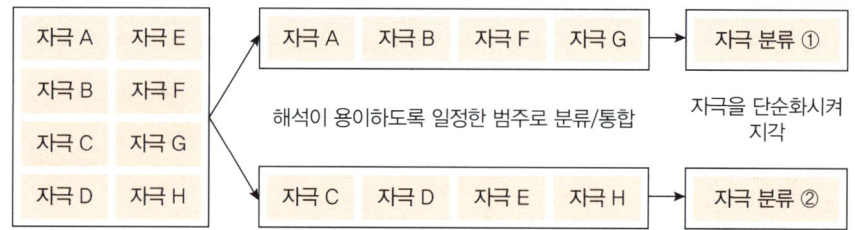

① **단순화** : 통합과정에서 여러 자극의 용이한 해석을 위해 단순화시키려는 경향으로 만약 박스가 원형이면 내용물도 원형으로 추정하는 것을 말한다. 결과적으로 복잡한 광고메시지보다 간단명료한 광고메시지가 필요한 것을 알 수 있다.

   예 박스가 원형이면 내용물도 원형으로 받아들임

② **완결화** : 완성되지 않은 자극을 만나게 되면 이를 채워서 완전한 형태로 지각하는 것을 말한다. 만약, 빈 칸이 있어 완결되지 않은 광고문구를 보면 소비자는 정보처리 의지가 유발되고 빈칸을 채워 넣어 지각하게 된다.

   예 피로엔 ○○○, 11월 11일은 ○○○데이

③ **집단화** : 각각의 자극을 분리해 인지하지 않고 하나의 덩어리로 지각하는 것을 말하는데, 이는 근접성/유사성/연속성을 기반으로 한다. 명문학교는 학생 개인의 평가보다 학교라는 집단으로 인지하는 것과 같다.

근접성	유사성	연속성
직선 8가닥	○표시 15개, ×표시 10개	반원 4개
‖ ‖ ‖ ‖	○×○×○×○× ×○×○×○×○ ○×○×○×○× ×○×○×○×○	∿∿
가까운 것끼리 묶어서 지각	비슷한 특성끼리 묶어서 지각	연속적 형태로 지각
↓	↓	↓
2가닥씩 물리적으로 가까워 4가닥으로 지각	○표시 3줄과 ×표시 2줄로 지각	직선을 중심으로 곡선이 좌우로 지나가는 것으로 지각

   예 명문학교는 학생 개인보다 학교라는 집단으로 인지

   예 미국 자동차 업계 Big 3 : GM, 포드, 크라이슬러

④ **형상과 배경** : 특정 자극은 형상이 되고 나머지 자극은 배경으로 인지하는 것을 말한다. 즉 무엇을 주된 것으로 보느냐에 따라 해석결과가 다르게 나타나는 것으로, 진열대에 다양한 제품이 있다면 자사 브랜드가 더욱 돋보이게 하기 위한 포장/진열방법/색상/POP 등의 활용을 볼 수 있다.

   예 델몬트(형상)보다 '따봉'(배경)이 부각된 TV광고 사례

4. 지각적 해석 2018/2008년 약술문제

(1) 지각적 해석의 의의
① 소비자가 선택적 지각을 통해 자극에 주의를 기울이고 지각의 조직화 과정을 거쳐 마지막으로 그 자극을 해석하는 과정을 말한다. 즉 해석하기 좋게 가공된(지각적 부호화, 지각의 통합화) 정보를 체계화하여 받아들이는 과정으로 볼 수 있다.

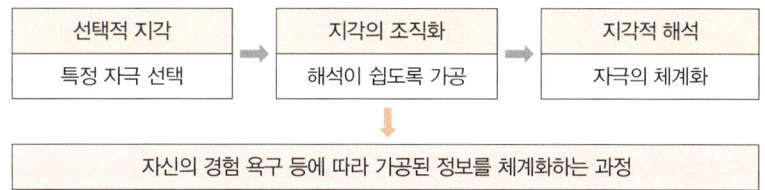

② 결국 자신에게 유용하게끔 정보를 지식체계에 맞추어 정리정돈하는 과정이다.
③ 지각적 해석은 지각적 범주화와 지각적 추론 2가지 원리가 적용된다.

(2) 지각적 범주화
① 즉각적/무의식적으로 정보 덩어리를 자신의 지식구조에 분류해 이해하는 것을 말한다. 즉 자신의 스키마에 분류해 이해하는 것으로 볼 수 있다.
   ※ 스키마 : 기억의 연상 네트워크
   예 새우깡을 간식으로 분류하여 '과자' 기억창고에 저장하는 것
② 스키마가 없을 경우 기업의 정보제공이 중요하다.
   예 자일리톨 껌이 처음 나왔을 때 치아건강 습관을 강조
③ 지각적 범주화의 기준 : 수준, 연상, 일반화
   ㉠ 수준 : 수준(가격/크기/품질 등)에 따른 정보의 범주화
      예 소나타는 중형, 벤츠는 고급차, 마티즈는 경차
   ㉡ 연상 : 일부만으로 전체를 연상하여 범주화
      예 고추 그림이 있으면 매운맛이라고 생각하는 것
   ㉢ 일반화 : 새로운 자극을 기존 유사한 대상과 연결하는 것
      예 고래는 물속에 사니까 물고기로 착각하는 것

(3) 지각적 추론(지각적 왜곡)
① 자극 자체를 평가하기보다 다른 단서를 통해 추리하는 것을 말하는데, 제품지식이 없는 소비자에게 유용한 반면 소비자의 지각이 부정확할 수 있다.
   예 학벌, 혈액형, 가격, 포장, 브랜드, 점포, 제조국 등
② 지각적 추론의 유형
   ㉠ 가격-품질 연상효과(상관관계적 추론)
      • 신제품 및 제품이 복잡해서 제품지식이 낮을 때 활용
      • 가격이 높으면 품질도 좋을 것이라는 추정

ⓒ 후광효과(평가적 추론) : 지각적 추론의 대표 사례
- 예 명문대를 나왔으니 일도 잘하겠지.

ⓒ 추론적 신념
- 하나의 요소로부터 추론하여 가지는 신념이나 태도로 영구적 혹은 장기적으로 지속되는 특징
- 영구적 혹은 장기적으로 지속
- 예 아이폰 6가 예쁘니까, 아이폰 7도 예쁘게 나오겠지?

5. 해석의 영향요인 2015년 약술문제

(1) 소비자는 외부자극을 제각각으로 해석하는데, 크게 개인적 요인과 기업의 마케팅적 요인으로 구분할 수 있다.

(2) 개인적 요인

구 분	내 용
동기, 관여도	• 자극에 대해 동기, 관여도에 따라 해석이 달라진다. • 특정 목적이 있을 경우, 왜곡된 해석이 나타날 수 있다. • 고관여에서는 정보의 신뢰성, 저관여에서는 정보(모델)의 매력도(호감도)에 따라 해석이 영향을 받게 된다.
지 식	• 아는 만큼 보이는 것으로 해석이 달라질 수 있다. • 제품지식이 있다면 중심단서에 집중이 가능하고, 제품지식이 부족하면 주변단서에 집중하게 된다.
기 대	기대수준에 따라 자극의 해석이 달라질 수 있다. 예 가격-품질 연상효과 : 싸고 좋은 것은 없어.

(3) 마케팅적 요인(자극적 요인) 2024년 논술문제

구 분	내 용
감각적 요소	동일한 자극이 감각적(색·맛·향·촉감 등) 요소에 따라 해석이 달라진다. 예 라면 국물이 파란색이라면 맛있게 보일까?
언어적 표현	• 제품·서비스에 대해 어떻게 표현하냐에 따라 소비자의 해석수준이 달라진다. • 광고메시지 전달에 따른 소비자의 이해수준도 달라진다.
순서효과	• 초기효과와 최근효과에 따라 해석에 영향을 미친다. • 초기효과 : 자극의 앞부분을 잘 지각하는 것 • 최근효과 : 자극의 마지막을 잘 지각하는 것 예 첫사랑과 마지막 사랑은 기억하는 반면, 중간에 만났던 여자친구는 이름조차 기억하지 못하는 것과 같다. 예 잡지에서 광고는 앞쪽 또는 마지막에 배치하는 것이 효과적이다. 특히 판매상담에서도 중요한 구매설득 요소를 대화의 서두 또는 말미에 배치하는 것이 오래 기억에 남는 방법이 된다.
배경, 분위기	• 고급브랜드가 밀집한 상권에 저가브랜드가 입점하면, 상권이미지에 영향을 미치는 것과 같다. • 강압적인 분위기에서는 해석에 오류가 있을 가능성이 높아진다.

05 기 억

1. 기억의 의의

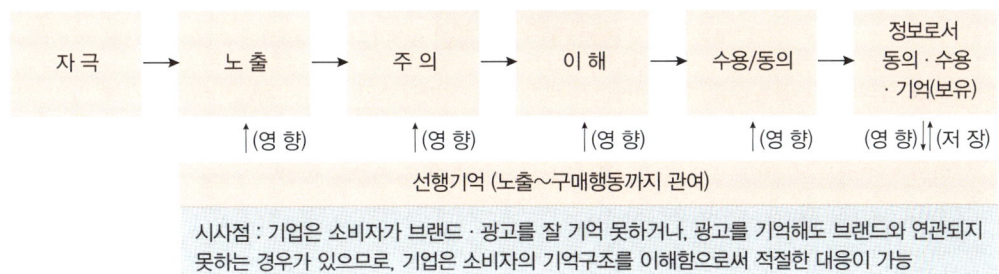

(1) 한 번 저장된 기억은 노출부터 구매행동에 이르기까지 관여하며 정보처리과정에 있어서 중요한 역할을 하고 있다.
(2) 기업의 마케팅활동에도 불구하고 설득적 메시지가 소비자의 기억에 남지 않거나 브랜드와 연관되지 못할 수 있으므로, 소비자의 기억구조에 대한 이해를 바탕으로 브랜드나 제품정보 등을 효과적으로 소구할 필요가 있다.

2. 기억구조 이론 [다/정/활]

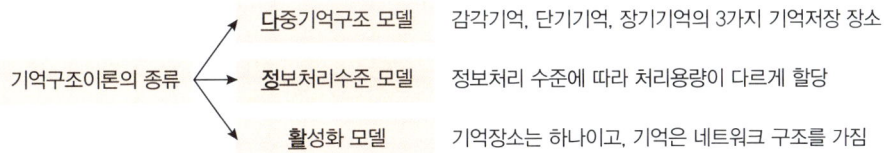

(1) 다중기억구조 모델(복수저장 모델)

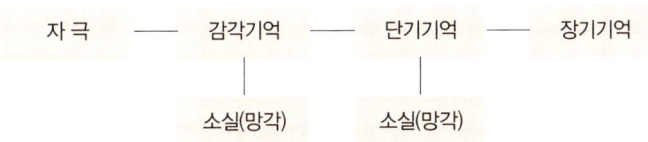

① 기억은 감각기억/단기기억/장기기억으로 구분되어 서로 다른 역할을 수행한다.
② 유의미한 자극은 감각기관을 통해 단기기억으로 이전되며, 그렇지 못한 정보는 소실된다(망각).
③ 단기기억에서 처리된 정보는 지각의 조직화 및 지각적 해석을 거쳐 유용한 정보로써 장기기억에 저장되며, 그렇지 못한 정보는 소실된다(망각).
④ 기억을 설명하는 다른 모델들의 특징을 포괄적으로 설명할 수 있어 가장 널리 사용된다.

(2) 정보처리수준 모델

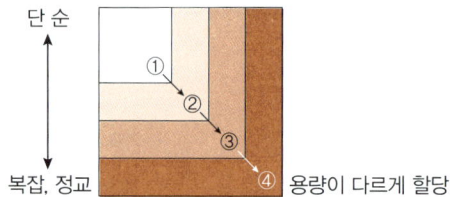

① 정보를 처리할 수 있는 제한적 용량을 가진 하나의 기억장소가 있고, 정보처리의 수준에 따라 처리용량이 구분되어 할당되는 것을 설명한다.
② 간단한 작업에는 소량의 처리용량이 할당되고 기억이 짧은 특징이 있다.
③ 복잡한 작업에는 대량의 처리용량이 할당되고 기억이 장시간 지속되는 특징이 있다.

(3) 활성화 모델

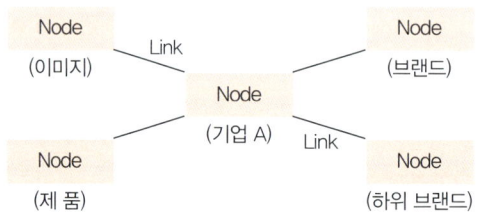

① 각각의 기억 정보는 노드(Node)는 링크(Link)로 연결되어 네트워크 구조를 하고 있다.
② 정보처리를 위해 일부분이 일시적으로 활성화되는데, 지속적으로 유지하기 위해서는 반복적 노력이 필요하다.
③ 정보의 빈도와 강도가 높을수록 활성화율이 높아지게 된다.

3. 다중기억구조 모델 2014년/2009년 약술문제

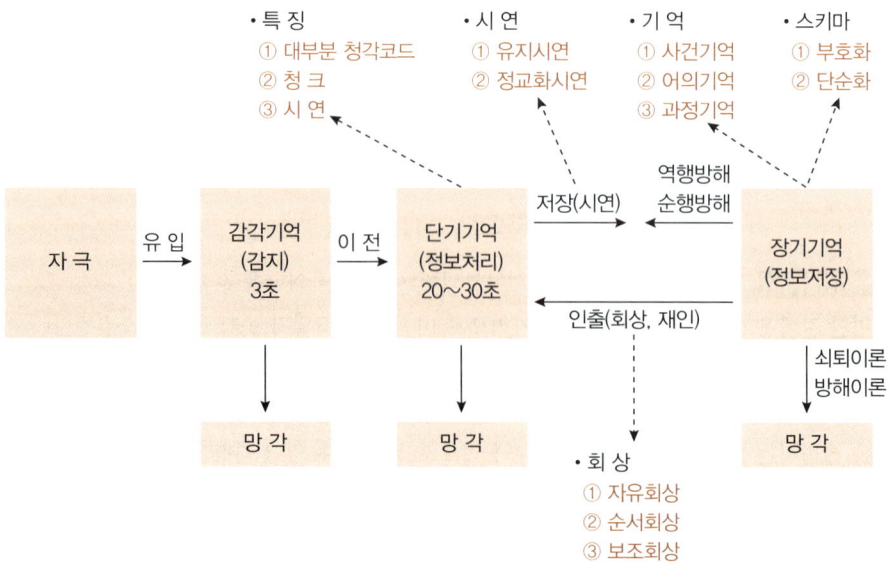

(1) 감각기억
  ① 오감을 감지하는 감각기관을 통해 유입된 정보가 3초 이내의 짧은 시간 동안 보존되는 기억의 저장소이며, 감각등록기라고도 한다.
  ② 기억의 지속시간이 매우 짧아 바로 지각적 해석을 통해 유의미한 정보로 전환되지 않으면 소멸되므로 소비자의 관심을 끌기 위해 식역수준 이상의 자극을 제시할 필요가 있다.
  ③ TV광고처럼 시각과 청각에 의존하는 광고가 일반적이나 이를 보완하기 위해 향기마케팅과 같이 소비자의 체험이 중요시되기도 한다.

(2) 단기기억(운용기억) 2024년 논술문제
  ① 정보처리가 이루어지는 동안 정보가 일시적으로 저장되는 장소로서 선택적 지각/지각의 조직화/지각적 해석을 거치게 되며 감각기억보다 상대적으로 긴 20~30초의 시간에 걸쳐 정보가 처리된다. 그러나 이 역시 제한된 시간 내 정보처리가 여의치 않을 경우 소실되어 망각에 이르게 된다.
  ② 단기기억의 정보처리는 감각기억에서 이전된 가공되지 않은 정보와 장기기억에서 인출된 정보를 모아서 유의미한 정보로 전환하는 것이며, 정보저장 외 정보처리가 이루어지므로 운용기억이라고도 한다.

  감각기억의 정보 + 장기기억의 인출 →(정보처리) 유의미한 정보

  ③ 단기기억의 특징

구 분	내 용	예 시
청각성	• 대부분 청각코드를 통해 입력되며, 시각정보는 상대적으로 비효율적이다. • 청각코드의 반복시연이 중요하다.	맞다 게보린, 화이투벤
청크성	• 정보처리의 기본단위 : 청크 2021년 약술문제 • 한 번에 처리가능한 정보의 양은 7±2개의 청크단위 • 결과적으로 단순한 메시지의 반복이 중요하다.	• 010-1234-5678 : 3개의 청크 • 0-1-0-1-2-3-4-5-6-7-8 : 11개의 청크가 되어 처리용량 초과
시연성	• 유지시연(유지리허설, 재생산기억) – 지속적인 단순반복 시연으로 정보를 원형 그대로 장기기억에 저장된다. – 이후 단기기억으로 인출될 때도 원형 그대로 인출된다. • 정교화시연(수식리허설, 재구성기억) – 정보의 원형 그대로가 아닌, 기존 정보와 조화를 이뤄 골격만 저장된다. – 인출과정에서 살을 붙여 정보를 재구성한다.	• 하늘천따지, 수금지화목토천해명, 구구단 • 구전동화는 뼈대는 비슷하나, 개인별 재구성된 정보가 다름

  ㉠ 대부분 청각코드를 통해 입력되며, 시각정보는 상대적으로 효율이 낮다. 따라서 TV광고는 반복적으로 제품명을 불러주어 소비자의 머릿속에 각인시키고자 한다.
  ㉡ 정보처리의 기본단위인 청크는 한 번에 처리 가능한 정보의 양을 설명한다. 5~9개 청크단위로 단순한 메시지를 반복적으로 제시하는 것이 효과적이다.
  ㉢ 단순히 반복적으로 되뇌는 유지시연을 통해 단기기억에서 처리된 정보를 장기기억으로 저장할 수 있다.

ⓔ 새로운 의미를 부여하는 정교화시연은 전래동화와 같이 기본적 정보의 뼈대만 기억 속에 저장되어 있다가 인출과정에서 살이 덧붙여지면서 정보가 재구성되는 것을 말한다. 홍길동전의 기본 줄거리는 다들 비슷하게 기억하고 있으나 이를 말로 표현하는 과정에서 개개인의 경험/지식에 따라 내용이 조금씩 상이한 것을 볼 수 있다.

④ 부호화는 시연을 돕는 효과적 방법 중 하나로 정보를 구조화해서 저장하는 것을 말한다. 즉 소비자는 제품·브랜드 정보를 날것으로 저장하는 것이 아니라 자신이 이해하기 좋도록 부호화하여, 특정 카테고리의 기억공간에 정보를 저장한다.

㉠ 부호화는 정보를 더욱 쉽게 저장하기 위해 정보를 구조화하는 것이며, 기업광고는 제품·브랜드 정보에 관련이미지를 함께 제시하여 소비자들이 쉽게 부호화할 수 있도록 지원한다.

㉡ 단기기억으로 이전된 '비타500'이라는 정보에 건강미의 모델을 보여줌으로써 '웰빙'이라는 의미를 부여하거나, '말보로 담배' 광고에 카우보이를 등장시켜 '강인한 남성'이라는 의미를 부여하는 것이 좋은 예가 되고 있다.

   예 비타500(제품) + 건강미 넘치는 모델(시각적 코드) → 웰빙음료(부호화)
   예 말보로담배(제품) + 카우보이 이미지(시각적 코드) → 남성적 담배(부호화)

㉢ 부호화 외에도 효과적 시연을 위한 방법으로 단어의 리듬을 부여해 읽어주거나, 특정 배경음악을 들려줄 수도 있다.

⑤ 이중부호화 이론은 관련 있는 2가지 코드를 동시에 제시함으로써 기억을 촉진하는 것을 말한다. 인텔의 TV광고는 인텔로고(시각적 코드)와 함께 징글(청각적 코드)을 함께 제시하여 기억에 더욱 오래 남을 수 있도록 한다.

⑥ 시연은 정보처리과정에서 방해를 받기도 하는데, 이는 선행정보와 후행정보 간 정보처리에 혼란이 빚어지기 때문이며 각각 역행방해/순행방해/동시방해로 구분된다.

구 분	내 용	예 시
역행방해	후속정보가 선행정보의 처리를 방해 → 선행정보(단기기억)가 저장되지 못하고 망각(20초 초과)	과일 이름을 연달아 불러주면, 뒤쪽에 불러준 과일 이름만 기억에 남음
순행방해	선행정보가 후속정보의 처리를 방해하는 것 → 정보가 유사하면, 순행방해 강도가 커짐	현관 비밀번호를 바꾸었는데 이전 비밀번호가 생각나고 새로운 비밀번호가 기억나지 않을 때
동시방해	유사성이 높은 정보가 동시에 제시되면 정보처리가 방해받는 것	간장 공장 공장장은… (유사한 정보로 인해 기억에 어려움을 겪음)

(3) 장기기억

① 단기기억에서 장기기억으로 정보를 쉽게 저장하기 위해서는 소비자가 정보에 대한 관심수준이 높아야 하며, 정보처리가 용이하도록 정보를 제시해야 한다.

소비자가 유입정보에 관심이 높을수록 and 정보처리가 용이하게 제품정보가 제시될수록 → 장기기억 속에 정보가 저장될 가능성이 높아짐

※ 정보처리가 용이하게 제품정보를 제시하기 위한 고려사항 [순/경/체/제]
- 정보가 제시되는 순서(중요한 정보는 처음 또는 마지막에 배치한다)
- 정보처리를 방해하는 경쟁요인의 존재 여부(유사정보는 정보처리를 방해한다)

- 유입된 정보의 체계화 정도(정보가 체계적으로 제시되어야 한다)
- 정보 제공량(정보 과부하가 유발되지 않아야 한다)

② 단기기억에서 처리된 정보는 장기기억에 영구적으로 보존되며, 필요에 따라 다시 단기기억으로 인출된다. 가령, 평소에는 의식에서 단절되어 있다가 문득 자신의 어린 시절 추억이 떠오르는 경우(인출)를 들 수 있다.

③ 장기기억에 저장된 정보의 유형은 다음과 같이 구분할 수 있다.

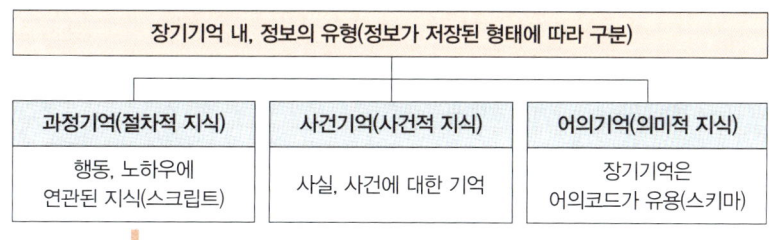

※ 장기기억은 기억의 연상 네트워크에 구조화해서 저장을 하게 되는데, 가령 BMW 차량의 갖가지 스펙정보를 접하더라도 이를 하나씩 개별적으로 기억하지 않고 '고급차량'이라는 어의코드로 저장하는 것을 볼 수 있다. 이는 시각적 코드도 유용하지만 어의코드가 장기기억의 대표적 형태임을 제시한다.

[장기기억에 저장된 정보의 유형, 구체적 예시] **2025년 약술문제**

구 분	내 용
과정기억 (절차적 지식)	• 주로 행동이나 노하우 등 과정에 대한 기억이므로, 행동 재연은 쉽지만 말로 표현이 어려움 　예 자전거 타기, 축구경기 • 스크립트는 과정기억들 간의 연상 네트워크를 의미 　예 용인 ~ 서울 강남까지 가는 과정이 하나의 스크립트로 장기기억에 저장된다.
사건기억 (사건적 지식)	정보의 의미보다 시간적 흐름에 따라, 일상생활의 구체적 사건에 대해 저장된 기억 　예 2026년에 뭐 했고, 2025년에 뭐 했고, 2024년에 뭐 했고…
어의기억 (의미적 지식)	• 소비자가 경험하게 되는 사건이나 대상이 갖는 의미에 대한 것으로, 어떤 것에 주관적 의미를 부여해 저장된 기억 　예 말보로 + 남성적 강렬함 → (말 + 주관적 의미를 한꺼번에 기억) • 유사한 개념끼리 마디(Node)와 연결고리(Link)로 구성된 기억연상 네트워크인 스키마가 어의기억의 대표적 형태 　예 박카스라는 단어만 기억하는 것이 아니라, '피로회복, 부채표, 피곤, 휴식' 등이 서로 연결고리로 묶여서 함께 저장된다.

> **더 알아보기**
>
> 스키마(Schema) **2008년 약술문제**
> - 기억 속에 네트워크 형태로 구조화되어 저장된 지식을 말한다.
> - 가령, '애플(APPLE社)'은 〈아이폰-맥PC-애플워치-디자인-예쁘다-휴대성-주변의 관심-구매경험-가격〉 등 다양한 지식이 하나로 엮여 구조화되어 기억으로 저장된다.
> - 과거의 경험에 의해서 구조화되어 저장된 지식은 이후에 어떤 문제에 직면하게 되었을 때 머릿속에서 대안을 제시하고, 우리는 여기에서 습관적으로 대안을 선택하게 된다.

4. 장기기억으로부터의 정보인출

(1) 인출의 의의

① 장기기억에 저장된 정보를 의식수준으로 끌어올리는 것으로 즉, 정보처리를 위해 단기기억으로 가져오는 과정을 말한다.

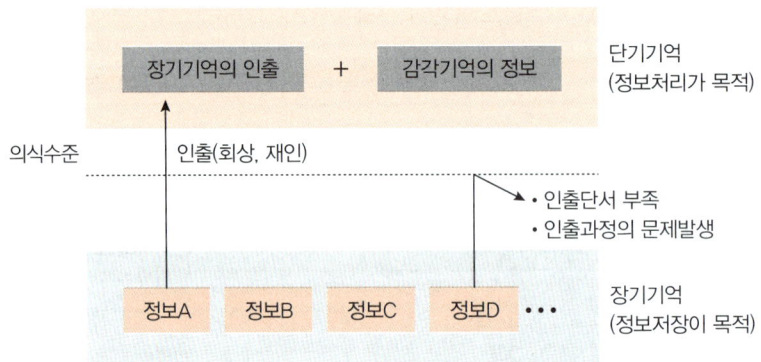

② 정보를 의식수준으로 끌어올릴 때, 인출이 불가능한 경우가 있는데 이는 인출단서가 부족(예 구체적이지 않은 질문)하거나 인출과정에서 문제(예 시간적 압박)가 발생하는 경우이다. 그러므로 기업은 소비자의 구매시점에 자신의 브랜드가 떠오를 수 있도록 적절한 인출단서를 제공해야 한다.

③ 장기기억은 영구보존되는 것으로 설명되나, 인출이 불가할 때도 있다. 이는 마케팅 자극 자체의 특성이나, 인출단서의 제공 여부, 소비자의 특성 등에 기인한다.

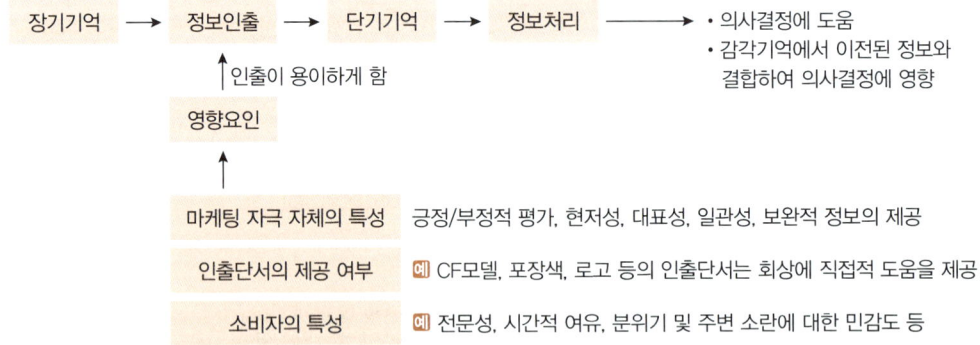

(2) 장기기억에서 정보의 인출 방법 2021년 약술문제

① 정보인출 방법은 크게 회상과 재인으로 구분된다. 회상은 특정 정보를 떠올리는 것에 목적을 두는 반면, 재인은 단순하게 해당 정보가 기억에 있는지 없는지만 확인하는 것을 목적으로 한다는 점에서 구분된다.
  ㉠ 회상은 주관식 시험과 같이 특정 정보를 떠올리는 것이 목적
  ㉡ 재인은 객관식 시험과 같이 특정 정보가 기억에 존재하는지 확인하는 것이 목적

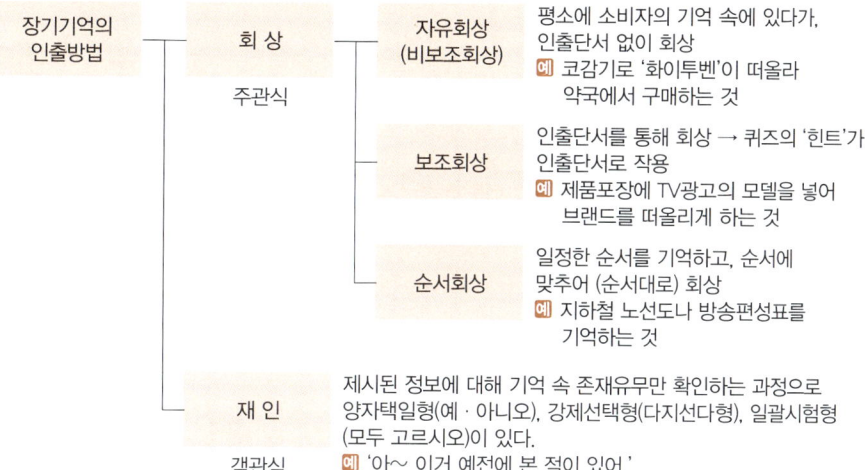

② 회상과 재인에 대한 마케팅 시사점

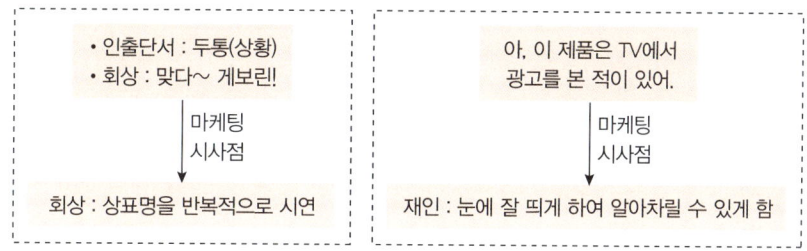

5. 정보의 망각

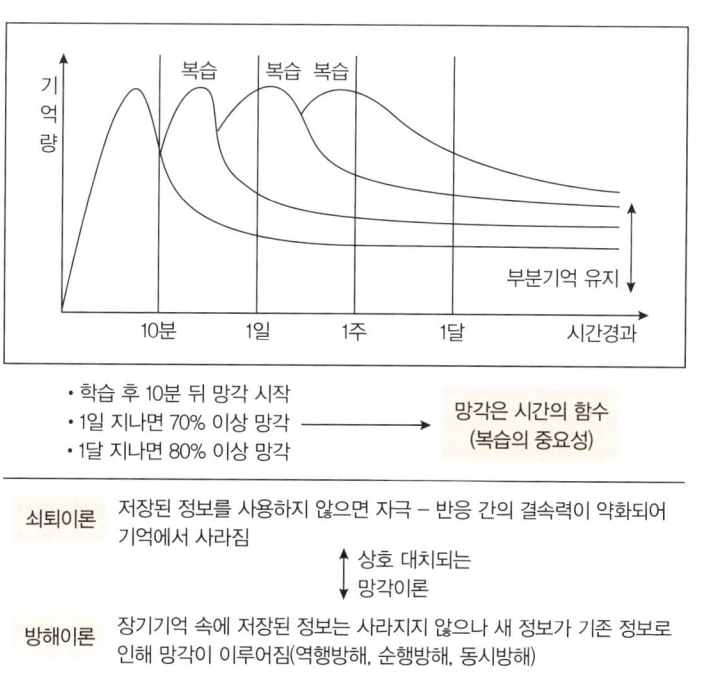

- 학습 후 10분 뒤 망각 시작
- 1일 지나면 70% 이상 망각
- 1달 지나면 80% 이상 망각

→ 망각은 시간의 함수 (복습의 중요성)

쇠퇴이론 저장된 정보를 사용하지 않으면 자극 – 반응 간의 결속력이 약화되어 기억에서 사라짐

↕ 상호 대치되는 망각이론

방해이론 장기기억 속에 저장된 정보는 사라지지 않으나 새 정보가 기존 정보로 인해 망각이 이루어짐(역행방해, 순행방해, 동시방해)

(1) 에빙하우스 망각곡선

① 학습에 따른 기억량은 10분 뒤 망각이 시작되어 시간 경과에 따라 급속도로 진행되다가 일정 수준의 기억만이 남아있는 것을 설명한다.

- 학습 후, 10분 뒤 망각 시작
- 1일 지나면, 70% 이상 망각
- 1개월 지나면, 80% 이상 망각

→ 망각은 시간의 함수 (복습의 중요성)

② 이때 복습을 통해 기억 수준을 회복시킬 경우, 최종적으로 남아있게 되는 부분기억의 양이 점점 늘어나게 되는데 이는 복습의 중요성을 일깨워주고 있다.

(2) 쇠퇴이론과 방해이론

쇠퇴이론	저장된 정보를 사용하지 않으면, 자극-반응 간 결속력이 약화되어 기억에서 사라진다. ※ 고전적 조건화
방해이론	장기기억 속의 저장된 정보는 사라지지 않으나, 새 정보가 기존 정보로 인해 망각이 이루어진다. ※ 역행방해, 순행방해, 동시방해

① 쇠퇴이론과 방해이론은 기억이 '사라진다·사라지지 않는다'로 서로 간 대치되는 망각이론이다.
② 쇠퇴이론은 기억 속의 정보가 사용되지 않으면 자극-반응 간 결속력이 약해져 기억에서 사라지는 것을 설명한다.
③ 방해이론은 기억 속의 정보가 사라지지 않으나 새로운 정보가 기존 정보로 인해 인출이 방해받는 것을 설명한다.
④ 방해이론에 따르면 기존 정보와 새로운 정보 간 방해로 인해 정보처리에서 문제가 발생하기도 하지만, 동시에 정보를 인출할 때도 서로 간 방해가 발생한다.

예 포털사이트 로그인 시 비밀번호를 떠올려야 하는데, 여러 개의 비밀번호가 헷갈리면서 제대로 된 정보가 인출되지 않는 경우

CHAPTER 05 | 태도

01 태도의 의의 2012년 약술문제

1. 태도의 의의

(1) 태도는 어떤 대상에 대해 좋고 싫음에 대한 일관성 있는 반응(호의적·비호의적)을 보이려는 학습된 선입견으로, 즉 대상에 대한 전반적인 긍정적·부정적 평가를 말한다.

(2) 자극이 소비자의 정보처리과정을 거치게 되면 최종 산출물로 어떤 대상에 대한 선호·비선호 태도가 형성(또는 변화)되며, 이후 구매의사결정과정과 소비자 정보처리과정에 영향을 주고 궁극적으로 소비자행동의 변화를 초래한다.

2. 태도의 7가지 특징 [대변행방/후일관]

구 분	내 용
대상성	어떤 대상과 관련됨
가변성	• 상황에 따라 변화됨(그러나, 쉽게 변하지 않고 비교적 일관성이 있음) 예 굶기면 아무거나 잘 먹음 • 태도변화 유발요인 : 경제적 능력, 지각된 위험, 사회적 압력, 판촉활동, 시간적 압박, 준거집단의 영향 등
행동 예측성	행동의 예측이 가능함, 즉 호의적 태도가 호의적 행동을 유발할 가능성이 높음 예 고급차를 좋아하지만 구매력이 없다면, PC 바탕화면 지정으로라도 행동 표출
방향성과 강도	어떤 대상에 대한 긍정적·부정적 감정의 정도
후천성	후천적 학습에 의해 형성(또는 변화)됨
일관성	형성된 태도는 일관성·지속성을 띰
관찰(간접성)	• 직접적 관찰이 불가능 예 의사충성도 • 측정방법 → 설문, 실험관찰, 투사법 등

3. 태도의 4가지 기능(유용성) 2018년 약술문제 2011년 논술문제

가츠(Kats, 1960)는 태도가 갖는 기능을 4가지로 분류하고 있다.

구 분		내 용
태도의 기능	자아방어 기능	가치표현 기능과 반대로, 약점을 감춤 → 소극적 반응
	지식 기능	소비자는 브랜드에 대한 정보와 태도를 지식으로 보관 → 지식통합 기능
	가치표현 기능	개성/가치관을 표현할 수 있는 제품에 호의적 태도 형성 → 적극적 반응
	욕구(실리)충족 기능	궁극적 혜택을 주는 제품에 대해 호의적 태도 형성

(1) 자아방어 기능

자아이미지를 보호하는 브랜드에 호의적 반응이 유발되어 자신의 약점을 감추는 기능을 말한다. → 소극적 반응

예 비듬이 많을 때, 비듬제거 샴푸에 호의적인 태도가 유발되어 자신의 약점을 감추게 된다.

(2) 지식 기능

정보를 저장할 때, 선호/비선호의 태도를 함께 묶어 지식으로서 저장하는 것을 말한다. 이러한 지식 기능으로서의 태도는 새로운 정보를 선택적으로 받아들이거나 혹은 태도에 반하는 정보를 왜곡하는 등의 형태로 작용한다.

예 아이폰의 '카메라 화소수(정보)'와 '선호하는 마음(태도)'이 함께 저장되며, 이후 아이폰 신제품에 대해서는 지각적 탐색이 일어나고, 안드로이드폰에 대해서는 지각적 방어가 일어난다.

(3) 가치표현 기능

자아이미지를 표현하는 제품이나 브랜드에 더욱 호의적인 태도가 형성되어 자신의 개성, 가치관, 추구 가치, 상징성 등을 표현하는 기능을 말한다. → 적극적 반응

예 심플한 디자인을 좋아하는 고객이 애플(APPLE社)의 아이폰을 선호하거나, 의류·차량·가방 등을 통해 자신을 드러낸다.

(4) 욕구(실리)충족 기능

제품의 속성을 강조함으로써 소비자로부터 호의적 태도를 이끌어낼 수 있으며, 소비자는 자신에게 혜택의 폭이 큰 브랜드에 호의적 태도를 갖고 구매행동을 통해 자신의 욕구를 충족하게 된다.

예 차량유지비에 대한 부담으로 하이브리드 차량에 대한 호의적 태도는 유류비 절감이라는 욕구충족을 이루어 낸다.

02 태도 이론 2009년 논술문제

1. 태도의 구성요소

(1) 태도의 구성요소는 감정(Affect)/행동의도(Behavior Intention)/인지(Cognition)로 구분하며 이러한 3가지 요소가 서로 조화를 이루고 영향을 주어 태도가 형성된다.

태도의 구성요소		
인지 (Cognition)	감정 (Affect)	행동의도 (Behavior Intention)
개인의 신념으로 대상에 대한 평가적 믿음	대상에 대한 선호·비선호, 감정적 요소	행동 이전 단계로 행동과는 구분됨

예 핸드폰 구입 시 고려사항

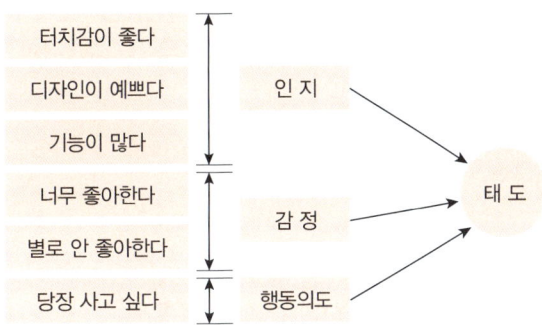

(2) 이때 3요소 간 어떤 구조로 보느냐에 따른 관점차이로 삼각구조 이론 및 1차원 이론으로 구분된다.

2. 삼각구조 이론과 1차원 이론 2021년 약술문제

(1) **삼각구조 이론**

태도는 호의적 또는 비호의적으로 일관성을 갖는 것으로 간주하며, 감정/행동의도/인지가 서로 간 조화와 균형을 이룬 결과를 태도로 본다.

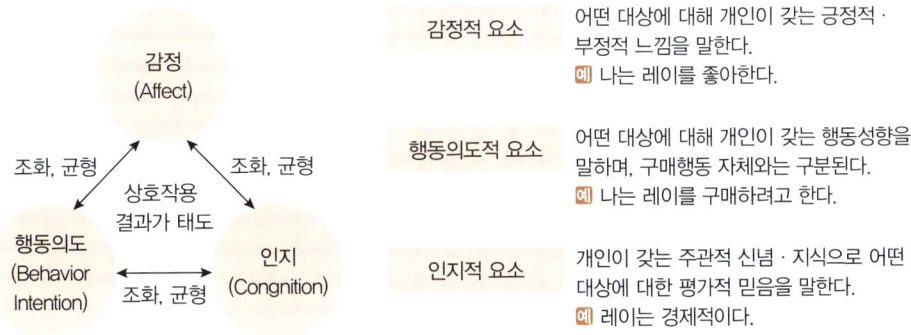

(2) 1차원 이론

최근의 연구흐름에서 인정받는 견해로서, 소비자행동은 '신념(인지) → 감정 → 행동의도' 순서의 인과관계로 나타난다고 보고 태도를 이해하는 효과계층 이론이다.

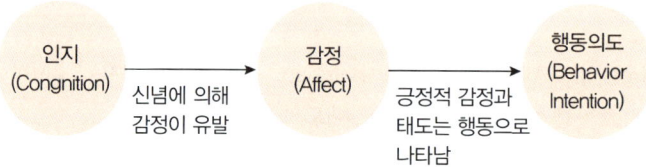

※ 참고 : 인지는 제품정보와 자신의 생각을 말하며, 이는 대상에 대한 평가결과의 믿음인 신념으로 구체화된다. 즉 신념은 소비자가 특정 대상의 속성에 대해 평가를 거친 주관적 의견을 말한다.

인지 = 제품정보 + 자신의 생각	신념(평가결과의 믿음)으로 구체화됨
• 제품정보 : 1천만 화소 카메라 • 생각 : 카메라는 화소가 중요해!	신념 : 아이들을 촬영하는 데 이 카메라가 가장 적절하겠는데!

(3)
삼각구조 이론과 1차원 이론은 인지/감정/행동의도의 3요소라는 공통점이 있다. 반면 삼각구조 이론은 3요소 간 조화의 균형의 결과를 태도로 보고, 1차원 이론은 감정을 곧 태도로 보는 차이점이 있다.

3. 태도연구의 유용성

태도연구를 통해 소비자행동 예측이 가능	태도연구를 통해 세분시장의 특성 파악이 용이	태도연구를 통해 마케팅활동의 효과측정 가능
수요조사에 활용	표적시장에 대한 타깃마케팅	소비자 태도변화 평가
↓	↓	↓
소비자가 어떤 제품에 호감을 갖는지 태도를 연구하여 소비자의 구매행동을 예측할 수 있음	소비자는 자신의 신념/가치/개성 등을 표현할 수 있는 브랜드를 선호하므로 세분시장의 특성 파악이 용이함	기업의 마케팅활동을 객관적으로 평가하고 인지적/감정적/행동적 효과 측정이 가능함

(1) 태도연구를 통해 소비자행동 예측이 가능하여 수요조사에 활용(태도의 특징 중 '행동 예측성'과 관련)
→ 우선 구매력과 구매동기를 차치한다고 가정 시, 태도 연구를 통해 소비자가 어떤 브랜드제품을 선호하는지 알 수 있다면 행동의도를 통해 구매로 이어질 가능성이 높으므로 이를 수요조사에 활용할 수 있다.
예 표본 집단의 70%가 우리 브랜드에 호의적 태도를 지니고 있어 예상매출은 3억 원으로 추정합니다.

(2) 각 세분시장의 특성을 파악하여 어떤 브랜드에 호의적 태도를 가지는지 연구하고 타깃마케팅을 수행(태도의 기능 중 '가치표현 기능'과 관련)
→ 시장세분화는 기업의 마케팅활동에 동일한 반응을 보이는 고객끼리 집단(세분시장)으로 묶어놓은 것을 말하는데, 각각의 고객집단은 비슷한 태도를 가지고 있으므로 이를 대상으로 한 타깃마케팅이 용이하다.
예 세분시장 A는 사회적 지위가 높으므로 상징적 효용을 강조한 브랜드에 호의적 태도를 보이니 고급제품을 우선으로 제시할 필요가 있습니다.

(3) 마케팅활동의 효과측정 지표로서의 태도연구(태도의 특징 중 '가변성'과 관련)
→ 지속적으로 소비자의 태도변화 추이를 연구하여 기업의 마케팅활동 성과를 측정·평가할 수 있다.
   예 지난 해 대비, 브랜드 선호도가 15포인트 상승하여 그동안의 마케팅활동이 긍정적으로 평가됩니다.

03 태도형성 2009년 논술문제

1. 태도형성 유형

표준학습 위계모형(인지학습 태도형성) → 인지적 태도형성	신념(인지) → 감정(태도) → 행동
저관여효과 계층모형(저관여행동 태도형성) → 행동적 태도형성	신념(인지) → 행동 → 감정(태도)
경험적효과 계층모형(감성소비 태도형성) → 감정적·유희적 태도형성	감정(태도) → 행동 → 신념(인지)

(1) 표준학습 위계모형

신념, 감정, 행동의 순서로 영향을 미치는 단계적 모형을 말한다. 즉 인지를 통해 신념을 구축하고, 감정을 통해 태도를 형성하며, 의지를 통해 행동을 보이게 된다. 이러한 단계를 거쳐 형성된 태도는 인지적 정보처리과정을 거치고 주로 고관여의 구매의사결정과정에서 볼 수 있다.

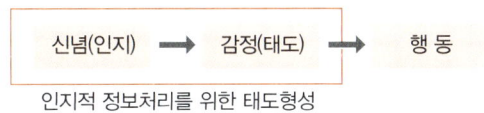
인지적 정보처리를 위한 태도형성

예 신념 : '아이폰으로 바꿔야겠다.' → 어떤 대상·필요성·이유 등에 대한 주관적 의견
예 감정 : '디자인이 너무 예뻐서 꼭 갖고 싶다.' → 태도형성
예 행동 : 스마트폰 판매점을 방문하여 구매 → 가시적인 결과

(2) 저관여효과 계층모형

신념, 행동, 감정의 순서를 따르는데, 즉 신념에 따라 행동이 나타나고 그 후에 감정이 형성되는 것을 설명한다. 이때의 태도는 행동적 학습에 기반한 태도형성 모델로, 제한된 지식으로 선구매하고 이후 평가를 통해 선호·비선호를 형성하는 것이 특징이다.

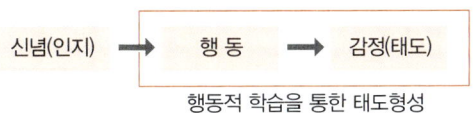
행동적 학습을 통한 태도형성

예 신념 : '이 옷걸이로 사자.' → 어떤 대상·필요성·이유 등에 대한 주관적 의견
예 행동 : 근처 마트에서 옷걸이 구매 → 가시적인 결과
예 감정 : '싸고 튼튼해서 만족스럽구나.' → 태도형성

(3) 경험적효과 계층모형

어떤 대상에 대한 감정이 형성되면 행동으로 먼저 나타나고, 그 후에 인지과정을 통해 신념을 구축하는 모형이다. 이때의 태도는 쾌락적 소비에 기반한 태도형성 모델로 기업이 고객의 감정을 이끌어내기 위해 자극적 마케팅을 수행하는 이유가 되고 있다.

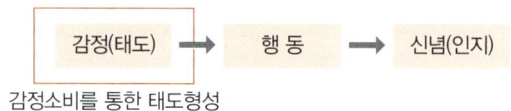

감정소비를 통한 태도형성

- 예 감정 : '이 구두는 디자인이 너무 마음에 든다.' → 태도형성
- 예 행동 : 구두 전문점에서 구매 → 가시적인 결과
- 예 신념 : '마침 관심 갖던 구두였어.' → 어떤 대상·필요성·이유 등에 대한 주관적 의견

2. 태도형성 이론

(1) 다속성 태도모델 2025/2023/2016년 논술문제

구 분		주요 내용	공식		
인지적 학습에 의한 태도형성 ↓ 대표적인 것이 다속성 태도모델 (피쉬바인, 1975)		다속성 태도모델	$A_0 = \sum_{n=1}^{n} b_i e_i$	↓ 보 완	이해·적용이 쉽도록 구성개념만 바꾼 것
		속성만족도-중요도 모델	$A_0 = \sum_{n=1}^{n} B_i I_i$	↓ 보 완	태도에 따른 행동을 설명하고자 함
		이성적 행동이론 (확장된 피쉬바인 모델)	$B \approx BI = W_1 A_B + W_2 SN$	↓ 보 완	지각된 행동 통제력을 반영함
		계획된 행동이론	-	↓ 보 완	행동을 대체하여 시도를 설명함
		시도이론	-		
행동적 학습에 의한 태도형성		무의식적·자동적으로 제품이나 브랜드를 무작정 좋아하는 경향(휴리스틱 방식과 유사)			

① 태도형성에 대한 인지적 학습이론으로 피쉬바인의 다속성 태도모델이 대표적인데, 이는 제품이 가진 각각의 속성에 평가를 수행함으로써 태도가 형성되는 것을 설명한다.

   예 제품이 가진 속성 : 화질, 가격, A/S, 디자인 등

② 제품이 가진 각각의 속성 중에서 중요하게 고려하는 속성을 부각된 속성이라고 하며 제품의 평가기준이 된다. 또한 부각된 속성을 기준으로 어떤 대상(제품·브랜드)에 대한 평가결과를 부각된 신념이라고 하며, 이를 통해 태도가 형성된다.

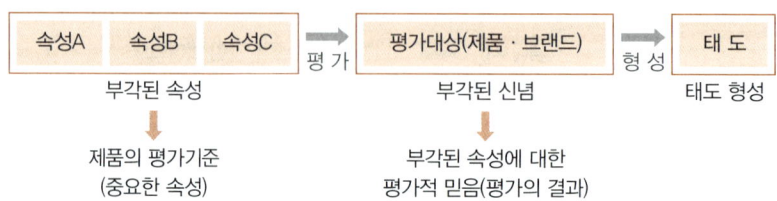

※ 부각된 속성 : 제품의 평가기준, 즉 '중요한 속성'을 말한다.
　　예 화질, 가격, A/S, 디자인 등의 중요한 속성
※ 부각된 신념 : 대상의 부각된 속성에 대한 평가적 믿음, 즉 '평가의 결과'를 말한다.
　　예 화질 90점, 가격 60점, A/S 70점, 디자인 50점 등

③ 결과적으로 태도형성이 '속성에 대한 소비자의 신념'을 바탕으로 하고 있으며, 이때 태도의 측정방법은 다음과 같다.

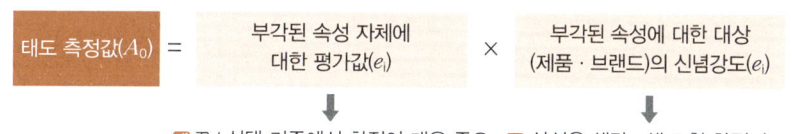

예 TV 선택 기준에서 화질이 매우 중요　　예 삼성은 색감·색 표현 화질이 90점

※ 그러나, 이러한 중요속성에 대한 개인의 신념은 객관적인 수치화 및 측정이 어렵고 부각된 속성에 대한 표준화마저 어려워 실제 적용이 여의치 않은 단점이 있다.
※ 태도 측정을 통해 어떤 속성이 태도형성에 영향을 미치는지 파악할 수 있어 마케팅 의사결정에 중요한 정보를 제공한다.
※ 제품·브랜드에 대한 부각된 속성은 다양하므로 태도 측정에 있어서 각각의 부각된 속성을 고려해야 한다.

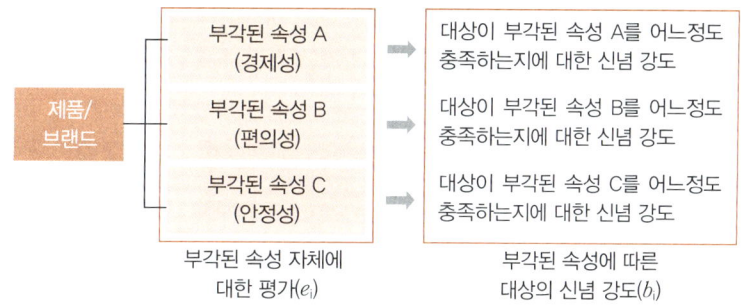

④ 태도의 측정을 수식으로 나타나면 다음과 같으며, 아래 예시에 따라 각 제품에 대한 태도값을 구하면 A·B·C제품 중 B제품에 대한 태도값이 가장 높은 것을 알 수 있다.

부각된 속성		부각된 신념		
속성(i)	평가(e_i)	A제품(b_i)	B제품(b_i)	C제품(b_i)
화 질	+3	+3	+2	+3
가 격	+2	−2	+1	−3
A/S	+1	+3	+2	+1
디자인	+1	+1	+3	+1
각 제품에 대한 태도		+9	+13	+5

$$A_0 = \sum_{i=1}^{n} b_i e_i$$

- A_0 : 대상에 대한 태도
- b_i : 대상에 대한 i의 신념강도
- e_i : 속성 i의 평가값

예 B제품의 태도값 = 화질(2 × 3) + 가격(1 × 2) + A/S(2 × 1) + 디자인(3 × 1) = 13

⑤ 이러한 태도 측정을 마케팅적 활용 측면으로 보자면 시장세분화, 경쟁관계 분석, 신제품 콘셉트 개발의 이점을 기대할 수 있다. 특히 소비자의 태도가 구매 여부에 많은 영향을 미치므로, 태도형성에 영향을 미치는 속성에 대한 평가는 기업의 마케팅활동에 유용한 정보가 될 수 있다.

태도 측정의 마케팅적 활용	
시장세분화	소비자가 중요하게 고려하는 속성에 따라 시장세분화가 가능
경쟁관계 분석	• 태도에 영향을 미치는 각 속성별 도드라지는 브랜드 분석 가능 • 자사가 어떤 속성에서 우월적 위치를 점유하고 있는지 분석 가능 • 결과적으로 고려하는 속성과 경쟁브랜드 분석을 통해 포지셔닝 전략수립이 가능
신제품 개발	• 소비자의 미충족 욕구를 파악해 신제품 콘셉트의 개발 가능 • 신제품 개발에 소비자의 니즈를 반영해 상대적인 경쟁우위 확보(중요하게 고려하는 속성을 반영)

※ 참고 : 시장세분화는 기업의 마케팅활동에 동일한 반응을 보이는 고객들을 묶어서 군집화하는 것이다.

(2) **속성만족도-중요도모델**

① 피쉬바인의 다속성 태도모델에서 말하는 부각된 속성과 부각된 신념은 이해가 어렵고 다소 추상적이므로, 중심내용을 크게 바꾸지 않은 범위에서 좀 더 이해하기 쉽게 변형한 이론이 속성만족도-중요도모델이다.

② 즉 이해하기 쉽고 적용이 쉽도록 부각된 신념의 강도(부각된 속성 i에 대한 대상의 평가값 b_i)를 속성만족도(B_i)로 바꾸고, 부각된 속성 자체에 대한 평가(부각된 속성 i에 대한 평가값 e_i)를 속성의 중요도(I_i)로 구성개념을 바꾼 것이다.

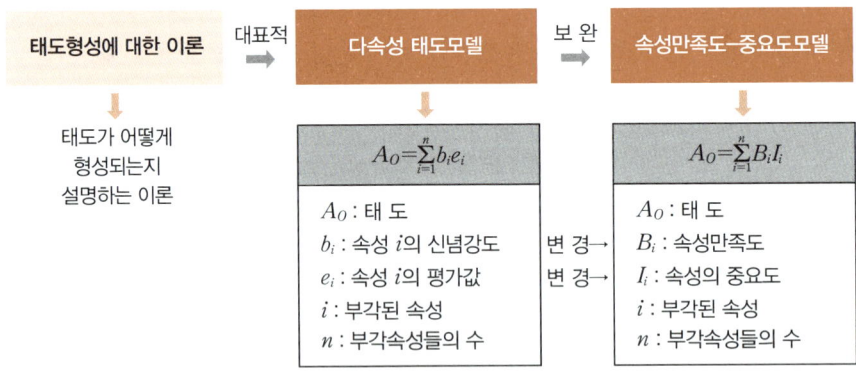

③ 속성만족도-중요도모델에 따른 예시는 다음과 같으며 B제품보다 A제품의 태도값이 더욱 높은 것을 알 수 있다. A제품은 편의성이라는 낮은 점수에도 불구하고 경제성 측면에서 높은 평가를 받아 보완하고 있으므로 보완적 태도형성모델이라고도 한다.

부각속성	속성 중요도	A제품 만족도	B제품 만족도
경제성	3	7	5
편의성	1	3	4
안정성	2	5	7
태도점수		34	33

(3) 브랜드의 호의적 태도형성 방안 : 다속성 태도모델의 마케팅 시사점 2012년 논술문제

① 아래 수식에서 태도(A_0)는 i, B_i, I_i 값의 변화에서 비롯됨을 알 수 있다.

$$A_0 = \sum_{i=1}^{n} B_i I_i$$

② 부각된 속성(i)이 아니었던 것을 부각속성으로 만들어 n을 늘린다.
   예) 물만 나오는 정수기에 얼음까지 같이 나오도록 만든 제품. 즉, 얼음은 부각속성이 아니었는데 부각속성으로 제시하면 태도 점수가 높아진다.

③ 부각된 속성 자체의 중요도(I_i)를 더욱 높인다. 즉 부각속성이어도 중요하게 생각하지 않았던 속성의 중요성을 높인다.
   예) 침대는 인테리어 측면에서 기존의 가구와 얼마나 잘 어울리는지가 상대적으로 중요했으나, 과학이라는 측면에서 재해석하여 편안함이라는 부각속성에 대한 평가를 높임으로써 태도를 개선하였다.

④ 대상에 대해 부각된 속성이 어느 정도 만족(B_i)되고 있는지 그 값을 높인다.
   예) 스마트폰 카메라의 화질을 더욱 높이고 이를 적극 홍보하는 등, 부각된 속성의 만족도를 높임으로써 태도에 영향을 미칠 수 있다.

3. 태도에 따른 행동을 설명하는 이론

(1) 이성적 행동이론(피쉬바인 확장모델) 2025/2024/2023년/2016년 논술문제

① 피쉬바인과 아젠은 기존 모델이 태도형성까지만 설명하고, 행동까지는 설명하지 않는다는 점에 근거하여 개선된 모델을 내어놓았다.

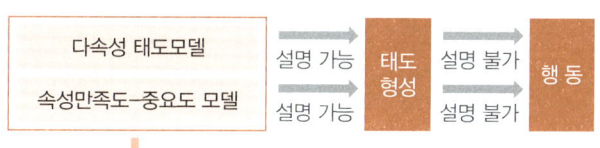

   ㉠ 예를 들어 A브랜드의 직원은 경쟁관계에 있는 B브랜드를 선호하지만, 주변 직원의 시선을 의식해 자신이 속한 A브랜드 제품을 구매할 가능성이 높다.
   ㉡ 이는 인간이 사회적 동물임에 기반하여 태도와 달리 사회적 규범, 그리고 그에 순응하려는 정도에 따라 자신의 행동이 영향받게 된다는 것을 설명한다. 이를 이성적 행동이론 또는 합리적 행동이론이라 한다.

ⓒ 결과적으로 다속성 태도모델은 부각된 속성과 부각된 신념을 통한 태도형성까지만 설명하고 있으나, 이성적 행동이론은 태도형성뿐만 아니라 태도가 행동으로 나타나기까지를 추가적으로 설명하고자 하였다.

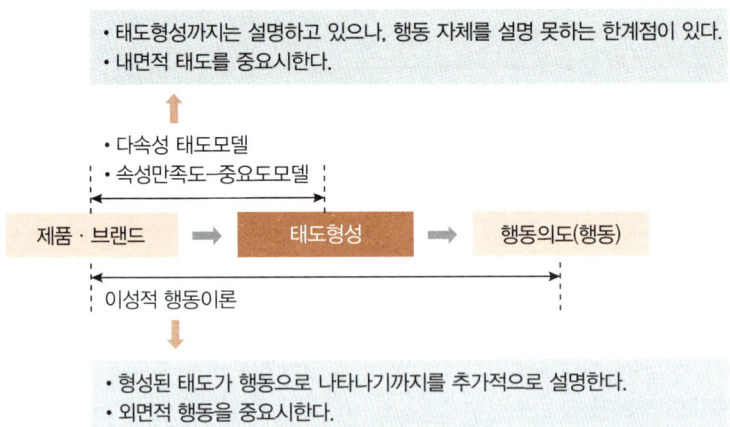

※ 참고 : 이성적 행동이론은 행동의도와 행동을 유사한 것으로 보고 있다. 이것은 행동의도가 있다면 행동 가능성이 높다는 것을 전제로 하기 때문이다.

② 주관적 규범은 사회적 규범에 대한 순응 정도로 정의되며, 이는 규범적 신념과 순응동기의 곱으로 표현된다. 다시 말해, 타인의 의견을 지각하고 어느 정도 수용하는지에 대한 정도를 말한다. 만약 타인의 의견을 지각하지 못하거나, 혹은 타인의 의견에 대한 수용을 고려하고 있지 않다면 주관적 규범은 성립되지 않는다.

㉠ 자기감시성이 높은 사람은 자신의 행동이 외부의 영향을 크게 받아, 사회적 반응행동에도 유연한 특징이 있다. → 이들은 주관적 규범의 영향도가 높다.

㉡ 반면 자기감시성이 낮은 사람은 외부의 영향을 적게 받아, 일관된 태도·행동을 보이고, 환경변화에 민감하지 않은 특징이 있다. → 이들은 주관적 규범보다 행동에 대한 태도의 영향도가 높다.

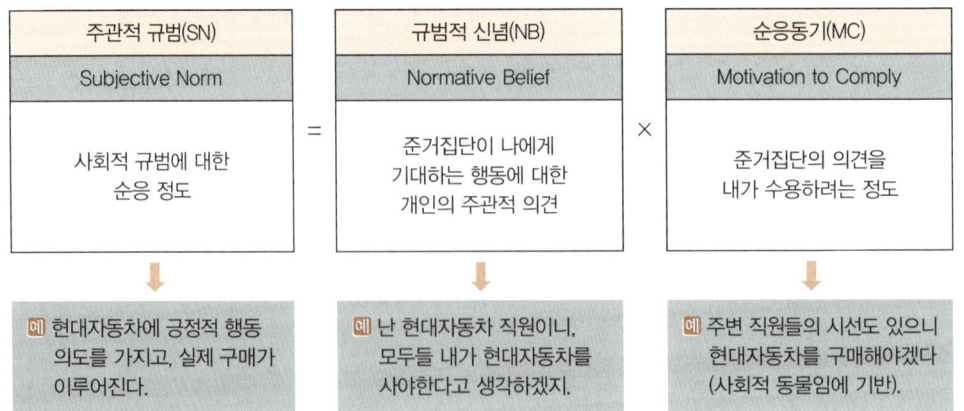

③ 주관적 규범을 수식으로 표현하면 다음과 같다.

$$SN = 준거인① (NB \times MC) + 준거인② (NB \times MC) + 준거인③ (NB \times MC) + \cdots$$
$$\downarrow$$
$$SN = \sum_{j=1}^{m} (NB_i \times MC_i)$$

- j : 준거인
- m : 준거인의 수

④ 이성적 행동이론에서 구매행동에 대한 식을 표현하면 다음과 같다.

이성적 행동이론에서 구매행동의 표현식	$B \approx BI = W_1 A_B + W_2 SN$	B	구매행동(Behavior)
		BI	구매행동 의도(Behavioral Intention)
		W_1, W_2	상대적 중요도에 대한 가중치
		A_B	제품 구매행동에 대한 태도
		SN	제품 구매행동에 대한 주관적 규범
다속성 태도모델과 논리는 동일하나 개념적 차이가 있음	$A_0 = \sum_{i=1}^{n} b_i e_i$	b_i	구매행동이 결과를 가져올 것이라는 신뢰(Belief)
		e_i	결과 i 자체에 대한 소비자의 평가
		n	결과 i의 수
주관적 규범 (사회적 동물로서 행동에 영향)	$SN = \sum_{j=1}^{m} (NB_i \times MC_i)$	NB_j	준거인 j의 기대에 대한 개인의 규범적 신념
		MC_j	준거인 j의 뜻에 순응하려는 동기
		m	중요한 준거인 혹은 준거집단의 수

※ 참고 : 다속성 태도모델은 '대상에 대한 태도'이나, 이성적 행동이론은 '행동 자체에 대한 태도'까지 확장된 개념으로 서로 간에 구분된다.

⑤ 이성적 행동이론에 따르면 소비자의 행동의도는 '행동 자체에 대한 태도(A_B)'와 사회적 규범에 대한 순응정도, 즉 '주관적 규범(SN)'의 합으로 표현된다.

$$B \approx BI = W_1 A_B + W_2 SN$$

㉠ 이것은 제품·브랜드에 의한 태도가 행동으로 바로 나타나는 것이 아니라, 행동 자체에 대한 외부적 관점(규범적 신념, NB)을 고려한다는 의미이다.

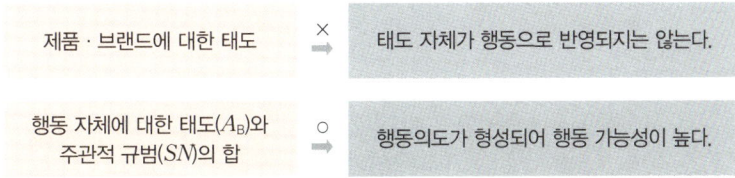

㉡ 따라서, 행동 이전에 행동에 따른 결과를 먼저 판단하여 행동결과가 긍정적인 것으로 판단될 때, 행동 자체에 대한 긍정적 태도(A_B)가 유발되어 행동(B)으로 나타날 가능성이 높다고 본다.

ⓒ 행동의도를 갖기 전, 주관적 규범(SN)을 고려하는 것은 행동결과를 고려하여 자신의 행동을 조정하기 위한 목적을 가지고 있다.

예 싫어하는(태도) 사람이 있어도 위협(행동)을 가하지 않는 것은 '사회적 규범 및 이에 따르려는 순응 정도'에 따른 결과이다. 즉 행동의 결과가 부정적이라 판단되면 행동으로 나타날 가능성이 낮다고 보는 것이다.

⑥ 이성적 행동이론은 행동에 대한 태도(A_B)와 주관적 규범(SN)이 행동의도(BI)에 영향을 주고 그 결과로서 행동(B)이 표출될 가능성이 높다고 설명한다. 따라서 행동의도(BI)는 설명하나, 행동(B) 자체를 설명하지 못하는 한계점이 있다.

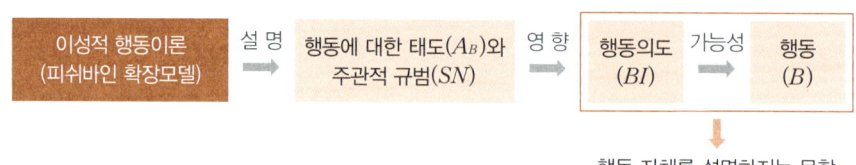

예 선생님이 학생들에게 흡연의 문제점을 제시하면서도 정작 자신은 흡연을 지속할 때, 금연에 대한 결심(BI)은 세울 수 있으나 실제 금연(B)과는 별개인 경우이다.

※ 참고 : 행동의도-행동 간 관련성에 영향을 미치는 요인
→ 품질, 긴급성, 구매력, 영업사원, 교통상황, 충동구매, 개인의 의지 등

※ 참고 : 행동에 대한 태도(A_B)는 다속성 태도모델의 '대상에 대한 태도(A_O)'와 구분하여 이해 해야한다. 즉 A_B는 행동 자체에 대한 개인의 태도를 말한다.

(2) 계획된 행동이론 2023년 논술문제

① 아젠은 행동의도와 상관없이 이루어지는 행동에 착안하여 이성적 행동이론의 확장개념으로 '계획된 행동이론'을 제안하였다.

예 술자리는 즐기는 편이나, 업무과중으로 야근이 잦아 술자리가 불가한 경우

② 소비자의 행동을 이해하기 위해서는 행동에 대한 통제가능 여부가 중요한 고려사항이며, 이를 '지각된 행동 통제감'으로 설명하였다. 즉 자신의 행동을 스스로 통제할 수 있다고 여겨질 때, 행동의도가 행동으로 나타날 가능성이 높다고 보는 개념이다.

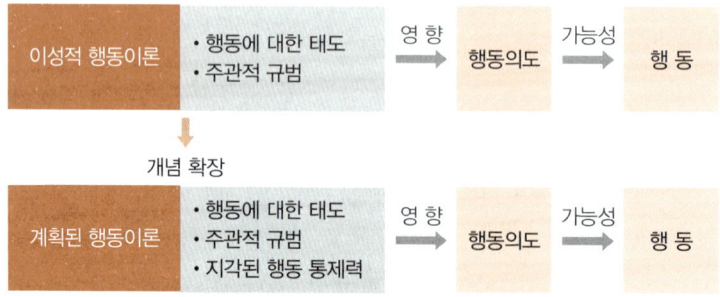

(3) 시도이론
① 앞서 설명된 이성적 행동이론은 소비자의 행동보다는 행동의도에 대한 영향을 설명하고 있어, 실제상황에서는 행동의도−행동 간 관련성이 낮아보이는 경우가 발생한다. 이러한 문제를 보완하기 위해 제시된 바고지의 시도이론은 행동 대신에 목적달성을 위한 '시도'로 대체하여 설명하고 있다.
② 시도가 나타나는 과정은 성공 가능성에 대한 기대 등에 의해 시도 자체에 대한 태도와 시도 의도가 형성되고, 이에 최신 정보를 고려하여 최종적인 시도가 나타나는 것을 설명한다.

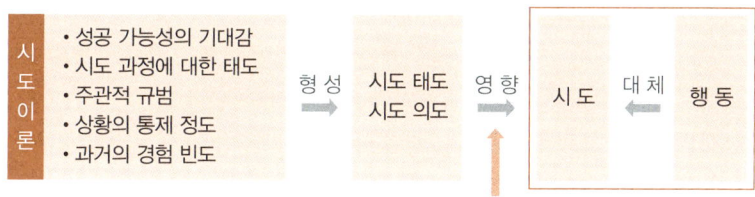

③ 3등 하는 학생이 1등이 되기에 점수 차이가 크지 않고 긍정적 태도가 있다면, 심지어 과거에 1등을 했던 경험이 있고 부모님의 응원이 있으면 학업 열중에 대한 시도가 이루어지고 이것이 행동으로 나타나게 된다.
  ㉠ 성공 가능성의 기대감 : 3등과 1등 간의 크지 않은 점수 차이와 학원등록에 대한 기대감
  ㉡ 시도 과정에 대한 태도 : 1등 수상을 위한 공부에 긍정적 태도
  ㉢ 과거빈도 : 과거에 여러 차례 1등을 했던 경험을 보유
  ㉣ 주관적 규범 : 부모님의 기대와 이에 부응하려는 자신의 의지
  ㉤ 시도 태도 : 1등이 되기 위한 자신의 시도 자체에 대해 긍정적으로 인식
  ㉥ 시도 의도 : 오늘부터 공부를 해야겠다는 자신의 의도
  ㉦ 최신 정보 : 최근 1등 학생의 공부 방법을 모니터링
  ㉧ 시도(행동) : 1등을 목표로 열심히 공부하는 것
④ 시도의도가 실제 행동으로 나타나는 '시도'를 방해하거나 촉진하는 요인은 아래와 같으나, 이 외에도 결과에 대한 평가나 과정 등 여러 요소에 대한 고려가 필요하다.

구 분	예 시
성공 가능성의 기대감	학원에 등록하면 성적이 더 올라가지 않을까?
시도 과정에 대한 태도	선배들도 학원에 등록해서 효과를 봤다고 하던데.
주관적 규범	부모님도 내가 학원에 등록하길 원하고 있어.
개인의 특성에 따른 상황의 통제 정도	학원 등록비가 비싸던데. 우리집에서 감당이 될까?
과거의 경험 빈도	예전에도 학원을 여러번 다녔었지? (빈도)
최신 정보(최근성)	우리 반 1등도 이 학원에 다니고 있다고 했지?

4. 태도와 행동 간 상관관계

(1) 만약 어떤 이가 중국산 제품에 대한 부정적 태도를 가지고 있지만, 대안이 없거나, 혹은 증정품이거나 가격이 매우 싸다면 태도-행동 간 일관성이 깨질 수도 있고 또 다른 면으로는 가식적 충성도 또한 태도와 행동 간 상관관계가 적어보이는 요인이 된다.

(2) 태도-행동 간 상관관계가 적어보이는 이유는 다음과 같다. [저/환상/시사]
　① 저관여 제품인 경우, 태도와 행동은 관련성이 낮다.
　　→ 브랜드 충성도보다, 유통편의나 다양성 추구 욕구 등에 의해 구매하는 경우가 많음
　② 태도가 구매시점에 환기되지 않으면 유의미한 효과를 볼 수 없다.
　　→ 경쟁브랜드가 POP광고에 집중하고, 진열 등 유통지배력을 가지고 있는 경우
　③ 행동은 상황적 요인에 영향을 크게 받는다.
　　→ 시식, 영업사원의 설득, 구매시점에 품절, 경쟁제품의 세일 및 신제품 출시로 인한 다양성 추구 욕구 유발 등
　④ 태도 측정시점과 행동 표출시점 간의 시공간적 괴리가 발생할 수 있다.
　　㉠ 측정시간과 행동표출 시간의 차이가 있는 경우
　　㉡ 측정장소-행동장소 간 사회·경제·문화적 차이 등이 있는 경우
　　　　예 육류를 좋아하나, 해외여행 중 지역의 종교적 신념에 따라 소·돼지를 먹지 않음
　⑤ 인간은 사회적 영향을 받는다(사회적 영향에 따른 주관적 규범으로 설명).
　　→ 준거집단의 기대에 따르거나, 사회적 규범에 순응하고자 함

CHAPTER 06 | 태도변화

01 태도변화의 의의 2012년 논술문제

1. 의의

(1) 소비자의 태도는 쉽게 변화하지 않지만 기업의 마케팅활동을 통해 변화할 수 있으므로 호의적으로 태도변화를 이끌어내고 유지하도록 하는 설득의 과정이 필요하다.

(2) 소비자는 브랜드에 대한 신념으로 태도를 가지고 있는데, 새로운 자극으로 인해 신념 간 부조화가 발생하면 심리적 균형을 찾아가는 과정에서 태도변화가 유발된다.

2. 태도변화 이론의 주요 키워드 정리 [귀인/반사/심정]

귀인행동을 통한 태도변화	• 귀인이론 : 내적 귀인, 외적 귀인 • 자기지각이론(벰)
인지적, 정서적 반응을 통한 태도변화	• 인지적 반응(이성적 소구) • 정서적 반응(감성적 소구)
반복노출(단순노출)을 통한 태도변화	• 저관여 학습을 통해 태도 • 진실성 효과(하셔) • 단순노출 효과(자동크)
사회적 판단을 통한 태도변화	• 사회적 판단이론 • 수용영역, 거부영역, 중립영역 → 동화효과, 긍정적/부정적 대조효과
심리적 균형을 통한 태도변화	• 인지적 균형이론(하이더) : 신념과 태도의 불균형 → 태도변화 • 일치성 이론 : 인지균형이론 + 태도의 강도 • 인지부조화 이론 : 인지 간의 충돌 → 태도변화 (구매 후 부조화, 태도불일치 행동, 불일치 정보노출)
정교화 가능성의 2경로를 통한 태도변화	• 중심단서, 중심경로, 중심경로 처리 • 주변단서, 주변경로, 주변경로 처리

02 귀인행동을 통한 태도변화

1. 귀인행동의 의의 2024/2010년 약술문제

(1) 정 의

귀인행동은 어떤 결과에 대해 원인을 파악하여 책임을 물으려는 행동을 말한다. 만약 구매한 제품이 기대에 미치지 못한다면, 소비자는 원인을 찾고 책임을 묻는 과정의 결과로 태도변화가 유발되는데 이때 나타나는 행동은 재구매 의도(만족 시) 또는 불평행동(불만족 시)이다.

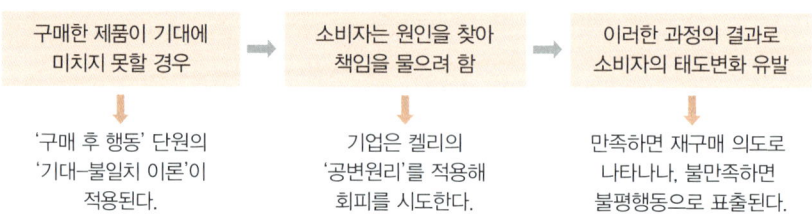

① 유형1 : 제품이 기대 이하일 때, 기업체가 자신을 속였다고 받아들여 분노한다(부정적 외적 귀인). → 보상요구, 환불, 부정적 구전활동 등의 불평행동과 더불어 부정적 태도변화가 유발된다.

② 유형2 : 제품이 기대 이하일 때, 자신이 잘 알아보지 않고 구매한 것에 대한 스스로의 자책이 이어진다(부정적 내적 귀인). → 유형1보다 부정적 태도변화의 강도가 약하다.

③ 유형3 : 약간의 불만이 있으나 특별한 반응을 보이지 않는다(무반응).
→ 불만의 강도가 가장 낮은 유형에 속하며, 부정적 태도변화의 강도 또한 가장 작다.

④ 유형4 : 제품이 기대 수준이거나 기대 이상일 때, 반복구매나 추천으로 나타난다(긍정적 태도변화). → 긍정적 태도변화가 유발되고, 타인에게 정보의 원천으로 작용한다.

(2) 유 형

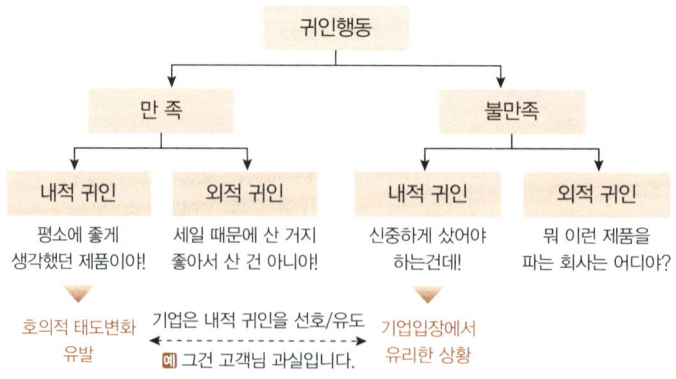

① 귀인행동은 만족에 따른 혹은 불만족에 따른 내적 귀인과 외적 귀인으로 구분된다. 예를 들어 구매의 이유가 개인의 성향이었다면 내적 귀인을 하고, 외부의 상황에 따라 구매한 것이라면 외적 귀인을 한다.

② 만족 시 소비자가 내적 귀인을 하게 되면 평소에 선호했던 브랜드라고 믿게 되며, 이때 호의적 태도변화가 유발된다. 반대로 불만족 시에 내적 귀인을 하게 되면 기업을 탓하기보다 자신의 부주의함을 탓하기 때문에 기업 입장에서는 유리한 상황이 된다. 결과적으로 기업 입장에서는 고객의 만족·불만족과 상관없이 내적 귀인을 선호하게 된다.
  예 만족 상황에서 내적 귀인 : "고객님, 탁월한 선택이십니다."
  예 불만족 상황에서 내적 귀인 : "일단 고객님 과실입니다."

2. 벰의 자기지각이론 2020/2007년 약술문제

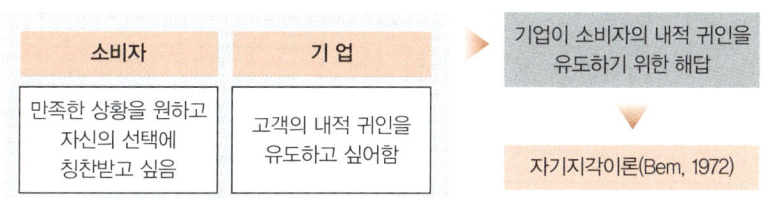

(1) 자기지각이론에 의한 태도변화
① 무의식적으로 자판기에서 콜라를 선택할 때, 누군가가 '너는 콜라를 좋아하는구나'라고 말하면 소비자는 자신의 행동을 관찰한다. 그리고 이를 정당화하기 위해 평소에 콜라를 선호한다고 생각하며 이 과정에서 태도형성을 거쳐 재구매에 이르게 된다.
② 자신의 행동을 관찰함으로써 태도를 형성하는 것은 소비자의 귀인행동을 내적 귀인으로 유도하는 역할을 한다. 예를 들어 식역수준 이상의 할인행사를 통해 소비자가 일단 구매행동을 하게 되면 '자신의 올바른 소비생활을 정당화'하기 위해 브랜드에 대한 긍정적 태도를 가지게 될 가능성이 높다.
  → 외적 귀인, 즉 할인행사에 의한 구매행동은 자신의 행동을 정당화하는데 어려움이 있기 때문에 가능한 내적 귀인으로 접근할 가능성이 높다.

(2) 할인판매를 통해 내적 귀인/태도변화/재구매가 이루어지는 과정

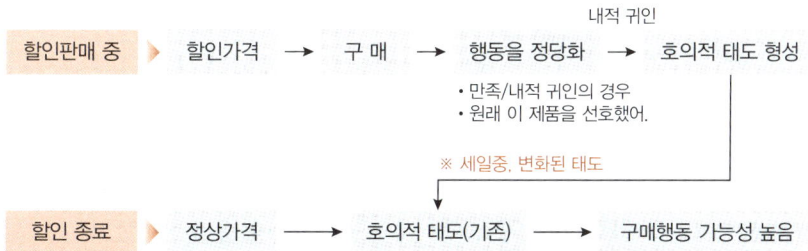

① 할인판매 기간 중 제품을 구매한 소비자는 자신의 행동을 관찰하고, 이를 정당화하기 위해 호의적 태도가 형성된다(내적 귀인).
  ※ 참고 : 할인판매가로 인한 외적 귀인이 발생해서는 안 되며, 동시에 할인은 식역수준 이상으로 제시해야 한다.

② 할인이 종료되면 제품은 정상가격으로 판매되나, 이전에 형성된 호의적 태도로 인해 또다시 구매행동이 나타날 가능성이 높아진다.

③ 결론적으로 소비자가 할인에 의해 구매했다고 생각(외적 귀인)한다면, 혹은 첫 구매유도를 위한 할인이 식역수준 이하라면 기업은 의도한 바를 이끌어내기 어렵다. 따라서 식역수준 이상의 자극을 제시하여 첫 번째 긍정적 행동을 이끌어내고 이를 통해 호의적 태도를 형성해야 동일 브랜드의 다른 제품까지 구매할 가능성이 높아지는 것을 설명한다.

태도변화 순서 : 첫 긍정적 행동 → 호의적 태도형성 → 동일 브랜드 다른 제품을 구매할 가능성 제고

(3) 자기지각이론과 전통적 관점의 태도 · 행동

자기지각이론		전통적 관점	
행동	내가 복숭아를 먹지 않는 걸 보면	태도	나는 복숭아를 싫어하기 때문에
태도	복숭아를 싫어하나 보다.	행동	복숭아를 먹지 않는다.
↓		↓	
관찰을 통해 태도를 짐작하게 됨		자신의 태도를 먼저 인지함	

(4) 자기지각이론을 통한 '문간에 발 들여놓기' 판매기법

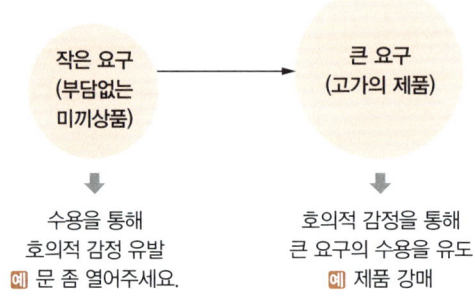

① 소비자에게 미끼상품처럼 부담 없는 대안을 제시하고 소비자가 수용할 경우, 호의적 감정을 통해 더 큰 요구를 제시하더라도 수용할 가능성이 높아진다. 반면, 처음부터 큰 요구가 있으면 이를 수용할 수 없어 태도변화가 유발되지 않는다.

② 이러한 판매기법은 다음과 같은 조건이 성립됨을 전제로 한다. [시/실수인감]
 ㉠ 첫 번째 요구와 그 다음 요구 간에 시간차가 적절해야 한다.
 ㉡ 동의뿐만 아니라 소비자의 실천(행동)이 이루어졌을 때 더욱 유리하다.
 ㉢ 첫 번째 요구가 크고 이를 수용한다면, 두 번째 요구는 비교적 쉽게 받아들일 가능성이 높다.
 ㉣ 첫 번째 요구에 대한 행동을 주변에서 인정할 때, 더욱 큰 요구가 가능하다.
 ㉤ 첫 번째 요구를 수용한 소비자의 감정변화가 클수록 두 번째 요구가 용이하다. 예 즐거움, 만족감 등

(5) 과다정당화 효과

① 정 의
자신의 행동을 설명 및 정당화해 주는 외적 요인이 있을 때, 태도변화의 강도가 저하되는 것을 설명한다. 만약 할인판매를 통해 소비자의 첫 번째 구매행동을 이끌어내고 호의적 태도를 기대하나 할인판매 폭이 매우 크다면, 소비자는 할인된 가격 때문에 구매행동이 나타났다고 믿을 수 있다. 즉 자신의 행동을 정당화해 주는 외부적 요인을 인지하면 태도변화의 정도가 작아진다.

> 예 자신의 행동을 설명·정당화해 주는 외적 요인 → 친구/영업사원의 추천, 추가할인, 대체재 부재, 품절 등

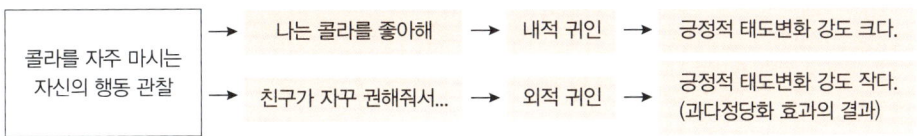

② 동 기
에드워드데시의 자기결정성 이론은 '과다정당화–동기' 간 관계를 설명하는데, 내발적 동기로 자연 발생된 동기에 외발적 동기를 부여하면 부작용으로 과다정당화 효과가 발생하는 것을 설명한다. 즉 쇼핑 자체의 즐거움으로 자신의 태도변화가 이루어져야 하는데 큰 폭의 할인가격(외발적 동기)이 제시됨으로써 부작용이 발생하는 것이다.

구 분	내발적(내재적) 동기	외발적(외재적) 동기
내 용	어떤 일 자체가 즐겁고, 자연 발생적인 만족감 때문에 몰두하는 것	행위가 뭔가 다른 결과를 가져오기 때문에 그 일에 몰두하는 것
예 시	쇼핑 자체에 대한 만족감과 즐거움이 동기로 제공됨	일주일 동안 진행되는 할인판매 가격이 동기로 제공됨
보 상	지속성, 좋은 결과, 심리적 안정을 제공함(일에 몰두하는 것 자체가 보상)	대부분의 효과의 지속성이 짧음(한시적)

※ 참고 : 과다정당화 효과가 발생하면 어떤 일에 대한 동기의 강도가 감소한다.

03 인지적/정서적 반응을 통한 태도변화

1. 인지적/정서적 반응을 통한 태도변화의 의의

(1) 기업의 마케팅활동에 따른 태도형성과 변화

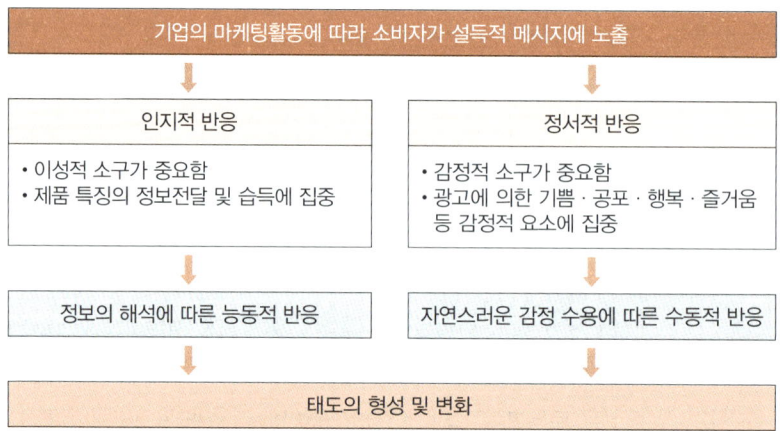

※ 감성 : 어떤 대상에 의한 표상을 받아들이는 능력
※ 감정 : 어떤 대상에 의해 유발된 마음이나 기분

(2) 기업의 마케팅활동으로 소비자가 설득적 메시지에 노출되면, 인지적 반응과 정서적 반응이 유발되고 그 결과 태도가 형성 또는 변화된다. 인지적 반응은 능동적 반응이며 제품정보의 전달과 같은 이성적 소구가 유효하며, 정서적 반응은 수동적 반응으로서 자연스러운 감정적 소구가 중요하다.

2. 인지적 반응과 정서적 반응

(1) 인지적 반응(소비자의 동의 여부가 중요)

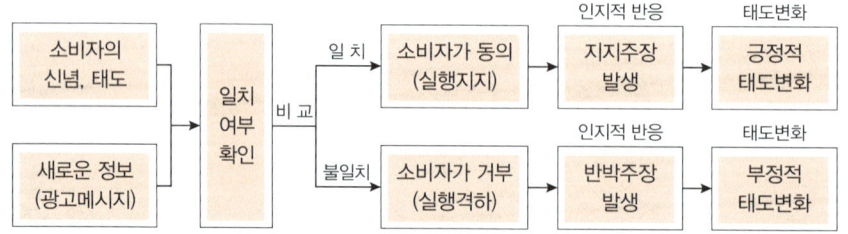

① 소비자가 정보처리를 하면서 자연스레 갖는 생각을 말하며, 소비자의 동의 여부가 중요하다.
② 인지적 반응을 이끌어내기 위해서는 소비자의 지지주장을 유발하는 광고메시지를 개발하여, 고객에게 어떻게 받아들여지는지 모니터링할 필요가 있다.
③ 과장된 메시지로 인해 대조효과가 유발되면, 소비자의 신념/태도를 저하시킬 수 있으므로 자사제품과 경쟁제품을 보여주고 소비자에게 결정을 맡기는 것이 효과적이다. 이때 제품의 차별성을 알리는 '설득적인 이성적 소구'에 집중하여 제품이 소비자에게 주는 혜택을 구체화해야 한다.

(2) 정서적 반응(소비자의 감정이 중요)

소비자가 설득적 메시지에 노출되면서 자연스레 가질 수 있는 느낌/감정을 말한다.

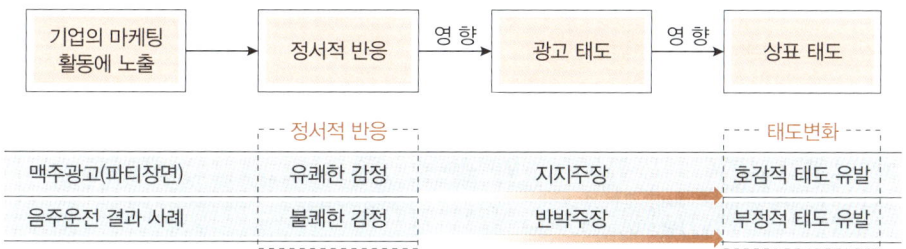

① 소비자가 설득적 메시지에 노출되면서 자연스레 가질 수 있는 느낌·감정이 중요하다. 따라서 설득적 메시지를 전달할 때, 정서적 반응으로 긍정적 감정을 이끌어내어 호감적 태도를 유발할 필요가 있다.
② TV광고에서도 제품의 상세정보를 알려주기보다 가족여행 또는 빗소리와 어울리는 장면을 보여주어 감정적 요소에 호소하는 것을 볼 수 있다.

③ 광고메시지가 소비자의 감정적 요소에 호소하는 사례
  ㉠ 맥주광고 : 즐겁고 신나는 파티장면을 보여주어 소비자에게 호감적 태도 유발
  ㉡ 음주운전 광고 : 사고장면은 불쾌한 감정을 유발하고 음주운전에 대한 부정적 태도를 유발
  ㉢ 보일러 광고 : '아버님 댁에 보일러 놔드려야겠어요'라는 코멘트로 호감적 태도 유발

04 반복(단순)노출에 의한 태도변화

1. 반복노출에 의한 태도변화의 의의

(1) 복잡한 인지와 상관없이 단순노출에 의해 호감이 생기고, 호의적 태도변화가 유발되는 것을 설명하고 있다.
(2) 반복노출을 통한 태도변화는 저관여 학습이론, 진실성 효과, 단순노출 효과 3가지 이론이 있다.

2. 저관여 학습이론 2018년 약술문제

(1) 저관여 학습이론은 제품속성에 대한 구체적 신념이 형성되지 않은 저관여 제품을 구매할 때, 과거 반복적 광고로 인해 형성된 얕은 인지가 브랜드 선택에 있어서 비교우위로 작용하고 이를 소비·사용함으로써 평가가 이루어져 태도가 형성되는 과정을 설명한다. 이는 '인지-행동-태도'의 관계로써 '저관여 하이어라키'라고도 한다.

※ 참고 : 태도형성 단원의 '저관여 효과계층모형'
※ 참고 : 저관여 하이어라키 ↔ 학습 하이어라키(인지-태도-행동)

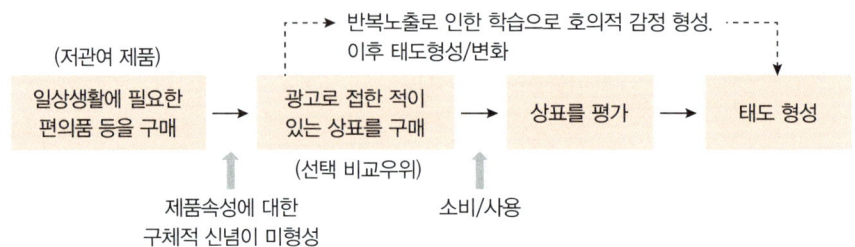

(2) 소비자는 광고를 통해 자주 접했던 제품/브랜드를 구매할 가능성이 높으므로 저관여 학습에서는 반복노출의 중요도가 높기도 하지만, 브랜드에 대한 소비/사용경험을 기반으로 태도가 형성되므로 샘플이나 할인가격을 제시하여 사용을 유도할 필요가 있다.
※ 참고 : 태도형성 유형 중, '신념 · 행동 · 감정(태도)' 순서의 행동적 학습에 기반한 태도형성 모델인 '저관여 효과계층모형'과 연관지어 암기가 필요

3. 진실성 효과

(1) 동일한 진술에 반복적으로 노출되어 이루어진 태도변화를 말한다. 즉 제품이나 브랜드에 대한 간단한 특징을 반복적으로 제시하면 소비자가 이를 수용하는 것을 말한다.
   예 호킨스와 호치의 연구에 따르면 당시에 밀을 돌로 갈면 보통 밀가루보다 영양가가 높다는 진술을 진실로 받아들였다고 한다.

(2) 반복노출로 익숙해진 진술이 진실로 여겨지려면, 반복적 주장의 신빙성이 있어야 하고 검증이 어려워야 하며 심지어 주장하는 바가 거창하게 느껴져야 한다.

4. 단순노출 효과 2018년 약술문제

(1) 반복적인 노출로 인해 호의적 태도가 형성되는 것을 설명하는 이론이다.
   예 미국 대학생에게 한자신문을 반복적으로 배포한 후 인터뷰했더니, 내용은 모르지만 막연하게 좋은 내용이라 추측하는 것에서 단순한 반복노출만으로도 호의적인 태도가 형성될 수 있음을 설명한다.

(2) 단순노출효과는 저관여 학습이론과 구분이 필요하다.

구 분	단순노출 효과	저관여 학습이론
차이점	단순 반복노출로 호의적인 감정이 유발되고 태도형성(감정적 측면 강조)	반복노출로 인한 학습으로 구매행동 후, 호의적 감정이 유발되고 태도형성 · 변화(학습에 의한 인지적 측면 강조)
	반복노출 → 태도형성	반복노출 → 학습 · 구매행동 → 태도형성
공통점	저관여이며, 노출빈도 및 구매편의가 중요	

① 공통점
　㉠ 저관여이면서 노출빈도가 중요하고, 유통이 핵심이므로 구매편의성이 제시되어야 한다.
　㉡ 저관여의 경우, 자세한 정보제공보다 브랜드의 반복노출이 효과적이나 동일한 광고를 지속적으로 접하면 지루함을 줄 수 있으니 광고를 재밌는 소재로 제작하거나 주기적으로 교체할 필요가 있다.
　　예 시리즈 형태의 광고물
② 차이점
　단순노출 효과는 단순하게 반복노출만으로 호의적 태도가 형성되어 감정적 측면이 강조되는 반면, 저관여 학습이론은 반복노출로 인한 학습, 그리고 구매·사용을 통해 태도가 형성·변화하는 것을 설명하므로 인지적 측면이 강조된다.

05 사회적 판단을 통한 태도변화 2014년 약술문제

1. 호블랜드와 쉐리프의 사회적 판단이론

(1) 기존 태도가 준거기준으로 작용하여 기업의 설득적 메시지(새로운 정보)와 비교함으로써 태도변화가 유발되는 것을 설명한다.

구 분	자신의 태도 vs 새로운 정보	해석 결과	설득적 메시지
동조효과	차이가 적을 경우	실제보다 좋게 해석해 받아들인다.	수용영역이 크다.
대조효과	차이가 클 경우	실제보다 차이가 더 크다고 해석한다.	거부영역이 크다.

※ 설득적 메시지 : 메시지에 대한 개인의 관여 정도에 따라 결정된다.
① 새로운 정보가 자신의 태도와 차이가 적을 경우에는 이를 쉽게 받아들여 더욱 좋게 해석하는 동화효과가 유발되는 반면, 차이가 클 경우에는 실제보다 차이가 더 크다고 해석하여 대조효과가 유발된다.
② 설득적 메시지에 대한 수용영역의 크기는 개인의 관여 정도에 따라 결정된다.

(2) 관여도에 따른 수용영역의 크기 2021년 논술문제

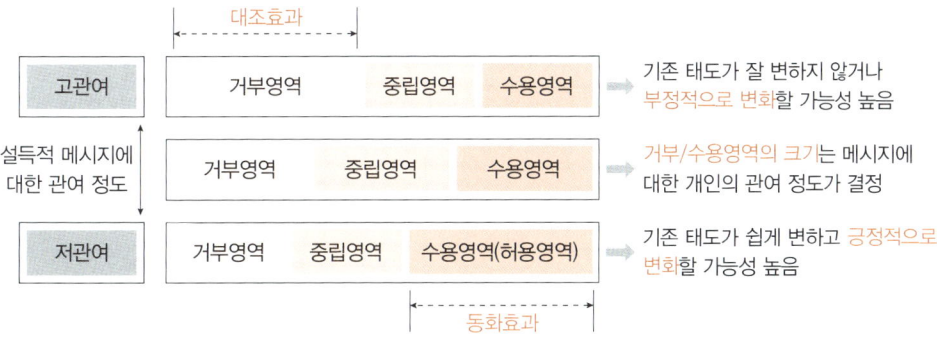

① 고관여에서는 거부영역이 크고 수용영역이 작다. 따라서 새로운 정보는 거부영역에 속할 가능성이 높고 이때는 기존 태도가 잘 변하지 않거나 부정적으로 변할 가능성이 높으므로 과장된 설득적 메시지를 지양해야 한다.

② 저관여에서는 수용영역이 크므로 기존 태도가 쉽게 변하고 동화효과에 의해 긍정적 변화를 기대할 수 있다. 이때는 약간의 과장된 메시지도 쉽게 받아들이는 것을 볼 수 있다.

고관여	수용영역으로 들어갈 수 있도록 동화효과 유발 필요 → 과장된 설득적 메시지 금지
저관여	수용영역이 넓고 충성도가 낮으므로 타깃으로 적합 → 과장된 설득적 메시지의 활용이 가능

③ 햄버거(저관여)의 경우, 광고이미지와 실제 상품 간 차이가 있어도 이를 대체적으로 수용하는 것을 볼 수 있다.

2. 대조효과와 동화효과

(1) 새로운 정보가 수용영역에 있다면 기존의 태도가 강화 또는 변화되며, 중립영역에 있다면 태도변화가 없고, 거부영역에 속한다면 설득이 되지 않은 채 더욱 부정적으로 태도변화가 유발된다.

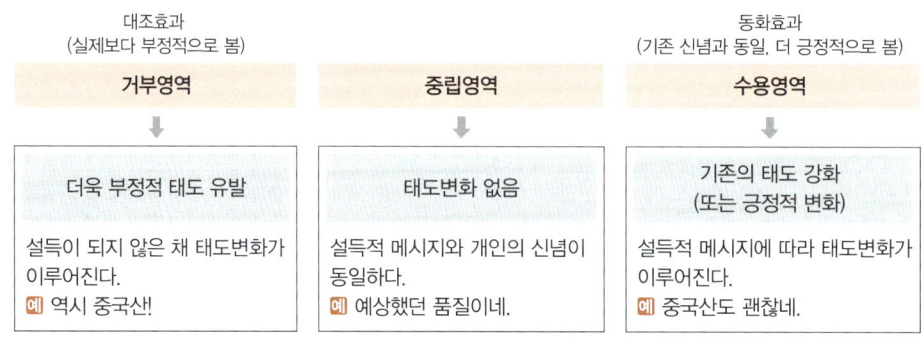

(2) 관여도에 따른 요약정리 [전속/선수대]

구 분	고관여 소비자	저관여 소비자
상표 전환빈도	낮 음	높 음
고려하는 속성의 수	많 음	적 음
상표 선호도	높 음	낮 음
수용영역	좁 음	넓 음
상표 대안의 수	적 음	많 음

※ 참고 : 관여도와 거부·수용 영역을 연관지어 암기 필요

06 심리적 균형을 통한 태도변화 2014/2012년 논술문제

1. 심리적 균형에 의한 태도변화의 의의

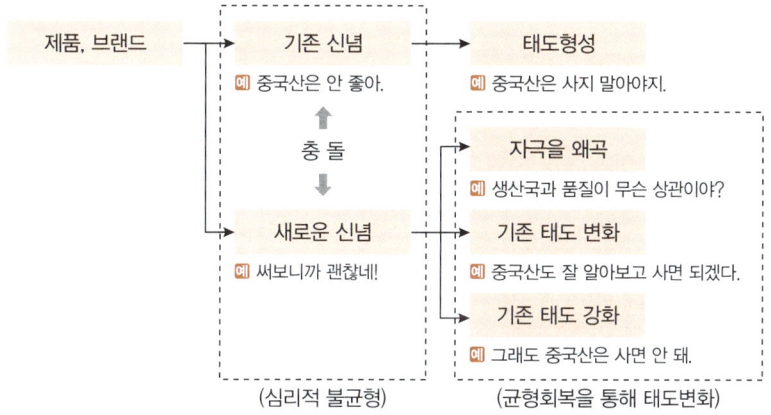

(1) 소비자는 제품/브랜드에 대한 기존 신념으로 태도가 형성되어 있다. 그러나 기존 신념과 대치되는 새로운 신념을 받아들이게 되면 심리적 불균형이 발생하고 이때 균형회복을 통해 태도변화가 유발되는 것을 설명한다.

(2) 심리적 균형에 의한 태도변화(또는 강화) 이론에는 인지적 균형이론/일치성 이론/인지부조화 이론이 있다.

2. 인지적 균형이론 2010년 논술문제

(1) 소비자는 신념과 태도 간의 일관성을 유지해 심리적 균형을 지향한다. C모델에 대해 선호하는 태도와 D브랜드에 대한 비선호하는 태도를 가지고 있을 때, 만약 C모델이 D브랜드를 광고하는 상황이라면 불균형이 초래되고 이때 심리적 편안함을 유지하기 위해 태도변화가 유발된다.

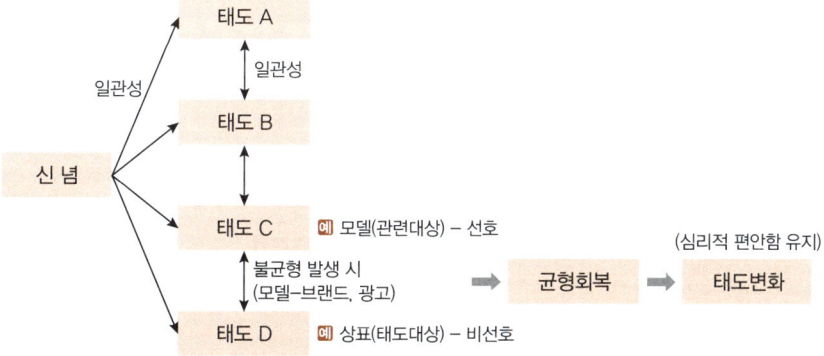

(2) 하이더는 태도변화 과정을 설명하는 이론으로 태도와 관련된 3요소 간 삼각관계를 이용한다. 즉 3요소 간의 불균형을 해소하는 균형회복 방법을 설명하며, 전제조건으로 상표거부감과 모델선호도를 제시한다.

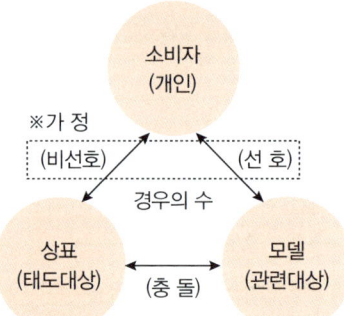

① 소비자는 상표에 대해서는 비선호, 모델에 대해서는 선호하는 태도를 가정한다.
② 선호하는 모델이 비선호하는 상표를 광고한다면 이때 나타날 수 있는 경우의 수는 다음과 같다.

방법 1	모델 때문에 상표를 좋아하게 된다. → 수동적 상표애호도 형성
방법 2	상표 때문에 모델도 싫어하게 된다.
방법 3	모델만 좋아하고, 상표는 여전히 싫어한다. → 돈 때문에 출연한다고 해석하여, 서로 간 무관한 것으로 인지

(3) 상표태도 개선을 위한 마케팅 시사점
① **모델선호도를 활용하는 방법** : 소비자가 선호하는 광고모델을 활용하여 제품에 대한 호의적 태도를 이끌어낼 수 있다.
② **상표선호도를 개선하는 방법** : 경쟁사와 차별화되는 속성을 집중적으로 소구하여 브랜드에 대한 비선호를 개선해야 한다.

3. 일치성 이론 2010년 논술문제

(1) 앞서 설명된 인지적 균형이론이 소비자/상표/모델 간의 관계를 나열하고 그에 따른 소극적 태도변화의 유형을 설명한다면, 오스굿과 탄넨바움에 의해 제시된 일치성 이론은 태도의 강도를 적용해 적극적 태도변화의 알고리즘을 설명한다.
① 인지적 균형이론은 모델에 의한 수동적·소극적 상표선호도 형성을 설명한다.
② 일치성 이론은 상표 및 모델에 대한 태도 강도를 고려한 적극적인 태도변화를 설명한다.

(2) 일치성 이론은 균형상태를 회복하는 과정에서 더욱 강한 태도가 더 큰 영향력을 행사하는 것으로 본다. 다음 표는 싫어하는 브랜드를 선호하는 모델이 광고할 경우 심리적 균형상태를 찾아가는 방법이다.

방법 1	상표거부감 > 모델선호도	모델선호도를 제거
방법 2	상표거부감 < 모델선호도	상표거부감을 제거
방법 3	상표거부감 = 모델선호도	모델의 행동을 이해

① 모델선호도보다 상표거부감이 크다면, 모델선호도를 제거하여 심리적 균형을 찾는다.
② 모델선호도보다 상표거부감이 작다면, 상표거부감을 제거하여 심리적 균형을 찾는다.
③ 모델선호도와 상표거부감이 비슷하면, 심리적 균형이 유지되며 모델의 행동을 이해한다.

(3) 마케팅 시사점
① 결과적으로 브랜드 선호도를 개선하기 위해서는 타깃고객의 선호도가 매우 높은 모델을 활용해야 한다.
  예 학생교복 광고에는 트로트 가수보다 아이돌 가수를 모델로 활용하는 것이 태도변화 강도가 크다.
② 광고모델 입장에서는 거부감이 높은 브랜드의 CF 출연 시 자신에 대한 선호도가 낮아질 수 있으므로, 이러한 광고제안의 거부가 현명한 의사결정이 된다.
  예 유명 연예인은 대부업광고 출연을 꺼려한다.

4. 인지부조화 이론 2008년 논술문제 2007년 약술문제

(1) 페스팅거에 의해 제시된 인지부조화 이론은 서로 상충되는 인지 간의 부조화 상태에서 심리적 균형 즉, 조화상태로 옮겨가는 과정에서 태도변화가 일어나는 것을 설명한다.

(2) 두 인지 간의 관계는 조화적 관계/부조화적 관계/무관한 관계의 유형이 있다. 싼 것을 사고 싶다는 인지와 좋은 것을 사고 싶다는 인지 간 불일치에서 소비자는 싸고 좋은 것은 없으니 경제적 혹은 품질지향적 측면에서만 고민하고, 어느 한쪽으로 태도변화가 유발된다.

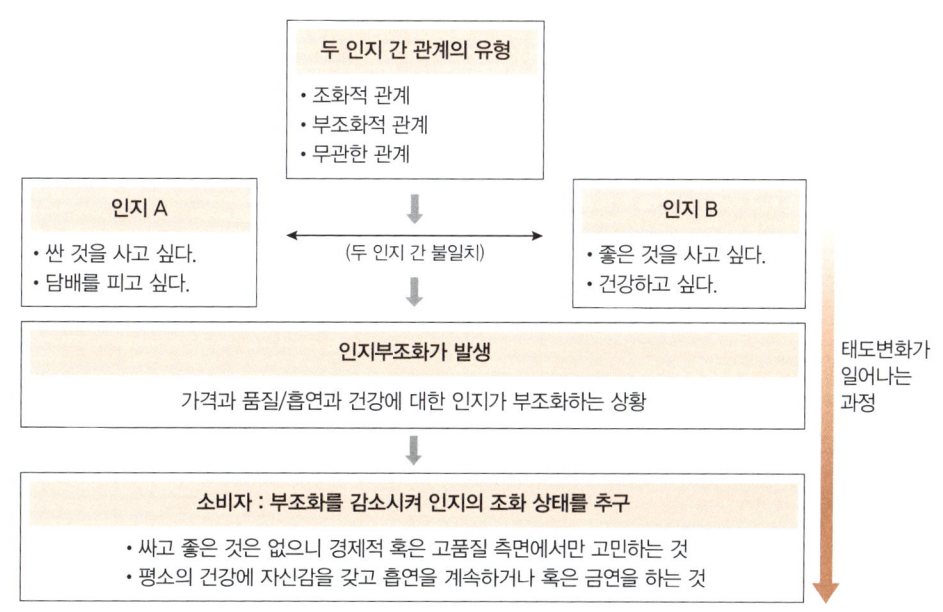

(3) 인지부조화가 발생하는 3가지 조건/상황

구매 후 부조화	중요한 의사결정 후 결과가 잘못되거나 손실을 초래할 가능성이 클 때 발생
태도불일치 행동	자신의 기존 신념이나 기존 태도에 반하는 행동을 한 경우
불일치 정보에 노출	자신이 내린 의사결정에 대치되는 정보에 노출된 경우

① 구매 후 부조화의 해소 : 고관여에서 주로 나타나며 A제품을 선택하면 B제품을 구매하지 못할 때, 스스로 선택대안의 장점을 강조하는 보완적 평가로 심리적 부담을 줄일 수 있다.
   예 비싸지만, 내구성이 좋다니 만족해(선택대안의 장점을 스스로 강조함).
② 태도불일치 행동의 정당화 : 자신의 신념/태도를 행동에 준하여 변화시킴으로써 인지부조화를 줄일 수 있다. 즉 평소 비선호 브랜드를 할인판매 때문에 구매한 경우 스스로의 태도(선호도 증가)를 변화시킴으로써 심리적으로 편안함을 추구하는 것이다.
   예 할인 때문에 샀는데, 써보니까 괜찮네.
③ 불일치 정보의 왜곡 : 자신의 의사결정과 반대되는 정보를 접하게 된 경우, 이러한 정보를 왜곡시킴으로써 부조화를 감소시키려 한다. 가령 정보의 신뢰성을 의심하는 것도 인지부조화의 해소방법 중 하나이다.
   예 그것이 믿을만한 정보야?

(4) 인지부조화의 해소방법
① 선택대안의 장점을 강조하고, 단점을 약화한다(미선택 대안의 장점 약화, 단점 강조).
② 선택대안을 확신하는 추가 정보를 탐색한다(미선택 대안의 추가 정보 탐색 외면).
③ 자신의 의사결정 중요도를 낮게 판단한다(의사결정에 무관심).
   ㉠ 결과적으로 소비자가 자신의 기존 태도와 상반되는 행동을 하게끔 유도하여 태도변화를 유발할 수 있다.
      예 세일로 시험구매를 유도(태도불일치 행동)하면, 구매한 소비자는 브랜드에 대한 호감도 증가
   ㉡ 인지부조화 해소를 위해 기업은 소비자의 선택을 지지해야 하며, 소비자는 스스로의 행동을 정당화해 줄 수 있는 요인을 탐색한다.

07 정교화 가능성 모델 2015/2010년 약술문제

1. 의의

(1) 정교화는 정보처리 의지를 말하며, 페티와 카치오포(Petty & Cacioppo, 1981)가 제시한 정교화 가능성 모델은 설득적 커뮤니케이션 과정에서 소비자의 태도변화 유발을 설명하는 모델이다.

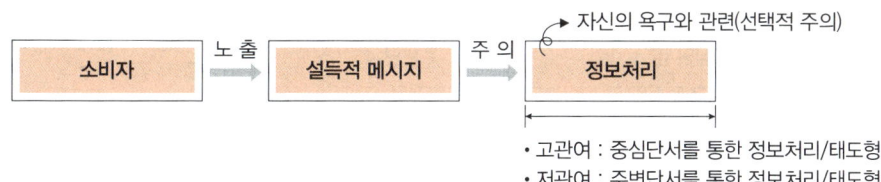

① 소비자가 설득적 메시지에 노출되면, 자신의 욕구와 관련해 선택적 주의를 기울이고 정보처리가 이루어진다.
② 이때의 정보처리는 관여도와 관련성이 높은데 고관여의 경우에는 제품사양과 같은 중심단서를 통한 정보처리와 태도형성이 이루어지고, 저관여의 경우에는 친절도/매장분위기/광고모델 등 주변단서를 통한 정보처리와 태도형성이 이루어진다.
③ 고관여에서 중심단서를 통한 태도변화를 중심적 태도변화라고 하며, 저관여에서 주변단서를 통한 태도변화를 주변적 태도변화라고 한다.

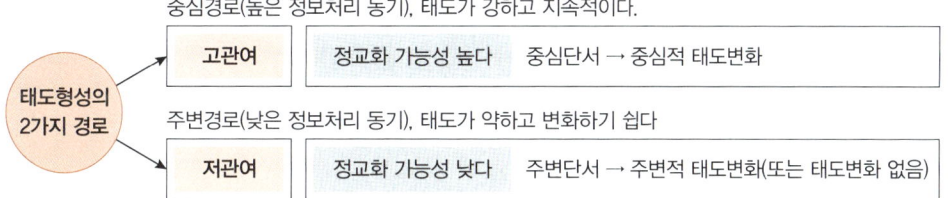

예 게임전문 PC방의 경우 중심단서와 주변단서
- 중심단서 : 우리 PC방 CPU는 ××이고, 램은 ××, 비디오카드는 ××입니다.
- 주변단서 : 우리 PC방은 아르바이트생이 친절합니다.

(2) 정교화 가능성에서 태도형성의 2가지 경로 2023/2021년 논술문제

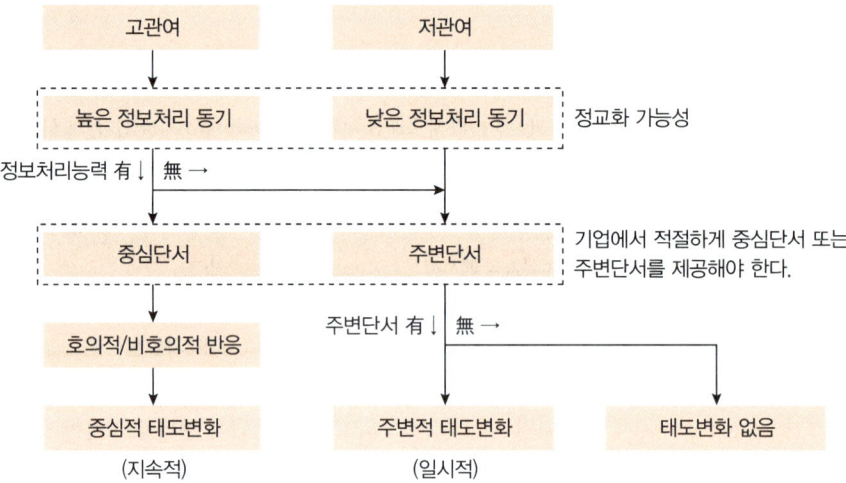

① 고관여에서는 중심단서에 대한 높은 정보처리 동기가 있어 지속적인 특징을 갖는 중심적 태도변화가 이루어진다. 그러나 만약 중심단서에 대한 정보처리 능력이 낮다면 주변단서를 통한 주변적 태도변화가 이루어지는데, 이때 기업이 적절한 중심단서 또는 주변단서를 제공하는 것이 중요하다.

② 중심단서의 제공에는 인쇄매체가 유용하고, 제품사양 및 옵션 등 차별성 속성을 강조함으로써 소비자의 합리적 판단을 요구해야 하며 이때의 태도변화는 강하고 지속적이며 부정적 정보에 대해 저항적이다.

③ 저관여에서 주로 나타나는 주변단서를 통한 태도변화는 일시적인 특징을 가지며, 이때 기업으로부터 적절한 주변단서를 제공받지 못한다면 태도변화가 유발되지 않는다.

④ 주변단서의 제공에는 방송매체가 유용하며, 광고모델 및 음악 등을 반복적으로 제시해 브랜드 친숙도를 높이는 데 주안점을 주어야 한다. 이때의 태도변화는 약하고 일시적이며 부정적 정보에 쉽게 동화되는 등 행동변화에 대한 영향 정도가 약하다.

구 분	고관여	저관여
정교화 가능성 (정보처리 동기)	높 음	낮 음
태 도	중심단서(제품정보)에 영향 받음 예 제품사양, 옵션 등	주변단서(실행적 단서)에 영향 받음 예 광고모델, 음악 등
태도변화를 위한 경로	중심경로를 통한 태도변화 유발(중심적 태도변화)	주변경로를 통한 태도변화 유발(주변적 태도변화)
태도의 특징	• 강하고, 장시간 지속 • 부정적 정보에 저항적 • 행동에 영향 정도가 강함	• 약하고, 일시적 • 부정적 정보에 쉽게 동화 • 행동에 영향 정도가 약함
표적시장 접근방법	중심단서 제공 예 인쇄매체의 활용	주변단서 제공 예 방송매체의 활용
광 고	• 경쟁제품과의 차별적 특성 강조 • 제품이 주는 혜택 강조	• 실행적 요소를 강조 • 핵심정보를 반복
광고의 주안점	소비자의 합리적 판단 요구	상표친숙도 제고

(3) 인지욕구의 수준에 따른 태도형성 경로 2024년 논술문제
① 인지욕구는 생각하기를 즐겨하며, 자극과 자극 간의 관계를 이해하는데 인지적 노력을 기울이는 정도를 말한다.
　㉠ 인지욕구가 높으면, 구매의사결정에 정보탐색이 적극적이며 고려하는 속성도 다양해지는 경향이 나타난다. 이들은 기술/편리함/성분 등을 강조한 기능적 영역의 광고에 반응한다.
　㉡ 인지욕구가 낮으면, 적극적인 정보탐색·생각보다 주변단서나 간단한 정보에 의존하려는 경향이 나타난다. 이들은 즐거움/이미지/유머 등의 감성적 영역의 광고에 반응한다.
② 정교화 가능성 모델 관점의 인지욕구
　㉠ 인지욕구가 높으면, 정교화 가능성이 높고, 중심단서를 통한 중심적 태도변화가 유발된다.
　　예 PC 구매 시 구성품의 스펙에 집중
　㉡ 인지욕구가 낮으면, 정교화 가능성이 낮고, 주변단서를 통한 주변적 태도변화가 유발된다.
　　예 PC 구매 시 브랜드·광고모델에 집중

2. 정교화 가능성의 영향요인(소비자의 정보처리 의지를 높이는 요인)

구 분	내 용
관여도 제고	제품의 관여도를 높이거나 호기심을 유발하는 광고를 제시하여, 중심경로를 통한 정보처리 의지 제고 예 공포소구형 보험광고, 자일리톨 껌
처리능력 확보	정보처리 동기(의지)에 더불어 정보처리 능력이 필요하므로, 1~2가지의 단순하고 강력한 메시지를 개발해 집중적 설득이 필요 예 우루사 '간 때문이야' ※ 촉박한 시간에는 정보처리 능력이 감소한다.
양면광고	장·단점을 동시 제공해 고객의 선택을 요구하면, 소비자는 자연스레 정보처리를 수행(↔ 일면광고) 예 우리는 비싸지만, 고품질 서비스를 제공합니다.

CHAPTER 07 학습

01 학습의 개념적 이해

1. 학습의 의의

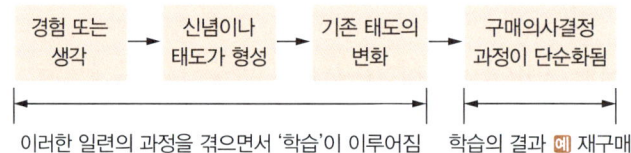

이러한 일련의 과정을 겪으면서 '학습'이 이루어짐   학습의 결과 예 재구매

(1) 직접적/간접적 경험 혹은 생각을 통해 신념이나 태도가 형성되고, 기존 태도가 변화하는 일련의 과정을 학습이라고 한다.

(2) 복잡한 구매의사결정과정을 거친 학습의 결과로 그 이후에는 보완적/비보완적/휴리스틱 대안평가를 거치지 않고 문제해결 과정이 단순화된다. 즉 과거 구매/소비 경험을 통해 만족도가 높은 브랜드가 있다면 이를 반복적으로 구매하여 지각된 위험을 경감할 수 있는 것이다.

(3) 학습의 요건으로는 선행경험이 반드시 필요하며, 이를 통해 행동변화가 유발되고 행동의 지속성이 나타나게 된다.
  ① 선행요인으로 직·간접적 경험이 필요하다.
      예 관찰을 통한 학습은 간접적 경험에 속한다.
  ② 행동을 변화시킨다.
      ※ 참고 : 인지적 변화(지식) → 심리적 변화(태도) → 물리적 변화(행동)가 순차적으로 나타난다.
  ③ 학습의 결과로서 행동은 지속성이 있다.

2. 소비자의 학습 유형

(1) **인지적 학습**
    새로운 정보로 인해 기존의 신념이 변화하는 생각(사고과정)을 통한 학습을 말한다.
    예 독버섯은 실제로 먹지 않아도 그 위험성에 대해 인지적 학습이 이루어져 부정적 태도를 가짐

(2) **행동적 학습**
    자극-반응 간의 반복적 경험으로 행동의 지속성이 나타나는 경험을 통한 학습을 말한다.
    예 숙제를 하지 않아 반복적으로 야단을 맞으면 행동적 학습의 결과로 꾸준히 숙제를 하게 됨

(3) 사회적 학습
타인의 행동을 관찰하고 모방하면서 이루어지는 간접적 학습을 말한다.
- 예 위인전을 보고 그들과 같이 사회적으로 영향력 있는 인물이 되고자 함

02 인지적 학습이론 2012년 약술문제

1. 사고과정을 통한 학습

(1) 학습의 과정
① 우선적으로 내적 탐색이 이루어지고, 정보가 부족할 때 포괄적 정보탐색으로 외적 탐색이 이루어진다.
② 내적 탐색은 정보의 원천에서 경험적 정보와 관련성이 높으며, 기업의 마케팅활동은 내적 탐색에 의한 최초 상기상표군이 되기 위한 노력으로 볼 수 있다.
- 예 경험적 정보 : 구매경험, 사용경험, 관찰경험 등 → 일차적으로 탐색이 이루어지는 정보의 유형
- ※ 참고 : 상업적·공공적·개인적 정보도 과거에 이미 정보습득이 되어 있다면, 내적 탐색으로 문제해결이 가능

③ 내적 탐색 결과, 정보가 부족할 때 외적 탐색을 통해 상업적/공공적/개인적 정보를 찾게 된다.
- 예 상업적 정보 : 판매원의 상담, 진열, 포장, POP 등 → 가장 쉽고 빠르게 정보를 얻을 수 있는 유형
- 예 공공적 정보 : 신문, 뉴스 등의 보도자료 → 신뢰도가 높은 정보의 유형
- 예 개인적 정보 : 준거집단을 통해 얻을 수 있는 정보 → SNS 마케팅의 기반이 되는 정보의 유형

④ 관여도에 따라 외적 탐색의 유무 및 강도가 결정된다.
⑤ 획득한 정보의 처리를 통해 학습 및 신념의 변화가 이루어지고, 그 결과 태도변화가 유발된다.

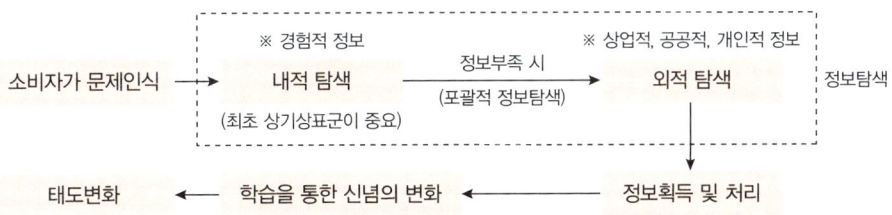

(2) 학습에서 인지적 과정을 중요시하는 2가지 이론
① 정보처리과정 이론 : 소비자 정보처리과정에서 다룬 바와 같이 '노출 → 주의 → 지각 → 해석 → 기억'의 과정을 거치는 학습을 말한다.
② 스키마 이론 : 기억은 네트워크 구조를 가지고 있는데, 기존의 지식구조(스키마)에 새로운 정보가 첨가·조율·재구조화를 통해 학습이 이루어지는 것을 말한다.

(3) 스키마 이론에 따르면 획득한 정보는 처리과정을 거치고 이러한 학습의 결과로 신념의 변화가 유발되어 태도변화에까지 이르게 되는데, 기존 신념을 새롭게 획득한 정보에 맞추는 정보처리과정은 다음과 같이 설명될 수 있다.

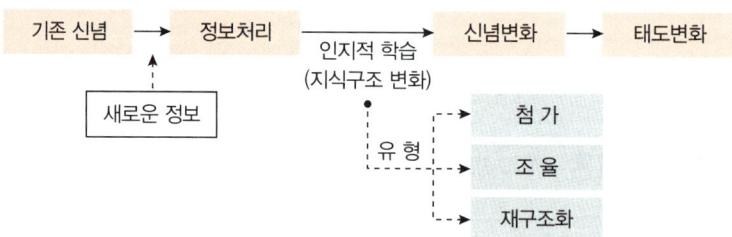

① 새로운 정보가 획득되면, 기존 신념이 적응해가는 정보처리가 이루어지는데 이때는 첨가/조율/재구조화를 통해 지식구조의 변화, 즉 인지적 학습이 이루어진다.
② 인지적 학습의 결과로 신념의 변화가 유발되고 결과적으로 태도가 변화한다.

2. 첨가

(1) 과거 정보처리를 통해 형성된 지식구조에 새로운 지식을 단순 추가하는 것으로 기존 지식에는 변화가 없다.

(2) 첨가는 인지적 학습의 대부분을 차지하며, 지식구조의 개편이 일어나지 않는다.

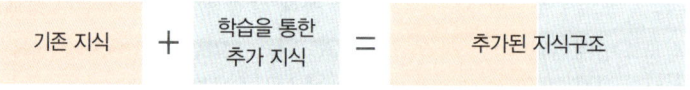

예 교과과정은 초등학교-중학교-고등학교 순서로 학습의 범위가 넓어지는 것과 같다.

(3) 첨가의 2가지 학습과정

구 분	관여도	내 용
이성적 학습에 의한 첨가	고관여 제품	• 고관여 제품에서 나타남 • 능동적 정보처리에 의한 첨가 • 정보처리과정(능동적)을 거쳐 스스로 기존 지식구조에 새 정보를 첨가하는 것 예 ○○자동차 → 기능성 + 편의성 + 안전성 + … + … + …
연상적 학습에 의한 첨가	저관여 제품	• 저관여 제품에서 나타남 • 수동적 연상학습에 의한 첨가 • 욕구-상표 간 학습(수동적)으로 연상관계를 형성해 새로운 정보를 첨가하는 것 예 '충치'라는 지식구조에 '자일리톨 껌'이 추가되는 것

① 이성적 학습에 의한 첨가는 고관여 제품에서 나타나며, 스스로 능동적인 정보처리과정을 거쳐 새로운 정보를 기존 지식구조에 추가한다.
② 연상적 학습에 의한 첨가는 저관여 제품에서 나타나며, 기업의 설득적 메시지에 반복적으로 노출되고 욕구-상표 간 수동적으로 학습이 이루어져 새로운 정보가 추가된다.

3. 조율

기존의 지식구조에 학습을 통한 추가지식을 수용함으로써 지식구조가 재개편되어 일반화되는 것을 말한다.

기존 지식 + 학습을 통한 추가 지식 = 기존 지식과 연관된 새로운 지식구조

예 A 브랜드 차의 썬루프에 물이 샌다는 기존의 지식구조가 있을 때, 판매기업이 리콜 등의 조치를 함으로써 새로운 보도자료나 구매자 후기를 통해 지식이 축적되는 것을 예로 들 수 있다. 즉 '요즘 A 브랜드의 차는 물이 새지 않는다'는 형태로 지식구조가 재개편되는 것이다.

4. 재구조화

재구조화는 첨가 및 조율과 달리 더욱 광범위한 인지적 노력이 요구된다. 기존 지식에 학습을 통한 추가지식을 수용하면 기존 지식과 전혀 다른 새로운 지식구조가 만들어지는 것을 말한다.

기존 지식 + 학습을 통한 추가 지식 = 기존 지식과 전혀 다른 새로운 지식구조

예 과거 핸드폰이 단순하게 통화에 집중된 기능만 가진 전화기에서 이외 카메라/mp3/게임 등 다양한 기능이 추가됨에 따라 손바닥 위의 PC라는 전혀 새로운 지식구조가 형성되었다.

03 행동적 학습이론

1. 행동적 학습이론의 의의

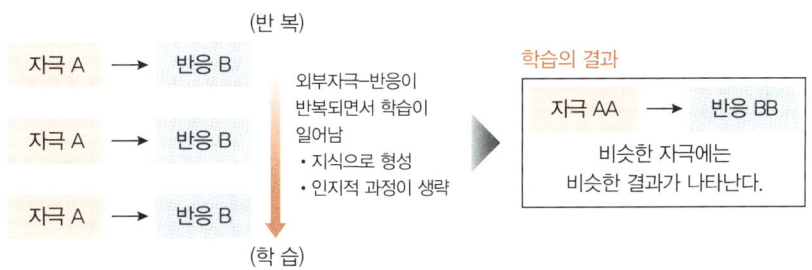

(1) 학습의 과정보다 결과적으로 나타난 행동에 관심을 가지며, 인지적 과정이 생략된 학습을 말한다.

(2) 소비자의 경험, 즉 자극-반응을 반복적으로 겪으면서 학습이 되고 그 결과 나타나는 행동의 연속적 변화이다.

(3) 학습이 이루어진 후에는 비슷한 자극에는 비슷한 반응 결과가 나타난다.
  예 매번 특정 브랜드의 가전제품에 만족 시, 동일 브랜드의 자전거 출시에도 선호행동이 나타날 가능성 높음

(4) 행동적 학습의 유형은 고전적 조건화와 작동적 조건화가 있다.

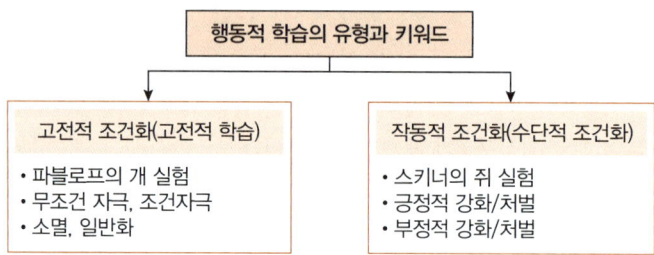

2. 고전적 조건화 2018/2010/2008년 논술문제

(1) 무조건 자극과 중성자극이 동시에 가해져 이에 따른 무조건 반응의 과정이 반복되어 학습이 일어나면, 그 결과는 아래와 같다.
  ① 중성자극은 조건자극으로 전환된다.
  ② 조건자극만 제시해도 무조건 반응과 유사한 조건반응이 나타난다.
  ※ 참고 : 고전적 조건화를 이해하기 위한 개념 5가지
    • 무조건 자극 : 학습이 없어도 어떤 반응을 유발하는 자극
    • 무조건 반응 : 무조건 자극에 따른 반응
    • 중성자극 : 무의미한 자극이나, 학습 후 조건자극으로 전환
    • 조건자극 : 학습에 따라 어떤 반응을 유발하는 자극
    • 조건반응 : 조건자극에 따른 반응

(2) TV광고의 경우, 타깃고객의 호감이 높은 모델을 제시함으로써 모델에 대한 호감이 제품에 전이되어 결과적으로 제품에 대한 선호도가 높아지는 것을 말하며 파블로프의 조건반사 실험이 대표적 모형이다.

(3) 파블로프의 개 실험

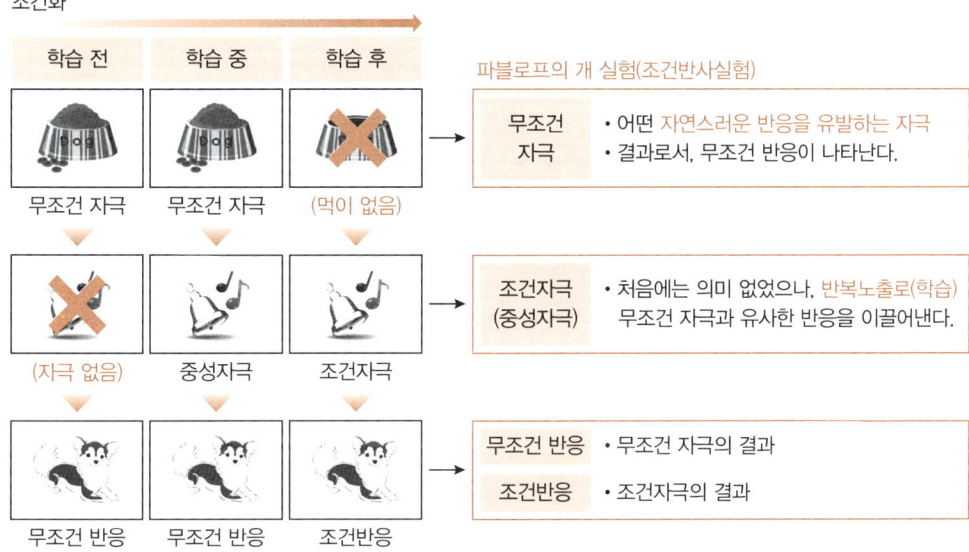

① 학습 전에는 무조건 자극으로 먹이를 제공하면, 무조건 반응으로 침이 분비된다.
② 학습 중에는 무조건 자극에 중성자극으로 종을 치지만 그 결과로 나타나는 침 분비는 무조건 자극에 대한 결과로서 무조건 반응이다.
③ 학습이 이루어진 후에는 먹이를 제공하지 않아도 종을 치면 침 분비가 이루어지는데, 즉 종소리가 중성자극에서 조건자극이 된 것이며 이에 따른 침 분비는 조건반응이다.

구 분	먹이 제공	종소리	침 분비
학습 전	무조건 자극	(의미 없음)	무조건 반응
학습 후	(먹이 없음)	조건자극	조건반응

④ 이 실험은 개를 대상으로 진행되었기 때문에 의식체계가 복잡하고 변수가 다양한 사람에게 이를 그대로 적용하기에는 어렵다는 한계가 있다. 즉 학습의 결과로 호의적 반응을 기대할 수 있어도 필연적으로 무조건 반응 또는 조건반응이 나타난다고 보기는 어렵다.

(4) 고전적 조건화가 효과적으로 이루어지려면, 무조건 자극의 강도가 높고 반복횟수가 많고 사전경험이 많을수록 유리하다.

(5) 고전적 조건화를 통한 마케팅적 주의점으로 기업은 소멸과 일반화를 경계해야 한다. 소멸은 학습효과가 사라진 것을 의미한다.
  ① A모델이 B브랜드의 광고에 출연함으로써 소비자는 A-B 간 학습이 이루어졌는데, 계약종료 후 A모델이 C브랜드 광고에 출연하면서 A-B 간 관계가 깨어지는 것을 소멸이라고 한다.

② 파블로프의 개 실험과 연관지여 소멸을 설명하면 다음과 같다.

> 무조건 자극과 조건자극 간의 관계가 깨어질 경우 → (종 O, 먹이 X)
> 먹이(무조건 자극)를 주지 않고, 계속 종(조건자극)만 치면 소멸된다.
> 무조건 자극과 조건자극 간의 관련성이 떨어질 경우 → (종 X, 먹이 O)
> 어느 순간 먹이를 주면서 종을 치지 않으면, 이후에는 '종-침' 관계가 깨어진다.
> 무조건 자극과 조건자극 간의 관계가 느슨해질 경우 → (기타 자극을 가함)
> 먹이(무조건 자극)를 주면서, 음악도 들려주고, 쓰다듬으면 조건반응이 소멸된다.

③ 허니버터칩 열풍으로 다양한 허니ㅇㅇ라는 미투제품이 쏟아져 나왔다. 이는 선발기업이 조건화를 통해 학습을 시켰을 때 후발기업이 미투제품을 내놓아 호의적 태도에 대한 혜택을 받기 위한 전략으로, 이를 일반화라고 한다. 즉 특정 자극A에 대해서만 반응B가 나타나야 하는데 유사 자극C에 대해서도 동일한 반응B가 나타나는 것을 말한다. 이때 미투제품을 내놓은 후발기업 입장에서는 마케팅비용 절감효과를 거둘 수 있다.

※ 참고 : 미투제품은 마케팅비용 절감효과 외 시장에서 검증된 제품을 출시하는 것이므로 위험부담을 경감하고 벤치마킹을 통해 신속한 의사결정이 가능한 효과도 있다.

> 선발기업이 소비자에게 조건화를 통해 학습을 시켜놓으면, 후발기업이 미투제품(모방제품)을 내놓아, 호의적 태도에 대한 혜택으로 마케팅 비용절감이 이루어진다.

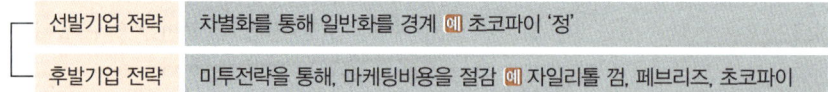

※ 참고 : 1973년 당시 동양제과(현재 오리온)에서 초코파이를 출시하였으나, 롯데제과(1983년)/해태제과(1986년)/크라운제과(1989년)에서 각각 미투제품을 생산하였다.

이후 상표권 분쟁이 있었으나 법원은 〈초코파이라는 이름은 빵과자에 마쉬멜로우를 넣고 초콜릿을 바른 과자류를 뜻하는 보통 명칭〉으로 보면서, 1989년 오리온은 기존 초코파이를 '초코파이 정(情)'이라는 이름으로 상표등록을 했다.

(6) 고전적 조건화의 성공사례

① 카우보이는 무조건 자극이며 이에 대한 호감은 무조건 반응으로 나타나는데, 이때 카우보이-말보로를 연관지어 광고를 수행하면 학습이 이루어진다.
② 행동적 학습에 의한 결과로써 카우보이에 대한 호감은 말보로에 전이되어 조건반응의 결과로 말보로에 대한 호감도가 높아지게 된다.

③ 소멸과 일반화를 방지하기 위한 방안
　㉠ 소멸 : 카우보이-말보로 간 관계가 깨어지지 않도록 지속적 광고
　㉡ 일반화 : 이미지 차별화를 통해 일반화를 억제

3. 작동적 조건화 2017년 약술문제 2009년 논술문제

(1) 의의
① 작동적 조건화는 스키너의 쥐 실험을 기반으로 학습을 설명하고 있는데, 상자에 갇힌 쥐는 우연하게 버튼을 누름으로써 먹이를 얻게 되고 이러한 행동-보상이 반복적으로 누적되면 어떤 보상을 위해 학습이 이루어진 것으로 본다. 즉 어떤 보상을 목적으로 특정 행동을 하도록 학습되는 것을 작동적 조건화라고 한다.
※ 참고 : 교재에 따라 비둘기 실험으로 설명되기도 한다.
② '치킨 + 맥주'로 인한 즐거움이 반복된다면 회식 메뉴 의사결정과정이 단순화되면서, 이러한 만족도가 반복적으로 특정 브랜드의 치킨을 찾게 되는 강화요인이 된다. 반면 어떤 의사결정의 결과가 처벌로 이어질 때는 이를 회피하기 위해 행동의 억제가 유발된다. 결과적으로 강화는 어떤 행동을 유발하는 요인이 되며 처벌은 어떤 행동을 억제하는 효과가 있다.

(2) 강화와 처벌

구분	실험 내용	행동	예시
긍정적 강화 (긍정적 결과 기대) → 행동을 함	• 버튼을 누르면 먹이가 제공된다. • 학습의 결과로 쥐는 스스로 버튼을 누른다. → 긍정적 결과를 기대하도록 학습	행동의 강화 유발	10회 이용 시 1회 무료
부정적 강화 (부정적 결과 회피) → 행동을 함	• 상자에 불편한 정도의 전기가 흐른다. • 버튼을 누르면, 전기가 끊어진다. • 학습의 결과로 쥐는 스스로 버튼을 누른다. → 부정적 결과를 회피하도록 학습(의도적 행동이 있음)		성적이 떨어질 때마다 야단치면 공부를 열심히 하는 것
부정적 처벌 (부정적 결과 회피) → 행동을 억제함	• 버튼을 누르면 불편할 정도의 전기가 흐른다. • 학습의 결과로 쥐는 버튼을 누르지 않는다. → 어떤 행동의 결과로 부정적 결과가 나타나, 더 이상 행동을 하지 않도록 학습(의도적 행동이 없음)	행동의 약화 유발	과속운전으로 벌금이 나오면 과속을 안 하게 됨
긍정적 강화 (보상 없이 소멸/소거) → 행동을 억제함	버튼을 눌렀으나, 더 이상 보상이 없음을 알고 버튼을 누르지 않게 된다. → 긍정적 결과를 기대하나, 보상이 없어 학습효과 소멸		매장에 갈 때마다 찾는 제품이 없으면 더 이상 가지 않음

① 긍정적 강화 : 쥐가 버튼을 누르면 먹이가 제공되는데, 학습의 결과로 쥐는 스스로 버튼을 반복적으로 눌러 먹이를 얻게 된다. 이는 긍정적 결과를 기대하는 행동을 유발하는 특징이 있다.
② 부정적 강화 : 상자에 전기가 흘러 쥐가 불편한 상태에서 우연히 버튼을 누르면 전기가 차단된다. 학습의 결과로 쥐는 불편함을 벗어나기 위해 반복적으로 버튼을 누르게 되는데 이것은 불편함을 벗어나고 싶은 의도가 행동으로 나타나는 것이다.

③ **부정적 처벌** : 쥐가 버튼을 누르면 상자에는 전기가 흘러 불편한 상태가 되는데, 학습의 결과로 버튼을 누르지 않게 되며 부정적 결과를 회피하게 된다. 이때는 버튼을 누르는 행동이 억제되는 것이며 의도적 행동이 나타나지 않는다.

④ **긍정적 처벌** : 쥐가 버튼을 눌렀을 때, 아무런 변화가 없다면 학습의 결과로써 버튼을 누르지 않게 된다. 이는 어떤 기대에 대한 보상이 없어 학습효과가 소멸되는 것을 설명한다.

(3) 작동적 조건화의 강화유형

강화스케줄이라고도 하며 전체강화(연속강화)와 부분강화(간헐적 강화)로 구분된다.

전체강화(연속강화)	부분강화(간헐적 강화)
• 행동에 따라 매번 보상되어 학습의 신속성이 있음 • 보상이 중단되면 행동도 중단됨	• 행동에 따라 가끔씩 보상하는 강화 • 보상이 없어도 다음 번 보상을 기대해 행동의 지속성이 있음
예 구매 시 매번 포인트 적립	예 복권, 경품추첨, 도박

※ 참고 : 미끼상품(로스리더)은 방문고객 사은품처럼 보상으로 어떤 행동의 동기를 부여하고, 궁극적으로 또 다른 행동을 유도하는 강화 사례이다.

① **전체강화** : 연속강화라고도 하며 어떤 행동이 나타날 때마다 보상이 주어지므로 학습의 신속성이 있는 반면, 보상이 중단되면 행동 역시 신속하게 중단되는 특징이 있다.

② **부분강화** : 행동에 따른 보상이 매번 있지 않고 가끔씩 주어지는 것을 말하는데, 이번에는 보상이 없어도 다음 번의 보상을 기대하도록 만들어 행동의 지속성이 나타나는 특징이 있다. 이는 도박의 중독성을 설명하는 이론적 배경이 되기도 한다.

③ 기간과 비율을 기준으로 한 부분강화 방식

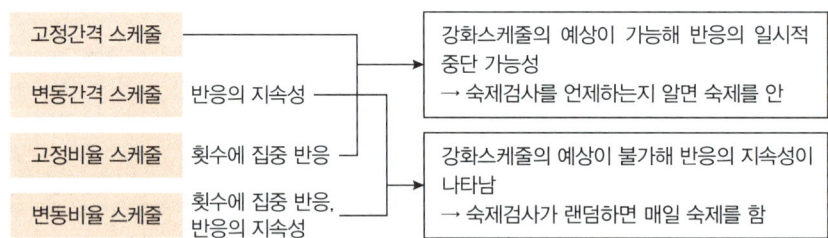

㉠ 고정간격 스케줄 : 반응 후 일정시간이 경과하면 보상하는 방식으로 정기 세일을 예로 들 수 있다.

㉡ 변동간격 스케줄 : 반응 후 랜덤시간이 경과하면 보상하는 방식으로 비정기 세일을 예로 들 수 있으며 언제 보상이 주어지는지 알 수 없어 반응의 지속성이 나타난다.

㉢ 고정비율 스케줄 : 정해진 횟수의 반응에 대해 보상이 주어지는 것으로, 10회 이용 시 1회 무료이용과 같은 형태이다. 이때는 반응의 횟수가 중요하게 작용한다.

㉣ 변동비율 스케줄 : 랜덤한 횟수의 반응 후, 반드시 보상이 주어지는 방식으로 스크래치 쿠폰과 같은 방식을 말한다.

| 합격의 Tip |

고정간격 스케줄과 고정비율 스케줄은 강화스케줄의 예상이 가능하므로 반응의 일시적 중단이 가능하다. 예를 들어 숙제검사를 언제 하는지 안다면 숙제를 하지 않을 수도 있는 것과 같다. 반면, 변동간격 스케줄과 변동비율 스케줄처럼 강화스케줄의 예상이 불가능할 경우에는 반응의 지속성이 나타나게 된다. 즉, 숙제검사가 랜덤하게 이루어진다면 매일 숙제를 할 수 밖에 없는 것과 같다.

(4) 고전적 조건화와 작동적 조건화의 비교

구 분	고전적 조건화	작동적 조건화
학습 주체	수동적 학습자	능동적 학습자
학습 유형	자극-반응 간의 수동적 학습	행동-보상 간의 능동적 학습
학습 과정	무의식적	의식적, 목표지향적
학습 원인	반응 이전의 자극(자극 → 반응)	행동 이후의 보상(행동 → 보상)
학습자의 행동 결과	학습자의 행동-행동결과는 무관	학습자의 행동이 행동결과(보상)에 영향

① 고전적 조건화는 스스로의 학습의지가 없는 상태에서 '자극-반응'이 반복되어 자연적 학습이 이루어지는 것을 말한다.
  ㉠ 이때 반응은 자극에 따라 수동적으로 나타나는 것이므로 학습의 원인은 '자극'으로 볼 수 있다. 즉 선행조건으로 자극이 있어야만 학습이 이루어지는 것을 설명한다.
  ㉡ 학습자의 '행동(반응)-행동결과(보상)' 간은 무관한 관계이다.
② 작동적 조건화는 어떤 '행동-보상' 관계에서 스스로의 학습의지가 있고, 그 결과 적극적 행동이 유발되는 것을 말한다.
  ㉠ 이때 반복적으로 나타나는 반응은 어떤 보상을 기대하고 있는 것이므로 학습의 원인은 '보상'으로 볼 수 있다. 즉 선행조건으로 보상이 있어야만 학습이 이루어지는 것을 설명한다.
  ㉡ 학습자의 '행동-행동결과(보상)' 간에 밀접한 관계가 있다.
③ 고전적 조건화와 작동적 조건화의 비교

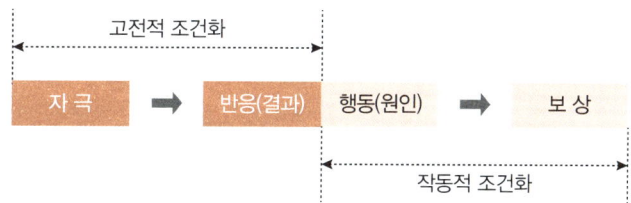

04 사회적 학습이론

1. 대리적 학습 2016년 약술문제 2010년 논술문제

(1) 반두라에 의해 제시된 사회학습이론

① 누군가의 행동을 주의 깊게 관찰함으로써 그 결과가 자신에게도 긍정적이라 예측되면 이를 기억했다가 스스로 실천에 옮기게 되고, 그 결과가 실제로 긍정적이라면 이는 다음에도 그러한 행동을 하게 되는 뚜렷한 동기부여가 된다(주의 → 관찰 → 결과저장 → 모방행동 → 동기 → 행동변화).

② 예를 들어, 중국집 알바가 친절하게 대해준 고객에게 단무지를 듬뿍 가져다주는 것을 보고 자신도 친절하게 대했더니 단무지를 듬뿍 가져다주는 경험을 했다면 학습의 결과로써 알바에게 늘 친절하게 대하는 것과 같다.

③ 사회학습이론의 특징은 보상이 없이 관찰만으로도 학습이 이루어진다는 것이며, 이러한 학습을 대리적 학습, 또는 모델링이라고 한다.

(2) 대리적 학습의 유용성

① 모델을 관찰하여 제품의 효용을 간접적으로 발견하게 되면 광고효과가 높아진다. 이는 드라마의 PPL 광고 사례에서도 발견할 수 있다.
　예) 화장품 광고의 모델을 관찰하면서 대리학습이 이루어져, 자신도 예뻐지기 위해 화장품을 구매하게 된다. 화장품 광고모델의 미모가 뛰어나면 광고효과가 높아지는 이유가 바로 이 때문이다.

② 구매의 효용은 기능적/상징적/쾌락적 효용을 말하는데, 대리적 학습의 유용성도 이와 유사한 개념이다.

기능성 측면	기능적 요소에 대한 효과적 시연 예) 제품 사용법
상징적 측면	모델과 동일시되고 싶은 동기 유발 예) 대한민국 1% 렉스턴
정서적 측면	긍정적이고 즐거운 감정 유발 예) 신나는 맥주광고

㉠ 기능성 측면에서는 제품 사용법과 같이 기능적 요소를 시연할 때 효과적이다.
　예) PPL광고로 제품시연이 노출되면, 학습결과로 제품 사용

㉡ 상징성 측면에서는 모델과 동일시되고 싶은 동기를 유발하는 광고가 필요하다.
　예) 미스코리아 출신 모델의 화장품 광고를 보고 구매욕구가 자극

㉢ 정서성 측면에서는 맥주광고처럼 긍정적인 감정을 주는 광고가 유용하다.
　예) 여행지에서 화목한 가족을 보여주는 쉐보레 올란도 광고

(3) 대리적 학습의 영향요인 2023년 약술문제

① 어떤 모델을 어떤 방식으로 보여줄 것인가가 중요하게 작용한다.
② 대리적 학습의 영향요인으로는 모델의 특성, 관찰자의 특성, 모델화된 행동 및 그 결과의 특성, 모델의 제시 방식 4가지를 들 수 있다. [모/관/결/제]

구 분	내 용
모델의 특성	전문성, 신뢰성, 매력, 지위, 관찰자와의 유사성 예 도브는 일반인을 광고모델로 활용한다.
관찰자의 특성	의존적 성향, 자신감 결여, 나이, 선행학습에 따른 긍정적 경험 예 아이들은 부모의 성향을 닮게 된다.
모델화된 행동 및 행동 **결**과의 특성	생동감, 긍정적 결과의 정도, 행동결과의 사실감 예 물리적·심리적으로 가까운 모델이 학습 정도가 높다.
모델의 **제**시 방식	분위기, 매체, 적절한 예시 예 광고매체보다 뉴스매체에 소개되면 신뢰감 제고

③ 모델의 특성을 강조한 광고의 예를 들면 다음과 같다.
  ㉠ 헬리코박터 윌 : 호주의 미생물학자 배리 마셜이 광고에 출연 → 전문성을 강조
  ㉡ 자일리톨 껌 : 대한치과의사협회의 이름을 빌려 광고 → 신뢰성을 강조
  ㉢ 도브 : 일반인을 광고모델로 활용 → 관찰자와의 유사성을 강조

2. 대리적 학습의 유형

(1) 대리적 학습은 모델의 행동을 관찰하고, 그 결과를 기억하고 실제로 행동에 옮겨 결과를 평가함으로써 긍정적 결과가 도출되었다면 이에 대한 동기부여가 되는 과정을 거친다.
  ※ 참고 : 주의 → 보유 → 재생 → 동기
  ① 결과적으로 학습의 결과가 긍정적인 경우에는 행동을 모방한다.
  ② 그렇지 않을 경우에는 자제하게 되는 것을 설명하며 외재적 모델링/내재적 모델링/언어적 모델링으로 구분된다.

구 분	키워드	내 용
외재적 모델링 (공개적 모델링)	관 찰	• 모델의 행동 및 행동결과를 관찰하게 하여, 개인의 행동을 변화시키고자 하는 시도 • TV나 직접관찰 등 미디어, 인적 매체가 효과적 예 음주운전 사고현장을 보여주는 TV캠페인 광고, 광고제품을 사용하는 모델의 행복한 모습
내재적 모델링 (비공개적 모델링)	상 상	• 어떤 상황에서의 모델이 취할 행동과 결과를 상상하도록 요구 • 라디오, 인쇄매체가 효과적 예 라디오의 맥주광고(꼴딱꼴딱~), 음주광고의 싸이렌 소리(공포소구), 여름휴가 상품(파도소리)
언어적 모델링	증 언	• 소비자에게 자신과 유사한 모델이 특정 상황에서 어떻게 행동했는가를 직접 증언하는 방식 • TV, 라디오 등 시각적·언어적 표현이 가능한 모든 매체가 효과적이나 화자가 필요한 방식 예 전래동화, 위인전, 불우이웃돕기, 수재민 돕기 모금운동

(2) 외재적 모델링(공개적 모델링) 2012년 약술문제
① 관찰이 중요한 요소이므로 TV광고를 통한 학습이 효과적이다.
② 신뢰감이 중요시될 때는 전문인을 활용할 수 있다. 예를 들어 헬리코박터 윌 광고에는 배리 마셜 박사가 출연한다거나 자일리톨 껌에서 대한치과의사협회가 언급되는 것은 모두 외재적 모델링의 사례이며, 무엇보다 '신뢰성'이 중요하게 작용한다.
③ 그 밖에 호감성이 중요시될 때는 유명인을 활용할 수 있고(예 김혜자-고향의 맛 다시다), 증언/의견의 동의가 중요시될 때는 일반인(예 도브크림 샴푸)을 광고에 출연시키는 것도 하나의 방법이 되고 있다. 이때는 '매력도'가 중요하게 작용하므로 모델 선정에 주의가 필요하다.

(3) 내재적 모델링(비공개적 모델링)
① 상상이 중요한 요소이므로 라디오 및 인쇄매체가 효과적이다.
② 모델을 직접적으로 보여주지 않으므로 실제적 행동이나 결과가 제시되지 않는 특징이 있다.
　예 라디오의 맥주광고 같은 경우 '꼴딱꼴딱~'소리를 들려주거나, 음주광고의 싸이렌소리를 통해 공포소구를 하는 것, 여름휴가철 파도소리를 들려주는 것 등이 내재적 모델링의 사례이다.

(4) 언어적 모델링
① 증언이 중요한 요소이므로 TV나 라디오 매체 모두 효과적이나, 이때는 화자가 필요한 특징이 있다.
② 증언에 대한 전달자는 일반인이 유용하다. 이는 소비자와 유사성이 높기 때문이며 TV광고에는 일반인이 출연해 제품을 칭찬하는 광고가 다수 있다.
　예 전래동화, 위인전

CHAPTER 08 소비자행동의 개인적 영향요인

01 개 성

1. 의 의

(1) 환경적 자극에 대해 일관성, 규칙성, 지속성을 가진 반응(행동)을 보이게 하는 개인의 심리적 특성이다.

(2) 개성은 일관성과 지속성이 있으나, 장기적으로는 변화가 가능하다.

(3) 소비자의 외적 행동은 개성을 통해 표출된다.

2. 개성과 관련된 이론 [정/사자/특] 2015년 논술문제

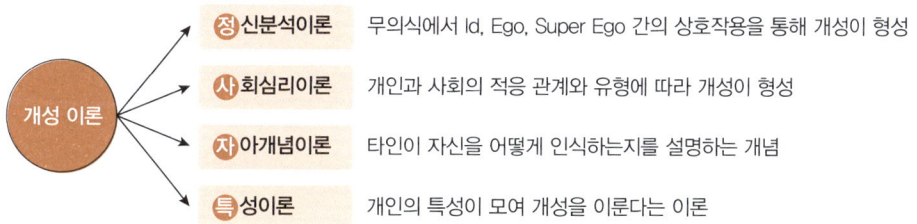

- **정** 신분석이론 : 무의식에서 Id, Ego, Super Ego 간의 상호작용을 통해 개성이 형성
- **사** 회심리이론 : 개인과 사회의 적응 관계와 유형에 따라 개성이 형성
- **자** 아개념이론 : 타인이 자신을 어떻게 인식하는지를 설명하는 개념
- **특** 성이론 : 개인의 특성이 모여 개성을 이룬다는 이론

3. 정신분석이론

(1) 프로이트에 의해 제시되어 의식화되지 않은 동기의 연구에 활용된다. 즉 무의식적인 세계에서 개성이 형성되는 것으로 보며, 상위개념이 하위개념을 억제하고 갈등하는 과정의 결과가 바로 서로 다른 개성이 나타나는 원인이라고 설명한다.

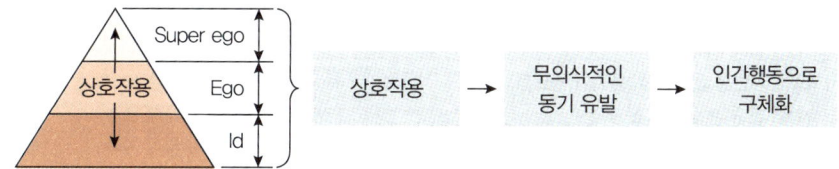

① 개성은 원초아(Id), 자아(Ego), 초자아(Super Ego)로 구성되어 이들 간의 갈등과 통제의 결과로서 개성이 표출된다. 이때 Id, Ego, Super Ego 간의 상호작용은 무의식적으로 이루어진다.

② 결과적으로 행동은 의식적 동기뿐 아니라 무의식적 동기에 의해서도 표출될 수 있음을 설명하며, 무의식 세계를 강조한다.

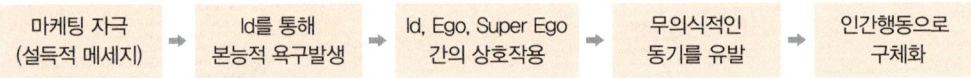

③ 개인별로 3요소의 지배/통제력이 다르기 때문에 개성은 각 개인별로 특화된다.

(2) 무의식적 세계의 등급

구 분		내 용	
초자아	Super Ego	도덕, 윤리, 사회적 규범 → 도덕적, 윤리적 행위규범의 내적 표현	(갈등 중재) ⇑ 자아(Ego)가 초자아(Super Ego)와 원초아(Id) 중간에서 갈등을 중재하는 과정이 서로 다른 개성발현의 원인으로 작용 ⇓ (갈등 중재)
자 아	Ego	원초아(Id)와 초자아(Super Ego)의 갈등을 중재 → Id의 본능적 충동과 Super Ego의 윤리적 금기 사이의 중재	
원초아	Id	원초적 본능(선정적으로 만들어진 기업광고가 주로 자극하는 소비자의 본능) → 식욕, 성욕과 같은 원초적이고, 충동적/본능적인 욕구의 원천	

① 자아는 초자아와 원초아 간 갈등을 중재하는 역할을 하며, 이러한 과정에서 서로 다른 개성이 발현된다.
② 원초아는 욕구·동기와 관련이 깊으므로 TV광고를 통해 무의식적 동기를 유발하고 개인의 충동적·본능적 욕구를 들춰내기 위해 맛있는 음식의 사진을 제시하거나 특정 모델을 활용하기도 한다.
※ 참고 : 인간의 본능에 소구하는 광고는 성적소구, 동기소구, 공포소구 등이 있으며, 이는 기업광고가 선정적인 이유로 작용한다.

4. 사회심리이론

(1) 호니의 사회심리이론
① 사회적 동물이라는 관점에서 인간행동에 주목해 개인의 욕구충족이 사회적 상황에서 어떻게 나타나는가를 설명한다. 즉 생물적 본능보다 사회적 변수(사회적 상황)가 개성을 형성하는 데 중요한 변수라는 것이다.
② 결과적으로 정신분석이론은 원초아 즉, 개인의 욕구로부터 무의식적 동기가 유발된다고 보지만, 사회심리이론에서는 무의식적 동기보다 의식적 동기가 더욱 중요하며 개인-사회 간 적응관계에 따라 개성이 형성된다고 보는 차이가 있다(서로 반대개념).
③ 사회심리이론과 정신분석이론의 구분

사회심리이론	정신분석이론
• 사회화에 기반을 둔 의식적 동기가 중요함 - 사회적 변수 > 생물적 본능 - 의식적 동기 > 무의식 동기	• 욕구충족에 기반을 둔 무의식적 동기가 중요함 - 사회적 변수 < 생물적 본능 - 의식적 동기 < 무의식 동기
사회적 변수가 반영되어 의식적으로 동기가 유발	생물적 본능(욕구)로부터 동기가 유발
사회화(학습)의 과정을 통해 개성이 형성	사회화를 기반으로 Ego의 중재에 의한 개성 형성

④ 호니는 부모-아이 간 적응 및 상호 관계에서 아이가 갈등/불안을 겪게 되고 극복 과정의 학습 결과로 개성이 형성된다고 보았다. 이때 불안에 대처하기 위한 전략으로 순응/공격/고립 중 한가지를 채택하게 된다는 개념이며, 이는 코헨의 CAD척도에 영향을 미치게 된다.

(2) 코헨의 CAD척도

① 호니의 사회심리이론을 코헨이 마케팅적으로 활용하여 도입한 것이 CAD척도이다.
   → 개성의 유형을 구분하고, 개성형성에 사회적 변수를 중요시
② CAD척도는 개성유형에 따라 특정 제품의 소비량이 다르므로, 순응형/공격형/고립형 3가지 성향을 구매행동과 연결시켜 주요 소비제품을 제시한다.

순응형(Compliance)	공격형(Aggressiveness)	고립형(Detachment)
C	A	D
• 사랑, 수용을 요구 • 잘 알려진 제품을 주로 소비 예 비누, 구취제거제, 향수	• 존경, 인정을 요구 • 남성다움, 정복을 표현 예 맥주, 쉐이빙폼 구매 선호	• 해방, 자유를 요구 • 맥주 소비 적고, 커피 소비 큼 예 커피(CF모델이 1명)

③ 순응형은 타인에게 사랑/수용을 요구하면서 친밀감을 높여 불안감을 해소하는 유형으로 타인에게 좋은 인상을 심어줄 수 있는 잘 알려진 제품을 주로 소비한다.
④ 공격형은 존경/인정을 요구하는 성향으로 상대를 이겨내거나(정복) 남성다움을 표현하는 유형으로 맥주나 쉐이빙폼에 대한 선호도가 높다.
⑤ 고립형은 혼자 있기를 즐기는 성향으로 차(음료) 종류를 선호하는데, 커피 광고의 경우 소비자의 특성을 반영하여 CF모델은 1명이 출연하는 것을 흔히 볼 수 있다.

5. 자아개념이론 2024년 논술문제 2010년 약술문제

(1) 자아개념이론의 의의

① 자아개념은 성격, 가치관, 능력, 동기 등 자신에 대한 전반적인 느낌과 생각을 말하며, 이를 구체적으로 그려내어 자아이미지를 형성한다.
② 소비자는 자신이 추구하는 이상적 자아이미지와 일치하는 브랜드를 선호한다.

자아개념		자아이미지
성격, 가치관, 능력, 동기, 습관 등 자신에 대한 전반적인 느낌과 생각	구체화된 것 →	자연을 아끼는 자아개념이 평소의 태도·행동으로 드러나게 됨
나는 자연을 소중히 생각한다.	브랜드선호도 형성	유한킴벌리에 대한 긍정적 태도

③ 또한, 선호하는 광고모델이 자아이미지와 관련성이 높다면 광고제품에 대한 호감적 태도가 형성된다.

④ 소비자의 자아이미지와 관련해 선호하는 브랜드를 알 수 있다면 유사한 자아개념끼리 군집화하여 시장세분화 및 경쟁환경 분석을 할 수 있으며, 경쟁이 둔화되고 세분화된 특정 집단의 욕구분석을 통해 신제품 개발이 가능하다.

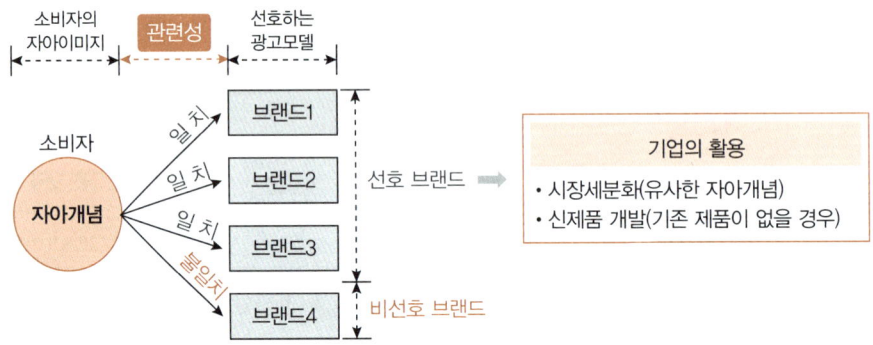

(2) 4가지 자아개념

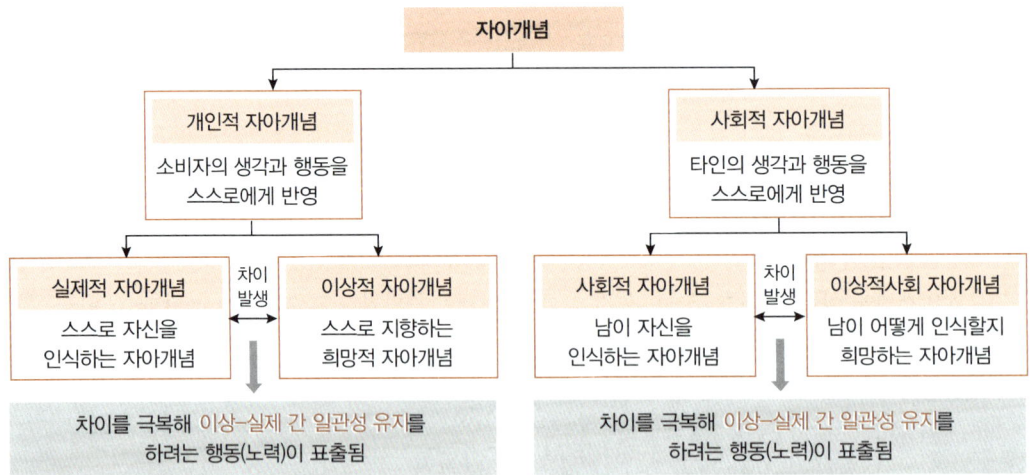

① 개인적 자아개념이 구체화되어 실제적 자아이미지와 이상적 자아이미지를 형성한다. 이때 실제적 자아이미지는 스스로 자신을 인식하는 이미지이며, 이는 이상적 자아이미지와 차이가 발생하므로 이러한 차이를 극복하여 실제-이상 간 일관성을 유지하려는 행동이 나타난다.
  예 화장품 모델을 보고 자신도 미적 가치를 추구하면 화장품의 구매행동이 나타나는 것
② 사회적 자아이미지는 타인이 자신을 인식하는 이미지이며, 타인에게 어떻게 인식될지 희망하는 이미지는 이상적·사회적 자아이미지이다. 이 또한 2가지 자아이미지 간 차이가 발생하며 이러한 차이를 줄이는 과정에서 행동이 표출된다.
  예 현명한 소비자라도 가끔씩은 상징적 구매를 고려하는 것

6. 특성이론

(1) 의의

① 특성은 외부 자극에 대한 일관성/규칙성/지속성이 있는 반응을 말하며, 자극 A에 대해 반응 A가 나타난다면, 비슷한 자극 B·C·D에서도 반응 A가 나타날 가능성이 높은 것을 설명한다. 이는 비슷한 특성을 가진 집단끼리 군집화함으로써 시장세분화 및 제품개발에 활용이 가능한 것을 의미한다.

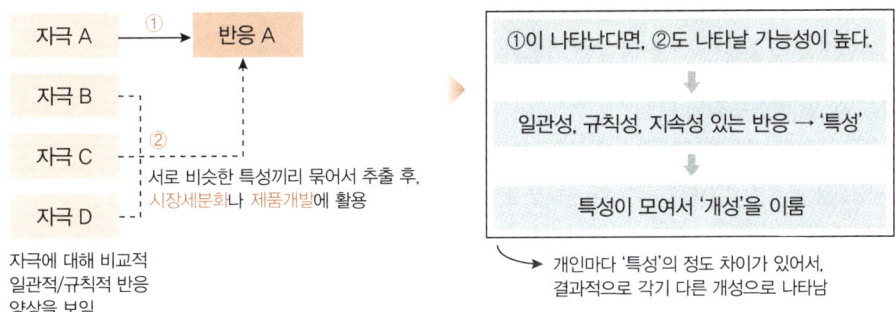

② 특성은 외부환경의 영향을 적게 받아 일관성이 있으므로 반응(행동)의 예측이 가능하고, 혹은 반응(행동)을 분석하여 특성의 추론도 가능한 특징이 있다.

③ 개성은 특성들의 집합이며, 개인별로 차이가 있어 서로 다른 개성으로 나타난다.

(2) 특성에 대한 전제조건

구 분	특성에 대한 전제조건(가정)
개별성	누구에게나 존재하나, 그 정도가 상이해 서로 다른 개성 형성
일관성	• 환경/상황이 달라져도, 큰 영향없이 안정적인 성향을 유지 • 반응(행동) 예측이 가능 예 "어쩐지 그럴 것 같더라."
추론 가능	• 반응(행동) 결과를 측정하여, 특성을 추론할 수 있음 • 특성 추론이 가능 예 평소 친절한 모습을 보고 호의적 특성을 추론

(3) 1차적 특성과 2차적 특성의 구분

① 1차적(중심적) 특성 : 모든 상황에서 영향을 미치는 특성 예 신앙심, 애국심
② 2차적 특성 : 특정 상황에서 영향을 미치는 특성 예 사생활, 친구관계

(4) 특성이론의 활용(마케팅 시사점)

에반스의 연구는 브랜드별 자동차 구매자의 개성 측정을 통해, 포드 구매자는 쉐보레보다 상대적으로 남성적 특징을 보이는 것을 확인하였다. 이는 특성이론을 시장세분화 및 제품개발에 활용할 수 있음을 보여준다.

7. 조절초점이론 2024년 논술문제

(1) 조절초점이론의 의의
① 어떤 목적을 추구하거나 회피하려는 동기는 향상초점 및 예방초점 2가지로 조절하게 된다.
② 향상초점은 예상되는 긍정적 결과에 초점을 두고 적극적으로 추구하는 것을 의미하며, 목표지향적 경향이 있다.
③ 예방초점은 예상되는 부정적 결과에 초점을 두고 적극적으로 회피하는 것을 의미하며, 목표성취보다 위험도를 낮추는데 더욱 민감한 경향이 있다.

(2) 향상초점 및 예방초점의 특징

향상초점	• 긍정적 결과에 민감하며, 적극적인 추구로 나타난다. • 성취, 열망을 추구하는 형태로 표현된다. • 새로운 시도에 적극성이 있다.
예방초점	• 부정적 결과에 민감하며, 적극적인 회피로 나타난다. • 안전, 방어를 추구하는 형태로 표현된다. • 기존의 검증된 방식을 보수하려는 적극성이 있다.

(3) 사례 - 치약의 광고메시지
① 치약의 광고메시지는 향상초점과 예방초점을 함께 반영해, 2가지 유형에서 충분히 구매설득이 이루어질 필요가 있다.
② 미백향상(향상초점)과 충치예방(예상초점)을 함께 강조한 광고를 제시하면, 소비자는 자신이 보다 민감한 정보에 반응해 구매설득이 이루어진다.

02 라이프스타일 2005년 논술문제

1. 라이프스타일의 의의 2009년 약술문제

(1) 개인의 활동(Activity), 관심(Interest), 의견(Opinion)을 반영한 생활의 표현방식을 말한다.

(2) 외적 요인이 같아도 내적 요인에 따라 라이프스타일은 다르게 나타나므로 측정/분석/일반화가 어렵다.
① 외적 요인 : 나이, 교육수준, 계층, 소득 등 인구통계적 요소
② 내적 요인 : 개성, 가치관, 동기, 자질 등 내면적 요소

(3) 결과적으로 인구/사회/경제적 변수가 같아도 라이프스타일에 따라 소비제품이 다르기 때문에 신용카드는 다양한 시리즈가 있고, 핸드폰 요금제도 다양하게 제공되는 것을 볼 수 있다.
예 자동차에 라이프스타일을 반영한 결과 : 차량의 크기, 고급화 정도, 용도 등

(4) 라이프스타일은 효과적 시장세분화를 위한 변수가 된다.

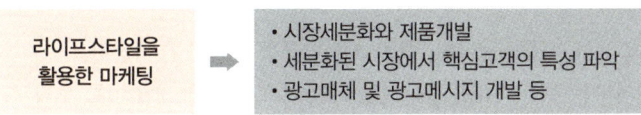

2. 라이프스타일 연구의 특징 [세내가생]

(1) **생활자로의 관점**

인간을 소비자가 아닌 생활자로 보면서 마케팅의 관점이 변화하였다. 즉 과거에는 소비자 측면에서 제품판매에 집중해 왔으나, 이를 생활자로 보면서 삶의 유형을 판매하는 관점으로 변화한 것이다. 예를 들어 과거 자동차 광고는 엔진·편의사양 등 이동수단으로서의 기능적 속성에 집중했으나, 최근에는 자동차 구매를 통해 얻을 수 있는 삶의 변화 또는 상징성을 강조하고 있다.

예 스타벅스는 커피를 파는 것이 아니라, 도심 속 휴식을 제공하는 것

(2) **가시적 연구**

개성/가치/동기 등 내면적 속성은 직접적 관찰이 불가능하므로 투사법·설문조사·인터뷰 등을 통해 간접적 방법을 활용하나, 라이프스타일은 외부적 행동으로 표현되므로 가시적인 연구가 가능하다.

(3) **시장세분화 기준**

개별 소비자보다, 비슷한 라이프스타일을 가진 집단단위의 연구가 이루어진다. 즉 인구통계적 요인에서 라이프스타일로 시장세분화의 기준이 변화한 것이다.

(4) **내면 연구**

라이프스타일 연구는 개인의 활동으로 나타나는 가시적인 부분뿐만 아니라, 생활방식에 대한 동기 등 내면적인 세계도 함께 연구한다.

3. 사이코그래픽스 연구 방법 2020/2010년 약술문제

(1) 라이프스타일의 조작적 측정도구이며, 주로 AIO연구를 통해 이루어진다.
　　※ 참고 : 학습량이라는 추상적 개념을 볼펜 소모량으로 측정한다면 이를 조작적 측정도구라고 한다.
　　예 온도 → 온도계, 무게 → 저울, 친분 → 치킨·맥주 소비량

(2) AIO연구
　① 라이프스타일로 드러나는 소비자행동의 내면적 배경을 파악하기 위한 연구방법이다.
　② 소비자의 활동/관심/의견에 집중해서 소비자 심리나 특성을 연구할 때, 주로 사용된다.

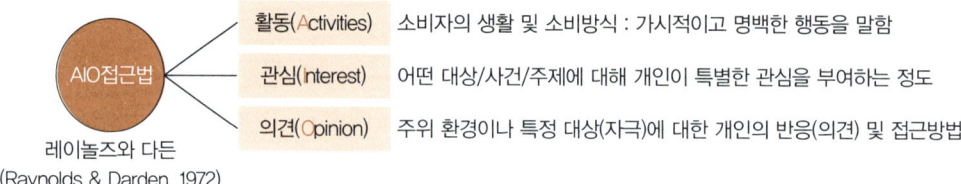

(3) AIO연구 과정
　① AIO연구 과정은 활동·관심·의견에 대한 300여 가지 질문을 통해 응답자를 소수의 그룹으로 분류하고 각 그룹의 공통적 스타일을 라이프스타일로 규정한다.

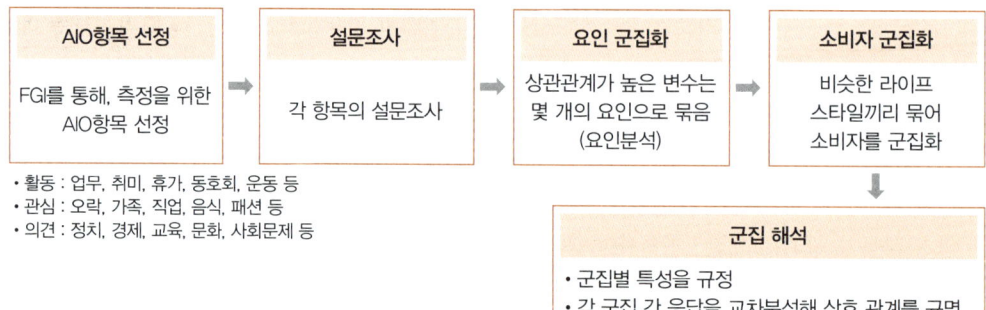

　② AIO연구에 이용된 항목

A(활동)	I(관심)	O(의견)	인구통계변수
일	가족	자기 자신	나이
취미	가정	사회적 문제	교육수준
사회적 사건	직업	정치	소득
휴가	지역사회	사업	직업
클럽회원	패션	경제	가족규모
지역사회	음식	교육	거주지
쇼핑	매체	제품	지리
스포츠	성취	미래	도시규모
오락	오락	문화	라이프사이클 단계

03 가 치

1. 가치의 의의

(1) 인생을 통해 궁극적으로 도달하고자 하는 최종 상태, 즉 삶의 목적을 말하며 의사결정의 판단기준이 된다.

(2) 비슷한 가치관을 가지면 비슷한 행동양식을 보이므로 이들의 행동예측지표가 될 수 있으며, 라이프스타일과 밀접한 관련이 있다.

(3) 개성은 외향적 표현인 반면, 가치는 내향적 표현으로 구분된다.

2. 가치의 측정방법

(1) 가치의 측정방법은 문화추론법/로키치의 가치조사/VALS척도로 구분된다.

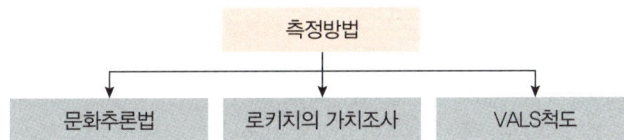

(2) 문화추론법은 개인이 속한 문화를 분석함으로써 개인이 추구하는 가치를 추론·측정하는 방법으로 조직의 행동양식을 규명하여 그들에게 중요한 가치기준이 무엇인지 살펴보는 것이다.

(3) 주로 활용되는 로키치의 가치조사는 가치를 수단적 가치와 궁극적 가치로 구분하고 상호 간 어떻게 수단-목적으로 연관되는지 조사하는 방법이다.

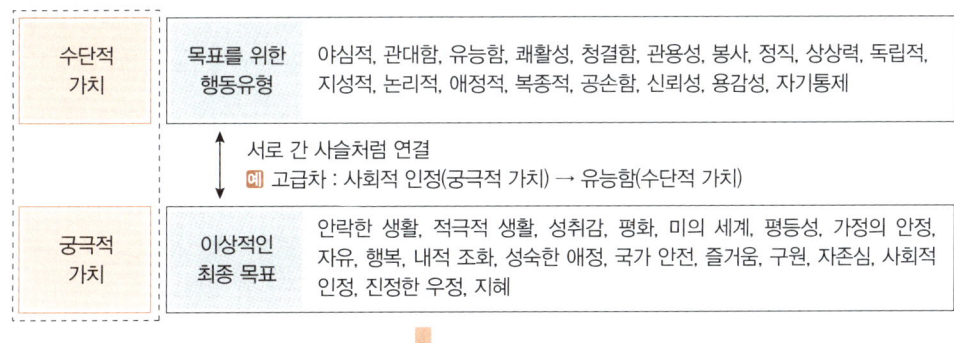

① 수단적 가치와 궁극적 가치에는 각각 18개의 항목이 포함되어 있고 이를 중요성에 따라 각각 순위를 결정하도록 하면, 이러한 순서를 분석하여 개인의 가치체계를 파악할 수 있다.

② 활용도는 높은 반면, 고려해야 하는 항목(18개)이 많고 일상생활과 동떨어지는 항목이 있어 중요성 순위의 신뢰도가 낮은 문제점이 있다.

(4) 수단-목적사슬 2016년 논술문제

① 로키치 가치조사의 이론적 배경은 수단-목적사슬이며, 이는 소비자가 제품을 구매할 때 궁극적으로 추구하는 가치를 찾는 방법이다.

② 소비자의 의사결정은 3단계가 사슬처럼 연결되어 상호 간에 수단과 목적으로 작용하는 것을 설명한다. 예를 들어 니조랄 샴푸의 경우 속성은 비듬제거이며 이를 통해 얻는 혜택은 청결함이고 궁극적으로 소비자가 추구하는 가치는 자존감 회복으로 볼 수 있다.

속 성	구체적 속성	케토코나졸을 함유	케토코나졸을 함유하고 있어 비듬제거에 효과적이다.
	추상적 속성	비듬제거	
혜 택	기능적 혜택	비듬이 없는 두피	어깨에 비듬이 쌓이지 않아 민망한 상황을 회피할 수 있다.
	심리적 혜택	민망하지 않음	
가 치	수단적 가치	청결함	청결함을 통해 스스로의 자존감 회복에 긍정적 효과가 있다.
	궁극적 가치	자존감	

③ 수단-목적사슬을 통해 소비하는 제품·서비스로 소비자가 궁극적으로 추구하는 가치가 무엇인지 분석해낼 수 있다. 즉 소비자가 추구하는 가치에 따라 어떠한 속성이 상품선택에 영향을 미치는지 알 수 있고, 반대로 소비자가 구매하는 제품이 가진 속성을 분석함으로써 궁극적으로 추구하는 가치를 이끌어낼 수 있다.

④ 소비자는 제품이 가진 구체적인 속성을 자신의 목적을 위한 수단으로 인식하므로, 자신이 중요하다고 생각하는 가치에 입각해 제품과 브랜드를 식별한다. 따라서 제품에 대한 수단-목적 사슬을 분석해보면 제품에 대한 소비자의 추구 가치를 알 수 있고 이를 광고전략에 활용할 수 있다. 가령 최신 노트북을 쓰고 있는 상황을 보여주는 광고는 소비자의 최종 가치인 쾌적한 업무환경으로 인한 편안함으로 연결되고, 고급차량은 사회적으로 성공한 이미지로 연결되어 소비자의 구매행동을 이끌어낼 수 있다.

(5) VALS 척도 2015년 논술문제

① 스탠포드 연구소에서 개발한 것으로, 소비자의 가치관 변화를 연구하기 위한 VALS1과 이의 업그레이드된 VALS2가 있다.

② VALS1은 소비자 집단을 문화적 가치에 따라 3가지 집단으로 나누었으나, 다양한 경우의 수가 반영되지 않고 광범위할 뿐만 아니라 인구통계적 분류에만 집중한다는 지적이 있다.

외부지향적 소비자 집단	68% 비율, 주로 중산층 이상 외부적 영향에 따라 라이프스타일 결정
내부지향적 소비자 집단	21% 비율, 주관이 강하고, 주로 전문직 종사 개인적 필요에 따라 동기부여 받음
욕구지향적 소비자 집단	11% 비율, 대체로 가난하고 교육수준 낮음 직관에 의존해 판단하고 의존적

③ VALS2는 소비자의 보유자원 및 세계관을 기준으로 8가지 유형을 분류한 것으로, 각 분류의 가치기준과 라이프스타일을 자세히 제시하여 기업에게 유용한 정보(시장세분화, 제품개발에 활용)를 제공한다.

[충신/실성/경자/분노]

충족자	전문가, 사회변화 수용, 가정을 중시, 여행 즐김
신뢰자	보수적, 규범 존중
실현자	자아존중 성향이 강하고, 변화에 적극적
성취자	일 중시, 보수적, 성공과시형 제품 선호
경험자	젊은 계층, 왕성한 육체적 활동, 사회봉사, 신제품 소비
자급자	실리 추구, 가족/일/육체적 여가활동 중시
분투가	높은 브랜드 충성도, 안전에 관심 높음
노력가	성취자의 모방을 추구, 제품스타일 중시

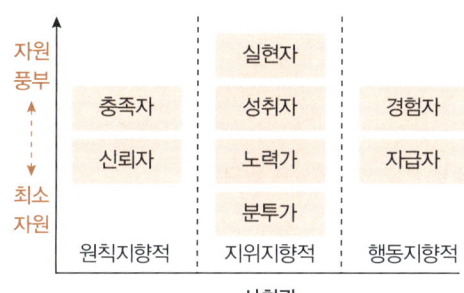

㉠ 보유자원은 학벌/소득 등을 말하며, 세로축은 자원의 보유 정도를 나타낸다.
㉡ 사회관은 가로축에 위치하며 원칙지향형/지위지향형/행동지향형으로 구분한다.
- 원칙지향형 : 자신이 규정한 어떤 원칙을 준수하는 유형
- 지위지향형 : 타인의 의견에 따르려고 하는 유형
- 행동지향형 : 여가활동/다양성 추구 등 행동지향 유형

④ iVALS는 인터넷 사용자를 다음 10가지로 분류하여 각각의 특성을 나열하고 있다.

[현정/열나참자/반사/실오]

현실 만족형	인터넷 기술 기습득, 지적 수준이 높음
정보추구형	업무의 생산성 향상
열광적 마니아형	PC가 생활의 중요부분 차지
나 홀로 개척형	인터넷 사용 신기술을 홀로 연마
참여 지향형	사교적 목적이 큼, 회합/토론 모임 중시
자아성숙 지향형	개인적, 직무관련 자료수집이 목적
반신반의형	최근에 인터넷 사용을 시작한 사람들
사교 지향형	사교적 목적, 채팅
실용적 활용형	인터넷 유용성에 관심, 업무/과업/정보취득 목적
오락문화 추구형	레저 추구형, 오락 추구

CHAPTER 09 소비자행동의 사회·문화적 영향요인

01 문화

1. 문화의 의의 2009년 약술문제

(1) 문화는 과거부터 오늘날에 이르기까지 오랜 기간 축적된 사회적 유산으로서 생활방식/가치/규범/습관 등을 포함하며 여러 세대를 걸쳐 학습된다.

(2) 문화는 사회 구성원의 행동양식을 규정짓고 사회적 규범으로 작용한다.
   ※ 참고 : 하위문화는 특정 집단 내 세부집단이 가진 문화를 말한다. 이는 집단의 결속력에 영향을 미치는데, 등산동호회의 운영방침을 예로 들 수 있다.

(3) 사회 구성원이 공통된 행동양식을 보이도록 학습되는 것을 문화화라고 한다. 이의 1차적 주체는 가족이며 이 외 학교/동호회/교회/직장/사회기관 등 직간접적 영향을 미치는 주체가 있다.

(4) 기업은 문화에 대한 이해를 기반으로 소비자 구성원의 행동을 예측하여 마케팅전략을 수립할 수 있다.

2. 문화의 중요성

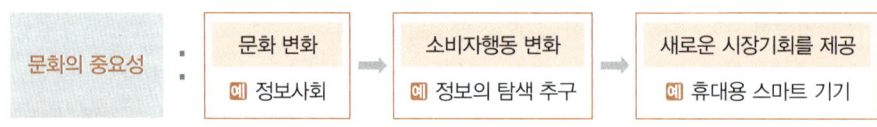

(1) 문화가 변화하면 소비자행동이 변화하고, 이때 새로운 시장기회를 제공한다.

(2) 예를 들어 오늘날 같은 정보사회(문화 변화)에서는 각종 정보탐색이 용이한 제품들에 소비욕구가 생겨나도록 하고(소비자행동 변화), 이것이 휴대용 스마트 기기의 탄생 등 새로운 시장기회를 제공하는 요인이 되는 것과 같다.

3. 문화의 특징 [공통/학보규] 2021/2011년 약술문제

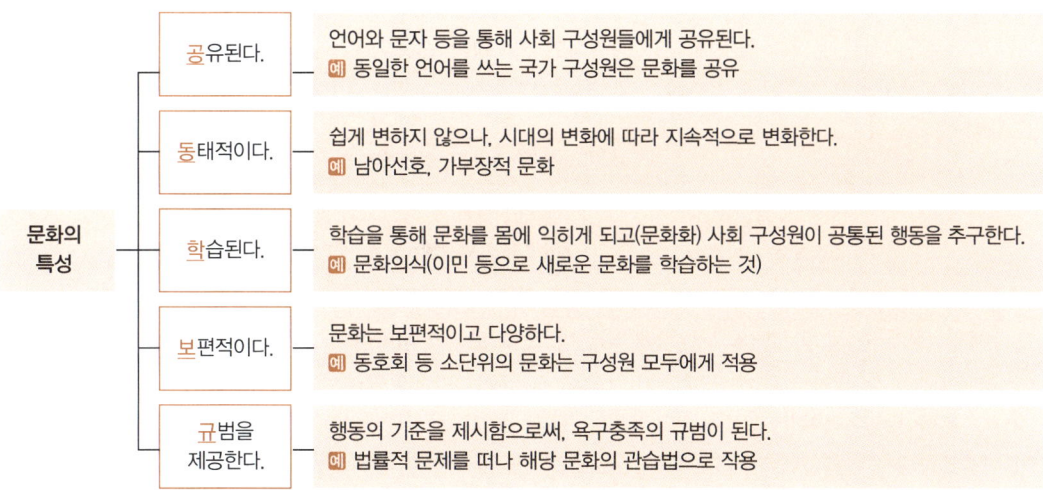

4. 문화의 구성요소 [관물/언사가심]

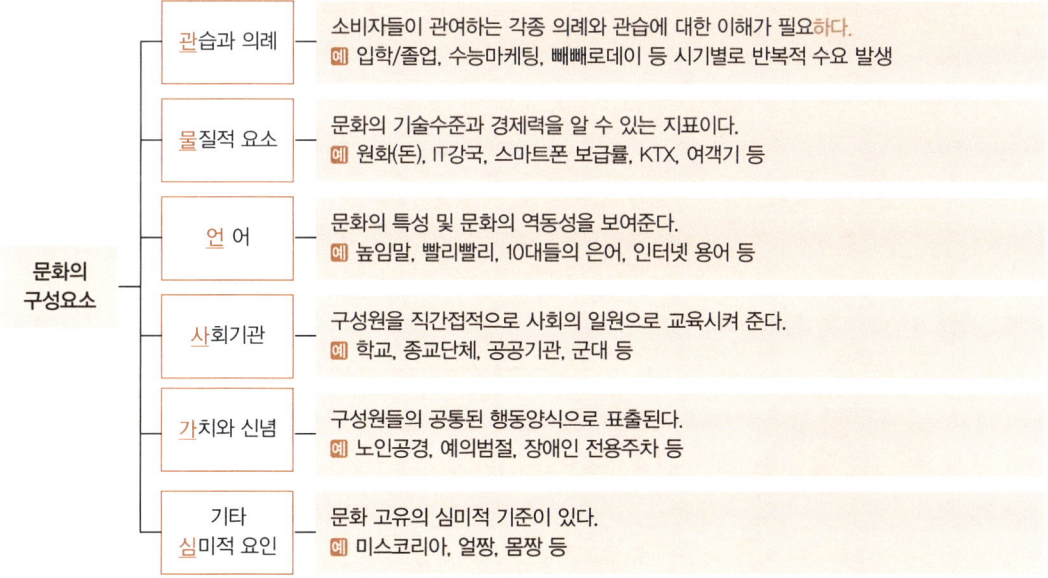

5. 비교문화분석

(1) 의 의

① 비교문화분석은 문화적 환경에 대한 종합적인 분석평가 방법으로, 서로 다른 지역의 문화를 비교해 차이점을 분석하고 친근하게 접근하기 위한 방안의 모색을 목적으로 한다.

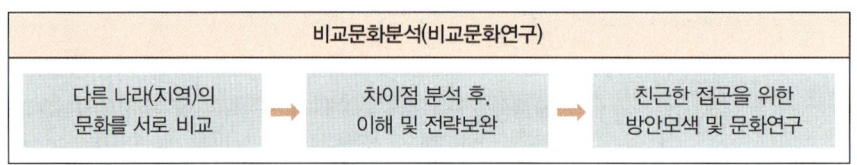

② 해외시장 진출 시, 마케팅 의사결정에 따른 비교문화분석의 시사점
  ㉠ 상대 국가 문화에 대한 이해를 기반으로 지역화된 마케팅활동, 즉 현지화가 필요하므로 비교문화분석이 필수적이다.
  ㉡ 특히 관습·가치체계·태도 등의 문화충격으로 현지화가 실패하면 해외시장 개척에 어려움을 겪게 되므로 문화에 대한 이해는 기업의 의사결정에 따른 위험부담을 줄이는 데 필수적이다.

③ 보편적 소구점을 가진 제품은 하나의 마케팅전략으로 세계시장에 접근이 가능한 반면, 지역적 소비특색이 강한 상품은 문화를 비교·분석해 현지화된 방식으로 접근할 필요가 있다.

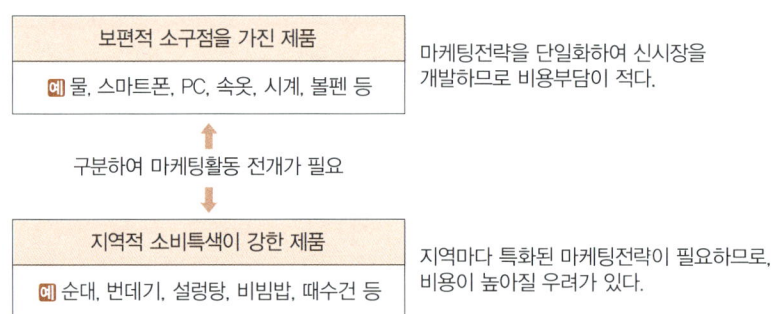

(2) 해외시장 개척을 위한 문화의 차이점 사례

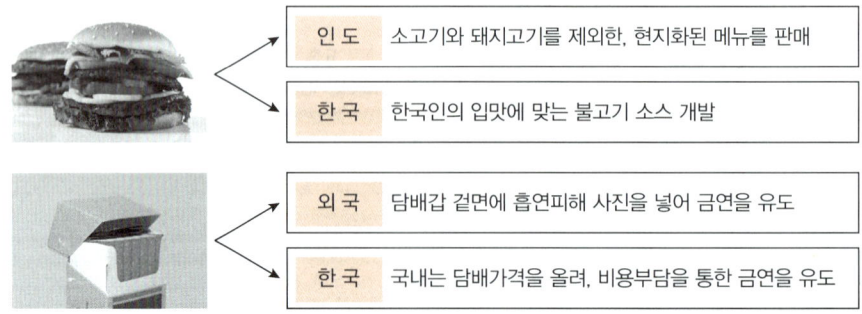

6. 비교문화분석 방법

(1) 호프스테드의 4차원 모델 [개불/권남] 2009년 약술문제
① 각 나라의 특성을 4가지의 문화척도로 구분하여 비교한 모델이다.
② 4가지 문화척도는 개인주의 정도/불확실성 회피 정도/권력의 격차/남성화 정도이다.

개인주의 정도(개인주의 대 집단주의)	불확실성 회피 정도
• 가족/집단보다 개인을 우선시하는 정도 　예 더치페이 • 한국(집단주의 성향) : 지표가 낮음 • 미국(개인주의 성향) : 지표가 높음	• 과거의 전통/관습/규칙에 의지해 불투명한 미래에 예상되는 위험회피 및 안전지향적 정도(보수적 사회) • 과거지향적 사회 : 지표가 높음 　예 청학동(경남 하동군) • 미래지향적 사회 : 지표가 낮음
권력의 격차	**남성화 정도**
• 사회전반에 걸친 권력의 격차 정도와 권력 간 이동의 자유로운 정도(사회 권력 불평등의 관계) • 신분에 따른 엄격한 사회적 계층관리 및 이동성이 낮은 사회 : 지표가 높음 　예 인도 카스트 제도	• 남녀 간의 역할구분의 정도 • 물질적 부유함, 권력, 스포츠 등 남성적 가치를 강조하는 정도 　예 미국(미식축구) : 지표가 높음 　　프랑스(예술 추구) : 지표가 낮음

(2) 애드워드 홀의 고맥락 문화와 저맥락 문화 2023/2012년 약술문제
① 어떤 사건/주제/진술에 대한 해석을 위해 요구되는 정보의 양은 문화에 따라 다르다.
② 해석 과정에서 구성원 간 상호 관계를 살펴봄으로써 문화를 분석하며, 해외 수출을 고려할 때 문화에 대한 이해를 바탕으로 한 의사결정이 필요하다.
③ 고맥락 문화는 사건이나 진술에 대한 해석에 많은 정보가 요구되며, 저맥락 문화에서는 구성원 간 이해관계가 단순하고 문서가 중요시되는 특징이 있다. 다음은 고맥락 문화와 저맥락 문화의 비교표이다.

구 분	고맥락 문화	저맥락 문화
사건·주체 해설에 필요한 정보량	구성원 간 복잡한 이해관계로 인해 정보가 많이 필요	구성원 간 이해관계가 상대적으로 단순하고, 정보 또한 객관적 단서로 제한
커뮤니케이션	• 함축적, 우회적(청자의 입장에 주안점) • 관계지향적	• 직설적(메시지 전달에 주안점) • 개인의 의사표현이 명확
의사소통	몸짓, 행동, 말투 등 언어 외적인 의사소통이 포함	말 또는 문자에 의존적
법률(법률가)	덜 중요	매우 중요
약속(계약)	신뢰 우선	서면으로 보증
공간 개념	서로 어울림	개인적 공간을 중요시(침해 금지)
대상국가	주로 동양권(한국)	주로 서양권(미국, 독일)

④ 제품은 쌀/물/의류처럼 보편적 소구점을 가진 제품이 있고, 비빔밥/김치/족발처럼 지역적 영향을 받는 제품이 있다.

보편적 소구점을 가진 제품	지역적 영향을 받는 제품
각 문화권에서 공통적인 마케팅활동을 수행해 비용 절감 ※ 참고 : 제품/포장/상표명/서비스의 일관성 확보 예 코카콜라, 자동차, 핸드폰, 에어컨, 헤드폰, 옷 등	• 해당 지역의 문화적 특성을 반영해 마케팅활동 • 전반적인 마케팅계획을 세운 후, 지역별 전문가 활용 예 해외현지법인(카레, 햄버거, 김치, 비빔밥 등)

㉠ 보편적 소구점을 가진 제품은 일반적으로 해외구매가 활발한 제품이거나, 인종·국가 차이 없이 공통적으로 소비되는 제품이다.

㉡ 제품의 소구점이 여러 문화에 수용이 가능하다면, 단일화된 광고활동을 수행할 수 있다. 그러나 반대의 경우라면 지역적 특성에 따른 마케팅전략을 개별적으로 수립해야 한다.

예 미국에서는 날계란을 잘 먹지 않으므로 비빔밥 광고에서 완전하게 익은 계란프라이를 올려야 하나 현지 광고이미지에 날계란을 올려놓은 사례가 있다. 이후 계란프라이를 올린 비빔밥 광고로 수정되었다.

02 사회계층

1. 사회계층의 의의 2014/2008년 약술문제

(1) 사회계층은 한 사회 내 영속적/동질적 특성을 가진 집단을 말하며, 고정불변이 아니라 계층 간 이동이 가능하다.

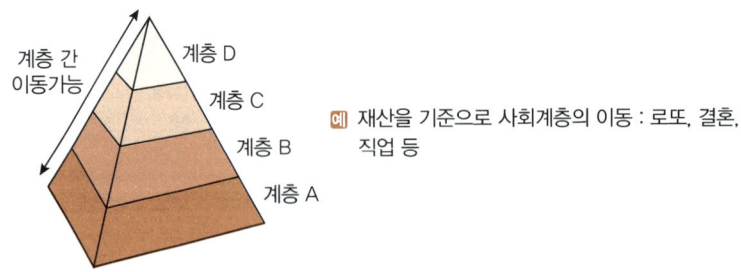

① 같은 사회계층은 유사한 행동양식을 가지고 있으므로 기업의 마케팅활동(예 시장세분화)에 유용한 정보가 되며, 이것이 사회계층을 구분하는 목적이 된다.
② 같은 계층 내 구성원은 동질적 특성을 가지며, 계층 간은 이질적이다.
③ 사회계층을 구분 짓는 기준은 사회적 지위/소득/학력/재산/가치관/경제력 등 다양하다. 2021년 논술문제

> **더 알아보기**
>
> 워너지수(워너의 지위특성지표)
> 사회계층을 판단하는 근거를 척도화해 측정하는 방법으로 직업, 소득, 주택유형, 주거지역에 가중치를 적용해 정량화된 기준으로 사회계층을 분류하고 있다. 그러나, 가중치의 표준화가 어렵고 기준이 되는 변수가 다양해 실제 적용에는 어려움이 따른다.

(2) 특정 사회계층을 구분 짓는 기준은 라이프스타일에도 영향을 미치며, 이는 시장세분화 및 제품개발과도 관련성이 높다.
　예 실용성과 상징성 구분에 따른 제품개발

> **더 알아보기**
>
> 시장세분화
> 하나의 마케팅 자극에 동일한 반응을 보이는 소비자끼리 군집화한 것이며, 이는 마케팅비용 절감 및 자원의 효율적 이용 측면에서 장점이 있다.

2. 사회계층의 특성 [서/범동차] 2020/2008년 약술문제

(1) 사회계층의 특성은 서열성, 규범성, 동태성, 다차원성으로 구분된다.

서열성	• 수직적 계층구조를 가지고, 지위를 나타냄 • 각각의 사회계층 내에서는 동질적 특성을 가짐 • 기업은 제품에 상징성을 부여해, 차별화된 가치 창출로 이러한 특성을 충족시켜야 함
규범성	• 행동에 대한 구속력을 가짐 • 높은 사회계층일수록, 주관적 규범의 중요성이 높아짐
동태성	• 사회계층은 동태적(이동이 가능) • 기업은 최초 거래정보뿐만 아니라, 고객DB를 통해 계층변화를 주목할 필요가 있음 • 계층이동 시 발생하는 필요욕구의 사전분석으로 제품 제시가 가능
다차원성	• 사회계층은 다차원적 개념임 • 높은 사회계층일수록, 물질적 가치보다 정신적 가치를 추구하는 경향이 있음

(2) 사회계층의 특성을 반영한 예는 다음과 같다.
　① 서열성 : 과시소비를 위한 고급제품의 출시
　　예 대한민국 1% 렉스턴 광고
　② 규범성 : 사회계층에 따라 더욱 엄격한 구속력을 요구
　　예 범죄자가 교사이거나, 종교인이면 사회적 이슈로 작용
　③ 동태성 : 사회계층 간 이동을 지속적으로 모니터링해 대안을 제시
　　예 로또, 결혼, 개인의 역량 등
　④ 다차원성 : 사회계층의 구분 잣대와 계층별 추구하는 가치가 다름
　　예 소득수준, 직업, 주거형태 등

3. 사회계층의 분류 및 측정 [주/평/객] 2014년 약술문제 2021년 논술문제

(1) **주**관적 방법(주관적 계층의식)
   ① 내용 : 설문을 이용해 직접 물어보는 방법
      예 소득, 학력, 재산, 직업 등을 고려 시, 본인의 위치는?
   ② 장점 : 손쉬운 방법
   ③ 단점 : 솔직한 대답을 회피 → 중간화 경향(타협효과 때문), 과대평가
      예 여성의 몸무게(중간화 경향), 남성의 키(과대평가)

(2) **평**판 이용법
   ① 내용 : 주변인에게 특정인에 대해 평가를 요구하는 방법
   ② 장점 : 소수의 대상자 파악에 유용
   ③ 단점 : 평가대상자 간에 서로 잘 알고 있어야 함, 대상자 수가 많아지면 적용과 객관성을 띠기 어려움
      예 특정인과의 친분, 평가자의 성향, 분위기 등

(3) **객**관적 방법
   ① 내용 : 측정 가능한 각 변수의 정보에 가중치를 적용해, 객관적 사실을 근거로 사회계층을 평가
      예 집, 차, 소득 등
   ② 장점 : 비교적 정확한 기준 잣대 적용(객관성)
   ③ 단점 : 변수선정과 가중치에 대한 판단이 어려움
      예 같은 집을 소유하더라도 '강남 vs 강북', 시대변화의 반영

4. 사회계층을 통한 마케팅 시사점 2014년 약술문제

제품전략	사회계층에 따라 제품의 선택/사용이 다름 **예** (주거공간 크기에 따른) 소형냉장고 vs 대형냉장고
가격전략	사회계층에 따라 수용가격에 차이가 있음 **예** 기능성 vs 상징성
유통전략	쇼핑행동이 계층 간 서로 상이함 **예** 점포선택 : 백화점 vs 이마트
촉진전략	노출되는 매체의 유형이 다르므로, 각 계층이 선호하는 매체의 활용 **예** 쿠폰북 vs 브로셔

(1) 제품전략
   ① 사회계층에 따라 구분된 A, B, C그룹이 있다면, A그룹을 타깃팅한 제품은 B그룹까지 일부 수용할 수 있으나 C그룹을 수용하기는 어려울 수 있다.
   ② 또 다른 예로 B그룹에 타깃팅한 제품이라도 A, C그룹의 일부를 수용할 수 있으므로 중간층을 타깃팅한 제품전략이 상대적으로 위험부담이 적을 수 있다.

(2) 가격전략

① 사회계층별 수용가격·소비문화의 차이로 기능성을 추구하는 계층 또는 상징성을 추구하는 계층을 수용할 수 있는 방안이 필요하다.

② 즉 사회계층에 따라 가격대 성능비를 따지는 소비자가 있기도 하고, 상징적 가격 구매를 추구하는 소비자도 있으므로 제품의 속성·가치를 반영한 가격정책이 필요하다.

(3) 유통전략

① 사회계층에 따른 쇼핑행동 차이로 어떤 계층은 대형마트를 선호하는 반면, 또 다른 계층은 백화점을 통한 구매행동을 선호한다.

② 즉, 기업은 주요 고객이 어떤 유통채널을 이용하는지 분석이 필요하다.

(4) 촉진전략

① 계층에 따라 접하게 되는 광고매체의 차이가 있어 각 계층이 선호하는 매체의 활용이 필요하다.

② 계층에 따라 이를 인지 또는 반응하는 수준이 다르므로 계층별 전략이 필요하다.

03 준거집단 2007년 약술문제

1. 의 의

(1) 준거집단은 개인의 사고와 행동에 규범과 가치를 제공함으로써 직접적 혹은 간접적으로 영향을 미치며 자아이미지를 형성·유지·방어하는데 기준이 되는 집단을 말한다.

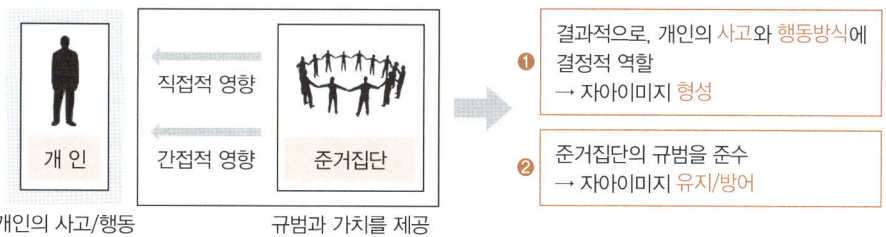

(2) 구매의사결정과정에서는 지각된 위험이 높을 경우, 준거집단의 영향력이 높아지는 특징이 있다. 이에 각 기업은 제품에 대한 긍정적 입소문이 나도록 SNS마케팅을 적극적으로 활용하고 있다.

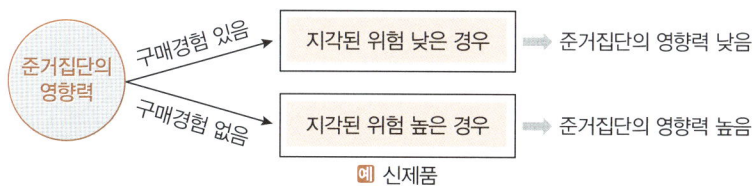

※ 참고 : 지각된 위험이 높은 유형은 신제품·복잡성이 높은 제품·고가 제품 등으로 구매경험이 없더라도 지각된 위험이 낮을 경우에는 준거집단의 영향력은 낮아진다.

2. 준거집단의 특성

근접성	물리적 거리가 가까울수록 강한 영향력 예 먼 친척보다, 가까운 이웃의 영향력이 큼
노출성(접촉성)	노출빈도 및 접촉빈도 높을수록 강한 영향력 예 바로 옆에 있는 동료의 영향력이 더 큼
응집성	소규모 집단이거나, 응집성이 있을수록 강한 영향력 예 시골마을이 도시보다 이웃 간 왕래가 잦음

3. 준거집단의 영향력 2024/2013년 약술문제

(1) 준거집단이 각 구성원에게 규범과 가치를 제공하고 이러한 기준에 순응하도록 미치는 영향력을 말한다.

(2) 준거집단의 영향력은 5가지 유형의 사회적 힘에서 비롯된다. [강보합/전준]

강제적 힘	구성원에게 물리적·심리적으로 위협을 가함으로써 순응하게 만드는 힘	예 학교, 직장
보상적 힘	집단의 규범에 순응하면 긍정적 보상을 주는 힘	
합법적 힘	적법한 절차로 권한을 가진 집단의 리더가 갖는 힘	예 협회, 단체
전문적 힘	전문적 지식 또는 기술을 가진 구성원이 갖게 되는 힘	예 동호회, 사회단체, 연예인
준거적 힘	누군가를 모방하거나 열망하면서 갖게 되는 힘	

4. 준거집단의 유형 2013년 논술문제

(1) 개인이 어떤 집단과 동일시되고 싶거나 혹은 거부하고자 할 때, 구체화된 집단이 준거집단이다.

(2) 준거집단의 유형은 다음과 같다.

구 분		내 용	예 시
회원 집단유형	1차 (준거)집단	• 자신의 의지와 무관하게 자동적으로 소속된 집단 • 구성원 간 접촉빈도가 높고, 친밀감 형성 • 구성원 간 상호작용으로 행동 및 신념에 영향력이 큼	가족, 친구, 이웃, 국가 등
	2차 (준거)집단	• 자신의 의지에 따라 소속된 집단으로 회원집단이라고도 함 • 1차 집단에 비해 접촉빈도/친밀감/영향력이 상대적으로 낮음	협회, 지역단체, 교회, 직장 등

비회원 집단유형	열망집단	• 자신이 닮고 싶거나, 소속을 희망하는 집단 • 집단 내, 구성원의 가치/규범/행동 등에 영향받기를 원함 • 개인의 구매의사결정에 간접적 영향을 미침	지구를 수호하는 미니특공대
	기대 열망집단	• 장래에 소속이 가능한 집단으로, 개인이 꾸준히 노력하거나 접촉함 • 제품광고에 주로 활용(사회적으로 성공한 인물을 광고모델로 활용)	고시생-판사 사원-임원 여러분-경영지도사
	상징적 열망집단	• 장래에 소속이 어려운 집단으로 별다른 노력이나 접촉이 없음 • 집단의 신념과 태도가 개인에게 수용됨	유명연예인, 야구단
	회피집단	• 애초에 소속되기를 거부하는 집단 • 집단 구성원의 가치나 신념을 회피	폭력조직
	부인집단	• 때로는 어떤 집단에 속하기도 하지만, 벗어나고 싶은 집단 • 집단의 가치/규범을 인정하지 않거나, 소속을 부인하기도 함	군 대

5. 준거집단이 개인에게 미치는 영향 [규정표] 2024년 약술문제 2013년 논술문제

준거집단의 영향(개인)

규범적 영향(실용적 영향) → 보상/처벌을 제공
- 사적제품보다, 공적제품에서 주로 나타남
- 보상(또는 처벌)을 암시함으로써, 집단에 순응하도록 하는 영향력
  → 이때, 개인이 타인의 기대에 순응하고자 할 때 영향력이 커짐

예) 외출 시에는 청바지 결혼식장에는 정장

정보적 영향 → 조언/경험을 제공(정보의 원천 중 '개인적 정보'와 관련성 높음)
- 상징성보다 기능성이 높은 제품을 구매할 때
- 주로 신뢰성 있는 정보원천으로 받아들임(기업이 통제 불가)
- 지각된 위험이 높은 경우(고관여)
- 관찰만으로는 특성을 잘 알지 못할 때(준거집단의 전문성에 의지)

예) 자일리톨 껌
→ 대한치과의사협회
(정보전달자의 신뢰성)

가치표현적 영향(자아이미지 영향, 일체화 경향을 자극)
- 자아이미지를 보호/강화하기 위해, 어떤 집단의 가치를 따르려고 함
- 타인과 일체감을 갖기 위해 가치를 따름(일체화 경향)

예) 세월호 침몰에 따른 노란리본, 환경보호를 위한 하이브리드 차량

(1) 규범적 영향 2023년 약술문제 2018년 논술문제

① 사적제품은 개인적 사용을 목적으로 하여 침대/치약/냉장고처럼 타인의 눈에 띄지 않아 규범적 영향을 받지 않으나, 공적제품은 준거집단의 눈에 띄기 때문에 준거집단의 영향력이 커진다.

② 제품과 브랜드 결정에 대한 준거집단의 영향

구 분		(약한 영향) ◄── 상표선택 ──► (강한 영향)	
		필수품	사치품
(강한 영향) ↕ 상표선택 ↕ (약한 영향)	공적제품 (공공적 사용)	• 공공필수품 • 일체감 유발 광고가 유용 예 손목시계, 자동차, 옷, 핸드폰	공공사치품 예 골프클럽, 스키, 요트, 악세사리
	사적제품 (개인적 사용)	• 개인필수품 • 신념과 판단에 따라 구매하므로, 속성을 강조하는 광고가 유용 예 침대, 거실램프, 치약, 냉장고	개인사치품 예 비디오 게임기, 쓰레기압축기, 제빙기

㉠ 공공사치품은 준거집단의 영향력이 가장 크고, 개인필수품은 준거집단의 영향력이 가장 작다.
㉡ 준거집단의 영향력 정도

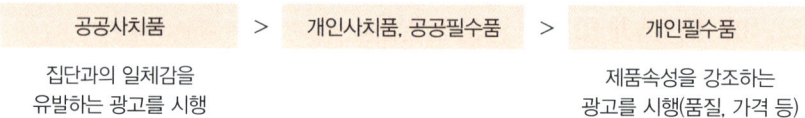

| 공공사치품 | > | 개인사치품, 공공필수품 | > | 개인필수품 |

집단과의 일체감을
유발하는 광고를 시행

제품속성을 강조하는
광고를 시행(품질, 가격 등)

③ 준거집단은 개인에게 보상이나 처벌을 암시하여 준거집단의 가치에 따르도록 한다.
④ 규범적 영향력은 개인의 순응정도 및 공적제품 여부에 따라 도드라진다.

(2) 정보적 영향
① 제품의 상징성보다 기능성이 높은 제품을 구매할 때, 준거집단의 의견을 수용하게 된다.
② 준거집단의 정보는 기업이 통제 불가능한 정보로서 신뢰성 있는 정보의 원천으로 인지된다.
③ 정보적 영향은 구매경험이 없거나, 고관여 또는 지각된 위험이 큰 제품일수록 더욱 도드라진다.
④ 정보적 영향의 강도는 준거집단의 전문성과 지각된 위험과 비례관계에 있다. 자일리톨 껌의 경우, 대한치과의사협회 출연자가 정보를 전달함으로써 신뢰성을 강조하였다.

(3) 가치표현적 영향
① 어떤 집단의 가치를 따름으로써 자아이미지를 보호 · 강화하는 것을 말한다.
② 집단 · 타인과의 일체감을 위해 가치를 따르므로 일체화 영향이라고도 한다.
③ 가령 준거집단이 환경보호에 민감하다면 하이브리드 자동차를 구매할 가능성이 높아지는 것과 같다.

04 가족 2017년 논술문제 2013년 약술문제

1. 가족의 의의

(1) 가족은 사회의 가장 작은 단위이면서 1차 집단으로서 구매 및 소비행동에 영향력이 가장 크다.
예 가족단위에 따른 자동차 구매를 쿠페/세단/SUV로 구분 가능

(2) 가족 전체를 대상으로 하는 제품뿐만 아니라, 개인의 제품구매에도 영향을 미친다.

> 예 가족 간 상의를 통한 개인제품 구매 : 노트북, 스마트폰, 손목시계 등

(3) 가족 생활주기에 따라 소비의 패턴이 변화한다.

> 예 유아용품 → 교육상품 → 실버용품

(4) 관혼상제 등 가족단위의 제품과 서비스가 다양하다.

(5) 어릴 때부터 쇼핑에 따라다녀 학습이 되므로, 가족은 사회화에 영향을 미친다.

(6) 결과적으로 기업은 가족의 공동의사결정과 가족 구성원 간 영향에 대한 이해가 필요하다.

2. 가족생활주기(FLC ; Family Life Cycle, 가족수명주기)

가족의 형성~소멸까지 가족구조와 역할변화를 주요 사건 중심으로 분류한 개념이다.

단계	특징	재정적 특징	구매패턴
독신기	• 미혼, 독립 • 패션 의견선도자 • 오락 지향적	재정적 부담 거의 없음	• 기본적인 주방용품 • 가구, 자동차, 휴가용품
신혼부부기	• 자녀 없음 • 저축률이 높음	재정상태 양호	• 내구재 구매비율 높음 • 자동차, 냉장고, 난로, 가구
보금자리 1기	• 미취학 아동 • 막내자녀 6세 미만 • 신제품에 관심	• 유동자산과 저축 적음 • 가족구매 절정	• 세탁기, 건조기, TV • 아기용품
보금자리 2기	• 주부 취업 • 막내자녀 6세 이상 • 광고영향 적음	• 재정상태 호전 • 큰 포장단위 구매 • 흥정 구매	• 다양한 식품 • 세제, 자전거, 피아노, 과외비
보금자리 3기	• 부양자녀 있거나 혹은 출가 • 일부 자녀 취업 • 취업주부 더욱 증가 • 광고영향 적음 • 내구성 상품 구매량 많음	재정상태 더욱 호전	• 새롭고 고가의 가구 구입 • 자동차 여행 • 치과 치료 • 잡지 구독
노부부 1기	• 부양자녀 없음 • 여행, 오락, 자기계발 관심 • 신제품 관심 없음	• 배우자와 사별 • 집은 처분하기 쉬움 • 보호와 애정, 안정 욕구	• 휴가 즐김 • 사치품 구입 • 집 수리 • 기부와 사회봉사
노부부 2기	• 부양자녀 없음 • 자기 집 소유	• 퇴직 가장 • 소득 감소	의료기기, 건강, 수면 및 소화에 관련된 약품 구입
고독한 생존기	• 배우자와 사별 • 집은 처분하기 쉬움 • 보호와 애정, 안정 욕구	• 퇴직 가장 • 소득 감소	–

3. 가족의사결정(공동의사결정)의 특징 2024년 약술문제

(1) 지각된 위험수준이 높거나 사안의 중요도가 높을 때, 가족 구성원 참여에 의한 공동의사결정이 많다.

(2) 구매결정의 결과가 가족에게 영향력이 클 때, 공동의사결정을 하게 된다.

(3) 공동의사결정에는 다음 예시와 같이 가족 구성원 간 역할분담이 이루어진다.

구 분	대상 예시	내 용
영향력 행사자	동 생	구매에 영향을 주며, 소비에 참여/평가함으로써 영향력을 행사한다.
정보수집자	아버지	제품에 대한 정보를 수집/통제하고 구매행동에 영향을 미친다.
의사결정자	어머니	구매 여부, 제품, 시기에 대한 최종 의사결정을 한다.
구매자	아버지	실제 구매의 주체로서 상표에 대한 결정권을 가진다.
사용자	아 들	가족의 일부 또는 전체가 제품을 소비한다.

4. 가족을 타깃으로 한 마케팅활동의 시사점

(1) 제 품
  ① 제품 설득을 위해서는 구매자와 사용자의 구분이 필요하고, 만족해야 할 주체의 선정 또한 필요하다.
    예 셔츠(아내가 구매하고 남편이 사용), 향수(남성이 구매하고 여성이 사용)
  ② 개인을 위한 제품인지, 혹은 가족 간 공동사용을 위한 것인지 선택이 필요하다.
    예 제품 크기/디자인/무게 등에 반영

(2) 가 격
  제품 선택 의사결정 주체에 따라 가격민감도는 상이하다.
    예 아이들은 학원 선택 시 가격을 크게 고려하지 않는다.

(3) 유 통
  소비자의 특성에 따라 유통채널을 구분해야 한다.
    예 온라인 쇼핑몰(청년), 대형마트(노인)

(4) 촉 진
  ① 구매자뿐만 아니라, 의사결정의 핵심주체를 대상으로 마케팅활동을 해야 한다.
    예 아내의 심부름으로 식재료를 구매할 때, 브랜드는 아내가 선택
  ② 소비자의 특성에 따라 광고채널을 구분해야 한다.
    예 인터넷(청년), 전단지(노인)
  ③ 공동사용 제품은 가족을 대상으로 통합된 광고메시지의 개발이 필요하다.
    예 온 가족이 즐기는 닌텐도Wii 게임기, 가족과의 화목한 시간을 강조하는 패밀리카 올란도

CHAPTER 10 소비자행동의 상황적 영향요인

01 상 황

1. 의 의

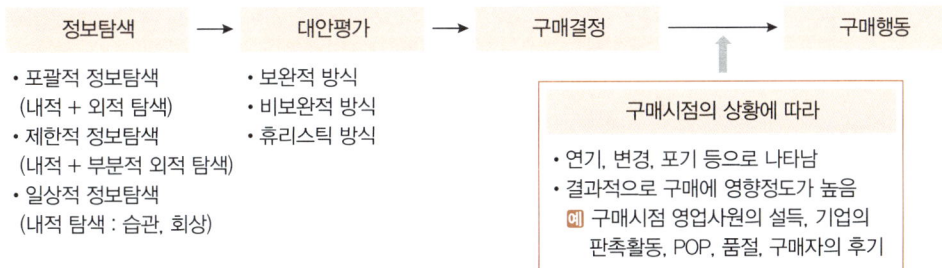

(1) 정보탐색 – 대안평가 – 구매결정을 거쳐도, 정작 구매시점의 상황에 따라 연기/변경/포기에 이를 수 있다.
   예 구매시점의 상황 : 영업사원의 설득, 기업의 판촉활동, POP, 품절, 구매자 후기, 할인, 할부 등

(2) 구매에 이르는 전 과정에 있어서 '상황'의 영향은 폭넓게 작용한다.
   ① **정보탐색** : 폭넓은 정보탐색을 위해서는 시간적으로 여유로운 상황이어야 한다.
   ② **대안평가** : 제품정보를 이해하기 위한 사전지식이 없는 상황이나, 부정적 구전정보를 접한 상황이라면 대안평가에 영향을 받는다.
   ③ **구매결정** : 정작 정보탐색과 대안평가를 거치더라도, 일시적으로 자금이 부족한 상황이나 혹은 할인이벤트가 끝난 상황일 때는 구매결정의 변화가 나타난다.

2. 구매 및 소비 상황의 특성 [선물/사시규] 2022년 약술문제

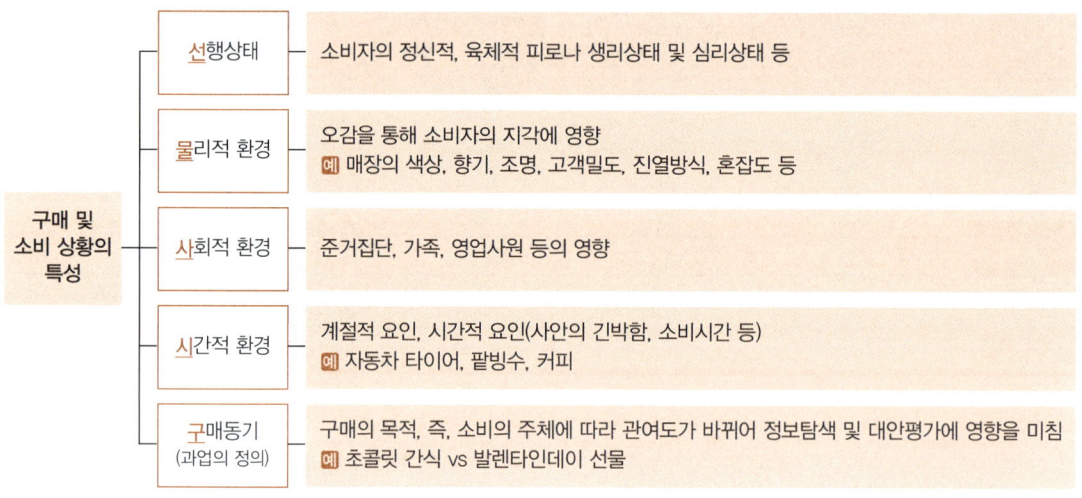

(1) 선행상태의 영향
① 소비자의 정신적·육체적 피로나 생리상태, 심리상태, 사전지식, 사안의 중요도 등을 말한다.
② 피로감이 높을 때는 다양한 속성별 꼼꼼하게 대안을 비교·평가하기보다는 구매편의성에 집중할 가능성이 높고, 중요한 사안에는 가격민감도가 낮아진다.

(2) 물리적 환경의 영향
① 매장의 색상, 향기, 조명, 혼잡도, 진열방식 등으로 오감을 통해 소비자의 지각뿐만 아니라, 구매·소비상황에도 영향을 미친다.
② 매장의 독특한 분위기로 고객 체류시간이 늘어난다면, 이는 구매·소비에 영향을 미치는 상황적 요인이 된다.

(3) 사회적 환경의 영향
① 준거집단, 가족, 영업사원 등 타인의 영향력을 말한다.
② 가령 A직원이 경쟁브랜드 제품 구매 시, 직장에서 겪을 곤란함 때문에 자사 브랜드를 구매할 가능성이 높은 것을 볼 수 있다.

(4) 시간적 환경의 영향
① 계절적 요인, 사안의 긴박함, 소비시간 등을 말한다.
② 계절용 차량타이어, 팥빙수, 커피 등 계절·시간의 영향을 받는 제품에서 더욱 도드라진다.

(5) 구매동기(과업의 정의)의 영향
① 발렌타인데이의 초콜릿처럼 소비의 주체에 따라 간식이 될 수도 있고, 선물이 될 수 있는 것과 같이 구매목적·소비주체 등에 따라 관여도가 바뀔 수 있고 이는 정보탐색이나 대안평가에 영향을 미치게 된다.
② 가령 똑같은 초콜릿이라도, 구매동기에 따라 간식과 선물(발렌타인데이)로 구분되어 구매·소비에 영향을 미친다.

3. 상황의 유형 [구접광/기시구/정점]

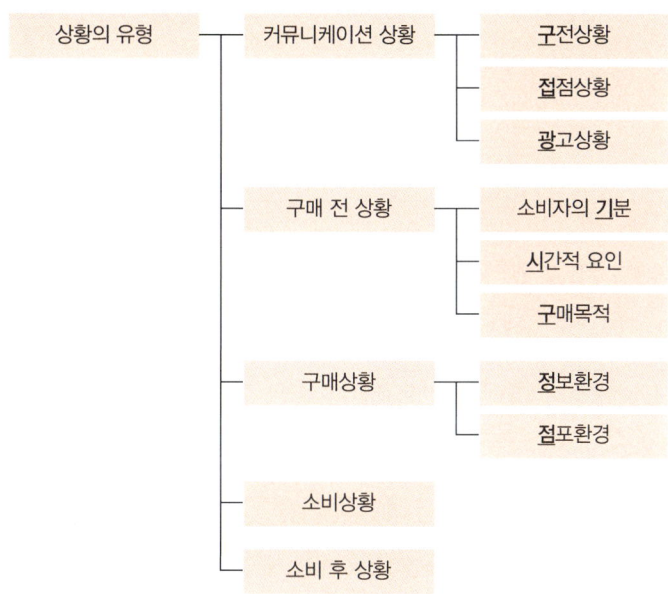

(1) 커뮤니케이션 상황

① 소비자가 인적 또는 비인적 매체를 통해 제품정보를 접하게 되는 상황을 말한다.

소비자가 인적/비인적 매체를 통해 제품(정보)에 노출되는 모든 고객접점에서의 상황	⇒	• 영업사원으로부터 제품정보를 받는 상황 • 매장에서 판촉물을 접하는 상황 • 친구로부터 제품후기를 듣는 상황

② 커뮤니케이션 상황은 다음과 같이 구분될 수 있다.

구 분	내 용
구전상황	• 소비자끼리 제품정보를 주고받는 상황 • 기업이 통제불가 → 소비자에게 영향력 큼 • 부정적 구전의 확산이 빠르므로 불만의 신속처리가 필요 • 기업이미지 제고, 적극적 기업홍보에 활용
접점상황	소비자가 제품과 직접 접하는 진실의 순간(MOT) 상황에서 기업/제품 이미지가 전달됨 예 종업원이 불친절할 시, 기업이미지에 부정적 영향을 미치므로 제품지식이나 친절도가 중요
광고상황	전후로 방송되는 프로그램의 특성에 따라 광고효과가 달라짐 예 신문광고 앞면에 유류비 인상 정보가 있으면, 다음 면의 자동차 광고는 부정적 영향을 받을 수 있음

㉠ 구전상황 : 소비자끼리 정보를 주고받는 상황을 말하며, 일상생활이 항상 인터넷과 연결되어 있게 되면서 소비자의 구전은 그 영향력이 더욱 커지고 있다. 따라서 기업은 부정적 구전을 감지하고 이에 적극적으로 대응하려는 노력이 필요하다.

㉡ 접점상황 : 소비자가 제품과 직접적으로 접하는 상황에서 기업 및 제품 이미지가 전달되므로 종업원이 제품지식이나 친절도 등을 항상 갖추도록 선행적인 교육이 필요하다.

ⓒ 광고상황 : 선행적으로 어떤 부정적 정보를 얻게 되면, 기업광고의 해석에 영향을 미치는 것을 말한다. 가령, 항공기 추락 소식을 접하면 항공기 예약을 취소하는 것과 같다. 이는 맥락효과 중 점화효과에 속한다.
→ 맥락효과는 크게 구성효과와 점화효과로 구분되는데, 구성효과는 설명하는 방법에 따라 의사결정에 영향을 미치는 것을 말하며 점화효과는 선행정보가 의사결정에 영향을 미치는 것을 말한다.

(2) 구매 전 상황

구 분	내 용
소비자의 기분	매장 분위기를 쾌적하게 조성해서 소비자의 기분을 배려 예 음악, 향기
시간적 요인	• 물리적 시간, 심리적 시간 • 급하면 필요한 제품만 구매, 여유가 있으면 충동구매도 가능
구매 목적	소비의 주체 예 발렌타인데이의 선물용 초콜릿과 간식 초콜릿

(3) 구매상황   2016년 약술문제

구 분	내 용
정보환경	• 구매시점에 정보이용 가능성이 높은 제품이 잘 팔림 예 POP, 판매원의 권유가 있는 상품이 잘 팔림 • 그러나 정보 과부하에서는 구매행동이 단순화됨 • 표기된 제품정보 형식 예 대용량, 소용량 • 정보유형 예 세일, 에너지효율 1등급, 최고급, 상/중/하, 양호 등
점포환경	• 점포분위기와 입지가 얼마나 편하고 쾌적하냐의 의미 • 쾌적한 점포 내 환경 예 레이아웃, 점포 색상, 향기, 번잡도 등 • 점포 입지에 따라 가격의 차이 발생 • 충동구매에 영향 예 계산대 옆, 판매대

① 정보환경은 소비자가 제품정보를 쉽게 얻을 수 있는 정도를 말하는데, POP · 판매사원의 상담 · 시식 · 시운전 등을 들 수 있다. 그러나, 이때 과도한 정보를 제공함으로써 정보 과부하가 유발되면 구매행동이 단순화(익숙한 제품구매)되는 부작용이 있다.
② 점포환경은 '소비자행동의 상황적 영향요인' 중 구매상황에 대한 것으로 점포분위기와 입지가 얼마나 편하고 쾌적한지를 의미한다.
  ㉠ 점포이미지는 소비자에게 인식된 총체적인 느낌을 말하며, 소비자행동에 영향을 미치므로 매우 중요성이 높다.
  ㉡ 소비자는 관여도 및 자아관련성 정도를 고려하여 방문하게 되므로 소비자 지향적 의사결정이 필요하고, 쾌적한 점포분위기를 통해 점포 체류시간을 늘릴 필요가 있다.
③ 점포이미지의 구성요소는 상품, 가격, 레이아웃, 진열, 판촉행사, 색상, 향기, 혼잡도, 종업원 등이 있으며 이것의 마케팅적 활용방안은 다음과 같다.
  ㉠ 진열 : 고객이 주로 찾는 제품은 시선 높이에 배치
  ㉡ 판촉행사 : 충동구매 심리를 유발
  ㉢ 색상 : 붉은색은 식욕을 유발
  ㉣ 향기 : 치킨전문점은 주변에 냄새를 풍겨 구매욕을 자극
  ㉤ 혼잡도 : 한산한 식당보다 적당히 혼잡스러운 식당이 고객의 호기심을 자극
  ㉥ 종업원 : 유니폼 착용을 통해 종업원을 쉽게 식별할 수 있고, 통일된 일체감 제공

(4) 소비상황
   ① 소비상황에 따라 구매시기, 제품, 브랜드 등의 선택이 달라질 수 있다.
      예 배가 고플 때는 양 많은 안주를 주문하고, 배가 부를 때는 양이 적어도 맛있는 안주를 주문함. 위로의 술자리 혹은 축하의 술자리에 따라 고객의 선택은 상이함
   ② 무형의 서비스를 제공할 경우, 생산과 소비가 즉각적으로 일어나므로 현장에서 소비자의 문제해결에 집중할 필요가 있다.
      ※ 참고 : 서비스 마케팅의 특징은 소멸성, 개별성, 무형성, 시·공간 비분리성(동시성/생산과 동시에 소비)

(5) 소비 후 상황
   ① 소비 후 처분의 절차나 가격도 구매결정에 영향을 줄 수 있다.
   ② 예를 들어 신제품 구입 시 중고가격이 잘 떨어지지 않는 브랜드로 구매하거나 분리수거를 고려하는 것을 볼 수 있다.
      예 유지비용, 처분비용

4. 상황의 역할

(1) 상황은 태도와 제품 선택에 영향을 미친다. 즉 호의적 태도의 제품을 구매하나, 상황에 따라 반대의 경우도 있을 수 있으므로 기업은 상황에 따른 구매행동의 변화를 분석할 필요가 있다.
   예 회식, 모임 등의 소비상황에서는 삼겹살에 대한 호감도가 높지만, 아침에는 삼겹살을 즐기지 않으므로 삼겹살에 대한 호감도가 낮다.

(2) 브랜드 충성도/관여도/품질 등이 높을 때는 상황의 영향력이 적게 작용한다.

교육이란 사람이 학교에서 배운 것을 잊어버린 후에 남은 것을 말한다.

– 알버트 아인슈타인 –

부록

약술 및 논술대비 핵심용어

합격의 공식 시대에듀

성공은 자신의 한계를 넘어서는 과정에서 찾아진다.

– 마이클 조던 –

 **끝까지 책임진다! 시대에듀!**
QR코드를 통해 도서 출간 이후 발견된 오류나 개정법령, 변경된 시험 정보, 최신기출문제, 도서 업데이트 자료 등이 있는지 확인해 보세요! 시대에듀 합격 스마트 앱을 통해서도 알려 드리고 있으니 구글 플레이나 앱 스토어에서 다운받아 사용하세요. 또한, 파본 도서인 경우에는 구입하신 곳에서 교환해 드립니다.

키워드
약술 및 논술대비 핵심용어

- **1차원 이론** : 최근의 연구흐름에서 인정받는 견해로서 '인지 → 감정 → 행동의도' 순서의 인과관계를 통해 태도를 이해하는 효과계층 이론이다.

- **1차 자료의 수집방법**
  - 탐색조사 – 전문가 의견조사, 표적집단면접법, 심층면접법
  - 기술조사 – 관찰법, 서베이법
  - 인과조사 – 실험법

- **2차 자료의 요건** : 단위가 같은가, 목적과 일치, 시기일치, 정확한 자료인가(신뢰성, 정확성)

- **2차 자료의 장점** : 비용저렴, 시간절감, 접근용이, 수집용이

- **5C(Collaboration, Contentware, Commitment, Communication, Channel)** : 인터넷마케팅의 5C Mix. Collaboration은 네트워크 구성주체들이 상호이익을 위해 상대를 관리하거나 협력하는 것을 의미하며, Contentware는 교환을 하고자 하는 주체가 다른 주체에게 제공하는 물리적, 서비스적, 디지털적 가치를 포함하는 모든 가치를 의미한다. Commitment는 Contentware를 제공받는 데 대한 반대급부로 교환하는 가치로 화폐적 가치인 가격과 Permission 즉, 허락 또는 용인의 2종류가 존재한다. Communication은 일대일 또는 다수 대 다수 사이에 다양한 방법을 통한 쌍방향 대화 구현을 의미한다. Channel은 교환하고자 하는 주체 간에 제공하는 Contentware를 전달하는 경로이다.

- **AIO연구** : 라이프스타일로 드러나는 소비자행동의 내면적 배경을 파악하기 위한 연구방법으로 소비자의 활동(Activities), 관심(Interests), 의견(Opinions)에 집중해서 소비자 심리나 특성을 연구할 때 주로 사용된다.

- **CAD척도** : 호니의 사회심리이론을 코헨이 마케팅적으로 활용하여 도입한 것이 CAD척도이며, 개성의 유형을 구분하고 개성형성에 사회적 변수를 중요시하였다.

- **ECR(Efficient Consumer Response)** : 산업계 차원에서 효율적인 소비자 대응을 위한 시스템 구축을 의미한다.

- **EVI(Early Vender Involvement)** : 제품개발 초기단계에서부터 연구원 이외에 관련자를 함께 참가시키는 연구를 의미한다.

- **FCB 모형** : 미국의 광고회사 FCB(Foote, Cone & Belding)에서 개발한 것으로 소비자행동을 분석하고 제품특성을 분류한 다음 이를 조합, 체계화한 모델이다.

- **IMC(Integrated Marketing Communication)** : 광고의 새로운 명칭으로 부상한 통합마케팅 의사소통을 의미한다. STP 전략 구현을 위해 4P Mix 요소 간의 일관성 추구를 통해 마케팅 효과의 최대화를 추구한다.

- **IPSO(Image, Preference, Service, Order)** : 생산재 광고의 기본목표인 4대 요소를 지칭한다. 기업이미지의 창조와 동일화, 기업 또는 제품에 대한 선호의 창조, 서비스 제공, 주문을 받기 위한 최적의 조건 창조를 의미하는 생산재 마케팅의 원칙이다.

- **Loss aversion(로스 어버젼)** : 가격 인상 시 소비자의 민감도를 의미하며 손실회피의 의미를 지닌다. 일반적으로 소비자들은 같은 액수의 이득보다는 손실을 더 크게 느낀다.

- **NIMBY(Not In My Back Yard)** : '내 뒷마당에서 안 된다.'는 지역이기주의 현상을 의미한다. 쓰레기 소각장, 방사물 폐기장, 화장터 설립 등에 대한 지역주민이 거센 반발을 보이는 지역이기주의이다.

- **RFM(Recency, Frequency, Monetary)** : 핵심고객 선정기준이다. 거래 최근성 및 빈도성, 구매 규모를 계량화하여 가장 최근에 많은 횟수에 걸쳐 많은 금액을 구매한 가치 있는 핵심고객을 선정한다.

- **R제곱** : 회귀선의 설명력이다.

- **VALS 척도** : 스탠포드 연구소에서 개발한 것으로, 소비자의 가치관 변화를 연구하기 위한 VALS1과 이의 업그레이드된 VALS2가 있다.

- **VMD(Visual Merchandising & Display)** : 소비자의 만족을 높이기 위해 소비자가 원하는 상품이나 서비스를 원하는 시간과 가격, 장소에서 구입할 수 있도록 계획, 실행, 관리하는 머천다이징 기능을 판매현장에서 시각화하고 매력적으로 보일 수 있게 진열하는 점포차원의 전략이다. 즉, 기업의 독자성을 표현하고 타경쟁점과의 차별화를 위해 유통 전 과정에서 상품을 비롯한 모든 시각적 요소를 연출하고 관리하는 활동이다.

- **가격주도제(Price Leadership)** : 시장주도자가 공표한 가격을 다른 기업이 그대로 수용하여 가격을 결정하는 방식이다.

- **가족상표(Family Brand)** : 한 기업에서 생산되는 유사제품군이나 전체 품목에 동일하게 부착하는 브랜드이다. ☞ 통합상표

- **가족생활주기** : 가족의 형성에서 소멸까지 가족구조와 역할변화를 주요 사건 중심으로 분류한 개념이다.

- **가치** : 인생을 통해 궁극적으로 도달하고자 하는 최종 상태, 즉 삶의 목적을 말하며, 의사결정의 판단기준이 된다.

- **가치사슬분석(Value Chain Analysis)** : 하버드대 Michael Porter 교수가 기업의 내부환경 분석을 위해 도입한 모델이다. 기업의 경쟁우위는 생산, 마케팅 등 기업이 수행하는 주요활동을 통해 발생하는데, 본원적 활동과 지원적 활동들 간의 상호작용을 체계적으로 살펴서 기업의 경쟁우위를 파악하는 것이 목적이다.

- **감각기억** : 오감을 감지하는 감각기관을 통해 유입된 정보가 3초 이내의 짧은 시간동안 보존되는 기억의 저장소로써 감각등록기라고도 한다.

- **감각 마케팅(Sense Marketing)** : 고객의 감각적 체험 창출을 위해 오각(시각, 청각, 미각, 촉각, 후각)을 자극하여 호소한다. 고객 유인 및 제품가치 증진, 자사제품 차별화를 위해 활용된다. 백화점을 비롯한 유통업체는 소리(청각), 향기(후각) 등을 활용한 마케팅 활동을 전개한다.

- **감성 마케팅(Emotional Marketing)** : 특정 재화와 용역의 마케팅 활동 중 상품의 기본적 편익이나 기능보다 상품이 나타내는 심벌, 메시지, 이미지를 더 중시하는 마케팅 활동을 의미한다. ☞ 4E Mix

- **개성** : 환경적 자극에 대해 일관성, 규칙성, 지속성을 가진 반응(행동)을 보이게 하는 개인의 심리적 특성이다. 자극에 비해 비교적 일관적이며 지속적인 반응을 가져온다. 개성은 지속성이 있으나, 장기적으로는 변화가 가능하며 소비자의 외적 행동은 개성을 통해 표출된다.

- **거시 마케팅(Macro Marketing)** : 미시 마케팅(Micro Marketing)이 개별기업 수준의 활동에 국한되는 반면, 거시 마케팅은 기업들의 총체적인 행동에서 나타나는 인과관계의 동태적인 면과 관련되어 있다. 즉, 경쟁구조나 정부규제가 어떻게 기업이나 소비자의 행동, 고객의 요구에 부응하기 위한 마케팅 활동의 효율성에 영향을 미치는지에 대해 초점을 둔다.

- **게릴라 마케팅(Stealth Marketing)** : PPL(Product In Placement)과 달리 소비자들이 인식하지 못하는 상태에서 자사 브랜드를 알리는 활동을 의미한다. 아디다스가 컨페더레이션 컵에서 심판하는 것, 자원봉사자에게 자사제품을 제공하고 개막식 당일 자사로고가 각인된 풍선으로 하늘을 수놓은 것이 좋은 사례이다.

- **견인전략(Pull Strategy)** : 경로전략 또는 촉진전략의 한 형태로서 최종고객에 대한 집중적인 설득(광고)을 통해 마케팅 경로를 통하여 제품을 끌어당기도록 하는 전략 대안이다. ↔ Push Strategy

- **결합방식** : 한가지 속성이라도 최소치 미달이 없는 대안을 선택하는 방법이다.

- **경로갈등(Channel Conflict)** : 경로 구성원들 사이에서 나타나는 갈등으로서 마케팅 경로의 동일한 단계에서 활동하는 경로 구성원들 사이의 수평적 갈등과 동일한 고객에게 접근하고 있는 상이한 형태의 중간 기관들 사이의 형태 간 갈등, 마케팅 경로의 상이한 단계에서 활동하는 경로 구성원들 사이의 수직적 갈등 등의 형태가 있다.

- **경험곡선(Experience Curve)** : 누적 생산량 증가에 따라 작업효율이 증대될 뿐 아니라 생산시간이 단축되고 원료의 낭비가 감소하여 단위당 생산원가가 하락하는 현상을 도식화한 것이다. ≒ 학습곡선, 학습효과

- ▶ **계획적 구매** : 의도에 따른 구매로서 구매상황의 영향을 적게 받으며, 주로 고관여 제품구매에서 나타난다.

- ▶ **고객맞춤(Customization)** : Mass Customization(대량맞춤), One to One Customization(일대일 맞춤)

- ▶ **고객유인 가격정책(Leader Pricing Policy)** : 중간상인이 고객의 내점을 유도하기 위하여 일부 품목의 가격을 한시적으로 인하하는 정책으로서, 이때 가격이 인하되는 제품을 전략제품 또는 고객유인용 손실품이라 한다.

- ▶ **고객유인용 손실품(Loss Leader)** : 미끼상품이라고도 하며 한시적으로 인하된 가격으로 판매됨으로써 고객들의 점포 내방을 유인하여 전반적인 매출액 증대를 위해 선택된 제품을 말한다.
    ☞ 고객유인 가격정책

- ▶ **고려상표군** : 대안평가를 위해 선택되는 상표들의 집합을 말하며, 소비자는 고려상표군 중에서 한 상표를 선택하게 된다.

- ▶ **고맥락 문화** : 사건이나 진술에 대한 해석에 많은 정보가 요구되는 문화를 의미한다.

- ▶ **고전적 조건화** : 무조건 자극에 따른 무조건 반응의 과정에 연관지어, 학습의 결과로 조건자극만 제시해도 무조건 반응과 유사한 조건반응이 나타나는 것을 말한다.

- ▶ **고정간격 스케줄** : 반응 후 일정시간이 경과하면 보상하는 방식으로 정기 세일을 예로 들 수 있다.

- ▶ **고정비율 스케줄** : 정해진 횟수의 반응에 대해 보상이 주어지는 것으로 10회 이용 시 1회 무료이용과 같은 형태이다. 이때는 반응의 횟수가 중요하게 작용한다.

- ▶ **공변원리** : 결과의 원인에 대한 추론을 설명하는 이론으로, 소비자가 여러 차례의 관찰을 통한 정보로서 어떤 문제에 대한 원인을 추론하는 방식을 의미한다.

- ▶ **과다정당화 효과** : 자신의 행동을 설명해주는 외적요인이 있을 때 태도변화가 저하되는 것을 설명한다. 만약 할인판매를 통해 소비자의 첫 번째 구매행동을 이끌어내고 호의적 태도를 기대하나 할인판매 폭이 매우 크다면, 소비자 스스로 할인된 가격 때문에 구매행동이 나타났다고 믿을 수 있다.

- ▶ **관계 마케팅(RM, Relationship Marketing)** : 고객과의 관계형성 및 유지에 초점을 둔다. 고객과의 신뢰(Trust)형성이 주안점이다. ☞ Customer Retention, Cross Selling, 산업재 마케팅의 기본

- ▶ **관여도** : 특정 상황에서 어떤 대상에 대한 소비자 개인의 중요성 지각의 정도나 관심도를 의미한다.

- ▶ **관찰법의 장단점**
    - 장점 : 조사 대상자가 의사표현이 불가능할 경우 조사 가능, 행동을 직접 관찰하므로 정확한 자료 수집 가능, 설문으로 물어볼 수 없는 행동까지 측정 가능
    - 단점 : 행동의 동기와 개념 등은 관찰 불가능, 비용 등의 이유로 소수의 사람을 관찰하므로 결과를 일반화하기 어려움, 관찰과 기록 간 시차가 발생하여 정확성이 떨어질 수 있음, 관찰자에 따라 기록 및 해석이 다를 수 있음

- **관찰법의 종류** : 공개적/비공개적(대부분의 관찰법), 구조화/비구조화(탐색조사에 적합), 인위적/자연적, 인적/기계적

- **교차분석** : 범주형, 명목척도로 측정된 변수이다. 두 범주형 변수 간 연관성이 존재하는지 즉, 두 변수가 독립적인지 분석하는 기법이다. 두 범주형 변수 간 카이제곱 검정을 통하여 독립성을 검정한다.

  검정통계량 $\chi^2 = \sum_{i=1}^{n} \frac{[O_i - E_i]^2}{E_i}$ [$d, f =$(행의 수-1) × (열의 수-1)]

  O_i : i번째 셀의 관측빈도(Oberued Frequency)
  E_i : i번째 셀의 관측빈도(Expected Frequency)

- **교차판매(Cross-Sell)** : 기존 고객에게 신규 상품 또는 서비스를 구매하도록 유도하는 활동이다. 은행에서 정기예금 고객에게 신용카드 또는 보험가입을 권유하는 행위 등을 말한다.

- **구매** : 문제해결을 위해 소비자가 각 대안을 비교, 평가한 후 특정 대안을 선택하고 구입(소비)하는 과정을 말한다.

- **구매센터(Buying Center)** : 산업재 구매조직으로 상호 의존적인 목표를 가지고 위험을 공유하면서 구매결정과정에 참여하는 모든 개인과 집단을 말한다. 즉, 조직에서 구매의사결정에 직접적으로 관여하는 사람들을 종합해서 구매센터로 통칭한다.

- **구매시점광고(POP ; Point Of Purchase)** : 소비자의 상품구매시점 광고를 말한다. 즉, 소매점의 점두 또는 점 내에서 최종 소비자 대상의 소매점 광고 등이 있다.

- **구매 후 부조화의 해소** : 구매행동 후, 선택에 대한 불확신으로 느끼는 심리적 불안감을 말한다. 주로 고관여 제품에서 나타나는 특징이 있다.

- **구성개념의 측정 예 지적능력**
  - 개념적 정의 – 사람이 사물을 이해하고 기억하는 정도
  - 조작적 정의 – 수학, 언어를 잘하는 정도(IQ)

- **구성효과** : 같은 차량이라도 상담을 통해 옵션을 붙여가면 가격이 올라가므로 상담과정이 소비자에게 고통을 안겨줄 수 있는 반면, 풀옵션 가격을 제시하고 옵션을 빼가면서 가격을 낮추어 간다면 소비자는 상담을 즐겁게 받아들일 수 있다.

- **군집분석** : 조사 대상들을 상호 연관성에 근거하여 동질적인 집단으로 묶어 세분시장으로 분류한다. 유사성의 판단 기준에는 대상자들 간의 거리, 유클리드 거리가 있다. 군집의 추출은 계층적 군집화(가까운 대상들이 군집으로 묶임, 워드법), 비계층적 군집화(사전에 정해진 군집의 수에 따라 할당, K평균법)가 있다. 군집의 수 결정은 덴드로그램과 고드름표를 이용한다.

- **귀인행동** : 올리버의 '기대–불일치 이론'에서 설명된 바와 같이 어떤 결과에 대해 원인을 파악하여 책임을 물으려는 행동을 말한다.

- **그레이마켓(Gray market)** : 밀무역

- **그린 마케팅(Green Marketing)** : 환경 컨슈머리즘이 제기하는 기회와 위협들에 적응하기 위해 마케팅 활동을 조정함으로써 환경친화적 조직으로 변신하려는 노력을 말한다.
- **기대-불일치 이론** : 제품에 대한 소비자의 기대감과 성과를 비교한 3가지 평가결과, 고객만족, 긍정적 불일치, 부정적 불일치 유형을 설명한다.
- **기술조사의 종류** : 횡단조사, 종단조사(패널조사)
- **기술통계** : 데이터의 특성을 나타내 주는 통계로서 자료의 중심에서 자료가 흩어져 있는 정도 및 모습을 알면 자료의 특성을 어느 정도 파악할 수 있다.
- **내부 마케팅(Internal Marketing)** : 기업이 자사 종업원을 대상으로 승진, 인센티브 제공 등을 통해 동기부여를 강화하는 활동을 말한다. 서비스 기업의 경우 종업원의 고객서비스가 기업의 운명을 짓는 핵심 사안이 된다. ☞ 진실의 순간(MOT, Moments Of Truth), 서비스산업의 7P Mix 중 People
- **내적 귀인** : 소비자 자신(내적 특성)에게 어떤 결과의 원인을 찾는 행동을 의미한다.
- **내적 요인** : 개인심리적 요인이며 학습, 개성, 라이프스타일, 동기, 태도 등을 포함한다.
- **내적 타당성** : 조사가 다른 변수의 영향을 받지 않고 순수하게 독립변수가 종속변수에 영향을 미친 정도를 의미한다.
- **내적 타당성과 외적 타당성의 관계** : 내적 타당성을 높이려면 외생변수의 통제가 필수적인데, 이는 필연적으로 실험을 인위적으로 만들어 현실성이 떨어진다. 따라서 외적 타당성이 낮아진다. 반면, 외적 타당성을 높이려면 실험을 현실적으로 만들어야 하며 이렇게 되면 외생변수의 통제가 어려워져 내적 타당성이 저하된다. 이론적 연구는 내적 타당성을 중시하고 실무적 연구는 외적 타당성을 중시한다.
- **내적 타당성을 저해하는 요인, 7가지의 혼란변수** : 우연적 사건(역사적 오염), 성숙효과, 시험효과(주시험효과, 상호작용시험효과), 측정도구의 변화(측정자, 측정도구, 측정방법), 통계적 회귀, 표본선택의 편향(통제집단, 실험집단의 구성원이 비동질적), 실험대상의 소멸
- **내적 탐색** : 과거 경험이나 지식 등 기억의 회상을 통해 정보를 탐색하게 되는 것을 말한다.
- **네트워크 마케팅(Network Marketing)** : 다단계 판매. 회원을 대상으로 한 판매활동에 초점을 둔다. 기존 오프라인 중심에서 1990년대 말 이후 회원 전용의 온라인 쇼핑몰 개설병행을 통해 안방쇼핑의 편리성이 증대되었다.
- **노출** : 자극에 물리적으로 접근하고 오감을 통해 받아들이게 되는 정보처리과정의 첫 단계로서 소비자가 기업의 설득적 메시지에 접촉하게 되는 과정을 말한다.
- **누드 마케팅(Nude Marketing)** : 제품 내부를 볼 수 있도록 투명하게 디자인하여 소비자들의 신뢰와 호기심을 자극하는 마케팅전략이다.
- **능동적 정보탐색** : 정보획득의 구체적 목표가 있는 계획된 정보탐색으로서 소비자에게 제품정보의 전달에 집중이 필요하다.

- **니치 마케팅(Niche Marketing)** : 시장세분화를 통해 소규모의 특정 세분시장 소비자를 대상으로 판매목표를 정하고 마케팅활동을 수행하는 활동을 의미한다.

- **다변량 분석 종류** : 상호관계 분석의 종류는 요인, 군집, 다차원분석이 있다. 종속관계 분석은 판별분석이 있으며, 복합성격 분석의 종류로는 컨조인트 분석이 있다.

- **다속성 태도모델** : 태도형성에 대한 인지적 학습이론으로 피시바인의 다속성 태도모델이 대표적인데, 이는 제품이 가진 각각의 속성에 평가를 수행함으로써 태도가 형성되는 것을 설명한다.

- **다이렉트 마케팅(Direct Marketing)** : 직접판매. 인적 네트워크를 바탕으로 한 맨투맨(Man To Man) 방식의 판매활동을 의미한다.

- **다중기억구조 모델(복수저장모델)** : 기억이 감각기억, 단기기억, 장기기억으로 구분되어 서로 다른 역할을 수행하는 것을 설명하는 모델이다.

- **다차원척도법(MDS, Multi-Dimensional Scaling)** : 상표 및 기업 이미지 등 자극점(Stimuli) 간의 복잡한 다차원 관계를 저차원인 2차원 평면이나 3차원 공간상에 단순 구도로 시각화하여 나타내주는 기법으로서 대상의 인식차원 및 인식 공간도 추출, 대상 간의 유사성에 의거 대상을 다차원 공간 속에 배치시키는 방법이다. 경쟁관계에 있는 여러 상표에 대한 고객들의 인식을 분석하여 시각적인 표지셔닝 맵으로 표현 가능하다(제품인식 공간도 작성, 중요한 인식차원의 파악, 소비자 이상점의 파악).

- **단기기억(운용기억)** : 정보처리가 이루어지는 동안 정보가 일시적으로 저장되는 장소로서 선택적 지각, 지각의 조직화, 지각적 해석을 거치게 되며 감각기억보다 상대적으로 긴 20~30초의 시간에 걸쳐 정보가 처리된다.

- **단수가격정책(Odd Pricing Policy)** : 경제성의 가격이미지를 형성하여 구매를 자극하기 위해 단수의 가격을 구사하는 정책 예 19,990원

- **단순노출 효과** : 반복적인 노출로 인해 호의적 태도가 형성되는 것을 설명하는 이론이다. 미국 대학생에게 한자신문을 반복적으로 배포한 후 인터뷰를 했더니 내용은 모르지만 막연하게 좋은 내용일 것이라고 추측하는 것에서 단순한 반복노출만으로도 호의적인 태도가 형성될 수 있는 것을 설명한다.

- **단순회귀분석** : 독립변수와 종속변수를 설정해 독립변수가 종속변수에 미치는 영향을 분석한다.

- **대등가격전략** : 비탄력적이고 경쟁사 대비 확실한 우위를 가지지 못할 경우, 규모의 경제가 소용없을 경우에 효과적인 가격전략이다.

- **대리적 학습** : 반두라에 의해 제시된 사회학습이론으로 누군가의 행동을 주의 깊게 관찰함으로써 그 결과가 긍정적이라 예측되면 이를 기억했다가 스스로 실천에 옮기게 되고 그 결과 또한 긍정적이라면 이는 다음에도 그러한 행동을 하게 되는 뚜렷한 동기부여가 되는 것을 설명한다.

- **대립가설(Alternative Hypothesis)** : 표본조사의 결과를 근거로 하여 귀무가설을 기각할 때 대신 채택하게 되는 가설을 말한다. ↔ 귀무가설

- **데이터베이스 마케팅(Database Marketing)** : 고객정보, 경쟁사 정보, 산업정보 등 각종 시장 정보를 직접 수집, 분석하여 마케팅전략을 수립하고 이를 근간으로 마케팅 활동을 전개한다.
- **델파이 조사방법(Delphi Method)** : 미래 환경에 대한 예측 또는 시나리오를 주고 설문형태로 작성하여 전문가들로부터 의견을 수집하고 이를 요약한 뒤 다시 전문가들에게 피드백하여 수정할 기회를 주고 최종적으로 종합하여 최종적인 예측을 하는 환경예측기법이다.
- **도수분포분석** : 이산형 변수 혹은 범주형 변수에 대하여 기술통계량을 추출하는 통계분석이다.
- **동기** : 구매력과 함께 충족되지 않은 욕구의 발생이 최종적으로 구매에 이르기 위한 핵심요인으로서 미충족 욕구 때문에 소비자의 내적 긴장상태가 유발되고 이를 해소하기 위한 일종의 추진력을 의미한다.
- **동기갈등** : 소비자가 갖고 있는 다수의 동기들이 동시에 활성화될 때 나타나는 갈등으로서 접근-접근 갈등, 회피-회피 갈등, 접근-회피 갈등으로 구분한다.
- **동시방해** : 유사성이 높은 정보가 동시에 제시되면 정보처리가 방해받는 것을 의미한다.
- **동시화마케팅(Synchro Marketing)** : 불규칙적 수요상태에서 바람직한 수요의 시간패턴에 실제 수요의 시간패턴을 맞추기 위한 마케팅 관리과업이다.
- **등간척도** : 간격이 일정한 척도로서 측정값들은 동일한 간격을 가진다. 범주, 서열, 거리에 대한 정보를 가진다. 거리에 대한 정보를 가지고 있어 측정값들의 차이를 비교할 수 있다. 절대 0의 개념이 없으며 측정 간격이 절대적으로 정해져 있지 않고 자의적으로 설정된다.
- **디마케팅(Demarketing)** : 특정 상품의 소비를 일시적 또는 영구적으로 감축하기 위해 채택하는 마케팅전략으로 수요자체를 완전히 소멸시키려는 대항마케팅(Counter Marketing)과는 다른 의미이다. 고속도로 통행억제, 하절기 전력사용 절제 요구 등이 있다.
- **라이프스타일** : 개인의 활동(Activity), 관심(Interest), 의견(Opinion)을 반영한 생활의 표현방식을 말한다.
- **래더링 기법(Laddering Method)** : 수단-목적(Means-End) 가치사슬을 측정하는 대표적인 소비자 조사방법이다. 소비자와의 일대일 심층면접을 통해 속성을 추출하고 내용을 분석하여 속성계층구조를 나무그림으로 표현한다. ☞ 레드마케팅(Red Marketing) - 칼라마케팅의 일환
- **레인체크(Rain-check)** : 상품 판매도중 재고가 바닥났을 때 상품이 도착하는 대로 같은 가격으로 판매하겠다는 고객에 대한 약속을 말한다.
- **레트로 마케팅(Retro Marketing)** : 지나간 시대의 것을 현대인의 기호에 맞게 재수정해서 판매하는 활동을 의미한다. 의류산업 또는 제과산업에서 사례를 발견할 수 있다.
- **로열 마케팅(Loyal Marketing)** : 고소득층 대상의 마케팅을 말한다.
  ☞ CRM의 상위 20% 고객, VVIP 마케팅, 1% 마케팅, 귀족마케팅.

- **로키치 가치조사** : 가치를 수단적 가치와 궁극적 가치로 구분하고 상호 간 어떻게 수단-목적으로 연관되는지 조사하는 방법이다.

- **로하스 컨슈머(LOHAS Consumer, Lifescylce Of Health And Sustainability)** : 자연과 환경을 중시하고 느리게 살아가고 싶어 하는 소비자 집단을 말한다. 건강과 함께 환경보존상품을 찾는 소비자이다.

- **루트 세일즈맨(Route Salesman)** : 정해진 지역에서 유통과정에 있는 도매상이나 소매상 등의 협력자를 만들어 내는 것을 주 업무로 하여 판매실적을 올리는 노력을 하는 판매원을 의미한다.

- **루프 마케팅(Loop Marketing)** : 케스케이드(Cascade) 마케팅, 폭포(Waterfall) 마케팅. 수차례의 마케팅 시도를 통해 매출효과가 가장 높은 최적의 고객을 선정하는 것이다. 제품을 구입할 최적의 고객을 추려내, 이들에게 마케팅 예산을 집중함으로써 고객반응률은 높이고 전체 소요비용은 줄이는 방식이다.

- **리마케팅(Remarketing)** : 마케팅 실패원인을 분석하고 새로운 마케팅전략을 수립하여 성공제품으로 재탄생시키는 마케팅 활동이다.

- **리미트 가격(Limit Pricing)** : 진입차단 가격

- **리버스 광고(Reverse Advertising)** : 내가 어떤 제품을 사고 싶다는 광고를 여러 판매자에게 보내는 것이다.

- **리버스 마케팅(Reverse Marketing)** : 조직구매 시 공급자에 앞서 구매자가 주도권을 행사하여 실질적인 이득을 얻으려는 마케팅전략이다.

- **마케팅 경로(Marketing Channel)** : 마케팅 흐름이 원활하도록 상호 연관성을 갖고 협동하는 기관들의 복합체로서 유통경로라고도 하며, 통상 거래경로를 지칭한다.

- **마케팅 관리(Marketing Management)** : 조직의 목표(이윤, 매출성장, 시장점유율 등)를 효과적으로 달성하기 위해 상대방(주고객시장의 잠재고객들)과의 유익한 교환관계를 개발하고 유지하기 위한 프로그램을 계획, 실행, 통제하는 경영관리 활동을 말한다.

- **마케팅 마이오피아(Marketing Myopia)** : 마케팅의 근시 또는 단견, 즉 가깝고 좁은 현재의 마케팅 문제에만 집착한다는 의미이다.

- **마케팅 조사** : 마케팅 조사 중 휴리스틱 기법의 장점은 짧은 시간과 적은 비용, 비교적 합리적으로 의사결정이 가능하다는 점이다. 휴리스틱 기법의 종류는 다음과 같다.
  - 가용성 휴리스틱 – 얼마나 잘 떠오르나 예 비행기 자동차 안정성
  - 대표성 휴리스틱 – 특정 부류로 분류하여 평가 예 인종, 지역
  - 기준설정과 조정 휴리스틱 – 예 임금책정 시 과거년도 임금기준

- **마케팅 조사의 절차** : 문제의 정의 → 조사설계 → 자료수집방법 결정 → 표본설계 → 시행 → 분석 및 활용

- **마케팅 조사의 종류** : 애드혹 조사, 신디케이트 조사, 옴니버스 조사

- **마케팅 조직(Marketing Organization)** : 마케팅 활동의 주체로서 기업, 비영리 조직, 국가 등은 물론이고 개인까지도 포함한다.

- **매복 마케팅(Ambush Marketing)** : 앰부쉬 마케팅, 기생충(Parasite) 또는 게릴라(Guerilla) 마케팅이라고 한다. 소비자들이 인식하지 못하는 상태에서 자사 브랜드를 알리는 활동이다.

- **매스클루시버티(Masssclusivity)** : 소수만을 대상으로 맞춤 생산 방식에 의해 제공되는 고급품 및 고급서비스를 의미한다. 개별고객의 니즈를 소수를 위한 한정생산을 통해 반영한다. 명품의 대중화에 따라 나만의 명품을 소유하고자 하는 욕구증가를 반영하고 있다.

- **매스티지(Masstige)** : 대중 명품. 대량으로 판매되지만, 고품질의 제품이다.

- **맥락효과** : 소비자가 우선적으로 얻은 정보로 인해 그 다음으로 얻은 정보의 평가에 영향을 미치게 되는 심리적 효과를 말한다.

- **머츄얼리즘(Maturialism)** : 소비자의 자아실현 욕구 증대에 따른 프리미엄급 제품소비 증가현상을 말한다. 삶의 질 향상을 위한 자신에 대한 투자를 의미한다.

- **메가 마케팅(Mega Marketing)** : 4P + 2P(Policy Or Power, Public Opinion). 소비자 수요의 만족 또는 창조를 위하여 소비자 수요를 변경시키기 위한 마케팅이다. 마케팅 관련 집단 외에 법률입안자, 정부기관, 노동조합, 기초집단, 일반대중, 매스컴도 관련 집단으로 설정된다. 마케팅 도구 외에 정치적 영향력 행사와 PR 활동을 병행한다.

- **면접법(표준화에 따른 분류)**
  - 표준화면접(면접조사표를 만들어 동일한 질문, 순서, 동일한 질문내용 수행)
  - 비표준화면접(면접상황에 따라 자유롭게 자료 수집)
  - 반표준화(일정한 수의 중요한 질문만 표준화)

- **명목척도** : 연구대상을 분류할 목적으로 임의로 숫자를 부여하는 척도로서 상호배반적이다. 서열의 의미가 없고 수치 간 거리도 의미가 없으며 평균과 표준편차의 의미도 없다. 빈도수를 이용한 계산은 의미가 없다. 원점의 개념이 없다. 가능한 통계분석 방법으로는 카이스퀘어 검정과 사인테스트가 있다.

- **명성가격정책(Prestige Pricing Policy)** : 가격-품질 연상효과를 활용하여 가격을 결정하는 방법으로서 잠재고객들이 제품가격을 품질의 지표로 해석한다는 전제하에서 수익증대를 위해 높은 가격을 구사하는 정책이다. 이러한 가격정책이 적용될 수 있는 제품을 위풍재라 하며, 수요곡선은 전통적인 것과 달리 뒤로 굽는 모습(Backward-Bending Demand Curve)이다. ≠ 기펜재(열등재)

- **무상표(Generics, Generic Brand)** : 제품의 본원적 계층만 표시할 뿐 상품명을 표시하지 않는 제품이다.

- **무작위 집단비교 디자인**
  EG : [R]   X O_2
  CG : [R] O_4
  - 솔로몬 4집단 비교 디자인 = 사전사후 무작위 집단비교 + 무작위 집단비교

- **문화** : 과거부터 오늘날에 이르기까지 오랜 기간 축적된 사회적 유산으로서 생활방식, 가치, 규범, 습관 등을 포함하며 여러 세대를 걸쳐 학습되고 사회 구성원의 행동양식을 규정지어 사회적 규범으로 작용한다.

- **문화추론법** : 개인이 속한 문화를 추론해 가치를 측정하는 방법으로 조직의 행동양식을 규명하여 그들에게 중요한 가치기준이 무엇인지 추론하는 것이다.

- **물적 유통(Physical Distribution)** : 소유권의 이동만 가리키는 상적 유통과는 달리 물체의 실질적인 이동을 의미한다.

- **미끼가격정책(Bait Pricing Policy)** : 일단 허위 또는 오도하는 광고를 통하여 고객을 점포 내로 유인한 후 보다 비싼 다른 제품을 구매하도록 고압적으로 강요하는 가격정책이다.

- **미시 마케팅(Micro Marketing)** : 마케팅을 개별 조직의 활동으로 파악하는 미시적 수준의 마케팅으로서 충족되지 않은 고객의 욕구를 발견해 내고 그러한 욕구를 충족시켜 줄 제품을 생산하여 제공함으로써 고객만족을 창출하고 조직의 목표를 효과적으로 달성하려는 활동을 의미한다.

- **미투 브랜드전략(Me-too Brand Strategy)** : 경쟁이 팽배해져 있는 시장에 후발로 진입하는 경우에 1등 브랜드를 모방하는 미투전략이 바람직하며, 마케팅 역량이 미흡할 경우 상품 카테고리의 일부분을 차지하기 위해 수행하는 소극적인 브랜딩 전략이 바람직다.

- **바겐헌팅(Bargain Hunting)** : 바겐세일 상품만을 구매하는 구매행동을 말한다.
  ☞ 바겐헌터(Bargain Hunter)

- **바이러스 마케팅(Virus Marketing)** : 한 개인이 기업을 대신해서 마케팅 메시지를 다른 사람에게 전달하도록 촉진하는 기법이다. 인터넷 관련 기업들이 이 기법을 주로 활용한다. 지각된 위험이 크거나 고관여 제품일 때 주변 사람들의 추천이나 사용담(Word Of Mouth)이 구매 결정에 큰 영향력을 발휘한다.

- **방해이론** : 기억 속의 정보가 사라지지 않으나, 기존 정보로 인해 새로운 정보의 인출이 방해받는 것을 설명한다.

- **베타값** : 중회귀분석에서 값이 크면 영향력이 더 있다는 의미이다.

- **변동간격 스케줄** : 반응 후 랜덤시간이 경과하면 보상하는 방식으로 비정기 세일을 예로 들 수 있다. 언제 보상이 주어지는지 알 수 없어 반응의 지속성이 나타난다.

- **변동비율 스케줄** : 랜덤한 횟수의 반응 후, 보상이 주어지는 방식으로 스크래치 쿠폰과 같은 방식을 말한다.

- ▶ 변수의 의미
  - 구체적 변수 – 객관적 측정도구 존재, 길이/무게/매출액
  - 구성개념 – 객관적 측정도구 부재, 이미지/충성도/태도

- ▶ 변수의 특성에 따른 분류
  - 종속변수의 개념이 없는 통계분석법 – 교차, 상관관계분석, 요인분석, 기술통계, 도수분포
  - 종속변수 존재 통계분석 – 분산, 회귀, 판별
  - 종속변수가 2개 이상 통계분석 – 다변량분산 분석

- ▶ **보보스(BOBOS)** : 부르조아(Bourgeois)와 보헤미안(Bohemian)을 결합해 만든 신조어이다. 소득수준이 높은 부르조아의 경제적 기반에 자유롭고 진보적인 보헤미안의 사고방식을 가진 20~40대의 신소비자 계층을 의미한다.

- ▶ **보완적 방식** : 각 대안이 가진 속성들의 중요도에 평가치를 곱하여 각 속성의 값을 합산하고, 그 값이 가장 큰 대안을 선택하는 방법이다.

- ▶ **부분강화** : 행동에 따른 보상이 매번 존재하지 않고 가끔씩 주어지는 것을 말하는데, 이번에는 보상이 없어도 다음번의 보상을 기대하도록 만들어 행동의 지속성이 나타나는 특징이 있다. 이는 도박의 중독성을 설명하는 이론적 배경이 되기도 한다.

- ▶ **부호화** : 시연을 돕는 효과적 방법 중 하나로 정보를 구조화해서 저장하는 것을 말한다. 즉, 단기기억으로 이전된 비타 500이라는 정보에 웰빙이라는 의미를 부여하는 것을 말한다. 부호화 외에도 효과적 시연을 위한 방법으로 단어의 리듬을 부여해 읽어주거나, 특정 배경음악을 들려줄 수도 있다.

- ▶ **분리방식** : 한가지 속성이라도 최소치를 넘는 대안을 선택하는 방법이다.

- ▶ **분산분석** : 집단이 3개 이상일 경우 평균의 차이에 대해 검정하는 방법이다.
  F = 집단 간 분산/집단 내 분산, 집단 간 분산 = 실험요인분산, 집단 간 분산 = 외생요인분산

- ▶ **비계획적 구매** : 상황에 따른 구매로서 POP, 진열, 포장, 할인 등의 영향이 크고 주로 저관여 제품 구매에서 나타난다.

- ▶ **비관찰오류** : 불포함오류(표본프레임과 모집단의 불일치), 무응답오류가 있다.

- ▶ **비교문화분석** : 문화적 환경에 대한 종합적인 분석평가 방법이며 서로 다른 지역의 문화를 비교해 차이점을 분석하고 친근하게 접근하기 위한 방안을 모색할 수 있다.

- ▶ **비보완적 방식** : 각 속성별로 최소 기준치가 있고, 하나의 속성이라도 최소 기준치보다 낮으면 바로 탈락되는 평가방식으로 신속 및 간편함이 특징이다.

- ▶ **비영리 마케팅(Nonprofit Marketing)** : 오늘날에는 기업 활동을 중심으로 발전되어 오던 마케팅 개념과 원리들을 기업 이외의 조직들까지 도입하기에 이르렀는데, 비영리 기관이 자신의 목표를 효율적으로 달성하기 위해 마케팅 원리를 적용하는 일을 비영리 마케팅이라고 한다.

- **비율척도** : 절대 0이 존재하는 척도이며, 척도상의 위치를 모든 사람들이 동일하게 인식하고 해석한다. 범주, 서열, 거리, 비율에 대한 정보를 가지고 있다. 모든 통계분석기법의 사용이 가능하다.

- **비쥬얼 머천다이징(Visual Merchandising)** : 인스토어 머천다이징 기법의 하나이다. 하나의 컨셉에 근거한 상품구성과 그에 걸맞은 스토리 전개를 목표로 하는 인스토어 머천다이징이다. 진열만 강조하는 것이 아니라 매장 자체에 스토리를 부여하여 매력 있는 매장 이미지 연출이 목표이다.

- **사전 실험디자인**
  - 일회적 사례연구 디자인
    EG :   X   O
  - 단일집단 사전사후 디자인
    EG : O_1 X O_2
  - 집단비교 디자인
    EG : [R]   X O_1
    CG : [R] O_2

- **사전편찬방식** : 가장 중요한 속성에서 점수가 가장 높은 대안을 선택하는 방법이다.

- **사회계층** : 한 사회 내의 사회적 척도 상에서 영속적, 동질적 특성을 가진 집단을 말하며, 고정불변이 아니라 계층 간 이동이 가능하다.

- **사회 마케팅(Social Marketing)** : 특정한 사회문제로부터 도출된 사회적 목표달성을 위해 사회적 아이디어를 개발하고 그것을 공중에게 수용시키기 위한 프로그램을 설계, 실행, 통제하는 일로서 일반적인 마케팅에서와 유사한 의사결정을 필요로 한다. ☞ 아이디어 마케팅

- **사회심리이론** : 사회적 동물이라는 관점에서 인간행동에 주목해 개인의 욕구충족이 사회적 상황에서 어떻게 나타나는가를 설명한다. 즉 생물적 본능보다 사회적 변수가 개성을 형성하는 데 중요한 변수라는 것이다.

- **사회적 마케팅 개념(Societal Marketing Concept)** : 현재 잠재고객들이 원하는 바가 항상 그들의 장기적인 복지나 사회복지와 항상 일치하지는 않으며, 그들은 현재 욕구충족과 장기적인 소비자 및 사회복지를 동시에 고려한다고 가정하여 마케팅 노력의 초점을 현재 소비자의 욕구충족뿐 아니라 장기적인 소비자 및 사회복지를 제공하도록 사회적으로 책임 있는 양식으로 행동하는 데 두는 마케팅 관리이념이다. ☞ 그린 마케팅, 비영리 마케팅

- **사회적 학습** : 타인의 행동을 관찰하고 모방하면서 이루어지는 학습을 말한다.

- **삼각구조 이론** : 태도는 호의적 또는 비호의적으로 일관성을 갖는 것으로 간주하며, 감정, 행동의도, 인지가 서로 간 조화와 균형을 이룬 결과를 태도로 본다.

- **상관관계분석** : 하나의 변수가 변함에 따라 다른 변수가 어떻게 변화하는가에 관한 것이다.

- **상기상표군(환기상표군)** : 소비자가 내적 탐색을 통해 회상한 상표군을 말한다.

- **상적유통** : 생산자로부터 소비자에게 상품 및 서비스의 소유권, 사용권이 이전되는 것을 의미한다. 즉 매매, 거래의 연쇄라는 의미에서 거래유통이라고도 통칭한다.

- **상층흡수 가격정책(Skimming Pricing Policy)** : 신제품에 대하여 대규모 촉진활동을 수행하면서 기준가격보다 비교적 높은 초기가격을 구사하는 정책(초기고가정책)이다. 시장에 경쟁자가 나타나기 전에 신제품개발비를 빨리 회수하기 위해 채택된다. ↔ 시장침투 가격정책

- **상표(Trade Mark)** : 독점적으로 전용할 수 있는 조건을 구비하여 법률상으로 보호를 받고 있는 브랜드를 말한다.

- **상표전쟁** : 제조업자 상표(National Brand)와 유통업체 상표(Private Brand) 간의 경쟁을 의미한다.

- **상표확장전략(Brand Extension Strategy)** : 이미 시장에서 성공을 거둔 기존 제품의 상표를 신제품이나 개선된 제품에 활동함으로써 성공적인 상표에 대하여 소비자들이 갖고 있는 호의와 상표충성을 그대로 이연시키고 소비자들의 인지도를 높여 신제품 도입을 용이하게 하려는 전략이다. 대체로 '첨가어 + 기존 상표' 또는 '기존 상표 + 첨가어'의 형태를 가지는데 '복합 + 미원'이나 '남양분유 + S' 등의 예가 있다.

- **생애가치(LTV, Lifetime Value)** : 고객생애가치라고도 하며, 특정 고객으로부터 전 생애에 걸쳐 얻을 수 있는 기대가치를 의미한다.

- **서베이법의 장단점**
  - 장점 – 대규모 조사 가능, 대규모 표본으로 조사결과의 일반화 가능, 직접 관찰할 수 없는 동기와 개념의 측정 가능, 자료의 코딩과 분석 용이, 계량적 방법으로 분석하여 객관적 해석 가능
  - 단점 – 설문지 개발이 쉽지 않음, 깊이 있고 복잡한 질문을 하기 어려움, 조사에 장시간 소요, 응답률이 낮음, 부정확하고 성의 없는 응답의 가능성

- **서베이법의 종류**
  - 직접법 – 조사의 목적이 공개된다. 예 서베이법
  - 간접법 – 조사의 목적이 공개되지 않는다. 예 비공개적 관찰, 투사법

- **서브퀄 모델(Servqual Model)** : 서비스 만족도 평가 모델. 유형성, 신뢰성, 반응성, 확신성, 공감성 등 5가지 차원으로 고객만족도를 측정한다.

- **서비스 머천다이징(Service Merchandising)** : 도매업자가 소매업자의 상품진열과 공급에 이르는 전 과정을 담당하는 서비스이다.

- **서비스 인카운터(Service Encounter)** : 소비자와 마케터 간의 개인적인 커뮤니케이션 발생을 의미한다. 즉, 소비자가 구매하고자 하는 서비스와 직접적으로 상호작용하는 시점 또는 기간을 말한다.

- **서열척도** : 서열에 대한 정보를 가지고 있다. 순서의 의미는 있지만 수치 간 차이는 의미가 없다. 상호배반적이지 않으며 순위만 유지되면 수치를 변화시켜도 문제없다는 특징이 있다. 평균과 표준편차의 의미가 없다. 빈도의 의미가 있다.

- **선매품(Shopping Goods)** : 소비자들이 여러 점포를 방문하거나 다양한 제품들의 가격수준, 품질, 스타일, 욕구에 대한 적합성을 비교하여 최선의 선택을 결정하는 제품을 말한다. 다시 동질적 선매품과 이질적 선매품으로 구분된다. 예 편의품, 전문품

- **선택적 노출** : 소비자 자신의 신념, 동기, 흥미, 가치관과 대비되는 불필요한 자극은 지각적 방어를 통해 차단하고, 필요한 자극에만 선택적으로 노출되는 것을 말한다.

- **선택적 수요(Selective Demand)** : 특정한 상표에 대한 수요 ↔ 본원적 수요

- **선택적 지각(Selective Perception)** : 지각과정

- **선호도 조회** : 어떤 대상에 대해 선행적으로 이루어진 평가나 소비경험의 결과가 만족스러웠다면, 새로운 대안평가 과정에서 이전의 기억이 회상되어 이후의 평가에도 영향을 미치는 것을 의미한다.

- **선효과(Primacy Effect)** : 메시지의 내용구성과 관련하여 먼저 제시된 내용이 많은 영향력을 가질 때 나타나는 현상이다. 흥미있는 주제, 친숙한 주제, 논란의 여지가 있는 주제들은 대체로 선효과를 가지므로 장점 제시 후 단점의 제시가 적합하다. ↔ 후효과

- **설문 작성 시 주의 사항** : 쉽게 표현해야 한다, 애매모호한 표현을 피해야 한다, 유도성 질문 금지, 설문 하나에 두 개 이상의 질문을 하면 안 된다, 응답할 수 없는 질문 제외, 가능한 모든 응답을 표시해야 하고 응답이 중복되어서는 안 된다. 민감하게 반응할 가능성이 있는 질문은 가급적 우회적으로 질문해야 한다.

- **소비자행동** : 욕구 충족을 위한 구매행동 그리고 처분뿐만 아니라 기업의 마케팅 믹스에 대한 반응을 의미한다.

- **소스마킹(Source Marking)** : 상품식별을 위해 바코드 및 표찰(Label)을 생산지(제조업자)에서 부착하는 행위를 말한다.

- **속성만족도-중요도 모델** : 피시바인의 다속성 태도모델에서 말하는 부각된 속성과 부각된 신념은 이해가 어렵고 다소 추상적이므로 중심내용을 크게 바꾸지 않은 범위에서 좀 더 이해를 쉽게 변형한 이론이 속성만족도-중요도 모델이다.

- **쇠퇴이론** : 기억 속의 정보가 사용되지 않으면 자극-반응 간 결속력이 약해서 기억에서 사라지는 것을 설명한다.

- **수단-목적사슬** : 로키치 가치조사의 이론적 배경이 되며, 이는 소비자가 제품을 구매할 때 궁극적으로 추구하는 가치를 찾는 방법이다. 소비자의 의사결정은 속성, 혜택, 가치의 3단계가 사슬처럼 연결되어 상호 간에 수단과 목적으로 작용하는 것을 설명한다.

- **수동적 정보탐색** : 정보획득의 구체적 목표가 없이 우연적 학습이 이루어지므로 단순노출을 위한 TV광고의 반복적 노출이 효과적이다.

- **수요관리(Demand Management)** : 마케팅관리란 결국 마케팅목표를 효과적으로 달성할 수 있도록 실제수요의 크기, 타이밍, 성격을 바람직한 수요에 맞도록 조정하는 것이라는 관점에서 마케터의 과업을 달리 지칭하는 용어이다.

- **수요저지광고(Demarketing Advertising)** : 수요가 공급능력을 초과하는 여건에서 고객의 호의를 유지하기 위한 광고로서 이때의 광고목표는 대체로 효율적인 제품 활용 방법을 교육시켜 수요를 줄이거나 대체품의 권유, 수요중단을 유도하는 광고를 말한다.

- **수용자 범주** : 혁신을 처음으로 인지한 후 그것을 수용하는 데까지 소요되는 상대적인 시간(혁신성향)을 개인별로 측정하여 도출한 범주들로서 혁신성향이 강한 순서는 혁신층(2.5%), 조기수용층(13.5%), 조기다수층(34%), 후기다수층(34%), 후발수용층(16%) 순이다.

- **수직적 마케팅 시스템(Vertical Marketing System)** : 마케팅 경로상에서 지도자격인 구성원이 형성하는 전문적으로 관리되고 집중적으로 계획된 유통망으로서 경로통합의 근거에 따라 법인형, 관리형, 계약형으로 구분된다.

- **수평적 마케팅 시스템(Horizontal Marketing System)** : 새로운 마케팅 기회를 효율적으로 활용하기 위하여 둘 이상의 경로참가자들이 연합하여 공동으로 마케팅전략을 설계하고 추진하는 형태로서 공생적 마케팅 시스템이라고도 한다. 기업의 여건을 설득하여 고객의 압력을 완화시킨다.

- **순수 실험디자인** : 사전사후 무작위 집단비교 디자인
  EG : [R] O_1　　X　　O_2
  CG : [R] O_3　　　　O_4

- **순행방해** : 선행정보가 후속정보의 처리를 방해하는 것이다.

- **스키마(Schema)** : 소비자가 어떤 태도대상에 대하여 기억 속에 저장해 갖고 있는 일반화된 지식체계를 말한다. 다양한 정보단위의 연상과 조합으로 구성되어 이미지나 포지션의 근거가 되는데, 예를 들어 갈증이라는 일반화된 지식체계는 코카콜라, 여름, 심한 운동 등을 포함한다.

- **스폰서쉽 마케팅(Sponsorship Marketing)** : 기업이 촉진 및 기업목적 달성을 위해 특정 행사 혹은 대회에 투자하는 마케팅 형태를 의미한다.

- **스피어먼 상관관계분석** : 두 변수가 서열척도일 때 순위를 이용한 분석이다.

- **슬로비(Slobbie)족** : 직장을 옮기지 않는 범위 내에서 맡은 일에 충실하고 저축을 통해 자산을 불리며 가정을 중시하여 1일 2시간 이상은 가족과 함께 보내는 계층을 말한다. 느리게 살기 운동의 일환으로 슬로우푸드 운동, 느림 건강법 등을 실천한다.

- **시도이론** : 성공 가능성에 대한 기대 및 태도에 의해 시도 태도가 형성되고, 과거 시도했던 빈도와 주관적 규범에 의해 시도 의도가 형성되며, 이에 최신 정보를 고려하여 최종적인 시도가 나타나는 것을 설명한다.

- **시장수명주기(Market Life Cycle)** : 제품수명주기가 시간경과에 따른 제품의 수요변화 패턴을 나타내는데 반하여 시장수명주기 또는 제품-시장수명주기란 잠재고객들이 희구하는 효익의 수명주기를 의미한다.
- **시장침투 가격정책(Market Penetration Pricing Policy)** : 도입기에 제품수용도를 높이고 대량생산과 경험효과에 의한 생산원가의 인하를 통하여 경쟁우위를 차지하려는 초기저가정책을 말한다.
- **식역수준** : 소비자가 인지할 수 있는 자극의 수준을 의미한다.
- **식역하 지각** : 자극의 크기가 작아 강도가 절대식역에 미치지 못하거나 무의식중에 지각하게 되는 자극을 의미한다.
- **신뢰성** : 반복적으로 측정했을 때 같은 결과가 나오는 정도를 의미한다.
- **신뢰성 측정방안** : 반복측정법, 내적 일관성을 이용한다(반분법, 크론바흐의 알파 0.8 정도, 0.6 이상).
- **신뢰성 향상방안** : 구성개념을 정확히 이해, 신뢰성이 높다고 인정받고 있는 측정법을 사용, 시간과 경제적 여유가 있으면 반복측정법 사용, 측정항목의 수와 척도점의 수를 늘리면 크론바흐 알파값은 커진다. 다른 항목과 상관관계가 적은 항목을 제거하여 크론바흐의 알파값을 높인다.
- **실험의 반복** : 실험을 반복 시행하여 측정하는 것이다.
- **실험의 의미** : 인과관계를 밝히기 위해 사용하는 조사방법으로서 한 변수의 변화가 다른 변수에 미치는 영향을 연구한다. 학문적인 목적으로 주로 사용된다.
- **실험의 종류**
  - 현장실험(자연 상태의 실험) - 현실성이 높으나 외생변수의 통제가 어려움. 경쟁사에 알려질 가능성 존재
  - 실험실 실험(인위적 환경) - 시간과 경비절약, 외생변수의 통제가 용이하여 엄밀한 실험, 실제 환경에서 적용된다고 보기 어려움. 기밀유지 용이
- **심리적 가격정책(Psychological Pricing Policy)** : 특정한 가격이나 가격범위가 다른 가격(범위)에 비하여 고객들에게 심리적 소구력을 많이 갖는다는 관념을 근거로 하여 구사하는 가격정책이다.
  ☞ 명성가격정책, 개수가격정책, 단수가격정책
- **심비오틱 마케팅(Simbiotic Marketing)** : 공생 마케팅(Co-Marketing), 공동생산, 공동판매, 공동구매, 공동연구 등이 해당된다. 2개 이상의 독립된 기업들이 연구개발, 시장개척, 판매경로 및 판매원 관리를 위해 계획과 자원을 결합하여 보다 효율적으로 마케팅 관리를 수행하는 것이 기본목표이다.
- **아이다 모델(AIDA Model)** : 마케팅 커뮤니케이션에 대하여 소비자들이 보여주는 반응을 주의(Attention), 관심(Interest), 열망(Desire), 행동(Action)으로 범주화한 모델이다. 또한 기억(Memory)을 포함하여 AIDMA 모델도 제안되고 있다.

- **애드보카시 광고(Advocacy Advertising)** : 특정 기업의 활동이나 이윤획득의 적절성을 알리고 이해시켜 해당 기업을 지지하고 지원해 줄 것을 호소하는 데 중점을 두는 광고이다.
- **어피너티 마케팅(Affinities Marketing)** : 마케터가 회원들에게 특별한 혜택을 제공하는 전략을 구사하는 마케팅이다. 신용카드 회사가 소비자의 성명을 넣어서 카드를 발행하는 행위를 예로 들 수 있다.
- **에빙하우스 망각곡선** : 학습에 따른 기억량은 10분 뒤 망각이 시작되어 시간 경과에 따라 급속도로 진행되다가 일정 수준의 기억만이 남아있는 것을 설명한다. 이때 복습을 통해 기억 수준을 회복시킬 경우 최종적으로 남아있게 되는 부분기억의 양이 점점 늘어나게 되는데 이는 복습의 중요성을 일깨워 주고 있다.
- **역행방해** : 후속정보가 선행정보의 처리를 방해하는 것을 말한다.
- **연속제거방식** : 중요한 속성순서로 최소치를 넘지 못하는 대안을 순차적으로 제거하는 방법이다.
- **오차** : 오차 = 체계적 오차 + 비체계적 오차
- **외생변수의 통제방법** : 제거, 균형화, 상쇄, 무작위화
- **외적 귀인** : 소비자 외부에서 어떤 결과의 원인을 찾는 행동을 말한다.
- **외적 요인** : 환경적 요인이며 문화, 사회계층, 사회집단, 가족 등을 포함한다.
- **외적 타당성** : 조사를 다른 상황에서 행했을 때 같은 결과를 얻을 수 있는 정도를 의미한다.
- **외적 탐색** : 회상된 정보가 부족할 때, 의사결정을 위한 정보를 외부에서 추가적으로 획득하는 탐색을 의미한다.
- **요인분석** : 변수들 간에 공통적으로 작용하는 내재적 요인을 추출하여 전체 자료를 설명할 수 있도록 변수의 수를 줄이는 기법이다. 변수의 측정값은 공통요인(내재적 요인)과 고유요인의 합이며, 측정값의 분산은 공통요인의 분산과 고유요인 분산의 합이다.
- **요크스-도드슨 법칙** : 어떤 환기상태에서 소비자의 정보처리가 효과적인지 보여주며, 환기수준이 낮다면 불필요한 정보에 신경쓰고 반대로 환기수준이 너무 높다면 오히려 중요한 정보를 놓치게 되는 것을 설명한다.
- **욕구** : 실제 상태와 이상적 상태 간 차이를 줄여 균형을 회복하고자 할 때, 소비자행동을 유발하는 잠재적 긴장상태를 의미한다.
- **욕구 5단계설(욕구이론)** : 욕구를 설명하는 이론으로, 5단계 중 하위단계의 욕구가 충족되면 상위단계의 욕구가 유발됨을 제시한다.
- **우연적 노출** : 자신의 의도와 상관없이 자극에 노출되는 것을 말한다.
- **원가가산 가격결정(Cost-plus Pricing)** : 제품의 생산원가에 일정률 또는 일정 금액을 가산하여 기준가격을 결정하는 방법으로서 생산원가의 성격에 따라 총원가 방법과 증분원가 방법으로 구분된다.

- ▶ **원가우위 전략(Overall Cost Leadership Strategy)** : 산업 내 경쟁전략의 일종이다. 경험곡선 개념을 활용하여 전반적인 비용상의 우위를 목표로 여러 가지 기능상의 방책을 통해 특정 산업 내에서 원가우위를 달성하려는 전략이다. 원가우위 기업은 평균 이상의 수익을 올릴 수 있고, 구매자 압력에 용이하게 대처가능하고 공급자에 대한 교섭력 강화도 가능하다. 또한 대체품의 위협을 줄여주는 등 산업경쟁력에 모두 대응할 수 있는 가장 확실한 전략이다. 높은 시장점유율과 원자재 확보 용이성, 과감한 초기투자가 필요하다. 단점으로는 급격한 기술변화와 경쟁자의 원가인하 가능성, 제품혁신과 마케팅 소홀, 물가상승 문제의 위험 내포가 있다.

- ▶ **웨버의 법칙** : 차이식역에 도달하거나, 혹은 최소한의 차이를 인지하기 위해서는 기존 자극에 대해 새로운 자극의 크기가 상대적으로 커야 하는 것을 설명하는 법칙이다.

- ▶ **위풍재(Prestige Goods)** : 소비자들이 제품가격을 품질의 지표로 해석하는 제품들로서 대체로 고급품이나 고가품 또는 신체적 위험을 많이 수반하거나 사회적 지위의 상징성을 내포하는 제품을 말한다. ☞ 명성가격정책

- ▶ **유사 실험디자인**
    - 비동질 집단비교 디자인
      EG : O_1 X O_2
      CG : O_3 O_4
    - 독립표본 사전사후 디자인
      표본1 : O_1
      표본2 :   X O_2

- ▶ **유지적 마케팅(Maintenance Marketing)** : 완전수요의 상태에서 마케팅 활동의 효율성과 마케팅 환경요인들의 변화추세에 대하여 끊임없이 점검하고 대처함으로써 완전수요의 상태를 유지하는 마케팅 관리 과업을 의미한다.

- ▶ **의도적 노출** : 소비자 자신이 의지와 목적을 가지고 특정 자극에 노출되는 것을 말하며, 주로 외적 탐색에서 나타난다.

- ▶ **이상점** : 다차원척도법에서 지각도 위에 나타난 대상들의 위치에서 응답자들로부터 가장 선호되는 점을 나타내는 이상적인 대상의 위치를 말한다. 외부적 방법, 내재적 방법이 있다.

- ▶ **이중부호화 이론** : 관련 있는 2가지 코드를 동시에 제시함으로써 기억을 촉진하는 것을 말한다. 인텔의 TV광고는 인텔로고(시각적 코드)와 함께 징글(청각적 코드)을 함께 제시하여 기억에 더욱 오래 남을 수 있도록 한다.

- ▶ **이해** : 감각기관을 통해 받아들인 자극의 일부는 주의를 거쳐 자료가 되고 다시 유의미한 정보가 되는데, 이렇게 자극이 조직화와 해석을 거치는 것을 이해라고 한다.

- ▶ **이해관계자(Stakeholder)** : 기업을 둘러싼 이해관계자에는 주주, 노조, 경영진, 종업원, 고객, 경쟁사, 지역사회 등이 포함된다.

- **인과관계의 추론** : 시간적 선행성, 동반발생, 대체설명의 부재(외생변수의 통제)
- **인과조사** : 증명할 수 없으며 인과관계가 있다는 것을 확인한다.
- **인자의 처리/인자의 수준** : 광고시안을 4개 만들었다는 것은 독립변수를 세 가지 수준으로 조작했다는 것이다.
- **인자/처치변수** : 광고시안은 독립변수에 해당되는데, 분산분석에서는 독립변수라는 용어이다.
- **인지부조화(Cognitive Dissonance)** : 디서넌스란 두 가지 상반되는 신념 사이에서 느끼는 갈등이지만, 구체적으로 구매 후 디서넌스란 제품을 일단 구매한 후 그러한 선택의 현명함에 대하여 느끼는 의구심을 말한다.
- **인지부조화 이론** : 페스팅거에 의해 제시된 이론으로 서로 상충되는 인지 간의 부조화상태에서 심리적 균형 즉, 조화상태로 옮겨가는 과정에서 태도변화가 일어나는 것을 설명한다.
- **인지세트(Awareness Set)** : 제품범주 내에 존재하는 많은 상표들 중에서 소비자가 구체적인 의사결정에 당면할 때 알고 있는 상표들을 의미한다. 특정한 욕구와 관련하여 소비자가 이미 학습한 일반화된 지식(스키마) 속에 포함되어 있는 상표들이다. 인지세트는 다시 환기세트, 불활성 세트, 부적 세트로 구분된다.
- **인지식역(Awareness Thresholds)** : 소비자는 너무 작거나(약하거나) 지나치게 큰(강한) 자극을 감지할 수 없는데, 생리적으로 소비자가 감지할 수 있는 자극의 범위를 인지식역이라고 한다. 인지식역은 절대식역과 최종식역으로 규정된다.
- **인지적 균형이론** : 소비자는 신념과 태도 간 일관성을 유지해 심리적 균형을 지향한다. C모델에 대해 선호하는 태도와 D브랜드에 대해 비선호하는 태도를 가지고 있을 때, 만약 C모델이 D브랜드를 광고하는 상황이라면 불균형이 초래되고 이때 심리적 편안함을 유지하기 위해 태도변화가 유발되는 것을 말한다.
- **인지적 반응** : 소비자가 정보처리를 하면서 자연스럽게 갖는 생각을 말한다.
- **인지적 학습** : 새로운 정보로 인해 기존의 신념이 변화하는 생각(사고과정)을 통한 학습을 말한다.
- **인출** : 장기기억에 저장된 정보를 의식수준으로 끌어올리는 과정, 즉 단기기억으로 가져오는 과정을 말한다.
- **일치성 이론** : 인지적 균형이론이 소비자, 상표, 모델 간의 관계를 나열하고 그에 따른 소극적 태도변화의 유형을 설명한다면, 오스굿과 탄넨바움에 의해 제시된 일치성 이론은 태도의 강도를 적용해 적극적 태도변화의 알고리즘을 설명한다.
- **자극적 마케팅** : 무수요 상태에서 제품이 제공해 주는 효익과 잠재고객들의 기본적인 욕구 사이의 연관성을 인식시켜 관심을 자극하는 마케팅 관리과업을 말한다.

- **자기시장 잠식화(Cannibalization)** : 특정 기업이 시장을 점유하고 있는 카테고리 내에 신규상표를 도입함으로써 초래되는 부작용을 의미한다. 즉 신규상표가 기존상표와 경쟁하여 궁극적으로 기업의 총 시장점유율을 잠식하는 제 살 깎기 현상을 카니발리제이션이라고 한다.
- **자기지각이론** : 소비자의 내적 귀인 혹은 외적 귀인을 설명하는 이론이다.
- **자료의 종류** : 1차 자료, 2차 자료 – 다른 조사를 위해 이미 수집해 놓은 자료(내부 2차, 외부 2차)
- **자아개념** : 성격, 가치관, 능력, 동기 등 자신에 대한 전반적인 느낌과 생각을 말한다.
- **자아개념이론** : 소비자는 자신이 추구하는 이상적 자아이미지와 일치하는 브랜드를 선호하게 되는데, 가령 선호하는 광고모델이 자아이미지와 관련성이 높다면 광고제품에 대한 호감적 태도가 형성되는 것을 설명하는 이론이다.
- **작동적 조건화** : 스키너의 쥐 실험을 기반으로 학습을 설명하고 있는데, 상자에 갇힌 쥐는 우연하게 버튼을 누름으로써 먹이를 얻게 되고 이러한 행동–보상이 반복적으로 누적되면 어떤 보상을 위해 학습이 이루어진 것으로 본다. 즉, 어떤 보상을 목적으로 특정 행동을 하도록 학습되는 것을 작동적 조건화라고 한다.
- **잔차** : 실제 관측값과 직선까지의 거리이다.
- **장기기억** : 단기기억에서 처리된 정보가 장기기억에 영구적으로 보존되며, 필요에 따라 다시 단기기억으로 인출된다. 가령, 평소에는 의식에서 단절되어 있다가 문득 자신의 어린 시절 추억이 떠오르는 경우(인출)를 들 수 있다.
- **장소 마케팅(Place Marketing)** : 특정 장소를 하나의 상품으로 인식하도록 기업과 주민이 힘을 합쳐 관광객이 선호하는 이미지와 제도, 시설을 개발하여 장소의 상품가치를 높이는 활동을 의미한다.
- **재구조화** : 첨가 및 조율과 달리 더욱 광범위한 인지적 노력이 요구되는데, 기존 지식에 학습을 통한 추가지식을 수용하게 되면 기존 지식과 전혀 다른 새로운 지식구조가 만들어지는 것을 말한다.
- **재인** : 객관식 시험과 같이 특정 정보가 기억에 존재하는지 확인하는 것이 목적이다. ☞ 회상(Recall)
- **재판매가격 유지정책(Resale Price Maintenance Policy)** : 제품의 유통단계별로 중간상인들이 자신의 고객에게 구사할 가격을 생산자가 지정하는 정책으로서, 중간상인들 사이의 가격 경쟁을 제한하므로 법적으로 규제하고 있다.
- **재포지셔닝(Repositioning)** : 소비자의 욕구변화, 상권 내 역학구조의 변화, 소매기업 내 각종 상황의 변화 등에 따라 그간 유지해왔던 소매믹스 및 영업방법상의 특징을 본질적으로 변화시켜 상권의 범위와 내용, 목표 소비자를 새롭게 조정하는 활동으로서 일종의 점포혁신을 의미한다.
- **재핑(Zapping)** : TV시청자가 광고시청 회피를 위해 프로그램 중간에 리모트컨트롤로 채널을 전환하는 현상을 말한다.

- **저관여 학습이론** : 제품속성에 대한 구체적 신념이 형성되지 않은 저관여 제품을 구매할 때, 과거 반복적 광고로 인해 형성된 얕은 인지가 브랜드 선택에 있어서 비교우위로 작용하고 이를 소비, 사용함으로써 평가가 이루어져 태도가 형성되는 과정을 설명한다.
- **저관여 효과계층모형** : 신념-행동-감정의 순서를 따르는데 즉, 신념에 따라 행동이 나타나고 그 후에 감정이 형성되는 것을 설명한다. 이때의 태도는 행동적 학습에 기반한 태도형성 모델이다.
- **저맥락 문화** : 구성원 간 이해관계가 단순하고 문서가 중요시되는 문화를 말한다.
- **적합도** : 실제 관측값과 직선까지의 거리가 최소인 직선을 회귀선으로 채택한다.
- **전국상표(National Brand)** : 통상 넓은 지역에 걸쳐 그 적용을 확보하고 있는 제조업자 혹은 생산자의 브랜드를 의미한다. ☞ 제조업자 상표
- **전문품(Specialty Goods)** : 소비자가 특정한 상표를 완전히 이해하고 있으며 그것을 구매하기 위하여 상당한 노력을 기꺼이 지출하려는 제품으로서 대체로 소비자들 사이에는 특정한 상표만을 수용하려는 상표집착이 발생한다.
- **전사적 마케팅(Total Marketing)** : 기업의 모든 활동이 마케팅 중심으로 전사적 관점에서 통합, 조정되어 수행되는 통합적 마케팅을 의미한다.
- **전체강화** : 연속강화라고도 하며 어떤 행동이 나타날 때마다 보상이 주어지므로 학습의 신속성이 있는 반면, 보상이 중단되면 행동 역시 신속하게 중단되는 특징이 있다.
- **전환적 마케팅(Conversional Marketing)** : 부정적 수요상태에서 실제수요를 (-)로부터 (+)로 전환시켜 바람직한 수요의 크기와 일치시키기 위한 마케팅 관리과업을 말한다.
- **절대식역** : 존재를 알아챌 수 있는, 즉 인지 가능한 최소 강도의 자극을 말한다.
- **점화효과** : 먼저 얻은 정보로 인해 생긴 선입견은 그 다음 정보의 처리에 영향을 미치게 되는데, 가령 영화 속 남자주인공에 흠뻑 빠져 있다가 영화가 끝나면 옆에 앉은 남자친구가 왠지 비교되어 보인다거나 항공기 추락사고 소식을 접하면 해외여행 일정이 대거 취소되는 것을 볼 수 있다.
- **접근-접근 갈등** : 2가지 바람직한 대안들로 인한 행복한 고민을 말한다.
- **접근-회피 갈등** : 바람과 동시에 회피하고자 할 때 발생하는 갈등을 말한다.
- **정교화 가능성 모델** : 정교화는 정보처리 의지를 말하며, 설득적 커뮤니케이션 과정에서 소비자의 태도변화 유발을 설명하는 모델이다.
- **정보의 원천** : 인적, 비인적 및 기업의 정보통제 가능유무에 따라 상업적 정보, 경험적 정보, 개인적 정보, 공공적 정보로 구분된다.
- **정보처리수준 모델** : 정보를 처리할 수 있는 제한적 용량을 가진 하나의 기억장소가 있고, 정보처리의 수준에 따라 처리용량이 구분되어 할당되는 것을 설명하는 모델이다.
- **정보탐색** : 구매의사를 결정하기 위해 관련 정보를 탐색하는 단계를 말한다.

- ▶ **정서적 반응** : 소비자가 설득적 메시지에 노출되면서 자연스레 가질 수 있는 느낌, 감정을 말한다.
- ▶ **정신분석이론** : 프로이트에 의해 제시되어 의식화되지 않은 동기의 연구에 활용된다. 즉, 무의식적인 세계에서 개성이 형성되는 것으로 보며 상위개념이 하위개념을 억제하며 갈등하며 그 과정의 결과가 서로 다른 개성이 나타나는 원인이라고 설명한다.
- ▶ **제품 차별화(Product Differentiation)** : 기업 간 또는 제품 간의 경쟁이 심화되어 가격경쟁보다는 비가격 경쟁에 의존하게 된 경우, 소비자의 욕구 유발을 위해 자사제품이 경쟁기업의 제품과 다른 차별적 특성, 스타일 혹은 이미지를 구비하여 비가격경쟁력을 강화하는 전략을 말한다.
- ▶ **제품카테고리 관리(Product Category Management)** : 특정 제품 범주에 속하는 모든 상표의 수익성을 관리하는 조직구조이다.
- ▶ **조사 목적에 따른 분류**
    - 기술적 분석 – 도수분포분석, 기술통계분석
    - 관련성분석 – 교차분석, 상관관계분석
    - 구조추출분석 – 요인분석, 군집분석
    - 인과관계분석 – 분산분석, 회귀분석, 판별분석
- ▶ **조사설계의 3가지** : 탐색조사, 기술조사, 인과조사
- ▶ **조율** : 기존의 지식구조에 학습을 통한 추가지식을 수용함으로서 지식구조가 재개편되어 일반화되는 것을 말한다.
- ▶ **주관적 규범** : 사회적 규범에 대한 순응의 정도로 정의되며, 이는 규범적 신념과 순응동기의 곱으로 표현된다. 다시 말해, 타인의 의견을 지각하고 어느 정도 수용하는지에 대한 정도를 말한다. 만약 타인의 의견을 지각하지 못하거나, 혹은 타인의 의견에 대한 수용을 고려하고 있지 않다면 주관적 규범은 성립되지 않는다.
- ▶ **주의** : 노출된 자극에 대한 개인의 정보처리 의지를 말한다. 이때 모든 자극에 주의를 기울이면 정보 과부하가 유발되므로 이를 회피하기 위한 선택과 집중, 즉 필터링 역할을 하는 것이 주의이다.
- ▶ **주의의 선택성** : 일상생활에서 상당한 양의 정보에 노출되지만 정작 처리되는 정보는 매우 적다. 이것은 정보처리 용량의 한계로 인해 정보를 걸러내어 선택적으로 집중하고 처리하는 주의의 선택성 때문이다.
- ▶ **주의의 집중성** : 주의의 용량 한계 때문에 특정 정보에 주의용량을 더 할당하는 것을 말하는데, 가령 주의용량이 한정되어 있으므로 운전 중 전화통화 시, 사고가 유발될 수 있다.
- ▶ **준거가격(Reference Price)** : 소비자가 제품의 실제가격 평가를 위해 이용하는 표준가격의 통칭이다. 준거가격 역할을 하는 표준가격에는 공정가격, 가장 빈번하게 지불한 가격, 최근에 지불한 가격, 유사 상품의 가격, 미래 기대가격 등이 있다.

- **준거집단** : 개인의 일반적 혹은 특정 가치, 태도, 사고와 행동에 규범과 가치를 제공함으로써 직접적 혹은 간접적으로 영향을 미치며 자아이미지를 형성하는 데 비교 또는 준거점이 되고 있는 개인이나 집단을 말한다. 예 학교동료, 직장동료, 종교집단, 스포츠 동호회 등

- **지각된 위험** : 잘못된 구매결과에 대한 선행적 불안감을 의미한다.

- **지각의 조직화** : 어떤 자극에 대해 해석이 용이하도록 일정한 범주로 분류하거나 통합하게 되는데, 이를 위해 여러 자극을 단순화시켜 덩어리 형태로 지각하게 되는 것을 말한다. 즉, 감각기관을 통해 들어온 정보를 소비자가 이해할 수 있는 언어로 바꾸는 과정을 의미한다.

- **지각의 통합화** : 여러 자극을 분리하지 않고, 하나의 덩어리 형태로 인식하는 것을 말한다.

- **지각적 방어(Perceptual Defense)** : 소비자가 자신의 자아를 위협하거나 기존의 신념 및 태도에 상반되는 정보에 대하여 주의하기를 기피하며, 더욱이 그 의미도 왜곡하여 받아들이는 현상을 말한다. 이러한 현상을 야기하는 심리적 작용을 방어기제라고 한다. ↔ 지각적 경계

- **지각적 범주화(Perceptual Categorization)** : 소비자가 감각 결과들을 이미 기억 속에 저장되어 있는 정보항목들과 관련시켜 일반화하거나(보해 라이트는 소주의 일종이다) 차별화하는 것(일례로 보해 라이트는 기존 소주에 비하여 순하다)을 말한다.

- **지각지도(Perceptual Map)** : 마케팅 대상들이 소비자의 지각 속에서 차지하고 있는 포지션을 도식화한 것이다. ≒ 제품공간

- **지역상표(Local Brand)** : 특정 지역에서만 한정적으로 팔고 있는 상표를 의미한다. ☞ 중간상인 상표

- **지역적 가격정책(Geographic Pricing Policies)** : 수송비의 부담이 점차로 가중됨에 따라 시장의 지역적 위치, 생산시설의 입지, 지역별 경쟁상황 등을 고려하여 수송비를 효과적으로 다루기 위한 가격정책을 의미한다.
    ☞ 생산지점 가격정책, 균일가격 인도정책, 지역별 균일가격 인도정책, 기점가격정책, 수송비흡수 가격정책

- **진실성 효과** : 동일한 진술에 반복적으로 노출되어 이루어진 태도변화를 말한다. 즉, 제품이나 브랜드에 대한 간단한 특징을 반복적으로 제시하면 소비자가 이를 수용하는 것을 말한다.

- **질문순서의 결정** : 단순하고 흥미를 느낄만한 질문으로 시작, 일반적인 질문은 앞에, 구체적이고 어려운 질문은 뒤쪽에, 포괄적 질문을 먼저하고 구체적인 질문으로 이어지도록 한다. 난처한 질문과 위신에 관계되는 질문은 뒤쪽에, 설문지가 길 경우 중요한 질문은 앞쪽에 한다. 단, 중요한 질문이 민감한 질문인 경우 조심해서 결정, 인구통계적/사회경제적 질문은 가장 뒤에 한다.

- **차이식역** : 소비자는 상이한 두 개 이상의 자극들 사이의 차이를 모두 감지할 정도로 민감하지 않은데, 선행자극과 후행자극 간의 차이를 인지할 수 있는 최소 강도의 자극을 차이식역이라 한다.
    ☞ 웨버의 법칙

- **창조적 마케팅(Creative Marketing)** : 하나의 아이디어가 나오면 그것을 살려 다시 발전시키고 또다시 그 위에 새로운 창의를 더하여 궁극적으로 유용하고 가치 있는 것을 창출하는 마케팅을 의미한다.

- **채찍효과(Bulwhip Effect)** : 수요량과 발주량의 격차를 놓고 볼 때 소매상, 도매상, 제조업자 등 공급사슬(Supply Chain)을 거슬러 올라갈수록 변동폭이 크게 확대되는 현상을 말한다. ☞ 나비효과

- **척도** : 수치나 기호의 연속적 체계 즉, 측정하는 도구로서 질적 자료를 양적 자료로 변환시키는 도구이다.

- **척도개발 시 고려사항** : 척도점의 수, 홀수와 짝수 척도점, 균형척도와 불균형척도, 응답의 강요성 여부, 척도를 설명하는 형태

- **척도의 분류**
  - 비교척도(비메트릭척도) - 고정총합 척도법, 순서서열 척도법, 쌍대비교법 [암기법 : 고순쌍]
    → 여러 연구대상을 비교하여 우월한 것을 선택
  - 메트릭척도 - 의미차별화척도, 연속형 평가척도, 스타펠척도, 리커드척도 [암기법 : 의연스리]
    → 다른 연구대상과의 비교가 이뤄지지 않는 척도

- **첨가** : 과거 정보처리를 통해 형성된 지식구조에 새로운 지식을 단순 추가하는 것으로 기존 지식에는 변화가 없다.

- **청크** : 정보처리의 단위로 한 번에 처리 가능한 정보의 양은 5~9개 청크단위이므로 단순한 메시지를 반복적으로 제시하는 것이 효과적이다.

- **체리피커(Cherry Picker)** : 기업의 상품구매, 서비스 이용실적은 좋지 않으면서 자신의 실속 챙기기에만 관심이 있는 소비자를 말한다. 집들이를 앞둔 신혼부부가 고가의 가구를 구입했다가 집들이가 끝나면 반품하는 경우가 이에 해당하며, 실제 홈쇼핑 업체들의 애로사항으로 대두되고 있다.

- **체험마케팅(Experiential Marketing)** : 고객의 체험에 중점을 두는 마케팅이다. 4E 감성마케팅 믹스의 Experience(Place)를 토대로 실제 구매 전 마케팅에 많이 활용되고 있는데, 대우의 시승차 운행과 대형 매장의 시음, 시식 홈쇼핑의 무료체험 활용 등이 이에 해당된다.

- **최초상기상표** : TOMA(Top Of Mind Awareness). 상기상표군 중 가장 먼저 떠오르는 상표를 말하며, 기업은 최초상기상표가 되고자 소비자의 기억 속에 자사의 제품을 각인시키기 위해 막대한 자원을 소요하고 있다.

- **측정** : 미리 결정된 규칙에 따라 변수에 수치나 기호를 할당하는 과정을 의미한다.

- **카운터 마케팅(Counter Marketing)** : 불건전한 수요의 상태에서 수요의 존재 자체를 없애 버리려는 마케팅 관리 과업이다.

- **카테고리 킬러(Category Killer)** : 특정 상품의 모든 브랜드를 취급하는 점포를 말한다.
  예 신발전문점, 아웃도어 전문점

- **캐릭터(Character)** : 기업이나 특정 상품 및 서비스의 특징 강조를 목적으로 브랜드를 의인화한 것을 말한다. 개성강조 및 브랜드에 대한 친숙한 이미지 형성을 통한 판매효과 증대에 목적이 있다.

- ▶ **커뮤니케이션 상황** : 소비자가 인적 또는 비인적 매체를 통해 제품정보를 접하게 되는 상황을 말한다.

- ▶ **컨버젼스 마케팅(Convergence Marketing)** : 최근 소비자는 '디지털 + 아날로그' 혼성 소비자(Hybridand Convergenced Customer)로 정의되는 추세이다. 현 소비자를 그리스 신화에 나오는 반인반마(半人半馬) 종족인 켄타우로스에 비유한다. 온·오프라인을 넘나드는 현대판 켄타우로스를 다루기 위해 과거 4P mix에서 탈피하여 고객화(Customerization), 커뮤니티(Community), 채널(Channel), 경쟁가치(Competitive Value), 선택도구(Choice Tools)라는 5C mix가 경영의 핵심요소로 부상하고 있다. 즉, 온라인과 오프라인을 넘나드는 소비자의 행태를 잘 파악하여 성공적인 결과를 이끌어내는 것이 컨버젼스 마케팅의 의미이자 목적이다.

- ▶ **컨슈머리즘(Consumerism)** : 소비자가 소비생활을 영위하는 과정에서 집적된 불만을 치료, 보상받으려는 소비자들의 조직된 노력 또는 소비자 권리를 침해하는 관행으로부터 소비자 개인을 보호하기 위한 정부 및 기업, 독립기관들의 광범위한 활동을 의미한다. 소비자 권익을 보호하는 소비자 운동의 이념 내지 철학이다. ☞ 소비자 제일주의

- ▶ **컨조인트 분석** : 제품구매 시 소비자가 중요하게 생각하는 제품속성별로 소비자가 원하는 속성수준을 찾아냄으로써 최적의 신제품을 개발할 수 있게 하는 조사기법이다. 기본적으로 종속변수의 순위에 대한 두 개 이상의 독립변수의 연결효과를 분석하며, 종속변수가 서열척도인 경우 적합한 분석기법이다. 컨조인트 분석은 신제품 컨셉의 평가, 경쟁, 분석을 통한 시장점유율 예측, 시장 내 제품 포지셔닝, 시장세분화 등에 활용된다.

- ▶ **컬러 마케팅(Color Marketing)** : 색상으로 소비자의 구매욕을 자극하는 마케팅 기법이다.

- ▶ **캐즘(Chasm)** : 혁신적인 제품이 초기 혁신수용자 소비자 시장을 거쳐 좀 더 대중적 시장으로 영역 확장에 나설 때 흔히 겪는 수렁과 정체를 의미한다.

- ▶ **크로스 패키징(Cross-packaging)** : 포장라인의 유사성을 강조하는 포장으로, 공통디자인 포장으로 통칭한다. 서로 다른 소구점을 갖고 서로 다른 구매 자극을 노리고 있는 제품들 간에 포장의 통일적 유사성을 강조하여 판매촉진 효과를 높이려는 포장전략이다. 동일 제품라인에 속하는 제품들에 접목하는 것이 효율적인 전략이다.

- ▶ **키즈 마케팅(Kids Marketing)** : 13세 미만의 어린이를 대상으로 하는 마케팅전략이다.

- ▶ **타당성** : 구성개념을 측정값이 제대로 나타내고 있는 정도로서 조사의 결과를 믿을 수 있는 정도를 의미하며, 내적 타당성과 외적 타당성으로 나뉜다.

- ▶ **타당성의 종류** : 기준타당성(예측타당성, 동시타당성), 내용타당성, 구성타당성(수렴타당성, 판별타당성, 이해타당성)은 내구성이 좋은 수단이다.

- ▶ **타당성 향상방안** : 구성개념을 정확히 이해해야 한다. 여러 측정방법을 사용해서 수렴타당성을 검토해야 한다. 용어를 정확히 정의해야 관련자가 동일하게 이해한다. 다른 연구에서 사용되어 타당성을 검증받은 측정법을 사용한다.

- **탐색조사의 종류** : 문헌조사, 전문가 의견조사, 심층면접법, 표적집단면접법, 사례조사
- **태도** : 어떤 대상에 대해 일관성 있게 호의적 또는 비호의적으로 반응하게 하는 학습된 선입견을 말한다. 예 비듬이 많을 때, 비듬제거 샴푸에 호의적인 태도가 유발되어 자신의 약점을 감추게 된다.
- **테마 마케팅(Theme Marketing)** : 어떤 장소라고 하는 물리적인 존재 장소를 특정 주제나 제목과 연계한 상징적 이미지를 통해 집객 효과를 높이기 위한 마케팅을 의미한다.
  예 전시산업특구, 함평 나비, 화천 산천어 등
- **테스트 마케팅(Test Marketing)** : 신상품을 본격적으로 출하하기 전에 상품과 마케팅전략을 평가하기 위해 한정적으로 정해진 지역에서 실제 판매활동을 수행하는 것을 말한다.
- **테스트모니얼 마케팅(Testmonial Marketing)** : 소비자나 구매자들을 직접 광고나 이벤트에 등장시켜 제품 성능을 테스트하게 한 후 증언이나 진술을 받는 형식의 마케팅 활동을 의미한다. 유명 연예인을 활용하지 않기 때문에 비용이 적게 들고 소비자들에게 친근감 형성이 가능하다.
- **통합상표(Blanket Brand)** : 두 개 이상의 품목을 취급하는 마케터가 각 품목에 동일한 상표를 설정한 경우이며 가족상표라고도 한다. 이에 반하여 품목별로 다른 상표를 설정하는 것을 개별 상표라 한다.
- **투사법** : 피실험자의 내면적 특성들을 발견하는 방법으로 솔직한 대답을 이끌어내기 위해 제3자의 입장에서 대답을 유도하는 방법이다.
- **트레이드 드레스(Trade Dress)** : 색채, 형태 등을 통해 표출되는 특정 상품의 전체적인 독특한 이미지를 말한다. ☞ 상품 외장
- **특성이론** : 특성은 외부 자극에 대한 일관성, 규칙성, 지속성 있는 반응을 말하며, 외부환경의 영향을 적게 받으므로 반응(행동)의 예측이 가능하고 혹은 반응(행동)을 분석하여 특성의 추론도 가능하다. 즉, 자극A에 대해 반응A가 나타난다면, 비슷한 자극 B, C, D에서도 반응A가 나타날 가능성이 높은 것을 설명하는 이론이다.
- **티저광고(Teaser AD)** : 광고 내용을 수수께끼처럼 제시하는 일련의 광고 기법으로 소비자의 호감을 자극하는 수법이다. 다음에 무엇이 나올까 맞추려고 관심을 갖게 하여 끝에 가서 정체를 드러내 알게 하고 인상깊게 하려는 광고기법을 말한다. 예 마이클럽의 '선영아 사랑해'
- **티피오(TPO)** : 소비자행동에 영향을 미치는 상황요인으로서 시간(Time), 장소(Place), 계기(Occasion)의 약자이다. 패션업계가 마케팅 세분화 전략에 의해 강조한 것이다.
- **파생수요(Derived Demand)** : 산업재의 경우 수요가 구매자로부터 직접 발생한다기보다는 궁극적으로 일반 개인소비자들로부터 간접적으로 발생하는 수요라는 의미이다.

- **판별분석** : 연구대상이 두 집단 중 어디에 속하는지 판단하는 분석기법으로 두 집단의 분류에 중요한 역할을 하는 변수를 찾아낸다. 종속변수와 독립변수가 존재하며 독립변수는 등간척도 혹은 비율척도를 사용한다. 종속변수는 명목척도를 사용한다. 판별함수의 판별력은 윌크스 람다를 계산하여 카이제곱 검정을 실시한다. 윌크스 람다는 집단 내 분산/(집단 내 분산 + 집단 간 분산)으로 계산되며 0에 가까울수록 두 집단이 확실히 구분되고, F값과는 반대의 성질을 갖는다. 판별함수의 적합도는 바르게 판별한 비율로 추정하며, 새로운 대상의 판별은 피셔의 선형판별함수의 값이 큰 쪽으로 판별한다.

- **퍼미션 마케팅(Permission Marketing)** : 고객의 허락을 받고서 상품이나 서비스를 판매하는 마케팅 방법이다.

- **페이아웃 브랜드(Payout Brand)** : 신규 사업이나 신제품 도입 시, 처음에 많은 금액의 지출이 발생하게 되는데 그 시초 손실을 얼마의 시간이 지난 뒤에 되찾을 수 있을지를 예상하고 사업 개시 또는 신제품을 도입하는 것을 의미한다.

- **페이퍼 마케팅(Paper Marketing)** : 광고전단지 등 종이를 활용한 페이퍼 마케팅은 첨단 마케팅 기법과 인터넷 기술을 흡수하면서 새로운 환경에 맞춰 진화하고 있다.

- **편의품(Convenience Goods)** : 장보기에 앞서서 소비자가 제품범주에 관하여 완전한 지식을 갖추고 있으며 적합한 제품을 구매하기 위해 최소한의 노력만을 투여하려는 제품으로서 대체로 저렴하고 빈번히 구매되는 경향이 있다. 다시 필수상품, 긴급상품, 충동상품으로 구분된다. ≒ 선매품, 전문품

- **폰피(폰페이지, Phone Page)** : 모바일 전용 홈페이지를 의미한다. 휴대폰으로 손쉽게 접속할 수 있는 모바일 인터넷 공간이다.

- **표본추출 과정** : 모집단의 확정 → 표본추출 프레임결정 → 표본추출 방법결정 → 표본크기의 결정 → 실행

- **표본추출방법**
  - 확률 표본추출 : 단순무작위, 층화, 군집, 체계적
  - 비확률 표본추출(표본프레임 없이, 모집단에 속한 구성원이 표본으로 선택될 확률을 모르는 상태에서 표본 선정) : 편의, 판단, 할당

- **표본프레임** : 모집단 내에 포함된 조사 대상들의 명단이 수록된 목록을 의미한다.
  - 오차 : 표본프레임 > 모집단, 모집단 > 표본프레임, 모집단 ∩ 표본프레임
  - 줄이는 방법 : 표본프레임에 맞게 모집단을 재규정, 자료수집과정에서 부적당한 연구대상 제거, 자료 분석 과정에서 가중치를 적용시켜 자료를 조정

- **표준학습 위계모형** : 신념-감정-행동의 순서로 영향을 미치는 단계적 모형을 말한다. 이러한 단계를 거쳐 형성된 태도는 인지적 정보처리과정을 거치고 주로 고관여의 구매의사결정과정에서 볼 수 있다.

- **프로스펙트 이론** : 불확실성을 내포하고 있는 의사결정 방법으로서 실제로 발생하는 사람들의 선택행위를 가장 정확하게 묘사하고 예측하는 데 주안점이 있다. 대안평가에 있어서 기준을 어디에 두냐에 따라 의사결정이 바뀔 수 있는 방식으로 개인의 성향에 따라 고가상품 당첨권을 선호할 수도 있고 저가상품 교환권을 선택할 수도 있다. 즉 불확실한 상황에서 가치의 근거에 따른 의사결정 수행을 말한다.

- **프리 마케팅(Free Marketing)** : 서비스와 제품을 무상으로 제공하는 마케팅 방법을 말한다. 유료정보를 무상으로 이용하는 대신 화면광고에 노출시키거나, 인터넷 무료접속 서비스를 사용하는 대신 개인의 신상정보를 제공하거나, 특정 통신 서비스를 몇 년간 이용 약정하면 PC를 무료로 제공하는 형태 등을 예로 들 수 있다.

- **프리컨시 마케팅(Frequency Marketing)** : 이용 빈도가 높거나 대량 구매 고객 등 기여도 높은 고객층을 대상으로 각종 혜택을 제공하여 관계증진을 통해 매출증대 및 이윤확대를 도모하기 위한 수익성 지향의 주요고객 위주 마케팅 기법이다.

- **플래그십 마케팅(Flagship Marketing)** : 시장에서 성공을 거둔 특정 브랜드를 중심으로 마케팅 활동을 집중하는 마케팅 기법이다. 토털 브랜드 전략과 상반된 개념으로 플래그십 마케팅은 주로 초일류 이미지를 보유한 기업과의 정면대결을 회피하기 위해 구사하는 전략이다. 다른 사업 분야로 확장, 적응해 성공을 이끌어낼 수 있는 마케팅 능력을 보유하고자 한다. 기존 영역의 성공을 믿고, 다른 영역으로 진출을 꾀한다. ☞ 범위의 경제(Economy of Scope) ≠ 규모의 경제 (Economy of Scale)

- **피시바인 확장모델(이성적 행동이론)** : 인간이 사회적 동물임에 기반하여 태도와 달리 사회적 규범, 그리고 그에 순응하려는 정도에 따라 자신의 행동이 영향받게 된다는 것을 설명한다. 이를 이성적 행동이론 또는 합리적 행동이론이라 한다.

- **피킹(Picking)** : 창고나 보관 장소에서 물품을 꺼내는 일련의 작업을 말한다. 고객의 주문에 따라 지정 물품 보관 장소에서 각 배송처로 분류하고 정리하는 작업을 오더 피킹(Order Picking)이라고 한다.

- **하위문화(Subculture)** : 집단의 규모가 커지고 구성원들의 활동범위가 다양해짐에 따라 구성원들은 전체와 상호관계를 유지하기보다는 일부 구성원들과 대면접촉을 유지하면서 자신들만의 정체성을 개발하기 원한다. 이를 위해 형성된 가치, 규범과 집단의식, 여러 가지 자극에 대한 반응패턴을 포함한다.

- **학습** : 직접적, 간접적 경험 혹은 생각을 통해 신념이나 태도가 형성되고, 기존 태도가 변화하는 일련의 과정을 학습이라고 한다.

- **핵심제품(Core Product)** : 제품의 세 가지 수준 중에서 잠재고객들의 기본적인 욕구를 충족시키거나 문제해결에 직접적으로 관련되는 효익들의 조합을 지칭한다. 또한 그러한 효익들을 잠재고객들에게 효과적으로 제공하기 위한 물리적, 화학적 및 상징적 속성들의 조합을 실제제품이라고 하며, 잠재고객들이 제품구매로부터 충분한 만족을 얻을 수 있도록 실제의 구매와 소비활동에 관련하여 제공되는 부수서비스까지 포함할 때 확장제품이라고 한다.

- **행동 마케팅(Act Marketing)** : 고객의 육체적인 체험과 라이프스타일, 상호작용에 영향을 끼치게 하는 마케팅 기법이다. 오지탐험, 사냥과 낚시 등 관광산업에서 자주 활용한다.
- **행동적 학습** : 자극-반응 간의 경험을 통한 행동이 지속되는 경험을 통한 학습을 말한다.
- **행동적 학습이론** : 학습의 과정보다 결과적으로 나타난 행동에 관심을 가지며, 인지적 과정이 생략된 학습을 말한다.
- **호프스테드의 4차원 모델** : 각 나라의 특성을 개인주의 정도, 불확실성 회피정도, 권력의 격차, 남성화 정도라는 4가지의 문화척도로 구분하여 비교한 모델이다.
- **확산과정(Diffusion Process)** : 한 사회 시스템의 구성원들 사이에서 혁신이 확산되어 가는 과정을 의미한다. 혁신수용이 한 개인에 의한 의사결정임에 반하여 혁신의 확산은 사회적인 현상이다.
- **확장제품(Augmented Product)** : 소비자가 가격을 지불하고 실제로 획득하는 제품의 광의적 해석을 의미한다. ☞ 핵심제품
- **환기세트(Evoked Set)** : 인지세트를 구성하는 상표들 중에서 소비자가 구매와 소비를 위하여 긍정적으로 평가한 상표들의 집합을 의미한다. ☞ 인지세트
- **활성화 모델** : 하나의 기억장소가 있고, 각각의 기억은 네트워크 구조를 하고 있다. 정보처리를 위해 일부분이 일시적으로 활성화되는데, 지속적으로 유지하기 위해서는 반복적 노력이 필요한 것을 설명한다.
- **회상** : 망각의 정도를 측정하기 위한 척도로서 상기수준과 재인수준으로 정의된다. 상기란 특정한 조건에 맞는 정보를 회상해 내기 위하여 기억 속의 모든 정보를 검토하여 조건과 비교하는 과업이며, 재인이란 제시되는 정보들이 기억 속에 저장되어 있는 것과 일치하는지의 여부만을 판단하는 과업이다. 주관식 시험과 같이 특정 정보를 떠올리는 것이 목적이다.
- **회피-회피 갈등** : 2가지 대안을 모두 회피하고 싶을 때 나타나는 갈등을 말한다.
- **후광효과** : 어떤 대상에 대한 호감 등의 긍정적 반응이 다른 대상에게 전이되는 현상, 즉 어떤 사람이나 사물의 추가되는 판단이나 인상에 대해 기존의 인상 또는 눈에 띄는 인상이 주는 효과를 의미한다. 신체적 매력이나 학력, 가문 등. 제품평가에 있어서도 제품의 한 가지 속성이 강력한 인상을 심어주면 잠재고객들은 그 제품의 다른 속성들도 유익하다고 평가하는 성향을 보유하고 있다.
- **후효과(Recency Effect)** : 메시지의 내용구성과 관련하여 나중에 제시된 내용이 많은 영향력을 가질 때 나타나는 현상이다. 흥미 없는 주제, 친숙치 않은 주제, 논란의 여지가 없는 주제들은 대체로 후효과를 가지므로 단점을 먼저 제시한 후 장점의 제시가 적합하다. ↔ 선효과
- **휴리스틱** : 한정된 정보와 제한된 인지적 능력을 가지고 짧은 시간에 경험이나 직관 등에 의해 적은 비용으로 문제해결을 단순화하는 방식의 단순화된 의사결정 전략을 말한다.

좋은 책을 만드는 길, 독자님과 함께 하겠습니다.

2026 시대에듀 경영지도사 2차 마케팅 한권으로 끝내기

개정12판1쇄 발행	2026년 01월 05일 (인쇄 2025년 10월 01일)
초 판 발 행	2013년 06월 25일 (인쇄 2013년 06월 25일)
발 행 인	박영일
책 임 편 집	이해욱
저 자	송홍민 · 전해운 · 박민우
편 집 진 행	장민영 · 강한결
표지디자인	조혜령
편집디자인	최혜윤 · 장성복
발 행 처	(주)시대고시기획
출 판 등 록	제10-1521호
주 소	서울시 마포구 큰우물로 75 [도화동 538 성지 B/D] 9F
전 화	1600-3600
팩 스	02-701-8823
홈 페 이 지	www.sdedu.co.kr

I S B N	979-11-434-0114-4(13320)
정 가	44,000원

※ 이 책은 저작권법의 보호를 받는 저작물이므로 동영상 제작 및 무단전재와 배포를 금합니다.
※ 잘못된 책은 구입하신 서점에서 바꾸어 드립니다.

경영지도사와 함께 취득하면 좋은 자격증

분야	도서명	가격
경영지도	경영지도사 1차 한권으로 끝내기	50,000원
	경영지도사 2차 마케팅 한권으로 끝내기	44,000원
서비스경영	CS리더스관리사 한권으로 끝내기	36,000원
	CS리더스관리사 적중모의고사 900제	29,000원
	유선배 SMAT Module A 비즈니스 커뮤니케이션 합격노트	17,000원
	유선배 SMAT Module B 서비스 마케팅·세일즈 합격노트	17,000원
	유선배 SMAT Module C 서비스 운영전략 합격노트	17,000원
빅데이터	빅데이터분석기사 필기 한권으로 끝내기	37,000원
	빅데이터분석기사 실기(R) 한권으로 끝내기	35,000원
	파이썬 한권으로 끝내기	31,000원
	빅데이터분석기사 실기 R 심화	45,000원

※ 상기 도서의 이미지와 가격은 변경될 수 있습니다.

www.sdedu.co.kr

현직 전문가가 보장하는
시대에듀의 합격 솔루션!

경영지도사 1차 한권으로 끝내기

- 현직 경영지도사의 출제경향 분석과 합격비법
- 최신 기출경향+개정법령 완벽반영
- 한권으로 정리한 과목별 핵심이론
- 단원핵심문제로 전과목 완전공략
- 최종모의고사+최신기출문제로 실전대비
- 유료 온라인 동영상 강의교재

경영지도사 2차 마케팅 한권으로 끝내기

- 현직 경영지도사의 집필로 전문성을 높인 이론 구성
- 5개년 기출문제로 실전 완벽대비
- 단기완성을 위한 과목별 핵심이론
- [부록] 핵심용어+빨리보는 간단한 키워드

도서 구매 및 상품 문의
www.sdedu.co.kr | 1600-3600

CS리더스관리사 시험까지
시대에듀의 합격 패스로!

CS리더스관리사 한권으로 끝내기

▶ 국가공인/학점인정 6학점
▶ 최근 출제경향을 반영한 '핵심이론+문제해결력 기르기' 구성
▶ 시험 전에 보는 핵심요약집 제공
▶ 2024년 실제기출 복원문제 2회분 제공

※ 도서의 이미지 및 구성은 변경될 수 있습니다.

나는 이렇게 합격했다

자격명: 위험물산업기사
구분: 합격수기
작성자: 배*상

나는 할 수 있다 69년생 50중반 직장인 입니다. 요즘 자격증을 2개 정도는 가지고 입사하는 젊은 친구들에게 일을 시키고 지시하는 역할이지만 정작 제자신에게 부족한 점이 많다는 것을 느꼈기 때문에 자격증을 따야겠다고 결심했습니다. 처음 시작할 때는 과연 되겠냐? 하는 의문과 걱정이 한가득이었지만 **시대에듀** 인강을 우연히 접하게 되었고 잘 차려진 밥상과 같은 커리큘럼은 뒤늦게 시작한 늦깎이 수험생이었던 저를 **합격의 길** 로 인도해 주었습니다. 직장생활을 하면서 취득했기에 더욱 기뻤습니다.

합격은 시대에듀

감사합니다! ♥

당신의 합격 스토리를 들려주세요.
추첨을 통해 선물을 드립니다.

QR코드 스캔하고 ▷▷▶
이벤트 참여해 푸짐한 경품받자!

베스트 리뷰	상/하반기 추천 리뷰	인터뷰 참여
갤럭시탭/ 버즈 2	상품권/ 스벅커피	백화점 상품권

합격의 공식

시대에듀